共和国钢铁脊梁
——庆祝新中国成立70周年主题出版工程

中国钢管70年

《中国钢管70年》编写组　编

北　京
冶金工业出版社
2024

图书在版编目(CIP)数据

中国钢管70年/《中国钢管70年》编写组编.—北京：冶金工业出版社，2019.10（2024.1重印）

ISBN 978-7-5024-8299-2

Ⅰ.①中… Ⅱ.①中… Ⅲ.①钢管—金属加工工业—概况—中国—现代 Ⅳ.①F426.41

中国版本图书馆CIP数据核字（2019）第223837号

中国钢管70年

出版发行	冶金工业出版社	**电　话**	(010)64027926
地　址	北京市东城区嵩祝院北巷39号	**邮　编**	100009
网　址	www.mip1953.com	**电子信箱**	service@mip1953.com

责任编辑　王梦梦　美术编辑　吕欣童　版式设计　孙跃红

责任校对　王永欣　责任印制　禹　蕊

北京捷迅佳彩印刷有限公司印刷

2019年10月第1版，2024年1月第2次印刷

880mm×1230mm　1/16；31.5印张；14彩页；1099千字；490页

定价258.00元

投稿电话　(010)64027932　投稿信箱　tougao@cnmip.com.cn

营销中心电话　(010)64044283

冶金工业出版社天猫旗舰店　yjgycbs.tmall.com

(本书如有印装质量问题，本社营销中心负责退换)

中华人民共和国成立70周年
The 70th Anniversary of the Founding of The People's Republic of China

壮丽70年 奋斗新时代

中国钢结构协会钢管分会

中国钢结构协会钢管分会是由中国钢管行业的企业、事业单位、社会团体和个人为会员自愿组成的全国性、行业性、非盈利性、自律性行业组织。本会宗旨是：以习近平新时代中国特色社会主义思想为指导，按照“依企办会”的方针，坚持为企业服务、为行业服务、为政府服务、为社会服务，反映会员诉求，规范协会运作，维护广大会员的合法权益，发挥在政府和企事业单位间的桥梁、纽带作用，努力建设成国内有威信、国际有影响的行业组织，为建设钢管强国而奋斗。

2017 年钢管分会与冶金工业信息标准研究院签署战略合作协议

2019 年钢管分会七届四次会员大会常务理事会议

魏学志秘书长与上海钢管行业协会会长巩宏良、常熟钢管协会会长陈国强及部分代表参观第十一届上海国际钢管工业展览会

天津钢管集团公司办公大楼

天津钢管集团公司为百名青年举办集体婚礼

炼钢、轧管、管加工生产线

∮140mm 连轧钢管生产线

鲁宝 ARE 轧管生产线

鲁宝∮460mm PQF 产线

∮114mm 精密钢管产线

UOE 焊管产线

HFW 焊管产线

包钢钢管公司∮460mm PQF 生产线

包钢钢管公司∮159mm PQF 生产线

衡阳华菱钢管有限公司全貌

衡阳华菱钢管有限公司 4 流连铸机

∮720mm 周期式轧管机组

∮159mm 连轧管生产线

∮177mm 连轧管机组穿孔机

超声探伤机

漏磁探伤机

厂区正面墙壁上镌刻着“百年特钢 创新无限”

∮460mm 三辊轧管生产线——三辊轧管机（ASSEL）

∮460mm 三辊轧管生产线——步进式冷床

黑龙江建龙钢铁有限公司生产区

∮180mm FQM 连轧管生产线
——环形加热炉

∮180mm FQM 连轧管生产线——穿孔后吹硼砂、氮气

∮180mm FQM 连轧管生产线——小冷床及再加热炉

φ20m 环形炉

锥形穿孔机

六机架连轧机

28 架张力减径机

90m 步进式冷床

七辊矫直机

φ89mm 连轧厂主要设备

φ35m 环形炉

锥形穿孔机

三辊连轧机

24 架张力减径机

80m 步进式冷床

七辊矫直机

φ159mm 连轧厂主要设备

浙江久立特材科技股份有限公司办公大楼

核电 690 蒸发器 U 形管

超超临界锅炉管

首钢通化钢铁集团磐石无缝钢管有限责任公司

热轧无缝钢管 100mm 机组生产线作业场景

德新钢管（中国）有限公司董事长　陈俊德

∮1200mm×28mm 大口径热扩钢管

钢管热处理

天津友发钢管集团办公大楼

天津友发钢管集团镀锌钢管生产线及产品

金洲管道，联通世界

预精焊螺旋焊钢管生产线

钢塑复合管产线

热浸镀锌钢管

预精焊螺旋管生产线

预精焊螺旋埋弧焊管生产线

西气东输二线第一根钢管

7600m 连续油管成功下线

第一条生产线建设

国内首列西气东输钢管

待发运的管线管

中俄东线管道建设

番禺珠江钢管有限公司生产厂区

两万吨超长管桩专用码头 (最大管长 150m)

风电导管架

测风塔钢管结构

钢管桩吊运

天津源泰德润钢管制造集团有限公司董事长　高树成

500mm × 500mm 方矩形管生产线

“源泰德润”牌方矩管远销东南亚、非洲、南美、中东和独联体等多个国家和地区

衡水京华制管有限公司厂区全貌

唐山京华制管有限公司办公大楼

河北天创管业有限公司办公大楼及厂区全貌

生产现场

检验人员正在测量钢管外径

沧州市鑫宜达钢管集团股份有限公司厂区全貌

∮1820mm 螺旋焊管机组生产线

水压试验设备

超声波探伤设备

广东荣钢管道科技有限公司董事长　邓伟勤

钢塑复合管生产线

荣钢

荣钢注册商标

优质钢塑复合钢管

公司出口产品——轧辊

袁厚之董事长在生产一线调研

西马克专家考察生产现场

美国休斯顿 DMV 公司精密钢管固溶炉

江苏武进大口径钢管旋转式固溶炉

衡阳华菱钢管有限公司步进式淬火、回火炉

聊城中钢联特种钢管有限公司环形加热炉

太原磐泓机电设备有限公司制造的锥形辊穿孔机

24 架张力减径机

三辊轧管机（ASSEL）

小锥角锥形辊穿孔机

《中国钢管 70 年》编写委员会

企事业单位撰稿人

中国石油集团石油管工程技术研究院　李鹤林　杜　伟
中国国际工程咨询公司　杨秀琴
中国钢结构协会钢管分会　姜长华
天津钢管集团股份有限公司　严　敏　赵晓林　姚家华　安建波　武　磊　肖功业
　　杨英俊　邵　毅　刘江成　曹金荣　周晓峰　朱海涛
　　丁　磊　许金玲
宝钢股份钢管条钢事业部　姜玉梅　刘家骅
内蒙古包钢钢联股份有限公司钢管公司　姜　涛　米永峰
衡阳华菱钢管有限公司　刘　斌
鞍钢股份有限公司无缝钢管厂　白喜峰　顾　琳　李志明
湖北新冶钢集团有限公司　蒋　乔　李永灯　胡　璇　潘先明
黑龙江建龙钢铁有限公司　王金奎　许崇霄
林州凤宝管业有限公司　肖永忠
浙江久立特材科技股份有限公司　苏　诚　罗　霞　邵　羽
首钢通钢集团磐石无缝钢管有限责任公司　柴文军　朱悦华
德新钢管（中国）有限公司　王洪海　陈俊德
天津友发钢管集团股份有限公司　张松明　宋晓辉
浙江金洲管道科技股份有限公司　沈淦荣　杨伟芳
宝鸡石油钢管有限责任公司　翁继红　左　晨　魏　强
番禺珠江钢管有限公司　陈　昌　孔　伟　黄克坚
中国石油集团渤海石油装备制造有限公司　申立群　马雅静
天津源泰德润钢管制造集团有限公司　赵建立　李威呈
河北天创管业有限公司　梁明坤
京华创新集团有限公司　郑茂明　庞建智　刁廷昭　李艳伟　李光建　鞠　伟　王晓文
沧州市鑫宜达钢管集团股份有限公司　宁卫国
广东荣钢管道科技有限公司　涂小群
山东省四方技术开发有限公司　袁厚之　张　凝
黄冈市华窑中洲窑炉有限公司　余阳春　付　力
太原磬泓机电设备有限公司　张国庆　郑建国　王荣刚
上海钢联电子商务股份有限公司　魏迎松　陈文花
常熟市无缝钢管有限公司　陈国强　吕菊明
太原通泽重工　冀文生
浙江五州新春集团　张　冰

序　言

2019年是新中国成立70周年，也是开启改革开放新征程之年。70年风雨征程，70年艰苦奋斗，带来了祖国的繁荣强大，也书写了中国钢管发展的壮丽篇章。在漫漫历史长河中，70年不过是短暂一瞬。但对于中国钢管来说，艰辛与坎坷、光荣与梦想、拼搏与汗水，交织成一幅波澜壮阔而又光彩熠熠的历史画卷。

凡为过去，皆为序章。我们在过去几十年里积累起来的发展经验，是面向未来保持定力、消除疑虑、坚定自信的强大基石。中国钢结构协会钢管分会适时编写的《中国钢管70年》，回顾了钢管行业70年发展的历程与成就，收录了70年间行业内发生的重大历史事件，内容丰富，覆盖全面，字里行间透射出中国钢管的辉煌，阅后让人感到振奋，具有很大的参考价值，值得珍藏。

钢管是钢铁产品中一个很重要的领域，被誉为“工业血管”，为油气开采、电力、海洋工程和船舶、建筑、三化、机械、汽车等行业以及国民经济的快速发展提供了原材料保证，对国家战略性产业的发展起到了重要的保障。

从1949年到2019年70年间，特别是改革开放后的40年，我国钢管行业成绩斐然，新建钢管机组不断增多，生产规模及产量得到快速增长，工艺技术、装备水平显著提升，品种结构不断优化，产品质量明显提高，油井管、电站用管等产品替代了进口，在满足国民经济快速发展需要的同时，极大地增强了国际市场竞争力。1982年我国钢管首次出口，1999年成为世界第一钢管生产大国，2003年钢管出口首次超过进口，成为钢管净出口国。从2012年开始，我国钢管产量一直占据世界钢管产量的半壁江山。

在钢管生产技术与装备水平创新提高方面，自1985年宝钢引进国内第一套ϕ140mm浮动芯棒连轧管机组建成投产和宝鸡钢管引进ϕ426mm ERW焊管生产线以来，国内钢管生产企业陆续引进了世界最先进的钢管生产技术与装备，特别是天津钢管引进的我国第一套ϕ250mm限动芯棒连轧管机组和世界第一套ϕ168mm PQF三辊连轧管机组、渤海石油装备引进的我国第一条JCOE直缝埋弧焊管生产线、宝钢引进的UOE直缝埋弧焊管生产线等典型技术装备的建成投产，对我国钢管生产工艺技术和装备的发展产生了重大的影响。在引进、消化、吸收、创新的基础上，国内开发了类似引进机型的钢管生产机组，极大地促进了我国钢管生产技术和装备制造水平的提高。目前，我国已拥有世界上最先进的无缝和焊接钢管生产机型及现代化的工艺与技术，成为世界上能够自主设计、制造大型无缝钢管机组和焊接钢管机组的国家。

新中国成立70年来，我国钢管生产工艺技术与装备水平的提升，极大地推动了行业专用管向系列化、规范化和高端化方向发展，油井管、管线管、火电与核电用管、海洋工程用管等一批高端产品打破了国外垄断，满足了我国油气开采、电力、汽车、化工、机械、航空航天、军工等领域对特殊高端无缝钢管以及西气东输工程、川气东送工程、中缅管道、中俄管道等一批重大工程和超级工程对特殊高端焊接钢管的需求，有力支撑了我国国民经济的快速发展。

“舟循川则游速，人顺路则不迷。”70 年风雨兼程，70 年砥砺奋进，70 年春华秋实，一件件往事记忆犹新，一幕幕场景历历在目。抚今追昔，鉴往知来。《中国钢管 70 年》编撰和出版，定会与《中国钢管 50 年》《中国焊管 50 年》和《中国钢管飞速发展的 10 年》一样，为推动我国钢管行业健康、稳定、可持续地发展提供借鉴与参考。

“一个时代有一个时代的主题，一代人有一代人的使命。”变化的是主题和使命，不变的是奋斗的姿态、实干的精神。当前，我国已进入中国特色社会主义新时代，正迈向民族复兴的伟大进程中。作为国民经济发展和产业升级不可或缺的重要物资，钢管的作用不容忽视。党的十九大明确了我国发展的新定位，对未来发展提出了新方略，为实现中华民族伟大复兴做出了新的战略部署。站在新的历史起点，我们一定要承接新使命、迎接新挑战，继往开来、乘风破浪，以铿锵的步伐、坚定的信心、充实的作为，夺取供给侧结构性改革的更大胜利，早日实现钢管强国的奋斗目标。

借《中国钢管 70 年》出版之机，谨向广大从事钢管生产技术和钢管设备研究、设计、制造工作的同志们致以崇高的敬意，祝大家在建设世界钢管强国的伟大征程中取得更大的成就。

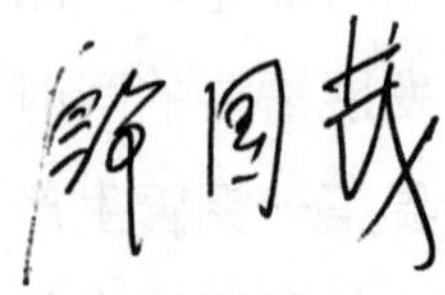

2019 年 8 月

编写说明

为庆祝中华人民共和国成立70周年，大力宣传钢管行业70年来取得的巨大成就，弘扬以爱国主义为核心的伟大民族精神，并进一步贯彻落实习近平新时代中国特色社会主义思想，促进钢管行业高质量发展，中国钢结构协会钢管分会组织编写了《中国钢管70年》。

本书是按照中国钢铁工业协会“关于组织编写出版《中国钢铁工业改革开放四十年》纪念文集”的通知要求，在《中国钢铁工业改革开放四十年》（钢管行业篇）的基础上编写的。以新中国成立后中国钢管行业发展的时间脉络和重大钢管工程建设项目为主线，全面回顾新中国成立70年来，特别是改革开放以来钢管行业的实践经验，系统地记载了我国钢管从无到有、从小到大的发展进程，既有典型企业经营发展经验，又有专家学者的个人回忆，从多个角度阐述了我国钢管行业在产业规模、技术装备以及在品种质量、整体实力上的发展历程。

2018年5月，钢管分会成立了以魏学志秘书长为首的《中国钢铁工业改革开放四十年》（钢管行业篇）编撰小组，庄钢顾问牵头，李霞常务副秘书长、钟锡弟副秘书长、杨文晨副秘书长、陈洪琪部长等钢管分会秘书处有关人员为编写小组成员，分别向天津钢管、宝钢钢管、鞍钢无缝、衡阳钢管、包钢无缝等11家无缝钢管企业以及天津友发、宝鸡石油、渤海装备、金洲管道、珠江钢管等7家焊接钢管企业和上海管协、佛山管协、常熟管协等3家地方协会并同时向《钢管》杂志社、《焊管》期刊社发出约稿函。分会秘书处按照内部分工，边收集、整理资料，边组织讨论、撰写。历经两个多月，完成了纪念文集“钢管行业篇”的编写并形成初稿。

2018年8月7日，秘书处邀请业内专家对《中国钢铁工业改革开放四十年》纪念文集“钢管行业篇”进行了审查。中石油渤海石油装备研究院书记兼副院长王旭、上海管协专家委员会主任孙永喜、《钢管》杂志社原副社长颜幼贤、《焊管》期刊社编辑李超及分会秘书处有关人员参加了审查会。与会人员肯定了文章结构和写作思路，同时希望在重点产品、重大专项、行业成就、前景展望等方面进一步补充完善，更加突出展示钢管行业改革开放四十年取得的成果与成绩。

2018年8月23日，在银川召开的2018年第二次秘书长工作会议上，与会人员对《中国钢铁工业改革开放四十年》文集中“钢管行业篇”进行了讨论。会后，根据与会秘书长的意见，编写人员对文稿作了进一步修订，并上报中国钢铁工业协会，同时决定，为进一步更加全面详细地展示中国钢管行业改革开放40年来所取得的成就，在《中国钢铁工业改革开放四十年》文集“钢管行业篇”基础上，组织钢管行业专家、学者、企业领导编写《中国钢管改革开放40年》。

2018年9月3日，分会秘书处召开会议，成立《中国钢管改革开放40年》编写委员会，魏学志秘书长任主任委员，全面组织、协调各方面工作；庄钢顾问任执行委员，牵头负责编写工作。编写组成员由行业有关专家及分会秘书处各部门负责人组成，按照各自分工展开工作。2018年9—11月，编写组成员多次开会研究，对编写提纲、篇章结构、汇编内容及分工进行讨论，进一步明确了具体要求及总体进度，并确定11月中旬提交钢管分会常务理事会议讨论。

2018年11月15日，在上海召开的钢管分会七届四次常务理事会议上，天津钢管、宝钢钢管、衡阳钢管、鞍钢无缝、包钢无缝、新冶钢、天津友发、金洲管道、宝鸡钢管、渤海石油、江苏振达、林州凤宝、上海钢联等领导和相关人员参加会议，就钢管行业40年来的发展历程与成就、40年来发生的重大历史事件以及钢管生产工艺装备技术进步等初稿内容进行审查。与会人员一致认同书稿的编写结构和内容，并就相关篇章节内容提出了具体的修改补充意见。

2019年3月15日，在钢管分会七届四次会员代表大会上，庄钢顾问就《中国钢管改革开放40年》进行了宣贯和解读，来自钢管分会70余家会员企业110余人听取了讲解，有关媒体代表也应邀到会。

2019年6月27日魏学志秘书长、庄钢顾问赴京向中国钢铁工业协会迟京东副会长汇报工作时，迟京东副会长建议：为庆祝中华人民共和国成立70周年并配合中国钢铁工业协会的系列工作安排，钢管分会在编写"中国钢管改革开放40年"初稿的基础上，改编成《中国钢管70年》。根据中国钢铁工业协会领导的意见，2019年7月14—15日，钢管分会秘书处在北京召开了业内专家审定会，就"中国钢管改革开放40年"稿进行审定，同时就如何将"中国钢管改革开放40年"稿改编成《中国钢管70年》进行了讨论，会议由庄钢顾问主持。参加会议的领导、专家有中国钢结构协会常务副会长刘毅、中国钢结构协会钢管分会常务副理事长兼秘书长魏学志、中国国际工程咨询公司专家杨秀琴、原鞍钢无缝厂厂长姜长华、中石油渤海石油装备研究院书记兼副院长王旭、冶金工业信息标准研究院钢管分技术委员会副秘书长李奇、原中石化物资装备材料处处长白冶红、天津友发集团质量总监张松明、浙江金洲管道副总经理杨伟芳等，钢管分会秘书处钟锡弟、陈洪琪等有关专家也参加了会议。冶金工业出版社总编辑任静波也应邀参加了会议。与会人员认真讨论了书稿的编写结构、各篇章内容和"40年"改"70年"的思路、想法等，就本书的改编提出了很多好的修改补充意见。会议决定：企业篇补充攀成钢、宝鸡石油钢管两家企业的发展篇；邀请老专家、老领导撰写回忆录；焊管部分由王旭院长负责组织专家修改，重点在工艺技术和装备部分、大事记等；无缝部分和总体的修改编辑由分会顾问庄钢负责，重点补充管坯、相关品种、回忆录、修改大事记等。原攀成钢常务副总经理、现任分会顾问成海涛因故没能参加会议，但会后将修改的意见反馈给了秘书处。

2019年8月13日，为落实2019年7月北京专家审定会焊管部分修订工作的安排，在河北青县渤海石油装备研究院召开了《中国钢管70年》焊管部分修订会议。参加会议的有中石油渤海装备研究院书记兼副院长王旭、研究院技术顾问王晓香、石油管工程技术研究院集团公司高级技术专家吉玲康、宝钢股份中央研究院首席研究员郑磊、宝鸡石油钢管研究院科技市场部主任张峰、工程师赵勇、中石油渤海装备研究院高级工程师闵祥玲以及钢管分会顾问庄钢和科技环保部部长陈洪琪。会议由王旭院长主持，就焊接钢管70年来的发展历程与成就、重大历史事件、生产工艺装备与技术进步以及重大管线建设等内容进行审查和修订。

《中国钢管70年》在业内专家积极参与和有关单位的大力支持下，已顺利编撰成稿，由冶金工业出版社出版发行。该书聚焦了中国钢管行业70年来发展的壮观历史与创新业绩，采集了大量重要而翔实的资料，揭示了建设钢管强国这一艰巨而宏伟目标所赋予的任务和使命，见证了钢管工艺、技术、设备、品种、标准、质量、品牌的发展进步。文中大量的典型工艺、装备配置、图表数据资料、问题探索与前景展望，均是我国钢管行业广大从事生产、科研、工程等各方面专家、技术人员的辛劳与成果结晶。在此，谨借本书的出版向广大同仁及给予本书出版大力支持的各企业各位专家表示衷心的感谢。我们相信，《中国钢管70年》的出版将有助于读者加深对中国钢管发展辉煌历史的了解，从中获取有益的知识。

本书为集体编写，参与单位及人员众多，涉及面较广。由于收集掌握的资料有限，编写时间较为仓促，难免有缺陷或疏漏，不妥之处，敬请广大读者谅解，予以斧正。

《中国钢管70年》编写组

2019年9月

目　录

第一篇　总　论

第三篇　品种发展与标准体系建设

第四篇　重点企业发展篇

第五篇　协会、学会、学术期刊

附录　中国钢管大事记

第一篇

总 论

ZONGLUN

第一章 中国钢管行业70年发展历程

钢管是钢铁产品的重要组成部分，被誉为现代工业的“血管”和极具魅力的结构材料。是石油、电力、锅炉、化工、机械、建筑、汽车、机车、船舶、军工、海洋工程、航空航天等工业不可或缺的重要钢材品种。没有哪一种钢材能像钢管那样，与我们的生产、生活密不可分。

新中国成立之时，我国没有一条无缝钢管生产线，仅有一条简陋的链式炉焊管生产线和10多台分散在几个城市采用拉管成型，手工焊接的生产设备；当时钢管年产量仅0.4万吨，全部是焊管；产品是最普通的水煤气管、架子管等，工业用的钢管几乎全部从国外进口。正是在这样一个生产方式极其简陋，产量、品种近乎“零”的基础上，开始了新中国钢管起步。

从新中国第一个钢管厂——鞍钢无缝钢管厂筹建开始，到成为世界第一钢管大国，中国钢管已经走过了不断探索、不断创新、不断辉煌的70年。70年来，中国钢管的生产装备从极原始的生产方法，发展到今天整体装备水平达到世界一流；钢管产量从0.4万吨/年，到2018年的7320万吨，增长了18300倍，这期间我们超过了美国、超过了苏联、超过了日本，成为世界上钢管生产第一大国。特别是从2000年到2015年15年间的快速发展，我国钢管产量达到9801.8万吨的峰值，在世界钢管产量中占比达到65%。在此期间的2008年，钢管出口量达到989.5万吨的峰值，中国钢管的发展不仅为我国的经济发展做出了巨大贡献，同时也为世界经济的繁荣和“一带一路”倡议发展做出了重要贡献。在产量增加的同时，钢管品种、规格、质量、服务也取得了显著进步，绝大多数钢管品种的自给率已达到100%，并出口到世界160多个国家和地区。特别是一批高端钢管产品，如油气钻采输送用管、电站、核电用管、海洋工程用管、航天航空用管等，打破了国外垄断，实现了自给，为我国能源工业、海洋开发、航天航空、国防建设以及国家超级工程建设等提供了强有力的保障。70年来，中国钢管从小到大、从弱到强，不畏艰难，锐意进取，取得了举世瞩目的辉煌成就。中国钢管的崛起，改变了中国钢管在世界钢管行业中的地位，同时也改变了世界钢管市场的格局。

全面回顾我国钢管行业70年来的历史，认真总结我国钢管行业发展的经验和教训，对深入推进供给侧结构性改革，促进钢管行业转型升级，早日实现由钢管大国向钢管强国迈进具有十分重要的意义。

中国钢管行业70年的发展历程，大致可以分为五个阶段：

第一节 第一阶段

1949—1978年新中国成立至改革开放前的创建和推广阶段，新中国成立之初由苏联援建设备和技术，逐步转向自行设计制造，初步建立起新中国的钢管工业体系和管理模式。

无缝钢管

1953年12月在鞍钢建成投产了由苏联全套提供的ϕ140自动轧管机组，开启了新中国无缝钢管生产的新纪元，投产后的第二年就先后试轧出了地质管、锅炉管、油管和不锈钢管等，并开始向地质、能源、军工等领域提供管材；该机组到1956年产量就达到6万余吨，达到设计水平。特别是在斜轧穿孔机上成功穿轧出不锈钢管，为我国以后的无缝不锈钢管生产起到了引领作用。这一阶段鞍钢无缝厂为国内很多无缝钢管厂培养和输送了大批的干部和专业技术人才，被誉为新中国无缝钢管工业的“摇篮”，为我国的钢管工业在体系上、技术上、管理上提供了宝贵的经验，奠定了坚实的基础。

1958年7月由鞍钢自己设计制造的ϕ76mm自动轧管机组（仅有穿孔机+自动轧管机）投产，该机组是为冷拔/轧线提供坯料管，在此基础上原冶金部组织编制了“穿孔-自动轧管-冷拔”组成的ϕ76mm自动轧管机组“定型”设计，并在全国推广。第一批建成投产的有衡阳、天津、重庆、昆明、长治等地几个钢管厂，到20世纪60年代初，全国共制造安装了34套ϕ76mm穿轧机组。

20 世纪 60~80 年代中期，ϕ76mm 自动轧管机组在生产设备、工艺技术等方面得到了很大的发展。一是机组规格有所扩大，上线扩大到 ϕ90mm，下线延伸到 ϕ50mm；二是在穿孔机上，将原上导辊全部改成导板，三是在延伸机（轧管机）上打破单一自动轧管机型，如配置三辊轧管机或实验二次穿孔工艺等；四是提高自动轧管机组的机械化、自动化水平，如在世界上首创轧管机球形顶头，实现顶头自动更换以及前台钢管自动翻转 90°操作；五是在小型无缝钢管生产线采用环形加热炉；六是采用内水冷顶头以及用钼基顶头穿轧不锈钢管；七是在轧管机上首次采用无限（半）冷硬球墨铸铁轧辊；另外，对穿孔辊型、顶头外形和结构、自动轧管机孔型，穿孔和轧管变形理论，轧机调整、产品缺陷形成机理以及连铸坯可穿性等进行了有效的研究和实践，对提高我国无缝钢管生产技术水平起到了重要的作用。

20 世纪 60 年代，上钢一厂参照鞍钢 ϕ140mm 自动轧管机组设计资料，在上海制造出了我国第一套完整的 ϕ100mm 自动轧管机组。此后，国家为了满足国民经济建设对无缝钢管大量的需求，在全国各地建设了多套 ϕ100mm 自动轧管机组，包括安阳无缝钢管厂、烟台钢管总厂、杭州钢厂、大连钢厂、衡阳钢管厂、西宁钢厂等。

1958 年我国在成都建设了第一个大型化、专业化的无缝钢管厂，为了满足国家建设对大中直径无缝钢管（厚壁管）的需要，60 年代成都无缝钢管厂相继建成了包括 ϕ133mm 顶管机组、ϕ318mm 周期轧管机和 216mm 周期轧管机组 3 套热轧机组。该 3 套热轧机组主机均是由利用匈牙利制造，其他全部热轧系统的配套设备由我国自己设计制造。另外，还建成了国内最大 ϕ200mm 冷拔、冷轧管机，成为当时国内最大的，品种、规格最全的（ϕ10~480mm，壁厚 1~30mm）专业化无缝钢管厂，开发生产出了石油、地质、化工、锅炉、航天、舰船、等行业所需的专用管材。

1971 年 7 月，在包钢无缝厂建成投产了我国第一套（也是唯一的一套）由苏联援建的 ϕ400mm 自动轧管机组，该机组是苏联设计制造的 3 套同规格大型无缝钢管机组之一（苏联、罗马尼亚、中国各一套），是当时国内最大的热轧管机组，也是当时国内装备水平最好的热轧机组。该机组采用两次穿孔扩径，设计规格：外径 ϕ140~426mm、壁厚 4~40mm，产量 40 万吨/年（后调整为 30 万吨/年），后工序配套了热处理生产线和管加工生产线，主要产品为石油套管、地质钻探管、石油输送管、气瓶管、不锈管等。

上述机组的建设基本形成我国无缝钢管行业体系和布局，为改革开放后无缝钢管的大发展奠定了坚实的基础。

1953 年鞍钢 ϕ140mm 机组投产后，我国开始了无缝钢管的生产，当年的产量仅 0. 3 万吨，到 1978 年我国无缝钢管产量 168. 2 万吨，增长了 561 倍。品种开发也取得了显著的进步，如石油套管、油管、钻杆、石油输送管、地质用管、高中低压锅炉管、化工用管、结构管、流体管、不锈管等已能批量生产。尽管已生产出很多品种，但绝大部分都是低中端、低钢级、低附加值产品，而且质量与国外产品相比，还有很大的差距。油气钻采和电站锅炉用的高端产品以及大部分不锈钢管产品，我们还不能生产，完全依赖进口。1949—1978 年无缝钢管产量走势见图 1-2。

焊管

上海是我国焊管工艺发展的重要基地，上海解放后，小直径直缝焊管生产蓬勃发展，“一五”前期已发展至近百家，但这些厂家设备简陋、工艺落后，生产以手工为主，质量不高，仅能生产床架管、电线套管，后来又开发了自行车车驾管、水煤气管等。1957—1958 年，上海将 80 余家焊管厂改组为 24 家。

为了加快国民经济建设步伐，“一五期间”我国从苏联、德国先后引进了 3 套低频电阻焊管机组，分别建设在首钢轧钢厂（ϕ102mm 机组）、天津轧钢一厂（ϕ60mm 机组）和上海自行车厂（ϕ32mm 机组），加快了我国焊管工业体系建设的发展步伐。尤其是首钢 ϕ102mm 机组，在 1959 年建成并经过一系列技术改造，无论是在钢管品种、质量还是在设备国产化方面，在相当长一段时间内，为我国的焊管工业做出了突出的贡献。

20 世纪 50 年代中后期，上海又建设了几家焊管厂，包括上海市劳动钢管厂、上海延安钢管厂（原公私合营）、上海钢管厂（前身是上海焊接钢管厂）。尤其是上海钢管厂的建立，其一期工程年产焊管 2. 4 万吨，二期工程又增加了 3. 2 万吨焊管（焊管规模扩大到年产 5. 6 万吨）和 2 万吨无缝钢管，建厂当年，就建成投产了我国自行设计制造的第一条低频焊管生产线。该生产线的焊速比多头排焊机效率提高 10 倍以上，焊管质量也有提高，该钢管厂的建立，使上海地区的焊管产量大幅度增长。

1965年，上海劳动钢管厂建成国内第一条热镀锌生产线，开启了国内镀锌钢管的生产；1969年上海钢管厂、上海沪江机械厂、北京钢铁设计院、西安重型机械研究所联合研发出了ϕ76mm高频直缝焊管机组和钢管镀锌机组，这是国内自行独立设计和制造的第一套焊管机组和钢管镀锌生产线。该机组和生产线在设计上采用了一些新工艺和新技术，开创了我国高频直缝焊管设备设计和制造的一个新阶段。

20世纪60年代至1978年，在全国各地建设了一大批直缝电阻焊管生产线，主要包括：锦西钢管厂建成ϕ102mm机组、ϕ76mm机组2套和当时国内最大的ϕ165mm机组；吉林辽源钢管厂先后建设了ϕ165mm机组4套机组；沈阳钢管厂建成了ϕ102mm机组3套机组；宝鸡石油钢管厂投产了1套ϕ114mm机组，后将低频改为高频；阳泉钢管厂引进1套ϕ114mm机组和1套ϕ32mm机组等；另外，武汉钢管厂、广州太昌轧钢厂、广州红旗轧钢厂、杭钢、兰钢、八一钢厂、江西洪都、柳钢、长春钢管厂等也都建设了直缝电阻焊管生产线。

1958年，中国第一条螺旋埋弧焊管生产线在宝鸡石油钢管开始建设。该生产线是“一五”期间，作为我国156个苏联援建的重点项目之一，产品规格为ϕ245~720mm,生产量4万~7万吨/年。1959年9月26日成功调试出第一根ϕ426mm×7mm钢管，该机组的建成投产，标志着我国螺旋埋弧焊管的历史从此开始。

1963年以后在锦西、临汾等地自制的ϕ720mm螺旋埋弧焊管机组和ϕ325mm螺旋埋弧焊管机组相继投产。此后一度停滞不前，直到20世纪70年代初，由大庆原油外运的“八三工程”管线会战开始，先后建成大直径螺旋埋弧焊管机组9套之多。在此基础上，原石油部根据石油天然气的勘探开发和建设的需要，对国内螺旋埋弧焊管机组的布局做了重大调整，陆续将“八三工程”时建设的部分螺旋埋弧焊管机组调往胜利油田、河北青县、四川资阳，组建成立了胜利油田钢管厂、华北石油钢管厂和资阳石油钢管厂，1976年又筹建沙市石油钢管厂，新建了ϕ720~1220mm螺旋埋弧焊管机组。这四个厂的组建，在原石油部的统一安排下，宝鸡石油钢管厂抽调了大批的干部、工程技术专业骨干、关键岗位工人骨干，因此，起点水平较高，建厂后很快就进入了正常生产。后来又将辽阳钢管厂划归石油部部属企业，形成了以宝鸡石油钢管厂为首的6家国内主要生产石油天然气输送焊管专业厂家，从而奠定了石油系统大直径螺旋埋弧焊管企业，在我国螺旋焊管领域的主导地位。

在这一阶段里我国建成了数条重要的长输管道包括：

（1）大庆-铁岭-抚顺（庆铁线、铁抚线），1971年10月建成，全长516.8+117.2km，管径ϕ720mm×8mm，输送量为2000万吨/年，管材16Mn，以及复线（1974年9月）；

（2）铁岭-秦皇岛（铁秦线），1973年9月建成，全长454.3km，管径ϕ720mm×(8~9)mm，输送量为2000万吨/年，管材16Mn；

（3）克拉玛依-乌鲁木齐（克乌线），1973年10月建成，全长295.6km，管径ϕ377mm×7mm，输送量为340万吨/年，管材16Mn；

（4）东营-黄岛（东黄线），1974年7月建成，全长251km，管径ϕ529m×(7~8)mm，输送量为1300万吨/年，管材16Mn；

（5）秦皇岛-北京（秦京线），1975年6月建成，全长324.6km，管径ϕ529mm×7mm，输送量为750万吨/年，管材16Mn；

（6）铁岭-大连（铁大线），1975年9月建成，全长460.3km，管径ϕ720mm×(8~9)mm，输送量为2000万吨/年，管材16Mn；

（7）临邑-仪征（鲁宁线），1978年9月建成，全长665.37km，管径ϕ720mm×7mm，输送量为2000万吨/年，管材16Mn。

1949年我国焊管产量只有0.4万吨，到1978年焊管产量已达到86.7万吨，产量翻了216.7倍。但我们的产品档次、质量水平与国外先进国家比还有很大的差距。1949—1978年焊管产量走势见图1-3。

从1949年至1978年，我国焊管行业经过近30年的发展，已建成焊管机组223套，其中ERW机组203套，螺旋焊管机组17套，其他机组3套，总产能约284万吨。已基本形成了小直径直缝焊管以上海、辽宁为主要生产地并遍布全国的行业布局和螺旋埋弧焊管以石油系统企业为主导遍布各主要油田的行业体系。

1949 年我国钢管产量只有 0.4 万吨（全部是焊管），到 1978 年我国钢管产量 168.2 万吨。其中无缝钢管 81.6 万吨，占比 48.5%；焊接钢管 86.6 万吨，占比 51.5%。1978 年钢管进口量 127.4 万吨，见图 1-4，出口为零。1978 年中国钢管表观消费量 295.6 万吨，自给率 56.9%。在 30 年的发展历程中，钢管的发展经历了几次大的波动，一次是在 60 年代初的三年自然灾害，一次是在十年动乱初期，每次波动都使钢管产量呈较大幅度的下降。十年动乱结束后，1978 年钢管产量呈大幅增长（增长 31.4%），见图 1-1。

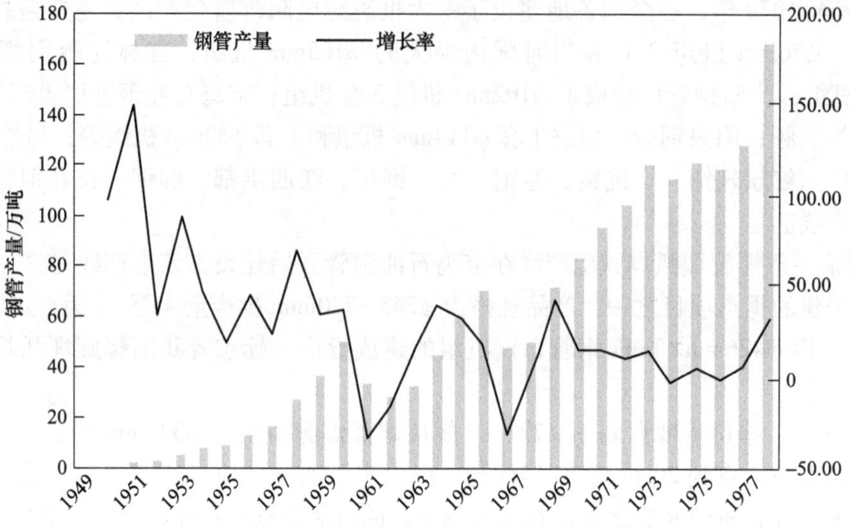

图 1-1 1949—1978 年我国钢管产量情况

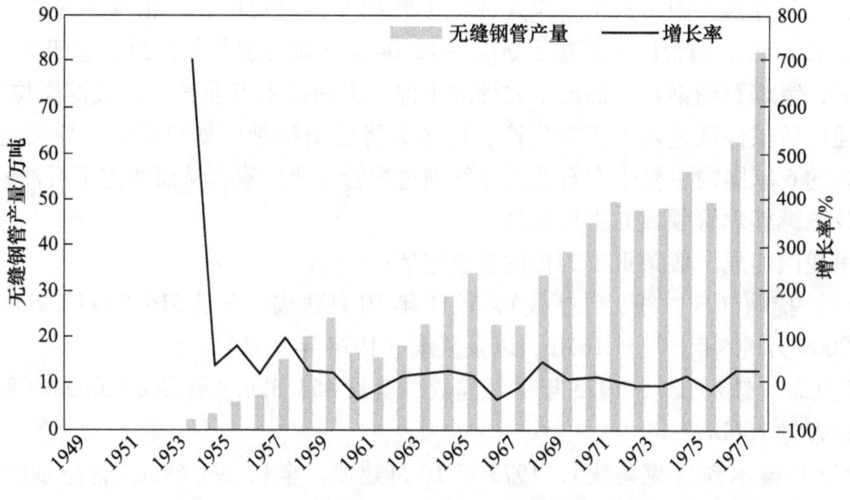

图 1-2 1949—1978 年我国无缝钢管产量情况

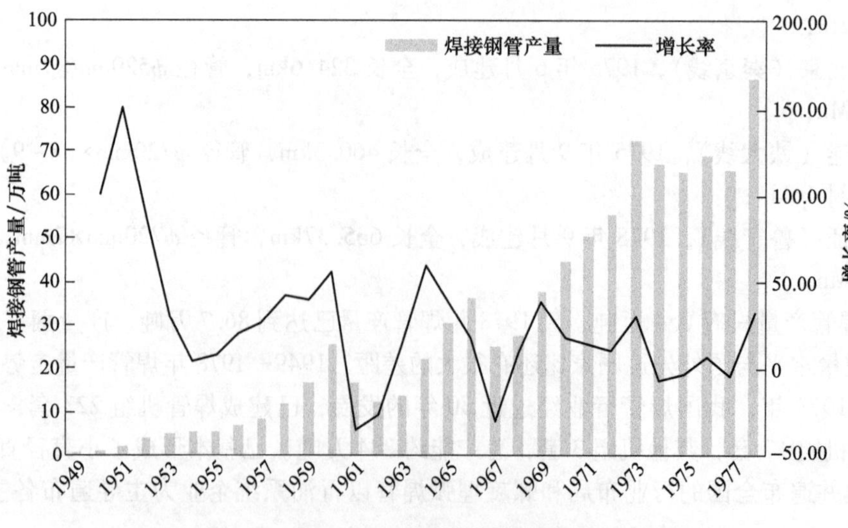

图 1-3 1949—1978 年我国焊接钢管产量情况

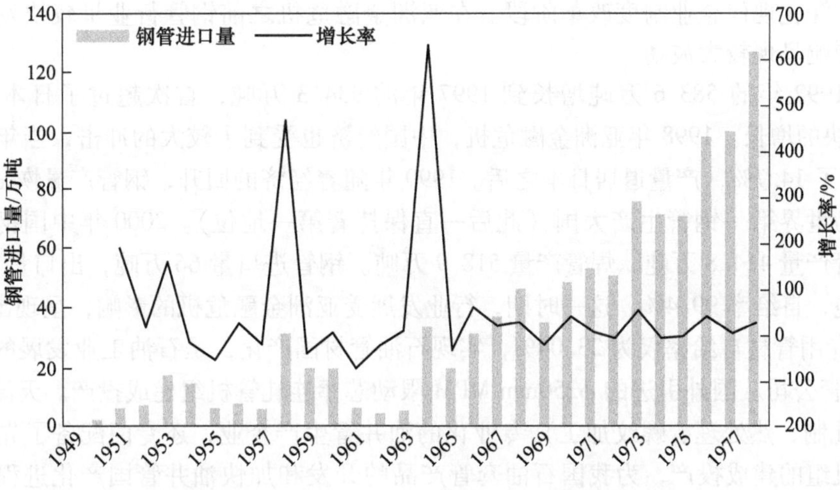

图 1-4　1949—1978 年我国钢管进口量情况

第二节　第二阶段

1978—1992 年改革开放初期，是计划经济向初步建立的市场经济过渡期，政府对国有企业放权让利，扩大企业生产经营自主权，逐步减少指令性计划，扩大市场调节，实行企业厂长负责制。行业从“文革”后恢复期到稳定发展阶段。

这一阶段钢管产量逐步增长，从 1978 年的 168.2 万吨增长到 1992 年 583.6 万吨，超过了美国，也超过了德国，增长了 3.47 倍，年均增长 9.29%。1982 年实现了钢管出口，出口量仅 0.8 万吨，到 1992 年钢管出口量为 7.2 万吨。钢管进口量从 1978 年 127.4 万吨，增长到 1985 年的历史最高点 226.4 万吨，之后降至 1992 年的 100.8 万吨。1992 年我国钢管表观消费量 677.2 万吨，自给率达到 85.12%。

1985 年上海宝钢引进了国内第一条 ϕ140mm 全浮动芯棒连轧管机组投产，1988 年宝鸡石油钢管厂引进的国内第一条 ϕ426mm 高频焊管机组建成投产。1985—1990 年我国还引进了数十条小直径 ERW 焊管机组，上述机组的引进缩小了我国与国外先进水平的差距，让业内人士真正看到了现代化连续制管工艺技术高质量、高效率的优势，也为我国钢管行业探索向现代化方向发展起到了积极的引导作用。

为了解决石油专用管短缺问题，1978 年前后，鞍钢、包钢和成都无缝钢管厂，按照原冶金部参照 API 标准制定并颁布的《石油套管》（YB 690—1970）、《石油对焊钻杆、钻铤、方钻杆管材》（YB 691—1970）以及参照 ГОСТ 标准制定并颁布的《石油油管及其接头》（YB 239—1963）等标准，为大庆、胜利、大港及四川等油田开发了 DZ40、DZ50 等的钢级油井管产品。1986 年 1 月起原冶金部正式废除上述三个标准，决定改用等同 API 标准的《套管、油管和钻杆规范》[YB(T)3—81]、《套管、油管和管线管螺纹加工、测量和检验》[YB(T)4—81] 等标准生产油井管。宝钢 ϕ140mm 连轧管机组投产后，全部按 API 标准生产油井管。

在此阶段，宝鸡石油钢管厂与武钢、钢铁研究总院等钢铁企业和科研院所密切合作，成功研制出 API 5L A、B、X42、X46、X52、X56、X60、X65 等 8 个级别系列钢种，基本形成了 X65 以下管线专用钢的系列化，填补了我国石油天然气输送管线用钢的空白。钢管的常规力学性能已达到 API 5L 标准规定的强度指标，但实物质量水平与国外同类产品相比，还存在差距，尤其是韧性指标相差较大。

在此阶段，鞍钢、上海钢管厂成都无缝、衡阳钢管、宝钢等企业已经开发出 GB 5310 标准 20G、12CrMoG、15CrMoG、12Cr2MoG、12CrlMoVG、12Cr2MoWVTiB、12Cr3MoVSiTiB 等牌号以及德国 DIN17175 标准、美国 ASME、ASTM 标准相应牌号的电站用高压锅炉管。

1978 年 10 月，《焊管通讯》（后更名为《焊管》）出版第一期。1988 年《钢管技术》（1964 年创刊）更名为《钢管》公开发行。这两本学术刊物的出版，对我国无缝管、焊管技术的交流、促进和提高起到了重要的推动作用。

第三节　第三阶段

1992—2000 年社会主义市场经济初期，为建立和完善市场体系和财税制度，引进先进的技术装备，先进的管理方法，深化现代企业制度改革阶段。在亚洲金融危机之前钢管行业呈较快发展，亚洲金融危机发生之后受其影响呈现较大波动。

钢管产量从1992年的583.6万吨增长到1997年的934.3万吨，首次超过了日本，年均增长率为9.9%，呈现出较快的增长。1998年亚洲金融危机，中国经济也受到了较大的冲击，当年钢管产量下降至797.3万吨，下降了14.7%，产量退居日本之后。1999年随着经济的回升，钢管产量恢复到852万吨，又超过了日本，成为世界第一钢管生产大国（此后一直保持着第一地位）。2000年中国钢管产量933.7万吨，其中无缝钢管产量414.8万吨，焊管产量518.9万吨。钢管进口量66万吨，出口量60.6万吨，表观消费量939.1万吨，自给率99.4%，这一时期，行业发展受亚洲金融危机的影响，呈现出较大的波动。

1992年石油专用管材自给率仅为23.04%，实现石油管材国产化，是石油工业发展的迫切需要。1992年12月，天津钢管公司从国外引进的ϕ250mm MPM限动芯棒连轧管机组建成投产。天津钢管公司是一家全流程（冶炼、轧制、热处理、螺纹加工）专业化的油井管生产企业，还专门配备了先进的油井管研发和实验装备，该机组的建成投产，为我国石油套管产品的开发和加快油井管国产化进程，起到了至关重要的作用，并极大地改变了我国石油专用管依赖进口局面。到20世纪90年代后期，我国油井管生产企业已基本完成了API标准中所有钢级油套管产品的开发生产和应用，石油管材的自给率达到了66.4%。

在此阶段，锅炉管生产企业除按GB 5310开发产品，同时按美国ASME、ASTM标准开发生产出SA106B、SA106C、SA210C、P12、P22以及按德国DIN17175标准开发生产了15Mo3、13CrMo44、10CrMo910等牌号的高压锅炉管。对于T/P91、TP304H、TP347H等产品，尽管已开发出来，但由于产品质量存在一些问题，如有害元素S、P含量偏高、夹杂物超标，特别是持久强度、持久塑性等指标偏低等原因，产品一直没有得到应用，这一时期，这几个牌号的产品几乎全部依赖进口。

在此阶段，成都无缝厂的ϕ180mm精密轧管机组、湖北新冶钢的ϕ170mm三辊轧管机组、衡阳钢管ϕ89mm半浮连轧管机组、包钢无缝厂ϕ180mm限动连轧管机组等都先后投产，这些机组的建设使我国无缝钢管的产量、质量、品种都得到大幅度提升。

1996年，我国首次采用API标准生产的X52钢级管线管，应用于第一条沙漠输气管道——塔轮线建设，管道全长302.15km。该管道板卷由宝钢生产，钢管主要由宝鸡石油钢管厂、资阳钢管厂和沙市钢管厂提供，实现X52管线管全面国产化。

1997年6月库鄯输油管线（库尔勒至鄯善）竣工投产，这是国内首次采用X65钢级管线，全长475km，管径ϕ610mm，螺旋焊管用的热轧钢卷主要由宝钢提供。

1997年9月，我国第一条全长918km的X60钢级的天然气长输管线——陕京输气管线建成投产，板卷由宝钢生产，钢管主要由华北石油钢管厂、沙市钢管厂、资阳钢管厂和胜利钢管厂提供。实现了X60钢级管线管的国产化，同时也拉开我国长输管线建设的序幕。

1998年番禺珠江钢管有限公司引进了国内第一条JCOE（旋弯式，原HME）大口径生产线，次年生产出我国第一批大口径直缝埋弧焊管，它的建成投产在行业内也产生了较大的影响。

1978—2000年钢管产量、无缝钢管产量、焊接钢管产量增长趋势图见图1-5~图1-7，钢管进口量、出口量增长趋势图见图1-8、图1-9所示。

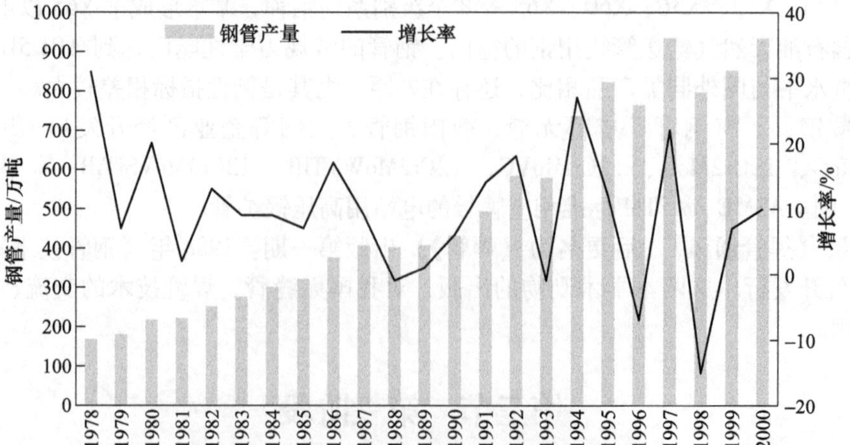

图1-5　1978—2000年钢管产量及增长率

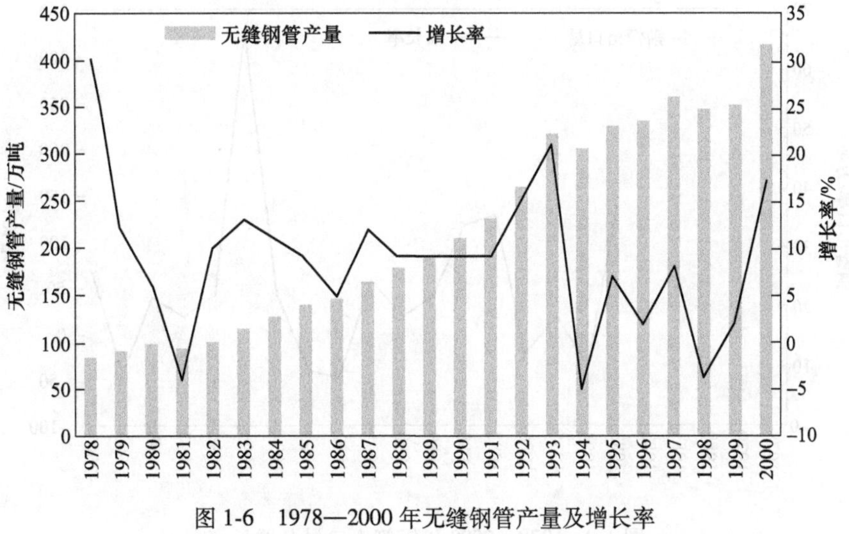

图 1-6　1978—2000 年无缝钢管产量及增长率

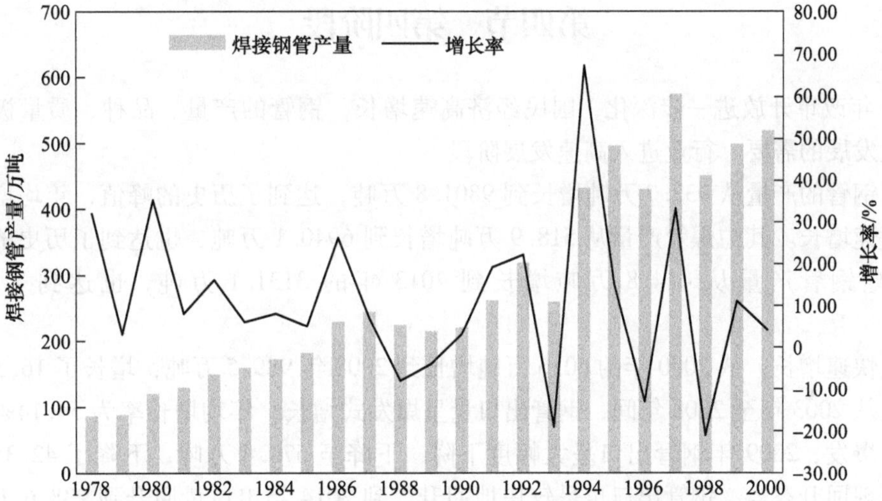

图 1-7　1978—2000 年焊接钢管产量及增长率

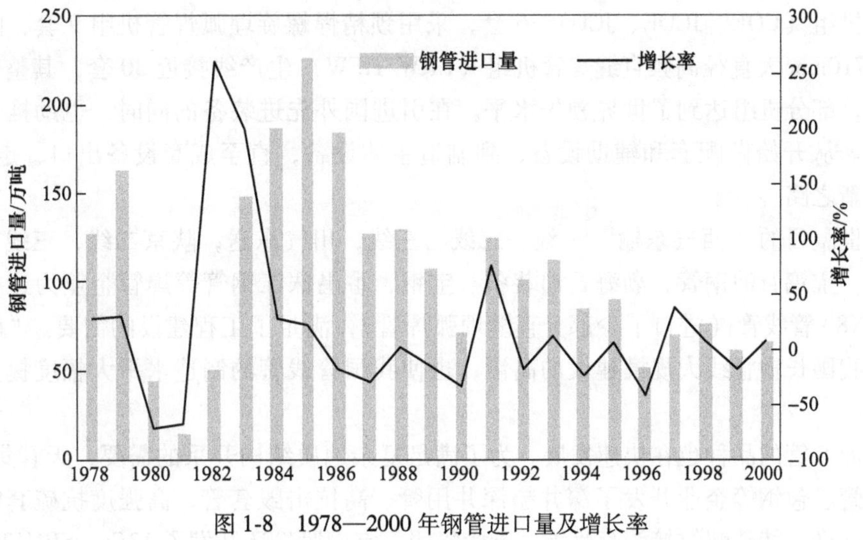

图 1-8　1978—2000 年钢管进口量及增长率

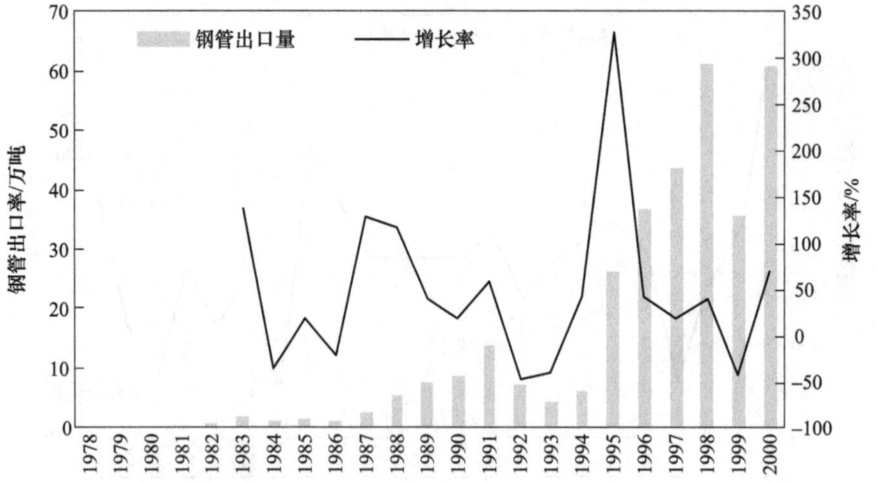

图 1-9　1978—2000 年钢管出口量及增长率

第四节　第四阶段

2000—2015 年改革开放进一步深化，国民经济高速增长，钢管的产量、品种、质量极大地满足国民经济和下游行业发展的需要。行业进入高速发展阶段。

在此阶段，钢管的产量从 933.7 万吨增长到 9801.8 万吨，达到了历史的峰值，年均增长 17.0%，呈现出两位数的高速增长。其中焊管产量从 518.9 万吨增长到 6940.1 万吨，也达到了历史的峰值，年均增长 18.87%；无缝钢管产量从 414.8 万吨增长到 2013 年的 3131.1 万吨，也达到了峰值，年均增长 13.74%。

钢管出口量快速增长，从 2000 年的 60.6 万吨增长到 2008 年 989.5 万吨，增长了 16.3 倍，达到了历史峰值。特别是从 2003 年至 2008 年间，钢管出口量呈爆发式增长，年均增长率为 54.14%。2008 年四季度全球金融危机爆发，2009 年钢管出口呈大幅度下降，下降至 570.4 万吨，下降了 42.35%。2010 年以后，全球经济呈现回升态势，钢管出口也呈较快地回升，到 2014 年出口量回升到 938.6 万吨，达到历史上第二个高点。受全球贸易保护主义的影响，2015 年出口量为 929.2 万吨，出口呈现下行趋势。

此阶段也是我国钢管行业装备发展最快的阶段。无论是无缝钢管装备还是焊管装备都呈现出爆发式增长，这一阶段我国共建设先进的连轧管机组 26 套，其中新一代的 PQF、FQM 连轧管机组 18 套，先进的直缝埋弧焊管机组（UOE、JCOE、JCO）36 套，采用预精悍螺旋埋弧焊管机组 9 套，□400mm 及以上方矩管、ϕ426～710mm 大直径高频直缝焊管机组（ERW/HFW）生产线接近 30 套，其整体装备水平达到了世界先进水平，部分机组达到了世界领先水平。在引进国外先进装备的同时，也助推了国内设备制造企业的快速发展。从开始做配套和辅助设备，到制造主体设备，直至成套设备出口，走出了一条引进、消化、吸收、创新之路。

在此期间举世瞩目的“西气东输”一线、二线、三线，川气东送，陕京二线，三线，中贵线，中缅管线等工程建设，宝鸡石油钢管、渤海石油装备、宝钢、番禺珠江钢管等焊管企业为这些工程提供了绝大部分的 X70、X80 管线管（进口了少部分直缝埋弧焊管），满足了工程建设的需要。“西气东输”工程的建设，开启了我国长输管线大规模建设的高潮，也使我国管线管的制造水平大幅度提升，达到了世界先进水平。

这期间我国油井管的品种也在快速发展。为了满足复杂地质结构开采的需要，天管集团、宝钢股份、攀成钢、衡阳钢管、包钢等企业开发了深井超深井用管、高抗击毁套管、高强度抗硫套管、稠油热采井用管、超高强度钻杆、特殊螺纹接头套管等；天管集团、宝钢股份还开发了 13Cr、SPU13Cr、双相钢、镍基合金等抗 CO_2 腐蚀或抗 CO_2+H_2S 耐腐蚀油套管以及宝鸡石油钢管开发的连续油管等高端油井管；电站超临界、超超临界机组用高压锅炉管，在以宝钢为代表的锅炉管生产企业的共同努力下，T/P23、T/P91、T/P92、Super304、TP347HFG、TP310HNbN 等锅炉管已全面实现了国产化；核电用管也实现了国产化。上述品种的开发也为我国油气行业进入国际市场、电站装备走出国门，参与国际竞争提供了强有力的支撑。

这一时期我国民营无缝钢管企业如浙江久立、黑龙江建龙、林州凤宝、江苏常宝、安徽天大、聊城汇通等飞速发展壮大，民企在无缝钢管产量中占比超过 65%；焊管企业，如天津友发钢管、浙江金洲管道、番禺珠江钢管、徐州光环钢管、邯郸正大制管、天津源泰德润钢管、天津君诚管道、京华创新、天津力拓、上海申花钢管等民企在焊管产量占比更高，超过 90%，民营企业为我国钢管的发展做出了巨大贡献。

在快速发展的同时，钢管行业也出现了产能过剩、企业效益下滑、成本压力加大、企业负载过高、资金风险上升、环境等制约因素逐步增大，深层次矛盾和结构性矛盾尤显突出。

第五节　第五阶段

自 2015 以后及未来的一段时间，进入供给侧结构性改革阶段，主要抓好去产能、去库存、去杠杆、降成本、补短板五大任务。行业从高速度发展转向高质量发展阶段。

随着我国钢管产量达到了峰值后，钢管行业进入了新常态下的调整期，在国家调整经济结构、转变经济发展方式，以及钢铁行业去产能、取缔“地条钢”淘汰落后的宏观大环境下，2016 年以来钢管产量开始回落至 8000 万吨以下，行业进入了从高速度转向高质量发展阶段。

2016 年以来，随着油价的回升和油气对外依存度的增高，为了满足国内对天然气需求的快速增长和保障国家能源战略的安全，国家加大石油、天然气开发的力度，尤其是以“页岩气”“致密气”“煤层气”等非常规气体的开发将成为未来油气开发的重点。油井管、管线管的市场需求，将会在此阶段保持一个较高的水平。

在此阶段，管道建设也呈现出高潮，以中俄管线为代表的重大管道工程，如中俄东线、中亚管道 D 线、西三线中段等已开工建设，西四线将开工建设。“十三五”期间，新建天然气主干及配套管道 4 万公里，2020 年总里程达到 10.4 万公里。

2016 年以来，随着钢管价格的回升，一些企业又陆续建设新的产线，到 2018 年底仅新建的连轧管机组（已投产和正在建设的）达 15 套之多，产能超过了 500 万吨，使刚走出低谷的无缝钢管市场，又重回低价竞争的局面。焊管新建产能也在一些企业扩展，企业之间又呈现出规模攀比现象。

这一阶段企业间的重组又有了新的进展，但同时有一些企业未能熬过寒冬，倒在了黎明之前。

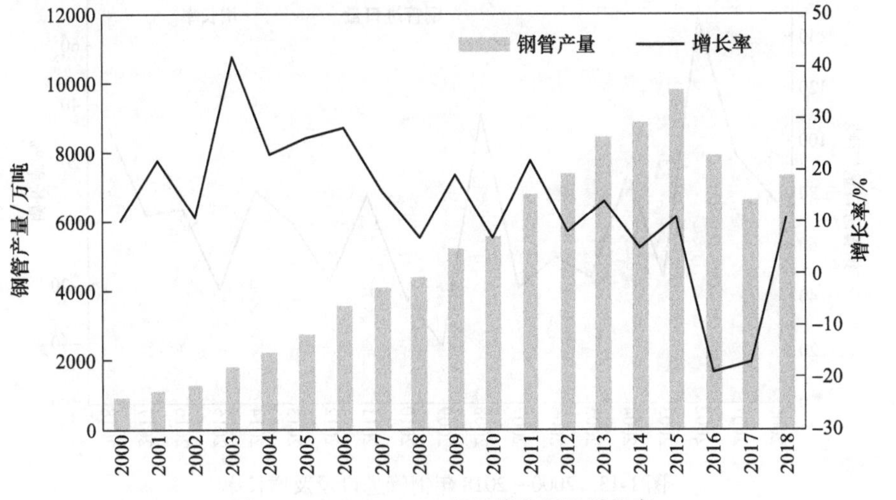

图 1-10　2000—2018 年钢管产量及增长率

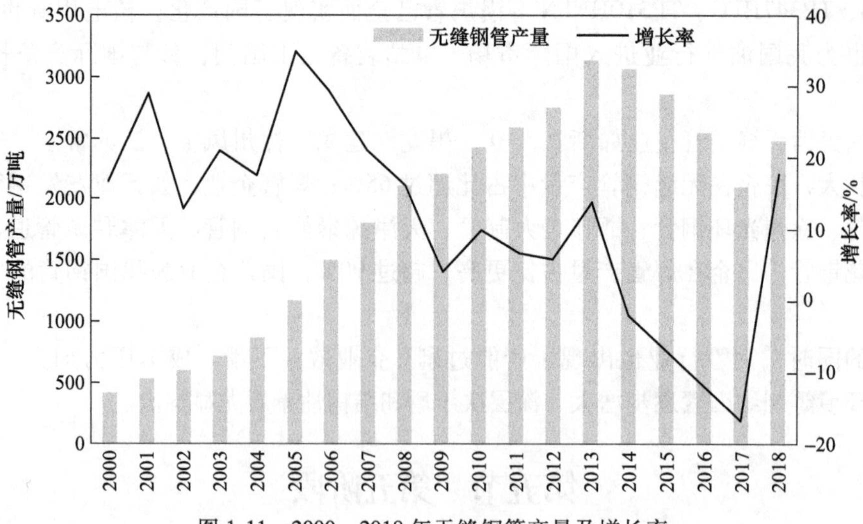

图 1-11　2000—2018 年无缝钢管产量及增长率

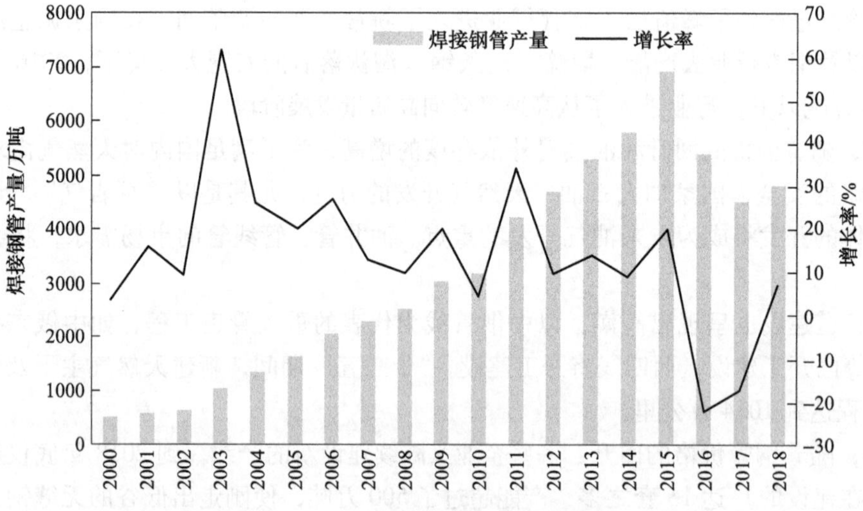

图 1-12　2000—2018 年焊接钢管产量及增长率

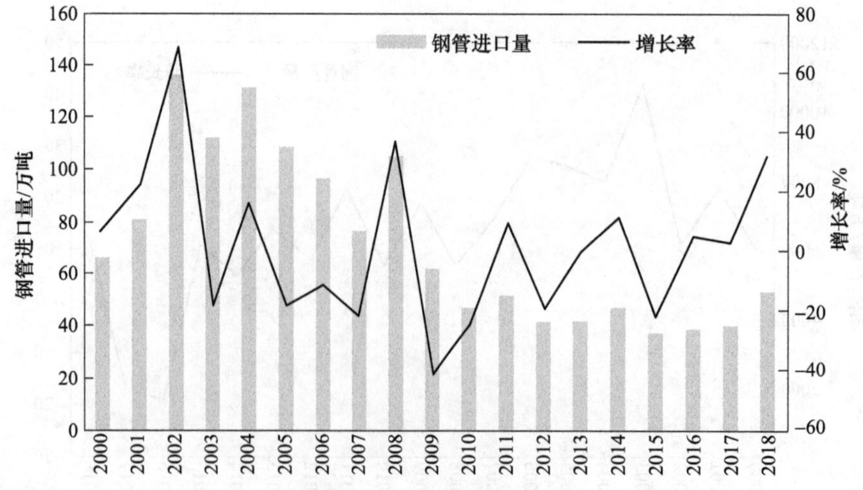

图 1-13　2000—2018 年钢管进口量及增长率

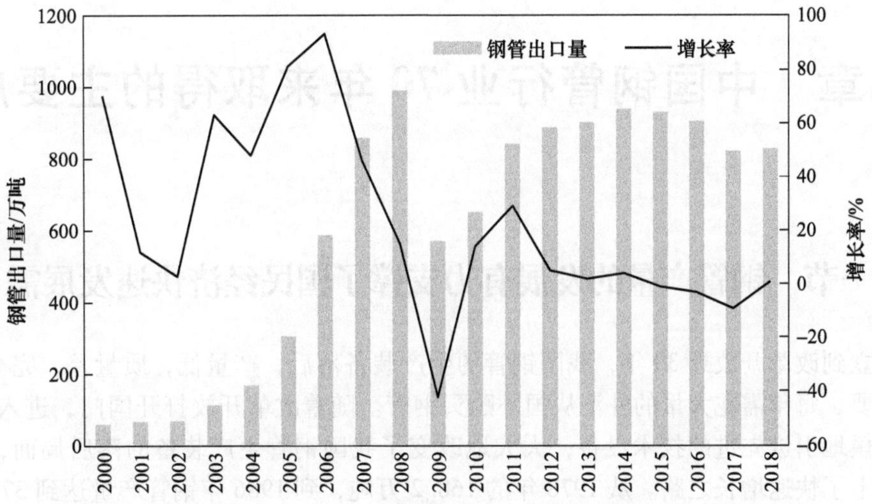

图 1-14　2000—2018 年钢管出口量及增长率

第二章　中国钢管行业70年来取得的主要成绩

第一节　钢管产量的发展有力支撑了国民经济快速发展需要

从新中国成立到改革开放近30年，我国钢管的生产装备落后，产量低，质量差，完全不能满足国内建设和发展的需要，每年需花大量的外汇从国外购买钢管。随着改革开放打开国门，进入80年代后我国陆续从欧美大规模地引进先进的技术设备，大大地改变了我国钢管生产装备的落后局面，使我国钢管产量从稳步发展走上了快速增长之路。从1978年的168.2万吨，到1986年钢管产量达到375.4万吨，超过了美国；1990年达到431.9万吨，超过了德国；1999年达到852万吨，超过了日本，成为世界钢管生产第一大国。特别是从2000年到2015年的15年间，我国钢管行业的产能及产量得到了飞速发展，2004年，中国钢管产量达到2207万吨，超过了世界钢管历史上苏联1988年所保持的2084万吨纪录，2015年我国钢管产量达到9801.8万吨的峰值，见图2-1，占世界钢管产量65%。这段时间钢管产量的年均增长率为17%。从1978年的168.2万吨增长到2015年的9801.8万吨，钢管产量增长了58倍，年均增长率为11.61%。钢管表观消费量从1978年的295.6万吨增长到2015年的8910万吨，见图2-2，增长了30倍，年均增长率为9.64%。

2016年以来，钢管行业步入新常态。钢管产量开始回落至8000万吨以下，行业进入了从高速度发展转向高质量发展阶段，2018年钢管产量下降至7320.11万吨。

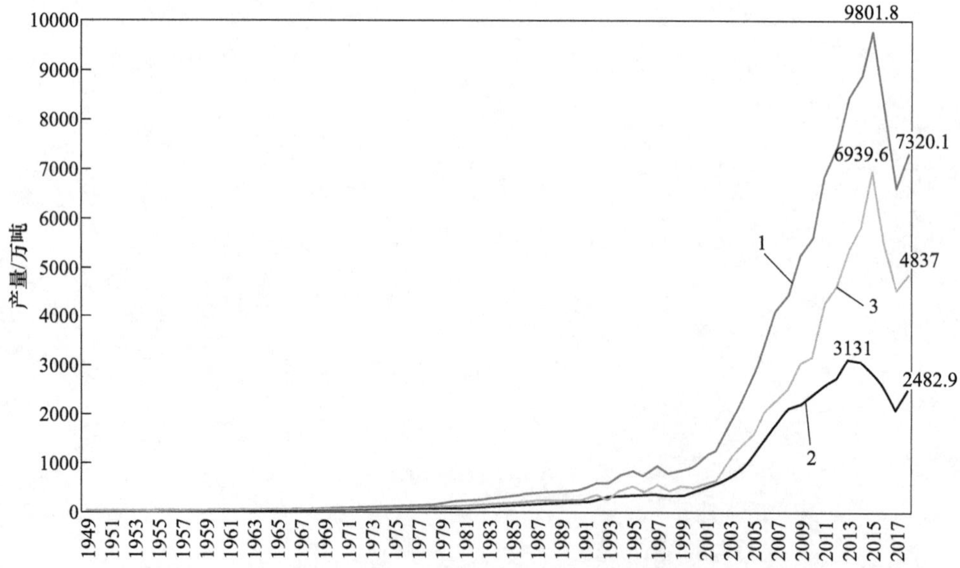

图2-1　1949—2018年钢管产量、无缝钢管产量、焊接钢管产量情况

1—钢管产量；2—无缝钢管产量；3—焊接钢管产量

一、无缝钢管产量的发展

1953年鞍钢生产出了第一支无缝钢管，当年我国无缝钢管产量仅0.3万吨，到改革开放后的1982年，我国无缝钢管产量达到101万吨，用了29年的时间，赶上了意大利（101万吨）；1992年达到265万吨，超过日本（233万吨）；1993年我国无缝钢管产量达到284万吨，超过了俄罗斯（259万吨），成为当时世界上无缝钢管产量最多的国家。2000年之后无缝钢管产量快速增长，2004年中国无缝钢管产量达到866.3万吨，超过了苏联1988年保持的808万吨世界纪录；2008年，我国无缝钢管产量突破2000万吨，达到2115.2万吨，在全球无缝钢管产量中的占比约为52.4%；2013年我国无缝钢管产量突破3000万吨，

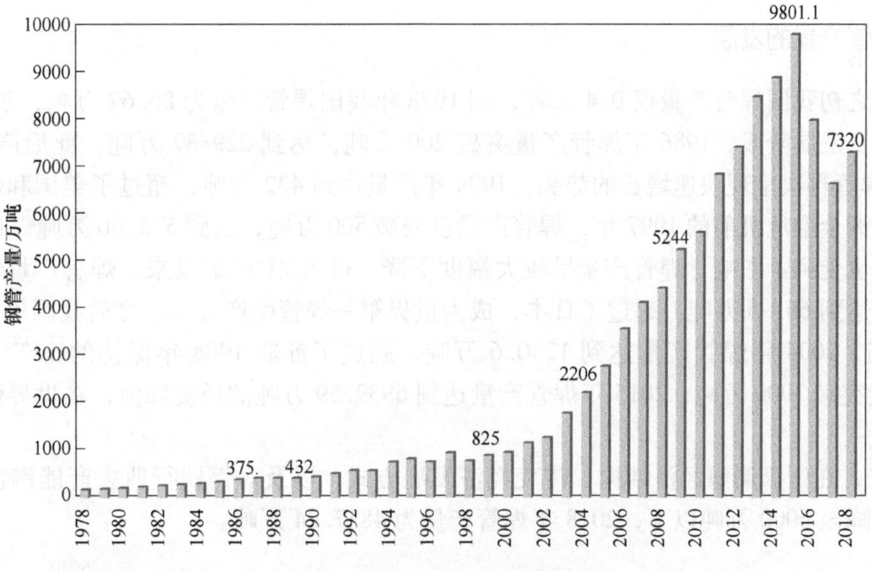

图 2-2　1978—2018 年钢管产量

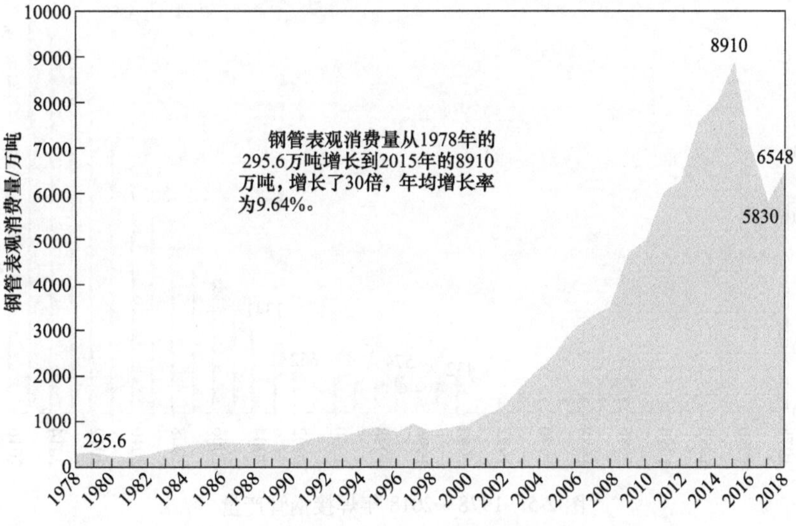

图 2-3　1978—2018 年钢管表观消费量

达到 3131 万吨的历史峰值，在全球无缝钢管产量中的占比约 68.8%。无缝钢管产量由 1953 年的 0.3 万吨增加到 2018 年的 3131.1 万吨，增长了 10437 倍。

2013 年后无缝钢管产量呈下降趋势，2016 年以来，无缝钢管产量下降至 2600 万吨以下，2018 年无缝管产量为 2482.87 万吨。

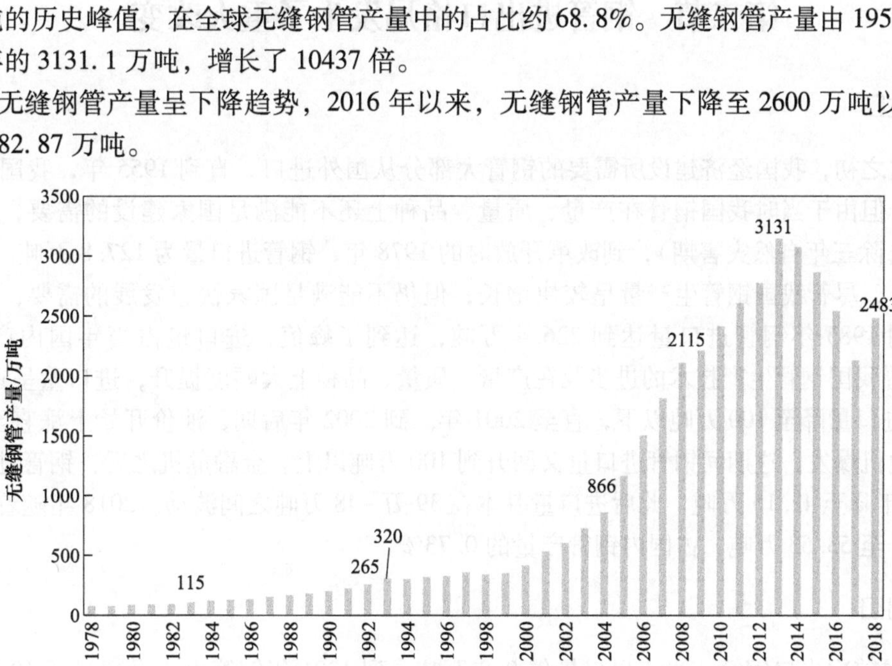

图 2-4　1978—2018 年无缝钢管产量

二、焊接钢管产量的发展

新中国成立之初我国焊管产量仅 0.4 万吨，到 1978 年我国焊管产量为 86.62 万吨，步入 80 年代后焊管产量进入了较快发展阶段，1986 年焊管产量突破 200 万吨，达到 229.37 万吨，此后产量出现了波动。进入 90 年代，焊管再次呈现快速增长的势头，1994 年产量达到 432 万吨，超过了美国和俄罗斯，位居全球第二位，到亚洲金融危机前的 1997 年，焊管产量已突破 500 万吨，达到 573.66 万吨。1998 年亚洲金融危机，中国经济也受到了影响，焊管产量呈较大幅度下降。进入 21 世纪以来，焊管产量快速增长，2002 年我国焊管产量达到 661.5 万吨，超过了日本，成为世界第一焊管生产大国。之后我国焊管产量增长的势头一发不可阻挡，2004 年焊管产量达到 1340.6 万吨，超过了苏联 1988 年保持的 1277 万吨世界纪录；2009 年焊管产量突破 3000 万吨；2015 年焊管产量达到 6939.59 万吨的历史峰值，在世界焊管产量占比达到了 63.1%。

2016 年以来，在国家调整经济结构、转变经济发展方式，以及对钢铁行业去产能淘汰落后的大环境下，焊管产量下降至 6000 万吨以下，2018 年焊管产量为 4837.24 万吨。

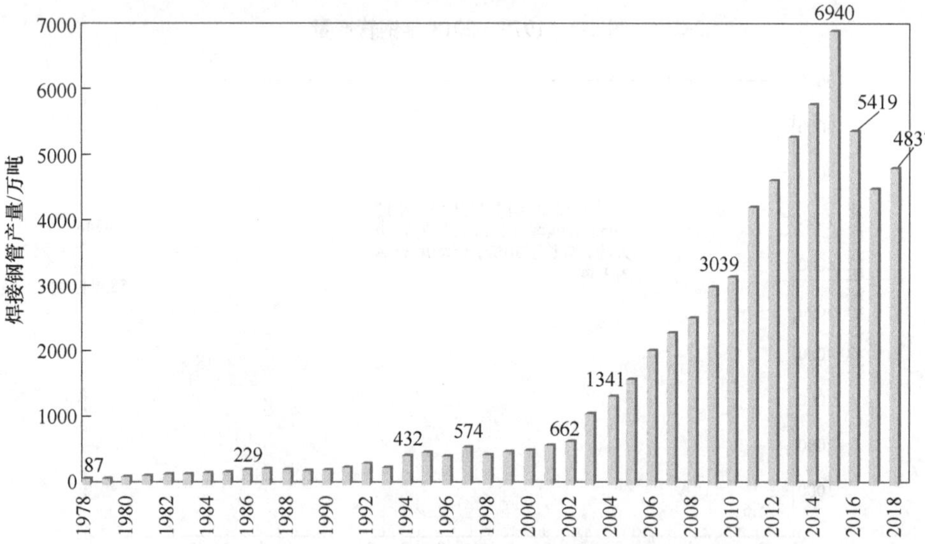

图 2-5 1978—2018 年焊接钢管产量

第二节 钢管进出口格局发生了重大改变

一、钢管进口

新中国成立之初，我国经济建设所需要的钢管大部分从国外进口，直到 1955 年，我国钢管的生产量才超过进口量。但由于当时我国钢管在产量、质量、品种上还不能满足国家建设的需要，所以钢管进口量仍逐年增长（除三年自然灾害期），到改革开放时的 1978 年，钢管进口量为 127.8 万吨。

改革开放后，尽管我国钢管生产量呈较快增长，但仍不能满足国家快速发展的需要，每年仍需要进口大量钢管，到 1985 年钢管进口量达到 226.4 万吨，达到了峰值，进口量占当年国内产量的 70.6%。1985 年后，随着我国钢管生产技术的进步及在产量、质量、品种上大幅度提升，进口量呈逐年下降趋势，1994 年后钢管进口量降至 100 万吨以下，直至 2001 年。到 2002 年后期，油价开始上涨直至 2008 年第四季度全球金融危机爆发，这期间钢管进口量又回升到 100 万吨以上。金融危机之后，钢管进口量再一次下降，直到 2012 年降至 42.15 万吨，此后进口量基本在 39 万~48 万吨之间波动。2018 年随着油价回升，钢管的进口量回升至 53.53 万吨，占国内钢管产量的 0.73%。

二、钢管出口

1982 年我国首次出口钢管，当年出口量仅 0.8 万吨。到 1991 年钢管出口量超过了 10 万吨，1995 年

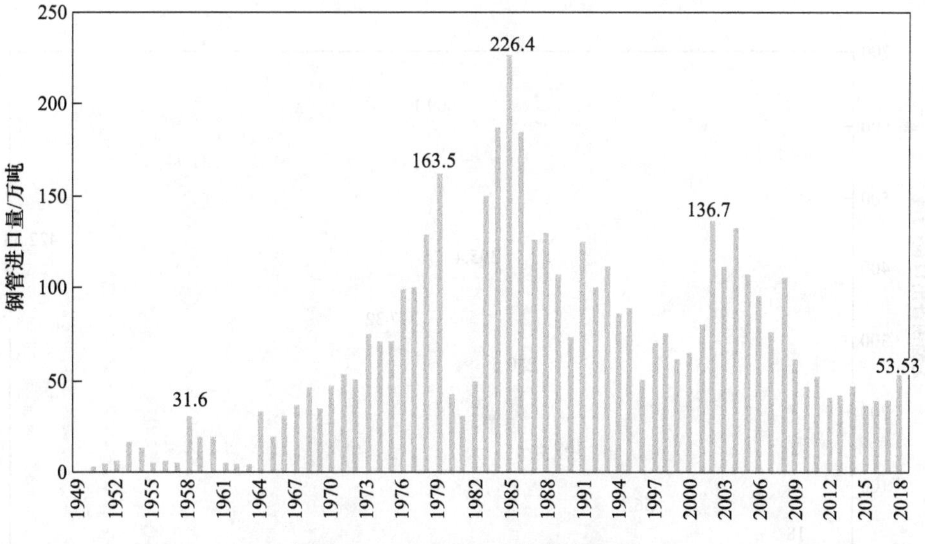

图 2-6　1949—2018 年钢管进口量

后钢管出口呈快速增长，至2003年出口钢管超过了100万吨，达到113.3万吨，年均增长率26.6%，成为钢管净出口国。2003年以后至2008年，钢管出口量呈爆发式增长，钢管出口量从113.3万吨猛增到2008年的989.5万吨，短短5年增长了8.5倍，年均增长率为54.14%。2008年四季度全球金融危机爆发，2009年钢管出口量大幅下降至570.36万吨，下降了41.45%。2010年出口量开始回升，至2014年出口量回升至938.6万吨，处于历史第二高点。2014年后受国际贸易保护主义的影响和油价下降的影响，出口呈逐年下降，到2017年出口钢管降至821.54万吨。2018年随着油价回升，钢管出口小幅增长至827.55万吨。

随着钢管出口量增长和进口量下降，钢管净出口量不断增长，2015年我国钢管净出口量891.83万吨，成为净出口量最多的一年。钢管出口量增长和进口量下降，使中国钢管进出口格局发生了重大改变，在国际上的影响力也不断扩大。

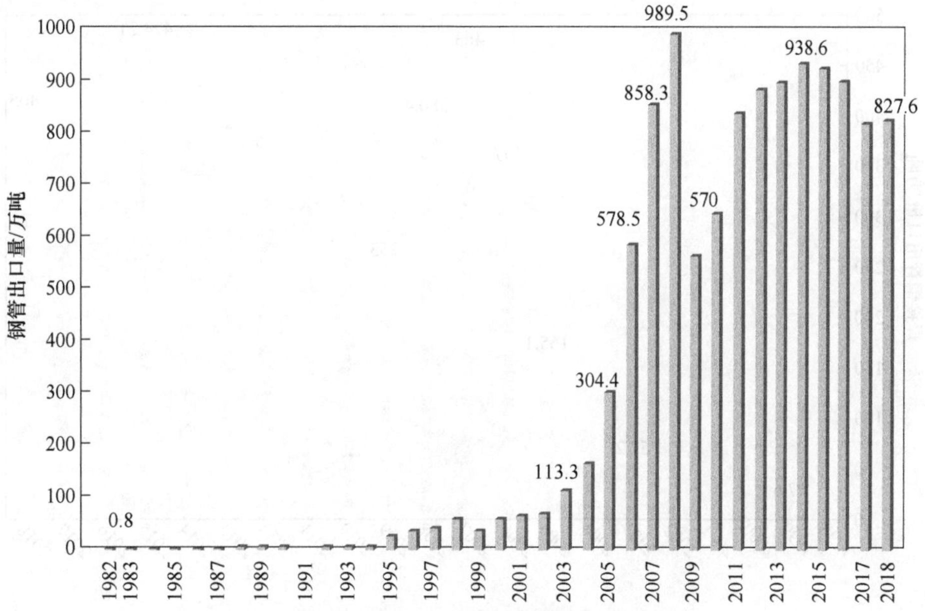

图 2-7　1982—2018 年钢管出口量

2003年以来，无缝管出口呈快速增长趋势，从56.1万吨增长到2008年的609.1万吨，达到了历史的峰值，短短的5年时间增长了10.9倍，年均增长率高达61.1%。2008年四季度全球金融危机爆发，2009年无缝管出口大幅度下降至317.3万吨，下降了47.9%。金融危机后无缝管出口开始回升，到2014年出口531.4万吨，达到了历史第二高点。2014年后无缝管出口连续三年下降，2018年，无缝管出口422万吨，比上年小幅回升。

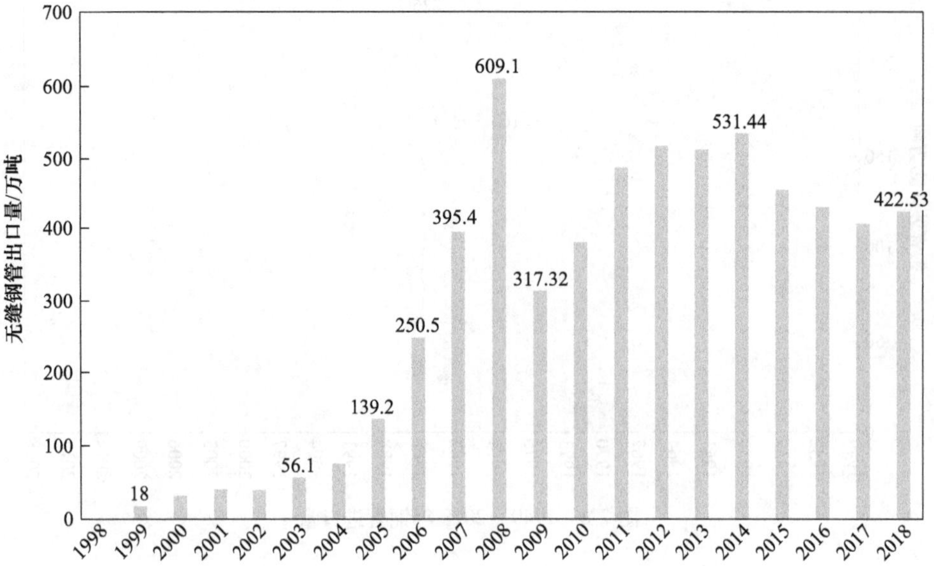

图 2-8 1998—2018 年无缝钢管出口量

2003 年焊管出口量为 57.2 万吨，同比增长 103.6%。2003 年以来，焊管出口呈爆发式增长，直至 2007 年出口量达到了 463 万吨，短短的四年时间增长了 8 倍，年均增长率高达 68.7%。2007 年欧洲钢管协会对中国钢管（焊管、无缝钢管）提出反倾销，致使 2008 年焊管出口下降至 380.4 万吨，2008 年四季度全球金融危机爆发，2009 年焊管出口进一步下降至 253 万吨，两年下降了 45.4%，年均下降了 26.1%。金融危机后焊管出口开始回升，到 2015 年出口 474.2 万吨，达到了历史峰值。2015 年后焊管出口连续三年下降，到 2018 年，焊管出口为 405 万吨。

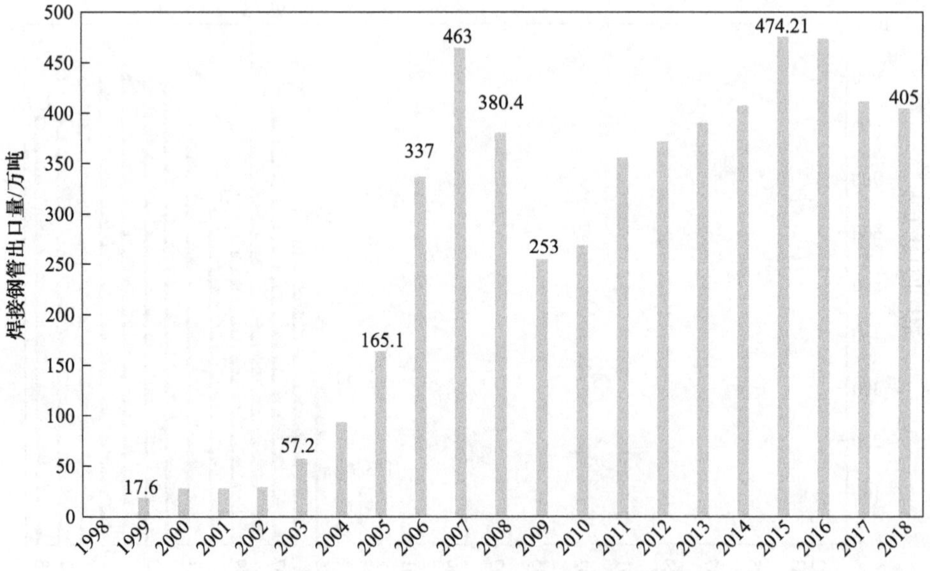

图 2-9 1998—2018 年焊接钢管出口量

第三节 产品结构调整、品种质量提升成效显著

新中国成立以来，特别是改革开放以来，我国的钢管产品结构不断优化，钢管品种基本满足了国民经济发展的需求，产品质量稳步提高。特别是在关键产品开发取得了长足的进步。

一、油井管

鞍钢 ϕ140 机组投产后第二年（1954 年），就开始按鞍标 434-1954（即 ГОСТ633-50 等效标准）生产油管。60 年代中后期，鞍钢参照 ГОСТ632—1957，小批量生产了 ϕ127mm 和 ϕ140mm 小套管，发往油田试用。改革开放前后，鞍钢、包钢和成都无缝钢管厂，按照原冶金部参照 API 标准制定并颁布的《石油套管》（YB 690—1970）、《石油对焊钻杆、钻铤、方钻杆管材》（YB 691—1970）以及参照 ГОСТ 标准制定并颁布的《石油油管及其接头》（YB 239—1963）等标准，生产油管、套管、钻杆。20 世纪 90 年代后期，跟随着国内油田，特别是西部油气田开发的需要，对油井管的技术要求越来越高，仅符合 API 标准的油套管和钻杆已无法满足使用要求，迫切需要更高性能的非 API 油井管。为了满足油田的个性需求，90 年代末天津钢管、宝钢，在完成了按 API 标准开发生产的各钢级油井管产品后，率先开发了非 API 油井管产品，进入 21 世纪以后，无锡西姆莱斯，攀成钢、华凌衡阳钢管、包钢、鞍钢、江苏常宝、安徽天大等企业都参与非 API 产品的开发，包括 90-125H 稠油热采井用管、110-170V 深井超深井用管、90-160TT 高抗击毁套管、135-170D 高强度超高强度钻杆、80-110SS、125S 高强度抗硫套管、特殊螺纹接头套管等。近年来，天津钢管、宝钢在 13Cr、HP13Cr、SPU13Cr、双相钢、镍基合金等抗腐蚀油套管研发方面取得了重大突破。13Cr 系列的产品已大量供油田使用，镍基合金套管也已小批量试用。另外，天津钢管集团研发的钛基合金管在四川阆中成功下井。

除上述生产成品油井管（配有螺纹加工生产线）企业外，国内还有生产平端油井管（不带螺纹的油井管料）企业，包括：黑龙江建龙、河南凤宝、吉林磐石等钢管企业。

二、管线管

20 世纪 80 年代中后期，我国开始了按 API 5L 标准研制开发 X42、X46、X52、X60、X65 管线钢，90 年代在塔轮、陕京、靖西、鄯乌、库鄯等管线项目建设中，大量使用了国产 X52、X60、X65 钢级的螺旋埋弧焊管。90 年代末至 21 世纪以来，随着我国国民经济的快速发展，对能源需求特别是对天然气的需求越来越大，以宝鸡石油钢管、渤海石油装备为代表的焊管生产企业与宝钢、武钢、鞍钢等板带钢生产企业以及西安管研院、科学院金属所等科研院所合作，共同开发出了 X70、X80 高钢级管线管，使我国管线钢管生产能力及工艺技术水平快速提升，为长输管道建设提供了强力支撑。已开发的管线管产品包括：陕京一线管线建设采用的 X60 钢级，直径 ϕ660mm 钢管，输送压力 6. 4MPa；西气东输一线采用的 X70 钢级，直径 ϕ1016mm 最大壁厚 21mm（螺旋管最大壁厚 17. 5mm）钢管，输送压力 10MPa；西气东输二线采用的 X80 钢级，直径 ϕ1219mm 最大壁厚 27. 5mm（螺旋管壁厚 18. 4mm）钢管，输送压力达到 12MPa；随后建设的西气东输三线、陕京四线等长输管道主干线均采用的 X80 钢管，近期建设的中俄管线（东线），最大直径 1422mm 最大壁厚 30. 8mm，也采用了 X80 钢管。我国成为世界上 X80 钢管应用量最大的国家。目前我国已经研制出管线管钢级达到 X100 和 X120。另外，抗硫化氢应力腐蚀级管线管、深海管线管（宝钢、番禺珠江钢管厂、渤海石油装备开发了 X65、X70 海底管线管）、抗大应变管线管也都已开发出来，并应用到国内管道项目建设中。

三、火电、核电用管

我国从 20 世纪 60 年代试制出小直径冷拔高压锅炉管开始，到改革开放初期，已生产出的高压锅炉管主要牌号是 20G、15MnV、12MnMoV、15CrMo、12Cr2MoWVTiB、12Cr3MoVSiTiB、12Cr1MoV 等。20 世纪 80 年代初我国引进了美国 CE 公司 300MV 和 600MV 亚临界火电机组的设计和制造技术，同时美国 ASME、ASTM 标准的耐热钢也进入我国，其主要牌号为 106B、106C、T/P11、T/P12、T/P22、T/P91、TP304H、TP347H 等。80 年代初至 90 年代期间，我国钢管企业相继试制出了上述牌号的产品，同时按德国 DIN17175 标准开发出 15Mo3、13CrMo44、10CrMo910 等牌号的产品。但 T/P91、TP304H、TP347H 这几个牌号产品由于存在不少质量问题，没有得到应用，几乎全部依赖进口。

90 年代我国先后引进国外 600MV、300MV 超临界火电机组，21 世纪初又引进 600MV、1000MV 超超临界机组。这些先进机组的引进，为我国火电机组快速发展奠定了基础，同时也为我国电站用管的开发起到了积极地引导作用。进入21世纪以来，我国火电机组的建设高速发展，极大地拉动了电站用管的发展，这一期间以宝钢为代表的电站锅炉管生产企业，包括衡阳华菱钢管、江苏常宝、天津钢管、攀成钢、浙江久立、北方重工相继开发出了T/P23、T/P24、T/P91、T/P92、T/P911、T/P122、G105、Super304、TP347HFG、HR3C等产品，满足了电站发展的需要，实现了600℃超临界机组全套钢管的供货能力，使我国电站用钢管技术跃居世界先进行列。

核电用管快速发展。宝钢、浙江久立自主研发出了核电蒸汽发生器用Inconel690、Incoloy800传热管，打破了由世界少数国家的少数企业长期垄断的局面。

我国火电、核电用钢管的快速进步，有力支撑了电力工业的发展，促进了我国“一带一路”建设和火电、核电“走出去”战略的实施，具有重要的社会效益。

四、机械用管

近十年来，国内工程机械行业发展较快，对所需的管材要求也越来越高（应用于起重机、装载机、挖掘机、旋挖机等）。衡阳华菱钢管、天津钢管、湖北新冶钢、宝钢、鞍钢、包钢等企业已开发的高强高韧起重机臂架管，钢级为Q690、Q770、Q890，其-40℃冲击功不小于45J；旋挖机钻杆，钢级Q550、Q850，其-40℃的冲击功不小于40J，壁厚精度±10%，高级精度±8%；煤机装备用Q890ϕ710mm×63mm和ϕ572mm×69mm大口径厚壁液压支架管等。

五、气瓶用管

气瓶管已广泛用于石油（天然气）、化工、环保、卫生、建筑、消防、汽车、海洋、国防、航天航空及海底勘探等领域。大部分气瓶管要求壁薄、径壁比大、单重轻，材料从Mn钢逐步转向Cr、Mo钢，规格向大直径扩展。目前天津钢管、衡阳华菱钢管、包钢等企业已生产的主要牌号和规格如下。

（1）气瓶管。

牌号：37Mn，30CrMo（4130X），35CrMo，34CrM04等；规格：外径ϕ（114～406）mm，壁厚3～8.8mm，薄壁居多；使用压力8～30MPa。

（2）CNG气瓶管。

牌号：30CrMoE（4130X），42CoMoE（4142），34CrM04；规格：缠绕瓶（车用）外径ϕ325mm，ϕ356mm，ϕ426mm；

壁厚：7.0～8.8mm（热轧），4.3～5.9mm（冷轧）；

拖车用外径：ϕ559mm，ϕ610mm，ϕ711mm，壁厚：17～21.5mm；

使用压力：20MPa。

（3）蓄能器管。

牌号：30CrMo，35CrMo，34CrM04；

规格：外径ϕ89～457mm，壁厚：5～30mm；

使用压力：6.3～63MPa（10～63MPa为高压常用：10MPa、20MPa）。

六、不锈钢管

20世纪80年代后期，一些至今影响中国经济和国防建设的不锈钢管企业应运而生。主要包括：太钢不锈钢管制品有限公司、浙江久立集团股份有限公司、中兴能源装备股份有限公司（南通特钢）、江苏武进不锈钢有限公司、江苏无锡腾跃不锈钢有限公司、广东佛山宇航不锈钢管有限公司、广东珠海不锈钢管制品厂有限公司等。

2000年后，我国不锈钢产业高速发展，主要钢厂实现了现代化，开发能满足国内发展需要的很多钢种，尤其是近十年来，我国不锈钢加工工艺及装备能满足任何不锈钢、高合金钢，包括奥氏体、铁素体、马氏体、双相钢，超级奥氏体和高镍耐蚀合金钢种生产钢管。主要品种包括：（1）石油钻采上用不锈钢管：13Cr-80/95/110、HP13Cr-95/110、SUP13Cr-95/110，22Cr-110、25Cr-110/125、铁镍基合金等；（2）电站上用不锈钢管：07Cr19Ni10（304H）、07Cr18Ni11Nb（347H）、10Cr18Ni9NbCu3BN（超级304）、

07Cr25Ni21NbN（HR3C）等；（3）核电用合金管：Incoloy800、Inconel690；（4）石油化工用管：304、304L、304H、316、316L、321、321H、347、347H、S32205、S32750、N04400、N06600、N06625、N08800、N08825、N010276等。

近年来，国际上一些重大工程项目常采用我国不锈钢管材，包括国际科研合作项目“国际热核聚变实验堆（ITER）计划”，赛科90万吨乙烯裂解联合装置，扬巴一体化工程（60万吨乙烯），美国陶氏化学工程，康菲石油工程等，最近久立集团参加国际竞争，连续中标阿曼0.8万吨，法国1.7万吨和英国2万吨。我国部分不锈钢企业目前已经有能力参加国际项目的竞争，得到国际上的认可。

七、海洋工程用管

（1）天津钢管、衡阳华凌钢管开发生产了X80Q、X100Q海洋平台用桩腿半弦用管、桩腿支撑管；

（2）宝鸡石油钢管开发生产了X80深海钻井隔水套管；

（3）番禺珠江钢管公司开发生产了130m超长水下钢桩；

（4）宝钢、天津钢管、衡阳华凌钢管、番禺珠江钢管、巨龙钢管、宝鸡钢管、江苏玉龙钢管等企业开发生产了X60、X65、X70海底管线；

（5）衡阳华凌钢管开发生产了海洋钻井平台用高压泥浆管；

（6）一些企业还开发生产了海洋平台用的导管架、钻井架用管。

八、建筑结构用管（无缝管、焊接管、方矩管等）

近年来，钢管结构凭借自身优越性能与建筑外形，被应用到民用建筑、工业建筑、桥梁、大型场馆、机场、高铁站、特高压输电工程等领域。如北京新机场、青岛新机场的屋顶均采用了包钢钢管提供的网架结构用管，其中北京新机场结构用管的牌号为Q460GJC和Q345B，最大管径ϕ1500mm，壁厚40mm，包钢提供的管径为ϕ402mm×(14～20)mm、ϕ(377～325)mm×(12～16)mm、ϕ(299～219)mm×(10～16)mm、ϕ(194～180)mm×(8～12)mm Q345B近2万吨；我国特高压输电工程中大跨度、重载线路多采用钢管塔，其牌号为Q345、Q390、Q420、Q460；广州电视塔（俗称“小蛮腰”），其采用了宝钢提供的牌号Q345GJ ϕ1000－600×30－50mm（后改为Q420耐候钢）直缝埋弧焊管，上海月月潮提供的Q345GJ、Q345 ϕ(850～700)mm×(25～40)mm直缝埋弧焊管9000余吨。“十三五”我国钢结构行业产量力争到2020年超过1亿吨，其中钢管占比达到12%～14%。

九、耐磨管开发

耐磨管的开发始于20世纪80年代中期，成都无缝厂开发出用碳素钢无缝管，经整体热处理，使钢管外表面硬度保持基本不变，内表面硬度有很大增高的耐磨无缝钢管；

21世纪初，天津钢管与清华大学合作，采用控轧+低温回火的生产工艺，为三一重工开发出ϕ133mm×5.5mm贝氏体钢耐磨管，用于混凝土泵车的输送管，并批量供货。

2014年天津钢管为国内矿山开发出输送尾矿用大口径耐磨管，其规格为ϕ630mm×16mm，其主要性能指标：布氏硬度HBW360-420，屈服强度≥900MPa，冲击功AK(横向20℃)≥25J，输送土方量是X60管线管3倍。

2014年鞍钢无缝厂开发出65Mn耐磨管，该热轧耐磨管作为泵管加工企业的管料，经内表面淬火+低温回火热处理后，最终其内表面可达到很高的硬度，见表2-1。

2015年为适应高耐磨管的需求，开发出NM600、NM600-1耐磨管产品。该系列产品均为鞍钢自主研发的低合金管，以此代替进口高耐磨性能的钢管。目前鞍钢无缝厂可生产45Mn2M(NM50)、55MnM(NM55)、65MnM(NM60)、NM600(NM62)等多个牌号的耐磨管，同时生产供应复合耐磨管管料，均采用热轧态供货。鞍钢开发的上述系列耐磨用无缝管的特点是生产成本较低，具有良好的淬透性，通过后序热处理工艺其性能均满足标准要求，硬度、耐磨性能更优异。

表2-1为《输送砂浆用耐磨无缝钢管》(GB/T 33966—2016)标准中，规定的轧态交货的性能和热处理后钢管的硬度指标。

表 2-1　耐磨管性能指标

牌号	拉伸性能			热处理后洛氏硬度 HRC（不小于）
	屈服 $R_{0.2}$（不小于）/MPa	屈服强 R_m（不小于）/MPa	断后伸长率 A（不小于）/%	
NM50	420	750	14	50
NM55	450	780	13	55
NM60	530	880	12	60
NM62	550	900	12	62

十、复合管开发

已开发的复合管主要使用场合包括：

（1）用于市政供水管道项目的复合管；

（2）用于输送耐腐蚀介质的复合管线管、化工用复合管；

（3）用于换热器的复合管；

（4）用于隔热用的复合管；

（5）用于耐磨衬管的复合管。

上海天阳钢管历经 6 年，成功研发出压熔锚合冶金复合管。

十一、汽车用管的开发

汽车用管主要包括减振器、传动轴、转向器、油路管、气囊用管、排气管、燃油分配器管、汽车结构性用管、双层管等。此外还包括汽车齿轮、齿轴用钢管。

通过不断技术创新和研发，上述产品有力支撑了我国相关领域的发展，一批高端产品打破了国外垄断，并占据了中国制造业高端用管的制高点。

第四节　生产技术装备水平不断创新提高

改革开放前，我国钢管行业生产工艺、技术装备水平十分落后。无缝钢管生产主要采用自动轧管机组（定径机采用两辊式）；另有几台皮尔格轧机、顶管机等；还有数十台 ϕ76mm 穿轧拔或穿拔机组。焊接钢管生产主要采用直缝电阻焊管和螺旋埋弧焊管机组。由于当时机组装备水平落后，无论是机组的能力（产能、规格尺寸、钢级），还是产品质量如尺寸精度、表面质量、焊缝质量等均难以满足下游用户的要求，所以高端、高质量、高附加值产品均靠从国外引进。

一、无缝钢管技术装备

1985 年宝钢引进的国内第一套 ϕ140mm 浮动芯棒连轧管机组建成并投产，对我国无缝钢管生产工艺技术及装备的发展产生了很大的影响。20 世纪 90 年代，天津钢管、华菱衡阳钢管、鞍钢、包钢等国有企业先后引进了更为先进的限动芯棒连轧管机，这些机组的引进使我国钢管产量、质量、品种得到了大幅度提高。

2003 年世界上第一套 ϕ168mm 三辊 PQF 连轧管机在天津钢管公司顺利投产。三辊 PQF 连轧管以其在各方面的先进技术指标，向人们展示了新一代的热连轧无缝钢管技术优秀的工艺特性。2003 年以来中国新建的（已经建成和正在建设的）三辊连轧机组达到了 28 套（包括国内制造的三辊连轧管机），连轧管机组总数达到 46 套（含在建和停产的），除连轧机组外，以湖北新冶钢 ϕ180mm、ϕ460mm 机组为代表的三辊斜轧（Assel）机组、以攀成钢 ϕ180 和烟宝 ϕ273 为代表的精密轧管（Accu-Roll）机组、以江苏常宝 ϕ102mm、ϕ114mm 为代表的 CPE 机组、以攀成钢 ϕ508mm 和衡阳钢管 ϕ720mm 为代表的周期式轧管机组、以武汉重工（471 厂）ϕ1200mm 以及河北宏润重工 ϕ1500mm 的大口径顶管机组、以浙江久立 35MN 及太钢不锈 60MN 和宝钢特钢 60MN 的中等口径卧式挤压机组以及北方重工 360MN 及河北宏润重工 500MN 大口径挤压管机组等诸多不同机型轧管机组的建设，极大提升了我国无缝钢管生产工艺技术与装备水平，促进了我国钢管行业的快速发展，为我国钢管行业实现由生产大国向生产强国发展奠定了良好的基础。

在引进国外先进设备的同时，国内的设备制造业也同步发展起来。无缝钢管设备的最早制造厂家是山西太原重型机器厂，随着改革开放的发展，一批民营企业如太原通泽重工有限公司、山西磐泓机电设备有限公司、河南长葛一鸣机械有限公司等企业也加入这个行业中来，并形成鲜明特色。国内轧管设备制造企业，已完成了从最初与外国厂家合作，配套辅助设备到独立制造主轧机设备和成套设备集成。太原重型机器厂已完成数十套的轧管设备，可生产直径为 ϕ48.3~1200mm，壁厚为 4~100mm，主要包括具有自主知识产权的三辊轧管机（Assel）成套设备，精密轧管机（Accu-Roll）成套设备，两辊、三辊连轧管机成套设备等，近期又为山东磐金钢管成套制造了 ϕ273mm、两条三辊连轧管机组生产线等；太原通泽重工有限公司，自主完成了国内首套 ϕ250mm 二辊限动芯棒连轧机组成套设备，随后又完成了 ϕ114mm 二辊限动芯棒连轧机组成套设备以及 ϕ365mm 三辊连轧机组成套设备，近期又为山东磐金钢管制造成套了 ϕ159mm、ϕ180mm 各两条三辊连轧管机组生产线等；中冶赛迪自主成套的世界首套小口径 ϕ89mm 三辊连轧管机组，配备了完整的工艺控制模型，实现了连轧管机的“削尖轧制”张力减径机壁厚控制和 CEC 控制功能，使该生产线的工艺控制技术达到了世界先进水平；中冶京城自主成套制造了国内首套 ϕ114mm CPE 顶管机组；山西磐泓机电设备有限公司近年来研发了具有削尖功能的斜轧无缝机组（设置有零阻尼轧辊进给装置）；河南长葛一鸣机械有限公司经过不断试验发明了双芯棒联合斜轧机组，大大提高了斜轧机组的生产节奏；由北方重工联合清华大学、太原重工、中冶京唐等组建成研发团队，自主研发制造的当时世界最大的 3.6 万吨黑色金属垂直挤压机和 1.5 万吨穿孔制坯压机；河北宏润重工完全依靠企业自身的力量，自主研发制造了当时世界最大的 5 万吨黑色金属垂直挤压机。另外，太原重工、太原通泽重工等企业还向国外出口了连轧管机组成套和单体设备。上述机组、机型的创新开发，大大地丰富并提升了我国无缝钢管装备制造水平。

据不完全统计，截至目前，我国已拥有 8 类热轧无缝钢管机型包括：连轧管机组（MM、MPM、PQF、FQM）、精密轧管机组（Accu-Rool）、斜轧管延伸机组（由锥形辊、短芯棒和导板构成封闭孔型的二次斜轧延伸机组）、三辊轧管机组（Assel）、自动轧管机组、顶管机组（含 CPE）、挤压管机组、周期轧管机组等约 239 套，还有 220 多条穿孔+冷拔（冷轧）机组，实际产能规模约 4074 万吨左右。尤其是代表世界先进水平的连轧管机组其产能占比超过了全国总产能的 40%。

二、焊接钢管技术装备

新中国成立之初，我国直缝焊管主要是采用链式炉焊和乙炔排焊设备生产。1958 年我国引进了辊式成型低频电阻焊管机组投产，1960 年上海钢管厂改进焊接工艺，将低频焊接改为高频焊接，并在全国推广，使我国焊管生产出现了崭新的面貌；1973 年鞍钢成功地将链式炉改造为连续式炉焊，使炉焊管产量大幅度增长；1974 年阳泉钢管厂从日本引进了 2 台连续式高频焊管机组，并很快将引进技术在全国推广。

我国螺旋焊管从 1958 年引进苏联 ϕ650mm 螺旋埋弧焊管机组在宝鸡建厂开始，1963 年以后在锦西、临汾等地自制的 ϕ720mm 螺旋埋弧焊管机组和 ϕ325mm 螺旋埋弧焊管机组相继投产。此后一度停滞不前，直到 20 世纪 70 年代初，由大庆原油外运的“八三工程”管线会战开始，先后建成大直径螺旋埋弧焊管机组 9 套之多，开启了我国螺旋焊管的大发展。

1978—1998 年的 20 年间是我国焊管技术装备引进高潮，先后引进了各类典型的先进焊管机组。如 1981 年徐州光环钢管有限公司从日本引进了 ϕ80mm 高频直缝焊管机组、ϕ219mmFF 成型直缝焊管机组和 ϕ200mm 热镀锌机组；1984 年抚顺钢管厂引进意大利 ϕ8~40mm 和 ϕ20~90mm 不锈钢焊管机组各一套；1985 年宝鸡石油钢管厂从德国引进了 ϕ406mm 高频直缝焊管生产线建成投产；1991 年锦西钢管厂从德国引进 ϕ508mm 直缝焊管生产线；1994—1995 年海城北方钢管厂、攀钢北海钢管厂、番禺珠江北海钢管厂和上海埃力生钢管厂各引进了一条 ϕ325mmERW 直缝焊管生产线等。这期间国内引进的各类焊管线超过了 120 条，上述产线的引进大大地提高了我国焊管生产技术和装备水平，也使焊管的产量、质量、品种得到了较快发展。

1998—2018 年是我国焊管进入飞速发展的阶段，尤其是“西气东输”建设以来，我国焊管机组不仅建设速度快，而且机组的整体技术装备水平也大幅度提高。新建的大直径 ϕ610mm、ϕ660mm HFW 高频直缝焊管机组，JCOE、UOE 大型直缝埋弧焊管机组，预精焊螺旋埋弧焊管机组等装备，都达到了世界先进水平。

1998年番禺珠江钢管厂引进JCOE（旋弯成型原HME）机组投产，并于第二年生产出我国第一批大直径直缝埋弧焊管；2001年该厂又引进美国设备，建成我国第一条UOE生产线；2002年渤海石油装备巨龙钢管厂建成我国第一条JCOE生产线，同年，辽阳钢管厂自制的UOE生产线投产；2003年沙市钢管厂引进的JCOE机组和秦皇岛万基自制的JCOE机组投产，这些机组的建设，不但结束我国钢管行业长期不能生产大直径焊管的历史，而且使我国焊管产品大批量地出口国外。2008年宝钢UOE建成投产。标志着我国大直径焊管生产装备和制管技术处于世界领先水平。

据不完全统计，我国现有各类焊管机组约3000套，总产能约7000万吨。其中，直缝埋弧焊接钢管生产线约36套（包括UOE、JCOE、JCO），产能约723万吨；ϕ426mm、□400mm（方矩管）及以上规格的高频直缝焊接钢管（ERW/HFW）生产线32套，产能约691万吨；ϕ219~406mm高频直缝焊接钢管生产线约80多套，产能约1000万吨；（ϕ102mm）ϕ114~180mm高频直缝焊接钢管生产线约420套，产能约2000万吨；ϕ89mm及以下的高频直缝焊接钢管生产线约2000套，产能约1600万吨；螺旋缝埋弧焊接钢管生产线约400套，产能约1000万吨。其中，采用预精焊的机组9套。

20世纪90年代以来，我国的焊管设备制造企业也快速发展，国有企业和民营企业共同进步，通过引进、消化、吸收、自主创新，开发了类似引进机型的焊管机组，极大地促进了我国焊管生产技术和装备制造水平的提高。目前设备制造基本实现国产化。太原矿山机器集团有限公司是最早研发国产设备的厂家，从20世纪70年代中期开始先后完成大庆油田ϕ720mm机组，沙市ϕ1422mm机组，胜利油田ϕ820mm机组，马来西亚ϕ1820mm机组等螺旋焊机组。高频直缝焊也从70年代开始研究，先后开发了ϕ60mm，ϕ76mm，ϕ114mm，ϕ219mm，ϕ508mm机组及350/300mm，500/400mm方矩管机组。

石家庄轴承设备股份有限公司20多年来，先后成功研制了ϕ20~508mm高频直缝焊管系列生产线，ϕ114~219mm直缘排辊成型生产线，LW150~LW1600冷弯型钢生产线。

大连三高集团有限公司自主研发了高频焊管成型技术“三高成型法”设计制造了多套高质量设备，如世界首套ϕ711mm不锈钢/碳钢直缝焊管生产线、自主创新多个孔型LW2100mm机组、创新实现排辊成型内笼辊可调技术等。产品出口至美国、荷兰、西班牙等多个国家。

三、轧制工具

高质量的产品离不开先进的轧制设备和工具，目前我国钢管轧制工具的制造水平和工艺也取得了长足的进步。热轧、冷轧无缝管和焊管用工具，如轧辊、顶头、成型辊等，从部分引进到如今全部满足国内生产需求并出口到国外；连轧机组所用的芯棒也从全部进口到全部国内提供并批量出口到国外。另外，还开发出了较低成本的空心芯棒和表面堆焊芯棒。

常州宝菱重工是生产热轧无缝管机组，焊管机组用制管工具的专业公司，主要产品有顶头，穿孔辊，导盘，连轧辊，张减径辊，矫直辊，导板，导位，导槽，焊管轧辊，棒线材辊等。目前公司生产的制管工具覆盖国内所有热轧无缝管机组并批量出口到日本，欧美，印度等市场。

山东四方科技有限公司自主研发的高铬合金矫直辊，高铬合金轧辊，导盘及耐热钢等产品已经广泛用于国内无缝钢管、型钢机组、大口径ERW高频焊管、500mm方矩管等大型机组。技术水平和使用寿命达到国际先进水平。其中，以铸代锻新型焊管轧辊制造技术荣获国家知识产权局第十七届中国专利优秀发明奖，其产品已得到国内外大中型焊管企业的广泛认可，并出口到美国、德国、印度、俄罗斯、韩国等10多个国家。2015年该公司牵头起草制订了《焊接钢管轧辊》（GB/T 31936—2015）的国家标准。

第五节　节能环保绿色发展步伐加快

按照绿色钢铁的要求，行业企业认真履行社会责任，继续加大对环保的投入，环境经营水平不断提高，行业大型企业加大环保投入，注重节能减排与低成本技术的研究和应用，建立能源管理中心，促进了各项节能减排指标的全面改善。

天管集团持续加大环保投入，相继完成制铁公司料场防尘网、烧结脱硫除尘、烧结环冷余热利用、煤场全封闭改造、制铁公司除尘设施改造、水污染治理提标改造及废水深度处理回用工程、大气污染治理提标系列改造工程、预热综合利用全面取缔燃煤锅炉工程等项目。目前，主要污染物排放指标远低于国家标准限值，吨钢二氧化硫排放量和吨钢颗粒物排放量达到《钢铁行业清洁生产评价指标体系》一级水平，热轧管工序能耗、万元增加值能耗、水重复利用率也在行业名列前茅。

宝钢精密钢管厂酸洗生产线是宝钢自主设计研发的全自动生产线，具有空气净化设备和水循环处理设备，水循环利用率达70%，工业水处理完全达到环保要求，在自动化和环保要求上是目前国内最先进的酸洗生产线。

常熟钢管协会曾组织13个产生余酸的会员企业走出去，参加学习余酸循环利用的经验，邀请了工业固废处理企业的领导和环保部门专家，围绕废酸循环使用、固废处理、利用成本等问题展开研讨。通过学习和提高认识，企业主动增加环保资金和技术的投入，例如会员企业苏州钢特威钢管有限公司，2016年投资4500多万元建设了新型的废酸处理系统，加大环境治理力度，吨钢综合能耗、主要污染物排放量逐年减少，大气污染物排放总量增长势头得到遏制友发集团、金洲管道坚持生态环保理念，坚持以节能、降耗、增效为目标，主动做好节能减排、清洁生产等各项基础工作，提升企业资源有效利用率，促进企业经济绿色循环低碳发展。2018年金洲管道被国家工信部评定为“国家级绿色工厂”。并荣获浙江省绿色企业、浙江省标准创新型企业、浙江省节能先进单位等称号。友发集团一分公司被国家工信部评定第三批“国家级绿色工厂”，正在设计建设并陆续投产的友发集团陕西友发公司更是按照绿色标杆工厂整体设计建设，未来友发集团下属各企业也将陆续实施绿色工厂建设，最终达到3A级景区标准。

聊城钢管经营者协会与冶金规划院共同探索新常态下钢管企业如何满足绿色发展和环保要求，全市所有钢管企业拆除了煤气发生炉，改用天然气加热管坯，改斜底炉为步进加热炉，不仅节约了能耗而且提高了管坯加热质量，取得了环保和质量的双提高。

同时，行业一些企业通过节能环保投入增效，坚持向节能环保要效益，用科技进步来降低成本，走创新节能环保型的发展模式。多年来，一些企业采用新技术改造废水处理、废酸处理设施，提高了处理效果，降低了处理成本，实现了废水、废酸再循环的目标。2017年以来，唐山京华引进奥地利再生酸技术，建成盐酸废液回收处理循环再生的生产线，生产过程产生的废酸全部回收再生利用。水资源利用方面，公司水处理站采用反渗透膜处理技术，所有生产废水全部循环利用，有效节约了水资源和生产成本。

第六节　“两化”融合及智能制造生产水平不断提升

钢管行业大型主流企业在生产制造、企业管理、市场营销、物流配送和节能减排等方面的信息化水平不断提升，并正在向集成应用转变。基础自动化在行业连续生产线得到普及应用，重点统计钢管企业已普遍实施生产制造执行系统，主要钢管企业实施了企业资源计划。

工信部发布《2018年智能制造试点示范项目公示》，华菱衡管有限公司作为其中一家无缝钢管智能工厂试点示范单位，“智慧衡管”信息化项目于2018年2月底启动，2018年12月31日提前实现新老系统之间的切换，2019年1月1日，“智慧衡管”信息化系统正式上线运行，力争将全员劳动生产率年均提高10%以上。一个管理智慧化、制造智能化、服务智敏化的“智慧衡管”初具雏形。

中石油渤海装备、宝鸡钢管等企业信息化工作取得实质性进展，ERP、MES系统在中石油所属宝鸡石油钢管、渤海石油装备两个主要制管企业全面实施，大大提高了所属直管企业的信息化水平，为实现以大数据为基础的智能制造打下了坚实基础。

特殊扣定制，是“宝管智造”的成功范例。从2013年开始，针对长庆油田“三低”（低渗、低压、低丰度）实际，宝鸡钢管联合科研院所，为其量身定制特殊扣新品。“长庆扣”的成功使用，有效解决了油田维修配套难、成本高等问题，实现了中国石油在这一领域零的突破，也开启了宝鸡钢管科研高端定制服务的新模式。

机器人在制管企业的应用越来越普遍，成品喷标机器人已大量应用与生产线。近年来管端焊缝磨削机器人和管端几何尺寸自动检测机器人的研发也取得可喜进展，如渤海石油装备研究院研发的管端焊缝磨削机器人，在通用工业机器人上集成焊缝检测系统和磨削机构，可对焊管管端内外焊缝进行三维自动检测，自动获取焊缝形貌特征数据，智能化地规划机器人磨削运动轨迹，进行自动磨削。宝鸡钢管的自动磨削机器人、管端几何尺寸自动检测机器人以及宝钢钢管引熄弧板焊接机器人等也都成功应用于焊管生产线。现代激光视觉检测技术、机器人技术等在焊管生产线的应用，提高了焊管生产线的工艺过程检测能力，为在大数据基础上形成钢管制造专家系统，推动焊管生产线的智能化奠定了坚实基础。

上海上上不锈钢管有限公司是一家现代民营企业，近年来投入巨资，把企业打造成为一家现代化、智能化的不锈钢无缝管制造工厂，其核心是引进瑞典 SCANACON 斯堪纳克环境技术有限公司酸液检测、过滤、加酸和智能控制处理系统，具有公司自主知识产权的国内首家密封式循环酸洗技术及天然气固溶炉的生产过程，采用 RFID 智能跟踪系统，从而实现了不锈钢管酸洗工序高效、安全、环保、绿色的全过程

金洲管道实施全生命周期管理服务商的发展战略，不仅仅给客户提供管道产品，而且提供管道安装、运营维护、实时监控、预知更换、维修报废、档案更新和归档、绿色健康安全运转等地下管线智能化管理，综合管网智慧化应用，综合管廊智能化建设的服务。提供从地下空间设计咨询和项目规划到智能管线、智慧管网和综合管廊智能化建设以及后期地下空间综合调度中心的运行维护和数据运营服务的全生命周期管理服务。

第七节　依托“一带一路”倡议，国际化市场布局起航前行

宝钢钢管、宝鸡钢管、常宝钢管、久立特钢、番禺珠江钢管等企业在实施“走出去”战略中积极探索，审时度势，扎实稳步推进海外项目。

（1）为适应宝钢股份国际化发展战略及维护海外市场的需要，宝钢集团泰国宝力钢管公司在稳步推进投、达产工作进度的同时，积极改进产品质量，不断提升产品在国际市场的竞争力，这是宝钢钢管国际化发展战略迈出的重要一步。

（2）番禺珠江钢管有限公司与沙特阿拉伯公司 AHQ 成立合营公司，生产及销售直缝埋弧焊钢管和高频直缝焊钢管，向沙特阿拉伯国家石油等公司提供材料、设备及服务业务。2014 年发展至今，珠江钢管集团第一条海外直缝埋弧焊管生产线在沙特阿拉伯开始运营，并在迪拜开设销售及库存中心。

（3）华菱衡管积极贯彻落实国家“一带一路”发展战略，为多个“一带一路”标志性项目提供优质产品和服务，其中包括中国自主三代核电技术“华龙一号”首个海外输出项目——巴基斯坦卡拉奇核电项目以及巴基斯坦恰希玛核电站改进项目。

（4）由山东四方和联盟等发起的中国钢管和冷弯型钢工模具产业技术创新战略联盟在国内外的影响越来越大，央视、钢管杂志、世界金属导报、科技日报、科技产业杂志等媒体与山东四方公司和联盟共同见证了用自主技术换国际市场的可喜成果。目前新型钢管和冷弯型钢工模具已推广应用到“一带一路”的俄罗斯、乌克兰、白俄罗斯、印度等 20 多个国家。

（5）济南迈科管道科技有限公司深耕“一带一路”沿线市场，2018 年出口收入 5. 8 亿元，同比增加 2. 1 亿元，增长 58%。目前产品已销往新加坡、越南、沙特阿拉伯、阿联酋等“一带一路”沿线国家和地区。同时，公司实施“走出去”战略，已实现了产能的海外布局。2018 年公司先后被认定为“一带一路示范企业”。

第八节　创新发展取得骄人业绩

（1）天津钢管研发的钛合金管在四川阆中成功下井后，2018 年油井管产品再创下井深度纪录，在中石化西北油田顺北 5-5H 井下井深度达到 8520 米，刷新了亚洲陆上最深井的纪录。

2018 天津钢管特殊扣产品研发生产再上新台阶，全年研发了三个特殊扣新品并形成批量供货。其中热采井用 TP-G2(TW) 特殊扣销往国外约 1800 吨；快速上扣 TP-QR(M) 特殊扣销往国外约 300 吨；高性能镦粗直连型 TP-SFJ(M) 特殊扣国内销售约 2000 吨，并按照新版标准的要求，完成了一个规格的评价试验；140V 钢级特殊扣新品首次在超高压气井成功应用，打破了国外垄断；成功完成两项特殊扣新品的开发试验，具有自主知识产权的特殊扣产品同比增长 55. 19%，特殊扣产品的国内市场份额约达到了 50%。

（2）宝钢股份为国家重大专项示范工程 CAP1400 核电站蒸汽发生器提供用 690 合金 U 形管，截至 2018 年 3 月，共承接并交付三代核电 690 合金 U 形传热管 260 万米。开发的新一代高气密封特殊螺纹扣 BGT3 油管扣型，在第三方权威认证机构国家石油管材质量监督检验中心完成并通过了试验评估。

（3）华菱衡阳钢管产品在国内外多项“超级工程、重点工程”得到应用。其中，流体管被指定应用于港珠澳大桥的拱北隧道建设；液压油缸用管出口日本，助力全球最大的盾构机制造；建筑用管助建迪拜地标性建筑“迪拜画框”且在国内用于重庆标志性建筑来福士广场；液压支柱管 S890 最大口径的液压支柱管用于郑州煤矿机械集团 128 台 8.8 米超大采高液压支架，并成功下井使用；电站用管为安徽淮北市平山电厂 135 万千瓦全球装机容量最大、国际上首创的新型高效、洁净、低碳超超临界燃煤火电机组提供 P91 和 WB36 等钢级大直径无缝钢管，P92ϕ559mm×105mm 大口径高压锅炉管与哈尔滨锅炉厂签订了供货合同。

（4）包钢钢管公司结合产品含有稀土的独有特性，为用户量身定制了 BT100H 稠油热采井专用石油管，批量供往胜利油田，使用后的反馈良好。目前新一代 BT110H 产品已通过实验室试验。自主研发的高抗挤毁石油套管的钢种设计采用稀土微合金化，也已成熟供货。

包钢还针对高难度深井及地质工况复杂油气田井的开采效率和开采安全系数，与北京钢铁研究总院、中石油钻井院联合定向开发了 SET80 膨胀管产品，并实现产品试验。此外还成功轧制了 TiA1、TiA2、TiA10 和 TiC4 钛合金产品并实现供货。

（5）新冶钢研制的高温合金无缝钢管，应用于我国常规运载火箭及某战略武器等型号发动机关键部件。自 2018 年 1 月 3 日发射吉林 1 号，到 12 月 29 日发射重庆号和云海二号卫星，再到嫦娥四号实现月球背面软着陆探测，运载火箭全年成功发射 37 次，圆满完成国家北斗导航、科技实验、空间站建设、探月工程等各项任务，有力支持了航天、国防生产任务的顺利完成。

（6）上海天阳钢管研发的“MQK 纳米绝热保温油管”及“绝热保温油管热传导性能测试装置”两项科技成果，于 2018 年 12 月在上海通过多名工程院院士及石油行业 15 位专家的成果鉴定。专家组一致认为，“MQK 纳米绝热保温油管”整体技术达到国际领先水平（其实际应用节能保温效果高达 90%以上）；“绝热保温油管热传导性能测试装置”整体技术达到国际先进水平。其应用于稠油吞吐采油、稠油 SAGD 采油、稀油油田、气田应用及海洋油田的应用等都具有非常好的前景。

上海天阳钢管研制的“不锈钢复合换热器管”打破国外技术垄断，发明了高强度结合复合管新工艺，提高了复合换热器管的结合性能和传热性能，为换热器及锅炉与热交换器行业带来新的生命力。

（7）新兴特管为我国高铁和城际轨道交通提供的转向架用无缝钢管在厦门地铁成功应用，标志着新兴特管生产的无缝钢管在轨道交通领域得到了业界认可。

（8）鞍钢无缝多年来研发输送砂浆用耐磨无缝钢管产品能够满足不同用户需求，成为生产该系列耐磨无缝钢管的行业领军企业，申报起草的《输送砂浆用耐磨无缝钢管》（GB/T 33966—2017）标准获批，这标志着鞍钢无缝在耐磨无缝钢管设计研发、生产实践、市场占有等方面达到行业领先水平。

（9）宝鸡钢管为川庆钻探公司生产的去内毛刺 CT90 钢级的超长变壁厚连续管产品，在威远页岩气井威 H202 平台首次成功进行了完井作业。超长变壁厚连续管产品单盘长度达 7200m，壁厚由 3.4mm 渐变至 4.44mm，各项技术指标达到设计和施工要求，完全满足使用要求，并得到用户的首肯。

（10）久立特材 2018 年转型升级取得新的进展，其双相不锈钢管、热交换器管、高（低）压加热器管、U 形管、核电用管、耐蚀合金、耐高温合金管及钛合金管等产品除应用在国内上百项国家级重点项目外，还出口到美国、加拿大、巴西、英国、德国等 30 多个国家和地区。

（11）江苏常宝钢管研发生产的高强韧性射孔枪管体产品，通过了中国石油学会测井专业委员会的产品鉴定。鉴定委员会一致认为常宝钢管研制的高强韧性射孔枪管体产品尺寸精度和性能指标均高于国家产品标准 SY/T 5562—2016 的要求，达到国内先进水平。

（12）太钢不锈钢锅炉管在电站锅炉行业得到广泛应用，市场占有率持续提升。600℃级别以上超超临界电站锅炉用不锈钢锅炉管成功应用于国内龙头发电装备制造企业，打破了国外垄断。在城市给排水工程方面太钢不锈钢管得到广泛应用如北京城市副中心地下综合管廊给水管道、首都国际机场 T3 航站楼给水系统等工程都有太钢不锈钢管材的身影。

（13）河南长葛市一鸣机械有限公司瞄准轧制中小口径热轧无缝钢管三辊轧管机的市场需求，立足创新发展，自主设计研发新型三辊热轧管机和新型三辊双芯棒热轧管机，与同类设备相比，投资少，操作简单实用，维护费用低，轧制节奏快。其自主设计研发过程中取得国家发明专利 5 项，国家实用新型专利 12 项，新型三辊热轧管机和新型三辊双芯棒热轧管机远销重庆、河北、山东（聊城）及湖南（衡阳）等地，尤其在山东聊城已有 30 多个厂家使用新型三辊热轧管机和新型三辊双芯棒热轧管机。自主设计研发二辊/三辊双芯棒联合轧管机也取得重大进展。

（14）青山钢铁的高端超级双相不锈钢无缝钢管已成功应用于中东国家科威特石油公司石油管道输送，这是我国高端不锈钢管产品开发领域在当地取得的重大突破。超级双相不锈钢无缝钢管产品要历经 30 多工序流程，具有奥氏体和铁素体不锈钢的优点，具有优良的耐恶劣介质腐蚀性能及良好的强度、韧性和焊接性能。

第九节　转变发展方式，走差异化发展道路

按照以品种取胜，以质增效，努力走质量、品种效益发展之路，国内一些制管企业坚持走差异化发展道路，如常州、张家港、常熟、佛山、河北霸州等地区许多民营企业，围绕下游行业的发展需求，改进工艺技术，积极开发汽车、摩托车、电动三轮车、健身器械、建筑、公路等行业大量需求的小直径、薄壁精密焊接钢管以及小断面、薄壁方矩形异型管，这些产品供不应求，取得了良好的经济效益。

（1）江苏常熟市无缝钢管有限公司“常峰钢管”的发展目标是，做精汽车用管，生产亮化管，做好超长管，拓展合金钢，开发三通管，以高品质产品迈向高质量发展，努力把产品“做精、做细、做特、做优”，发扬“工匠精神”走绿色制造之路，走精品发展之路，走创新驱动之路，努力实现企业高质量发展目标。

（2）山东汇通钢管坚持创新发展，结合企业装备特点，专注于厚壁、中厚壁无缝钢管的开发生产，近年来，在汽车车桥传动轴用管，矿山支护采掘洗选用管，机械高强度加工用管及石油套管接箍、钻杆、钻具用管等开发应用方面取得重大进展，并获得七项实用新型专利和一项发明专利。

（3）上海申花钢管专注于大桥护栏杆生产并提供现场安装。把高强度低碳护栏专用钢管先后应用在国家重点工程—东海跨海大桥的建设中，并荣获“国家质量金奖”。采用计算机模块数据控制护栏精度，钢材利用率提高 10%，该技术成果的转化应用，把日本标准设计的材料用量减少 50%，使大桥自重减负，大量节约钢材，控制了企业成本，为我国桥梁钢护栏建设开创了新河。

（4）上海佳方钢管在近 20 年与上海自来水公司合作的过程中，为适应自来水输排水技术要求的不断提高，近年来投入了大量资金，在设备、人员培训、人才引进、管理提升等方面不断完善，培养了一支具有现场施工经验的管配件加工制作队伍，完全具备为各输水系统单位提供施工、维修、零星加工管配件、管线修复等一条龙服务，先后参与了自来水行业，包括上海黄浦江上游引水一、二期工程，长江引水一、二、三期工程，上海青草沙引水工程，上海各水厂管网建设及合流污水工程等项目，取得了良好的经济效益。

第十节　标准体系不断完善，促进行业质量提升和品牌建设

新中国成立后，随同我国钢铁工业标准化的发展历程，我国钢管标准化工作从零开始，逐步建立标准化工作机构和技术组织；从最初的部标准到行业标准，再到目前国家标准、行业标准和团体标准协调配套的新型标准体系，钢管标准体系不断得到完善，服务和支撑行业发展。改革开放前，我国共发布了 40 项钢管部标准和 2 项部指导性技术文件。1957 年，冶金部批准公布了我国第一个无缝钢管的部颁标准：冶标《一般无缝钢管》（11—1957）。1963 年至 1965 年，冶金部集中颁布的部标准中，包括了系列重要钢管标准，如《无缝钢管》（YB 231—63）、《地质钻探用钢管》（YB 235—63），《锅炉用高压无缝钢管》（YB 529—65）。1977 年，冶金部发布了《轴承钢管》（YB/Z 12—77）等指导性技术文件。上述标准为改革开放后我国钢管标准从初步完善到快速发展奠定了良好的基础。改革开放后，钢管标准化的主要成绩主要体现在以四个方面。

一、建立专业标准化技术组织

1963年3月，冶金部“科技情报产品标准研究所”成立，这是钢铁领域成立的唯一专业标准化研究机构。1993年国家技术监督局标准化司以技监标函（1993）035号文“关于批复全国钢标准化技术委员会钢管分委员会组成方案的函”，批准成立全国钢标准化技术委员会钢管分技术委员会，负责钢管领域的标准化工作，第一届钢管分委员会秘书处设在成都无缝钢管厂。2014年第四届全国钢标委钢管分委员会完成换届组成，编号为SAC/TC 183/SC 1。2016年5月，钢管分委员会秘书处调整至冶金工业信息标准研究院。钢管分委员会成立以来，钢管领域的标准化专业队伍不断得到壮大，从第一届委员会由24名委员组成到第四届由51名委员组成；委员会的活力不断得到提升，从最初的标准讨论、审定和年会延伸到标准发布后的宣贯和实施情况跟踪检查，委员参与会议以及标准立项和报批阶段的通过性投票积极踊跃；委员会的工作不断迈上新的台阶，从最初的每年制修订两三个项目到每年提出超过10个制修订新项目。

二、完善钢管标准体系

从1980年第一个钢管国家标准GB 2102—80《钢管验收、包装、标志及质量证明书的一般规定》颁布，到2018年底，我国已发布钢管国家标准77项。改革开放前的40项部标准，经过整合精简、转化为国标、复审废止和新增项目，目前有29项冶金行业标准（YB）。2018年开始实施的《中华人民共和国标准化法》给予团体标准法律地位以来，中国钢铁工业协会已发布钢管团体标准4项（T/CISA）。另外，我国还研制了国家军用标准19项（GJB）。

按照“十三五”标准体系建设方案，近年来，围绕品种结构调整和完善钢管标准体系，我国新制修订了一批锅炉、石油、石化、海洋工程、建筑结构、工程机械、轨道交通、汽车等用途的钢管标准，如《石油化工加氢装置工业炉用不锈钢无缝钢管》（GB/T 33167—2016）、《高压锅炉用无缝钢管》（GB/T 5310—2017）、《海洋工程结构用无缝钢管》（GB/T 34105—2017）、《旋挖机钻杆用无缝钢管》（GB/T 34109—2017）、《轨道交通车辆制动系统用精密不锈钢无缝钢管》（GB/T 34107—2017）、《结构用方形和矩形热轧无缝钢管》（GB/T 34201—2017）、《连续油管》（GB/T 34204—2017）、《汽车稳定杆用无缝钢管》（GB/T 33821—2017）、《输送砂浆用耐磨无缝钢管》（GB/T 33966—2017）、《结构用无缝钢管》（GB/T 8162—2018）、《输送流体用无缝钢管》（GB/T 8163—2018）、《高压锅炉用内螺纹无缝钢管》（GB/T 20409—2018）、《奥氏体-铁素体型双相不锈钢焊接钢管第1部分：热交换器用管》（GB/T 21832. 1—2018）、《奥氏体-铁素体型双相不锈钢焊接钢管第2部分：流体输送用管》（GB/T 21832. 2—2018）、《锅炉和热交换器用奥氏体不锈钢焊接钢管》（GB/T 24593—2018）、《医用气体和真空用不锈钢焊接钢管》（YB/T 4513—2017）、《树脂陶瓷复合钢管》（YB/T 4610—2017）、《冷拔液压缸筒用无缝钢管》（YB/T 4673—2018）、《焊接异型钢管》（YB/T 4674—2018）、《摩托车减震器用精密无缝钢管》（YB/T 4675—2018）。

随着国家“深化标准化工作改革方案”的贯彻实施，我国钢管行业新型标准体系建设工作不断推进。2017年1月14日，国家标准化管理委员会以国标委综合函〔2017〕号文印发强制性标准整合精简结论，包含《高压锅炉用无缝钢管》（GB 5310—2008）在内的13项钢管强制性标准已转化为推荐性国家标准。政府主导制定的标准（国家标准、行业标准）与市场自主制定的标准（团体标准、企业标准）协同发展、协调配套的新型钢管标准体系建设工作取得重大进展。这次发布实施的《高压锅炉用中频热扩无缝钢管》（T/CISA 002—2017）、《电站用新型马氏体耐热钢08Cr9W3Co3VNbCuBN（G115）无缝钢管》（T/CISA 003—2017）、《电站锅炉用新型耐热不锈钢06Cr22Ni25W3Cu3Co2MoNbN（C-HRA-5）无缝钢管》（T/CISA 004—2017）、（T/CISA 104—2018）《绿色设计产品评价技术规范　钢塑复合管》等四项中国钢铁工业协会团体标准发布实施，满足了市场急需和创新需求。

2016年，佛山钢管行业协会组织完成了由10家会员企业参与的产业联盟标准的编制，共编制了《精密装饰及结构用直缝焊接钢管》《冷弯型钢（方矩管）》《热浸镀锌钢管》《衬塑复合钢管》等4个联盟标准，为进一步提高佛山市钢管行业的整体质量水平，促进产业结构升级，规范钢管产品市场有序竞争，不断满足下游用管行业对钢管质量水平的更高要求，做出了非常好的探索。

三、提高钢管标准水平

钢管标准的技术水平，既能反映我国钢管工艺技术、装备水平的进步，又能促进钢管制造企业不断提高生产技术水平，引领钢管行业结构调整和质量提升，支撑钢管行业化解过剩产能。在涵盖品种范围不断扩大的同时，钢管标准化工作坚持用先进标准倒逼质量提升，发挥标准在质量提升中的引领作用，钢管标准的水平进一步得到提升，实现了与国标标准的逐步接轨。我国钢管标准中规定的尺寸允许偏差、钢的化学成分、力学性能、工艺性能等指标已达到甚至个别指标已超过了国际标准或国外先进标准的要求，并且我国标准中规定的技术指标项目多于国外标准。标准总体水平与国际先进水平相当。

钢管分会积极与全国钢标委、冶金工业信息标准研究院合作宣贯和推进钢管标准的制定和执行。2017年5月26日，由天津友发钢管集团、浙江金洲管道科技、邯郸正大制管和天津力拓集团倡议，“中国钢结构协会钢管分会钢管标准推进委员会”成立大会在天津隆重召开。会上通过了《钢管标准推进委员会工作条例》《钢管行业执行标准的企业检查管理办法》等管理文件并成立钢管标准推进委员会。钢管标准推进委员会成立以来，2017 年对 4 家焊管企业的 7 个工厂，2018 年对 4 家焊管企业 10 个工厂申报的低压流体输送用直缝焊接钢管进行了执行 GB/T 3091—2015 标准工厂检查。连续 2 年的检查活动，已经覆盖了全国镀锌钢管 80%以上的产量，有力地促进了镀锌钢管的质量提升和行业进步，标准推进工作得到了企业的高度关注和广泛参与。

目前，我国钢管行业整体质量水平与国外先进国家相比还有一定差距，尤其在一些高端产品上，其质量的稳定性还有待于提高。近年来，行业地方协会为提升产品质量而建立起地方标准联盟，将拥有自主知识产权的关键技术纳入企业标准或团体标准，促进了行业高质量产业化协调发展。

四、加大国际标准化工作力度

改革开放前，我国钢铁领域的国际化工作从翻译苏联国家标准开始，到后来的收集国外冶金产品相关标准并出版《国外标准汇编》。改革开放后，我国成为国际标准化组织（ISO）正式成员，成为 ISO 常任理事国，承担 ISO 主席职务；鼓励积极采用国际标准和国外先进标准，鼓励中国主导提出国际标准的制修订项目；翻译出版国家标准英文版，支撑“走出去”。

钢管领域对口国际标准化组织黑色金属管及金属配件技术委员会钢管分技术委员会（ISO/TC 5/SC 1）和钢技术委员会压力用钢管交货技术条件分技术委员会（ISO/TC 17/SC 19），两个分技术委员会现有标准分别是 17 项和 26 项（其中 12 项产品标准，14 项无损检测标准）。目前，我国专家担任了黑色金属管及金属配件技术委员会（ISO/TC5）的主席和秘书。我国每年积极参与钢管国际标准投票，参加钢管国际会议，行使中国在钢管国际标准中的话语权。目前，钢管国际标准的现状是标准数量少，涵盖品种范围窄，标龄长，技术水平落后。近年来，中国加大了钢管领域的国际标准化工作力度，将逐步提出主导制修订国际标准项目的新提案。

2018 年，为贯彻落实推进“一带一路”建设工作领导小组《标准联通共建“一带一路”行动计划（2018—2020 年）》对中国标准“走出去”的要求，完成了国家、行业标准英文版体系建设方案的编制；完成了国标委下达的《结构用无缝钢管》（GB/T 8162—2018）和《输送流体用无缝钢管》（GB/T 8163—2018）等两项国家标准英文版的翻译计划。未来 3 年中，计划完成包括《低压流体输送用焊接钢管》（GB/T 3091）、《高压锅炉用无缝钢管》（GB/T 5310）、《石油裂化用无缝钢管》（GB/T 9948）、《奥氏体-铁素体型双相不锈钢焊接钢管　第 1 部分：热交换器用管》（GB/T 21832. 1）、《奥氏体-铁素体型双相不锈钢焊接钢管　第 2 部分：流体输送用管》（GB/T 21832. 2）、《流体输送用不锈钢焊接钢管》（GB/T 12771）、《流体输送用不锈钢无缝钢管》（GB/T 14976）等钢管产品标准，以及《钢管的验收、包装、标志和质量证明》（GB/T 2102）等基础标准等近 20 项国家、行业标准英文版翻译项目。

第十一节　推进供给侧结构性改革成效显现

行业企业主动作为，采取各种措施提质增效，经过多年的坚持转型发展，培育出的核心竞争力开始显现，行业经济效益得到较大改善。鞍钢股份无缝钢管厂近年来在淘汰落后产能的同时，积极优化现有机组的产能配置，按照“适度规模、摊薄成本、提质提价、控亏减亏”的总体原则，优势产线均按照设计产能60%左右进行产量平衡，余下精力、时间，积极进行产品质量升级、产品结构的调整、新产品的研发与市场开发攻关，使企业亏损逐年递减，竞争力不断提高，实现了扭亏为盈转型目标。常熟市钢管行业协会35家会员企业90%盈利，其中，有5家企业上交国家税收超过1000万元。

（1）湖北新冶钢以确保效益为目标，推行成本明细化，守住边际不亏损为底线，推行高效产品激励机制。同时，围绕特殊钢要求的油田用管、高强工程用管、高牌号电力锅炉用管、高标的轴承用管进行产品结构调整和国内外市场开发，企业经济效益逐年提升上台阶。金洲管道公司、常宝股份公司紧跟行业发展趋势，稳抓新兴高技术产业快速发展机遇，积极推进产品结构优化调整，加大研发投入，走创新发展之路，研发和生产高档次、高附加值产品，以满足国民经济和国防建设等各个领域的发展需求。同时，借助上市公司资本运作优势，延伸产业链上下游，加快产品结构转型升级成果显著。2017年，金洲管道营业收入36.8亿元人民币，全年毛利率12.36%，净利润同比上升158.91%。常宝股份2017年营业收入36亿元人民币，全年毛利率14.73%，净利润同比上升30.98%。2018年，实施高质量运行、技术进步及精准管理的进一步提升战略，争做行业细分市场的强者，在油管、锅炉管、射孔枪管、超长管等中小直径无缝钢管市场领域取得竞争优势，保持了良好的发展态势。

（2）华菱钢管及时调整产品结构，围绕“高端客户、高端市场、高端品种”发动创新引擎，开启建厂以来最大一次产品升级，研发新产品满足不同客户和地区的需求，一举成为无缝钢管行业产品规格最全，可实现客户全覆盖的企业。开发的高强度起重机臂架管在国内的市场占有率达到80%；车轴用管市场占有率居行业之首；液压油缸用管出口日本，助力全球最大的盾构机制造；核电用管供货巴基斯坦最大核电项目；迪拜地标性建筑“迪拜画框”，空中长廊油管道横梁、立柱、斜柱均为衡阳钢管提供。获益于国家稳步推进供给侧结构性改革，华菱钢管拨云见日，2017年实现扭亏为盈，盈利7800万元。2018年实现钢管产量146万吨，工业总产值87亿元，利税14.5亿元，创历史最好水平。

（3）宝鸡钢管、渤海石油装备通过开发社会合同、扩大市场份额也实现了盈利扭亏，企业发展走上正轨。济南迈科管道2017年公司实现销售收入9.75亿元，同比增长87%；实现利税1.15亿元，同比增长190%。江苏振达通过转型升级、做精产品，2017年利润达到了8300万，实现了改制以来的最好业绩。

（4）通钢磐石大胆实施了一系列的改革和创新工作，实行资产国有化，经营民营化的“两化”深度改革，盘活国有资产，激活职工发展热情，近年来取得积极成效。2017年实现人均劳动效率60%的大幅提升，其间费用下降50%，净资产收益率超过40%，实现产值4亿元，利税2000万元。在此基础上2018年完成产量13.10万吨，完成销量13.38万吨，实现产值68504万元，利税2938万元。

第十二节 中国钢铁电商的发展方兴未艾

钢铁行业接触互联网始于2000年，经过最初的“线下信息采集，线上加工发布”，到后面的“行业研究咨询、会务培训”等阶段。但钢铁电商的诞生比较晚，标准意义上的钢铁电商诞生时间是从2011年以后开始的。2011年以前，不少钢铁互联网公司进行过钢铁电商的积极尝试，但当时钢铁处于明显的卖方市场，钢厂和长协户在市场中占据强势地位，所以这些尝试都没有成功。2011年以来，钢铁逐渐进入买方市场，特别是2012年以来，钢铁行业开始进入一个自上而下追求高周转的环境，在这种环境下，真正意义的钢铁电商才应运而生，并掀起了一股电商热潮，钢铁电商行业规模也在这波浪潮中不断扩大。据统计，2012—2017年中国钢铁电商行业市场规模从160亿元迅速增长至570亿元，年均复合增长率高达28.9%，远高于整个B2B电商市场的规模增速。

这一波浪潮中，最早的钢铁电商是成立于2011年的钢钢网，目前市场知名度最高、互联网背景最深的钢铁电商——钢银电子商务成立于2008年，在线交易平台于2013年正式开始，宝钢股份联合宝山区政府于2013年成立了上海钢铁交易中心，2014年五矿发展成立了鑫益联钢铁电商平台，2015年宝钢再次回炉强势布局钢铁电商——欧冶云商，2013年上海钢铁交易中心的注册资本金仅1亿元，而欧冶云商的注册资本已升至20亿。

近年来钢铁电商平台发展势头较为迅猛，但2018年略显颓势，龙头企业集中度提高。全国各钢铁电商平台的年结算量，已从2015年的3962万吨提高到2017年的7900万吨，年复合增长率达41.2%。现阶段，在国内的钢铁电商中，钢银和欧冶云商凭借着远超同行的平台交易量，占据了国内钢铁电商的前三甲的两个席位。前三甲在钢铁电商结算交易总量中的占比已经超过了国内总量的六成。进入 2018 年后，虽然有一些新鲜血液注入，但钢铁电商整体表现低迷，很多中小型钢铁电商还是依赖于线下做贸易的方式获得盈利，导致一些类似贸易商的企业，在钢铁价格的涨跌中逐渐退出市场。公开资料显示，2018 年上半年全国各平台的结算量为 3703 万吨，低于去年全年的一半，行业发展速度有放缓迹象。但龙头企业不断加大平台建设上的投入，结算量继续增加，占据了更大的市场份额，今年上半年，钢银电商达 1255 万吨，欧冶云商达 524 万吨，前三家在国内钢铁电商交易总量中的占比之和逐步上升至接近 65%，产业集中度进一步提升。

第三章 钢管行业发展面临的重大问题

改革开放以来，钢管行业在满足国民经济快速发展需要的同时，自身快速发展过程中也积累了大量的矛盾和问题。从对行业发展有重大影响的角度看，主要为如下的几方面。

一、产能过剩问题

产能过剩是行业发展的主要问题，不仅导致行业经济效益的大幅下滑，生产经营困难，更影响行业健康发展。

据中国钢结构协会钢管分会统计，到 2018 年底，我国钢管总产能 10700 万吨，钢管产量 7320 万吨，其中无缝钢管产能 3650 万吨，产量 2482 万吨，产能利用率 68%；焊接钢管产能 7000 万吨，产量 4837 万吨，产能利用率 69.1%。

进入 2019 年，无论是无缝钢管还是焊接钢管仍有一批在建项目陆续投产，今后几年还将有一批新产能形成。据钢管行业协会不完全统计，目前东北、华北、华东、中原、西南仅无缝连轧管机组就有 10 条生产线在建，并在 2019—2020 年陆续投产，产能约 390 万吨。这些产线投产后所形成的产能将进入到市场，导致产能利用率进一步下降。由于近几年焊接钢管产量一直处于增长态势，尤其是钢结构用管发展的需要带动焊接钢管需求的增加，近年来焊管生产线的在建项目一直就没有停止过。

2019 年，我国无缝钢管产能有望达到近 4000 万吨。如果预计产量维持 2018 年水平不变，产能利用率只有约 62%。目前这部分产能还不包括近 1000 万吨淘汰落后停产、企业破产停产和因产能过剩部分企业产线闲置而停产的产能。

产能过剩将形成企业间恶性竞争，钢管价格处于低位，企业生产经营困难，而且也会导致产业结构和产品结构的失衡，造成资源的极大浪费，是行业健康可持续发展的绊脚石。

二、行业集中度问题

近年来，钢管行业集中度虽有提高，但仍处于较低水平。2018 年，前 10 位无缝钢管企业产量合计为 1132 万吨，占我国无缝钢管产量 2483 万吨的 45.6%，较 2016 年提高 10 个百分点；2018 年行业前 10 位焊接钢管企业产量合计为 2667 万吨，占当年焊接钢管产量 4837.24 万吨的 55%，较 2016 年提高 14 个百分点。

日本、俄罗斯、欧洲、美国等工业发达国家和地区产业集中度非常高。日本主要集中在新日铁-住金、JFE、NKK，产量占 90%以上；俄罗斯钢管行业主要由 TMK，OMK 和车里雅宾斯克钢管集团，三大钢管集团垄断，产量占 85%以上；美国无缝钢管生产商主要为美钢联、瓦鲁莱克、特纳、ISPSCO 集团，产量占 85%左右。欧洲无缝钢管主要生产商瓦鲁莱克和特纳，两家产量占欧盟产量的约 50%。

据行业协会统计，全国无缝钢管生产企业 300 多家，焊接钢管生产企业上千家，企业数量众多，高度分散，利益诉求差异大，难以有效实行行业自律，容易造成行业恶性竞争，加之近 10 年以来产能过剩，尤其是同质化竞争严重。中国钢铁工业协会监测数据显示，2015 年底国内市场八个监测品种中，无缝钢管的价格指数为 53.9，平均价格仅为 2698 元，是有价格指数以来的最低点，充分说明了行业激烈竞争所产生的严重后果。

三、对外贸易摩擦问题

贸易摩擦对我国钢管的出口市场带来了直接的不利影响。

在我国钢管产量、出口量快速增长以及始于美国的国际金融危机等的大背景下，加拿大开启了对我国油井管的双反立案，推倒了对我国钢管反倾销的多米诺第一块骨牌，加拿大、美国、欧盟等相继对我国钢管发起反倾销反补贴调查，调查品种覆盖了绝大部分市场，我国对这些地区的钢管出口量大幅萎缩，

2009 年我国出口量为 570 万吨，较 2008 年的 990 万吨骤降了 42.4%。目前，我国钢管主要出口市场为中东、非洲、南亚和东南亚等地区，南亚的印度以及中东地区贸易摩擦的风险非常大，2017 年 4 月海合会对我国油井管和管线管发起了反倾销立案，涉及数量 88 万吨，是近年来贸易摩擦涉案数量最多的，如果被征收反倾销税，对我国钢管出口市场将是雪上加霜，也正因如此，所涉及的钢管出口企业高度重视，在商务部、中钢协、钢管分会、生产企业共同努力和多方游说下，最终以无损害结案。

进入 2018 年，海外对我国钢管的贸易摩擦有增无减，全年新立案调查 7 起，比 2017 年增加了 4 起，新立案件大幅度增加。

新立案的案件情况如下：

（1）2018 年 2 月 12 日，美国对我国大口径焊管进行双反调查；

（2）2018 年 4 月 26 日，哥伦比亚对原产于中国的外径小于等于 406.4mm，碳钢焊接管启动反倾销立案调查；

（3）2018 年 4 月 27 日，土耳其对进口钢铁产品启动保障措施立案调查；

（4）2018 年 4 月 10 日，新西兰对自中国进口的空心型钢进行双反立案调查；

（5）2018 年 8 月 9 日，印度对原产于或自中国和越南进口的焊接不锈钢管进行反补贴立案调查；

（6）2018 年 9 月 4 日，欧亚经济委员会对原产于或自中国进口的热轧无缝钢管产品启动反倾销立案调查；

（7）2018 年 10 月 11 日，加拿大国际贸易法庭（CITT）对包括厚钢板、混凝土钢筋和盘条等在内的进口钢产品启动保障措施立案调查。

中方应诉的主要有两方面问题。

（一）市场经济地位

《中国入世议定书》第 15 条（a）规定将在 2016 年 12 月 11 日到期后，我国完成了入市承诺，应该自动成为市场经济地位国家，但美欧等部分经济发达国家不承认我国的市场经济地位，使得中国企业在应诉国外反倾销调查时处境极为不利，不但败诉率高，而且被裁定的倾销税率也让很多企业难以承受。最重要的是不承认中国为市场经济国家的判定，严重背离了中国经济发展的现实，是不公平的。

（二）应诉的组织

涉及律师的聘请、律师费的分担协调，应诉材料的及时准备，与律师、商务部、钢铁协会等的协调问题，各个应诉企业领导应给予大力重视，尤其在行业损害应诉方面，应更加积极获取海外代理商，下游客户的大力支持，让他们提供更有说服力的证据，以上这些方面还略显不足，另外，有些企业虽然参与了应诉，但在中途可能退出，仅考虑到自己企业的情况，没有从大局出发。这方面还是应该由钢铁协会组织相关企业统一进行。

四、行业有效自律问题

行业协会是自治、自律性组织，自律机制是行业协会最重要的运行机制之一。但目前行业协会难以形成有效的自律运行机制。

从政府层面看，要着重创造公平竞争环境，依法依规监管。

从行业层面看，要着重解决的体制机制问题，主要是如何实现行业的有效自律以及为行业提供准确、有效的信息服务。

（一）行业协会职能有待进一步健全

行业协会是社会、经济发展到一定阶段的客观要求和必然产物，我国行业协会的发展起步较晚，且多以政府的附属物身份而产生，使得本属于行业协会的职能仍由政府行使，突出表现是目前政府依然掌握着大量控制行业发展和直接管制企业行为的政策和行政手段。十八届三中全会明确指出："推进社会组织明确权责，依法自治，发挥作用；适合由社会组织提供的公共服务和解决的事项，交由社会组织承担；重点培育和优先发展行业协会商会社会组织"。随着我国经济体制改革不断深入，行业协会作为沟通政府与企业间的纽带作用必然日益加强，应发挥的作用越来越大。

（二）行业自律机制亟待加强

行业协会对行业内企业监管机制的运作很大程度上取决于行业的自律机制，但现在行业协会很少或者没有市场准入门槛、企业资质评定标准等，缺乏有效的行业标准和规范，企业具备一定资金等基本条件就可以上项目、建生产线，正因如此，目前钢管企业众多，难以形成代表行业共同意志的行规行约。另一方面，由于参加协会的企业一般都是本行业的骨干企业、大中型企业，众多小企业入会比重极低，而他们又是比较容易出问题的企业，行业协会自律机制的薄弱更难以对非会员产生直接的影响作用。

（三）行业过渡分散使行业自律缺乏必要的基础条件

在产能严重过剩以及政府很难监管到位的情况下，就需要通过行业自律来维护正常的行业秩序。然而，由于行业集中度过低等原因，即使是行业中的骨干和大型企业，也很难代表整体行业企业的利益诉求，在市场需求下降和企业竞争激烈的形势下，容易产生企业间的恶性竞争，导致产品价格严重背离其价值的现象发生。

（四）统计信息失真降低了行业信息预警预测服务的有效性

目前在行业统计信息方面失真现象严重，存在较多漏洞。钢管产量统计数据与实际有差距，钢管企业实际数量不清，发展情况不明，极大影响了行业信息预警预测的有效性，而且会给企业生产经营计划和发展规划带来误导。长期以来一些地区统计数据存在漏报、多报、重复填报钢管产量的现象，一些节能环保与能耗指标数据、财务数据存在造假，统计数据不规范，人为因素影响大，已经影响了对行业发展状况的判断。

（五）行业公共性平台建设需要进一步加强

希望政府部门应尽快将属于行业自律性方面的行政职能转移给行业协会，并创造条件，给予政策扶持，创造行业公共性服务平台的建设。

五、发展理念、发展战略、自主创新能力提升等发展模式问题

（一）在发展理念上仍没有摆脱数量扩张的影响

改革开放以来的40年，我国经济从短缺经济发展到目前物质极大丰富，走的是一条追求速度和数量的发展道路，当然也获得了巨大成功。但目前我国经济单靠发展数量已难以为继，很多行业产能包括钢管行业产能都出现了过剩的局面，由于粗放型的发展模式，企业盲目以追求扩大规模为目的经营理念，导致企业不堪重负、经营亏损、资金链断裂，2014年以来已有一批企业由于经营不善已破产倒闭如西姆莱斯，攀成钢已产线关停。党的十九大报告指出，我国经济已由高速增长阶段转向高质量发展阶段，正处在转变发展方式、优化经济结构、转换增长动力的攻关期。但目前大多数行业企业在发展理念上仍没有摆脱数量扩张的影响，仍遵循依靠扩大产能或通过产量增加，追求规模效应，摊薄固定费用的发展与经营方针。要实现习总书记提出的我国经济结构的转型，还需要企业发展理念的真正转变。

（二）自主创新仍没有成为企业发展的重要支撑

目前大多数企业自主创新的机制和内生动力还没有达到根本解决，具体表现在企业发展上更多的还是依靠要素投入而不是创新驱动。很多企业还没有建立完整的研发体系，特别是近年来新发展起来的企业在科研应用上更多的还是依靠“拿来主义”。大多数企业在研发投入的长效机制、科研人员的双轨制、多通道制度、创新文化的培育等方面和行业先进企业，尤其是与国际上同行业还存在明显的差距，我国部分关键品种管材仍需要进口来解决，且进口管材平均价格远高于我国钢管出口的价格。

六、产品结构调整和质量稳定问题

我国钢管产能过剩问题突出体现在产品结构性过剩，这方面集中表现在我国近10年来每年必须进口

一部分钢管，年进口量基本保持在40万~50万吨之间，而且进出口价格差距较大。2018年我国出口钢管828万吨，其中无缝钢管出口量423万吨，出口均价1398美元/吨；焊接钢管出口量405万吨，出口均价1093美元/吨。2018年我国进口钢管54万吨，其中无缝钢管进口量26万吨，进口均价4953美元/吨，进口均价是出口均价的3.5倍；焊接钢管进口量28万吨，均价2625美元/吨，进口均价是出口均价的2.4倍。我国钢管进口主要来源于日本、德国、韩国等工业发达国家，进口主要为高技术含量、高附加值产品，这部分高端产品由于目前国内不能生产或产品质量满足不了用户的要求而必须依赖进口，如部分电站锅炉超临界、超超临界高压锅炉管、核电站用管、耐腐蚀油井管以及特殊螺纹接头油井管等。

我国钢管产品实物质量总体上与国际先进水平有差距，主要是大宗通用产品的实物质量的稳定性、可靠性、实用性差距还较大，高端钢管产品还满足不了国民经济重要行业和关键领域的需要，如：耐寒高强度无缝钢管，高韧性超高强度油井管，特殊螺纹接头油套管，双相不锈钢及镍基合金油套管，超临界、超超临界机组用大口径厚壁P91、P92锅炉管，高强抗蚀海底管线管等品种。在企业质量管理理念和全员质量意识上必须向国外先进企业学习，迎头赶上。

七、环保、节能减排、绿色、可持续发展问题

能源、环保和绿色发展问题是钢管行业发展面临的最紧迫、最严峻的问题。一方面，随着节能减排技术措施不断推广应用，传统的节能减排管理理念、技术已经不能完全替代低碳的发展，必须寻找新的突破。另一方面，“十三五”期间国家将逐步实现碳排放总量控制，重点行业企业试行碳排放许可配额制度，对于每个企业，发放的免费配额总量趋势是大势所趋，碳约束和碳履约压力加大，同时将提高企业的合规成本。当前部分经济发达地区已经制定碳配额、煤炭总量年度控制目标，并逐年减少。

我国钢管企业主要集中在华北、华中和华东地区，这些地区也是政府对大气环境整治的重点，近几年钢管行业企业按照环境保护达标要求，投入大量的资金进行设备改造和更新，增加必备的环保设施，但由于受地区大气环境质量状况的影响仍面临停产、限产的压力。

随着国家加大节能减排、治理大气污染力度，企业面临前所未有的环保压力，传统的粗放型经营模式和发展方式难以为继。目前，钢管企业环保投入欠账较多，与《环保法》的要求存在较大差距，必须加大环保投入才能适应新的减排要求。

第四章　中国钢管行业的未来发展与展望

一、贯彻党的十九大精神，把握行业发展方向

党的十九大报告指出，中国经济已由高速增长转向高质量发展阶段，在新的时代，新的征程上，中国钢管行业未来将如何发展？要站在新的历史起点，以党的十九大精神为根本引领，深刻理解新时代的新思想、新理念，准确把握新时代的特点和主要矛盾，将产业自身发展融入国家整体建设和经济发展中，坚持质量第一、效益优先、绿色发展，深化供给侧结构性改革，强化创新引领驱动，把握行业发展方向，谋划好行业转型升级和未来发展。

未来发展，中国钢管将从钢管大国向钢管强国迈进，满足高质量发展阶段需要和提供更加绿色和更高质量的钢管产品，这是我国钢管行业创新发展的必由之路，也是钢管企业不忘初心，为之奋斗的目标。

二、积极推动行业企业兼并重组

目前钢管企业数量众多，相当部分企业规模较小，且布局散、乱。这不仅造成了资源的浪费，也是行业存在恶性竞争的根源。推动兼并重组去产能。推动行业龙头企业实施跨行业、跨地区、跨所有制兼并重组，推进区域内优势钢管企业兼并重组，形成若干家特大型、大型钢管企业集团，在某些细分市场形成若干家专业化骨干企业，力争改变“小、散、乱”的局面，更多运用市场机制实现优胜劣汰，提高产业集中度和市场影响力，培育具有全球竞争力的世界一流企业。在兼并重组的过程中要注重淘汰落后产能，退出低效产能，加速产品升级换代，瞄准各类高技术含量、高附加值产品，发展绿色、低碳、节能环保型管材，不断适应能源、交通、新型产业的需求，推进钢管企业产品升级换代，保持行业平稳运行。

三、创新驱动，推动产品结构优化升级

十九大报告提出，“创新是引领发展的第一动力，是建设现代化经济体系的战略支撑”。未来，工艺技术研究的重点：（1）高合金钢管、不锈钢管热轧制技术；（2）无缝钢管的控轧控冷技术；（3）套管特殊螺纹在线自动检测技术；（4）高性能管材、管件功能涂层及涂覆技术；（5）高钢级管线钢管力学性能稳定性的研究；（6）不锈钢（耐蚀合金）双金属复合管材焊接技术；（7）推进绿色环保的生产工艺等。

产品研发重点包括：耐腐蚀油井管-110SS、125S(S)、超级13Cr、双相不锈钢、超级双相不锈钢、铁镍基合金、钛合金等；满足各种复杂地质条件特殊螺纹接头；发展700℃超超临界火电机组用耐高压、耐高温用管；液化石油气（LPG）、液化天然气（LNG）等超低温用管；连续柔性管；X100、X120深海钻井隔水用管等。

未来钢管行业还要在满足个性化、品质化需求上做一些重大的调整。依靠“互联网+钢管”，将产品和服务推向更前端，以求在钢管市场中抢占更有生命力的细分市场。要创新供给制，满足新需求，以新的有效供给带动新需求。

四、加快“两化”深度融合，推动智能制造生产

我国钢管企业数量众多，两化融合水平参差不齐，其中一些小型企业还处在手动操作阶段。钢管行业要加快两化融合前进的步伐，在支持企业完善基础自动化、生产过程控制、制造执行、企业管理四级信息化系统建设的基础上，积极推动行业向智能制造新模式发展。“十三五”末，钢管企业要基本实现基础自动化；大中型企业的生产过程控制，制造执行系统装备率超过60%；重点大企业资源计划（ERP）装备率超过90%；结合5G时代的到来，要推行2~3家企业完成智能制造试点示范专项行动。

五、积极参与标准制修订工作，适应高质量发展需求

未来，结合国家标准化工作改革，要加快标准的制定和修订提升，加快产品质量的升级。鼓励企业和社会组织制定严于国家标准、行业标准的企业标准和团体标准，将拥有自主知识产权的关键技术纳入企业标准或团体标准，促进技术创新、标准研制和产业化协调发展。鼓励地方行业协会，为提升地方产品质量而建立的标准联盟。

六、加快“两型”企业建设，推进产业绿色制造

实施绿色改造升级。加快推广应用和全面普及先进适用以及成熟可靠的节能环保工艺技术装备。热轧全流程企业要全面推广封闭式环保原料场、烧结脱硫、余热回收；转炉（电炉）二次、三次除尘，钢渣高效处理及深度综合利用；热轧企业连轧管机组的连轧机、定减径机的除尘，综合污水再生回用；镀锌焊管、冷轧/拔酸洗生产线的酸雾/气的收集处理，废酸、污泥的处理再利用，废水的再生回用。重点研究酸洗液综合处理和在线的循环利用技术。全面建成企业厂区主要污染物排放的环保在线监控体系。

七、深化对外开放，加快国际化进程

发挥我国钢管行业比较优势，顺应国际产业分工调整趋势，推动钢管企业深化国际产能合作。以“一带一路”沿线资源条件好、配套能力强、市场潜力大的国家为重点，不断完善与相关国家投资合作机制，发挥好企业的积极性和创造性，加快推动优势产能走出去，鼓励优势企业到海外建设生产基地和加工配送中心，带动先进装备、技术、管理对外输出。

继续深化供给侧结构性改革，扩大优质增量供给。十九大报告将深化供给侧结构性改革列为经济工作的首要任务。因此，提高供给体系质量是未来几年建设现代化经济体系的主攻方向，要在深入开展去产能、去库存、去杠杆、降成本、补短板的同时，扩大优质增量供给，实现供需动态平衡。未来几年，钢管行业去产能的任务将继续推进，要坚决防止违规违建产能、“地条钢”以各种名义死灰复燃。

钢管行业未来要实现扩大优质增量供给，最核心的问题是要打破对原来路径的依赖，以市场化改革的手段推动创新，对技术、人才、管理、装备、资源、资本等所有要素进行“总动员”和“全释放”，科学有效的配置，加快构建与市场充分接轨的商业运行模式。对钢管行业来说，这是一个新的目标和挑战，同时也给下一步发展开启了一个重大的机遇。

第二篇

我国钢管行业生产装备与工艺技术的发展

WOGUO GANGGUAN HANGYE SHENGCHAN ZHUANGBEI YU GONGYI JISHU DE FAZHAN

第五章　管坯生产装备与工艺技术的发展

管坯是无缝钢管生产的原料，不仅与钢管生产经营有着紧密的联系，而且管坯的质量与钢管的质量也有着非常密切的关系，如管坯的低倍组织、纯净度、夹杂物的形态、表面质量等，都会对钢管的质量产生直接的影响，而且管坯的相关尺寸与管坯穿孔过程的顺行也有着密切的联系。所以管坯的生产与质量是钢管生产一体化中的一个非常重要的环节。

我国早期无缝钢管生产所用管坯主要有钢锭经热轧或锻制的圆坯、方坯（早期顶管机组用坯）、钢锭（早期周期轧管机组用坯），后来有了连铸方坯、圆坯。20 世纪 90 年代以来，随着炼钢、连铸和无缝钢管技术的发展，以及连铸圆坯低生产成本、低能耗、高成材率等因素，连铸管坯逐渐取代了轧坯作为无缝钢管生产的主要原料。在这一发展的过程中，钢锭已逐渐被大直径连铸坯所代替，仅有极少量产品还采用钢锭作为原料，方坯（包括连铸方坯）已被淘汰出局。目前热轧无缝钢管所用的管坯，绝大部分采用连铸坯，很少部分采用轧坯、锻坯、空心坯；冷拔/冷轧钢管由于绝大部分是小直径尺寸，采用小直径管坯生产，所以主要采用轧坯。

在我国无缝钢管行业中，大部分企业没有管坯生产系统，近 60% 的管坯量需要在市场采购和调节。近十年来，由于国家对钢铁产能的限制，使管坯成了热销原料，管坯的价格直接影响着无缝钢管的价格，管坯在无缝钢管的生产和经营环节中起着举足轻重的作用。

第一节　炼钢、连铸生产技术与装备的发展

20 世纪 50~70 年代，在我国热轧钢管生产采用连铸管坯前，热轧钢管生产所用的管坯（圆坯、方坯）均采用钢锭轧制的管坯，如鞍钢无缝厂、包钢无缝厂，其管坯生产流程为：高炉铁水→平炉炼钢→铸锭→初轧开坯→中大型轧机→圆坯→检查、修磨，该生产流程是我国早期管坯生产的主要流程；成都无缝厂在炼钢系统尚未投入之前，所用的方坯、方锭曾由重钢、马钢供给，炼钢系统（70t×4 平炉）投入后，其所用方锭，由炼钢系统提供，方坯仍由外购。

1977 年成都无缝厂建成投产了我国自主设计制造的第一台两机四流弧形方坯连铸机，规格为 140mm×140mm、160mm×160mm，后增加 185mm×185mm，用于 ϕ133mm 顶管机组生产无缝钢管；1986 年该厂建成投产了由国内设计制造的我国第一套小直径圆管坯 ϕ90mm 水平连铸机；1989—1992 年又同美国西马克 · 康卡斯特公司联合设计制造了 ϕ170~350mm 和 ϕ300~450mm（预留 500mm）中大直径圆坯弧形连铸机各一台，由此开始了我国直接应用连铸圆管坯生产无缝钢管的历史。

衡阳钢管厂也是我国较早采用水平连铸生产管坯的企业，1991 年 5 月该厂炼钢连铸生产线建成投产，配有 30t×2 台电炉、3 台 40t LF 炉、1 台 VD 炉、2 台双机双流水平连铸机，生产 ϕ80~130mm 管坯，是当时我国水平连铸生产规模最大的厂家。

1992 年 6 月，天津钢管从德国全套引进的 150 吨电炉冶炼系统建成投产。该冶炼系统配备有 LF、VD 炉外精炼设备和一机四流管坯连铸机，生产 ϕ210mm、ϕ270mm、ϕ310mm 3 种规格管坯。其生产流程为：废钢+海绵铁→电炉→LF 炉→VD 炉→连铸→圆坯→检查。该生产线为当时国内最先进的生产线，采用许多新技术，诸如：泡沫渣埋弧熔炼；偏心炉底出钢；炉盖第五孔连续加料；LF、VD 两工位吹氩搅拌；经 VD 的钢水喂丝钙处理；结晶器液面控制技术；中间包冶金技术；保护浇铸技术；二冷水自动配水；多点矫直技术；采用多级计算机控制系统，实现基础自动化和过程控制，实现各工序优化操作等。

宝钢 ϕ140mm 机组投产后，其采用的管坯也是由初轧厂提供的轧制管坯，直到 1997 年宝钢从法国引进的 150t 超高功率直流电弧炉、精炼及连铸设备投产，才开始了使用连铸管坯。

20 世纪 90 年代以来，随着国内主要无缝钢管企业如攀成钢、天津钢管、宝钢、华菱衡阳钢管、湖北新冶钢等建设的超高功率大电炉、炉外精炼及弧形连铸机短流程生产线的陆续投产；以及包钢钢管、黑龙江建龙、林州凤宝等转炉+炉外精炼+连铸长流程生产线的建设，使我国无缝钢管企业管坯生产的装备与工艺技术水平大幅度提升，管坯的连铸比大大地提高，我国热轧无缝钢管生产所用的管坯（除个别企业、个别品种仍采用轧坯或锻坯外），绝大部分采用连铸圆管坯。主要设备参数见表 5-1，2017 年我国无缝钢管产量 2017. 2 万吨，其中重点企业热轧管产量约 1050 万吨。从钢管分会统计的数据看，约 70%的无缝钢管（指热轧）采用连铸圆管坯生产，约 30%的无缝钢管（指冷拔/冷轧+极少量热轧）采用轧制圆管坯和其他管坯生产。我国连铸圆坯生产无缝钢管已成为无缝钢管生产的主流，管坏生产工艺与技术的进步，使连铸管坯的规格、品种与质量等方面都得到快速发展。

2010 年以来，我国自主制造的连铸机在技术装备和生产的产品档次方面有了很大的进步，特别是超大规格的圆坯连铸生产，相继创造新纪录，已批量生产 500~1000mm 的大规格圆坯（如华菱衡阳钢管生产出 ϕ500mm、ϕ600mm、ϕ700mm、ϕ800mm 大圆坯），产品质量优良，属国内外高水平。超大规格的圆坯代替模铸，大幅度提高成材率，降低了生产成本，生产效益得到很大提高。国产连铸装备不仅在国内已经具备与外商同台竞争的实力，而且已经实现成套出口。

连铸圆坯不仅广泛应用于无缝钢管管坯，而且在锻造行业也得到广泛应用，尤其是大型锻件，例如法兰、大直径齿圈、石油钻铤、大型杆件等。我国许多钢厂都在圆坯连铸生产上有所涉及，如：

（1）兴澄特钢大圆坯连铸机生产的 ϕ600mm、ϕ800mm、ϕ1000mm 圆坯；

（2）淮钢大圆坯铸机生产的 ϕ380mm、ϕ450mm、ϕ500mm、ϕ600mm 圆坯；

（3）中原特钢立式连铸机生产的 ϕ400mm、ϕ600mm、ϕ800mm 圆坯；

（4）承德建龙生产的 ϕ300mm、ϕ500mm 圆坯。

上述企业生产的管坯均能满足钢管生产、棒材型材生产、锻压生产（法兰、环锻、机械杆件）等的需求。

第二节 典型企业生产装备与工艺技术介绍

宝钢 150t 超高功率直流电弧炉及精炼设备从法国 Clecim 公司引进，连铸机从意大利达涅利引进，1997 年 6 月建成投产。其主要设备参数见表 5-2~表 5-4 所示。

一、电弧炉

设备的特点包括：

（1）直流供电，由 1 根石墨顶电极和 3 根钢棒式底电极产生电弧，通过改变石墨电极位置来控制弧压并调节底电极电流，控制调节偏弧，消除炉内热点和冷点，稳定操作；

（2）双炉座，2 个炉座共用一套炉盖及石墨电极系统，减少了停电期间的氧化损耗，使石墨电极的消耗显著降低；

（3）热兑铁水，原料采用 30%铁水，缩短冶炼时间，降低电耗，提高生产效率，同时也降低了钢中混杂元素含量；

（4）废钢预热，废钢装入炉内后，从通电炉中引入废炉气预热废钢，可节约电能 25~30kWh 钢水；

（5）再燃烧技术，每个炉座都设有再燃烧系统，使炉气中含有的一氧化碳大部分都在炉内燃烧掉，可节约电能约 40kWh/t 钢水；

（6）泡沫渣，每个炉座都设有水冷碳氧枪，在炉内迅速形成泡沫渣，使电炉能采用高功率因数的长弧操作，缩短冶炼时间；

（7）采用 EBT 出钢，留钢操作，做到无渣出钢；

（8）钢包台车装有电子称量装置，准确控制出钢量，使钢水成分控制精确，合金收得率高。

表 5-1　我国重点企业已经建成投产的炼钢、连铸机配置情况

生产企业	圆管坯连铸机		炼钢炉				精炼炉	钢包容量（最大）/t	铸坯端面/mm	钢种	设计能力/万吨·年$^{-1}$	投产时间（年.月）
	机型	半径/m	台×流	炉型	座数	容量/t						
天津钢管炼钢厂	弧形、多点矫直	10.5　13.5 18　30.5	1×6	电炉	1	150 超交	LF+VD	170	210、270、310	优质、低合金、合金钢	56	1992.06（2003 年改造）
	弧形、多点矫直	10.5　13.5 18　30.5	1×6	电炉	1	90 超交	LF+VD	100	150、210、250、270	优质、低合金、合金钢	90	2005.05
	弧形、多点矫直	14　19 34	1×5	电炉	1	100	LF+RH	100	310、350、400、450、500	优质、低合金、合金钢	80	2009.05
包钢钢管制钢生产线	弧形	12，16，31	1×5	转炉	1	100	LF+VD	100	270、300、350、390、430	优质、合金/石油用钢管	100	1997.07
	弧形	12、16、31	1×5	转炉	1	100	LF+VD	100	180、230、270	碳钢、低合金、合金钢	100	1997.07
宝钢电炉分厂	弧形	10，14，26.5	1×6	电炉	1	150 超值双炉壳	LF+VD	160	153、178	优质，合金钢	96	1996.12
衡阳华菱钢管有限公司炼钢厂	弧形、多点矫直	9	1×4	电炉	3	1×45	3×45LF+2×45 双工位 VD	50	150、180、220、280、330、500、600、700、800	低碳、低合金、合金钢	60	1991.05
		17	1×1			1×45						
		12	1×4			1×90	100t 双工位 LF 100t 双工位 VD	100			90	2005.12
攀成钢大电炉厂	弧形连续矫直	12	1×3	转炉	1	50	LF+VD	80	170、200~430	优质、低合金、合金刚	30	1994.05
	弧形两点矫直	12.5	1×4 1×2	电炉	1	100	DC-LF-VOD	100	140~280 280~450	碳钢、低合金	31.5	1992.11
湖北新冶钢电炉厂	全弧形	9，12	1×4	电炉	1	70 超交	LF-VD	80	155~330	低合金、合金钢	150	2008
		16	1×3		1	70 超直			390~500			
湖北新冶钢转炉厂	全弧形	12	1×6	转炉	2	120	LF-RH	130	270~330	低合钢、合金钢	300	2011
		16.5	1×4						390~500			

表 5-2 宝钢 150t 双炉座直流电炉主要参数

电弧炉（EAF）	公称容量/t	电极直径/mm	底电极数/根	炉壳直径/mm	变压器容量/MV·A	冶炼周期/min	出钢方式	留钢量/t	其他说明
	150	710	3	7300	99（33×3DC）	50	偏心炉底出钢（EBT）	≤40	铁火热装：DC；双炉壳

二、精炼设备

炉后精炼设备除有 LF 精炼炉和 VD 真空脱气炉以外，还设有钢包扒渣工位和 2 台喂丝机。LF 精炼炉和 VD 真空脱气炉的主要参数见表 5-3 所示。

炉后精炼设备的特点：

（1）钢包上部和炉顶下部的密封设计确保漏入炉内的空气量最少，减少了氮、氢、氧的吸入；

（2）加热速度多级调节，变压器次级设有 13 级电压可调，可根据剩余时间，选择从 0~4.3℃/min 之间的任何一个加热速度来匹配连铸机的连浇要求；

（3）最小渣量技术，炉中 3 根电极可分别单独调节，使每一个变压器设定操作点都可以做到渣层厚度最薄，以节约造渣剂、电耗、电极消耗；

（4）设置扒渣工位，以便生产超低硫钢时进行扒渣；

（5）第一台喂丝机，对不经过 VD 处理的钢水进行钙处理；

（6）在 VD 装置设有 9 个蒸汽喷射泵，6min 内可达到低于 12Pa 的最低压力。采用不同组合，可以使每一种所需的抽气能力达到优化的操作条件；

（7）在线设有“Hydris”定氢仪，可在几秒钟内测定并显示出钢水中氢含量；

（8）第二台喂丝机，对经过 VD 处理的钢水进行钙处理。

表 5-3 宝钢 LF、VD 精炼炉主要参数

钢包炉（LF）	钢包容量/t	最小钢水处理量/t	电极直径/mm	极心圆直径/mm	变压器容量/MV·A	最大加热速度/℃·min^{-1}	搅拌方式	处理时间/min
	150	90	450	750	22	4	底吹氩	25~40
真空（VD）	真空装置	真空抽气能力/kg·h^{-1}	极限真空度/Pa	真空泵形式	工作真空度/Pa	抽气速度/min	蒸汽耗量/t·h^{-1}	处理时间/min
	罐式	320	40	5 级蒸汽喷射泵	66	6	13.7	25~35

三、连铸机

连铸机的主要特点：

（1）钢渣检测技术，当水口中出现非金属物时，该检测系统迅速报警，避免钢渣流入中间包；

（2）中间包冶金技术，在中间包采用大容量三角形设计，以利于夹杂物上浮。液面采用二元保护渣系保护，起到吸收夹杂物，防止液面氧化和保温作用；等离子枪加热钢水，可使中间包钢水温度保持在目标温度的±5℃范围内；

（3）保护浇铸技术，在钢包-中间包和中间包-结晶器之间分别采用长水口和浸入式水口吹氩保护浇铸，避免钢水二次氧化；

（4）结晶器液面控制技术，采用 Cs137 液面检测装置自动控制结晶器液面，使液面波动范围小于±3mm；

（5）结晶器电磁搅拌技术，改善冶金质量，使铸坯获得良好的表面质量和内部质量，也使操作条件更为灵活；

（6）二冷水气雾化，使铸坯冷却均匀，并且允许水流量很低，这样在不降低喷水效率的情况下，对裂纹敏感的合金钢种可进行弱冷；动态控制二冷水量，保证铸坯能够获得良好的表面质量和内部质量；

（7）多点矫直技术，减少铸坯矫直时产生的变形应力，以免铸坯内部产生裂纹；

（8）三级计算机控制系统，第一级为基础自动化系统，对过程实施实时监控、调整和单体设备的监督管理；第二级为过程控制系统，对各个生产区域的生产进行在线监控，将数学模型的计算值及冶金数

据库储存的设定值下达给第一级；第三级为生产控制系统，根据上位机下达的生产命令安排生产顺序，并进行监控，对全工序物流进行跟踪以及库位管理。

表 5-4　宝钢圆管坯弧形连铸机主要技术参数

	铸机半径 /m	台×流数	铸坯断面 /mm	拉坯速度 /m·min^{-1}	结晶器长度 /mm	多点矫直	冶金长度 /mm	中间包容量 /t
连铸（CCM）	10	1×6	ϕ153 ϕ178	2.3~2.7（ϕ178mm） 2.9~3.3（ϕ153mm）	780+电磁搅拌	10m；14m；26.5m；R4 为水平直线	17.35	35

第三节　连铸圆管坯质量控制与生产技术

一、连铸圆管坯生产工艺

连铸圆管坯生产工艺分为长流程和短流程两种。

（1）长流程。铁矿石（烧结矿和球团矿）→高炉冶炼→铁水预处理→顶（复）吹氧气转炉炼钢→炉外精炼→管坯连铸→圆管坯。

（2）短流程。废钢+铁水（海绵铁）→电弧炉炼钢→炉外精炼→圆坯连铸→圆管坯。

二、连铸圆管坯的质量要求

连铸圆管坯质量决定着无缝钢管的最终质量。生产无缝钢管用连铸圆管坯的质量要求主要有以下几方面。

（1）连铸圆管坯的洁净度。连铸圆管坯的洁净度要求，主要包括两方面：一是钢中杂质元素即磷、硫、氧、氮、氢以及残余元素要超低量，甚至包括碳也要超低量；二是钢中非金属夹杂物的数量、形态、尺寸和分布必须严格控制。

（2）连铸圆管坯的表面质量。连铸圆管坯的表面质量要求是指连铸圆管坯表面存在裂纹、夹渣、凹坑、重接、气孔、切伤、划伤以及皮下气泡等缺陷必须进行精整清理。

（3）连铸圆管坯的内部质量。连铸圆管坯的内部质量要求是指连铸圆管坯内部要有正确的凝固组织，对裂纹、疏松、缩孔、偏析等缺陷要严格控制。

（4）连铸圆管坯的外形尺寸。连铸圆管坯的外形尺寸要求是指连铸坯的直径和长度偏差、椭圆度、弯曲度、端面切斜度等要符合规定要求。

三、连铸圆管坯质量控制与生产技术

（一）连铸圆管坯洁净度控制

1. 低硫钢生产技术

硫是钢中危害最大的有害元素之一，常以 MnS 的形式偏析聚集，造成钢的热脆。此外，硫还会降低钢材的韧性，恶化钢的 Z 向性能，并对氢致裂纹有较大影响。

碳钢，当 S≤0.006%时，基本可以避免钢材在热加工时产生热裂纹现象。铁素体不锈钢，S≤0.002%时，可以保证钢材良好的热加工性能；只有 S≤0.001%时，管线钢才具有较高的抗氢致裂纹（HIC）和抗硫应力裂纹（SSCC）的能力。低硫钢生产技术主要包括铁水脱硫、转炉脱硫和精炼脱硫。

（1）铁水脱硫。主要采用混铁车（CaO 系、CaC_2 系脱硫剂）和铁水包（Mg 系脱硫剂）两种脱硫方式。当铁水原始硫为 0.015%~0.030%时，脱硫后铁水硫含量最低可达 0.010%~0.003%。

（2）转炉脱硫。首先应减少劣质废钢的使用量，应使用低硫优质废钢；其次应减少铁水带渣。

（3）精炼脱硫。主要有 3 种精炼脱硫工艺：在 LF 钢包精炼处理过程中加入 $CaO-Al_2O_3$ 系合成渣剂，通过底吹氩气强搅拌进行脱硫；在 RH 真空脱气处理过程中喷入 $CaO-Al_2O_3$ 系预熔剂型脱硫剂脱硫；在

RH 真空脱气处理过程中加入 $CaO\text{-}CaF_2$ 系脱硫剂脱硫。在 LF 钢包精炼处理过程中，平均脱硫率达到87%，在原始硫为 0.0067%时，脱硫后钢水硫含量能稳定在 0.001%以下。RH 真空脱气处理过程脱硫率在 40%左右，虽然脱硫效率不高，但是仍可作为钢水脱硫的补充手段。

2. 低磷钢生产技术

钢中磷过高，铸坯在凝固时会产生严重的偏析而导致裂纹的发生，即所谓“冷脆”现象。对高级管线钢，需将磷降至 0.01%以下；对于极寒冷地区使用的管线钢，为防止其冷脆，甚至需将磷降至 0.005%以下。

低磷钢生产技术主要包括铁水脱磷和电弧炉脱磷。

（1）铁水脱磷。铁水脱磷主要有两种方式：在铁水罐车或混铁车内喷吹预脱磷；铁水在转炉内进行预脱磷。两种脱磷工艺均能生产 P≤0.010%的纯净钢。

（2）电弧炉脱磷。电弧炉具有良好的脱磷条件。即灵活的温度控制，高氧化性、高碱度、流动性好，无大量炉渣，无渣出钢方式等，这些条件十分有利于脱磷。铁水经过电弧炉脱磷后，钢水中的磷可以稳定地控制在 0.010%以下，甚至可以控制在 0.005%以下。

3. 低氧（非金属夹杂物）钢生产技术

若钢中氧含量过高，则钢中的角状夹杂物和大颗粒夹杂物会增多，而使钢容易发生脆性断裂，且非金属夹杂物含量过多也会影响钢的表面质量。

轴承钢氧总量每降低 0.0001%，其寿命可提高 10 倍，氧总量应为 0.0004%~0.0008%。

低氧（非金属夹杂物）钢生产技术主要包括无渣出钢、炉外精炼、无氧化浇注、中间包冶金、长寿命耐材、结晶器控硫、恒拉速浇钢及电磁搅拌等。

（1）无渣出钢。减少钢水中混入氧化渣，是减少钢中氧（非金属夹杂物）含量的基础。电弧炉采用偏心底出钢方式实现氧化渣和钢水的完全分离；转炉则在出钢时采用挡渣球、机械挡渣塞、气动挡渣等方式。

（2）炉外精炼。即选择合适的炉外精炼处理方式，达到净化钢水，改善其夹杂物形态。经 LF+VD+CaSi 喂丝生产的管线钢，氧总量可以在 0.002%以下，夹杂物形态多为细小球形；经 LF+RH+CaSi 喂丝生产的管线钢，总氧量可以在 0.0016%以下。

（3）无氧化浇注。对钢水浇注全程实施保护浇注。即钢包→中间包→结晶器均采用浸入式保护浇注，钢包、中间包使用覆盖剂，以隔绝空气，避免二次氧化。

（4）中间包冶金。采用中间包吹氩技术，改善钢水流动状况，消除中间包死区；加大中间包容量和加深熔池深度以及采用挡坝、挡堰，延长钢水在中间包内的停留时间等措施，以促使钢中夹杂物上浮，进一步净化钢水。

（5）长寿命耐火材料。钢包、连铸系统采用耐高温、抗侵蚀、高质量的耐火材料，以减少钢中外来夹杂物。

（6）结晶器控制铸流。选用的结晶器浸入式水口应有合理的开口形状，控制铸流的运动，促进钢中夹杂物上浮分离；使用结晶器电磁搅拌，促使钢中夹杂物上浮；使用吸收溶解上浮夹杂物之性能良好的结晶器保护渣，以净化钢水。

（7）恒拉速浇钢。采用控制钢包开浇温度，减少钢包、中间包温降等措施，实现连铸恒拉速浇钢，以减少铸坯皮下夹杂物。

（8）电磁搅拌。采用结晶器电磁搅拌，抑制铸流运动，促进钢中夹杂物上浮，以提高钢水洁净度。

4. 低氮钢生产技术

钢中氮含量过高将导致时效硬化、硬度增大而使金属延展性能变差；钢中氮对冷轧钢板的深冲性能影响极大。

高强度管线钢要求 N≤0.003%；高级热轧板要求 N≤0.004%；IF 冷轧板要求 N≤0.0025%。当钢中N≤0001%时，氮对钢性能的影响可以完全消除。低氮钢生产的主要技术措施如下。

（1）转炉工艺生产低氮钢。转炉低氮钢冶炼，包括控制铁水初始氮含量和入炉比，优化转炉造渣和吹炼制度等。

防止钢水吸氮，包括氧化态出钢，连铸全程保护浇铸。转炉工艺生产，可控制钢中 N≤0.002%。

（2）电弧炉工艺生产低氮钢：

1）提高入炉铁水比，缩短电弧炉加热时间；

2）多使用废钢代用品，如 DRI 等；

3）造好泡沫渣，实现埋弧操作；

4）延长碳氧反应时间；

5）采用偏心底出钢方式；

6）减少钢水吸氮，包括氧化态出钢，LF 钢包炉微正压并保持还原气氛操作，连铸全程保护浇铸，电弧工艺生产可控制钢中 N≤0.004%；

7）真空脱氮处理。

5. 低氢钢生产技术

钢中氢含量过高会导致气孔、皮下气泡、白点和发纹等缺陷的产生。在热加工后，钢中的氢气泡会沿加工方向被拉长形成发裂，进而导致钢材的强度、塑性和冲击韧性降低，即发生“氢脆”现象。而所谓“白点”实则为钢中交错的细小裂纹。

轮胎钢帘线用钢要求 H≤0.002%，抗酸石油套管用钢要求 H≤0.002%，抗氢致裂纹（HIC）管线钢要求 H≤0.0015%。

生产低氢钢的主要措施有以下三方面。

（1）控制原辅材料水分。主要是控制出钢后与钢水接触的原辅材料水分，包括合金、各种渣剂、耐火材料等，常用方法是烘烤干燥。

（2）真空脱气处理。主要是通过真空下吹氩处理，达到脱氢的目的。

（3）防止钢水吸氢。LF 钢包炉微正压并保持还原气氛操作，连铸全程保护浇注。这些措施可使钢中 H≤0.0015%。

6. 低残余元素钢生产技术

钢中残余元素 Cu、Pb、Sn、As、Sb、Bi 主要来源于废钢。钢水凝固时，残余元素易在晶界聚集，在中温回火脆性区，残余元素有足够的扩散能力，并逐渐由晶内向晶界偏析，最终导致晶界脆化，由此降低钢的力学性能，主要表现为钢的热加工性能变坏、韧-脆性转变温度上升和冲击功下降。国内外一些不同用途钢种的残余元素的含量要求见表 5-5。

表 5-5　国内外一些不同用途钢种的残余元素含量要求

项目	不同用途钢种	有害元素含量/%
国外	优质合金结构钢	[Pb]、[Sn]、[As]、[Sb]、[Bi] 均不大于 0.020
	中温用钢管、钢板	[Pb]、[Sn]、[As]、[Sb]、[Bi] 均不大于 0.010
	抗硫化氢钢管、钢板	[Pb]、[Sn]、[As]、[Sb]、[Bi] 均不大于 0.005
	海洋结构用高强度钢板	[Pb] ≤20，[As] ≤40，[Sb] ≤0.005
	无缝钢管	[Cu] +6（[Sn] + [Sb]）≤0.300
国内	石油套管	[Pb]、[Sn]、[As]、[Sb]、[Bi] 均不大于 0.010，之和≤0.025，[Cu] ≤0.10
	压力容器用无缝钢管	[Pb]、[Sb]、[Bi] 均不大于 100，[Sn] ≤0.015，[As] ≤0.020，[Cu] ≤0.15

生产低残余元素钢的主要措施有：尽量使用生铁块、直接还原铁（DRI，HBI）、铁水、Fe_3C、脱碳粒铁、改性铁等废钢代用品，用稀释的办法以降低钢中残余元素的含量；采用废钢分选处理技术，将残余元素从废钢中分离出去，以降低钢中残余元素的含量。

（二）连铸圆管坯表面质量控制

连铸圆坯表面质量是决定金属收得率和成本的重要因素，必须采取以下相应措施加以控制。铸坯表面存在的裂纹、夹渣、凹坑、重接、气孔、切伤、划伤等缺陷必须通过精整修磨清理，合格后才能进行热加工，否则会造成轧制缺陷。

1. 防止连铸坯产生表面裂纹

连铸坯表面裂纹分为纵裂纹和横裂纹，主要决定于钢水在结晶器的凝固过程，控制措施如下。

（1）选择与生产铸坯钢种、规格相匹配的连铸机弧形半径，采用连续多点矫直技术。

（2）合理控制钢的化学成分，即 P、S、O、N、Al、Cu、Pb、Sn、As、Sb、Bi 的含量，减少钢中非金属夹杂物数量。如钢中 P≤0.015%，S≤0.015%，可大大降低铸坯纵裂纹的发生概率；钢中 Cu≤0.20%、Mn/S>40，可以减少或消除铸坯星状裂纹的发生。

（3）严格控制钢水开浇温度。要确保低过热度浇钢及钢包的钢水温度均匀，减少钢包的钢水温降。如钢包、中间包必须烘烤；钢包、中间包包衬要绝热；钢包、中间包钢水要加覆盖剂保温等。

（4）结晶器浸入式水口插入深度要合适，必须与结晶器对中，结晶器与二冷室导向辊要准确对中弧度。

（5）严格按照中间包钢水过热度调整铸坯拉坯速度，拉坯速度尽可能恒定。

（6）按钢种和规格选用合适的结晶器保护渣，并保证保护渣能连续均匀地流人结晶器与铸坯的间隙中。

（7）确保结晶器振动平稳，采用“高振频、小振幅”的结晶器振动工艺。

（8）保证结晶器液面稳定，采用结晶器液面自动控制系统，将液面波动控制在±5mm 内。实践表明，相对于手动控制，液面自动控制的铸坯表面纵裂纹发生率降低 0.1%；而横裂纹发生率降低 0.6%。

（9）结晶器内壁的镀层应均匀、表面平滑，选用连续变化（如抛物线型）的多锥度结晶器，确保连铸坯传热均匀。

（10）采用热顶结晶器，即通过镶入导热性差的材料，降低结晶器弯月面处的导热性，延缓坯壳的收缩，减轻铸坯表面凹陷，从而降低铸坯表面纵裂纹发生几率。此办法对包晶钢种最为有效。

（11）采用结晶器电磁搅拌技术，均匀凝固组织，减少铸坯表面裂纹。

（12）选择合适的结晶器冷却制度和二次冷却制度，保证铸坯冷却均匀。对于合金钢，结晶器冷却为弱冷；二次冷却采用气雾冷却方式。

（13）保证合适的铸坯矫直温度，避免在脆性区（700~900℃）矫直，选择铸坯矫直温度>900℃。

（14）对于合金钢，采用铸坯下线缓冷工艺，以避免铸坯产生低温表面裂纹。

2. 防止连铸坯产生表面夹渣和凹坑

铸坯表面夹渣是指铸坯表面或皮下镶嵌有大的颗粒渣子；而铸坯表面凹坑是指铸坯表面局部凹陷，有些凹坑是因表面夹渣的渣子脱落而形成的。其控制措施如下。

（1）按钢种和规格选用合适的结晶器保护渣。结晶器保护渣要易于吸附钢水中 Al_2O_3 夹杂物，且性能稳定；维持合适的保护渣液渣层厚度（7~12mm）；要注意季节变化对结晶器保护渣使用质量的影响。

（2）确保耐火材料抗侵蚀性良好，没有大块的脱落。尤其应确保钢包长水口、中间包浸入式水口、中间包塞棒、中间包挡渣墙的质量。

（3）保证铸坯全程保护浇注良好，特别是钢包长水口密封良好，吹氩保护正常。要减少因二次氧化形成的夹杂物进入结晶器保护渣，以免造成结晶器保护渣熔点升高而形成铸坯表面夹渣。

（4）严格按照中间包钢水过热度调整铸坯拉坯速度，拉坯速度尽可能恒定，减少“卷渣”现象。

（5）中间包浸入式水口插入深度要合适，不能过浅，否则易发生“卷渣”现象。

（6）检查二冷区段支撑辊是否粘有冷钢，应注意及时清理支撑辊上的氧化铁鳞。

（7）保证结晶器液面稳定，采用结晶器液面自动控制系统，将钢水液面波动控制在±5mm 以内。有研究表明；液面波动±20mm 时，铸坯皮下夹渣深度<2m；液面波动±40mm 时，皮下夹渣深度<4mm；液面波动>40mm 时，皮下夹渣深度<7mm。实践表明，相对于手动控制，液面自动控制的铸坯夹渣发生率可降低 0.4%。

（8）采用“高振频、小振幅”的结晶器振动工艺。

（9）采用低过热度浇钢工艺，特别是开浇第一炉的钢水过热度要低且均匀，可以采取镇静降温的办法来保证低过热度开浇，以保证结晶器液面的稳定。

（10）提高钢水洁净度，减少钢中 Al_2O_3 含量。

3. 防止连铸坯产生表面气孔和皮下气泡

铸坯表面气孔是暴露在铸坯表面的、存在于铸坯垂直方向的圆形小孔；皮下气泡则是没有暴露的存在于铸坯表皮下的气孔。其控制措施如下。

（1）控制出钢钢水产生过氧化现象，电弧炉要尽量控制熔清≥0.08%，要保证钢水脱氧良好。

（2）保证钢水有足够的真空脱气时间，严格执行有关真空脱气处理的规定。

（3）注意跟踪原辅材料的湿度变化，保证原辅材料干燥，特别是炉外精炼期间加入的合金、渣料等，有条件最好烘烤。如果没有原辅材料烘烤条件，那么应根据空气湿度变化，采用真空处理方法予以弥补，尤其对于浇铸大规格的铸坯。

（4）保证中间包覆盖剂、结晶器保护渣水分<0.5%。

（5）保证铸坯全程保护浇注良好，特别是钢包长水口密封良好，吹氩保护正常。减少钢水二次氧化。

（6）严格控制钢水开浇温度，要确保低过热度浇钢，特别是开浇第一护的钢水过热度要低。可以采取镇静降温，保证低过热度开浇，以减少吸气的可能。

4. 防止连铸坯产生表面重接、切伤和划伤缺陷

铸坯表面重接、切伤和划伤块陷主要与连铸设备异常有关。铸坯表面重接是因拉矫机突然停顿造成的；铸坯表面切伤是连铸切割系统异常造成的：铸坯表面划伤是由于输送辊不转或粘有坚硬异物造成的。铸坯表面重接和切伤多是偶然发生的；而铸坯表面划伤只要出现就会连续大量发生，因此必须经常巡视检查在线铸坯表面质量，发现问题及时处理，避免缺陷大量发生。

（三）连铸管坯的内部质量控制

铸坯内部正确凝固组织是指等轴晶和柱状晶的比例，等轴晶越多越好，而且对铸坯的内部裂纹、疏松、偏析等缺陷须严格控制。控制措施如下。

1. 防止铸坯内部中心偏析

（1）吹氩搅拌均匀钢水成分及温度，降低钢中易偏析元素及P、S含量，P≤0.015%，S≤0.010%。

（2）严格控制钢水开浇温度，确保低过热度浇钢，减少柱状晶的的宽度，增大等轴晶比例，以减少铸坯中心偏析。

（3）采用电磁搅技术，消除柱状晶的“搭桥”，增大中心等轴晶比例，减少铸坯中心偏析。

（4）结晶器浸入式水口必须与结晶器对中。

2. 防止铸坯内部中心疏松与缩孔

（1）严格控制钢水开浇温度，确保低过热度浇钢，严禁高温浇钢。

（2）严格按照中间包钢水过热度调整拉坯速度，并保持其恒定。

（3）二次冷却选择弱冷制度，确保铸坯二次冷却均匀，最好采用气雾冷却方式。

（4）采用电磁搅拌技术，消除柱状晶的“搭桥”，增大中心等轴晶比例。

3. 防止连铸坯产生内部裂纹

（1）严格控制钢水开浇温度，确保低过热度浇钢，严禁高温浇钢。

（2）对于不同的钢种应选择合理的结晶器冷却制度，以防止铸坯内部产生较大的热应力。

（3）二次冷却水分配要适当，保证铸坯匀速冷却，避免产生较大的铸坯“回温”现象。

（4）结晶器与二冷室导向辊要准确对中弧度。

（5）严格按照中间包钢水过热度调整拉坯速度，并保持其恒定。

（6）调整好各流各架拉矫机的压力，避免压力过大。

（7）确保电磁搅拌器搅拌参数合适，以获得均匀的凝固组织。

（8）选择与生产铸坯钢种、规格相匹配的连铸机弧形半径，采用连续多点矫直技术。

4. 连铸管坯的外形尺寸控制

铸坯的外形尺寸包括直径与长度偏差、椭圆度、弯曲度、端面切斜度等。

铸坯直径偏差主要与结晶器尺寸变化有关；铸坯长度偏差主要与切割控制系统的精度有关；铸坯椭圆度主要受拉矫机压力的影响；铸坯弯曲度主要与铸坯全程冷却的均匀性以及钢种凝固、冷却特性有关；铸坯端面切斜度主要与切割介质和控制稳定性有关。

连铸圆管坯的外形尺寸控制相对比较简单，主要受设备精度影响，因此应提高设备精度。

第六章　无缝钢管生产装备与工艺技术的发展

第一节　我国无缝钢管产线建设基本情况

从1953—1978年，我国无缝钢管生产的主要装备是以鞍钢无缝厂 ϕ140mm 机组和包钢无缝厂 ϕ400mm 机组为代表的自动轧管机组为主体；另有成都无缝厂的 ϕ318、ϕ216mm 周期轧管机组和 ϕ133mm 顶管机组等几套其他机型机组；以及数十台套以 ϕ76mm 穿孔+自动轧管+冷拔/轧机组和 ϕ76mm 穿孔+冷拔/轧机组，形成了我国无缝钢管早期生产的工业体系。

1978—2000年期间，1985年宝钢引进了我国第一套现代化的连轧管机组，此后天津钢管、衡阳钢管、包钢钢管也都引进了连轧管机组以及烟宝、成都无缝、新冶钢等企业也都建设较先进斜轧管机组（包括精密轧管机组、三辊轧管机组）。使我国无缝钢管的装备水平有了很大的改变。

进入21世纪以来，随着全球经济复苏、增长，尤其中国的经济快速增长带动世界经济的发展，带动了全球的能源需求增长。以石油、天然气、煤炭为主的能源需求大幅度增长和以包括汽车、工程机械、机床等为代表的制造业快速增长，极大地带动了钢管行业的发展，也带动了无缝钢管的发展。为了满足对上述工业增长的需要，一大批现代化无缝钢管项目快速建设并投入生产，其中包括引进世界上最先进的三辊连轧管机组、三辊斜轧管机组、周期式轧管机组和挤压机组以及国内制造的一大批连轧、斜轧管机组，使我国的无缝钢管产能呈快速增长，极大地满足各行业发展的需要。同时我国无缝钢管的装备水平也得到大幅度提升，其整体装备达到了世界先进水平，部分装备达到了世界领先水平。但是在满足下游行业需求的同时，其中也存在着一部分项目盲目建设并导致无缝钢管产能呈现过剩的局面。

据不完全统计，截至2018年底我国已拥有各类热轧无缝钢管完整的生产线（连轧管、精密/斜轧管、三辊轧管、自动轧管、顶管、挤压管、周期轧管等）达239条，产能规模突破4500万吨，为4519万吨。近年来由于淘汰落后产能和部分企业停产或破产，使部分机组关、停或拆除，现实际产能为3574万吨，占全国无缝钢管产能比重87.73%；另外，还有 ϕ90mm 及以下穿孔/冷拔（轧）无缝钢管生产线约220条，产能约500万吨，占全国无缝钢管产能比重12.27%；热轧无缝钢管机组数量加穿孔+冷轧/拔线数量，总计约459套（台），产能约5019万吨，去除关、停、拆机组的产能945万吨，我国无缝钢管实际产能约4074万吨（含在建机组产能）。

各类机型产线明细如表6-1~表6-7所示。

一、各类无缝钢管机组建设的情况

（一）连轧管机组

连轧管机组明细如表6-1所示。

表6-1　连轧管机组明细

序号	地区	公司名称	机组名称	产地	产能/万吨	投产时间	备注
1	华北	天津钢管集团股份有限公司	ϕ250mm MPM	意大利	90	1996	
2			ϕ168mm PQF	德国	60	2003	
3			ϕ258mm PQF	德国	60	2008	
4			ϕ460mm PQF	德国	90	2007	
5			ϕ508mm PQF	德国	80	2012	位于江苏淮安市

续表 6-1

序号	地区	公司名称	机组名称	产地	产能/万吨	投产时间	备注
6	华北	天津市精通无缝钢管公司	ϕ180mm MPM	中国	35	2013.09	2015 年已停产
7		包钢钢联股份有限公司钢管公司	ϕ180mm MPM	意大利	35	2000	
8			ϕ159mm PQF	德国	40	2011.07	
9			ϕ460mm PQF	德国	80	2012.08	
10			ϕ89mm MPM	中国	15	已批建	预计 2020 年投产
11		建龙集团承德特殊钢有限公司	ϕ250mm PQF	中国	40	在建	预计 2019 年投产
12		河北沧州达力普	ϕ159mm PQF	中国	35	2019	预计 2019 年投产
13	华东	原江苏华菱锡钢特钢有限公司	ϕ258mm PQF	德国	60	2010.03	
14		江阴华润制钢有限公司	ϕ159mm FQM	意大利	40	2012.09	
15		原无锡西姆莱斯石油专用管制造有限公司	ϕ250mm MPM	中国	50	2006	2015 年已破产关停
16		无锡贝来石油专用管有限公司	ϕ114mm MPM	中国	15	2016	三机架连轧
17		扬州诚德钢管股份有限公司	ϕ76mm PQF	中国	8	2012	四机架连轧
18		南通特殊钢公司	ϕ159mm MPM	中国	10	2005	
19		山东墨龙石油机械股份有限公司	ϕ159mm PQF	中国	35	2010	
20		宝钢股份条钢事业部烟台鲁宝钢管	ϕ460mm PQF	德国	80	2011	
21		宝钢股份条钢事业部无缝钢管厂	ϕ140mm MM	德国	80	1985	
22		安徽天大石油管材股份有限公司	ϕ273mm PQF	德国	60	2009	
23		山东磐金钢管制造有限公司	ϕ159mm MPM	中国	40	2018	2018 年 7~8 月投产，两条线共用一座加热炉
24			ϕ159mm MPM	中国	40	2018	
25			ϕ180mm PQF	中国	50	2019	2019 年上半年投产
26			ϕ180mm PQF	中国	50	2019	
27			ϕ273mm PQF	中国	60	2019	2019 年上半年投产
28			ϕ273mm PQF	中国	60	2019	
29		山东中正钢管制造有限公司	ϕ219mm MPM	中国	35	2018	四机架连轧
30		山东临沂金正阳管业有限公司	ϕ180mm PQF	中国	35	2018	

续表 6-1

序号	地区	公司名称	机组名称	产地	产能/万吨	投产时间	备注
31	华东	江苏常宝普莱森钢管有限公司	ϕ168mm PQF	德国	30	2020	中冶赛迪总包，连轧、脱管、张减机由梅尔供货，双侧式换辊（38~168mm）
32	华中	湖南华菱钢铁集团衡阳钢管有限公司	ϕ89mm 半浮	德国	30	1997	
33			ϕ340mm MPM	意大利	70	2004. 12	
34			ϕ180mm PQF	德国	40	2011	
35		河南林州凤宝管业有限公司	ϕ159mm PQF	中国	35	2011	
36			ϕ89mm PQF	中国	20	2017. 10	
37		河南安阳龙腾特钢制造有限公司	ϕ89mm PQF	中国	15	2019	预计2019年投产
38	东北	鞍钢集团无缝钢管厂	ϕ159mm MPM	德国	25	2003	
39			ϕ180mm PQF	德国	30	2007	
40		原辽阳西姆莱斯石油专用管制造有限公司	ϕ114mm MPM	中国	20	2010	2014年已破产停产
41		黑龙江建龙钢铁有限公司	ϕ180mm FQM	意大利	40	2011. 6	
42		辽宁天丰特殊工具制造股份有限公司	ϕ89mm MPM	中国	20	2017	
43	西南	攀钢集团成都钢钒有限公司	ϕ340mm MPM	意大利	80	2005	2016年已破产关停
44			ϕ159mm FQM	意大利	40	2007	
45		重庆钢铁股份有限公司	ϕ140mm MPM	中国	35	2019	
46	西北	新疆天成西域钢管制造股份有限公司	ϕ366mm PQF	中国	60	2010. 12	原新疆巴州西姆莱斯2015年已关停
合　计		26个厂家，产线分布于14个省、市、自治区	46套	引进22/国产24套	2058	1985~2018	已关停产线6条

注：截至2018年底，近年来已投产的新机组7条，新增产能205万吨；在建机组10条，在建新产能390万吨；因企业破产关停机组6条，关停产能285万吨。目前，我国总计有46套连轧管机组（包括关停和在建机组），其中，引进机组22套，国产化机组24套，总产能达到2058万吨。现正常生产机组有30条产线，产能1383万吨，如含在建新增产能，有效产能应为1773万吨。

（二）三辊轧管机组

三辊轧管机组明细如表6-2所示。

表 6-2　三辊轧管机组明细

序号	地区	公司名称	机组名称	产品规格/mm	产能/万吨·年$^{-1}$	投产日期	备注
1	华东	山东汇通	ϕ273mm	ϕ159~356	30	2010.07	
2			ϕ100mm	ϕ70~140	12	2009.01	
3		山东聊城中钢联	ϕ325mm	ϕ180~426	30	2009.01	
4		山东聊城巨星钢管	ϕ140mm	ϕ95~180	12	2005	
5		山东临沂承禹	ϕ273mm	ϕ159~366	20	2007	
6		山东东营市精诚无缝	ϕ140mm	ϕ114~194	12	2006	已停产
7		山东中正钢管	ϕ100mm	ϕ89~159	15	2006	
8		山东聊城中冶石油机械	ϕ133mm	ϕ73~159	10	2010	
9		山东大洋钢管	ϕ219mm	ϕ73~245	20	2014	
10		聊城日通钢管有限公司	ϕ90mm	ϕ32~114	10	2016	采用双芯棒轧制工艺
11		聊城龙英钢管有限公司	ϕ159mm	ϕ60~180	15	2015	采用双芯棒轧制工艺
12		聊城亚科钢管制造有限公司	ϕ130mm	ϕ38~140	12	2016	采用双芯棒轧制工艺
13		聊城市宋氏永安管业制造有限公司	ϕ114mm	ϕ32~114	12	2015	采用双芯棒轧制工艺
14		聊城市金运管业有限公司	ϕ159mm	ϕ60~180	15	2016	采用双芯棒轧制工艺
15		聊城市诚盛金属制品有限公司	ϕ90mm	ϕ32~114	10	2016	采用双芯棒轧制工艺
16		山东五岳钎具材料有限公司	ϕ180mm	ϕ133~203	10	2018	
17		东营市精诚无缝钢管有限公司	ϕ219mm	ϕ114~245	20	在建	2019 年上半年投产
18		聊城市兴隆钢管有限公司	ϕ90mm	ϕ32~114	10	2013	
19		聊城市宋氏永安管业制造有限公司	ϕ80mm	ϕ57~102	8	2010	
20		聊城市和硕金属制品有限公司	ϕ80mm	ϕ32~114	8	2009	
21		聊城市钢管有限公司	ϕ90mm	ϕ38~114	10	2012	
22		聊城市华正钢管有限公司	ϕ80mm	ϕ32~114	8	2011	
23		聊城市诚盛金属制品有限公司	ϕ90mm	ϕ38~114	8	2008	
24		聊城市兴华管业有限公司	ϕ90mm	ϕ57~102	10	2013	
25		聊城市祥云钢管有限公司	ϕ70mm	ϕ32~76	6	2011	
26		聊城市顺方圆管业有限公司	ϕ80mm	ϕ57~102	8	2013	

续表 6-2

序号	地区	公司名称	机组名称	产品规格 /mm	产能 /万吨 · 年$^{-1}$	投产日期	备注
27	华东	聊城市喜瑞管业有限公司	ϕ80mm	ϕ57～102	8	2010	
28		聊城市陆安钢管有限公司	ϕ80mm	ϕ57～102	8	2011	
29		聊城市光泽管业有限公司	ϕ80mm	ϕ57～102	8	2010	
30		聊城市润鑫管业有限公司	ϕ70mm	ϕ32～76	6	2011	
31		聊城市兴荣管业有限公司	ϕ70mm	ϕ32～76	6	2010	
32		聊城市金正管业有限公司	ϕ80mm	ϕ57～102	8	2016	
33		聊城市双赢钢管制造有限公司	ϕ80mm	ϕ57～102	8	2009	
34		滨州市一通钢管有限公司	ϕ80mm	ϕ57～102	8	2010	
35		东营市利津县惠安实业有限公司	ϕ80mm	ϕ57～102	8	2010	
36		聊城市元盛钢管有限公司	ϕ80mm	ϕ57～102	8	2010	
37		聊城市鑫能金属制品有限公司	ϕ80mm	ϕ57～102	8	2012	
38		聊城市明星石油机械有限公司	ϕ80mm	ϕ57～102	8	2012	
39		江苏雪浪润丰特种钢管	ϕ140mm	ϕ89～159	15	2009	2012 年已关停
40			ϕ114mm	ϕ60～121	12	2005	
41		江苏江阴长江无缝总厂	ϕ140mm	ϕ100～159	12	2008	
42		江苏常宝普莱森	ϕ180mm	ϕ114～244.5	20	2007.11	
43		江苏无锡斯贝歇尔钢管公司	ϕ114mm	ϕ51～121	8	2006	
44		无锡锡钢集团	ϕ100mm	ϕ70～110	6	1996/2010 改造	2010 关停/2018 年已被中信泰富收购
45		浙江明贺	ϕ180mm	ϕ114～219	15	2006.12	
46		杭州浙东	ϕ80mm	ϕ76～133	8	2005.12	
47		安徽天大	ϕ180mm	ϕ114～219	20	2003.6	
48	华北	天津钢管集团	ϕ219mm	ϕ89～245	25	2005	2016 年已停产
49		天津市中天石油装备有限公司	ϕ140mm	ϕ108～219	16	2016	原天津无缝钢管厂 140-1 机组
50		天管集团天津市无缝管厂	ϕ140mm-2	ϕ114～219	15	2006	2016 年已关停，其中 140-1 已拆迁变卖
51			ϕ140mm-1	ϕ108～219	16	1995	
52			ϕ100mm	ϕ60～114	10	2006	
53		包钢特钢	ϕ120mm	ϕ73～159	12	2008	
54		包钢西北创业	ϕ100mm	ϕ73～140	12	2008	拟改造为连轧机组

续表 6-2

序号	地区	公司名称	机组名称	产品规格 /mm	产能 /万吨·年$^{-1}$	投产日期	备注
55	华北	江阴月月潮钢管公司	ϕ140mm	ϕ140~219	15	2006.6	2013 年已拆迁变卖
56		山西德汇	ϕ219mm	ϕ108~245	18	2009.02	已停产
57		河北沧州康泰龙管业有限公司	ϕ114mm	ϕ32~114	12	2010	
58		河北沧州屹城管业有限公司	ϕ90mm	ϕ38~102	10	2011	
59	华中	湖南衡阳钢管	ϕ219mm	ϕ76~245	20	1987/2008 改造	由 Φ108 机组改为 Φ219 机组
60		湖北新冶钢	ϕ108mm	ϕ52~108	8	1985	
61			ϕ170mm	ϕ108~219	25	1993	
62			ϕ273mm	ϕ159~273	20	2010.01	2015 年改造为 CPE
63			ϕ460mm	ϕ219~508	40	2010.09	
64		河南林州桥宏	ϕ159mm	ϕ108~219	12	2005.4	已停产
65		河南丰泰管业有限公司	ϕ80mm	ϕ57~102	8	2011	
66		河南新乡天宇钢管有限公司	ϕ80mm	ϕ57~102	8	2010	
67		河南林州凤宝管业公司	ϕ219mm	ϕ108~245	15	拟签订合同新建	拟 2019 年建成投产
68	西南	重庆奥冠管业有限公司	ϕ80mm×2	ϕ32~89	10	2012	
合　计		60 家企业分布在 12 个省、市	68	ϕ32~508	876	1985~2016	关停改 13 条，在建 2 条

注：总计产线：68 条，总计产能 876 万吨，其中，已关停改产线 13 条，产能：188 万吨；在建产线 2 条，产能 35 万吨，搬迁改建 1 条，产能 16 万吨；现实生产产线 53 条，产能：653 万吨；含在建产能应为 688 万吨。

（三）精密和斜轧管机组

精密和斜轧管机组明细如表 6-3 所示。

表 6-3　精密和斜轧管机组明细

序号	地区	公司名称	机组名称	产品规格 /mm	产能 /万吨·年$^{-1}$	投产日期	备注
1	华东	山东汇通钢管	ϕ168mm	ϕ102~219	15	2014.01	
2			ϕ50mm	ϕ38~73	4	2011	穿孔后经空轧再进定径机
3		烟台鲁宝钢管有限责任公司	ϕ273mm	ϕ108~325	30	1990	
4		山东聊城鑫鹏源	ϕ219mm	ϕ89~219	20	2010.12	
5			ϕ340mm	ϕ219~340	30	2012.03	
6		山东墨龙石油机械	ϕ90mm	ϕ60~114	6	2004.06	
7			ϕ273mm	ϕ114~350	25	2006.03	

续表 6-3

序号	地区	公司名称	机组名称	产品规格 /mm	产能 /万吨·年$^{-1}$	投产日期	备注
8	华东	山东宝通钢管制造有限公司	ϕ76mm	ϕ57~108	6	2004	
9			ϕ114mm	ϕ108~114	8	2009	
10			ϕ140mm	ϕ76~180	10	2009	
11			ϕ219mm	ϕ133~219	15	2004	
12			ϕ325mm	ϕ273~325	30	2009	
13		山东鲁星钢管公司	ϕ273mm	ϕ114~273	20	2008	已停产多年
14			ϕ168mm	ϕ68~168	10	2007	
15			ϕ140mm	ϕ89~133	8	2007	
16		山东临沂银隆钢管	ϕ130mm	ϕ133~180	10	2005	已停产多年
17			ϕ100mm	ϕ108~159	8	2005	
18		山东寿光巨能特钢	ϕ273mm	ϕ140~325	20	2009	
19		烟台元铧钢管	ϕ140 改进型	ϕ76~180	8	2007	
20		莱钢烟台钢管	ϕ114mm 斜轧机组	ϕ89~140	8	2010	
21		山东中正钢管公司	ϕ168mm	ϕ76~168	15	2011	已改为 25 万吨连轧管机组
22		山东东营精诚无缝钢管	ϕ140mm	ϕ60~186	10	2009	
23			ϕ219mm	ϕ60~245	15	2015	已停产
24		东营利源管业有限公司	ϕ273mm	ϕ140~273	25	2012	已停产
25		江苏振达钢管集团	ϕ114mm	ϕ89~140	10	2002	已停产 已停产
26			ϕ180mm	ϕ140~219	15	2003	
27			ϕ90mm	ϕ71~133	6	2003	
28		江阴长江金属制管厂	ϕ273mm	ϕ140~340	25	2008	
29			ϕ110mm 斜轧（鼓形辊）	ϕ89~159	10	2002	
30		常州远扬钢管	ϕ159mm	ϕ102~168	8	2007	
31		无锡瑞源特种钢管	ϕ180mm	ϕ89~219	12	2007. 10	已关停
32		无锡鼎元精拔钢管公司	ϕ114mm	ϕ50~133	8	2008	
33		无锡贝来无缝钢管厂	ϕ140mm	ϕ76~140	10	2006	
34		无锡欧龙特种钢管	ϕ133mm	ϕ73~146	10	2008	
35		无锡西姆莱斯	ϕ180mm	ϕ60~219	15	2006	搬迁至泰国
36		太仓新宝谊（宝谊）	ϕ219mm	ϕ60~219	15	2010	
37		扬州龙川钢管	ϕ114mm	ϕ60~114	5	2006. 11	
38		安徽国轶特种钢管	ϕ180mm	ϕ89~219	10	2008	
39		安徽天大	ϕ168mm	ϕ60~168	20	2008. 06	
40		浙江宝时德	BSD-238（90mm）	ϕ32~90	15	2009. 05	
41		新钢集团新余钢铁厂	ϕ168mm	ϕ108~168	7	1996	已关停

续表 6-3

序号	地区	公司名称	机组名称	产品规格/mm	产能/万吨·年$^{-1}$	投产日期	备注
42	东北	通钢磐石无缝钢管	ϕ140mm	ϕ140~219	15	2001	2015 年已停产
43	东北	通钢磐石无缝钢管	ϕ108mm	ϕ108~168	10	2006	
44	东北	通钢磐石无缝钢管	ϕ90mm	ϕ60~133	6	2009	
45	东北	梅河口弘业无缝钢管	ϕ114mm	ϕ60~114	10	2005	2015 年已关停
46	东北	黑龙江建龙钢铁有限公司	ϕ273mm	ϕ180~273	20	2008. 11	
47	东北	东北特钢（浩盈）	ϕ140mm	ϕ30~180	12	1995. 12	破产，该设备已被建龙收购
48	东北	沈阳特种无缝钢管有限公司	ϕ114mm	ϕ89~114	8	2007	
49	华北	新兴铸管	ϕ219mm	ϕ140~245	20	2011. 06	
50	华北	河北宏凌无缝钢管	ϕ159mm	ϕ102~168	15	2006. 05	已停产
51	华北	河北沧州达力普钢管	ϕ273mm	ϕ140~273	30	2007. 03	原河北鑫源泰钢管集团
52	华北	河北嘉远天成	ϕ159mm	ϕ113~219	12	2006	已停产
53	华北	河北圣天集团无缝钢管	ϕ180mm	ϕ76~168	12	2007	
54	华北	天津精通无缝钢管有限公司	ϕ114mm	ϕ73~114	6	2010	2015 年已停产
55	华中	林州凤宝	ϕ273mm	ϕ180~340	30	2008. 12	
56	华中	河南汇丰	ϕ159mm	ϕ102~168	8	2008	
57	华中	河南华隆管业	ϕ133mm	ϕ76~133	8	2005	
58	华中	河南华隆管业	ϕ219mm	ϕ140~219	15	2006	
59	华中	安阳龙腾特钢	ϕ130mm	ϕ89~159	8	2006. 03	
60	华中	新冶特钢	ϕ140mm	ϕ102~140	8	2007	
61	华中	新冶特钢	ϕ273mm	ϕ114~273	20	2009. 10	
62	华中	新冶特钢	ϕ325mm	ϕ140~340	30	2008	
63	华中	武汉重工铸锻有限责任公司	ϕ820mm	ϕ390~840	8	2014	采用导板
64	西南	四川攀成钢	ϕ180mm	ϕ140~273	25	1992/2009	2016 年已破产
65	华南	广州宏达（俊嘉）	ϕ133mm	ϕ57~168	10	2009	已停产
合　计		分布于 6 各地区 47 家企业，	65	ϕ51~273	903	1992/2017	关停改 20 条

注：总计产线 65 条，分布于 6 各地区 47 家企业，总计产能 903 万吨，其中，已关停改产线 20 条，产能 265 万吨，现实际产线 45 条，产能 638 万吨。

（四）自动轧管机组

自动轧管机组明细如表 6-4 所示。

表 6-4　自动轧管机组明细

序号	地区	公司名称	机组名称（台、套）	产品规格/mm	产能/万吨·年$^{-1}$	投产日期	备注
1	华东	金宝诚	ϕ76mm×2	ϕ60~89	10	2008	
2			ϕ100mm×2	ϕ76~114	16	2008	
3			ϕ120mm×2	ϕ108~159	18	2008	
4		山东临沂金正阳钢管	ϕ76mm	ϕ60~89	12	2005	
5			ϕ100mm	ϕ76~114			
6			ϕ400mm	ϕ219~426	30	2014.02	
7		山东临沂瑞钢联钢管	ϕ100mm	ϕ76~114	8	2009	
8			ϕ120mm	ϕ89~121	8	2009	
9		山东金汇集团临沂三元钢管	ϕ100mm	ϕ76~114	15	2005.11	
10			ϕ120mm	ϕ108~159		2006	
11		山东金汇集团临沂承禹钢管	ϕ180mm	ϕ168~219	25	2006	
12			ϕ219mm	ϕ177~245			
13		临沂金源钢管	ϕ100mm	ϕ108~159	16	2009	
14			ϕ120mm	ϕ108~159		2010	
15		临沂盛源钢管	ϕ100mm	ϕ76~114	16	2009	
16			ϕ120mm	ϕ108~159		2010	
17		临沂宝达钢管	ϕ100mm	ϕ76~114	16	2009	
18			ϕ120mm	ϕ108~159		2010	
19		临沂美鑫钢管	ϕ100mm	ϕ76~159	15	2005	2016 年已关停
20			ϕ90mm	ϕ76~140			
21		莱钢集团烟台钢管厂	ϕ100mm	ϕ89~219	18	1968	
22		烟台元锋钢管	ϕ170mm	ϕ108~219	10	2006	
23		聊城中冶	ϕ219mm	ϕ114~219	20	2016	
24		新钢集团洪都钢厂	ϕ76mm	ϕ60~89	3	1968	2016 年已破产关停
25			ϕ90mm	ϕ60~114	4	1984	
26			ϕ140mm	ϕ108~168	10	2004	
27		安徽金安管业	ϕ159mm	ϕ76~159	10	2005	已关停
28			ϕ219mm	ϕ108~219	15	2009	
29	东北	鞍钢无缝	ϕ219mm	ϕ89~219	25	2004	2018 年 12 月已拆除
30		辽宁凌远股份北票钢管有限公司	ϕ80mm	ϕ51~89	6	2009	2016 年已停产
31			ϕ114mm	ϕ108~159	10	2009	
32		通钢磐石无缝钢管	ϕ90mm	ϕ76~114	5	2004	已停产
33	华中	安阳中联钢业	ϕ90mm	ϕ60~108	5	2005.09	
34		湖北新冶钢有限公司	ϕ100mm	ϕ73~133	10	1990.07	已停产淘汰
35	华北	包钢无缝	ϕ400mm	ϕ219~426	50	1971（2002 改造）	2015 年已停产
36	西南	攀成钢金堂分厂	ϕ100mm	ϕ45~108	10	1987	2016 年已破产关停
合　计		21 个企业分布于 10 个省份	36 套机组	ϕ45~426	416	1968~2018	已关停产线 14 条

注：总计产线 36 条，分布于 10 个省，21 个企业，总产能 416 万吨，已关停产线 14 条，关停产能 173 万吨，现实际产线 22 条，产能为 243 万吨。

（五）周期式轧管机组

周期式轧管机组明细如表6-5所示。

表6-5　周期式轧管机组明细

序号	地区	公司名称	机组名称	产地	产能/万吨	投产时间	备注
1	华东	南通特钢	ϕ760mm	中国	3	2010	生产不锈钢
2		扬州龙川	ϕ720mm	中国	25	2010	
3	西南	四川三洲	ϕ660mm	送料器/德国	25	2009.08	
4		攀成钢	ϕ508mm	中国	16	2006	2016年已破产
5	华中	衡阳钢管	ϕ720mm	德国	25	2009.12	
合计		5个企业 分布于3个省份	ϕ508mm~ ϕ760mm	引进2套 国产3套	94	2006~ 2010	因企业破产已关停1条产线

注：总计产线5条，分布于3个省，5个企业，其中，引进2套；国产化3套，总产能：94万吨；已关停产线1条，产能16万吨，现有实际产线4条，实际产能为：78万吨。

（六）顶管机组（含CPE机组）

顶管机组明细如表6-6所示。

表6-6　顶管机组明细

序号	地区	公司名称	机组名称	产地	产能/万吨·年$^{-1}$	投产时间	备注
1	华中	武汉471厂	ϕ1200大顶管	日本二手	3	1996	
2		武钢汉口轧管厂	ϕ114mm CPE机组	德国二手	18	2001	2014年已关停拆迁
3		湖北新冶钢	ϕ219mm CPE机组	中国	20	2015	原阿塞尔机组改造为CPE机组
4	华东	江苏常宝①	ϕ102mm CPE机组	中国	24	1989	
5			ϕ114mm CPE机组	中国、德国	20	2012	24架张减机由德国梅尔公司引进
6		浙江格洛斯②	ϕ1200mm 大顶管	中国	15	2010	
7	华北	河北宏润重工③	ϕ1100mm 大顶管	中国	3	2006	
8			ϕ1500mm 大顶管	中国	5	2009	
9		河北西姆莱斯管业	ϕ114mm CPE机组	中国	15	2013.04	
10		河北渤海重工管道公司	ϕ1500mm 大顶管	中国	6	2010	
合计		8个企业 分布于4省	10套顶管机组	3套引进 7套国产	129	1996~ 2015	已关停拆迁1条产线

注：总计产线：10条，其中进口二手设备2套；国产8套，总产能：129万吨；关停拆迁产线1条，产能18万吨，现有实际产线9条，实际总产能111万吨。

①常宝114机组张减机引进德国梅尔设备。

②浙江格洛斯1200顶管机组配有斜轧延伸机。

③河北宏润两台顶管共用一台立式挤压冲孔，其中一台顶管液压推力为6000t。

（七）挤压机组

挤压机明细如表 6-7 所示。

表 6-7　挤压机明细

序号	地区	公司名称	机组名称	产地	产能/万吨	投产时间	备注
1	华北	山西太钢	60MN 挤压	德国	6	2009. 12	
2		北方重工	360MN 挤压	中国	7	2009. 07	
3		新兴铸管	60MN 挤压	德国	3	2012	
4		河北宏润重工	500MN 挤压	中国	6	2012	
5	华东	浙江久立	42MN 挤压	德国	3	2006	挤压力原设计 35MN
6		宝钢特钢	60MN 挤压	德国	3. 5	2009. 09	
7		常熟华新	36MN 挤压	通泽	3	2010	
8	西南	长城特钢	31. 5MN 挤压	德国	3	1973	
9	西北	青海康泰铸锻机械有限责任公司	680MN 挤压	中国	8	2015	
合　计		9 个企业分布于 7 省份、市	31. 5～680MN 挤压	引进 5 套 国产 4 套	42. 5（43）	1973/2015	

二、我国无缝钢管主要产线、产能结构及分布情况

（一）我国各类无缝钢管产线及产能结构情况

根据表 6-1～表 6-8 的统计，我国热轧无缝钢管机组累计 239 套，产能 4519 万吨，去除已关停机组 55 套，产能 945 万吨，实际有效机组数为 184 套，产能 3574 万吨（含在建机组产能）；另外，穿孔+冷拔/轧机组约 220 台（套），产能约 500 万吨，无缝钢管实际产能约为 4074 万吨。其中连轧管机组 40 套，产能 1773 万吨，占比 43. 53%；三辊斜轧管机组 55 套，产能 688 万吨，占比 16. 89%；精密和斜轧管机组 45 套，产能 638 万吨，占比 15. 66%；自动轧管机组 22 套，产能 243 万吨，占比 5. 96%；挤压管机组 9 套，产能 43 万吨，占比 1. 06%；顶管机组 9 套，产能 129 万吨，占比 2. 72%；周期式轧管机组 4 套，产能 78 万吨，占比 1. 91%。见表 6-8 和图 6-1。

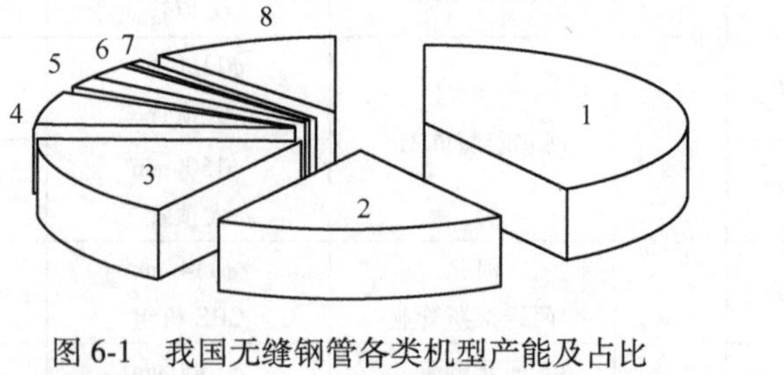

图 6-1　我国无缝钢管各类机型产能及占比

1—连轧管机 1773 万吨（43%）；2—三辊连轧管机 688 万吨（17%）；
3—精密连轧管机 638 万吨（16%）；4—自动轧管机 243 万吨（6%）；
5—周期轧管机 78 万吨（2%）；6—顶管机组 111 万吨（3%）；
7—挤压机组 42. 5 万吨（1%）；8—穿孔+冷拔/轧机组（12%）

从上述产能结构统计数据看，先进的连轧管机组产能占比为 43. 53%，比 2013 年的 34. 33 增长近 10%。落后的自动轧管机+穿拔机组产能占比 18. 23%比 2013 年的 27%下降了近 9%。

我国无缝钢管产线数量及产能统计如表 6-8 所示。

表 6-8　我国无缝钢管产线数量及产能统计

类别	机组类型	数量/台（套）	70 年代以来建设机组总产能/万吨	已关停机组/台（套）	已关停机组产能/万吨	实际产能（含在建产能/不含在建产能）/万吨	现生产机组实际产能占比/%
热轧无缝钢管机组	连续轧管机组	46	2058	6	285	1773/1383	43.53
	三辊斜轧管机组	68	876	13	188	688/653	16.89
	精密/斜轧机组	65	903	20	265	638	15.66
	自动轧管机组	36	416	14	173	243	5.96
	挤压管机组	9	43	—	—	43	1.06
	顶管机组	10	129	1	18	111	2.72
	周期轧管机组	5	94	1	16	78	1.91
合　计		239	4519	55	945	3574/3149	87.73
冷拔/轧机组	穿孔+冷拔/轧机组	约 220	约 500	—	—	约 500	12.27
总　计		约 459	约 5019	55	945	约 4074/3649	100

（二）我国热轧无缝钢管产线、产能各区域分布情况

在我国 4519 万吨（含关停机组）热轧无缝钢管机组产能中，华北地区产能 942 万吨，占比 20.85%；华东地区产能高达 2388.5 万吨，占比 52.87%；华中地区产能 612 万吨，占比 13.54%；东北地区产能 262 万吨，占比 5.8%；西南地区产能 252 万吨，占比 5.58%；其他地区产能 70 万吨，占比 1.55%，见表 6-9、图 6-2 所示。华东地区是我国热轧无缝钢管机组产能最高的区域，其区域内的山东省、江苏省是我国热轧管无缝钢管产量最多的两个省份。

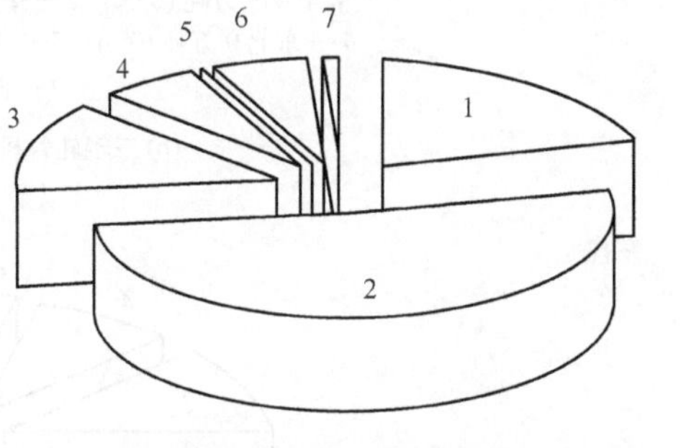

图 6-2　我国热轧无缝钢管分地区产能分布及占比

1—华北 942 万吨（21%）；2—华东 2380.5 万吨（52%）；3—华中 612 万吨（14%）；4—东北 262 万吨（6%）；5—华南 10 万吨（0%）；6—西南 252 万吨（6%）；7—西北 60 万吨（1%）

表 6-9　热轧无缝钢管产能各区域分布统计表　（万吨）

机型＼地区	华北	华东	华中	东北	华南	西南	西北	合计
连轧管机组	585	883	240	135	—	155	60	2058
三辊轧管机组	161	549	156	—	—	10	—	876
精密与斜轧管	95	557	135	81	10	25	—	903
自动轧管机组	50	295	15	46	—	10	—	416
周期轧管机组	—	28	25	—	—	41	—	94
顶管机组	29	59	41	—	—	—	—	129
挤压机组	22	9.5	—	—	—	11	—	42.5
合计	942	2380.5	612	262	10	252	60	4518.5
占比/%	20.85	52.68	13.54	5.8	0.22	5.58	1.33	100

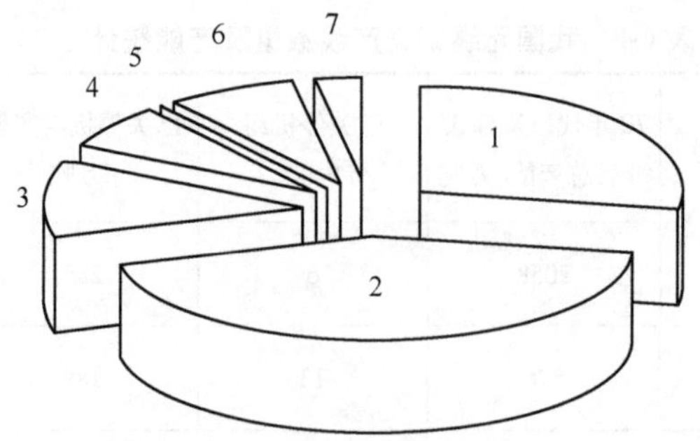

1—华北 585 万吨 (28%); 2—华东 883 万吨 (43%); 3—华中 240 万吨 (12%);
4—东北 135 万吨 (7%); 5—华南 0 万吨 (0%); 6—西南 155 万吨 (8%);
7—西北 60 万吨 (3%)

(a) 连轧管机组分地区产能分布及占比

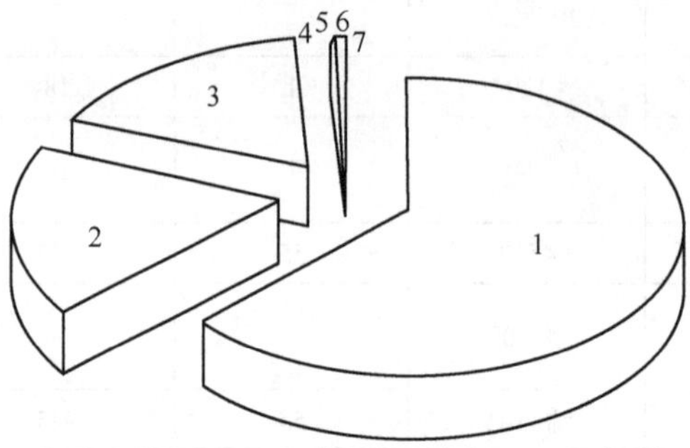

1—华东 549 万吨 (63%); 2—华北 161 万吨 (18%); 3—华中 156 万吨 (18%);
4—东北 0 万吨 (0%); 5—华南 0 万吨 (0%); 6—西南 10 万吨 (1%);
7—西北 0 万吨 (0%)

(b) 三辊轧管机组分地区产能分布及占比

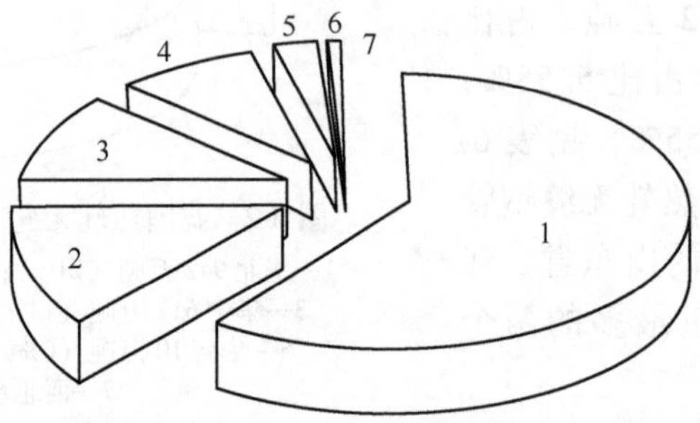

1—华东 557 万吨 (62%); 2—华中 135 万吨 (15%); 3—华北 95 万吨 (11%);
4—东北 81 万吨 (9%); 5—西南 25 万吨 (3%); 6—华南 10 万吨 (1%);
7—西北 0 万吨 (0%)

(c) 精密与斜轧管机组分地区产能分布及占比

图 6-3 连轧管机组、三辊轧管机组、精密与斜轧管机组产能分布及占比

(三) 近年来我国新建无缝钢管产线及产能利用率分析

2016 年以来，随着油价和钢管价格上涨以及市场需求的回升，国内一批企业又在新建热轧无缝管产线，无缝管产能又呈快速增长趋势，从表 6-1~表 6-8 统计分析，2015 年至 2018 年底，我国新建热轧无缝钢管产线 28 条，产能 738 万吨（含在建机组产能）。其中，热连轧机组 17 条，产能 595 万吨；三辊斜轧

管机组 11 条，产能 143 万吨，到 2018 年底，我国无缝钢管机组的实际产能约为 4074 万吨（含在建机组产能），若不考虑在建产能，实际生产机组产能约为 3649 万吨。2018 年我国无缝钢管产量 2482. 87 万吨，产能利用率为 68%，2019 年随着我国无缝管在建机组的投产，产能利用率还将进一步下降。

三、近十年来新建的典型热轧无缝钢管机组

（一）常宝 ϕ114mm CPE 机组

1. 基本情况

常宝精特能源管材有限公司新建的 ϕ114mm CPE 机组是由中冶京诚工程技术有限公司设计，主轧机（顶管机）、缩口机设备由中冶京诚设计，天津赛瑞公司（中冶京诚公司合资公司）制造；穿孔机、松棒机、脱棒机由太原通泽重工设计制造，24 架张减机由德国梅尔公司设计制造。该机组设计年产量为 10 万吨，产品主要为高压锅炉管和高钢级油井管。

钢管外径：26. 7~89(114. 3)mm；

钢管壁厚：2. 6~12. 5mm；

钢管长度：4~24(26/28)m。

2. 工艺流程

常宝 ϕ114mm CPE 机组工艺布置如图 6-4 所示。

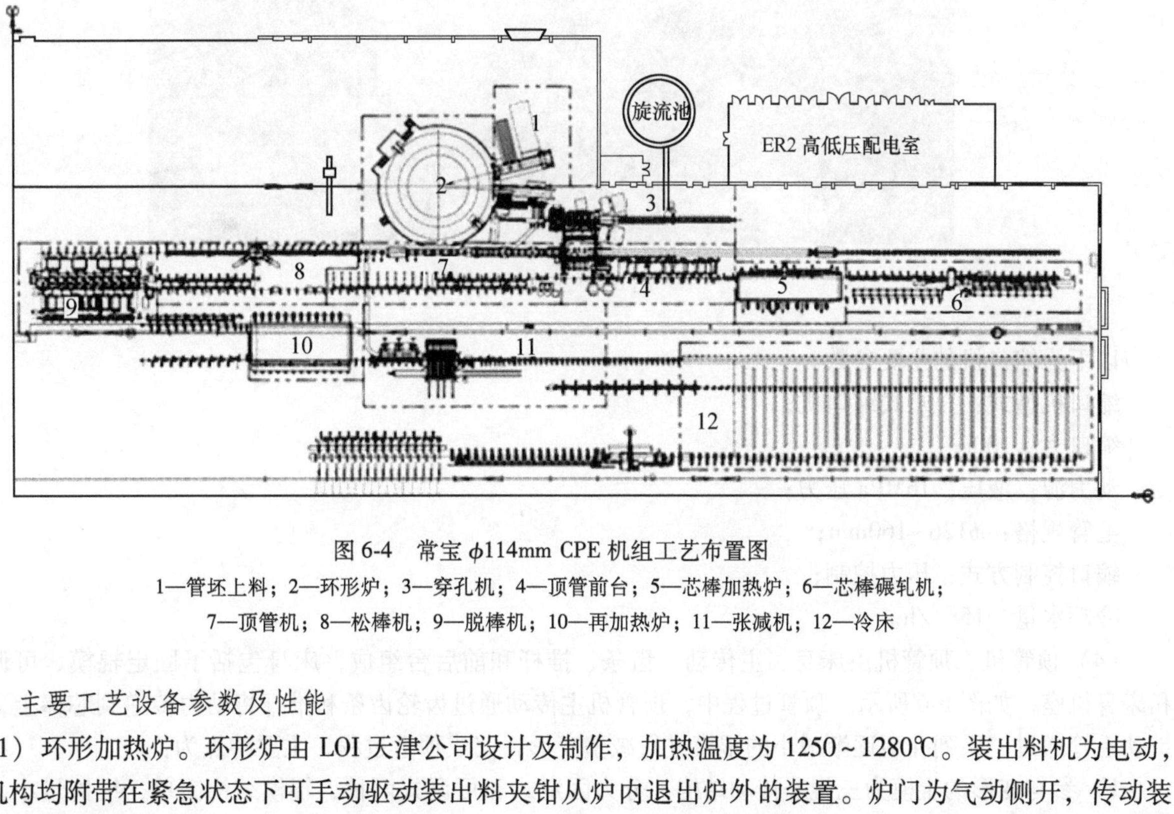

图 6-4　常宝 ϕ114mm CPE 机组工艺布置图

1—管坯上料；2—环形炉；3—穿孔机；4—顶管前台；5—芯棒加热炉；6—芯棒碾轧机；7—顶管机；8—松棒机；9—脱棒机；10—再加热炉；11—张减机；12—冷床

3. 主要工艺设备参数及性能

（1）环形加热炉。环形炉由 LOI 天津公司设计及制作，加热温度为 1250~1280℃。装出料机为电动，两套机构均附带在紧急状态下可手动驱动装出料夹钳从炉内退出炉外的装置。炉门为气动侧开，传动装置会有效避开炽热的炉气，以保证良好的使用寿命。以下为环形加热炉主要参数：

中径：15m；

炉底宽度：2. 95m；

最大加热长度：2. 8m；

最大加热能力：40t/h；

最大装出料节奏：180p/h。

（2）锥形辊穿孔机。管坯穿孔是热轧无缝钢管生产中的最重要的变形工序，它的任务是将实心坯穿制成空心毛管。常宝 ϕ114mm CPE 机组采用锥形辊穿孔机，生产的毛管精度高，附加变形小，适于生产薄壁管。以下为穿孔机主要参数。

管坯直径：ϕ130mm、ϕ150mm；

最大/最小轧辊直径：800mm/700mm；

最大出口速度：0.76m/s；

轧制力矩：1610kN · m；

主电机功率：1500kW×2 台；

主电机转速最大：550r/min。

（3）缩口机。缩口是 CPE 生产线的关键工序之一，缩口机将毛管头部压缩，使其抱紧芯棒头部的台阶，用以承受顶推过程中的拉力。二爪缩口机的收口模是由二块半个模型的收口模组成的，三爪缩口机的收口模是由三块模型合成一个收口模形状，三爪缩口机有以下优点：

1）收口处毛管与芯棒的包容性更好，发生顶穿事故的可能性更小；

2）收口处毛管的长度可以减小，从而可以减小顶管后的切头长度，提高成材率；

3）更有利于轧制高合金材料。

常宝 ϕ114mm CPE 机组生产线选择了三爪缩口机，如图 6-5 所示。

图 6-5　三爪缩口机

以下为缩口机的主要参数。

缩口机型式：三爪式缩口机；

缩口力：100t；

动力源：液压，16MPa 压力；

毛管规格：ϕ126～160mm；

缩口控制方式：压力控制；

冷却水量：15m^3/h。

（4）顶管机。顶管机由床身、主传动、齿条、推杆和前后台组成，床身包括了固定辊模、可调辊模和床身机座，如图 6-6 所示。顶管过程中，顶管机主传动通过齿轮齿条和推杆将动力传递到芯棒上，芯棒带动毛管通过一系列孔型逐渐减小的辊模进行减壁变形，完成顶管过程，主要特点为：

1）参与变形的辊模为三辊非传动结构，分为固定式和可调式两种，辊模结构简单，维护量小，重量轻，工作可靠，工艺事故处理简单；

2）床身为加工有固定插槽的焊接结构，辊模架直接插入床身中，装配简单，辊模更换和位置调整容易，不需要专门的换辊机构；

3）只有一套电机和齿轮减速箱传动系统带动齿轮齿条装置提供动力，传动系统简单，控制点少；

4）减少了轧辊传动系统包括：轧辊传动电机、减速机、传动轴、联轴器等；

5）设备外形小，机座基础浅，土建施工容易，节省基础费用。

以下为顶管机主要参数。

荒管外径：ϕ95～130mm；

轧辊直径：固定机架 ϕ410mm，可调机架 ϕ336mm；

图 6-6　顶管机布置图

最大入口速度：1.5m/s；

最大出口速度：6m/s；

最大顶推力：1100kN；

电机功率：2000kW/台，共 2 台；

限动力：2900kN；

额定转矩：58800N·m/台。

（5）松棒机。顶管后芯棒与荒管是紧贴在一起的，为了便于下一工序的脱棒，需要进行松棒。松棒机对荒管轧制后，使荒管与芯棒之间产生 1~1.5mm 的间隙，以利于脱棒。以下为松棒机主要参数。

荒管外径：ϕ95~130mm；

荒管壁厚：3~12（16）mm；

荒管长度：8000~18000mm；

松棒速度（基速）：1.5m/s；

调速范围：0.8~2m/s；

轧制节奏：2~3p/min；

轧辊喉径：ϕ350mm；

轧辊安装角：30°±5°；

电机功率（DC）：180kW×2。

（6）脱棒机。脱棒机的作用是将芯棒从荒管中脱出，脱棒时夹送辊夹紧芯棒运动使芯棒从荒管中脱出，同时荒管由一组活动挡板挡住，以使芯棒和荒管分离。脱棒机如图 6-7 所示。

图 6-7　脱棒机

以下为脱棒机主要参数。

最大辊径（最大）：300mm；

最大拉力：4.5t；

芯棒直径：ϕ86～105mm；

脱棒速度：1.5m/s；

传动电机：90kW，1450r/min。

（7）张减机。采用24架张减机，为单辊传动的方式，如图6-8所示。设备的传动系统依靠每辊一个电机来实现（共72台电机），每个轧辊有一个齿轮箱，电机和齿轮箱直接连接，上下传动轴与相应轧辊轴的连接由液压缸来实现，带动接轴法兰向轧辊法兰移动。当轧辊机架被推入机身框架，轧辊联轴器和后传动装置连接，联轴器的连接将由电气基础自动化系统管理。以下为张减机主要参数。

轧辊名义直径：ϕ250mm；

机架间距：235mm；

入口钢管最大速度：1.25m/s；

出口钢管最大速度：6m/s；

电机功率：93kW/台，共72台；

电机转速：200～2000r/min。

图6-8　张减机

（二）通钢磐石钢管ϕ108mm精密轧管机组

1. 基本概况

通钢磐石钢管ϕ108mm精密轧管机组，2006年3月建成投产，原设计产能7万吨/年，现已达到10万吨/年。产品主要以中厚壁管为主，兼顾D/S大于28的薄壁管产品，最薄规格可生产ϕ159mm×4.5mm的结构及流体管产品；该机组主要设备由太原通泽设计制造，包括立式穿孔机、精密轧管机、12架三辊定径机、矫直机等，轧管机由济南重工设计制造，导盘装配机构被设计成既可以装配导盘也可以装配导板的结构形式，可根据生产的产品规格或采用导盘或采用导板。

2. 产品规格及品种

以下为产品规格范围。

外径：ϕ73.02～168.3mm；

壁厚：4～30mm；

长度：6～12.5m。

按照该机组以主要品种中厚壁为主，适合小批量多品种的生产工艺特点，主要生产品种包括结构管、低中压锅炉管、流体管、液压支柱管、汽车半轴管、石油用油、套管、管线管，见表6-10所示。

表 6-10　ϕ108mm 精密轧管机组产品品种

序号	品　种	产品规格($D\times S$)/mm×mm	代表钢号或钢级	执行标准
1	结构管	ϕ(76～168)×(4～30)	20、45、45Mn2	GB/T 8162
2	锅炉用管	ϕ(76～168)×(4～20)	10、20	GB 3087
3	流体管	ϕ(76～168)×(4～20)	10、20、Q345	GB/T 8163
4	液压支柱管(可定制)	ϕ(95～140)×(9～30)	27SiMn	GB/T 17396
5	汽车半轴用管	ϕ(72～121)×(7～28.5)	45、45Mn2	YB/T 5035
6	石油用油套管	ϕ(73.02～177.8)×(5.51～20.22)	J55、N801	API 5CT/5L
7	管线管	ϕ(76～168)×(4.5～15)	L245～X60	GB/T 9711

3. 工艺流程

原料剪断→加热→穿孔→轧管→高压水除鳞→定径→冷却→矫直→吹灰→切头尾→涡流探伤（超声）→水压→人工检查→喷标→包装→检斤→交库。

4. ϕ108mm 机组生产工艺及设备特点

（1）原料采用热轧圆管坯及连铸坯，主要管坯规格有 ϕ110mm、ϕ120mm、ϕ130mm、ϕ140mm、ϕ150mm、ϕ160mm、ϕ180mm，采用多坯型适用于多规格灵活生产，利用环形加热炉进行管坯的加热，加热温度均匀稳定烧损低，使金属损耗降低大大降低产品成本。

（2）采用立式锥形穿孔机。

1）可减少了作用在管坯上的周向剪切力，有利于减少内外表面缺陷；

2）穿孔效率高。穿孔出口速度可达 0.9m/s，穿孔周期短，产量高；

3）毛管的同心度和壁厚精度高。毛管壁厚不均度可在 8%以下；

4）可实现大延伸、大扩径量穿孔。延伸系数可达 4～5，扩径量可达 20%～30%，有利于扩大产品规格；

5）送进角 8°～12°电动无极调整及 15°的辗轧角，实现了根据材质及工艺要求进行自由转换。

（3）采用精密轧管机。

1）采用限动循环芯棒轧制，提高壁厚控制精度及内表面质量；

2）采用集中减壁新型轧辊设计理念，使轧机最大减壁量可以达到 5mm，而且壁厚精度可以达到±7%以内；

3）导盘装配机构被设计成既可以装配导盘又可以装配导板的结构，暨轧制薄壁管时采用轧辊与导板构成的孔型模式，以减少金属被挤入缝隙，造成卡钢，可生产 D/S>30 的产品。

（4）采用 12 机架微张力定径机。

1）根据生产需要，更换方便、灵活；

2）采用自主设计的三辊定径孔型设计系统，较好解决了内六方问题。

5. 主要设备参数

（1）环形加热炉的主要参数包括：

炉体平均直径：13.5m；

炉膛宽度：3.5m；

加热管坯外径范围：ϕ110～180mm；

加热管坯长度范围最大：3.2m；

炉子最大生产能力：20t/h；

平均生产能力：15t /h；

管坯加热温度偏差：±10°。

（2）穿孔机的主要参数包括：

形式：锥形辊立式布置、侧导板；

入口管坯直径：ϕ110～180mm；

入口管坯长度最大：3200mm；

轧辊直径：ϕ780mm；
喂入角：8°～12°；
辗轧角：15°；
最大出口速度：0.9m/s；
轧制力：2000kN；
轧辊转速：96～136r/min；
电机功率：2×1250kW；
过载系数：2；
出口毛管外径：ϕ115～195mm；
出口毛管长度最大：7200mm；
顶杆小车速度最大：3.0m/s；
顶杆小车驱动方式：钢丝绳和卷扬机。
（3）Accu-Roll 轧管机组的主要参数包括：
毛管外径：ϕ110～200mm；
毛管壁厚：4.5～30mm；
芯棒总成长度最大：12000mm；
工作段最大长度最大：2500mm；
液压限动速度：0.10～0.30m/s；
限动行程小于：2000mm；
循环芯棒：6 支/组。
（4）Accu-Roll 主机的主要参数包括：
主机轧辊装置及主传动装置采用左右卧式布置。
轧辊直径：ϕ600～700mm，长度：600mm；
轧辊转速：100～150r/min；
两轧辊最大开口度：600mm；
轧辊轴向调整：0～80mm；
送进角：8°；
碾轧角：5°；
最大轧制力：650kN；
最大轧制转矩（一个轴）：75kN · m；
主电机（带水冷却装置）：Z710—400；
功率（DC）：1000kW×2 台；
转速：500/750r/min；
主减速机速比：4.75。
（5）Accu-Roll 轧机后台的主要参数包括：
毛管直径：ϕ110～200mm；
辊道速度：3m/s；
辊道间距：1200mm；
辊道升降高度：+50mm；
扣瓦长度：8160mm；
辊道电机：$YGa160S_1$—16×4 台；
功率：0.48kW；
转速：285r/min。
（6）定径机的主要参数包括：
形式：3 辊单机架传动；
定径机机架数：12 架；

换机架形式：液压机械拉出和换机架小车，可单独更换机架；

入口荒管外径：ϕ110～200mm；

出口钢管外径：ϕ73～180mm；

出口钢管最大长度：13000mm；

绝对总最大减径量：35mm；

单机架最大减径率：3.5%；

轧辊名义直径：ϕ380mm。

（7）矫直机的主要参数。矫直机结构采用立式8立柱六辊全传动矫直机（排列方式为2-2-2，上3下3）。

产品外径：ϕ73～180mm；

壁厚：4～30mm；

长度：8000～13000mm；

材料屈服极限：1100MPa；

矫直辊辊距：2×900mm；

矫直辊安装角：33°；

矫直辊角度调整范围：30°～36°；

矫直辊开口度：0～240mm。

主传动电机：

功率（DC）：160kW；

转速：750/1700r/min；

矫直速度：0.5～1.8m/s；

辊身长度：500mm；

辊喉直径：ϕ400mm。

（三）黑龙江建龙ϕ180mm FQM连轧管机组

1. 基本情况

黑龙江建龙ϕ180mm连轧无缝钢管项目，2009年5月份开工建设，2011年3月份投产，该项目占地面积30万平方米，年产无缝钢管40万吨。该机组由意大利达涅利公司设计制造，综合了热轧无缝钢管生产的成熟经验和有效工艺，是目前国际领先、国内一流的最新轧管设备。

该产线主要生产品种：油管、套管、管线管、输送流体用无缝钢管、高中低压锅炉用无缝钢管、高压化肥设备用无缝钢管、结构用无缝钢管、船舶用管等。

2. 产品规格

外径：ϕ60.3～177.8mm；

壁厚：3.5～16mm；

长度：6100～12800mm。

3. 工艺流程

合格管坯→管坯锯切→环形炉加热→穿孔→吹硼砂→穿芯棒→高压水除鳞→FQM连轧→脱管→再加热炉→高压水除鳞→张力减径→冷却→定尺锯切→矫直→吹灰→无损探伤→人工检查→喷标→收集入库。

4. 主要设备参数

（1）立式锥形辊穿孔机。

轧辊、导板布置：轧辊上下布置；导板左右布置；

入口管坯直径：ϕ210mm；

入口管坯长度：1.5～4.5m；

出口毛管外径：ϕ230mm；

出口毛管壁厚：16.3～36.8mm；

出口毛管最大长度：10.0m。

立式锥形辊穿孔机主要特点包括：锥形和交叉布置的轧辊，可减小因扭曲和圆周剪切而造成的表面应力，可改善毛管的内表面质量。

（2）达涅利 FQM 型限动芯棒轧机。

入口毛管外径：ϕ230mm；

入口毛管壁厚：16.3~36.8mm；

入口毛管最大长度：10.0m；

出口毛管外径：ϕ196mm；

出口毛管壁厚：4.17~24.34mm；

出口毛管最大长度：32.0m；

轧制入口最大速度：1.5m/s。

主要特点包括：

1）壁厚偏差明显改善；

2）钢管表面更加光滑；

3）可轧制更多的钢种；

4）金属收得率高；

5）工具消耗显著降低。

该轧管机为意大利达涅利公司结合典型二辊限动芯棒连轧管机技术及三辊孔型设计技术开发的三辊限动芯棒连轧管机 FQM（Fine Quality Mill），其机架结构设计简捷，轧辊的液压平衡简单、直接，有利于辊缝调节，轧辊机架的拆装和校准更方便。

图 6-9　三辊限动芯棒连轧管机

（3）考克斯脱管机（EM）和张减机（SRB）。

入口荒管外径：ϕ186mm；

入口荒管壁厚：4.27~24.59mm；

入口荒管最大长度：34m；

出口钢管外径：ϕ60.6~181.8mm；

出口钢管壁厚：3.54~25.25mm；

出口钢管最大长度：87m。

考克斯脱管机（EM）和张减机（SRB）主要特点包括：24 机架三辊式张力减径机有较大的减径量，只有一种荒管规格，既减少了生产工具，又满足了产品大纲规定的产品规格范围要求，产品质量和产量也可得到保证，且可获得较高的成材率。

图 6-10　考克斯脱管机（EM）和张减机（SRB）

（四）包钢 ϕ460mm PQF 连轧管机组

1. 基本情况

包钢 ϕ460mm PQF 连轧管机组设计能力为年产无缝钢管 62 万吨，产品外径 ϕ244. 5~457mm，壁厚 6~60mm，长度 6~15m。该机组 2010 年开工建设，2012 年 8 月建成投产，由中冶京诚做工厂设计，热轧线的主要设备由德国梅尔公司和意大利因西公司设计制造。该生产线主要产品为石油套管（产量占全部热轧产品的 50. 3%），其他产品为高压锅炉管、机械结构管、管线管、气瓶管和石化用管等。在石油套管中，高合金高抗腐蚀系列套管、高抗硫系列套管、3Cr 抗腐蚀系列套管、高钢级套管等高合金含量、高附加值的套管又占了主要部分。

2. 工艺流程

工艺流程：合格管坯→锯切→冷定心→环形炉加热→高压水除磷→穿孔→吹硼砂→穿芯棒→高压水除鳞→PQF 连轧→脱管→高压水除鳞→定径→冷却→定尺锯切→人工内外表面检查→喷标→收集入库。

3. 主要工艺设备参数及性能特点

（1）环形加热炉。环形炉由 LOI 天津公司设计及制作。环形加热炉主要参数包括：

管坯直径：ϕ350、ϕ390、ϕ430；

环形炉中径：50m；

炉底宽度：5. 3m；

最大加热长度：5. 0m；

最大坯重：5665kg；

最大加热能力：220t/h；

最大装出料节奏：100p/h。

（2）锥形辊穿孔机。该机组采用立式导板锥形辊穿孔机，穿孔辊直径 1500mm。由于本机组采用的管坯重量较大，为方便管坯咬入，防止前卡事故，在前台设置了管坯预旋转装置，大管坯在推钢机推入轧辊前在预旋转的驱动下旋转起来，这样很大程度改善了咬入条件，减少了事故，提高了轧辊寿命。穿孔机主要参数包括：

最大轧辊直径：1500mm；

最大出口速度：0. 8m/s；

最大轧制力矩：2500kN · m；

主电机功率：7000kW×2 台；

主电机最大转速：600r/min。

（3）PQF 连轧管机。PQF 连轧管机组为 5 机架的轴向换辊连轧管机，优点是隧道式筒形牌坊刚度及强度好，传动布置紧凑，轧制稳定性好。每架轧机的三个互成 120°的轧辊安装在独立的轧制单元—轧辊小机架内，安装在隧道上的伺服液压小仓，可以对轧辊辊缝进行同步调整也可以单独调整，即采用了辊缝自动控制系统（HCCS），从而保证了轧制质量，另外，该连轧管机在生产过程中采用了工艺过程控制系统（PSS），实现了温度补偿、咬入冲击控制、锥形芯棒伺服和头尾削尖等功能。

由于该机组轧制节奏较慢（最快 40 秒/支），只有在线穿芯棒方式，不设预穿线，减少了芯棒在线数量，减少了芯棒与毛管接触时间，减少了毛管的温降，提高了芯棒寿命，节省了设备投资。

图 6-11　PQF 连轧管机

PQF 连轧机主要参数包括：

荒管外径：ϕ322mm，ϕ403mm，ϕ482mm；

轧辊直径：ϕ1100mm；

最大入口速度：1.5m/s；

最大出口速度：4.0m/s；

最大轧制力：600kN；

最大轧制力矩：250kN · m；

电机功率：1 号和 4 号机架各 3×800kW，2 号和 3 号机架各 3×1000kW，5 号机架 3×400kW；

限动力：3000kN；

限动电机功率：500kW×6 台；

限动最大前进速度：4.5m/s；

限动最大返回速度：4.5m/s；

轧制中限动速度：0.9～1.5m/s。

（4）定径机采用 12 架三辊式定径机，每架都有一台电机驱动，机架采用伞齿轮内传动结构，在机架外有一根传动轴通过联轴器与 12 架组合式的减速器相连接，奇偶架的电机前后排上下两层排列，整个定径机布置紧凑。对于参与变形少的机架个数的生产规格来说，设置了空过的传输机架，根据不同的规格，传输机架的个数不同，传输机架在传动装置的驱动下能将钢管平稳输送给定径机出口辊道。该机组在定径机前设置了高压水除鳞装置，提高钢管的外表面质量，延长轧辊寿命。

定径机主要参数包括：

轧辊名义直径：ϕ950mm；

机架间距：840mm；

入口钢管速度：0.5m/s；

出口钢管速度：1.5m/s；

电机功率：350kW×12 台；

电机转速：200～600/1200r/min。

4. 机组的创新点

（1）在线设置管坯尾定心机。在热轧管工艺中，为了改善钢管尾部形状、减少钢管切尾损失，降低工具消耗，保证钢管内表面质量，管坯尾定心的作用也越来越受到生产企业的重视。

包钢新近建设的 ϕ460mm 热轧无缝钢管机组中，环形加热炉与穿孔机之间均在线设置了由中冶京诚设计制造的液压夹钳式管坯尾端热定心机，如图 6-12 为包钢 ϕ460mm 机组液压热定心机的安装现场。

图 6-12　包钢 ϕ460mm 机组液压夹钳式热定心机安装现场

（2）脱管后辊道定位块式升降辊道。在国内已建成的 ϕ460mm 机组中，脱管机后辊道升降辊道全部为螺旋电动升降式，其结构示意如图 6-13 所示；它是利用电机带动螺旋升降机来调整辊道面的标高以适应不同外径的荒管。但此机构的现场工作环境通常比较恶劣，经常伴随着高温、潮湿、氧化铁皮、油泥等，此机构容易发生胀死、调整困难等情况。

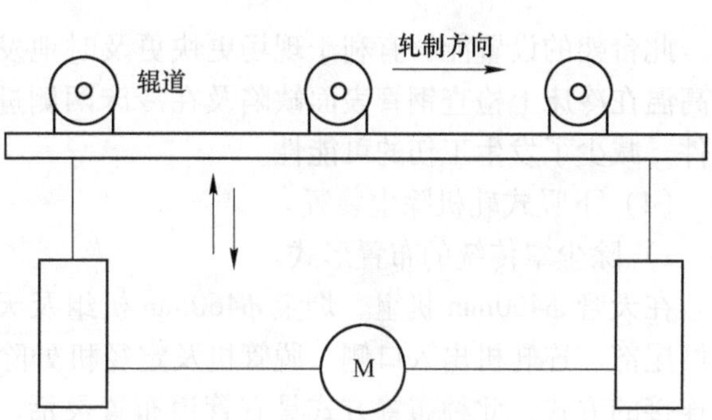

图 6-13　传统的螺旋升降式辊道示意图

为了应对这一情况，在包钢 ϕ460mm 机组中设计了一种是液压定位块式升降辊道，其结构如图 6-14 所示；由于脱管至定径机间只有 ϕ307.5mm、ϕ388mm 和 ϕ467.7mm 三种规格荒管，所以设计了一种带有三种不同的接触面定位块式调整机构；当对辊

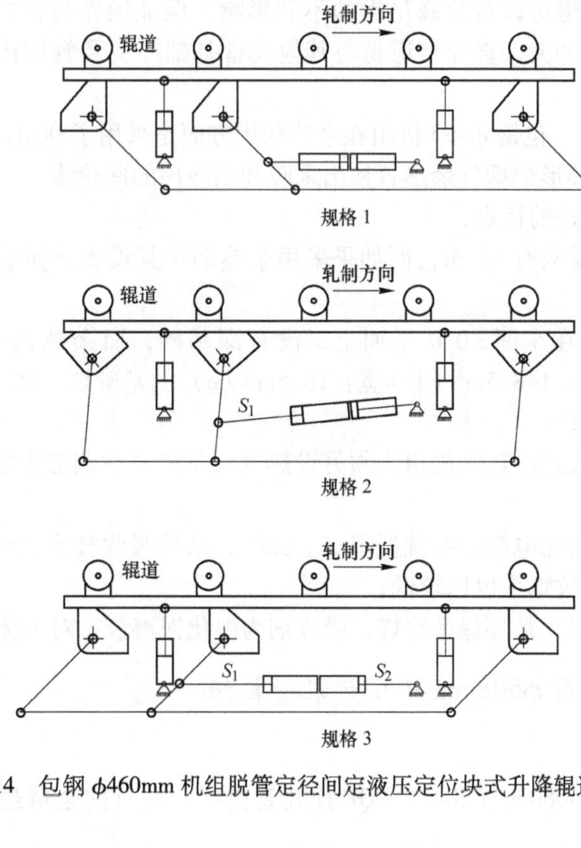

图 6-14　包钢 ϕ460mm 机组脱管定径间定液压定位块式升降辊道示意图

道高度调整时，由定位块调整液压缸 4 推动摆杆，通过调整升降台架下方定位块的不同接触面以满足 3 种规格荒管。此辊道调整机构具有结构简单、受工作环境影响小、操作简单、故障率低等等一系列优点，可以显著改善现场维检人员的劳动强度。

（3）冷床前增加钢管抽检与取样台架。为了能够及时发现热轧钢管表面缺陷及方便钢管热取样，在定径机后、冷床入口前辊道一侧增加了钢管抽样检查与取样台架，如图 6-15 所示。当需要对热轧的钢管进行外表面抽检及头尾取样时，人工启动拨叉将热轧钢管拨入到台架的旋转托辊上，旋转托辊转速预先设定为 8r/min 和 1r/min；外表面检查使用 8r/min 而头尾取样时使用 1r/min 的转速。

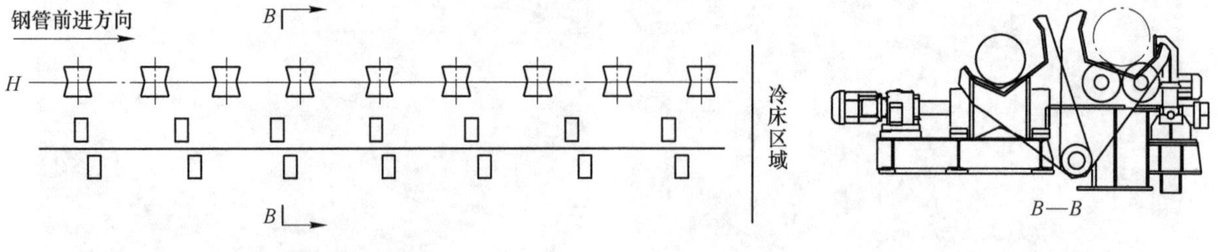

(a) 钢管运输辊道　　(b) 钢管抽检与取样台架

图 6-15　包钢 460 机组冷床前钢管抽检与取样台架设备布置图

此台架的设置能够有利于现场更快更及时地发现热轧钢管表面的轧制缺陷、改变了以往操作人员顶着高温在冷床上检查钢管表面缺陷及在冷床两侧进行头尾取样，很大程度上改善了现场操作人员的工作条件，减少了发生工伤的可能性。

（4）下吸式轧机除尘装置。

1）除尘罩传统的布置形式。

在天管 ϕ460mm 机组、烟宝 ϕ460mm 机组及天淮 ϕ508mm 机组等类似机组中，无论是在穿孔机抗氧化站尾部、连轧机出入口侧、脱管机及定径机处除尘罩及管道均采用了沿设备上方布置出厂房后与除尘器连接的方式，此种布置方式具有管道布置灵活、管道不易积灰积水、维检工作量比较少等特点，但同时也存在易阻挡操作员视线、不利于管道其下设备检修吊运等不利影响。

2）包钢 ϕ460mm 机组除尘罩布置形式。在包钢 ϕ460mm 机组中除连轧后、脱管机及定径机仍采用设备上方布置以外，其他部位均采用在设备下方及两侧布置的方式、风管采用了沿平台下悬挂、地下直埋的布置形式，能够避免除尘管道对设备检修吊运的不利影响、保证操作员视线；但也存在着平台下悬挂管道易与电缆桥架、介质管线冲突、直埋管道易与其他设备基础冲突及管道内易积灰积水且难于清理会影响后续使用效果等问题。

（5）溴化锂余热利用装置。包钢 ϕ460 机组在余热利用方面是采用了利用环形炉烟气余热的“烟气型溴化锂机组”。可以直接利用环形炉烟气余热置换出采暖和制冷用的冷热水。

该溴化锂机组具有一些先进的特点：

1）溴化锂机组的装机重量只有 94. 5t，而如果采用余热锅炉其设备重量会达到约 300t；节省三分之二的设备投资；

2）溴化锂机组主机安装在车间 ±0. 0 平面上，没有深基础，而余热锅炉主机的设备安装标高为 −6. 8m；安装主机约需要面积为 148. 5m^2（长×宽：16. 5m×9m）的基础坑，所以在基建投资上采用溴化锂机组会比采用余热锅炉少得多；

3）采用烟气型溴化锂吸收式冷热水机组无须另设热源，冬夏季空调需求能一次满足，且一次能源均为废热利用；

4）制冷系统的运行费用要比电制冷系统低很多。此外，余热吸收技术已经是一项十分成熟技术，操作也比较简单便捷，自身维修故障率也比较低；

5）制冷系统的制冷剂为水，是环保型冷媒，吸收剂为溴化锂溶液，对人体及环境也是无害的。

（五）天淮钢管有限公司 ϕ508mm PQF 连轧管机组

1. 基本情况

江苏天淮钢管有限公司 ϕ508mm（20in）PQF 连轧管机组，是目前全球最大口径的三辊式连轧管机组，2012 年 5 月 28 日热负荷试车成功。该机组由中冶京诚工程技术有限公司做工厂设计，主轧线设备由德国梅尔公司、意大利因西设计制造，设计能力为年产无缝钢管 50 万吨。自投产半年时间里，生产 ϕ377～508mm 规格钢管共 3.8 万吨，产品质量优良。

2. 产品规格和主要品种

（1）产品规格。

外径：ϕ245～508mm；

壁厚：6.1～60mm；

长度：6～15m。

（2）主要品种。

管线管、锅炉用管、气瓶管、机械管、液压支柱管，流体输送管、结构管等。

3. 工艺流程

ϕ508mm PQF 连轧管机组的工艺布置如图 6-16 所示。

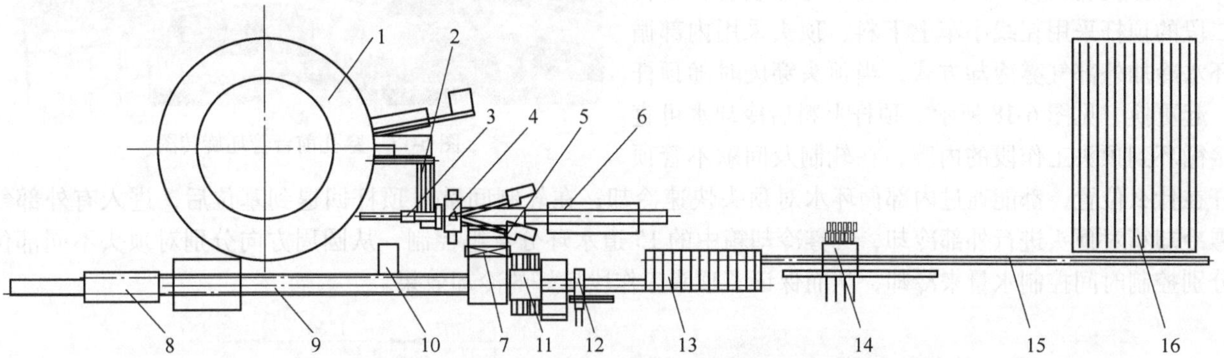

图 6-16　ϕ508mm PQF 连轧管机组的工艺布置如图

1—环形炉；2—管坯输送链；3—管坯预旋转；4—穿孔机；5—吹硼砂装置；6—空中小车式顶杆更换装置；7—地面式毛管横移小车；8—芯棒预热炉；9—芯棒循环装置；10—芯棒限动装置；11—5 机架 PQF 三辊连轧管机；12—3 机架脱管机；13—荒管横移输送链；14—12 机架定径机；15—辊道；16—冷床

工艺流程为：合格管坯→锯切→冷定心→环形炉加热→高压水除磷→穿孔→吹硼砂→穿芯棒→高压水除鳞→PQF 连轧→脱管→高压水除鳞→定径→冷却→定尺锯切→矫直→吹吸灰→探伤→人工内外表面检查→喷标→收集入库。

三个变形主机由带管坯预旋转的锥形辊导板式穿孔机、5 机架 PQF 限动芯棒连轧管机、12 架单独传动的定径机组成，三大主机本体设备都由德国 MEER 公司设计制造，主机设备前后台连线设备由中冶京诚工程技术有限公司设计，天津赛瑞机器制造有限公司制造。ϕ508PQF 机组采用更为完善的先进工艺控制系统——CARTA 系统、严格的质量控制系统——QAS 系统、物料跟踪系统（MTS）以及在线检测系统等工艺控制技术，从而确保了热轧大口径无缝钢管生产的工艺先进性及稳定性。

4. 主要工艺设备及性能特点

（1）环形加热炉。环形炉由 LOI 天津公司设计及制作，为降低成本，采用高炉煤气和天然气混合气作为燃料。从装料到出料共分 7 个加热控制段，其中第 1～2 段为预热段，第 3～5 段为加热段，第 6～7 段为均热段；其中预热 2 段和加热段采用高炉煤气蓄热烧嘴，均热段用顶置的天然气平焰烧嘴均热，环形炉采用全自动、先进、可靠的热工控制系统测量和控制炉子的热工过程，可根据不同工况准确匹配炉子供热量，保证管坯按最佳的工艺曲线加热和保温。

环形加热炉主要参数包括：

中径：51m；

炉底宽度：5.4m；

最大加热长度：5.0m；

最大坯重：7620kg；

最大加热能力：260t/h；

最大装出料节奏：90p/h。

（2）锥形辊穿孔机。该机组采用导板式锥形辊立式穿孔机，在 18in PQF 机组基础上，穿孔辊直径从 1500mm 增大到 1700mm，电机功率从 6500kW×2 台增加到 8200kW×2 台，提高穿孔机的变形能力，减少连轧机的变形负荷；采用导板式主要目的是穿孔机孔型封闭性好、毛管壁厚精度高，减少了导盘传动系统，减小了牌坊的尺寸，降低了设备投资。

由于本机组采用的管坯直径（ϕ310mm、ϕ380mm、ϕ450mm、ϕ500mm）比 18in 机组管坯直径大，管坯重量也大，为方便管坯咬入，防止前卡事故，在前台设置了管坯预旋转装置，见图 6-17，大管坯在推钢机推入轧辊前在预旋转的驱动下旋转起来，这样很大程度改善了咬入条件，减少了事故，提高了轧辊寿命。

图 6-17　穿孔前台管坯旋转图

该穿孔机后台一段有 6 组三辊定心装置，后台二段的顶杆采用在线小车上下料、顶头采用内部循环水冷加外部气雾冷却方式，当顶头穿废时随顶杆一起更换，见图 6-18 所示。顶杆上料后冷却水可直接循环到顶头工作段的内腔，在轧制及间歇不管顶杆在什么位置，都能通过内部循环水对顶头快速冷却；在轧制间歇时顶杆回退到基位后，进入有外部气雾冷却箱对顶头进行外部冷却，气雾冷却箱中的 15 道水环分 4 组控制，从圆周方向分别对顶头不同部位分别控制时间控制水量来冷却，从而保证了顶头工作段良好的冷却效果。

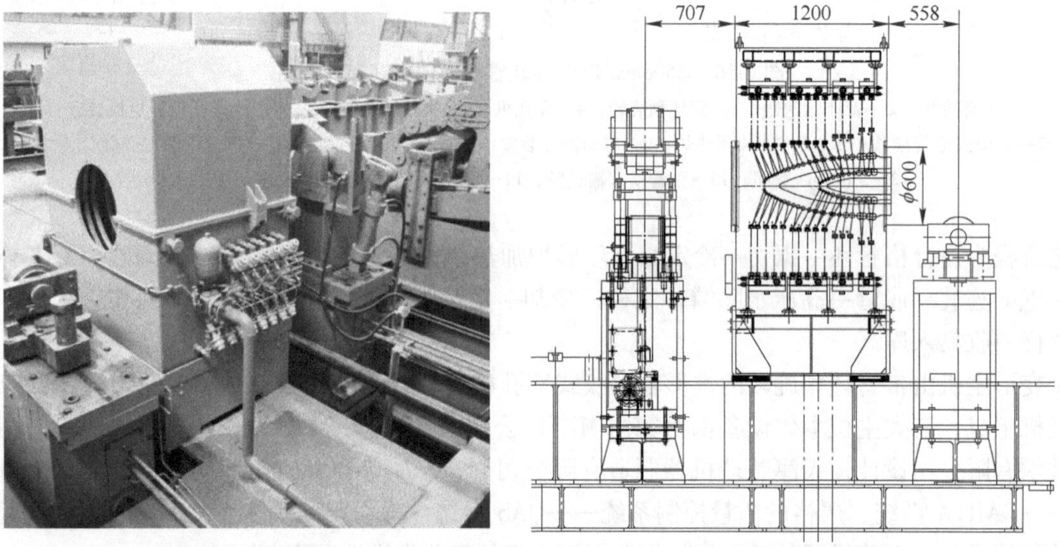

(a) 气雾冷却厢布置图　　(b) 气雾冷却箱结构图

图 6-18　气雾冷却箱

在以前 18 英寸 PQF 机组基础上顶头冷却形式做了很大改进，见图 6-19（其中，图 6-19（a）为本机组顶头结构，图 6-19（b）为原 18in 顶头结构），顶头由原来的实心体改为空腔体，以至于内部冷却水能一直贯通整个顶头的内腔，使顶头的尖端及工作段能得到彻底冷却，从而延长了顶头寿命。

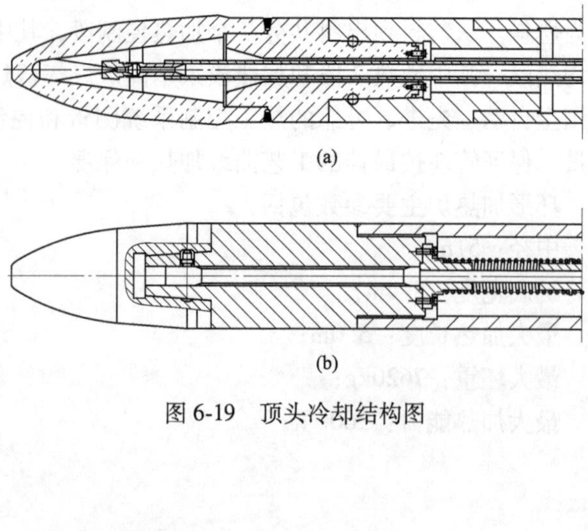

(a)

(b)

图 6-19　顶头冷却结构图

本机组的毛管横移采用可伸缩的大摆臂移送到硼砂工位，吹完硼砂后由带摆动拨叉地面小车将毛管移送到 PQF 连轧机前台。

穿孔机主要参数包括：

最大/最小轧辊直径：1700mm/1550mm；

最大出口速度：0.8m/s；

最大轧制力矩：3165kN · m；

主电机功率：8200kW×2 台；

主电机最大转速：354r/min；

气雾冷却系统：水压 0.5~0.7MPa；气压 0.4~0.5MPa。

（3）PQF 连轧管机。本机组 PQF 连轧管机为 5 机架的轴向换辊连轧管机见图 6-20，优点是隧道式筒形牌坊刚度及强度好，传动布置紧凑，轧制稳定性好。每架轧机的三个互成 120°的轧辊安装在独立的轧制单元—轧辊小机架内，安装在隧道上的伺服液压小仓，可以对轧辊辊缝进行同步调整也可以单独调整，即采用了辊缝自动控制系统（HCCS），从而保证了轧制质量，另外，该连轧管机在生产过程中采用了工艺过程控制系统（PSS），实现了温度补偿、咬入冲击控制、锥形芯棒伺服和头尾削尖等功能。

图 6-20　PQF 结构图

由于该机组轧制节奏较慢（最快 40s/支），只有在线穿芯棒方式，不设预穿线，减少了芯棒在线数量，减少了芯棒与毛管接触时间，减少了毛管的温降，提高了芯棒寿命，节省了设备投资。

连轧机主要参数包括：

荒管外径：ϕ294mm，ϕ383mm，ϕ454mm，ϕ530mm；

轧辊直径：ϕ1060~1130mm；

最大入口速度：1.5m/s；

最大出口速度：4.0m/s；

最大轧制力：620kN；

最大轧制力矩：250kN · m；

电机功率：1~4 号机架各 3×1000kW，5 机架为 3×500kW；

限动力：2900kN；

限动电机功率：500kW×6 台；

限动最大前进速度：2.5m/s；

限动最大返回速度：4.5m/s；

轧制中限动速度：1.5m/s。

（4）定径机采用 12 架三辊式定径机，见图 6-21，每架都有一台电机驱动，机架采用伞齿轮内传动结构，在机架外有一根传动轴通过联轴器与 12 架组合式的减速器相连接，奇偶架的电机前后排上下两层排列，整个定径机布置紧凑。该机组在定径机前设置了高压水除鳞装置，提高钢管的外表面质量，延长轧辊寿命。

定径机主要参数包括：

轧辊名义直径：ϕ1000mm；

机架间距：880mm；

入口钢管速度：0.8~1.5m/s；

出口钢管速度：0.85~2.0m/s；

电机功率：350kW×12 台；

电机转速：200~600/1200r/min。

图 6-21　SM 结构图

5. 机组工艺控制系统和质量保证系统

PQF 三辊连轧管机组数量的不断增多，使得 PQF 连轧管机的工艺控制系统和质量保证系统不断提高完善，从而保证了更好的产品质量，更高的成材率和设备利用率以及较低的工具消耗。整个机组的过程管理系统包括通常所说的 MTS 系统、HCCS 系统、PSS 系统等在内的 CARTA 系统以及 QAS 系统两大部分组成。整个热轧线的 CARTA 系统是用来生产计划及生产管理的工艺控制系统，由穿孔机 CARTA 系统、PQF 轧管机 CARTA 系统及定径机 CARTA 系统三部分组成，其中 PQF 轧管 CARTA 是核心部分，穿孔机 CARTA 系统主要是工艺参数设定、顶头导板轧辊等轧制工具设计等内容；张减机 CARTA 系统主要是孔型设计、工艺参数设定等内容。QAS 系统是用于热轧线质量控制的检测系统。

6. 在线检测质量保证系统 QAS

QAS 是一个在线独立工作站，通过对物料的跟踪检测，对数据进行收集分析和存储，并将分析的结果及时反馈给 CARTA 系统以实施对物料的控制，保证钢管质量。QAS 检测的具体内容包括：管坯称重以控制坯料超重，实现坯料跟踪；环形炉出口测温以优化管坯加热，满足穿孔及连轧工艺要求，确保钢管质量；穿孔后测长以控制毛管几何尺寸，确保连轧的咬入及轧制的稳定；芯棒润滑前测温以满足芯棒喷涂润滑剂的工艺要求，确保钢管内表面质量和芯棒使用寿命；连轧入口测温以控制毛管温度确保轧机正常咬入及轧制的稳定性；连轧后测厚测长测温以控制连轧出口荒管几何尺寸，确保荒管壁厚精度；定径前测温以控制荒管温度，确保定径轧制稳定性。

7. 机组特点

（1）增大管坯直径，降低穿孔的扩径率，提高毛管的几何尺寸精度。与相近机组相比（如表 6-11 所示），该机组增大管坯直径的意义在于：对于环形炉，大口径厚壁管生产时降低了坯料的长度，设计中减少了环形炉的中径，在环形炉建设中减少了近 5%投资；对于穿孔机而言，管坯外径增大了，但毛管的几何尺寸和同类机组一样，这样毛管的扩径率降低了近 10%，在穿孔斜轧过程中，大大降低了轧件的横向变形，能很好抑制穿孔的附加变形程度，提高毛管的几何尺寸精度。

表 6-11 相近机组比较 （mm）

机组	管坯直径				毛管外径			
天管 460	310	350	400	400	339	430	501	515
宝钢 460	300	370	450	450	339	430	501	524
天淮 508	310	380	450	500	339	430	501	577

（2）穿孔机采用新型的顶杆顶头连接形式和更换方式。与 ϕ460 机组相比，天淮 508 机组穿孔后台二段形式彻底改进，针对大机组节奏较慢（最快 40s 以上）的特点，为提高设备的运行稳定性，增加顶杆上下料小车，实现顶杆的在线循环，改变了同类锥形穿孔机组单顶杆在线自动快换顶头模式（设备精度要求较高），采用顶头和顶杆通过过盈锥面配合外加定位销连接，见图 6-19，并线外装配作业，这样减少了换规格过程的设备调整时间，改进后还避免生产过程中在线顶头安装不上出现无顶头轧制工艺事故，节省了顶杆消耗和工艺事故扩大化造成的机械故障，节省工具费用同时提高了作业率。另外，采用顶杆更换小车形式，换孔型时提前准备好新孔型的顶杆，10min 内完成穿孔机组的顶杆更换，较同类型机组穿孔孔型更换时换顶杆节省近 90%的时间。

（3）改进了穿孔机组顶头的冷却方式。天淮 ϕ508 机组穿孔顶头的冷却方式增加了顶头的内水冷并改进了外水冷方式，该机组冷却水能直接到达顶头的腔体内（见图 6-19），设计时增加了内水冷的水压，由同类机组的 8bar 增加到 12bar，提高了冷却速率。改进了外水冷的形式，在同类穿孔机组顶头更换装置的位置，设计了顶头外冷的专用装置，该装置采用气雾冷却方式，见图 6-18，并配套电气控制系统，根据顶头规格和温度调整喷吹压力和时间，保证顶头冷却均匀，避免了轧制后的高温顶头由冷却不均造成顶头开裂报废。该机组顶头内外水冷的方式，从近半年生产统计锻造顶头的平均寿命达到 450 支（个别达到 900 支）以上，顶头平均寿命是其他同类机组的 1.5 倍以上。

（4）连轧短管模式。为保证大口径厚壁管的生产，连轧机组增加短管模式，设计中连轧机与脱管机间距为 11.5m，在生产短于 11.5m 大口径超厚壁管时，开发连轧的短管模式，在设计过程中考虑实现最短 8m 管生产，脱管电机选型时保证低速性能稳定，依靠限动齿条将连轧后管送进脱管机，这时脱管机的线速度和限动速度一致，咬入后脱管机升速实现荒管和芯棒脱开。

（5）为保证大口径薄壁管表面质量，移送设备创新结构，做到轻拿轻放。为保证大口径薄壁管表面质量，防止钢管在移送过程出现嗑伤及划痕现象，本机组的毛管横移机构及脱管后横移链拨料机构都进行改进创新。在 ϕ460mm 机组中，毛管从三辊定心由一个拨料钩拨出由另一个拨料钩接料放到旋转托辊上吹硼砂，见图 6-22（a），吹完硼砂后由高架小车移送到带高度调整的受料鞍座上，毛管滚落到鞍座辊道上进而由连轧前台的回转臂取走；防止大口径薄壁管（特别是径壁大于 48）在拨料滚动中出现的嗑伤和划痕，天淮 ϕ508mm 机组在此进行了改进创新，见图 6-22（b），三辊定心出来的毛管由可伸缩的大摆臂移送到硼砂工位，吹完硼砂后由地面小车的拨叉将毛管取走，小车到行程后，小车上的拨叉将毛管移到垂直升降的放料叉，小车回退，然后由连轧前台的回转臂取走毛管，在毛管的三次接力传递中都避免了在拨叉及鞍座台架上的滚动冲击，都是轻拿轻放，避免了嗑伤和划痕，提高了表面质量。另外，本机组在脱管机后横移链冷床入口拨料采用了拨料防护机构，见图 6-23，当链床的拨料臂抬起过程中附带在拨料臂上的防护板也随之升起以保护钢管防止在拨料盘上嗑伤，当拨料臂落下时反向连杆机构使防护板也落下，将钢管慢慢放下，从而避免了在以前 18in 机组上薄臂管总在小冷床入口嗑伤的后果。在天淮 ϕ508mm 机组中，类似以上保护措施及结构应用较多，进一步提高了大口径薄壁管的表面质量。

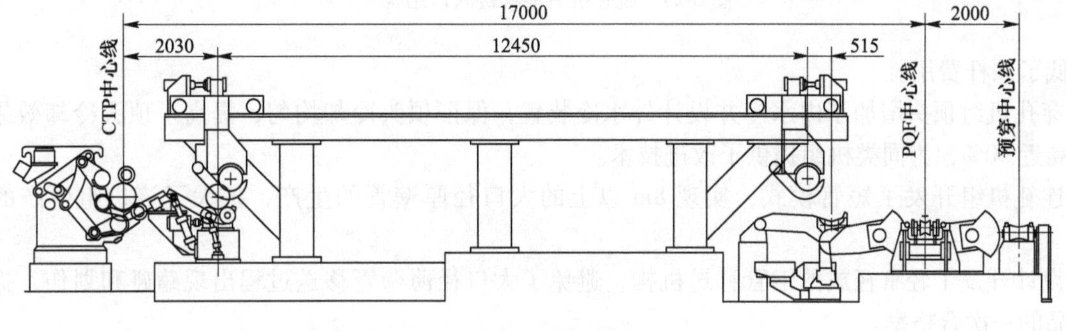

(a) ϕ460mm机组毛管横移机构

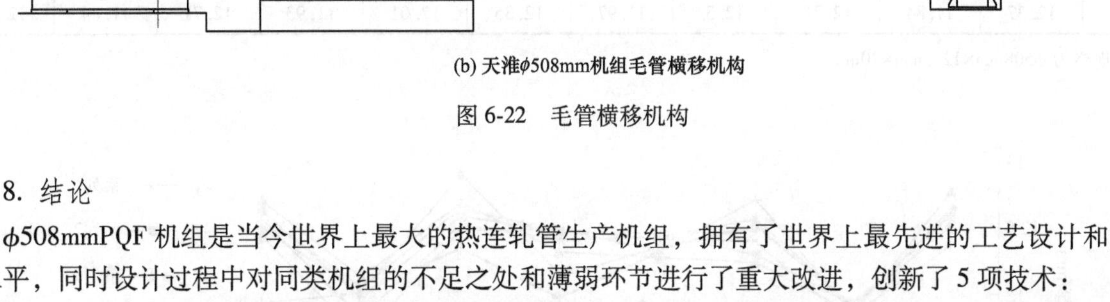

(b) 天淮ϕ508mm机组毛管横移机构

图 6-22　毛管横移机构

8. 结论

ϕ508mmPQF 机组是当今世界上最大的热连轧管生产机组，拥有了世界上最先进的工艺设计和过程控制水平，同时设计过程中对同类机组的不足之处和薄弱环节进行了重大改进，创新了 5 项技术：

（1）在吸收以往的 MPM 和 PQF 机组经验的基础上，采用 8200kW 大功率穿孔机加大了穿孔机的变形量，减小了后续工序变形，穿孔机的延伸系数最大能够达到 4. 7。并设计减小了穿孔毛管与连轧芯棒之间的间隙，因此更有利于生产薄壁管和高合金管，已成功生产的 ϕ508mm×9. 5mm 钢管径壁比达到 56。同时最大限度地消除了 PQF 轧机的内壁伤问题，提高了钢管壁厚精度和均匀度。表 6-12 及图 6-24 为 ϕ508mm 机组生产的 ϕ508mm×12. 5mm 钢管取样情况：A～H 为沿钢管同一断面测得的 8 个壁厚数据。由图表可知钢管各断面的壁厚偏差率都在±8%以内。

（2）穿孔机组采用新型的顶杆和顶头连接和更换方式，保证设备运行稳定，减少了事故，提高了作

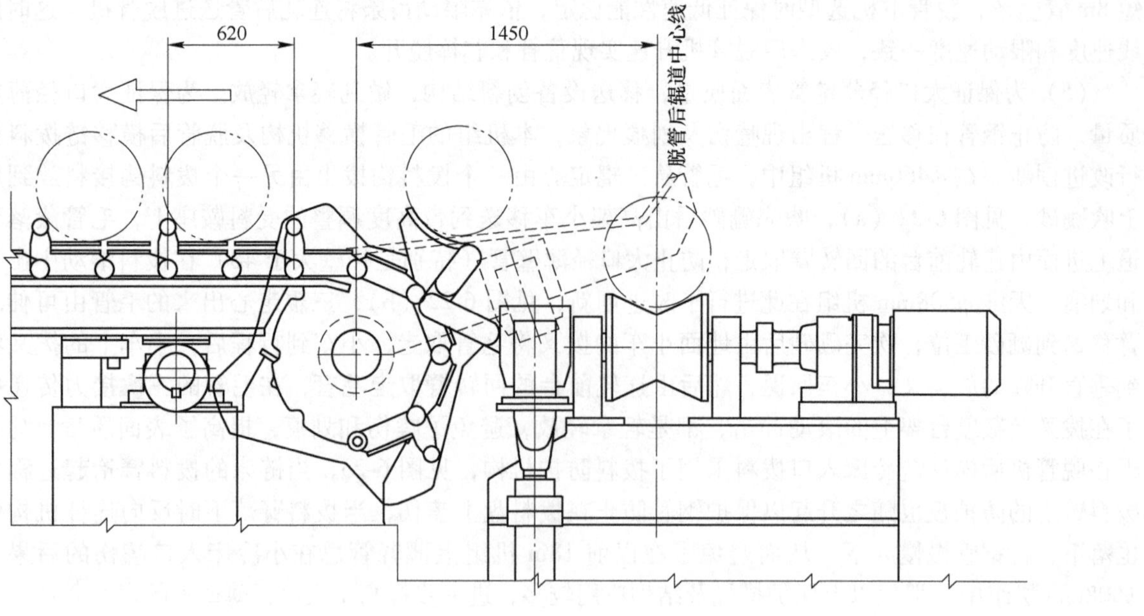

图 6-23　脱管机后横移链入口结构

业率，降低了顶杆费用。

（3）穿孔机组顶头增加了内水冷并设计外水冷装置，保证顶头冷却均匀，提高了顶头冷却效果，顶头寿命提高近 50%，为同类机组提供了改进技术。

（4）连轧机组开发了短管模式，实现 8m 以上的大口径厚壁管的生产，扩大了该机组生产的产品大纲。

（5）设计开发了轻拿轻放的钢管移送机构，避免了大口径薄壁管移送过程出现磕碰和划伤，提高了薄壁管产品的一次合格率。

表 6-12　钢管取样情况　（mm）

取样部位	1	2	3	4	5	6	7	8	最大	最小	平均
管端 1m	12.67	11.84	12.53	12.36	12.14	12.89	12	12.49	12.89	11.84	12.37
4m	12.62	11.91	12.3	12.46	12.48	12.61	11.96	12.64	12.64	11.91	12.37
7m	12.78	11.84	12.25	12.27	12.31	12.71	12.12	12.72	12.78	11.84	12.38
10m	12.61	11.77	12.4	12.41	12.47	12.65	12.04	12.59	12.65	11.77	12.37
13m	12.59	11.94	12.55	12.43	12.41	12.53	11.82	12.57	12.59	11.82	12.36
16m	12.5	11.91	12.51	12.33	12.47	12.48	11.67	12.44	12.51	11.67	12.29
19m	12.37	11.84	12.71	12.3	11.97	12.35	12.01	11.93	12.71	11.84	12.19

注：规格为 ϕ508mm×12.5mm×20m。

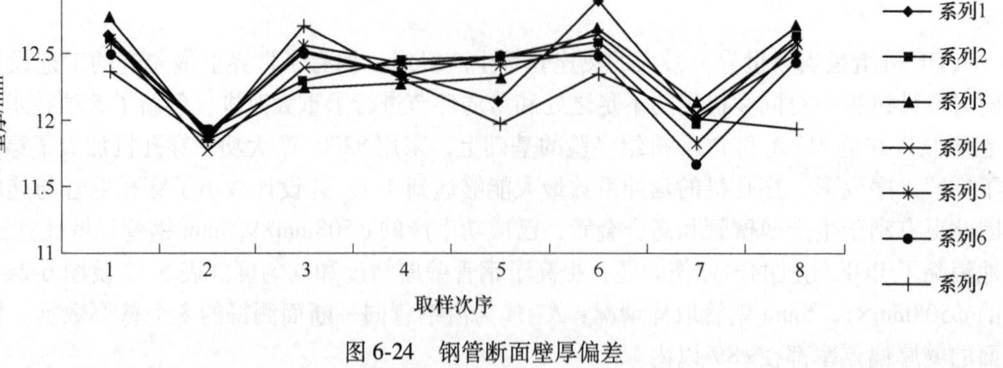

图 6-24　钢管断面壁厚偏差

（六）湖北新冶钢 ϕ460mm 三辊斜轧管（ASSEL）机组

1. 基本概况

湖北新冶钢 ϕ460 三辊斜轧机组是目前全球最大的 Assel 轧机，2008 年开工建设，2010 年10 月建成投产，设计产量为年产中厚壁无缝钢管 30 万吨，设备能力按照 60 万吨考虑。该机组由中冶京诚作工厂设计，总建筑面积约为 52920m^2。主轧线设备由德国梅尔公司设计制造，包括穿孔机、三辊斜轧管机。该机组投产后，新冶钢公司产品规格可延伸至 ϕ508mm，壁厚可达到 100mm。

2. 产品规格和主要品种

（1）规格范围包括：

外径：ϕ203~508mm；

壁厚：20~100mm；

长度：5~12.5m。

（2）主要品种。按照三辊斜轧管机组产品规格调整灵活、尺寸精度高、适于中厚壁管轧制的特点，拟定的产品将以小批量、多品种、合金含量较高的高附加值产品为主。主要品种有：结构管、工程用管、液压支柱支架管、石油用管、高压类管、军工用管等。产品大纲见表 6-13 所示。

表 6-13 产品大纲

序号	品种	产品规格 $D\times S$/mm×mm	代表钢号或钢级	执行标准	年产量/t
1	结构管	ϕ(203~500)×(20~65)	45、45Mn2、42CrMo	GB/T 8162—1999	173000
2	工程用管	ϕ(203~500)×(20~100)	S355J2H、STKM13A	EN10297-1 GB/T 8162—1999	55000
3	液压支柱管	ϕ(203~402)×(20~40)	27SiMn	GB/T 17396—1998	35000
4	石油用管	ϕ(203~473.08)×(20~80)	J55、N80、P110、4145H	API 5D、API 5L	22000
5	高压类管	ϕ(219~500)×(20~70)	20G、12Cr1MoVG、T/P91	GB 5310—1995 GB 6479—2000	12000
6	军工用管	ϕ(203~457)×(20~65)	PCrNi1Mo、30CrMnSiA	GJB 2608—1996	3000
合 计					300000

3. 工艺流程

长尺管坯→定尺锯切→冷定心→管坯加热→穿孔→Assel 轧管→定径→冷却→矫直→排管锯锯切→探伤→人工检查、修磨→测长、称重、喷标→收集→入库。

4. 热轧管线生产工艺及设备特点

（1）采用连铸圆管坯。本机组采用 ϕ250mm、ϕ270mm、ϕ330mm、ϕ390mm、ϕ460mm 连铸圆管坯，可全部由公司内部提供。与传统的轧制坯料相比，采用连铸管坯生产无缝钢管的费用：从钢水到钢材金属收得率可提高 5%~8%、能源节省 40%~50%，而且提高了钢管质量，简化生产工艺，使无缝钢管生产成本大大降低。

（2）采用管坯预旋转的锥形辊穿孔机：

1）选用锥形辊穿孔机。可减少了作用在管坯上的周向剪切力，有利于减少内外表面缺陷。可以穿制不锈钢、镍铬合金等难变形金属。

2）穿孔效率高。穿孔速度可达 1~1.5m/s，穿孔周期短，产量高。

3）毛管的同心度和壁厚精度高。毛管壁厚不均可在 3%~4%以下。

4）可实现大延伸、大扩径量穿孔。延伸系数可达 4~5，扩径量可达 20%~30%，有利于扩大产品规格。

5）管坯预旋转，有利于大管坯的咬入，减少前卡事故，降低轧辊磨损。

（3）采用新型 ASSEL 轧管机。该三辊斜轧管机是德国米尔公司提供的最新型的轧管机。其特点如下：

1）采用操作简便、效果显著的轧辊快抬法消除荒管尾三角；

2）采用限动芯棒轧制，提高壁厚控制精度；

3）将传统的集中传动改为三个轧辊各由一个电机传动；

4）为防止轧制薄壁管出现的表面扭曲现象，在轧机出口侧装有导向装置，同两条平行排列的驱动辊相连，确保输出钢管的表面质量。

代表当代最新技术发展的三辊斜轧管机，可获得高质量的钢管，中厚壁钢管的成品精度可达±4%～5%。

（4）配备二辊式10架定径机。

1）轧辊的重车可以单辊在标准车床上进行，无须专用车床；

2）采用调整辊缝的方法调整轧辊间隙，从而大大提高了轧辊的使用寿命，减少了机架和轧辊数量，降低了生产成本。同时便于在线调整钢管外径。

（5）采用连续流水线布置。钢管加热、轧制、精整采用连续式流水布置。在机组产量不高的情况下此种布置方式可提高生产效率，有利于生产管理，减少占用的厂房面积。

5. 主要设备参数

（1）环形加热炉。

中径：40m；

装出料线夹角：12°；

炉膛内宽：5500mm；

管坯温度偏差：10℃；

最大出料频率：135p/h；

最大小时产量：170t/h。

（2）穿孔机。

形式：锥形辊立式布置、侧导板；

入口管坯直径：ϕ250mm、ϕ270mm、ϕ330mm、ϕ390mm、ϕ460mm；

入口管坯最大长度：4800mm；

轧辊直径：1500mm；

喂入角：5°～15°；

辗轧角：15°；

最大出口速度：0.5～0.8m/s；

轧制力：10000kN；

轧辊最大速度：70r/min；

电机功率：2×6.000kW；

过载系数：2；

出口毛管外径：ϕ250～515mm；

出口毛管最大长度：9000mm；

顶杆小车最大速度：3.0m/s；

顶杆小车驱动方式：钢丝绳和卷扬。

（3）三辊斜轧管机（ASSEL）。

毛管外径：250～515mm；

毛管壁厚：27～88mm；

抱芯辊数量：5；

芯棒长度：15000mm；

工作段长度最大：4000mm；

限动力：90t；

ASSEL主机：轧辊可调，带上辊快开装置；

轧辊直径：1100mm（最大）；1000mm（最小）；

图6-25 轧机前台

喂入角：4°~11°；
设备辗轧角：0~7°；
操作中的辗轧角：5°；
辗轧角的调整范围：+1°；
台肩高度：10.0mm；
最大延伸率：2.0；
D/t（最小壁厚 20.0mm）：20∶1；
每个轧辊轧制力：300t；
毛管输出最大速度：0.7m/s；
电机额定功率：3×1700kW；
过载系数：1.8 倍。
轧机后台：
毛管直径：ϕ220~495mm；
毛管最大长度：11500mm；
下长导辊数量：2×2；
上导辊数量：4；
可升降下驱动辊数量：6；
上压辊数量：5。
（4）定径机。
形式：2 辊单机架传动；
机架数：定径机 10 架；
换机架形式：液压机械拉出和换机架小车，可单独更换机架；
入口荒管外径：ϕ220~515mm；
出口钢管外径（热态）：ϕ205~505mm；
出口钢管最大长度：13000mm；
绝对最大总减径量（初步）：35mm；
单机架最大减径率：1.5%；
轧辊名义直径：ϕ920mm；
冷床形式：步进梁式；
冷床入口钢管外径：ϕ205~505mm；
冷床入口钢管最大长度：13000mm；
冷床尺寸：长×宽＝113.5m×13m（分三段）；
冷床齿距：600mm；
冷床布料型式：单排布料；
冷却终了温度小于：100℃。

（七）华菱衡阳钢管 ϕ720mm 周期轧管机组

1. 基本概况

华菱衡阳钢管（集团）有限公司从德国梅尔公司引进的 ϕ720mm 周期轧管机组。于 2007 年 3 月签订主机设备引进合同。2008 年 1 月开工建设，2009 年 7 月建成投产。可年产结构用无缝钢管、高压锅炉用无缝钢管、不锈耐热钢管、液压支柱及气缸套管、流体输送用无缝钢管、石油套管及接箍料等各类热轧无缝钢管 15 万吨，其中需进行热处理的高钢级无缝钢管 8 万吨。该机组投产后，公司产品规格在中 ϕ10~365mm 的基础上延伸至中 10~720mm：在品种规格上充分发挥周期轧管机优势，立足于生产特大、特厚、高合金无缝钢管产品。

2. 产品规格

外径：ϕ273~650mm；

壁厚：8~50mm；

最大长度：13.5m。

3. 机组生产工艺流程与平面布置

ϕ720mm 周期轧管机组采用连铸圆管坯和多边形钢锭两种坯料，对于大规格的多边形钢锭。先用立式水压机冲成杯状坯。其工艺流程如下：

（1）圆管坯-环形炉加热-高压水除鳞-穿孔-内除鳞-预穿芯棒（预打头）-周期轧管-切皮尔格头-步进炉再加热-高压水除鳞-定径-冷却-精整。

（2）多边形钢锭经环形炉加热-高压水除鳞-水压冲孔-杯状坯穿孔-内除鳞-预穿芯棒（预打头）-周期轧管-切皮尔格头-步进炉再加热-高压水除鳞-定径-冷却-精整。

机组工艺平面布置如图 6-26 所示。该机组设置了两条精整线：一般管精整线和专用管精整线。一般管精整线是一条连续作业线，设有六辊式矫直机和切管机；专用管精整线的设备采用分散布置方式，设有对钢管热处理的台车式加热炉和机械式室式加热炉、淬火水池、控冷设施，超声波探伤机、磁粉探伤机，压力矫直机和内外修磨机等多台设备。

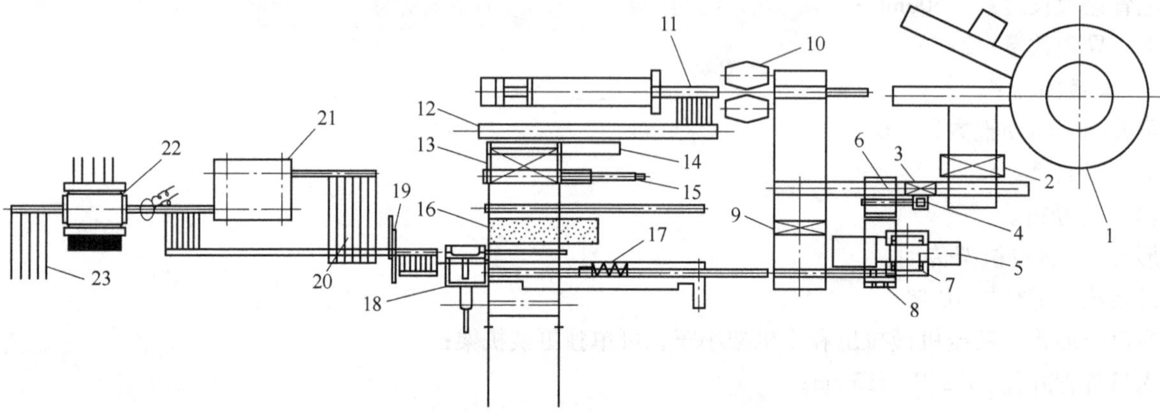

图 6-26　ϕ720mm 周期轧管机组工艺平面布置示意图

1—环形炉；2—环形炉出口运输辊道；3—管坯输送高架小车；4—横移小车；5—水压冲孔机；6—翻转料台；7—水压冲孔机下料小车；8—翻转料台；9—管坯输送高架小车；10—桶形辊穿孔机；11—顶杆小车；12—毛管输送辊道；13—轧管区横移机械手；14—毛管内除鳞装置；15—预打头；16—芯棒冷却循环装置；17—喂料器；18—周期轧管机；19—热锯；20—再加热炉前横移装置；21—再加热炉；22—定径机；23—冷床

4. 主要设备组成

ϕ720mm 周期轧管机组的主要设备有：环形加热炉、立式水压冲孔机、二辊桶形辊穿孔机、喂料器、周期轧管机、热锯、步进式再加热炉、5 机架三辊定机、冷床。

5. 主要设备技术参数

（1）环形炉参数包括：

加热管坯种类：连铸圆管坯、多边形钢锭；

加热管坯最大锭重：9.5t；

环形炉中径：35m。

（2）压力冲孔机参数包括：

形式：立式水压冲孔机；

冲孔管坯种类：多边形钢锭；

钢锭对角线尺寸：650~930mm；

公称冲孔力：25MN。

（3）桶形辊穿孔机参数包括：

型式：卧式桶形辊穿孔机；

出口毛管规格：外径 420~960mm；

最大长度：7.5m；

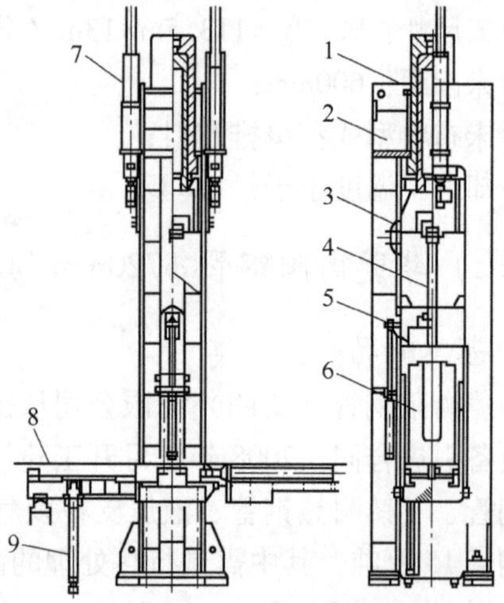

图 6-27　压冲孔机的主要组成构建图示

1—主缸；2—机架；3—活动横梁；4—冲杆及冲头装置；5—定位脱料装置；6—冲模；7—回程缸；8—工作平台；9—顶出器

主电机功率：2×5600kW；
送进角：6°（固定）；
辗轧角：±2°（可调）。
（4）周期轧管机机组参数包括：
形式：外插入芯棒、液压自动喂料；
出口荒管规格：外径：285~740mm；
壁厚：8~122mm；
最大长度：27m；
主电机功率：5600kW；
轧辊直径：1100~1400mm。

图 6-28　周期轧管机机组

（5）定径机参数包括：
形式：轧辊单独传动的 5 机架三辊式；
轧辊直径：1150mm；
入口荒管外径：285~660mm；
入口荒管壁厚：8~50mm；
出口钢管外径：273~650mm；
出口钢管壁厚：8~50mm；
最大长度：13.5m。
6. 结语
ϕ720mm 周期轧管机组是目前世界上最大的周期轧管机组，热轧线采用立式水压冲孔+穿孔+周期轧管+再加热+定径工艺；精整线配置了六辊矫直和压力矫直机、高效切管机，车底炉和室式炉，超声波探伤、涡流探伤和磁粉探伤装置，水压试验机、磨光机等精整和检测设备；既能采用连铸坯又能采用圆钢坯做原料进行生产：先进的喂料器既保证了生产效率。降低了劳动强度，又保证了产品质量，适合生产大直径高精度高钢级钢管。

（八）河南凤宝 ϕ89mm 连轧管机组

1. 概况

凤宝管业有限公司 ϕ89mm 连轧机组是国产首套六机架三辊连轧机组，设计产量 25 万吨/年，由中冶赛迪设计制造。热轧区主要设备由环形炉、锥形辊导板穿孔机、六机架三辊限动芯棒连轧管机（单侧向换辊）、28 架张力减径机及相关辅助设备组成。在智能化方面：采用三辊连轧机工艺计算模型、孔型设计有限元设计模型、速度计算模型和 CEC 控制模型等，实现全线工序数模生产控制，使生产过程稳定可靠。

2. 产品规格和主要品种

产品规格范围为：直径 ϕ32~114mm；壁厚为 3.0~12.0mm。

主要品种为：高压锅炉管、油管、轴承管、臂架管、机加工管等，部分品种和规格可替代冷加工管。2017 年 12 月 18 日正式投产，投产第一年即达到设计产能 20 万吨，取得了良好的经济效益。

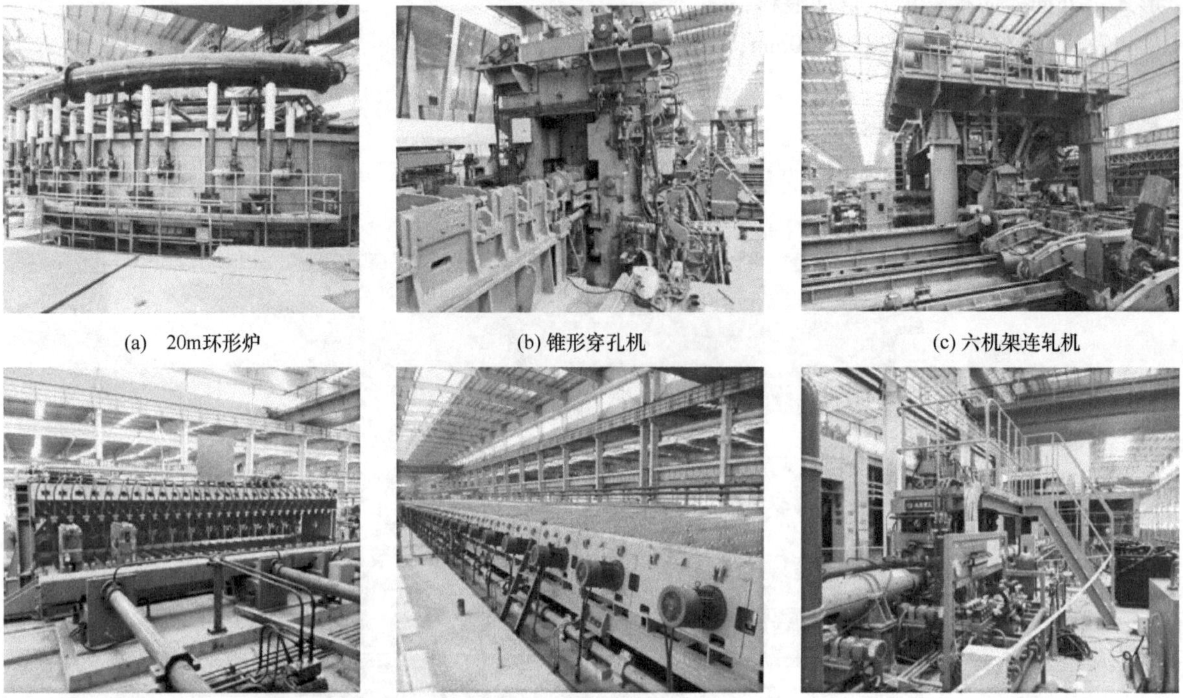

(a) 20m环形炉　(b) 锥形穿孔机　(c) 六机架连轧机

(d) 28架张力减径机　(e) 90m步进式冷床　(f) 七辊矫直机

图 6-29　河南凤宝 ϕ89mm 连轧管机组

3. 主要设备技术参数

（1）连轧管机参数包括：

机架间距：755mm+1165mm+755mm+1165mm+755mm；

轧辊名义直径：1~4 机架 ϕ620mm（最大）；

1~4 机架 ϕ570mm（最小）；

5~6 机架 ϕ560mm（最大）；

5~6 机架 ϕ510mm（最小）；

轧机入口速度：1.5m/s（极限规格 1.1m/s）；

最大轧制力：1~4 架 185t，5~6 架 120t；

主电机转速：800/1200r/min；

主电机功率：1 机架　3×250kW；

2~4 机架 3×400kW；

5~6 机架 3×160kW；

连轧后荒管外径：ϕ128mm；

荒管壁厚：3.7~11.1mm；

荒管长度：9.8~26.9m。

（2）3 机架三辊脱管机参数包括：

轧辊直径：ϕ380mm；

机架间距：360mm；

单辊最大轧制力：20t；

最大脱棒力：15t；

脱管机主电机功率：1×350kW；

脱管后外径：ϕ120mm；

壁厚：3.8~11.4mm；

长度：10.3~28.0m。

（3）28机架三辊张力减径机参数包括：

轧辊名义直径：ϕ300mm；

单机架最大减径率：5.1%；

最大总减径率：73.5%；

最大入口速度：1.5m/s；

最大轧制压力：130千牛/架；

张减机主电机功率：28×160kW；

外径热尺寸：ϕ32.32~89.89mm；

壁厚热尺寸：3.03~12.12mm；

长度热尺寸：13.4~90.0m。

（九）山东磐金钢管 ϕ159mm 连轧管机组

1. 概况

山东磐金钢管制造有限公司（以下简称磐金钢管）是鲁丽集团的子公司，成立于2017年，占地面积约38万平方米，总建筑面积计23.4万平方米，主厂房建筑面积21.4万平方米。共建设6条现代化连轧管生产线，其中ϕ159mm连轧管生产线两条，ϕ180mm连轧管生产线两条，ϕ273mm连轧管生产线两条，设备分别由太原通泽重工、太原重工设计制造，产品规格（ϕ32mm）ϕ60~ϕ356mm×3.5~40mm，6条生产线设计产量300万吨/年。目前ϕ159mm两条连轧机组已分别于2018年7月初、8月底建成投产，ϕ180mm、ϕ273mm生产线预计2019年上半年陆续建成投产。

两条ϕ159mm连轧管生产线，配有一座步进式加热炉（配有管坯热送通道），采用倍尺坯装炉，管坯出炉后，利用热锯将倍尺管坯切成单倍尺，分别供给两条连轧管生产线，这种工艺流程模式在全球属于首创。连轧管生产线配有基础自动化、过程自动化和生产管理系统。通过配置的线性位移传感器、压力传感器、位置编码器、旋转编码器、热金属检测器等元器件，可实现从坯料出料、穿孔、连轧到张减的热轧产线自动化生产。主轧线（穿孔机、连轧管机、张减机）配备工艺控制模型，能实现工艺与工具的设计与计算、仿真、生产参数的自动记录、显示、贮存、调用。配有辊缝液压压下系统HCCS、头尾削尖FTS系统；张力头尾控制CEC系统；另外，热轧线主传动全部采用了ABB控制系统，全线装备水平达到国内外先进水平。

2. 生产规模及产品规格

（1）ϕ159mm机组两条，两辊连轧管机，两条线设计产量70万吨/年，设备由太原通泽设计制造。其产品规格：

外径：（ϕ32mm）ϕ60~159mm；

壁厚：3.5~22mm。

（2）ϕ180mm机组两条，三辊连轧管机，两条线设计产量100万吨/年，设备由太原重工设计制造。其产品规格：

外径：ϕ60~180mm；

壁厚：4.0~25mm。

（3）ϕ273mm机组两条，三辊连轧管机，两条线设计产量130万吨/年，设备由太原通泽设计制造。其产品规格：

外径：ϕ168~356mm；

壁厚：5.0~40mm。

3. 主要品种

结构管、流体管、管线管、低中压锅炉管和石油裂化管等。

(a) 步进式加热炉　(b) 六机架连轧机

(c) 张减机出口　(d) 精整线及矫直机

图 6-30　ϕ159mm 连轧机组主要工序

4. ϕ159mm 连轧管机组主要设备技术参数

（1）加热炉的形式为步进式。

炉长：30m；

炉宽：12m；

最大产量：180t/h；

管坯直径：ϕ180mm，ϕ140mm。

（2）穿孔机的形式为锥形辊导板式垂直布置。

轧辊直径：800～900mm；

轧辊长度：730mm；

轧辊转速：100～150r/min；

主电机：2500kW×2 台。

（3）连轧机为两辊连轧管机，轧辊平立交叉布置。

轧辊名义直径：520～620mm；

1～4 机架电机功率：1800kW，750～1200r/min；

5～6 机架电机功率：1000kW，750～1200r/min。

（4）脱管机。

轧辊直径：480mm；

主电机功率：600kW。

（5）张力减径机为 28 架减径机。

轧辊直径：360mm；

主电机功率：28×250kW，750～1300r/min。

（6）冷床为步进式。

宽度：100m；

长度：20.5m。

第二节 我国无缝钢管机组工艺技术的发展与进步

一、穿孔机的工艺技术发展与进步

（一）国外穿孔机的发展概况

1. 二辊穿孔机的发展

热轧无缝钢管生产中管坯的穿孔主要是在斜轧穿孔机上进行的，直至 1970 年，在斜轧穿孔机中设有导板的 Stiefel 穿孔机最为普遍，见图 6-31 所示。它也被称作具有桶形轧辊的穿孔机。由于它的性能好，延伸率可达 4、穿孔后空心坯长度可长达 8m，所以，它被普遍用于自动轧管机组、连轧管机组和三辊轧管机组中。

Stiefel 斜轧穿孔机的主要特征是：

（1）轧辊水平布置，导板垂直布置；

（2）两个轧辊由 1 台交流电机通过减速箱进行传动；

（3）采用止推小车使顶杆从毛管中抽出。

在 1972 年诞生了 Diescher 穿孔机，见图 6-32。对于穿孔操作运行性能而言，这种穿孔机树立了新的样板。Diescher 穿孔机的主要特征是：

（1）轧辊上下布置，导盘则水平布置；

（2）每一个轧辊由 1 台水平安装的直流电机传动；

（3）在轧出端设有新颖的顶杆更换系统，穿孔过程结束后带有顶头和套有毛管的顶杆横移，离开轧制中心线，然后离线脱出毛管。

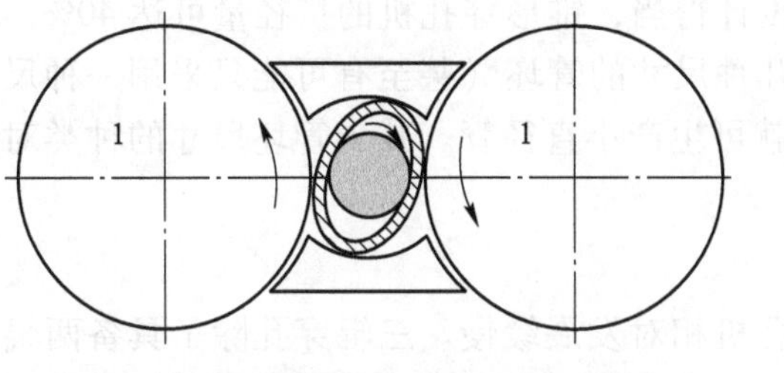

图 6-31 固定导板的 Stiefel 穿孔机孔型示意

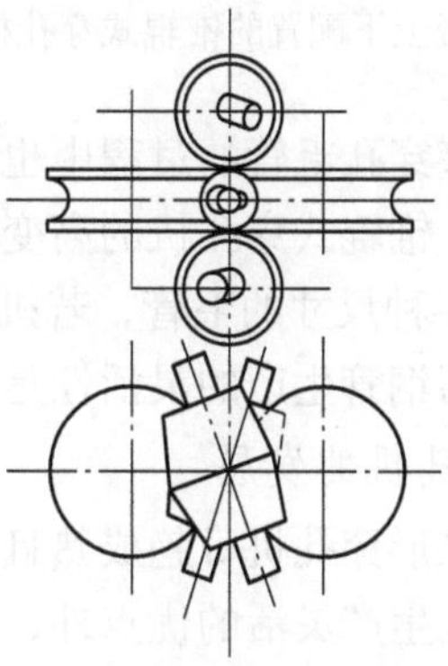
图 6-32 Diescher 穿孔机孔型示意

由于轧辊上下配置，导盘间距容易调整，具有传动导盘的穿孔机其前进效率可达到约 90%，且导盘磨损小，使导盘重车周期大大延长。因此，更换工具而停产的时间大大减少。轧辊采用单独电机传动，传动轴和轧辊轴夹角小，传动装置的运行可靠性很高。由于采用直流电机传动，穿孔机运行速度可调，轧制开始时可采用轧辊低转速，待管坯被咬入后提高轧辊速度，这种操作方式，可使轧辊线速度高达 9m/s，因此轧制时间缩短。

新颖的顶杆线外更换系统使穿孔机的节奏达到 3~4p/min（即每分钟穿 3~4 支管坯），采用 6~8 根顶杆循环使用即可满足生产要求，穿孔顶头得以充分冷却，穿孔顶头的检查更换则可在线外进行。在 1990 年左右，全世界有 10 余台 Diescher 穿孔机在生产，这说明在产品质量、生产能力和工具寿命等方面优于其他穿孔机，可以应用在各种无缝管机组中。

虽然 Diescher 穿孔机得到普遍认可，但在 20 世纪 70 年代末，仍然开始了旨在进一步增大斜轧穿孔机延伸率的研究。借助于穿孔时的扩径作用，进行了生产薄壁穿孔毛管（D/S 约 30）的研究。此外，还进一步考察了新型穿孔机穿轧合金钢的能力，由此产生了两台锥辊式穿孔机的制造和安装。1981 年曼内斯曼钢管公司在原 ϕ340mm 自动轧管机前安装了锥辊式穿孔机以取代串列式布置的两台 Stiefel 穿孔机，1982 年日本住友海南钢管厂 ϕ114mm 连轧管机组的锥辊式穿孔机投产。

曼内斯曼钢管公司和住友公司的锥辊式穿孔机的设计任务是满足工艺要求，这两台穿孔机均配置了狄塞尔导盘，设有轧辊喂进角调整装置和适当的传动装置，若穿孔机轧辊是水平布置的，所需要的厂房面积较大，这对一次性投资是不利的。由此对锥辊式穿孔机的设计又进行了研究，其结果是轧辊垂直布置的锥辊式穿孔机的问世，如图 6-33 所示，这是从 Diescher 穿孔机移植而来的，其机架和 Diescher 穿孔机类似，导盘是水平布置的，轧辊采取两台电机传动，但布置在轧出端，其倾斜角度（辗轧角）和轧辊的锥角相适应，其传动轴和轧辊轴的夹角最小。轧出端可以配置顶杆止推小车或顶杆更换系统。

图 6-34 示出机架的一种特殊设计，它既可采用导盘亦可采用导板。新的轧辊垂直布置的锥辊式穿孔机提供了将锥辊式穿孔机的工艺优越性和 Diescher 穿孔机设计结构上的优越性相结合的最佳设计。

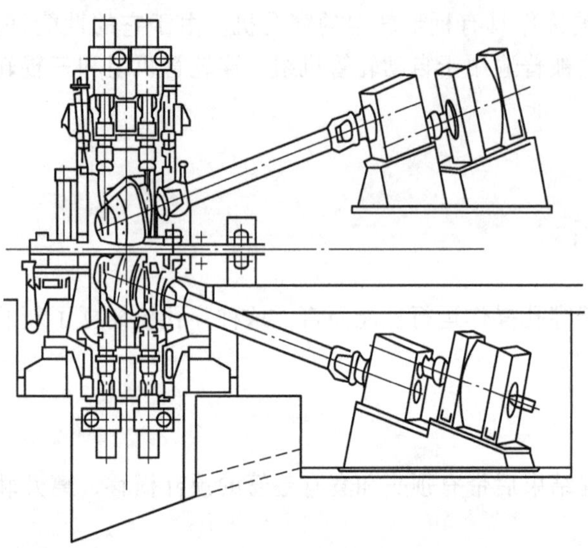

图 6-33 轧辊上下配置的锥辊式穿孔机（侧视图）

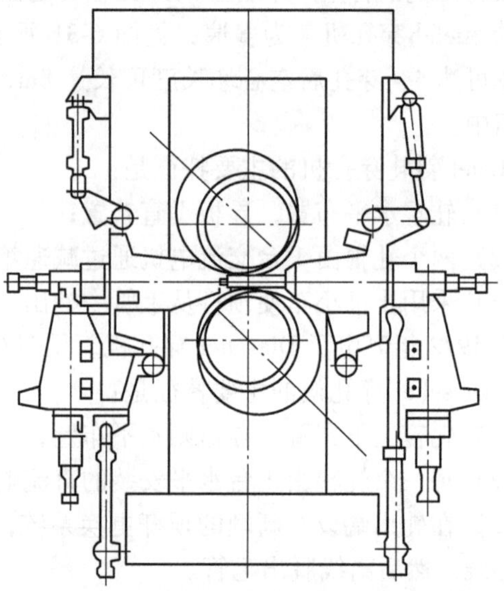

图 6-34 轧辊上下配置的锥辊式穿孔机（横断面图）

在生产薄壁穿孔毛管的过程中也可发现，只要孔型设计得当，锥形穿孔机的扩径量可达 40%。在无缝轧管机组中，锥辊式穿孔机的高变形能力可以用较少几种尺寸的管坯（甚至有可能只采用一种尺寸的管坯）轧制出多种尺寸的毛管，若机组中配置有张减机就可生产小直径管。减少管坯尺寸的种类对降低原料成本，提高钢管生产的灵活性是很有好处的。

2. 三辊穿孔机的发展

由于两辊锥形穿孔机日趋成熟且广泛应用，三辊穿孔机相对发展缓慢。三辊穿孔除了具备两辊穿孔同样的效率高、生产灵活的优点外，其最大特点是变形区金属处于三向压应力状态。三向压应力不会产生中心破裂，见图 6-35 在提高生产能力和改善毛管质量方面，比两辊穿孔具有更大潜力。三辊穿孔机穿出的毛管尺寸精度比两辊高，可穿轧的合金钢管的范围比两辊大，因此是一种值得推广的很有发展潜力的机型。

三辊穿孔机的结构形式和变形特点，更有利于金属塑性变形，所以大大减少了穿孔时引起的毛管内外表面缺陷，更适于穿轧低塑性难变形材料；三辊穿孔结构和操作均相对简单，扩大了可穿钢种的范围，且更换毛管规格方便；可以充分利用三辊穿孔机的优势，避开轧制薄壁毛管出现尾三角的缺点。三辊穿孔机不仅可以减少表面缺陷，而且可以降低工具消耗和能耗，并有效地控制投资和生产成本。特别是，三辊穿孔机是 CPE 顶管机组的一个不错，甚至更适合的一个选择。据报道 2017 年 6 月 Mannesmann 拉特厂新投产了一台用于穿孔高合金管坯的三辊穿孔机。见图 6-36 所示。

（二）国内穿孔机的发展

1. 穿孔机辊形的发展变化

我国早期穿孔机的发展一直以带导板的 Stiefel 穿孔机作为重要选择，直到 1985 年宝钢 ϕ140 机组的引进开始才出现变化。宝钢无缝钢管厂 ϕ140mm 连轧管机组是一套全浮动芯棒连轧管机组，代表了 20 世纪 70 年代无缝钢管生产的世界先进水平。穿孔机为带导盘的 Diescher 穿孔机，机组原设计产品定位以碳钢

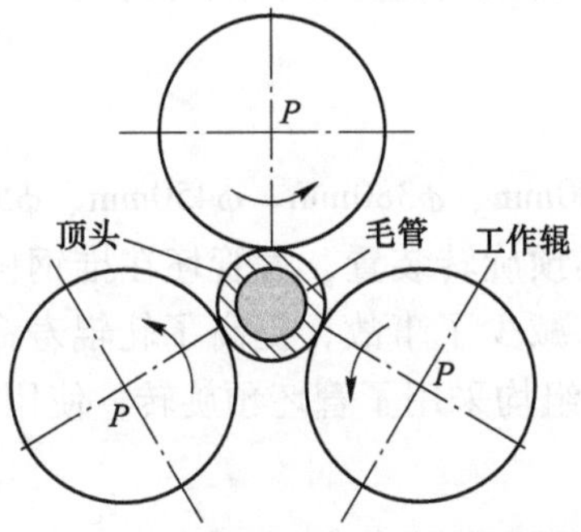

图 6-35　三辊穿孔示意图（横剖面）

图 6-36　Mannesmann 拉特厂三辊穿孔机

为主，产品合金含量不超过 5%。使用多年后鉴于锥形辊穿孔机在变形能力、变形速度、减小扭转和可轧制高合金和难变形材料等方面的优势和快速发展趋势，为适应市场需求的变化和产品结构不断优化调整需要，于是在 2008 年成功实施的穿孔机改造即将桶形辊穿孔机改造成锥形辊穿孔机，为实现高合金生产创造了条件。

1992 年投产的天津钢管公司穿孔机仍是 Diescher 大导盘穿孔机；同年成都无缝在 ϕ180mm 精密轧管机组上首次采用了锥形辊导盘穿孔机，这是国内第一台锥形辊穿孔机；1993 年大冶特钢的 ϕ170mm 机组使用了锥辊导板穿孔机；随后的衡阳钢管 ϕ89mm 机组、包头的 ϕ180mm 机组也都使用了锥辊导板穿孔机。天津钢管的 ϕ168mm 机组、成都钢钒的 ϕ340mm 机组也都使用了锥辊导盘穿孔机投产；再往后基本上使用的都是锥辊带导板的穿孔机。表 6-14 列出 1985—2005 年投产的主要机组穿孔机的类型。国内制造的穿孔机以卧式锥辊穿孔机为主，最大规格已达到 ϕ820mm。主要是节省投资成本。制造厂家主要是太原重工、太原通泽、山西磬泓等厂家。

表 6-14　1985~2005 年主要机组穿孔机类型

序号	公司名称	机组型号	穿孔机类型	投产时间
1	宝钢股份钢管	ϕ140mm MM	桶辊导盘	1985
2	天津钢管集团	ϕ250mm MPM	桶辊导盘	1992
3	成都无缝钢管	ϕ180mm 精密	锥辊导盘	1992
4	湖北大冶特钢	ϕ170mm ASSEL	锥辊导板	1993
5	湖南衡阳钢管	ϕ89mm 半浮	锥辊导板	1997
6	包钢无缝钢管厂	ϕ180mm MPM	锥辊导板	2000
7	天津钢管集团	ϕ168mm PQF	锥辊导盘	2003
8	华菱衡阳钢管	ϕ340mm MPM	锥辊导盘	2005
9	成都钢钒	ϕ340mm MPM	锥辊导盘	2005

由于锥形辊穿孔机在轧制速度，金属变形等方面的优势不断得到厂家的认可。2002 年，鞍钢 ϕ159mm MPM 连轧生产线通过轧辊孔型重新设计，对轧辊装置进行改造，将普通曼氏穿孔机改造为辗轧角（3.3°）的小锥度锥型辊穿孔机，使穿孔机穿制毛管质量上一个新台阶。经过对比穿孔机锥型辊改进前后毛管实物质量数据分析，改造后壁厚公差仅为改造前的 50%，产品质量大幅度提高，明显改善了外径和壁厚精度。这一经验给国内中小型桶形辊穿孔机改造提供了借鉴，近年来国内的一些生产厂也开始进行类似的改造。

在 1979 年前后，衡阳钢管厂、太原重型机器厂、包头钢铁设计浇、北京钢铁研究院和中南矿冶学院等，共同对 ϕ108mm 三辊穿孔机进行了一系列试验研究工作，主要就工艺方面的问题进行讨论，将应力状态、三角形变形特征，可穿钢种范围、力能参数测定，工艺参数分析等进行了总结。1979 年东北工学院和沈阳无缝厂共同研制的 ϕ50mm 三辊穿孔、轧管也进行了试生产。在以后 40 年间，我国三辊穿孔机的建设很少，除江苏常宝的 ϕ114mm CPE 机组使用了三辊穿孔机外，只有几个生产钛合金、铝合金的企业仍使用三辊穿孔机。

三辊穿孔机由于穿轧中薄壁、薄壁毛管易产生尾三角问题，一直没有得到广泛应用，在实际生产中也遇到了一些问题，但是它也有自身的优势和特点，可以在充分利用其优势和特点的前提下，对它的一些问题进行不断地研究和生产实践，将这些问题避免或解决。

2. 工艺技术及装备进步的实践

（1）管坯预旋转装置。大型的穿孔机组，管坯直径大如 ϕ350mm、ϕ380mm、ϕ450mm、ϕ500mm，管坯重量大，为方便管坯咬入，防止前卡事故，在前台设置了管坯预旋转装置，大管坯在推钢机推入轧辊前在预旋转的驱动下旋转起来，这样很大程度改善了咬入条件，减少了事故，提高了轧辊寿命。国内攀成钢 ϕ340mm 机组、湖北新冶钢 ϕ460mm 机组、天淮 ϕ508mm 机组均采用了管坯预旋转，使用效果良好。见图 6-37 所示。

图 6-37　穿孔前台管坯旋转图

（2）关于主电机、传动轴摆放的位置。桶形辊穿孔机均是电机、传动轴摆放在前台，如宝钢改造前的 ϕ140mm 穿孔机、天津钢管的 ϕ250mm 穿孔机以及为自动轧管配套的桶形辊穿孔机等。锥形辊穿孔机由于采用了大辗轧角（10°~15°，多数采用 15°），因此，绝大多数锥形辊穿孔机是将电机、传动轴放在后台。衡阳钢管的 ϕ89mm 机组，为有利于穿孔机实现顶杆循环和设备维护，将锥形辊穿孔机电机、传动轴放在了前台（辗轧角为 10°）。鞍钢 ϕ159mm 机组建设时，将桶形辊改为锥形辊，辗轧角为 3.3°，电机、传动轴放仍放在前台。将电机、传动轴摆放于前台，有利于操作环境的优化，有利于设备的维护。近年来国内的一些小型穿孔机的改造，均采用了小锥角的锥形穿孔机，电机、传动轴放仍放在前台。

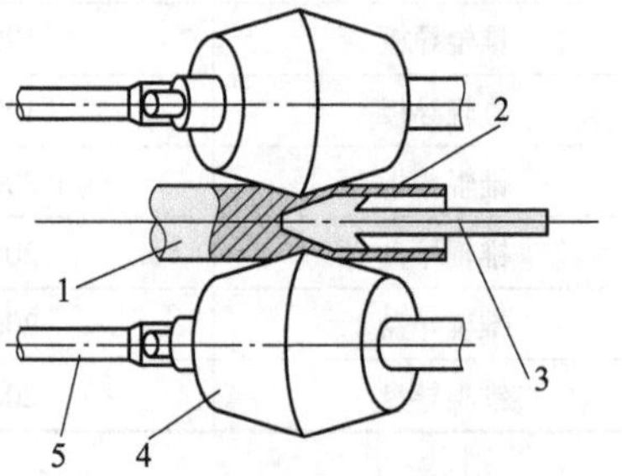

图 6-38　桶形辊穿孔示意图

1—轧件；2—顶头；3—顶杆；4—轧辊；5—传动轴

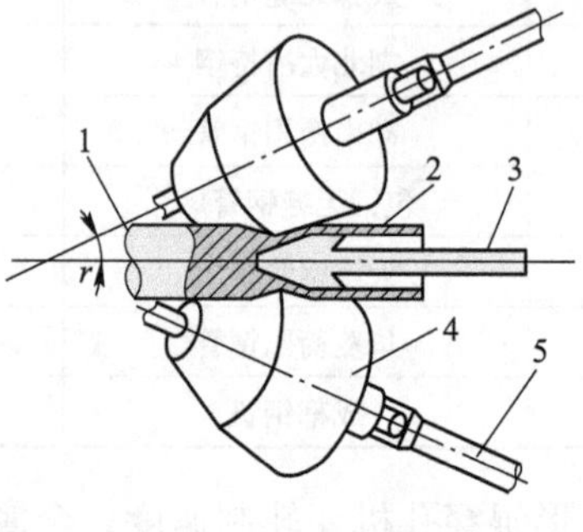

图 6-39　出口端传动穿孔示意图

1—轧件；2—顶头；3—顶杆；4—轧辊；5—传动轴

（3）顶杆的运行方式。我国早期穿孔机顶杆运行方式均采用单支运行，宝钢引进的 ϕ140mm 机组采用多支顶杆（8~11 支）线外循环，顶杆冷却更换机构见图 6-40。衡阳钢管的 89mm 机组顶杆也是 8~11 支，这种运行方式多用于高节奏的全浮动式、半浮动式机组，轧制节奏可以满足 3.5~49/min。这种运行方式占地面积大，配备的顶杆多（投入大），更换规格时费时费力。但这种顶杆运行方式使顶头、顶杆冷却效果好，可满足高节奏的轧管机组。随着限动轧机占有主导地位后，单支顶杆运行成为主流，并在顶头、顶杆内外冷却方面开发了很多新技术。

（4）顶杆预选转。天津钢管 ϕ250mm 连轧管机组、成都无缝 ϕ180mm 精密轧管机组，都采用顶杆预选转机构。顶杆预选转有利于穿孔时管坯咬入，有利于减少穿孔前卡，尤其是针对大管坯穿孔，天津钢管 ϕ460mm PQF 机组也采用顶杆预选转，但是由于顶杆预选转机构维护成本较高，没能在国内较大范围推广。

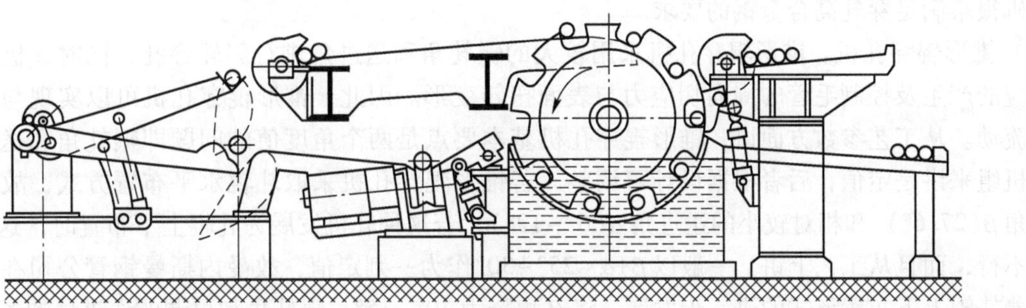

图 6-40　多顶杆更换系统示意

(5) 顶杆小车驱动方式。顶杆止推小车的运行多采用钢丝绳卷筒拖动，靠液压缸张紧钢丝绳保证小车运行的定位，这种方式投资少，维护简单，但不能满足高节奏的需要，见图 6-41。天津钢管 ϕ168mm PQF 机组，穿孔机采用了带有齿条驱动的顶杆止推小车，这种小车的运行，启、停速度快、定位精度高，最高节奏可以保证 24 秒/根。

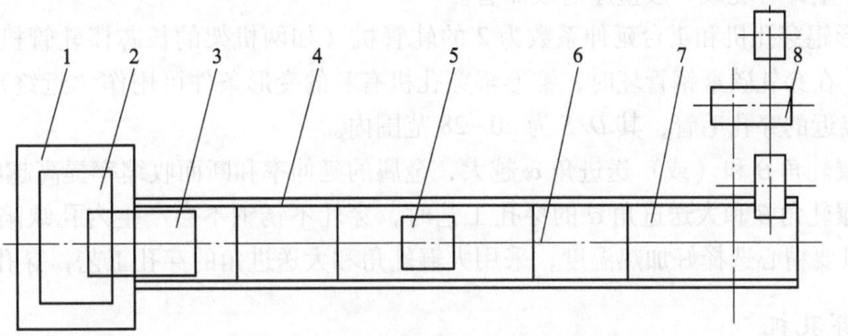

图 6-41　顶杆小车运行结构简图

1—机座装置；2—锁门机构；3—顶杆小车；4—支承车；5—导轨装置；
6—钢丝绳装配；7—卷筒装置；8—传动装置

(6) 顶头的连接方式及顶头冷却。顶头与顶杆的连接方式：

1) 一种是螺纹连接，顶头冷却采用内外水冷，单个顶头连续使用；

2) 另一种是销子连接，多支顶杆成组循环使用，顶头、顶杆线外冷却，多用于顶杆快速更换的高节奏机组；

3) 还有一种是顶头顶杆不固定连接，采用顶头快速更换方式如天津钢管的 ϕ168mm 机组，引进了三顶头快速更换循环使用的顶头冷却及更换装置，满足了工艺的要求。但该顶头更换装置对顶杆的定位，顶头的定位要求精度较高。

(7) 后台的定心装置。穿孔机后台定心的稳定性直接影响毛管的壁厚精度。早期的穿孔后台定心辊，采用的是四辊定心，气动压紧，对其顶杆对中性、稳定性都较差。20 世纪 80 年代后，随着电控技术和液压技术的发展，新建机组和改造机组普遍的做法是：

1) 采用液压系统实施对顶杆的压紧；

2) 采用三辊定心装置（对中性高）；

3) 增加定心装置的架数，一般机组采用 5~7 架；

4) 缩短第一架定心装置与机架中心线的距离。

天津 ϕ250mm 穿孔机的第一架定心装置安装在机架内，采用四辊装置，因强度不够，经常损坏，维护也不方便。后续建设的机组不再沿用此结构，改成了机架外的三辊定心装置。设计上将第一架三辊定心向机架方向平移，缩短轧机中心到第一架三辊定心装置的距离，起到了减少顶杆抖动，保证壁厚精度的作用。

3. 不同辊型穿孔机的工艺特点

(1) 桶形辊穿孔机。桶形二辊穿孔机是根据孔腔形成原理，利用旋转横锻效应穿孔。正是这种孔腔现象造成了钢管内表面的缺陷，旋转横锻效应又使毛管有较大的周向切应力和表面扭转变形，因此，桶式穿孔机很难满足穿轧高合金钢的要求。

（2）锥形辊穿孔机。锥形辊穿孔机采用较大的辗轧角和送进角进行斜轧穿孔，同时又极力控制旋转横锻效应的产生及控制毛管的周向切应力与表面扭转变形。因此，锥形辊穿孔机可以实现与挤压机相近的金属流动。从工艺参数方面讲，锥形辊穿孔机基本要点是两个角度值的问题即辗轧角和送进角。前者对一个机组来讲是定值，后者根据设计可调整，若锥形辊穿孔机采取轧辊水平布置方式，故可采用更大的辗轧角β(27.6°）和相对较小的送进角α(6°~12°)，若这种轧机发展为轧辊上下布置时，这样大的辗轧角显然不行，而且从工艺上讲，一般以$\beta+\alpha=25°\sim30°$作为一判定值，故曼内斯曼钢管公司在后来的设计中，随着轧辊上下布置形式的进一步发展，将β角降为10°~15°。辗轧角和可调的送进角的各种配合，对穿孔过程中所发生的切向变形确实产生相当大的影响。

（三）国外关于锥形辊穿孔机的运行经验

（1）由于锥形辊穿孔机轧辊线速度的提高，它取得了以前斜轧穿孔机所未能取得的技术可能性，延伸系数可达6，而毛管最大长度为14m。因此，可生产薄壁穿孔毛管（D/S可达30），在下一个变形阶段只需要不大的延伸量即可轧成一般壁厚的成品管。

（2）这种锥形辊穿孔机和1台延伸系数为2的轧管机（如两机架的长芯棒轧管机）配合，可将一次性投资降至最低。在穿轧碳素钢管坯时，锥形辊穿孔机有利的变形条件可用作“近终形穿孔”，即穿孔毛管和成品管尺寸接近的穿孔毛管，其D/S为20~28范围内。

（3）轧辊的辗轧角β和（或）送进角α越大，金属的延伸率和断面收缩率提高越明显。

（4）采用大辗轧角β和大送进角α的穿孔工艺时，穿轧不锈钢不会产生内孔缺陷。对于高合金及耐热合金钢来说，只要精心选择好加热温度，采用大辗轧角和大送进角的穿孔工艺，穿孔就能成功。

（四）三辊穿孔机

三辊穿孔的横断面变形过程是由圆形到圆三角形再到圆形的过程。这种三角形的变形特征，使毛管尾部易出现三角形。通常，钢管外径与壁厚之比D/S大于9时，会出现尾三角形，D/S值愈大，尾三角形也愈大。尾三角的形成，限制了在三辊穿孔机上穿制薄壁管，这是其缺点之一。

三辊穿孔机轧辊形成了一个近似封闭的孔型，不需要像在二辊穿孔机上为保持管坯在中心线上和限制金属的横向流动，必须装设导板或导盘。因此采用三辊穿孔机穿孔就消除了现有二辊穿孔机存在的缺点。不仅消除了不利导板或导盘所造成的金属应力状态，也消除了过大能量消耗的导板和导盘，消除了管坯与它们之间的摩擦。降低了设备能量消耗，同时也消除了导板、导盘的工具成本，提高了经济性。

二、连轧管机的工艺技术发展与进步

（一）连轧管机概述

20世纪50年代以来，由于传动技术和电气控制技术的突破，连轧管生产技术得到了长足的发展。芯棒运行方式从浮动式芯棒轧机到限动式芯棒轧机以及半浮动式芯棒轧机，机架数从9~7架减少到6~5架，轧制工艺从两辊变为三辊，80年代后大口径、少机架限动芯棒连轧管技术的出现，使得钢管连轧更是炉火纯青。生产过程的操作方式由手动到区域自动化到整条线由CPU、PLC控制的全自动化运行方式，采用了液压小仓控制技术，配套了工艺控制软件技术，连轧管机的整体装备水平有了很大的改变。与其他机型相比连轧管机以优质、高产、高效率、低消耗等特点，成为世界无缝钢管主要生产企业的首选机型。

（二）我国连轧管机的发展历程

我国于20世纪70年代开始研制全浮动芯棒连轧管机，国产的ϕ76mm全浮动芯棒连轧管机组于80年代末在衡阳钢管厂试生产。80年代初开始，我国陆续引进连轧管机生产线。至今已有46套连轧管机组。其中限动芯棒连轧管机组44套，全浮动芯棒、半浮动芯棒连轧管机组各1套。在44套限动芯棒连轧管机组中，三辊连轧管机组28条，其余均为两辊连轧管机组。下面结合几个典型机组例子介绍我国连轧管机组发展情况。

1. 宝钢无缝钢管厂ϕ140m 浮动芯棒连轧管机组（8 机架，呈 45°角布置）

1985 年建成投产，是我国从德国引进的第 1 套先进的热轧无缝钢管连轧机组，设计产量 50 万吨/年，产品规格为ϕ(21.3～139.7)mm×(2.0～25)mm，主要用于生产油井管和锅炉管。该机组具有现代化的管理模式和在线全自动化运行方式。它的建成投产大大提高了我国热轧无缝钢管技术装备水平，提高了无缝钢管产品的质量和生产的各项技术指标，让业内人士大开眼界，并成为我国现代化无缝钢管发展史上的一个里程碑。

（1）与当时国内自动轧管机、周期式轧管机相比，该连轧管机组的优势是：

1）轧制节奏快 3.5～4p/min；

2）产量高，设计产量 50 万吨/年（该机组实际最高年产量超过了 85 万吨）；

3）壁厚精度较高，壁厚偏差±7%～9%；

4）延伸系数较大 4～5；

5）可生产较长的荒管大于 33m；

（2）主要工艺技术装备和智能化方面创新：

1）采用带导盘的狄塞尔穿孔机；

2）穿孔机采用了可变速轧制；

3）采用了顶杆快速更换；

4）采用了步进式再加热炉；

5）采用了 28 机架三辊式张力减径机，并带有头尾（CEC）控制技术；

6）热轧生产线配有过程管理机和 PLC 控制系统，实现了全自动化生产。

2. 天津钢管公司ϕ250mm 限动芯棒连轧管机组（7 机架，呈 45°角布置）

该连轧管机组由意大利引进，1992 年建成投产，是我国引进的第一套限动芯棒连轧管机组，产品直径为ϕ114～273.1mm，壁厚 4.5～35mm，主要产品定位于当时国内紧缺的石油套管。

（1）与浮动式芯棒连轧管机组相比，限动芯棒连轧管机组的优势：

1）钢管的壁厚精度更高，壁厚偏差±6%～8%；

2）可轧制 D/S 大于 42 的薄壁钢管；

3）可生产的产品规格范围更宽，该机组规格范围为ϕ114～273mm（限动芯棒连轧管机组目前可生产的最大的直径为ϕ508mm）；

4）可轧制的荒管长度更长（该机组荒管长度为 32～33m，理论上可大于 45m）；

5）延伸系数大于 5；

6）能耗比浮动式连轧机组低 30%左右。

（2）主要工艺技术装备和智能化方面创新：

1）穿孔机设置了机内定心辊；

2）穿孔机采用了顶杆快速更换；

3）设置了顶杆预旋转装置；

4）采用线外预穿芯棒工艺；

5）连轧机采用了快速换辊（两侧更换）；

6）配备了在线测厚、测径、测长、测速、测温等装置，能及时监控钢管的几何尺寸。

3. 衡阳钢管厂ϕ89mm 半浮动芯棒连轧管机组（6 机架，水平垂直布置）

1997 年建成投产，该连轧管机组由德国引进，是我国第一套半浮动芯棒连轧管机（也是唯一的一套）。产品直径为ϕ25～89mm，壁厚 2.5～12mm，主要产品为高压锅炉管。

（1）半浮动芯棒连轧管机组的优势是：

1）轧制节奏较快 3～3.5p/min，稍低于浮动式轧机，但高于限动芯棒轧机；

2）避免了“竹节”的产生，壁厚精度与限动轧机相当；

3）产量高。高于同规格限动轧机的产量。

（2）主要工艺技术装备创新：

1）采用锥形辊导板式穿孔机，辗轧角为 10°，采用前台主传动即主电机、传动轴布置在前台，有利于穿孔机实现顶杆循环和设备维护（一般锥形辊穿孔机的传动轴布置在出口侧，辗轧角为15°）；

2）芯棒运行采用半浮式工艺。既有限动轧机壁厚精度高的特点，又有浮动轧管机节奏快的特点，适于生产中、小直径无缝钢管。

4. 包钢连轧管厂 ϕ180mm 少机架限动芯棒连轧机组（5 机架，水平垂直布置）

2000 年 ϕ180mm 限动芯棒连轧管机组建成投产（国内第一套 5 机架连轧管机组）。该机组由意大利引进，产品规格为 ϕ(60~245)mm×(3.2~25)mm，主要产品为油井管和锅炉管。

（1）5 机架（Mini-MPM）限动芯棒连轧管机组的特点是：

1）连轧机组采用了 5 机架，较大幅度降低了机电设备投资和基建费用，同时也减少了生产工具的费用；

2）该机组的另一特点是，12 架微张力定径机与 24 架张力减径机串列布置。

（2）主要创新点：

1）连轧机轧辊调整采用了液压压下，因而可实现在线辊缝调整；

2）配备了钢管头尾削尖功能，以改善钢管头尾的壁厚偏差。

5. 鞍钢无缝钢管厂 ϕ159mm 限动芯棒连轧管机组（5 机架，水平垂直布置）

2002 年鞍钢集团无缝钢管厂通过对灵山 ϕ140mm 轧管机组的技术改造，建成一套 ϕ159mm 限动芯棒连轧管机组。该连轧机组由德国引进，产品直径为 ϕ73~177.8mm，壁厚 4.5~16mm，设计产量为 20 万吨/年。

主要特点和创新点：

（1）除连轧管主机与限动装置由国外供货，其余设备分别由国外提供基本数据、或基本设计、或详细设计，由国内制造。

（2）穿孔机通过利旧，改造为导板锥形辊卧式穿孔机，辗轧角为 3.3°，完全由国内设计制造。

（3）在定径机前设置了电感应再加热装置。

6. 天津钢管公司 ϕ168mm 三辊限动芯棒连轧管机组（5 机架+1 架空减机）

2003 年建成投产，是世界上第一套三辊连轧管机组（PQF），产品直径为 ϕ32~168.3mm，壁厚 3.5~22mm，主要产品：钻杆、油套管、高压锅炉管等，在设计上还考虑了可轧制高合金、不锈钢管等难变形金属。

（1）该机组的优势：

1）壁厚精度更高。三辊布置使芯棒在孔型中的对中性更好，轧制过程更加平稳，金属变形更加均匀，壁厚偏差达到±5%~6%；

2）钢管表面质量更好。孔型槽底与辊肩各点线速度差减小、金属不均匀流动减小、横向变形减小，减缓了因轧辊侧壁结瘤而在金属表面上留下的压痕缺陷，使钢管表面更加光洁；

3）可轧制高合金、不锈钢等变形难度更大的金属。采用三辊轧制工艺和机架采用圆形结构设计，使机架的刚性高，受力均匀，单辊受力减小；

4）轧制缺陷减少。因不均匀变形减小、金属的纵向拉应力降低，拉裂、拉凹等缺陷大幅度减少；

5）金属收得率高。轧制缺陷减少，尾部不规则部分切除减少近 40%；

6）可轧制更薄的钢管。径壁比 D/S 达 50；

7）工具消耗显著降低。无论是轧辊的尺寸，还是轧辊的磨损，都呈较大幅度下降。

（2）主要工艺技术装备和智能化方面的创新：

1）牌坊的结构设计使其刚性高、稳定性好。牌坊采用全新的整体圆筒形框架结构设计，5 个机架加空减机架的牌坊全部用大型螺杆连接为一体，牌坊结构紧凑，长度方向缩短。其刚性更高，稳定性更好，同时便于运输及安装，见图 6-42 所示；

2）采用轴向换辊方式。有利于保持轧机中心线的稳定和对中性，可减少厂房跨距，但不利于单机架换辊和事故处理；

3）轧辊的液压平衡采用独特的摆臂式结构设计，见图 6-43 所示；

4）连轧机采用了液压小舱控制系统（HCCS），可实现动态辊缝调整；

5）采用了芯棒前行循环工艺。该工艺是指当轧制结束时，芯棒不返回而继续前行的循环工艺以及相关的配套技术，省去了芯棒返回时间，使每根管的轧制周期缩短4~5s，可提高机组的产能20%以上；

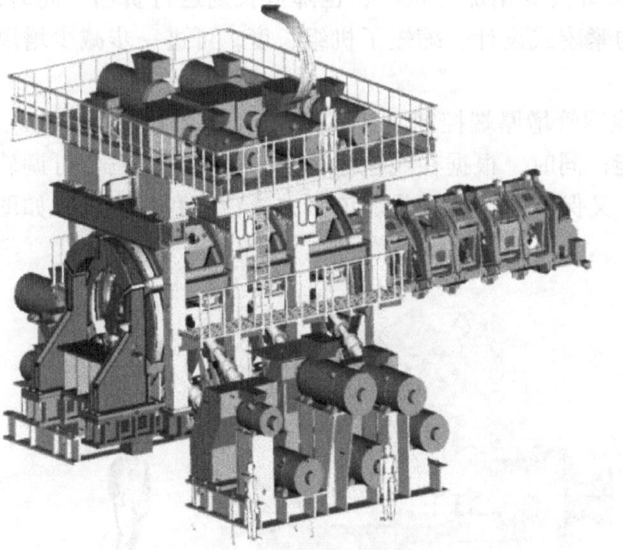

图6-42　稳定的牌坊结构

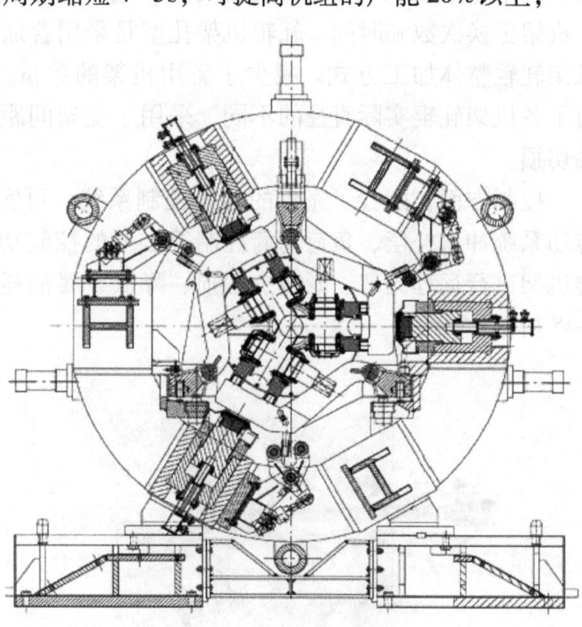

图6-43　摆臂式结构设计

6）采用了多项工艺控制（智能）技术如CARTA技术：是将生产计划、生产过程控制和质量保证三者有机结合起来，以保证优质、高效、低消耗地生产钢管；液压小舱控制系统（HCCS）：可控制连轧机的液压压下动作，实现辊缝调节。包括实现温度补偿、咬入冲击补偿、锥形芯棒伺服和头尾削薄等功能；QAS系统：通过对物料的跟踪、检/监测，对数据进行收集、分析和存储并将分析的结果及时反馈给生产控制系统，以实施对物料的控制，保证钢管的质量；MTS系统：向QAS、CARTA（包括PSS）系统传递订单信息，收集这些系统的检测数据并归档保存：从管坯称重开始到冷床结束，跟踪物料通过不同工序时的流水号和各种工艺调整数据。

7. 衡阳华菱钢管 ϕ340mm 连轧管机组、攀成钢 ϕ340mm 连轧管机组

该两机组均为2005年建成投产，设计规模为年产热轧无缝钢管50万吨。机组采用带导盘锥形辊穿孔，带空减机架（VRS）的5机架限动芯棒连轧机，12机架微张力定（减）径，主要设备从德国SMS Meer公司引进。

创新点：两套机组均采用了穿孔机工艺辅助设计系统（CARTA-CPM）、连轧工艺监控系统（PSS）、连轧辊缝控制系统（HCCS）、微张力定（减）径机工艺辅助设计系统（CARTA-SM）、物料跟踪系统（MTS）和在线检测质量保证系统（QAS）等工艺控制技术。

8. 攀成钢 ϕ159mm 三辊连轧管机组（5机架+1架空减机）

2007年建成投产，产品直径为 ϕ48.3~177.8mm，壁厚3.5~25mm；主要产品：钻杆、油套管、高压锅炉管等。

特点及创新点：

（1）采用了锥形辊导盘式穿孔机，增加了后台机内定心装置和前台管坯热定心装置。

（2）采用了意大利达涅利公司开发的三辊限动芯棒连轧管机FQM（Fine Quality Mill），其机架结构设计简捷，轧辊的液压平衡简单、直接，有利于辊缝调节，轧辊机架的拆装和校准更方便。结构如图6-44。

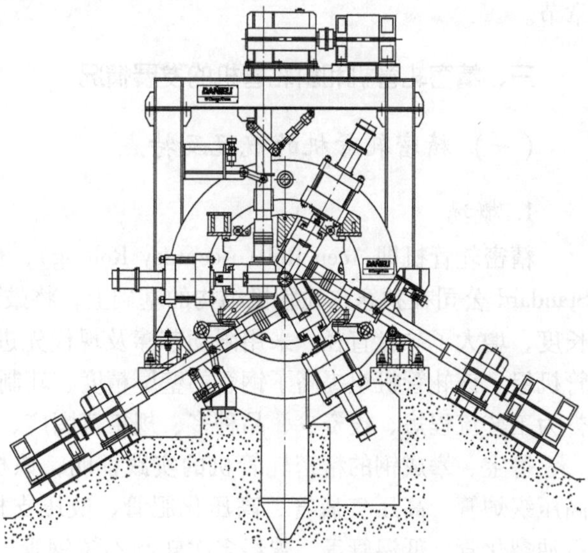

图6-44　机架结构设计

（3）配置了KOCKS公司的24机架三辊式张力减

径机。采用单独轧辊传动，交流变频调速，后三个机架（K1、K2 和 K3）轧辊可调，便于张力控制，减小机架更换次数和时间。轧辊机架孔型是采用普通数控车床对单个辊环进行单独加工，不是采用传统的机架轧辊整体加工方式。减少了备用机架的数量，又省去专用加工机床，也降低长期运行费用。同时，由于各机架轧辊实际直径的不同，采用了变架间距的紧凑式设计，缩短了机组长度，可进一步减少增厚端切损。

控制方面，配置了完善的自动控制系统。可实现钢管增厚端控制（HEC）、自动壁厚控制（AWC）、传动系统冲击补偿、负荷均衡控制等必要的控制功能；同时，根据在线检测信息，可实时对三个可调轧辊机架进行远程调节。既减少切损、降低金属消耗，又保证了产品质量。该张力减径机和轧辊机架如图 6-45 所示。

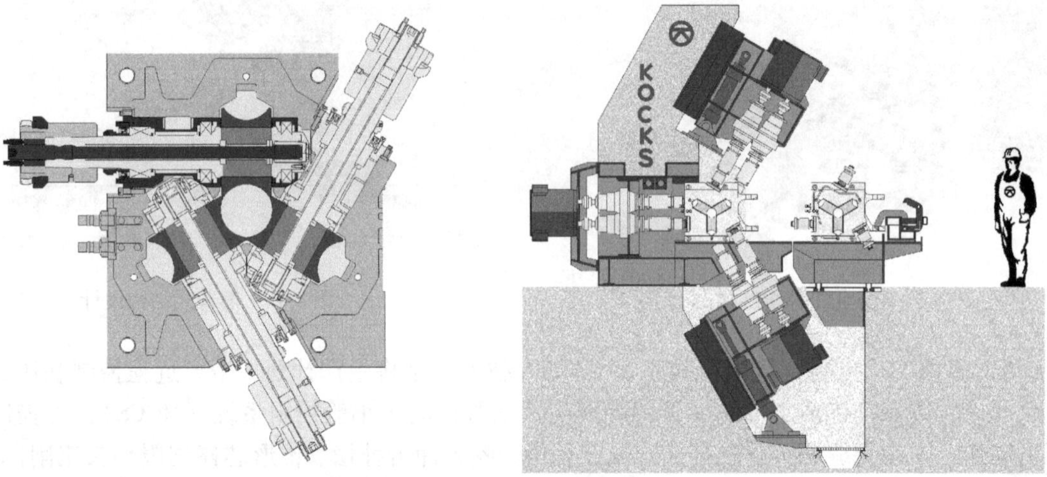

图 6-45　三辊式张力减径机和轧辊机架

（三）连轧管机组国产化的发展

经过 30 余年的消化、吸收、再创新，国产连轧管机已基本达到国际先进水平。太原重工继与国外联合设计宝钢 ϕ140 机组和天津 ϕ250 机组后，又陆续制造了多套 ϕ159mm、ϕ180mm 三辊连轧机组。太原通泽重工继 2006 年建设了 ϕ250mm 五机架限动芯棒连轧机后，又陆续制造了 ϕ114mm 二辊连轧机组和 ϕ159mm、ϕ273mm、ϕ356mm 等多个规格三辊连轧机组；中冶赛迪分别于 2012 年、2017 年自主集成建设了 ϕ76mm 四机架、ϕ89mm 六机架三辊连轧机组和正在建设的 ϕ159mm 三辊连轧管机组。以上机组的设备的控制精度逐步提高，代表了我国轧管设备制造和工艺水平。国产的连轧管机组的建设推动了中国钢管工业的高速发展。截至 2018 年，国内共有连轧管机组 46 套（含在建机组），国产机组 24 套。见前述章节。

三、精密轧管机和斜轧管机的发展情况

（一）精密轧管机的概况及特点

1. 概况

精密轧管机即 Accu Roll（Accuracy Rolling），也有简称 AR 轧管机，是 20 世纪 80 年代由美国 Aetna Standard 公司在狄塞尔轧管机结构的基础上，将鼓形轧辊改成锥形轧辊，增大了轧辊辗轧角，加长了辊身长度，增大了导盘直径，采用限动芯棒及现代先进的电子技术和独特的孔型设计发展起来的一种新型轧管机组。该轧管机组提高了钢管的壁厚精度、轧制速度和生产能力，可以轧制 $D/t=40$ 以下的薄壁管。被誉为工艺流程短、投资少、品种多、规格范围广、钢种适应强、操作灵活的品种轧机。

鲁宝、攀成钢的精密轧管机的实践证明，该机型可生产的品种范围较广，可轧制油井管、管线管、高压锅炉管、高压气瓶管、高压化肥管、液压支柱管、气缸套管、中厚壁机械加工用管、流体输送管、石油裂化管、低温管等，曾经多次轧制不锈钢管，以满足各行各业建设对无缝钢管品种的需求，是轧制品种、钢种最为齐全的轧管机。

20世纪以来，精密轧管机以其轧制工序短、设备投资少（国内可以整条线制造）、更换规格容易、品种适应的范围宽，以及适合于小批量、多品种等生产优势在中国已成为中小型钢管企业技术改造和新建机组的首选机型。

2. 精密轧管机的工艺特点

（1）采用限动芯棒可使产品规格范围扩大，钢管长度增加；限动速度的控制，可使芯棒工作段磨损均匀，寿命提高，芯棒长度缩短。

（2）采用大辗轧角（一般为10°~15°）和锥形辊，辊面的圆周速度和沿轧制线方向的轧辊纵向分速度，从入口到出口呈单调增大，有利于提高轧制速度和促进金属的纵向延伸。避免了鼓形辊斜轧时产生的荒管双向扭转，以及减缓了附加变形。

（3）导盘可作三向调整。沿轧线上下调整，可改变喉距和椭圆度；沿轧线左右调整，可根据轧制规格来改变导盘与轧辊间的缝隙；沿轧制线前后调整，可改变导盘对荒管纵向的支撑位置。

（4）辊身采用较长的均壁精轧段，重轧系数提高到2以上，有利于提高荒管的壁厚精度，减轻穿孔毛管的内螺旋道，可获得壁厚偏差±5%~6%的荒管。

（5）通过辊型设计和参数调整，轧机可实现扩径、等径、减径轧制。

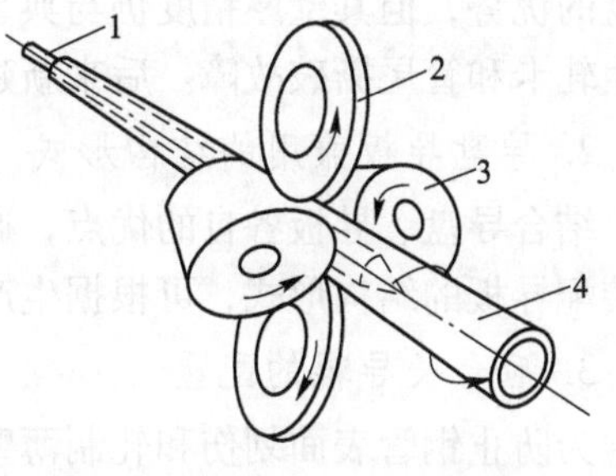

图6-46　精密轧管机结构示意

1—芯棒；2—导盘；3—锥形轧辊；4—毛管

（二）精密轧管机（AR）的发展情况

我国的第一台精密轧管机是由中美联合设计、制造，于1990年在原烟台钢管厂（现鲁宝钢管）建成投产。后来，成都无缝钢管厂、上海钢管厂、北满特殊钢公司先后通过华美公司（AS技术）各新建了一套AR轧管机组。1989年鞍钢无缝钢管厂在总结老狄塞尔轧管机的生产、设备使用及维护经验的基础上，结合烟台钢管的经验重新设计制造了一台ϕ100mm新型狄塞尔轧管机，更名为“圆盘轧管机”并推广应用到合肥、青州和磐石等无缝钢管厂，设备性能基本达到了AR水平。

2003年以前国内有7台精密轧管机在正常运转（北满特殊钢公司由于各种原因试产后停产至今）。各AR机组主要性能和参数见表6-15。

表6-15　国内AR(AG)机组主要性能和参数

设备性能	AR（AC）机组所在地							
	成都	烟台	上海	北满	鞍钢	合肥	青州	磐石
机组型号	177AR	114AR	114AR	114AR	114AC	90AC	114AC	114AC
轧辊辊径/mm	1126	812	710	720	800	580	680	700
辗轧角/(°)	5~12	5~12	6~10	6~10	8	8	8	8
喂入角/(°)	10~15	5	4~8	4~8	5	5	5	5
主传动功率/kW	1306×4 (DC)	1500×2 (DC)	1000×2 (DC)	1000×2 (DC)	980×2 (DC)	710×2 (AC)	1120×2 (AC)	800×2 (DC)
导盘直径/mm	2540	1750	1750	1730	1350		1500	1500
芯棒方式	线外穿棒	在线穿棒	线外穿棒	线外穿棒	在线穿棒	在线穿棒	在线穿棒	在线穿棒
设备重量/t		475	546					

原烟台钢管总厂ϕ114mm精密轧管机组投产后不久，该厂利用其扩径特点，将生产规格由原设计的ϕ76~114mm扩大至ϕ159mm。为适应市场需求，1997年通过前后配套的局部改造，将规格扩大到了ϕ219mm，后来又扩大到ϕ325mm，生产能力由原设计的年产7.1万吨增至年产近30万吨，是目前国内精密轧管机组中运转最好的1套机组。

2003年以后，我国钢管行业新建机组呈爆发式增长，尤其是精密轧管机组和斜轧管机组，由于该类型机组轧制工序短（与自动轧管机相比不需要均整机，也不设再加热炉）、占地面积小、设备投资少（与连轧管机组相比，国内完全可以整条线制造和集成）、更换规格便捷、品种适应的范围宽、适合于小批量、多品种等生产优势，在当时的中国已成为中小型钢管企业技术改造和新建机组的首选机型。从2003年到2012年底新建的精密轧管机组和斜轧管机组多达58套，机组的分布主要集中在华东地区（40套），东北、华北、华中地区各有数套。见第一节。

（三）工艺技术装备的发展与创新

1. 导板式精密轧管机组—斜轧管机组

2003年以来，随着新建的精密轧管机组的发展，一种简化式的精密轧管机应运而生，即配置导板的精密轧管机组（除导板替代导盘外，其他的特征均与精密轧管机相同）。国内一些中小企业在建设中小型轧管机时，考虑到投资和运行成本，而选择了导板式精密轧管机组。该种形式的精密机组，虽然缺少了导盘的优势，但其壁厚精度仍与典型的精密轧管机组相当，另外，由于孔型封闭性好，轧制薄壁时不易产生轧卡和管尾撕破故障。后来新建的中小型机组，很大部分选择了导板式精密轧管机。

2. 导盘导板兼用的结构形式

结合导盘、导板各自的优点，通钢磐石 ϕ108mm 精密轧管机组，在设计上采用既可以装配导盘也可以装配导板的结构形式，可根据生产的产品规格或采用导盘或采用导板，有利于轧制的优化和顺行。

3. 后台长导辊的配置

为防止钢管表面划伤和轧制薄壁管时出现的管壁扭曲现象，达力普 ϕ219 精密轧管机组，在轧机出口侧装有导向装置，改善了输出钢管的表面质量和管壁的质量。

4. 均整机的设置

鲁宝 ϕ273mm 精密轧管机组、新冶特钢 ϕ325mm 精密轧管机组，为了改善钢管内表面质量（改善内螺旋）和扩大钢管的外径，在精密轧管机后设置了锥形辊均整机，使钢管的内表面质量得到明显地改善，同时外径也得到了扩展，如新冶特钢 ϕ325mm 机组外径扩展到 ϕ426mm。

（四）存在的问题

目前，各精密轧管机组和斜轧管机组的运转水平各有千秋，反映出的最大特点是壁厚精度好，可生产较薄壁钢管。另外，利用轧管机扩径的特点。可采用小坯轧大管，品种范围较宽等。但仍存在如下一些共性问题。

（1）轧管机延伸系数低。按AS公司原设计，最大减壁量达7mm，减径量18mm，最大延伸系数可达3。但目前正常生产最大减壁量一般为4~6mm（依据机组的规格）；减径轧制很难实现，尤其是薄壁管（一般采用等径或扩径轧制）；正常生产延伸系数一般在1.5~2以内，造成了钢管变形量大部分由穿孔机承担。

（2）轧制 *D/S* 达到30~35薄壁管难度大。由于该机型的孔型是由导盘与轧辊构成，其封闭性差，当轧制薄壁管时金属横向流动大，易挤入孔型间隙造成轧卡或管尾撕破等工艺事故。

（3）钢管存在内螺旋道。由于AR轧机的斜轧方式和孔型变形特点，其轧制的钢管内表面必然会留下螺旋压痕（尽管内螺旋手感不明显）。

（4）导盘和芯棒的消耗较大。尤其是轧制 *D/S* 大于35的钢管时，一个班可能要用两副导盘；芯棒目前采用在线插棒方式的，1根芯棒一般轧2000~3000支管就报废（采用线外插棒，芯棒冷却条件好，则可进行重车）。

四、三辊斜轧管机发展情况

（一）三辊斜轧管机组的概况

三辊斜轧管机是1932年美国蒂姆肯（Timken）滚动轴承公司的 Walter J. Assel 发明的，但直到20世纪50年代才得以推广。Assel发明三辊轧管机的目的是想用其代替自动轧管机与均整机，主要用来生产高精度的轴承管等厚壁钢管。由于这种斜轧管机采用了三个轧辊，因此一般也称之为三辊轧管机组，而欧美各国则习惯称之为阿塞尔轧管机（Assel Mill）。

三辊轧管机是一种独特的斜轧管机组，它是将来自穿孔机的毛管在轧辊的作用下，旋转前进并通过由3个轧辊和芯棒构成的“环状半封闭”孔型，实现减径、减壁、延伸的一种轧管方法。

（二）我国三辊斜轧管机的发展历程

我国从1985年开始该机组的引进，洪都钢管厂是第一个建设该机组的工厂。引进的是改进型的全浮动三辊轧管机，产品规格范围从ϕ63~80mm。

所谓的改进型三辊轧管机。其结构上的区别在轧管机入口端的辊颈轴承装在活动牌坊上，活动牌坊与一液压缸相连。启动液压缸可按要求快速改变轧辊的喂入角。因为轧制薄壁管的主要问题在毛管的尾端，改进型三辊轧管机的解决办法是在毛管尾端产生一小段壁厚较厚的毛管，以便给相邻的薄壁管以足够的支撑。这种解决办法是这样实现的。开始时，轧机的喂入角调整得较小，当毛管前端通过轧辊后，迅速将喂入角调大，然后，当轧至毛管后端时，又重新快速将喂入角调小。由于轧辊轴安装的几何关系，减小轧机喂入角不仅改变喂入效率，而且可打开辊喉，所以就产生一小段厚壁管。

传统的Assel轧管机采用1个电机传动，通过齿轮箱带动3个轧辊。虽然轧辊的速度相同，但由于轧辊上的负荷分配不均。导致轧制时荒管壁厚不均和后端不圆。由于尾三角的原因，只能生产*D/S*不大于12的钢管。

Assel轧管机组经过近一个世纪的发展之后，轧制钢管的直径不断加大。这使得芯棒变得越来越重。由此而产生的问题是，笨重的芯棒重达数吨，给芯棒的操作和运输带来了很大困难，并且直接影响到轧制钢管的质量。芯棒的重量在某种程度上制约了大直径钢管的生产。经过一段时间的摸索之后。当今限动芯棒Assel轧管机组可以满足大直径钢管的生产。限动芯棒Assel轧管机的技术特点是在轧制过程中控制芯棒的前进速度，使荒管的前进速度大于芯棒的前进速度，芯棒的前进距离远远小于荒管的前进距离。根据限动芯棒的上述轧制特点，便可根据生产需要确定芯棒的轧制长度，并通过减少轧制长度的方法来缩短芯棒的长度，从而减轻芯棒的重量。对Assel轧管机的实验研究分析表明，浮动芯棒轧制与限动芯棒轧制之间有很大差别，相比之下限动芯棒轧制具有更多优点：首先，取消了荒管与芯棒之间的脱棒系统，不仅减少了设备的投入，还由于芯棒不参与运输而使得轧制大直径的钢管成为可能；其次，可减小附加应力，增大减径量，保证了轧制的质量。

现在大直径Assel轧管机组上采用单独直接传动。这一结构的优点是，可以腾出更多的空间来布置出口台，以生产大直径的钢管；可以用改变每个轧辊速度的方法来补偿由于负荷分配不均而引起的轧制速度的差异，并能补偿轧辊外径不完全相等的差异。轧辊采用单独传动，并且为轴向出料直接进入定径机，中间不设置再加热炉，这些都是当今Assel轧管机组的独特之处。

（三）三辊轧管机尾三角形成的原因及解决方法

尾三角形成的根本原因在于三辊斜轧所固有的扩径倾向。当钢管轧制到尾部时，由于在轧辊入口侧没有足够的变形材料，毛管的纵向拉应力降低，使得尾部毛管的切向变形的倾向增大，增大了的切向变形导致纵向变形愈来愈少。如果轧辊和芯棒之间切向出口速度大于后面轧辊的咬入速度必将在轧辊之间出现材料堵塞，形成尾三角，引起纵向送进的停止。为了解决尾三角问题人们着重从管尾的预减径预减壁开始，直到后来的轧辊快开技术的应用。解决尾三角的工艺发展过程经历了以下过程。

1. NEL无尾损失

在早期，抑制尾三角的方法并不是轧辊快开技术，轧辊快开技术只是后期的产物。NEL无尾损失是早期的典型的代表，这种装置是由装在轧机入口侧的3~4个辊子组成，他主要是对尾部钢管进行预减径和减壁（减径和减壁与荒管的*D/S*比有关）这样可以消除或减少尾部扩径引起的动力，从而实现抑制尾三角的目的。

这种方式的主要弊端是调整困难，对每一种规格都要根据经验进行NEL辊子的压下量调整。在工作过程中不能考虑到轧件的轴向运行速度，使得毛管的轴向速度加大之后预减作用不明显，从而导致他的使用性差。曾对NEL进行过大量轧制试验，结果表明：

（1）轧制中等壁厚的荒管时，若荒管外径小于毛管外径5mm时，NEL是可行的，荒管尾部凸起部分不必切除就可进行定减径；NEL的适用范围为*D/S*不大于21和S不小于5.5mm，低于上述范围应用“快打开”。由此看来，尾部损失减小到50mm以内是可能的；

（2）轧制薄壁管时，因NEL的轧辊是被动的，它在轧制时与主机轧制形成扭转力矩，使从NEL轧出的壁厚过薄部分出现扭曲，造成延伸后尾部不规整，通过性差。现有 NEL 装置的轧辊支撑连杆刚度较小，孔喉尺寸弹跳大，影响其作用的正常发挥。因此，NEL 的使用没有得到推广。

2. 调整送进角消除尾三角

从三辊变形机理进行分析以及大量的生产数据表明，减小轧辊的送进角度会明显的减小尾三角的长度直至不影响钢管的正常轧制。20 世纪 80 年代的特朗斯瓦尔轧机正是从这个角度出发，采用旋转牌坊变动送进角的方式抑制尾三角的出现，见图 6-47，但是随着送进角的减小必将导致轧制效率的降低和荒管纵向壁厚的不均，最终的切尾量也是居高不下。另外这种方式还要设定速度函数和钢管长度函数，合理控制比较困难。

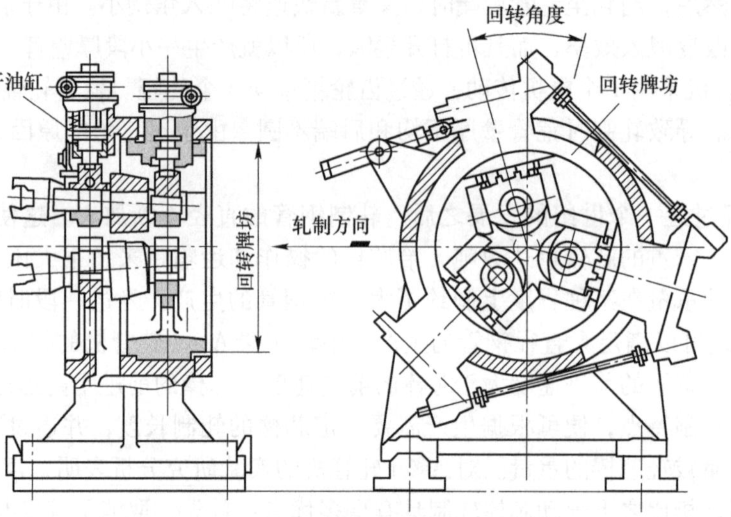

图 6-47　旋转机架示意图

3. 轧辊快开技术

20 世纪 90 年代引进 ϕ170mm 机组之后，解决尾三角问题的真正意义上的轧辊快开技术才在我国得以应用。它的基本原理是钢管轧制到尾部时轧辊提前打开，喉径放大，将钢管的减径量减小，在机构上它通过一个套在轧辊平衡缸中的柱塞式油缸来实现快开功能。见图 6-48。柱塞式油缸与强大压力的平衡缸配合使用，无疑会提高该快开机构的反应速度。经过多次现场测试，这种快开方式反应灵敏，快开时间能够保持在 0.1s 之内，基本能满足轧制薄壁管的速度要求。快开之后的管尾经张力减径、矫直工序的轧制，切尾量较小，能够控制在 100mm 之内，有效提高了金属的收得率。由于其在轧辊的入口出口分别设置快开油缸使得该快开机构在工作过程中对碾轧角没有影响，控制比较简单，但是由于其所在的轧机换辊以及轧辊送进角调整比较麻烦，最终导致新型三辊轧管机的出现，即机架在线打开换辊式三辊轧管机。随之而来的是快开结构形式的变化。它的快开机构如图 6-48 所示。

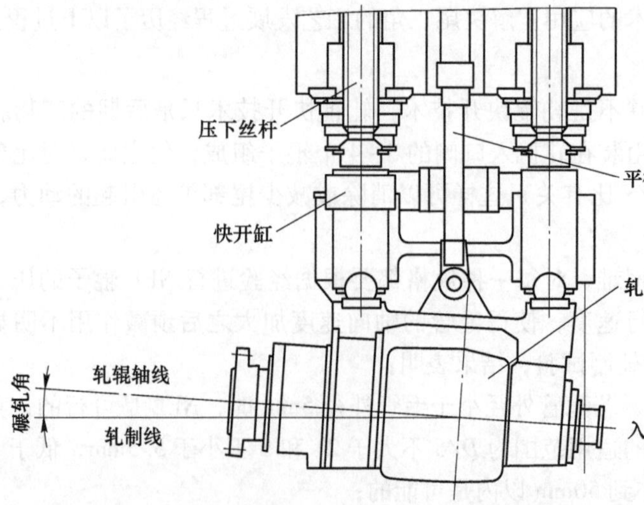

图 6-48　三辊轧管机的快开机构

4. 新型的轧辊快开装置

新型液压差动式轧辊快开技术的出现，在一定程度上提高了快开动作的实施时间，补偿了因快开之后碾轧角增大带来的缺陷。它的基本机械结构是在3个柱塞缸上实施液压差动技术，提高缸径的动作速度以达到减少快开时间。目前这种机构已经在某钢管厂的Assel轧管机上得到应用，效果非常良好。

（四）芯棒运行方式

目前采用的有三种芯棒操作方式。早期的三辊轧管机均采用全浮芯棒，即使在今天，仍有一部分机组采用全浮芯棒操作。但是，全浮芯棒操作方式有如下缺点：

（1）轧制特厚壁管时不易脱棒；

（2）对各种尺寸的毛管均需要配置再加热炉；

（3）轧制薄壁管时易产生的金属扭曲和表面缺陷。由于存在上述问题导致限动芯棒和回退芯棒操作方式的开发。

以下是三种不同芯棒操作方式的简述。

1. 全浮芯棒

采用全浮芯棒操作方式时，荒管被拨入到荒管推入机前的入口台，落到和轧机中心线一致的U形槽里。气动压管器压在荒管上，将其夹紧，芯棒推入机将芯棒穿入荒管内。一旦芯棒完全穿入，压管器就松开，于是，荒管连同芯棒一并向轧辊方向送去。如果荒管不易喂入轧机，就用荒管推入机在后面推下，以帮助荒管喂入。当荒管开始轧制时，荒管推入机和芯棒推入机便返回到初始位置。但是，当采用小直径芯棒轧管时，荒管推入机可保留在前位，充当导卫，防止芯棒抖动。荒管延伸后，荒管和芯棒一起通过轧机向前移动轧制终了时，后台辊子升起，将毛管及芯棒送到输出辊道。然后，从输出辊送到脱棒机，将芯棒从毛管中脱出。脱棒后，芯棒先冷却，再送到轧管机前台，以备再用。荒管则由辊道送走，进行下一步加工。采用全浮棒操作方式时，轧机生产率最高，因此，下一根芯棒的前端实际上可以跟在正在轧制的前一根荒管的芯棒的后面。这是可能的，因为在前一根荒管轧完以前，后一根荒管可以放在前台上、并穿好芯棒。

2. 回退芯棒

回退芯棒操作方式和浮动芯棒一样使用同一荒管推入机与芯棒推入机，但是芯棒推入机上加了一套装置，可将芯棒的后端固定在芯棒推入机上并使芯棒回转。荒管在前台的初始位置和夹紧与全浮芯棒操作方式一样。然而，在插入芯棒时，不仅芯棒头部穿过荒管，而且芯棒要穿过轧机，伸出轧辊台肩约3.5m。当芯棒到达此位置后，芯棒开始回转，直到荒管接触轧辊后一段时间才停止。当芯棒推入机到达行程终点时，压管器松开，荒管推入机启动前进。于是，荒管喂入轧机。轧制开始后，芯棒开始回退。其回退速度与荒管的行程长度及前进速度有关，以便在轧制过程结束，当毛管离开轧辊时，芯棒正好从荒管中抽出。见图6-49。然后，毛管从轧机运走，进行下步加工，而芯棒高速返回其初始位置以备穿入下一根毛管。

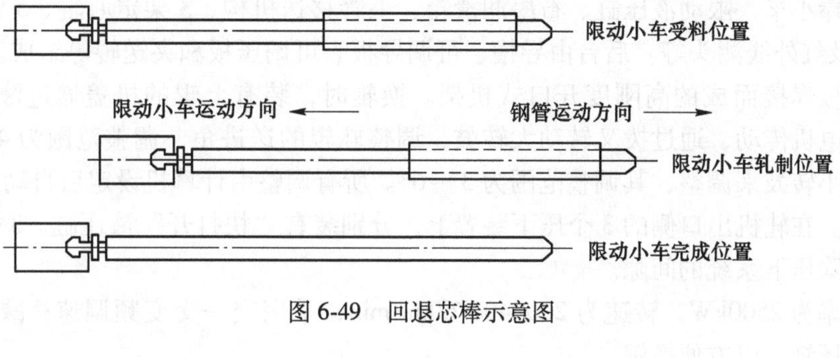

图6-49　回退芯棒示意图

3. 限动芯棒

限动芯棒操作法是全浮芯棒和回退芯棒操作法的折中方法。采用这种方法时，芯棒的尾端固定在芯棒推入机上，并可回转。这和回退芯棒操作方式一样，不同的是，钢管轧制时芯棒向前移动。在轧制结束时，芯棒从毛管上脱出。当荒管在前台被夹紧时，穿入芯棒，直到芯棒前端伸出轧辊台肩约0.3m左右为止。插入芯棒时，芯棒开始回转，直到荒管接触轧辊后一段时间才停止。芯棒到位后，压管器松开，荒管推入机将荒管推向轧辊，直到轧制过程开始为止。轧制过程中，芯捧以低于毛管轴向输出速度的速度和轧件一起前进。轧制周期结束时，毛管从芯棒上脱出，然后，芯棒高速返回其初始位置。

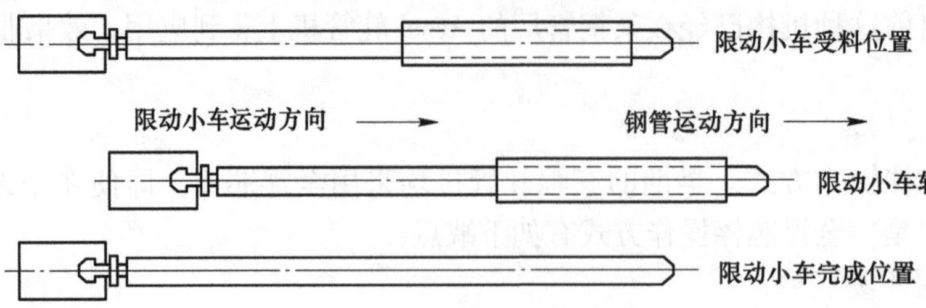

图 6-50 限动芯棒示意图

三种芯棒操作方式的比较。在采用回退芯棒与限动芯棒操作方式的工厂，只有生产 D/t 小于 7.5 的钢管时才采用回退芯棒操作方式，而当生产 D/t 大于 7.5 的钢管时采用限动芯棒操作方式。显然，采用回退和限动芯棒操作方式时，轧机产量比采用全浮芯棒时低，因为，下一根荒管拨入到前台之前，在用的芯棒必须返回其初始位置。同时，芯棒的冷却不充分，芯棒寿命不长。

五、国内典型三辊斜轧管机组的特点

（一）湖北新冶钢的 ϕ170mm 机组

该 ϕ170mm 机组主体设备从德国梅尔引进的，1993 年试车投产。设计年产各类高精度中厚壁热轧及冷轧钢管 10 万吨（后工序配有冷加工线）。产品规格范围：外径 ϕ60~219mm，壁厚 5~50mm，主要品种有：轴承管、碳合结机械加工管、汽车用管、石油用管、锅炉管。其锥形辊穿孔机和新型三辊轧管机都代表了 20 世纪 90 年代国际先进水平。主要创新点为：

（1）新型三辊轧管机带有液压快开装置和无尾损失装置；

（2）芯棒采用半浮动和限动操作方式，使轧制的荒管径壁比得到提高，$D/S=28$ 或更大的薄壁钢管。

芯棒使用方式为：当 D/S 不大于 6 时，采用限动方式；当 D/S 小于 6 时，用全浮方式。

（二）天津市无缝钢管厂 ϕ140mm 机组

引进的德国 MEER 公司新型阿塞尔轧管机组，于 1995 年 4 月一次试车成功，所轧钢管规格范围：外径 ϕ73~141mm，壁厚 4~10mm，主要品种有：低中压锅炉管、高压锅炉管、油井管管体、芯棒用管（自用，壁厚 20mm）等。

轧辊直径 380~450mm，芯棒直径 60~150mm。芯棒为内水冷式，有限动和回退两种轧制方式该机可轧荒管的最大长度为 14m。

设备组成及特点：新型阿塞尔轧管机由以下部分构成前台、后台、主机架、主传动系统、PLC 控制系统。前台包括芯棒小车、限动液压缸、石墨润滑箱、毛管移送机构、3 架定心辊、5 个支撑辊（含一夹送辊）、NEL 装置及红外线测头等。后台由导槽、可调导板、可调压板和夹送辊等组成。

主机架为由钢板焊接而成的高刚度开口式机架。换辊时，装有上辊的机盖通过液压缸向一侧打开。每个轧辊由单独的电机传动，通过拨叉转动大转鼓，调整轧辊的送进角，调整范围为 4°~12°。辗轧角由两个压下螺丝转动小转鼓来调整，其调整范围为 3°~6°。所有调整由计算机设定后自动调整，调整到位后数据在屏幕上显示。在轧机出口侧的 3 个压下装置上，分别装有“快打开”液压缸。3 个轧辊有单独的平衡液压缸，用以消除压下系统的间隙。

主传动电机功率为 2500kW，转速为 200/400/600r/min，采用交一交变频调速；减速机速比为 1.65；万向接轴带有内液压缸，以方便换辊。

（三）天津钢管集团股份有限公司 ϕ219mm 机组

ϕ219mm Assel 轧管机组，引进了德国梅尔公司轧制工艺技术。于 2005 年 3 月 18 热负荷试车一次贯通，实现了当年投产当年达产。

主要创新点：

（1）ϕ219mm 阿塞尔轧管机采用限动阶梯芯棒轧制方式和快关方法，以解决荒管头部喇叭口和荒管尾部三角形问题。快压/快开方法，分别在管端头部和尾部使用。

（2）在轧管机后台，采用了如图 5 所示的长导向辊。长导向辊以近似荒管的螺旋转数旋转直至轧制结束。长导向辊下方装有交错布置的 18 个支撑辊，这种输送方式可防止轧制过程中荒管表面扭曲和划伤，在上压辊的作用下，还可减小荒管的摆动量。

（3）轧管机 3 个轧辊分别由 3 台电机通过减速机、万向接轴单独传动。

（4）穿孔机的毛管与轧管机荒管的旋转方向相同，避免了二次斜轧过程中荒管因产生反向扭转而出现的分层和表面微裂缺陷。

（四）湖北新冶钢的 ϕ460mm 三辊斜轧管（ASSEL）机组

参见本章第一节（七）湖北新冶钢 ϕ460mm 三辊斜轧管（ASSEL）机组。

（五）聊城中钢联 ϕ325mm Assel 机组的创新点

该机组结合了国内外同类型机组的使用情况，在工艺方面进行了多项创新。

1. 工艺路线的创新

在 Assel 机组的传统生产工艺中，若轧管机出现故障，会导致毛管产生甩废；当轧管机进行换辊或检修时，机组会被迫停产，严重降低了生产效率。

鉴于传统工艺路线的不足，将传统的穿孔—轧管工艺路线设计成一套机组可实现两条工艺路线：

（1）穿孔—定（减）径，即管坯切断—加热—穿孔—定（减）径—冷却—矫直；

（2）穿孔—轧管，管坯切断—加热—穿孔—轧管—定（减）径—冷却—矫直。

通过增加穿孔机后台输送辊道、定（减）径机前台横移链床和轧管机前台毛管横移装置，实现了根据不同工艺要求选择不同工艺路线。

2. 穿棒方式的创新

通过对连轧管机组的芯棒预穿、循环技术进行研究和借鉴，设计开发了 Assel 机组芯棒预穿和限动小循环技术。图 6-51 充分利用轧管机前台空间，芯棒在轧管机前台循环，并设计预穿线；在毛管移送至轧管机前台后，利用前一支毛管的轧制时间，对其进行预先穿棒；待前一支毛管轧制完成后，直接由毛管平移装置平移进行轧制。

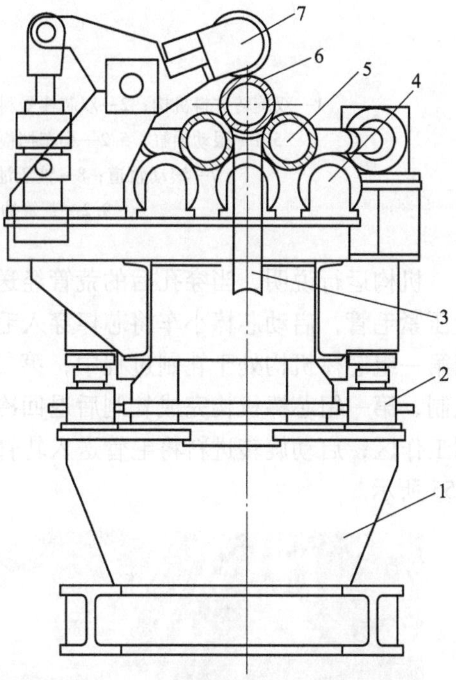

图 6-51　Assel 轧管机后台设备结构

1—底座；2—螺旋升降机；3—升降辊；4—托辊；5—长导辊；6—荒管；7—压辊

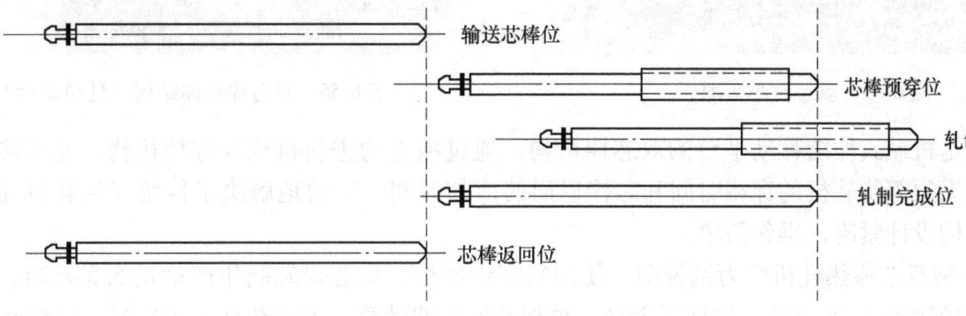

图 6-52　Assel 机组芯棒预穿位布置示意

3. 轧制方式的创新

为了解决薄壁、厚壁钢管生产时的质量差异问题，聊城中联钢通过对电气控制系统、限动油缸进行改造，实现了（1）回退轧制，（2）限动轧制的这两种轧制方式。

（六）河南长葛一鸣机械双芯棒三辊斜轧管（ASSEL）机组

河南长葛一鸣机械有限公司发明了一种新型的双芯棒机构，即一根芯棒在轧制中，另一根芯棒预穿毛管。缩短芯棒的运行时间，就可以缩短机组的轧制时间。

双芯棒机构是由两组单芯棒机构组合安装在同一个移动平台上的新型机构见图 6-53。

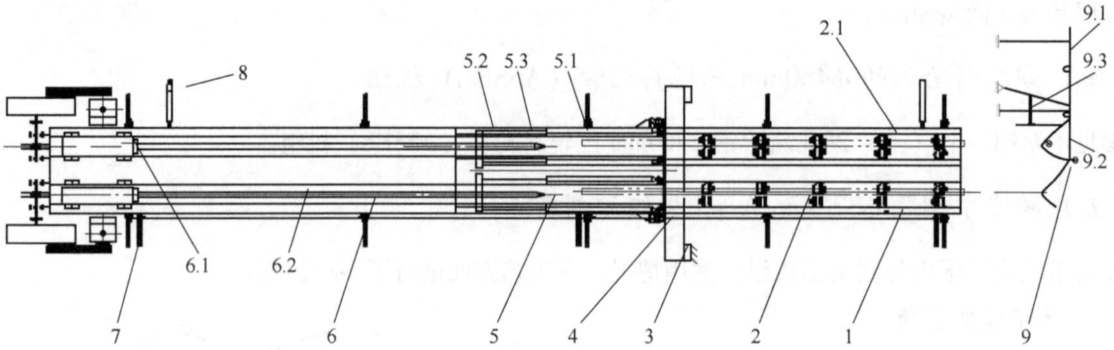

图 6-53　双芯棒结构图

1—双旋转进料机构；2—双芯棒受料槽；2. 1—旋转辊；3—限动横梁；4—限动滚轮；5—液压限动机构；5. 1—限动油缸；5. 2—小车挡板；5. 3—限动轨道；6—小车轨道；6. 1—限动小车；6. 2—芯棒；7—滚动轨道；8—液压油缸；9—双旋转进料装置；9. 1—荒管伸缩轨道（定轨）；9. 2—荒管伸缩轨道（动轨）；9. 3——机械移动摆臂机构

机构运行说明，当穿孔后的荒管经送料机构传送到第一组的穿棒机构的受料槽内后，由气动压轮装置压紧毛管，启动芯棒小车将芯棒穿入毛管，然后再启动旋转进料机构，将毛管送入轧管机中进行轧制，当第一组芯棒机构处于轧制过程中，第二组芯棒机构把冷却后的芯棒提前预穿至穿孔后的毛管中，等待轧制，第一组芯棒机构完成轧制后退回冷却区备用，移动平台有液压缸推动将第二组芯棒机构移动至轧制工作区，启动旋转进料将毛管送入轧管机中进行轧制，这样实现两支芯棒的循环使用，见图 6-54 和图 6-55 所示。

图 6-54　双芯棒小车图

图 6-55　双芯棒整体结构（轧机前台）

此套装置是机械式伸缩移动平台的双芯棒机构，通过独立的进料机构和穿棒机构，互不影响，机构简单，穿孔机无须等待轧机的穿棒时间和芯棒退回的冷却时间，有效地解决了传统三辊轧机轧制节奏慢的问题，此机构设计紧凑，操作简单。

以 YM-76 型双芯棒热轧机组为例说明。使用斜底炉加热，单芯棒轧制年产量是 5. 5 万吨，经改造使用双芯棒后产量达到 7. 15 万吨，增加了 35%。根据轧制周期计算，若加热能力再提高，该机组仍有 20% 左右提高的潜力。

第三节　热轧钢管的控轧控冷

与板带钢的控轧控冷相比，钢管的控轧控冷工艺技术还处在一个初期发展阶段，由于受钢管的形状、轧制工艺、轧制设备等因素的限制，钢管在生产过程中的可控、可变因素相对较少，因此钢管的控轧控冷技术在生产中的应用在很大程度上受到了制约。然而，尽管钢管的控轧控冷不能像板带钢控轧控冷那样从变形温度、变形量、变行道次、变形间歇时间、终轧温度以及终轧后的冷却等一体化控制方案，但是钢管的控轧控冷工艺技术也形成了目前包括：在线常化、在线淬火和在线加速冷却等多种工艺。

像板带钢的控轧控冷一样，钢管控轧控冷技术的应用，必须是生产线高度的自动化，在线检测装备完善的条件下，而且轧制过程必须稳定（如轧制节奏、温度控制、冷却速度控制等）才能够保证产品质量的稳定。传统的粗放型的生产方式无法完成控制轧制对产品的质量要求，所以钢管的控轧控冷主要应用在装备现代化的轧管生产线上。

20 年来，成功地应用了控轧控冷技术批量生产钢管产品的主要是在线常化工艺和近年来东北大学与宝钢合作在烟台鲁宝 PQF460 生产线上开发出的在线淬火工艺。尽管控轧控冷工艺技术还处在起步阶段，但利用控轧控冷技术节约能耗、降低生产成本、开发出高性能高附加值产品这一思想，将会在钢管行业未来的绿色循环经济发展中起到积极的作用。

一、钢管在线常化

（一）在线常化工艺及产品性能特征

在线常化是近 20 年来钢管生产发展的一种在线热处理工艺，也是控轧控冷工艺的一种，对于常见的亚共析钢产品而言，在线常化通过将轧制后的荒管在中间冷床上冷却到 Ar_1 温度以下（使其组织全部转变为铁素体和珠光体），之后，送入再加热炉内重新加热到 Ac_3 温度以上并适时保温，使钢的组织充分奥氏体化和均匀化，然后出炉，经定径机或张减机减径轧制，并随即进入再加热炉后的冷床，以一定的冷却速度（空冷、风冷等方式）冷却到室温，使钢管在既定的冷却过程中，发生由奥氏体向铁素体和珠光体的组织转变。经过在线常化处理的钢管其组织变得细化均匀、机械性能获得综合改善。

实践表明经在线常化处理与直接热轧态产品相比，具有细化晶粒、不易混晶、强韧度高、性能可靠等优点；同离线常化工艺相比，则具有降低能耗、减少生产工序、节约制造成本等优势，可用以代替离线常化或正火工艺。

（二）在线常化主要技术装备

（1）中间冷床（轧管机与再加热炉之间的冷床）。中间冷床冷却的目的是将出连轧机（脱管机）的荒管冷却至 Ar_1 温度以下（见图 6-57），同时在冷却的过程中防止钢管弯曲，中间冷床采用双向链式移送机构如图 6-56 所示，正向链的作用是以一定的间隔时间带动钢管向冷床另一端旋转前进直至将钢管冷却至 Ar_1 温度以下，然后拨入再加热炉的入炉辊道被送入再加热炉（图 6-58），反向链的作用是带动荒管以一定的速度旋转，防止荒管弯曲。链式冷床与步进式冷床相比节奏调整范围更宽，操作灵活，不仅可用在在线常化工艺的控制冷却上，也可以用在其他热处理工艺的控制冷却上。

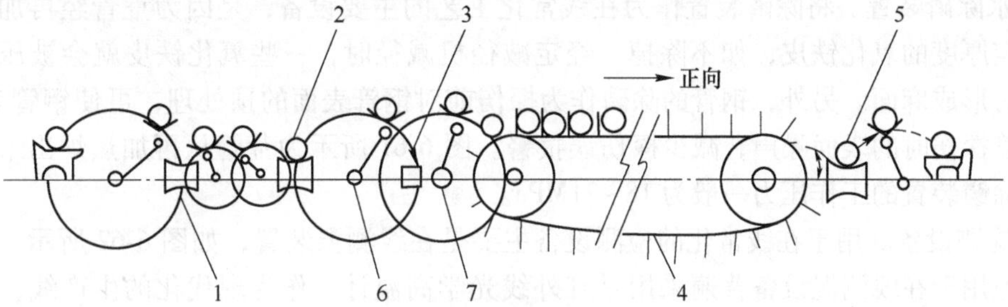

图 6-56　链式移送机构及组成示意图

1—去再加热炉前辊道；2—出脱管机辊道；3—中间鞍座；4—回转链；5—入再加热炉辊道；6—回转臂 1 号；7—回转臂 2 号

图 6-57　荒管出脱管机翻入中间冷床

图 6-58　荒管从中间冷床拨入加热炉辊道

（2）再加热炉。再加热炉在在线常化工艺中的作用是将冷却至 Ar_1 温度以下的荒管重新加热到 Ac_3 温度以上并适当保温，使钢的组织充分奥氏体化和均匀化，以满足最终产品的组织和性能的需要，同时也满足金属在定减径过程中塑性变形的需要。除满足在线常化工艺外，再加热炉在整个热轧线上的作用还有对高精度钢管使其温度均匀以保证其经定、减机轧制后获得精确的外径尺寸。

近年来为在线常化所配置的再加热炉均为步进式炉。这种结构的炉子是通过炉内移送装置将被加热的钢管放在炉内的固定梁上，经步进梁上升→前进→下降（一个周期）循环运动，以使钢管前进同时转动一个角度，使钢管加热均匀，防止其在炉内弯曲。为了提高炉温的控制精度保证步进系统、装出料系统准确地动作，目前较先进的再加热炉都采用了自动化仪表控制系统和 PLC 基础自动化控制系统，并设有工业电视，用于监控钢管的装出料操作和炉内运送情况。为了保证在线常化钢管的性能稳定可靠，除了对炉温进行实时测量外，对入、出炉荒管的温度也要逐支测量，并记录在案。再加热炉所用燃料采用煤气或天然气，为了保证最终钢管的性能稳定，炉温的偏差一般控制在±5°。

图 6-59　荒管从入炉辊道进再加热炉

图 6-60　再加热炉侧面图

（3）高压水除磷装置。将除磷装置作为在线常化工艺的主要设备，是因为荒管经再加热炉加热后其表面生成了一定厚度的氧化铁皮，如不除掉，经定减径机减径时，一些氧化铁皮就会被压入钢管表面形成压痕，严重时形成麻面。另外，钢管的除磷作为探伤前对钢管表面的预处理，可使钢管表面更加光洁，同时可降低钢管探伤时的表面噪声，减少探伤误报警。图 6-61 所示为荒管从再加热炉出来经过除磷装置的情况。目前除鳞装置的工作压力一般为 18～21MPa。

（4）在线检测设备。用于在线常化的检测设备主要是在线测温装置，如图 6-62 所示。目前除炉内用热电偶外，其他用于在线测温设备普遍采用是红外线光学高温计。作为现代化的生产线，在线测温非常重要，从生产工序来讲要对连轧后的温度、入再加热炉温度、再加热炉内各段温度、出再加热炉温度以及定径或张减后的温度进行检测，这些温度的控制直接地影响了在线常化钢管的组织性能。

图 6-61　荒管从再加热炉出来经除鳞装置

图 6-62　在线工业电视和测温装置

(三) 在线常化工艺的主要品种

由于在线常化钢管的组织性能相当于正火钢管，所以其品种范围有一定局限性，目前主要的品种有中低钢级的套管、管线管，也可以生产碳钢、碳锰钢高压锅炉管。对于合金高压锅炉管，由于经再加热炉加热后，钢管表面的氧化铁皮经除磷后难以去掉，使表面质量恶化，因此这类产品一般均采用光亮炉生产。对于一些冲击韧性和剪切比要求较高的材料（轧态不能满足），通过在线常化工艺是可以达到的。

石油套管作为在线常化的主要品种之一，到目前为止生产的钢级有 K55 和 N80-1 等钢级。

(1) N80-1 钢级套管是在线常化工艺中生产量最多的一个品种，也是生产难度较大的一个品种。天津钢管公司从国外引进的 ϕ250 连轧管机组，在设计时就确定了采用在线常化工艺生产套管，并配备了在线常化生产所需装备，从 1994 年开始研制，到 1999 年可以稳定批量生产，5 年多的时间，走过了一段艰难不平凡的路程。目前天津钢管公司已掌握了 N80-1 在线常化套管生产的关键技术，生产过程稳定，质量可靠，常化性能合格率达到 98%，强度、冲击功指标均达到 API 标准要求（常用规格）。1999 年天津钢管公司的在线常化套管量达到了 9 万吨，之后每年都超过了 10 万吨，2003 年 ϕ168mm 机组投产后（也配置了在线常化设备），两个机组每年在线常化量超过 20 万吨。20 世纪初以来，国内新建机组如包钢 ϕ180mm 机组、衡阳 ϕ340mm 机组、成都 ϕ340mm 机组也都配置了在线常化生产所需装备并开发了在线常化套管。

(2) K55 的订货基本上是国外的客户，在合同中一般都有做冲击功试验要求，若按常规钢种（一般采用中碳锰钢），轧制小口径、中薄壁钢管时，其冲击功可以满足标准（API）的要求，但是对于中大口径、中等壁厚及以上规格的钢管来说，轧态产品的冲击值很难保证或者说合格率较低。为了提高冲击韧性，通常多采用轧后离线正火处理，这使得生产成本增加。这类产品采用在线常化工艺生产，既可以满足产品冲击功的要求，又可以降低生产成本。

(3) 管线管也是在线常化工艺生产的主要品种之一。在 API 5L 第 45 版中规定：PSL1 类采用形变正火、正火工艺可以生产最高钢级是 X70，PSL2 类采用形变正火、正火工艺可以生产最高钢级是 X60。目前国内采用在线常化工艺生产的最高钢级管线管也是 X60，但当用户对碳当量有特殊的要求、对冲击值有特殊的要求时，采用在线常化工艺，强度指标很难达到要求，有时则必须通过调质处理才能够满足。

中低钢级的管线管直接轧制生产就可以满足性能要求如 B 级、X42～X52 等钢级的管线管。但当用户提出对剪切比有特殊要求时，如 $\psi \geqslant 85\%$，轧态性能就难以满足，在这种情况下，在线常化工艺就可以发挥其优势了。

(4) 高压锅炉管中的很多品种都是采用正火处理后才能交付用户使用的。由于对表面质量的要求，大多数高压锅炉管必须采用无氧化炉（炉内带有气体保护）来生产。因为这些合金材料经过加热后，其表面的氧化铁皮很难用高压水除掉，这些比较致密的氧化层紧紧地粘敷在钢管的表面，并随钢管一同进入定径或张减机内，经定径或减径轧制时被压入钢管表面，再经后序的矫直等工序，最终在钢管表面留下麻面或结疤。但是有少量的碳锰钢高压锅炉管可以采用在线常化工艺，这类材料由于合金含量较低，经再加热炉后其表面形成的氧化层比较疏松，经高压水除鳞后容易被除掉，使最终的表面质量可以被用户接收。根据 GB 5310，20G、20MnG 等一些碳锰钢产品，当终轧温度大于 Ar_3（940℃）时，产品可以视为正火态交货。这类材料如采用在线常化工艺生产，其组织要比轧态的组织更细小更均匀，钢管的持久强度等性能会更好。

（四）在线常化近年来的发展

随着我国一些大型钢管企业在新建和改造项目中配置了在线常化设备，在线常化的研发和生产也有了较快的发展，生产的规格和品种在不断地扩大，产量也在不断地增加。但各家的发展存在着较大的差异，发展很不平衡。有的企业坚持推进，积极解决技术问题，使在线常化工艺逐步完善，产品性能稳定可靠，常化生产量不断增加；有的企业在产品开发上遇到了难题如性能不稳定等，使开发工作进展缓慢或搁浅；还有的企业尽管配置常化设备，但从没有投入使用；另外，外部环境的变化也对在线常化的发展产生不利影响。如国际油价下行使油井管的需求下降，如钒铁价格上涨、天然气价格上涨使在线常化成本上升等。

近十年来由于常化工艺在技术上没有取得大的突破，使其在品种开发上受到了很大的制约。未来应结合超快冷技术发展，实施在中间冷床、终端冷床对钢管冷却的控制，实现对钢管在线常化后相变组织的调控，改善组织结构，大幅提升其常化后性能。

二、热轧钢管形变/相变在线组织调控技术研究进展

（一）热轧无缝钢管在线组织调控技术的发展现状

随着石油、天然气、锅炉、建筑等行业的不断发展，在使用条件、节能降耗、产品性能等方面对无缝钢管提出了越来越高的要求。在常规热轧无缝钢管生产过程中，管坯成型历经高温穿孔、轧制以及定径等工艺。产品受到圆形中空断面形状及生产工艺制约，缺乏更为有效的组织和性能调控手段，导致其性能提升仅能依靠添加合金元素及后续离线热处理工序，给高品质管材开发以及生产成本、制造效率和能源消耗控制等带来诸多不利影响。

控制轧制与控制冷却工艺（控轧控冷，TMCP）可综合利用细晶强化、析出强化和相变强化等强化机制，是有效在线调控热轧钢材组织、显著提升材料性能的重要手段。经三十余年快速发展，控轧控冷技术已广泛应用于热轧板带钢、型钢、棒线材等领域。然而，热轧无缝钢管有别于热轧板带钢等钢材门类，钢管轧制变形和成型后的冷却工艺与常规控轧控冷工艺示意图如图 6-63 所示。热轧无缝钢管高温穿轧的生产工艺条件使得控制轧制技术的应用受到极大限制，环形断面的形状特点使得控制冷却技术的开发难度很大，严重制约了基于控轧控冷的在线组织性能调控技术在该领域的应用和发展，热轧无缝钢管产品的强度、韧性和焊接性等综合性能的全面提升面临瓶颈。因此，实现热轧无缝钢管的成型和成型过程的在线组织性能调控，是热轧无缝钢管领域长期以来的重点攻关方向之一。

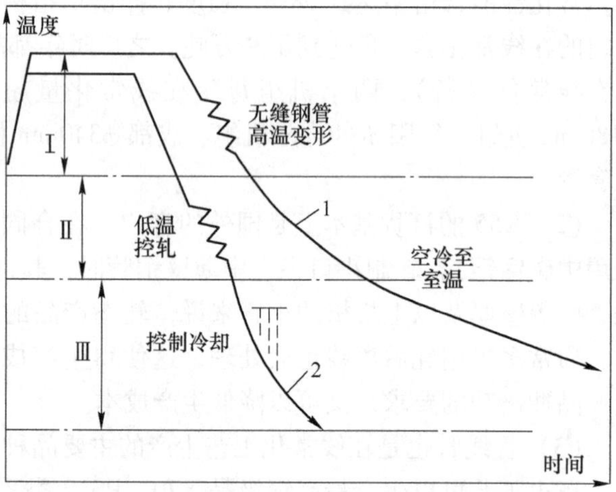

图 6-63 钢管变形冷却工艺与常规控轧控冷工艺示意图
1—常规热轧无缝钢管工艺；2—常规控轧控冷工艺路线

针对热轧无缝钢管的在线组织性能调控工业化技术，其相关机理及核心机制长期以来未取得有效突破。首先，在控制轧制方面，由于无缝钢管在热加工过程中需要经历复杂的成型工序，为降低变形抗力以保证轧制工序的稳顺进行，管坯的加热温度往往较高，同时要在尽可能高的温度下连续完成穿孔及轧制过程，为此难以实现通过低温轧制的控制轧制工艺对奥氏体组织状态进行调控。其次，在控制冷却方面，尽管钢管形状简单，但特殊的环形断面特征使得其均匀化冷却机制显著区别于板带钢及其他类型钢材。例如，沿钢管圆周方向均匀对称的冷却水布置并不能使钢管达到均匀化的冷却效果，这其中必然存在异于传统理念的环形断面下的均匀化冷却机制。由于钢管的均匀冷却机理及其控制方法的研究进展有限，导致控制冷却过程中的组织性能均匀性以及冷却不均造成的弯管事故无法有效解决，在较长时间制

约了控制冷却技术在热轧无缝钢管领域的发展和应用。

（二）钢管环形断面特征下高强度均匀化冷却技术

控制冷却的核心在于通过冷却路径的控制实现对奥氏体相变组织和材料性能的调控，因此冷却路径的可控范围是控制冷却具备改善组织性能潜力大小的决定因素。显然，如何获得高冷却强度以及如何在高速率冷却条件下保持均匀化冷却，以实现全表面温降和相变的协同控制是控制冷却开发的关键。以传统层流冷却机制为核心的表面换热形式以膜态沸腾和过渡沸腾换热为主，持续冷却能力较弱，同时基体内部热量不能有效、均匀传递至表面，导致因相变差异而产生组织分布不均的现象。为此，如何控制表面高效有序换热与内部导热之间的平衡关系，是兼备满足冷却强度和冷却均匀性的必要条件。

射流冲击冷却是一种有效的强化传热冷却方法，近年来东北大学在热轧板带钢领域对其开展了深入应用研究，开发出了以超快速冷却为核心的新一代热轧板带钢 TMCP 技术。基于射流冲击的强制对流作为换热效率最高的传热方式，是保证高速率均匀化冷却的关键。为此，将该冷却换热方式引入到热轧无缝钢管中，通过流速、压力、流量连续可调的冷却水持续击破钢管表面气膜，在壁面实现大面积高热通量换热。在冷却过程中既可以保持较高冷却强度，实现极限控制冷却条件的直接淬火工艺，又具备较高冷却均匀性，可满足控制冷却工艺和组织性能在线调控的需求。然而，由于无缝钢管具有特殊的环形断面特征，冷却介质在射流冲击条件下于基体表面的流体流动行为、表面热/流耦合换热模型等相关的核心冷却均匀化控制机制问题是完全不同于板带钢的平面表面特征的。

在研发过程中发现，与钢板在平面方向上下对称控制温度场从而保持热应力对称特征不同，在钢管的圆形外表面下，均匀对称分布的冷却介质无法实现钢管圆周方向的冷却均匀性，这表明必须通过适当的非对称流场控制实现均匀的换热过程。与之密切相关的流体流变行为，特别是在该流场与温度场耦合作用下的微观换热机制是关键。东北大学在前期的板带钢控制冷却研究中，基于有限元模拟与实验研究相结合的方式获得了针对板平面的流体流变特性，进而将一定压力和速度的冷却水流，以一定角度在高温钢板表面进行冲击流动，形成冲击射流，通过射流冲击换热和核态沸腾换热机制实现了高强度均匀化冷却。这一思想为解决钢管控制冷却问题提供了研究路线和方法，同时也为进一步提高和优化热轧管材均匀化冷却技术提供了理论基础。

（三）热轧无缝钢管在线控制冷却技术工业化应用研究进展

在热轧钢管领域，离线热处理工艺在线化、充分发挥在线控制冷却工艺的组织调控作用，早已得到业界的广泛认可。国内外很多企业从自身产线特点及需求出发，在定减径设备出口设置了为数很少的简易冷却喷水环，以期在不影响钢管直度的前提下尽量改善性能，但往往温降能力很小，不能满足组织调控的工艺要求；或者基于离线淬火设备思路，设置水冷系统，实现淬火，但不能实现在一定温度点停止冷却的控制冷却要求，且受设备长度限制，往往只能实现短尺寸钢管（单倍尺）的在线淬火。由于热轧无缝钢管环形特殊断面条件下的高强度、高均匀性冷却控制技术难题长期未得到有效突破，导致了既可在一定温度点停止冷却实现精准控温，又可实现直接淬火的冷却系统工业化装备及工艺技术应用几乎为空白。

东北大学科研团队针对钢管环形断面特点，深入开展冷却机理机制研究，获得了钢管冷却过程的高强度均匀化热交换机制和控制方法。依托此项技术，团队与宝钢合作，协同创新，开展热轧无缝钢管在线控制冷却技术工业化应用的科研攻关。2014 年，依托宝钢股份烟台鲁宝 PQF460 热轧无缝钢管生产线，开发出在线控制冷却中试装置，并基于万吨级工业性中试试验，开展了多轮技术攻关。在此基础上，于 2016 年开展实施宝钢鲁宝 PQF460 无缝钢管在线冷却装备及自动化控制系统开发一期科研项目；2017 年继续开展实施了宝钢 PQF460 无缝钢管在线冷却装备及自动化控制系统开发二期科研项目；2018 年，兼具控制冷却和直接淬火功能的我国首台套热轧无缝钢管工业化在线控制冷却系统在宝钢全面建成投产（如图 6-64 所示），实现国际首创。

基于在线控制冷却工艺实现对无缝钢管热轧成型后冷却路径的控制，进而通过相变行为调控改变组织构成及亚结构特征。从本质上来说，在线控制冷却是通过对钢中相及其形态、尺度的控制，以达到细晶强化、析出强化、位错强化、相变强化等强化机制效果，提高钢管的综合力学性能。基于控制冷却灵

图 6-64　与宝钢合作研制的我国首套热轧无缝钢管控制冷却工业化装备及生产应用

活的工艺路径控制，针对钢管“成分高+无控轧”特点，开发出了适于热轧无缝钢管的 TMCP-F/B/M 工艺技术，通过快速冷却实现对钢管轧后相变组织的调控，见（图 6-65），充分发挥“水是最廉价的合金元素”的理念，突破目前热轧无缝钢管产品工艺开发局限，挖掘钢铁材料潜能，为开发低成本、高性能、高附加值管材产品提供工艺平台。同时，还可针对热轧无缝钢管品种及规格多样化特点，开发出适于不同工艺的高强度均匀化控制冷却策略。

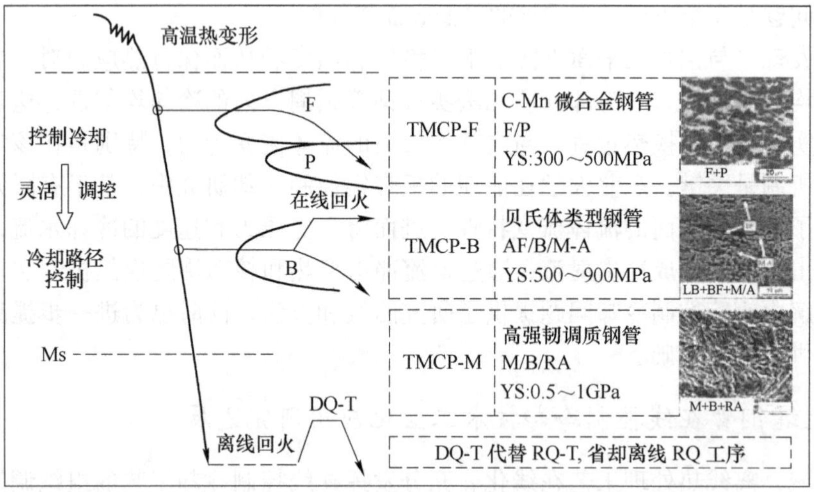

图 6-65　基于控制冷却技术的热轧无缝钢管组织调控工艺示意图

（1）热轧无缝钢管 TMCP-F 工艺。针对铁素体-珠光体型无缝钢管，利用 TMCP-F 工艺，即控制冷却终止温度在铁素体相变区，进而获得细化的铁素体、珠光体组织，实现热轧显微组织的在线调控，改善组织结构，大幅提升其轧态性能。典型控制冷却温度曲线如图 6-66 所示。

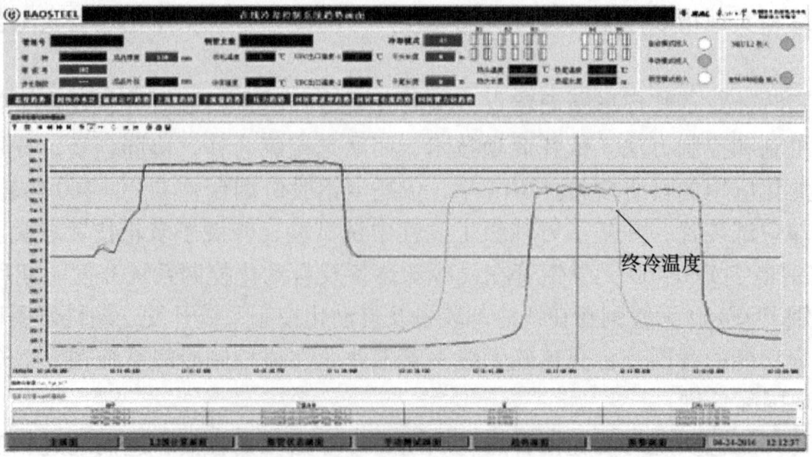

图 6-66　热轧无缝钢管 TMCP-F 工艺下的温度曲线

（2）热轧无缝钢管 TMCP-B 工艺。将控制冷却终冷温度降至贝氏体转变温度区间，即 TMCP-B 工艺路径，可以获得贝氏体组织类型的高强度无缝钢管。将贝氏体引入热轧无缝钢管组织调控中，充分发挥相变强化作用，可实现以较低合金成分生产高钢级产品，或一钢多级的减量化工艺。

（3）热轧无缝钢管 TMCP-M 工艺。将终冷温度降至马氏体相变区间的 TMCP-M 工艺，即控制冷却的极限冷却直接淬火（DQ）工艺。直接淬火后的管形如图 6-67 所示。直接淬火后配以适当的回火热处理即 DQ-T，可以代替离线调质热处理，省却再加热淬火过程，不仅提高了生产效率，还显著降低了能耗，同时还可提高材料的强韧性能，为更高强度级别热轧无缝钢管的生产提供了工艺手段。

(a) ϕ244.5mm×11.05mm　(b) ϕ325mm×16mm　(c) ϕ406.4mm×14.2mm

图 6-67　热轧无缝钢管 TMCP-M（直接淬火）工艺下的钢管管形

热轧无缝钢管控制冷却工艺技术自投入使用以来，显示出良好的应用效果，冷却后温度控制精度高，冷却均匀，冷却后钢管管形良好；产品性能提升明显，有效解决了中厚规格结构管轧态性能较低，需要依赖离线热处理的问题，实现了工艺减量化生产；利用直接淬火功能实现了相关产品的在线组织调控及直接淬火，显著缩短工艺流程。该技术的研发成功，已成为无缝钢管产品在线组织性能调控的平台性技术手段，为成分节约型、工艺减量化的热轧无缝钢管，以及更高品质要求的钢管产品，在组织性能调控及高效生产工艺的开发方面提供关键技术手段及生产支撑，对我国实现热轧无缝钢管短流程绿色化制造工艺具有重要意义。该项技术填补了国际空白，也使得我国成为在热轧无缝钢管领域首个掌握该项技术并实现工业化应用的国家。2018 年，该技术入围世界钢协第 9 届“Steelie”年度创新奖。同时，该技术的研发成功也被我国钢铁行业重要知名媒体《世界金属导报》评选为 2018 年世界钢铁工业十大技术要闻，并位列首位。

（四）热轧无缝钢管形变/相变一体化组织调控技术

无缝钢管轧制过程中，受制于特殊的环形断面形状，使得轧制的工艺、设备具有特殊性和复杂性。同时在成型过程中存在挤压、扭转、拉伸等多种形变方式，因此实现变形温度与变形量匹配的控制灵活性非常小。在此条件的制约下，轧制成型的控制思想往往也只能是在高温环境变形抗力较小的条件下尽快完成热变形过程。显然，这种“无奈之举”与控制轧制的通过对加热温度、轧制温度、变形制度等工艺参数的匹配控制，进而基于“低温轧制”实现对奥氏体及相变产物组织状态的调控机制相违背，最终在改善性能方面无能为力。因此，在不实际改变高温热轧成型条件的背景下，如何实现奥氏体的调控进而为后续相变提供理想奥氏体状态成为钢管组织进一步细化的突破口。

通过对第二相粒子的适当控制，可在实现钉扎奥氏体晶界的同时利用第二相诱导晶内铁素体形核机制，获得一定程度细化的奥氏体并为后续相变提供丰富的相变形核点。该组织调控思想目前广泛应用于大线能量焊接用钢材的开发中，其核心机理是通过引入适当氧化物和析出相实现钉扎热影响区奥氏体晶界并促进晶内铁素体形成，进而细化相变组织，改善热影响区组织性能。显然，这种热影响区内的奥氏体状态与无缝钢管高温形变下的粗大奥氏体组织十分吻合。因此，第二相诱导相变形核成为热轧无缝钢管在线组织性能调控，特别是组织细化和提高强韧性能的一种有效途径，即可在热轧无缝钢管高温变形的条件下，实现板材领域低温轧制具备的“控制轧制”组织细化效果。基于这一思路以及对钢中第二相粒子析出行为的研究，东北大学研究团队进一步提出了“第二相控制+高温热轧+控制冷却”的在线形变/相变一体化组织调控路线。针对典型碳锰钢，通过复合脱氧工艺控制，在钢中引入具有高热稳定性的氧化物后，充分发挥第二相粒子的诱导晶内形核作用，在1100℃高温轧制和控制冷却条件下获得了微细的晶内铁素体组织，实验钢的强、韧性能均显著提高（如图6-68所示），在不实施低温轧制的控制轧制前提下，实现了类同于“控轧控冷”的良好组织细化效果。

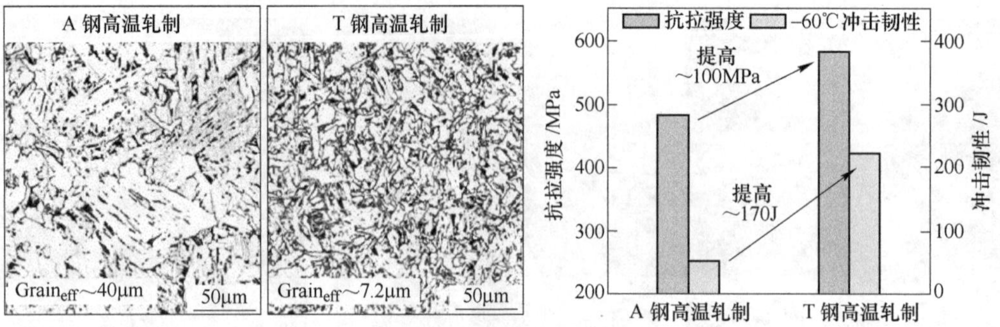

图6-68　常规高温轧制钢（A）和新工艺高温轧制钢（T）的显微组织和力学性能对比

针对“第二相控制+高温热轧+控制冷却”工艺下的低碳钢组织演变行为进行了系统研究。采用质量分数为0.07C-0.06Si-1.5Mn-0.01P-0.006S成分的实验钢，进行钛脱氧处理，引入氧化钛型第二相粒子，考察了不同变形和冷速条件下的连续冷却转变行为，如图6-69和图6-70所示。结果表明，含氧化钛实验钢在1.5~15℃/s冷速范围内可获得明显的针状铁素体组织，并且在1050℃以上高的变形温度下有利于组织的细化。根据实验结果，为了达到组织细化的目的，在钢管高温变形条件下，需结合控制冷却技术进行钢管轧后冷却路径的控制，从而发挥细晶组织对强度和韧性同时改善的作用。

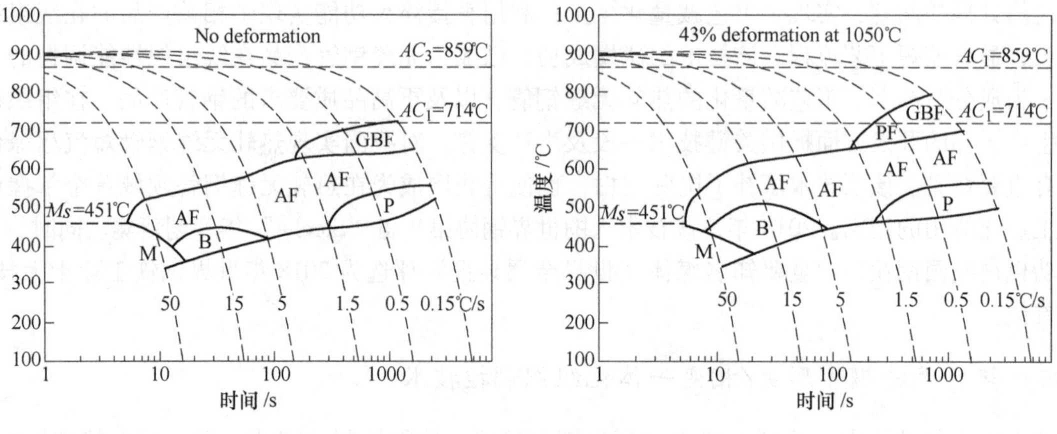

图6-69　实验钢在不同变形条件下的连续冷却转变CCT图

目前，控制冷却技术在热轧无缝钢管中的工业应用研究尚处于起步阶段，特别是结合管材成分特点的组织性能在线调控机理机制研究还落后于板带材等领域。热轧钢管形变/相变在线组织一体化调控技术研究取得一定进展，后续依据“第二相控制+高温热轧+控制冷却”的组织调控思路，深入研究变形—冷却—相变的协同控制机制，实现钢管领域产品的“控轧控冷”组织调控工艺效果，构建基于在线控制冷却工艺的全新热轧无缝钢管组织性能调控平台。基于形变/相变在线组织调控技术，进一步地通过成分设计—热轧成型—控制冷却—热处理的全流程工艺一体化控制，实现细晶强化、相变强化及析出强化的综合强韧化，开发出高品质、低成本的热轧无缝钢管产品是进一步研发的重点。这对促进我国钢铁行业以“资源节约型、节能减排型”等绿色制造为特征的热轧无缝钢管产品的开发与生产，具有重要意义。

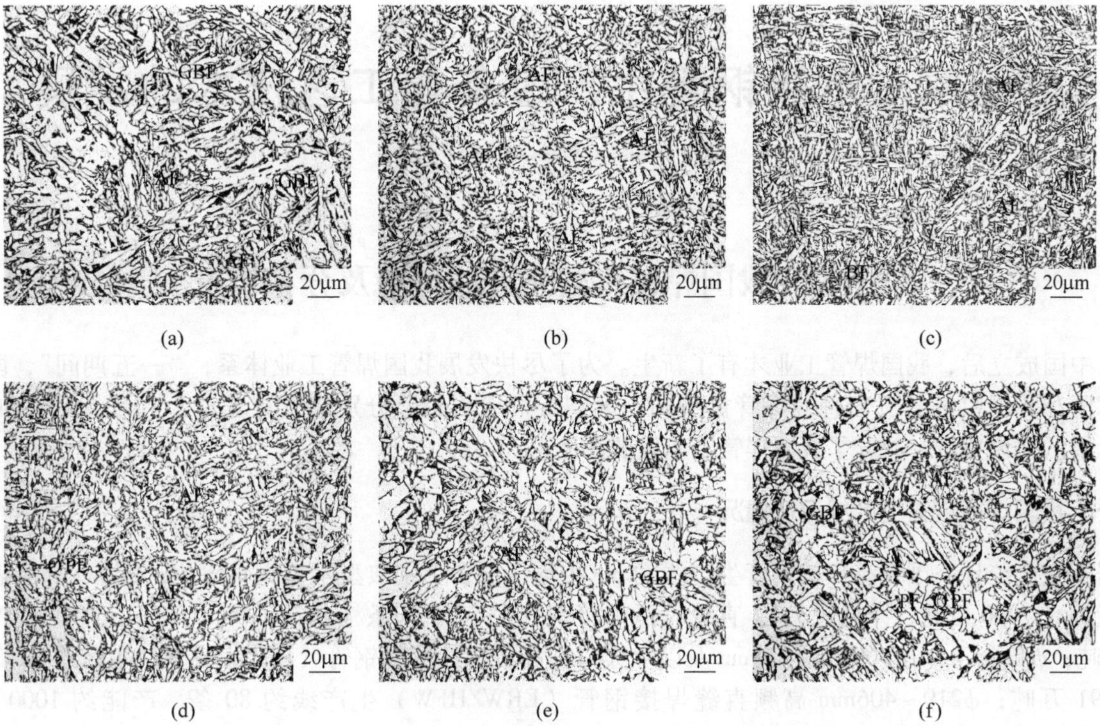

图 6-70　不同变形和冷速条件下实验钢的连续冷却转变组织

温度：1050℃

变形量：(a~c) 无变形；(d) 15%；(e) 43%；(f) 65%

冷却速率：(a) 1.5℃/s；(b) 5℃/s；(c) 15℃/s；(d~f) 1.5℃/s

第七章　焊接钢管生产装备与工艺技术的发展

第一节　我国焊接钢管生产线产能及分布情况

新中国成立后，我国焊管工业才有了新生。为了尽快发展我国焊管工业体系，“一五期间”，国家先后从德国和苏联引进了三套直缝焊管机组和一套螺旋焊管机组，分别建设在北京、上海、天津和宝鸡。这些机组的建设投产，拉开了我国焊管工业发展的序幕。

一、我国焊接钢管生产线产能情况

据不完全统计我国现有焊接钢管生产线约3000条（仅含个别典型不锈钢钢管生产线），详见表7-1，总产能约有7000万吨，详见表7-2。直缝埋弧焊接钢管生产线36条（包括UOE、JCOE、JCO），产能约723万吨；ϕ426mm、方400mm×400mm及以上大口径高频直缝焊接钢管（ERW/HFW）生产线32条，产能约691万吨；ϕ219～406mm高频直缝焊接钢管（ERW/HFW）生产线约80条，产能约1000万吨；ϕ102～180mm高频直缝焊接钢管（ERW/HFW）生产线约420条，产能约2000万吨；小于ϕ89mm高频直缝焊接钢管（ERW/HFW）生产线约2000多条，产能约1600万吨；螺旋埋弧焊接钢管生产线约400条（含预精焊生产线9条），产能约1000万吨。

表7-1　焊接钢管生产线估算表　　（万吨）

序号	地区	2018年 各地区产量估算	2012年 各地区产量	生产线数	备注（估算时考虑了骨干企业、特殊乡镇等生产线的实际情况进行估算）
1	华北	2878	2721	约1550	天津：友发、源泰德润、利达、君诚、双街、宝来、博爱等 河北：渤海装备、正大、京华创新、华洋、鑫宜达、胜芳镇等
2	东北	174	197	约90	辽宁：中冶德龙、辽宁奥通、辽阳钢管、辽宁大型等
3	华东	910	887	约570	上海：宝钢、申花、佳方 江苏：金州管道、玉龙、亚联、巨鑫金州、宁盛、钱桥镇 安徽：合肥紫金 山东：聊城市
4	华中	141	141	约80	郑州京华、武钢江北、胜利湘钢
5	华南	154	158	约245	广东：番禺珠江、佛山市、广州京华
6	西南	169	178	约220	重庆市荣昌区、成都彭州京华、隆昌山川等
7	西北	411	374	约210	陕西：宝鸡钢管、韩城友发 新疆：八钢
总　计		4837	4656	约2965	我国焊管产线主要集中在华北、华东地区

表7-2　我国现有焊接钢管生产线产能统计

焊接钢管机组名称	机型	生产线数/条	产能/万吨
直缝埋弧焊接钢管机组	JCOE	27	约723
	JCO	3	
	UOE	6	
螺旋埋弧焊接钢管机组	一步法生产工艺	约390	约1000
	二步法生产工艺 （即，预精焊工艺）	9	

续表 7-2

焊接钢管机组名称	机型	生产线数/条	产能/万吨
方 400mm×400mm、ϕ426mm 及以上大口径 高频直缝焊接钢管机组（ERW/HFW）		32	691
ϕ219~406mm 高频直缝焊接钢管机组（ERW/HFW）		约 80	1000
ϕ102~180mm 高频直缝焊接钢管机组（ERW/HFW）		约 420	约 2000
小于 ϕ89mm 高频直缝焊接钢管机组（ERW/HFW）		约 2000	约 1600
总　计		约 2965	约 7000

二、我国焊接钢管生产线产能按区域分布情况

根据估算统计，我国焊管生产线约 3000 条，其中华北地区焊管生产线约 1550 条，产能约 2878 万吨，占比约 60%；华东地区焊管生产线约 570 条，产能约 910 万吨，占比 19%，两个地区合起来约占焊管总产能的 79%。上述两个区域生产线较高的原因，一是天津的大邱庄，历史上就是我国北方地区焊管的发源地，现在是我国焊管最大的生产基地；二是河北的沧州地区，不仅焊管生产线数量多而且管件（弯头、三通、法兰等）也是我国最大的制造基地；三是霸州胜芳镇，是北方小口径焊管和方矩形管生产的集聚地；四是无锡钱桥镇也是小口径焊管和方矩形管生产线集中地区。

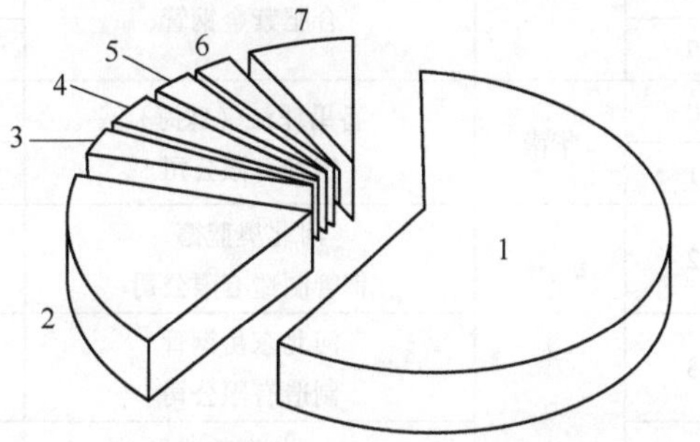

图 7-1　我国各区域焊接钢管生产线分布及占比

1—华北 2878 万吨（59.5%）；2—华东 910 万吨（18.8%）；3—华中 141 万吨（2.9%）；4—东北 174 万吨（3.6%）；5—华南 154 万吨（3.2%）；6—西南 169 万吨（3.5%）；7—西北 411 万吨（8.6%）

三、我国主要焊管生产线和产能分布情况

（1）直缝埋弧焊接钢管生产线和产能分布情况如表 7-3 所示。

表 7-3　我国直缝埋弧焊接钢管生产线及产能统计表

序号	区域	企业名称	成型方式	设计产能/万吨	产品规格/mm 外径	产品规格/mm 壁厚	投产时间
1	华东	浙江宁盛钢管有限公司	JCOE	15	400~1626	6~50	2010
2			JCO	3	400~2000	40~100	2010
3		浙江久立集团股份有限公司	JCO	2	325~1620	8~80	2013
4		扬州亚联（加拿大）	JCOE	20	508~1422	8.0~50	2009
5		江苏巨鑫石油钢管	JCO	20	406~1420	5.0~50	2009
6		南京巨龙钢管有限公司	JCOE	15	406~1422	8~40	2009
7		江苏无锡玉龙钢管有限公司	JCOE	8	406~813	8~50	2007
8			JCOE	15	406~1422	8~50	2008
9			JCOE	25	406~1422	8~60	2013
10			JCOE	25	406~1422	6~50	2013（德阳分厂）
11		张家港沙钢金洲管道	JCOE	30	406~1626	8~50	2007

续表 7-3

序号	区域	企业名称	成型方式	设计产能（万 t）	产品规格/mm		投产时间
					外径	壁厚	
12	华东	番禺珠江（江阴）钢管有限公司	JCOE	30	406~1625	6~60	2008
13			JCOE	25	406~1625	10~45	2012
14		番禺珠江（连云港）钢管有限公司	JCOE（旋弯成型）	25	406~1829	6.0~30	1998
15		上海月月潮	JCOE	20	351~1422	6.0~60	2005
16		上海中油天宝钢管有限公司	UOE	25	508~1066	6.4~25	2009
17		宝山钢铁股份有限公司	UOE	50	508~1422	6~40	2007
18		合肥紫金钢管	JCOE	10	355~1422	6~40	2005
19			JCOE	15	406~1422	6.4~38	2012
20	华南	番禺珠江（珠海）钢管有限公司	UOE	30	508~1219	6~25	2001
21			JCOE	30	406~1625	6.0~80	2012
22	华北	河北奥蓝德钢管制造有限公司	JCOE	20	406~1422	8~60	2009
23		河北东岳钢管制造有限公司	JCOE	15	325~1420	6~60	2009
24		河北海乾威钢管有限公司	JCOE	20	406~1420	8~50	2010
25		河北美德钢管有限公司	JCOE	20	340~1420	8~50	2011
26		河北龙马钢管制造股份有限公司	JCOE	15	325~1420	6~60	2009
27		宝鸡石油中油宝世顺（秦皇岛）	JCOE	20	508~1422	6~40	2009
28		巨龙钢管有限公司	JCOE	20	508~1422	8~40	2002
29			JCOE	25	508~1422	8~40	2010
30		秦皇岛万基钢管	JCOE	30	508~1524	8~60	2004
31		河北华洋钢管有限公司	JCOE	10	406~1422	6~60	2015
32	东北	辽阳钢管有限公司	UOE	10	406~1016	6.4~20	2003
33			UOE	15	406~1016	6.4~24	2005
34			UOE	25	406~1422	6.4~38	2007
35	华中	江汉石油管理局沙市钢管厂	JCOE	20	406~1422	6.4~32	2002
36		湖南胜利湘钢钢管公司	JCOE	20	508~1422	6~25	2013
总　计		26 家企业分布于 10 个省市	JCOE-28 JCO-3 UOE-5	723	325~2000	6~100	1998~2015

我国直缝埋弧焊接钢管生产线共有 36 条，产能合计 723 万吨，生产线主要分布在华东和华北地区，上述两个地区产能分别为 378 万吨和 195 万吨，占我国直缝埋弧焊接钢管产能的 52.0%和 27.0%。

（2）ϕ426mm 及以上大口径直缝高频电阻焊管生产线和产能分布如表 7-4 所示。

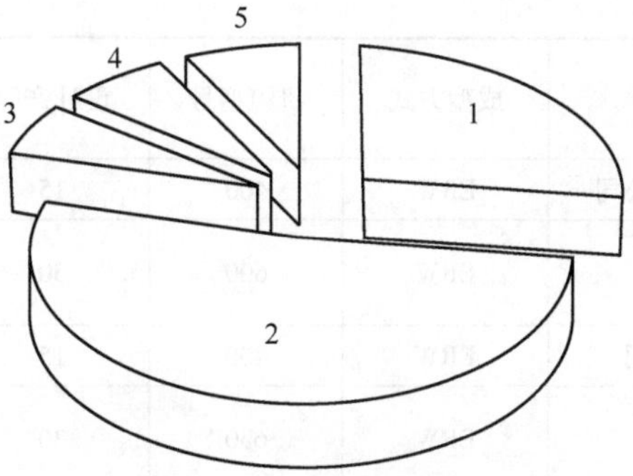

图 7-2　直缝埋弧焊接钢管产能各区域分布及占比

1—华北 195 万吨（27%）；2—华东 378 万吨（52%）；3—华中 40 万吨（6%）；
4—东北 50 万吨（7%）；5—华南 60 万吨（8%）

表 7-4　ϕ426mm 及以上大口径直缝高频电阻焊接钢管产线数及产能统计表

序号	区域	企业名称	成型方式	机组型号	设计产能	产品规格/mm 外径	产品规格/mm 壁厚	投产时间
1	华东	中油天宝集团	ERW	610	30	177.8~630	4.0~19.1	2004
2		渤海装备华油扬州钢管	ERW	508	15	177.8~508	3.4~15.9	2006
3		浙江金洲管道	ERW	630	15	177.8~630	4.0~19.1	2005
4		江苏无锡玉龙	ERW	508	15	177.8~508	3.4~15.9	2005
5		江苏无锡玉龙	ERW	400	18	方 400×400	4.0~14	2000
6		宝钢条钢事业部	ERW	610	30	177.8~610	4.0~19.1	2005
7		杭州重型钢管有限公司	ERW	508	12	219~508	4.0~16	2005
8		浙江久立	EFW(电熔焊)	630	1	219~630	3.0~22	2009
9		番禺珠江钢管有限公司	ERW	760	30	244.5~762	4.8~25.4	2012
10		山东泰丰钢业	ERW	610	20	139.7~610	4.0~16	2009
11		常熟风范电力设备股份有限公司	ERW	600	15	方 600×600	8.0~20	2014
12		江苏兴隆伟业金属材料有限公司	ERW	600	15	方 600×600	8.0~16	2017
13	华北	天管集团	ERW	660	30	244.5~660	3.2~22	2012
14		河北长丰	ERW	660	30	219.1~660	5.0~22	2006
15		河北华洋钢管	ERW	508	15	219~508	3.2~12.7	2005
16			ERW	660	30	426~660	6.0~25	2010
17		天津双街钢管有限公司	ERW	610	30	219~630	4.0~22	2005
18		河北志航管道装备制造	ERW	711	30	244.5~711.2	5~25.4	2011
19		山西国联钢管公司	ERW	508	15	219.1~508	5~12.7	
20		天津惠利通钢管有限公司	ERW	457	10	219~457	5.0~16	2010
21		天津源泰德润钢管制造集团有限公司	ERW	500	30	方 500×500 矩 400×600	7.5~20	2012
22		天津友发钢管集团股份有限公司	ERW	400	20	方 400×400 矩 300×500	45~16	2015

续表 7-4

序号	区域	企业名称	成型方式	机组型号	设计产能	产品规格/mm		投产时间
						外径	壁厚	
23	华北	河北敬业精密制管有限公司	ERW	400	15	方 400×400	4.5～16	2019
24		东鹏博大钢管集团	ERW	600	30	方 600×600 矩 400×600	6.0～16	2019
25		天津中通钢管有限公司	ERW	400	15	方 400×400	4.5～18.0	2015
26	东北	中冶辽宁 德龙钢管	ERW	630	30	21.3～630	4.0～20	2007
27		大庆油田物资 （华瑞克）	ERW	610	30	177.8～610	3.4～19.1	2004
28		凌钢集团 锦西钢管	ERW	508	20	219.1～508	5～12.7	1990 已搬迁
29		辽宁大型 钢管有限公司	ERW	610	15	219～630	5.0～18	2005
30	西北	宝鸡 石油钢管	ERW	426	15	139.7～426	3.2～12.7	1985
31	华中	武钢集团 汉口轧钢厂	ERW	660	35	244.5～660	4.0～25	2009
32	华南	广州钜溢钢管	ERW	610	30	219～610	4.0～19.1	2008
总　计		31 家企业 32 条产线 分布于 14 个省、市	ERW/EFW	426～711	691	139.7～711； 方 300～500	3.2～25.0	1985～ 2019

注：浙江久立的焊管机组为 EFW 即电熔焊，该机组是生产不锈钢焊接钢管。

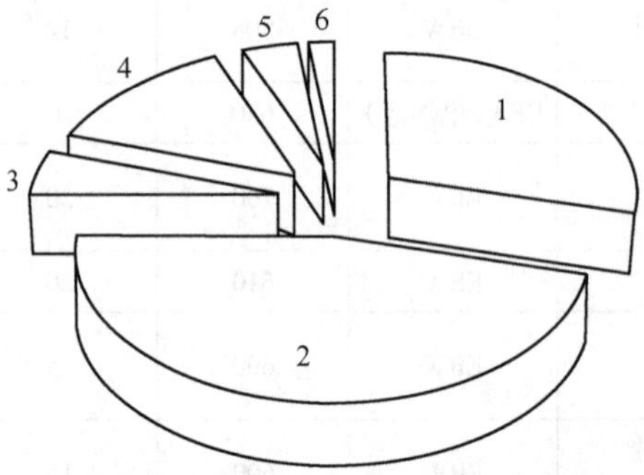

图 7-3　我国各区域直缝高频电阻焊管产能分布及占比

1—华北 318 万吨（29%）；2—华东 198 万吨（46%）；3—华中 35 万吨（5%）；4—东北 95 万吨（14%）；
5—华南 30 万吨（4%）；6—西北 15 万吨（2%）

我国（ϕ426mm 及以上）ERW/HFW 直缝高频电阻焊管生产线总计 32 条，产能 691 万吨，生产线主要分布在华东和华北地区。其中华东地区有 11 条，产能 198 万吨，占比 28.7%；华北地区有 14 条，产能 318 万吨，占比 46%。这两个地区合计产能 516 万吨，占比 74.7%。而我国西南地区该类生产线处于空白。

表 7-5　我国带有预精焊的螺旋焊管机组生产线产能统计表

序号	企业名称	生产线名称	成型方式	设计能/万吨	外径/mm	壁厚/mm	投产时间
1	华油钢管有限公司	预精焊线	外控成型	18	813～1422	6.4～22	2009
2	宝鸡钢管中油宝世顺（秦皇岛）钢管公司	预精焊线	外控成型	20	610～1422	6.4～25.4	2009
3	中石化石油机械股份有限公司沙市钢管分公司	预精焊线	外控成型	20	508～1422	6.4～21	2011

续表 7-5

序号	企业名称	生产线名称	成型方式	设计能/万吨	外径/mm	壁厚/mm	投产时间
4	山东胜利钢管有限公司	预精焊线	外控成型	25	610~1626	6.4~25.4	2011
5	番禺珠江钢管（连云港）有限公司	预精焊线	外控成型	20	508~1626	6.4~25.4	2012
6	宝鸡钢管克拉玛依有限公司	预精焊线	外控成型	12	610~1422	6.4~24	2012
7	宝鸡石油钢管有限责任公司	预精焊线	外控成型	20	559~1422	6.4~25.4	2013
8	浙江金洲管道工业有限公司	预精焊线	外控成型	20	508~1626	6.4~25.4	2014
9	渤海石油装备福建钢管有限公司	预精焊线	外控成型	20	610~1422	6.4~24	2014
总　计				175	508~1626		2009~2014

第二节　典型机组介绍

我国焊管装备 70 年来，从小到大，从弱到强，从单体设备到系列配套，从国外引进到具有中国特色的设备出口，例如：JCO 直缝焊管主机出口到印度，大直径螺旋埋弧焊管机组出口到印度和中亚地区，高频焊管机组出口到东南亚地区，焊接钢管轧辊如高铬合金铸钢轧辊出口到德国，然后由德国 HFW 焊管机组组装后出口到俄罗斯等。由此，可以看到我国焊管设备达到世界较先进水平。

现将这些企业的主要技术装备特点一一介绍如下，其中直缝埋弧焊管企业有宝钢 UOE 机组，巨龙钢管公司 JCOE 机组，沙市钢管厂 JCOE 机组，螺旋焊管企业有山东胜利钢管有限公司 ϕ1626mm 预精焊螺旋埋弧焊管机组和浙江金洲科技管道有限公司 ϕ1626mm 预精焊螺旋埋弧焊管机组，高频直缝焊管企业有宝钢 HFWϕ610mm 机组，武钢集团武汉江北钢铁有限公司钢管厂 HFWϕ660mm 机组，中国石油集团渤海石油装备江苏钢管公司在扬州的 HFWϕ508mm 机组，宝鸡石油钢管有限公司连续油管机组和江苏玉龙钢管有限公司 HFW400mm 方和 250mm 方管机组。这样，直缝埋弧焊管设备有 UOE 成型和 JCOE 成型，螺旋埋弧焊管设备有预精焊工艺，高频直缝焊管设备有 HFW 排辊成型和 FFX 成型，有 HFW 方形管及圆形连续油管，其技术特征基本上可概括我国焊管主要设备的全貌。

一、宝钢 UOE 焊管机组工艺设备特点

（一）基本概况

宝钢 UOE 焊管机组，采用当前国际上成熟可靠的先进工艺和设备，是近二十年来国内外建设投产的设备最先进，生产钢级最高，生产工艺最全的焊管机组。这条焊管机组的建设，顺应了近几年来我国管线建设高速发展的现实。并为我国管线今后向高钢级大压力输送发展所需的高钢级直缝埋弧焊管的生产奠定了良好的设备基础。

近年来国内的管线建设发展很快，管线钢技术的发展也很快，西气东输一线的投产，标志着我国 X70 钢级管线钢已经成熟，并成功地得到了应用。为顺应管线技术的发展，国内外各企业还在积极开发 X80、X100 甚至 X120 钢级的管线钢。为顺应这一发展趋势，宝钢 UOE 焊管机组起点就定在了 X80 管线钢，同时，机组设计具备生产 X100 钢级管线管的能力。生产规模为年产 50 万吨，其中 40 万吨管线管，10 万吨其他直缝埋弧焊管。主要生产规格为管径 ϕ508~1422mm（20~56in），壁厚 6~40mm，长度 6~18.3m。

由于宝钢 UOE 项目起点高，因此主要设备均引进了世界一流的制造厂家生产的设备。其中成型，扩径设备主要由德国 Meer 公司引进，埋弧焊机由瑞典 ESAB 公司引进，主要检验设备如超声波检验设备，X 线检验设备，管端磁粉探伤设备分别由德国 KD 公司、Yxlon 公司、Tiede 等公司引进。

（二）生产工艺流程

宝钢 UOE 焊机生产工艺流程如图 7-4 所示。

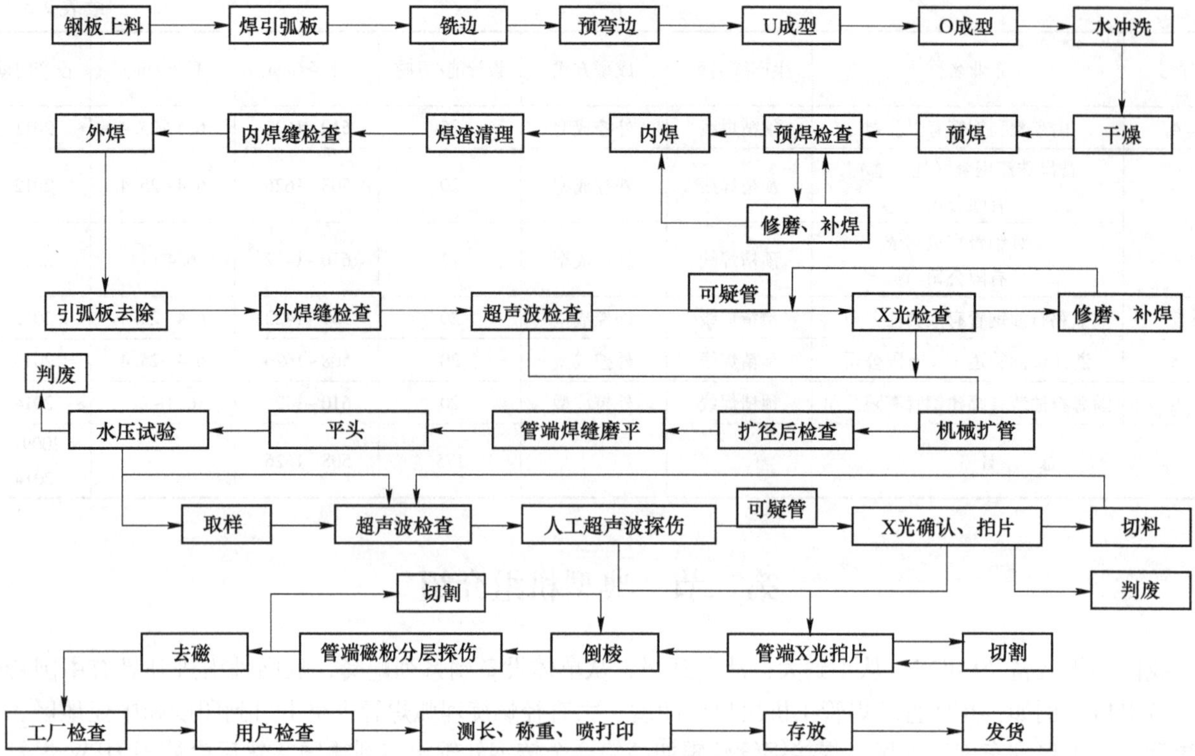

图 7-4　宝钢 UOE 焊机生产工艺流程

超声波焊缝探伤设备：共 3 套，其中 2 套焊缝探伤设备，1 套管端分层探伤设备，满足 API-5L、DNV 等探伤标准。

X 线探伤设备：共 5 套，其中 3 套管体焊缝拍片，兼备电子拍片和动态实时扫查功能，2 套管端焊缝拍片，满足 API-5L、DNV 等探伤标准。

（三）主要技术特点

宝钢 UOE 机组的生产组织、控制和传动方面采用了许多新的技术。自 20 世纪 80 年代以来，由于 UOE 生产线的生产能力较大，受管线管供求关系的影响，世界上未再建设过新的 UOE 生产线。但是 UOE 生产技术和开发研究一直在不断进行之中。宝钢大口径直缝焊管生产线作为新一代 UOE 生产线，设计上采用了一些新的理念，工艺和设备上采用了多项先进技术和设备，以达到提高产品质量、扩大产品品种和规格、提高生产率、降低能耗的目的。

1. 全自动引、熄弧板焊接设备

宝钢大口径直缝焊管生产线的引弧板焊接采用机器人为主的全自动操作，保证了引弧板焊接的质量稳定和减少了操作人员的劳动强度。早期建设的 UOE 机中的引弧板焊接均是人工操作的，后来世界上 8 套先进水平的 UOE 机组都纷纷将引弧板焊接改为全自动操作。

2. 高速、大功率铣边机

在生产线成型机前设置高速、大功率铣边机，与国外众多 UOE 机组普遍采用的刨边机相比具有很多优点，主要是铣削速度快，能满足生产线大生产能力的要求，可适应焊管机组对对坡口多种形状的要求，且坡口不会出现变形及冷硬化现象，不会引起金属组织变化。既适应了 UOE 机组大批量的能力要求，也提高了坡口质量，为后续焊接打下了良好基础。

3. 大吨位的预弯边机

宝钢大口径直缝焊管工程预弯边机的设计弯边力为 4000 吨，为今后生产高钢级和大壁厚钢管创造了条件。据计算，31.8mm 厚 X100 管线钢的弯边力将达到 3800t。

4. 72000t 成型力的 O 成型机

目前世界上成型力最大的 O 成型机是意大利 ILVA 厂正在改造的 O 成型机，其成型力为 72000 吨，其他的 O 成型机的成型力都在 65000 吨以下。宝钢 O 成型机设计压下力也是 72000 吨。同时 O 成型机采用了 MEER 公司最新的液压数控技术，液压缸定位精度大为提高。压机的平行控制好，18 米管长压下均匀。O 成型时钢管的减径率可以达到 0.4%，残余应力更小、应力分布更均匀，钢管圆度也好、成品质量更好。

5. 四丝内焊机和五丝外焊机

随着埋弧焊接机的技术进步和发展，20 世纪 90 年代后研制出了四丝的内焊机和五丝的外焊机。焊机的丝数增加，明显提高了焊接速度，提高设备的产能。

6. 完善的生产管理信息系统

同时宝钢 UOE 项目全生产线具有完善的计算机控制管理系统；完善的四级计算机系统对制管全过程实行集中统一的生产管理和料流跟踪，可对从原料到产品的所有过程数据进行记录及跟踪，保证出厂的每根钢管都具有准确详尽的记录，具有可靠、方便的可追溯性。

（四）技术水平与业绩

宝钢 UOE 机组采用了目前国际上较为先进的装备和控制技术。机组的能力大，设计合理，可以说是近年来国际上新建大口径直缝埋弧焊管中最为先进的机组。为我国管线今后向高钢级大压力输送发展所需的高钢级直缝埋弧焊管的生产奠定了良好的设备基础。截至 2018 年底，宝钢 UOE 机组共生产焊管 230 余万吨。

二、巨龙钢管有限公司 JCOE 机组工艺设备特点

（一）基本情况

巨龙钢管有限公司成立于 2000 年 4 月，拥有国际先进、国内领先的 2 条 JCOE 大口径直缝埋弧焊钢管生产线，年综合产能 40 万吨，生产规格范围为 ϕ406.4～1422.4mm（16～56in），长度范围 8～12.5m，壁厚范围 6.4～60mm，强度级别 A25、A、B、X42～X120。

第一条生产线于 2002 年建成，为国内第一条、世界第四条高标准 JCOE 大口径直缝埋弧焊管生产线。第二条生产线于 2010 年建成投产，针对西二线等高钢级大壁厚钢管的生产，集国内外先进技术于一体，建成第二条能力更强、工序更优的大口径直缝埋弧焊管生产线。

（二）生产工艺流程

巨龙 JCOE 生产工艺流程见图 7-5。

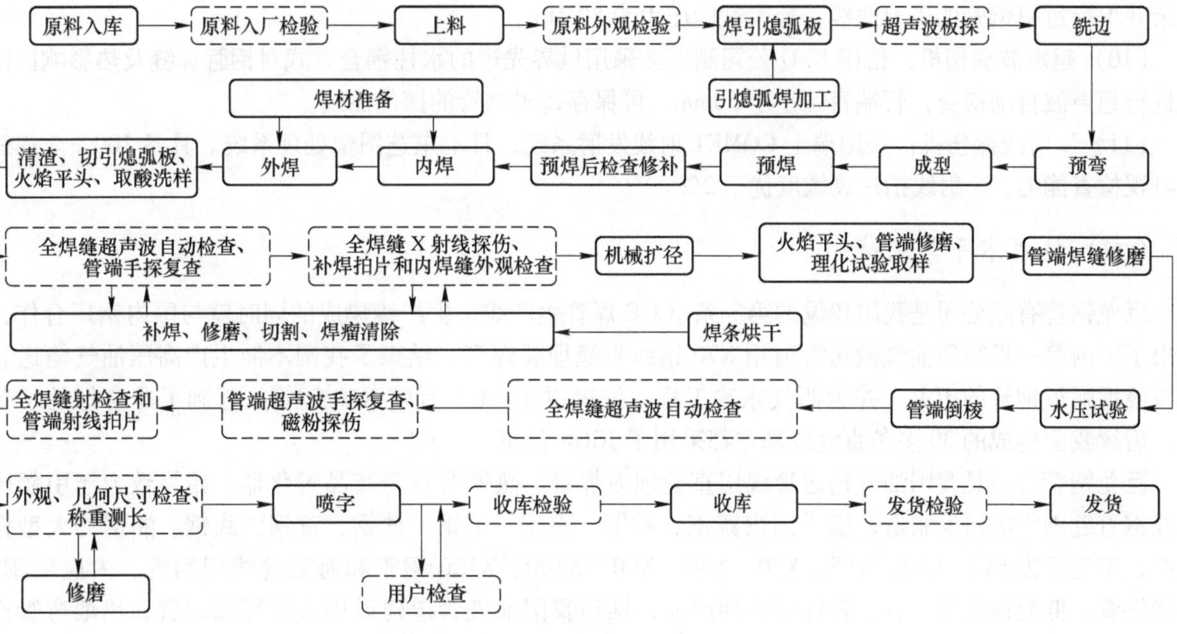

图 7-5　巨龙 JCOE 生产工艺流程

工艺布置的特点：

（1）生产线配套钢板室内库，可避免锈蚀，确保钢板质量。

（2）厂房尺寸共计 39840m^2，工序间合理布置了缓冲区，提升了各工序生产效率。

（3）根据产品质量控制要求，按照国际一流生产线，进行全工序最佳配置，引熄弧板在钢板探伤前组焊，铣边、预弯后与母材坡口尺寸、板边弧度相一致，管端焊接质量高；扩径前后均进行百分之百无损探伤；扩径机自带校直装置，两工序合为一体，效率高，质量好。

（4）主要生产、检验及试验工艺装备均由世界一流企业制造或采用世界一流技术，工艺装备水平国内领先、国际先进，产品质量保证能力强。

（三）主要技术特点

（1）板探设备：探伤系统抗干扰能力强、探伤参数值调整直观、方便。具有耦合监视和区别于缺陷波报警的声光报警功能。灵敏度余量大于 50dB，灵敏度波动小于 0.25dB/h。可自动记录并保存每张钢板的探伤结果图。

（2）铣边机：采用德国 SMS MEER 技术制造。钢板自动对中，铣头自动浮动跟踪，可保证钢板的加工坡口质量和精度，X80 钢级最大加工壁厚 40mm。

（3）预弯机：采用德国 SMS MEER 技术制造。自动多步对板边进行预弯边，最大压力 3200t，定位精度高。

（4）成型机：采用比利时 LVD 公司 9 轴数控技术。上模压制 6 缸同步，上下模具有自动补偿变形功能，最大压力 6500t，定位精度高，成型后钢管几何尺寸优良。

（5）预焊机：德国 U&S 公司数字式焊接电源，电液比例系统数控液压合缝，连续式焊接方式，激光自动跟踪进行焊接，焊接效率高，可有效保障焊接质量。

（6）内、外焊机：德国 U&S 公司数字电源，内四丝、外五丝焊设备，内焊机械跟踪，外焊激光自动跟踪。

（7）扩径机：荷兰 FONTUNE GROTNES 和德国 SMS MEER 制造。可对钢管全长进行扩径、矫直、整圆，提高钢管尺寸精度，并可改善钢管内应力分布，最大扩径力 1500t。

（8）焊缝自动修磨设备：采用日本川崎工业机器人携带修磨机构对钢管管端内外 170mm 长范围焊缝进行自动检测、修磨。焊缝检测装置检测内外焊缝的外观形貌，通过数据运算处理，提取焊缝的特征数据。机器人根据检测的焊缝特征数据，规划修磨运动轨迹，磨削内外焊缝。

（9）水压机：采用端面密封或径向密封技术，端面密封时无盲区，增压快，保压稳定。可自动准确记录并保存每根钢管的压力曲线，最大试验压力为 50MPa。

（10）超声波探伤机：德国 K. D 公司制造。采用世界先进的水柱耦合方式对钢管焊缝及热影响区的缺陷进行超声波自动检查，管端盲区小于 50mm。可保存每根钢管的探伤曲线。

（11）X 射线探伤机：采用瑞士 COMET 射线发射系统，日本东芝图像处理系统。具备 100%全焊缝工业电视检查能力，X 射线拍片灵敏度优于 2%。

（四）技术水平与业绩

巨龙钢管有限公司是我国建设的第一条 JCOE 焊管生产线，生产线建成的同时就与国内钢厂合作，研制出了国内第一根高压油气输送管道用 X70 钢级直缝埋弧焊管，结束了我国不能生产高压油气输送管道用直缝埋弧焊钢管的历史，并为西气东输工程一线提供了 14.8 万吨 X70 钢管。起到了非常好的示范作用，后续我国建成的 30 多条直缝线基本都采用了 JCOE 机组。

巨龙钢管公司是我国油气输送管线用直缝埋弧焊管、热煨弯管新产品孵化器，始终致力于引领国内管线钢直缝钢管的研发制造，携手国内舞钢、鞍钢、南钢、宝钢、沙钢、首钢、武钢、湘钢等大型钢铁企业，率先开发出了 X60、X65、X70、X80、X90、X100、X120 钢管和海底管线用钢管、大应变钢管、抗酸钢管、低温钢管及弯管、管件等系列产品，推动我国油气管道建设用直缝埋弧焊管、热煨弯管产品从主要依靠进口到全部实现自给的重大进步。使我国管线钢及直缝埋弧焊管制造水平达到世界先进水平。

巨龙钢管有限公司是中国石油、中海油、中国石化等国家重点油气管道工程及地方油气管网建设的主要供货企业。国内长输管线项目主要有西气东输一线工程、西气东输二线工程、西气东输三线工程、中俄东线天然气管道工程、中缅油气（境内段）大应变管道工程、南海深水海底天然气输送管道工程、番禺/惠州天然气海底管线工程、广东 LNG 项目等。国外长输管线项目主要有俄罗斯东西伯利亚-太平洋输油管道工程、沙特阿美库莱斯项目、沙特吉赞项目、沙特阿美 PP13 项目、沙特阿美 Pangulf 项目等。截止到 2018 年底，直缝埋弧焊接钢管累计供货达 335.5 万吨。是国内供货业绩最多的企业，其中 X80 直缝埋弧焊管供货业绩 106.8 万吨，位居全球第一。

三、山东胜利钢管有限公司预精焊机组工艺设备特点

（一）基本情况

山东胜利钢管有限公司预精焊螺旋埋弧焊管机组是 2012 年 5 月建成投产，主机是全套引进德国 MEER 设备，精整设备国内配套。设计产能 36 万吨，产品规格范围：ϕ610～1626mm，可生产的最大壁厚：25.4mm，钢级最高可以达到 X120。

表 7-6　主要工艺设备技术参数

序号	项　目		数　据
1	机组形式		前摆式螺旋焊管机组
2	产品规格	钢管外径	ϕ610～1626mm
		钢管长度	8000～15000mm
		最大螺距	S_{max} = 2800mm
3	原料规格	钢板宽度	900～2000mm
		钢板厚度	X120，h_{max} = 18mm
			X100，h_{max} = 20.62mm
			X80，h_{max} = 22.23mm
			X70，h_{max} = 25.4mm
		钢卷外径	ϕ1200～2200mm
		钢卷内径	ϕ650～762mm
		钢卷最大重量	40t
4	焊接方式	预焊	CO_2 气体保护焊
		精焊	内三丝、外双丝埋弧焊接
5	焊接速度	埋弧焊接	0.5～3.0m/min
		CO_2 气体保护焊	3～12m/min
6	成型方式	三辊成型右螺旋上卷式	ϕ610～1626mm
7	递送辊线速度		0.5～12m/min
8	成型角范围		40°～80°
9	产品标准		API Spec 5L（最新版本）

（二）生产工艺流程

胜利钢管预精焊机组生产工艺流程见图 7-6。

（三）主要技术特点

（1）采用一套预焊配套四套精焊的生产工艺，有效地解决了成型和焊接之间的相互干扰问题。在国内首家实现了 10m/min 高速成型、预焊，在保证焊接质量的同时，大大提高了螺旋焊管机组的生产效率。

（2）实现了从拆卷、矫平、剪切对焊、铣边、递送、板边预弯、成型、预焊到定尺切管全过程计算机自动化控制。

（3）应用三台重载铣边机联合铣边工艺，铣刀盘具备仿形随动功能，确保了板边质量，为高质量精

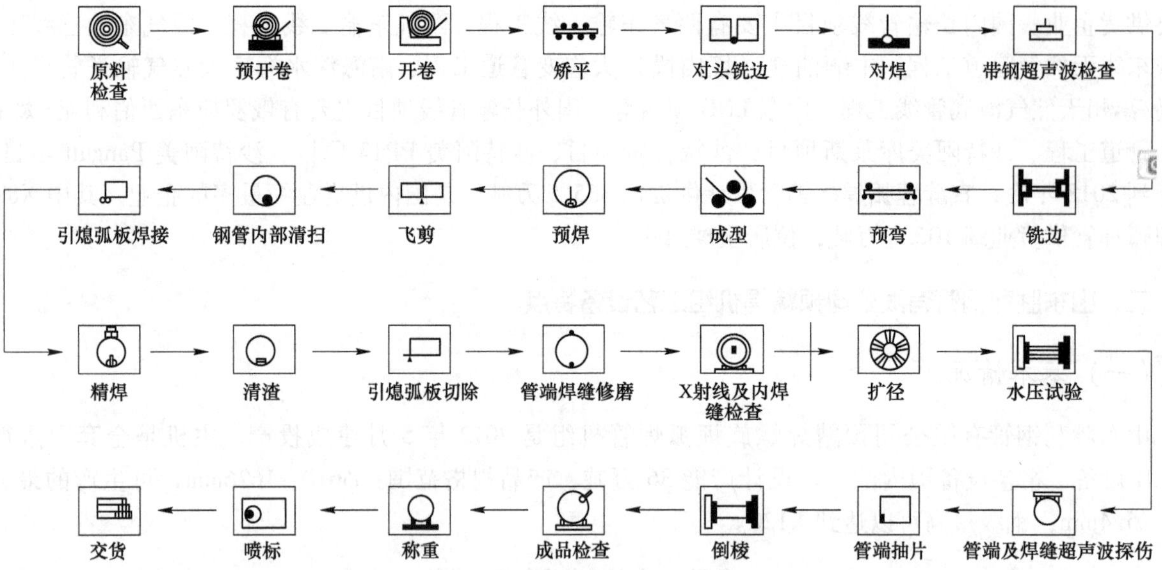

图 7-6　胜利钢管预精焊机组生产工艺流程

焊打下基础。

(4) 精焊机组实现了一键式自动化作业，采用高智能化数字焊接电源，实现热输入量参数化，使焊缝余高及焊缝外观得到有效控制。内焊缝高度小于 2.0mm，外焊缝高度小于 1.5mm；钢管焊缝与母材平滑过渡，螺旋焊管内焊缝的马鞍形得到了明显的改善。焊接一次通过率大于 95%。

(5) 实现了焊接参数自动化记录，提高了钢管质量的可追溯性。

(四) 技术水平与业绩

机组建成后，已先后完成了“西气东输三线”“中亚”“中缅”“委内瑞拉”“陕京四线”等国内外重大管线工程，参与中石油“第三代大输量天然气管道关键技术研究”试制项目，试制生产的“X80 钢级、ϕ1422mm×21.4mm”“X90 钢级 ϕ1219mm×16.3mm”“X100 钢级 ϕ1219mm×14.8mm”螺旋缝埋弧焊钢管，经中国石油天然气集团公司管材研究所检验，各项指标均达到了 API SPEC 5L、《天然气输送管道用 X90、X100 钢级螺旋缝埋弧焊管技术条件》的要求，主要技术指标达到了国内领先水平。

四、浙江金洲科技管道有限公司 ϕ1626mm 预精焊机组工艺设备特点

(一) 基本情况

浙江金洲管道工业有限公司 ϕ508~1626mm 预精焊螺旋缝埋弧焊钢管生产线引进德国 SMS MEER 集团旗下 PWS 公司国际先进的预精焊（二步法）螺旋焊管生产技术和设备，于 2015 年 1 月正式投产，年生产能力 20 万吨，生产壁厚 6.4mm~25.4mm，最高生产钢级 L690/X100。

生产线控制系统基于工业以太网技术，实现分布式自动化控制，是目前世界上装备最先进、工艺最成熟、自动化程度最高的螺旋焊管生产线之一，在检测设备方面生产线配备了 112 通道 100%母材超声波探伤、32 通道焊缝超声波探伤、数字平板 X 射线实时成像检测系统、4000t 水压试验机等。

(二) 生产工艺流程

金洲科技管道有限公司 ϕ1626mm 预精焊机组工艺流程生产工艺流程如图 7-7 所示。

(三) 主要技术特点

1. 高速成型预焊机组技术

稳定的钢带工作宽度和稳定的递送状态是实现稳定高速成型的前提，通过以下各系统的协同工作，使钢带以最稳的状态进入成型器，在高精度模型化的成型系统中实现低应力稳定成型，对外径、圆度、直度实现高精度控制，为预焊提供稳定的焊接环境。

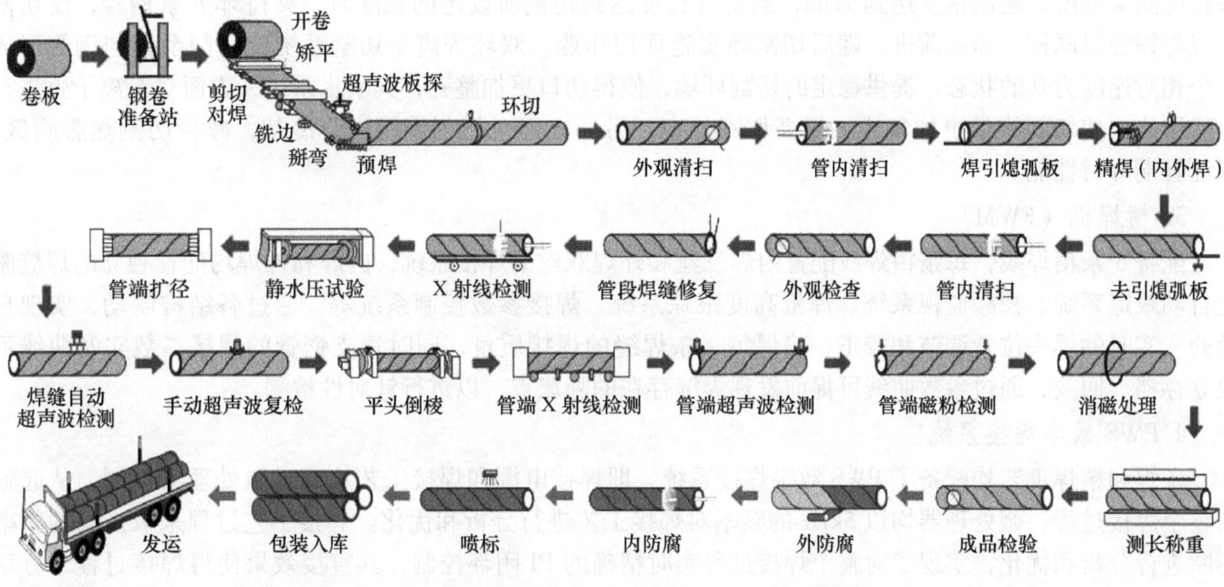

图 7-7　金洲科技管道有限公司 ϕ1626mm 预精焊机组工艺流程

（1）钢带矫平装置配备七辊矫平机，矫平高度由电机调节，矫平力大小由液压缸提供，可对每个矫平辊进行独立控制，精确调整每个矫平辊位置的压力，使出口侧钢带快速达到理想的矫平状态，其最大矫平力 600 吨，满足大壁厚高钢级的高速矫平。

（2）剪切对焊机配备伊萨等离子切割系统、板头尾铣边机、预焊系统、双丝自动埋弧焊系统，通过先铣边后焊接的工艺，有效避免因板头尾对接人为地产生镰刀弯。采用 Y 型焊接坡口，配合预焊+双丝自动埋弧焊工艺，使得对接接头达到足够的熔深和强度，确保对头焊缝质量，实现钢带对接接头在成型器快速稳定通过。

（3）自适应铣边机配备三组钢带宽度自适应铣边机。第一、二组铣边机为粗铣，宽度自适应系统通过实时检测钢带铣边前后宽度，合理地分配每组铣边机切削深度，提高刀片的使用寿命，保证铣边质量；第三组铣边机为精铣，根据壁厚和焊接工艺设定铣边后工作宽度、坡口角度，钝边厚度、钝边位置，稳定的铣边控制为后续的焊接提供有利条件。三组铣边机刀盘在竖直方向具有仿形随动功能，有效地防止由于带钢波动引起的坡口不均匀，保证边部形状良好稳定，从而确保成型过程稳定。同时铣边机铣削速度在 3～10m/min 的递送速度下自动进行自适应动态调节，满足高速预焊的需求。

（4）钢带自动对中系统配备多组钢带自动对中装置，每组对中装置均配备独立位置传感器，实时监测钢带的位置信息，系统自动判断钢带位置状态和变化趋势，通过先进的 PI 闭环控制算法，实时动态分配各组对中辊推力，实现钢带自动对中，通过数据对比自动分析钢带镰刀弯程度，实时纠偏，保证成型过程稳定。

（5）主驱动是整个成型预焊机组的唯一动力，由两台 210kW 交流电机提供，动力通过行星齿轮传输到驱动辊，最大驱动扭矩 480kN · m，两辊夹送压力由液压缸提供，液压回路中的蓄能装置可有效吸收焊缝通过辊子时的压力变化，提供稳定的递送速度。

（6）高精度成型机主要由三辊弯曲系统和外控辊系统组成，最大成型力 300t，各成型辊梁均配置伺服电机和绝对值编码器，采用 PWS 先进的成型模型算法，通过精确定位各成型辊位置，实现高速稳定成型，同时各位置信息通过 PLC 储存，可重复调用，提高成型效率。

（7）数字式预焊系统采用 CO_2气体保护焊，由两台 1500A 数字式焊接电源串联而成，内置专家级焊接数据库，根据壁厚和焊丝直径不同，选择合适的焊接程序，程序自动调用数据库参数，并在焊接过程中对参数进行 PI 闭环控制，其控制了频率达到 5kHz，确保参数输出稳定。焊接过程采用潜弧式的过渡形式，配合活性保护气体，可在较高的焊接速度下保持稳定的熔深，确保于焊缝的强度，最高焊接速度达 10m/min。预焊系统配备激光自动跟踪系统和视频监控系统，可对焊点位置和预焊缝状态实时监控，实现自动化焊接。

2. 双环喷水式等离子环切机

配备双环喷水式等离子切割机。其双环即夹持环和切割环，夹持环包含 3 组抱夹装置，同时环切机具备长度测量系统，控制精度达到 1mm，当钢管长度达到切割所设定的长度时，夹持环夹紧钢管，使切割系统与钢管以同样的速度前进，随后切割环实施环切作业。双环等离子切割系统使切割系统与钢管形成一个相对速度为 0 的状态，提供稳定的切割环境，使得切口更加整齐；其喷水系统一方面对等离子弧进行收弧聚能，使切割能量更加集中，提高切割效率，另一方面对切割周围进行冷却，减少切割热影响区，保证管端母材性能。

3. 精焊机（FWM）

配备 3 条精焊线，每条精焊线配置内焊三丝和外焊双丝的焊接系统，内焊和外焊均配置独立的焊缝激光自动跟踪系统、视频监视系统、焊枪高度跟踪系统、焊接参数控制系统等，通过各结构联动，实现自动的、实时的焊头位置调节和校正，确保每一条焊缝的焊接质量，同时每支钢管的焊接参数实时曲线可独立存档、回放，通过参数曲线可提前发现焊缝存在的隐患点，以进行针对性检测。

4. PWS 数字焊接系统

预焊和精焊工艺均配备了 PWS 数字焊接系统，即焊接电源和焊接工艺均通过微处理器控制，从起弧到整个焊接过程，微处理器均以 5kHz 的频率对焊接工艺进行分析和优化。焊接工艺过程采取极高的频率不断进行分析和优化，实现了对整个焊接过程实时精确的 PI 闭环控制，其直接效果使得焊接过程十分稳定，减少了焊缝缺陷和管端焊接缺陷。

5. 112 通道在线钢管超声波检测系统

生产线配备 112 通道在线钢管超声波检测系统，采用 8×30mm 双晶组合探头，共 25 组，100 通道，探头固定梳状扫查方式对钢板 100%探伤，用于检测平行于轧制方向线性缺陷。同时钢板两边 200mm 范围内各有 5 个横波探头，用于检测钢板边缘与轧制方向平行的缺陷。钢板两侧各 15mm 范围内各有 1 个横波探头，用于检测钢板边缘与轧制方向垂直的缺陷。设备具有声、光报警系统，缺陷自动喷标系统，以及各通道的耦合监视系统，缺陷检出率 100%。

6. 32 通道焊缝超声波检测系统

生产线配备 32 通道焊缝超声波检测系统，具有 24 个探伤通道和 8 个耦合监视通道，采用双探架设计，配备激光图像自动跟踪系统，确保检测过程稳定性。布局探头有 X 型和串列型，可检测焊缝内纵向、横向、斜向、焊缝中间缺陷以及焊缝两侧 50mm 范围内的热影响区分层缺陷。

7. X 射线实时成像检测系统

生产线配备数字平板 X 射线实时成像检测系统，采用美国珀金埃尔默公司的 8in 非晶数字平板系统 XRD 0822 AP，空间分辨率优于 3.0p/mm，具有全焊缝实时存图及回放功能，检测静态灵敏度 1.0%~1.5%，动态灵敏度 2.2%~2.5%。

8. 自动化钢管输送控制系统

输送系统由输送辊道、横移小车、存管台架构成，输送辊道每 4 个为一组，存管台架采用 V 形台架，每组辊道、横移小车和每个 V 形台架均配置传感器，用于检测钢管位置，钢管自动化输送控制系统由中央控制室进行监控，并自动选择最优程序实现整个车间钢管的运输和存放，提高车间作业效率。

9. ERP 信息化管理系统

ERP 系统包括制造数据管理、计划排产管理、生产调度管理、库存管理、质量管理、工艺过程管理、采购管理、成本管理、生产过程控制、质量数据集成分析。实现从订单下达到产品完成的整个生产过程的优化管理，改善各个环节的衔接效率，对生产进度、产品质量数据实时反馈，从而保障产品质量和工厂及时交货能力。

10. 机器人自动喷标系统

生产线配备机器人自动喷标系统，实现生产过程钢管信息的自动读取和收集，中控汇总钢管的过程状态信息，同时产品标识更加美观、规范、准确。通过机器换人，降低工人劳动强度。

（四）技术水平与业绩

自 2015 年投产以来，金洲管道以预精焊生产线为依托，成立了能源管道研究所，焊接实验室等研发部门，整合公司优质资源，通过自主创新和产学研等方式，加快预精焊工艺技术消化吸收再创新，先后

试制进行了 ϕ1219mm×16.3mm、X90M，ϕ1219mm×22mm、X80M，ϕ1219mm×25.4mm、Q345B，ϕ508mm ×6.4mm，X65M 等规格，参与了新粤浙管线 ϕ1219×18.4，X80M 管线的单炉试制，在高钢级大壁厚的螺旋管生产工艺上积累一定的经验。针对预焊飞溅、精焊质量、生产效率等重点难点问题，进行了专项技术攻关，通过多项科研成果的应用，金洲管道预精焊工艺技术水平达到国内领先水平。产品广泛用于石油、天然气输送、海底管线、城市管网以及大型钢管桩管等领域。先后承接了惠州海底管道项目、金丽温省级天然气管道工程、海南环岛管线工程、江阴燃气管道工程、马来西亚管网项目、文莱管线项目、伊朗管线项目，以及港华燃气、中燃燃气、华润燃气等各大城市管网工程。

五、宝钢 ϕ610mm HFW 焊管机组工艺设备特点

（一）基本情况

宝钢 ϕ610mm HFW 直缝焊管机组引进德国 SMS MEER 等世界上最先进的直缝焊管生产设备，投产于 2005 年 10 月，设计年产 30 万吨直缝焊管。该生产线是世界上第一条集先进成型技术、大功率焊接、功能齐全的无损探伤技术、焊缝双重热处理和全管体热处理设备、全过程的计算机料流跟踪系统于一体的中口径直缝焊管生产线。是世界上装备最先进的 HFW 焊管生产线之一，是国内唯一一条集炼钢、热轧、制管、涂层一体化的 HFW 焊管生产线。可以生产管线管、套管、结构管等 HFW 焊管产品。

（二）生产工艺流程

宝钢 ϕ610mm HFW 焊管机组生产工艺流程见图 7-8 所示。

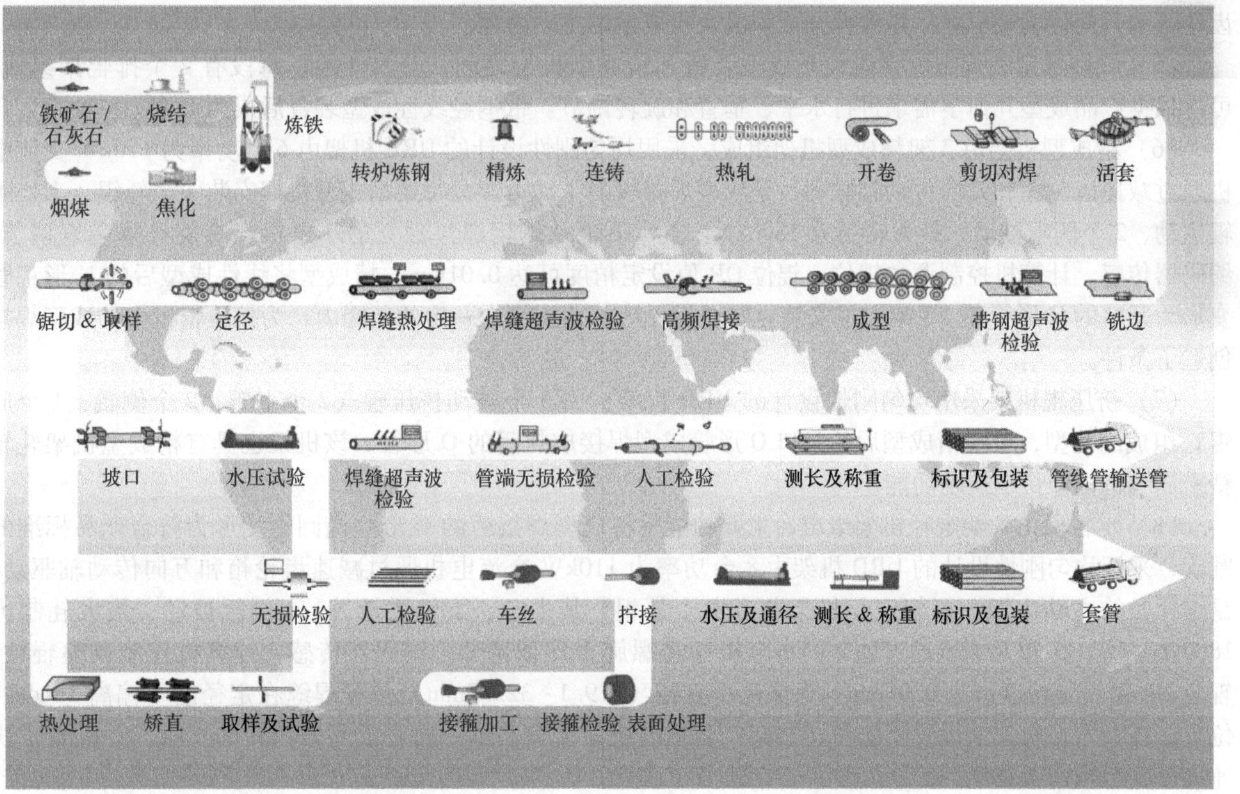

图 7-8 宝钢 ϕ610mm HFW 焊管机组生产工艺流程

（三）主要技术特点

1. 排辊成型技术特点

（1）由许多小直径辊组成的排辊代替辊式成型机的大直径水平辊，最大边缘拉应变仅是传统辊式成型的 1/5 左右，可提高钢管外观质量，减少功率消耗及轧辊磨损。

（2）排辊成型机采用连续局部弯曲变形，弯曲力小且较均匀；成型区缩短，带钢塑性变形小；排辊

群由外侧束缚带钢边缘，将边缘外侧变形以压缩形式吸收，可防止带钢边缘发生折皱、鼓包，使钢管壁厚与管径比的范围扩大到 1∶80，具有加工中大直径薄壁管的优势。

（3）排辊成型为连续成型法，成型性好，且采用“下山法”成型，在成型过程中带钢边缘的轨迹近乎直线，从而改善成型质量，使焊接稳定可靠。

（4）在更换焊管规格尺寸时，排辊不换，只需调整，与传统辊式成型相比，可减少轧辊规格和换辊时间。

2. 成型设备技术特点

宝钢 ϕ610mm HFW 焊管机组成型设备是引进德国 SMSMEER 公司开发的直缘成型技术，由夹送辊装置、弯边机、线性预成型装置、粗成型机、线性成型装置、精成型机架、挤压辊机架和定径机架组成。

（1）夹送辊装置由上、下水平辊组成，2 台功率为 110kW 交流电机通过减速齿轮箱和万向传动轴驱动将带钢经水平导向辊送入弯边机，并在生产中作辅助主传动。上夹送辊由液压缸升、降，带钢在机架中不产生弯曲变形，出本机架后开始“下山”变形。

（2）弯边机位于线性预成型装置前端，将带钢边缘弯曲成接近成品曲率的弧形，防止焊缝处出现梨形凸出，一对弯边辊可一起上下、左右调整，也可以单独调整，通过电机和螺旋千斤顶可以调节弯边厚度和宽度，为确保不同壁厚精确的带钢边部弯曲以及允许对头焊缝自由通过，下弯边辊设计成液压减震结构。上下弯边辊均安装在用于快速更换的箱式结构的辊座上，通过编码器传感、计算机控制调整辊位。

（3）线性预成型装置由 2 个带有若干非传动排辊的外部线性成型装置（排辊架）组成，以确保短成型间距，其线性可根据产品成型的几何学进行水平、垂直和旋转调节。

（4）粗成型机由上辊和下辊组成，并布置在线性预成型后段，由 2 台功率 110kW 交流电机通过减速齿轮箱和万向传动轴驱动，是线性预成型段及粗成型的主动力源。

（5）线性成型装置布置在线性预成型装置和精成型机架之间，分为 3 段，每段有 2 个排辊架组成，可以根据产品成型几何学需求进行水平、垂直和旋转调节。带钢经线性成型装置后成为 U 形。

（6）精成型机架由 3 架精成型机架组成，采用均匀刚性设计的 URD 机架由 6 台功率为 110kW 交流电机通过减速齿轮箱和万向传动轴驱动，是成型焊接段的主动力源。每架精成型机架安装 4 个轧辊，上、下辊主动，2 个侧辊被动，最大轧制力 1800kN。上、下辊及侧辊通过独立的小电机经螺旋升降装置调节，编码器传感，计算机控制调整辊位，辊位 OP 值设定精度可达 0. 01mm。精成型将线性成型后的 U 形荒管变形为开口的 O 形管坯。3 架上辊安装导向环将焊接 V 角控制在一定的范围内，为挤压辊机架的成型焊接创造了条件。

（7）挤压辊机架采用均匀刚性设计的 URD 机架，由 5 个被动挤压辊（2 个上辊，2 个侧辊，1 个底辊）组成的孔型，可将精成型后的开口 O 形管成型焊接成封闭的 O 形管。该机架也具有精成型机架轧辊精密调节机构和快速换辊功能。

（8）定径段由 4 架定径机架组成，主要功能是将成型焊接后的 O 形立椭圆管变形为符合产品标准的圆管，采用均匀刚性设计的 URD 机架由 8 台功率为 110kW 交流电机通过减速齿轮箱和万向传动轴驱动，是定径段的主动力源。每架定径机架装有 4 个轧辊，其中上、下辊主动，2 个侧辊被动，最大轧制力 1800kN。上、下辊及侧辊通过独立的小电机并经螺旋千斤顶调节，编码器传感，计算机控制调整辊位，辊位 OP 值设定精度可达 0. 01mm。为保证小直径（219. 1~323. 9mm）焊管焊缝在定径前不偏离 12 点的位置，在 1#定径机架前设置了防扭转机架，防扭转机架上安装了一对可沿环向扭转的立辊，并配置了快速夹紧、机械调节装置。

3. 固态焊机技术特点

采用挪威 EFD 公司生产的输出功率为 1800kW、频率 90~150kHz 的固态焊机。用更加简洁的主回路拓扑结构，二极管不可控整流，可使功率因数达到 0. 95；利用新型的软开关桥式逆变换流技术将输入的直流电逆变为高频交流电；整机效率可达 85%左右。具有高频电源保护；无需对主回路的电容电感参数进行调节，在设计负载范围内，功率正常输出不受限制，自动匹配；还具有开机自诊断功能、配备相应的通讯系统实时将设备运行参数传递到监控系统进行诊断处理及存储等智能化功能。

4. 自动控制系统技术特点

（1）自动控制系统分为：制造执行级 MES（manufacturing execution system）、基础自动化级 L1 和设备

传动与检测级 L0 等 3 个层次。焊管生产线 PLC 与 MES、操作 PC、快速设定 PC 之间均采用标准工业以太网通讯，PLC 与传动、检测设备间采用网络通讯连接。

（2）MES 主要功能是接收上级计算机（ERP）下达的生产计划，转化成实际的产品制造计划和设备控制参数，并控制实际生产过程，完成生产线调度、物料跟踪和生产数据采集等功能，实现产品从生产计划到成品产出全过程管理与控制。

（3）快速设定系统（QS）是一套快速换辊调整系统，是 MES 的重要内容，与基础自动化 L1 相连接，既向 Ll 发送设定数据，又从 L1 收集各产品规格实际生产调整时的辊位值，对优化的调整设定参数进行继承，作为下次生产的最新设定值。根据产品理化结果判定当前设置是否最优化，并选择是否覆盖原有数据。改变产品规格时，通过比较当前所生产规格与即将生产规格，并根据对头焊缝跟踪信息，快速设定 PC 自动向 PLC 发送轧辊直径、输送角、力矩、辊位设定值、焊接功率参考值和热处理温度设定值等。

（4）根据设备提供的焊接质量跟踪系统，以曲线或波形形式显示当前的焊接速度、焊接温度、焊接功率、各段热处理温度和功率、探伤缺陷类型等，并存入数据库供分析。

（5）基础自动化控制功能主要包括：自动顺序控制、料流跟踪、焊缝位置跟踪、钢卷对中控制、开卷机张力控制、活套充套量控制、主传动速度控制、轧辊位置控制、铣边控制、焊接功率控制、热处理温度控制和飞锯控制等。

（四）技术水平与业绩

宝钢 ϕ610mm HFW 焊管机组凭借其设备一流，管理先进，带钢资源及板管质量一贯制的优势，无论是产品品种，规格拓展，还是在产量、质量及效益方面均取得了国内同类机组最好的业绩。产品广泛应用于油气输送、油气开采、海洋平台及大型建筑物。

自 2005 年 10 月 27 日投产以来，依托宝钢股份一贯制优势，宝钢 HFW 焊管已经开发生产 B-X80 管线管，Q235-Q500 结构及低压流体管，H40-P110 油套管。2006—2018 年累计供货 HFW 焊管 165 万吨（2.35 万千米），其中 30%的产品出口到澳大利亚、加拿大、南美、中东、非洲及东南亚市场等海外市场。产品先后在中石油长庆三净-延电输气项目、印尼 TTU 管线项目、中海油南堡海管项目、中石化塔河油田抗酸管线，巴西矿浆 X70 管线、加拿大 Nexeng 公司的管线项目、加拿大 Husky 公司的管线项目、加拿大 Encana 公司管线项目、澳大利亚的 APA 管线、澳大利亚 Jemena 和澳大利亚 DBP 等管线项目得到应用。

六、中石油渤海江苏钢管公司 ϕ508mm HFW 焊管机组工艺设备特点

（一）基本情况

HFW 焊管机组参数如表 7-7 所示。

表 7-7　HFW 焊管机组参数

机组型号	规　格	投产时间	设计能力/万吨	2018 产量/万吨
HFW 机组	生产规格：ϕ177.8~508mm 壁厚：3.4~16.13mm	2006.5	15	3.7

（二）生产工艺流程

江苏钢管公司 ϕ508mm HFW 焊管机组生产工艺流程见图 7-9。

（三）主要技术特点

HFW 焊管机组在生产各类油、气输送管、低压流体输送用管及石油套管等主要产品的同时，积极提高公司科研攻关和市场竞争能力，先后完成了矿浆输送、低温站场、低屈强比石油套管、抗酸、特高压输电塔用钢管、X70M 高材质钢管、膨胀套管等一系列特殊领域用管的研发和批量生产。耐低温站场用 HFW 钢管焊接生产工艺、用 K55 钢级钢板 HFW 制造石油套管的方法、矿浆输送管道用 X65 钢级 HFW 钢管制造方法、一种用低碳高锰卷板制造 HFW 膨胀套管母管的方法获得国家知识产权局授权的发明专利。

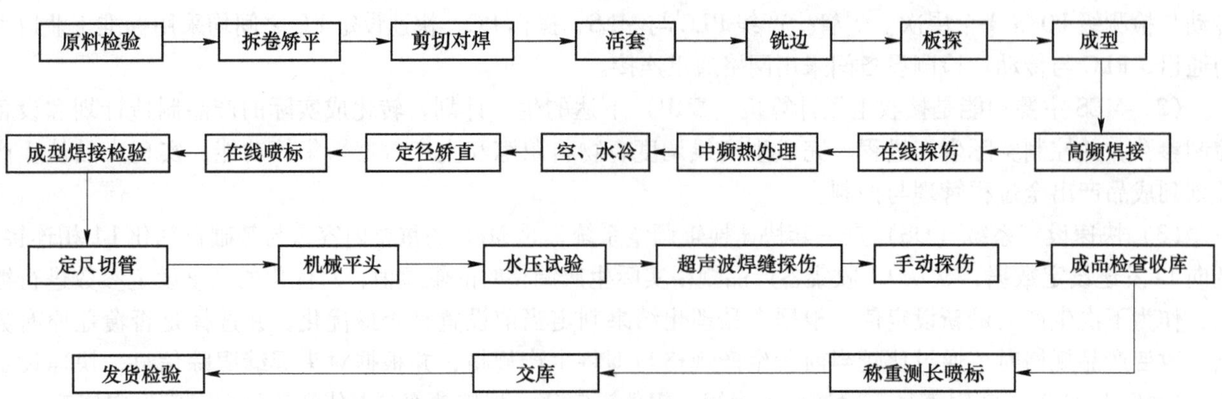

图 7-9　中石油渤海江苏钢管公司 ϕ508mm HFW 焊管机组生产工艺流程

为不断提高 HFW 焊管产品质量，我公司致力于对 HFW 焊管机组的生产工艺进行改进与提高。

（1）铣边工艺：为提高焊接质量的稳定性，于 2012 年引进了日本中田公司的 20in 螺旋式铣边机，替代原圆盘剪+刨边工艺，该铣边设备采用倾斜式圆筒形切削工具，配备 ϕ850mm 的标准小尺寸切削刀具，即有效降低了设备运转成本，又实现了稳定的高质量切断。同时，该铣边设备采用 CPC（Center Position Control）系统，该系统可使材料两端的切削深度平均化，避免由于钢带板宽波动致使切削不一致的情况。该系统主要通过 LED 传感器读取钢板的宽度，将宽度信号传入伺服电机，使两侧的切削刀头间距同时进行调整，确保板边加工宽度的一致性。

（2）成型工艺：采用日本中田公司的 FFX 成型技术与设备。FFX（Flexible Forming Excellent）成型技术代表了当今 HFW 焊管成型技术的最高和最新水平。FFX 成型机巧妙地利用了卷贴弯曲时的张力效应，最大限度地将扭矩施加到钢带的边部，可以根据钢带的强度和厚度，自由调节弯边时的成形度以实现最佳的焊接条件，为生产高品质、高钢级的 HFW 焊管奠定了坚实的基础。

（3）高频接触焊工艺：电极的电流密度对电极热量的产生具有很大影响，在电流输出一定的情况下，可以通过增大电极的接触面积，降低电极电流密度。采用双电极代替单电极更加有利于电极的散热，减少电极的损耗，提高焊接时电极的稳定性，基本杜绝电火花的产生，钢管表面质量大幅度的提高。同时，采用弹性方式取代风动方式进行压力调整。通过设定装置上压缩弹簧的长度，以获得所需的焊接电极与钢管表面之间的压力。同时由于弹簧具有一定的浮动特性，可以有效保证在板边成型质量稳定性差时（主要是钢板焊接对头前后的情况），设备工作的稳定性，降低电极的损耗。

先进的生产技术、国内高钢级和高性能材料卷板制造技术的提高，以及钢管成型、焊接和无损检验技术的发展，高频焊钢管的整体性能方面取得显著进步。为开发多用途的 HFW 钢管提供了有力保证。

（四）技术水平与业绩

HFW 焊管生产线自 2006 年建成投产以来，参与了西气东输二线、兰郑长、锦郑、辽营、呼包鄂、南疆利民、云南成品油、阿赛等多条国内重点油气输送管道建设项目，参与了浙江、安徽、山东、江西、河北、湖南等省的天然气管道支线及城市管网工程，同时还多次参与苏丹、尼日尔、印度、土库曼斯坦、哈萨克斯坦、阿曼、巴基斯坦、加纳等国家的重点项目建设。14 年来累计为国内外用户生产提供油气输送用管近 70 万吨。

七、中石油宝鸡石油钢管有限公司新型 SEW 油套管生产线工艺及设备特点

（一）基本情况

宝鸡石油钢管有限责任公司隶属于中国石油天然气集团有限公司，始建于 1958 年，国家“一五”期间 156 个重点建设项目之一，我国第一个油气管材及焊接材料研发和生产厂家。建厂 60 多年来，宝鸡钢管公司已发展成为我国规模最大、品种最全、市场占有率最高的专业化钢管公司，公司钢管最大产能达 260 万吨/年，其中套管和油管综合产能达 70 万吨/年。

2009 年，宝鸡钢管公司建成了国内装备先进的 SEW（Hot Stretch-reducing Electric Welding Technology）

油套管生产线，成功开发出了 API 系列 SEW J55、N80、P110 及 Q125 高性能套管产品，非 API 系列 SEW 高抗挤套管、SEW 膨胀管、SEW 抗硫管等产品，填补了国内空白，实现了批量化生产，目前已生产销售 SEW 油套管产品近 20 万吨。

（二）生产工艺流程

宝鸡 SEW 油套管生产线生产工艺流程如图 7-10 所示。

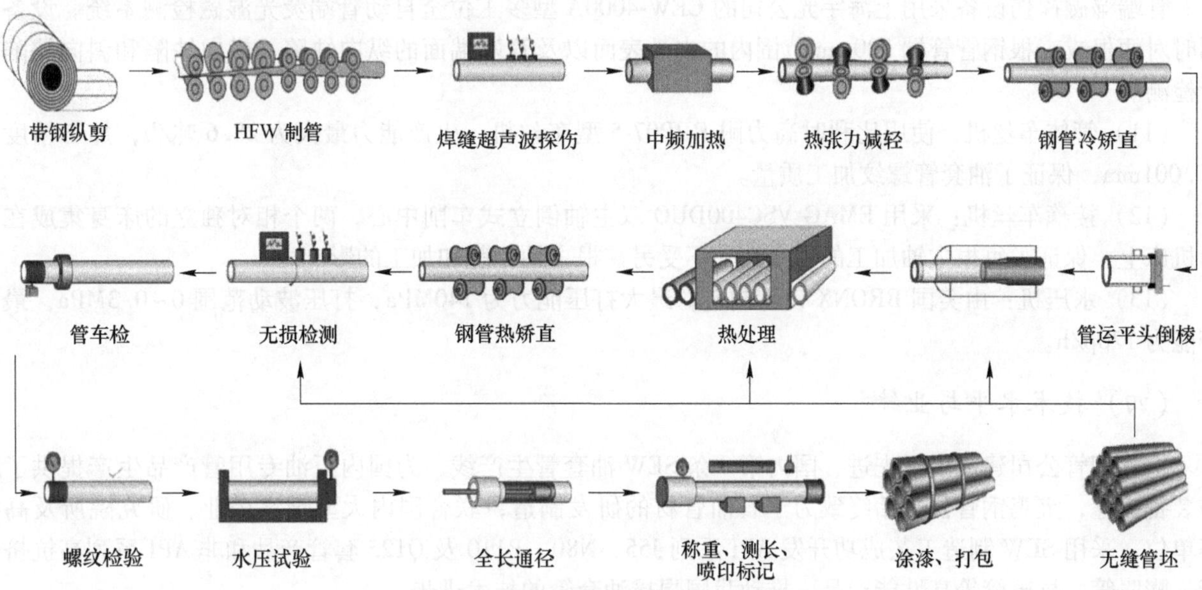

图 7-10　宝鸡 SEW 油套管生产线生产工艺流程

工艺布置的特点：

SEW 生产工艺：既采用“高频焊接+热张力减径+全管体热处理”组合技术，对生产的 SEW 管坯进行无损检测及螺纹加工，生产高性能 SEW 油套管产品。

（三）主要技术特点

（1）卷板纵剪：采用 2050mm 纵剪生产线每年可纵剪钢带 30 万吨，主要用于将单条钢带纵剪为多规格管坯所需宽度带钢，为高频焊接提供高精度钢带。

（2）铣边机：由奥地利 LINSINGER 公司设计制造，可年铣削热轧带钢 30 万吨。该设备主要由两刀盘、带钢宽度调整装置、带钢垂直导向和测量辊装置等组成，其设备先进、铣削质量好，为焊管焊缝质量提供了可靠的保证。

（3）成型定径机组：是高频直缝焊管生产的主要工艺装备，成型定径功能优良，为管坯连续稳定焊接提供设备保障。

（4）高频焊机：由美国 THERMATOOL 公司设计制造，可变频率固态高频焊机最高功率达 800kW，年产 30 万吨母管。

（5）焊缝在线检测：焊缝超声波探伤及内毛刺检测设备引进加拿大 INSPECTECH 公司生产的检测设备，焊缝检测探头采用 INSPECTECH 公司独特的晶片探头，不但可以覆盖整个焊缝及熔合线，而且可以覆盖焊缝熔合线两侧各 1.6mm 范围的母材；内毛刺检测采用 B 型扫描，纵波入射，分辨率达到±0.1mm。

（6）中频感应加热炉：由美国 Ajax TOCCO 公司设计生产制造，管坯在线加热速度快、温度均匀。加热母管最大规格：ϕ193.7mm。

（7）热张力减径机：张力减径机由德国 KOCKS 公司设计制造，星型驱动，24 机架，轧制辊可实现单独调速，满足张减机高产、多品种、高品质的要求。

（8）热处理设备：主要设备有淬火炉、回火炉和淬火装置。淬火装置采用“外淋+内喷+旋转”的淬火工艺，淬火冷却能力大于 40℃/s，钢管变形量小。生产能力最大为 50t/h，每小时最大生产管坯 150 根。

（9）矫直设备：由美国 BRONX 公司设计制造，采用六辊型，矫直后管坯质量可以达到以下指标：管体任意 1.5m 内直线度小于 1mm，管端 1m 范围内直线度小于 1mm，从一端至另一端拉线测量的全长直线度为小于等于管长的 0.05%，管体椭圆度小于 0.5%。

（10）无损检测设备：全管体漏磁探伤设备采用美国 Tuboscope 公司新型产品，设备由纵向检测单元和横向检测单元组成，可同时对管体纵向缺陷和横向缺陷进行检测，检测覆盖率超过 100%。

全管体超声波设备采用英国 UNICORN 公司 URP200S 型全自动超声波探伤系统，可同时对管体纵向缺陷、横向缺陷和分层进行检测，检测覆盖率超过 100%，并可根据标准要求对管体壁厚进行 100%测量。

管端湿磁探伤设备采用上海宇光公司的 CEW-4000A 型多工位全自动管端荧光湿磁检测系统。设备可同时对两根或三根钢管管端 500mm 范围内的内外表面以及管端端面的纵向缺陷、横向缺陷和斜向缺陷进行检测。

（11）管体车丝机：使用比利时高力耐 RPP07-5 型车丝机，生产能力最大为 28.6 吨/h，加工精度为 ±0.001mm，保证了油套管螺纹加工质量。

（12）接箍车丝机：采用 EMAG VSC400DUO 双主轴倒立式车削中心，两个相对独立的床身集成在一台机床上，保证了每根主轴加工的独立性，不受另一根主轴切削和加工的影响。

（13）水压机：由美国 BRONX 设计制造，最大打压能力为 140MPa，打压波动范围 0~0.3MPa，最大产能为 120p/h。

（四）技术水平与业绩

宝鸡钢管公司建成国际先进、国内第一条 SEW 油套管生产线，为国内石油专用管产品生产提供了新的装备支撑，宝鸡钢管公司始终致力于石油管材的研发制造，联合国内大型钢铁企业、研究院所及高校等单位，采用 SEW 制造工艺成功开发 API 系列 J55、N80、P110 及 Q125 套管产品和非 API 系列高抗挤套管、膨胀管、抗硫管等高性能产品，推动我国焊接油套管的技术进步。

截至目前，SEW 油套管已生产销售近 20 万吨，成功应用于长庆、青海、大庆、新疆、吐哈等各大油田，并出口哥伦比亚等海外市场。

八、江苏玉龙钢管股份有限公司方矩形焊管机组工艺设备特点

（一）基本情况

方矩形焊管机组参数如表 7-8 所示。

表 7-8 方矩形焊管机组参数

序号	机组型号	规格/mm×mm	投产时间	设计能力/万吨	2012 产量/万吨
1	400 方	(150×150)~(400×400) (150×250)~(300×500) 壁厚 4~14	2000	8	7.62
2	250 方	(80 × 80) ~ (250 × 250) (80 × 120) ~ (150 × 350) 壁厚 3 ~ 10	2005	5	5.74

（二）生产工艺流程

玉龙方矩形焊管机组生产工艺流程见图 7-11 所示。

（三）主要技术特点

（1）原材料宽度计算：生产同样规格的方、矩形管，采用直接成方工艺与采用圆成方工艺相比，圆成方工艺变形剧烈，轧制力较大，钢管产生了较大的延伸，再加之，在成型时一般考虑成型余量，因而所用带钢宽度较大。而直接成方工艺定径部分只有少量的整形延伸量小，故带钢展宽要小，即可省带钢用量约 2.4%左右，只要带钢宽度计算准确，轧辊孔型计算合理，生产出的成品管的几何尺寸和形状四个弯角有圆弧半径完全可以保证。

（2）轧辊孔型设计：轧辊设计成不同厚度规格的模片，通过不同的模片组合可生产出不同品种的方、

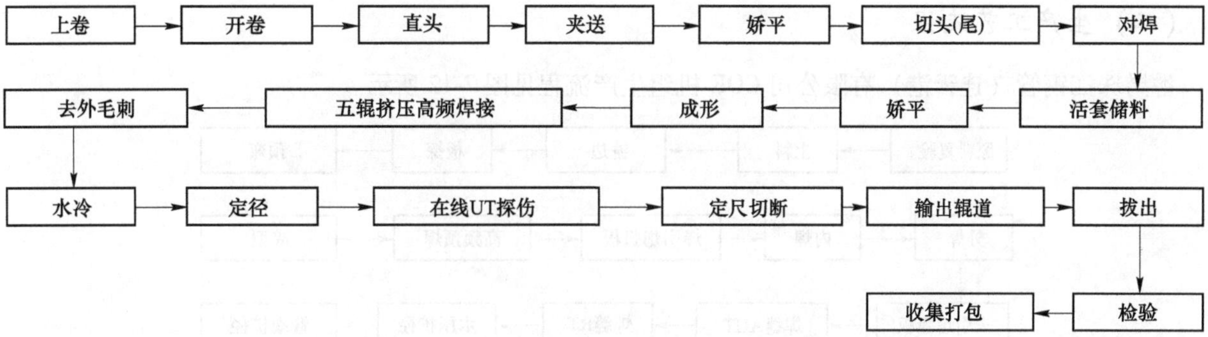

图 7-11　玉龙方矩形焊管机组生产工艺流程

矩形管。同一模片可参加组合合成不同的产品。轧辊模片的利用率高，通用性大，大大降低工装费用，调整简便。为了解决同一辊模弯曲角半径能够生产出不同的产品，弯曲角半径 R 的复杂情况。在料宽计算，料段分配等方面，我们采用了随机变化的计算方法，确保产品四弯角半径尽量符合用户的要求，而不是通常采用的更换辊模弯曲角半径的方法。这样可大量节约辊模投入费用，降低产品生产成本，增强市场竞争能力。

（3）直接成方工艺：由带钢逐渐成型、变形均匀、轧制负荷较小和分配合理，可充分发挥每个成型机架的能力。另外为提高辊模通用性，减少模片投入数量，在各成型道次底辊设计中，改变常规底辊直径递增的设计思路，而是采用各道成型底辊直径等同的工艺路线，实践证明，这种辊形尺寸完全能够满足板带直接成方对产品的质量保证。

（4）旋切飞锯机切割：2007 年 5 月公司对 400 方机组进行锯切改造，将原锯片切割改造成国际先进水平的旋切飞锯机切割。大大降低了噪音，钢管管端无毛刺，定尺精度 0~6mm，提高了产品质量。

（5）固态高频焊接：2012 年 8 月公司又对 400 方机组进行改造，将原电子管高频焊接方式改造成固态高频焊接方式，经使用电耗降低了 20%以上，焊接速度和焊接质量有明显提高。

（四）技术水平与业绩

近年来，公司在方矩形钢管规模不断壮大，开发新产品改进新工艺，目前公司拥有方矩形钢管机组 2 台，年产能达到 13 万吨，成为公司三大主产品之一。生产最大规格 400mm×400mm×14mm，材质 Q235、Q345 等。产品执行国家标准 GB/T 6725—2002，GB/T 6728—2002。200~400mm 方大截面方矩形钢管，被无锡市惠山区评为 2002 年科技进步二等奖，同时该产品制作的建筑钢柱梁获得国家知识产权局授予实用新型专利。1999 年我公司自行设计和研制了目前国内最大的 400mm 方冷弯型钢机组，摸索和取得一系列宝贵的试验资料和工艺参数，为后开发 250mm 方机组奠定了基础。

面对新的市场格局，玉龙股份采用立体营销战略，不断扩大国内市场份额，并且努力开拓国际市场，积极投身国际市场竞争，“玉龙牌”产品在满足国内需求的同时，也服务着众多国际知名企业。目前公司销售网络覆盖广西、四川、福建、海南、广州、深圳、沈阳、哈尔滨、西安、乌鲁木齐等全国大部分城市和地区，并远销至美国、加拿大、意大利、西班牙、智利、多米尼加、阿联酋、沙特、韩国、日本、泰国、越南、印度尼西亚、香港等国家和地区，为众多知名工程提供着优质产品，如“鸟巢”工程、“水立方”工程、国家大剧院、神华鄂尔多斯煤制油项目、神华包头煤化工有限公司煤制烯烃项目、中亚天然气管线配套工程、江西天然气工程等。

九、番禺珠江钢管（连云港）有限公司 COE 工艺设备特点

（一）基本情况

COE 生产线是番禺珠江钢管（连云港）有限公司成立后建立的具有自主知识产权，国际先进、国内外第一条采用 COE 制管技术可生产高频焊管和直缝埋弧焊管的生产线，年综合产能 30 万吨，生产规格为：高频焊管 ϕ250~762mm，长度 3~21m，壁厚 3.2~25.4mm；埋弧焊管 ϕ377~762mm，长度 8~12.5m，壁厚 6.4~25.4mm。材质：B、X42~X80。

（二）生产工艺流程

番禺珠江钢管（连云港）有限公司 COE 机组生产流程见图 7-12 所示。

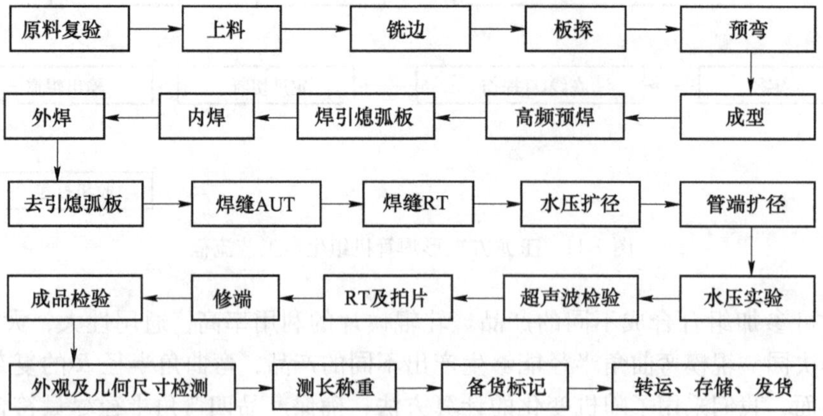

图 7-12　番禺珠江钢管（连云港）有限公司 COE 机组生产流程

（1）板边坡口的控制：采用 X 形坡口高速铣切技术，预设板边坡口利于焊接。

（2）板边预弯技术：板边采用连续空弯边技术，板边曲率一致，弧度达到预设要求。

（3）成型技术：采用连续排辊成型加封闭孔型弯曲成型技术，将钢板挤压成 O 形。

（4）预精焊技术：通过高频加热板边 1000℃，小挤压量焊接，保证板边坡口钝边焊合，保留内外坡口，以满足内外埋弧焊要求。

（5）内外焊接技术：采用多丝焊接，根据壁厚、材质设定不同焊接参数及焊丝焊剂匹配。

（6）钢管扩径技术：针对管径小，采用水压扩径工艺，根据管径选取外包模，并根据材质、壁厚、管径参数，设计扩径压力，对焊后钢管进行整形、消除应力。

（7）质量检验：通过多道 X 射线、超声波对钢管管材和焊缝进行检验，同时通过取样测试钢管，理化检验。

（三）主要技术特点

（1）板探设备：采用 90 通道超声波探伤系统，可同时监视耦合和板材缺陷，并配声光报警，自动喷标，自动记录功能，每张板（每卷钢卷）的探伤图都能随时查阅。

（2）铣边：采用奥地利林辛格高速铣切技术制造，自动对中，自动测量和铣头浮动，保证板宽一致，坡口一致，25.4mm 厚钢板最大铣切速度 20m/min。

（3）预弯机：三高公司采用德国技术制造，对板边进行连续预弯。

（4）排辊及成型机：三高公司采用德国内外排辊及翅片成型技术，多道次渐开式弯曲钢板，无鼓包，钢管几何尺寸优良。

（5）内外焊机：5 条内焊线，4 条外焊线配套采用林肯数字焊接电源，激光自动跟踪焊接，效率高，焊接质量好。

（6）扩径机：具有自主知识产权的水压扩径和水压试验一体机，效率高，钢管尺寸精度高。

（7）X 射线探伤机：采用德国平板探伤系统，水压前后两道配置，图像清晰，灵敏度高。

（8）焊缝超声波探伤机：水压前后各 32 通道，探伤配置，并配有耦合和焊缝缺陷实时声光、喷标报警监测系统，全面监控焊缝质量。

第三节　焊接钢管工艺技术装备的发展与进步

一、直缝埋弧焊管

直缝埋弧焊管的制造工艺有 UOE 成型、JCOE 成型、RBE 成型等，见图 7-13。这些工艺各有特点。

UOE 机组钢管成型质量好，机组效率高，产能高，但机组投资大，更换规格需要时间长，模具也较多，因此，非常适合单一规格大批量生产。RBE 机组是三辊辊弯成型，成型钢管质量较好，设备投资较 UOE 机组低，更换产品规格方便，中小批量钢管生产适用性强。但由于 RBE 机组受到上辊直径和挠度限制，而且钢管板边多采用后弯形式，虽然采用了上辊挠度补偿等技术进行了改进，在生产壁厚不是太大的钢管时质量也很好，但对于厚壁和大厚径比的中、小规格钢管很难满足生产要求。JCOE 成型为渐进式成型，成型质量好，成型后管体采用扩径工艺后，钢管的形状也完全能够满足长输管道用钢管需求。投资较 UOE 机组低，更换规格时间短，需要的模具也少。JCOE 机组对于钢管批量、壁厚和管径变化的适应性最强。目前，我国长输管线用直缝埋弧焊管的主流工艺是 JCOE 成型法。

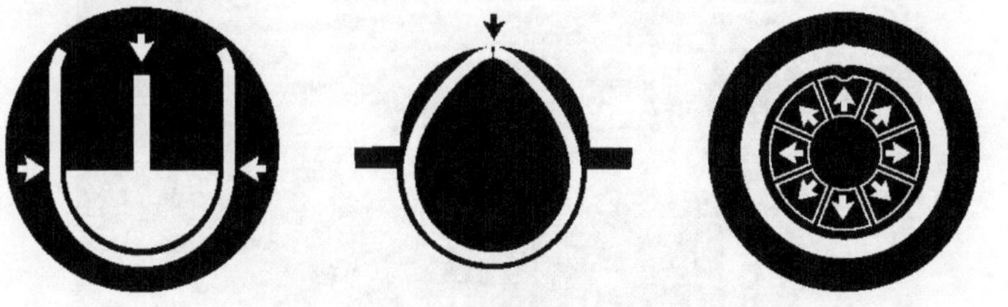

(a) UOE 成型

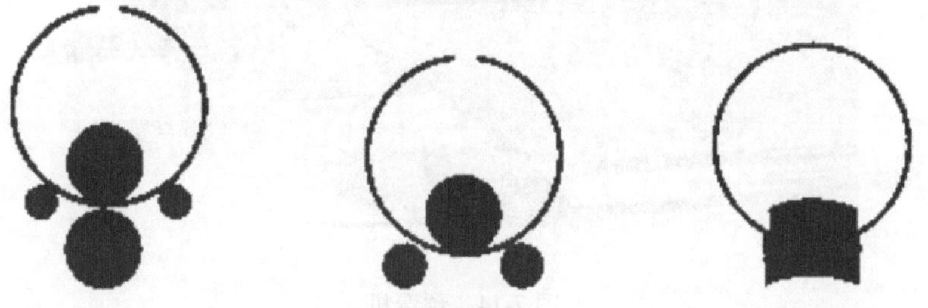

(b) RBE 成型

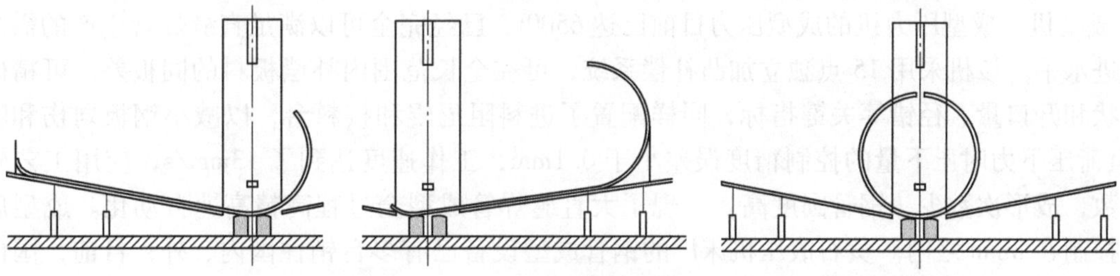

(c) JCOE 成型

图 7-13　各种成型工艺示意图

自 1998 年番禺珠江钢管公司引进二手 1829mm HM 设备以来，我国直缝埋弧焊管生产技术飞速发展。为了满足西气东输工程建设的需要，原国家经委将大直径直缝埋弧焊管国产化列为“十五”期间重大技术设备攻关专题项目，由渤海装备巨龙钢管公司（原华北石油钢管厂巨龙钢管公司）负责研制，通过与中国石油管材研究所、舞阳钢厂和鞍山钢铁公司一起开始进行 X70 针状铁素体管线钢、宽厚钢板及钢管的研制，在不到一年的时间快速实现了国产化，各项性能指标与国外等同。渤海装备巨龙钢管公司共为西气东输工程生产直缝埋弧焊管 14.8 万吨，此外还生产了 X60 钢级 $\phi 508\sim 914$mm，最大壁厚达 28mm 十多种规格的场站用管，满足了工程需要，打破了我国不能生产长输管线用直缝埋弧焊钢管的历史。

渤海装备巨龙钢管公司大直缝生产线的建设也带动了直缝焊管制管装备的进步和发展。巨龙第一条生产线根据国内当时的设备制造技术水平，采用了菜单式引进方式。对于国内在技术和制造能力都不成熟的设备整机进口如：JCO 成型机、浮动式高精度铣边机、机械式扩径机、水柱耦合式超声波探伤设备、多丝内外焊接设备等；对于国内加工能力具备但技术水平较低的设备采用技术和部分关键部件引进，其他部分国内加工的分交方式，如：板边预弯机、大功率连续式预焊机等；对于技术装备国内都比较成熟的设备由国内制造，如：水压试验机、管端倒棱机、X 射线检测设备以及生产线其他辅助设备。在保证整条生产线达到世界先进水平的同时，建设费用大幅降低。后续国内多条 JCOE 直缝生产线的建设也都借鉴了这种方式。

该生产线的成功建设也推动了国内大口径直缝埋弧焊管生产线建设，并且带动国内设备制造厂开始了直缝生产线设备的国产化研制。通过国内制管企业和设备制造厂的联合攻关，目前，JCOE 直缝生产线的主机大多数已实现了国产化，推动我国直缝制管装备国产化的企业主要有黄石锻压、天水锻压、西北机器、沈阳东基、哈尔滨焊接研究所和湘潭华进等生产厂家。其中最具代表性的主要有：

（1）预弯机：PB16000~32000kN 数控预弯机由两台可相对移动的下动式开式压力机组成。在数控系统和电液伺服系统控制下，每台压力机的两油缸单元同步驱动下模梁运行，定位精度 0.10mm。优化的模具曲线使预弯边有效弧长最大化。压制力可达 32000kN，预弯全过程自动化运行。

图 7-14　预弯机

（2）成型机：成型压力机的成型压力目前已达 6500t，已经完全可以满足直缝焊管生产的需求，达到了国际先进水平。该机采用 15 点独立加凸补偿系统，可在全长范围内补偿板料的同板差，可精确控制钢管几何形状和开口量、径错等关键指标，同样配置了进料阻尼辊和接料台，以减小钢板划伤和噪声。在 6500t 满负荷压下力时压下量的控制精度误差小于 0.1mm，工作速度达到了 13mm/s，应用工艺软件优化的工艺参数，成形次数少，钢管圆度高。实现了大直缝焊管成型全过程高精高速自动化。成型后的钢管椭圆度可控制在 3mm 之内。黄石锻压机床厂的钢管成型设备已有多台销往国内、外，目前，国内新建成的 JCOE 机组绝大多数都采用国内成型机。

图 7-15　成型机

（3）预焊机：TWC150~400kN 数控预焊机采用全数字实时控制电液伺服合缝辊。在合缝预焊的过程中，根据激光跟踪系统显示的错边误差与合缝间隙，通过数控系统实时调整电液伺服合缝辊，在负载条件下纠正错边量与合缝间隙。极大降低了停焊的概率和焊后人工修补量，大直缝焊管合缝预焊实现了优质高效。

图 7-16　预焊机

（4）铣边机：新型的 PFM90/800 型的钢板铣边机虽然重量减轻了约 30%，但在装机容量保持不变的情况下所能加工的钢板壁厚达到了 40mm，最大加工余量可达 25mm，且设备可根据不同的钢材等级、不同的加工余量、不同的板厚进行全自动加工，可见其已有较高的智能处理的能力。

图 7-17　铣边机

（5）扩径机：新型的机械扩径机也在控制和结构方面均得到了改善。一是将扩径拉杆分为了三段，将长度从整体的 18m 直接降到了拉杆 13m、油缸活塞杆 2.5m 和扩径头拉杆 2.5m，大大降低了细长拉杆的制造难度。且在拉杆联结方式上进行了改进，便于扩径头和拉杆更换，并且在螺母与螺杆间加上了作为易损件的螺纹护套，有效地对拉杆进行了保护。二是在扩径头各模具块的导向方面进行了改进，在模具的前后都设置了径向导向键，可保证模具块与锥体各面的充分结合，减少对模具的偏磨，又由于滑动面较紧密的结合而降低了扩径油的消耗量。

图 7-18　扩径机

（6）焊接设备：参考德国 U&S 公司斯柯特接法以减少焊丝之间的干扰，国内焊接设备集成研究成果显著，先后开发出了四丝焊和五丝焊接设备，采用数字控制，可以直接记录焊接参数，进行焊接过程的监控、记录，可有效保证对焊接质量的控制。哈尔滨焊接研究所成功地进行了内、外焊设备开发工作，近几年就已销售各种多丝内、外焊接设备 100 多套。

图 7-19 中石油渤海五丝焊接设备

（7）焊管辅助设备：随着技术的进步和人力资源成本的提高，我国焊管企业把越来越多的精力投入到提高工艺装备自动化和信息化水平方面，尤其机器人应用越来越广泛。早期仅有宝钢 UOE 生产线引进了引、熄弧板焊接机器人，近年来，喷标机器人得到了广泛应用，管端焊缝磨削机器人和管端几何尺寸激光自动检测机器人的研发也取得可喜进展，如渤海装备研究院研发的管端焊缝磨削机器人，在工业机器人上安装焊缝检测系统和磨削机构，可对焊管管端内外焊缝进行三维自动检测，自动获取焊缝形貌特征数据，智能化地规划机器人磨削运动轨迹，进行自动磨削。随着技术进步和研发的深入，机器人将会更广发的应用于焊管生产线的工艺装备上，对于提高生产效率和产品质量将会产生巨大推动作用。

图 7-20 管端焊缝磨削机器人

（8）焊管装备信息系统：随着信息技术的飞速发展，国内的焊管企业在生产线的信息化建设方面投入了大量的人力、物力，国内的多条生产线都建设了 ERP、MES 系统，还有部分企业建设了物联网系统，并实现了多个信息系统的融合，这些信息系统的建设不仅实现了从材料到成品钢管的生产全过程的监控，为钢管生产提供持续的质量保证，而且为满足客户管道全生命周期管理提供了有力的质量数据支持。同时，大大提升了制管企业的生产和经营管理水平。随着这些信息系统的深化应用和底层数据采集装备的不断完善，必将对我国制管企业质量控制和高效生产组织产生重大影响。

经过了近 20 年的发展，中国的大口径直缝埋弧焊管从无到有，并通过引进、消化、吸收和改进，除个别加工和无损检测设备的能力和精度与国外比较还有一定差距外，国内已经具备了绝大多数主机设备的制造能力，大口径直缝焊管生产线全线设备的配套制造能力，已经可以满足我国中国大直缝生产线建设的需求。目前，国内大口径埋弧焊管生产线除宝钢是全套引进的 UOE 设备，沙市钢管、中油宝世顺等采用部分关键设备引进模式建设外，后续建设的近 30 条生产线主机设备基本都是国内制造的。

大口径直缝埋弧焊管生产线的建设也带动了管线钢宽厚板的研制和钢管制造能力的提高，我国管线钢宽厚板从 2002 年开始仅能够生产几万吨的水平，发展到每年可以提供上千万吨钢板。用于油气输送管道钢管已经实现了 X80 直径 1420mm 大批量用于中俄东线。X90、X100、X120 高钢级钢管也已经完成了工业性试验。在海洋输送钢管、酸性环境服役钢管和低温钢管（服役温度-45℃）等特殊服役环境钢管也完全可以满足我国管道建设的需求，并有部分实现出口。另外，在海工（隔水管）、建筑等其他行业用管也取得了长足进步。

二、螺旋埋弧焊管

螺旋埋弧焊管主要采用一步法和两步法（预精焊）工艺生产。

螺旋埋弧焊管一步法生产工艺是采用钢卷经过拆卷、矫平、对焊、铣边后进入成型机成型，在大桥上先后完成内、外埋弧焊接，定长切断成单根钢管。再进入后续的检测和精整工序。即钢管的成型和焊接在成型的大桥上一次完成。一步法生产螺旋埋弧焊管成型、焊接工序一次完成，设备相对比较简单、投资少，钢管规格适应性较强，经过了多年特别是近 20 年的改进与完善，通过带钢边沿精确控制、重型铣边机的应用以及高刚性成型器的开发等技术改进，以及钢卷生产质量的提高。一步法生产的螺旋埋弧焊管在尺寸精度和焊缝质量等方面均达到很高的水平，完全可以满足高钢级（X80 以上）油气输送管道用钢管需求。

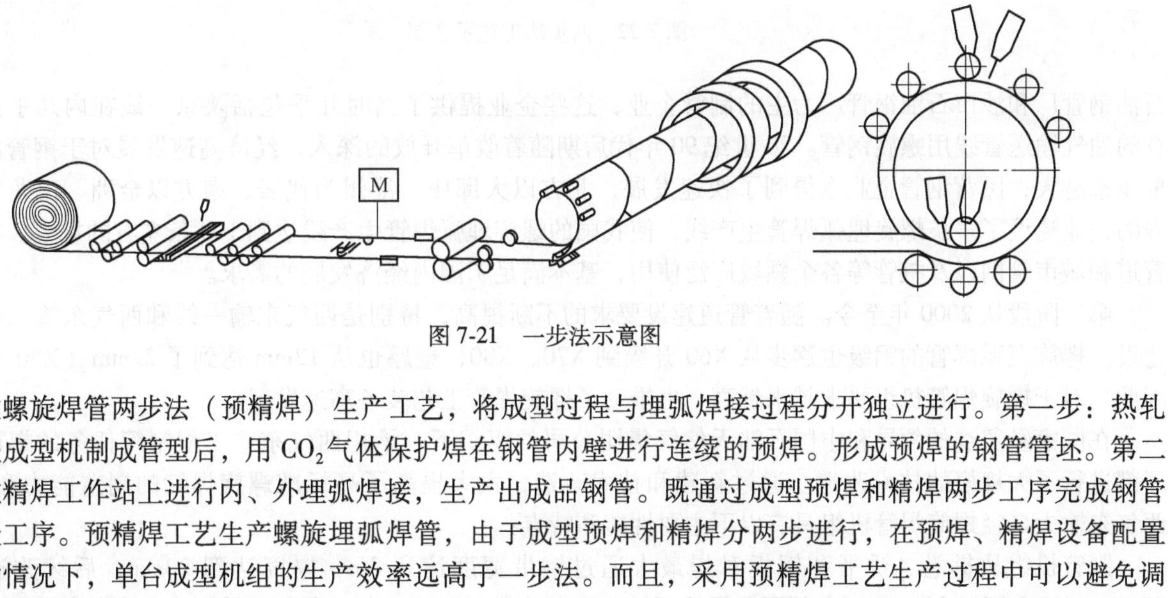

图 7-21 一步法示意图

在螺旋焊管两步法（预精焊）生产工艺，将成型过程与埋弧焊接过程分开独立进行。第一步：热轧钢带经成型机制成管型后，用 CO_2 气体保护焊在钢管内壁进行连续的预焊。形成预焊的钢管管坯。第二步：在精焊工作站上进行内、外埋弧焊接，生产出成品钢管。既通过成型预焊和精焊两步工序完成钢管的制造工序。预精焊工艺生产螺旋埋弧焊管，由于成型预焊和精焊分两步进行，在预焊、精焊设备配置合理的情况下，单台成型机组的生产效率远高于一步法。而且，采用预精焊工艺生产过程中可以避免调整管型导致内焊缝受力可能产生的裂纹。但设备比较复杂，对于精焊和高速预焊设备要求的控制精度都比较高，投资也较一步法高。

我国的螺旋埋弧焊管发展要比直缝埋弧焊管早很多。而且，管道建设需求有力地推动了技术进步和能力提升，焊管装备制造企业也为国家重点工程提供了强大的支撑。我国螺旋埋弧焊管的发展可以分为三个阶段：

第一阶段从 1958—1970 年，螺旋焊管早在 19 世纪 80 年代就已经出现，直到 1958 年研究出内外双面焊接工艺技术后，螺旋焊管在世界范围内才得到发展。我国螺旋缝埋弧焊管起步于 1958 年，从苏联引进一套 ϕ650mm 螺旋缝埋弧焊管机组，1959 年投产，仅能生产单面焊螺旋焊管，设计年产能 4 万~7 万吨。到 1965 年才首次实现双面焊接，1966 年为四川天然气输送干线生产了我国第一批 ϕ630mm 和 ϕ529mm 螺旋缝双面埋弧焊管。国内螺旋焊管在 80 年代之前，一直采用的都是苏联发明的活套坑式储料方式，实现连续生产。1970 年，大连起重机厂在沙市钢管厂首先应用飞焊车技术，螺旋埋弧焊管的制造技术和质量水平有了明显提高。

第二阶段从 1970—2000 年，随着石油工业的发展和管道建设的需求，从 80 年代开始我国陆续建成了几个焊管企业，形成了以宝鸡石油钢管厂、华北石油钢管厂、辽阳石油钢管厂、胜利石油钢管厂、资阳

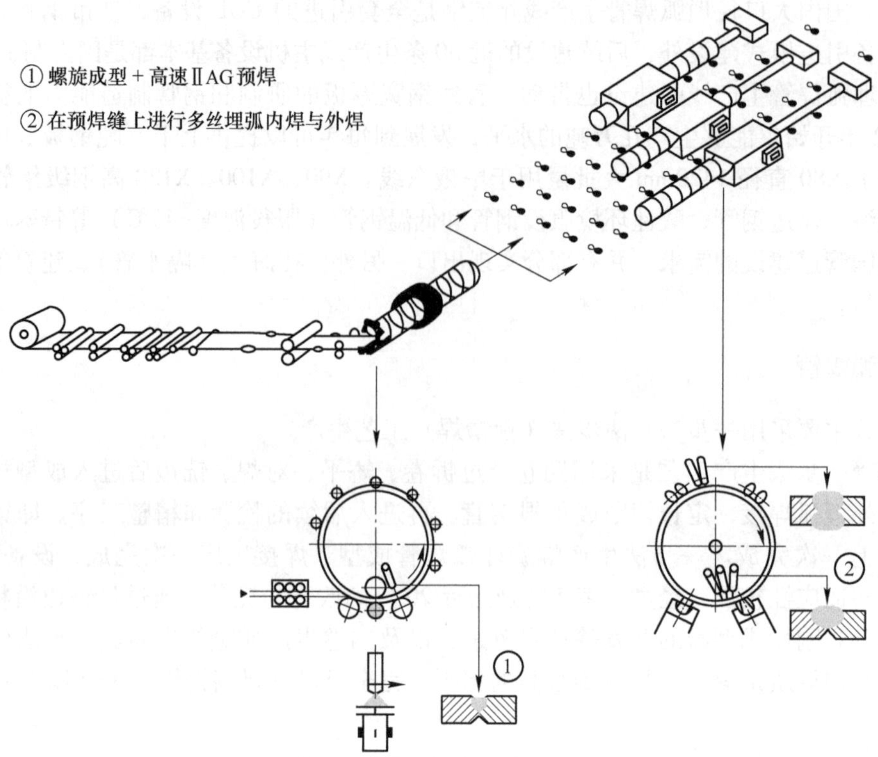

图 7-22 两步法工艺示意图

石油钢管厂和沙市石油钢管厂为主的制管企业，这些企业提供了当时几乎包括陕京一线在内几乎国内所有的油气输送管线用螺旋钢管。20 世纪 90 年代后期随着改革开放的深入，经济高速发展对于钢管的需求量越来越大，民营钢管企业也得到了快速发展，北方以大邱庄、沧州为代表，南方以金洲、玉龙等为代表的企业建设了多条螺旋埋弧焊管生产线，使我国的螺旋埋弧焊管生产线达到 100 条左右的规模。在长输管道和城市管网以及桩管等各个领域广泛使用，基本满足了国内经济发展的需求。

第三阶段从 2000 年至今。随着管道建设要求的不断提高，特别是西气东输一线和西气东输二线管道建设，螺旋埋弧焊管的钢级也逐步从 X60 升级到 X70、X80，壁厚也从 12mm 达到了 22mm（X80 钢级）。因此，对于螺旋焊管机组要求越来越高，也推动了螺旋焊管工艺装备高速发展。

在国家经贸委的领导和中国石油天然气集团公司的组织下，承担西气东输工程制管任务的螺旋钢管厂都进行了大规模的技术改造。通过新建和技术改造，大大提高了高标准螺旋焊管的制造能力和产能。西气东输大口径螺旋焊管机组具有以下主要性能和特点：

制管机组从拆卷、矫平和钢板对焊最大通过钢带宽度达到 2m，厚度达到 20mm，后续改造达到 25.4mm(X80 钢级 22mm)；全部配备了重型铣边机（多数机组是双铣边机），可以对钢带边缘进行焊接坡口铣削加工，并可在很大程度上减少月牙弯的影响，满足厚壁钢管成型、焊接要求；成型器的成型能力十分强大，可以满足 X80 钢级 ϕ1420mm×22mm 大口径高强度螺旋焊管精确成型的要求；改进了内外双丝埋弧焊接设备，可以焊接厚度达 25.4mm 的钢管；配置了管端扩径和焊缝自动打磨设备，以提高钢管管端的尺寸精度；配置了钢板或管体分层超声波自动探伤、水压试验后焊缝超声波探伤和 X 射线工业电视探伤和管端拍片检验设备，全面满足了无损检测工艺配置要求；配置了强大的精整设备和 2000t 水压试验机，适应大口径高强度钢管加工检验要求；建立了计算机化的质量信息系统；建设了钢管外防腐和内涂层作业线。通过这些技术装备的不断改进，使我国螺旋焊管的技术水平大大提高，也大大推动了螺旋焊管在油气长输管道的应用，西气东输一线、二线、陕京二线、三线以及后续的中俄东线等大口径天然气输送管道螺旋焊管应用比例超过了 50%。

在螺旋焊管高速发展阶段，我国螺旋焊管的装备制造能力也得到了高速发展，设计研究和制造螺旋焊管的企业主要有西安重型机械研究所、太矿设计院、太重、西北机器、沈阳东基等设计制造企业。最具代表性的装备有：

（1）厚壁钢管高精度成型器：在生产实践中技术人员经过反复实验总结发现，只要螺旋焊管成型器刚性好、控制精度高，成型后的管体也可以达到非常好的精度。在渤海装备华油钢管公司（原华北石油钢管厂）与太重合作于2001年开发出了首台新型成型器，该成型器不仅刚性好、精度高，而且改进了二号辊的压下和调整方式，成型小辊也采用了轴承辊，同时，进行了首次ϕ1016mm×14.7mm X70螺旋焊管的试制，实现了钢管的精确成型，成型后的钢管残余应力控制良好，实验钢管所取的环切试样开口均为负弹复。在此基础上开发了新的西气东输螺旋焊管生产线使用的成型器。该成型器对X70钢级板材的成型能力为ϕ1650mm×20mm，经后续改造其成型能力X80钢级ϕ1422mm钢管壁厚达到22mm，螺旋焊管的制造能力有了质的飞越。

图7-23　厚壁钢管高精度成型器

（2）螺旋钢管管端整圆机：采用管端扩径工艺提高螺旋焊管尺寸精度，国内没有先例。管端扩径只在管端进行，不能采用太大的扩径率，还要在扩径区与未扩径区之间设置过渡区。选择合理的扩径参数是成功的关键。原华北石油钢管厂和天水锻压合作于2000年研制出第一台管端扩径机。利用首台样机研究了钢管在不同扩径量时的变形规律。在西气东输所有螺旋钢管生产厂家推广。高精度成型和管端扩径技术的结合，使钢管的外径控制达到了前所未有的水平。管端直径公差减少到2mm以内，圆度也有明显改善。为现场施工对焊创造了良好条件。

图7-24　螺旋钢管管端整圆机

(3) 大吨位端面密封水压试验机：早期的水压试验机基本采用端面密封，采用麻辫作为密封材料容易泄漏，而且需要经常更换。后期有采用径向胶圈密封技术，但胶圈也需要经常更换，更换也非常困难。华北石油钢管厂在钢管水压试验机上首次使用了端面胶圈密封，并采用电液比例控制替代原有的机械式端面水压、油压平衡装置，大大提升了端面密封胶圈的使用寿命（一对密封胶圈可试压超过 100 根钢管），降低了钢管水压过程中造成的压弯。现在国内生产的水压试验机几乎都采用了新型的电液比例控制技术，控制精度非常高。螺旋焊管生产线配置的水压试验机达到甚至超过 2000t。

图 7-25　大吨位端面密封水压试验机

(4) 螺旋焊管管端尺寸综合检测设备：随着管道建设现场对焊施工的技术进步，越来越多地采用全自动化焊接和检测，对于钢管管端尺寸精度要求越来越高。多个钢管生产厂家都采用了管端尺寸综合检测设备，该设备由高精度激光测距传感器、激光视觉传感器、精密机械执行机构等组成，通过激光视觉图像处理、数据空间拟合、钢管宏观尺寸模型分析，自动测量钢管管端上下坡口角度与长度、钝边高度、周长、不圆度、长短轴位置等。通过大口径钢管宏观尺寸不依赖于人的全自动测量，避免了由操作技巧、读数等带来的测量人工误差，提高了大口径钢管管端宏观尺寸测量精度、数据可靠性、客观性。可实现多维度分析，为基于大数据分析的产品质量管控、工艺改进提供数据支撑。同时为现场对焊提供了数据支持。

图 7-26　螺旋焊管管端尺寸综合检测设备

(5) X 射线数字检测设备：90 年代的 X 射线焊缝在线检测采用图像增强器、模拟摄像机。目前领先的焊管制造企业已经大量采用平板 DR 数字成像技术代替传统 X 射线工业电视系统与 X 射线拍片。相比于基于影像增强器的 X 射线工业电视系统，DR 技术在检测灵敏度、检测效率、辐射剂量等方面更具优势。DR 检测静态灵敏度可达到 1.2%，远超过 API 5L 及 GB/T 9711 等标准规定的拍片或图像增强器 2% 灵敏度要求，DR 检测动态灵敏度可达到 2%，远超过 API 5L 及 GB/T 9711 等标准规定图像增强器的 4% 灵敏度要求。DR 数字成像也推动了 X 射线自动评片系统的研制。

(6) 信息系统的应用：随着信息技术和通信技术的发展，螺旋焊管机组信息化也得到了迅速发展，华油钢管公司和清华大学信息中心从 2003 年开始合作研发焊管生产信息管理系统，经过了 16 年的研发和不断改进，形成了具有自主知识产权的焊管生产信息管理系统（MES），该系统拥有强大的软件整体架构能力，功能逻辑清晰，模块化开发设计，数据库统一分层管理，形成了一套从卷板、销售、生产、理化

图 7-27　X 射线数字检测设备

试验、质量分析、发货管理、多种文字质证书、码单、生产检验中英文报告实时导出的全生命周期一体化、信息化管理的完整体系，经过多年运行系统稳定可靠，为精益生产、精益管理、智能制造提供大数据支撑。

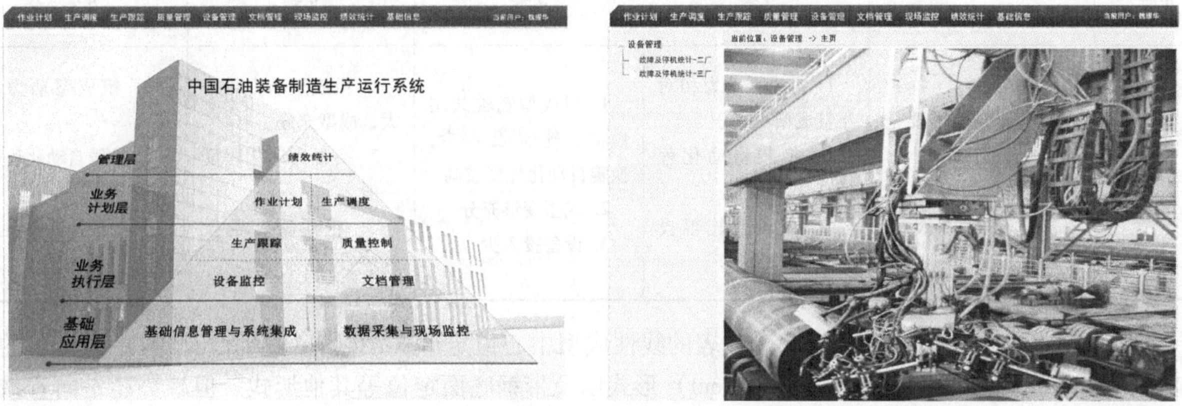

图 7-28　信息系统的应用

鉴于我国的工业基础，螺旋埋弧焊管的一步法完全基于国内设备，得以率先发展，低应力成型和残余应力控制、管端扩径和无损检测等技术、高韧性焊丝焊剂的应用，使我国螺旋焊管的质量大大提高，钢级从低到高（X90），壁厚从薄到厚（22mm），管径从小到大（3040mm）。但由于螺旋焊管对焊缝要求越来越高，两步法获得高速发展，虽然目前与国外相比较，还需改进，但总体上，螺旋埋弧焊管装备基于中国自己的力量。如今，我国已有多套螺旋焊管机组已经具有 X80 钢级 ϕ1422mm×22mm 的生产能力，其中相当一部分可采用预精焊工艺生产。多条生产线进行了信息化改造，建立起电子化的质量信息系统，提高了质量保证能力。螺旋焊管已经批量供应了 X80 钢级 ϕ1422mm×21.4mm 高钢级管线钢管，并已经进行了 X100、X120 钢管试制。在其他的行业中螺旋焊管以其特有的优势也得到了广泛应用，番禺珠江钢管生产出了长达 130m 的桩基用管。在城市建设中大口径的输水管道的直径也超过了 3m。经过了多年的发展特别是近 20 年的飞速发展我国的螺旋焊管不仅满足了国民经济发展的需求，还大量出口到世界各地。

三、直缝高频焊接钢管（HFW）

直缝高频焊接钢管由于其管径小、投资较少，是在我国首先发展的焊接钢管。也是关系国计民生的重要产品，经过了多年的发展，我国在小口径（ϕ325mm 以下）直缝高频焊管方面无论从产量到品种规格，都能够满足我国各行业用管需求。钢管制造机组制造能力也完全满足了钢管制造企业的需求。20 世纪 90 年代末随着经济的发展，我国对中口径焊管的需求不断增加，鉴于当时的制造能力我国从国外引进了中口径直缝高频焊管生产线，特别是 2000 年前后引进了不同国家和技术类型的多条生产线，成型机组的主要特点如表 7-9 所示。

表 7-9 不同国家成型机组的主要特点对照

比较项目	传统 W 成型机组	德国 SMS MEER	日本 NAKATA	美国 ABBEY	韩国 MILL TECH
粗成型辊花设计	W 成型	小弯边渐进法+C 成型	充分弯边渐进法	大弯边渐进法+C 成型	C 型变形再弯边法
粗成型	平辊、立辊交替结构，主传动平辊 4 架，不能共用，完成带钢变形 40%	平辊+单个弯边 10%带宽+1 架主传动+排辊，需要 4 套辊更换，完成带钢变形 40%	单个弯边 20%左右带宽，5 架可共用粗成型，4 架立辊，完成带钢变形 75%以上	4 架主传动+单个弯边 15%，需要 4 套辊更换，完成带钢变形 50%	2 架主传动+单个弯边 15%，需要 4 套辊更换，完成带钢变形 40%
线成型段	3 组以上立辊组成	内撑辊+排辊	—	排辊	排辊+内撑辊
精成型	3 架平辊+2 架立辊	3 架	2 架	3 架	3 架
挤压辊	1 架	1 架	1 架	1 架	1 架
定径	4 架平辊+3 架立辊+土耳其头	4 架	3 架	4 架	4 架
优缺点	1. 每个规格需要全部更换轧辊 2. 换辊效率低 3. 轧辊采购投入大	1. 粗成型动力相对小且成型不充分 2. 换辊自动化程度高 3. 粗成型轧辊投入少	1. 粗成型轧辊共用性高，轧辊投入少，换辊自动化程度较高 2. 成型变形充分 3. 设备投入少	1. 粗成型动力相对大，成型充分 2. 换辊自动化程度一般 3. 粗成型轧辊投入多	1. 粗成型动力相对大 2. 换辊自动化程度一般 3. 粗成型轧辊投入较多

从成型技术主要有以 SMS/MEER 为代表的线性成型中心恒定形式，以 NAKATA（日本）为代表的柔性辊式成型（FFX，Flexible Forming Excellent）形式以及带钢底面定位等其他形式。但趋势还是向着减少工具辊、提高换道速度和自动化控制程度发展。国内中口径直缝高频焊管设备的制造能力也是通过引进、消化吸收在不断提高，特别是随着我国制管业需求的推动和国内机械制造能力的提高，国内设备制造厂在中口径直缝高频焊管成型设备的制造能力方面也有了长足进步，已有多条生产线是采用国产成型机建设的，而且钢管成型质量也能够满足高精度焊管的要求。

我国的 HFW 焊管生产线不管是小口径还是中口径一开始基本都是全套引进的，后期逐步国产化制造。中口径直缝高频焊管设备初期几乎都是全套引进的，后期基本采用主机引进，其他设备国内配套的方式。我国目前在中口径直缝高频焊管机组的成型前准备设备、焊接后的飞锯以及精整区的水压试验机、平头机等都已具备了较强的配套生产能力。基本形成了整线的加工供货能力。

从中口径直缝高频焊管生产线整线来看，我国在中、高频电源设备和无损检测设备方面与国外相比还有一定的差距。比较有代表性的是挪威 EFD 公司和美国 THERMATOOL 的感应加热电源。在焊接电源运行的可靠性、功率控制精度以及效率上国产电源还有一定差距。国内主力的中口径直缝高频焊管生产线主要还是配置的进口焊接和热处理设备。无损检测也多是配备的进口设备。

从 HFW 钢管的发展看，早期主要是应用一些民生方面，主要是自行车、家具、建筑用的小口径水、煤气管道等，20 世纪 90 年代后逐步开始应用于长输管道，这期间国内从欧洲、美国和日本引进了多条生产线，但由于当时用于生产该钢管的带钢质量水平和钢管质量控制水平限制，在长输管道应用中曾出现过一些问题。而且，2000 年后飞速发展的直缝埋弧焊管，对中口径（ϕ406～660mm）HFW 焊管的市场也造成了一定冲击。为此，一些 HFW 焊管生产厂家也注意到这些问题，投入大量精力进行 HFW 焊管的质量改进和控制，HFW 焊管的质量有了质的变化。近几年在长输管道又有大量的 HFW 焊管投入使用，尤其是原油和成品油管道。

宝钢的 ϕ610mm HFW 机组通过不断的技术研究和改进，采用从炼钢、热轧钢卷到高频焊管全过程质量一贯制管理。同时，改进了全板超声波探伤设备，采用均匀刚性（URD）成型和定径机架，使成型过程充分、稳定，成品尺寸精度优良。采用最大功率为 1800kW 的大功率高频焊接技术，满足高品质、厚壁管的焊接质量要求。采用 2×2400kW 配置的二组在线焊缝热处理装置，可实现焊缝在线 N、Q+N、Q+T 等工艺的热处理，满足厚壁、强韧性等方面的要求。为多个管道输送项目提供了钢管，也取得了良好的经营绩效。

除了在提高 HFW 焊管品质方面，我国的钢管制造企业还在其他方面进行了大量的技术研发和改造工作，为 HFW 钢管寻求出路。宝鸡钢管通过技术改造建成了以 HFW 钢管为母管的 SEW 焊管生产线，通过后续的钢管热张力减径和热处理大大提升了 HFW 焊管焊缝的性能，基本实现了 HFW 焊管的无缝化。采用 SEW 工艺生产的钢管，宝鸡钢管开发出了 SEW J55、N80Q、P110 系列钢级套管，产品的壁厚均匀性好，在抗挤毁性能等方面表现出了优良的性能。珠江钢管利用 HFW 钢管的焊管部分作预焊，后续增加埋弧焊接形成了既可以生产 HFW 焊管，也可以生产中、小口径直缝焊管的 COE 机组，为 HFW 焊管开辟了新的市场空间。

埋弧焊管主要还是用于油气输送管道，在几何外形和尺寸上要求的精度不高，而直缝高频焊管也可用于输送油气外其用途更加广泛。除了大量用于民用的输送管道以外，其高端产品还可用于油井管、锅炉管。精密焊管还广泛应用液压缸体、汽车传动轴等机械管。而且，高频焊管还具备了很强的可加工能力，矩形管和异性钢管也多采用此类钢管加工。并广泛用于各行各业。目前我国的高频焊管厂产能达到了 5200 多万吨，品种规格也达到了 2000 多种，对我国各行各业的支撑起到了不可或缺的作用。

四、焊接钢管生产线的技术升级和改造

（一）指导思想和原则

确定我国焊接钢管生产线技术升级和改造的原则，首先要认清焊管产业面临的形势特点。第一，经过改革开放以来的持续高速发展，我国已建立了强大的焊管产业，拥有了一大批具有国际先进水平的生产线，机组产能和焊管产量多年来雄居世界第一，产品门类齐全，完全满足国内管道建设需求；第二，我国制造业产能利用率不足 80%，焊管机组的产能利用率也处于这一水平，有相当一批焊管企业订单不足，长期亏损，因此，从经济效益方面考虑，新建生产线已不可取。

从第二章可知，我国现有的 7000 万吨焊管产能中，最多的是外径 ϕ400mm 以下的中小直径高频焊管（HFW）机组，产能约 4600 万吨，占比 65%，其主要产品是一般水煤气管和建筑用脚手架管等；管径 ϕ400mm 以上，最大管径 ϕ660mm 的 HFW 焊管产能约 700 万吨，占比 10%，主要用作城市供水、供热和供气管网，也有少量用于成品油和天然气管道甚至海底油气管道；螺旋埋弧焊管机组产能约 1000 万吨，占比 15%，直缝埋弧焊管机组产能约 700 万吨，占比 10%，一部分高端产品用于天然气长输管道，其余用于城市燃气及供水、供热和供气管网。

我国焊管产业面对不同目标市场的不同生产线应采取不同的技术改造策略。我国的小口径 HFW 焊管早已实现了集约化生产，一套机组专门生产一种口径钢管，常年不换道连续生产，这已经是比较理想的集约化生产模式，成本低，效率高。这些生产线应注意节能降耗和环境保护。而油气长输管道（包括海底管道）对安全要求极高，应以提高过程控制水平为中心，进一步提高钢管质量保证能力和实物质量水平。

（二）高频直缝焊管机组

我国 ϕ400mm 以上高频焊管机组装备普遍较好，特别是采用等刚性机架成型机和 FFX 成型机的生产线，其成型质量好，信息化程度高。采用全固态高频机和中频热处理装置。装备水平已趋于完善。技术改造的主要目标应注意加强 ERP 和 MES 系统建设，提高焊管质量的过程控制水平，吸取过去发生的几次长输管线服役前水压试验泄漏事故的教训，提高管道业主对 HFW 焊管质量的信心，扩大其在油气长输管道上的应用范围。

对于小口径水煤气管机组，则应以节能降耗为重点，推广节能的固态焊接电源，在这方面，我国的焊管装备厂家应该大有用武之地。

我国焊管界对 HFW 焊管机理的研究是短板，相比之下，日本的焊管界在 20 世纪 70 年代曾经举全国之力进行了 HFW 焊管机理的联合研究，取得了丰硕成果，使日本的 HFW 焊管技术和质量处于国际领先

水平。我国焊管界有实力的焊管企业应与科研院所相结合，进一步加强 HFW 焊管的焊接机理研究，进一步提高我国 HFW 焊管的技术水平。

对于焊管热镀锌生产线，由于国家对于环境保护的力度不断加强，企业必须高度重视污染治理和废酸、废水清洁循环利用。可借鉴重钢钢管厂采用废酸、废水治理新技术，变废为宝，节能环保的经验，不仅改善了环境，使企业与城市和谐相处，而且企业还可从中获利。

（三）螺旋埋弧焊管机组

对于生产低压输水和供热管和桩管的螺旋焊管机组，技术要求不高，无须进行技术改造。

我国不仅在国内的陆上油气长输管道大量采用螺旋焊管，在中亚和中缅油气管道也是如此。在国际上，美国、加拿大和土耳其、印度等国的油气长输管道也大量应用螺旋焊管。但天然气长输管道对螺旋焊管的质量要求极为严格，不仅要保证管体和焊缝的强度要求，而且要求钢管具有优良的抗低温断裂和延性断裂扩展的能力。随着螺旋焊管在天然气长输管道的应用范围不断扩大，以及对管道安全要求和完整性管理技术的不断发展，对生产长输管道用管的螺旋焊管机组的技术改造和升级要求日益迫切。

螺旋焊管机组成型的数字化控制技术与直缝埋弧焊管机组还有很大差距，对成型的核心装置-三辊弯板机，尤其是 2 号辊，绝大多数还是采用手动调节，对带钢厚度和强度的变化不能实现闭环自动控制。开发具有智能控制的成型机的时机已经成熟。

螺旋焊管的焊接目前已大量应用数字化焊机，其动态控制精度和快速响应能力保证了焊接参数的稳定，而且节能效果显著，应大力推广。有些已经建成的预精焊机组，其效率和效益还有待提高，应完善其自动控制系统，实现一键式操作，减少操作人员，提高质量和效益。

螺旋焊管的原料-热轧带钢的无损检测无法在钢厂的制造过程中进行，只能在焊管厂开卷后进行，受生产线条件制约，一般安排在制管后进行管体分层等缺陷的无损检测，但扫查面积难以达到百分之百。随着管道完整性管理和智能内检测技术的进步，其灵敏度已经大大提高，可以检测到许多原来管厂中难以发现的缺陷，如接近内表面的母材分层缺陷，而此类缺陷在服役中是难以排除的，仅停输时释放的管段内的天然气就价值数千万元。因此，管道业主强烈要求螺旋埋弧焊管应和直缝埋弧焊管一样，实现母材的百分之百无损检测，否则将考虑采用直缝埋弧焊管取而代之。因此，螺旋焊管厂应重视管道业主的要求和关切，与无损检测装备生产厂协作攻关，争取尽快突破。

螺旋埋弧焊管生产线的质量过程控制系统与国外先进直缝埋弧焊管厂家还有很大差距，应借鉴欧洲钢管公司等的经验，开发和完善螺旋埋弧焊管生产线的质量过程控制系统。

在补焊、修磨和管端无损检测方面推广小型工业机器人的应用。以减少用工和人为因素对产品质量产生的波动，提高螺旋焊管质量保证水平。

（四）直缝埋弧焊管

我国的直缝埋弧焊管机组装备和信息化水平较高，可以满足陆上和海底天然气天然气管道用管的要求，但也要密切跟踪国际焊管技术和装备发展的动向，即使更新我们的装备水平。如国内直缝埋弧焊管绝大多数为 JCOE 机组，而且关键主机均可以国产化。但我们也要看到 JCOE 成型技术的发展，如德国西马克公司的新一代 JCO 成型机的结构已经发生了根本性的变化，通过纵向和横向梁的组合，可成型钢管的长度提高到 18m 甚至 24m。新开发的形状控制系统通过视觉传感器和智能控制系统，使 JCO 成型技术从开环的数控折弯成型发展到闭环的智能成型，大大提高了成型质量。

由于中俄东线天然气管道全自动焊工艺的全面应用，对钢管的管径和圆度公差提出了更高的要求，直缝埋弧焊管的成型、扩径和成品检测都要及时进行升级改造，特别是要配置和完善钢管尺寸的激光自动检测系统。

由于天然气管道钢管的最大壁厚已增加到接近 40mm，对于保证钢管的低温韧性和焊接质量都是极为严苛的挑战。在钢管的材料、成型焊接技术和无损检测技术和装备方面都要进行相应的升级改造，以满足大壁厚钢管大热输入焊接带来的焊接缺陷和热区软化等一系列问题，消除焊接缺陷，保证焊接接头质量。

中国焊管业的发展和中国其他工业发展基本一致，在1949年几乎没有任何基础，随着新中国的成立，社会主义建设事业的发展我国焊管业也是从无到有、从小到大。特别是改革开放以来的40多年，焊管行业更是得到了飞速发展，焊管技术、装备都达到了世界先进水平，以管道建设用管线钢管为例，我们用20多年的时间赶上了国外50多年的发展历程，X80钢管应用更是处于领跑世界的地位。焊管的产能、品种雄踞世界第一。只要我们关注世界焊管市场的发展动向，持续保持和加大科技投入，开展焊管工艺技术和装备的研究，不远的将来就将实现我国从焊管大国向强国的转变。

第三篇

品种发展与标准体系建设

PINZHONG FAZHAN YU BIAOZHUN TIXI JIANSHE

第八章　主要品种的发展

新中国成立初期，我国不能生产一支无缝钢管，焊管也是采用简陋的成型设备和手工焊接的方法。由于手工焊接的质量不高，仅能生产床架管、电线套管等，连最普通的民用自来水管、煤气管也难以生产，我国经济建设需要的钢管，大部分从国外进口。1953 年 12 月 26 日，鞍钢无缝厂 ϕ140mm 自动轧管机组建成投产，并生产出了新中国第一支无缝钢管，开始了我国自己生产无缝钢管的历史。为了解决国家建设的需要，鞍钢投产后的第二年就开发和生产出石油油管、轴承管和镀锌管等产品，开启了我国钢管品种的发展之路。改革开放以后，钢管品种不断创新繁荣，品种结构进一步优化。进入 21 世纪以来，随着国民经济快速发展，国家建设急需的高端产品如油气钻采及输送用管、电站、核电用管、海洋工程用管、航天航空用管等打破了国外垄断，实现了自给，为我国能源工业、海洋开发、航天航空、国防建设以及国家超级工程等提供了强有力地保障。不仅如此，中国钢管产品在国家“一带一路”倡议中，也起到了积极重要的作用。

第一节　油井管与油气开发和建设

一、1954—1985 年发展阶段

新中国成立后，国家第一个五年计划确定，石油勘探开发首先在我国西北地区展开。玉门油田成为第一个五年计划期间石油工业建设的重点（该油田开发于 1939 年），在随后的勘探中，又发现了石油沟、白杨河、鸭儿峡等油田。1955 年 10 月，克拉玛依第一口井——克 1 井喷油。这是新中国成立后，自己勘探发现的第一个大油田。1958 年，青海石油勘探局在地质部发现冷湖构造带的基础上，在冷湖 5 号构造上打出了日产 800 吨的高产油井，并相继探明了冷湖 5 号、4 号、3 号油田。在四川，发现了东起重庆，西至自贡，南达叙水的天然气区。1958 年石油部组织川中会战，发现南充，桂花等 7 个油田，结束了西南地区不产石油的历史。到 20 世纪 50 年代末，全国已初步形成玉门，新疆，青海，四川 4 个石油天然气基地。1959 年，全国原油产量达到 373.3 万吨，四川天然气产量从 1957 年的 6000 多万立方米提高到 2.5 亿立方米。上述四个石油天然气基地开发建设，有力地支援了建国初期的经济建设。

20 世纪 60 年代以来，我国石油工业开展了一系列的石油大会战。最著名的是东北松辽石油大会战，成功找到了我国最大的油田——大庆油田。之后进行了胜利、大港、四川等几次具有历史意义石油会战；70 年代，又相继开展了江汉、长庆、辽河、江苏、冀中（华北）等石油大会战，这些石油会战实现了油田快速增产，原油产量以每年 18.6%的速度递增，到 1978 年我国原油产量已经超过了 1 亿吨，1975 年天然气产量也突破了 100 亿立方米，在较短的时间里基本解决了我国石油短缺，能源供应紧张的局面；改革开放后，随着我国经济的较快发展和对能源需求的快速增长，从 80 年代末到 90 年代后期，我国又开展了塔里木、吐哈等石油会战，至 20 世纪末我国原油产量已经达到 1.583 亿吨，天然气产量 228.79 亿立方米。

我国油井管正是在这样一个大的历史环境下的发展起来的。1954 年鞍钢无缝厂开始按鞍标 434—1954 生产油管，1957 年原冶金部发布了“石油油管及接头”部颁标准（YB—1957）；20 世纪 60 年代，冶金部参照苏联 ГОСТ 标准，制定并颁布了《石油油管及接头》（YB 239—1963）、《石油钻探管》（YB 528—1965）等标准。60~70 年代初，鞍钢无缝厂、原成都无缝厂按照上述标准，试生产或小批量生产了加厚钻杆和油管发往油田试用；同一时期鞍钢无缝厂按照 ГОСТ(632—1957）标准，小批量生产 ϕ127mm 和 ϕ140mm 套管，发往油田使用。

1970 年原冶金部参照美国石油学会 API 标准，制定并颁布了《石油套管》（YB 690—70）、《石油对焊钻杆、钻铤、方钻杆管材》（YB 691—70）。20 世纪 70~80 年代中期，原成都无缝厂、包钢无缝厂按照（YB 690—70）标准生产套管并发往油田使用；鞍钢无缝厂、原成都无缝厂按照（YB 691—70）标准生产

了对焊钻杆并发往油田试用。从60~80年代，上述三个厂为大庆、胜利、大港、华北、中原及四川等油田开发的油井管产品主要是DZ40、DZ50和少量的DZ55等低中钢级产品。尽管是油井管的中低端产品，但由于当时的冶炼、轧制、热处理和螺纹加工等工艺技术和装备水平较低，产品质量无论在成分控制、性能控制、尺寸精度、表面质量、螺纹精度等都难以满足油田生产和开发的需要。

从60年代中期起，我国油田的开发建设迅速发展，由于我国自己生产的油井管在产量、质量上均不能满足油田开发的需要，这期间油井管主要依靠从苏联和东欧国家进口，后期因为质量问题，从70年代开始，每年不得不花更多外汇从欧美及日本等国家进口大量的油井管。

二、1985—2000年发展阶段

1986年1月原冶金部正式废除YB239、YB690和YB691等标准，决定等同按API标准制定的《套管、油管和钻杆规范》(YB/T 3—81)、《套管、油管和管线管螺纹加工、测量和检验》(YB/T 4—81)等标准生产油井管，实现了油井管产品标准升级。同年宝钢无缝厂从国外引进的ϕ140mm全浮动芯棒连轧机组建成投产，该厂后工序配有油井管加工单元，可生产油管、套管(能生产$5\frac{1}{2}$in及以下规格)和钻杆。它的建成投产，使国内油井管生产的技术装备水平有了突破性的进展。1989年成都无缝钢管厂通过了美国石油学会的现场和体系审核，1990年4月获该学会向成都无缝钢管厂颁发授权使用API Spec 5CT会标许可证，这是该学会向中国企业颁发的第一个授权使用API会标许可证。虽然当时我国油井管生产的技术装备水平和管理水平有了突破，但就油井管生产企业的整体装备水平、质量管理水平来说，仍然较低。如轧管设备采用自动轧管机组和皮尔格机组，热处理采用快速炉和辊底式炉，只能对油井管料进行常化(正火)处理。在这样的生产装备条件下，产品合格率仅70%多，成材率不到50%，品种开发受到了限制，仅能生产H40、J55钢级的产品。而且，国内油田还不愿使用国产套管，使油井管产品开发进展缓慢，产量一直处于较低水平。至1991年，我国油井管产量仅13.67万吨(其中宝钢10.55万吨，占了77%)，国产化率仅13.54%。

20世纪90年代随着中国经济步入高速发展的快车道，对石油需求不断增加，推动了石油工业的快速发展，同时也拉动了油井管等能源用管需求的快速增长。

这一阶段是我国油井管国产化大发展阶段，油井管国产化是在原冶金部、石油部等老领导的关怀和支持下，以及原两部的一些老专家的指导下，特别值得一提的是，以李鹤林院士为代表的老一辈石油工业专家在国产化道路上给予了精心指导，为中国油井管国产化做出了突出的贡献。这一阶段主要是按照API标准开发生产油井管，同时也开发和生产了少量的非API标准产品，油井管的自给率达到了70%以上。主要表现在：

(1) 技术装备方面：继宝ϕ140连轧管机组和油井管加工线投产后，1992年底天津钢管公司的ϕ250mm连轧机组建成投产，1993年热处理线、管加工线也建成投产，并于当年就生产出了J55、N80、P110三个钢级的石油套管；1992—1994年成都无缝钢管厂的ϕ180mm精密轧管机组和新的热处理线以及管加工车间也陆续建成投产。这两个轧管机组及热处理、管加工线的建成投产大大地增强了我国油井管的生产能力。

(2) 产品认证方面：1992~1995年，宝钢先后获得了美国石油学会颁发的授权使用API Spec 5CT (5B)、5D(7)等会标许可证；1994年4月天津钢管公司获得了美国石油学会颁发的授权使用API Spec 5CT会标许可证。1997年11月和1998年11月包钢无缝钢管厂和鞍钢无缝钢管厂分别获得了美国石油学会颁发的授权使用API Spec 5CT会标许可证。至此，我国五大油井管生产厂，已全部获得了使用API会标许可证。

(3) 产品开发方面：基本完成API5CT标准中4组13个钢级(不包括L80-9Cr、13Cr)产品的开发；以及适应油田特殊需要的非API产品如开发了适用于含硫气田的抗硫化氢系列油、套管；适用于深井、超深井、高抗挤系列的套管；适用于高压气井、高密封系列的特殊扣和半特殊扣油、套管；适用于稠油热采井用套管、隔热油管；高强度钻杆和适用于小井眼钻井、开窗侧钻井与修井作业用的ϕ73.03mm($2\frac{1}{8}$in)小钻杆、ϕ101.60mm(4in)无接箍套管和窄间隙接箍套管等。

（4）在工艺技术方面：基本掌握了API标准油井管生产的关键技术。包括：纯净钢冶炼技术、高精度钢管轧制技术、在线常化工艺技术、高性能热处理技术以及高精密螺纹加工技术等。

（5）在产量方面：到2000年我国油井管产量达80万吨，国产化率达到70.7%，国内所有油田（陆地和海上），都使用了国产套管。

这一阶段，随着国内几大钢管厂获得API会标使用许可证，并相继按照API SpecQ1规范的要求建立和完善了产品质量保证体系，使国产油井管的质量全面达到API标准的要求，同时产量也有了大幅度的提高。尤其是天津钢管公司和宝钢无缝钢管厂油、套管产品的实物质量已经达到或接近国际一流产品的实际水平，得到了国内各油田的认可。

20世纪90年代中后期，国内又有几条油、套管加工线和新的轧管机组投入生产，如宝鸡石油钢管厂（焊管）套管加工线、常宝钢管和诚德钢管等企业的油管加工线、天津钢管公司管加工分厂3号加工线（原光管线改造工程）衡阳钢管ϕ89mm连轧机组以及包钢的ϕ180mm连轧机组等，这些加工线和新机组的投产，为油井管的国产化再增添新的力量。

三、2000—2015年发展阶段

是我国油井管发展的鼎盛时期，油井管产品的开发主要以油田特殊需要的非API产品为主。

进入21世纪以来，国内钢管生产骨干企业包括天津钢管、宝钢、成都无缝、衡阳钢管、包钢、鞍钢，后来进入油井管生产企业的无锡西姆莱斯、常宝钢管、安徽天大，以及生产套管管体的黑龙江建龙、通钢磐石钢管、河南凤宝等企业陆续投资新建了一批现代化的轧管机、热处理线和管加工线，同时也改造一批轧机、热处理、管加工线，另外还有一批新建的螺纹加工企业（包括油田自建的螺纹加工厂），使中国油井管整体制造水平有了大幅度提高，油井管产量迅速增长。

随着国内油田特别是西部油气田开发的需要，对油井管的技术要求越来越高，仅符合API标准的钻杆和油套管已无法满足使用要求，迫切需要高性能的非API油井管。为了满足油田的个性需要，天津钢管、宝钢、攀成钢、无锡西姆莱斯后期衡阳钢管、包钢、鞍钢、安徽天大等企业都参与非API产品的开发。包括90-125H稠油热采井用管、110-170V深井超深井用管、90-160TT高抗击毁套管、135-170D高强度超高强度钻杆、80-110SS、125S高强度抗硫套管、特殊螺纹接头套管等。近年来，天津钢管、宝钢、衡阳华菱钢管开发的13Cr、HP13Cr、SPU13Cr等抗CO_2腐蚀油套管实现了大批量供货；镍基合金等抗腐蚀油套管在前几年小批量试用的基础上，近年来也实现了批量供货。另外，天津钢管研发的钛基合金管在四川阆中成功下井。

在这一阶段，中国油井管无论在产量、质量和品种上，都基本满足了国内油田用管的需求，还大量出口到国外。2004年，中国油井管进口量为32.20万吨，出口量为33.23万吨，实现了油井管的净出口。2008年中国油井管产量达到了630万吨，出口333万吨，进口24.57万吨，净出口308万吨，国产化率达到95.5%。2018年我国油井管产量约500万吨，出口151.46万吨，表观消费量约357万吨，见图8-1和图8-2。

中国油井管的开发与发展，有力地保障了中国油井管供应的安全稳定，大幅度降低了油田采购成本。中国油井管企业与中国石油工业共同发展，迅速走向国际市场，使中国成为世界油井管产量最高的国家。

四、典型油井管生产企业介绍——天津钢管公司石油套管发展历程

20世纪80年代我国石油工业正蓬勃发展，油田的勘探开发需要大量的油井管。但是国内生产的油井管的产量、质量都难以满足油田建设的需要，国家每年需要花大量的外汇从国外进口。为了解决油井管国产化问题，1987年12月国家计委批复了在天津建设一条全流程专业化石油套管生产线项目。该项目设备全部从国外引进，包括150t的超高功率电弧炉、ϕ250mm MPM限动芯棒连轧管机组、热处理线、管加工线，以及用于油井管实验和研发的成套装备等。1992年6月、12月炼钢、轧管线分别建成投产；1993年热处理线、管加工线建成投产。她的建成投产，一举改变了我国油井管长期依赖于进口的局面，同时，也拉开了中国油井管国产化快速发展的序幕。

（一）API套管的开发

天津钢管公司从建厂开始就严格按照API Spec Q1规范建立了质量保证体系，严格执行API 5CT标准

和原石油部颁发的“石油套管供货补充规定”，并制定了严于 API 5CT 标准的企业内控标准，并在国内率先提出了“满足油田的需求，服务油田”的经营理念。由于该生产线技术装备起点高，1993 年在刚刚建成的套管加工线上，就成功地开发生产出了 J55、N80 钢级套管，不久又开发出 P110 套管，规格包括 ϕ139. 7mm、ϕ177. 8mm、ϕ244. 5mm 三个外径规格。1994 年初天津钢管公司的套管成功地“挺进中原，走向胜利”，即 1 月 22 日该公司首批生产的石油套管在胜利油田草南 61—斜 59 号井，顺利下井固井成功（井深 984. 23m，井斜 26. 25 度，共下入 N80 钢级 ϕ177. 8mm×9. 19mm 套管 108 根）；1 月 23 日，又在中原油田濮 6-11 号井下井固井成功（井深 2521. 31m，采用了 J55 钢级 ϕ244. 5mm×10. 03mm、N80 钢级 ϕ244. 5mm×10. 03mm、P110 钢级 ϕ244. 5mm×11. 99mm 三个钢级的套管）。

1994 年 4 月获得了美国石油学会颁发授权使用的 API Spec5CT 会标许可证。在此基础上，为了扩大试用范围，后又在大港油田、辽河油田、吐哈油田成功下井；7 月 16 日该公司的石油套管，由渤海石油公司 5 号钻井船，在辽东湾锦州 16-4-2 号井下井成功（井深 3468. 4m，用 N80ϕ 钢级 177. 8mm×10. 36mm 偏梯形扣套管，属异常高压井），这是国产套管首次打入海上油田。至 11 月该公司的套管又分别在上述油田下井多口，全部获得成功。

为了进一步评价天津钢管套管材料的性能，1994 年 3 月胜利油田对天津钢管公司生产的 P110、N80 钢级油层套管，进行了地面射孔试验，对二只 P110 ϕ139. 7mm×7. 72mm 和二只 N80ϕ 钢级 139. 7mm×10. 54mm 的套管分别进行了 10 孔/米和 16 孔/米的射孔试验，试验结果全部符合油田射孔检验质量标准；8 月中国石油天然气总公司射孔器材质量监督检验测试中心在大庆油田对该公司生产 J55、N80、P110 三个钢级的石油套管进行模拟井下条件的射孔试验，试验结果全部达到套管射孔性能的检测标准要求。

1994 年 11 月，天津钢管公司召开了“石油套管质量评审会”，来自中国石油天然气总公司和全国 18 家油田的专家代表参加了评审。评审委员会听取了公司的汇报，审议了中国石油天然气总公司测试部门的检验报告、各个油田对该公司石油套管使用情况的报告，审查了有关技术文件，察看了公司的工艺流程、生产技术装备及实验室（包括用于套管研究、实验的专用设备），最后一致通过评审意见：“天津钢管公司生产的石油套管总体质量居于国内领先地位，并已接近国际先进水平，一致同意推广使用”。此后天津钢管公司的石油套管在国内油田迅速推广使用。

20 世纪 90 年代中后期，随着油气开发向西部转移，该公司也把套管开发注意力转向了西部油田，由于西部地区地质结构复杂，井深大部分都在 3000 米以上，有些区域还含有硫化氢气体，所使用的套管均是高钢级或是抗腐蚀的。

1995 年 4 月该公司生产的 ϕ244. 5mm×11. 99mm 高抗挤毁 TP110T 钢级石油套管在新疆塔里木油田英买力—25 井下井固井成功，套管下深 3697. 3m，这是国产套管首次进入该油田。同年 12 月四川石油管理局首次使用该公司生产的 C90 抗硫化氢套管下井成功，井深 4057m。

1996 年 2 月该公司生产的 C90 抗硫化氢套管在四川油田云和 12 号、天东 55 号井下井成功。3 月底~4 月初该公司在四川召开了 C90 抗硫化氢石油套管使用情况总结鉴定会，并与四川油田签订了共同研制开发 T95 抗腐蚀、抗挤毁套管的技术合作协议。12 月四川石油管理局在成都召开的 C90 套管在四川使用技术评定暨 T95 石油套管下井试用座谈会。与会专家和用户代表一致认为，天津钢管公司研制的 C90 套管批量下井使用成功，填补了我国不能批量生产抗硫化氢套管的空白，实物质量基本达到了进口（日本）同类产品水平，具备了批量生产和使用的条件。

1997 年 7 月、8 月该公司生产的 T95 套管分别在川东气田荷西 2 号井和滇黔桂气田一次下井成功，各项技术指标均达到设计和使用要求。11 月在成都召开了有四川石油管理局、滇黔桂石油勘探局、吐哈石油勘探指挥部参加的“天津钢管公司 T95 高抗硫石油套管用户使用签订会”对该公司套管的评价“从油田的实际使用情况看，天津钢管公司生产的 T95 石油套管的实物质量已达到进口同类产品水平”。到 1997 年底该公司已基本完成了 API 5CT 标准中各钢级石油套管的开发和下井的应用。

1997 年中国油井管产量达到 51 万吨，进口量 19. 86 万吨，出口量 4. 49 万吨，表观消费量 65. 92 万吨，国产化率为 69. 87%。其中天津钢管公司的套管产量 25. 96 万吨，占国内油井管产量的 50. 9%。

（二）非 API 套管开发

20 世纪 90 年代后期随着西部油田开发需要，尤其是针对特殊地质条件下的使用要求，天津钢管公司开发了非API标准的特殊用途的油井管，包括高抗挤毁套管、抗 H_2S 腐蚀套管、稠油热采井用套管、深井超深井套管、特殊扣套管等。

1. 高强度高抗挤毁套管

1998年10月为四川油田研制生产TP110TTϕ177.8mm×11.51mm高强度高抗挤毁套管，在川东地区成功下井8口，最大下井深度5095.38m，创当时国产套管下井最深记录；

1999年8月为新星石油公司西北局塔北油田开发的TP110Tϕ244.5mm×10.03mm、11.05mm偏梯扣抗挤毁套管在S68井（探井）成功下井，下井深度3896.53m。

2000年3月该公司生产的ϕ139.7mm、ϕ177.8mm、ϕ244.5mm 3个规格的TP110TT高抗挤毁套管经国家评审，被认定为1999年度国家级新产品。国家经贸委颁发了《国家级新产品证书》。

为中原油田量身定制的TP130TTϕ152.4mm×16.9mm超高强度高抗挤毁石油套管，从2000年开始策划、设计，制造、鉴定到2000年12月在中原油田成功下井。2003年2月该TP130TT套管在胜利油田又成功下井。2006年1月该产品的科研项目“新型高抗挤与复合管柱技术”荣获2005年度国家科技进步二等奖（与石油大学和中原油田共同项目）。

2. 稠油热采井用套管

1999年为辽河油田开发生产的稠油热采井用TP100Hϕ177.8mm×9.19mm偏梯扣套管5000t。经油田商检和下井试用，该批套管的性能及丝扣质量完全达到了设计指标，满足了油田实际要求。

2001年7月为新疆油田开发生产的稠油热采井专用套管TP90H在百重七稠油区块顺利下井。

2002年11月TP120TH稠油热采井套管，在螺纹试验线开发、生产取得成功。2003年该产品在辽河油田批量下井试用。2004年6月9日，稠油热采井专用套管TP120TH阶段总结会在辽宁省盘锦市举行。会议对热采井用套管套损机理、TP120TH套管的设计开发、现场应用评价都做了全面详细的分析和总结。会议一致认为，TP120TH套管的开发与油田的实际需求紧密结合，各项指标均达到或超过了设计要求，应用效果明显，经济效益显著，并建议扩大推广规模。

3. 特殊螺纹接头（特殊扣）

1999年7月天津钢管公司从一线抽调了专家和技术人员，在钢管研究所成立了螺纹研究室，并配备了螺纹测量仪器和量具，开始了特殊扣的研发。

2000年，成功开发TP130TT，6in非标规格厚壁套管，解决了长期困扰油田的岩盐层套管被挤毁难题。该“新型高抗挤毁套管及复合管柱技术”分获冶金科技进步一等奖和国家科技进步二等奖。

2000年4月在钢研所和管加工厂的共同努力下，7inTP-CQ特殊扣接箍加工成功；2001年12月底由该公司自主研发生产的首批ϕ177.8mm TP-CQ特殊扣套管在长庆油田下井成功。这标志着该公司特殊扣研制开发项目取得了突破性进展。

2002年该公司专门用于螺纹研发的试验基地建成投产。

2005年，该公司为塔里木油田开发的非标规格 $8\frac{1}{8}$in，TP-FJ直连型特殊扣套管在当时的亚洲最深井6800m，塔深1井中成功使用。

TP-CQ特殊扣套管分获冶金科技二等奖、天津市科技部二等奖和天津市技术创新一等奖。TP-FJ直连型特殊扣套管分获冶金科技进步三等奖、天津市技术创新一等奖。

2006年2月2日，该公司为中石化南方勘探开发分公司设计、生产的首批400吨TP-NF特殊扣套管发往用户，这标志着公司具有知识产权的特殊扣家族又添新丁。

2006年11月6日，TP-G2特殊扣套管首次在中石化华东分公司HT-2#井下井并取得成功。这是该公司在已开发的TP-CQ、TP-FJ、TP-NF特殊扣扣型基础上，新开发的第二代特殊扣产品。

2007年1月，该公司开发研制的TP120H TP-CQ套管在辽河油田下井成功并投入使用。

2006—2007年，两个规格的TP-CQ特殊扣套管在国外的独立试验室通过了ISO 13679 CAL IV试验。

2008年，L80 $9\frac{5}{8}$in TP-CQ特殊扣套管首次在北海下井。

2009年9月，该公司TP-JC高性能油井管鉴定会在中石化西北局召开，油田对TP-JC油井管的试验结果表示满意，并对该产品的性能给予了很高的评价；2010年8月该公司研发的ϕ88.9mm×6.45mm

TP110S TP-JC 锯齿形油管在中石化西北分公司塔河油田顺利下井。

2009—2010 年，该公司生产的特殊扣套管和油管，通过了中东某石油公司的评价试验；该公司的特殊扣套管还首次应用在雪弗龙公司泰国项目的海上油田，下井顺利，外方给予高度评价。

2010 年 3 月，该公司特殊扣油、套管交库 10141t，其中出口 6714t。产品包括 TP110-HP13Cr 等 15 个钢级、TP-CQ 等 8 种扣型、ϕ73~473mm 16 个规格。至 2010 年底，该公司生产的特殊扣油、套管交库量为 125000t。

2011 年，TP-CQ 特殊扣获国际大石油公司的认可。

2010 年，TP-G2 高合金油管首次在国内高含硫气田下井。

2013 年，ϕ127mm TP-G2 HC 套管在国际大石油公司的中国页岩气项目下井。

2014 年，ϕ114. 3mm TP-G2 特殊扣套管首次出口到国外油田。

2016 年，TP-G2（Ti）钛合金油管首次在国内油田下井使用。

2017 年，TP-G2 HP 高性能特殊扣套管首次在国内油田使用。

2017 年，管端加厚直连型套管首次在国内油田顺利下井。

2011 年以来，该公司又研发出多种扣型，到目前为止，该公司开发出的各类特殊扣型近 20 种，特殊扣套管产量最高年份达到 32 万吨，很好地满足了国内油田开发的需要。

4. 抗腐蚀套管

2000 年 8 月 TP65 石油套管获天津市技术创新优秀项目一等奖，T95 抗腐蚀抗挤毁套管获技术创新优秀项目二等奖。

在前期开发 C90、C95 高强度抗腐蚀套管的基础上，2000 年为加拿大客户开发了 TP80SS 抗硫化氢应力腐蚀套管。

C90、C95 高强度抗腐蚀套管被国家经贸委批准为 2001 年度国家重点新产品项目。

2002 年 12 月该公司 ϕ244. 5mm×11. 99mm TP110TSS 高强度抗 H2S 套管，在川东的普光 1 井顺利下井成功。TP110TSS 抗 H2S 套管因为强度高，产品的生产和工艺控制的难度都很大。它研制成功，标志着公司抗 H_2S 套管的研制水平迈上了一个新台阶。

2003 年 2 月 28 日，公司拥有自主知识产权的“T95 抗腐蚀石油套管研制”获国家科学技术进步奖二等奖。

6 月该公司新开发的 TP110NC-3Cr 抗腐蚀套管在新疆塔里木油田 HD4-30 和 LN2-15-16 井下井成功。

11 月由公司自主研制具有世界最高水平的 TP125S 抗硫化氢应力腐蚀石油套管在中石化南方勘探开发分公司成功下井。

5. 13Cr、HP13Cr、SUP13Cr、G3 镍基合金套管

2006 年 2 月，特种无缝钢管厂成功地生产了 SUP13Cr 钢级 ϕ154mm×20mm 箍料 18 支。同年 4 月管加工厂特殊扣生产线首次批量生产 ϕ139. 7mm×9. 17mm TP110NC-SUP13Cr、TP-CQ 特殊扣套管，并取得成功。此次批量生产套管共计 160 支，产品已顺利通过商检。

11 月 168 钢管厂首次在 185 孔型上，突破原设计规格，成功轧制出 HP13Cr 钢级 ϕ177. 8mm×12. 65mm 套管料。

2007 年 1 月 TP110-HP13CrTPCQ 套管、割缝管、分级接箍用 13Cr 料管及若干油井附件一同发往大庆油田。

2011 年 3 月该公司顺利完成了神华 CCS 项目首批 TP110 SUP13Cr 钢级 ϕ73. 02mm×5. 51mm 国内油管合同，4 月 15 日该产品在神华 CCS 示范项目的中顺利下井。

2009 年 6 月该公司组织召开 TDJ-G3 镍基合金油管产品鉴定会。由中国工程院院士李鹤林、中石化油田勘探开发事业部主任沈琛任正副组长的专家组通过了该产品的鉴定。11 月该产品在中原油田普光分公司毛坝顺利下井，共计 361 支。该产品从开发到顺利下井历时 5 年，是由该公司与东北特钢抚顺特钢公司、浙江久立特材共同开发的。

2011 年 3 月 8 日由该公司与东北特殊钢抚顺特殊钢公司和浙江久立特材共同开发的新规格 ϕ88. 9mm×9. 52mm TP125 TDJG3 TP-G2 特殊扣油管提前发往中石化西南油气田分公司，满足了油田用户急需。

6. 深井超深井

2003 年 3 月天津钢管公司与塔里木油田合作，适合油田山前构造地层要求的非 API 钢级 TP140V 套管研发成功，首批生产的套管在通过各项评价试验后日前已发往油田。11 月 15 日该公司 ϕ127.00mm×9.50mm TP140V 超高强度套管在塔里木油田新疆阿克苏境内的乌参 1 井下井成功，下井深度为 5650～6394m。

2005 年 8 月 4 日该公司 TP140V 直连型 ϕ273.1mm×13.84mm 套管在塔深 1 井下井成功，下井深度为 6800m。这是该规格套管在亚洲下的最深的一口井。

2007 年 1 月 4 日，该公司自主开发的 ϕ250.83mm×15.88mm TP140V TP-CQ 套管在中石化西北分公司重点预探井——秋南 1 井关键层段下井成功，套管最大入井深度达 5199m，创同规格、同钢级套管在塔里木盆地下井深度之最。

2010 年 3 月 12 日该公司自主研发的 ϕ273.05mm×13.84mm TP140V TP-CQ 套管，在塔里木油田克深 7 井作为技术套管下井成功，深度达到 7087m，共 656 支，总重量 630t。这是 TP140V TP-CQ 套管继塔深 1 井超深井下井深度 6800m 后再创世界纪录。

7 月 14 日由该公司生产的 ϕ339.72mm×12.19mm TP140VBC 套管在新疆油田下井深度达到 3960m，创造了大口径套管下井深度的新纪录。

8 月 10 日由集团公司自主研发生产的 ϕ206.38mm×17.25mm TP140V TP-FJ 专用套管，在新疆塔里木油田下井深度达 7828m，创造了该类套管下井深度的世界纪录。

2011 年 1 月 22 日该公司独立设计开发的超深复杂井用 TP-V 系列套管在该油田克深 7 井连创 5 项全国纪录。该井设计井深 8100m，实际完钻 8023m，创中国山前复杂地层超深井最大钻井深度纪录。中央电视台在晚 7 点新闻联播中专门报道了钻井施工情况。

2013 年 9 月 9 日该公司研发生产的 TP-V 超深井系列 TP165V ϕ143.32mm×12.35mm 超高强度套管顺利交付中原油田，TP165V 是国内最高钢级石油套管。

10 月 29 日该公司的 TP-V 超深井系列 TP165V ϕ139.70mm×10.54mm 超高强度石油套管在文古 4 井首次下井成功。该套管是继 TP165V ϕ143.32mm×12.35mm 套管之后，该公司又一次针对中原油田需求专门设计的超高强度套管。

油井管产品获国家科技进步奖和名牌：

2003 年 2 月 28 日，该公司的“T95 抗腐蚀石油套管研制”获国家科学技术进步奖二等奖。

2005 年 9 月 1 日，“2005 年中国名牌产品暨中国世界名牌产品表彰大会”上，该公司产品——石油天然气工业用套管荣获 2005 年中国名牌产品称号。

2006 年 1 月 TP130TT 高强度高抗挤套管产品“新型高抗挤与复合管柱技术”荣获 2005 年度国家科技进步二等奖（与石油大学和中原油田共同项目）。

2009 年 1 月在国家科学技术奖励大会上，该公司与中石化、宝钢共同合作完成的“特大型超深高含硫气田安全高效开发技术及工业化应用”项目荣获 2012 年度国家科学技术进步特等奖。

2010 年 1 月 11 日国家科学技术奖励大会在北京隆重举行。该公司申报的“超深复杂井用超高强度石油套管及其特殊管串结构技术”获得了国家科学技术进步奖二等奖。

五、新形势下我国油井管发展方向

在新形势下，油井管的性能需求向两极发展（对更高性能顶级油井管的需求，对低成本、低钢级、经济型油井管的需求）。

（一）高性能油井管

高性能油井管的用途包括：

（1）满足“先漏后破”准则的 150 和 165 钢级钻杆；

（2）SS120 抗硫钻杆；

（3）超高抗扭接头钻杆；

（4）170(165）钢级高韧性套管；

(5) 125SS(120SS) 油套管;

(6) 基于应变设计的稠油热采井套管;

(7) 页岩气开发用钻具、油套管;

(8) 双相不锈钢与 Ni 基、FeNi 基耐蚀合金油套管全面国产化;

(9) $H_2S+CO_2+Cl^-$和元素 S 共存时的经济性耐蚀合金油井管:

1) 开发介于 22Cr、25Cr 双相不锈钢与镍基、铁镍基合金之间较经济的超级、超超级不锈钢;

2) 钛合金的应用;

3) 以镍基、铁镍基合金为衬里的双金属复合油套管;

4) 表面工程在油井管的应用(如镀钨、金属陶瓷自蔓延、热浸铝等);

5) 高温高强度复合材料油套管。

(二) 低成本、低钢级、经济型油套管开发

低成本、低钢级、经济型油套管开发有广阔市场前景。

(1) 满足我国低压、低渗油气田的开发(长庆、延长);

(2) 满足煤层气的开发。

1. HFW 油套管

(1) 国际市场上,HFW 焊管(包括经热张力减径的 HFW)比同钢级、同规格无缝钢管便宜 12%~25%。同时,HFW 可以采用 CSP 技术(薄板坯连铸)生产的板卷,其主要特点是消耗低、效率高,可大幅度降低成本。

(2) 在国内,HFW 油套管的价格高于无缝钢管油套管,应尽快改变这种状况。

2. 低钢级油套管

针对煤层气储层较浅、渗透率较低的特点,要考虑采用 H40 或比 H40 更低钢级的油套管。

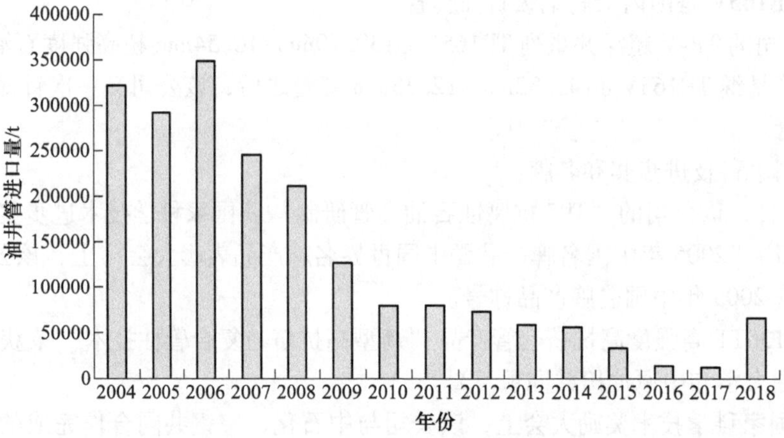

图 8-1　2004—2018 年油井管进口量

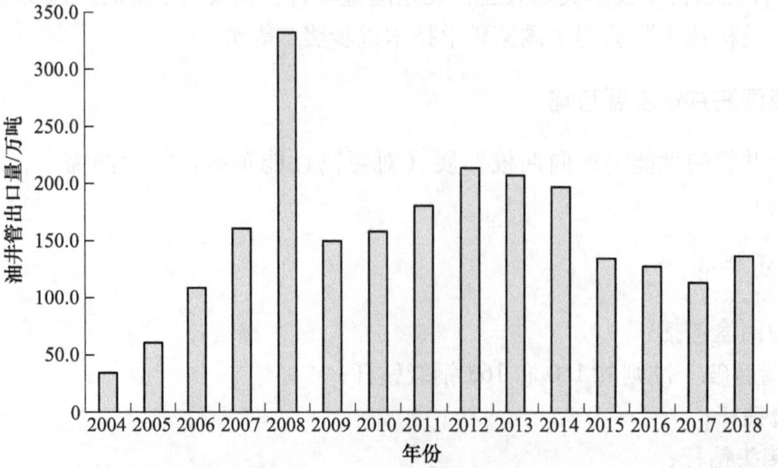

图 8-2　2004—2018 年油井管出口量

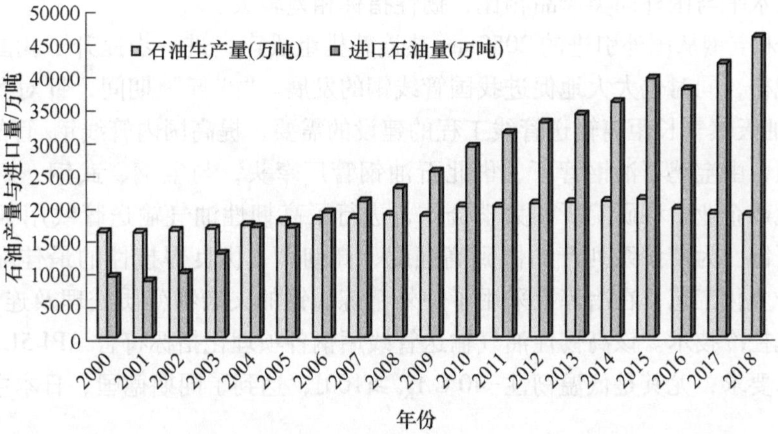

图 8-3　2000—2018 年中国石油产量与进口量

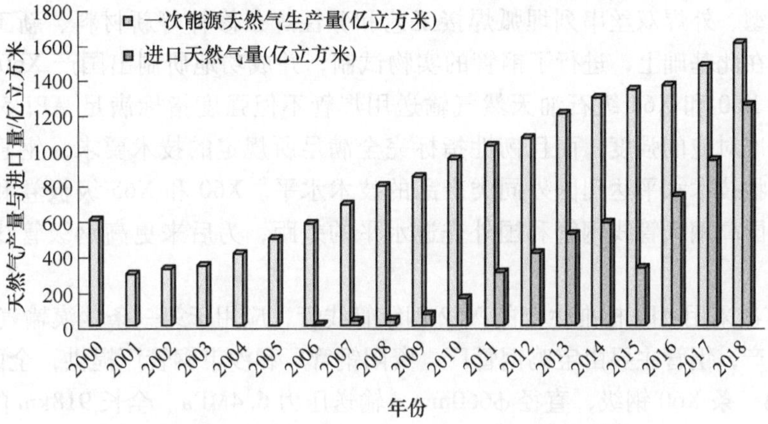

图 8-4　2000—2018 年中国天然气产量与进口量

第二节　石油天然气输送用管线管与管道建设

管线管的发展与我国油气管道建设是密不可分的。20 世纪 50 年代中后期，我国就开始了管道建设，如克拉玛依油田-独山子（克独线）管道，全长 147.2km，采用 ϕ168mm×7、8mm 无缝钢管，输送压力 8.5MPa，输送量为 100 万吨/年，该管道为我国第一条长输管道；60 年代初克独复线建设时，钢管口径扩大到 ϕ219mm×7mm、ϕ273mm×7mm，输送量为 150 万吨/年；从 70 年代开始，我国开展了多次大规模管道建设，如大庆-铁岭-抚顺管道，全长 663.6km，采用 ϕ720mm×8mm 焊接钢管，材质为 16Mn，输送量为 2000 万吨/年，这是我国第一条大口径、长距离输送管道；90 年代中期陕京输气管线建设和 21 世纪以来最具影响力的西气东输工程等。每一次大规模管道建设，都大大地提高了我国管线管的制造技术和装备水平，促进管线管产品的升级和质量的提升。

一、焊接管线管

（一）X52~X65 级管线管

我国管线钢/管的生产起步较晚。改革开放前，由于我国的冶炼生产技术、板带钢生产技术水平很低，高品质的钢板/带国内还不能够生产，主要从国外引进（如从日本进口的 TS/52K），国内制造油气输送用钢管大部分采用 A3、16Mn 钢制造。70 年代末，武钢从国外引进了先进的冶炼、轧制技术装备，当时称“一米七工程”，使我国板带钢生产技术有了重大突破。从 80 年代开始，我国开展了按 API 标准开发研制专用管线管。1980—1990 年期间，武钢、钢铁研究总院、科学院金属所、北京钢铁学院、宝鸡石油钢管厂等单位密切合作，成功研制出 API 5L 标准中 A、B、X42、X46、X52、X56、X60、X65 等 8 个级别钢种，基本形成了 X65 以下管线专用钢的系列化，钢管的常规力学性能已达到 API 5L 标准规定的强度指标，但实物质量水平与国外同类产品相比，韧性指标相差较大。

20 世纪 80 年代末宝钢从国外引进的 2050mm 热连轧机组投产，进一步提升了我国板带钢生产技术水平，扩大了品种、规格，同时也大大地促进我国管线钢的发展。“八五”期间，针对我国西部油气田的加速开发以及 10 条石油天然气长距离输送管线工程的建设的需要，提高国内管线钢/管的制造能力，国务院生产办、经贸办立项，由宝鸡石油钢管厂、华北石油钢管厂牵头，与宝钢、武钢、钢研总院、石油管道局、西安管材所等生产企业、科研院所和大学合作，进行了高韧性油气输送管线用 X52 ~ X65 级管线钢/管系列产品的开发研制。为使该系列产品做到高强度、高韧性、优良焊接性的最佳配合，在化学成分上采用了低碳多元微合金化工艺；在冶炼上采用了炉外精炼、钢的夹杂物变质处理及连铸保护浇铸等技术；在轧钢上采用了控轧控冷技术。该高韧性油气输送管线用钢各项理化指标符合 API 5L、GB/T14164—1993 标准和西部管线技术要求，尤其是低温韧性-40℃A_{KV}≥100J，达到了同期德国、日本主要钢铁厂家同类管线钢实物水平。

在制管焊接方面，特别是针对钢管韧性要求的特点，进行了大量的焊接工艺试验和力学性能试验，对国内焊接材料进行了筛选，确定了采用新的 Mn-Mo-Ti-B 系 H08C 高初性焊丝和 SJ101 烧结焊剂的匹配；采用了低残余应力成型、外焊双丝串列埋弧焊接工艺和碱性焊条修补等新材料、新工艺，全面提高了焊接质量和焊缝性能。在此基础上，进行了钢管的实物试制，并成功地研制出国产 X60 和 X65 级石油天然气输送用焊管。国产 X60 和 X65 级石油天然气输送用焊管不但强度指标满足 API 5L、GB 9711—1988、XGJG007—1991 等标准对应的强度，而且韧性指标完全满足所规定的技术要求，钢管级别和质量均发生了突破性的进展，实物技术水平达到国外同类产品的技术水平。X60 和 X65 级板卷和螺旋焊管国产化的实现，大大缩小了我国高钢级管线钢管和国外先进水平的差距，为后来更高钢级管线钢和焊管的国产化打下了良好基础。

1996 年，我国首次采用 API 标准生产的 X52 钢级管线管，应用于第一条沙漠输气管道—塔轮线建设。该管道板卷由宝钢生产，钢管主要由宝鸡钢管厂、资阳钢管厂和沙市钢管厂提供，全面实现国产化。

1997 年，我国第一条 X60 钢级，直径 ϕ660mm，输送压力 6.4MPa。全长 918km 的现代化天然气长输管线——陕京输气管线建成投产。华北、沙市、胜利和宝鸡四家石油钢管厂试制和生产了该管线全部螺旋焊管，并且配合宝钢实现了 X60 级管线钢的国产化。

1997 年 6 月 30 日，库鄯输油管线（库尔勒至鄯善）竣工投产，这是国内首次采用 X65 钢级管线，全长 475km，设计压力 8MPa，管径 ϕ610mm，螺旋焊管用的热轧钢卷主要由宝钢提供。

（二）X70 级管线管与西气东输工程

改革开放以来，中国能源工业发展迅速，但结构很不合理，煤炭在一次能源生产和消费中的比重均高达 72%。大量燃煤使大气环境不断恶化，发展清洁能源、调整能源结构已迫在眉睫。

中国西部地区的塔里木、柴达木、陕甘宁和四川盆地蕴藏着 26 万亿立方米的天然气资源，约占全国陆上天然气资源的 87%。特别是新疆塔里木盆地，天然气资源量有 8 万多亿立方米，占全国天然气资源总量的 22%。塔里木北部的库车地区的天然气资源量有 2 万多亿立方米，是塔里木盆地中天然气资源最富集的地区，具有形成世界级大气区的开发潜力。

自 20 世纪 90 年代开始，石油勘探工作者在盆地西部的新月形天然气聚集带上，相继探明了克拉 2、和田河、牙哈、羊塔克、英买 7、玉东 2、吉拉克、吐孜洛克、雅克拉、塔中 6、柯克亚等 21 个大中小气田，发现依南 2、大北 1、迪那 1 等含油气构造，截至 2005 年底，天然气地质储量 6800.45 亿立方米，可采储量 4729.79 亿立方米。长庆气区是西气东输气源接替区，天然气资源量 10.7 万亿立方米。

西气东输工程从 1998 年开始酝酿。2000 年 2 月 14 日，朱镕基同志亲自主持召开总理办公会，听取国家计委和中国石油天然气股份有限公司关于西气东输工程资源、市场及技术、经济可行性等论证汇报。会议明确，启动西气东输工程是把新疆天然气资源变成造福广大新疆各族人民经济优势的大好事，也是促进沿线 10 省市自治区产业结构和能源结构调整、经济效益提高的重要举措。2000 年 3 月 25 日，国家计委在北京召开西气东输工程工作会议。会议宣布，经国务院批准成立西气东输工程建设领导小组，国家计委副主任张国宝任领导小组组长。2000 年 8 月 23 日，国务院召开第 76 次总理办公会，批准西气东输工程项目立项。

西气东输工程是中国天然气发展战略的重要组成部分，是中国西部大开发的标志性工程。该工程西起新疆维吾尔自治区的轮台县，东至上海市，途经新疆、甘肃、宁夏、陕西、山西、河南、安徽、江苏、上海等九个省、市、区，主干线全长约3900km，管径ϕ1016mm，设计压力10MPa。初期年输气量120亿立方米。该输气管线是新中国成立以来建设的输量最大、距离最长、钢级最高、直径最大、管壁最厚的天然气管道工程，在我国管道发展史上具有划时代的意义。

在西气东输工程建设之前，根据西气东输项目经理部的部署，首先在涩宁兰输气管线上进行了11km、X70钢级管线试验段的建设，为西气东输管道采用X70钢级积累经验。华北石油钢管厂、宝鸡石油钢管厂配合宝钢研制了国内首批针状铁素体型X70管线钢板卷（板厚10.3mm）。宝钢研制的X70管线钢板卷具有优良的低温韧性和可焊性，-20℃的夏比冲击功超过200J，-40℃的落锤撕裂试验剪切面积仍为100%，碳当量P_{cm}值仅为0.15%~0.16%，显示了针状铁素体管线钢的突出优点。

华北石油钢管厂和宝鸡石油钢管厂承担了首批X70钢级、ϕ660mm×10.3m针状铁素体管线钢管的试制任务。针对X70输气钢管韧性要求高的特点、与焊材厂合作开发了SJ101—G新型高韧性烧结焊剂，开发了E5515—G高韧性X70级修补焊条，使钢管低温冲击初性要求上了一个台阶、焊缝和热影响区的韧性均超过150J。这种焊材匹配成为此后一系列X70管线钢管生产的基本焊材匹配并沿用至今。为西气东输X70级钢管国产化进行了初步探索，提供了宝贵的经验。

2000年，随着西部大开发战略和“高质量、高标准、高技术、高效益”的西气东输工程的启动，国家经贸委、中国石油天然气集团公司积极扶持国产X70级大直径输气管线用板卷、螺旋焊管的开发工作，宝鸡石油钢管厂、华北石油钢管厂等单位和宝山钢铁公司、武汉钢铁公司等积极合作，以晶粒细化、相变强化、析出强化和位错强化等材料强化理论为基础，经过对X70钢级的化学成分设计、炼钢工艺、热轧控轧控冷工艺、螺旋埋弧焊管的焊接工艺、成型工艺、焊管评估试验方法等的研究，找出了优化工艺参数，于2000年底在生产线上进行了试制，生产出的X70级、ϕ1016mm×14.6mm大直径螺旋缝焊管经中国石油天然气集团公司管材研究所等单位检测，满足API SPEC 5L标准及《西气东输工程用螺旋缝埋弧焊管技术条件》的要求，X70级、ϕ1016mm×14.6mm大直径螺旋缝焊管国产化工作取得了成功。

在西气东输工程之前，我国不能生产高钢级直缝埋弧焊管。陕京管线等工程所需的直缝埋弧焊管全部从国外进口。为了满足西气东输工程建设的需要，国家经贸委将大口径直缝埋弧焊管国产化列为“十五”期间重大技术装备攻关专题项目，由原华北石油第一机械厂巨龙钢管公司负责研制。巨龙钢管公司经过充分的调研，考虑、借鉴和吸收了UOE和其他直缝埋弧制管工艺的优点，仅用了一年半的时间就建成了我国第一条JCOE大口径直缝埋弧焊管生产线，并成功研制了X70级、ϕ1016m×17.5mm和ϕ1016m×21mm直缝埋弧焊管。经中国石油天然气集团公司管材研究所的产品检测评定，X70级ϕ1016m×17.5m和ϕ1016mmx21m直缝理弧焊管各项指标均满足《西气东输直缝埋弧焊管技术条件》的要求，钢管质量达到了国外同类产品实物水平，填补了国产油气输送管道用X70大口径直缝埋弧焊管的空白。

西气东输工程用X70级螺旋缝埋弧焊管全部为国内生产，国产化率为100%；国产直缝埋弧焊管为14.32万吨，国产化率为14.82%，但钢板还是进口，舞阳钢厂供货14.6万吨，标志着中国焊管全面国产化，但板材供货能力不足，此后，陆续建设的陕京二线输气管道、西气东输与陕京二线联络线—冀宁输气管道、川气东送管道等均采用X70级管线管，X70级管线管的开发和应用为我国高钢级管线钢的应用做出了突出的贡献。

（三）X80级管线管与西气东输二线

对于X80高钢级管材的研究和应用，石油部门与冶金部门联合，开展了10余项国家基础/攻关、应用基础研究和技术开发项目，其中包括国家“973”项目“高强度管线钢的重大工艺基础研究”、中石油集团技术开发项目“X80管线钢管的开发与应用”“X80管线钢的焊接及高韧性焊材选择”等。2004年，中国石油天然气集团公司科技发展部会同西气东输管道公司研究决定在西气东输与陕京二线联络线上进行X80钢级螺旋埋弧焊管和直缝埋弧焊管两种规格产品的工程应用。联络线X80级工程应用段采用ϕ1016mm×18.4mm直缝埋弧焊管和ϕ1016mm×15.3mm螺旋埋弧焊管，分别对应相邻接X70级ϕ1016mm×21.0mm直缝埋弧焊管和ϕ1016mm×17.5mm螺旋埋弧焊管。其中壁厚18.4mm的直缝焊管2km，壁厚15.3mm的螺旋埋弧焊管7.4km。为了配合X80级管线钢管的工程应用，宝钢、武钢、鞍钢等钢厂相继开发出 18.4mm 厚 X80 级宽厚板和 15.3mm 厚 X80 级板卷，并且满足 X80 级管线钢管工程应用技术条件中有关要求。

为了做好我国 X80 级焊管的开发研制工作，由中国石油天然气集团公司科技发展部组织的“石油天然气输送用 X80 级螺旋缝埋弧焊管”项目于 1999 年 5 月立项，该项目由中国石油物资装备（集团）公司主持，宝鸡石油钢管有限责任公司、华北石油钢管厂等负责研制，中国石油天然气集团公司管材研究所、中国石油天然气管道局配合实施。研制目标是开发研制出 X80 级螺旋埋弧焊钢管实物产品满足市场需要；通过对国产高钢级管线钢卷板或钢板的试验研究，提出改进措施，使卷板或钢板性能满足制管要求；开发出国产的高钢级钢管（X80）生产用焊接材料和焊接工艺匹配方案，为制造出满足市场要求的国产高钢级螺旋埋弧焊钢管奠定基础。

自 1999 年立项以来，宝鸡石油钢管有限责任公司、华北石油钢管厂等先后完成了国外高钢级管线钢管的技术标准、焊接材料、焊接工艺等方面的技术情报的收集整理工作，并与国内几家大型钢铁公司联合提出了 X80 级管线钢热轧卷板的技术条件。

2002—2004 年，宝鸡石油钢管有限责任公司、华北石油钢管厂分别对宝山钢铁股份公司、武汉钢铁公司的热轧卷板进行了性能分析、焊接工艺研究、包申格效应试验、焊管性能分析、焊接热影响区的组织与性能、高屈强比 X80 级管线钢安全性分析与研究等工作，为 X80 级厚壁螺旋埋弧焊管的开发奠定了基础。

2004 年 9 月，宝鸡石油钢管有限责任公司、原华北石油第一机械厂华油钢管公司、巨龙钢管公司分别完成了 X80 钢级、ϕ1016mm×15.3mm 螺旋焊管和 ϕ1016mm×18.4mm 直缝焊管的批量试制，并于 2004 年 10 月通过了中国石油天然气集团公司和中国钢铁工业协会在北京组织的鉴定。2004 年底至 2005 年初，完成了国内首次 X80 级钢管的批量生产，钢管综合技术指标已达到国外发达国家 X80 级钢管的实物水平，实现了 X80 钢级螺旋埋弧焊管和直缝埋弧焊管的国产化。

2008 年 2 月“西气东输”二线开工建设，这是当时世界上输气线路最长，输气管压力最大，管径最大和钢级最高的一条输气管道；境内 9102km（包括干线和八条支干线），加境外 2000km，形成超过 10000km 的钢铁巨龙，创造出许多世界之最，成为中国油气管道史上最辉煌的篇章。“西气东输”二线主干线采用 X80 钢级管线管，管径 ϕ1219mm，壁厚 22mm（最大壁厚 27.5mm，螺旋管壁厚 18.4mm），输送压力 12MPa，年输气能力达 300 亿立方米，全部采用国产板材。“西气东输”二线在 X80 钢级管线钢管开发和应用方面有很多创新和亮点，为后续建设的管线提供了宝贵的经验。

“西气东输”二线建成后，我国又陆续建成了中贵线、中缅线国内段、西三线和中亚 C 线等以及已建成的陕京四线和正在建设的中俄东线等长输管道，上述管线均采用了 X80 钢级。我国成为世界上 X80 钢管应用量最多的国家。

（四）X80 厚壁管线管与中俄东线

提高输量、降低成本是油气管道建设持续追求的目标，而提高钢级、增大壁厚是提高输量、降低成本的有效途径，这也推动了国内外高钢级、大口径、大厚壁钢管的研发和应用。为了保证管道安全性，要求油气输送钢管具有与钢级及输送压力所匹配的止裂韧性。钢级越高、输送压力越大，所需的止裂韧性越高；并且要求 DWTT 断口具有足够的剪切面积（API 等标准规定平均值至少 85%）。同时具有足够的剪切面积和足够的 CVN 吸收能是管体的一个基本特征，在输气管线中它能避免脆性断裂扩展，并控制延性断裂的扩展。

由于材料自身强韧性的矛盾，以及管线钢厚度增加带来技术难度的增加，使得管线钢管每增加一个钢级或壁厚增加一毫米，都要攻克一系列的技术难题。

21 世纪以来，以我国西气东输二线建设为标志，X80 管线钢/管的研发应用快速发展。2006 年，在中石油集团公司的推动下，原华北石油第一机械厂巨龙钢管公司联合国内钢厂开始研制西气东输二线 X80 管线钢及直缝埋弧焊管，经过钢厂和制管企业的持续努力和卓有成效的工作，攻克了一系列的技术难题，成功开发出了西气东输二线 X80 ϕ1219mm×22mm 直缝埋弧焊管，焊管满足-10℃条件按下母材夏比冲击功单值最小 140J、平均值最小 180J 以及焊缝及热影响区夏比冲击功单值最小 60J、平均值最小 80J 的要求，母材 0℃条件下 DWTT 剪切面积率平均大于 85%，并大规模应用于西气东输二线工程。2007—2008

年，巨龙钢管公司联合国内宝钢、沙钢、鞍钢等钢铁企业同时开展了 26.4mm、27.5mm 及 33mm 宽厚板及厚壁直缝埋弧焊管单根试制工作，最早试制出了国内 X80 钢级 ϕ1219mm×26.4/27.5/33mm 直缝埋弧焊管。

2009 年，26.4mm 厚规格钢板及钢管技术获得突破，X80 钢级 ϕ1219mm×26.4mm 直缝埋弧焊管实现批量稳定生产，DWTT 剪切面积满足标准规定的 0℃条件下平均不低于 75%的要求，并应用于西气东输二线及后续的西气东输三线工程中。2012 年，针对中亚 C 线的需求，渤海装备所属巨龙公司与钢厂合作开发出了 X80 钢级 ϕ1219mm×27mm 直缝埋弧焊管，0℃条件下的 DWTT 剪切面积率达到不低于 85%的要求。2014 年，针对规划的陕京四线、新粤浙管道等提出 X80 钢级 ϕ1219mm×33mm 钢板及直缝焊管的需求，该公司联合国内钢板企业成功开发出了项目所需的 X80 ϕ1219mm×33mm 直缝埋弧焊管，各项性能指标满足标准要求，这也是目前国内最大壁厚的 X80 抗延性断裂直缝埋弧焊管。

为满足日益增长的天然气需求，我国在陆续建成了西气东输二线、三线等 X80 钢级、口径 ϕ1219mm、单管年输气量 300 亿立方米的天然气管道的基础上，拟开发建设口径更大、输气量更大的天然气管道。2012 年，中石油启动了第三代大输量管道用钢管的研发，其中 X80ϕ1422mm 钢管作为最具技术可行性的技术方案备受重视。国内钢铁企业、制管企业开始投入大量人力物力开展科研攻关，逐一攻克技术难关。2014 年 5 月，中俄双方有关企业签署了总价值超过 4000 亿美元、年供气量 380 亿立方米、期限长达 30 年的中俄东线天然气购销合同。为满足年输气量 380 亿立方米的要求，我国在中俄东线上首次计划采用 X80 钢级 ϕ1422mm×25.7/30.8mm 厚壁直缝埋弧焊管钢管。

与 X80 钢级 ϕ1219mm 管道相比，中俄东线钢管口径更大，壁厚更大。如西气东输二线二类地区采用的 X80 钢级 ϕ1219mm 直缝钢管壁厚为 22mm，三类地区壁厚为 26.4mm；中俄东线二类地区 X80 钢级 ϕ1422mm 直缝钢管壁厚增加到了 25.7mm，三类地区壁厚增加到了 30.8mm。无论从钢管管径还是壁厚，中俄东线均创我国管道之最，在世界管道史上都是一个标志性的工程，仅有俄罗斯已建的巴浦年柯沃-乌恰管道参数与中俄东线接近。

管径、壁厚同时增加带来了技术方面的巨大挑战。板宽、板厚增加，使钢板制造过程轧制压缩比降低，影响晶粒细化效果；厚度增加后还会引起心部冷却速度降低以及厚度方向的冷却均匀性，这些都会对钢板的性能产生不利影响，尤其是要保证至少-15 摄氏度下钢板的 DWTT 剪切面积达到平均值 85%的要求难度更大。另外，板宽增加对板型控制，管径、壁厚的增加对钢管几何尺寸、焊接质量控制等，都面临巨大的挑战。经过国内钢铁企业、焊管企业的共同攻关，攻克了上述的关键技术，成功实现了中俄东线 X80 钢级 ϕ1422mm×25.7/30.8mm 宽厚板及直缝埋弧焊管和 X80 钢级 ϕ1422mm×21.4mm/22mm 热轧卷板及螺旋埋弧焊管的批量生产供货。尤其是 X80 钢级 ϕ1422mm×30.8mm 钢管，整体性能稳定性、合格率超出了预期。

（五）X100 和 X120 级管线钢管

我国在超高强度管线钢领域与西方先进国家相比落后近 20 年。在成功开发 X80 级高强度管线钢管后，华北石油钢管厂与钢厂合作进行了 X100 和 X120 级超高强度管线钢管的开发。

华北石油钢管厂首先与鞍山钢铁公司合作进行了 X100 级管线钢的开发，并于 2006 年初采用鞍钢 X100 级钢板进行了 ϕ813mm×14.3mm 直缝埋弧焊管的试制，试制钢管经中国石油天然气集团公司管材研究所鉴定，钢管的抗拉强度、冲击韧性和硬度等力学性能较为理想。

2006 年 6 月，华北石油钢管厂采用南钢生产的 X100 级钢板进行了 ϕ813mm×12.5mm 直缝埋弧焊管的试制。试制钢管的强度满足 X100 钢级的要求，管体夏比冲击功和剪切面积以及 DWTT 剪切面积均较好，实现了开发目标。

宝钢 5m 宽厚板轧机建成后，华北石油钢管厂与宝钢合作开发 X120 管线钢管。X120 钢级是目前管线钢管的最高钢级，也是目前管线钢开发的热点之一。为了保证所开发 X120 钢管实物性能的可比性，双方商定将钢管的规格定为 ϕ914m×16mm。为研究 X120 级钢管的焊接规律，华北石油钢管厂进行了大量的焊接试验研究。主要从焊接材料的匹配及焊接工艺参数的优化方面进行了对比试验，目标是在保证焊缝和热影响区抗拉强度不低于母材的条件下，获得尽可能高的韧性及适当的硬度，并保证在大工业生产条件下具有良好的焊接性能。2007 年 2 季度，华北石油钢管厂成功试制了 ϕ914mm×16mm、X120 钢级直缝埋弧焊管。2007 年 4 月，试制钢管经中国石油天然气集团公司管材研究所鉴定，钢管管体和焊缝的强度、冲击韧性和硬度等力学性能均较为理想，达到了国际同类钢管实物水平。

通过国内制管企业和钢厂的密切合作，我国在超高强度管线钢和钢管的开发方面取得了长足的进步，研制钢管的性能已达到国际同类钢管实物水平，初步实现了开发目标。X100 和 X120 钢级管线钢管的开发填补了我国在超高强度管线钢管领域的空白，大大缩小了我国与西方发达国家之间的差距。但 X100 和 X120 钢级管线钢管的开发还处于前期研究阶段，没有批量生产和工程应用。虽然已经成功建设了多条 X100 试验段。但是迄今为止所有的管道试验段都没有在真正 X100 的设计应力工况下运行。

（六）大应变管线、低温管线、抗腐蚀管线

大应变钢管技术日趋成熟。双相组织管线钢的成功开发提高了高钢级管线钢管的塑性变形能力，降低了应变时效性能，X80 大应变钢管均已成功开发，通过了新产品鉴定。我国西气东输二线在特殊地段成功采用了基于应变的设计，并批量应用了 X80 大应变钢管；在西气东输二线工程开始前中石油集团公司为满足工程需要，组织国内多个钢厂和制管厂开展了《西气东输二线工程关键技术研究》重大专项一期研究，先后完成了直缝、螺旋和弯管管件等产品研究，并实现了全部国产化。但西气东输二线基于应变设计的 X80 大应变钢管没有实现国产化，全部采用的日本进口 X80 大应变钢管。为了解决这一难题，在《西气东输二线工程关键技术研究》重大专项二期研究中，把大应变钢管作为研究重点进一步开展研究。经过重大专项参加的各钢厂和制管厂的通力合作，X70、X80 大应变钢管研究成功。X70 大应变钢管于 2011 年 9 月通过了中国石油天然气集团公司和中国钢铁工业协会在北京组织的鉴定。X70 大应变钢管成功应用于中缅管道，由渤海装备所属巨龙钢管公司、宝钢股份有限公司和宝鸡钢管所属中油宝世顺（秦皇岛）钢管有限公司供应 X70 大应变钢管共计 4 万多吨，实现了全面国产化，填补了中国 X70 大变形焊管制造空白。由鞍钢、沙钢供应钢板，巨龙钢管公司和宝世顺钢管公司研制的 X80 完成了千吨级试生产，并于 2012 年 11 月通过了中国石油天然气集团公司在北京组织的鉴定。标志着中国 X80 大应变钢管具备了批量生产能力。2012 年，中油宝世顺（秦皇岛）钢管有限公司和巨龙钢管公司为西气东输三线供应 X80 钢级 ϕ1219mm×26. 4mm 大应变焊管，填补了中国 X80 大应变焊管制造空白。

我国钢管企业也在开发高寒地区 K60 和 K65（X80）用管线钢管，并且取得了重大进展。钢管的低温韧性和应变性能均比较理想。正在进行进一步的开发。2006 年原华北石油第一机械厂巨龙钢管首次开发符合俄罗斯标准的输送钢管 K60 材质直缝埋弧焊钢管 ϕ1220mm×19/22/24mm，2011 年，渤海装备所属巨龙钢管公司研制成功了耐低温 K60 直缝焊管、弯管和管件，并为中俄原油管道（二期）供货弯管 ϕ1220mm×33mm（36 根）、ϕ1220mm×26. 4mm（2 根）。巨龙钢管公司研制生产的站场低温环境（-45℃）用 ϕ1422mm×30. 8mm X80 直缝埋弧焊钢管、站场低温环境（-45℃）用 ϕ1422mm×33. 8mm X80 感应加热弯管、站场低温环境（-45℃）用 ϕ1422mm×1219 X80 三通于 2018 年 11 月，在集团公司进行鉴定，目前具备批量生产能力。该系列产品可实现-45℃环境下的裸露服役，从而节省大量因保温伴热措施导致的建设与维护费用。该系列产品代表着当前国内油气输送钢管最高水平，填补了国内空白。

国内酸性服役环境用高等级焊管起步晚，但进步很快。耐腐蚀管线钢是输送酸性天然气管线的重要用钢，是目前管线钢中要求最为严格、技术水平要求最高的钢种，是管道用钢系列的一个重要组成部分，是当代冶金技术和装备水平完美结合的典型产品。国内焊管企业和冶金企业联合攻关，在冶炼纯净化、连铸低倍控制、板材 TMCP 控制及耐酸焊材开发等方面取得巨大成就。从钢级来看，从主要供应集输的小直径 X52MS 逐渐发展到大直径长距离外输用 X65MS，X70MS 也有研发业绩；从管型来看，从小口径无缝、HFW 焊管发展到大口径埋弧焊管；从制管采用的原材料看，不仅有螺旋管和 HFW 焊管需要的热轧卷板，也有满足大口径直缝焊管的宽厚板；从供应市场来看，不仅满足国内中石油、中石化、中海油等需求发展，高等级酸性环境用焊管还批量出口到中东、中亚和北美等国家和地区；典型管厂有宝钢焊管部、渤海装备、宝鸡钢管、珠江钢管等企业，典型工程如 2004 年全部采用国产 X65MS 直缝埋弧焊管的忠-武输气管线工程，2015 年宝钢独家供应 2. 68 万吨 X65MS 直缝埋弧焊管的 BP KHAZZAN I 期项目等。宝钢股份有限公司截至目前耐酸焊管共计生产 55 万吨，其中埋弧焊管约 50 万吨，HFW 焊管约 5 万吨；珠江钢管生产的耐酸焊管累计超过了 10 万吨；巨龙钢管公司为土库曼、长庆油田等供货共计 3. 4 万吨。

（七）取得的重大技术成果

X42~X80钢级石油天然气输送管线系列专用钢及焊管的研制开发，使我国石油天然气输送管线系列专用钢达到国际先进水平：研究开发了低碳微合金化埋弧焊丝（HO8C焊丝），高韧性埋弧焊丝（HO8D焊丝），SJ01焊剂；研究了碳素钢埋弧焊用焊剂（431，433，434）标准样品；设计制造了钢管水压爆破试验台架、焊缝跟踪系统、管端扩径装置、管端焊缝自动磨削等先进的装置；申请了低碳微合金化埋弧焊丝等12项专利，其中4项发明；申报了3项国家科学技术奖励，《石油天然气输送用X42~X65高韧性热轧板和焊管的生产技术》1998年获国家科技进步二等奖、《西气东输工程用X70级热轧卷板、螺旋埋弧焊管、涂敷作业线及涂料的研制与应用》2004年获国家科技进步二等奖、《低碳微合金化埋弧焊丝》1996年获国家发明四等奖、《高等级UOE焊管工艺技术自主开发和集成》项目获得2011年度中国冶金科技进步一等奖、申报了《石油天然气输送用焊管》等4项省部级科技进步奖，并荣获一等奖。

2004—2018年焊管进口及出口量如图8-5和图8-6所示，陕京一线以来我国的主要管道建设如表8-1所示。

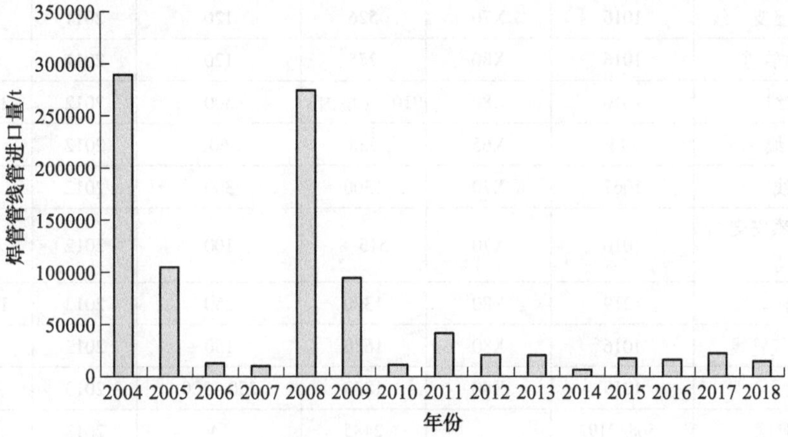

图8-5　2004—2018年焊管管线管进口量

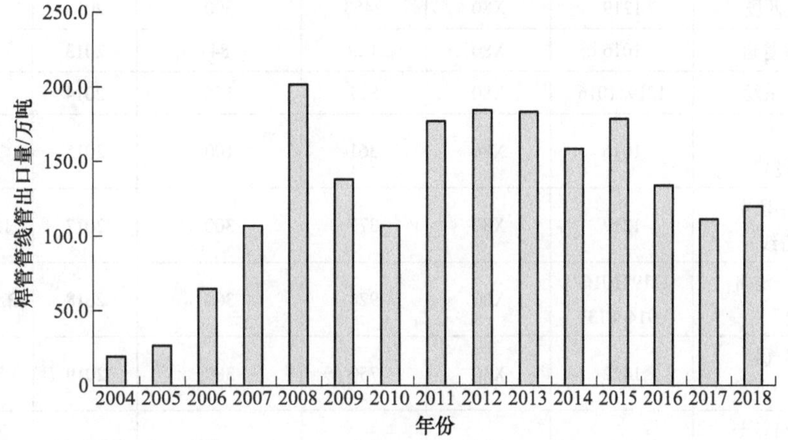

图8-6　2004—2018年焊管管线管出口量

表8-1　陕京一线以来我国的主要管道建设一览表

序号	管道名称	管径/mm	钢级	长度/km	输气（或输油）能力/亿立方米·年$^{-1}$	完工时间	压力/MPa	类型	状态
1	陕京一线	660	X60	918/1098	33	1997	6.4	天然气	已建
2	涩宁兰管道	660	X70	953	20~30	2001	6.4	天然气	已建
3	海南环网	508/323		669	16	2003	10	天然气	已建
4	忠武线	711	X60	1375	30	2004	6.4	天然气	已建
5	西气东输一线	1016	X70	4200	120-200	2004	10	天然气	已建
6	陕京二线	1016	X70	935	170	2005	10	天然气	已建

续表 8-1

序号	管道名称	管径/mm	钢级	长度/km	输气（或输油）能力/亿立方米·年$^{-1}$	完工时间	压力/MPa	类型	状态
7	冀宁联络线	1016/711	X70	886	110	2005	10	天然气	已建
8	海峡西岸经济区（海西管网一期）	813		361	77	2009	6.3	天然气	已建
9	川气东送管道	1016	X70	2206	120	2010	10	天然气	已建
10	长呼线	457	X60X52	485	12.97	2010	6.4	天然气	已建
11	榆济输气管道	711	X60/65	1045	30	2010.1	8~10	天然气	已建
12	陕京三线	1016	X70	896	150	2011	10	天然气	已建
13	大连 LNG 外输管道	711	X80	428	84	2011	10	天然气	已建
14	秦皇岛-沈阳天然气管道	1016	L360	475	80	2011	10	天然气	已建
15	西二线轮南-吐鲁番支干线	1016	X70	526	120	2011	10	天然气	已建
16	江苏 LNG 外输管道	1016	X80	275	120	2011	10	天然气	已建
17	西气东输二线	1016	X80	9102（境内）	300	2012	10~12	天然气	已建
18	长呼管线复线	813	X65	528	60	2012	6.3	天然气	已建
19	中亚 A/B 线	1067	X70	1300	300	2012	6.4	天然气	已建
20	西二线平顶山-泰安支干线天然气	1016	X70	515.8	100	2012	10	天然气	已建
21	陕京四线	1219	X80	1300	250	2013	10~12	天然气	已建
22	中卫-贵阳天然气管线	1016	X80	1636	150	2013	10	天然气	已建
23	中亚 C 段	1219	X80	1833	250~300	2013	10	天然气	已建
24	南疆天然气管网	508/219		2485	14	2013	10	天然气	已建
25	中缅天然气管道	1016	X70	2806	120	2013	10	天然气	已建
26	西气东输三线西段	1219	X80	2453	300	2013	10	天然气	已建
27	唐山 LNG 外输管道	1016	X80	120	84	2013	10	天然气	已建
28	西气东输三线东段	1219/1016	X80	817	150	2014	10	天然气	已建
29	沈阳-长春输气管道（哈沈线南段）	1016	X80	361	100	2015	10	天然气	已建
30	西气东输三线中段中卫-靖边联络线	1219	X80	377	300	2017	12，10	天然气	规划
31	鄂尔多斯-安平-沧州输气管线	1219/1016/914/813	X80	928	300	2018	12.0/10.0	天然气	在建
32	中俄东线天然气管道北段	1422	X80	750	380	2019	12	天然气	在建
33	西气东输三线闽粤支干线（在建）	813	X70	575	58	2019.12	10	天然气	在建
34	中俄东线天然气管道中段	1219	X80	1110	187	2020	10	天然气	在建
35	中俄东线天然气管道南段	1219/1422	X80	1214	189	2020	10	天然气	规划
36	青岛-南京输气管道	1016	X70	531	72	2020	10	天然气	在建
37	新疆煤制气外输管道（潜江-韶关）	1016	X70	865	60~168	2020	10	天然气	在建
38	天津南港 LNG 外输复线	1219/1016		140	250	2020	10	天然气	在建
39	新气管道广西支干线	813		448	60	2020	10	天然气	在建
40	蒙西煤制气管道	1016		1279	120	2020	10	天然气	在建
41	青藏天然气管线	508		1365	18		10	天然气	规划
42	海西天然气管网二期	813	X70	3253	200	2020	8	天然气	在建

续表 8-1

序号	管道名称	管径/mm	钢级	长度/km	输气（或输油）能力/亿立方米·年$^{-1}$	完工时间	压力/MPa	类型	状态
43	西气东输三线中段	1219	X80	1958	300		10	天然气	规划
44	中俄西线天然气管道	1219	X80	2800	300		10	天然气	规划
45	库鄯输油管线（输油）	610	X65	475	500~1000 万吨/年	1997	8	原油	已建
46	长呼原油管道（输油）	457/273. 1	X60X52	578	500 万吨/年	2012	8/6. 3	原油	已建
47	兰成原油管道（输油）	610	X65	882	1000 万吨/年	2013	8~13. 4	原油	已建
48	西部原油管道（乌鲁木齐-兰，输油）	813/711/610	X65	1878	2000 万吨/年	2006	8~14	原油	已建
49	中哈原油管道（输油）	813	X60	2798	2000 万吨/年	2009	6. 4	原油	已建
50	中缅原油管道（输油）	813	X70	1100	2200 万吨/年	2013	10	原油	已建
51	独山子-乌鲁木齐-鄯善原油管道（输油）	610	X70	231	1500 万吨/年	2012. 12	8~12	原油	已建
52	中俄原油管道二线（输油）	813	X65	941. 8	1500 万吨/年	2017	9. 5~11. 5	原油	已建
53	兰成渝成品油管道	508/457/323. 9	X60X52	1252	580 万吨/年	2002	10/14. 7	成品油	已建
54	西南成品油管道（输油）	508-219	x52	1698	1000 万吨	2005	10	成品油	已建
55	西部成品油管道（乌鲁木齐-兰州，输油）	559/508	X65	1930	1000 万吨/年	2006	8~14	成品油	已建
56	兰郑长成品油管道（输油）	660/610/508		2134	1500 万吨/年	2009	6. 3-14	成品油	已建
57	港枣线（输油）	273/219	L245	678. 9	300 万吨/年	2007	8	成品油	已建

二、无缝管线管

我国早期的管道建设主要采用的是无缝钢管，但口径受到了限制。随着焊管生产技术的发展和焊管质量的提高以及焊管的直径可以做得更大，焊管很快就替代了无缝钢管，成为管道建设的主角。随着管道建设向大型化、高输送量发展，中大口径的管道基本采用了焊管，90 年代以来，我国油气管道的主干线全部被焊管所垄断，无缝钢管主要用于支线管、集输管线、海底管线和城市的管网。

70—80 年代成都无缝、包钢等企业按《一般无缝钢管》（YB 231—1970）和后来的《输送流体用无缝钢管》（GB/T 8163—1987）标准，生产流体输送用管，主要牌号：A3（A3F）、10、20、16Mn、Q235、Q295、Q345 等，主要管径：ϕ159mm、ϕ219mm、ϕ273mm、ϕ325mm、ϕ426mm、最大管径为 ϕ630mm。

从 80 年代开始，我国开展了按 API 标准开发研制专用管线管，为了适应这一发展的需要，成都无缝厂从 80 年代末开始了按照 API 5L 标准，开发研制生产 A、B、X42~X52 钢级管线管。于 1991 年获得了 API 5L 会标许可证，并于当年向泰国出口管线管；1992 年向台湾地区出口 ϕ245mm 的管线管。90 年代中后期又研制出了 X56、X60、X65 钢级管线管，并为胜利油田批量供应 X56 级管线管；向伊拉克出口几万吨 X60 级管线管。天津钢管公司 ϕ250 连轧管机组投产后不久就开始了管线管研制，1997 年为渤海油田开发研制出 X56 级 ϕ219. 1×12. 7mm 海底管线管；1998 年为胜利油田开发生产 X56 钢级 ϕ114. 3mm×10mm、ϕ273. 1mm×12. 7mm 海底管线管；1999—2000 年为沙特阿美公司开发生产出了 4 万吨 X60 钢级 ϕ168. 3mm×12. 7mm、ϕ219. 1mm×12. 7mm、ϕ273. 1mm×12. 7mm 等多个规格的海底管线管；2000 年后又开发出 X65Q、X70Q、X80Q 级高强度管线管，适合海洋环境和抗腐蚀环境的 X60QS、X65QS 钢级管线管，适合低温环境的 X60L、X65L 管线管。

2005 年以后随着国内几条中大口径的连轧管机组的建立，如衡阳钢管、攀成钢的 ϕ340mm 机组，天津钢管、宝钢、包钢的 ϕ460mm 机组，天淮的 ϕ508mm 机组，以及天津钢管的 ϕ720mm 斜轧扩管机组，衡阳钢管的 ϕ720mm 周期式轧管机组，使无缝管线管的直径扩大到 ϕ711mm，其中包括 ϕ323. 9mm、ϕ406mm、ϕ457mm、ϕ508mm、ϕ610mm 等。2007 年塔里木油田迪那气田，使用了天津钢管生产的当时最大口径的 ϕ457mm×17. 5mm、X60Q 钢级无缝管线管，2008 年中海油涠洲项目使用了适合海洋环境和抗腐蚀环境 X60QS 及 X65QS 钢级 ϕ406. 4mm 的无缝管线管产品。另外，天津钢管公司 2010 年在国内首次开发了适合深水作业的盘管用无缝管线管，且产品成功出口到欧洲。无缝管线管的开发极大地满足国内陆地、海洋油气田的开发和建设，并大量出口到中东、东南亚、非洲、美洲、欧洲等地。近 10 年来，我国无缝管线管生产企业天津钢管、衡阳钢管、宝钢、攀成钢、包钢钢管等，每年都生产大量的管线管出口到国外，出口量在 150~227 万吨之间，占无缝钢管出口量的 42%~49.5%，钢级从 B 级到 X 级（X42-X70 及少量的 X80），品种包括海底管线管、抗硫管线管等，见图 8-7 和图 8-8。

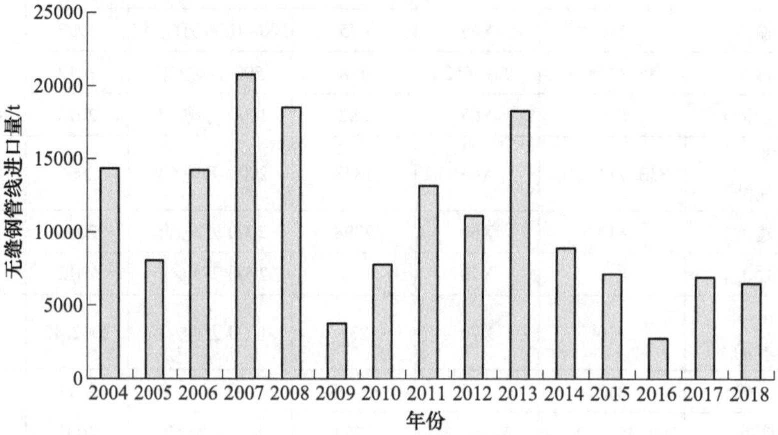

图 8-7　2004—2018 年无缝管线管进口量

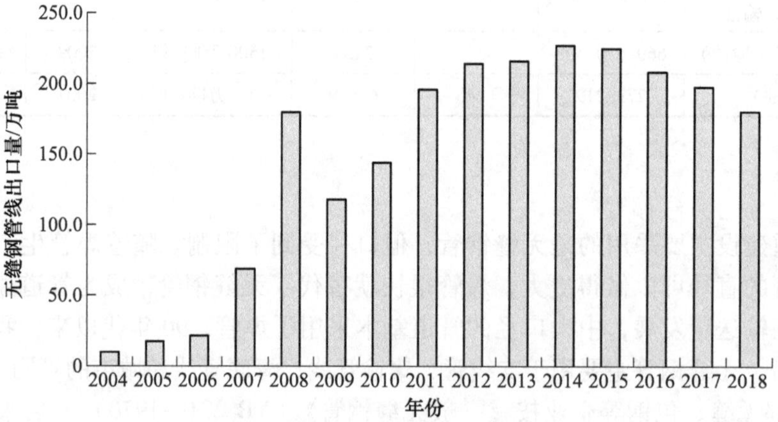

图 8-8　2004—2018 年无缝管线管出口量

第三节　高压锅炉管与火电机组的建设

高压锅炉管主要用于高压及其以上压力的蒸气锅炉过热器、再热器、省煤器、水冷壁、管道和集箱等的制造。用于电力工业火电锅炉的新建、现有电厂机组锅炉的维修；石化、化工行业的建设、维修；船用锅炉的新建和维修等。

1956 年我国第一台引进技术制造的 6MW 火电机组诞生，此后，引进苏联技术制造的 25MW、50MW、100MW 机组相继投产，20 世纪 60~70 年代，我国自行研制的 125MW、200MW 超高压机组也相继投产。改革开放前，我国火电机组以 100MW 为主力机组，少数电厂建设了一批苏制 200MW 机组，火电机组装机容量仅为 3984 万千瓦。

改革开放以来我国火电机组快速发展，20 世纪 80 年代初我国从美国引进了 300MW 和 600MW 亚临界火电机组的设计、制造技术，并成功地进行了国产化。90 年代初我国从瑞士引进的 600MW 超临界机组投产，之后又陆续进口了多台俄罗斯的 300MW、500MW、800MW 超临界机组和两台欧洲的 900MW 超临界机组，火电机组进入到超临界时代。进入 21 世纪以来，国内超临界、超超临界发电技术的发展以及第一台国产 1000MW 超超临界机组的投产，使我国的 600MW、1000MW 超超临界机组更是飞速发展，到 2013 年底已建成 600℃蒸气参数超超临界火电机组约 1.224 亿千瓦（141 台机组），占全球同类装机的 80%。

到2016年底全国已投运的1000MW级的超超临界机组达到96台，数量和总容量均居世界首位。截至2018年底，我国火电机组装机容量达到11.44亿千瓦，火电机组的建设发生了巨大的变化。表8-2是我国火电机组锅炉出口蒸汽参数系列及容量表。

表8-2　我国火电机组锅炉出口蒸汽参数系列及容量表

蒸汽参数类别	锅炉出口蒸汽参数			设计煤耗 /g·(kW·h)$^{-1}$	电厂效率 /%	机组容量 /MW
	主蒸汽温度/℃	主蒸汽压力/MPa	再热汽温度/℃			
低压	400	2.55	—			0.75，1.5，3
中压	450	3.92	—	579~480	25.9	5，12，25
高压	540	9.9	—	452~409	33.2	50，100
超高压	540	13.83	540	333~327	37.2	125（135），200
亚临界	540	18.27	540	310	39.7	300，600
超临界	548	26.7	574	~295	>41.7	600
	576	26.7	574	~290	>41.7	600，900
超超临界	600	27	600	~278	~44	1000，600
	600	30	600	~265	~46	1000，600
	605	33	613	~256	~48	1000

一、20世纪50年代—1978年的发展

新中国成立之初，我国还没有无缝钢管生产企业。1956年我国第一台引进技术制造的6MW火电机组在建设时，所用的高压锅炉管全部从苏联进口。1960年上海钢管厂率先试制出20A冷拔小直径高压锅炉管，1962年鞍钢无缝厂按苏联ГОСТ2579标准生产出我国首批热轧高压锅炉管，1965年原冶金部参考苏联标准，制定并颁布了我国第一部高压锅炉管标准《锅炉用高压无缝钢管》（YB 529—1965），标准中纳入了4个牌号：20、12CrMoA、15CrMoA、12Cr1MoVA。60年代后期，成都无缝厂、上海第一、第五钢铁厂也都开始研制生产高压锅炉管。这期间我国研制的580-620℃的过热器、再热器管用热强钢G102（12Cr2MoWVTiB）、П11（12 Cr3MoVSiTiB）和无Cr（12MoVWBSiXt）高压锅炉管均试制成功，随后相继在100MW、125MW、200MW、300MW等火电锅炉上使用。

1970年原冶金部修订并颁布了《锅炉用高压无缝钢管》（YB 529—1970）标准（原上海冶金局起草），纳入标准的牌号有：20、15MnV、12 MnMoV、12Cr2 MoWVTiB、12 MoVWBSiXt、12Cr3 MoVSiTiB、15CrMo、12Cr1MoV共8个牌号。同时还颁布了《锅炉用高压无缝钢管管坯》（YB 380—1970）标准。70年代中期，我国引进了原西德DIN17175标准中的热强钢管，并广泛地应用在火电锅炉制造和电站建设中。主要牌号有：St45.8/Ⅲ、15Mo3、13CrMo44、10CrMo910、X20CrMoV121等，其中一些牌号到2000年以后仍在使用。

二、1978—1990年的发展

20世纪80年代初，我国从美国WestingHouse公司和CE公司引进了300MW和600MW亚临界火电机组的设计、制造技术，并成功地进行了国产化。美国火电机组用钢系列与我国不太相同，其低温段采用碳素钢，高温段采用奥氏体不锈钢；四大管道用材如主蒸汽管道、再热蒸汽管道采用P22，再热蒸汽管道冷段采用A106B（300MW）和A627-870（600MW），主给水管道采用ST45.8（300MW）和A106B（600MW）。在引进设计、制造技术的同时，美国ASME、ASTM标准也引入了我国，标准中的牌号包括：SA106B、SA106C、SA210C、T11/P11、T12/P12、T22/P22、T91/P91、TP304H、TP347H等，其中部分牌号相继在上述钢管厂开发研制，大部分牌号至今仍被广泛使用。此后的20年里，这两个等级的机组一直作为中国电力建设的主力机组。

1985年YB 529—1970标准上升为国家标准《高压锅炉用无缝钢管》（GB 5310—1985），由鞍钢起草。该标准在总结了YB 529—1970标准10余年的生产执行情况和使用情况的基础上，参考了ISO标准、德国DIN17175和美国ASTM213、ASME213等标准的有关部分，移植了DIN17175标准中的10CrMo910和

ASTM213、ASME213 中的 TP304H、TP347H 3 个牌号，新增加了 12CrMo 牌号；在技术要求方面尽量与国际接轨，标准的整体水平有较大提高。但值得一提的是，由于受整体发展水平的影响，以及对新产品的认知不足，在此次标准修订中，未能将 T91/P91 这个牌号纳入标准中，使 T91/P91 的开发滞后很多年，以致在以后的超临界、超超临界机组的建设中，不得不花大量外汇从国外购买。

1985 年宝钢无缝厂从德国引进的 ϕ140mm 连轧管机组建成投产，并开始陆续按 GB 5310—1985、DIN17175 标准生产中、小口径的高压锅炉管。宝钢从冶炼、轧制到热处理等先进的装备和工艺技术以及完善的质量检测手段，为高压锅炉管的研发创新和发展起到了非常重要的作用。

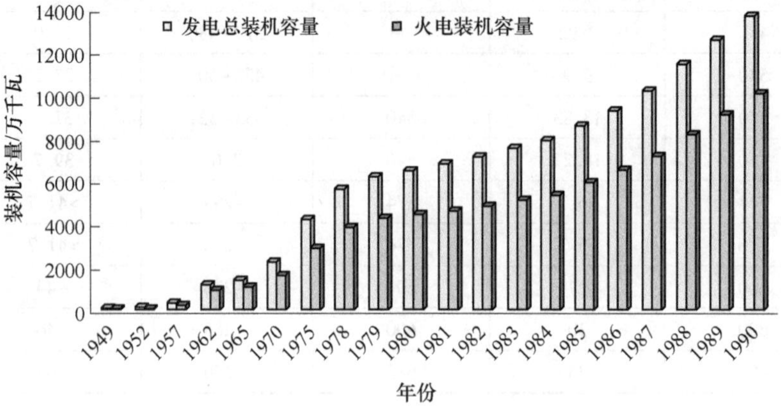

图 8-9　1949—1990 年全国发电总装机容量和火电机组装机容量

三、1990—2000 年的发展

20 世纪 90 年代初，我国引进了超临界火电机组。如 1992 年投运的由瑞士和 ABB-CE 联合设计供货的两台 600MW 超临界的火电机组；1994 年投运的由苏联成套供货的 300MW 超临界的火电机组。这 4 台超临界的火电机组用材大多数与亚临界火电机组相同，但管径更大且管壁更厚，前者在高温段使用了 T91/P91 新型马氏体热强钢，后者采用了 15Cr1Mo1V 贝氏体型热强钢。20 世纪 90 年代以来 T91/P91 钢在世界上得到了广泛应用，我国在 20 世纪 90 年代也完成了 300MW 和 600MW 亚临界机组的优化设计。除过热器、再热器采用 T91 外，主蒸汽管道也采用 P91 取代了 P22。

20 世纪 90 年代是冶金技术和火电设备制造技术飞速发展的年代，优良的新型火电机组用材日臻成熟。为适应新的要求，原冶金部组织修订了 GB 5310—1985 标准，并于 1996 年颁布实施《高压锅炉用无缝钢管》（GB 5310—1995）标准。根据 GB 5310—1985 标准的生产使用情况、冶金技术和热电技术的进步与发展，以及电力、锅炉行业对新材料的要求和意见，对该标准进行了全面的修订。该标准由成都无缝钢管厂和原冶金部信息标准研究院共同起草。

GB 5310—1995 标准中结合了国内外亚临界、超临界机组所用管材情况，移植了美国标准中的 SA106B、SA210C、SA209T1a、T91/P91 和德国的 15Mo3 等 5 个牌号，使火电锅炉各温度段的用钢更优化更经济，尤其是 T91/P91 牌号的引入，为我国后来 T91/P91 的开发，起到了标准引领的作用；制定了“高温规定非比例伸长应力（$\sigma^{t}_{0.2}$）最小值”和“10 万小时的持久强度推荐数据”供设计、使用参考；标准规定了经炉外精炼的连铸钢坯或钢锭直接轧制高压锅炉管的生产方法，对有害元素（S、P）、热处理制度、无损探伤、冲击压扁、几何尺寸等等均进行了全面的修订，使标准的整体水平进一步提高。

90 年代期间天津钢管公司 ϕ250mm 连轧管机组、衡阳钢管 ϕ89mm 连轧管机组投产后也都开始生产高锅炉管，另外，武汉 471 厂大顶管机组投产后，也开始生产 ϕ400mm 以上的中大口径高压锅炉管。90 年代末，发电设备用钢国产化措施方案项目中对成都无缝钢管厂等 5 个高压锅炉管生产企业的技术改造全面完成，已形成年产高压锅炉管 23 万 t 的生产能力。在规格方面，除某些特殊钢管外，我国火电机组所需的 ϕ(10~1066)mm×(1.2~200)mm 范围内的所有规格几乎都能生产，已形成了大、中、小配套的较完整的高压锅炉管生产体系。在品种上，20G、15Mo、15CrMo、12Cr2Mo、12Cr1MoV、12Cr2MoWVTiB、12Cr3MoVSiTiB 等牌号均已批量供货，产品总体质量、数量、自给率均有很大提高，并且已有部分高压锅炉管出口，进入国际市场。但是电站锅炉急需的 T91/P91 及以上牌号品种尚处于试生产阶段，仍未能供货，几乎全部依赖进口。我国高压锅炉管主要生产厂家2000年时生产能力及产量见表8-3。

表8-3 我国高压锅炉管主要生产厂家2000年时的生产能力及产量

企业名称	轧管机组	产品规格/mm	主要品种	能力/t·a^{-1}	产量/t	
					1999年	2000年
宝钢无缝钢管厂	连轧	ϕ32~159	20G、12Cr1MoVG、T91（已开发）	80000	28974	28979
天津钢管公司	连轧	ϕ114~273	20G、12Cr1MoVG	5000	1537	1266
衡阳钢管厂	连轧	ϕ25~127	20G、12Cr1MoVG	20000	4200	8900
鞍钢无缝钢管厂	自动、圆盘	ϕ73~159	20G、12Cr1MoVG	25000	2000	857
上海钢管厂第五钢铁厂	精密、冷拔（轧）	ϕ76~121	G102、TP347H、12Cr1MoVG	25 000	12742	14611
北满特殊钢公司	精密	ϕ25~159	20G、12Cr1MoVG	20000		
成都无缝钢管厂	精密、周期热扩及冷拔（轧）	ϕ10~720	20G、12Cr1MoVG、P91（已开发）	30000	2589	3143
包钢无缝钢管厂	连轧、自动	ϕ140~426	20G、12Cr1MoVG	10000		
武汉471厂	大顶管	ϕ273~1066	20G、12Cr1MoVG	20000	3100	5000
其他		<ϕ133		5000		
合计				230000	55142	62756

四、进入21世纪电站锅炉用管的发展

进入21世纪以来我国火电机组的建设高速发展，从2003年开始，我国火电机组的装机容量，从过去十多年里每年1000多万千瓦急速攀升到5000万千瓦、6000万千瓦，2006年接近1亿千瓦。尤其是2006年11月国内第一台自主设计制造的超超临界机组投产，大大地推动了我国超超临界机组的发展，到2007年底，国产60万千瓦超超临界机组的订货量达到90多台，100万千瓦的订货数也有将近50台。到2013年底已建成600℃蒸气参数超超临界火电机组约1.224亿千瓦（141台机组），占全球同类装机的80%。

随着超临界超超临界火电机组建设的高速发展，也极大地带动了电站高端锅炉管的开发和生产。宝钢从20世纪末开始研发T91，到21世纪初T91产品批量供货，并得到了国内几大锅炉企业的认可，引领了行业电站高端锅炉管的发展。之后，攀成钢、天津钢管、衡阳华菱钢管、常宝、北方重工等企业也都开发出了T/P91产品并批量供货。2007年以后，以宝钢为首锅炉管生产企业还开发出了T/P23、T/P24、T/P911、T/P92、T/P122、G105、Super304、TP347HFG、TP310HNbN(HR3C）等，满足了电站发展的需要。实现了600℃超超临界机组全套钢管的供货能力，使我国电站用钢管技术跃居国际先进行列。

到“十二五”末，我国火电机组结构持续优化，超临界、超超临界机组比例明显提高，单机30万千瓦及以上机组比重上升到78.6%；单机60万千瓦及以上机组比重明显提升，达到41%；全国火电机组平均供电煤耗降至315克标煤/千瓦时（其中煤电平均供电煤耗约318克标煤/千瓦时），达到世界先进水平；燃煤发电技术不断创新，达到世界领先水平。

核电用管快速发展。由宝钢特钢承担的国家重大专项课题“核电蒸汽发生器用690合金U形管研制和应用性能研究”正式通过了国家能源局核电司验收，该研究成果可应用于AP1000、CAP1400、ACP1000等第三代核电蒸汽发生器传热管的制造。除宝钢外，浙江久立特材也开发出了690、800合金U形管，其中800合金U形管还批量出口国外，690、800合金U形管的国产化，提高了我国核电的国际竞争力。

我国火电、核电用钢管的快速进步，有力支撑了电力工业的发展，促进了我国“一带一路”倡议和火电、核电“走出去”战略的实施，具有重要的社会效益。

五、典型企业-宝钢电站锅炉用管的发展

1985年11月宝钢无缝厂从德国引进的ϕ140mm连轧管机组建成投产，1986年高压锅管生产线建成投产并开始陆续按GB 5310—1985、DIN17175标准生产中、小口径的高压锅炉管。由于宝钢无缝厂的先进技术装备和后工序配套完善的锅炉管生产线，使宝钢的高压锅炉管质量更具有竞争力，投产后不久，宝

钢生产的高压锅炉管产品很快就得到了国内锅炉行业的认可，产量不断地增长。

20 世纪 90 年代以来，由于节能减排及提高锅炉效率的需要，国内新建电站锅炉均向超临界、超超临界方向发展；因此，对高压锅炉管的高温持久性能、高温蠕变性能、高温氧化性能提出了更高的要求。为适应该变化，宝钢结合设备改造和技术进步，在原有碳钢、低合金钢高压锅炉管生产的基础上，于 1992 年开发了钢 102 钢种，解决了当时国内市场锅炉制造和锅炉维修的需求。自 1999 年开始，为了满足国内锅炉和电力行业电站锅炉向高参数大容量发展的迫切需求，及时开发合金含量更高、用于超临界、超超临界锅炉的高压锅炉管新品种。

首先对当时锅炉行业应用量大，全部依赖进口的 T91 高压锅炉管进行了研发。研究了 T91 化学成分对常温和高温性能的影响，并通过微观组织研究，揭示了弥散碳化物分布对强化机体的作用；开发了大型转炉批量生产高铬钢技术，使宝钢 300t 转炉冶炼合金含量的水平提高到了 14%，为宝钢大批量生产高附加值的高合金钢产品奠定了基础；研究开发了 T91 钢温锭热装及均热工艺、圆坯轧制孔型及工艺、圆坯退火工艺；突破了 ϕ140mm 连轧管机组原产品大纲只生产合金含量小于 5%的材质设计，将合金含量扩大到 14%，并形成 T91 钢管轧制系列专有技术。同时，宝钢在 T91 钢管研制成功的基础上，于 2004 年又率先在国内成功研制出 T23 产品，2007 年研制出 T92 产品，并在 2007 年 10 月实现了 S30432（Super304）、TP310HNbN 奥氏体不锈钢钢管的批量生产。目前，宝钢已形成高压锅炉管产品系列供货能力，实现了向主蒸汽 600℃超超临界电站锅炉受热面部件高温过热器、再热器、水冷壁、省煤器等关键部位整台机组供货，钢种覆盖整个超超临界燃煤机组，有力地支持了我国锅炉和电力行业超临界、超超临界电站锅炉的建设和发展。

在 40 年的高压锅炉管生产和研发的历程中，宝钢高压锅炉管产品质量也得到了国家、同行，以及锅炉和电力行业的认可，并带动了国内国产化进行，特别是 21 世纪初，为了降低煤耗，减少二氧化碳排放量，提高燃煤发电机组的热效率，以满足环境保护的要求，大容量、高参数（压力和温度）超临界、超超临界机组（按主蒸汽出口压力分类，压力大于 22. 0MPa 为超临界压力锅炉，主蒸汽压力在 28MPa 以上或主汽、再热汽温在 580℃以上的机组为超超临界机组），其良好的节煤减排性能，广受世界各国青睐，特别是 600℃超超临界火电机组是当前世界上最先进的商用燃煤发电技术，已成为我国火电机组发展的必然趋势和主要候选机组。而国内锅炉厂制造 600℃超超临界火电机组，需向国外订购高合金高压锅炉管，其价格奇高，且能否订到货还要看外国人的脸色，从而制约了国内电厂建设。为此，国家科技部于 2003 年和 2007 年先后设立国家重点项目，组织由宝钢、钢研总院、国内著名锅炉厂等单位组成产学研用联合攻关组，围绕 600℃超超临界火电机组锅炉管技术开展攻关。为此，在 2000 年以来，由宝钢、钢研总院等 7 家单位，历时 10 多年艰苦努力与合作完成的“600℃超超临界火电机组钢管创新研制与应用”项目，彻底扭转了这一局面。项目组攻克了成分分析、冶炼技术、轧制技术及热处理技术和性能等方面的难题，逐步实现了我国超超临界火电机组关键锅炉管从无到有、从有到全、从全到优的历史性跨越。在国内率先建立了 18%Cr 奥氏体钢管无晶间腐蚀的窄成分范围和 7-8 级晶粒度控制技术，成功研发了 9~12%Cr 马氏体钢管无 δ 铁素体成套工艺技术，首创高合金锅炉管“高效连续化”生产控制技术，自主设计、制造和集成了两条专用生产线，设计制造了锅炉管环境腐蚀性能评价设备，制订了国际第一个锅炉管蒸汽腐蚀评价行业标准，并形成专利 80 项（其中发明专利 31 项），企业技术秘密 38 个，修订国家标准 2 项，制订行业标准 2 项，出版专著 4 部、发表论文 134 篇。如今，宝钢已能大批量提供 600℃超超临界机组全套钢管，使我国电站用钢管技术跃居国际先进行列，保障了国家能源安全和能源战略发展。项目的实施，使我国 600℃超超临界机组单位造价降低了 20%。如今，T91/P91 高压锅炉管几乎全部实现了国产化，600℃超超临界机组国产高压锅炉管国内市场占有率已从 27%跃升到 90%以上，彻底改变了世界锅炉管市场格局。

在 40 年高压锅炉管生产研发过程中，宝钢高压锅炉管曾获得如下奖项：

1994 年度获得冶金工业部，高压锅炉用无缝钢管及低、中压锅炉用无缝钢管，冶金产品实物质量金杯奖；

1997 年获得上海市，宝光牌高压锅炉管上海名牌产品；

2005 年 SA-213 T91 高压锅炉管获得上海市高新技术成果转化项目；

2006 年 SA-213 T91 高压锅炉管获得国家重点新产品认定；

2006 年 T91 高压锅炉管研制获得冶金科学技术奖三等奖；

2011 年 SA-213 T92 高压锅炉管获得上海市高新技术成果转化项目；

2012 年 A335P9、1Cr5Mo、A335P5、A213T5 石油裂化用高压锅炉管获得上海市高新技术成果转化项目；

2013 年 600℃超超临界火电机组用钢管研制与应用项目获得冶金科学技术奖一等奖；

2014 年 600℃超超临界火电机组钢管创新研制与应用获得国家科技进步一等奖。

在 40 年高压锅炉管生产研发过程中，宝钢高压锅炉管历年生产量如图 8-10 所示。

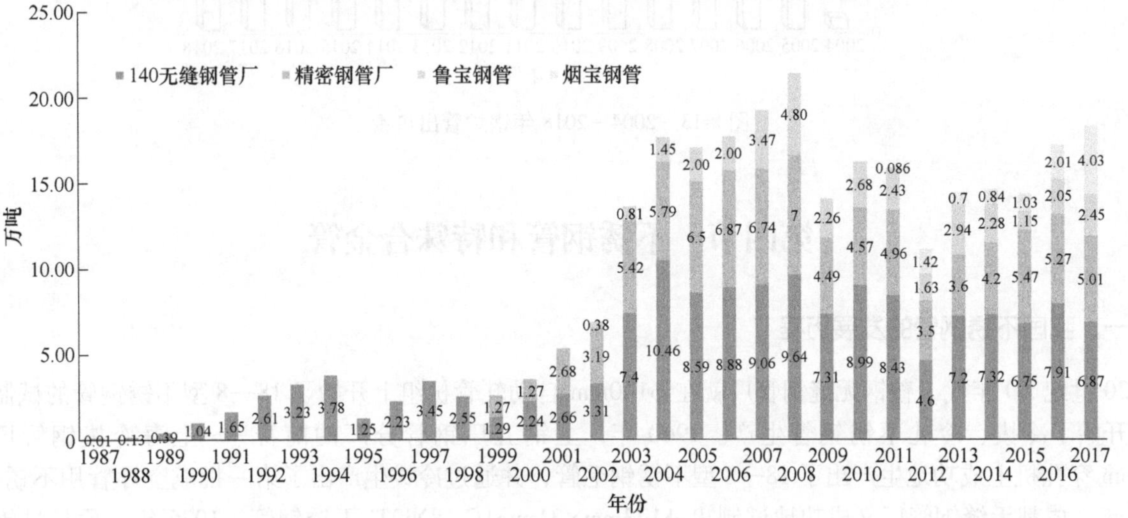

图 8-10　宝钢高压锅炉管历年生产量

1990—2018 年全国发电总装机容量和火电机组装机容量如图 8-11 所示。2004—2018 年锅炉管进出口量如图 8-12 和图 8-13 所示。

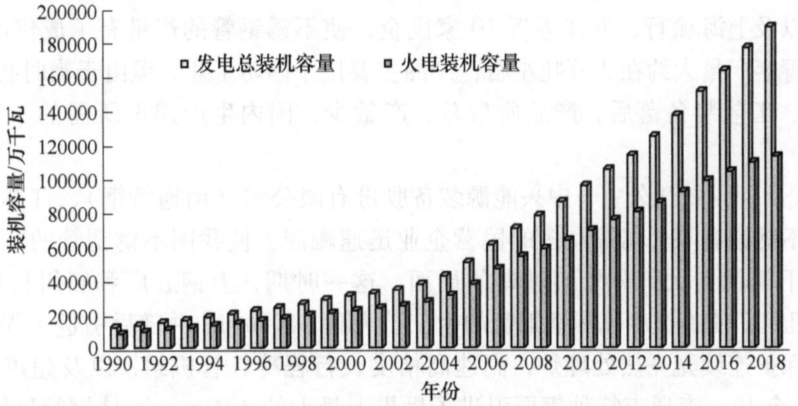

图 8-11　1990—2018 年全国发电总装机容量和火电机组装机容量

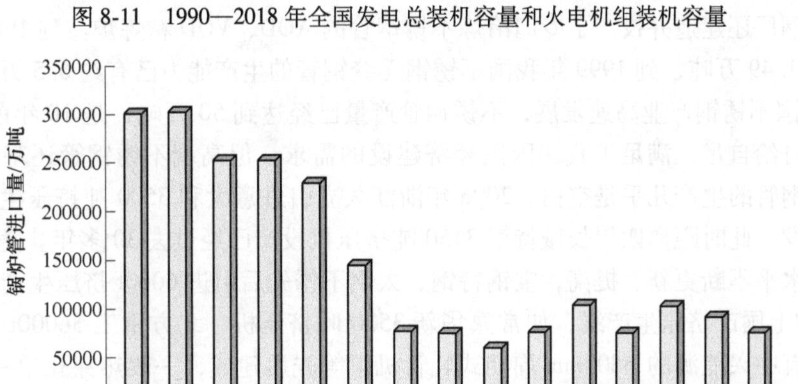

图 8-12　2004—2018 锅炉管进口量

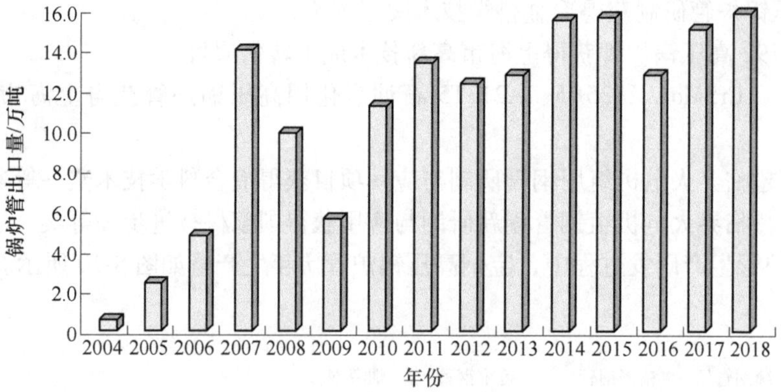

图 8-13　2004—2018 年锅炉管出口量

第四节　不锈钢管和特殊合金管

一、我国不锈钢管的发展历程

20 世纪 50 年代，鞍钢无缝钢管厂就在 ϕ140mm 自动轧管机组上开始了 18—8 型不锈钢管的试制，后来又开始了冷拔、冷轧不锈钢管生产。1960 年，上钢五厂钢管分厂的前身——上海冷拔钢管厂，在 ϕ76mm 穿孔机上成功地生产出了 18—8 型不锈钢毛管，并通过冷拔生产出了第一批航空导管用不锈钢管。1967 年，成都无缝钢管厂又成功地试制出 ϕ173mm×31mm1Cr18Ni9Ti 不锈钢管。1975 年，原长城钢厂四分厂在国内首次用 31. 5MN 卧式挤压机，生产出 ϕ76～219mm 口径的不锈钢管。在 1965—1975 年间，大冶钢厂、大连钢厂、抚顺钢厂、长城钢厂一分厂、西宁钢厂等特殊钢厂以及陕西精密合金厂、上海钢铁研究所等单位，都陆续建成了 ϕ76mm 斜轧穿孔机及相应配套的冷拔机，开始了不锈钢管生产。这一时期不锈钢管的生产能力和产量不到万吨。随着改革开放发展，一些民营企业应运而生，如江苏腾跃、精密、王市、通达、远东以及上海徐行、五江等近 10 家民企，使不锈钢管的产量有了成倍的增长，到 1987 年底，全国的不锈钢管年产量大约在 3 万吨左右，产品主要用于国防工业。但由于当时我国不锈钢管整体生产技术水平还较低、工艺装备落后、产品质量差、产量少，国内生产建设所需的不锈钢管大部分依赖进口。

20 世纪 80 年代后期，浙江久立、中兴能源装备股份有限公司（南通特钢）、江苏武进不锈钢有限公司、江苏无锡腾跃不锈钢有限公司等众多的民营企业迅速崛起，使我国不锈钢管的产量迅猛增加，改变了我国工业用普通不锈钢管大部分依赖进口的局面。这一时期，上钢五厂和四川长城特钢先后建成了 ϕ100mm 斜轧穿孔机组，使冷拔冷轧不锈钢管的生产扩大到 ϕ108mm，并随后引进了先进的网带式、辊底式和马弗管式气体保护连续光亮热处理炉，高速高精度长行程冷轧管机组，以及超声波和涡流探伤检测等设备；20 世纪 90 年代，南通市特种钢厂引进了世界上最大的 ϕ450mm 冷轧钢管机组以及离心铸管机；与此同时，各特殊钢厂还建造并投产了专门冶炼不锈钢管的 AOD、VOD 精炼炉。到 1989 年，我国不锈钢管的产量已经达到 4. 49 万吨，到 1999 年我国不锈钢无缝钢管的生产能力已有约 6. 5 万吨。

2000 年后，我国不锈钢产业高速发展，不锈钢管产量已经达到 50 万吨，是 10 年前的近 10 倍，普通不锈钢管基本实现自给自足，满足了我国国民经济建设的需求，但高端不锈钢管还基本依赖进口，双相不锈钢、镍基合金钢管的生产几乎是空白。2006 年浙江久立引进意大利 3500 吨挤压生产线投产，开始了高端不锈钢管的开发，此时距离四川长城特钢 3150 吨挤压机投产已经过去 30 多年。随后，我国不锈钢管的加工工艺及装备水平不断更新、提高，宝钢特钢、太钢不锈先后引进 6000t 挤压生产线，新兴铸管引进 6300t 生产线，再加上国产挤压生产线，如常熟华新 3500 吨挤压机、北方重工 36000t 生产线、河北宏润 50000t 生产线，还有中兴能源的 ϕ800mm 周期式轧管机组等先后建成，一改热穿孔单一生产管坯的工艺，扩大了高端、特殊不锈钢和镍基合金钢管的开发生产。另外，很多企业新建和改造的穿孔机均采用了锥形辊，使穿孔机可穿难变形金属的能力以及毛管的质量大幅度提高，同时浙江久立、宝银钢管、太钢不锈陆续引进先进的 Meer 冷轧机、保护气氛光亮（真空）热处理炉、精整装备及先进检测装置等，使我国不锈钢管生产装备进入世界先进制造行业，我国不锈钢无缝管的生产能力、品种、规格和质量等方面都有了较大提高。不仅提高了生产效率，而且能满足任何不锈钢，耐蚀合金，包括奥氏体（超级奥氏体）、铁素体（超纯铁素体）、马氏体、双相钢（超级双相钢）、沉淀硬化型不锈钢和高镍耐蚀合金钢管生产工艺要求。能生产的主要品种：

（1）石油钻采用管材：HP13Cr、SUP13Cr、S32205、S32750、N08028、N06985 合金等；

（2）电站用耐热不锈钢管：TP304H、TP347H、S30432(Super304)、S31042、TP347HFG、TP310HNbN(HR3C）等；

（3）核电用合金管：Incoloy800、Inconel690、N06625、NO8825、718 等；

（4）石油化工用管：1Cr18Ni9、1Cr19Ni11Nb、N04400、N06600、N06625、N08800、N08825、N010276、S32205、S32750 等；

（5）煤化工用尿素级钢管：316L Mod、S31050 等以及军工用管等。

尤其是宝钢特钢和浙江久立，通过自主研发，成功研制并生产出了核电蒸汽发生器用 Inconel690 传热管，浙江久立还研制生产了核电蒸汽发生器用 Incoloy800 传热管，打破了由世界少数国家的少数企业长期垄断的局面。

根据中国特钢企业协会不锈钢分会的统计数字显示，我国现有不锈钢无缝钢管生产企业近 500 家，2012 年我国不锈钢管企业的总产能为 220 万吨，总产量已达 166 万吨，其中工业用不锈钢管产量为 84 万吨，是我国近年来产量最高的年份，不锈钢管的实际自给率已达到 96%以上。2017 年，我国不锈钢无缝管的产量约 72 万吨左右。

随着我国不锈钢管产能的扩大和品种、质量的提升，国际上一些重大工程项目常采用我国生产的不锈钢管材，包括国际科研合作项目“国际热核聚变实验堆（ITER 计划）”的导体铠甲、赛科 90 万吨乙烯裂解联合装置、扬巴一体化工程（60 万吨乙烯），美国陶氏化学工程、康菲石油工程、俄罗斯亚马尔天然气项目、阿曼卡赞大型天然气项目、壳牌美国 FRANKLIN 一体化项目、沙特阿美海上开采平台、印度 RELIANCE 大型炼油项目、科威特国家石油公司液化天然气接收站等近百个项目。近年来，浙江久立积极参加国际竞争，连续中标阿曼 0.8 万吨，法国 1.7 万吨和英国 2 万吨的订单。我国部分不锈钢管生产企业目前已经有能力参加国际项目的竞争，其品牌得到国际市场的认可。

二、不锈无缝管工艺技术与装备的现状和发展

20 世纪 80 年代以来，国家改革开放政策的实施，促进了经济快速发展，带动了无缝钢管行业的进步。不锈钢无缝管的生产也得到快速地成长，引进了先进的工艺技术和装备。

目前，我国不锈钢管生产仍以冷轧、冷拔代替热轧产品为主，热轧管机组生产的不锈管主要是为冷加工提供管坯料。在工艺技术方面，我国装备先进的无缝钢管生产线，大部分是 1990 年以后建成的。锥形穿孔机、连轧管技术、轧辊液压压下技术、集中变形设计、轧辊单传动、限动芯棒轧制、阶梯芯棒轧制以及生产过程计算机控制、工艺控制软件等先进技术得到普遍应用。随着无缝钢管行业工艺技术与装备水平的不断进步，不锈钢管（含大直径、厚壁）生产方式也呈多样化发展，主要有挤压机组、周期轧管机组、顶管机组、穿轧（穿孔+冷轧、冷拔）、热轧+冷轧、冷拔方式等多种生产方法。另外，也有少量采用其他方式生产，如锻造镗孔等生产方式。

（一）热挤压工艺

热挤压工艺是国外热加工无缝不锈钢管的主要生产工艺之一。与轧制生产方法相比，挤压法的特点是金属在变形过程中受到三向压应力，在这种最佳状态下，对于变形抗力大、热塑性差的高端不锈钢管可以获得较好的内外表面质量和金相组织，适合生产小批量、多规格不锈钢管，特别适合生产斜轧穿孔机难以加工的高合金管材。

国外不锈钢管生产普遍采用挤压工艺，这为连铸坯的采用提供了极为有利的条件。与传统的模铸相比较，采用连铸管坯比轧制管坯成材率提高 10%～15%，能源费用节省 40%～50%。采用连铸管坯生产不锈钢管收得率提高 17%，劳动力减少 60%，总加工时间减少 25%。连铸管坯比轧制管坯的成本低 40～50 美元/吨。连铸管坯的采用是不锈钢管生产技术的一大进步，它使不锈钢无缝钢管的生产实现了“短流

程”工艺，使生产成本大大降低，从而在市场上增强了竞争能力。

生产大直径（厚壁）不锈钢管除少量采用“穿孔+皮尔格轧制”工艺外，基本上采用热挤压工艺。用挤压法生产不锈钢管或为冷加工提供荒管，是目前热加工不锈钢管的一种较好的方法。特别是生产难变形的不锈钢管、高合金钢管、厚壁管。图 8-14 是某企业不锈钢挤压管生产主要工艺流程。

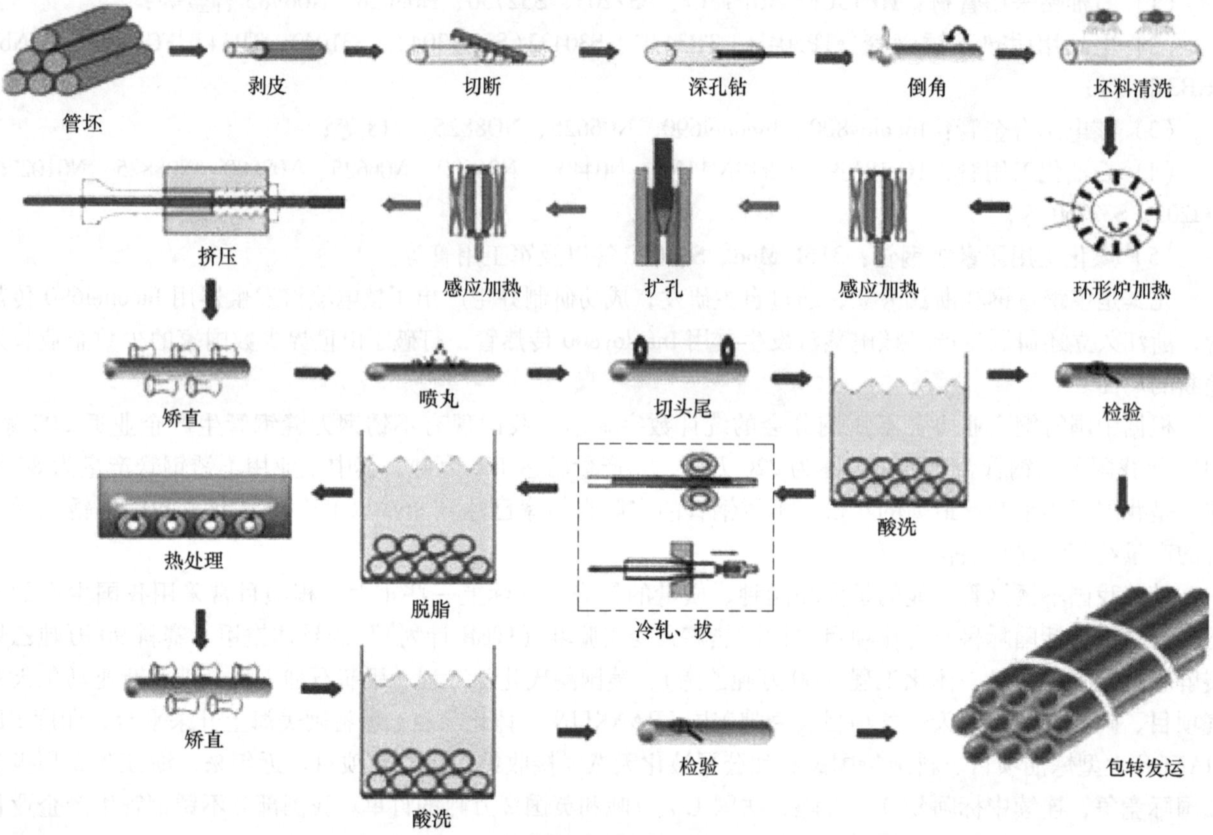

图 8-14　不锈钢挤压管生产工艺流程

（二）穿孔+（冷轧、冷拔）生产工艺

采用二辊斜轧穿孔生产不锈钢毛管，是国外 20 世纪 30 年代所采用过的方法。我国从 60 年代开始，采用二辊斜轧穿孔+冷轧/拔工艺生产不锈钢管，并一直延续到今天。这种工艺已成为我国不锈钢管生产的传统工艺。采用这种工艺开发不锈钢管品种以及工艺优化的研究一直没有中断，并积累了丰富的经验，其研究和实践水平堪称世界一流。正如一些外国专家参观之后说，这是“落后的装备，一流的工艺”，也说明了国外对这种工艺的认可。

穿孔+冷轧/拔生产工艺能一直延续至今，一是早期我国没有挤压机组；二是这种工艺可以生产大部分不锈钢品种包括奥氏体、铁素体、马氏体等不锈钢，近年来又批量生产了双相不锈钢；三是生产效率和成材率较高、成本低。

穿孔+冷轧/拔生产工艺较为常见的设备包括 ϕ50、ϕ90、ϕ250 系列热轧穿孔机组。在国内一些大型不锈钢厂多采用锥形辊穿孔机。锥形辊穿孔机组采用组合式机架、全液压快速换辊和数显送进角调整技术，达到当代国际水平。

冷拔/轧设备。冷拔和冷轧生产不锈钢管各有优势。在我国不锈钢制管装备中，YLB100t、YLB150t、YLB250t、YLB550t 等系列高精度冷拔机组较为常见，且口碑良好；而在冷轧管机组当中，LG30-H、LG60-H、LG110-H、LG250-H 等系列机组是应用较多的机型。目前，国内的设备制造厂不断突破极限，制造了 ϕ720mm、ϕ920mm 冷轧管机。

不锈钢管有 65%以上是通过冷加工制造的，冷加工工艺基本上有 3 种：即冷拔工艺、冷轧工艺、冷轧+冷拔工艺。冷加工不锈钢管大多采用冷轧+冷拔生产工艺，并以冷轧为主、冷拔为辅。

近十多年来，世界上冷轧和冷拔工艺技术和装备水平有了很大的发展。冷轧机、冷拔机正向高速、高精度、长行程、多线方向发展，可实现大减径量和大减壁量，轧制变形量的 80%左右在冷轧机上完成。采用冷轧定壁、辅以冷拔改变规格和控制外径，满足不同品种和规格的要求。

用于轧制不锈钢管的冷轧机的主要特点是：

(1) 采用了惯性力和惯性扭矩垂直平衡机构，轧机往返次数提高；

(2) 采用环孔型，长度比短行程轧机长 70%，轧制变形的均匀性提高、送进量增加；

(3) 采用长管坯，增加荒管长度，可生产超长钢管，提高轧机生产率，提高轧制有效利用系数；图 8-15 是某企业不锈钢无缝管穿孔+（冷轧、冷拔）生产工艺流程。

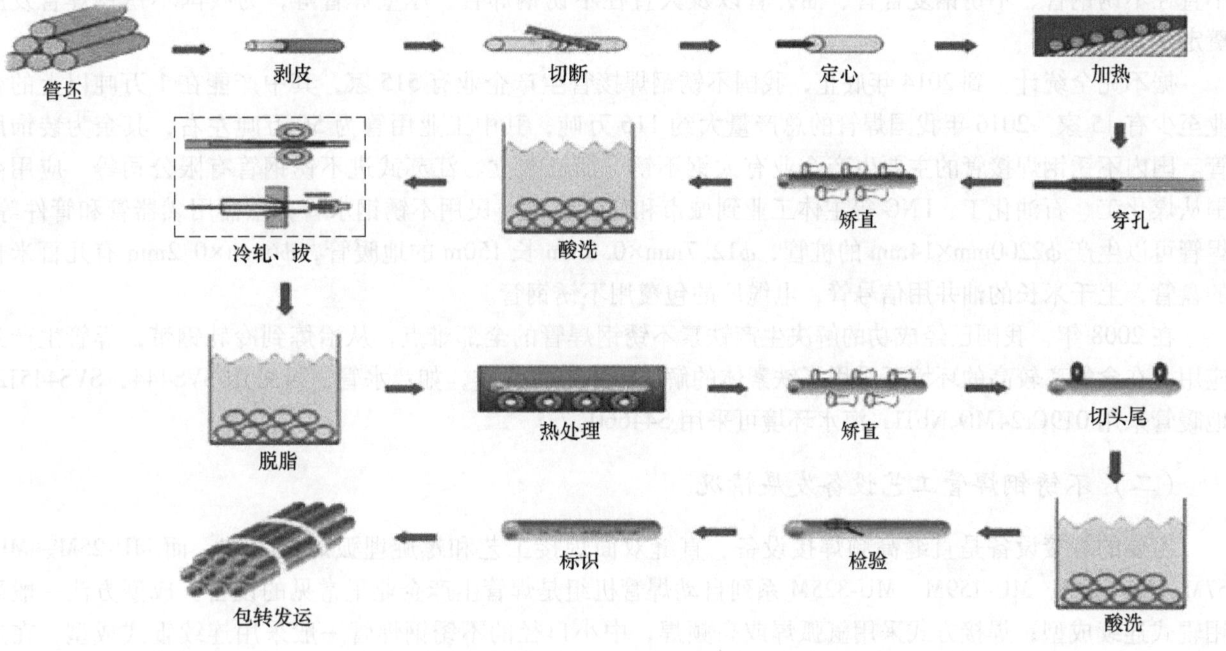

图 8-15 无缝不锈钢管穿孔+（冷轧、冷拔）生产工艺流程

(三) 热轧工艺

20 世纪 80 年代日本住友公司开始研究使用二辊限动芯棒连轧机生产马氏体、奥氏体、双相不锈钢钢及镍基合金等高合金钢管并取得成功。目前世界上最大的 13Cr 无缝油井管生产商 JFE 钢铁公司也使用连轧机和自动轧管机组生产，所以说热轧不锈钢管工艺还是可行的。

国内的天津钢管在 2000 年最早开展用限动芯棒连轧机生产 13Cr 油套管的研究，经过长时间的努力取得成功，近些年在 PQF 连轧机上又生产少量的奥氏体不锈钢 304、316L 以及双相不锈钢等品种。宝钢钢管也较早地用连轧管机组生产出自己的 13Cr 产品及少量的奥氏体不锈钢 304 产品。华菱衡钢近年来也推出 13Cr 产品。

用连轧机生产 13Cr 为主的不锈钢产品时，重点要解决生产工艺问题是：

(1) 优选管坯加热方式及加热制度；

(2) 优化穿孔过程中的金属变形条件；

(3) 解决轧管的孔型设计问题；

(4) 提高工模具强度及润滑问题。

用热轧机组直接生产不锈钢管是个发展趋势，但需要解决的问题还很多，还有很长的路要走。

三、不锈钢焊管发展及工艺装备情况

(一) 不锈钢焊管发展情况

在不锈钢无缝管发展的同时，不锈钢焊接钢管也得到了飞速发展。我国不锈钢焊接管的生产虽然起步较晚，整体技术水平不高，但发展速度较快。

近 30 年来，我国不锈钢焊管引进了一批工艺技术先进的生产装备，不锈钢管工艺技术和装备水平得到了明显提高，生产能力有了较大幅度的增长。在品种、质量、产量、规格等方面达到了较高水平。

1986 年，太钢不锈钢管厂从瑞典引进连续成型直缝不锈焊管机组和 ϕ820 UOE 成型不锈钢焊管机组；2009 年，久立特材引进日本 FFX 成型的 ϕ630mm 机组不锈钢连续焊管生产线，结束了长度超过 9m 的大口径不锈钢焊管依赖进口的历史，填补了国内空白；此外，久立特材还从意大利引进壁厚可达 ϕ80mm 的大口径不锈钢厚壁管生产线，满足了 LNG 在储存、运输等方面的需求；顺德华丰不锈钢焊管公司引进德国 ϕ426mm 不锈钢直缝氩弧焊管机组等。此外，还有一批企业先后引进（或国产）不锈钢焊管生产装备，如武进不锈钢管、中兴能源、常熟华新、青山不锈等企业，均拥有当代水平的装备。其产品范围包括中小直径不锈钢管、不锈钢复合管、油井管以及大直径不锈钢焊管、厚壁焊管等，为我国不锈钢焊管发展奠定了基础。

据不完全统计，到 2014 年底止，我国不锈钢焊接管生产企业有 515 家，其中产能在 1 万吨以上的企业至少有 15 家。2016 年我国焊管的总产量大约 116 万吨，其中工业用管为 56 万吨左右，其余为装饰用管。国内不锈钢焊接管的主要生产企业有太钢不锈、浙江久立、江苏武进不锈钢管有限公司等。应用范围从煤化工、石油化工、LNG 等主体工业到城市和住宅建设，民用不锈钢水管，燃器用燃器管和管件等。焊管可以生产 ϕ2200mm×14mm 的桩管，ϕ12. 7mm×0. 2mm 长 150m 的地暖管，ϕ6mm×0. 2mm 有几百米长的盘管，上千米长的油井用信号管，电缆厂的包覆用不锈钢管。

在 2008 年，我国已经成功的解决生产铁素不锈钢焊管的全部难点，从冶炼到冷轧钢带，焊管生产到应用。在含氯离较高的环境下采用了铁素体的解决方案非常优秀，如：水管，可采用 SVS444，SVS445J2，地暖管采用 019Cr24MO_2NbTi，海水环境可采用 S44660。

（二）不锈钢焊管工艺设备发展情况

主要的焊接设备是直缝高频焊接设备、直缝双面焊接工艺和螺旋埋弧焊接工艺。而 MU-25M、MU-57M、MU-76M、MU-159M、MU-325M 系列自动焊管机组是焊管生产企业里常见的设备。成型方法一般采用辊式连续成型；焊接方式采用氩弧焊或高频焊，中小口径的不锈钢焊管一般采用连续辊式成型，在这些生产线中，中小规格机组居多，产品主要为装饰管和工业用管。

以下以 ERW 不锈钢焊管为例描述主要生产工艺流程：

板带卷→开卷→矫平→切头尾对焊→活套→成形→焊接→去外焊刺（去内焊刺）→冷却→定径→涡流探伤→飞锯切断。

切断后的不锈钢焊管，根据产品用途可分为以下 3 种情况：

（1）不需要热处理和拉拔的焊管经矫直→平头→水压→检查→包装→入库；

（2）需要热处理的焊管经脱脂→光亮热处理→矫直→超声波探伤→平头→水压→检查→包装→入库；

（3）需要拉拔的焊管经脱脂→打尖→退火→矫直→酸洗→润滑→拉拔→切头→脱脂→光亮退火→精整→检查→包装→入库。

四、我国油气钻采用不锈钢无缝管的发展

20 世纪 90 年代后期，油田向油井管制造企业提出了需要抗二氧化碳腐蚀的 13Cr 管材。最初，由于生产工艺、技术、坯料等问题，国内油井管制造企业还拿不出这种产品给油田使用。21 世纪初，经与油田协商和技术论证，确定前期开发低铬（3Cr、5Cr）管材，配合采用缓释剂的方案，解决了部分区域二氧化碳腐蚀油井管材问题，但是这种低铬抗二氧化碳腐蚀的管材，其适用范围是有限，使用效果也是有限的。2001 年 10 月，天津钢管在 250 机组上成功试轧出了 2Cr13 不锈钢管，2003—2004 年宝钢、天津钢管相继开发出了 13Cr 油管和套管，随后根据油田的需要，又开发出 HP13Cr、SUP13Cr 抗二氧化碳腐蚀的管材，近年来衡阳钢管也开发出 HP13Cr、SUP13Cr 套管。

当含有 CO_2 的油（气）井温度超过 200℃时，马氏体不锈钢 SUP15Cr 也不能满足耐腐蚀要求，需采用具有良好的耐 CO_2 和 Cl^- 应力腐蚀裂纹性能的双相不锈钢。目前开发的 22Cr 和 25Cr 双相（奥氏体相和铁素体相）不锈钢适用于 200℃以上的 CO_2 油气井。在对 22Cr 和 25Cr 双相钢的化学成分进行设计时，以调整 Cr 和 Ni 的含量来调整耐腐蚀效果。双相钢由铁素体相加奥氏体相组成，晶粒相互交叉，习惯上由于奥氏体相和铁素体相的比率不同，其耐腐蚀的性能也不相同。在双相钢中除基本成分 Cr、Ni 外，添加 Mo

和 N 等元素可提高耐孔蚀性能。双相不锈钢除了具有良好的耐高温腐蚀性能外，相比马氏体不锈钢还具有更好的耐 H_2S 应力腐蚀开裂性能，在常温的 NACE TM 0177-A 法试验中，在 A 溶液，85%SMYS 加载环境中，马氏体不锈钢最多只能通过 10kPa 的 H_2S 分压试验，而双相不锈钢 25Cr 可以通过 100kPa 的 H_2S 分压试验。目前国内生产双相不锈钢油井管的公司主要有天津钢管、宝钢等。

有关研究报告指出对高含 H_2S、CO_2 和 Cl^- 的高温环境超深井天然气田，Ni 基系列合金、Co 基系列合金和 Ti 基系合金都是很好的选用材料。考虑到资源和经济效益，大多数是采用 Ni 基合金作耐腐蚀合金。对其检验的耐腐蚀项目有：酸洗后麻坑、一般腐蚀、应力腐蚀开裂的敏感性等。应力腐蚀试验包括四点弯曲试样的检验、C 型和双悬臂梁式断口试样检验以及模拟条件下进行试验，最后根据实验数据、井底温度条件，按发生失效变化来确定最佳的耐蚀合金。现将天津钢管、宝钢的耐蚀合金（CRA）产品列于下表 8-4 所示。

表 8-4　国内镍基合金管的主要厂家和产品

公司	合金名称	主要化学成分/%		
		Cr	Ni	Mo
天津钢管	TDJ028	26.0~28.0	29.5~32.5	3.0~4.0
	TDJ2535	24.0~27.0	29.0~36.5	2.5~4.0
	TDJ825	19.5~23.5	38.0~46.0	2.5~3.5
	TDJG3	21.0~23.5	Bal.	6.0~8.0
宝钢	BG2830	26.0~28.0	29.5~32.5	3.0~4.0
	BG2532	24.0~27.0	29.0~36.5	2.5~4.0
	BG2235	20.5~23.5	33.0~38.0	4.0~5.0
	BG2242	19.5~23.5	38.0~46.0	2.5~3.5
	BG2250	21.0~23.5	Bal.	6.0~8.0

五、电站锅炉耐热不锈钢管的发展

1985 年由鞍钢起草的国家标准《高压锅炉用无缝钢管》（GB 5310—1985）中纳入了 1Cr18Ni9、1Cr19Ni11Nb 2 个奥氏体耐热不锈钢牌号（参考并移植了美标 ASTM213、ASME213 的 TP304H、TP347H 2 个牌号），这是高压锅炉管标准首次纳入不锈钢牌号；之后，由攀成钢和冶金标准设计研究院共同起草的《高压锅炉用无缝钢管》（GB 5310—1995）和《高压锅炉用无缝钢管》（GB 5310—2008）中又陆续纳入 10Cr9Mo1VNb（T91/P91）、10Cr9MoW2VNbBN（T92/P92）、10Cr11MoW2VNbCu1BN（T122/P122）、11Cr9Mo1W1VNbBN（T911/P911）四个牌号马氏体耐热钢和 07Cr19Ni10（TP304H）、10Cr18Ni9NbCu3BN（S30432）、07Cr25Ni21NbN（TP310HNbN）、07Cr19Ni11Ti（TP321H）、07Cr18Ni11Nb（TP347H）、08Cr18Ni11NbFG（TP347HFG）等 7 个奥氏体耐热钢牌号。

（一）马氏体耐热不锈钢（9%~12% Cr）

马氏体耐热不锈钢的代表牌号是 T91/P91、T91/P92。其发展可以分为以下两条主线：一是纵向，通过提高主要耐热合金元素 Cr 含量，从 9%到 12%，以在保证材料强度的基础上进一步提高材料的高温抗氧化性；二是横向，通过优先添加 N、V、Nb、W、B、Cu 等合金元素，提高高温强度并使显微组织及第二相在高温下稳定性更为理想，见图 8-16 所示。

T91/P91 高压锅炉管，在 20 世纪 80 年代引进亚临界机组设计、制造技术时一同引入了我国，90 年代国内已有企业开发出了 T91/P91 高压锅炉管，但没有得到锅炉企业的认可。20 世纪初宝钢开发出了 T91 产品并批量供货（得到了国内几大锅炉企业的认可），之后，攀成钢、天津钢管、衡阳华菱钢管、常宝、北方重工等企业也都开发出了 T/P911 产品并批量供货。

（二）奥氏体耐热不锈钢（18%~8%、25%~20% CrNi）

奥氏体耐热钢的使用温度范围一般在 600℃以上，近些年，开发了使用温度已超过 650~700℃的奥氏

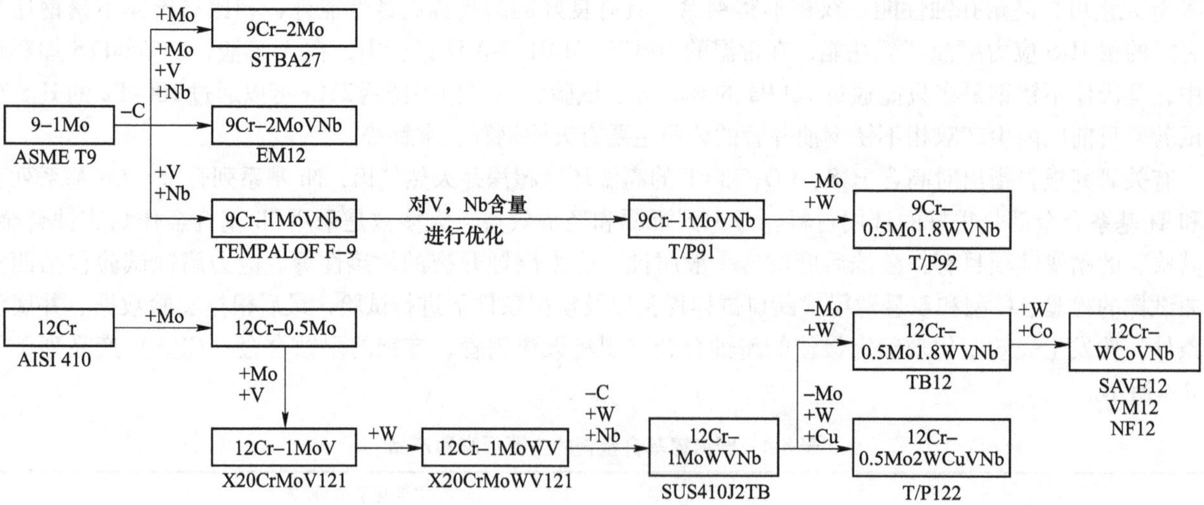

图 8-16　马氏体耐热钢的发展

体钢管，且已成功并广泛应用在超（超）临界锅炉的高温部位上。常见的奥氏体耐热不锈钢管有 TP304H、TP347H、TP347HFG、SUPER304H、TP310HNbN(HR3C) 等。具体化学成分见表 8-5 所示。

表 8-5　奥氏体锅炉管成分对比

牌号	C	Si	Mn	P	S	Cr	Ni	Mo	V	Nb	N	Al	B	W	Cu	Ti
TP347H	0.04~0.10	≤0.75	≤2.00	≤0.040	≤0.030	17.0~20.0	9.00~13.0	—	—	①	—	—	—	—	—	—
TP347HFG	0.06~0.10	≤0.75	≤2.00	≤0.040	≤0.030	17.0~20.0	9.00~13.0	—	—	①	—	—	—	—	—	—
SUPER304H (S30432)	0.07~0.13	≤0.30	≤1.00	≤0.40	≤0.010	17.0~19.0	7.50~10.50	—	—	0.30~0.60	0.05~0.12	0.003~0.030	0.001~0.010	—	2.50~3.50	—
HR3C TP310HCbN	0.04~0.10	≤0.75	≤2.00	≤0.030	≤0.030	24.0~26.0	17.0~23.0	—	—	0.20~0.60	0.15~0.35	—	—	—	—	—
XA704	≤0.05	≤1.00	≤2.00	≤0.040	≤0.030	17.0~20.0	8.0~11.0	—	0.25~0.50	0.25~0.50	0.10~0.25	—	—	1.50~2.60	—	—
NF709	≤0.10	≤1.00	≤1.50	≤0.030	≤0.030	19.5~23.0	23.0~26.0	1.0~2.0	—	0.10~0.40	0.10~0.25		0.002~0.010	1.50~2.60	—	≤0.20
TEMPALOY AA-1②	0.07~0.14	≤1.00	≤2.00	≤0.040	≤0.010	17.5~19.5	9.00~12.0	—	—	—	—	—	0.0010~0.0040	—	2.50~3.50	0.10~0.25

① TP347H 和 TP347HFG 的（Nb+Ta）的含量为：8×C≤(Nb+Ta)≤1.00%。

② TEMPALOY AA-1 其他元素的含量：0.10%≤(Co+Ta)≤0.40%，2.0≤(Ti+Nb/2)/C≤4.00。

奥氏体耐热钢的发展也可以分为以下两条主线。一是纵向，提高主要耐热合金元素 Cr 含量，从 18% 到 25%，以在保证材料强度的基础上进一步提高材料的高温抗氧化性；二是横向，通过添加 N、Nb、Co、B、Cu 等合金元素，已使得显微组织及第二相在高温下稳定性更为理想，见图 8-17 所示。

TP304H、TP347H 奥氏体耐热钢从 20 世纪 80 年代引入我国，90 年代原上钢五厂率先试制成功，但因高温性能问题一直未能供货。直到 2007 年 10 月宝钢实现了 Super304、TP310HNbN(HR3C) 奥氏体不锈钢钢管的批量生产。这之后久立特材、太钢不锈、江苏武进等企业也都开发出了 TP304H、TP347H、TP347HFG、SUPER304H、TP310HNbN(HR3C) 等奥氏体耐热不锈钢管。

六、我国不锈钢标准的发展

（一）我国不锈钢无缝钢管标准的发展历程

我国第一部不锈钢管国家标准是 30 多年前发布的《不锈钢无缝钢管》（GB/T 2270—1980），它结束了之前一直没有不锈钢管国家标准可用，只能使用冶金行业标准的局面。国家标准的出现极大规范和推

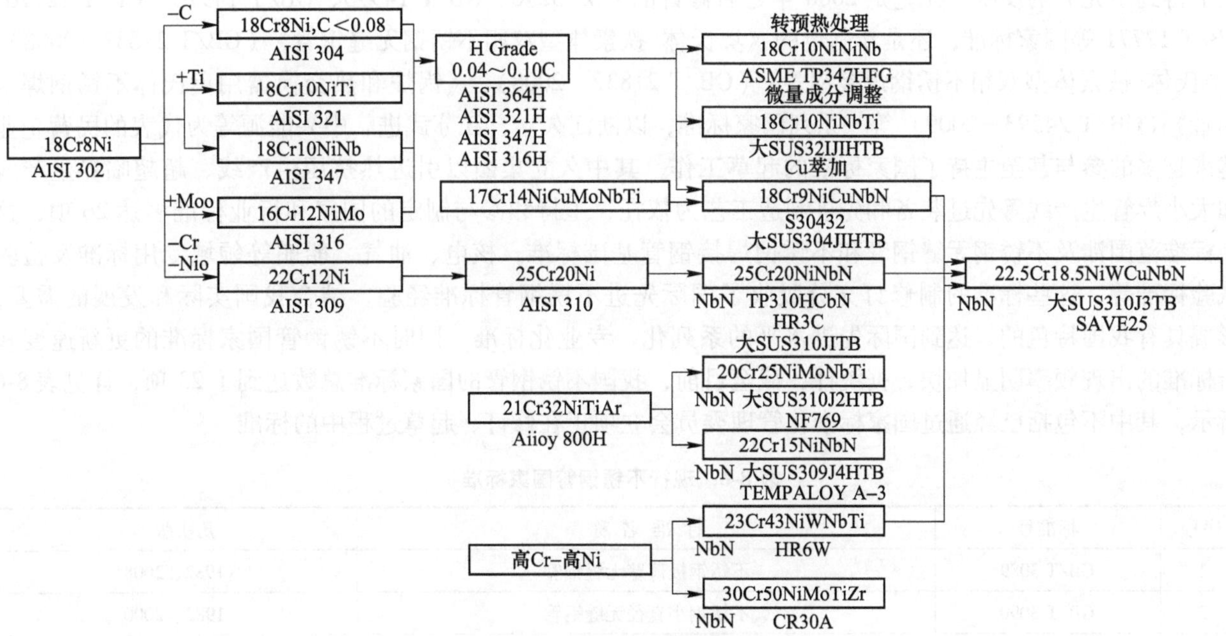

图 8-17　奥氏体耐热钢的发展

动了不锈钢无缝钢管制造行业的发展，该标准中涉及的不锈钢牌号为 19 个，其中奥氏体不锈钢牌号 12 个。这一标准使用了十多年，直到被《结构用不锈钢无缝钢管》（GB/T 14975—1994）和《流体输送用不锈钢无缝钢管》（GB/T 14976—1994）两项推荐性国家标准所替代为止。从标准的名称上就可以看出，不锈钢管的国家标准开始了从单一、不区分用途、应用领域的一项通用标准，向根据不同使用用途的专用标准方向发展。

20 世纪 80 年代，不锈钢管的国家标准除了 GB/T 2270—1980 以外，还陆续颁布了《不锈耐酸钢极薄壁无缝钢管》（GB/T 3089—1982）、《不锈钢小直径钢管》（GB/T 3090—1982）等特殊尺寸或制造工艺的不锈钢无缝钢管国家标准。另外，还有《高压锅炉用无缝钢管》（GB 5310—1985）和《石油裂化用无缝钢管》（GB 9948—1988）两项标准中涉及了几个不锈钢牌号。这些不锈钢管起草单位均是上钢五厂（现宝钢特钢）、长城钢厂（后改为攀长钢）、鞍钢、上海钢研所等大型国有企业，其原因是 20 世纪 80 年代民营企业刚刚兴起，国有企业在不锈钢管制造行业中占据了绝对的领先和主导地位。

在 GB 2270—80 被 GB/T 14975—1994 和 GB/T 14976—1994 代替之前的 1991 年，还发布了一项适用于锅炉过热器、热交换器、冷凝器、催化管等使用的标准——《锅炉、热交换器用不锈钢无缝钢管》（GB 13296—1991）强制性国家标准。该标准的出现，为我国锅炉、热交换器等装备制造业的发展提供了强有力的支持和保障，长期以来一直备受广大用户单位的关注，也极大带动了不锈钢管行业提升制造装备能力、检测试验能力以满足高质量不锈钢管的市场需求。

（二）我国不锈钢焊管标准的发展历程

最早的不锈钢焊接钢管国家标准是《机械结构用不锈钢焊接钢管》（GB/T 12770—1991）和《流体输送用不锈钢焊接钢管》（GB/T 12771—1991）。该标准一方面促进了不锈钢焊接钢管的生产技术发展和质量提高，另一方面促进了不锈钢焊接钢管在工业领域的应用和普及，在诸多工程实践中替代了不锈钢无缝钢管。特别从 20 世纪末直至今天，随着以三大油（中石油、中石化、中海油）为代表的石油化工企业大量引进国外先进的石油炼化、化工项目的工程设计包、数据包，在全国各地建设了诸多千万吨炼油、百万吨乙烯等大型装置，各种高要求的不锈钢焊接钢管被大量地应用于工艺管道、配管上，带动了国内不锈钢焊接钢管生产能力的大幅提升，促进了我国不锈钢焊接钢管标准水平向国际先进水平看齐。

（三）我国不锈钢管标准的现状及发展方向

进入 21 世纪后，我国的不锈钢管行业发生了巨大变化，浙江、江苏、广东等地的大量民营企业逐渐在产能、市场占有率、技术装备等方面超越了原来的国有企业，这一点也在不锈钢管国家标准的起草单位上得到了充分的反映，无论是2000年之后修订的GB 13296、GB/T 14975、GB/T 14976、GB/T 12770、GB/T 12771等国家标准，还是新制定的《奥氏体-铁素体型双相不锈钢无缝钢管》（GB/T 21833—2008）、《奥氏体-铁素体型双相不锈钢焊接钢管》（GB/T 21832—2008）、《锅炉和热交换器用奥氏体不锈钢焊接钢管》（GB/T 24593—2009）等一系列国家标准，以浙江久立、江苏武进、中兴能源等为代表的民营企业越来越多的参与甚至主持了国家标准的起草工作，其中久立集团以引进热挤压生产线、超超临界生产线和大小焊管生产线等先进装备和先进制造工艺为依托，主持和参与制定的国家和行业标准多达26项，这些标准范围涉及不锈钢无缝钢管和不锈钢焊接钢管基础标准，核电、油气、船舶等领域专用标准及检验试验标准等，这些标准的制修订充分吸收了国际先进不锈钢管标准经验，结合我国实际和发展的需要，形成具有我国特色的、达到国际先进水平的系列化、专业化标准。同时不锈钢管国家标准的更新速度和新标准的出现频率明显加快，据统计，截至目前，我国不锈钢管的国家标准总数达到了23项，详见表8-6所示，其中不包括已经通过国家标准化管理委员会立项正在修订、起草过程中的标准。

表8-6　现行不锈钢管国家标准

序号	标准号	标 准 名 称	历次版本
1	GB/T 3089	不锈钢极薄壁无缝钢管	1982、2008
2	GB/T 3090	不锈钢小直径无缝钢管	1982、2000
3	GB 5310	高压锅炉用无缝钢管	1985、1995、2008
4	GB 9948	石油裂化用不锈钢无缝钢管	1988、2006、2013
5	GB/T 12770①	机械结构用不锈钢焊接钢管	1991、2002、2012
6	GB/T 12771①	流体输送用不锈钢焊接钢管	1991、2000、2008
7	GB/T 13296①②	锅炉、热交换器用不锈钢无缝钢管	1991、2007、2013
8	GB/T 14975	结构用不锈钢无缝钢管	1980、1994、2002、2012
9	GB/T 14976	流体输送用不锈钢无缝钢管	1980、1994、2002、2012
10	GB/T 18704	结构用不锈钢复合管	2002、2008
11	GB/T 21832②	奥氏体-铁素体型双相钢不锈钢焊接钢管	2008
12	GB/T 21833①	奥氏体-铁素体型双相钢不锈钢无缝钢管	2008
13	GB 24512. 3①	核电站用无缝钢管 第3部分：不锈钢无缝钢管	2014
14	GB/T 24593②	锅炉和热交换器用奥氏体不锈钢焊接钢管	2009
15	GB/T 30059①	热交换器用耐蚀合金无缝管	2013
16	GB/T 30065	给水加热器用铁素体不锈钢焊接钢管	2013
17	GB/T 30066	热交换器和冷凝器用铁素体不锈钢焊接钢管	2013
18	GB/T 30073①	核电站热交换器用奥氏体不锈钢无缝钢管	2013
19	GB 30813②	核电站用奥氏体不锈钢焊接钢管	2014
20	GB/T 31928②	船舶用不锈钢无缝钢管	2015
21	GB/T 31929②	船舶用不锈钢焊接钢管	2015
22	GB/T 33167①	石油化工加氢装置工业炉用不锈钢无缝钢管	2016
23	GB/T 32964①	液化天然气用不锈钢焊接钢管	2016

①久立集团参与标准的制修订；②久立集团主持标准的制修订。

①②久立集团参与、主持同一标准不同版本的制修订。

值得注意的是，在国标委2017年3月发布的强制性国家标准转化为推荐性国家标准的公告中，表8-5中的5个强制性国家标准已全部转化为推荐性国家标准，标准代号由GB改为GB/T，标准顺序号和年代号不变。

2008年之后发布的不锈钢管国家标准的主要特点是：（1）在不锈钢牌号的表示方法上依照基础标准《不锈钢和耐热钢牌号及化学成分》（GB/T 20878—2007）得到了统一；（2）不锈钢牌号的数量随着工程应用的需求呈增加趋势；（3）新发布的标准基本上都是按照细分的应用领域、用途来制定的，具有很强的针对性，充分考虑了用户的特殊使用要求。

目前不锈钢管的国家标准在起草制定过程中，充分参考借鉴了国际以及国外先进标准的理念和技术指标，其中主要是参考了欧盟 EN 标准、美国材料与试验学会 ASTM 标准、美国机械工程师学会 ASME 标准等在国际上影响力最大、应用最广泛的国外先进标准，而且绝大多数在化学成分、耐腐蚀性能、无损检测等技术指标要求上更加严格，所以我国不锈钢管国家标准的水平基本都达到了国际先进水平。

唯一的不足之处在于国内很少参与到不锈钢管国际标准的制修订工作，这一点是今后不锈钢管行业标准化人员需要努力的方向，相信在 3~5 年之内不仅有能力参与，或许还将有能力主持不锈钢管国际标准的制修订工作。

第五节　气瓶管的发展与气瓶工业

一、概况

20 世纪 70 年代后期，我国就开始了用无缝钢管制造气瓶，但由于气瓶收底封口技术没有过关，致使这一工艺未能得到进一步扩展，同时也使管制气瓶的发展受到了影响。直到 90 年代初，北京天海公司成功地掌握了用无缝管制瓶收底的关键技术，气瓶制造工艺才从主要采用冲拔瓶逐步转向管制气瓶发展。管制气瓶由于具有内外表面质量好、尺寸精度高、重量轻、生产效率和成材率高、成本低、制瓶工序简单等一系列优点，深受气瓶企业的欢迎。管制瓶制造技术的进步，推动了气瓶行业发展。90 年代后，随着国内连轧管机组的建设，连轧管机的生产工艺更适合大径壁比气瓶管的生产，使气瓶管的生产效率、合格率、成材率大幅度提升，气瓶管的产量呈大幅增长，并拉开了气瓶管快速发展的序幕。进入 21 世纪以来，随着国民经济快速发展的同时，国家对大气污染物排放也提出了更高要求，天然气作为一种清洁高效能源在城镇居民生活中越来越多地被广泛应用。在这样的形势下采用充装压缩天然气的缠绕气瓶、拖车用大口径气瓶应运而生，并促使着气瓶管向轻量化、大口径方向发展，采用热轧+冷拔、热轧+扩管或热轧+扩管+冷拔等气瓶管生产工艺也随之发展起来，不断满足气瓶行业发展的需求。目前，采用气瓶管制造的气瓶、蓄能器等高压容器已广泛用于石油（天然气）、化工、机械、冶金、能源、轻工、国防、环保、海洋、空间、建筑、消防、卫生、运输等各个领域。我国已是名副其实的气瓶和气瓶管的生产大国，并批量出口到世界各地。

二、气瓶生产工艺与相关标准

（一）生产工艺

气瓶（蓄能器）瓶体的制造工艺可分为下列两种：

（1）钢坯制瓶：钢坯→加热→立式冲孔→顶拔→收口制成，简称冲拔瓶。冲拔瓶从钢坯→瓶体→气瓶的全过程都是在气瓶厂完成，而且从钢坯→瓶体，每次只生产一支，生产效率低。目前国内仅个别气瓶企业还保留此生产工艺（如北京天海及浙江金盾），生产量很少，主要用于出口（国外订货指明用冲拔工艺）。

（2）无缝钢管制瓶：无缝钢管→端部加热→收底→端部加热→收口制成，简称管制瓶。管制瓶的无缝钢管，是由钢管厂采用包括：热轧、热轧+冷拔/轧、热轧+扩管+冷拔、穿孔+冷拔/轧等工艺生产，可提供长尺、倍尺管料。采用管制瓶，可简化生产工序，生产效率高、尺寸精度高，表面质量好，成材率可达 85%~90%，可生产长度>12m 的气瓶。国际上欧美、日、韩等发达国家早就采用此工艺生产，但北美个别国家仍保留冲拔瓶生产工艺。

（二）气瓶（蓄能器）标准

（1）《钢质无缝气瓶》（GB/T 5099）标准，1985 年我国制定并颁布第一个气瓶标准，目前最新版本如下：

《钢质无缝气瓶》（GB/T 5099. 1—2017）第 1 部分：淬火后回火处理的抗拉强度小于 1100MPa 的钢瓶；

《钢质无缝气瓶》（GB/T 5099. 3—2017）第 3 部分：正火处理的钢瓶；

《钢质无缝气瓶》（GB/T 5099.4—2017）第 4 部分：不锈钢无缝气瓶。

该标准适用于设计、制造工作压力不大于 30MPa，公称水容积为 0.5～150L，使用环境温度为-40～60℃，用于盛装压缩气体、高压液化气体或混合气体的可重复充装的钢瓶。

（2）《汽车用压缩天然气钢瓶》（GB 17258）标准，最早是在 1998 年制定并颁布的，目前最新版本是《汽车用压缩天然气钢瓶》（GB 17258—2011）。该标准适用于设计、制造工作压力不大于 20MPa，公称水容积为 30～300L，使用环境温度为-40～65℃，设计使用寿命 15 年的钢瓶。用于充装车用压缩天然气，用作汽车的燃料，固定在汽车上使用。

（3）《车用压缩天然气钢质内胆环向缠绕气瓶》（GB 24106—2009）标准，适用于设计、制造工作压力不大于 20MPa 或 25MPa，公称水容积为 30～450L，工作温度为-40～65℃，设计使用寿命 15 年的缠绕气瓶。用于充装车用压缩天然气，用作汽车的燃料，固定在汽车上使用。

（4）《液压隔离式蓄能器壳体技术条件》（JB/T 7038—2006）是机械行业标准，该标准适用于公称压力为 6.3～63MPa，公称水容积为 0.25～250L，工作温度为-10～70℃，以石油基液压油或乳化液为工作介质的蓄能器壳体。

（三）气瓶管标准

（1）《气瓶用无缝钢管》（GB/T 18248）标准，最早是在 2000 年制定颁布的，最新版本是《气瓶用无缝钢管》（GB/T 18248—2008）。该标准在原牌号的基础上增加了 34CrMo4、30CrMnSiA 两个牌号，增加了热扩制管方法。

（2）《大容积气瓶用无缝钢管》（GB/T 28884—2012）标准，该标准适用于制造容积为 300～3000L 气瓶用无缝钢管，牌号为 30CrMoE(4130X)、42CrMoE(4142X)。

三、气瓶（蓄能器）管分类、牌号及规格

行业内一般把气瓶管大致分成气瓶管（一般气瓶管）、CNG 气瓶管和蓄能器管。

（一）气瓶管（一般气瓶管）

主要牌号：37Mn、34Mn2V、30CrMo(4130X)、35CrMo、34CrMo4、30CrMnSiA 等；
目前 34Mn2V 牌号已基本不采用，35CrMo 也很少采用；
常用规格：ϕ114～406mm，壁厚 3～8.8mm；
使用压力：8～30MPa。

（二）CNG（压缩天然气）气瓶管

主要牌号：30CrMo(4130X)、34CrM04，其中拖车用 30CrMo(4130X)；
常用规格：缠绕瓶（车用）
热轧管：ϕ325mm×7.0mm、ϕ356mm×(7.4～7.7)mm、ϕ406mm×8.8mm；
冷拔/轧：ϕ325mm×(4.3～4.6)mm；ϕ356mm×4.7mm、ϕ406mm×(5.4～5.9)mm；
拖车用：ϕ559mm×15.1mm，16.8mm，17.3(17.6)mm，ϕ610mm×15.2mm，19.8mm、ϕ711mm×21.5mm；
使用压力：20MPa。

（三）蓄能器管：

主要牌号：30CrMo(4130X)、35CrMo、34CrM04。
常用规格：ϕ89～457mm，壁厚 5～30mm。
使用压力：6.3～63MPa（常用 10MPa、20MPa）。

四、气瓶管的发展概况

20 世纪 50 年代，成都无缝厂和包钢无缝厂在建厂的设计方案中，曾分别建设一个年产 5 万个和 30

万个氧气瓶的生产车间，成都无缝厂的氧气瓶车间建成后，被建设单位自己留用了，包钢无缝厂的氧气瓶车间最终没有建设。

改革开放前后，这两个厂相继开始生产气瓶管，主要的牌号是DZ40（原套管钢牌号）、40Mn2，包钢后来自己还开发了含有稀土成分钢号40MnNbRe等。生产规格，成都无缝为ϕ(102~165)mm×(7~15)mm冷拔/轧管，ϕ(180~351)mm×(7~15)mm热轧管，ϕ(377~467)mm×(15~30)mm热扩管；包钢无缝为ϕ219mm×7mm热轧管。当时生产是按照国家劳动局65规定要求与用户签订的技术协议。1985年我国制定并颁布了第一个气瓶标准《钢质无缝气瓶》（GB 5099—1985），在此基础上，两个厂分别制定了气瓶管企业标准“Q/CG 52—1988”“Q/BG 510—88”。这一阶段由于当时的轧机装备水平较低（采用顶管机组、皮尔格机组和自动轧管机组），且气瓶管的壁厚薄、轧制的变形抗力较高，生产难度很大。如轧管机轧卡、壁厚超差、内外表面缺陷等，使产品的合格率、成材率低（成材率仅50%左右），产量也低。

90年代初天津钢管公司引进的ϕ250限动芯棒连轧管机组的投产后，也开始了气瓶管的开发和生产，由于连轧管机的工艺特点，使其在壁厚精度、表面质量、生产效率、成材率等方面远高于其他机组，尤其是适于生产径壁比较大的钢管，所以其在气瓶管的生产上具有较强的竞争优势。尽管如此，连轧机组在初期开发气瓶管时，仍遇到许多难题，如因不均匀变形而产生的拉裂、凹坑，壁厚超差，内表面因铁耳子产生的划伤和压痕等，产品的合格率、成材率也较低（成材率仅75~80%）。这一时期气瓶管的主要牌号为37Mn、34Mn2V，后来又发展了铬钼钢如30CrMo、35CrMo、30CrMnSi等；规格主要有ϕ219mm×6.5mm、ϕ232mm×7.0mm、ϕ267mm×7.0mm等。90年代后期，为了提高气瓶容重比，气瓶管的壁厚进一步减薄为ϕ219mm×6.3mm、ϕ232mm×6.3mm、ϕ267mm×6.6mm，以及开发了ϕ229mm×7.5mm，ϕ273mm×7.5mm、8.0mm，ϕ279.4mm×7.5mm、7.8mm等规格。1998年我国制定并颁布了《汽车用压缩天然气钢瓶》（GB 17258—1998）标准，这一标准发布为我国CNG气瓶管的开发以及后来的缠绕气瓶开发提供了依据。

2000年我国制定并颁布了第一个气瓶管标准《气瓶用无缝钢管》（GB 18248—2000）。进入20世纪以来，我国国民经济的快速发展，气瓶的需求呈现出快速增长。这一时期钢管行业一批企业建设了现代化的连轧管机组，如包钢ϕ180连轧管机组、衡阳钢管ϕ340连轧管机组、成都无缝ϕ340连轧管机组、天津钢管ϕ460连轧管机组等，这些机组的建设投产使气瓶管的生产能力和整体质量水平大幅度提升。从2000至2008年是我国气瓶行业和气瓶管发展最快、发展最好的时期，不仅产量快速增长，品种发展也取得了大的突破如缠绕气瓶、拖车气瓶等。这些产品的推出也给钢管企业提出了挑战。从2001年国内第一只大容积无缝钢瓶试制成功到2008年，国内大口径气瓶管主要依赖进口，国外制造厂商主要为意大利Dalmine工厂和美国联合钢铁公司。为了开发大口径气瓶管，2007年天津钢管、衡阳钢管分别建设了ϕ720mm斜轧扩管机组和ϕ720mm周期式轧管机组，开发出了ϕ559mm、ϕ610mm大口径气瓶管，2010年又开出了ϕ711mm大直径拖车气瓶用管，近年来无锡德新钢管采用扩管+冷拔的工艺生产上述规格的大口径气瓶管，还开发了更大口径的ϕ850mm气瓶管。据不完全统计，至2016年，使用大直径气瓶长管拖车的数量已经突破一万辆，其中90%的长管拖车用于运输压缩天然气，其余的长管拖车用于运输高压氢气和氦气。经过钢管制造厂和能源装备企业的多年努力和不断创新，大口径拖车用气瓶管的直径从初期ϕ559mm发展到如今普遍使用的ϕ711mm，壁厚公差也由27.5%提高到15%，产量和质量均处于世界领先地位，不仅满足了国内大容积无缝气瓶的生产需求，还实现了向欧美发达国家的出口。

目前我国气瓶、蓄能器用管主要生产企业有天津钢管、衡阳钢管、包钢钢管、宝钢条钢事业部、鞍钢无缝、江苏振达钢管、江苏诚德钢管及无锡德新钢管等企业。

五、缠绕气瓶和拖车气瓶

（一）缠绕气瓶

相对于全金属气瓶，缠绕气瓶具有质量轻、刚度好、容重比系数高（见表8-7）、可靠性高、抗疲劳性能好、负载工作寿命长、疲劳循环和枪击失效模式安全、可设计性强、生产费用低、研制周期短等诸多特点，在航天、航空和民用领域得到越来越广泛的应用。

缠绕气瓶的发展始于20世纪50年代的美国，是基于火箭发动机复合材料壳体技术，在金属壳体表面缠绕玻璃纤维增强环氧树脂基复合材料。20世纪70年代，美国国家航空航天技术转向民用商业市场，美国运输部批准缠绕气瓶，采用玻纤和凯夫拉纤维生产环缠绕气瓶。20世纪80年代，其他有关国家批准

表 8-7　缠绕气瓶与钢质气瓶参数对比

产品名称	气瓶长度/mm	单瓶容积/L	单瓶重量/kg	容重比
钢质气瓶	11580	2370	2880	0.82
缠绕气瓶	11580	2585	1840	1.40

缠绕气瓶用于商业市场，呼吸器成为缠绕气瓶的最大市场。20 世纪 90 年代，压缩天然气车用缠绕瓶成为民用领域复合气瓶的主要市场之一。

2000 年缠绕瓶技术引进我国，近 20 年来，我国缠绕气瓶的研制技术也取得很大的进步，部分产品性能也达到了国际先进水平，但是相比国外发达国家，目前我国缠绕气瓶标准相对缺乏，缠绕气瓶产品研发和设计缺少标准规范。

在民用领域，缠绕气瓶的应用主要包括：压缩气体和液化气体用缠绕气瓶、车用压缩天然气气瓶、呼吸气瓶等。而目前车用压缩天然气气瓶具有较大的市场份额，应用车用压缩天然气气瓶是替代石油资源的新能源政策，有效降低汽车的尾气排放所造成的污染。在保证气瓶性能的前提下，开发缠绕气瓶低成本制造技术是气瓶企业快速发展的主要途径，低成本生产技术包括原材料、金属内衬成型工艺、纤维树脂复合工艺和质量控制等方面。

（二）拖车气瓶

随着工业和科学技术的发展，工业发达国家已在 20 世纪 60 年代就开始打破采用中，小容积气瓶装运气体的传统的气体运输方式，而采用充气量较大的大容积钢质无缝气瓶装运气体。他们将几个或十几个大容积钢质无缝气瓶的头部连通在一起并组装在框架里。放在拖车上运送氢、氧、氮、氦等永久气体，通常作为储罐用给用户供气。这种车为载重半拖车，其名称叫作管式拖车（tube trailer）。拖车上的气瓶称为管式拖车气瓶（trailer tube）。而带有框架的组装在一起的气瓶，又叫作集装管束（skid）。集装管束既可以放在拖车上运送，也可放在船上的集装箱里运送。运送到指定地点后。还可将其从拖车上卸下，放在地面上做储气罐用。这种采用大容积钢质无缝气瓶装运气体的方式大大提高了气体装运的经济性和安全性。采用一辆拖车运送的天然气。大约需要 6 辆装载量 5t 的汽车才能完成。由此可见．采用管式拖车装运气体可大大提高运输效率。降低搬运费用。同时采用管式拖车装运气体大大减少了单个气瓶的数量，其不安全的因素和发生事故的可能性也相应降低。表 8-8 是新兴能源装备 ϕ711mm×6mm 管加长捆绑车的有关数据。

表 8-8　HDS9409GGY 型 6 管加长捆绑车

管数量	6	公称工作压力/MPa	20
工作温度/℃	-40~60	介质名称	CNG
材质	30CrMoE/4130X	设计厚度/mm	21
钢瓶规格/mm×mm×mm	ϕ711×21×12190	单瓶重量/kg	4900
充气量/m³	6310	满载总质量/kg	40000
充气重量/kg	4340	计算总容积/m³	25.02
气瓶水压试验压力/MPa	33.4	整车外形尺寸/mm×mm×mm	13000×2480×3140

（三）储气井用气瓶

传统上的储气井多用油套管作为储气容器，然而，现有技术中的储气井结构存在以下缺点：储气井罐体在 25MPa 作用下会产生弹性拉伸变形，当储气井罐体与井壁间的环形空间封固质量存在问题时，由于封固面的摩擦阻力不足以抵抗筒体弹性变形产生的作用力，就会引发井体上窜。此外，当储气井的罐体罐壁出现裂纹、穿孔等现象时，会引起“井下泄漏”，一旦出现这种情况，很难采取补救措施，整个储气井只能报废处理。气瓶式新型储气井就能解决上窜问题，并且在出现“井下泄漏”问题时，能方便提出气瓶进行维修甚至更换。见图 8-18 和图 8-19 所示。

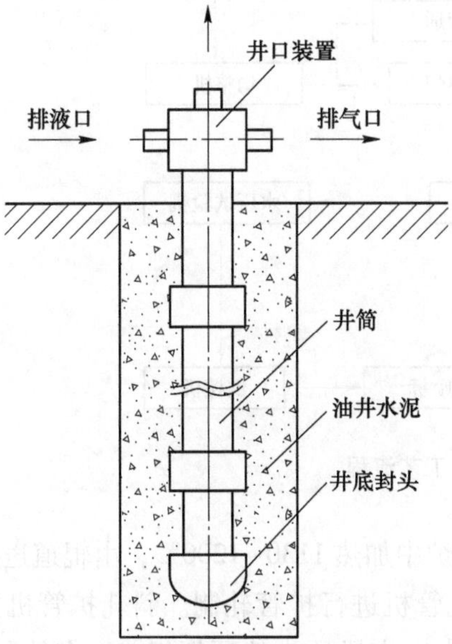

图 8-18　传统储气井示意图

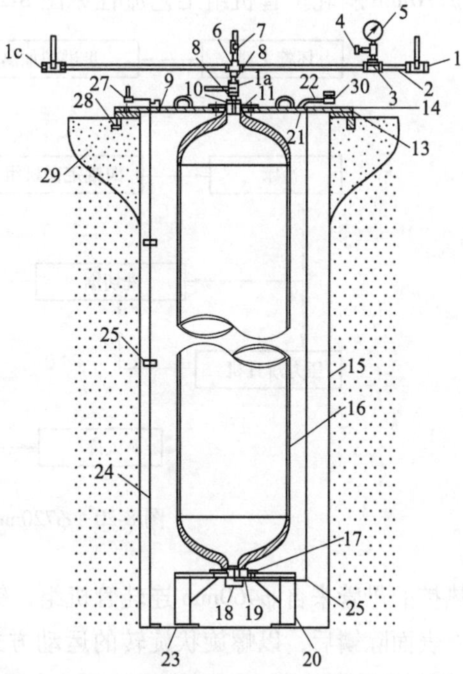

图 8-19　气瓶式新型储气井示意图

六、大口径气瓶、气瓶管制造工艺

（一）大气瓶的制造工艺

大口径气瓶采用大直径无缝钢管两端经锻压收底、收口制成．其主要制造工艺如下：

A. 钢管检查：由于直径较大，长度较长的无缝钢管是轧制或锻制产品，制造过程中不可避免会引起钢管内、外表面的缺陷。钢管质量是决定气瓶质量的先决条件，因此在钢管下料之前，通常采用超声波沿钢管长度进行 100% 的探伤，检查轴向和环向缺陷。其缺陷深度不得超过壁厚的 5%，与此同时采用超声波进行壁厚测定。

B. 钢管下料：采用机械方法或火焰切割将钢管切割成所要求的尺寸。

C. 管端加热：采用火焰或电将管端加热，以便将管端加工成型。

D. 端部成型：采用模锻设备，将加热好的管端锻压成所需要的形状和尺寸。

E. 热处理：将成型后的气瓶进行热处理，以获得所需的机械性能。热处理方法为淬火—回火。为检验气瓶热处理的机。盘性能是否能够满足规定的要求，在对气瓶进行热处理的同时，试样所用的钢管也同一炉进行热处理。

F. 喷砂除锈：将热处理后的气瓶喷砂，除去表面的氧化皮，以便进行磁粉探伤；

G. 磁粉探伤：检查气瓶有无因淬火不当而产生的表面裂纹；

H. 瓶口螺纹加工：以装配连接时所需的附件；

I. 水压试验：采用水套法测定气瓶的重量、容积和容积残余变形率；

J. 内表面清理：采用蒸汽吹扫后。再进行内表面喷砂，以获得清洁、干燥、光滑的内表面。

K. 瓶口插塞：以保护瓶口螺纹和保持内表面清洁。

L. 外表面喷砂、打钢印、喷漆。

（二）大口径气瓶管生产工艺介绍

在大口径气瓶管国产化十年的发展过程中，其制造工艺经历了连轧管+斜轧式热扩工艺、周期轧管（Φ508、720 机组）+拉拔式热扩工艺、连轧管+推制式热扩+冷拔工艺三个阶段。

1. 连轧管+斜轧热扩工艺（天津钢管）

这种生产工艺的主要流程如下：

（1）坯管准备：管坯加热→定心→穿孔→连轧→定径→冷却→锯切→矫直→探伤→检验。

（2）ϕ720mm 斜轧扩管机组工艺流程见图 8-20 所示。

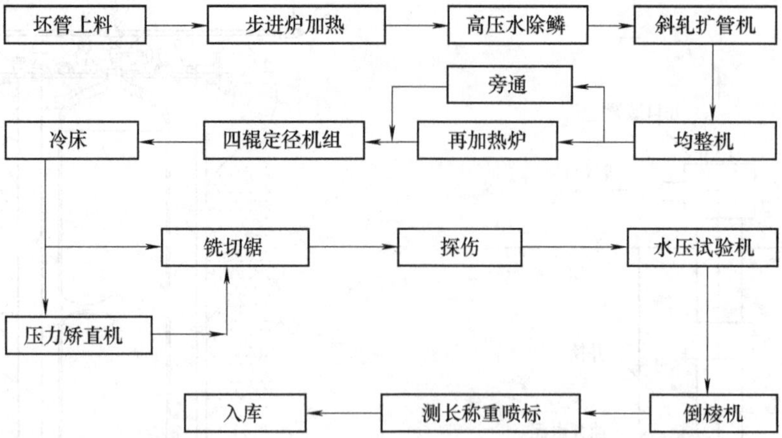

图 8-20　ϕ720mm 斜轧扩管机组工艺流程

斜轧热扩的母管来自 ϕ460mm 连轧管机组，钢管送入加热炉中加热 1130～1200℃，由辊道送出，经高压水进行外表面除鳞后，以螺旋状旋转的运动方式送入旋扩轧管机进行扩管轧制。斜轧扩管机主要是由两个转向相同的锥形辊、一个锥形顶头和一个沿轧制中心线方向支撑顶头的顶杆组成，在轧制过程中，管径扩大，壁厚减薄，总延伸系数接近 1。

2. 周期轧管+拉拔式热扩工艺

该工艺的热轧母管来自周期轧管机组，由于周期轧管机组不设均整机，对母管的壁厚均匀性和表面质量有较大影响。拉拔式扩管机组由扩管机架、拔管机架、托管升降台、扩管卡头、拔管小车、扩径顶头（带拉杆）和直流电机带动的齿轮减速机构 7 大部分组成。进行拉拔热扩之前，先在坯料管的管端扩出一个喇叭口，便于热扩时用内外卡环卡住管端并进行水冷，然后由链条牵引芯棒杆并带动顶头穿过坯料管，从而实现扩径减壁。该工艺的特点是机组设备简单，便于组织生产，产品规格灵活多样，可加工较长的成品。但是，拉拔式热扩机组成材率低、工件费用高，并且产品的外径精度低、外表面呈波浪形、表面不光滑、坡口质量差。现在国外许多国家已不再新上拉拔式扩管机组，国内也不再使用该工艺制造大口径气瓶管。

3. 连轧管+推制式热扩+冷拔工艺

推制式热扩径工艺也称中频热扩无缝钢管工艺、顶推式热扩径工艺、推进式热扩径工艺。该工艺起源于 20 世纪 50 年代的德国，并在中国得到快速发展、改进及完善。其工艺原理是将毛坯管置于中频加热环中进行局部连续快速加热，依靠液压缸活塞的运动推动毛坯管，使其逐步通过锥形的内模芯棒从而实现扩径。

德新钢管（中国）有限公司具有多年制造大口径无缝钢管的生产经验，通过不断地进行技术创新，促使推进式热扩工艺和技术不断完善发展，突出的成就可归纳为以下两方面：

在不断完善推制式热扩工艺的基础上，德新钢管于 2014 年成功地将该工艺与冷拔工艺结合用于制造大口径气瓶管。其基本流程见图 8-21 所示。现在该工艺已经成为制造大口径气瓶管的主流工艺。

（三）大口径气瓶管的发展趋势

轻量化设计和制造是今后长管拖车的发展趋势，是响应国家节能减排战略的重要举措。国家的“十三五”重点研发计划“移动式承压类特种设备风险防控与治理关键技术研究”已经将“长管拖车用大容积气瓶的设计方法、上装与行走机构的轻量化设计方法等研究”列为一项重要的研究内容[41]。依靠技术进步和科技创新开发新材料、新方法和新工艺，促进大容积气瓶的轻量化，保障气瓶的安全性和可靠性是今后大口径气瓶管的发展趋势。

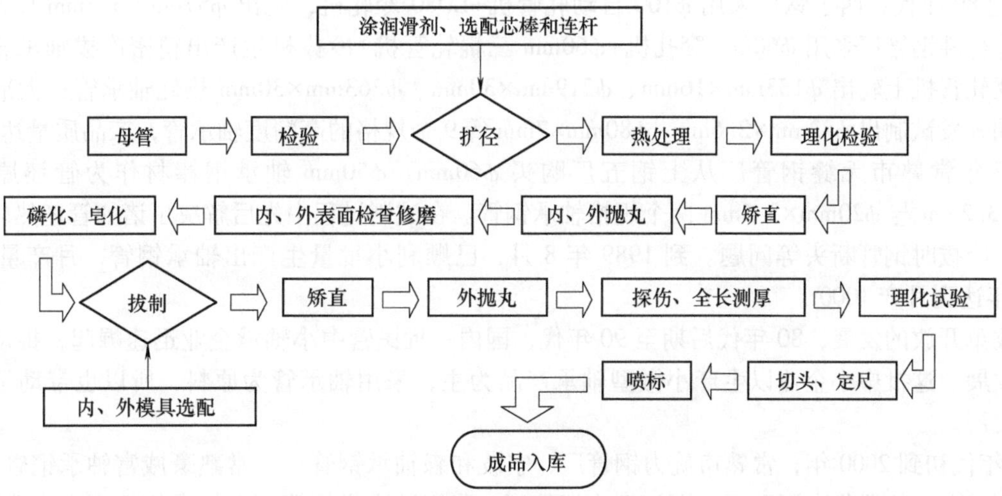

图 8-21　大口径气瓶工艺流程

第六节　我国轴承钢管的发展

一、概述

轴承钢是特殊钢中最具代表性的钢种，其服役条件恶劣，使用性能要求较高，是生产难度最大、质量要求最严、检验项目最多的钢种之一。国际钢铁界通常把轴承钢的质量水平视为钢铁企业特殊钢生产技术水平和产品质量水平的重要标志。

轴承管主要用于制造滚动轴承的内外套圈。由于滚动轴承工作时负荷集中，因此要求轴承套圈在工作时能抗压、耐磨损、耐腐蚀和有较长的使用寿命。为了达到这些要求，轴承用钢应具有高而均匀的硬度和耐磨性，高的弹性极限和接触疲劳强度，一定的韧性和淬透性及耐蚀性。从而对钢的纯净度、气体含量（氧氮含量）、非金属夹杂（数量、形态、种类）及碳化物数量形态分布、成分、组织的均匀性及钢材表面的脱碳层程度都有严格的要求。由于轴承规格繁多，为了减少加工余量及提高成材率又对轴承钢管的规格及尺寸精度提出更高要求。

在国外，著名的轴承钢生产企业如瑞典 SKF、日本山阳、美国铁姆肯等均生产轴承管。其中 SKF 生产外径 ϕ90~200mm 热轧管及 ϕ55~110mm 冷轧管；日本山阳生产外径 ϕ50~180mm 热轧管和 ϕ22~95mm 的冷轧管。

我国的轴承管主要以中小口径为主，由于规格繁多、批量小等原因，多由专业的中小企业采用穿孔+冷轧/拔+热处理工艺生产。全流程的轴承钢管生产由于生产环节多、生产流程长、工艺涉及面广，诸如，冶炼涉及炼铁、炼钢和连铸，轧管涉及热轧、控冷、酸洗及冷轧，热处理涉及球化退火、光亮退火等，其影响质量的因素多，质量控制难度大。另外该产品生产周期长，能耗高，易对环境产生污染等，使国内特钢企业和全流程钢管企业很少涉足。目前我国轴承钢（管）产业链的现状是：特钢企业，生产轴承钢坯（棒）销售给轴承企业，少部分卖给轴承管企业作为坯料；轴承管企业以购买轴承钢（棒）作为原料，采用穿孔+冷轧/拔工艺生产轴承管，两大工序（上下游）各自独立（在生产技术体系上没有紧密的联系），生产中型、大型、特大型轴承企业，主要采用轴承钢坯（棒）；生产微型、小型轴承企业，采用轴承管。

二、我国轴承管发展概况

我国早在 1954 年鞍钢无缝钢管厂就按苏联钢号（即 GCr15）试轧出了 ϕ115mm×16mm 的热轧轴承管。20 世纪 60~70 年代，上海第一钢铁厂在 ϕ100mm 自动轧管机上开始生产热轧轴承管；上海第五钢铁厂、北京特殊钢厂、大冶钢厂等用 ϕ76mm 穿孔毛管经冷拔（轧）开始生产冷拔轴承管。1977 年原冶金部发布了指导性技术文件“轴承管 YB/Z 12—1977”，1984 年又与机械部共同发布了 YJZ-1984 技术文件。1979 年无锡钢厂在 ϕ76mm 穿孔机上，经二次穿孔并采用控冷工艺，生产热轧轴承管。

20 世纪 80 年代，西宁钢厂采用 ϕ100 自动轧管机+LD80 冷轧机，轧出 ϕ57mm×5. 5mm GCr15 冷轧轴承管；大连得胜钢管厂采用 ϕ60mm 穿孔机+ϕ60mm 三辊轧管机+冷拔机生产出精密冷拔轴承管；成都无缝厂在周期轧管机上轧出 ϕ133mm×16mm、ϕ219mm×30mm、ϕ263mm×30mm 热轧轴承管；大冶钢厂与钢研总院共同开发试制出 ϕ22mm×2. 6mm ~ ϕ80mm×7mm 等 9 个规格的高精度轴承管，产品质量达到 SKFD33 标准；1987 年常熟市无缝钢管厂从上钢五厂购买 ϕ60mm、ϕ50mm 轴承钢棒材作为管坯原料，试制 ϕ29. 2mm×3. 2mm 与 ϕ20mm×3. 5mm 两个规格轴承钢管。在试制过程中先后解决了诸如管坯热轧穿孔、毛管的球化、冷拔时钢管断头等问题。到 1989 年 8 月，已顺利小批量生产出轴承钢管，月产量在 300t 左右，1994 年达到月产 1000t。

随着改革开放的发展，80 年代后期至 90 年代，国内一批民营中小轴承企业迅速崛起，推动了我国轴承行业的发展。这批中小企业以生产小微型轴承产品为主，采用轴承管为原料，所以也带动了我国轴承管的快速发展。

从 90 年代初到 2000 年，常熟市旋力钢管厂、宁波和森轴承钢管厂、常熟豪威富轴承钢管有限公司、张家港华程工业制管股份有限公司、浙江健力钢管厂、张家港逸洋钢管厂等轴承钢管生产企业陆续上马。到 2000 年轴承钢管生产企业已有 30 多家，年产量已达 20 万吨，轴承钢管进入了一个产销两旺的发展期。在这期间，轴承钢管的冷加工工艺由原先的单纯冷拔，改进为冷轧+冷拔结合或全部冷轧的方式。应用冷轧工艺有利于轴承钢管的壁厚控制及提高成材率、减少工序道次、节约成本，尤其是小口径厚壁轴承钢管，采用冷轧工艺效果更明显。

20 世纪 90 年代初国家为了建设中大口径的轴承管生产线，借鉴国外生产轴承钢管的经验，建设了湖北大冶 ϕ170ASSEL 机组，由于配套工序不足以及国内几大轴承厂自己建有套圈加工的设备（包括设备和人员），对采购轴承管加工套圈基本是排斥的。另一方面，随着中小民企的进入，市场竞争加剧，所以该机组投产以来，实际仅生产了很少量的中大口径热轧轴承钢管。国内其他特钢企业和原生产轴承管的企业 90 年代后期，也都退出了轴承管的市场。

2000 年以后，浙江个别轴承厂家开始自行生产轴承钢管，自产自用；山东聊城、临沂等地也开始了轴承钢管的生产。2005 年，轴承钢管年生产能力已接近 40 万吨。近十多年来，尽管轴承管的发展呈现出起伏波动的趋势，但轴承管的产量受整体需求的拉动仍呈较快增长，据调查推测，到 2018 年底我国国内轴承钢管产量约 90 ~ 100 万吨，约占轴承钢产量的 23% ~ 26%，与发达国家占比 25% ~ 30%相比，仍有一定的差距。大直径（直径为 1000mm 以上）特殊用途的轴承钢管多以锻造、挤压、辗扩等方式生产。

我国轴承加工业采用轴承钢管的规格品种组距窄，基本在 180mm 以下，绝大部分以穿孔+热轧或穿孔+冷轧（拔）形式提供。在轴承钢管品质方面，国内产品也存在品质稳定性差、疲劳寿命短、洁净度低等问题。我国轴承钢管的应用，一般局限于普通轴承的轴承套圈用料，高端轴承套圈仍依赖进口。近些年随着企业产品的质量逐年提高，一些外资先进轴承企业，如瑞典 SKF、日本 NSK、日本三洋等也从中国采购高品质轴承钢管。

三、我国轴承钢管的特点和生产方法

（一）我国轴承钢管生产的特点

在国外采用轴承钢管生产轴承套圈已比较普遍。国外轴承钢管生产工艺装备具有下述共同特点：

（1）采用大容量、多工位的炉外精炼炉，冶炼高纯净度的轴承钢管用钢，或采用连铸坯，或采用模铸锭；

（2）采用 ASSEL 轧管机+微张减机工艺，生产表面质量好、尺寸精度高的轴承钢管；而中大直径、薄壁管则用高刚度冷轧管机；

（3）采用连续式保护气氛退火炉对轴承钢管进行球化处理以及对于冷加工后的轴承管还要进行成品球化退火；

（4）轴承钢管在线无损检测自动化。

相比国外主要轴承生产强国使用 ASSEL 轧管机生产轴承钢管，我国虽然该种轧机众多，但主要用于生产中厚壁机械管，基本不生产轴承钢管（湖北新冶钢采用 Assel 轧管机生产很少量的 ϕ219mm×40mm 轴承管）；2014 年，天津钢管 Assel 轧管机组成功轧制出中 ϕ180mm×18mm GCr15 轴承钢管，生产中利用气雾冷却技术控制钢管轧后冷却速度，从而确保了产品的综合机械性能，但也没有形成批量生产。

（二）国内常见的轴承钢管生产方法

目前国内轴承钢管的生产工艺未发生实质性的变化，常见的轴承钢管生产方法主要有两种：（1）穿孔+冷轧（拔）工艺；（2）穿孔+三辊轧管（或二辊轧管）+定径（张减机）或+冷轧（拔）工艺。在这两种工艺中，坯料采用轧制坯或连铸坯，钢管（从坯料到成品）的压缩比应大于15。

其中，以穿孔+冷轧（拔）工艺生产的轴承钢管，多为中小直径精密的轴承管，生产规格为ϕ(14~120)mm×(2~15)mm，钢管材质为GCr15或GCr15SiMn。该生产工艺相对简单，装备少，流程短，投资少，产量低。

以穿孔+三辊轧管（或二辊轧管）+定径（张减径）或+冷轧（拔）工艺生产的钢管，是目前国际上主流的生产轴承钢管的热轧方法，可实现控温控轧。其生产规格为ϕ(48~200)mm×(5 ~30)mm，多为规格范围较宽泛的轴承钢管，钢管材质为具备不同淬透性的高碳铬轴承钢。该生产工艺复杂，装备多，流程长，投资大，但产量高。目前，三辊轧管机被公认为最适宜的轴承钢管和精密中厚壁钢管生产机组。

（三）生产流程及主要生产工序分析

我国目前生产轴承钢管的典型工艺流程见图8-22所示。

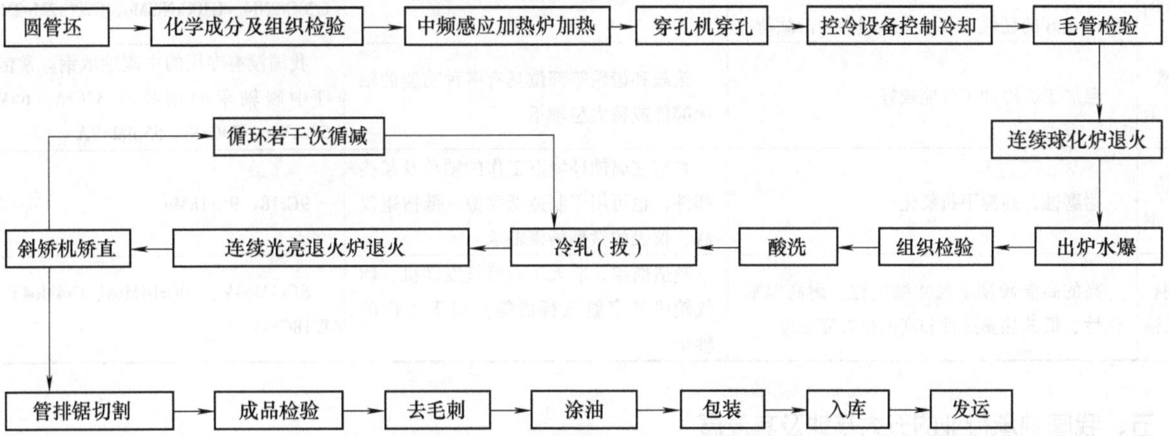

图8-22　我国典型轴承管生产流程

主要工序工艺分析如下：

（1）热轧穿孔。轴承钢坯热穿孔后采用喷水快速冷却工艺，降低了碳化物网状级别，能够获得细小的均匀的珠光体组织，在球化退火后，可以得到细小均匀分布的碳化物颗粒，不仅缩短球化退火时间，而且提高管材塑性，使冷拔一次变形量加大，同时提高管材的接触疲劳寿命。

采用合理的热穿孔工艺参数，不仅为冷拔加工打好基础，而且改善圆钢内存在的中心疏松等缺陷，使偏析得以明显改善。

（2）冷拔加工。冷拔时应采用合理的变形量，变形量的选择对管材的尺寸精度、力学性能等影响极大。轴承钢的“临界变形量”约为8%~10%。冷拔时尽量采用较大的变形度（不超过临界变形量），使金属组织产生强烈破碎，产生大量均匀分布的晶核，再结晶后便获得了均匀的细晶粒，从而获得优良的金相组织及力学性能。

（3）球化退火。生产实践证明，若管坯没有良好的球化组织，冷拔加工将无法进行，而且影响成品管材的力学性能。球化的相变规律是金属的加热和保温，使奥氏体形成（生核和核的长大过程），碳化物分段溶解，冷却时使管材中片状珠光体转变为粒状珠光体。

（4）中间退火。钢管经冷拔后，对进一步冷拔加工造成困难，大多数工厂采用消除应力退火或采用再结晶退火。使破碎的、拉长或压扁的晶粒变为均匀、细小的等轴晶粒。

四、我国轴承钢的特性、用途及代表钢种

目前，我国轴承钢主要钢种包括高碳铬轴承钢GCrl5、GCr15SiMn，渗碳轴承钢G20CrMo、G20CrNiMo、G20CrNi4，以及中碳轴承钢65Mn、50CrVA、50CrNi、55SiMoVA等。不同系列轴承钢的主要

用途及代表钢种如表 8-8 所示。在总量中以 GGr15 和 GGr15A 为主，占轴承钢总量的 80%以上。以 GGr15 为例，标准中规定了氧含量，模铸钢≤15×10^{-6}，连铸钢≤12×10^{-6}，而国际先进水平的要求基本为≤10×10^{-6}；规定了钢种残余元素和有害元素（P、S、Ti、N 等元素）的含量；规定了非金属夹杂物的大小、数量和形态；规定了材料的均匀性；对中心疏松缩孔、裂纹等均做了规定和评级。对于以上性能和冶炼方面的要求，轴承钢比其他特殊钢更为严格。

目前，我国多采用电炉流程加炉外精炼和真空脱气生产轴承钢坯。先进的炼钢、连铸工艺是：电炉→钢包精炼+真空脱气→连铸方坯→连轧圆管坯；或者电炉→钢包精炼+真空脱气→连轧圆管坯；某些钢种如生产具有耐高温、耐腐蚀等性能要求的航空级轴承钢等，也采用高炉铁水直接经顶吹氧气碱性转炉+RH 真空脱气+连铸的工艺进行生产，或者采用真空感应熔炼（VIM）、电渣重熔（ESR）的工艺进行生产。

表 8-9　我国轴承钢的特性、用途及代表钢种

钢种	特　性	用　途	代表钢种
高碳铬轴承钢	综合性能良好，生产量最多。球化退火后有良好的切削加工性能。淬火和回火后硬度高，耐磨性能和接触疲劳强度高	用于制作各种轴承套圈和滚动体	GCr15、GCr15SiMn、GCr4、GCr15SiMo、GCr18Mo
渗碳轴承钢	渗碳轴承钢属于低碳合金钢，表面经渗碳处理后具有高硬度和高耐磨性，而心部保持良好的韧性，可承受强烈的冲击载荷	大型机械承受冲击载荷较大的轴承	G20CrMo、G20CrNiMo、G20CrNi2Mo、G20Cr2Ni4、G10CrNi3Mo、G20Cr2Mn2Mo
中碳轴承钢	温加工、冷加工性能较好	轮毂和齿轮等部位具有多种功能的轴承部件或特大型轴承	我国没有专用的中碳轴承钢。常借用于中碳轴承的钢种有 37CrA、65Mn、50CrVA、50CrNi、55SiMoVA
不锈轴承钢	耐磨蚀、高温下抗氧化	制造在腐蚀环境下工作的轴承及某些部件，也可用于制造低摩擦、低扭矩仪器、仪表的微型精密轴承	9Cr18、9Cr18Mo
高温轴承钢	高的高温硬度、尺寸稳定性、耐高温氧化性、低的热膨胀性和高的抗蠕变强度	制造航空、航天工业喷气发动机、燃气轮机和宇航飞行器等高温下工作的轴承	8Cr4Mo4V、10Cr14Mo4、Cr4Mo4V、W18Cr4V

五、我国轴承行业的五大基地及其发展

中国轴承行业是一个生产集中度不高的行业，现有规模以上的轴承企业 1400 多家，主要集中在辽宁的瓦房店、洛阳、浙江、江苏、山东等地区，并初步形成了瓦房店地区生产中大型轴承，江浙地区生产微小型轴承，洛阳地区生产特大型轴承和轴承滚子，山东地区生产钢球、保持架等轴承零件的地区产业集群。在这 1400 多个轴承生产企业中，除瓦、哈、洛和万向钱潮、浙江天马、人本集团、浙江五环、浙江五洲新春、福建龙溪、重庆长江等企业外其余绝大部分为中小型轴承企业。

目前形成了五大轴承生产基地：

（1）瓦房店轴承产业基地是中国最大的轴承产业基地，基地依托中国最大的轴承生产企业——瓦轴（ZWZ），始建于 1938 年，新中国第一套工业轴承在这里诞生。产品主要特色为大型和特大型轴承。典型代表企业有：瓦轴、大冶轴、瓦冶轴等。

（2）洛阳轴承产业基地主要是洛阳 LYC 轴承有限公司，产品广泛应用于国防军工、航空航天、风力发电、轨道交通、汽车摩托车、矿山冶金、工程机械、机床电机等领域，是目前我国加工直径最大、精密程度最高轴承的诞生地，也是国内轴承产品尺寸最广、用途覆盖面最宽、品种最齐全的生产基地。

产品主要为中型、大型、特大型轴承。其典型代表企业有洛阳 LYC、洛阳轴研科技、中机十院等等。

（3）江苏轴承产业基地，主要分布于苏州、常州、无锡、南通如皋、盐城响水等地。轴承产品以深沟球轴承、调心球轴承、圆柱滚子轴承、调心滚子轴承为主，产品主要应用于轻工业品领域。

产品主要为小型、中型轴承。其代表企业有：江苏力星、常州光洋、常熟长城等。

（4）浙江轴承产业基地，以常山县、杭州、宁波、绍兴为核心。常山县为浙江轴承的重镇，常山县轴承生产有着 40 多年历史，现有轴承生产企业 100 多家。

产品主要特色为中小型轴承、微型轴承及轴承零配件。主要代表企业有：浙江天马、人本、五环、五洲新春、慈兴集团、环驰集团等。

（5）聊城轴承产业基地以山东聊城为中心，是我国最大的轴承保持架生产基地和最大的轴承贸易基地。现已形成了以临清市烟店，轴承市场为中心的轴承销售、生产、组装中心。

主要产品为轴承保持架、钢球和通用轴承。其主要代表企业有：东阿钢球、聊城金帝、山东博特轴承等。

除此之外，还有一批分布在全国各地具有特色的专、精、特、新企业。如：襄轴、新火炬、重庆长江、龙溪轴承、东莞 TR 等。

从我国轴承行业来看，轴承的供需结构性失衡，其中低端轴承产能过剩，高端轴承供给不足，主要依赖进口。造成高低端轴承供需结构性失衡的主要原因是我国大部分轴承企业在研发实力、生产工艺等方面较落后。

六、典型轴承管企业（会员企业）介绍

20 世纪末，改革开放的春风给我国民营经济的带来了活力，也促进了以江苏、浙江为代表的我国南方轴承工业的突飞猛进。一大批民营轴承制造企业逐渐发展壮大，产品批量出口并成为国内大企业的供应商。

（一）浙江健力股份有限公司

浙江健力股份有限公司成立于 1993 年 8 月，下辖浙江健力钢管有限公司、江苏健力钢管有限公司，是一家专业生产轴承钢管，集科、工、贸于一体的规模企业。目前，公司已获得特种设备制造许可认证、TS16949、IS014000 等多项体系认证。

公司生产的“JOL”牌轴承钢管，采用具有实用新型发明专利的生产工艺流程，执行国家标准 GB/T 18254—2016、相关的国际标准及企业标准，生产适合于中小型轴承生产的钢管。凭借精良的设备及工艺，齐全的检测设备，可在保证质量的前提下，明显降低轴承的材料及生产成本，现已在轴承行业得到广泛应用。自 2002 年开始年产销量保持在 12 万吨以上，是国内较大的轴承钢管生产基地。

2010 年初开始，公司在江苏盱眙投资建设江苏健力钢管有限公司和健力轴承产业园。同时，公司在诸暨总部生产基地专辟车间，以世界先进技术、装备和检测手段来建立立足于世界高端轴承品牌的精品轴承钢管。一期设计产能 5 万吨，二期计划年产能 7 万吨，全部建成后，公司将具备年产 25 万吨轴承钢管的生产规模，其中精品轴承管将年产 12 万吨以上。

发展历程：

1999 年，浙江健力企业有限公司成立，注册“JOL”商标。

2001 年，诸暨厂区二期冷拔钢管项目建成投产，实现轴承钢管产销量全国第一。

2003 年，成立中外合资浙江健力钢管有限公司；诸暨总部千禧路厂区第一期冷拔钢管生产项目建成投产。

2010 年，在江苏盱眙建成并投产年产 10 万吨轴承钢管生产线；健力轴承产业园一期厂房开工建设。

2011 年 3 月，诸暨总部千禧路厂区一期年产 5 万吨精品轴承钢管生产线建成投产。

2011 年 7 月，诸暨总部千禧路厂区二期年产 12 万吨精品轴承钢管生产线开工建设。

（二）浙江五洲新春集团股份有限公司

浙江五洲新春集团股份有限公司是一家以轴承产业为核心，涉足汽车配件和设备制造等领域的集团化企业，注册资金 1.518 亿元，职工 2600 多人，年产轴承 5000 万套，轴承套圈 2.2 亿套，优质轴承钢管 30000t。产品销售与自营出口列居全国轴承行业前列。

公司通过多年努力，实现了纵向一体化的产业布局，从轴承成品开始延伸，依次进入热处理、车加工、锻造及钢管等领域，是中国轴承产业链经营领先者。公司主要生产精密汽车轴承、精密数控机床轴承、高速精密纺机轴承、轴连轴承和电机轴承等，主要出口美国、日本、韩国、巴西等国家，汽车轴承配套于尼桑、现代等品牌汽车；轴承套圈稳定供应于世界排名前五位的轴承制造商 SKF、Schaeffler、NSK、NTN、JTEKT 等跨国集团；精密钢管已通过 SKF 公司 QT3 考评及奥托立夫 AS2 审核，进入世界高端钢管市场；试产成功的汽车安全气囊气体发生器专用钢管填补亚洲空白。

七、国内外轴承钢的现状与发展趋势

改革开放40年来，通过引进、消化和吸收，实现了大部分高端装备的国产化，但对高端装备用的高端轴承的国产化一直停滞不前，无法满足中国高端装备国产化的需求，特别是新研发的高端装备完全采用国外轴承。目前中国轴承已经形成行业销售额达到2000多亿元的经济规模，而且以每年12%~15%的速度增长，其中高速、精密、重载等高端轴承的增长速度将更快。但中国生产的轴承主要为中低端轴承和小中型轴承，与国外高端轴承和大型轴承等高附加值轴承相比存在较大差距，表现为低端过剩和高端缺乏。特别是在航空航天、高速铁路、高档轿车及其他工业领域用的关键轴承上，中国轴承的使用寿命、可靠性、D_n值与承载能力等方面与先进国家存在较大的差距，成为制约中国高端装备制造和战略新兴产业发展的瓶颈。

长寿命、高转速、高负载和高推力轴承涉及材料、加工、制造及检测等多个环节，其中材料性能的好坏直接影响到轴承的性能。影响轴承钢质量的因素主要有4个：

（1）轴承钢中的夹杂物含量、形态、分布和大小；

（2）轴承钢中的碳化物含量、形态、分布和大小；

（3）轴承钢中的中心疏松缩孔和中心偏析；

（4）轴承钢产品质量和性能的一致性。

目前国外不仅在传统轴承钢质量控制水平方面大幅领先于中国，而且在新型轴承钢的开发力度方面也远远走在中国前面，形成了国外传统轴承钢的质量和性能提升的研究以及新型和特殊性能轴承材料研发并行的局面。

未来中国轴承钢的努力方向，一是经济洁净度：在考虑经济性的前提下，进一步提高钢的洁净度，降低钢中的氧和钛含量，达到轴承钢中的氧与钛的质量分数分别小于6×10^{-6}和15×10^{-6}的水平，减小钢中夹杂物的含量与尺寸，提高分布均匀性。二是组织细化与均匀化：通过合金化设计与控轧控冷工艺的应用，进一步提高夹杂物与碳化物的均匀性，降低和消除液析、网状和带状碳化物，降低平均尺寸与最大颗粒尺寸，达到碳化物的平均尺寸小于1μm的目标；进一步提高基体组织的晶粒度，使轴承钢的晶粒尺寸进一步细化。三是减少低倍组织缺陷：进一步降低轴承钢中的中心疏松、中心缩孔与中心成分偏析，提高低倍组织的均匀性。四是轴承钢的高韧性化：通过新型合金化、热轧工艺优化与热处理工艺研究，大幅度提高轴承钢的韧性，从而提高轴承的可靠性。表8-10总结了我国轴承行业与国外的差距。

表8-10　国内外轴承钢产品质量对比

序号	对比项目	意　义	国内水平	国外水平
1	氧含量	随着氧含量增加，氧化物夹杂的含量增大、尺寸增大，对疲劳寿命恶化程度加剧	平均9×10^{-6}	普遍控制在$(3\sim8)\times10^{-6}$
2	钛含量	钛在钢中的存在形式有Ti(C、N)、TiC、TiN，是一种坚硬的菱状不变形夹杂物，对轴承寿命危害很大	没有进行严格检测和控制。一般控制为$(30\sim50)\times10^{-6}$；高档次轴承钢钛含量$\leqslant30\times10^{-6}$	$\leqslant15\times10^{-6}$
3	氮含量	钛和氮的含量降低，保证钢中具有低含量的钛系夹杂物	没有进行严格检测和控制。一般控制为$(60\sim100)\times10^{-6}$；高档次轴承钢氮含量$\leqslant40\times10^{-6}$	$\leqslant30\times10^{-6}$
4	成分波动	成分波动小，轴承钢质量稳定、均匀	波动大、氧含量的波动偏差多在2×10^{-6}以上	不同炉次成分波动很小。SKF轴承钢的氧含量波动偏差为0.6×10^{-6}
5	夹杂物尺寸	钢中夹杂物尺寸细小、弥散、均匀分布，轴承钢疲劳寿命高	存在氧化物夹杂尺寸较大（最大粒径为50~52μm）、分布不均等问题	≤10μm
6	碳化物	轴承钢中的碳化物应颗粒细小、形状规则且均匀分布	存在碳化物不均匀，带状碳化物、液析严重等问题	碳化物分布更加细小均匀

随着轴承市场的不断变化和调整，市场对轴承产品的质量要求将会越来越高，用户将会更加注重产品的过程控制，注重产品全生命周期的质量与服务。企业的两极分化将进一步加剧。我国是轴承钢生产大国，但并不是强国，想要发展高参数、高精密度和高可靠性的轴承，就必须优先发展轴承钢冶炼技术、提高轴承钢品质。提升我国轴承产品质量和品牌知名度，加大轴承出口市场的占有率是我们未来发展的巨大市场。国内轴承钢生产企业应抓住机遇，积极研发轴承钢新品种，高质量、高性能和多品种是轴承钢的发展方向。

第七节　海洋工程用管

随着陆地油气资源的不断枯竭，海洋油气开发特别是深海油气开发已成为世界能源开发的主要领域。据统计，世界海洋石油资源量占全球石油资源总量的34%，其蕴藏量1000多亿吨；我国海洋石油资源探明储量约300亿吨，天然气约20万亿立方米。中国南海石油地质储量约为250~300亿吨，占中国油气资源总量的1/3，属于世界四大海洋油气聚集中心之一。

现在人们常说的“海洋工程”，主要限于海洋油气钻采装置（平台）、海洋钻采装置的配套设备、海洋工程船。其“海洋油气钻采装置（平台）”成为“海洋工程”的重要标志。

海洋工程用钢主要分为海洋平台用钢、海洋能源设备用钢和海底油气管线用钢三大类。目前我国海洋平台用钢年需求总量在350万吨以上，其中海底管线用钢超过30万吨。我国海上风电设备年用钢量也在100万吨以上。

钢管在海洋工程中的应用十分普遍，大体系中，大致分为三种类型：功能系统用钢管（包括常规系统和专用系统中用的钢管）、结构中用钢管和特殊用途的钢管。目前钢管行业常说的“海洋工程用管”，主要是指第二类结构用钢管中的桩腿半弦管及其支撑管、导管架、水下钢桩、隔水套管和第三类特殊用途钢管中的海底管线管等。

我国海洋工程用钢管虽然起步较晚，但在十多年的发展中已经取得了很大的进步。天津钢管、宝钢、衡阳钢管、珠江钢管、宝鸡钢管、渤海装备等企业，已经开发并批量生产出海底管线管、桩腿半弦管及其支撑管、隔水套管、水下钢桩、等产品，部分品种可以完全满足国内的需求，为我国海洋的开发做出了重要的贡献。

一、海洋工程用钢概述

海洋石油、天然气开发的钻井平台可分为固定式平台和移动式平台两类。固定式平台又分为导管架式平台和混凝土重力式平台，固定式平台适用于浅海区域。移动式平台有自升式平台、半潜式平台、张力腿式平台和钻井船等。自升式平台也适用于浅海区域，半潜式平台、张力腿式平台适用于深海，可在3000m深海进行钻探。海洋钻井平台使用的钢材有钻井用的石油钻杆、防止油井坍塌的套管和钻井液钢管等，平台本体使用的是高强度钢板。图8-23是典型的海洋钻井平台在海洋不同水深中的示意图，表8-11是各类海洋平台用钢量。

表8-11　海洋工程中钢材用量情况

序号	类型	名　称	钢材用量/t	备　注
1	固定式	固定式（导管架式）平台（F-P）	3000	仅24m水深的导管架（一般使用水深300m以下）
2		混凝土重力式平台		适用于水深超过150m
3	移动式	座底式平台（BSP）	3100	适用于30m以下的浅水域
4		自升式平台（Jack-Up）	4000	130ft水深
			9500	350ft水深
			11000	400ft水深
5		浮式生产储油装置（FPSO）	50000	30万吨级
6		半潜式平台（Semi）	18000	3000m水深
7		张力腿平台（TLP）	—	国内空白
8		柱筒式平台（Spar）	—	国内空白

注：未列入为海洋油气产业链上、下游，以及为海上油田服务的配套船舶（OSV）。

图 8-23　不同水深海洋钻井平台

1—陆上平台；2—固定平台；3—自升式平台；4—半潜式平台；5—钻井船；6—张力腿平台

我国在“十二五”期间，已具备 1500m 水深的开发能力；“十三五”期间，已具备 3000m 水深的开发能力。未来深水油气勘探开发将成为重点发展方向。而海底管线是海上油气开发系统的主要组成部分，主要包括油气集输管道和油气外输管道，一般采用无缝管、高频直缝焊管、直缝埋弧焊管等。表 8-12 是海洋油气开发使用钢（管）材情况。

表 8-12　海洋油气开发使用钢（管）材情况

工　序	设　备	使用的钢材
开发	海上石油钻井平台	钻探管、套管、油管 高强度钢板（海工用钢） 工程结构管（海工用管）
开采、生产	采油平台	油管 工程结构用管（海工用管） 管线管（输送管、集输管）（海工管）
		高强度钢板（海工用钢）
输送	海上输送原油船 液化天然气（LNG）船	船舶用钢（海工用钢） 船舶用耐腐蚀材料（海工用钢、管）
	输油气管线	输油气管线钢管（海工用管） 输油气管线钢管用钢板（海工用钢）
储存	石油储罐 煤气储罐	高强度钢板
石油精炼设备	精炼设备配管 加热炉管	特殊钢钢管（Cr-Mo 钢管）
	压力容器	高强度钢板 复合板
发电	过热器 配管	特殊钢钢管（Cr-Mo 钢管）

目前，国内海洋钻井平台结构用管已经形成了系列，能够为海洋工程提供高品质的结构用管如钢级为 X80Q、X100Q 桩柱用半弦管和支撑管。表 8-13 是海洋平台结构用钢的主要钢级。

表 8-13　海洋平台结构用钢的主要钢级对照表

EN10225	BS 719	DNV	V& M	API 5L 国内
S 355G 14 +N S 355G 14 +Q S 355G 15 +N S 355G 15 +Q	Grade 355 EM(Z)	NV E 360	SG 355 L offshore	B X42 X46 X52
				X56
				X60
S 460G +Q	Grade 450 EM（Z）	NV E 460	SG 460 L offshore	X65
				X70
		NV E 550	SG 550 L offshore	X80
				X90
		NV E 690	SG 690 L offshore	X100

二、海洋工程用管

钢管在海洋工程中应用非常普遍，大体可分为三类：功能系统用钢管；工程结构用钢管；特殊用途钢管。海洋工程钢管设计与选用，都是按船级社的海洋工程钢结构规范，并参照 API、AISC、ASTM、AWS、NACE 等规范和准则。

（一）功能系统用管（包括常规系统和专用系统）

为了保证海洋结构物功能的实现，既有常规系统，又有专用系统中用的钢管。常规系统主要有：舱底水、压载、疏排水、生活污水、空气、测量、注入、生活用水、消防、货油、扫舱、透气、惰气、加热、洗舱、泡沫灭火、洒水、蒸发气、液位遥测、阀门遥控等系统。专用系统是特种用途的。如运输液化石油气（LPG）、液化天然气（LNG）等船的专用系统；“海洋工程”的特殊的钻采设备、原油处理/液化石油气/液化天然气处理（流程）系统、特殊的系泊系统、火炬系统等。

目前国内钢管行业还未有将这类用管纳入海洋工程用管中，本文也不作进一步的论述。

（二）工程结构用管

“海洋工程”除了功能系统中的“钢管”外，还有许多构造中大量采用的“钢管”。如：导管架、水下钢桩、隔水套管、系泊支架、直升机平台、火炬塔架等。这类“钢管”的特点：规格多、材质高、比较杂，有同径、异径，不同壁厚，还有大量的 Y、K、T 型的管节点。如导管架、钢桩、井口隔水套等，多为大直径尺寸的“钢管”，一般都是用钢板卷制而成。它们的材质为 E36-Z35，D36-Z35，E36，D36。这类钢管制造所采用标准主要是《船舶及海洋工程用结构钢》（GB 712—2011）和《结构钢管制造规范》（SY/T 10002—2000）（国家海洋石油天然气行业标准）。《船舶及海洋工程用结构钢》（GB 712—2011）是在原《船体结构用钢》（GB 712—2000）的基础上进行修订，成为我国首个海洋平台用钢国家标准。

由于我国没有专门海洋结构管制造企业。所以，通常都是由海洋平台建造单位购置钢板后，自行加工成型。近十多年来。国内钢管企业建设了一大批现代化的大型钢管生产线（包括无缝、焊管），可以生产部分大直径结构用管，但还有部分更大规格仍需要采用辊式弯管机来生产。

（三）特殊用途钢管

特殊用途管一般是指特定工作环境和工作介质下使用的特种钢管。目前钢管行业将海底管线管列入海洋工程用管中。

海底管线钢管与陆地管线不同，由于海洋环境恶劣，其工作环境长期受到海水压力与腐蚀、波浪与洋流的冲刷与振动、海洋浮游生物的潜在破坏、水上交通物的机械破坏等，近年来，随着海上油气田向着深水、极地的开发，面对恶劣的海洋服役环境，对海底管线提出了比陆地管线更高的质量要求，如：

高钢级、大厚壁、各向同性、低屈强比、低温下的高韧性、高止裂性、良好焊接性、抗大应变性能及抗酸性介质腐蚀等性能。在目前国际上普遍执行的API标准中，管线用钢级别涵盖了X42-X100的焊接高强度钢。

三、海上风电用管

（一）基本现状

海上风电用管虽未纳入海洋工程用管中，但属于海洋开发的一部分，近年来发展迅速。据统计2017年中国海上风电新增装机共319台，新增装机容量达到116万千瓦，同比增长97%；累计装机达到279万千瓦。

中国大陆架浅海海域广阔，其中中国近海可开发和利用的风能储量就达7.5亿kW，仅此一项年用钢就在100万吨以上。目前海上风电装机造价约1.5万元/千瓦，测算国内海上风电行业投资规模达到了174.57亿元。

海上风电相比陆上风电，具有以下优势：海上风速高于陆上风速高，风能资源丰富；海上风主导风向一般稳定，有利于机组稳定运行，延长寿命；海上风电单机容量可以提高较大，由于噪音限制小，使得能量产出大，年利用小时数更高；机组距海岸较远，视觉影响小；环境负面影响小；不占用陆地宝贵的土地资源等，发展前景可观。

（二）技术要求

海洋风电设备除要经受风浪的冲击外，还要考虑台风、冰、地震等灾害性环境破坏的作用，这类海工设备用管对结构防腐蚀、焊接工艺等要求更高，一般采用高强度、大壁厚钢管，并具有优异的耐腐蚀性能、焊接性能，包括较好的低温韧性和抗氧化能力。

（三）市场容量

海上风塔重量为90~110t，因为不需要“地面”间隙，高度低于陆地风塔。目前盛行采用的单桩钢管基础（应用于水深高达30m的海底），所用管材重量将是陆地风塔所用钢材的数倍（厚度超过100mm），深水域采用的钢套管架基础耗管材更高。耗钢量最多的是管桩和塔筒用管材（2015年达到119万吨）。

四、海洋工程用管开发

我国真正意义上按照“海洋工程用管”来开发产品是21世纪初，经过十多年的发展，目前已开发出海洋结构用管包括桩柱（腿）用半弦管、支撑管、深海隔水套管、水下钢桩；用于输送用的钢管有海底管线管、高压泥浆管等。

（一）海底管线管

我国海底管线管的开发是在20世纪90年代后期，天津钢管公司1997年为渤海油田开发研制出X56级 ϕ219.1mm×12.7mm海底管线管；1998年为胜利油田开发生产X56级 ϕ114.3mm×10mm、ϕ273.1mm×12.7mm海底管线管；1999—2000年为沙特阿美公司开发生产出了4万吨X60级 ϕ219.1mm×12.7mm、ϕ273.1mm×12.7mm、ϕ168.3mm×12.7mm等多个规格的海底管线管；2008年中海油涠洲项目使用了适合海洋环境和抗腐蚀环境的 ϕ406.4mmX60QS及X65QS钢级的无缝管线管产品。另外2010年在国内首次开发了适合深水作业的连续管用无缝海底管线管，产品成功出口到欧洲，海底管线管铺设见图8-24。

2010年巨龙钢管公司成功完成了中海油南海深水天然气管道项目用X65钢级 ϕ762mm×30.2mm，X70钢级 ϕ765.2mm×31.8mm直缝埋弧焊管国产化任务。

2011年开始宝钢海底管线管实现批量供货，到目前为止累供货量约150万吨，320km。2016年UOE生产线成功通过了全流程海管DNV第三方认证，是国内唯一一家板、管及涂层通过DNV海管认证的焊管企业。

2011年珠江钢管生产出国内第一批X65MD级 ϕ559mm×(22~27)mm的1500m深海钢管，成功应用于我国南海荔湾3-1深海气田项目，共5.1万吨，2013年，珠江钢管的“深海管线用直缝埋弧焊钢管”荣获了“国家重点新产品”。

2014 年 12 月宝鸡钢管公司国内首根 X70 钢级 ϕ1016mm×36.5mm 深海用高强厚壁直缝埋弧焊管在宝鸡钢管中油宝世顺（秦皇岛）钢管公司下线；2015 年 12 月该公司开发出了 X70 钢级 ϕ762mm×36.5mm 和 ϕ762mm×40.5mm 深海用高强厚壁直缝埋弧焊管。

图 8-24　海底管线管在海上铺设

（二）桩腿半弦管、桩腿支撑管

近 10 年来，天津钢管、衡阳华凌钢管开发并批量生产了 X80Q、X100Q 自升式海洋钻井平台用桩腿半弦管、桩腿支撑管，见图 8-25 及图 8-26。

1. 钢级

X52Q、X65Q、X70Q、X80Q、X100Q 等（开发初期桩腿支撑管曾用 X52Q、X65Q 钢级，后来船厂主要采用 X80Q、X100Q 两个钢级；衡阳钢管半弦管也采用 ASTM A517 标准的钢级）。

2. 规格

桩腿半弦管：直径 ϕ324~444.5(720)mm，壁厚 25~82.5mm；

桩腿支撑管：直径 ϕ114~324mm，壁厚 7~64mm。

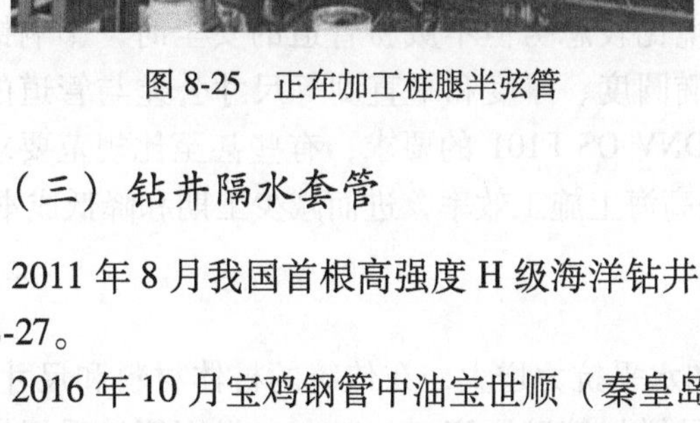

图 8-25　正在加工桩腿半弦管

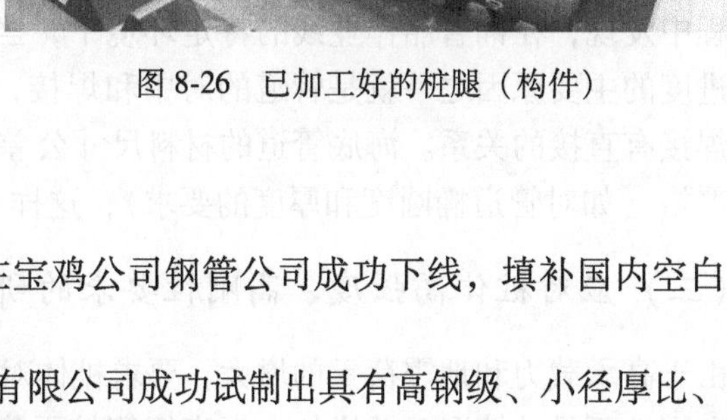

图 8-26　已加工好的桩腿（构件）

（三）钻井隔水套管

2011 年 8 月我国首根高强度 H 级海洋钻井隔水管在宝鸡公司钢管公司成功下线，填补国内空白，见图 8-27。

2016 年 10 月宝鸡钢管中油宝世顺（秦皇岛）钢管有限公司成功试制出具有高钢级、小径厚比、高尺寸精度的 X80 钢级 ϕ533.4mm×25.4mm 海洋钻井隔水管直缝埋弧焊管。

2016 年珠江钢管为大连深海项目开发生产出 X80 钢级 ϕ533.4mm×15.88mm 海洋钻井隔水管直缝埋弧焊管。

2018 年衡阳钢管开发生产出了 X80 钢级 ϕ711mm×15.88mm 海洋钻井隔水管（无缝管）。

（四）水下钢桩

番禺珠江钢管公司 2013 年为港珠澳大桥项目提供 S355JOH 钢级 ϕ2970mm×25mm 水下钢桩；2014 年开发出了 130m 超长水下钢桩；2016 年为港珠澳大桥香港接线观景山-香港口岸段提供 S355JOH 钢级

ϕ508mm×16mm 水下钢桩；2016—2017 年珠江钢管力拓集团澳大利亚 Amnun 海洋桩管项目开发生产出 Q345B 钢级 ϕ(1050~2100)mm×(16~70)mm 直缝埋弧焊海洋钢桩管，钢桩作业见图 8-28。

图 8-27　隔水套管在施工现场调运

图 8-28　在海水中打桩作业

（五）高压泥浆管

近年来，衡阳华凌钢管开发生产了 ϕ114mm×19mm、ϕ127mm×12.7mm、25.5mm 等多个规格海洋钻井平台用高压泥浆管。

五、海工用管发展趋势

目前“海洋工程装备”和“新材料”都已列入行业高新技术产业领域之中，未来具体发展趋势体现在以下几方面。

（一）要加快双金属复合海洋用管研发

由于石油天然气中含有大量的 H_2S、CO_2、Cl^- 等腐蚀介质，尤其是海底油气田内部管道输送的净化前油气介质中的腐蚀成分含量高，有的还要加热输送，内腐蚀问题十分突出。双金属复合管可有效地防止管道内部腐蚀。尽管国内已有不少厂家能够生产双金属复合管，但是各厂家技术水平参差不齐，普遍因技术不成熟、规模小、质量不稳定、生产效率低下而不能满足需求。因此，我国须加快双金属复合管制造技术的研究，提高产品质量的稳定性，提高制造过程的自动化程度。另外，还要加快开发适应高温、高压、高强度、高腐蚀环境的冶金复合管，加快海洋腐蚀用铜复合管和钛复合管的开发。

（二）提高海底管线管的质量稳定性

海底管道铺管船的作业成本很高，要降低海底管道施工的成本就要提高海底管道的铺设效率。在实际工程中发现，在铺管船作业线的特定环境下，当海况环境比较恶劣但不威胁管道的安全时，影响铺管作业进度的主要原因之一就是管道的对中和焊接，钢管的椭圆度、厚度和平直度等尺寸公差与管道的对中和焊接有直接的关系。海底管道的材料尺寸公差须满足 DNV OS F101 的要求，有些甚至比规范要求得更加严格（如对管道椭圆度和厚度的要求），这样有利于提高海上施工效率，进而减少工期和降低成本。

（三）应对桩体高强度、高刚性要求的研发

由于高承载力和地震荷重的增大，要求桩体对轴向力和水平抗力增大，在传统的桩体材料和尺寸中，强度和刚性不足的情况日益增加。提高钢管桩强度的方法是增加管壁厚度。一般大口径钢管桩采用螺旋焊管，其卷板最大板厚是 25mm，因此需要开发强度更高的螺旋钢管桩。

（四）带焊接成形凸起钢管的研发

提高桩体强度的其他对策，有与混凝土的合成结构，也进行了其材料和构件的开发。作为合成结构的材料，传统上有内表面带筋钢管，用于现场打钢管混凝土桩用的材料等。内表面带筋钢管，是在热轧板卷制造阶段，采用轧制形成凸起，生产效率高，适用于大量生产。标准的焊缝凸起有 6mm、8mm、

13mm 三种高度，根据用途和结构物正确使用。

（五）管桩的大口径化

由于桩的大口径化，可以提高桩体强度和刚性。大口径化随着施工机械的大型化、使用材料和挖掘残土的增加，因水平耐力不足，如果桩径变大，承载力剩余多，易使成本增加。但是，为抑制地震时的变形，提高桩体刚性是最有效的方法，有时会比提高壁厚、提高强度和合成结构更经济，设计时选择最合理的对应措施很重要。可适用的钢管桩径根据不同施工方法和应用领域而异。

（六）海上风电建设方面

我国将重点推动江苏、浙江、福建、广东等省的海上风电建设，积极推动天津、河北、上海、海南等省（自治市）的海上风电建设，探索性推进辽宁、山东、广西等省（自治区）的海上风电项目，到 2020 年，全国海上风电开工建设规模达到 1000 万千瓦，力争累计并网容量达到 500 万千瓦以上。

总之，海上风电是可再生能源发展的重要领域，是推动风电技术进步和产业升级的重要力量，是促进能源结构调整的重要措施。我国海上风能资源丰富，加快海上风电项目建设，对于促进沿海地区治理大气雾霾、调整能源结构和转变经济发展方式具有重要意义。

总之，我国在海洋工程用管方面，经过近二十年的发展取得了巨大进步，建立了我国自己的海洋工程用管体系以及具有较强生产能力。

第八节　热浸镀锌钢管

一、概述

钢铁在空气、水或土壤中极易生锈、腐蚀，据中国科学院海洋研究所侯保荣院士披露的数据，我国的腐蚀成本每年在 2.1 万亿元左右，占我国国民经济总产值的 3.34%，每个国人平均要承担 1550 元的腐蚀成本。2018 年，中国粗钢产量达到 9.28 亿吨，中国钢材消费量为 8.70 亿吨。以碳素钢、低合金钢为代表的板、带、棒、线、管、型材和部分牌号铸铁及以此为基材制作的各种装备、制品占比整个钢铁消费总量极其庞大。为了改善提高这些钢材或装备、制品的防腐性能，镀锌（热浸镀锌）无疑是最传统但又是较经济的性价比较高的表面工程技术之一。

据有关资料介绍，由于镀层金属与钢铁基体间有着良好的结合力、良好的耐蚀性、装饰性和加工成型性和相对低廉的加工价格等特点，世界钢铁制品的防腐蚀约有 25%采用了镀锌工艺（包括锌-铝合金），而热镀锌及锌合金又占到其中的 95%左右。全世界每年总的镀锌（锌合金）钢铁制品中，55%以上是镀锌钢板及镀锌钢管，镀锌钢丝和镀锌钢棒材约占 12.5%左右。可见，有色金属镀层的钢铁制品，其前景是十分广阔的，也是其他镀（涂）层和防腐技术暂时难以取代和超越。

热镀锌（galvanizing）也叫热浸锌或热浸镀锌，是一种有效的钢基金属防腐技术，主要用于各行业的金属结构和管道设施上。是将钢件经表面预处理除锈后浸入温度 445~525℃之间的锌液中，使钢件基体与锌液发生复杂的冶金反应并外附纯锌层，从而起到防腐的目的。

工业生产中常用的镀锌工艺有热浸镀锌、电镀锌等，钢管镀锌分为冷镀锌、热镀锌，其中热镀锌约占钢管镀锌总量的 95%，热镀锌与电镀锌相比较，热镀锌具有锌层厚、结合力强、工艺简便、生产周期短、无毒、公害小等许多优点，更重要的是由于热镀锌层厚，结合力强，所以相对电镀锌的抗腐蚀能力要高几倍以至几十倍，以电气材料为例，在干燥地区可以达到 50 年，而电镀锌件的寿命只有几个月，有的在施工安装环节就开始出现腐蚀导致镀层剥落，目前阶段，冷镀锌钢管已被禁用。在所有钢管防腐的方法中，热镀锌是普遍推广、优先使用的方法。热镀锌钢管生产成本费用低、生产率高，能快速地对钢管表面施加镀锌层，操作方法简单，生产工艺可靠，而且易于实现机械化和自动化。

二、热镀锌钢管的发展

热镀锌是由较古老的热镀方法发展而来的，自从 1836 年法国人把热镀锌应用于工业以来，已经有一百八十多年的历史了。

我国是世界上最早使用热镀锌钢管作为水、煤气输送用管的国家之一，建国初期，国内热镀锌钢管生产可以说是空白，热镀锌钢管极少量从苏联进口，或直接用黑管或电镀锌管代替。1953 年鞍钢开始了热镀锌钢管的生产，50 年代末~60 年代中期，随着上海、天津、广州等沿海城市住宅建设的发展，对输水用镀锌钢管的需求增长较快，使镀锌钢管得到较快发展，上海市当时就建有大小四五家镀锌厂。1965 年上海市劳动钢管厂设计制造了外吹抹锌机、内吹抹锌机以及翻管机、冷床、钝化处理等设备，建成了国内第一条热镀锌生产线。由于出口需要，该厂在外贸部门的财政支持下，经过两年的努力，1967 年又成功设计出了转盘式镀锌管机，从烘干到热镀锌、内吹抹、冷却、钝化、漂洗等工序实现了生产自动化，填补了国内空白，综合技术水平处于国际同等水平，主机（外吹抹锌机组等）部分关键技术已居领先地位。

1969 年，由北京钢铁设计院、西安重型机械研究所、上海沪江机械厂在上海市劳动钢管厂的转盘式镀锌管机基础上，设计制造了援阿镀锌钢管机组。

1973 年，锦西钢管厂用了两年半的时间建成了一套钢管镀锌生产线，其锌锅尺寸为 11000mm×1500mm×1800mm，是当时国内最大的锌锅，采用重油加热。此后，长春钢管厂、合肥钢管厂、新乡钢管厂、沈阳钢管厂也都新建了镀锌机组。

改革开放后，我国自行研制的侧进侧出转盘式镀锌管机组形成了一条较完整的自动化生产线，国内鞍钢、广州钢管厂、武汉汉阳钢管厂、湖北咸宁、汉川钢管厂、湖州钢管厂（现金洲管道）等均按该生产线进行改造或新建。这段时期我国先后从日本、意大利、德国引进了八九套热镀锌钢管生产线，上述产线的建设使我国镀锌钢管的发展进入了较为繁荣的时期。

进入 21 世纪以来，伴随着国民经济的快速发展，以天津友发钢管为代表的一大批民营镀锌焊管企业迅速崛起，如京华创新、天津利达钢管（现天津力拓）、邯郸正大、天津君诚管道、河北天创管业、广州荣钢钢管等，使我国镀锌管产量大幅度增长，同时也开发出了很多新的品种，如内衬塑复合钢管、消防用、结构用镀锌管、方矩形镀锌管等，不断地满足了下游用户的需求。由于民营企业在体制、机制上的优势以及经营上的灵活方式，使其更具活力和竞争力。在上述企业快速发展的同时，国内老的国有镀锌管企业逐渐被淘汰出局。

近十年来，我国镀锌管企业进一步发展壮大，“十二五”时，我国镀锌管产量超过 1000 万吨。近年来，镀锌管产量进一步增长，但增幅呈下降趋势。根据钢管分会统计的数据，2018 年分会会员企业热镀锌管的产量合计 1047 万吨，按此推算，2018 年全国镀锌管产量约 1500 余万吨。主要应用于水、污水、燃气、消防、空气、油、采暖蒸汽等低压流体输送用和机械结构、农业大棚等。2018 年各会员企业镀锌管产量见表 8-14 所示。

表 8-14　钢管分会会员单位 2018 年热镀锌钢管产量统计

公 司 名 称		2018 年产量/万吨	占比/%
天津友发集团		384	36.68
邯郸正大制管		160	15.28
浙江金洲管道		50	4.78
天津力拓钢制品		45	4.30%
京华集团	衡水京华	65	6.21
	唐山京华	65	6.21
	郑州京华	18	1.72
	吉林京华	12	1.15
	成都京华	43	4.11
	广州京华	9	0.86
天津君诚		50	4.78
山东君诚		50	4.78
河北天创		75	7.16
济南迈科		6	0.57
广州荣钢钢管		15	1.43
合　计		1047	100.00

注：会员企业产量约占国内总量的 70%左右。

近年来，随着国家对环保要求的不断提高，现有各大生产厂家除对生产工艺不断改进外，均对酸洗区域进行了改造，将原有的开放式酸洗区改为密闭式，加增酸雾吸收塔等装备，同时，将含铁废酸液经焙烧、低温蒸馏等工艺处理，变废为宝，生产出低度盐酸继续循环使用，同时产出氧化铁红、氯化亚铁等产品，实现了清洁化生产。

三、镀锌钢管的分类

镀锌钢管分为热镀锌钢管和冷镀锌钢管两种，热镀锌钢管锌层厚，具有镀层均匀，附着力强，使用寿命长等优点。冷镀锌（电镀）成本低，其本身的耐腐蚀性比热镀锌钢管相差很多。由于热镀锌钢管的耐腐蚀性比较强，因此，冷镀锌钢管用量在逐渐减少，热镀锌钢管的使用占主导地位，下面是两种镀锌钢管的详细介绍。

（一）热镀锌管

这类钢管是使熔融的金属锌和铁基体相互反应生成锌-铁合金镀层，镀层与基体紧密贴合。热镀锌钢管的生产工艺流程为：先通过碱洗脱脂，去除钢管表面附着的油渍、污物等；再通过酸洗除锈，将管体表面的氧化物去除干净；然后再用 NH_4Cl 和 $ZnCl_2$ 的混合水溶液（助镀剂）进行清洗，经烘干后再浸入镀锌槽内进行热镀锌。熔融的镀液和基体发生反应，生成锌-铁合金层（锌-铁合金层结构致密，具有较强的耐腐蚀性）。钢管基体、合金层与纯锌层融为一体，因而具有极强的耐腐蚀性能。热镀锌钢管是在焊接钢管、无缝钢管的基础上进行内外热镀锌，钢管内外壁同时镀有锌层，大幅提高钢管防腐性能，达到普通钢管的 20 倍左右，热镀锌钢管作为输送管道或金属结构，在消防工程、燃气输送、石油加工、工业、水利、工程建筑以及住宅建筑等方面得到广泛应用。

（二）冷镀锌管

冷镀锌钢管是将经过了除油、除锈的钢管挂入专门的电镀槽，钢管为阴极，锌板为阳极。接通直流电源，阳极上的锌离子向阴极迁移，使钢管表面镀上锌层。冷镀锌就是电镀锌，钢管表面光滑平整，锌层与钢管基体独立分层，锌层通过物理沉积简单附着在钢管基体上，容易脱落。锌层较薄，镀锌量较少，严重的只有 $10 \sim 50g/m^2$，其本身的耐腐蚀性相对较低，因此，冷镀锌钢管用量相对较少。

四、钢管热镀锌层特点、生产工艺及质量控制点

（一）钢管镀锌层的特点

（1）镀锌层的保护机理：1）隔离作用。钢材表面覆盖了一层有一定厚度且结构致密的纯锌层，阻断了腐蚀溶液和钢材接触的可能性，从而避免钢材被溶液腐蚀。锌在空气干燥的空间内存放，能够保持其性能的稳定性。2）电化学保护。假若空气湿度较大，锌表面有水膜存在，表面发生有氧参与的电化学腐蚀，就会形成一种致密的碱式碳酸锌薄膜，阻断空气与内部接触。在特定环境中，镀锌层破坏使钢基裸露，钢基体与表面镀锌层形成特殊的微电池，表面镀锌层作为牺牲阳极，钢基体作为阴极同样受到有效保护。

（2）结构致密、具有较强防腐性能的铁一锌合金层可用于海洋建设和工业防腐。

（3）锌一铁因发生互溶而结合牢固，耐磨性良好。锌的延展性较好，它的合金层能够牢固附着于钢基体上，因而工业生产中可将热镀件进行轧制、弯曲、冷冲和拉丝等成型操作，镀层不被损坏。

（4）钢结构件热镀锌后，相当于一次低温退火处理，能有效改善钢基体的机械性能，消除钢件成型焊接时的应力，有利于对钢结构件进行车削加工。

（5）热镀锌后的钢管表面光亮美观。

（6）纯锌层是热镀锌中最富有塑性的一层镀锌层，其性质基本接近于纯锌，具有延展性，所以它富于挠性。

（二）热镀锌钢管镀层结构

图 8-29 所示为热浸镀锌层的结构。如图所示，镀层自铁基体由内往外分别 Γ 相、δ 相、ζ 相和 η 相，

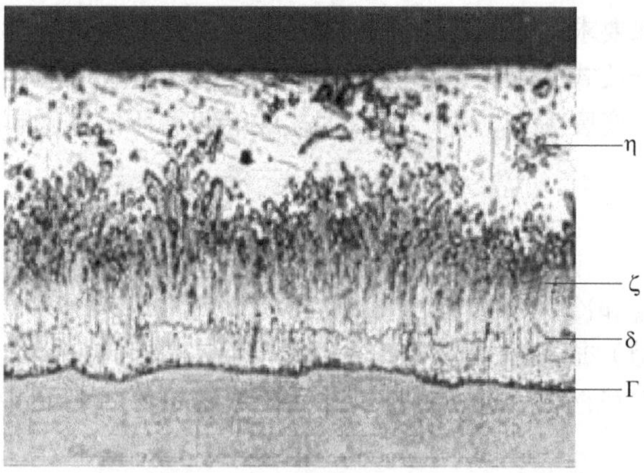

图 8-29　热浸镀锌镀层结构

它们的各自特点如下：

Γ 相：Γ 相是金属化合物相，它硬而脆，含铁量约为 21%~28%。其化学成分，有人认为是 $FeZn_3$ 或 Fe_3Zn_{10}，也有人认为相当于 Fe_5Zn_{21}。在热镀锌层中 Γ 相常与基体紧密相邻，且它的厚度极薄。当浸渍时间较短时一般不易出现。

δ 相：含铁量在 7%~11. 5%，是化学成分相当于 $FeZn_7$的金属间化合物。

ζ 相：δ 相的外面是呈针状或穗状的 ζ 相，它的含 Zn 量为 93. 8%~98%，化学成分相当于 $FeZn_{13}$，它不如 δ 层那么致密，且由于它的结构为单斜晶格，所以 ζ 相很脆。

η 相：η 相为纯锌层。η 相硬度低，塑性好，但是耐磨性较其他相层较差。

（三）热镀锌钢管生产工艺

热镀锌钢管是先将钢管进行碱洗脱脂，去除钢管表面附着的油渍、油污等污物，再经酸洗，去除钢管表面的氧化皮等物，再浸入氯化铵和氯化锌混合水溶液槽中进行助镀处理，烘干后送入热浸镀槽中，使熔融锌液与铁基体反应而产生合金层，从而使基体和镀层结合牢固。钢管在锌液中浸镀一定时间后出锌锅，表面附着一层纯锌熔融液，通过外吹和内吹工序分别控制钢管外表面和内表面锌层厚度。热镀锌具有镀层均匀，附着力强，使用寿命长等优点。钢管基体与熔融的镀液发生复杂的物理、化学反应，形成耐腐蚀的结构紧密的锌-铁合金层以及纯锌层与钢管基体融为一体，故其耐腐蚀能力强。图 8-30 是典型的热镀锌钢管生产工艺流程图。

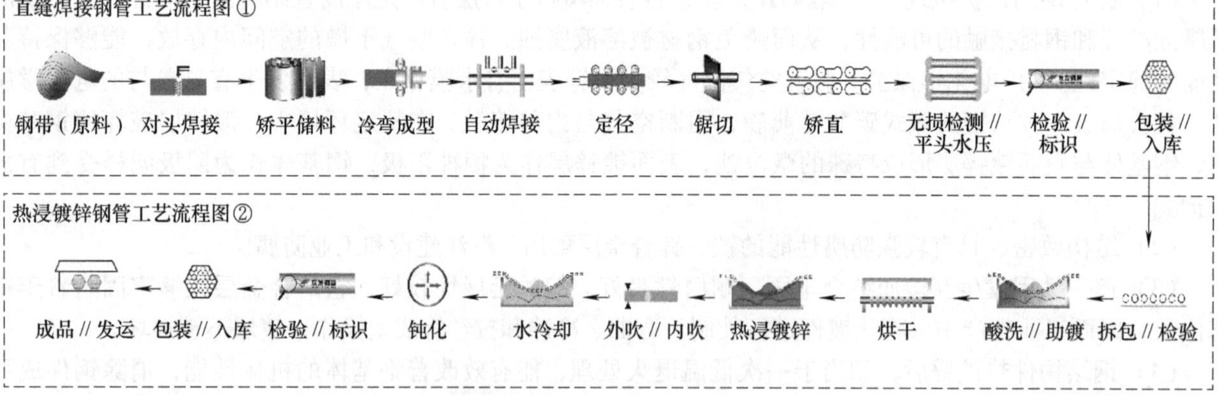

镀锌钢管成品的获得需经过 20 余道工序，其中关键工序 10 道。

图 8-30　典型的热镀锌钢管工艺流程图

（四）影响镀锌质量的关键

（1）据有关文献，钢基中碳含量越高，铁-锌反应就愈剧烈，铁的重量损失愈大。钢基反应愈剧烈，铁-锌合金层变的越厚，锌层附着性将变坏。因此通常热镀锌原料均选择 0. 22%以下的低碳钢。

（2）含硅量较高的镇静钢对镀锌影响非常大，会造成生产成本增加，设备损耗增大等一系列后果，为此热镀锌的原料均采用低硅的沸腾钢或铝镇静钢。钢管（硅含量<0.35%）在490℃以下浸镀，镀层致密，附着性和外观质量好。而在495~530℃浸镀，形成的镀锌层附着性差，且随着浸镀时间的加长而使镀层变厚，耐腐蚀性变差，外观上颜色暗淡。

（3）镀锌时，锌液中加铝，可改善锌层的附着性，所以带钢铝含量可根据生产实际情况确定。锌液中铝的含量愈高，则镀锌管的表面光泽度也愈高，但是如果铝含量超过一定值时，镀层光泽度虽好，却仍会产生硫酸铜浸镀试验不合格、漏镀及黑斑等缺陷。锌液中铝含量低和锌液温度高使锌液黏性小流动性大却又生产较厚的镀层时产生类似水波一样的浪纹，形成了不均匀的镀锌层厚度。

（4）钢管表面粗糙度可导致锌层重量的增加。因为表面粗糙化就使钢基表面生成一系列的凹凸点，进而生成表面粗糙的海绵状 Fe-Zn 结晶组织，它比光滑的 Fe-Zn 合金层表面能从锌锅中带出更多的锌液，由此便生成了较厚的纯锌层。

综上所述，导致镀锌管镀不上锌的主要原因是带钢成分 C 含量高、镀锌前酸洗不好表面存留残留物；镀完锌表面粗糙、不光滑、镀层厚的主要原因是带钢表面粗糙、镀锌工艺影响。

五、主要执行标准

由于镀锌钢管和普通钢管相比优势在于防腐性能强，而防腐性能主要由镀锌钢管的镀锌层质量决定，因此，国家标准对镀锌钢管的镀锌层质量提出了比较严格的标准要求。对热镀锌钢管表面镀层质量按照相关标准及质量要求进行检验，是提高产品质量、降低生产成本的很重要的一个工序。

对钢管热浸镀锌的质量要求，世界各国都有相应的技术标准。我国 1992 年颁布了钢铁制件热浸镀锌通用国家标准 GB/T 13912，后经多次修改。热镀锌钢管也有该产品的国家标准，主要执行国家标准《低压流体输送用焊接钢管》（GB/T 3091—2015）、《直缝电焊钢管》（GB/T 13793—2016）、美国 ASTM A53 和英国 BS1387 等标准。材质为 Q195、Q215A、Q235B 等，钢管的规格常用公称直径表示，习惯上常用英寸表示。

《低压流体输送用焊接钢管》（GB/T 3091—2015）是指导生产企业生产该类产品的指导性技术要求文件，也是各类检测机构检测该类产品的执行标准，该标准对镀锌钢管的镀锌层质量的要求如下所列，见表 8-15 所示。

表 8-15 GB/T 3091—2015 中镀锌层质量标准要求

序号	项目名称	标准要求
1	镀锌方法	钢管镀锌应采用热浸镀锌法
2	表面质量	钢管的内外表面镀锌层应完整，不允许有未镀上锌的黑斑和气泡存在，允许有不大的粗糙面和局部的锌瘤存在。钢管镀锌后表面可进行钝化处理
3	镀锌层重量	钢管内外表面镀锌层单位面积总重量应不小于 $300g/m^2$
4	均匀性	钢管的镀锌层应进行均匀性试验。试验时，试样（焊缝处除外）在硫酸铜溶液中连续浸渍 5 次应不变红（镀铜色）
5	附着力	外径不大于 60.3mm 的钢管镀锌后应采用弯曲试验进行镀锌层的附着力检验。试验时，弯曲试样应不带填充物，弯曲半径为钢管外径 8 倍，弯曲角度为 90°焊缝位于弯曲方向的外侧面。试验后，试样上不允许出现锌层剥落现象； 公称外径大于 60.3mm 镀锌后应采用压扁试验进行镀锌层的附着力检验。压扁试样的长度应不小于 64mm，试验时两平板间距离为钢管外径的 3/4 时，试样上不允许出现锌层剥落现象

2017 年，为加速推进 GB/T 3091—2015 标准的贯彻执行，促进行业的健康发展，经由中国钢结构协会钢管分会钢管标准推进组研究决定，成立 GB/T 3091 标准推进工作小组，组织成立了由钢管分会专家、冶金标准信息研究院专家和国检中心组成的检查认证小组，在 2017—2018 年两年时间内对国内主要的镀锌管生产厂家（见表 8-14 中广州荣钢钢管除外）进行了生产工艺、设备的认证并对实物质量进行了检查。2018 在工厂认证检查的基础上实施了热镀锌钢管按《低压流体输送用焊接钢管》（GB/T 3091—2015）标准市场实物质量抽查活动。上述活动助推了热镀锌钢管企业整体素质的提升和镀锌钢管产品实物质量的提升，为促进镀锌钢管产品健康的发展做出了积极的贡献。

第九节 建筑结构用管与钢结构

一、概述

钢结构建筑是一种新型的节能环保的建筑体系，被誉为21世纪的“绿色建筑”。钢结构建筑是一种重量轻、强度高、抗震抗风性能优越、空间利用率高、工业化程度高、节能环保、可循环使用的建筑结构，符合发展节能环保建筑和经济持续健康发展的要求。我国钢结构行业“十三五”发展规划中提出，到2020年，全国钢结构用量比2014年翻一番，达到8000万~1亿吨；重点发展的领域涉及建筑钢结构、桥梁钢结构、能源钢结构、军工钢结构等。

由于土地资源不可再生，建设部已下令限制使用传统的黏土砖，同时，我国的钢产量已超过了9亿吨，但目前与发达国家钢结构行业发展水平相比，我国的发展水平仍然较低。在美国、日本等发达国家，钢结构建筑面积已占总建筑面积的50%以上。据钢结构行业统计数据，我国的钢结构建筑所占比重不足10%，未来钢结构的发展将具有很大的空间。

钢管结构是钢结构建筑的重要组成部分，其最大优点是能将人们对建筑物的功能要求、感观要求和经济效益要求完美地结合在一起。钢管结构凭借其自身优越的性能与极具魅力的建筑外形，近年来应用飞速发展，应用范围几乎涉及所有结构领域，包括房屋建筑、桥梁、堤坝、海洋平台结构和塔桅等。“十二五”末，我国钢管结构用量约占钢结构用量的10%，近年来，随着我国高层建筑、大型场馆、大跨度桥梁、机场、高铁站等大型建筑快速增长，拉动了钢管结构的快速发展，目前钢管结构的占比已提升到12%左右。随着我国城镇化建设和基础设施建设的步伐的加快，未来钢管结构建筑将具有广阔的发展空间，开发钢管结构新产品，满足钢管结构市场需求，是钢管行业义不容辞的责任。

二、钢管结构在建筑领域的应用

（一）钢管结构的特点

钢管截面具有一系列独特的优越性能，主要有以下几个方面：

（1）圆管和方管的壁厚一般较薄或中等壁厚，截面回转半径较大，故抗压和抗扭性能好。对称截面形式使得截面惯性矩对各轴相同，有利于单一杆件的稳定设计。截面的闭合提高了抗扭刚度，对板件局部稳定性而言，闭合截面也优于有悬挑板件的开口截面。在许多场合下，建筑师也愿意利用钢管外观简洁的特点表达其建筑意图。

（2）在截面积相同的型钢中，钢管外表面积最小，这就使得钢管与大气的接触面积最小，加之钢管往往会两端封闭，内部不会生锈，大大减少了防腐、防火涂层的材料消耗和涂装工作量。而且钢管结构较易于清刷、油漆，故维护更为方便。

（3）钢管截面的流体动力特性好。承受风力或水流等荷载作用时，荷载对钢管结构的作用效应比其他截面形式结构的效应要低得多。

（4）钢管加工便利。随着多维数控切割技术的发展，钢管的相贯线切割已经不再是难题，国内许多钢结构加工厂家已经掌握了这项技术。

综合上述优点，钢管结构在众多结构形式中仍然是优先选用的基本结构形式之一，并得到了广泛的工程实践应用，具有强劲的发展势头。

（二）钢管结构在建筑领域的应用

钢管结构因其具有优美的外观、合理的受力特点以及优越的经济性，在现代工业厂房、仓库、大型场馆、航站楼、高铁站及商业中心、宾馆、居民住宅等建筑中得到了广泛的应用，如早期的上海体育场、上海科技城、首都机场T2航站楼、广州新白云及航站楼、广州国际会展中心、上海新国际博览中心等；近十年来的应用如上海世博会中国馆、广州电视塔、首都博物馆新馆和广州新白云机场、首都新机场、青岛新机场等均采用了钢管结构。工程实际表明，钢管结构既可以很好地满足建筑要求，又能够使结构达到安全、适用、经济等性能指标，符合钢结构的最新设计观念。

钢管结构在建筑领域里主要的应用包括：高层结构、大跨度空间结构、轻型钢结构、钢管和混凝土组合结构等。钢管结构分为三大类，即圆管结构、方矩形管结构、其他形状（如异形管结构）。

在不同的建筑结构中，不同管形的钢管使用占比也不同。在大型建筑主体钢管结构中，无缝钢管用量占比约为25%，规格≤ϕ500mm；直缝埋弧焊管用量约占65%，规格≤ϕ800mm；高频直缝焊管用量约占10%，规格≤ϕ219mm；牌号一般为Q345~Q390。钢管强度级别已从过去的Q235、Q345逐步向Q345、Q390、Q420和Q460级的强度转变，下面举例说明钢管在典型建筑结构中的应用。

无缝钢管在大型建筑钢结构中应用。例如北京新机场：航站楼钢网架结构分核心区、指廊两大部分，均由支撑系统和屋盖钢结构组成，总用钢量约为4万多吨，核心区屋盖钢结构面积达18万平方米，以8根C型柱为主要支撑，C型柱间距达200m，整个核心区屋顶由63450根杆件（钢管）和12300个球节点拼装而成。指廊钢网架为不规则自由曲面，采用桁架和网架混合结构，最大跨度41.6m，网架最大高差约5m。钢结构杆件采用圆钢管截面和方钢管截面，节点为相贯节点或焊接球，5个指廊屋面钢网架一共由8472个焊接球、55267根杆件（钢管）拼装而成。C型柱由钢管和方形钢管柱组成，双层处钢管为ϕ219mm×12mm~ϕ800mm×30mm，单层处钢管为ϕ800mm×30mm~ϕ1500mm×40mm，材质：大规格为Q460GJC，小规格为Q345B。上海世博会中国馆建筑用钢管约6000t，其中无缝钢管1200t，规格为ϕ450mm×42mm、ϕ406mm×35mm、ϕ299mm×25mm、16mm、ϕ245mm×20mm、ϕ114mm×10mm等，材质为Q345B、Q345GJC。成都双流机场：钢管桁架上弦管ϕ273mm×(16~20)mm，下弦管（跨中部位）ϕ351mm×(16~20)mm，悬挑段下弦管ϕ299mm×16mm，水平腹杆ϕ114mm×8mm，竖向腹杆ϕ159~140×10mm，材质Q345C。另外，该建筑还采用了100mm×100mm×3mm、260mm×180mm×8mm方矩形焊管。图8-31为北京新机场采用无缝钢管制作的网架结构；图8-32为广州新白云机场钢管结构幕墙；图8-33为长沙黄花机场钢管桁架。

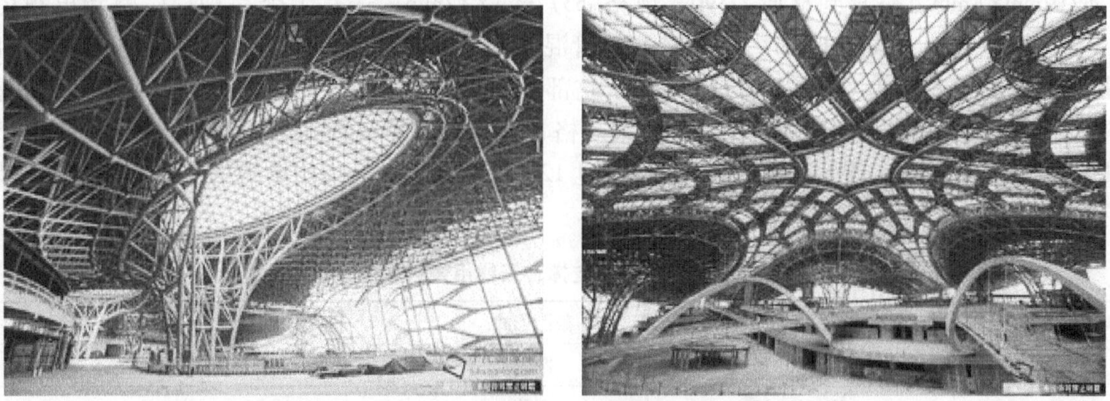

图8-31　北京新机场无缝钢管网架结构

图8-32　广州新白云机场钢管结构幕墙

图8-33　长沙黄花机场钢管桁架

热轧方矩形管应用于大型场馆钢结构。例如，首都博物馆新馆和广州新白云机场主航楼、连接桥、指廊等钢管结构，采用的方形管规格为500mm×500mm×22、16mm，矩形管为500mm×300mm×16mm；广州正佳商业广场的主桁架弦杆为450mm×450mm×25mm、35mm，直腹杆为450mm×450mm×20mm、30mm，次桁架弦杆为 450mm×350mm×16mm、20mm、25mm、35mm，腹杆为 450mm×350mm× 16mm、20mm、25mm、35mm；北京奥运会国家游泳中心（“水立方”）钢结构用热轧方矩形管最大壁厚达到 40mm，如 450mm×300mm×40mm。以上钢结构建筑在建造时采用的无缝方矩形钢管均从国外引进。图 8-34 是国家游泳中心“水立方”方矩形钢管结构。

图 8-34 “水立方”方矩形钢管结构

焊管在钢结构中的应用也很广泛。例如，上海世博会中国馆中，直缝埋弧焊管用量为 2800t，典型规格有 ϕ750mm×35mm，钢级 Q345B，单根长度约 32m，9 根组成一根柱子，4 根柱子支撑起近万吨的“东方之冠”。矩形斜支撑钢管 1200t，800mm×1500mm×35mm Q345B；方管 1000 余吨 800mm×800mm×(25～50)mm Q345B Q345GJC。贵阳奥体中心的体育场大量采用高频直缝焊管，从材质 Q345、规格 ϕ114mm×6mm、ϕ219mm×8mm，一直到材质 Q390、规格 ϕ377mm×12mm，达几十个品种。广州新电视塔总高 610m，主塔高 454m，天线高 156m。其中 24 根钢管混凝土柱，底部钢管直径 2m，顶部直径减小到 1. 2m，壁厚最大为 50mm，材质为 Q345GJC、Q390GJC。这部分钢管主要采用辊弯式成形，由钢结构厂制造；环梁、斜支撑、天线采用直缝埋弧焊管制造，详细规格、牌号见表 8-16 所示。该工程共使用钢结构 5. 5 万吨，其中 24 根柱 16940t，环梁、斜支撑、天线超过 12000t。图 8-35 为广州电视塔主柱、环梁、斜支撑形成的钢管结构。

表 8-16　广州电视塔环梁、斜支撑、天线用管的规格、牌号及重量

构件名称	口径×壁厚/mm×mm	截面形式	钢材牌号	重量/t
环梁	CHS800×25	圆管	Q345	1690
	CHS800×30	圆管	Q345	544
	CHS700×25	圆管	Q345	416
斜撑	CHS850×40	圆管	Q345GJ	2003
	CHS800×40	圆管	Q345GJ	2527
	CHS800×40	圆管	Q390GJ	694
	CHS850×40	圆管	Q390GJ	1924
	CHS700×40	圆管	Q345GJ	697
	CHS700×30	圆管	Q345	1060
天线	CHS1000×50	圆管	Q345GJ	301
	CHS800×30	圆管	Q345GJ	92
	CHS600×40	圆管	Q390GJ	126
	CHS600×30	圆管	Q345GJ	143

（三）钢管企业建筑结构用管在典型工程中的实例

近十年来，我国钢管企业为国内重大工程项目及海外客户提供了大量的建筑结构用管，如包钢钢管为世界上最大的最漂亮的北京新机场及青岛新机场提供了近 2 万吨 ϕ402mm×(14～20)mm、ϕ(377～325)mm×

图 8-35　广州电视塔

(12~16)mm、ϕ(299~219)mm×(10~16)mm、ϕ(194~180)mm×(8~12)mm Q345B 的结构用无缝钢管，用于航站楼（核心区、指廊）屋盖的网架结构；天津钢管为上海世博会中国馆、法国馆、西班牙馆、阿联酋馆等提供超过 1000t 的 ϕ406mm×36mm、ϕ325mm×10mm、ϕ299mm×16mm 结构用无缝管；衡阳钢管为海外客户提供几千吨 ϕ600mm×30mm、40mm、50mm 大口径厚壁结构用无缝管；宝钢为广州新电视塔提供 ϕ(1000~600)mm×(30~50)mm Q345GJ（后改为 Q420 耐候钢）直缝埋弧焊管；上海月月潮为广州新电视塔提供了 ϕ(850~700)×(25~40)mm Q345GJ、Q345 直缝埋弧焊管超过 9000t；天津源泰德润为中东客户提供建筑用 300mm×300mm 方形管，还为埃及客户生产了 7 万吨温室用 80~40mm 方形结构管；天津友发（德众钢管）为澳大利亚客户开发生产的 Q420C、Q460C 高强度结构用大型方管；包钢钢管、衡阳钢管近年来还批量生产了方矩形热轧无缝钢管，供应国内建筑项目。

钢管结构不仅在大型建筑结构、基础设施建设结构有广泛应用，在桥梁工程、海洋工程（海洋打桩管、海洋平台结构）、港口建设、海洋风力发电等都有广泛的应用（海洋工程、海洋风力发电用管在第七节中另作论述），钢管结构在我国钢结构建筑中的用量也越来越多，据有关数据推测，2018 年我国钢管结构在建筑钢结构应用量达 800 万吨左右。

三、结构用管相关标准

我国目前没有制定专门建筑结构用管标准。近年来，围绕品种结构调整和完善钢管标准体系，新制订和修订了一批结构用管的国家标准和行业标准，如《结构用直缝埋弧焊接钢管》（GB/T 30063—2013）、《直缝电焊钢管》（GB/T 13793—2016）、《结构用方形和矩形热轧无缝钢管》（GB/T 34201—2017）、《结构用无缝钢管》（GB/T 8162—2018）、《焊接异型钢管》（YB/T 4674—2018）等。上述新制定和修订的钢管标准中，GB/T 30063—2013、GB/T 13793—2016 和 GB/T 34201—2017 等标准，最高牌号（钢级）均为 Q460，这与《钢结构设计标准》（GB 50017—2017）（住建部批准）中的最高钢级牌号是相一致的。近年来建筑用管的强度级别虽然在不断提升，但考虑到安全性和可靠度，相关标准的最高强度级别（牌号）目前仍控制在 Q460 强度级别内；针对低合金高强度结构钢，除质量等级 A 外，标准还规定了碳当量和冲击吸收能量要求；《结构用无缝钢管》（GB/T 8162—2018）删除了 Q235、Q275、Q295，3 个低钢级牌号，同时增加了 Q500、550、Q620、Q690，4 个高强度结构钢牌号及相关技术要求。（增加这 4 个高钢级牌号均超过相关标准规定的 Q460 牌号，对于采用超出规定的牌号时，GB 50017—2017《钢结构设计标准》另有规定，本文不详述）。

四、未来展望

近十多年来，钢管结构在钢结构领域中得到了广泛应用，但是我国钢结构在钢材中占比仅 10%左右（钢管结构只占钢结构的 12%），与发达国家 20%~30%的水平差距较大。按照 2016 年国家公布的中共中央国务院《关于进一步加强城市规划建设管理工作的若干意见》要求，未来 10 年内，除上述钢结构领域外，装配式建筑市场前景也十分广阔，这一比例要提高到30%以上，以装配式住宅为例，层高为20~30层的建筑的用钢量为60~70kg/m²，而传统砖混结构建筑的用钢量则为25~45kg/m²，未来市场空间潜力很大。

目前尽管我国钢结构建筑还面临诸多问题和挑战，但同时钢结构发展也面临重大历史机遇。面对我国巨大的钢结构市场需求潜力，钢管行业应顺应绿色化、工业化、信息化以及智能化的建筑产业发展趋势，紧紧抓住机遇，大力推进钢管结构应用，尤其是要加快推广钢管结构迈入建筑业主战场，实现钢管结构发展的重大突破。

第十节　复合钢管的发展

一、概述

复合钢管是由两种（或多种）具有各自特性的单体钢管通过特定的工艺技术把它们结合成一体从而使它具有综合特性的价廉物美的新型钢管。由于复合钢管具有优良的综合性能，因此自六十年代起，日、美、德、英和苏联等国家都很重视复合钢管的开发及使用，从生产工艺、使用性能、检验方法等方面进行了大量的研究和实践，从而使复合钢管产品在石油、锅炉、化工、造船和机械等领域得到了广泛的应用。国内外耐蚀合金复合管的生产与应用主要以机械复合管为主，规格主要为ϕ219mm、ϕ159mm；冶金复合管数量较少，规格主要为ϕ159mm以下（无缝管）、ϕ325mm以上（直缝焊管）；对于ϕ630mm规格的机械复合管和冶金复合管，目前国内外均无批量生产、供货业绩。

我国自1989年庆安钢铁厂从韩国引进第一条复合焊管生产线以来，又相继了引进了十多条生产线。1994年石家庄轴承设备厂研制出国内第一条复合钢焊管生产线，为复合钢管在我国的发展奠定了基础。

双金属复合管自2001年在我国油气田领域应用以来，经过十几年的发展，到2013年油田累计应用双金属复合管近2000km。

二、复合钢管应用领域

复合钢管按使用性质可分为化工用液体气体用管、石油天然气输送管及油井用复合管、锅炉用复合管、热交换器用复合管、耐磨损用复合管、耐腐蚀结构用复合管、城市输水用钢塑复合管、建筑装潢用复合管等。

（一）化工液体气体管道用复合管

作为化工用耐腐蚀输送管道，除了应具备特殊的耐介质腐蚀外，它还应具有较高的强度和刚度，因此这类复合钢管用的基层材料通常是碳素钢、低合金钢或耐蚀钢，而它的复层根据耐蚀介质的不同可选用不锈钢等材料基层：碳结钢、合结钢（如：Q235、Q345、20Cr 等 ）复层（CRA）：304L、316L、310S等。

（二）石油天然气输送管及油井复合钢管

由于石油天然气中含有大量H_2S 、CO_2、Cl^-等腐蚀介质，因此所用管材的特点是除了应具有较高的强度和刚度外，还应具有耐上述介质腐蚀的能力。能具备耐这些腐蚀介质的材料是双相不锈钢和625、825等镍基合金。

（三）锅炉用复合钢管

在火力发电方面，由于超超锅炉产生的是高温高压蒸汽，因此用于这种锅炉过热器的钢管应具有耐650℃，35MPa蒸汽条件下的高温强度，优良的外表面耐高温腐蚀能力和内表面耐水蒸气氧化性能等特性。基层：碳结钢、合结钢（20G、15CrMoG、12Cr1MoVG 等）复层（CRA）：Super304H、625 等。

自20世纪60年代中期发展起来的焚烧炉，所用的用复合钢管先后经历了仅用CrMo低合金钢作管子，后来采用在碳素钢管外包覆耐火材料，或堆焊高铬材料等方法。

（四）热交换器用复合钢管

作为热交换器用复合钢管，除了它应具有一定的强度和耐蚀性外，其两层钢管的接触界面应达到完全冶金结合，以求得到较好的导热性，例如在气化或发电过程中，回收热量的热交换器用钢管。

（五）海水管道用复合钢管

海水淡化装置的取水管道或者海水热交换器用管，以往必须选用价格昂贵的耐海水腐蚀性较好的特种材料，为了节省材料费用，降低工程造价，可选用由耐海水腐蚀材料（如 Ni、Ti、不锈钢或铜合金）作内衬的复合管。

（六）输水用钢塑复合管

钢塑复合管是指以钢管（包括直缝焊管、螺旋缝焊管和无缝钢管）为基管，在其内表面制作上塑料衬层的复合管材，由于这种管材既具有钢管机械强度高、连接可靠的优点，又具有塑料管耐腐蚀，卫生性能好的优点，所以近些年发展很快，广泛应用在城建给排水、市政供水、消防供水、煤矿给排水等多个领域。

（七）建筑装饰、家具行业用不锈钢复合管

我国于 20 世纪 90 年代初期引进国外不锈钢复合管生产技术，并开始在国内以代替纯不锈钢结构管为目标组织推广使用。外覆薄壁（0.1~0.8mm）不锈钢复合管，截面形状有园管、方管、矩形管，表面交货状态有未抛光状态、表面抛光状态、表面磨光状态。不锈钢复合管往往采用在线制造。内层厚壁碳钢管作为强度的支撑，外层薄壁不锈钢管保持光亮不生锈状态，可以较低的成本替代不锈钢管，因而得到广泛的应用。

三、复合钢管制造方法（冶金/机械）

现有的生产复合管的工艺很多，如表 8-17 所示。根据两种钢管接触界面的结合状态，复合钢管可分冶金复合钢管和机械复合钢管。在没有特殊性能要求（如高导热性、高导电性）的情况下，机械复合管可以有效取代冶金复合管，其强度、耐蚀性等方面的使用性能不亚于冶金复合管，其生产效率及成本远比冶金复合管占优势。

表 8-17　双金属复合管生产工艺

工艺名称	工 艺 特 点	结合方式
水压法	结合力小，高温下易产生应力松弛而分层失效	机械
冷拔法	拉拔、旋压或滚压处理，高温下易产生应力松弛而分层失效	机械
热膨胀法	内管气体加压，外管感应加热，热膨胀系数小的高价金属内管易于制造耐蚀性高的复合管	机械
爆炸焊接法	材质选择范围广，界面结合区易形成波形，管坯长度受到限制	机械
包复焊接法	按次序焊接内管和外管、整形、表面抛光，很难生产内层为薄壁管的内复合钢管	机械
热挤压法	内层为镍基合金，可能产生壁厚波动，并由于变形抗力不一致面产生裂纹	冶金
热轧法	有缝复合管，生产率高、质量好、成本低，可大量降低金属材料的损耗；一次性投资大，材料选择范围小	冶金
离心铸造法	管坯表面需要机械加工，由于金属为两层，壁厚不均，铸造时液态金属相互冲刷和拌合而形成过渡层	冶金
离心铝热法	在离心力场中引起铝热反应	冶金
复合板焊接法	直缝或螺旋焊缝，适用于直径大于 300mm 的油气输送管道	冶金
冷加工扩散法	接合边界明显均匀，结合强度较高	冶金
粉末冶金法	粉末法十热等静压十热挤压，可加工出强度和耐性性能良好的复合管	冶金
喷射成型法	热挤压时需高温高压条件，技术基本成熟	冶金
电磁成型法	可连接性质迥异的两种金属，但只适用于加工强度低、导电性能好的金属	冶金

（一）冶金复合工艺

冶金复合管成型方法有离心铸造法、轧制/挤压、堆焊、爆炸焊等传统成型方法，也有电磁成型、离心铝热剂法等新型成型方法。各成型方法均有其优缺点，技术成熟并用于实际生产的成型方法有。

1. 离心铸造法

这是在熔融金属与固体金属相互作用基础上获得结合方法。特点是结晶细密，机械性能好，结合面紧密，但内表面质量较差，且限制内衬金属熔点必须低于基材熔点。国内代表厂家是新兴铸管。采用该方法生产复合钢管的工艺流程为：某层（或各层）金属的熔化→空心复合金属管坯的离心浇铸→管坯的机械加工→挤压机、周期式轧管机、连续式轧管机生产半成品管或成品管→复合钢管的热处理→冷轧或冷拔（必要时）。离心浇铸是向旋转的铸模中依次浇铸各层金属，或者将熔化的覆层金属浇铸到经加工并预热到给定温度的基层金属上，见图 8-36。目前，利用离心浇铸生产的复合钢管，其规格范围在 $\phi(80\sim900)$mm×$(10\sim250)$mm 之间。如果与热冷变形相配合，可以生产外径为 $\phi6\sim550$mm，壁厚 1mm 的复合钢管，见图 8-37。

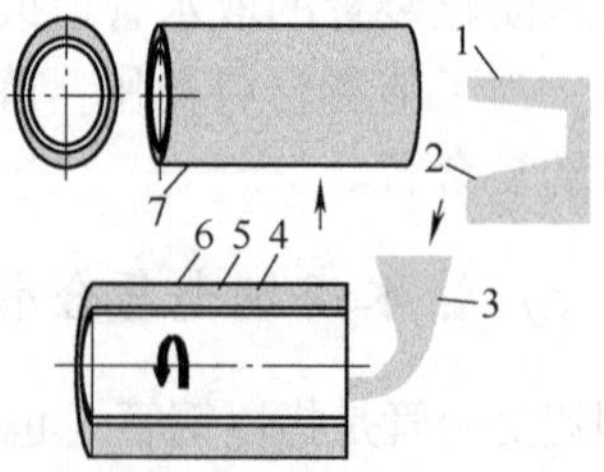

图 8-36　双金属复合管坯浇铸过程示意
1—钢水包；2—金属液；3—中间包；4—金属管模；5—基层材料；6—覆层材料；7—双金属离心浇铸管坯

图 8-37　双金属离心管坯挤压或挤压+冷轧钢管

2. 挤压/轧制热加工法

这种方法是固态金属通过热塑性变形而获得结合的方法，采用热塑性变形法生产复合钢管的工艺流程为：在自动轧管机、周期式轧管机或挤压机/冷轧机上。工艺流程是：分别生产内层管和外层管（或离心浇铸的复合管坯）→用机械加工或化学法处理待复合表面→配装→两端焊接密封→双层管坯加热→ 轧机、挤压机上进行热塑性变形→冷轧或冷拔（必要时）。

轧制是一种传统的制备复合金属的方法。热轧复合实质上属于压力焊，如果变形量足够大，轧辊施加的压力就会破坏金属表面的氧化膜，使表面达到原子接触，从而使两表面焊在一起。轧制的优点是生产率高、质量好、成本低，并可大量节省金属材料的损耗，因此是目前应用较为广泛的复合材料生产技术。

用挤压机生产复合管时，当挤压坯料截面缩减到 10∶1 时，高的挤压压力和温度会在界面处产生“压力锻”的焊接效应，促进界面间的快速扩散和广泛结合，成品为冶金结合的复合挤压管。

3. 复合钢板焊接法

这是目前制造直径大于 300mm 以上石油天然气输送管道用复合钢管的主要方法。它先将两种不同材质的板坯用超大功率热轧机进行热复合，然后用 UO 工艺卷成管坯，再进行纵缝焊接。采用这种方法生产复合钢管的工艺流程为：

热轧板坯→用机械或化学法处理二层板坯待复合表面→组成双层板进行热轧复合→UO 成形管坯→ 纵缝焊接→ 扩管→ 热处理。

4. 冷加工扩散退火法

这种方法与热加工方法最大的不同是：首先将不同材质的管坯分别制成冷轧或冷拔无缝管，其次在内层管坯的外侧缠绕一层特制的低熔点中间层薄带，经冷拔后，再进行高温扩散退火，它的工艺流程如下：

冷轧与冷拔制成内层管与外层管→用机械或化学法处理待复合管的接触表面→ 在内层管的外侧螺旋式缠绕低熔点金属带→配管→ 冷拔或冷轧→ 扩散退火→ 冷轧或冷拔（必要）。

5. 粉末法

粉末冶金法制造复合钢管的工艺，其工艺流程如下：真空感应炉熔炼、气体雾化制粉→分级→粉末充填→冷（或热）等静压→坯料加热→热挤压。该工艺最早由日本山阳特殊钢公司和日本新日铁公司等开发。

6. 双金属压熔锚合冶金复合

上海天阳钢管有限公司开发的双金属压熔锚合冶金复合管，是通过高温高压同时作用，基管、内管材料接触界面的金属熔融液态化，之后两种金属材料液相经过混合凝固产生金属键结合和新的金属相态组织，最终实现高结合力的冶金复合管。双金属压熔锚合冶金复合管的基管和内管之间结合强度可超过210MPa，是无缝隙、冶金级的整体金属复合方法。

（二）机械结合型工艺

冶金结合工艺生产的复合钢管都具有较好的结合强度。机械结合型生产方法的工艺相对比较简单，工序较少，生产成本低，使用于结合强度要求不高的领域，具有一定的优势。

1. 液压胀合法

先将两管套在一起，然后对内管加压，随着管内压力升高，内层管由弹性变形状态进入塑性状态，并贴紧外管，当管内压力达到一定值时，外管发生弹性变形。两管紧密贴合在一起，当管内压力卸除后，如果外层管弹性回复大于内层管的弹性回复，则两管紧密贴合制成复合管。在油气开采输送中多采用 API 5LD 标准生产双金属耐蚀复合钢管。液压胀合法的生产工艺步骤如图 8-38 所示。

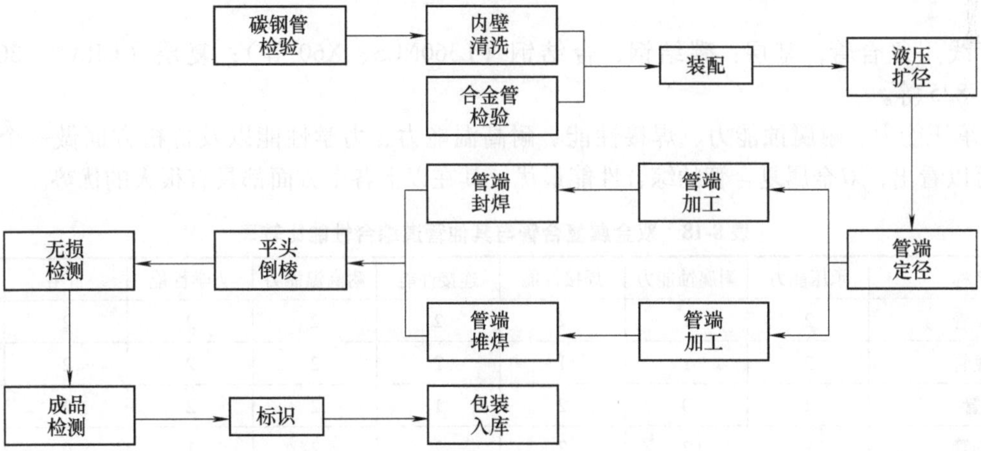

图 8-38 液压胀合法复合管的生产工艺流程

2. 拉拔成型生产工艺

拉拔成型是在拉拔机组上进行压力加工成型。它对管坯要求较严，必须保证两种钢管尺寸精度和延伸性能。选用的管坯既可以是无缝钢管，也可以用焊接钢管。拉拔成型生产工艺流程为：

不锈钢管/碳钢管→套合→ 打头→配洗、润滑→冷拔→去油→矫直→切管→检验→抛光→检验→包装→标记→称重→入库

拉拔成型的特点是：原管坯为薄壁管，生产为断续式，生产效率较低、不锈钢成材率较低、只能生产中小规格复合管，可生产内、外复合管。

3. 热膨胀法

在管壁较厚的碳素钢或低合金钢管的内侧，插入薄壁耐蚀性好的金属管，在内管内充惰性气体并使内管的内侧产生内压力，再用感应加热外管的外侧，该感应线圈可以移动，使加热部分的内管依次膨胀，并与外管接合，由此形成双层钢管的复合。选用热膨胀系数小的高价格金属内管（如钛管或30Cr—2Mo高纯度铁素体不锈钢），很容易制造出耐蚀性高的复合钢管。

4. 钎焊法

钎焊法是在外层碳钢管、内层不锈钢管的夹层中加钎焊剂层，在高温下钎焊剂熔化，将内外层钢管熔合成为一体。从内外层之间的结合强度来看，钎焊法高于爆燃法，爆燃法高于缩径法和冷扩法。

5. 爆炸成型法

爆炸成型生产流程：碳钢中厚板/不锈钢热轧板→爆炸焊接→复合板→切割→重叠焊四边→热轧→冷轧→纵剪→分层酸洗→氩弧焊或CO_2保护填充焊→连续固溶处理→抛光→检验→包装→标记。

爆炸成型工艺主要有以下特点是可以生产各种材质匹配的复合钢管，包括轻金属与钢的复合，缺点是界面接合区易形成波形，管坯长度受到限制，需建设专门的爆炸场地或空间，要有特殊的安全措施。如果把爆炸焊接作为提供复合管管坯的工艺，在随后进行热的或冷的加工，则可生产各种品种的复合钢管。另外爆炸成型法也可以将两支表面加工的钢管直接经爆炸复合在一起，这种复合管长度一般在4米以下，直径也不宜过大。这种经爆炸复合的复合管可以作为空心管坯再经过热轧合冷轧，长度可以达到20米左右。

四、国内油田用耐蚀复合钢管近年来的发展

国际上双金属复合管自1991年在油田上投入使用以来。1998年，美国石油协会（API）制定的双金复合管道规范（API 5LD）更是很大程度上促进了双金属复合管的应用。国内以316L为内衬的双金属复合管已在塔里木的牙哈气田、吉那气田、吉林的长岭1号、长庆油田、大庆徐深气田得到应用，已建成的地面输气管线，主要应用于低含量CO_2地面集输管线和污水管线。普光气田采用耐蚀合金的复合管也逐步推开。中海油也建成了几条双金属复合海底管道，如平黄一期、平黄二期等海底管道。油田用双金属复合管品种有：

（1）井下用复合管，基层：合结钢（N80、L80、P110等）；复层（CRA）：Sup13Cr、028、825、G3等。

（2）管线用复合管，基层：碳结钢、合结钢（L360NCS、X60等）；复层（CRA）：304L、316L、2205、028、825等。

如果从承压能力、耐腐蚀能力、焊接性能、耐高温能力、力学性能以及价格方面做一个综合比较，从表8-18可以看出，双金属复合管的综合性能最优，其在以上各个方面都具有很大的优势。

表8-18　双金属复合管与其他管道综合性能比较表

管道名称	承压能力	耐腐蚀能力	焊接性能	连接性能	耐高温能力	力学性能	价格	综合评价
双金属管	2	2	2	2	2	2	2	14
镍磷镀管	2	1	1	2	2	2	2	12
碳钢管	2	0	2	1	2	2	2	11
不锈钢管	1	2	2	2	2	1	0	10
涂层管	2	2	1	1	0	1	2	9
钛合金	1	2	1	1	2	1	0	8
锆合金	1	2	1	1	2	1	0	8
玻璃钢内衬钢管	2	2	0	1	0	1	1	7
玻璃钢管	1	2	0	1	0	0	1	5
铝塑管	0	0	0	0	0	0	0	0

注：2—优；1—中；0—差。

随着油气田开采环境的日益复杂化，以及应用领域的多元化，对能服役于高温等苛刻工作环境的双

金属复合管的需求将日益增大，因此冶金结合双金属复合管以及相应的热复合塑性成型技术和固相热扩散技术是未来双金属复合管生产技术的重要发展趋势。

国内目前几家主要的双金属复合管制造企业有河北新兴铸管、浙江久立特材、番禺珠江钢管、西安向阳、上海海隆等公司，大连合生科技、四川惊雷科技分别采用爆燃复合技术、气体爆炸复合技术、液压复合技术、离心铸造技术和旋压技术等工艺。生产的复合管大多为耐蚀复合管，应用在油田的钻采和输送管道上。如新兴铸管股份有限公司开发了 X52/UNSN08825、304L/20G 复合管，上述产品在四川的普光气田和东方锅炉得到了应用。番禺珠江钢管有限公司为平黄二期工程提供了 8 英寸衬里复合管约 8.5km，10 英寸复合管约 5.2km，另外提供管段：8 英寸管段 401 个，10 英寸管段 178 个。浙江久立特材于 2014 年 9 月，供中石油冶金复合管：406.6×14.2+3，L415MS+N08825 和机械复合管 219.1×12.7+3，L360QS+N08825。2015 年为平黄二期项目，提供 1KM（219.1×12.7+3，X65+316L）复合管和 60 个短节。

国内耐蚀合金复合管生产厂家及产能如表 8-19 所示。

表 8-19　国内耐蚀合金复合管生产厂家及产能

名称	机械复合管	产能 ϕ219mm 产能/支·日$^{-1}$	产能 ϕ610mm 产能/支·日$^{-1}$
机械复合管	1. 番禺珠江钢管有限公司：液压胀接，规格 ϕ168.3~610.0mm	100	30
	2. 浙江久立特材科技股份有限公司：液压胀接，规格 ϕ89~610.0mm	80	24
	3. 大连合生科技开发有限公司：液压胀接，规格 ϕ168.3~610.0mm	80	25
	4. 上海海隆防腐技术工程有限公司：液压胀接，规格 ϕ60.3~914.0mm	60	25
	5. 西安向阳航天材料股份有限公司：水下爆燃方式复合，规格 ϕ168.3~914.0mm	50	30
冶金复合管	1. 新兴铸管股份有限公司：离心复合管管坯或嵌套组坯+热挤压法生产，规格 ϕ168.3~610.0mm	80	
	2. 浙江久立特材科技股份有限公司：爆炸或轧制复合板+JCO 成型+焊接制成复合管。规格 ϕ168.3mm~1620.0mm	60	30
	3. 番禺珠江钢管有限公司：爆炸或轧制复合板+JCO 成型+焊接制成复合管。规格 ϕ168.3~1620.0mm		100
	4. 四川惊雷科技股份有限公司：爆炸或轧制复合板+JCO 成型+焊接制成复合管。规格 ϕ168.3~1020mm	60	60

注：按照 12m/支计算。

第十一节　工程机械用管的发展

一、概述

工程机械是指土石方施工、路面施工与养护、流动式起重装卸作业和各种建筑施工所需的机械装备。工程机械是机械制造的重要组成部分。进入 21 世纪以来，随着工程机械行业迅速发展，对机械用钢要求越来越高，主要体现在高强度、优异的低温冲击韧性和良好的焊接性能等方面。

国内外大型钢铁企业都开发了各自的工程机械用钢系列。2008 年以前，我国工程机械所需的高强度钢管主要以进口为主。2009 年以来，衡阳钢管开始研发此类产品，并逐步实现以产顶进。国内新冶钢、天津钢管、宝钢、攀成钢、鞍钢等企业先后自主研发了符合工程机械行业发展需要的 690MPa、770(780) MPa、890MPa 级别系列新材料。通过国内这些钢管企业的不懈努力，我国超高强度工程机械用管生产研发已走在世界前列，近期天津钢管已成功供货屈服强度 960MPa 级别 TP960E 臂架管。

二、20 世纪 80 年代—2000 年的发展

20 世纪 80~90 年代，我国工程机械结构用管主要是按照《结构用无缝钢管》(GB/T 8162—1999) 标准执行，该标准中优质碳素结构钢和低合金高强度结构钢牌号有 10、20、35、45、16Mn(Q345) 等 5 个牌号，合金钢牌号有 40Mn2、40Cr、35CrMo、42CrMo 等 33 个牌号，基本满足当时国民经济建设的需要。

生产方法主要是热轧和冷拔。鉴于当时的设备和技术能力，钢质洁净度、尺寸精度及生产成本等，与国际先进企业比差距很大。

低合金高强度钢管的级别只到 345MPa，更高级别的钢管需要采用合金钢调质处理，因此材料在焊接性能、耐腐蚀性能、高强高韧性上弱势明显，安全的可靠性也比较差。在后期的发展过程中，因为对材料的基础数据研究缺少，对 V、Nb、Ti 等微合金元素强化机理的研究和实际运用比较少，很长一段时间内没有研发出可替代的新材料。

三、2000—2018 年的发展

2000 年前后，随着工程机械企业对材料要求的提高，钢管生产企业除了新建一批先进的轧管机组外，还逐步加大了热处理线的投入，以实现材料多状态的交付，改变了以前只有正火、退火、回火的状态，这对高强度钢管的研发也起到了很大的作用。目前具备钢管调质能力的企业有：天津钢管、宝钢、衡阳钢管、湖北新冶钢、新兴铸管、鞍钢等。其中天津钢管拥有十条热处理线，宝钢、衡阳钢管也都有多条热处理线，规格范围覆盖外径 ϕ48～720mm；湖北新冶钢先后建设了四条热处理线，规格可覆盖外径 ϕ51～533mm，是热处理比较好的企业之一。这些生产线的建设，为我国开发更高强度级别的如 Q500、Q550、Q620、Q690、Q770、Q890 等低合金高强度钢创造了条件。2018 年新修订的《结构用无缝钢管》（GB/T 8162—2018）将上述大部分牌号纳入标准，从而与国外先进标准 EN10210-1、EN10297-1 更加接近。至此，高强度工程机械用钢的牌号、化学成分、力学性能要求等，基本上与国际先进标准接轨。

（一）起重机臂架用无缝钢管

履带式起重机广泛应用于桥梁、发电设备、炼油设备、风力发电机组以及海上工作平台等项目的施工，是工程机械中技术含量高、制造工艺复杂、具有独特性能的起重作业机械设备。自 2005 年徐工集团率先研制成功我国第一台 300t 级履带式起重机开始，我国履带式起重机的发展迅速向大吨位攀升。在 2009 年和 2010 年，徐工集团、中联重科、三一重工和抚顺挖掘机制造有限公司连续推出千吨级履带式起重机。2011 年 5 月，中联重科和三一重工又相继推出 3000t 级以上大型履带式起重机。2013 年 7 月，徐工 4000t 级履带式起重机成功启用，并将万华烟台工业园高度为 118m、直径为 14.4m、重量为 1680t 的丙烯塔吊装就位，开启了中国吊装行业的新征程。

作为履带式起重机重要部件的组合臂架，是承载和输送的关键部位，臂架一般是由长度 11m 左右的无缝钢管作为主弦臂管与腹臂管焊接组合而成。对于 400t 以上大型履带式起重机的臂架，主弦管所使用的钢管外径更大、壁厚更厚、强度更高，要求钢管不仅具有更高的强度和韧性，同时由于履带式起重机臂架全部由钢管焊接而成，因此还要求钢管具有良好的焊接性能。国内主要使用的 770MPa 和 890MPa 级高强钢管，衡阳钢管、天津钢管、新冶钢、宝钢、鞍钢的产品已完全替代进口。天津钢管已成功供货屈服强度 960MPa 级别臂架管。

（二）旋挖机钻杆用无缝钢管

旋挖钻机是一种适合建筑基础工程中成孔作业的施工机械。旋挖钻杆是用在旋挖钻机与施工用钻头之间，传递扭矩、轴向压力等载荷，沿共同轴心、逐节伸缩的管状结构。旋挖钻杆由三到六根无缝钢管经机加工、焊接后套装而成。其中，每根无缝钢管构成一节钻杆套筒，每节钢管的长度通常约 10m 左右，直径 ϕ159～630mm，壁厚 8～45mm；每节钻杆套筒的外圆按 120 度均布焊接厚度×宽度约为 20mm×50mm 的通长外键，每节钻杆套筒下端内弧面上焊接了同样厚度和宽度的内键（长约 500～900mm）。为保证旋挖机正常工作，要求尽量缩小相邻钻杆套筒间的空隙，同时还要保证各节套筒能够自由伸缩，这对套筒用无缝钢管的尺寸偏差及形状精度提出了特殊要求。旋挖钻杆采用无缝钢管加工制造，由于对钢管质量要求严、技术含量高，过去主要依靠从国外进口，目前国内生产旋挖机钻杆用无缝钢管的企业有几十家，国产品牌钢管已完全取代进口钢管。国内钢管制造企业和旋挖钻钻杆生产企业积累了丰富的经验，现已形成完善的钢管制造技术标准和钢管批量供货能力，攀成钢牵头起草的《旋挖机钻杆用无缝钢管》（GB/T 34109—2017）国家标准已实施，衡阳钢管和天津钢管为北京三一智造科技有限公司开发的 SY550 和 SY850 旋挖钻杆专用无缝钢管，突破了目前旋挖钻杆用无缝钢管采购技术要求，将新材料应用在其第五代旋挖钻杆上，将旋挖钻杆的使用寿命由 2000h 提升到 3000h 以上，助推中国的旋挖钻杆产品走在世界前列。

四、典型企业——新冶钢机械用管的发展

20 世纪 60 年代，新冶钢热轧产线主体设备只有一套桶形卧式穿孔机，主要为冷拔线生产坯料，品种以不锈钢为主，生产少量轴承管及 20、45 钢工程机械结构管。至 80 年代后期，引进一套德国 MEER 公司的 ϕ108mm ASSEL 轧管机，初步具备热轧成品管生产能力。

（一）工程机械管的开发

20 世纪 90 年代初，新冶钢引进德国 MEER 公司的一套 ϕ170mm ASSEL 轧管机组投产，热轧无缝钢管进入规模化生产时期，主要品种以 20、45、27SiMn 等工程机械结构管为主。至 90 年代中后期，已熟悉掌握 ASSEL 机组特点，进入工程机械结构管的品种开发期，研发了 B 系窄淬透性工程机械用热轧无缝钢管，批量供货卡特彼勒等国际知名工程机械巨头。目前，新冶钢的窄淬透性工程机械履带板链接销套用热轧无缝钢管供货卡特彼勒、日本小松、日本 TOPY 等国内外知名企业，主机市场占有率90%以上。同期，在碳素结构钢、低合金高强度钢、合金结构钢等工程机械用无缝钢管方面全面开发成功，产品开始进入国内煤矿综采机械、工程液压机械等领域，与国内三一、徐工等工程机械企业开展产品研发等业务合作。

进入 21 世纪，新冶钢新建 ϕ460mm ASSEL 轧管机组、ϕ219mm CPE 轧管机组两套，配套 4 条专业化热处理线，逐步完成了精整、检测等装备，正式形成全球规格最全的中厚壁无缝钢管基地。规格外径 ϕ51 ~533mm，壁厚 5~120mm，可供应轧态、退火、正火和调质等多种热处理产品。目前，新冶钢可提供棒材、管材、锻材一站式服务，90%以上为定制化产品，与国内外主要工程机械公司均形成合作关系，其中工程机械结构管，钢级达到 960MPa。

（二）高强度工程机械管的开发

进入 21 世纪以来，湖北新冶钢有限公司在冶炼单元、轧制单元、配套安全、环保、检测等方面加大投入，冶金、轧制等技术不断创新突破，国内外业务也进入迅速增长期。为了填补国内高强度无缝钢管的空白，尤其是提升 690MPa 以上钢级的低温韧性指标，也为了适应市场对高品质无缝钢管的需求，实现高强度无缝钢管的国产化，成立专项项目组开发了高强韧性，环境适应能力强的 890MPa 级无缝钢管，其屈服强度超过 890MPa，抗拉强度超过 960MPa，纵向延伸率超过 14%，-60℃ 冲击功超过 100J，达到国外 890MPa 级高强度钢管的性能要求。通过 890MPa 级高强度无缝钢管研发的技术经验积累，迅速衍生开发了 690MPa、790MPa、960MPa 等多个高强度钢管系列产品，新冶钢高强度无缝钢管自主研发过程，积累了大量的技术数据和经验，为后续工程机械用无缝钢管与国际并进甚至赶超奠定了坚实基础。目前，新冶钢高强度无缝钢管已完全取代进口，并在工程机械等领域取代低端产品实现升级换代，实现在大型综采支架立柱油缸、工程机械臂架结构、工程机械支持结构、建筑塔吊结构、船用吊机结构、工程机械油缸、盾构机油缸等领域已得到大量应用，为我国工程机械等领域的装备制造竞争力提升做出了贡献，获得了国内外客户的肯定。

（三）石油机械管的开发

新冶钢自 2007 年起，开始研发石油机械用无缝钢管产品，已形成多个产品系列，得到了斯伦贝谢、哈里波顿、BHGE 等多家国际知名石油服务商的认可，产品批量出口到北美、东南亚、中东等地区。表 8-20 为石油机械管用途及牌号，表 8-21 为石油机械管第二方认证一览表。

表 8-20　石油机械管用途及牌号

品种分类	主要用途	代表牌号
石油机械	完/固井工具	4140 80KSI、4140 125KSI、42CrMo、110SS、4130M 125KSI 13Cr 80KSI、S13Cr 110KSI、4330VMOD 153KSI
	压裂系统	4130 80KSI、30CrMo、4130 110KSI、AISI4715 17-4PH、15-5PH
	射孔枪	4130M 135KSI、4130M 145KSI

表 8-21　石油机械管第二方认证一览表

获认可油服	认可规范	钢　种	钢　级
Halliburton	ES-MA-18	4130、4140、4130M	80KSI-125KSI
	ES-MA-174	4130MC、4130ME	80KSI-125KSI
	ES-MA-58	13Cr	80KSI
	ES-MA-89	13Cr	80KSI
	ES-MA-2	9Cr	80KSI
	ES-MA-188	125HS	125KSI
	ES-MA-134	S13Cr	110KSI
Schlumberger	未指定	4130、4140、4130M、4145	80KSI-125KSI
	未指定	13Cr	80KSI
BHGE	BMS A1XX	4130、4140、4130M	80KSI-140KSI
	BMS S210	130Cr	80KSI
	BMS P1XX	—	K55、N80、L80-1、L80-9Cr、L80-13Cr P110、C110、Q125
NOV	未指定	4130、4140、4130M	80KSI-125KSI
	未指定	1340、4145H	—
weatherford	WS 3XX	4130、4140、4130M、4145	80KSI-125KSI
	SS 3XX	13Cr	80KSI
	SS 3XX	S13Cr	95KSI、110KSI

（四）机械用管证书

机械用管获得奖项包括：

（1）《S890 高强度无缝钢管的研究与开发》项目，获得湖北省科技进步三等奖；

（2）工程机械履带板链接销套用热轧无缝钢管，获冶金产品实物质量金杯奖；

（3）4140、42CrMo 系列调质无缝钢管，获冶金产品实物质量金杯奖；

（4）4140、42CrMo 系列调质无缝钢管，获冶金产品实物质量特优质量奖；

（5）结构用无缝钢管，获冶金产品实物质量金杯奖；

（6）合金结构无缝钢管，获冶金产品实物质量金杯优质产品奖；

（7）石油机械用无缝钢管，获冶金行业品质卓越产品奖。

第九章 标准体系的建设

一、钢管标准体系框架

我国已建立包括管坯标准、基础（通用）标准和钢管产品标准为一体的、较为完善的钢管标准体系。标准体系中涵盖钢管基础通用标准 4 项，产品标准 102 项。基础通用标准对产品标准形成了有力的支撑；产品标准不仅覆盖范围宽，基本包括了我国钢管生产和使用的各个品种，且各标准的适用范围独立性和代表性强，无重叠现象。现有钢管标准体系能够满足钢管制造行业和石油、化工、冶金、建筑、机械、船舶、电力、交通、军工等各领域对标准的使用要求。

随着钢管产品的结构调整和产品升级，我国钢管标准水平也得到了不断提高，标准体系逐步与国际接轨。下一步，将围绕新材料、绿色制造、智能制造和质量提升等重点方向，加大标准的制修订力度，积极发挥标准的支撑和引领作用。

按照钢及合金标准体系框架及编号规则，产品及相应试验方法通用标准在第四层，其中钢管的体系编号为 401. 1；产品及专用试验方法标准在第五层，其中钢管的体系编号为 501. 1。钢管标准体系的框架如图 9-1 所示。

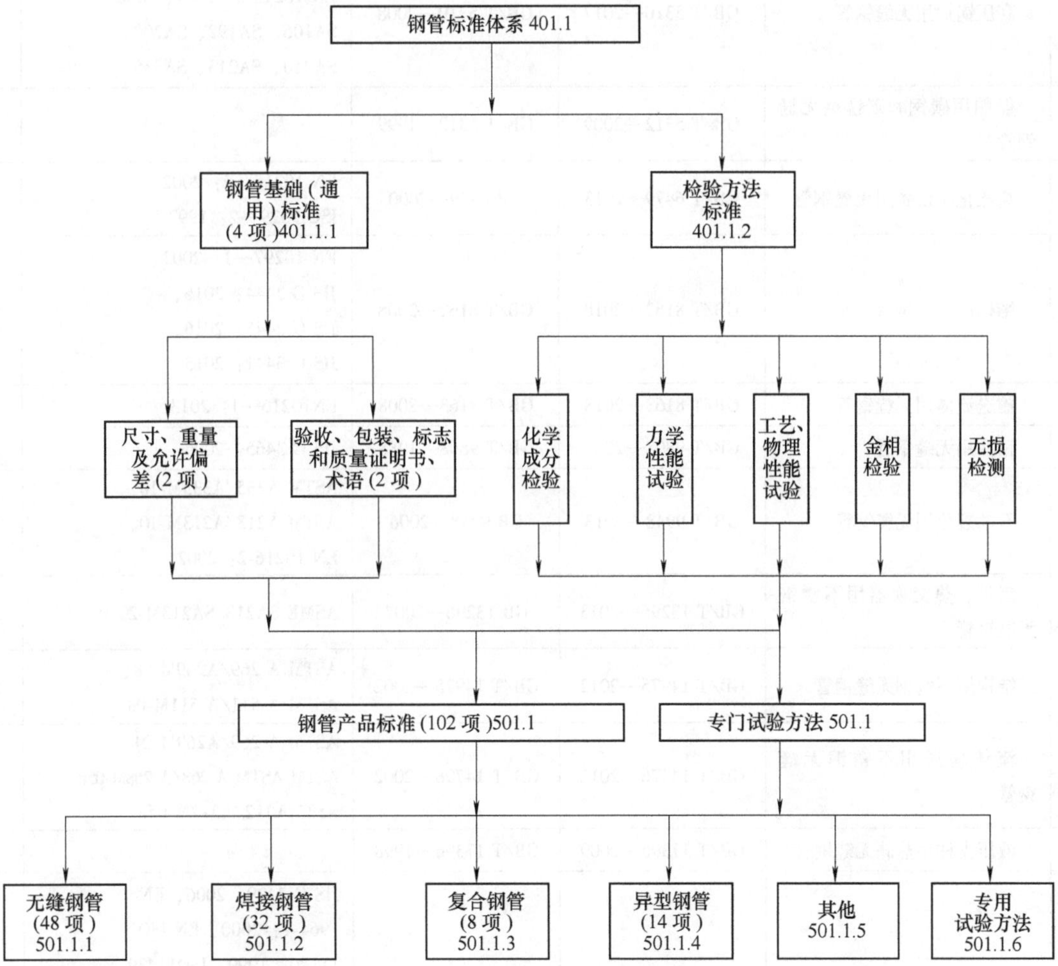

图 9-1 钢管标准体系框架图

二、现行钢管标准体系表

现行钢管标准体系表如表 9-1 所示。

表 9-1　现行钢管标准体系表

序号	标准名称	标准编号	代替标准编号	国外相关标准	体系编号
1. 钢管基础通用、方法					
1.1	钢管的验收、包装、标志和质量证明书	GB/T 2102—2006	GB/T 2102—1988	ASTM A700：1999	401.1.1
1.2	无缝钢管尺寸、外形、重量及允许偏差	GB/T 17395—2008	GB/T 17395—1998	ISO 4200：1991 ISO 5252：1991 ISO 1127：1992	401.1.1
1.3	焊接钢管尺寸及单位长度重量	GB/T 21835—2008		ISO 4200：1991 ISO 1127：1992	401.1.1
1.4	钢管术语	GB/T 30062—2013		API Std 5T1	401.1.1
2. 钢管产品					
2.1	无缝钢管				
2.1.1	低中压锅炉用无缝钢管	GB/T 3087—2008	GB 3087—1999	ISO 9329—1：1989	501.1.1
2.1.2	不锈钢极薄壁无缝钢管	GB/T 3089—2008	GB/T 3089—1982	—	501.1.1
2.1.3	不锈钢小直径无缝钢管	GB/T 3090—2000	GB/T 3090—1982	ГОСГ 14162—1979	501.1.1
2.1.4	柴油机用高压无缝钢管	GB/T 3093—2002	GB/T 3093—1986	DIN 73000：1986	501.1.1
2.1.5	冷拔或冷轧精密无缝钢管	GB/T 3639—2009	GB/T 3639—2000	EN 10305-1：2002	501.1.1
2.1.6	高压锅炉用无缝钢管	GB/T 5310—2017	GB/T 5310—2008	EN 10216-2：2002、EN 10216-5：2004、ASME SA106、SA192、SA209、SA210、SA213、SA335	501.1.1
2.1.7	船舶用碳钢和碳锰钢无缝钢管	GB/T 5312—2009	GB/T 5312—1999		501.1.1
2.1.8	高压化肥设备用无缝钢管	GB/T 6479—2013	GB 6479—2000	EN 10216—2：2002、ISO 9329—2：1997	501.1.1
2.1.9	结构用无缝钢管	GB/T 8162—2018	GB/T 8162—2008	EN 10297—1：2003、JIS G 3444：2016、JIS G 3445：2016、JIS G 3441：2015	501.1.1
2.1.10	输送流体用无缝钢管	GB/T 8163—2018	GB/T 8163—2008	EN10216—1：2013	501.1.1
2.1.11	钻探用无缝钢管	GB/T 9808—2008	GB/T 9808—1988	JIS G 3465—2006	501.1.1
2.1.12	石油裂化用无缝钢管	GB/T 9948—2013	GB 9948—2006	ASTM A335/A335M-10、ASTM A213/A213M-10、EN 10216-2：2002	501.1.1
2.1.13	锅炉、热交换器用不锈钢无缝钢管	GB/T 13296—2013	GB 13296—2007	ASME SA213/SA213M-2010	501.1.1
2.1.14	结构用不锈钢无缝钢管	GB/T 14975—2012	GB/T 14975—2002	ASTM A 269/A269M-08、ASTM A 511/A 511M-08	501.1.1
2.1.15	流体输送用不锈钢无缝钢管	GB/T 14976—2012	GB/T 14796—2002	ASTM A 269/A269M-04、ASTM ASTM A 268/A 268M-05a、ASTMA312/A312M-05a	501.1.1
2.1.16	液压支柱用热轧无缝钢管	GB/T 17396—2009	GB/T 17396—1998		501.1.1
2.1.17	气瓶用无缝钢管	GB/T 18248—2008	GB 18248—2000	JIS G 3429：2006、EN 1964-1：2000、EN ISO 11120：1999、ISO11439：2000、ISO 9809—1：1999、DOT 49CFR §178.37、DOT 49CFR §178.45、JIS B 8230、JIS B8241	501.1.1

续表 9-1

序号	标准名称	标准编号	代替标准编号	国外相关标准	体系编号
		2. 钢管产品			
2.1.18	低温管道用无缝钢管	GB/T 18984—2016	GB/T 18984—2003	ASTMA333/A333M-13、ASME（2013 版）SA-333/SA-333M、JIS G3460-2013、JIS G3464-2006、ISO9329-3：1997	501.1.1
2.1.19	奥氏体-铁素体型双相不锈钢无缝钢管	GB/T 21833—2008	—	ASTM A789M—05b、ASTM A 790M—05a	501.1.1
2.1.20	核电站用无缝钢管第 1 部分：碳素钢无缝钢管	GB/T 24512.1—2009		EN 10216-2：2002、ASME SA-106、SA-210M	501.1.1
2.1.21	核电站用无缝钢管第 2 部分：合金钢无缝钢管	GB/T 24512.2—2009		EN 10216-2：2002、ASME SA-213M、SA-335M	501.1.1
2.1.22	核电站用无缝钢管第 3 部分：不锈钢无缝钢管	GB/T 24512.3—2014		EN 10216-5：2004、ASME SA-312M	501.1.1
2.1.23	高压给水加热器用无缝钢管	GB/T 24591—2009		ASME SA556M	501.1.1
2.1.24	聚乙烯用高压合金钢管	GB/T 24592—2009			501.1.1
2.1.25	大容积气瓶用无缝钢管	GB/T 28884—2012		ASTM A 519-06、ISO 11120：1999 等	501.1.1
2.1.26	海水输送用合金钢无缝钢管	GB/T 30070—2013			501.1.1
2.1.27	核电站热交换器用奥氏体不锈钢无缝钢管	GB/T 30073—2013		ASME SA-213/SA-213M	501.1.1
2.1.28	起重机臂架用无缝钢管	GB/T 30584—2014		JIS G 3441-2004 EN 10210-1：2006 EN 10297-1：2003	501.1.1
2.1.29	船舶用不锈钢无缝钢管	GB/T 31928—2015			501.1.1
2.1.30	液压和气动系统设备用冷拔或冷轧精密内径无缝钢管	GB/T 32957—2016		ASTMA822-2004、ASTMA512-1996、EN10305-1：2002	501.1.1
2.1.31	石油化工加氢装置工业炉用不锈钢无缝钢管	GB/T 33167—2016		ASME SA213M-2010	501.1.1
2.1.32	汽车稳定杆用无缝钢管	GB/T 33821—2017		EN 10305-1：2002	501.1.1
2.1.33	输送砂浆用耐磨无缝钢管	GB/T 33966—2017			501.1.1
2.1.34	海洋工程结构用无缝钢管	GB/T 34105—2017		IACS、API SPEC 5L、EN 10025-3：2004、EN 10210-2006	501.1.1
2.1.35	轨道交通车辆制动系统用精密不锈钢无缝钢管	GB/T 34107—2017		EN 10216-5：2004、EN 10305-1	501.1.1
2.1.36	旋挖机钻杆用无缝钢管	GB/T 34109—2017		EN 10210-1-2006、EN10305-1：2002、JIS G3444	501.1.1
2.1.37	高碳铬轴承钢无缝钢管	YB/T 4146—2016	YB/T 4146—2006		501.1.1
2.1.38	高温用锻造镗孔厚壁无缝钢管	YB/T 4173—2008（2015）		ASTM SA-106，ASTM SA-335M，ASTM SA-369M，EN 10216-2	501.1.1
2.1.39	汽车半挂车轴用无缝钢管	YB/T 4203—2009（2015）		JIS G 3441：2004	501.1.1
2.1.40	给水加热器用奥氏体不锈钢 U 形无缝钢管	YB/T 4205—2009（2015）		ASME SA-213M	501.1.1
2.1.41	大直径奥氏体不锈钢无缝钢管	YB/T 4330—2013		ASME SA312/SA312M	501.1.1

续表 9-1

序号	标准名称	标准编号	代替标准编号	国外相关标准	体系编号
		2. 钢管产品			
2. 1. 42	流体输送用大直径合金结构钢无缝钢管	YB/T 4331—2013			501. 1. 1
2. 1. 43	流体输送用大直径碳素结构钢无缝钢管	YB/T 4332—2013			501. 1. 1
2. 1. 44	油气井射孔枪用无缝钢管	YB/T 4371—2014			501. 1. 1
2. 1. 45	瓦楞纸板机械用无缝钢管	YB/T 4414—2014		EN 10219-2：2006、 ASTM A554-08	501. 1. 1
2. 1. 46	冷拔液压缸筒用无缝钢管	YB/T 4673—2018		EN 10210-1：2006、 EN 10210-2：2006	501. 1. 1
2. 1. 47	摩托车减震器用精密无缝钢管	YB/T 4675—2018			501. 1. 1
2. 1. 48	汽车半轴套管用无缝钢管	YB/T 5035—2010	YB/T 5035—1996	JIS G 3441：2004	501. 1. 1
2. 2		焊接钢管			
2. 2. 1	低压流体输送用焊接钢管	GB/T 3091—2015	GB/T 3091—2008	ISO 559：1991	501. 1. 2
2. 2. 2	机械结构用不锈钢焊接钢管	GB/T 12770—2012	GB/T 12770—2002	ASTM A 554/A554M-2008	501. 1. 2
2. 2. 3	流体输送用不锈钢焊接钢管	GB/T 12771—2008	GB/T 12771—2000	ASTM A312	501. 1. 2
2. 2. 4	直缝电焊钢管	GB/T 13793—2016	GB/T 13793—2008	ASTM A53/A53M-2012、 JIS G3444-2010、 JIS G 3452：2010	501. 1. 2
2. 2. 5	矿粉矿浆输送用电焊钢管	GB/T 14291—2016	GB/T 14291—2006	ASME B 31. 4-2012、 API SPEC 5L-2012	501. 1. 2
2. 2. 6	奥氏体-铁素体型双相不锈钢焊接钢管第 1 部分：热交换器用管	GB/T 21832. 1—2018	部分代替： GB/T 21832—2008	ASTM A789/A789M-16a	501. 1. 2
2. 2. 7	奥氏体-铁素体型双相不锈钢焊接钢管第 2 部分：流体输送用管	GB/T 21832. 2—2018	部分代替： GB/T 21832—2008	ASTM A928/A928M-14	501. 1. 2
2. 2. 8	冷拔精密单层焊接钢管	GB/T 24187—2009		ISO 3305：1985、 EN 10305-2：2002	501. 1. 2
2. 2. 9	锅炉和热交换器用奥氏体不锈钢焊接钢管	GB/T 24593—2018	GB/T 24593—2009	ASTM A249/A249M-16a	501. 1. 2
2. 2. 10	锅炉和热交换器用焊接钢管	GB/T 28413—2012	YB 4102—2000 YB 4103—2000	EN 10217-1：2002、 EN 10217-2：2002	501. 1. 2
2. 2. 11	结构用直缝埋弧焊接钢管	GB/T 30063—2013		ASTM A500-2010	501. 1. 2
2. 2. 12	给水加热器用铁素体不锈钢焊接钢管	GB/T 30065—2013		ASTM A803/A803M-11	501. 1. 2
2. 2. 13	热交换器和冷凝器用铁素体不锈钢焊接钢管	GB/T 30066—2013		ASTM A268/A268M-2010 JIS G 3463-2006	501. 1. 2
2. 2. 14	核电站用奥氏体不锈钢焊接钢管	GB/T 30813—2014		EN 10217-7：2005	501. 1. 2
2. 2. 15	机械结构用冷拔或冷轧精密焊接钢管	GB/T 31315—2014		EN 10305-2：2010	501. 1. 2
2. 2. 16	船舶用不锈钢焊接钢管	GB/T 31929—2015			501. 1. 2
2. 2. 17	煤浆输送用直缝埋弧焊钢管	GB/T 31937—2015		API SPEC5L	501. 1. 2
2. 2. 18	核电站用非核安全级碳钢及合金钢焊接钢管	GB/T 31941—2015		ASME SA-691、 EN 10217-5：2002	501. 1. 2

续表 9-1

序号	标准名称	标准编号	代替标准编号	国外相关标准	体系编号
			2. 钢管产品		
2.2.19	海水淡化装置用不锈钢焊接钢管	GB/T 32569—2016		ASTM A249、ASTM A268、ASTM A789、JIS G3463-2006	501.1.2
2.2.20	液化天然气用不锈钢焊接钢管	GB/T 32964—2016		ASTM A 358/A358M-14	501.1.2
2.2.21	高温高压管道用直缝埋弧焊接钢管	GB/T 32970—2016		ASTM A691/A691M-2009（2014）	501.1.2
2.2.22	气弹簧用精密焊接钢管	GB/T 33156—2016		DIN 4550-2004、EN 10305-2：2010	501.1.2
2.2.23	连续油管	GB/T 34204—2017		API RP5C7、API Spec 5ST	501.1.2
2.2.24	深井水泵用焊接钢管	YB/T 4028—2013	YB/T 4028—2005	ISO 559：1991	501.1.2
2.2.25	结构用耐候焊接钢管	YB/T 4112—2013	YB/T 4112—2002	ASTM A847-11	501.1.2
2.2.26	供水用不锈钢焊接钢管	YB/T 4204—2009（2015）		EN 10312：2005	501.1.2
2.2.27	给水加热器用奥氏体不锈钢焊接钢管	YB/T 4223—2010		ASTM A688/A688M-2008，NEQ	501.1.2
2.2.28	城镇燃气输送用不锈钢焊接钢管	YB/T 4370—2014		EN 10312：2005	501.1.2
2.2.29	医用气体和真空用不锈钢焊接钢管	YB/T 4513—2017		EN 10312	501.1.2
2.2.30	传动轴用电焊钢管	YB/T 5209—2010	YB/T 5209—2000	EN 10305-3：2002	501.1.2
2.2.31	碳素结构钢电线套管	YB/T 5305—2008（2015）	YB/T 5305—2006 GB/T 3640—1988（调整）		501.1.2
2.2.32	装饰用焊接不锈钢管	YB/T 5363—2016	YB/T 5363—2006		501.1.2
			3. 复合钢管		
3.1	结构用不锈钢复合管	GB/T 18704—2008	GB/T 18704—2002		501.1.3
3.2	承压用复合无缝钢管	GB/T 28883—2012			501.1.3
3.3	钢塑复合管	GB/T 28897—2012		DIN 30670-1991、JWWA K116-2004、WSP 039-2005 等	501.1.3
3.4	流体输送用双金属复合耐腐蚀钢管	GB/T 31940—2015		API Spec 5LD、DNV-OS-F101	501.1.3
3.5	流体输送用不锈钢复合钢管	GB/T 32958—2016		API SPEC 5LD-2009	501.1.3
3.6	陶瓷内衬复合钢管	YB/T 176—2017			501.1.3
3.7	流体输送用冶金复合双金属无缝钢管	YB/T 4335—2013			501.1.3
3.8	树脂陶瓷复合钢管	YB/T 4610—2017			501.1.3
			4. 异型钢管		
4.1	冷拔异型钢管	GB/T 3094—2012	GB/T 3094—2000	ASTM A 500-07	501.1.4
4.2	高压锅炉用内螺纹无缝钢管	GB/T 20409—2018	GB/T 20409—2006		501.1.4
4.3	高效换热器用特型管	GB/T 24590—2009			501.1.4
4.4	车轴用异型及圆形无缝钢管	GB/T 25822—2010		ASTM A500/A500M-07	501.1.4
4.5	石油井架用异型及圆形无缝钢管	GB/T 30829—2014			501.1.4

续表 9-1

序号	标准名称	标准编号	代替标准编号	国外相关标准	体系编号
4. 异型钢管					
4.6	双层卷焊钢管　第 1 部分：冰箱管路系统用管	GB/T 34020.1—2017		ASTM A254-97（2007）	501.1.4
4.7	双层卷焊钢管　第 2 部分：汽车管路系统用管	GB/T 34020.2—2017		SAE J527-2000、JASO M101-94、ISO 13486-1999	501.1.4
4.8	双层卷焊钢管　第 3 部分：空调和制冷设备管路系统用管	GB/T 34020.3—2017		ASME B31.5-2006、AS 1751-1999	501.1.4
4.9	结构用方形和矩形热轧无缝钢管	GB/T 34201—2017		EN 10210-1-2006、EN 10210-2-2006、	501.1.4
4.10	复杂断面异型钢管	YB/T 171—2014	YB/T 171—2000（2006）	ASTM A 500-10a	501.1.4
4.11	双层铜焊钢管	YB/T 4164—2007		ASTM A254-2002	501.1.4
4.12	塔架用高性能异型无缝钢管	YB/T 4399—2014		ASTM A500/A500M-10a JIS G3474-2008	501.1.4
4.13	汽车结构用异型无缝钢管	YB/T 4400—2014		ASTM　A500/A500M-10a	501.1.4
4.14	焊接异型钢管	YB/T 4674—2018		ASTM A500-03、EN 10219-1：2006、EN 10219-2：2006、JIS G3466：2010	501.1.4

三、在研标准项目

截至 2018 年底，按照国家标准化管理委员会、工业和信息化部分别下达的国家、行业标准制修订计划，在研钢管标准项目计划 30 项，其中国家标准 19 项，行业标准项目 11 项；制定项目 14 项，修订项目 16 项。在研计划项目见表 9-2。从表 9-2 看出，在研项目主要集中在锅炉、石化、轨道交通、石油、建筑、海洋工程、机械、汽车等领域。

表 9-2　在研钢管标准制修订项目

序号	计划编号	项目名称	制修订		替代标准号	所处阶段
			制定	修订		
1	20161830-T-605	低温管道用大直径焊接钢管	√			批准阶段
2	20161828-T-605	海洋工程桩用焊接钢管	√			批准阶段
3	20161829-T-605	钛-钢复合管	√			批准阶段
4	20161831-T-605	尿素级超低碳奥氏体不锈钢无缝钢管	√			批准阶段
5	20171255-T-605	高效换热器用特型管		√	GB/T 24590—2009	批准阶段
6	20171253-T-605	高压给水加热器用无缝钢管		√	GB/T 24591—2009	批准阶段
7	20171254-T-605	流体输送用不锈钢焊接钢管		√	GB/T 12771—2008	批准阶段
8	20180751-T-605	氧气管线用不锈钢无缝钢管	√			起草阶段
9	20180752-T-605	汽车结构用高强度异型及圆形焊接钢管	√			起草阶段
10	20181747-T-605	不锈钢小直径无缝钢管		√	GB/T 3090—2000	起草阶段
11	20181748-T-605	柴油机用高压无缝钢管		√	GB/T 3093—2002	起草阶段
12	20181749-T-605	不锈钢极薄壁无缝钢管		√	GB/T 3089—2008	起草阶段
13	20181750-T-605	奥氏体-铁素体型双相不锈钢无缝钢管　第 2 部分：流体输送用管		√	部分代替 GB/T 21833—2008	征求意见阶段
14	20181751-T-605	奥氏体-铁素体型双相不锈钢无缝钢管　第 1 部分：热交换器用管		√	部分代替 GB/T 21833—2008	征求意见阶段

续表 9-2

序号	计划编号	项目名称	制修订		替代标准号	所处阶段
			制定	修订		
15	20181955-T-605	高压临氢装置用奥氏体不锈钢无缝钢管	√			起草阶段
16	20181956-T-605	流体输送用钢塑复合管及管件		√	GB/T 28897—2012	起草阶段
17	20181957-T-605	液化天然气用不锈钢无缝钢管	√			起草阶段
18	20184183-T-605	气瓶用无缝钢管		√	GB/T 18248—2008	起草阶段
19	20184184-T-605	冷拔或冷轧精密无缝钢管		√	GB/T 3639—2009	起草阶段
20	2017-0337T-ZJ	热交换器用翅片焊接钢管	√			批准阶段
21	2017-1331T-YB	供水用不锈钢焊接钢管		√	YB/T 4204—2009	审查阶段
22	2017-1337T-YB	汽车半轴套管用无缝钢管		√	YB/T 5035—2010	审查阶段
23	2017-1345T-YB	注塑机械用精密无缝钢管	√			起草阶段
24	2018-0474T-YB	高温用锻造镗孔厚壁无缝钢管		√	YB/T 4173—2008	起草阶段
25	2018-0482T-YB	碳素结构钢电线套管		√	YB/T 5305—2008	征求意见阶段
26	2018-1543T-YB	传动轴用电焊钢管		√	YB/T 5209—2010	起草阶段
27	2017-1286T-YB	绿色设计产品评价规范超超临界火电机组用特种不锈钢管	√			审查阶段
28	2018-0429T-YB	绿色设计产品评价技术规范建筑用方矩管	√			起草阶段
29	2018-0437T-YB	绿色设计产品评价技术规范饮用水管用不锈钢	√			起草阶段
30	2018-0438T-YB	绿色设计产品评价技术规范油气开采用油井管	√			起草阶段

四、重点领域标准介绍

（一）锅炉用钢管标准

1.《高压锅炉用无缝钢管》（GB/T 5310—2017）标准介绍

（1）标准的演变历史和意义。GB/T 5310 的历次版本为：《锅炉用高压无缝钢管》（YB 529—65，主编单位为上海冶金局）、《高压锅炉用无缝钢管》（YB 529—70、GB 5310—85，主编单位为鞍钢）、GB 5310—95（主编单位为成都无缝钢管厂）、GB 5310—2008（主编单位为攀成钢）、GB/T 5310—2008（强标转推标）、GB/T 5310—2017（主编单位为攀成钢）。

高压锅炉管是火力发电设备关键材料之一，适用于电站高压机组、超高压机组、亚临界机组、超临界机组和超超临界机组锅炉过热器、再热器、省煤器、水冷壁和电站主蒸汽管道、热再热蒸汽管道、冷再热蒸汽管道、高压给水管道等用途的无缝钢管。火电是中国电力供应的主体，在国家节能、减排政策的导向下，发展高效清洁的大型超超临界发电机组是中国火电发展的必然选择。电站锅炉向高参数、高效率、大容量的超临界和超超临界机组的不断发展，对钢管的使用不断提出更高的要求。《高压锅炉用无缝钢管》（GB/T 5310）是我国钢管标准中技术要求最高、最全面的标准之一，在钢管生产和锅炉制造行业中发挥着重要作用。随着钢管制造行业的发展和锅炉行业对管材要求的提高，许多锅炉管材的新技术、新要求和新品种在标准中不断得到规范。如牌号由最初的 8 个增加到 24 个，1985 年版增加了 12CrMo、12Cr2Mo（T/P22）、07Cr19Ni10（304H）、07Cr18Ni11Nb（347H）等 4 个牌号，1995 年版增加了 20MnG、25MnG、15MoG、20MoG、10Cr9Mo1VNbN（T/P91）等 5 个牌号，2008 年版增加了 07Cr2MoW2VNbB（T/P23）、15Ni1MnMoNbCu（WB36、T/P36）、10Cr9MoW2VNbBN（T/P92）、11Cr9Mo1W1VNbBN（E911）、10Cr11MoW2VNbCu1BN（T/P122）、10Cr18Ni9NbCu3BN（S30432）、07Cr19Ni11Ti（T/P32H）、07Cr25Ni21NbN（310HNbN）、08Cr18Ni11NbFG（347HFG）等 9 个牌号。10Cr9MoW2VNbBN、10Cr18Ni9NbCu3BN、07Cr25Ni21NbN 和 08Cr18Ni11NbFG 等高品质新型耐热钢在科研生产中积累的晶粒度、显微组织和高温性能等基础数据不断得到完善和纳标，产品制造验收等环节的检验要求不断适应新的质量要求。2017 年版标准，更加有利于规范钢管制造环节的质量控制，确保钢管制造、锅炉制造使用和电力行业验收使用等上下游领域对材料验收要求的一致，扩大我国高品质新型耐热钢的应用，提高我国高端无缝钢管国产化率。

（2）主要技术内容。本标准涉及优质碳素结构钢 3 个牌号、合金结构钢 14 个牌号、不锈（耐热）钢 7 个牌号，这些牌号基本涵盖了目前国内高压、亚临界、超临界、超超临界电站锅炉使用的材料。2017 年版标准和 2008 年版相比，主要技术变化有：加严了外径大于 325mm 规格的外径允许偏差；增加了钢牌号 07Cr25Ni21；修改了不锈钢的冶炼方法；增加了总延伸系数要求；修改了 15CrMoG 钢管的热处理制度；修改了硬度指标要求，增加了表面硬度要求；修改了压扁试验和弯曲试验要求；修改了晶粒度要求；修改了显微组织要求；修改了脱碳层深度要求；修改了表面质量要求，完善了高温屈服和持久强度数据。

（3）国内外标准对比及标准水平。国外相关标准有 EN 10216-2：2002、EN 10216-5：2004、ISO 9329-2：1997；《ASME 锅炉及压力容器规范第Ⅱ卷 A 篇铁基材料》中的 SA-106、SA-192M、SA-209M、SA-210M、SA-213M 和 SA-335M；DIN 17175—79 等。综合对比国内外标准，GB/T 5310 在钢牌号的数量（适用范围）、钢的化学成分、钢管的力学性能、钢管的检验项目及指标要求等方面均与国际标准和国外先进标准相当。在钢管的检验项目及指标要求方面，GB/T 5310 比国际标准和国外先进标准规定项目多，技术要求内容更加翔实，部分指标要求严，对生产和上中下游的验收更加具有指导性。《高压锅炉用无缝钢管》（GB/T 5310）的标准水平为国际先进水平。

2. 《高压锅炉用内螺纹无缝钢管》（GB/T 20409—2018）标准介绍

（1）标准的演变历史和意义。GB/T 20409 于 2006 年首次发布，主编单位为上海异型钢管有限公司。2018 年版为第一次修订，主编单位为常州常宝精特钢管有限公司。

开发高效节能的材料用于火电机组锅炉，从而实现在相同发电量的条件下，使用更少的燃料及减少二氧化碳等温室气体排放的目的。内螺纹管就是基于以上目的开发的。内螺纹无缝钢管作为一种经济高效的钢材，广泛应用于超超临界火力发电机组锅炉领域，主要用于制作锅炉的水冷壁。内螺纹无缝钢管通过在钢管内壁加工的螺纹，使管内的水流产生旋转，从而形成紊流，克服了使用圆管时产生的层流导致的膜式沸腾现象。紊流现象使得所有的水均能与高温管壁进行充分的接触，因此，与圆管相比，内螺纹管具有传热快、效率高的优点，并且提高了锅炉的整体运行效率，降低了燃料的消耗与废物排放。内螺纹管的国产化促进了我国超超临界发电机组的推广和运用。随着钢管制造的发展，内螺纹管的制造的新技术、新要求不断在标准中得到体现，如在材料应用上，将内螺纹管的钢级由原来的 1Cr 提升至 2Cr 和 9Cr，将 12Cr2MoG、12Cr1MoVG、10Cr9Mo1VNbN、10Cr9MoW2VNbBN 纳入标准中，此外，传热效率相较于普通的 A、B 型内螺纹管可提高 20%的 OM 型内螺纹管的开发成功，也纳入 2018 年版标准中。国家标准的发布实施，有利于规范内螺纹管制造环节的质量控制，促进新材料在锅炉制造领域中的应用，更好的使我国的产品与国际接轨，为产品的合同订立和产品交易提供技术支持，对规范产业的发展具有积极意义。

（2）主要技术内容。本标准涉及优质碳素结构钢 3 个牌号、合金结构钢 6 个牌号，三种齿型的内螺纹管，基本涵盖了目前国内高压、亚临界、超临界、超超临界电站锅炉使用的内螺纹管材料。和 2006 年版相比，2018 年版主要技术变化有：增加了钢牌号 12Cr2MoG、12Cr1MoVG、10Cr9Mo1VNbN、10Cr9MoW2VNbBN；增加了 OM 型内螺纹管类型；整合了内螺纹管的图示，并且统一了内螺纹管符号的应用；将材料的热处理制度、无损检测及化学、金相、拉伸、硬度、冲击等性能指标与新版的 GB/T 5310—2017 进行了统一；增加了螺纹形状的检查要求。

（3）国内外标准对比及标准水平。《高压锅炉用内螺纹无缝钢管》（GB/T 20409—2018）是我国针对电站锅炉用内螺纹管所执行的唯一国家标准。国外没有专业的内螺纹管标准，类似的圆管的相关标准有《锅炉和过热器用无缝中碳钢管》（ASME SA-210）、《锅炉、过热器和换热器用无缝铁素体和奥氏体合金钢管》（ASME SA-213）、《压力用途的无缝钢管交货技术条件第 2 部分：规定高温性能的非合金钢和合金钢钢管》（EN 10216-2：2013）等。综合对比国内外标准，目前没有专门为内螺纹管而编写的专业标准，因此，从内螺纹类型方面来说，我们已经成功开发 9Cr 系列的内螺纹管，属于国际领先的水平；从应用的材料方面来说，各材料的化学成分、力学性能、检验项目及指标要求等方面均与 GB/T 5310—2017 保持一致，与国际标准和国外先进标准相比，具有更多的检验项目和更严格的技术要求。综上，GB/T 20409—2018《高压锅炉用内螺纹无缝钢管》的标准水平为国际先进水平。

（二）石化用钢管标准

1.《石油裂化用无缝钢管》（GB/T 9948—2013）标准介绍

（1）标准的演变历史和意义。GB/T 9948 的历次版本为：《石油裂化用钢管》（YB 237—1963、YB 237—1970），主编单位为鞍钢；《石油裂化用无缝钢管》（GB 9948—1988），主编单位为鞍钢、（GB 9948—2006），主编单位为鞍钢、（GB 9948—2013），主编单位为攀成钢、（GB/T 9948—2013，强标转推标）。

石化工业是国民经济建设中重要的基础工业之一。随着我国经济的发展，石化行业技术正朝着油化一体化、深度加工以及生产过程清洁高效化方向发展。无缝钢管是石化行业工厂建设、设备制造和运营维护中的主要原材料。石化用无缝钢管的主要工况特点是高温（或低温）、高压和高腐蚀性，接触介质往往是有毒、有害、易燃和易爆等危险品。石化用无缝钢管中尤其以石油化工厂的炉管、热交换器管和输送管道用管的用量最大。随着我国石化工业用原油结构的变化（原油中平均硫含量从目前的 1.0%左右上升到 2.0%以上），以及石化装置不断朝着大型化发展，炼化新工艺、新装备不断采用，对无缝钢管的品种和质量均提出了更高的要求。同时，国内无缝钢管制造企业的装备水平和产品质量也不断提高，在大型石化装置用管品种开发方面也取得明显突破。历次版本标准，紧密结合了行业发展特点，支撑了我国石化行业的发展。

（2）主要技术内容。本标准涉及优质碳素结构钢 2 个牌号、合金结构钢 7 个牌号、不锈钢 4 个牌号，这些牌号基本涵盖了目前石油炼化使用的材料。2013 年版标准和 2006 年版相比，主要技术变化有：增加了最小壁厚交货方式；加严了尺寸允许偏差；增加了 12Cr1Mo、12Cr2Mo、12Cr1MoV、12Cr9Mo-1、12Cr9Mo-NT、07Cr19Ni11Ti、022Cr17Ni12Mo2 等 7 个钢牌号；修改了管坯的制造方法；修改了钢管的热处理制度；增加了晶间腐蚀要求；修改了无损检测要求；增加了高优质碳素结构钢钢管用于含 H_2S 环境的补充技术要求。

（3）国内外标准对比及标准水平。国外相关标准有《高温用铁素体合金钢无缝钢管规范》（ASTM A335/A335M）、《锅炉、过热器和换热器用铁素体和奥氏体合金钢无缝钢管规范》（ASTM A213/A213M）和《压力用途的无缝钢管交货技术条件第 2 部分：规定高温性能的非合金钢和合金钢》（EN 10216-2）等。综合对比国内外标准，GB/T 9948 在钢的化学成分、钢管的力学性能、钢管的检验项目及指标要求等方面均与国际标准和国外先进标准相当。《石油裂化用无缝钢管》GB/T 9948 的标准水平为国际先进水平。

2.《液化天然气用不锈钢焊接钢管》（GB/T 32964—2016）标准介绍

（1）制定标准的意义。GB/T 32964—2016 为首次制定，主编单位为江苏武进不锈。

我国天然气资源不足，需要大量进口天然气。液化天然气（LNG）是将天然气冷却到-162℃左右凝结的液体，是天然气储存和运输的主要形式。LNG 船装载的液化天然气需要输送到接收站和从接收站输送到 LNG 储存罐。因此，以 LNG 形式进口天然气的先决条件是建设 LNG 工程。近年来，国内大型 LNG 工程项目持续投入建设，如江苏 LNG、唐山 LNG、天津 LNG、广西 LNG、深圳 LNG 等。建设 LNG 工程需使用大量长输管线用不锈钢焊管。由于天然气是易燃易爆的燃料，对于传输过程中使用的管道要求严格，必须具备良好的低温强度、低温冷收缩性、低温韧性和抗腐蚀性。

国内不锈钢管生产厂家结合化解过剩产能的需要，不断提升装备水平和开展品种研制，开发出了 LNG 工程用不锈钢焊管，并在工程中得到推广应用。但是所用的标准均为国外标准并加上附加条款，加之设备和工艺上与国外的不一致，造成技术要求难以实施或者执行。该标准的制定，符合国内制造能力且切实可行，解决了标准缺失的制约，同时也为设计院、业主和制造商提供可靠和可行的依据，有利于钢管行业加大产品结构调整力度，加大产品的研发和推广应用力度，发挥标准在化解过剩产能方面的支撑作用。

（2）主要技术内容。该标准适用于大型液化天然气工程用高性能奥氏体不锈钢焊管，产品主要用于 LNG 输送。该标准涉及 06Cr19Ni10、022Cr19Ni10、06Cr17Ni12Mo2、022Cr17Ni12Mo2、06Cr18Ni11Ti、06Cr18Ni11Nb 等 6 个奥氏体不锈钢牌号，主要技术要求包括：整体热处理并酸洗钝化，拉伸、硬度和-196℃冲击试验，液压试验，焊缝横向弯曲试验，焊缝射线检测等。

（3）国内外标准对比及标准水平。该标准参照《高温设备与通用设备用电熔焊奥氏体铬镍不锈钢管》（ASTM A 358/A 358M）制定，与国外标准主要指标相比，钢的化学成分相当，其中 P、S 含量要求比国外标准严；液压试验稳压时间为不少于10S，比国外标准时间长；冲击试验为规定要求，硬度检验为协商条款，焊缝100%X射线探伤为规定要求，这些要求均比国外标准要求高。通过以上主要指标对比，本标准水平达到国际先进水平。

（三）核电用钢管标准

1.《核电站用无缝钢管第1部分：碳素钢无缝钢管》（GB/T 24512.1—2009）标准介绍

（1）制定标准的意义。GB/T 24512.1—2009为首次制定，主编单位为攀成钢。

核电是一种清洁、高效能源，大力发展核电是我国未来能源发展的一个重点方向。核电用管是核电机组常规岛和核岛使用的关键材料之一，核电“自主化”不仅要实现核电站使用材料的国产化，而且要实现包括核电标准体系在内的核电技术的自主化。1984年我国自主设计建造了第一座核电站（秦山），1991年引进国外技术建造大亚湾核核电站，自此我国核电进入了快速发展时期。核电用管的国产化从20世纪80年代开始，已形成批量供应P280GH、20控Cr、P22、TU42C、W36CN1等核岛及常规岛用碳钢、碳锰钢和合金钢无缝钢管的能力。产品已逐步实现国产化，但核电用管的国家标准却长期空缺。研制核电用管国家标准，建立我国自主的核电用管标准体系，推动核电用管国产化，为核电“自主化”提供技术支撑，具有重要意义。发布实施的系列国家标准已成为核电站用钢管贸易的技术依据，是规范和指导钢管制造、核电设计选材和使用的技术法规；解决了多年来困扰核电站设计选材和产品供需订货的技术障碍。

（2）主要技术内容。本标准包括HD245、HD245Cr、HD265、HD265Cr、HD280、HD280Cr等6个牌号，规定了钢的熔炼化学成分及成品化学成分。规定了钢管的详细热处理温度，钢管的室温和高温拉伸性能，对钢管的冲击吸收能量、液压、压扁、弯曲、扩口、低倍、非金属夹杂物、晶粒度、显微组织、脱碳层、表面质量、无损检测、质量报告等要求做出明确规定。

（3）国内外标准对比及标准水平。国外相关标准有EN 10216-2：2002《压力用途的无缝钢管交货技术条件　第2部分：规定高温性能的非合金钢和合金钢钢管》《ASME锅炉及压力容器规范　第Ⅱ卷　A篇铁基材料》中SA-106《高温用碳素钢无缝钢管规范》、SA-210M及《锅炉和过热器用中碳钢无缝钢管规范》。尺寸精度方面：国标的尺寸允许偏差严于欧洲标准；与美国标准相比，外径偏差与美国标准分档不同，热管的外径允许偏差总体上比美国标准宽，冷管的外径允许偏差总体上与美国标准相当，热管和冷管的壁厚偏差严于美国标准。化学成分方面：国标对C、Si、Mn、P、S及残余元素的规定与欧洲标准和美国标准基本一致。力学性能方面：国标对拉伸性能、冲击性能的规定与欧洲标准和美国标准基本一致。工艺性能方面：国标对压扁试验、弯曲试验、扩口试验的规定与欧洲标准和美国标准基本一致。无损检测方面：国标对无损检验的要求参照法国《RCC-M压水堆核岛机械设备设计和建造规则》，检验要求严于欧洲标准和美国标准。通过以上主要指标对比，国标的水平达到国外先进标准水平。

2.《核电站用非核安全级碳钢及合金钢焊接钢管》（GB/T 31941—2015）标准介绍

（1）制定标准的意义。GB/T 31941—2015为首次制定，主编单位为番禺珠江钢管。

核电站用非核安全级碳钢及合金钢焊接钢管主要应用于核电站建造工程中非核安全级的承压设备、工艺管道等，产品应用领域特殊，质量要求高。国标制定前，该产品生产、使用主要参照ASME铁基材料相关标准附加用户的技术协议，行业内缺少统一的技术标准，供需双方迫切需要将该产品制定为国家标准，促进产品质量提高，规范核电用管的生产和使用。

（2）主要技术内容。本标准主要钢种为Q205HD~Q420HD碳钢及11CrMo~10Cr3Mo合金钢等10个牌号，规定了钢的熔炼化学成分及成品化学成分。碳钢采用正火处理，合金钢采用淬火处理，规定了各钢种的热处理温度。规定钢管管体及焊缝的拉伸性能指标。对钢管的弯曲试验、冲击试验、硬度试验合格要求做出明确规定。要求钢管必须做水压试验，无损探伤检查，焊接质量的相关要求等。

（3）国内外标准对比及标准水平。全面对比分析本标准与国外先进标准（ASTM），本标准绝大多数指标已达到国际和国外同类标准水平，许多指标还高于国际和国外同类标准，如椭圆度和壁厚偏差、焊缝咬边、高温拉伸要求等比ASTM A671—2011、ASTM A691—2008、EN 10217-5—2002要求更严格。通过主要指标对比，本标准水平达到国际先进水平。

（四）船舶用钢管标准

《船舶用碳钢和碳锰钢无缝钢管》（GB/T 5312—2009）标准介绍如下：

（1）标准的历次版本和意义。GB/T 5312 的历次版本为：GB 5312—1985、GB/T 5312—1999、GB/T 5312—2009，历次版本的主编单位为上海钢管厂（宝钢）。

我国是世界船舶制造大国，钢管是船舶建造中动力锅炉、管道系统、建筑结构和机械结构中使用的重要金属原材料之一。本标准适用于制造船舶Ⅰ级承压管系、Ⅱ级承压管系、锅炉及过热器用碳钢和碳锰钢无缝钢管。本标准作为我国船舶用钢管的主要标准，为我国船舶工业的发展提供了技术支撑。

（2）主要技术内容。本标准的技术要求满足中国船级社（CCS）《材料与焊接规范》（2006 版）中无缝钢管的技术规定。钢的牌号根据抗拉强度的下限命名，包括 320、360、410、460、490 等 5 个牌号。钢管以正火状态交货。标准对钢管的液压、压扁、弯曲、扩口或卷边、无损检测等要求做出明确规定。和 1999 年版相比，2009 年版主要技术变化有：修改了热轧（挤压）钢管的外径允许偏差；增加了长度允许偏差等级；增加了全长弯曲度指标；修改了硫、磷的含量；修改了钢的冶炼方法；修改了弯曲试验的方法；取消了标准原附录 A、附录 B。

（3）国内外标准对比及标准水平。和英国劳氏船级社（LR）《材料的制造、试验和认证规范》（1999 年版）相比，本标准各项指标均达到或超过其要求，本标准“钢管的外径和壁厚允许偏差、化学成分”等加严，力学性能相当，并比 LR 增加了卷边或扩口试验要求、无损检验要求等。本标准水平达到国际先进水平。

（五）海工用钢管标准

1.《海洋工程结构用无缝钢管》（GB/T 34105—2017）标准介绍

（1）制定标准的意义。GB/T 34105—2017 为首次制定，主编单位为攀成钢。

海洋工程被列入战略新兴产业规划，海洋工程装备具有广阔的市场前景。无缝钢管在海洋建设工程中的应用十分普遍，如钻采设备工程、原油/液化石油气/液化天然气处理工程、特殊的系泊工程、火把工程的导管架、桩腿、隔水套管、系泊支架、直升机平台、火把塔架、起重机臂架等。这类钢管的规格多、材质高，且多为大直径尺寸的钢管。使用环境要求钢管需要适应耐酸、耐盐、耐海洋气候等恶劣条件，其使用寿命长达 30 年甚至更长，因此对钢管产品的质量要求较高。该标准填补了标准体系空白，有利于钢管行业调整产品结构，助推我国海洋工程发展。

（2）主要技术内容。钢的牌号由代表屈服强度“屈”字的汉语拼音首位大写字母、规定最小屈服强度数值、“海”字的汉语拼音首位大写字母、质量等级符号等四个部分组成，屈服强度包括 245MPa～690MPa，质量等级包括 B、C、D、E、F。钢管尺寸精度、钢的化学成分、拉伸性能参照 API SPEC 5L 中 PSL2 规范水平；冲击性能参照 CCS 的《材料与焊接规范》规定的夏比 V 型冲击试验温度及全尺寸冲击吸收能量验收值。钢管应逐根全长进行超声波探伤。

（3）与国外标准对比情况及所达到的标准水平。本标准参照国际船级社联合会《规范材料和焊接规范》（IACS）、《管线钢管规范》（API SPEC 5L）、《热轧结构钢制品第 3 部分：正火正火轧制可焊接细晶结构钢的交货技术条件》（EN 10025-3：2004）、《非合金及细晶粒结构钢热成型结构管》（EN 10210：2006）等国外先进标准，本标准的尺寸允许偏差、化学成分等技术指标与国外先进标准相当，力学性能、无损检测等指标高于国外先进标准。本标准为国际先进水平。

2.《钛-钢复合管》国家标准介绍

（1）制定标准的意义。本标准为首次制定，主编单位为湖南湘投金天科技集团有限责任公司。

由于钛材的密度较低，可在保证复合管道强度和耐腐蚀特性的同时减轻结构重量，替代单一耐腐蚀材料的使用，在一定程度上降低材料成本。尤其是工况介质为海水时，不仅存在管路内部的腐蚀问题，也必须同时考虑管路外部的环境腐蚀，钛、钢两种材料的搭配，更加有利于管路系统总体腐蚀设计的优化，并且减重效益显著。更重要的是，能够显著提高海水等介质的管道系统安全性和可靠性，减少因管道系统故障修理或更换时间，从而减少修理工程量和维护费用，降低使用和维护成本，社会和经济效益显著。本标准制定前，国内外没有钛-钢复合管的专业标准。本标准的制定，有利于产品的推广应用，规范产品的制造和验收。

（2）主要技术内容。本标准规定了钛-钢复合管的术语和定义、分类及代号、订货内容、尺寸、外形、重量、技术要求、试验方法、检验规则、包装、标识和质量证明书；适用于以钛为复层，碳素结构钢、优质碳素结构钢或低合金高强度结构钢为基层的复合管（以下简称“复合管”），主要适用于石油化工、海洋装备、电力能源、环保等领域。

基层材料包括 20、Q195、Q215A、Q215B、Q235A、Q235B、Q355B/Q345A、Q345B、L245 或 B、L290 或 X42、L320 或 X46、L360 或 X52；复层材料包括 TA1G、TA2G、TA3G、TA4G、TA8、TA9、TA10、TC4 等。冶金复合直缝焊管的原材料钛-钢复合钢板（带）应符合 GB/T 8547 的规定。机械复合管的基管和复层管可选用无缝管或焊接管。当基管选用无缝管时，应分别符合 GB/T 8163、GB/T 9948 或 GB/T 9711 的规定，复层管应分别符合 GB/T 3624 或 GB/T 3625 的规定。当基管选用焊接管时，应分别符合 GB/T 3091、GB/T 13793 或 GB/T 9711 的规定，复层管应符合 GB/T 3625 的规定。

冶金复合直缝焊管采用钛-钢复合钢板（带）通过卷曲冷弯成型后，钨极惰性气体保护焊（GTAW）、等离子弧焊（PAW）当中的一种或多种组合焊接方法制造。基层焊接时，基层材料不应熔入复层；复层的焊接应采用小能量焊接工艺。机械复合管选用较大内径的基管/复层管嵌套较小外径的复层管/基管，采用旋压、拉拔或液压等加工方式制造。检验项目包括拉伸、焊接接头拉伸、结合界面剪切强度 τ 或结合强度、焊缝导向弯曲、压扁、液压试验、焊缝质量等。

（六）石油钻采用钢管标准

1.《连续油管》（GB/T 34204—2017）标准介绍

（1）制定标准的意义。本标准为首次制定，主编单位为宝鸡石油钢管有限责任公司。

连续油管（Coiled Tubing，CT）也称挠性管、蛇形管或盘管，是一种强度高、塑性好的高附加值绿色产品，单根长度已超过 7000m，在生产线连续生产并按一定长度缠绕在卷筒上交付使用，作业时卷筒上的管子可反复收放、使用。由于连续油管作业具有占地面积小、效率高、拆装方便、保护油层、增加产量、安全环保和使用范围广等诸多普通油管不可比拟的优点，已广泛应用于油气井修井、完井、测井、增注、老井重钻、加深、侧钻、小井眼、欠平衡、过平衡、水平井钻井以及常规管道集输和生产油管等多种作业。因此连续油管及其作业技术在国际上得到了快速发展。

长期以来，连续油管材料和产品制造技术一直被美国垄断，进口周期长、价格高，严重阻碍了我国连续油管作业技术应用和发展。为满足石油工业发展的需要，2006 年宝鸡钢管牵头承担的连续管项目列入国家“863”计划和中国石油天然气集团公司重大科技专项，2009 年打破国外封锁垄断，成功使我国成为全世界第二个掌握连续油管生产技术的国家，全面实现连续油管国产化。本标准制定前，我国没有连续油管国家标准，而标准对高新技术产品的研发和推广应用具有重要作用。本标准有利于推广应用连续油管产品及相关作业技术。

（2）主要技术内容。连续油管外径尺寸范围为 19.1～88.9mm；连续油管尽可能少的钢管对接环焊缝，单个对接钢管管段的长度应不小小于 61m。钢应采用细化晶粒工艺制造，可适当加入合金或微合金元素，采用全流程洁净化、均质化炼钢；钢级为 CT55、CT60、CT70、CT80、CT90、CT100、CT110 等 7 个钢级。钢管采用高频感应焊（HFI）或激光焊工艺进行连续纵向焊缝焊接，不接受没有进行适当热处理的冷拔管。变径管柱可采用对焊工艺将两种或两种以上壁厚的钢带对接后生产，或采用对焊工艺将两种或两种以上壁厚的钢带与一条或多条壁厚连续变化的钢带对接后生产；或采用管管对焊工艺将连续生产的单一壁厚管段连接到壁厚渐增/渐减的其他管段上。拉伸力学性能要求包括：规定总延伸强度或规定残余延伸强度 $R_{t0.5}$ 或 $R_{r0.2}$（要求最小值和最大值），抗拉强度（要求最小值），原始标距为 50mm 试样的最小断后伸长率。硬度要求包括管体和焊缝洛氏硬度（HRC）。晶粒度应为 8 级或更细。工艺性能包括压扁和扩口。每个单根钢管的两端焊缝横截面金相检验，观察母材金属和焊缝区域的微观组织。其他检验要求包括静水压试验、通径（球规）试验、无损检测等。连续油管柱包装前应涂敷外保护膜。经购方和制造商协商，应在连续油管内充满干燥的不反应气体，并密封端口。

（3）国内外标准对比及标准水平。和美国石油学会《油气井用连续管作业推荐作法》（API RP 5C7）、《连续油管规范》（API Spec 5ST）相比，本标准涉及全部指标与国外先进标准水平相当，部分指标水平高于国外同类标准要求，本标准水平为国际先进水平。

2.《油气井射孔枪用无缝钢管》（YB/T 4371—2014）标准介绍

（1）制定标准的意义。YB/T 4371—2014 为首次制定，主编单位为衡阳华菱钢管有限公司。

油气井射孔枪用无缝钢管广泛用于石油和天然气开采行业。本标准制定前，国内没有油气井射孔枪用无缝钢管的国家或行业标准，钢管制造行业存在无标可依的现状。由于产品缺少统一的技术要求，钢管制造厂按各自的企标或技术协议供货，技术指标各不相同，产品质量参差不齐，给用户的订货及使用造成了较大的困难。本标准的制定，对于规范油气井射孔枪用无缝钢管的生产、检验和设计使用具有积极意义。

（2）主要技术内容。本标准规定有 26CrMo、32CrMo 两个材料牌号，主要元素 Cr 含量在 0.80%~1.20%左右，Mo 含量在 0.15%~0.30%之间。钢要求进行真空精炼处理。钢管以调质状态交货，其性能检验包括抗拉（758MPa~965MPa）、屈服（最小 862MPa）、延伸率（最小 14%）、冲击功（全尺寸：横向 40J，纵向 60J）、洛氏硬度（25HRC~34HRC）。钢管须经超声波、涡流等探伤检验，验收等级 L3。钢管主要尺寸要求如下：外径偏差（±1%D）、壁厚（10%S）、不圆度（≤1.2%D）和壁厚不均（≤15%S）。

（3）国内外标准对比及标准水平。和《套管和油管规范》（API Spec 5CT）相比，本标准的外径允许偏差中小管严、大管、宽；壁厚允许偏差严；长度允许偏差严；弯曲度要求严；增加了不圆度和壁厚不均要求；化学成分严；交货状态一致；力学性能冲击功严；无损检测，API 5CT 单探，本标准要求双探；表面质量要求相当。本标准绝大多数指标已达到或超过国外同类标准水平，本标准为国际先进水平。

（七）轨道交通用钢管标准

《轨道交通车辆制动系统用精密不锈钢无缝钢管》（GB/T 34107—2017）标准介绍如下：

（1）制定标准的意义。GB/T 34107—2017 为首次制定，主编单位为江苏银环精密钢管有限公司，参加起草单位有江苏武进不锈股份有限公司、中国铁道科学研究院标准计量研究所、上海奉贤钢管厂有限公司、山西太钢不锈钢钢管有限公司、中车株洲电力机车有限公司、中车大连机车车辆有限公司、中车青岛四方机车车辆股份有限公司、冶金工业信息标准研究院。

制动系统是保障轨道交通车辆安全营运的关键设备。制动动力源为压缩空气或制动液，精密不锈钢无缝钢管是用来输送压缩空气或制动液，实现制动作用的载体。制动系统对精密不锈钢无缝钢管的要求非常严格，其质量直接影响车辆制动系统的性能。制动系统的各种阀类零件对精密不锈钢无缝钢管内表面的清洁度要求非常高，不允许内表面存在异物、氧化皮脱落、锈蚀等缺陷存在。否则会造成阀部件堵塞，动作失灵，造成制动故障，从而危及行车安全。轨道交通车辆制动系统用不锈钢无缝钢管每台/节机车车辆大致使用 300 公斤左右。钢管在轨道交通车辆组装过程中，通常会进行弯制加工、预装卡套、加工管螺纹、焊接、机加工等工艺过程。在经过这些工业过程之后，钢管不应开裂、起皱，或有超过工艺规定的缺陷存在。轨道交通车辆运行环境复杂，接触风、霜、雨、雪、粉尘、煤尘、紫外线等；还能够遇到弱酸、弱碱等工况。目前，铁路机车车辆运行的线路越来越长（例如从哈尔滨到广州），气候变化剧烈，对制动系统钢管的耐候性能提出了更高要求。轨道交通车辆在日常的保养过程中，制动系统部分管路可能会直接接触工业清洗剂。这些都对机车车辆制动系统用钢管的抗腐蚀、强度等性能提出了很高的要求。

本标准制定前，轨道交通车辆制动系统用精密不锈钢无缝钢管没有统一的国家标准，用户订货基本上都引用了欧盟或德国的标准。本标准的制定，有利于高端装备制造用原材料的国产化。该标准适用于轨道交通车辆（机车、动车组、城轨车辆、客货运车辆等）空气或液压制动系统用精密奥氏体不锈钢无缝钢管。

（2）主要技术内容。钢管外径尺寸范围为 6~48.3mm，壁厚为 1.0~4.0mm。外径范围 6~30mm 的允许偏差为±0.08mm；壁厚范围>1.5~2.5mm 的允许偏差为±0.15mm。钢的牌号包括 06Cr19Ni10、022Cr19Ni10、06Cr17Ni12Mo2、022Cr17Ni12Mo2、06Cr17Ni12Mo2Ti、06Cr18Ni11Ti 等 6 个牌号。钢管采用冷拔（轧）无缝方法制造，以光亮固溶处理状态交货。力学性能要求包括拉伸和硬度。钢管应进行液压、压扁、弯曲、扩口、晶间腐蚀和无损等检验。钢管的内外表面应清洁、光亮、色泽均匀，无氧化皮等异物，表面粗糙度 Ra 应不大于 3.2μm。采用不低于 0.8MPa 的干燥洁净压缩空气逐根吹扫钢管内表面，不应吹出任何肉眼可见的固态或液态杂物。钢管使用木箱包装，防护应符合铁路标准 TB/T 3218 的规定，并采用外套式管帽。钢管采用喷标方式每隔 2 米重复标识。钢管的并应采用防水防潮的箱式包装。

（3）国内外标准对比及标准水平。和《压力用途的无缝钢管交货技术条件第 5 部分不锈钢管》（EN 10216-5）、《精密用途的钢管交货技术条件第 1 部分无缝冷拔管》（EN10305-1）等标准相比，本标准在尺寸允许偏差、表面质量、化学成分、工艺性能、无损检测、包装等方面的要求更加明确、具体和严格。本标准为国际先进水平。

（八）汽车用钢管标准

《汽车稳定杆用无缝钢管》（GB/T 33821—2017）标准介绍如下：

（1）制定标准的意义。GB/T 34107—2017 为首次制定，主编单位为江苏华程工业制管股份有限公司，参与起草单位有江苏迪欧姆股份有限公司、上海中国弹簧制造有限公司、浙江金晟汽车零部件股份有限公司、冶金工业信息标准研究院等。

稳定杆是横置在汽车前端和后端，防止车身在转弯时发生横向倾翻，从而达到安全、操控及舒适等作用。稳定杆过去采用实心棒材加工而成，产品自重大，不符合汽车轻量化发展方向。利用空心钢管制作汽车稳定系统是积极推进汽车轻量化发展的措施之一。汽车稳定杆用钢管通常采用合金结构钢、弹簧钢或优质碳素结构钢等钢牌号制作，由于汽车本身的特殊性，所以对产品质量要求苛刻，特别是钢管壁厚均匀性和内外表面脱碳情况。本标准制定前，国内外没有专业标准，产品制造和检验缺乏依据，供需双方订货只能签订技术协议，而不同的厂家与车型对钢管的技术指标要求又存在差异。本标准的制定，对于规范产品的制造和验收，促进产品的推广应用具有积极意义。

（2）主要技术内容。壁厚允许偏差为壁厚不大于 3. 0mm 时±10%S，壁厚大于 3. 0mm 时为±8%S。通常按定尺长度或倍尺长度交货，定尺长度在 2000~4000mm 范围内，定尺长度允许偏差为$^{+5}_{0}$mm；钢管的倍尺总长度范围为：>4000~6000mm，全长允许偏差为$^{+10}_{0}$mm。公称壁厚不大于 5. 0mm 时，每米弯曲度不大于 1. 0mm。钢的牌号包括 15CrMo、20CrMo、30CrMo、35CrMo、42CrMo、20Mn2B、25MnCrAlTiB 等合金结构钢，60Si2MnA、60CrMnA、50CrVA 等弹簧钢，以及优质碳素结构钢 25Mn。钢管以退火状态交货。力学性能要求包括拉伸、布氏硬度。超声检测验收等级 L2，或涡流检测验收等级 E2H 或 E2 级，或漏磁检测验收等级 F2。规定了钢管内外表面脱碳层（铁素体+过渡层）深度。显微组织为珠光体与均匀分布的铁素体。实际晶粒度不小于 6 级。非金属夹杂物合格级别，A、B 类不大于 2. 0 级，C、D 类不大于 1. 5 级。钢管内外表面应光洁无氧化铁皮。

（3）国内外标准对比及标准水平。和《精密用途钢管交货技术条件第一部分：冷拔无缝钢管》（EN 10305—1：2002）相比，本标准尺寸精度、化学成分、力学性能、金相检验等指标要求较严。本标准为国际先进水平。

（九）建筑用钢管标准

1.《低压流体输送用焊接钢管》（GB/T 3091—2015）标准介绍

（1）标准的历次版本和意义。GB/T3091 的历次版本为：《水、煤气输送钢管》（YB 234—63）、GB 3091—82（主编单位为上海钢管厂）、GB/T 3091—1993（主编单位为上海钢管厂）、GB/T 3091—2001（主编单位为凌钢集团锦西钢管）、GB/T 3091—2008（主编单位为锦西钢管厂）、GB/T 3091—2015（主编单位为天津友发钢管集团股份有限公司）；GB 3092—82（主编单位为鞍钢）、GB/T 3092—1993（主编单位为鞍钢）；GB/T 14980—1994《低压流体输送用大直径电焊钢管》（主编单位为锦西钢管厂）。

低压流体输送用焊接钢管主要应用于水、空气、采暖蒸汽和燃气等低压流体输送，产品应用范围广，产量大。2015 年版标准发布前，由于标准中对钢管的最小壁厚和镀锌层的最小重量没有规定，该产品的质量参差不齐，生产、使用以及质量监督等领域对镀锌钢管的质量信息反馈较多，镀锌钢管的质量形象和市场份额受到一定影响。2015 年版标准发布后，对质量问题反映较突出的技术条款进行了修改，以提高产品质量，规范生产、使用，维护行业健康发展。

（2）主要技术内容。2015 年版标准中，修改了 219. 1mm 及以下钢管的尺寸交货方式，按行业通常做法明确为公称口径；为方便使用，增加了钢管的尺寸规格表，详细列出了 219. 1mm 及以下钢管的外径系列1、系列2和系列3；为保证流体输送承压，规范行业的生产和使用，明确各个公称口径对应的公称壁厚最小值；为解决长期以来镀锌钢管没有要求检验锌层重量和规定最小值，以及执行中的理解分歧，增加了锌层重量检验要求并规定内外表面镀锌层单位面积总重量应不小于300g/m²。钢的牌号包括GB/T 700中牌号Q195、Q215A、Q215B、Q235A、Q235B、Q275A、Q275B和GB/T 1591中牌号Q345A、Q345B。检验项目包括钢管母材拉伸、焊缝拉伸、弯曲或压扁、焊缝导向弯曲、液压、镀锌层等。钢管镀锌应采用热浸镀锌法，镀锌层的检验包括重量、均匀性、附着力和表面质量等。

（3）国内外标准对比及标准水平。与《清水和污水用钢管》（ISO559：1991）相比，本标准管端要求增加了公称口径不大于114.3mm的钢管，应机械平头要求；增加了可加工管螺纹；明确了缺陷的修补要求，直缝高频电焊钢管外径小于等于219.1mm的钢管不允许修补，外径大于219.1mm的钢管允许修补；对化学成分、力学性能、检验项目等指标的规定相当。本标准水平达到国际先进水平。

2.《城镇燃气输送用不锈钢焊接钢管》（YB/T 4370—2014）标准介绍

（1）制定标准的意义。YB/T 4370—2014为首次制定，主编单位为成都共同管业有限公司。

《城镇燃气设计规范》（GB 50028—2006）将不锈钢管列为燃气输送管道。目前不锈钢焊接钢管已经在燃气输送管道中大量使用。本标准制定前，国内没有燃气用不锈钢管的产品标准，不仅给用户选用不锈钢管道造成了障碍；而且由于没有统一的标准，钢管制造行业也存在无标可依，质量不稳定的现状。本标准的制定，对于满足人民对美好生活增长需求选用高端建筑材料具有积极意义。本标准适用于公称压力P_N不超过0.4MPa的城镇燃气输送用不锈钢焊接钢管。

（2）主要技术内容。钢管外径范围12.7～219.1mm，壁厚范围0.6～3.0mm。钢牌号包括022Cr17Ti、019Cr19Mo2NbTi、019Cr22CuNbTi等3个铁素体牌号和06Cr19Ni10、022Cr19Ni10、06Cr17Ni12Mo2、022Cr17Ni12Mo2等4个奥氏体牌号，化学成分按照GB/T 20878标准。钢管的制造方法为不添加填充金属的自动焊接（熔焊）。奥氏体钢管以焊接状态交货，铁素体钢管应以热处理状态交货。规定钢管的非比例延伸强度、抗拉、延伸率指标。钢管须经过0.6MPa气密性检验和2.5MPa～10MPa的液压试验。钢管还需要做压扁试验和扩口试验。

（3）国内外标准对比及标准水平。和《水和其他流体输送用不锈钢管交货技术条件》（EN10312：2005）、《可燃性流体输送管线用钢管交货技术条件》（EN 102208：2009）相比；本标准对工艺性能要求更加细化，管材长度允许偏差、弯曲度、扩口试验指标、密封性能试验等要求更为严格；钢管的成分、性能等关键技术指标要求更高；焊缝缺陷不允许补焊，国外标准对此没有明确规定。本标准水平达到国际先进水平。

（十）结构用钢管标准

1.《结构用无缝钢管》（GB/T 8162—2018）标准介绍

（1）标准的历次版本和意义。GB/T 8162的历次版本为：《无缝钢管》（YB 231—64、YB 231—70，主编单位为成都无缝钢管厂）、GB 8162—87、GB/T 8162—1999、GB/T 8162—2008、GB/T 8162—2018（主编单位均为鞍钢）。

结构用无缝钢管是钢管领域量大面广的基础原材料，产品广泛应用于工程结构、机械结构和建筑结构等领域。随着无缝钢管新产品的不断开发，低合金、细晶粒、高强度钢管不断生产和使用，低合金钢级已由16Mn发展到Q345～Q460，目前已发展到Q500、Q550、Q690等钢级。2018年版标准发布后，对于规范市场和提升质量，推动钢管行业品种结构调整，支撑化解过剩产能具有积极作用。

（2）主要技术内容。本标准适用于机械结构和一般工程结构用无缝钢管，涉及钢种包括优质碳素结构钢、低合金高强度结构钢、合金结构钢。除质量等级A外，各牌号的低合金钢规定了碳当量和冲击吸收能量要求。退火或高温回火状态交货、且壁厚不小于5mm的合金结构钢规定了布氏硬度要求。工艺性能检验包括压扁和弯曲（协商条款）。和2008年版标准相比，2018年版标准主要技术变化有：修改了冷拔（轧）无缝钢管外径和壁厚允许偏差；修改了钢管通常长度范围和定尺长；删除了Q235、Q275、Q295、12CrMo、15CrMo、12CrMoV、12Cr1MoV牌号及相关技术要求；增加了低合金高强度结构钢各牌号的化学成分及碳当量表；增加了Q500、550、Q620、Q690低合金高强度结构钢牌号及相关技术要求；删除了钢管热挤压制造方式；增加了Q390牌号压扁试验要求；增加了镀锌层及相关技术要求。

(3) 国内外标准对比及标准水平。国外相关标准有《一般结构用碳素钢管》(JIS G 3444：1994)、《机械结构用碳素钢管》(JIS G 3445：2004)、《机械用光端无缝钢管》(ISO 2937—74)、《机械和一般工程用非合金和合金无缝钢管技术条件》(EN 10297-1：2003)、《非合金细晶粒热轧结构型材第1部分：交货技术条件》(EN 10210-1：2006) 和《非合金细晶粒热轧结构型材第2部分：公差、尺寸及截面性能》(EN 10210-2：2006) 等。本标准与EN标准相比，热轧钢管外径允许偏差一致，冷拔钢管严于欧洲标准；壁厚允许偏差总体指标相当；增加了钢管的外径不圆度和壁厚不均要求条款；全长弯曲度一致，增加了钢管每米弯曲度要求；对钢中有害元素P、S含量规定值及残余元素要求值均达EN标准相应钢种要求水平；冲击和力学性能值相当；增加了压扁试验、弯曲试验要求条款，且增加了涡流探伤、漏磁或超声检测选项。本标准水平达到国际先进水平。

2.《起重机臂架用无缝钢管》(GB/T 30584—2014) 标准介绍

(1) 制定标准的意义。GB/T 30584—2014 为首次制定，主编单位为衡阳华菱钢管有限公司。

液压履带式起重机是一种工程、建筑施工用自行式起重机，是工程机械中技术含量高，制造工艺复杂，具有独特性能的起重作业产品，它具有起重能力大，转弯半径小，可吊重行走，履带对地面比压小，对环境要求低，作业稳定性好，桁架组合可自由更换等特点，广泛应用于搭建桥梁、安装发电设备、安装炼油设备、架设风力发电机组以及建设海上工作平台等施工项目。近年来，随着我国基础设施建设的加强，国内履带起重机市场得到了持续、快速壮大。据资料统计我国每年销量国内加进口的液压履带式起重机在500台以上。作为液压履带式起重机一个重要部件的组合臂架，是承载关键部位，由3~12m的无缝钢管焊接组合而成，最大吊重能力达350~1200t，吊重高度可达226m，最大工作半径可达160m以上。起重机臂架管要求钢管高强度、高韧性，良好的焊接性能。本标准发布后，对于钢管的推广应用，规范钢管的生产和验收，提升产品质量具有重要意义。

(2) 主要技术内容。按起重机起重吨位及使用部位，钢管强度可分为450MPa、770MPa和890MPa。其中450MPa级主要用于臂梁腹杆，770MPa级则主要用于起重吨位为400t以下的主臂梁，而890MPa级用于起重吨位为400*t*以上的主臂梁。钢的牌号由代表起重机臂架的“臂”“架”汉语拼音首位大写字母和规定最小下屈服强度或塑性延伸强度数值两部分组成。热轧（挤压、扩）钢管壁厚允许偏差为$^{+12.5}_{-10}\%S$，冷拔（轧）钢管壁厚允许偏差为$\pm10\%S$。每米弯曲度应不大于1.5mm，全长弯曲度不大于钢管长度的0.10%，且不超过10mm。钢的冶炼除经过炉外精炼外，还应经真空脱气处理。BJ450钢管以正火状态或调质状态交货，BJ770、BJ890钢管以调质状态交货。力学性能包括拉伸和冲击，其中抗拉强度规定了最小和最大值，冲击试验温度为-20℃。超声检测验收等级为L3，或漏磁检测验收等级L3，或涡流检测验收等级B。涡流或漏磁探伤时，钢管每端剩磁不大于20Gs。

(3) 国内外标准对比及标准水平。和国外《机械结构用合金钢钢管》(JIS G 3441—2004)、《非合金结构钢、细晶粒结构钢热轧钢管第1部分：技术交货条件》(EN 10210-1：2006)、《用于机械和一般工程用途的无缝钢管交货技术条件第1部分非合金和合金钢管》(EN 10297-1：2003) 等相关标准相比，本标准热管的外径偏差与国外标准一致，壁厚偏差严于三个国外标准；长度允许偏差与EN10210-1和EN10297-1相当，但严于JIS G3441；弯曲度严于国外标准；不圆度、壁厚不均严于国外标准；化学成分、交货状态、力学性能、冲击吸收能量、无损检测、端头外形、表面质量等要求严于国外标准。本标准水平为国际先进水平。

(十一) 气瓶用钢管标准

《大容积气瓶用无缝钢管》(GB/T 28884—2012) 标准介绍如下：

(1) 制定标准的意义。本标准为首次制定，主编单位为攀成钢。

天然气是一种清洁能源，随着国家加强环境治理的力度，天然气的使用量大幅上升，从而使气体运输和移动式加气站所需的水容积300~3000L大容积气瓶需求迅速增长。用于拖车和移动式加气站的大容积气瓶所充装的介质易燃、易爆、易腐蚀，且工作压力高、重复充装和流动性大，一旦发生泄漏或爆炸往往引起灾难性事故的发生，这对用于制造大容积气瓶产品的无缝钢管质量提出了很高要求。与此同时，随着我国经济建设的飞速发展，特种气体产业规模迅速扩大，用于特种气体运输和存储的大容积气瓶也需求迅速增长。国家标准《气瓶用无缝钢管》(GB/T 18248—2008) 主要针对一般用途高压气瓶管，不能满足制造大容积气瓶对无缝钢管的特殊质量要求。本标准制定前，主要采用技术协议的方式供货，或者按美、欧等国相关拖车气瓶标准对无缝钢管的技术要求进行生产等。本标准的制定，满足了国内拖车、站用气瓶行业发展的需要，促进了产品的以产顶进和研发、推广应用。

（2）主要技术内容。本标准适用于制造容积为300~3000L气瓶用无缝钢管，按适用范围确定的气瓶水容积特性来命名本标准的名称，和GB/T 18248相区分。"大容积气瓶"具有规格大（外径大于356mm，长度6~13m）、移动式（拖车、半挂拖车或集装管束等运输工具）、高压力（盛装GB 16163所定义的永久气体，工作压力通常在10MPa以上）等特点。钢管主要按公称外径D和最小壁厚（S_{min}）方式交货，对$D \leqslant 599$mm的钢管，其壁厚允许偏差为$+25\%S_{min}$，对$D>559$的钢管，其壁厚允许偏差为$+27.5\%S_{min}$不圆度和横断面壁厚不均应分别不超过外径公差和壁厚公差的80%。钢的牌号有30CrMoE、42CrMoE。其中30CrMoE组别1等同于4130X，需方指定，按本标准订购的组别1钢管，可按4130X牌号订货；42CrMoE组别1等同于4142，需方指定，按本标准订购的组别1钢管，可按4142牌号订货。各牌号P≤0.020%，S≤0.010%。钢应采用真空精炼处理。钢管采用热轧（扩）或热轧（扩）加冷拔无缝方法制造。钢管以热轧（扩）状态、冷拔状态或冷拔后热处理状态交货。力学性能为钢管试样坯经淬火加回火热处理后制成试样测出的性能，包括纵向拉伸、硬度和-40℃纵向冲击。非金属夹杂物分别不大于2.5级，各类夹杂物的细系级别总数与粗系级别总数应各不大于6.0级。钢管内外表面的氧化铁皮应清除。钢管应自动测厚，自动测厚系统检测覆盖的表面积应达到100%。超声纵横向检测验收等级L2。

（3）国内外标准对比及标准水平。国外相关钢管标准有《机械工程用碳素钢和合金钢无缝钢管》（ASTM A 519）和《薄壁压力容器用碳素钢和合金钢锻件（包括气瓶）》（ASME SA 372）。此外，美国交通部《3AA/3AAX无缝钢瓶规范》（DOT 49CFR §178.37）和《3T无缝钢瓶规范》（DOT 49CFR §178.45），以及国际标准化组织《水容积150-3000升可重复充装的无缝钢瓶的设计、制造和试验标准》（ISO 11120：1999）等气瓶标准对大容积钢质气瓶用无缝钢管提出了相应的技术要求。本标准规定钢的化学成分主要元素与ASTM A 519、ISO 11120相当，与美国DOT相同，其中P、S含量比上述国外标准严；本标准规定的屈服强度、抗拉强度、屈强比、低温冲击吸收能量和硬度值等力学性能与ISO11120、DOT相同，比ASTM A 519严格；本标准中对晶粒度级别、非金属夹杂做了具体规定，国外标准中无此规定；本标准规定钢管应100%覆盖全长自动测厚，与ISO11120规定相同，ASTM A 519、DOT中无此规定；本标准规定钢管逐根进行纵横向超声波探伤，与ISO11120、DOT规定相同，ASTM A 519标准无此规定。本标准水平为国际先进水平。

（十二）输送管道用钢管标准

1.《流体输送用双金属复合耐腐蚀钢管》（GB/T 31940—2015）标准介绍

（1）制定标准的意义。GB/T 31940—2015首次制定，主编单位为番禺珠江钢管。

随着世界石油工业的发展，油气井开采环境日趋苛刻，油套管和油气集输管线面临的腐蚀环境更趋严酷，CO_2/H_2S腐蚀已经成为国内乃至全球油气开采和集输过程中的主要腐蚀问题。在高腐蚀环境下应用的传统管材为不锈钢或合金耐蚀管材，这些管材使用成本较高。双金属复合管其复层为不锈钢或合金，满足高腐蚀环境输送介质的要求，该层的厚度可为管壁厚的10%~40%；而基层则为满足管材性能要求的普通碳钢或低合金钢。这样就可以大大降低耐蚀管材的材料成本。本标准的规定，对于规范钢管的生产和验收，促进钢管的推广应用具有积极意义。

（2）主要技术内容。本标准为内外两层金属通过冶金复合或机械方式制造的钢管，适用于民用建设、市政建设，石油天然气输送油井集输，化工管道等领域。规定了基层钢管24个牌号，成分、性能参照GB/T700、GB/T1591、GB/T9711和GB150的要求。对基层钢管的外径、壁厚偏差做出明确规定。钢管的全长弯曲度应不大于钢管长度的0.15%。钢管管端不圆度不超过公称外径的1.0%（最大5mm），管体不圆度不超过公称外径的1.5%（最大10mm）。对焊管基层钢管焊缝进行导向弯曲试验、压扁试验等工艺试验。规定了基层和复层进行维氏硬度试验，验收值参照API 5LD。成品复合钢管逐根水压试验。附录A规定了内覆复合焊接钢管和无缝钢管的无损检测方法。附录B（规范性附录）为石油天然气输送、油井集输、化工管道复合钢管的附加要求。

（3）国内外标准对比及标准水平。国外相关标准有《内覆或衬里耐腐蚀合金复合钢管规范》（API

Spec 5LD)、《海底管线系统》(DNV-OS-F101)。本标准牌号种类齐全，均是国内常用的牌号或与国际常用牌号。复合工艺先进，内覆复合工艺包括热轧、旋压热熔合、挤压、堆焊、爆炸成型、粉末冶金、离心铸造等，衬里复合工艺包括水压、旋压、爆燃成型、基管缩径、冷拔等。冶金复合剪切强度不小于140MPa，比国外标准高。夹持力采用计算法以及一种推荐的简易的新方法，操作更简便。其内层厚度，民用建设、市政建设应不小于公称厚度的8%，国外标准无相应要求。油气输送、油井集输、化工管道应不小于2.5mm，与国外先进标准等同。本标准水平达到国际先进水平。

2.《矿粉矿浆输送用电焊钢管》(GB/T 14291—2016) 标准介绍

(1) 标准的历次版本和意义。GB/T 14291—2016 的历次版本为：《直径 5~152 毫米电焊钢管》(YB 242—63，主编单位为石景山钢铁公司)、《矿用流体输送用电焊钢管》(GB/T 14291—1993，主编单位为锦西钢管厂)、《矿山流体输送用电焊钢管》(GB/T 14291—2006，主编单位为锦西钢管有限公司)、GB/T 14291—2016 (主编单位为浙江金洲管道科技股份有限公司)。

管道输送矿粉、矿浆已成为一种重要物流运输方式，不但能有效降低交通条件对运输的影响，并且能大幅度降低运输成本和减少环境污染。各类金属矿、尾矿以及电力行业粉煤灰、港口码头疏浚管线的固体颗粒、粉体和浆体已逐渐应用矿用耐磨管道输送。钢管类型为直缝高频电阻焊钢管，钢级达 X65M、X70M，最大口径达 559mm，外加 3PE 外防腐。河南金源黄金矿业、洛阳钼业、栾川发恩德矿业尾矿管道项目（包括栾川合鑫源矿业尾矿）、黑龙江乌拉嘎金矿尾矿（包括内蒙古满洲里乌山铜矿尾矿）等管道项目均已成功应用高强钢管内衬超高分子量聚乙烯或高密度聚乙烯的复合管输送各类金属尾矿。矿粉矿浆输送用电焊钢管以高耐磨合金钢卷为原材料，经冷弯成型、高频焊接而成，其本身具有高强韧和高耐磨特性。另外一种是以普通碳素钢或优质结构钢电焊钢管为基管，内衬超高分子量聚乙烯或高密度聚乙烯作为耐磨功能层的复合管，在兼有基管高强韧性的同时，内衬功能层大幅降低了管道系统的摩擦系数和提高了耐腐蚀性能。

2016 年版标准的发布，满足了矿粉矿浆输送用电焊钢管对高钢级、耐磨管材的需求，对于行业调整产品结构均有积极意义。

(2) 主要技术内容。该标准适用于矿粉、矿浆输送及河道、港口码头疏浚管线用电焊钢管。2016 年版标准名称由“矿山流体输送用电焊钢管”修改为“矿粉矿浆输送用电焊钢管”；适用范围删除了“矿山压风、排水、抽放瓦斯”，避免和 GB/T 3091、GB/T 13793 等流体输送用焊接钢管交叉重复，增加了矿粉输送、河道、港口码头疏浚等用途；删除了外径、壁厚、理论重量及试验压力表，尺寸规格直接引用 GB/T 21835 通用标准；外径、壁厚的允许偏差和不圆度参照《管线钢管规范》(API SPEC 5L—2012)；钢的牌号包括 L245J/BJ~L485J/X70J，其化学成分主要参照 API SPEC 5L—2012；对原料的要求是钢卷各类非金属夹杂物不大于 2.0 级，带状组织不大于 3.0 级；钢管制造方法为高频直缝焊接 (HFW)，交货状态为焊缝正火热处理状态交货或整管热处理状态；拉伸、冲击力学性能参照 API SPEC 5L 中 PSL2 规范水平和《煤浆输送管用钢板》(GB/T 31938—2015)；维氏硬度 HV10 参考用户的设计规范要求；工艺性能要求进行压扁试验；耐磨性要求为在规定试验条件下 72h 冲蚀磨损试验后的失厚率应不超过 0.85mm/a，失重率应不超过 0.70%；钢管还应进行液压试验、金相检验、无损检验和剩磁检验；钢管外表面可涂覆聚乙烯层和/或内衬超高分子量聚乙烯或高密度聚乙烯塑料层，也可外涂覆临时防腐层；附录 A 规定了耐磨性试验方法，附录 B 规定了表面涂覆（内衬）塑料层要求。

(3) 国内外标准对比及标准水平。该标准尺寸精度、化学成分、力学性能、工艺性能、无损检验等主要指标与 API SPEC 5L—2012 一致。在 P、S 含量控制及碳当量焊接裂纹敏感性指数指标方面，高于 API 5L；冲击试验温度更低，API 5L 要求是 0℃，而本标准是-10℃；增加了耐磨性试验要求，规定了在一定条件下的失重率和失厚率的指标；内毛刺刮槽深度指标要求更高；增加了表面涂层（内衬）塑料层的要求。本标准水平为国际先进水平。

第四篇

重点企业发展篇

ZHONGDIAN QIYE FAZHAN PIAN

第十章 无缝钢管企业发展篇

在改革浪潮中蓬勃发展的天津钢管集团

（天津钢管集团股份有限公司）

2019 年是新中国成立 70 周年，在整个新中国翻天覆地变化的大潮中，渤海之滨的一座现代化钢城傲然屹立。她诞生于我国改革开放初期，30 年来，她踏着铿锵的脚步挺进了世界钢管领域的前沿，她就是中国能源工业钢管基地——天津钢管集团股份有限公司（以下简称天津钢管），常被人亲切地称为“大无缝”。

伴随着新中国成立 70 年来翻天覆地的变化，天津钢管的诞生和快速发展带领行业迅速崛起，为结束我国长期依赖“洋管”的历史，为石油管材国产化率由 20 世纪 90 年代初的不足 10%提升到目前的 95%以上做出了突出贡献。20 多年来，天津钢管不忘初心、牢记使命，实现了振兴民族工业、服务能源行业的光荣使命。如今已发展成为以钢管研发制造为核心，集国际贸易、设备制造、不锈钢板材、高压气瓶、彩涂板、铜材加工等于一体的综合性企业集团，成为具有国际竞争力的大型无缝钢管生产基地，综合实力位居世界钢管行业前三强。

天津钢管的崛起，加速了我国无缝钢管行业现代化进程，带动了行业发展整体上水平，在造就我国成为无缝钢管第一生产大国的地位，进而改变世界无缝钢管市场格局的光辉历程中发挥了主力军的作用。更为重要的是，改写了“洋管”漫天要价的历史，使我国油田打井成本大幅下降，为我国能源工业的安全发展提供了坚实的保障。

一、企业概况

天津钢管的主导产品为能源用管，覆盖了石油化工、海洋工程、军工、电力、专用管等领域。在油井用管领域，国内石油套管市场占有率保持在 40%、高端产品达到近 70%，具有不可替代的作用；出口近百个国家和地区，全球前 50 强的石油公司中，近八成的公司对天津钢管的产品给予合格认证，并被多家公司列为指定供货商。在海洋工程用管领域，以产品钢级高、规格范围全、生产和出口总量大等优势在国内企业中名列前茅。产品批量应用到国内外的大型油气输送工程及深海项目。X80Q/X100Q 高钢级海工结构管成功实现国产化，摆脱了长期被国外少数企业垄断的局面，大幅降低了产品售价。在军工领域，具备多种军工产品生产能力。在核电领域，P91、P92 率先实现国产化，核电产品率先实现了常规岛用无缝钢管国产化，产品性能位居国际行业前茅。核电管组距范围国内市场占有率 60%以上。在专用管领域，先后在三峡大坝、北京鸟巢、上海世博会场馆、冬奥会场馆等国家重点工程项目批量应用。

二、发展历程

（一）概述

天津钢管地处天津滨海新区，属国家“八五”重点工程。公司始建于 1989 年 6 月，1991 年 8 月天津钢管公司成立，1993 年进入试生产，1995 年 12 月通过国家工程竣工验收，1996 年 1 月 1 日正式投产。1999 年，公司实现了“债转股”。2006 年 12 月，成立天津钢管集团股份有限公司，英文名称“TIANJIN PIPE（GROUP）CORPORATION”（简称“TPCO”）。天津钢管主要经营范围是：钢管制造及加工，金属制品加工、有色金属材料制造、加工及技术开发、转让、咨询、服务等。经过 20 多年的不懈努力，天津钢管走出了一条“消化、吸收、成长、创新、输出”的自我发展的特色之路，现已成为中国能源工业钢管基地，是国内具有国际竞争实力的无缝钢管企业，跻身世界钢管行业前列。

（二）建厂背景

建设天津钢管是党和国家的战略决策，目的是“以产顶进”，实现石油管材国产化，保证我国能源工业发展的需要。早在20世纪60年代初，随着大庆油田的崛起，我国甩掉了用“洋油”的帽子。但直到90年代初，石油专用管材90%以上仍依赖进口。实现石油管材国产化，是石油工业发展的迫切需要，也是国家赋予冶金工业战线的重大历史使命。天津市委、市政府抓住历史机遇，顺应发展趋势，果断决策申报无缝钢管工程项目。1984年8月，当时的冶金部、石油部和天津市联名向国家呈报天津无缝钢管工程项目建议书。1987年国家批准了项目可行性报告，并列为“八五”重点工程。天津市政府专门成立了天津无缝钢管工程指挥部。

（三）发展历程

在党中央国务院的亲切关怀下，在市委市政府的正确领导下，在方方面面的大力支持下，天津钢管肩负使命、负重前行，战胜了一个又一个困难，创造了一个又一个奇迹，抒写了一部大气磅礴、波澜壮阔的创业史诗。

建设期间，老一辈大无缝人与广大参建人员，以建设世界一流现代化工厂的豪情壮志，“吃三睡五干十六”，时间不断、空间占满，夜以继日、苦干攻坚，克服各种预想不到的困难和突如其来的挑战，高速度、高质量地推进工程建设，仅用三年时间就在盐碱地上立起了一座现代化的钢城，并荣获了“中国建筑工程鲁班奖”。投产后，边抓质量、边跑市场、边搞认证，不畏艰辛，长途跋涉，迅速打开了市场，成功挺进中原、走向胜利，仅仅两年时间大无缝的产品就在国内油田声名鹊起，进而走出国门、迈向世界。天津钢管面对无本经营的压力和困境，咬紧牙关、负重前行。1999年又以优异成绩争取到了国家“债转股”的政策支持，为公司发展奠定了坚实基础。

“债转股”以后，天津钢管抓住机遇实现快速发展。通过持续不断的技术改造，150吨超高功率电炉由设计年产能力60万吨提升到120万吨。轧管一套机组突破100万吨，是原设计能力的两倍，单机产量实现突破。2002年，与国外联合研发建设了PQF三辊式高精度连轧管机组，代表了当今世界无缝钢管生产工艺技术的先进水平。其他新建项目坚持引进与自主研发、制造相结合，设备国产化率达到90%。无缝钢管产能由50万吨扩大到350万吨，实现了“以产顶进”的建厂初衷，保证了我国能源工业快速发展的需要，综合实力跻身世界钢管行业前三强，实现了企业的第一次腾飞。

天津钢管在复杂多变的严峻形势下，谋求新突破、实现高质量发展。大无缝人坚定信心以进避退，沉着应对国际金融危机、行业复杂变化等诸多因素带来的严峻挑战。发挥供给侧改革的品种优势，打开市场“扇面”，持续深化科技攻关，形成了以石油套管、油管和管线管、高压锅炉管、高压气瓶管、液压支架管等各类专业管材为主要产品的一大批引领行业发展的科技创新成果，继续保持参与国际竞争的行业主力军地位。

三、品牌建设

无缝钢管作为钢铁行业中的特钢特材，被称为钢铁行业的“绣花针”，对国家战略性产业的发展具有重要的价值，尤其是在石油化工、核能核电、海洋工程、军工装备、精密制造等领域，具有很高的技术含量和不可替代的应用价值。

天津钢管经过20多年的历史沉淀和长期的探索与实践，在产品冶炼、轧制、热处理等关键技术领域拥有了自己的核心技术，积累了大量宝贵研发、生产经验，培养了一支高素质的人才队伍，造就了一大批经营管理、科技开发和技能操作人才，形成了天津钢管特有的生产技术优势、人力资源优势和管理优势，突显了企业在市场竞争中的优势地位。在行业内，天津钢管已树立起“TPCO”品牌形象，并享有较高的声誉。石油套管成为“中国名牌产品”。无缝钢管成为“中国名牌出口商品”。

天津钢管国家级技术中心，拥有雄厚的研发实力和先进的试验检验装备，能够为全球能源开发所需无缝钢管提供完整的配套解决方案。作为首批全国创新型企业，天津钢管致力于高端钢管产品研发生产，形成了具有自主知识产权的TP系列无缝钢管产品。在油井用管领域，先后研发出一系列具有自主知识产权的特殊扣、抗腐蚀、高抗挤毁、热采井用管等市场急需产品。目前，已连续五次为亚洲第一深井的诞生提供了坚强的“钢管支撑”。其中，2019 年 2 月 14 日完钻的 8520 米的亚洲陆上第一深井顺北 5-5H 井应用 TP 系列超高强度特殊扣套管产品近 90%。天津钢管是国内首家成功开发钛合金油井管的企业，并在全球首次应用于超深高含硫油气田，管串下井深度 6500 米，创造了钛合金油管使用长度与重量两项世界纪录。截至 2018 年底，公司获得省部级以上科技奖项 97 项。其中，获得国家科学技术奖特等奖 1 项，二等奖 6 项。持有有效专利 306 项。2018 年完成专利申报 15 项，获得授权 25 项，《125ksi 抗硫化氢应力腐蚀石油套管产品及关键工艺技术开发》获得天津市科学技术进步三等奖。目前正承担国家及省部级重点研发项目 11 项，科研实力处于行业前茅。

针对石油套管的特殊性和高风险性，天津钢管坚持与国际惯例和先进管理模式接轨，按照 API 规范和 ISO9001 质量保证体系，规范质量管理，推行标准化作业。经过长期不懈的努力，天津钢管石油套管成为国内具有重要影响力的替代进口产品。截至目前，天津钢管还通过了中国、美国、挪威、英国劳氏船级社等多项认证，壳牌、美孚、道达尔、沙特国家石油公司、BP 石油公司等 118 家国际大石油公司和工程公司的第二方认证审核，先后与壳牌、雪佛龙、美孚、泰国国家石油公司等国际知名大油公司签订了长协合同。目前，天津钢管是美孚在中国采购管线管、道达尔在中国采购特殊扣油套管首选的供应商。国内与中石油、中石化、中海油签订长期合作协议。

TPCO 商标已经在几十个国家和地区获得注册，产品广泛在国内陆地和海上油田、电力等行业使用，并出口到世界近百个国家和地区，在国际市场上与众多国家和地区保持着长期稳定的贸易关系。

四、市场地位

（一）国内市场地位

天津钢管以实现“以产顶进”为初衷，以石油管材国产化为目标建厂。经过 20 多年的发展，已具备年产 350 万吨无缝钢管能力，产品包括油井管（包括油管、套管及钻杆等）、管线管、高压锅炉管、核电管、工程机械用管、流体输送管等 20 余种。广泛应用于石油化工、海洋工程、军工、能源电力、工程机械及国家重点工程等领域，是中国大规模的无缝管材生产基地。无缝钢管产量连续多年位居全球前列，在产能规模、装备技术、科技质量、人才队伍、体系认证、国际化发展等方面综合实力世界前三。自投产以来，天津钢管已累计生产无缝钢管 4000 余万吨。其中，石油套管累计生产 1900 余万吨，国内市场占有率稳定在 40%，高端石油套管国内市场占有率稳定在近 70%。

油气开采领域，国内率先开发了拥有自主知识产权的 9 大系列、40 多个钢级和扣型、100 余种规格的 TP 系列高端油井管产品，有效解决了以塔里木盆地、川渝高含硫气田为代表的国内非常规油气复杂区块的开采难题，成为用户普遍采用的井身结构设计和产品选择方案，多次刷新亚洲石油套管下井记录，最深达到 8520m。凭借产品设计、装备能力等综合实力，天津钢管拥有一批国内供货能力的不可替代产品。是国内首家具备批量生产并成功下井应用钛合金油井管的企业，首次应用于超深高含硫油气田，管串下井深度 6500m，创造了钛合金油管使用长度与重量两项世界纪录。

海洋工程领域，天津钢管是国内生产海洋工程无缝钢管钢级、规格范围全，生产和出口总量大的知名企业。开发了 X42~X100 等钢级的管线管，并大量应用于海洋工程领域。在国内率先通过了包括世界三大船级社挪威船级社（DNV）和美国船级社（ABS）在内的 11 家第三方机构认证，具备在海洋等特殊领域供货资质。海洋用绕管率先通过了德西尼布工程咨询公司认可的产品，并成功应用于马士基北海项目。是首家高强度海工桩腿管通过美国船级社认证的国内企业，X80Q/X100Q 高钢级海工结构管等成功实现国产化，打破了长期被国外少数企业垄断的局面，大幅降低了进口产品售价。

军工核电领域，具备多种军工产品的能力。核电产品率先实现了常规岛用无缝钢管国产化，产品性能达到国际水平。天津钢管组距范围内市场占有率 60% 以上。P9、P91 和 P92 在行业中得到了广泛应用，其中 P91 率先实现国产化，产品性能达到国际水平。

其他行业领域，高强韧射孔枪管产品在国内外广泛应用。高端工程机械用管 550 钢级国内市场占有率超过 70%，770 钢级产品已完全替代了进口，890 钢级产品部分替代了进口。正在开发的 960 钢级管材引领了起重机臂架管产品前沿。耐低温钢产品可应用到最低 -196℃ 的工况环境，已批量应用到国内外多个大型石化项目。重点工程项目，产品先后在三峡大坝、北京鸟巢、上海世博会场馆、天津达沃斯场馆、冬奥会场馆等国家重点工程项目批量应用。

（二）国际市场地位

多年来，天津钢管大力开发国际市场，无缝钢管出口量常年保持在国内前列，出口占比稳定在 10% 以上。自 2004 年以来，连年进入中国进出口企业 500 强行列，2013 年位列中国一般贸易出口企业 100 强第 36 位，2017 年被正式授牌成为天津自主品牌出口领军企业。天津钢管相继在美国、迪拜、香港、新加坡成立海外公司，在韩国、俄罗斯、澳大利亚、加拿大、印度尼西亚、尼日利亚、乌兹比克斯坦设立办事处。海外布点工作仍在不断推进中。

近年来，天津钢管不断强化供应链管理和海外技术服务，依靠雄厚的研发实力和可靠的质量保障体系，致力于为国际能源开发所需无缝钢管提供完整的配套解决方案。先后在迪拜、印度尼西亚、泰国宋卡和林查邦建立 4 个海外库存点，为大油公司长期合作提供供应链支撑；在美国、泰国、迪拜、尼日利亚等 11 个国家设立 25 个海外特殊扣授权加工厂和修理厂，就近为客户车扣、修扣的同时，还可提供短节、转换接头、技术培训、工程维护、管串设计和下井服务等支持工作。

通过国际油公司、工程公司的认证是天津钢管坚持不懈长期推进的工作。截至 2018 年底，已通过近 80 家国际大油公司认证，其中 37 家排名在世界前 50 大油公司；已通过近 40 家国际知名油气行业工程公司认证，其中 27 家排名在世界全行业前 100 大国际工程承包公司。

20 多年来，无缝钢管已累计出口到近百个国家和地区，在美洲、非洲、大洋洲、中东、中亚、东亚、东南亚等地区形成了稳定的规模市场，国际客户数量发展到约 600 个，无缝钢管累计直接出口量达 780 万吨以上。其中自主知识产权的特殊扣油套管已出口到美国、加拿大、阿联酋、科威特、泰国、土库曼斯坦、埃及等 40 个国家，累计出口量达 55 万吨。海洋工程用高钢级管线管已出口到沙特、阿联酋、丹麦、尼日利亚、阿根廷、印度尼西亚、泰国等国家，累计出口量近 6 万吨。天津钢管正在由一个单纯的出口企业向出口+服务+技术支持的综合性跨国公司不断迈进。

五、技术装备

（一）概述

天津钢管始终坚持高起点、高标准的定位原则。始建初期，从德国、意大利、美国、比利时、英国等国引进了当时世界先进的炼钢、轧管、管加工和直接还原铁设备和技术，都是同类技术、设备中的精华，堪称世界先进技术组合。同时还有相配置的钢管热处理、套管加工生产；整个生产过程采用基础自动化、过程计算机、管理计算机三级自动控制，并且拥有完备、先进的在线和离线检测设备、技术分析手段，成为 20 世纪 90 年代国内技术先进的大规模石油管材专业生产基地。

目前设备系统主要包括两部分。一部分是钢管主业系统，另一部分是大型设备制造、彩色涂层薄板、压力气瓶等其他产业设备系统。

钢管主业系统主要包括炼钢、轧管、管加工三大工序的主体设备。炼钢系统拥有 3 座超高功率电弧炉，轧管系统拥有 MPM、PQF、ASSEL 和 REM 四种机型、七套轧机，管加工系统拥有 33 条生产线。两条先进的 ERW 焊管连续成型生产线。

其他产业设备主要包括两条全套引进由德国 SMS Meer 公司生产的先进的连铸连轧铜线杆生产线。两条德国尼霍夫公司生产的先进的 MM85 拉丝生产线，先进的冷轧机组和热轧卷冷轧卷退火酸洗生产线。彩涂板生产设备主要包括两辊式涂渡机、三辊式精涂机。

（二）炼钢系统

炼钢系统拥有 150 吨、100 吨、90 吨超高功率三套电弧炉及连铸、精炼设备。150 吨超高功率电弧炉从德国曼内斯曼德马克公司引进，1992 年 6 月 27 日热试成功。2003 年实现四流连铸改造为六流弧连铸，炼钢、连铸生产能力达到平衡。

（三）轧管系统

拥有各具特色的四种机型、七套无缝钢管生产线。其中 ϕ168mm PQF 三辊式连轧机组世界首套，ϕ460mm PQF 三辊式连轧机组为当时世界最大口径 PQF 机组。

ϕ250mm MPM 限动芯棒连轧机组全套设备于 1992 年由意大利皮昂帝公司引进。环形加热炉从意大利皮昂蒂公司引进，中径 ϕ48m。

1992 年 12 月，ϕ250mm MPM 轧机建成投产，代表了 90 年代初世界最先进水平，设计年产 50 万吨，2007 年实现 100 万吨，实现世界单机产量新突破。

ϕ168mm PQF、ϕ460mm PQF、ϕ258mm PQF 三辊式连轧机组均由天津钢管与德国米尔公司共同设计研发，采用三辊高精度连轧机组，能轧制高合金管、不锈钢管，产品椭圆度、直度、壁厚均匀度及管体质量均好于限动芯棒连轧机组生产的钢管。分别于 2003 年 9 月、2007 年 3 月、2008 年 4 月建成投产。天淮 ϕ508mm 机组于 2012 年 5 月建成投产。

ASSEL 机组工艺技术和装备水平处于同类机组先进水平。设计年产 20 万吨。2005 年 5 月建成投产。

冷轧冷拔机组主要生产不锈钢管，主要设备有冷轧机、冷拔机及 500 吨扩拔机、配套矫直机、探伤设备等。2003 年 2 月投产。

ϕ720mm 项目斜轧扩径机组是世界第二套、国内第一套斜轧扩管机，无缝钢管领域首创四辊热定径机。2008 年 4 月 23 日，斜轧扩径机组一次热试成功。

（四）管加工系统

钢管主业在主厂区拥有 5 条热处理线、24 条管加工线，年加工能力达到 150 万吨以上。主厂区以外管加工线 10 余条。车丝机设备主要从美国、比利时、西班牙、日本引进。配套能力强，拥有 41 套电磁、超声、磁粉、涡流等探伤设备。

（五）科研设备系统

作为天津钢管科技创新机构，技术中心成立于 1994 年，拥有先进的理化监测仪器，其中包括当今世界上先进的实验研究设备。1995 年被批准为国家级技术中心，是国家认定的具有国家实验室资格的研究单位。2006 年，天津钢管又投资建设了世界先进的管材研发中心，并拥有了全流程中间试验线。目前，拥有专业试验研究室 15 个，大型精密试验研究仪器设备 400 余台套。

六、自主创新

（一）概述

2008 年 7 月 28 日，科技部、国务院国资委和中华全国总工会在北京召开创新型企业建设工作会议，联合发布首批创新型企业名单，天津钢管集团榜上有名。

天津钢管坚持走消化—吸收—创新的科技发展道路，建设世界一流研发平台，确保技术领先优势。坚持产学研用深度结合，在产品特异性上下功夫，瞄准“专、精、特、新”的产品定位，加大新钢种、新管材、新扣型研发力度，开发生产了一大批具备自主知识产权的 TP 精品系列，形成“生产一代、储备一代、研制一代、构思一代”的产品创新格局。满足了不同用户的特殊需求，增强了在国内外市场竞争中的“话语权”，实现了从 TPCO 制造到 TPCO 创造的飞跃，为国家能源工业建设做出了突出贡献。

（二）科研团队

拥有一支专业齐全、人才层次搭配合理的专业团队，团队以技术中心研发、试验人员为基础，结合生产、销售以及职能部门相关人员组成了集产、销、研、学、用多方位创新团队，专业涵盖了能源工业用无缝管材领域。目前团队 230 余人，硕士及以上学历占 30%。正高级工程师 9 人、副高级工程师 41 人。同时，聘请两院院士、高校教授、油田专家以及国外专家为中心顾问，定期邀请国内外行业专家来中心进行讲课和技术交流。

（三）试验能力

天津钢管技术中心试验设备之多、试验能力之强在国内无缝钢管行业名列前茅。

全流程新品开发中间试验平台。拥有全流程的中间试验平台，其中包括 500kg 多功能真空中频熔炼炉，可熔炼特殊钢、镍基合金等材料的铸锭，供新品开发和新品熔炼试验使用。多功能立式穿轧复合轧机，可对抗腐蚀钢种、特殊钢种、不锈钢及难变形金属进行轧制，并具备一次穿孔、二次穿孔、限动轧管等多项功能，用于无缝管穿、轧工艺理论及技术的试验研究。热处理试验系统可用于热处理生产工艺研究，由热处理淬火炉、回火炉及水淬设备组成，可进行整管热处理试验，水淬设备充分结合生产现场实际情况，保管体管受热均匀，控温范围宽，自动化程度高。进口数控车丝机，配套高扭矩拧接机和喷丸机各一台组成螺纹研究试验线，为特殊扣产品开发提供了强有力支持。

全尺寸整管评价平台。全尺寸整管评价装备了包括 600t、1500t、2000t 和 3000t 四台联合力试验机，能模拟整套油气井下试验系统，试验范围涵盖所有规格、钢级的油管及生产和技术套管，模拟条件包括温度、内外压、拉伸和压缩以及弯曲等，可完成国际螺纹最高评价标准 ISO 13679 中推荐的所有试验项目。拥有 3000t 卧式联合力试验机。此外，还拥有上卸扣试验机、压溃试验设备和疲劳试验机，设备平均利用率在 90%以上。

金属材料评价平台。拥有一整套进口应力试验装置，现有应力环 300 余个，能够完成 SSCC、HIC 等抗硫化氢腐蚀试验，达到国际试验水平，具备每月 3 万吨产量的试验能力。高压釜试验系统和慢应变速率应力腐蚀试验机均处于国际先进水平。还配备了世界先进的多相流腐蚀试验装置，可进行液相、气相、液气混合相试验，能模拟油管和管线管现场的腐蚀环境及流速进行多相流冲刷腐蚀试验。配备了一系列先进仪器，如热模拟试验机、扫描电子显微镜、透射电子显微镜、X 射线衍射仪、金属原位分析、轮廓投影仪等等。热模拟试验机（带扭转装置）是一套用于金属材料热变行为机理及物理冶金研究的、以计算机控制为基础的智能化大型精密试验设备，广泛应用于力学性能和物理性能测试，热加工过程动态模拟及其他冶金研究，设备平均利用率在 85%以上。

材料检测设备和技术装备先进、完备，拥有包括万能材料试验机、摆锤式冲击试验机、多功能硬度计，电子拉力材料试验机、发射光谱仪、原子吸收光谱仪和 ICP 等离子发射光谱仪、红外碳硫分析仪、氧氮氢分析仪等一批具有国际先进水平的检试验设备，能够承担常规力学拉伸试验、冲击试验、硬度试验，原辅材料成分分析，碳硫分析，氧氮氢分析等一系列检验项，设备利用率在 95%以上。

试验系统获得成绩。研发人员充分利用现有先进设备和试验手段的优势条件，开展了包括材料基础理论研究、特殊扣螺纹研究、整管性能评价试验研究在内的多个项目，取得了丰硕成果。开展的“钛合金油井管产品开发”项目，充分利用中试基地穿轧、热处理多流程的优势，成为全球首家能够批量生产钛合金油管并成功下井应用的生产厂家，项目获得了 2016 年滨海新区科学技术进步一等奖、2017 年冶金科学技术三等奖。开展的“高品质高强度抗硫化氢应力腐蚀油井管制造关键技术开发与产业化”项目，在抗腐蚀产品材料研究及工艺优化取得了突破性进展，2016 年生产抗腐蚀油井管产品 7 万余吨，项目获得了 2016 年冶金科学技术二等奖。“适用于高温高压高腐蚀环境的高合金 TP-G2 油管特殊扣的设计与开发”，充分利用联合复合力试验机全规格覆盖、设备能力强的优势，进行了多个规格产品及螺纹接头的 ISO 13679 IV 评价试验，产品性能及接头性能均达到了国内领先水平，先后获得了 2016 年天津市科学技术进步二等奖、2017 年冶金科学技术三等奖、2018 年天津市科学技术进步三等奖。此外，在超深复杂井高强度管串评价试验研究、热采井套管高温蠕变性能研究以及高抗挤毁套管管体抗外挤试验研究方面取得了重大进展，为生产顺行提供了坚实的基础。

（四）产品研发

天津钢管自主开发了 TP 系列高端无缝钢管产品，覆盖油井管（TP 系列材料、特殊扣系列等）、气瓶管、海洋工程用管、工程机械用管等，形成了 TPCO 产品整体技术优势。天津钢管油套管产品供货范围覆盖全国主要油田，并大量出口国际市场，石油套管成为“中国名牌产品”。除了 API 标准产品以外，天津钢管针对油套管服役条件开发了 9 大系列、40 多个钢级和扣型、100 余种规格的 TP 系列高端油井管产品。包括抗硫化物应力腐蚀系列、抗二氧化碳腐蚀系列、双抗腐蚀系列、超深井系列、热采井系列、高抗挤毁系列、耐低温系列、页岩气用系列以及特殊扣系列产品，占据国内 60%的市场份额，有效解决了特殊地质条件下油套管产品服役的难题，为我国油气资源稳定供应做出了重大贡献。

七、质量管理

（一）概述

天津钢管视质量为生命，始终坚持全员、全面、全过程的质量管理理念，同时坚持与国际惯例和先进管理模式接轨。确立了“坚持质量第一，贯彻‘五精’方针，发挥科技优势，满足用户需求”的质量方针。“五精”即精料、精炼、精轧、精加工、精心工作。确定了“实物质量国际先进，管理质量国内一流，实现高质量、高效益、高效率和新机制”的质量目标。

（二）质量控制

天津钢管从原料采购源头抓起，不断完善和实施供应商审核评价制度，特别是针对不同物资的特点，实施特性化、科学化的供应商第二方认证评价工作。加强供应商管理和绩效考核，以建立稳定的供应联盟关系为重点，与废钢、焦炭、铁合金等具备高标准、实力强、具有一定知名度的大宗物资供应商签订中长期战略联盟协议。

为了确保钢管实物内在质量，天津钢管投入十几亿元资金，在各条生产线上配备了100多台套无损探伤设备，设备类型有漏磁探伤、超声波探伤、涡流探伤、磁粉探伤等，具有检测内外横纵及斜向缺陷、夹层及测厚的功能。这些无损探伤设备几乎涵盖了顶尖探伤技术。天津钢管为了保证技术装备的持续领先优势，先后完成了ϕ168mm机组、ϕ250mm机组、管加工等多台探伤机升级改造。技术中心自主研发多套复合加载试验设备。这些项目的完成对天津钢管综合竞争力提升起到了极大作用。

在主要生产流程上，设置了专门的质量检查站，同时还聘请第三方机构驻厂验收，对全部入库的成品套管进行10%随机抽验，以确保出厂的产品质量。在做好质量检验把关的基础上，对生产过程质量控制进行全程监督，以提高生产过程质量控制水平，确保最终成品的高质量。专职质量检查人员，主要从事原材料的入厂到成品出厂的全过程质量检验控制。

为保障质量安全，天津钢管建立了完善的经济责任制考核体系，并落实质量问责机制。以企管、组织、监察等部门为主，通过对各职能部门的工作完成情况、指标完成情况、制度执行情况的监督检查，对照职责分工和责任目标，进行分层分级分类考核。发挥综合评价考核系统的导向、约束、激励作用，确保职能部门和各生产单元按时达标、保质保量完成各项工作任务，实现天津钢管总体目标。

2008年按照《压力管道元件制造许可规则》完善质量管理体系。2008年6月获得特种设备（压力管道元件）制造许可证。实施关键岗位质量责任人制度，以确保质量安全。

天津钢管法律事务部负责统一收集管理集团适用的相关法律、法规，组织各级领导干部及相关业务骨干人员开展与质量相关的法律法规知识的培训和教育。

天津钢管积极推动、建立多级质量安全考核制度，通过对工作质量、产品质量的考核，激发职工的工作热情，提高自身技能，促进天津钢管产品质量稳步提高。

天津钢管不断完善质量诚信与道德体系建设，强化职工信用意识，加强诚信道德教育，搞好职业道德实践活动，健全和完善职业道德约束机制，全面提升职工素质。天津钢管在生产经营过程中，严格履行质量担保责任，由专人负责售后服务，部分出口产品购买责任险。

（三）质量体系

天津钢管有专职的标准管理部门，负责国际标准、国家标准、用户规范等相关标准信息的收集及管理工作，确保最新版本标准被采用。参照国内、国际等相关标准建立并完善天津钢管内控标准体系。多年来，天津钢管积极参加国家和行业标准的制定，参与或主持起草了技术标准共15项，其中作为主持单位起草的国家技术标准共8项，作为参加单位起草的技术标准共7项。天津钢管依据国家、国际先进标准制定了更为严格的企业标准，形成了Q/TGGK、Q/TGGB、Q/TGGJ等系列企业标准，加严产品要求以提高天津钢管产品竞争力。内控标准中部分技术指标加严到国际先进标准公差带的三分之二。

天津钢管按照ISO9001：2015标准、API Q1规范建立了文件化的质量管理体系。体系文件包括公司《质量手册》，35个公司级质量程序文件，各部门还制定了质量控制实施细则、技术规程、产品技术标准及其他与体系运行有关的文件。

天津钢管最高管理者组织制定了公司的质量方针、质量目标，每年至少组织一次管理评审，建立了以“零缺陷”为目标的质量控制和考核机制，确保质量体系持续运行的适宜性、充分性和有效性。

天津钢管通过顾客满意度测量对组织绩效进行验证，通过内审来评估质量管理体系运行的符合性和有效性，通过不断地培训和内审实践，建立了一支具有高专业水平的专、兼职内审员队伍。

八、绿色生产

（一）概述

20多年一路走来，天津钢管见证着保护生态环境纳入基本国策，见证着PM2.5纳入空气质量监测范畴，见证着“大气十条”“水十条”“土十条”等生态环境监管体制机制改革翻开新篇章。“绿水青山就是金山银山”理念生根发芽，推动着一项项节能环保工程如繁花绽放。

20多年前，在一片荒芜的盐碱地建起一座现代化的钢城以来，天津钢管始终以建设资源节约型和环境友好型企业为目标，采用先进的环保技术，针对主体生产设施，先后投资20多亿元，建设了与之相配套的环保设施，确保各类污染物达标排放。经过不懈努力，天津钢管多次荣获天津市属集团公司安全生产责任制考核优秀单位称号。

建厂初期，从德国、意大利、美国、比利时、英国等国成套引进先进的主体设备技术和环保技术装备，其中环保设施投资占总投资的5.8%，包括炼钢一次、二次烟气及钢包烟气除尘、海绵铁、铁合金等原料输送除尘、主轧机除尘、锅炉烟气除尘，污水综合水处理、循环水处理，消声器降噪等各类环保设施100余台（套）。

2009年，天津钢管产品结构调整规划环评通过了原国家环境保护部的审批。天津钢管拥有包括烧结脱硫、除尘、炼钢电炉除尘、精炼除尘、主轧机除尘，污水综合水处理、废水深度处理，循环水处理，消声器降噪等各类环保设施近400台（套）。环保设施的正常有效运行，为确保各类污染物达标排放提供了有力的保障。

“十二五”以来，在钢铁行业持续低迷，生产经营面临巨大压力的形势下，天津钢管迎难而上，不断加大环保投入，持续推进污染防治、超低排放改造，提高环保工作水平。特别是2013年以来，天津钢管贯彻落实“美丽天津·一号工程”要求，分步实施“一、三、十、一、一”环保项目及设施的升级改造规划，即“建设一条30万吨矿渣粉生产线项目”“实施三个料场改造”“实施十个大气污染治理提标改造项目”“制定并实施一套全面取缔燃煤锅炉的方案”“实施一个水污染治理提标改造中水回用项目”。实现污染物排放总量大幅削减。

主要污染物排放指标均远远低于国家标准限值；单位产品排污量达到《钢铁行业清洁生产评价指标体系》一级水平，在同行业处于领先地位；热轧管工序能耗、万元增加值能耗、水重复利用率也在全国冶金行业名列前茅。

（二）节能减排

（1）实施清洁生产。天津钢管始终将清洁生产作为一项重点工作，鼓励全体职工提出清洁生产方案和合理化建议，对可行方案予以分步实施。制铁公司、特钢公司均高分通过天津市清洁生产审核评估验收，达到一级水平，实现了“节能、降耗、减污、增效”的目标，实现经济效益、社会效益和环境效益的统一。

（2）废气转热电能。天津钢管制铁、炼钢、轧管等系统充分回收利用炉窑烟气余热进行蒸汽的生产、余热发电、芯棒预热、管坯预热等，此外还对制铁系统高炉煤气进行回收利用，节约了能源资源，降低了污染物的排放总量，取得了良好的经济效益、环境效益。

（3）废水循环再用。天津钢管采用先进的水循环、水处理系统，梯级使用净废水和再次水，降低新水消耗，水重复利用率达到行业领先水平；天津钢管工业用水采用“以新补净、以净补浊、梯级使用”的管理原则，将所有工业废水收集经净循环水处理、浊循环水处理、废水深度处理后，实现循环再用，年节省新水消耗近600万吨。

（4）废渣回收利用。对铁钢系统除尘灰、冶炼废渣、氧化铁皮等固废，全部实现回收利用，有的被用作烧结原料，有的被用作炼铁原料，冶炼废渣全部回收利用做水泥熟料、建筑原材料等，利用率达到 100%。

（5）不断深化减排。每年组织环保技改项目立项审查，设立专项资金，用于实施污染防治、资源节约与综合利用等环境保护技术改造项目，不断深化减排。特别自 2013 年下半年以来，国家、天津市相继出台了一系列环境保护政策、法规、标准，印发了“大气十条”“水十条”“土十条”，《天津市清新空气行动方案》（津政发［2013］35 号），对环境保护工作提出了更高的标准，更严的要求。天津钢管积极响应政令要求，对高炉和烧结系统、炼钢系统等系统实施了环保改造、污染减排。完成了制铁公司原料场全封闭、烧结脱硫除尘、出铁场等系列除尘、烧结环冷余热及高炉冲渣水余热利用、废钢料场加工区防尘网、废钢切割烟尘治理、炼钢电炉除尘、精炼除尘改造、石灰窑除尘、炼钢二区电炉烟气余热利用、炼钢电炉本体循环冷却水余热回收利用和污水处理厂升级改造以及中水回用等重点减排项目，实现污染物排放总量削减。

（三）环境保护

（1）编制规划形成体系。2007 年，天津钢管编制了“产品结构调整节能减排规划”。组织完善各项环境保护管理制度，积极开展 ISO14001 环境管理体系认证，加快循环经济理念、生命周期理念、清洁生产理念在管理领域的推进，形成了一套切合企业实际的节能减排制度体系。

（2）严格落实“三同时”。在引进项目和技术改造时首先考虑引进先进的节能设备、环保设备和设施，所有新建、扩建、技改项目，都严格执行国家建设项目环境影响评价和“三同时”制度。天津钢管“产品结构调整规划”项目完成整体验收。

（3）腾笼换鸟淘汰落后。坚持走新型工业化道路，积极实施“腾笼换鸟”战略，淘汰落后工艺、技术和设备，深化减排。如 2007 年以来将原有轧机静电除尘改造为塑烧板除尘，将烧结、炼铁系统静电除尘改造为布袋除尘等，为超低排放打下基础。

（4）持证排污足额缴税。2017 年，天津钢管制造公司取得排污许可证，按照国家排污许可管理要求，对照排污许可证的规定排放污染物。2018 年 1 月 1 日起，执行新《环保税法》，按期核定排污量，足额缴纳环保税。

（5）完善环境管理体系。天津钢管坚持贯彻国家“环境保护”这一基本国策，落实科学发展观，坚持走新型工业化道路，持续推进公司清洁生产和环境保护工作，努力创建资源节约型、环境友好型绿色企业。

（6）ISO14001 环境管理体系。天津钢管环境管理体系以“遵守法规”为底线，以“持续改进”为原则，坚持预防为主和防治结合，坚持充分利用资源和节能降耗，高标准、严要求，推动经济和环境同步发展，环境管理绩效不断提升。1998 年 8 月，公司首次通过 ISO 14001 环境管理体系认证审核，至今保持 20 年体系认证证书的有效性。2018 年 4 月，天津钢管顺利通过了 GB/T 24001—2016 及 ISO 14001：2015 转版审核。天津钢管环境管理体系认证范围覆盖了生产经营及相关管理活动。

（7）保护环境自然和谐。天津钢管认真贯彻国家产业政策和环境保护国策，履行企业的社会责任，把建设资源节约型和环境友好型企业作为努力方向，坚持节约能源，环境保护，建设花园式工厂，形成了独具特色的绿化、美化、生态化格局，营造了天蓝树绿水清、人与自然和谐相处的人文环境。获“全国绿化模范单位”称号。2010 年荣获首批“全国生态文化示范企业”称号。

九、智能制造

（一）概述

天津钢管建厂初期同步引进了先进的过程控制计算机系统。随着天津钢管的发展，于 2000 年底引进了瑞典英泰峡公司的 ERP 软件 Movex 钢铁版，涵盖了天津钢管的主要业务流程。是国内冶金行业最早引进 ERP 套装软件的企业之一，提升了企业管理水平。天津钢管在 ERP 系统的基础上，逐步开发了办公自动化、网上物资采购、检化验管理、计量检斤、能源监控和商业智能（BI）等系统，在企业业务管理中发挥着越来越重要的作用，效益逐步显现。

随着信息化工作推进，网络基础设施也得到了逐步建设和改善。天津钢管已铺设主干与分支光缆共计 500 余条，总长度 300 多公里，主干网络建立了冗余链路，核心实现综合业务带宽为 10000Mb，主干网络带宽为1000Mb；92栋楼宇或厂房实施了综合结构化布线；因特网出口带宽为200Mb和50Mb。设置了内网与边缘防火墙，制定了完善的安全管理策略，建立了集中的网络管理和控制，核心交换机实现了冗余。部署了网络防病毒体系，保证信息安全并防止外来黑客的入侵，开通了企业网内/外电子邮件服务、文件传输服务、域名服务、内外网站等基础网络服务。

（二）钢管主业产销一体化项目实施上线

2014年，根据天津钢管发展规划，遵循打造“产销一体、管控衔接、三流同步”的管理信息系统理念，按照“集团统一规划、分步实施，统一标准、资源共享，战略驱动、应用主导，先进务实、安全可靠”的实施原则，钢管主业产销一体化项目启动，项目覆盖了天津钢管生产流程的关键业务，开启了天津钢管智能制造建设之路。

2015年，冶金规范、产品规范和销售管理模块上线并稳定运行。2016年，陆续实现了生产计划管理、采购管理、轧管生产管理三个重点模块的上线运行。检化验管理，炼钢管理，热处理管理，加工线管理于2017年底上线运行。2018年，钢管主业产销一体化项目全线贯通，整体成功上线运行。

项目包含产销子系统、检化验子系统、采购管理子系统三大部分。横向上建立了销售、计划、生产、质量、仓储（发运）、采购、检化验7大管理模块，打通了销与产的关联。纵向上建立了炼钢、轧线、热处理、管加工生产管理系统，解决了生产作业管理的难题。在此基础上，实现了与中石油和中石化等大客户系统无缝对接。

产销一体化项目全线贯通以来，运行稳定，建立了“以销定产”快速响应机制，满足客户个性化需求；构建了完整的质量管理体系，提高产品质量；优化排产，提高合同履约率；全过程在线采购管理，真正实现按需采购；关键业绩指标可视透明，促进管理更规范；综合成材率提高，客户响应时间缩短。平台实现了“产供销一体”的目标，产销一体化平台的全线贯通对于提升集团公司产品开发能力、生产经营能力及综合竞争能力具有重要意义。

十、转型发展

近年来，面对行业产能过剩等严峻考验，天津钢管砥砺奋进，持续深化改革创新，众志成城破局攻坚，加强科技创新、市场开拓、质量管理和品牌建设等工作，取得了一个个骄人的成绩，继续保持了行业地位。2017年行业触底回升，企业迎来新机遇新挑战。天津钢管贯彻新发展理念，发力供给侧结构性改革，紧紧围绕改革、转型、突围三个方面，抓好企业改革，落实好结构调整和转型升级工作。聚焦钢管主业做精做强做优，收缩非钢管产业规模，通过科技引领、创新驱动，实现钢铁制造商向服务商转变，推动公司转型升级。落实中国制造2025，以国家智能制造标准为指导，深入挖掘信息化系统的创新驱动作用，进行面向智能制造的钢铁企业信息化架构设计及实施，实现企业从传统制造向智能制造跨越。

20多年来，大无缝人不忘初心，牢记使命，创造了一个又一个新的奇迹，打造了一支能打硬仗、敢打硬仗的高素质干部职工队伍，培育了知难而进、追求卓越的“大无缝精神”，激励着一代又一代大无缝人披荆斩棘、奋发图强。

拥抱新时代，开创新未来。天津钢管将以习近平新时代中国特色社会主义思想为指引，践行习近平总书记在视察天津和京津冀协同发展座谈会上重要讲话精神以及对天津工作提出的“三个着力”重要要求，在市委市政府的领导下，在市国资两委和有关部门的指导帮助下，在改革的大潮中向具有世界竞争力的钢管企业宏伟目标奋进！

开放创新、技术引领与精益管理并驾齐驱的宝钢钢管

（宝钢股份钢管条钢事业部）

一、宝钢钢管发展历程

今年是新中国建国70周年，宝钢钢管自1978年宝钢一期工程建设至今走过了四十多年的发展历程。依托宝山钢铁股份有限公司特大型钢铁联合企业综合优势，宝钢钢管产量规模目前已达280万吨（200万吨无缝钢管、80万吨焊管），覆盖热轧、挤压、冷轧和冷拔无缝钢管、高频电阻焊和直缝埋弧焊管等产品，形成了大小口径配套、品种齐全、国内外多基地的综合竞争优势，打造了处于国内行业领头羊地位的钢管精品基地。

（一）宝钢钢管的诞生

宝钢钢管是伴随着宝钢一期工程诞生的，是中国改革开放的产物。宝钢一期工程于1985年建成投产，对改变中国钢铁工业的落后面貌意义重大。

宝钢 ϕ140无缝管机组是宝钢一期工程中最晚动工的一个项目。1985年11月25日下午3：40宝钢无缝钢管厂热区投料试车，第一根无缝钢管试轧成功，这表明宝钢一期工程二十二个主体项目已全部投产。1985年11月26日下午3:30宝钢隆重举行了第一期工程投产仪式，中共中央、国家领导人专程来上海出席投产仪式，为宝钢一期工程投产剪彩，中共中央、国务院发来贺电："宝山钢铁总厂一期工程建成投产，是我国社会主义现代化建设取得的又一重大成就。这对提高我国钢铁工业内生产技术水平和管理水平，对促进国民经济的发展，加快我国社会主义现代化建设，具有重要的意义。"

1979年9月，邓小平指出："历史将证明，建设宝钢是正确的。"正是党中央领导的远见卓识、务实果断决策，宝钢没有"胎死腹中"，而是发展成为中国现代化程度最高、综合竞争力最强、经济效益最好的钢铁企业。

1984年2月15日，邓小平视察正在建设中的宝钢，为宝钢题词言简意赅："掌握新技术，要善于学习，更要善于创新"。自建成投产近四十年来，宝钢始终把学习创新列为企业文化五要素之一，积极创建学习型企业，坚持走开放式自主集成创新的道路。宝钢是买了外国人的装备和技术后，自主管理、自主生产制造、自主研发的中国企业，宝钢产品是地地道道的民族品牌。宝钢不仅技术专家和管理人员学习创新，一线员工也学习创新，一半左右的专利是"蓝领创新"的成果。目前，宝钢正在进行二次创业，技术创新、管理变革仍然是宝钢发展壮大的主旋律。

（二）宝钢钢管的成长

以1985年11月25日轧制第一根无缝钢管为标志，宝钢 ϕ140无缝管机组作为中国第一套连轧管机组正式投产。自建成投产以来，依托宝山钢铁股份有限公司特大型钢铁联合企业综合优势、实施精品战略，通过新建扩建和兼并重组，宝钢钢管产量规模达280万吨（200万吨无缝钢管、80万吨焊管），覆盖热轧、挤压、冷轧和冷拔无缝钢管、高频电阻焊和直缝埋弧焊管等产品，形成了大小口径配套、品种齐全、国内外多基地的综合竞争优势，以令人瞩目的突出业绩打造了处于国内行业领头羊地位的钢管精品基地。

表1　宝钢钢管各产线产能

产能/基地	上海	山东	泰国
无缝钢管机组目前产量总计200万吨	无缝钢管机组 1. ϕ140mm 连轧管机组 2. ϕ114mm 高精度轧机 3. 设计产能：56万吨 4. 产量：90万吨	无缝钢管机组： 1. ϕ114mm AR 机组 2. ϕ460mm PQF 机组 3. 设计产能：62万吨 4. 产量：90万吨	无缝钢管机组： 1. ϕ273mm AR 机组 2. 设计产能：20万吨 3. 产量：20万吨

续表 1

产能/基地	上海	山东	泰国
焊管机组目前产量总计 80 万吨	焊管机组： 1. ϕ610mm HFW 机组 2. ϕ1422mm UOE 机组 3. 设计产能：80 万吨		

注：宝钢钢管目前产量总计为 280 万吨。

图 1　ϕ140mm 无缝钢管产线

图 2　ϕ114mm 精密钢管产线厂房

图 3　HFW 焊管产线

自建成投产以来，宝钢钢管在成长历程中坚实地迈出了四大步：

第一步，从 1979 年无缝钢管机组引进合同签约、1985 年机组投产，到 1993 年产线达产，实现了无缝钢管的稳定生产。

图4　UOE焊管产线

图5　鲁宝ARE产线

图6　鲁宝ϕ460mm PQF产线

第二步，从1993年到2000年，无缝钢管厂以“转变观念、再上台阶”为指导思想，围绕建立适应市场的经营管理体制，不断改造、创新发展，产量、质量、品种、销售、利润额等各项指标逐年跃上新台阶。

第三步，从2001年到2008年，以技术创新为抓手，拓展产品结构，开发高附加值产品，依靠科技进步降本增效，销售收入和利润大幅提升。两条焊管生产线（HFW直缝高频电阻焊管和UOE直缝埋弧焊管）相继于2005年和2008年投产，充分发挥宝钢集炼钢、板带及制管三大技术于一体的独特优势，进入高端焊管市场。

第四步，从2009年9月组建钢管条钢事业部至今，实现宝钢钢管条钢产品“产、供、销、研”全流程专业化管理，形成了以棒线、无缝钢管、焊管三大系列为核心的产品体系，年生产能力为200万吨无缝钢管、80万吨焊管、200万吨棒线材，成为国内先进的钢管、条钢精品生产基地。

（三）宝钢钢管成长的主要历史足迹

（1）1977 年 11 月上旬，中央决定建设宝钢（钢管作为一期成品厂）。

（2）1979 年年底，ϕ140mm 无缝钢管机组引进线主合同签约。

（3）1985 年 11 月 25 日，ϕ140mm 无缝钢管机组轧出第一根钢管，标志着我国首条全面引进的，具有当时世界先进工艺装备水平的全浮动芯棒连轧管机组投产。

（4）1993 年 12 月 31 日，ϕ140mm 无缝钢管机组达产，产量达到设计能力（年产 50 万吨）。

（5）2005 年 10 月，HFW 焊管生产线投产。

（6）2008 年 1 月，UOE 焊管生产线投产，实施从原料到制管的一贯制质量管理，装备世界一流、O 机压力世界最大达 720MN，是国内唯一的、世界上屈指可数的能够生产 12.5～18.3 米长度范围的直缝埋弧焊管厂家。

（7）2009 年 9 月，成立钢管条钢事业部，成为国内先进的钢管、条钢精品生产基地。

（8）2009 年 11 月，烟台鲁宝钢管公司 ϕ460mm PQF 无缝钢管产线一期工程正式投产，热处理、管加工及部分公辅设施投运。

（9）2013 年 2 月，烟台鲁宝钢管公司 ϕ460mm PQF 无缝钢管产线二期工程正式投产，具备年产 50 万吨无缝管生产能力。

（10）2013 年 5 月，宝力钢管（泰国）有限公司正式投产，宝钢钢铁主业迈出了海外投资的第一步，年设计产能 20 万吨。

（11）2013 年 5 月，精密钢管厂完成搬迁、正式投产。

二、主要成就和经验

宝钢钢管依托宝山钢铁股份有限公司特大型钢铁联合企业综合生产的规模化优势，实现了“产、供、销、研”全流程专业化管理，坚持创新驱动、技术引领、精益管理，借助世界先进的现代化生产线以及行业领先的研发团队，制造出安全可靠的高品质产品，满足了不同领域的高等级材料的特性要求。

宝钢钢管产品获得美国石油协会（API）、TÜV 南德意志集团、六国船级社等国际权威机构的认证，广泛应用于石油、能源、机械、地质勘探、汽车、轨道交通、建筑、化工、桥梁等领域，通过遍布全球的营销网络远销欧美、东南亚、大洋洲、非洲等七十多个国家和地区，获得了众多国内外知名公司的认可。

宝钢钢管作为中国钢管整体解决方案的提供商，以客户为中心，从先期进入，从源头创新，致力于通过互联网实现客户驱动与柔性制造，以始终如一的优质服务，成为客户最值得信赖的价值创造伙伴。

（一）技术引领，走技术进步之路

自建成投产以来，宝钢无缝钢管技术进步大事记：

（1）1985 年 11 月 25 日，ϕ140mm 无缝钢管机组投产，是我国首条全面引进的，具有当时世界先进工艺装备水平的全浮动芯棒连轧管机组。

（2）2000 年，宝钢开发出具有完全自主知识产权的内喷外淋式钢管水淬热处理装备，并迅速在国内得到普遍推广。

（3）2002 年，宝钢在国际上率先开发出具有完全自主知识产权的七个牌号 3Cr 系列抗腐蚀油套管，先后获得 5 项专利授权。该系列产品的成功开发，解决了中等腐蚀环境油气田经济合理选材的国际性难题，对含 CO_2、H_2S 腐蚀油气井的材料选材有重大的现实意义，目前已广泛应用于国内外油气田。

（4）2003 年，宝钢在国内首家开发出了超超临界锅炉用管 T91，并实现了批量生产供货，标志着 600℃超超临界电站锅炉所需管材的全面国产化。

（5）2007 年，宝钢在国内首家开发出了镍基合金油井管系列产品，填补了国内空白，解决了国内高酸性气田开发用材的核心难题。

（6）2009 年，宝钢在国内首家开发了具备自主知识产权的马氏体不锈钢系列油井管产品，实现了“三超”气井开发用材的全面国产化，同时以超级 13Cr 管材为基础，在国际上首创了兼顾钻井和采油的超级 13Cr 油钻杆产品，配合氮气钻井工艺，成功解决了含 CO_2 致密砂岩气田开发的国际性难题。

（7）2016 年 4 月，宝钢和东北大学合作开发的国际上首套可实现精确控温的热轧无缝钢管控制冷却装备平台成功上线投产，实现了控制冷却技术在热轧无缝钢管生产中的首次工业化应用。热轧无缝钢管控制冷却技术的成功开发，是热轧无缝钢管装备与工艺关键共性技术方面的重大突破，也使得无缝钢管生产过程中首次具备了组织性能的过程控制手段。该技术 2018 年获得世界钢协 Steelie 奖提名，2018 年被世界金属导报评为当年钢铁工业十大技术之首。

（8）2014—2016 年，宝钢开发出了第二代高气密封性特殊螺纹接头产品 BGT2，压缩效率达到 100% 的国际先进水平，并开发了 BGT2C，BGT2SG 等系列衍生产品，标志着宝钢特殊螺纹接头产品的成功升级换代。

（9）2015—2017 年，宝钢先后开发了 140~155ksi 深井用超高强韧性套管产品，冲击韧性指标达到国际领先水平，解决了超深井套管因韧性不足开裂失效问题。

（10）2017 年，宝钢自主开发了高均匀性，高冷却效率的钢管行业第二代水淬装备及控制系统，具备了均匀化可控冷却能力的同时，冷却效率及均匀性大幅提升，此外节约用水 50% 以上。目前该技术已在宝钢各调质热处理线全面推广应用。

（11）2017 年，宝钢针对页岩气大开发，开发了 110~140ksi 级别系列页岩气开发用套管产品，在国内首家实现页岩气专用套管产品开发供货，目前产品已在国内多个页岩气田实现规模化应用。

（12）2018 年，宝钢在国内外首次开发出了轧态抗拉强度达到 1000MPa 级别的 BG R950 地质钻探管产品，零度冲击功达到传统产品 R780 的两倍以上。该产品解决了地质钻探行业小口径管强韧性不足且无法调质的难题，是目前国内外最高钢级的非调质钻探管产品。

自建成投产以来，宝钢 HFW 焊管技术进步大事记：

1）2005 年宝钢 HFW 产线投产。宝钢成为国内首家将 HFW 生产线建造在钢铁联合企业的范例，从炼铁原料到制管的一贯制质量管理体系为高附加值产品提供了保障。

2）2007 年，独家供应济南-邯郸成品油管道工程用 HFW 焊管，掀开了国内生产口径在 ϕ406mm 以上、钢级不低于 X60 的 HFW 管线管的历史。

3）2005 年至今 HFW 海管、耐蚀管批量进入国内和海外市场。

4）2011 年高钢级矿浆管实现批量出口。

5）2013 年 X70 钢级大外径规格实现批量出口。

6）2014 年极低温用管（-45℃）批量出口，填补国内空白。

7）2018 年薄壁小规格实现批量出口。

自建成投产以来，宝钢 UOE 焊管技术进步大事记：

1）2008 年 1 月，UOE 焊管生产线投产；实施从原料到制管的一贯制质量管理，装备世界一流、O 机压力世界最大（达 720MN），也是国内唯一的、世界上屈指可数的能够生产 12.5~18.3m 长度范围的直缝埋弧焊管产线。

2）2008 年到 2011 年为西气东输二线供应 32.3 万吨 X80 直缝埋弧焊管，打破了同类钢管国际垄断，平抑了进口钢管价格。《高等级 UOE 焊管工艺技术自主开发和集成》项目获 2011 年度中国冶金科技进步一等奖。

3）2010 年独家中标澳大利亚 QCLNG 项目 21 万吨，第一单出口。

4）2011 年海管、抗酸管、抗大变形管实现批量供货。

5）2011 年 X100 焊管研制成功，2013 年实现首次批量商业供货。

6）2012 年 18m 长钢管实现批量商业供应。

7）2013 年《X80 大口径直缝埋弧焊管用钢板及焊管的研制》项目获 2013 年度上海市科技进步二等奖。

8）2014 年独家供应 TANAP 输气管线项目 25 万吨直缝埋弧焊管。

9）2014 年《南海荔湾项目 X65 和 X70 海洋管的研制和开发》项目获 2014 年度上海市科技进步二等奖。

10）2016 年成功通过全流程海管 DNV 第三方认证，是国内唯一一家板、管及涂层通过 DNV 海管认证的焊管企业。

11）2017年《酸性环境用UOE焊管关键技术开发和应用》项目获2017年度中国冶金科技奖三等奖。

12）2018年《高等级管线管UOE关键技术及规格拓展》项目获2018年度中国冶金科技奖三等奖。

（二）走创新驱动、服务领先之路，为用户提供整体解决方案

技术引领源于创新驱动。创新，让宝钢充满生命力。宝钢拥有一支高技术水平的研发队伍，通过工艺突破和技术创新，专注于打造最有前瞻性、最具竞争力的产品，科研、技改两手抓，技术研发始终保持国际先进水平。

宝钢钢管技术研发工作在国内起步最早、覆盖面最广，国内低-中-高系列抗腐蚀油井管、600℃超超临界锅炉用管等多达数百个牌号系列化品种、X80管线钢及焊管制造技术均为宝钢率先开发，产品实物性能与国际先进水平媲美。

宝钢拥有完善的以自主知识产权为主线的技术创新体系，不断提升自主创新能力，持续保持行业领先。近5年来，宝钢钢管有10多项科研成果获得省部级以上科技奖项。其中“特大型超深高含硫气田安全高效开发技术及工业化应用”获国家科技进步特等奖；“600℃超超临界火电机组钢管创新研制与应用”获国家科技进步一等奖；“3Cr系列经济型油套管开发”获国家技术发明二等奖；“铁、镍基合金油套管产品及制造技术开发”获冶金科学技术一等奖，“高抗H_2S应力腐蚀油套管产品开发”获上海市科技进步二等奖；“耐热系列油套管研制”获冶金科学技术三等奖。西气东输工程技术及应用获国家科技进步一等奖，宝钢UOE焊管产品和技术装备科研项目获得中国冶金科学技术一等奖1次、三等奖2次，省部级科技进步二等奖2次。

宝钢钢管作为中国钢管整体解决方案的提供商，致力于以客户为中心，从先期进入，从源头创新，通过互联网营销网络——慧创平台与客户需求直接连接，让内部各项流程和机制的再设计与重构，真正实现客户驱动与柔性制造；通过商业模式创新，以服务领先带动产品销售与生产制造，打造网络化、数字化、智能化、信息化的营销平台，提高满足用户需求的综合能力，提升宝钢钢管品牌核心价值。

（1）贴近用户需求，响应和引导市场。贴近用户需求，建立了适应用户服务的快速响应体系，以用户技术服务、市场信息服务、销售订货服务、产品使用服务等多样化的服务模式，不断提升为用户服务的水平。

（2）强化全员产销研意识，树立完整服务观念。钢管的产销研及全过程服务开始于需求产生之时，贯穿于整个价值链，结束于用户使用（甚至是完全报废）之后。

（3）实施“差异化经营”，加大产品开发力度。积极优化产品创新激励机制，加大科研及新产品开发力度，做到人无我有，人有我优，实现从适应市场到引导市场的转变，科技进步取得丰硕成果，产品升级换代步伐加快，满足了用户的需求，成为钢管效益的新增点。

（4）持续技术改造。围绕“跟踪世界先进技术、永葆宝钢设备青春”不断改造、不断完善，以最小的投入使设备满足产品发展的需要，保障企业的持续发展，提升竞争力。

（5）利用计算机智能系统，提高资源管理和用户服务水平，建立多产线资源与物流平衡新模式，建立针对核心战略用户的交付保障模式。

（6）完善和创新差异化与同质化模式并存的营销新模式，加强国内销售渠道建设，推进国际化经营，识别并快速响应基于用户新需求的渠道服务新模式，打造高效全程智慧供应链，成为最具竞争力的钢材销售及应用服务商。

（三）走质量效益型发展之路，精益求精、全员降本增效

宝钢实行从炼铁、炼钢、热轧钢卷、厚板、钢坯到制管、管加工检测检验及成品包装的全流程一贯制质量管理，具有特大型钢铁联合企业综合生产的规模化优势，以“落实100%措施，确保100%质量”为理念打造宝钢钢管精品品牌，不断提高自身管理和技术水平、精益求精、持续提升产品竞争力，先后取得了国内外诸多认证公司和权威机构的认证（许可）证书和奖状，产品实物质量达到了国际先进水平。

宝钢采用国际先进的管理体系，获得了英国BSI公司颁发的质量、环境和职业健康安全综合管理体系

证书IMS（ISO 9001、ISO/TS 16949、ISO 14001、OHSAS 18001）、有害物质管理体系证书，中国质量认证中心（CQC）颁发的ISO 9001质量管理体系认证证书，中启计量体系认证中心颁发的测量管理体系认证证书和中国合格评定国家认可委员会（CNAS）的实验室认可证书，以及国金恒信颁发的能源管理体系认证证书。宝钢钢管产品获得美国石油协会（API）、TÜV南德意志集团、六国船级社等国际权威机构的认证，并获得了国内外知名石油公司、EPC公司、锅炉制造商等用户的广泛认可，包括沙特石油公司、科威特石油公司、埃克松美孚、壳牌、BP、法国道达尔、马石油、阿尔及利亚石油公司、塞班、TransCanada、GE、阿尔斯通、福斯特惠勒、卡特彼特、中石油、中石化、中海油以及国内各大锅炉厂等等。

全员降本增效，开源、节流并举。聚焦成本管控潜力点，大力推进成本变革，从市场营销、制造管理、现场生产三个维度，以效益最大化为原则，全面推进降本增效工作。

全员降本增效的意识深入人心，形成了良好的氛围。强化成本分析，梳理业务流程及价值链，策划降本项目，实现源头降本、系统增效。关注市场变化，快速制定应对措施，有效控制成本，减少原料价格波动对经营的影响。借助信息化手段完善成本管控体系，开展产品全流程成本分析，揭示重点技术经济对成本的影响，强化现场降本意识，推进全流程成本精细化管控。

三、未来发展展望

宝钢钢管未来发展的战略目标是成为国内钢管行业引领者，综合竞争力进入全球前列。无缝管保持国内精品制造的引领者地位，综合竞争力中国第一，全球前三；焊管持续优化产品结构，占据国内主要市场份额，出口市场份额大幅提升，成为全球焊管技术领先者。具体发展目标如下：

环境经营：成为绿色制造、循环经济的示范性制造企业，成为产城融合和城市区域生态融合的行业引领典范；

智慧制造：用数据驱动业务，实现产业链高度协同的绿色共享制造，奠定国内钢管行业智慧制造开拓者地位；

技术创新；产品、工艺、装备技术全面发展，建设一体化的技术能力，实现竞争力全面提升；

成本削减；以产品全流程价值链成本最优为原则，优化成本结构，以精细化促进低成本管理，挑战极限式降本，做行业内成本变革引领者；

服务领先：通过商业模式创新，以服务领先带动产品销售与生产制造，打造网络化、数字化、智能化、信息化的营销平台，提高满足用户需求的综合能力，提升宝钢钢管品牌核心价值。

不忘初心，砥砺前行，奔驰在千里草原的双翼骏马

（内蒙古包钢钢联股份有限公司钢管公司）

包钢钢管公司的前身是包钢无缝钢管厂，于1958年筹建，是国家“一五”期间建设的156个重点项目之一，由国家冶金部抽调鞍钢无缝钢管厂50名技术专业干部，由刘凤同志带领分批赴内蒙古参加包头钢铁公司ϕ400mm无缝机组的生产准备工作；自1958年8月至1965年3月刘凤同志任包钢无缝生产筹备厂副厂长兼书记。1968年12月，ϕ400mm无缝机组工程破土动工，期间，由于中央指示，决定包钢无缝钢管厂迁往山西而停建。次年6月，国务院决定ϕ400mm机组迁回包钢原址继续建设。至1971年7月1日零时30分，ϕ400mm无缝轧机进行试轧，其设计产量为30万吨/年，由苏联引进的无缝钢管专业生产机组，是当时世界上仅有的三套ϕ400mm自动轧管机组之一，也是当时我国唯一能够生产大口径无缝钢管的生产线；ϕ400mm机组用ϕ230mm的管坯一次试轧成功，轧出了ϕ245mm×10mm的无缝钢管，从此结束了内蒙古自治区不能生产无缝钢管的历史，同时也填补了我国不能生产大口径无缝钢管的空白。为包钢生产史上写下了新的一页，并标志着包钢无缝厂生产发展进入了一个崭新的阶段。1975年，ϕ400mm机组第二期工程完工，无缝钢管厂的发展终于打开了新的局面。1975年7月，成功生产出了当时我国急需的第一批ϕ140mm石油套管600余吨，结束了我国石油套管完全依靠进口的历史，这批套管经过了大庆钻井射孔厂井下模拟射孔试验，得到了很好的评价。

图1　包钢钢联无缝钢管厂ϕ400mm自动轧管生产线

1978年，随着党的十一届三中全会胜利召开，改革开放的春风吹变华夏大地，也给包钢无缝钢管厂带来了新的发展生机，各项主要经济指标均比上年有不同程度的提高，结束了无缝钢管厂冬春不能正常生产的旧习惯，生产逐步正常化，产量稳步向前迈进。1982年，生产出了第一批API标准石油套管，产品经过了原冶金部组织的石油套管质量检查组检查认定，确定达到了API标准。进入20世纪80年代，包钢无缝厂的发展突飞猛进，发展如芝麻开花节节高，进入了投产以来从未有过的振兴发展时期。

进入20世纪90年代，国家重点发展社会主义市场经济，深化国有企业改革，包钢无缝钢管厂利润实现破亿，成为西北地区重要的无缝钢管生产企业。

1991年包钢无缝厂率先试轧成功了ϕ426mm大口径无缝钢管，不仅完整覆盖了当时机组的产品系列，同时也填补了我国热轧无缝钢管产品的一项空白。1996、1997两年间，在保持产量及盈利能力的同时，无缝厂又先后通过了ISO 9002质量体系认证及API认证，产品的竞争力不断增强，企业的生存空间也在不断扩大。1990年至1999年期间，包钢无缝钢管厂在生产、管理、技术改造等方面都得到了全面的发展进步。这十年累计的产量及盈利额都大幅超出前十八年的水平，产品规格不断丰富，产品精度不断提升，

先后被内蒙古自治区评为“质量效益型”企业、内蒙古自治区“用户满意”企业，“科技工作先进企业”，党和国家重要领导人先后来到包钢无缝厂参观指导，包钢无缝厂历经了不断向高水平攀登的重要阶段。

进入21世纪，我国钢管工业进入飞速发展阶段，国民经济快速、稳定发展，钢材总消费量和无缝钢管消费量都随之快速增长，无论是生产能力、产量与品种规格，还是工艺技术装备水平都大幅增加和提高，面对这种发展形势，为适应国家和行业发展，包钢无缝钢管厂不断进行设备改造，ϕ180mm作业区、ϕ159mm作业区实现投产，ϕ460mm作业区也进入了有序的筹备阶段。

2000年，包钢连轧钢管厂顺利投产，连轧钢管厂的建成使包钢（集团）公司的无缝钢管产品品种更加完善，标志着包钢（集团）公司的制管业水平迈上了一个新台阶。2004年包钢钢联石油管厂成立，同年管加工小线的基础设施建设项目开工。2005年3月，根据包钢（集团）公司改革发展的需要，将原包钢钢联无缝钢管厂、包钢钢联连轧钢管厂、包钢钢联石油管厂三厂合并，成立包钢钢联无缝钢管厂。这一年，无缝钢管厂充分发挥三厂合并的优势，产量实现历史性突破，为公司创造了可观的经济效益的同时，较大幅度的提升了包钢钢联无缝钢管厂在国内同行业中的竞争力，也为企业下一步的发展奠定了良好的基础。

2011年，在包钢无缝厂投产四十周年的重要时刻，ϕ159mm机组投产，随后的2012年，ϕ460mm机组也实现投产。新机组的逐步投产，使包钢无缝厂的产能跃居同行业第二位，为包钢无缝厂的进一步提升开拓了新的发展空间。

2014年8月，包钢（集团）公司决定由包钢无缝厂负责无缝管产品的市场调研与开发、产品销售、合同签订、产品售后服务及信息反馈、技术服务等业务，实现了从订货到结算的一站式服务。

2016年6月，为改善无缝钢管品种结构，提升产品档次，加强技术服务，推行无缝管的产销研服一体化管理模式，包钢（集团）公司决定撤销无缝厂，组建内蒙古包钢钢联股份有限公司钢管公司（以下简称钢管公司），将炼钢厂制钢二部、产成品物流中心无缝管成品部、化检验中心管材检验室的资产、人员成建制划归钢管公司，技术中心管材研究所业务由钢管公司负责管理。钢管公司成立后，包钢无缝钢管事业走入了全流程一体化的事业部制发展路径，钢管公司紧抓市场回暖的有利时机，充分发挥产、销、研、运、服一体化的发展优势，对外不断开拓市场，对内突破研发瓶颈，一举扭转了亏损局面，逐年提升行业影响力，为钢管公司的长久、稳定发展打开了新的局面。

2010年到2018年是包钢钢管公司发展历程中十分关键的8年，在这8年间，钢管公司顶住了行业竞争加剧及供需矛盾严峻的压力，充分发挥事业部制管理优势，对外不断拓宽营销渠道，强化服务能力，对内大力研发适销对路的新产品，完善管理制度，提高产品质量，降低生产成本，全体干部职工团结一致，携手把握机遇，共同应对挑战，为实现高质量发展不懈奋斗。

一、产线介绍

Ⅰ. 制钢生产线；Ⅱ. ϕ180mm MPM连轧生产线；Ⅲ. ϕ159mm PQF连轧生产线；Ⅳ. ϕ460mm PQF连轧生产线；Ⅴ. 石油管生产线。钢管公司无缝管生产工艺流程：

鱼雷罐（铁水）→转炉（钢水）→精炼→连铸（连铸圆坯）→各热轧线环形加热炉（坯料加热）→穿孔机（毛管）→连轧机（荒管）→定张减（定径）→钢管定尺锯切→矫直→检查→喷标→打包→成品入库（成品）。

制钢生产线的前身为炼钢厂南部作业区，1997年投产，2013年1号铸机改造后方圆坯可兼顾生产。目前铸机可生产方坯280mm × 325mm、280mm × 380mm、319mm × 410mm；圆坯ϕ430mm、ϕ390mm、ϕ350mm、ϕ300mm、ϕ270mm等14个断面。采用国内外多项先进技术，包括转炉干法除尘技术；煤气、蒸汽回收利用，实现高效环保和负能炼钢；近期还使用了转炉出钢滑板挡渣和红外线下渣检测技术、钢包全程加盖、VD真空脱气、结晶器液压震动等。主要生产设备包括一套双工位镁基脱硫装置、两座100吨顶底复吹转炉，五套炉后吹氩喂丝站，两座LF精炼炉，两座VD真空脱气炉，两台圆坯兼方坯铸机。具备年产200万吨以上能力，主要生产钢种涵盖石油套管、石油裂化、管线管、高压锅炉管、液压支架、车桥用管等100多个品种。制钢作业线具备高钢级钢种研发及试制能力，其产品供给钢管公司四条精品生产线。

ϕ180mm生产线于1999年投产，引进了意大利INNSE公司设计制造的五机架MINI-MPM连轧机；同时配套有12机架三辊定径机和24机架的三辊张力减径机。机组年设计能力为20万吨，现年产量已达到37万吨以上，可生产外径范围为ϕ60.3~244.5mm，壁厚范围为2.5~27mm的各类石油套管、管线管、低中压锅炉管、高压锅炉管、机械用管、气瓶管、高压化肥管、石油裂化管等。

ϕ180mm精整有两条精整生产线，分别于2003年投产一套ϕ180mm德国SMS MEER进口精整线，2015年投产建成一套ϕ245国产精整线，可以进行矫直、无损检测、人工检查、水压试验、倒棱、通径、测长、称重、喷标、包装作业工序。

ϕ159mm热轧生产线于2011年投产，热轧区域引进了当今国际最先进PQF连轧机组。主体设备由SMS INNSE公司设计制造。6机架连轧机采用了PQF工艺最先进的正Y倒Y交替布置方式，同时配置了德国MEER公司设计制造的24机架三辊张力减径机，可对钢管进行在线测径、测厚和测温。预精整区域建设有三条相同配置的高水平预精整线，可以进行钢管定尺锯切、矫直、无损检测、人工检查、吹吸灰、测长、称重、喷标、包装等作业工序。机组设计年产量40万吨，可生产外径范围为ϕ38~168mm，壁厚范围为2.8~25mm的各类石油套管、管线管、钻杆、低中压锅炉管、高压锅炉管、机械用管、输送流体用管、船舶用管、石油裂化管等。

ϕ460mm热轧生产线于2012年投产，热轧区域引进了当今国际最先进PQF连轧机组。主体设备由SMS INNSE公司设计制造。采用的5机架三辊连轧机可进行轴向快速换辊；同时配套由MEER公司设计的12机架三辊定径机，可对钢管进行在线测径、测长和测温。预精整区域建设有两条相同配置的高水平预精整线，可以进行钢管定尺锯切、矫直、无损检测、人工检查、吹吸灰、测长、称重、喷标、包装等作业工序。机组设计年产量62万吨，可生产外径范围为ϕ244.5~457mm，壁厚范围为6.0~60mm的各类石油套管、管线管、钻杆、低中压锅炉管、高压锅炉管、机械用管、气瓶管、石油裂化管、特殊用途油套管及其他高合金管等。

钢管公司配套建设有三条热处理生产线。ϕ159mm生产线和ϕ460mm生产线配套建设的两条新型热处理生产线，其核心设备均采用进口先进设备，可按照标准或用户要求对油井管、高压锅炉管、专用管等品种进行管端墩粗、调质、正火、正火+回火及退火等工序作业。其中在ϕ159mm热处理生产线建设有一条油管管端墩粗线、一条油井管、专用管热处理线、一条高压锅炉管光亮热处理线、一条油井管、专用管精整线和一条高压锅炉管精整线；在ϕ460mm热处理生产线建设有一条高压锅炉管光亮热处理线和一条高压锅炉管精整线。油管墩粗线可生产外径ϕ48.26~114.3mm、壁厚为3.68~16mm、长度为6~12.8m的加厚油管；油井管、专用管热处理线可生产外径为ϕ38~168.3mm、壁厚为3~25mm、长度为6000~14630mm的热处理管，主要品种有油管、套管、管线管、合金结构管、船舶管、石油裂化管等；配套的两条高压锅炉管热处理线可按照GB 5310—2008、ASTM A335及ASTM A213等标准对钢管进行正火、正火+回火及回火热处理作业。ϕ180mm生产线于2004年配套建设了一条热处理生产线，可按照标准或用户要求对油井管、高压锅炉管、专用管等产品进行调质、正火、正火+回火工序作业；在该条热处理生产线已成功开发生产了BT80SS、BT90SS及BT100H等自主研发的特殊用途石油套管。

石油管生产线于2004年投产，有两条管体生产作业线和一条接箍生产线组成，其中一条生产线为搬迁、配套、改造原加工线，年加工ϕ139.7~339.7mm套管6万吨，另一条为新建生产线，年加工ϕ60.3~244.5mm套管7万吨，接箍生产线年加工ϕ73~365.1mm套管、油管接箍71万件。新建生产线和接箍生产线的主要设备如钢管车丝机和水压试验、通径机是由德国DEMAG Meer引进的，接箍车丝机是由比利时Colinet引进的，预拧、拧接机组是由美国引进的，采用了二级自动化控制系统，通过通讯网络连接，组成并行运算、集中管理、分散控制、资源共享的分布式计算机控制系统，实现了基础自动化操作方式。

二、营销系统

2015年工作亮点包括以下三方面。

（1）实行“三个优化”策略。面对低迷的经济形势和市场环境，钢管公司结合目标市场区域特色，细化市场和用户结构，不断改进营销思路，积极探索以销售渠道为核心的营销模式，顺应市场变化，及时合理地制定价格政策，细化区域定价，实行“销售区域优化、销售渠道优化、品种结构优化”策略。

（2）坚持“远攻近守”原则，扩大了周边市场占有率。重点拓展包头周边和西北部市场，认真走访调研内蒙古自治区周边重点工程项目，分析竞争对手的营销政策及优劣势，做到精细定位，责任到人，严防死守，跟踪服务，缩短交货期，以服务赢得市场，周边市场占有率不断扩大。2015年包头周边普管自提量13.5万吨，较2015年增加5.6万吨。2015年新开发12家专用管直供客户，直供直销比例达到了32.4%，较2014年提高2.7个百分点。

(3) 开创与中石化合作的新局面。积极参加各大小项目的招投标工作，有7个项目中标，特别是参加中石化的两次投标中都成功入围，获得碳素无缝钢管和油井管的供货资格，其中碳素无缝钢管为首次获得供货资格，这意味着包钢无缝管将在管线管、石油裂化管、高压锅炉管、流体输送管等品种上具备了供货资格，开创了包钢与中石化合作的新局面。

2016年工作亮点包括以下四方面。

(1) 发挥产销研一体化优势。2016年5月，包钢（集团）公司进行组织机构调整，组建钢管公司，将钢坯生产、产品外发、钢管检验、新产品研发等业务划归钢管公司，实现了包钢钢管研、产、销、运、服一体化管理模式。钢管公司成立后，有效发挥全流程一体化优势，全面推进市场开拓、质量攻关、降本增效、品种研发等工作，体制优势凸显。

(2) 完善营销工作管理机制。加强营销管理，形成了行之有效的管理机制。特别是在全公司推行的《全员销售薪酬激励政策》将钢管公司专职销售人员的收入与各品种的销量和效益挂钩，按照销售业绩实施薪酬差异化分配。激励政策的实行，不仅打破了营销人员“大锅饭”的分配机制，也充分调动了全员参与销售的积极性，促进了产品结构调整和营销目标落实。

(3) 成立西南办事处。为了抢占商机，提高西南地区的市场占有率，促进包钢无缝管的产品升级，11月份在成都地区成立了包钢钢管公司西南办事处，推动西南地区无缝管市场开发。

(4) 与核心客户合作取得新进展。在中石油集中采购招标中，成品石油套管、流体用管和管线管首次成功中标，实现了零的突破。在中石化集中采购招标中，实现了各品种的全部入围，并在今年中石化供应商综合测评中，取得了排名第三的好成绩。此外，高压锅炉管的认证工作也取得了很大的进展，成功入围了四川锅炉厂、华西能源两家企业。

2017年工作亮点包括以下四方面。

(1) 以销售为龙头，拉动产销研一体化高效运行。销售部门作为直接面对市场和客户的前沿单位，能够发挥龙头带动作用，做好市场信息和客户要求的沟通与传递，并牢牢把握市场、合同、产量三要素，打破了产销研各环节之间的界限，提高了产销研的快速响应能力，形成了以效定销、以销定产、以产促销、全产全销的良好局面。

(2) 品种钢比例大幅提升。大力开发油井管、气瓶管、车桥管、管线管等专用管市场，提高高钢级、高附加值产品的销量，有效提升了品种钢比例和产品档次。

(3) 扩大高效益地区销售比例。积极开发西部高效益地区的市场，努力扩大高效益地区销售比例。紧盯内蒙古自治区周边的工程项目，与周边多家重点工程项目建立了合作关系。重点开发了西南地区市场，与多家专用管需求企业建立了稳定的供货关系。

(4) 设立驻外服务点。设立驻外服务点，派专人靠前服务，及时掌握市场需求信息，反馈至生产和研发部门，全力满足用户需求。全员市场意识、服务意识不断提升，用户满意度不断提高，产销研一体化优势日益显现。

2018年工作亮点包括以下两方面。

(1) 发挥产销研一体化优势，高效协调的运行机制日趋成熟。不断扩大产销研一体化优势，打破各环节的界限，制定完善了全流程攻关目标、管理机制、职责范围和考核措施，形成了较为完善的管理体系。人员管理观念得到了快速转变，更加关注市场、用户的个性化需求以及盈利能力，公司各部门能够积极主动围绕市场变化和效益最大化的目标抢抓合同、组织生产、优化管理，使生产、销售、研发等各部门协调统一、责任明确、行动迅速、效果突出。

(2) 专用管产品逐步得到市场认可，品种钢比例持续提高。始终坚持公司“以效定销、以销定产”的一级组产原则，综合评估各品种的效益和发展前景，加快推进产品结构调整步伐，大力开发专用管市场的高效益产品，提高高钢级、高附加值品种钢销量，有效提升了品种钢比例和产品档次，专用管产品逐步得到了市场认可。

三、设备管理系统

（一）全面落实、推进三级点检工作

2013 年原包钢无缝厂开始全面落实、推进三级点检工作，2015 年出台“包钢无缝厂设备三级点检制度”，准确掌握设备技术状况，有针对性地实施计划检修。2016 年钢管公司以构建设备状态维护体系为依托，在全公司推行电子点检系统。引用精密检测工具对伺服系统、大减速、大电机进行精密点检，减少了 A 类事故的发生。加强油品管理，保证设备正常运行。2017 年钢管公司将设备维修管理的重心从科室转入现场，按专业和区域设置不同等级的设备维护专职点检员，合理配置设备维护车间专职点检员。重新梳理设备部和设备维护车间的职责，对设备维护车间专职点检员职责进行科学定位，实现设备维护车间内部检与修分离，提高设备管理效率降低设备故障率。

（二）积极不断探索建立符合企业管理的检维修模式

设备维修模式只有切合本企业的实际，才能收到好的效果。为此，结合当前钢管公司生产及设备实际状况，本着专业化的维修队伍是一种维修资源的理念，整合利用好这个资源，而不是耗散这个资源，合理组合，发挥最佳工作状态，使维修专业化，高效化，对原有组织机构及维修业务进行适当的调整，实行大操检合一或机、电等设备专业整合，同时将设备维修管理的重心从科室转入现场，重心下移，权力委让，内部检与修分离，并增加调度室管理职能，调度室参与设备管理与考核，生产工直接参与设备维修保养活动，追求预知状态维修和劣化倾向管理，使设备在适当的时间里得到恰当的检修。通过改变维修模式，搞好设备维修管理，逐步实现准确操作使用设备，精心维护保养设备，使设备经常处于良好的技术状态，使之最大限度地减少突发故障时间及其损失，最大限度减少维修时间和费用，使设备最有效地被生产利用，保证生产正常进行。

四、设备系统创新

（一）利用无损检测等先进技术手段支撑预防维修

通过技术创新，引进无损检测新技术手段，加强设备备件的管理，提高设备技术水平，实现效益最大化的目标。

针对设备备件出现的疲劳裂纹及备件周期的缩短，前期依托于钢管公司质量检查部手动超声波探伤仪进行了前期的检测探索，在实际生产和备件长寿化方面取得了一定的效果后，钢管公司抽调机械类相关技术骨干，由设备部技术主管牵头成立了无损检测项目组并形成专业检测团队，通过外出鞍山、北京等地进行专业培训学习，并取得冶金行业无损检测多项资格证书。同时引进了渗透、磁粉、手持荧光成分检测仪以及硬度计等无损检测设备，并通过邀请成熟专业厂对项目组成员进行理论实操等专业性培训以及实际操作的演练，利用检修期间对各设备使用部门提出的检测备件及检测技术要求，无损检测项目组对设备备件的内、外表面缺陷以及化学成分和硬度的检测，并根据备件的不同使用部位，分析和预判备件使用寿命，并对使用周期和使用方法提出相应的意见。预防在线设备因长期服役造成隐患，及时处理隐患，达到设备备件的长寿化，避免产生设备突发故障，降低事故频率及小停时间，提高生产效率，达到降本增效的目的。

以提升设备备件的长寿化的原则，以前设备备件根据使用周期进行定期更换或点检发现设备备件出现隐患立即进行更换，这样造成备件的消耗以及容易造成设备故障的发生。为了避免此种情况的发生，对备件进行提前检测同时进行隐患的消除，例如在制钢部中修期间，利用手动超声波探伤仪对方坯大包台升降臂及轴进行超声检测，避免升降臂及轴的隐患发生，减少事故发生。第三，对于在线使用的大轴，在中修期间，铲除大轴对表面进行彻底的清洗，同时采用手动超声波探伤仪和渗透的方法对大轴进行内、外表面缺陷的检测，利用多种方式的无损检测，减少在线备件的隐患，避免设备事故的发生。通过实践经验的不断积累，无损检测团队对检测的方法不断完善和改进，根据设备部门提出的不同的检测任务，制定了翔实的检测方案，保证检测的准确有效，为设备部门的工作提供更好的依据。

（二）构建设备智能信息化管理体系实现设备管理提升

设备是企业进行生产活动的物质基础，管理和使用好设备，使设备发挥最好潜能，为企业创造效益

是每个企业所追求的目标。只有通过加强设备管理，提高管理水平，才能实现效益最大化的目标。设备管理是一项系统工程，它包括了从设备规划、研究、设计、制造、安装调试、使用、维修、改造、更新直至报废的全过程，也就是设备的终生管理。在以上的各个环节中，设备的使用和维修是相互伴随的，设备管理水平的高低是设备正常运行的重要保障。而所谓设备智能信息化，就是通过现代化点检技术手段、人机结合的方式，利用互联网及计算机管理系统建立设备基础数据库，通过对设备缺陷的自动化管理智能提醒各类设备维护工作，并记录在案，完成设备数据化、信息化，最终实现设备运维预测化管理。这种管理的突出特点是：

（1）实现点检定修信息化智能化的闭环管理模式。

（2）通过设备数字化智能管理、分析，提升日常管理水平。

（3）实现人员及日常设备现代化分级管理，提高设备管理人员的综合素质，最终通过信息化点检及数据化管理实现设备“预知维修”。

（4）实现作业线设备管理人员优化，优化设备维护人员结构，降低人工成本。

（三）利用设备振动在线监测及故障诊断辅助设备点检

钢管公司各条生产线投产运行多年，根据现有运行情况，一些主要设备在日常检查时由于环境恶劣，空间狭小，检查人员无法到达设备本体，根本无法掌握设备的振动和发热情况。设备如此长期运行，势必带来一系列的隐患及事故。提高设备运行效率，降低人工维护成本，实现设备的状态维修，通过在穿孔、连轧、张减三大机组的主减速、主传动上一套无线振动监测系统，能实时监控设备的运行状态，解决运行时无法点检的难题。同时，通过系统的监测分析，为检修人员提供故障判断、分析依据，真正做到重要设备的不失修、不过修，降低备件费用和维修费用。

五、设备管理规划

（一）完善工艺装备形成更加完善的钢管生产体系

完成 ϕ159mm 作业区预留 2 号热处理线项目设备调试及试轧工作，同时新建 ϕ460mm 作业区预留普通管热处理线及冷拔无缝钢管生产线并实现顺利投产，改造原 ϕ340mm 管加工线及方矩管生产线，尽快实现批量生产。

（二）积极布局智能制造项目，实现设备无人化管理降低企业成本

深入推进设备智能制造，跟上中国 2025 智能制造的改革步伐，从无人化吊车运行、动力泵房无人化值守、机加工车间机器人技术的引进向各个专业推进。2019 年继续规划在炼钢区域进行无人炼钢平台及自动喷号、管加工智能接箍生产线的规划。

（三）积极布局深加工产线的建立与发展

深加工生产线的改革推进，通过管加工主体进口设备逐步实现国产化的目标，大幅降低维修成本的投入，同时根据市场的需求及国产化设备功能的完善，拓展市场占有率。国产化车丝机制造成本仅占进口车丝机的十分之一，同时生产特殊扣的能力提升两至三倍。随着目前国产加工车床技术逐步成熟，陆续引进物美价廉的国产车床设备，将目前造价高，故障率高，后期维护成本高的进口管体、接箍车丝机、拧接机等设备逐步进行替换。

六、产品研发历程及规划

（一）产品研发

自 2015 年以来，面对激烈的市场环境，钢管公司通过不断技术创新，优化工艺路线，开发产品市场，拓宽市场销量。从 2015 年以来，新开发高钢级钢种约 30 余个。新产品产量明显提高；实现了钢管公司产品等级及产品产量双重跨越式发展。

1. 油井管

在钢管公司2016年成立事业部制以后，充分利用市场导向，挖掘市场潜力，提升内部研发能力，不断加大钢管公司在国内外油田市场上的占有率，从具备生产API 5CT标准的产品基础上，根据市场需求，通过近几年的努力，已形成了膨胀管、110H高钢级稠油热采井用石油套管、110TT高抗挤毁石油套管、Q125-1页岩气用石油套管、C110钢级抗硫化氢腐蚀油套管、D105SS抗硫钻杆等系列化产品。

同时，依托于目前国内外油田的开采难度不断增加，成立了以螺纹研究室为主的特殊扣螺纹研发部门，专门针对国内外各大油田所需特殊扣的扣型进行专项研发。如自主研发的BT-1、BT-2、BT-3特殊扣，已通过国内权威机构的评价，具备向市场推广和转入的条件。

2. 管线管

在2011年之前，包钢的管线管产品较少，且市场占有率较低，为了突破钢管公司管线管产品等级的提升，突破市场。2011年后，特别是2016年钢管公司成立事业部制以来，通过“研、产、销、用、服”一体化机制优势，充分挖掘市场潜力，不断提升高钢级、特殊用途管线产品品质，加大市场占有力度，目前包钢已具备B~X80钢级管线管的批量供应，产品已大量应用在国内外各大管线市场。

同步，借助于钢管公司研发团队的力量，不断开发管线管产品优化及工艺优化工作。其中，钢管公司生产的BNS轧态管线管已批量性供应，产品的性能稳定，得到了各大企业用户的验证与肯定。

2017年以来，钢管公司大量开展海工管开发工作，目前，以API 5L为主的X65QO及以下钢级的海工管产品，已具备批量生产条件，下一步计划向挪威船级社、美国船级社要求的海工管产品市场进军，不断扩大钢管公司海工管在海外市场的影响力。

3. 高压锅炉管

高压锅炉管是钢管公司成立事业部制以来的战略性产品，也是钢管公司旗下的ϕ159mm、ϕ460mm两套PQF连轧机组投产以来的主打产品，通过几年的努力，在国内市场上，钢管公司成功开发了12Cr1MoVG、P11、P22、15CrMoG等产品，已批量向国内锅炉厂供货。同时，钢管公司以产品研发和市场推广的双重努力，不断拓展锅炉产品在国内市场上的占有率和市场竞争力，形成了全流程锅炉管生产运营的系统架构，实现了战略产品的快速发展。

同时，钢管公司借助于锅炉管的推广，也不断提高石油裂化管、高压化肥管等产品的市场占有率，其中12Cr5MoNT等系列产品已批量供货。

4. 其他专用管

其他管主要包括车桥管、液压支架管、气瓶管、油缸管、轴承管、旋挖机钻杆及键条管、起重机臂架管、复合管等钢管品种。

近几年，各个品种的专用管，钢管的尺寸精度要求较高，性能要求较为特殊。钢管公司本着互惠共赢的合作理念，与多方企事业及研究机构通力合作，针对不同品种的专用管进行了深入技术研究与交流，并成功开发出对应产品，目前均已小批量供应市场，并得到了客户的充分肯定。

（二）对外合作

借助于钢管公司近几年的发展及市场需求，从事业部制运营以来，钢管公司不断加强与用户和科研院所的合作力度，尤其是自2017年以来，成功与国内各大研究机构建立了长久合作关系。与客户合作新开发了热轧无缝轴承管产品，不断拓展产品的市场渠道，加快研发进度。其中，定制化车桥管、135V页岩气用套管、X60QS酸性服役管线等合作产品，以实现小批量供货。

（三）科研团队建设

面对高标准需求的市场环境，钢管公司通过市场调研，分析市场需求，有针对性的立项并开展科研工作和新产品开发工作，不断进行技术创新，优化工艺路线，拓宽市场销量。同时为激发科研人员的积极性，设立专项激励考核制度，推进科研项目和新产品开发进程。建立了“3+1”团队体制，即“研发、生产、销售”+“专家团队”，以“研发高技术含量、高市场占有率的产品，提升质量水平、效益水平”，为科研工作和新产品开发工作的总体目标。

（四）产品发展规划

1. 指导思想

结合钢管公司生产条件，以市场为导向，坚持效益优先的原则，把需求量大，附加值高，效益好的品种，置于优先开发的地位。

按照研发一代，推广一代的要求，持续开展品种结构调整，不断增加高附加值产品比例。

以市场确定产品，产品确定工艺，工艺确定装备的思路，完善生产和质量保证条件，提高产品质量的稳定性。

2. 总体目标

品种结构调整目标分两阶段完成。第一阶段为“追赶”阶段，通过3~5年的努力，高附加值专用管比例达到国内一流企业的水平；第二阶段为“超越”阶段，在第一阶段目标实现之后，瞄准国内外先进企业的品种结构，根据用户需要，开发具有钢管公司自有知识产权的领先产品，满足用户特殊要求，达到人无我有，人有我优，人优我廉的水平。

钢管公司将不断向国内行业一流企业学习，不断提升钢管公司的产品等级，提高产品的市场竞争力，大力开发超深井用、特殊用途用、页岩气井用油井管及系列化特殊扣产品，X100Q及以上钢级的海工管等。锅炉管方面，将继续与用户开展量身定制的合作模式，加深合作力度，挖掘合作用户，不断拓展产品种类。定制化开展车桥管、油缸管、轴承管、气瓶管的产品研发，加强与国内外市场的接轨力度，实现从产品生产商和供货商，向产品服务商的真正转变。

锐意改革　建设世界一流企业

（衡阳华菱钢管有限公司）

一、企业概况

衡阳华菱钢管有限公司（简称衡钢）隶属湖南华菱钢铁股份有限公司，坐落于湖南省衡阳市蒸湘区。企业成立于1958年，原名衡钢钢铁厂，1978年改名衡阳钢管厂，现系全球无缝钢管行业生产机组最全、先进机型最多、产品规格最配套的企业。钢管生产规模被美国《金属导报》排名全球第五；出口创汇率连续10多年保持国内同行首位；系国家高新技术企业，第一批通过国家知识产权管理体系认证；是钢铁行业第一批通过工信部《钢铁行业规范条件》审核的全国45家钢铁规范企业之一。企业占地面积323.5万平方米，现有在岗员工3900人，至2018年底拥有总资产135亿元。

图1　衡阳华菱钢管有限公司全貌

60年来，衡钢的发展得到了国家、省、市政府和社会各界的充分肯定和帮助，先后荣获全国“五一劳动奖状”、全国工业企业500强、国家知识产权优势企业、全国设备管理先进单位、全国重合同守信用先进单位、全国厂务公开工作先进单位、国家新型工业化产业示范基地、全国节能先进集体、湖南省质量管理奖、湖南省出口十强企业、湖南省园林标兵示范单位、湖南省文明标兵单位、湖南省“十大平安”创建示范单位等称号。

衡钢现已具备年产110万吨铁、170万吨钢、150万吨管、83万吨热处理、60万吨螺纹加工的能力，拥有铁、钢、管、深加工配套齐全的专业化生产工艺布局，实现产品全组距覆盖，能生产ϕ24~800mm、壁厚3.5~200mm的各类规格、品种的无缝钢管。

公司打造了油气用管、压力容器用管、机械加工用管三大拳头产品系列和具有自主知识产权的HS产品系列。其中，油气用管方面主要为复杂地质环境的石油天然气开采提供产品和相关技术服务，产品通过了国际著名油公司雪佛龙、道达尔、马士基等公司的现场认证，是中石油、中石化、中海油的重要战略合作伙伴，钢管在中国地质条件最恶劣的塔里木油田下井深达8000m；压力容器用管中的核电用管实现中国四大管道国产化，大口径厚壁高压锅炉管直供国内，市场占有率稳居行业第一位；机械加工用管日益系列化、高端化，起重机臂架用管做到全球最高钢级，车桥用管使用寿命远高于市场同类产品，起重机臂架管和旋挖钻杆管获得2018年度国家冶金产品实物质量“金杯奖”，达到行业同类产品领先水平。衡钢生产的无缝钢管产品质量在国内外享有较高声誉，广泛应用于石油、石化、锅炉、发电、机械、煤炭、化工、核电等各个行业。

衡钢一贯坚持深入推进结构调整，延伸产业链，积极转型升级，在湖南省建设了首个由企业为主体投资的钢管深加工产业聚集区，引进了一批钢管深加工企业，该园区被工信部命名为国家新型工业化产业示范基地。

衡钢确立了“建设世界一流专业化无缝钢管企业”的共同愿景，以“绿色衡钢、数字衡钢、百年衡钢”作为三大战略目标，坚持绿色制造、智能制造、品质制造，坚持走专业化发展道路，不断加强员工队伍建设，打造了一支能打硬仗、作风优良的员工队伍，确保企业经受住了钢管行业洗牌重组的考验，为未来加速发展提供了坚实支撑。

二、主要发展历程

（一）初创阶段

为了解决衡阳市“手无寸铁”的局面，1958 年 7 月 4 日，3 万衡阳人汇聚在郊区一片荒山野岭之中，开始削山平地、披荆斩棘，这支声势浩大的“集团军”（由干部、战士、学生和居民组成的队伍）创造了衡阳工业发展史上的一个奇迹——用两个月时间，投资 9000 万元，衡阳钢铁厂建成并出钢。同年 11 月，位于衡阳市北郊合江套的衡阳炼铁厂、相邻的衡阳小型无缝钢管厂相继并入。衡阳钢铁厂，即衡钢的前身，她的诞生开启了衡钢发展的伟大历程。

从 1958 年至 1978 年，衡钢和全国各地许多同龄钢铁企业一样，并没有像人们期待的那样迅速崛起，而是经历了几度濒临倒闭并艰难求存的曲折过程。1961 年 6 月，衡钢按照党中央对国民经济实行“调整、巩固、充实、提高”的方针，对企业职工进行精简，前后下放 2200 多人，仅留下 451 人。同时，企业将产品锁定为无缝钢管，然而调整以后幸存的无缝钢管车间，因投产时间短、产品质量低劣，导致产品滞销，长期亏本。面对困境，衡钢人没有选择就此放弃，而是千方百计寻找一线生机。为了渡过暂时困难，从 1961 年 8 月起，企业一面开展“大种大养”，一面积极承揽农用和日常小五金加工业务，并广泛持久地开展“以提高产品质量为中心”的增产节约运动。衡钢人的艰苦努力获得了应有回报，1962 年衡钢被原冶金部列为定点供应企业之一。

1964 年是衡钢发展历史中值得回顾的一年，该年度衡钢完成总产值 322.85 万元，超国家计划 97%，完成无缝钢管总产量 2372.3 吨，超计划 137%，企业一举摘掉亏损帽子，第一次上缴利润 166.66 万元，居全市之首，开始成为衡阳市工业企业的一面旗帜。从 1961 年至 1966 年 6 月，衡钢经过三年调整、三年发展，从濒临倒闭的逆境中闯出了新路。

此后十年，衡钢的中心工作由生产转向“文化大革命”，生产经营受到严重冲击，经济形势急转直下，1976 年全厂处于半停产状态，亏损达 189.83 万元。1978 年是中国历史上一个有着划时代意义的年份，是年 12 月，党的十一届三中全会召开，做出把工作重点转移到社会主义现代化建设上来的重大决策，开始实行对内改革、对外开放的政策。乘着国家改革开放的春风，衡钢人持续自力更生、艰苦奋斗，一点一滴聚沙成塔、集腋成裘，通过几代人的奋斗不断壮大企业实力，使衡钢逐渐焕发光彩，成为无缝钢管行业的一颗璀璨“明珠”。

（二）成长壮大

从 1978 年至 1997 年，在国家改革开放的大潮中，衡钢人凭借政策敏锐性和不达目的不罢休的拼搏精神，将改革开放的机遇转化为衡钢的成长动力，用 20 年时间闯出了一条由小变大、由弱变强的发展之路。

1978 年，衡阳钢铁厂更名为衡阳钢管厂，全年生产冷拔无缝管 10010 吨，高频焊接管 11571 吨，产品平均合格率 97%以上，实现盈利 130 万元，荣获“工业学大庆先进单位”称号。1979 年 4 月，党的中央工作会议提出了对国民经济实行“调整、改革、整顿、提高”的方针。从此改革的旗帜高高飘扬，改革的大潮波涛滚滚。以改革为动力，1979 年衡钢抓住机遇，围绕生产关键，千方百计寻找企业快速发展的出路，大搞挖潜革新，积极拓展企业产品发展空间，经过科研人员的努力，ϕ108 机组穿孔、轧管两机联合试验和负荷试验，达到了试车一次成功的要求。

秉承湖湘文化中“敢为人先”的精神，衡钢人在改革的道路上，不断创新，创造了一个又一个奇迹。1980 年国家试点推行扩大企业自主权，衡钢率先试行厂长负责制，企业逐步呈现出加速前进的发展趋势，1984 年产量、产值、利税等主要经济技术指标实现了“三超”和“三同步”，开创建厂以来最好的生产、经营局面。截止到1987年底，建厂近30年时间，衡钢累计产出各类钢管、硅铁、钢锭等产品65万余吨，其中冷拔无缝管23万吨、热轧无缝管11万吨、高频焊接管29万吨（含镀锌焊管8万吨）。其中，1982年到1987年，衡钢共生产各类钢管36.56万吨，是过去23年的总产量25.75万吨的1.4倍。

1989年，衡钢108车间、100车间屡创高产，尤其是108车间当年完成产量50042t，同比增长61.8%，投产第二年就超过设计能力，创下全国轧钢行业技改项目达产速度之最。

1990年是“七五”计划末年，通过全心全意依靠职工群众办企业和采取“两眼向外找差距、两手向内挖潜力”等措施，在全国同行多数企业经济效益滑坡的情况下，衡钢主要经济技术指标仍保持了一定幅度的增长。全年共完成产值40701万元，产量173021t，实现利税5237万元，分别比上年增长16.35%、13.8%、1.02%。与“六五”末的1985年比，“七五”期间，衡钢钢管产量增长3.15倍，销售收入增长4.88倍，利税增长3.74倍，固定资产增长3.45倍，职工人数增长2.14倍。

1991年，最让衡钢人感到欣慰的是，炼钢车间于5月30日炼出第一炉合格钢水，结束了衡钢无自供坯的历史，全年共生产合格连铸坯3132t。108车间也在这一年进一步发挥出标杆机组的实力，当年11月份该机组产量突破7000吨大关。

1993年，由于钢材销售处于卖方市场，钢管售价涨幅较大，当年衡钢产值达50510万元，钢管产量达到210366t，连铸坯产量达到80031t，实现利税首次突破亿元大关，达到12011万元，利润7857万元，创下建厂以来最好水平。

前进的道路总是充满坎坷，1994年和1995年市场急转直下，为应对严峻考验，衡钢1994年首次在全国设立8个经销点，迈出了坐商到行商的第一步。

以市场为导向，以销售为龙头，衡钢汇聚全员力量逆势而上，最终顺利渡过了难关。1997年，衡钢全年完成产值43270万元，钢管产量190904t，同比增长14.6%、13.4%，实现利税3203万元，其中利润1029万元，较上一年度大幅增长。炼钢车间月产纪录不断刷新，全年生产连铸坯124392t，同比增长37.4%。这一年，衡钢国家重点工程——高压锅炉管工程于1月26日试车成功，8月份入库第一批成品管257吨，全年共生产连轧成品管11562吨。

到1997年，衡钢已拥有ϕ50mm、ϕ76mm、ϕ89mm、ϕ100mm、ϕ108mm五大钢管生产机组和一套炼钢系统，钢管产能扩大到40万吨，一跃成为全国三大专业化钢管生产厂家之一，位居全国500家最大工业企业行列，由一个地方小厂晋升为省管大型一档工业企业，成为湖南省三大钢铁支柱企业之一。

（三）勇创辉煌

历史在前进，时代在发展。踏着时间的节拍，经历改革的大浪淘沙，衡钢以崭新的姿态跨入新的时代。

上个世纪末，湖南省整合省内钢铁行业的优势企业，组建湖南华菱钢铁集团有限责任公司，衡钢作为其全资子公司，生产无缝钢管的专业化分工更加明确。衡钢充分利用集团的政策、融资优势，抓住我国经济快速发展的机遇，历经重组整合、改造升级等阶段，进入历史上发展最快的时期。

1998年至2007年，衡钢用技术创新串联起一次创业和二次创业、第一轮结构调整和第二轮结构调整等数座里程碑，实现产能规模大幅度提升、产品结构大幅度优化。2007年与1998年相比，企业资产总额从26亿元提高到85亿元，增长227%；钢管产量由24.4万吨提高到100.2万吨，连铸坯产量由16.9万吨提高到109.6万吨，分别增长311%、549%；销售收入由9.3亿元提高到66.4亿元，增长614%；实现利润从1210万元提高到5.1亿元，增长41倍；专用管比例由2000年的20.3%提高到2007年的74.4%，增长了54个百分点；“双高”产品产量2007年达到41.3万吨，“双高”产品比为41.2%。1998—2007年这10年间，衡钢共生产钢、钢管分别达408.7万吨、494.8万吨，实现销售收入252.5亿元，较1988—1997年10年间分别增长717%、180%、307%。

这10年衡钢累计投入43亿元进行技术改造，建成了大无缝、大管坯、套管加工生产线等标志性项目和大批国家、省重点工程，对老机组进行了升级改造，企业整体技术装备水平跃居世界领先地位，发展后劲大幅增强，成为名副其实的国际化企业。“九五”期间衡钢总出口量不足5万吨，“十五”期间出口量迅速攀升，2003—2005年分别为6万吨、8万吨、17万吨，创汇量分别为3200万美元、6000万美元、15000万美元，连续三年翻番。2007年出口量占总产量的比例接近50%，创汇额近5亿美元，出口创汇率连续多年位居同行第一。2007年，衡钢钢管产量首次突破100万吨，成为全球第二家无缝钢管年产量过百万吨的专业化无缝钢管生产企业。

2007年，衡钢还在湖南省首创以企业为主体投资建设的钢管深加工产业聚集区，招商引资30余家企业入园，利用衡钢提供的母管开展被覆、车丝、冷拔、热扩加工，进行接箍、高压气瓶等生产，并从事倒棱、涂漆、喷标、包装和内外修磨、抛丸等加工业务，该产业聚焦区后被国家授予新型工业化产业示范基地。

1998年至2007年，衡钢内部管理不断进步。为适应市场竞争更加激烈的客观形势，衡钢不断探索与企业规模相适应的管理模式，以管理信息化为突破口，加大管理创新力度，实施业务流程重组（BPR），建立企业资源计划（ERP）系统，管理机制由职能导向型转变为流程导向型，构造了规范、科学、高效的管理平台，为实现企业管理与国际接轨奠定了基础。

（四）涅槃重生

2008年至2018年，这是衡钢发展史上最为波澜壮阔、不同凡响的一个阶段，期间衡钢经受住了行业洗牌的严峻考验，通过全体员工奋发图强、开拓进取，衡钢创造了辉煌的业绩，为实现更加美好的发展前景打牢了根基。2008—2018年，衡钢共生产铁水856万吨、钢1353万吨、管1241万吨，实现销售收入783亿元。

2008年国际金融危机爆发并深化，世界经济受到重大冲击，增速明显放缓。这次危机对包括衡钢在内的我国钢铁工业发展的影响极其深远，加之受行业周期性影响，钢铁行业从2011年开始维持“高成本、高产能、低价格、低效益”的严峻形势多年，直至2016年年中才见底。其间，由于行业产能严重过剩、市场竞争过于惨烈，众多钢铁企业经历了市场“极寒”的考验。面对遭遇的困境和危局，在公司领导班子的带领下，全体衡钢人不等不靠，加倍努力，在磨难中坚强，在逆境中奋起，在淬火中重生，积极实施一系列变革调整和改革创新，经受住了行业的残酷洗牌。衡钢于2017年成功从低谷中跃出，实现涅槃重生，迈入新的良性发展轨道。

在行业低谷期，衡钢不断积蓄发展动能。2008年至2012年是衡钢历史上技改投入强度最大的几年，相继建成炼铁系统、ϕ720mm机组、ϕ180mm机组，打造了大中小组距规格齐全、铁钢材产业链全配套的竞争优势。其中，炼铁项目于2009年5月1日投产并顺利产出铁水，降低了管坯的生产成本，提升了管坯材质纯净度，为企业进军高端产品市场夯实了根基。ϕ720mm项目于2009年7月3日全线贯通，系当时世界最大的周期式轧管机组，机组成功投产让衡钢在特大口径钢管市场打响了品牌，加快了高端高压锅炉管的国产化进程。2010年8月30日，为ϕ720mm机组供坯的特大圆坯项目建成，衡钢成为国内第二家能生产最大直径达ϕ800mm钢坯的企业，所有轧管用坯料全部实现自供。ϕ180mm机组于2011年12月26日热负荷试车成功，先进的PQF连轧工艺使衡钢的生产效能和产品品质均迈上一个新台阶。

在加大基础建设投入、夯实发展根基的同时，衡钢的发展方式也实现了重大改变和调整。2013年，因宏观经济和投资环境发生重大变化，公司迅速调整发展战略规划，主动摒弃追求规模扩张的外延式发展方式，向质量品种效益型的内涵式发展方式转变，心无旁骛立足现有产能做精做强钢管主业。凭借走专业化道路的坚定信念，衡钢成功克服发展道路上的重重困难、障碍和种种诱惑、陷阱，最终跳出长期以来根深蒂固的“吨位经济”模式，企业竞争力稳居行业前三位，成功跻身“国家队”前列。

图2　衡阳华菱钢管有限公司4流连铸

图3　衡阳华菱钢管有限公司ϕ720mm周期热轧管机组

为实现长久发展，衡钢不断强化内部管理。持续开展挖潜增效、减债降负。2012年下半年推行衡钢振兴计划，与2012年初比，2013年底挖潜增效达到4000万元/月，相当于吨管降成本400元，成本竞争力取得长足进步。2014年推出衡钢振兴计划（升级版），将主要精力由降成本转向结构调整，启动IPD项目，推动销研产一体化，优化品种结构和客户结构。2017年推行三年振兴计划，成功实现扭亏为盈。推行智能制造，从2015年开始实施智能制造及自动化改造，自动喷漆、自动喷色环、自动加渣等项目提升了钢管制造智能化水平。2017年推进“智慧衡钢”信息化项目建设，逐步构建集智能装备、智能工厂、智能互联于一体的智能化体系。

衡钢持续多年大力推行科技项目攻关，与科研院所、大学以及战略用户的材料研究所、研发中心开展产学研合作和联合开发，借助外部力量开发了110TS抗挤毁抗腐蚀套管、125V高强高韧套管、P92高钢管等高效品种。2017年9月，衡钢邀请了王国栋院士、李鹤林院士开展项目合作，共建院士专家工作站，推进重点难点技术攻关，促进产品实物质量的提升及产品结构的调整和优化，进一步推动公司转型升级。2018年，衡钢高效产品销量达到创历史纪录的80万吨，高效产品比达59.14%，刷新历史纪录。

经过多年的实力积累，衡钢产品成功实现由低钢级向高钢级转变，由标准产品向具有自主知识产权产品的转变。油气用管不仅覆盖API标准所有钢级，而且开发了高抗挤毁、热采井、抗H_2S腐蚀、高强高韧等多种非API标准油套管、X100Q管线管、海洋工程用管。油套管扣型从最初的API扣型，逐步发展到具有自主知识产权的HS特殊扣系列，为客户提供多种选择，并形成具有衡钢特色的产品系列。压力容器用管升级到P22、WB36、P91、P92等。管线管、起重机臂架管、旋挖钻杆管均荣获中钢协冶金产品实物质量金杯奖，管线管、石油套管荣获湖南省名牌产品称号。

从2015年开始，衡钢启动以高端品种、高端市场、高端客户为主要内容的第三轮结构调整。充分利用IPD项目制模式，牢抓市场立足点，发挥营销龙头作用，整合营销、技术、生产等各方面资源，形成强大合力，推进结构调整。2018年衡钢11个IPD项目均结出丰硕成果，在高端市场新增销量14万吨，创效显著。至2018年，衡钢拥有有效专利112项，其中发明专利35项、实用新型专利76项、外观设计1项，涉及无缝钢管制造方法、热处理技术、螺纹加工技术、洁净钢技术等。3 主要发展成就。

改革开放40年来，衡钢取得了四大变化，成功化解了地处湘南内陆、原材料采购和产品销售两头在外的不利条件，从一家地方小厂快速成长为业内“骄子”，成功跻身于世界级无缝钢管行业前列。

（1）生产规模大增长。建厂初期，衡钢仅有12座小转炉和3套小轧机。在艰苦的环境下，衡钢人自力更生、艰苦奋斗，一点一滴壮大企业实力。至2018年，衡钢拥有1080m^3高炉1座，小、大、特大3条圆管坯生产线，ϕ89mm、ϕ180mm、ϕ219mm、ϕ340mm、ϕ720mm等5条钢管生产线以及16条钢管加工生产线，形成了全流程、全组距的专业化生产工艺，是全球无缝钢管生产机组最全、先进机型最多、产品规格最配套的企业。2018年，衡钢铁、钢、管产量分别为113万吨、162万吨、146万吨，主业销售收入首次突破100亿元，生产经营指标创下7个“历史之最”。

改革开放40年来，衡钢总资产由1977年的不足2000万元提升至135亿元，钢管产量由2.2万吨提升到146万吨，工业总产值由0.23亿元提升到87亿元，利税由131万元提升到14.5亿元。

（2）品种范围大拓展。改革开放40年来，衡钢一条条先进生产线快速建成，工艺装备水平实现世界领先，同时狠抓技改项目达产达效，使每一个技改项目的投产达产过程，演变为新产品不断诞生、不断丰富的过程，钢种由1977年的16个拓展到2017年近300个，钢管品种由不足10个拓展到500余个。

20世纪60年代，衡钢仅能生产冷拔管、高频焊管两类管材。20世纪80年代，衡钢先后建成ϕ100热轧机组、ϕ108三辊高精度热轧机组，重点转向热轧无缝钢管生产，1987年形成20万吨钢管的生产能力。ϕ108机组采用的三辊高精度轧管工艺系自主研发，生产的汽车半轴套管获国家银质奖，该产品的企业内控标准最终上升为国家标准。

20世纪90年代初期，衡钢坚决抵制多元化的诱惑，集中人、财、物聚精会神在无缝钢管领域耕耘，先后淘汰焊管生产线和落后的ϕ76连轧机组，建成ϕ89连轧管机组、世界上第一条全水平连铸圆管坯生产线，装备水平大幅提升。1997年钢管产能扩大到40万吨，产品由焊管、冷拔无缝管、热轧无缝管缩减至冷拔和热轧无缝钢管。

2002年至今，衡钢历经三次品种结构调整。2002—2005年，第一轮结构调整培育了油气用管、高压锅炉管、机械加工用管三大拳头产品，专用管比提升至40%，实现了由生产普通管向生产专用管的转变。2005—2014年，第二轮结构调整实现了由低钢级向高钢级的转变、由标准产品向具有自主知识产权产品的转变。2015年以后，启动以高端品种、高端市场、高端客户为主要内容的第三轮结构调整，全力进军国际知名石油公司、油服公司和工程公司，目前世界排名前二十位的油气公司有一半以上已成为衡钢客户。一大批国际国内重点标志性工程及高端客户指定使用衡阳钢管，“衡钢制造”大放光芒。

（3）营销机制大变革。为适应瞬息万变的市场，衡钢推动内部管控由以生产为龙头向以营销为龙头转变。1986年成立销售科，1996年获得进出口业务经营权，2002年设置专用管公司，2007年组建客户技术服务队伍。2016年面对钢管行业哀鸿遍野的危境，公司果断求变，进一步明确“经营围绕市场转，生产围绕经营转，其他围绕生产转”的营销理念，确立“稳定周边，面向全国，走向世界”的市场定位，组建国内、外13个业务单元，充分发挥小分队作战优势，实现企业效益最大化。

另一方面，针对地处湘南腹地、地理位置缺乏优势的竞争局势，衡钢扬长避短，坚持把扩大出口作为发展战略来抓，利用品种规格齐全、交货及时等优势，努力构建具有衡钢特色的外贸模式，出口业务快速增长。1997年出口量首次突破1万吨，2000年成功打入北美等发达国家市场，2002年突破5万吨，2007年出口钢管攀升至48万吨，出口比48%，出口创汇率超50%，均夺行业第一。2008年世界金融危机爆发后，国际贸易摩擦加剧，发达国家对我国无缝钢管启动“双反”策略，海外钢管市场受到严重冲击。衡钢积极调整营销策略，加大贴近终端客户的服务力度，从安排驻点到派驻海外经理，再到设立海外常驻办事处和海外分公司，市场布局优化有序进行，成功搭建了与海外库存商、工程公司及终端客户互利共赢的营销网络，在海外出口市场打响了品牌，获得了众多一流客户的肯定。2008年至2018年，衡钢共出口钢管超过500万吨，是衡钢出口量最大的时期。同时，衡钢通过强化质量体系建设，通过了500余家第二、三方认证，其中包括雪佛龙、道达尔等58家国际知名企业。

回顾衡钢的营销之路，企业由计划经济时代国家统筹调配、无自主开发客户，发展成为客户遍及全球七大洲66个国家和地区，包括国内外一流油公司、油服公司、工程公司、国内五大锅炉厂、知名机械加工企业在内的500余个客户。遍及全球的高端客户“朋友圈”，为衡钢下一阶段打造世界一流企业提供了广阔的市场空间。

（4）作业效率大提升。衡钢建立伊始有2600余名员工，后经困难调整、十年动乱、拨乱反正时期至十一届三中全会召开，公司只有员工1230人，其中专业技术人员不足52人，劳动生产率仅为17.5吨管/人·年，人均年收入600元。

改革开放后，衡钢抓住发展机遇主动出击，借助信息化管理平台打通了高效率作业流程。2000年衡钢在湖南省工业企业中按照现代企业的先进管理模型率先打造企业信息化平台，实施业务流程重组，建立ERP系统、办公自动化系统、网站和邮件系统，有力推动管理模式和组织形式变革，管理模式由传统的级层式转变为扁平式，管理机制由职能导向型转变为流程导向型，实现资金流、物流、信息流的集中动态一体化管理，提高管理效率。2003年被评为中国企业信息化500强、湖南省企业信息化示范企业。

2007年衡钢又上线ERP升级系统，建立以财务管控为核心的企业信息化基础平台。2008年以来，先后自主开发原燃料结算、生产管理（PPMS）、询单评审、大客户信息平台等信息化子系统。通过联合开发和跟踪完善，完成销售资源计划与准时交货（DSP）、实验室管理（LIMS）、资金管理、办公自动化（OA）、钢管逐支跟踪管理等信息系统或平台建设，实现对资金的透明管理，有效提升了营销、生产服务能力。

衡钢通过信息化大力夯实了管理基础，工作效率不断提升。2017年衡钢紧跟互联网+等催生的智能革命步伐，紧锣密鼓筹备并实施“智慧衡钢”管理信息化项目，2018年底实现系统切换并上线试运行。新系统通过应用云计算、大数据等新技术，与公司全产业链深度融合，构建了集智能装备、智能工厂、智能互联于一体的智能化体系，实现管理智慧化、制造智能化、服务智敏化，达到产销一体化、管控一体化、业财一体化，构建快捷的市场反应体系、精益的生产管理体系，实现内部管控不断适应快速变化的市场。

随着企业生产装备升级换代，在产能大幅提升的同时，衡钢员工总数却呈现精简下降的趋势。为提升现场作业效率，减轻一线员工的劳动强度，近年来衡钢大力推进智能化项目改造，自动堆垛打包称重、智能外表检测、大管坯端面自动喷标等技术得到推广应用，2018年衡钢ϕ180mm生产线还被评为行业首个国家级智能制造试点示范项目。

改革开放40年来，衡钢劳动生产率增长17倍，达到315吨/(人·年)。在员工队伍中涌现了全国劳动模范、全国五一劳动奖章获得者、国务院特殊津贴专家、湖南十大杰出经济人物、衡阳市十大经济人物、衡阳市十佳改革创新人物等一大批先进模范人物。

（五）主要特点和经验

（1）强化党的领导，打造企业发展“红色引擎”。衡钢党建工作持续强化，公司深入开展学习实践科学发展观、党的群众路线教育实践、“三严三实”专题教育、“两学一做”学习教育等活动，提升了党员特别是党员干部思想政治素养，提高了企业党组织的战斗力和凝聚力。

落实中央从严治党要求，加强党的领导，将党组织内嵌到公司治理结构之中，将党的领导嵌入到生产经营各环节，将党组织研究讨论作为决策重大问题的前置程序。健全完善党委会议议事制度，严格执行民主集中制，坚持个别酝酿、专家论证、集体决策的决策程序，全面执行“三重一大”事项集体决策、主要领导末位表态制度。

坚持党管干部原则，不断加强班子建设、作风建设、廉政建设，两级班子“四个意识”增强，班子的辩证思维能力、市场把控能力、驾驭复杂局面能力增强。完善“双向进入、交叉任职”体制，将研究干部选拔任用作为党委会议事重要内容。加强干部队伍日常管理，党委班子和二级班子层层递交责任状，对关键核心指标进行目标考核，每名干部肩上挂 1~3 项主要绩效指标，完成指标挂红旗，未完成挂黄牌，将指标完成情况作为党员干部年度动态调整重要依据。

强化基层党组织建设和党员队伍建设，以党建目标管理为抓手，以思想政治工作为生命线，以奋斗文化和工匠精神为精神内核，推进党建工作和生产经营深度融合，实现党政共画同心圆，党建工作成为企业发展的“红色引擎”。在各类争创活动中，涌现一大批先进单位和先进个人。仅 2008—2018 年，就有 18 人次获得国家、钢铁工业、省、市劳模及省、市五一劳动奖章，有 40 人次被评为衡钢英模、71 人次被评为公司劳模、79 人次被评为公司模范党员、61 人次被评为创新之星。

（2）强化内部管控，为企业发展注入“源源活力”。提升核心竞争力，是企业强化内部管理革的出发点。衡钢在管理变革方面持续创新，从 1987 年到 1997 年，按照科学管理、有效管理、逐级管理的原则，企业先后对物资供应、计量、财务、计划实行集中统一管理，建立健全了物资集中统一管理体制和物资采购、贮存、使用分离约束机制；坚持财务开支一支笔审批制度，强化了资金的有效运用；通过对质量、成本、设备等专业管理实行预防式动态管理模式，推行工序质量制、成本核算和成本否决制、设备点检定修制，形成全员、全过程地参与管理格局，加强了企业各项基础管理工作。“八五”期间，衡钢被列为省现代化管理试点单位。1996 年起，衡钢不断按照 ISO9000 质量保证体系严格规范企业的质量行为，提高了产品的质量保证能力，增强了市场竞争力。

1998—2007 年，衡钢以减员增效、剥离辅助、三项制度改革等为主要内容，加快转机建制步伐。按照建立“政企分开、权责明确、产权清晰、管理科学”的现代企业制度的要求，衡钢以资产经营为纽带，大力推进“分离辅助、精干主体”的企业改制工作，1998 年至 1999 年，共剥离 9 个辅助部门。在集团公司的扶植下，辅助单位自我生存能力不断增强。

围绕激发企业活力，增强内生动力，衡钢深入推进三项制度改革，实施流程架构大变革。2016 年 5 月 13 日，衡钢出台《2016 年改革工作总体方案》，明确了优化资产布局、深化“三项制度”改革、强化内部管理、分离移交企业办社会职能 4 项重点改革任务，提出 14 个目标、24 项措施。当月，衡钢就实施了营销机构大变革和管理部门大合并，将国际贸易公司和国内营销公司合并成为营销总公司。另外按照优化、协同、高效原则，将 14 个管理部门“瘦身”至 7 个，着力加强归口协调职能，由一个部门统筹本系统本领域工作，如：生产、安环、设备、能源等管理职能并入生产管理中心，技术中心、钢管研究院、质量管理部、科学技术协会整合成技术质量部；着力规范机构设置，大量压缩管理、经营、技术部门科室，将科室总数控制在 55 个以内；着力解决“卡阻慢”问题，对合同评审流程、大宗原燃料验收流程等产销研一系列流程进行简化优化；着力进一步规范管理，强化按流程执行、按制度办事，2016 年成立和调整近 20 个领导小组和委员会，新增《零星采购管理办法》等 33 个制度，建立起一个流程更优、反应更快、效率更高的新管理体系。

2017 年随着国家供给侧结构性改革持续推进、钢铁行业去产能取得重大突破，衡钢及时对“十三五”发展规划做出了重大调整，启动中长期发展战略规划编制，继续坚持走好专业化、高端化、国际化的发展路线，围绕“引领行业发展方向、引领行业产品标准、引领行业市场定位”这一总体目标，在生产组织、质量管控、产品研发等多个方面深化改革，为企业发展注入新动能。

（3）盘活人力资源，“鲶鱼效益”激发队伍潜能。振兴衡钢，关键在人。围绕激发企业活力，增强内生动力，衡钢持续完善中层管理人员年度考评、调整办法，建立中层退出通道，努力打造一支精干高效的中层队伍。2001年首次对中层班子实施尾数淘汰，干部实现能上能下。2012年起推行中层三年精减计划，每年减少中层职数10%，2014年底行政序列中层职数由142人控制在100人以内。2016年坚持自上而下精简中层队伍，行政和技术序列中层职数一次性压减49个，是历年减幅最大的一次。中层选拔由推荐选拔制调整为公开招聘制，2017年在干部队伍年轻化、专业化上取得突破，公开招聘12名中层副职，其中35岁以下10名，研究生学历4名。至2017年底，公司共有行政序列中层75人，技术序列中层40人，平均年龄40岁以下，呈现年龄结构年轻化、知识结构专业化、职位数量精简化的格局。

员工实现能进能出。2012年前，公司处于规模扩张期，通过推行业务和劳务外包，正式员工人数基本稳定。2012年后，为应对日益严峻的市场形势，为提高劳动生产率，2012—2015年公司以裁减大部分劳务用工等为抓手，大力盘活人力资源。一方面大量撤减、清退业务和劳务外包用工，2012年是公司裁减劳务用工力度最大的一年，裁减1200余人，裁减比例达40%。另一方面倡导“一人多岗、一岗多能”，建立分流退出通道，采取紧缩岗位、强化分厂定岗定员、变革生产班制、顶替劳务工、业务整合、自动化改造、内退、解除劳动合同等一系列举措，控制和减少一般管理人员、辅助人员和富余工序人员，四年间岗位用工减少近2800人，其中劳务用工约1800人，正式员工近1000人。2016年是公司裁减正式员工力度最大的一年，坚持精简高效，推行大部制改革，管理部门个数由14个降至7个，管理科室控制在55个以内。借助精简机构、整合业务、顶替劳务工等手段，全年减少用工1361人，其中正式工886人，所有转岗分流人员均得到妥善安置。2017年减少用工424个，其中正式工231人。正式员工人数首次“破四”，降至3941人。劳动生产率攀升，全年人均钢管产量284吨，同比提升48%。

收入实现能高能低。坚持“效益优先、兼顾公平”原则，在劳动生产率和企业效益不断提高的基础上，增加员工收入和劳动保障水平。规范和完善员工薪酬体系，强化效益导向，鼓励员工积极投身创新创效活动，将收入向生产、研发、营销一线等为公司创新创效人员倾斜，合理拉开收入差距，形成收入增长靠贡献的薪酬分配格局。2018年员工人均收入达9万元，比1977年的600元增长150倍。

（4）强化技术创新，“提档加速”进军高端产品市场。在引进和消化吸收国外先进无缝钢管生产装备和技术的基础上，衡钢插上科技创新的“翅膀”，开始在无缝钢管制造的领域启航并腾飞。从1987年到1997年，衡钢进行了大小130余项技术改造和700余项技术改进，完成重大科研项目38个，新技术推广14个，其中5项技术获国家专利、6项获省冶金系统科技进步奖、10项处于国内领先地位。其中，企业自行设计的ϕ108mm三辊高精度热轧无缝钢管机组有效填补了中厚壁钢管生产的空白，引进消化吸收的ϕ89mm半浮芯棒连轧管机组使企业在高压锅炉管、油管市场上抢占先机。

2003年，衡钢拉开二次创业的序幕，进入新一轮大技改时期，相继建成了二连轧项目、大管坯项目、套管加工生产线等一大批管国家、省市重点工程。2007年，围绕“十一五”发展规划，实施了ϕ108mm机组改造，启动了特大口径轧机、炼铁系统建设。2000年至2007年，衡钢开发油田用管新钢种35个，拥有自主知识产权的经济型油气用管HS系列用钢种6个，自主开发的HSM特殊扣申请了专利。

2008年至2018年，衡钢品种结构调整向高钢级转变、向具有自主知识产权产品转变迈出坚实步伐，高端产品产量稳步增长，拳头产品市场占有率进一步扩大，新产品开发能力不断提升，成为抵御市场风险、增强创效能力的重要砝码。2008年成功开发HS80N抗扭套管、HS80-3Cr抗腐蚀套管、高钢级臂架用管等7个新产品。2009年油套管产量进入行业前三强，成功开发直连型小套管、HSM-2特殊扣、3Cr-13Cr油套管、热采井套管等7个新产品。2010年开发新产品6个，具有自主知识产权的HSM特殊扣销量突破2万吨，同比增长100%。2011年，衡钢与中国华电集团华电重工装备有限公司签订电力“四大管道”第一单，填补了衡钢在电力“四大管道”市场业绩空白的历史，打破了中国电力“四大管道”长期依赖进口的格局。2014年，衡钢在高端油气用管、压力容器用管、机械加工用管国产化进程中“提档加速”。其中，大口径拖车气瓶、P91、13Cr、Gr. 8、海工管、石油机械用管等重点品种的技术障碍得以扫除，C110、V150油套管等实现稳定生产。2015年，衡钢全面启动第三轮结构调整，部分高端产品市场取得突破，P91高锅管、钻具用管销量大幅增长，L80-13Cr PSL3油套管、HSTS直连型油管实现批量生产。HSM-2特殊扣批量进入中海油、江汉油田。4145、4147牌号大口径气瓶用管首次出口美国。C110油套管大批量供货塔里木、西北局，石油机械加工用管进入斯伦贝谢，V150高强高韧套管进军中东中亚特殊市场。公司成功开发SQ14型150×150热轧车轴用无缝方管、壁厚≤30mm的C110高钢级机械加工用管、HSM-3特殊扣套管、HSTS双台肩螺纹直连型油管。

2008—2018 年，衡钢共有 29 个项目获市级及以上科技进步奖，国家科技进步奖实现从无到有，“电弧炉炼钢复合吹炼技术的研究应用”荣获 2016 年度国家科技进步二等奖。P91 无缝钢管及其制备方法获中国专利优秀奖，另有 5 个专利在湖南省、衡阳市获奖。国际专利申请实现突破，首次实施 PCT 专利申请 2 个。主持制定国家和行业标准 9 个，其中国标 5 个、行标 4 个。

（六）未来发展展望

在党的十九大精神指引下，衡钢人锐意进取，埋头苦干，围绕“建设世界一流专业化无缝钢管企业”这一共同愿景，致力于实现“引领行业发展方向、引领行业产品标准、引领行业市场定位”三个引领，努力建成“四个新衡钢”，即开拓进取的新衡钢、引领行业的新衡钢、智慧高效的新衡钢、美丽昌盛的新衡钢。

（1）党建为旗，建设一个开拓进取的新衡钢。衡钢将发扬优良传统，将党建融入生产经营各个领域，以党建统领改革发展大局。坚持党管干部的原则，选拔好、使用好两级班子骨干。充分发挥基层党组织的双核心作用，将党的政治优势、组织优势厚植为企业竞争优势、发展优势，将党员的积极性、主动性引导到经济建设中心工作中来，汇聚发展合力。通过全员努力，坚定不移向“世界一流”目标前进，成为华菱集团跻身世界 500 强的生力军。

（2）品牌为王，建设一个引领行业的新衡钢。行业的引领者，要具备为整个行业的发展打开创新空间，支撑利润空间的能力。面对常态化的激烈竞争环境，衡钢要从品种、品质两个维度全力出击，不断提升品牌价值，致力建设令同行尊敬的先进制造企业。

衡钢将持续优化品种结构，高强度、高密度推进 IPD 项目，努力研发 13Cr 和超级 13Cr 油气用管、高钢级海洋工程用管等新产品，引领行业发展方向；大力培育代表企业核心竞争力的射孔枪管、石油机械加工用管、起重机臂架管、旋挖钻杆管等重点产品，引领行业产品标准；常力抓好正常生产的一般产品，掌控周边市场及国内市场，引领行业市场定位。持续强化以大客户为核心的渠道建设，境外全面进入世界排名前 20 的油公司和前 10 的油服公司、工程公司，国内市场全面进入用管行业排名前 5 的目标客户，建立世界一流客户的朋友圈，实现世界一流客户总数达到 50 个以上，销量占比 60%以上。

（3）管理为基，建设一个智慧高效的新衡钢。持续借鉴先进企业的管理理念与模式，推动内部管控主动适应我国转向高质量发展新形势，实现与国际接轨。全面推行精益管理，打造具有衡钢特色的精益管理体系，实现企业高效发展。

打造智慧衡钢平台。贯彻“中国制造 2025”战略，推行信息化和工业化深度融合，高标准实施智慧衡钢信息化项目建设。2018 年底实现系统切换并上线试运行，2019 年 6 月正式投用，推动管理智慧化、制造智能化、服务智敏化。建立与智慧衡钢相适应的管理思想和管理理念，减少管理层级，加大管理幅度，加深管控程度，提升管理效率。强化市场导向，客户至上，构建快捷市场反应体系。提质升级传统制造业，加快智能产线建设，将衡钢打造成无缝钢管行业智能制造的标杆企业。优化组织架构和人力资源结构，年人均钢产量迈进 500 吨大关，劳动生产率达到行业先进水平。

（4）奋斗为本，建设一个美丽昌盛的新衡钢。坚持节约优先、保护优先，深化“绿色衡钢”发展战略，形成绿色发展方式，打造节约资源和保护环境的空间格局、产业结构。使用清洁能源，推行清洁生产，构建清洁低碳、安全高效的能源体系。推进资源全面节约和循环利用，降低能耗、物耗，实现生产系统的清洁闭环运行，确保污染物超低排放，固废综合利用率达到 100%，形成“厂在林中、路在绿中、人在景中”的美丽衡钢，实现企业与城市相融共生、和谐发展。

从 2018 年到 2020 年，紧紧围绕企业当期主要矛盾，坚定创新驱动发展，统筹推进经济建设，促使企业迈向良性发展轨道，资产负债率降至 50%以下。从 2020 年到 2050 年，分两个阶段实现世界一流目标。第一阶段从 2020 年到 2038 年，在企业彻底脱困的基础上，再奋斗 18 年，进入世界一流企业梯队，企业核心竞争力、盈利能力大幅提升，跻身全球同行前列，员工实现幸福小康。第二阶段从 2038 年到 2050 年，在实现世界一流目标的基础上，再奋斗 12 年，建成全球化、产业化运作的世界一流企业，真正实现“引领行业发展方向、引领行业产品标准、引领行业市场定位”，成为综合实力和国际影响力领先的企业，全体员工实现共同富裕、幸福安康，以更加昂扬的姿态迎接百年衡钢的诞生。

站在新的历史起点，衡钢这个钢管行业的“骄子”，正以充满活力的步伐进军“世界一流”的目标，在市场竞争的大潮中奋进、腾飞！

壮丽70年　迈向新时代

（鞍钢股份有限公司无缝钢管厂）

2019年，是我们伟大祖国成立70周年，也是我们鞍钢无缝钢管厂成立66周年。66年前，在党中央及各级政府的亲切关怀和万众瞩目下，新中国第一座无缝钢管厂正式开工，诞生了新中国第一根无缝钢管。66年后，特别是在改革开放以来，鞍钢无缝钢管厂在市场经济大潮的波涛汹涌中，全体职工上下同欲、直立潮头、披荆斩棘，始终屹立于中国钢管行业前茅。

一、主要发展历程

（一）1953—1966年，是鞍钢无缝钢管厂的蓬勃发展时期

鞍钢无缝钢管厂于1950年3月开始筹建，是鞍钢著名的“三大工程”之一，1952年7月1日开工建设，1953年10月27日试轧成功，同年12月26日正式投产。设计能力年产量6.19万吨，于1956年达到设计能力。

图1　新中国第一根无缝钢管样品

（1）鞍钢无缝钢管厂 ϕ140mm 轧管机组，是从苏联全套引进的第一套自动轧管机组。原设计生产规格为 ϕ38~140mm，壁厚4~20mm，长度4~12m；设计产量6.19万吨/年，投产3年后的1956年生产了6.6万吨，超设计7%。1954年，生产出我国首批油管，并开始向地质、化工、军工等部门提供管材。

（2）1954年，从苏联全套引进的地质、油井管生产加工线建成投产。

（3）1956年，应国家急需，由我国自己设计制造的第二冷拔生产车间建成投产。

（4）1958年，为了解决国家需要大量无缝钢管的问题，鞍钢无缝钢管厂先后参照苏家屯铜管厂的设备图纸，利用废旧材料和设备，设计和制造了一台简易的 ϕ76mm 穿孔机和自动轧管机，用于生产供冷拔用的毛管。后来又制造了3套相同的机组——红旗1号、红旗2号、红旗3号，分别调往四川、云南、山西等地。这样除鞍钢建成 ϕ140mm 自动轧管机组外，鞍钢提供人力和技术支援，在北京、天津、陕西、湖南等地都播下了钢管生产的种子。同年从苏联全套引进的第一冷拔、冷轧生产车间建成投产。

（5）1963年，第二冷拔车间超薄壁的旋压管生产线建成投产。从开工生产到1966年末，是鞍钢无缝钢管厂蓬勃发展时期，是以高质量、高速度发展的机械化水平较高的时期，党和国家对于我们给予了无限的希望。毛主席在1953年12月25日祝贺“鞍钢三大工程”提前竣工生产的复电中，殷切希望我们“要继续努力学习先进技术，发挥工人阶级的智慧和力量”。至1966年末，鞍钢无缝钢管厂生产能力已经达到12.1万吨，超过原设计能力一倍多，产品品种相应扩大，产品质量综合合格率达到97.6%。

（二）1967—1977 年，鞍钢无缝钢管厂迎难而上，依靠自己的力量创新改造

由于历史原因，这个时期的生产曾遭到破坏，经过十多年努力探索总结的一整套企业管理的规章制度被废弃，停产长达四个月之久。但是鞍钢无缝钢管厂广大职工接受了严峻的考验，许多老工人、老干部和工程技术人员默默为无缝钢管厂做着贡献。

（1）1970 年，为了扩大生产，无缝钢管厂依靠工程技术人员，创造性地设计了一台不够完善的狄塞尔轧管机。只花了 80 万元人民币，在不到半年的时间内，便完成了这套轧管机组的制造、安装。

（2）1971 年，改造后的轧管机正式投入生产，并在生产中不断改进和完善，使其成为国内第一套新型狄塞尔轧管机组，由此极薄壁不锈钢管在我厂问世。

（3）1972 年，跃进号冷轧机在无缝钢管厂诞生。

（4）1976 年，无缝钢管厂依靠自己的力量对传统的加热炉进行了全面改造，改斜底炉为环形炉。提高了加热能力和质量；节约了能源减少烧损；减轻了加热工人的劳动强度；新材质导板研制成功；穿孔机主减速机的改进等。

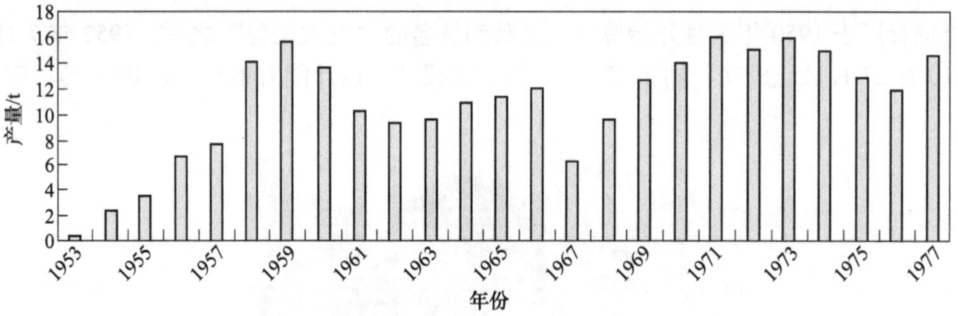

图 2　无缝钢管厂 1953—1977 年产量

1953—1977 年，鞍钢无缝钢管厂为国家生产无缝钢管 270 余万吨，生产能力由原 6. 19 万吨提高到 14. 5 万吨。同时，为国家研制生产大量军工产品，并培养大批人才输送至全国各地，完成了党和国家赋予我们的出钢材出人才的光荣任务。

（三）1978—1988 年间，特别是十一届三中全会以来，党中央制订的一系列方针、政策给鞍钢无缝钢管厂带来了新的发展机遇，在生产规模、技术装备、生产工艺、技术质量等各方面均有很大提升

1978 年，对石油管加工设备进行改造、更新，1981 年 8 月成立石油管加工车间。截止到 1984 年，鞍钢无缝钢管厂已实现仅由建厂初期的一套 ϕ140mm 自动轧管机组，到如今的具有热轧、冷拔、冷轧、石油管车丝多元化生产系统五个生产车间及相应的工具制造、机械、电气、动力维修五个辅助车间的跨越式发展，其生产能力已达到年产 20 万吨，可生产 254 种不同钢质、37000 多个不同规格的无缝钢管。

1978 年到 1988 年，鞍钢无缝钢管厂的年生产能力逐步增长，由 1978 年的 15. 6 万吨增长到 1988 年的 22. 4 万吨，超原设计能力一倍。

（四）1989—1998 年，是鞍钢无缝钢管厂产品品种、质量水平的不断提高的 10 年

鞍钢无缝钢管厂已发展到三条热轧管生产线，一个冷拔、冷轧、旋压生产车间、一个石油管加工车间，先后自己设计改造并引进了苏联、法国、日本、美国、德国等国家的生产设备、石油管加工设备和检测设备，促进了产品质量水平的不断提高。1997 年、1998 年先后通过了 ISO 9002 质量认证和 API 质量体系认证。生产能力已达到 30 万吨，最高产量 1996 年 35 万吨，20 世纪末的 10 年，鞍钢无缝钢管厂累计生产无缝钢管 300 万吨，是过去 47 年无缝钢管生产总量的近三分之一。

（五）1999—2008 年，是鞍钢无缝钢管厂设备更新改造、不断创新、发展的 10 年

（1）2004 年，将苏联援建的第一套 ϕ140mm 自动轧管机组改造成 ϕ219mm 自动轧管机组，产品规格

范围：ϕ(68~219)mm×(4.5~40)mm，年设计能力为25万吨。

（2）2002年，鞍钢无缝钢管厂将自己设计、制造、建设的首套使用10年的ϕ140mm自动轧管机组（AG机组）进行改造，引进当时世界最先进的德国SMS-MEER公司ϕ159限动芯棒五机架连轧管机、意大利ANSALDO公司电控设备及奥地利MFL公司排管锯，对AG机组实施大规模技术改造，工程总投资2.98亿元。于2002年7月25日开工，2003年3月热试轧成功。2003年8月达产，双超设计能力，创造了国内同类型机组“工程投资最少、建设周期最短、达产速度最快”三项新纪录。产品规格范围：ϕ70~159mm×4.5~16mm，年设计能力为16万吨。

（3）2005年，新建ϕ340mm热扩管生产线，将ϕ219~231mm钢管推进扩制成ϕ245~340mm×6~14mm钢管。全厂年产量达到52.6万吨。

（4）2006年，将ϕ100限动芯棒圆盘延伸机组改造为高精度。

ϕ133mm限动芯棒圆盘延伸机组。产品规格范围：ϕ(70~159)mm×(4.5~25)mm。全厂年产量达到55.5万吨。

（5）2007年，引进国际领先水平的德国SMS-MEER公司五架。

PQF限动芯棒连轧管机、意大利ANSALDO公司电气控制系统、奥地利MFL公司排管锯，建设一条ϕ177mm PQF限动芯棒连轧机组和一条与之配套的石油管加工生产线。产品规格范围：ϕ(73~180)mm×(4.5~16)mm，年设计能力为20万吨。2007年9月1日，ϕ177mm PQF连轧机组改造工程正式开工；2008年6月5日，一次热试轧取得圆满成功。

（6）2008年，管一生产线新增管加工中频感应热处理线。

1999—2008年，无缝钢管累计产量达423.6万吨，出口管达33.3万吨，创历史新高。

（六）2009—2018年，顺应市场形势，淘汰落后产能、转型升级取得成效

（1）2008年鞍钢无缝钢管厂为响应国家淘汰落后产能号召，将原冷拔一车间（冷拔产品和异型管）、冷拔二车间（冷拔不锈钢等小口径冷拔、冷轧、旋压设备）关停，2009年，原址改建的管二热处理线交付生产使用，可生产N80Q、L80、P110、Q125等高钢级石油管系列产品，可加工高精度、高附加值特殊扣，具有10万吨/年高精度石油成品管车丝能力。

（2）2010年管一线引进德国接箍车丝机、两台国产接箍车丝机投入生产使用。ϕ159mm MPM连轧机组移动式排管锯正式投入生产使用，解决了产线锯切的瓶颈问题。

（3）2013年，为释放ϕ177mm PQF连轧管机组产能，在该机组后步工序新增国内精整主要设备。

（4）在钢铁行业“去产能”的大背景下，鞍钢无缝钢管厂加快淘汰落后产线步伐，在2010年和2013年，先后将ϕ133mm限动芯棒圆盘延伸机组和ϕ219mm机组整线关停。

至目前，无缝钢管厂有两条生产线，ϕ159mm MPM限动芯棒五机架连轧管机组及配套管加工生产线；ϕ177mm PQF限动芯棒五机架连轧管机组及石油管热处理及加工生产线。产品规格范围：ϕ(70~191)mm×(4.0~25)mm，具有36万吨年生产能力。

图3 ϕ159mm生产线

图4 ϕ177mm机组穿孔机

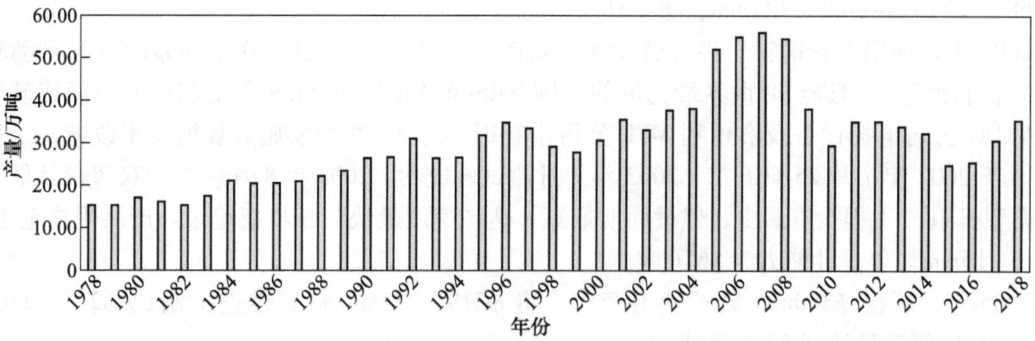

图 5　鞍钢无缝钢管厂 1978—2018 年产量

建厂 70 年来，鞍钢无缝钢管厂钢管累计产量达 1516 万吨，为国家经济建设做出了重要贡献。

二、主要改革成就

（一）技术装备

建厂以来的 25 年，老一辈的无缝人运用自己的聪明才智陆续对全厂各个生产环节进行大量的技术改造，相继对穿孔机、均整机、轧管机改造，经过广大工程技术人员和工人群众多次分析试验，在轧管机上创造了我国独特的双槽跟踪轧制新工艺，生产能力有显著提高。

到了改革开放初期，鞍钢无缝钢管厂由一套 ϕ140mm 自动轧管机组，发展到现在的两套限动芯棒连轧机组，工艺技术装备有了极大提升，无缝钢管厂不断的升级改造是钢管产量、质量、品种大幅度提高的重要保障。

为提高产品成材率，保障产品质量，2012 年 8 月，在 ϕ159mm 机组新增两台管坯锯切割管坯毛料，不仅提高了管坯切割断面的精度，降低管坯消耗，而且为下道加热、穿孔工序奠定了良好的质量基础，确保原料生产有序周转，消除了生产加热待料隐患。

为进一步释放产能，扩大鞍钢无缝钢管在市场的份额，2013 年 12 月，在 ϕ177mm 机组更新改造穿孔机液压定心辊，不仅提高穿孔机定心的稳定性及精度，而且大大降低设备故障隐患；在改造的同时，同步将穿孔后炽热的毛管移送至连轧的设备由高空吊挂横移装置改造为地面轨道小车横移装置，使炽热的毛管在移送过程中，温度降低时间由 38s 降低到 26s，不仅提高生产效率，释放产能，而且降低了轧件热变形过程中的抗力，降低设备负荷，提高了轧制精度，保证无缝钢管产品质量进一步提高。

为保证穿孔与连轧机组释放产能与精整后部工序同步匹配，在 ϕ177mm 机组穿孔与连轧机组改造的同时，新增设 ϕ177mm 机组后部精整工艺设备，增加二台排管锯、一台矫直机、一台测长称重、一台探伤机等设备，保证 ϕ177mm 机组穿孔与连轧产能的释放与精整后部工序合理配套。

（二）生产工艺技术

（1）环型加热炉：该设备为自主设计，采用四段供热，计算机控制自动烧钢技术：一加热段、二加热段、三加热段、均热段供热；根据实际经验对隔墙改进，炉门口处三道隔墙采用整体浇注式水冷隔墙，提高使用寿命，均热段隔墙采用无水冷隔墙，节约了能源，平均小时产量 55 吨，出钢温度 1250~1290℃，管坯内外温度均匀，节能达到 20%以上。

（2）穿孔机：该设备由太原重工设计制造，装机水平和控制水平属国内先进水平。配有机内定心辊和 5 架液压定心辊。电气传动采用西门子 6RA70 全数字整流装置控制，穿孔毛管壁厚精度达 5.5%，扩径率可达到 15%。

（3）PQF 五机架三辊连轧机：该设备是德国西马克米尔公司制造的，是当今世界最先进的连轧机。同时配套引进意大利 Ansaldo 公司的 GT3000 系列变频控制器，轧辊辊缝采用米尔公司的液压伺服 HCCS 系统自动调整。三辊连轧机轧制精度高，变形条件优越，具有完备的过程控制系统；计算机辅助制造系统；配有质量保证系统，可进行钢管全长在线测长、测厚、测径、测温，轧制中有头尾削尖功能，保证头尾壁厚的均匀性。产品精度外圆公差达到±0.45%D（标准±0.79%D）；壁厚公差达到±6.5%S（标准±12.5%S）。

（4）MPM 五机架连轧机：该设备为国际一流水平，由德国西马克米尔公司制造，轧制钢管外径、壁厚均匀，可轧高精度石油管，生产效率高。产品精度外径公差达到±0.5%*D*；壁厚公差达到±7.5%*S*。

（5）MFL 排管锯（4 台）：该设备为国际一流水平，由奥地利 MFL 公司制造，产量高、质量好，可同时切割 5~14 支钢管；钢管端面垂直度≤1°；切口粗糙度 *Ra*≤25。

（6）探伤检测设备。

1）漏磁+超声组合探伤机 可同时对纵向、横向缺陷和壁厚进行检测，国际领先水平的，由美国 Tuboscope 公司生产的计算机化的漏磁纵向+漏磁横向+四探头超声测厚组合式探伤系统。

2）超声波探伤机 可同时对纵向、横向缺陷、斜向缺陷和壁厚全方位进行检测，超声波覆盖率≥110%。该系统在三维方向上跟踪被检测钢管，以保持探伤条件的一致性。

图 6　漏磁探伤机

图 7　超声探伤机

（7）车丝加工设备。

1）接箍车丝机——德国埃玛克进口 VSC400 接箍车丝机床。一台、沈阳 STC1515 接箍车丝机床一台、沈阳 STC1915 接箍车丝机床一台。三台接箍车丝机床同时生产时，预计年总产量 1.6 万吨，具有加工特殊扣的能力。

2）RPP07-5 管体车丝机——为国际先进水平，由比利时高力耐公司制造，五轴联动，精度高，成材率高，可达 99%，具有加工特殊扣的能力。

（三）产品发展与结构调整

无缝钢管厂建厂近 30 年间，已由开工时的 4 个生产工段发展到五个车间，产品钢种由原来的 36 个发展到 254 个，规格达到 1.72 万个，品种达到上万个，新产品试制研发达 630 余项，国家重点科研项目 12 项。

改革开放以后，鞍钢无缝钢管厂开发生产出众多产品，建立更加齐全的产品体系结构，受国民经济快速增长的拉动，产量继续高速增长，技术经济指标进一步改善，企业效益明显上升；加快技术改造步伐，结构调整取得成效，市场需求态势和行业竞争实力明显增强。

（1）适应市场需求，创新、改进、优化生产工艺。无缝钢管厂依靠自己的力量，发挥工程技术人员的积极性和创造性，立足现有设备装备，不断地创新、改进、优化生产工艺，保证了产品规格的不断扩大、产品质量的不断提高，主动适应了市场对无缝钢管的新的更高的要求。在创新、改进、优化生产工艺方面取得重要成果 20 余项：自主设计张力减径工艺，有效开拓极薄壁管市场；自主设计“脱管机代定径”工艺，有效提高了轧机生产范围；自主设计特厚壁管轧制工艺，开发生产 PCrNi3MoVA ϕ164mm×27mm 特厚壁高附加值军工用炮管；自主改进 ϕ160mm 系列脱管孔型，在提高壁厚小于 5mm 的薄壁管质量的同时，大幅减少中系列脱管机架消耗量；自主开发 ϕ152mm MPM 系列孔型，改善钢管壁厚精度，提高芯棒利用率、降低芯棒消耗；自主优化产品设计，降低原料成本，钢管的力学性能、合格率都明显提升；开发负宽展孔型系列，减轻壁厚“内六方”倾向，我厂 ϕ159mm 机组和 ϕ177mm 机组在生产过程中，小直径厚壁管在定径过程中易产生“内六方”现象，为解决此问题，无缝钢管厂通过优化孔型设计，优化后负宽展厚壁孔型所轧管外径及壁厚精度均达到较高水平，减轻了壁厚“内六方”倾向，肉眼观看厚壁管无明显“内六方”。

（2）加大自主研发和科技攻关力度，不断优化品种结构，进一步提升企业盈利能力。改革开放之初，无缝钢管厂只能生产 J55 等低钢级石油管。到了 2010 年以后，无缝钢管厂从战略高度出发，深刻认识和全力推进新产品研发工作，自力更生，不等不靠，不断加大新产品研发力度，使高端新产品研发不断取得新突破，新产品研发成绩斐然。成功开发出 N80 1 钢级石油管，代替进口，解决了油田的燃眉之急，并节约了大量的国家外汇。尤其近 10 年以来，新产品开发明显加快。2008—2017 年开发新品种 70 余种，累计生产 75255t。

1）油井管的研发：

① 非 API 耐 H2S 腐蚀 AG80S 油井管的研究开发。2010 年，鞍钢技术中心成立非 API 耐腐蚀油井管课题小组，以鞍钢重大科研课题——耐硫化氢腐蚀油井管开发为技术支撑，研究开发 AG80S—AG110S 系列耐硫化氢腐蚀油井管，并取得小批量试制成功。

2014 年 1 月，无缝钢管厂产品研发室、销售室人员与用户洽谈《AG80S 平端套管及接箍坯料供货技术协议》，拿到国内某油田单项工程的 50%订单，实现订货。2018 年鞍钢无缝厂开发的抗 H2S 腐蚀油管产品在油田得到广泛应用，得到良好效果。

该产品的成功供货，标志着鞍钢无缝管产品档次又上了一个大台阶，其制管、热处理、探伤及检验等多个环节的控制能力水平大幅提升，整个制造和质量控制水平显著提高。为试制供货更高级别无缝管产品打下坚实基础。

② 13Cr 系列耐腐蚀油井管的研究开发。目前，国内各大油田主要采用 13Cr 材料的油套管以确保油气井的安全。此管年需求量在 3 万吨左右，依靠进口居多。国内生产 13Cr 系列产品只有宝钢、天管等少数企业。开发 13Cr 系列产品不但可以替代进口还可以打破国内外少数企业对此类产品的垄断，同时可大大提升我厂高性能抗腐蚀油套管的研发、生产和使用水平，提升产品档次和企业地位。2012 年 9 月，专门成立课题组，致力 13Cr 系列产品的研究开发工作，尽快占领国内市场，增强市场竞争力。经过长期的生产摸索，成功开发 13Cr 耐腐蚀油井管，各项性能指标和耐腐蚀检验符合标准要求。

③ 非 API 耐热热采 AG110H 油井管的研究开发。2012 年 3 月，无缝钢管厂销售服务人员在走访用户，用户提出钢级需达到 110 级别热采管要求。

鞍钢石油管 EVI 团队根据用户对高钢级耐热热采管的最新需求，当下承诺以最短的时间实施研发，满足用户所急，快速反应成立了耐热热采油井管开发课题组，实现了 AG110H 耐热热采管的试验性供货，各项性能指标合格，经过下井实验，得到用户认可，为鞍钢无缝管进军耐热热采油井管市场抢占了先机。2013 年与用户签订了耐热热采管开发 EVI 合作协议，形成互相锁定机制，并追加订货达千吨以上，为鞍钢减亏增效做出贡献。

④ 成功开发 J55 隔热石油管产品。隔热管是注蒸汽稠油热采的重要井筒隔热工具。随着稠油油田开发的迅猛增加，井筒隔热技术越来越受到重视。针对现在油气田的恶劣环境，以及稠油热采的复杂作业环境，鞍钢已经研发出 AG110H 钢级隔热油套管，但对于浅稠油井开发成本较高。为此，客户提出开发 J55 钢级隔热油套管，以满足现在油田新设计井型的需求。

与 API 标准中的常规 J55 油套管所不同的是：新材料要求满足高温使用的要求（隔热管需注入 300℃以下过热蒸汽），由于隔热管需用焊接方法连接，还必须保证材料有良好的焊接性能，现有的 J55 钢级油套管不能满足以上要求。

根据客户的需求，无缝钢管厂技术人员通过理论和现场生产实际，适当调整钢种的化学成分；通过理论和现场生产数据，确定出 J55 隔热石油管生产关键工艺参数，开发出了满足高温使用要求的新材料，初次供货得到用户的肯定。现已形成稳定的生产工艺，产品成功推广到胜利油田和辽河油田。

2）酸性服役条件管线管 L450QS/X65QS 的研究开发。近几年酸性服役条件管线管的询单逐年增多，根据市场需求，2013 年 7 月无缝厂开始投入对酸性服役条件管线管的研究开发。普通的无缝管线管在化学成分和生产工艺方面未重点考虑抗 HIC 性能方面的要求，存在钢中 S 含量较高、带状组织严重等问题，因而不能满足安全输送含有 H_2S 等腐蚀性介质的石油、天然气的要求。

技术人员参考相关资料，从合金元素筛选与配比、钢质洁净度控制、工艺优化与参数选择、组织优化等几个方面进行了大量而系统的试验研究，最终确定了可满足 X65QS 的合金元素配比及制造工艺。

2014 年 2 月实现小批量工业试验，力学性能、抗 HIC 性能和 SSC 试验均符合相关标准要求。

图8　出口的抗硫管线管

图9　出口油管

3）成功开发AGQ770E起重机臂架用无缝钢管。近年来随着经济的高速发展，履带式起重机在桥梁施工、石油化工、风力发电、核电、水利水电等行业应用广泛。国内起重机行业也兴起了履带起重机开发热潮。

自2013年11月以来，在集团公司的大力支持下，鞍钢无缝钢管厂和炼钢厂共同设计开发AG770E钢种，为保证钢的强度、提高淬透性，新设计的AGQ770E添加了合金元素。使得AGQ770E起重机臂架用无缝钢管现场试生产一次成功，各项性能指标全部达到用户要求。并将样管送至某挖掘机厂做焊接评定试验，评定结果全部合格。某挖掘机厂对AGQ770E起重机臂架用无缝钢管的认可具有重要意义，是鞍钢AGQ770E起重机臂架用无缝钢管打入起重机市场的敲门砖，为鞍钢无缝钢管厂起重机臂架用管走向更广阔的市场奠定了基础。

4）成功开发油缸用无缝钢管产品。随着液压机械的广泛应用，油缸用管材市场的需求量在逐年增加，通过市场调查，我们了解到目前某省市场对于油缸管需求量很大。但一直以来，没有相应的油缸管技术规范，用户一直按照GB/T 8162—2008或GB/T 8163—2008进行订货，加之信息沟通不对称，生产厂对此钢管也没有特殊控制。用户基本采用冷拔生产工艺对热轧油缸管再次进行加工，产品质量不能很好地适应用户的需求，用户存在抱怨。

2013年11月无缝钢管厂销售人员及产品开发人员对产品市场进行调查，详细了解了该产品的加工工艺和用户需求。针对油缸管特殊的冷拔工艺对钢管产品质量要求，签订油缸管技术协议。目前此产品已得到用户的广泛认可，2014年用户逐渐扩大订货量，钢种有20、Q345B及25Mn。

5）成功开发高压气瓶管。鞍钢气瓶管产品比较单一，以37Mn低端碳钢气瓶管为主，对产品抗市场冲击能力很不利。针对这个情况，鞍钢相关单位和部门加大了高压气瓶管的产品开发和市场推广力度，专门成立了“34CrMo4气瓶管产品开发”项目组，着手开发高附加值高压气瓶管。

2013年11月，无缝钢管厂走访用户，了解用户对于气瓶钢的需求及质量要求，并就34CrMo4高压气瓶管新产品研发进行了交流。该用户年需求34CrMo4气瓶管约4500t，其产品85%出口到欧洲。通过此次走访，看到该用户正在积极扩大生产规模，项目投资上亿，我们深切地感受到气瓶行业蓬勃发展的未来，这为鞍钢高压气瓶管的产品研发和生产带来无限商机和动力。经过双方的深入交流，了解到34CrMo4气瓶管要求钢管的钢质纯净、壁厚极差小、表面质量好。钢质纯净、表面质量好是鞍钢的优势，目前，通过研发后的高压气瓶管各项性能均达到用户满意，此产品大量推向市场。

6）成功开发55MnM、65Mn、NM600等系列耐磨用无缝钢管。耐磨管广泛应用于采矿、建筑、石油化工等行业，要求具有高强度，同时要求其具有极高的耐磨性。目前鞍钢无缝生产45Mn2、55MnM两种牌号的耐磨管，由于竞争的加剧，用户提出开发一种低成本、高耐磨产品，以提升市场竞争力。65Mn钢为高碳-锰钢，淬透性好、淬硬性高、脆性高，具有良好的硬度与耐磨性。

2014年4月8日65Mn耐磨管在ϕ159mm机组轧制成功，成为无缝厂调品工作众多成果中的一个实例。65Mn耐磨管在轧制过程中要克服碳含量高、温降快等钢质本身带来的困难，与低碳钢相比此钢种会大幅度增加轧机的负荷，再加上温降速度快，进一步加大了生产过程中的风险系数。经研发后产品性能完全达到用户要求。

2015 年为适应高耐磨区域对耐磨管的需求，开发出 NM600、NM600-1 耐磨产品。

7）石油钻杆与非开挖钻杆产品的开发与应用。鞍钢生产钻杆产品由来已久，在两条连轧管生产线投产后，为适应市场需求，鞍钢先后开发出适应市场需求的 E75、X95、26CrMo4（G105）、27CrMo44（S135）、AG105Z、AG135Z 等系列石油钻杆产品。

同时鞍钢为适应节能、环保形势及旋挖市场需求，适时开发出市场需要的 27SiMn-1、27SiMnQ、28SiMnCr、26CrMo、28CrMoB、40CrMnMo、20CrNiMo、40CrNiMo、AGQ125、AGS135、4130、4140 等系列非开挖钻杆料及接箍产品，2017 年和 2018 年抗腐蚀油井管实现批量订货。

（3）完善质量管理和保证体系，产品品质持续改进和提高。鞍钢无缝钢管厂 1997 年通过 ISO9002 质量管理体系认证；1998 年，通过美国石油协会 API 认证；2001 年，通过 ISO14001 环境体系认证；2002 年，通过 GB/T 28001 职业健康安全管理体系认证，2006 年通过特种设备制造生产许可认证；2007 年通过 GJB9001 军工产品管理体系认证；2012 年通过能源管理体系和安全标准化管理体系认证。已经形成一整套完善的职业健康、环境保护、安全管理、能源管理、产品质量、国军标产品保证体系。2017 年通过四国船级社认证；中石油一级供应商认证等；2016 年和 2017 年，我厂分别生产的 45Mn2M 耐磨管、20 号油缸管通过了中国钢铁协会“金杯奖”审核。

（4）全面强化品种质量管理，为高质量发展提供品质保障。随着机组的不断改造和升级，已由自动轧管机组升级到 PQF 连轧机组，产品精度不断提高，外径公差由±0.8%D 提高到±0.6%D，壁厚公差由±12.5%S 提高到±10%S，综合成材率呈逐年上升趋势。

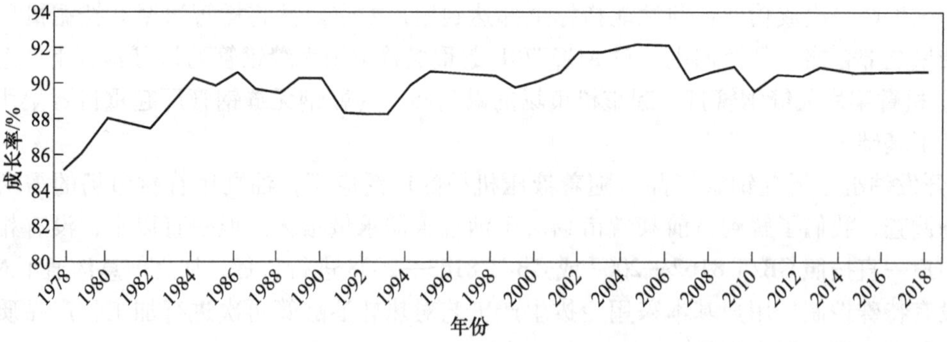

图 10　近四十年综合成材率趋势图

提高钢管表面质量，以往自动轧管机组采用盐润的方式进行内表面润滑，容易产生内直道缺陷，目前三机架连轧机组采用高压水除鳞、毛管用氮气喷吹硼砂、芯棒喷涂石墨润滑剂等方式大大改善了内表面质量，内直道缺陷由以往的 10%，降低到 5%以内。

提高钢质水平，炼钢以往从最初的单一进行钢水循环脱气逐步发展为满足深脱碳、脱气、化学升温、净化钢水、合金化调整等多功能的真空精炼装置，可以稳定生产成品碳含量小于 $20\times10^{-4}\%$ 的超低碳钢，实现炼钢、精炼、连铸全流程稳定冶炼操作，通过强化生产工艺管控，深化技术质量管理，钢质质量实现稳中有进，目前无缝钢管 P≤0.015%，S≤0.003%，钢中各类夹杂物级别普遍能够控制在 2 级以下。

提高钢管性能，通过机组改造和热处理线投入，屈服强度指标由 552MPa 提升到 1100MPa 高强度油套管产品。

在质量管理方面，鞍钢无缝钢管厂坚持市场导向，关注客户体验，树立精品意识，提升产品品质。要拿出更好的产品服务于我国从制造业大国向制造业强国转变的需要。制定并全面落实中长期质量提升规划，持续推进以降低质量异议率为主要目标的质量攻关项目，深入开展重点质量管理活动。加强过程管控，加大对影响产品质量关键重点工艺设备的投入力度。加强品种结构调整，提升高附加值产品生产比例和市场占有率。坚持把客户和市场作为工作的出发点和落脚点，积极应变，主动求变，引入以 QCDDS 为核心的服务评价体系，全面改善产品质量。

（5）不断完善产品标准体系，促进钢管质量提升。鞍钢无缝钢管厂已建立了一套完整的管坯标准、基础（通用）标准和钢管产品标准，具备较为完善的钢管标准体系，并承担国家标准的起草和编制。截止 2018 年，鞍钢无缝钢管厂负责修订的钢管国家标准 6 项，国家军用标准 6 项等。围绕品种结构调整和质量提升，近年来，新制修订了一批锅炉、地质、结构、流体、耐磨、高压化肥等用途的钢管国家标准及炮弹用管、火炮零件用管、航天用超高强、薄壁火炮用管、火箭筒用管、航空用结构用管的国家军工标准的修订。

（四）推广使用先进的节能技术，加大节能环保投入，加快绿色环保步伐

随着改革开放的不断深入，节能环保各项指标要求不断提高，鞍钢无缝钢管厂陆续对环保工作进行重点投入，注重节能减排与低成本技术的研究和应用，专门建立了能源管理管控部门，促进各项节能减排指标的全面改善。

鞍钢无缝钢管厂根据生产设备运行的实际要求及生产工艺的特点，开展了节能减排活动，在 ϕ159mm 机组有效地实施“节能减排”工程方案，杜绝跑、冒、滴、漏。将五台空压机冷却水，由原来使用新水，改为使用净环水。将新老水压机冷却水，由原使用的新水，改为使用净环水，实现了新水的零排放。

为解决 ϕ177mm PQF 限动芯棒五机架连轧管机组，芯棒用石墨润滑影响水质问题，重新建立水系统，用 SY-浮油回收机及过滤器对水质进行处理，并新上布袋除尘系统，改善现场的环境。

鞍钢无缝钢管厂逐渐淘汰落后、耗能过高的用能设备，积极推广使用先进的节能技术，近年实施的节能项目如《探伤机水循环利用》《冬季汽暖改水暖》《环炉烟气余热利用加热芯棒》《空压机余热利用生产热水》《高压水除磷泵变频改造》项目等都取得了很好的节能效果。累计投资 1600 余万元，节约资金千万余元。

根据国家和公司要求，无缝钢管厂做到依法用能、合理用能、高效用能，促进节能目标的实现，降低现场的能源消耗。负责能源转换过程中的经济运行，提高能源转换效率，减少设备空转、空烧，减少损失放散和能源的流失浪费。

随着环保要求得越来越严格，目前无缝钢管厂已经委托鞍钢设计院对无缝钢管厂的浊环水系统及除尘设备重新进行设计改造，以此来满足新的环保要求。

（五）“两化”融合与智能制造的提升

“两化”融合是信息化和工业化的结合。多年来，一直以企业资源计划 ERP 系统为核心的经营管理平台；以制造执行系统 MES 为基础的生产运行管理平台；以信息基础设施为主体的信息系统运行保障平台。三大平台的建成和应用，标志着企业在信息化和工业化融合方面已经取得了初步成效。

目前，鞍钢无缝钢管厂已经建成了 ERP、MES、SAP 等系统，主要生产工序已实现了 PLC、DCS 等系统的控制；实现了生产制造过程、经营管理信息化、数字化，基本达到了“工业 3.0”的主要指标，为下一步建设智能工厂、智能制造奠定了坚实基础。

基于现场生产设备自动化和管理信息化的现状，按照“计划排产智能化、生产过程协同智能化、设备互联互通智能化、生产资源管控智能化、质量过程控制智能化、决策支持智能化”的标准，开展“智能工厂”的设计和实施工作，实现“提升效率、减少人员、稳定生产、提高质量”的目标。

（1）基础自动化　鞍钢无缝钢管厂基础自动化系统主要由原料锯切系统、加热炉系统、穿孔机、连轧机系统、脱管机系统、定径机系统、冷床系统、排锯系统、矫直系统、探伤机系统、测长称重系统、通径机系统、涂油机系统、高压水除鳞系统、包装系统及水站、油站、空压站等辅助系统组成，基础自动化采用 AB、ABB、西门子、Ansaldo 公司变频装置及美国 AVTRON、Ansaldo 公司电控设备 SPDM 整流装置进行控制，PLC 采用西门子 S7-200、S7-300、S7-400、GE9070 进行数据采集及通讯，通过工业以太网、西门子 PROFIBUS DP 网、TPL 网络，GENIUS 网络数据传输。网络通讯方式主要采用以太网和西门子 PROFIBUS DP 网，具有良好的基础条件。

（2）制造执行系统 MES（含化检验）　接受四级下发的合同订单及质量控制等信息，形成作业计划；收集现场的生产实绩信息并上传四级；化检验数据采集、完成质量终判，打印标签数据、完成装车作业和发货；记录生产数据，统计原料、产品、存货、成材率数据；工序成本分析、工艺质量跟踪、能源消耗分析。

（3）ERP 系统　ERP 系统实现订单和物料的全生命周期管理，贯穿了鞍钢的销售、质量、生产、储运、结算业务。销售人员通过 ERP 系统签订销售订单，系统自动进行质量设计；计划员通过 ERP 系统下发生产订单和生产计划给 MES，系统自动接收生产实绩；发货人员通过 ERP 系统进行物料缴库管理，编制运输计划，进行物料出库及转库管理；最终结算人员通过 ERP 系统进行开票结算管理。

（4）信息化网络系统　鞍钢无缝钢管厂现有信息化相关网络相对比较复杂，存在多个功能单一的网络。主要有外网、MES 网、ATM、ERP 网。少数用户可访问 Internet，外网由鞍钢专线 100M 接入，与其他网相互独立；MES 网承载 MES 系统、点检、扫描、共享平台、化检验、制签等应用；ATM 网承载安环、调度系统、人力资源、股份 OA 等应用；ERP 网主要承载 ERP 系统、SAP（设备、财务）系统。

图 11　无缝钢管厂信息自动化控制中心

（六）鞍钢无缝钢管厂的创新发展

（1）调整组织机构，实施承包经营改革，优化人力资源，实行分配制度改革方案。自 2008 年金融危机以来，无缝钢管厂生产经营举步维艰，已步入生死存亡的危险境地。同时，存在管理层级过多，管理链条不清晰，“多头”管理现象。

2015 年 11 月，无缝钢管厂率先在鞍钢范围内实施了承包经营改革，建立“采销研产服”协同联动的对市场快速反应体制。按照短流程、扁平化、专业化原则，将组织机构从原来的 8 室 1 会 11 各作业区优化为“两厂、两部、两中心、一会”。全面实行按市场需求配置资源的灵活生产组织模式，优化劳动组织，提高劳动生产率。减少机关管理和专业技术岗位人员 43%；构建指标体系、责任体系、跟踪体系、评价体系、考核体系在内的“五位一体”承包经营管理体系；创新薪酬分配机制，发挥薪酬导向作用，实行分配制度改革。增强绩效奖金调控力度，加大岗位之间收入差距。彻底打破以责为中心，以岗定责，以责定薪的分配方式，使员工从传统被动的岗位职责执行人，转型成为有自主创新的真正价值创造者。2018 年，在所有无缝人的努力下，完成全年轧制量 39. 7 万吨，商品量 36 万吨，利润 9000 余万元，实现无缝钢管厂金融危机爆发后的首次盈利，创两线生产以来历史最好水平。

（2）诠释“大众创业，万众创新”，构筑创新平台，激发员工在岗创造价值的动力、活力和潜力。改革开放以来，无缝钢管厂持续开展各项“创新创效”工作，开展各种形式的创效活动，在创新创效过程中，涌现了大批创新创效人才，下大力气开展创新增效活动，以“省时省力省人工”“职工创新工作室”“创效登高能手”“先进操作法”等创新创效活动，实现全员创新理念。鞍钢无缝钢管厂“职工创新工作室”陆续晋级为“鞍山钢铁职工创新工作室”和“鞍山市职工创新工作室”。

（3）科技技术进步与获奖情况。建厂以来，鞍钢无缝钢管厂获得多项荣誉，促进了企业生产经营发展，提高了全体员工的整体素质，增强企业核心竞争力。

表1　鞍钢无缝钢管厂获省、部级以上奖励

荣誉名称	颁发机关	颁发时间
锅炉用高压无缝钢管评为冶金工业优质产品	冶金工业部	1980.8
冷拔高压锅炉管评为省优质产品	辽宁省人民政府	1981.7
DZ40平式石油管评为优质产品	辽宁省人民政府	1981.11
旋压极薄壁不锈钢管	辽宁省人民政府	1982.1
锅炉用无缝钢管评为优质产品	辽宁省人民政府	1982.1
平式石油油管评为冶金工业优质产品	冶金工业部	1982.9
旋压极薄壁不锈无缝钢管评为冶金工业优质产品	冶金工业部	1982.9
锅炉用无缝钢管评为冶金工业优质产品	冶金工业部	1982.9
解放牌汽车半轴套管优质产品	辽宁省人民政府	1983
1983年优秀新产品金龙奖	国家经委	1983
鞍钢牌热轧优质产品碳结一般无缝管证书	辽宁省人民政府	1983.1
锅炉用冷拔高压无缝钢管评为优质产品	冶金工业部	1983.9
机车用锅炉无缝钢管评为冶金优质产品	冶金工业部	1983.9
汽车半轴套用热轧无缝钢管评为冶金优质产品	冶金工业部	1983.9
鞍钢牌热轧一般碳素管评为省优质产品	辽宁省人民政府	1983.12
鞍钢牌炮弹用热轧无缝管评为省优质产品	辽宁省人民政府	1983.12
鞍钢牌平式石油油管评为省优质产品	辽宁省人民政府	1983.12
锅炉用冷拔无缝钢管银质奖	国家审定委员会	1984
参与我国卫星研制试验工作贺电磁场	国务院中央军委	1984.4
“331”工程光荣册	辽宁省人民盟政府	1984.7
鞍钢锅炉用冷拔无缝钢管荣获银质奖章证书	国家质量审定委员会	1984.8
鞍钢牌冷拔优质碳素结构钢优质产品证书	辽宁省人民政府	1984.9
中低压锅炉用热轧无缝钢管全国优质产品	冶金工业部	1984.9
热轧优质碳素结构无缝钢管冶金优质产品	冶金工业部	1984.9
冷拔低中压锅炉管冶金工业优质产品证书	冶金工业部	1985.9
旋压极薄壁不锈无缝钢管冶金工业优质产品证书	冶金工业部	1985.9
高压螺纹密封脂三等奖辽宁省科技技术进步奖	辽宁省人民政府	1986
改进包装先进单位	辽宁省冶金厅	1986.6
炮弹用热轧无缝钢管冶金工业优质产品证书	冶金工业部	1986.12
热轧汽车半轴套管冶金工业优质产品证书	冶金工业部	1986.12
平式石油油管冶金工业优质产品证书	冶金工业部	1986.12
企业管理现代化成果一等奖	省计经委企管协会	1986.12
低中压锅炉管全国工业产品生产许可证	中华人民共和国	1987
鞍钢牌平式石油管荣获国家银质奖	国家审定委员会	1987

三、主要经验与特点

改革开放初期，鞍钢无缝钢管厂迎来重大发展机遇期，产线、产能不断扩大。但在2008年金融危机以后，也深深陷入经营困难窘迫境地，企业生产举步维艰。2016年以来，无缝钢管厂以承包经营为契机，将企业在公司内部模拟为微观经营主体，把企业全面推向市场，以市场倒逼企业将各要素资源合理有效配置，建立起与市场化相适应的体制机制，在不改变国有企业性质的前提下，充分借鉴先进民企的管理经验，逐步探索并走出了一条“国企市营”的经营之路，使企业快速摆脱了经营困境，走上了高质量发展道路。

（1）走“国企市营”之路使体制机制充满活力。以“短流程、扁平化、专业化”为原则，将组织机构进行调整，优化人力资源配置，按照市场化要求，持续推进岗位定员优化工作，使人力资源得到有效配置。

（2）走“国企市营”之路使企业经营定位准确清晰。按照“规模适当、产品升级、效益优先”总体原则，合理确定品种比例。全面测算坯材差、规模、效益之间的关系，确定灵活的生产组织模式和效益最优的生产规模。

（3）走“国企市营”之路使产品销售更加贴近市场。建立市场化营销模式，采用灵活的定价模式，及时调整无缝产品销售价格；全力拓展销售渠道，针对客户个性化需求，提供全流程 VIP 服务，增强客户黏性；不断优化品种结构，发挥产销研一体化协同作用，通过调整品种结构不断增加高附加值值品种比例；强化业绩评价，激发销售人员积极性。

（4）走“国企市营”之路使产品品质不断提升。提升职工质量意识，完善质量保证体系，针对质量问题开展科技攻关，强化过程控制，提升设备及工序保障能力和实物质量，近几年来，鞍钢无缝钢管品牌影响力不断扩大，产品广泛应用在中国“天眼”工程、国内大型机场等国家重点项目。

（5）走“国企市营”之路使企业成本逐年降低。推动科技降本，通过采取优化生产模式、工艺创新改进等措施，全面降低制造成本；推动管理降本，将生产工具修复后重新使用，减少了工具消耗；推动调品降本，加强与科研院所合作力度，设立科研课题，加快新产品转化速度，高附加值产品比例不断提升。

（6）走“国企市营”之路使分配机制完全市场化。建立差异化分配体系，以经营指标为基准，坚持指标“从严、从紧、从先进”原则，层层分解指标；突出收入靠贡献，职工收入既与单位指标挂钩，更与个人贡献挂钩，对关键岗位人员实行契约化考评，对技术岗位人员实行课题创效考评，对生产服务人员实行效率考评，拉开收入差距。

四、未来发展展望

按照“不忘初心，重振辉煌，近年内综合排名进入全行业前三名”的工作目标要求，鞍钢无缝钢管厂将进行一系列产线升级改造，全面提升企业核心竞争力。努力做好 ϕ340mm 机组异地搬迁以及对现有两条热轧机组的配套升级改造工作，改造后的三套机组产品规格和组距布局更加合理，同质化竞争局面将得到有效改善，加工成本大幅降低、企业综合实力显著增强，成为东北最具影响力的精品无缝钢管生产基地。

湖北新冶钢钢管70年

（中信泰富特钢集团湖北新冶钢有限公司）

一、企业概况

中信泰富特钢集团湖北新冶钢有限公司（以下简称新冶钢）是中国现存最早的钢铁企业之一，坐落于湖北省黄石市西塞山区，其前身大冶钢铁厂是清末汉冶萍煤铁厂矿有限公司的重要组成部分，成立于1913年，具有悠久的历史，素有中国“钢铁工业的摇篮”之称。1948年改称华中钢铁公司，1953年改为大冶钢厂，1994年改制为冶钢集团有限公司，1997年大冶特钢A股在深交所上市。2004年，中信泰富投资有限公司出资收购了冶钢集团有限公司钢铁主业资产，组建湖北新冶钢有限公司。企业占地面积5500亩，现有在册员工6720人。新冶钢是中国生产特钢品种和规格最全的特钢企业之一，是拥有规格最全、口径最大的中厚壁无缝钢管基地和合金钢棒材、特冶锻材基地。拥有捣固炼焦、铁水红送、炉外精炼、连铸连轧、特冶锻造、特种钢管热加工等一批国内先进的生产线和技术装备。现已具备年产95万吨焦，270万吨铁，365万吨钢，330万吨钢材（棒材230万吨，钢管90万吨，特冶锻材10万吨）的能力。主导产品有轴承钢、齿轮钢、弹簧钢、工模具钢、易切削钢、军工钢、中厚壁无缝钢管等重点品种大类，能生产各种棒材、扁材、盘卷、锻材、锻件、无缝管等多种型材，生产品种达800多个，产品规格1800多种。钢材广泛应用于国防军工、航天航海、机械制造、汽车制造、铁路运输、石油化工、百万千伏电站、高压锅炉等领域。产品出口到美国、德国、意大利、韩国、日本等欧美、东南亚三十多个国家和地区。

图1　厂区正面墙上镌刻着“百年特钢　创新无限”八个大字

二、发展历程

（一）新冶钢发展历程

（1）由近代工业奠基人张之洞主张提议，清政府于1908年组建成立了汉冶萍煤铁厂矿有限公司。

（2）1913年汉冶萍公司在第一届股东大会上正式确定筹建大冶新厂。

（3）1916年汉冶萍公司董事会授“汉冶萍煤铁厂矿有限公司大冶钢铁厂之章”给大冶新厂，大冶钢铁厂正式定名。

（4）1924年汉冶萍公司将大冶铁厂和大冶厂矿合并为一个机构，定名“大冶厂矿”。

（5）1938年国民资源委员会下令将汉冶萍公司所属厂矿设备运往重庆另建新厂。十月，汉冶萍公司大冶厂矿沦陷，日军设立“大冶矿业所”。1945 年国民政府经济部接收日本制铁株式会社大冶矿业所，成立“日铁保管处”。

（6）1948 年国民政府资源委员会成立华中钢铁有限公司，并由华钢接收汉冶萍公司全部资产，至此汉冶萍公司名义正式撤销。

（7）1949 年武汉军事管制委员会接管华钢，正式定名为“中原临时人民政府华中钢铁公司”。

（8）1950 年中共中央命令将大连钢厂特殊钢车间迁入华钢，并另添部分设备，将华钢改建为特殊钢厂。

（9）1953 年原华中钢铁公司奉命改厂名为大冶钢厂。厂名全称“中央人民政府重工业部钢铁工业管理局华中钢铁公司大冶钢厂”。

（10）1993 年大冶特殊钢股份有限公司挂牌。

（11）1994 年“冶钢集团有限公司”揭牌。

（12）1997 年大冶特殊钢股份有限公司 A 股在深交所上市。

（13）2000 年东方钢铁有限公司并入冶钢集团有限公司。

世纪交替之际经济改革出现暂时困难，压得这个拥有 10 多万名国企职工的“巨人”不能动弹。在坚持推进“以政府转让资产、企业转换机制、职工转变身份”为核心的第二轮国有企业改革背景下，在省、市主要领导的关心和支持下，冶钢的“突围”终于柳暗花明又一村，迎来了发展的又一个重要机遇期。

（1）2004 年 11 月，香港中信泰富入驻，收购冶钢集团有限公司钢铁主业资产，组建“湖北新东方钢铁有限公司”，一届董事会上更名为“湖北新冶钢有限公司”。

在经历了两轮国有企业改革后，“老国企”既经历过浴火重生转型的阵痛，又品尝着新的奋飞的喜悦。最终，改制使这个百年老店，抓住了历史机遇，实现了历史转型，取得了历史上的最快发展。

（2）2004 年 11 月—2019 年，15 年间，“湖北新冶钢有限公司”从独资的国有企业，到产权多元化的公司；从走“专”“精”“特”的发展道路到精品+规模+服务发展战略；从一期改造“填平补齐”发展特钢到二期“淘汰落后特钢升级”再造一个新冶钢，再到“绿色发展节能减排升级转型”工程的实施……新冶钢由“省国有企业成功改制的典范”成为“中信在鄂的典型代表作”。

（二）新冶钢钢管发展历程

（1）1960 年 8 月 1 日，ϕ76mm 穿孔-冷拔机组竣工投产。该机组设计年产碳素钢管 7000t，当年生产钢管 91 吨。

（2）1965 年 3 月，改扩建的 ϕ76mm 机组竣工投产，年产能增至 9000 吨。产品外径 ϕ0.5~160mm，壁厚 0.1~8mm。

（3）1968 年至 1980 年，先后自制轧制钢管直径为 ϕ40mm、ϕ80mm、ϕ140mm、ϕ190mm 旋压机各一台，形成国内唯一的旋压工程系列机组。该机组设计年产 ϕ321~90mm 口径的特薄壁不锈钢管及高温合金管 7~8t。

自投产以来至 1986 年，ϕ76mm 机组重点承担国家军工用管生产任务，以生产冷拔合金钢管为主。主要产品有：冷拔碳结、合结、轴承、不锈钢管，冷拔不锈毛细管，冷轧不锈管，冷轧不锈特薄管，旋压特薄壁不锈钢管，旋压高温合金管共 90 多个品种，1083 多种规格。其中 1Cr18Ni9Ti 大口径旋压特薄壁不锈钢管属国内最先生产，是航天使用的特种材料，曾于 1977 年荣获冶金部科技成果奖，1980 年荣获冶金部军工办重大科研成果三等奖。GH131 高温合金管，同时荣获国防科委科技成果奖和湖北省优质产品称号。旋压机组在 20 世纪 60-80 年代是国内旋压高温合金管和不锈钢管的主要生产基地。我国第一颗人造卫星，第一枚洲际导弹都采用了该机组生产的无缝钢管。解决了我国国防军工用于航空，航天，核能等尖端技术所必需的无缝管，为我国第一代战略武器和各类卫星运载火箭的发射成功作出了重要的贡献。

（4）1988 年 6 月，76mm ASSEL 三辊轧管机建成投产，该轧机由德国曼内斯曼-德马克-米尔公司制造，是我国引进的第一台最新一代 ASSEL 三辊轧管机。经过 2004 年的改扩建后，该机组成为完整的 ϕ108mm ASSEL 热轧管生产线，设计产能 7 万吨/年，产品外径 ϕ51~108mm，壁厚 8~25mm。

（5）1990 年 2 月，2000 年并入冶钢集团有限公司的原东方钢铁有限公司 100 自动轧管机组建成投产。该机组设计年产 6 万吨，产品外径 ϕ73~114mm，壁厚 4~10mm。2014 年 8 月该机组关停。

（6）1993 年 11 月 28 日，ϕ170mm ASSEL 三辊轧管机组竣工投产。该机组主体设备由德国曼内斯曼-德马克-米尔公司制造，是国内引进的第一台锥形辊穿孔机。该工程是国家“八五”期间重点建设项目，设计年产各类高精度中厚壁无缝钢管 10 万吨，热轧管外径 ϕ89～219mm，壁厚 12～60mm。

（7）2009 年 12 月 11 日，ϕ460mm ASSEL 三辊轧管机组竣工投产。该机组主体设备由德国西马克-米尔公司制造，是世界上口径最大的三辊轧管机，设计年产各类高精度中厚壁无缝钢管 30 万吨，产品外径 ϕ219～533mm，壁厚 16～120mm。

（8）2009 年 12 月 11 日，ϕ273mm ASSEL 三辊轧管机组竣工投产。该机组 2014 年改造成 219CPE 顶管机组，设计年产 22 万吨中薄壁钢管，产品外径 ϕ89～245mm，壁厚 5～20mm。

（9）2008 年—2018 年，相继建成投产 ϕ170mm、ϕ460mm、ϕ325mm 和 ϕ508mm 四条热处理线，设计年处理能力总计 25 万吨，可对钢管进行退火、正火，正火+回火，调质处理。

目前，新冶钢已是技术最先进，管径最大，规格覆盖最广的中国特种中厚壁无缝钢管基地，年产热轧和热处理管 90 万吨。产品畅销国内，并出口到美国、欧盟、东南亚等三十多个国家和地区。

图 2　ϕ460mm 三辊轧管生产线——三辊轧机（ASSEL）

三、发展成就

（一）新冶钢发展成就

自 2004 年加入中信泰富，新冶钢始终坚持和加强党的领导，直面新常态咬定目标不放松，经受了钢铁市场跌宕起伏的严峻考验，应对了席卷全球的金融危机的严峻挑战，战胜了百年难遇的自然灾害和一个又一个的困难，夺取了一个又一个“不可能实现的目标”，始终保持竞进姿态在逆境中奋勇前行，开创了“再铸百年辉煌”和“让员工更幸福”的新局面。

品牌价值位居特钢行业第二位，钢材销售收入翻番，工业产值翻番，上缴利税翻番，员工收入翻番。从 2004 年到 2018 年，钢产量增长 1.69 倍，净资产增长 3.52 倍，净利润增长 3.76 倍多。

时至今日，新冶钢的精品棒材、精品管材、精品锻材三大特钢生产基地全面发力，实现了产能、销售、效益的“三大跨越”，完成了“特钢不特”向“高精尖”、规模型向质量效益型、国内市场向国际市场的“三大转型”，奠定了打造效益、品牌、创新、绿色、幸福新冶钢的坚实基础。先后荣获“全国模范职工之家”“中国工业大奖”“全国质量奖提名奖”“全国钢铁工业先进集体”“全国企业文化建设优秀单位”“湖北省五一劳动奖状”“湖北省长江质量奖”等荣誉。

从神舟系列飞船的上天到“嫦娥”奔月，再到“天宫”等发射升空，从国产大飞机 C919 首飞、“鲲龙”AG600 水上首飞，到助力“天眼”、港珠澳大桥等世界超级工程的建成，一个个被誉为世界奇迹的超级工程，一项项“国之重器”都有新冶钢产品的烙印。

新中国成立 70 年来，特别是改革开放 40 年，是国企不断改革的奋进之年。对于新冶钢而言，是坚持和加强党的领导的 70 年，是贯彻落实国家改革开放政策、调整产业结构、转变发展方式，淘汰落后产能，自觉履行社会责任的70年，是新冶钢发展最快的70年，是企业面貌变化最大的70年，是职工得到实惠最多的70年，是冶钢历史上浓墨重彩最璀璨的70年。公司近几年的快速、跨越性发展，是全要素、全方位的发展，包括我们的发展理念、经营理念、管理理念，以及产品升级、技术进步、市场开拓、企业文化等等核心竞争力要素。进入高质量发展的新时代，奋战在“由特钢优企向特钢强企”的转型发展道路上，我们要做全面深化改革的弄潮儿，以习近平新时代中国特色社会主义思想和党的十九大精神为指引，以“建成全球最具竞争力的特钢企业”为目标，坚持安全、环保、质量是生命线的理念，坚持让企业可持续、产品有品牌、员工更幸福，奋力开创新时代高质量发展的新局面，再铸百年新辉煌。

（二）新冶钢钢管发展成就

从1960年开始生产无缝钢管，新冶钢历经近60年无缝管生产历史。年产量从1960年的91吨提高到2018年的80万吨，出口量从零起步到2018年的21万吨，生产线由一套ϕ76mm穿孔-冷拔（轧）机组，一套ϕ100mm自动轧管机组，发展至今拥有ϕ108mm、ϕ170mm、ϕ460mm三套ASSEL热轧管机组和一套ϕ219mm CPE热顶管机组，ϕ170mm、ϕ325mm、ϕ460mm、ϕ508mm四条热处理线，成为国内一流，世界知名的中厚壁无缝钢管生产基地，产品广泛应用于石油，石化，电力，压力容器，汽车，工程机械，航空航天，军工等多个行业领域，品牌享誉于国内外市场。

60年来，特别是改革开放40年来，新冶钢在充分消化，吸收国外先进的三辊热轧管工艺技术的同时，发挥自身拥有的高水平多流程的冶炼，制坯工艺装备优势，依托国家级技术中心的完备试验检验设施及雄厚的钢管研发技术实力，采用产销研三位一体项目制攻关模式，不断推陈出新，自我突破，钢级由低到高，钢种由普碳钢到合金钢，交货状态由单一的热轧管到多样的热处理管，创建了工程机械管，锅炉压力容器用管，石油钻采用管三大世界级中厚壁钢管品牌，其中工程机械管包括：

（1）销套用管。新冶钢是国内高端销套用精品无缝管生产基地。销套用无缝管主要应用于工程机械履带板链接销套。主要品种有40CrB、40MnB、20CrMnTiH等多个系列。产品具有窄淬透性、高洁净度、高尺寸精度等特点。产品通过了美国卡特彼勒、日本小松、日本TOPY、三一集团、徐工集团、VOLVO（韩国）、韩国大昌等国内外知名工程机械制造商认证认可，连续多年获得中国钢铁工业协会冶金产品实物质量金杯奖。2018年，销套管国内销量3万吨，在挖掘机和履带主机市场占有率超过80%。出口韩国市场的超过1万吨，韩国市场占有率100%。

（2）结构用管。新冶钢生产的结构用无缝管，主要应用于大跨度大空间的候机楼、体育场馆、商业大厦、高层住宅、桥梁、高架、城市立交等建设，以及大吨位塔式吊机、履带吊机、船舶/港口吊机、海洋平台等的主体结构和臂架结构。主要品种有S355J0/J2H、S420N/NLH、S460QLH、S690、S770、S890等。产品具有表面零缺陷、高精度、高焊接性、卓越低温韧性等特点，通过了欧盟CE/CPR、PED/AD2000W认证，广泛应用于国内外工程项目，例如武汉火车站、兰州兰永黄河大桥、宜昌奥体中心、新加坡体育馆、香港-深圳的莲塘口岸出入境办公大楼、阿尔及利亚机场候机楼、土耳其伊斯坦布尔第三机场候机楼等。

（3）油缸用管。新冶钢生产的油缸用无缝管，主要应用于大型煤矿综采支架立柱油缸、工程机械油缸、盾构机油缸、特种装备油缸等。主要品种有ASTM A519 1026、E355、E460、20MnV6、30CrMnSiA、34CrMo4、42CrMo4、Q690E、Q890E等。产品具有高精度、高纯净度、高焊接性、高强度、优良耐腐蚀性能等特点；可供货如热轧、冷拔、正火、退火、调质等多种状态产品，屈服强度达到890MPa以上时，-60℃低温冲击亦可达到100J以上。通过了利勃海尔、郑煤机、徐工集团、三一集团等国内外知名企业的认可，连续多年获得中国钢铁工业协会冶金产品实物质量金杯奖。

（4）汽车用管。新冶钢生产的汽车用无缝管，主要应用于车轴/桥、半轴套、传动半轴、摩擦环、太阳齿圈、行星齿圈、张紧轮等商用车、乘用车关键部件。主要品种有E620、SAE1527、SAE1030M、20CrMoH、SAE4124H、SAE5130H、SAE8620H、34CrMo4、162～0MnCr5等。产品性能均匀，具有高精度、高纯净度、窄淬透性等特点，广泛应用于赛夫华兰德、美驰、法士特、福特、万向等国内外知名汽车零部件加工企业的产品制造。汽车用管2018年销量49680吨，预计2019年可实现50000吨。

（5）轴承用管。新冶钢生产的轴承用无缝管，是公司高品质轴承钢棒材的延伸加工服务，使用SKF、FAG认证的轴承钢商品棒材做无缝管原料，通过ASSEL高精度轧管技术成型，产品具有高精度、高纯净度、低氧含量等特点，亦可提供非标设计、齿圈毛坯单件交货服务，主要应用于工程机械、汽车制造等领域的轴承外圈和内圈。主要品种有52100、100Cr6、100CrMo6、SUJ2、8620、8720、ASTM A485等。通过了Emerson、HEF、CSW等客户认可，出口北美、南美、德国、法国、意大利、印度、韩国等国家和地区。目前轴承管销量约3000吨/年，主要服务于欧美地区的高端用户。

（6）高强管。新冶钢生产的低碳低合金高强度无缝管，主要应用于大型煤矿综采支架立柱油缸、工程机械结构件、特种装备油缸、起重机臂架等。主要品种有H550W、H690W、S690、S770、S890、Q890D、BJ770、BJ890等。产品具有高强高韧、高纯净度、淬透性强、焊接性能好、疲劳寿命长、特定使用环境下耐腐蚀性强等特点；钢管可以以热轧或调质状态交货，力学性能在满足各个强度级别的同时，屈强比不超过0.95，-60℃低温冲击亦可达到100J以上。

新冶钢积极响应客户要求，助力工程机械产业向着大型化、轻量化发展，低碳低合金高强度无缝钢管已持续批量供应郑煤机、徐工、三一装备、恒立、特力、利勃海尔等国内外知名企业，为不同需求的用户提供个性化的解决方案和服务。

（7）锅炉压力容器用管。凭借丰富的生产技术和装备优势，新冶钢从2010年开始试制大口径锅炉用无缝钢管，并在较短的时间内先后实现了碳钢SA106C，合金钢15CrMoG/12Cr1MoVG，SA-335M P91、P92无缝钢管的生产和市场推广，2014年销售大口径锅炉管2.5万吨，其中P91钢管336吨，至2018年销售大口径锅炉管6.66万吨，其中P91/P92约4500吨。新冶钢的锅炉管已批量供应哈锅、东锅、上锅、北京巴威、GE武锅、华西能源、无锡锅炉等国内锅炉及管道制造企业，产品质量稳定，销售量逐年增加（见图3和图4）。此外，P12、P22、P91、P92钢管已在批量销售印度、马来西亚、欧洲等国家和地区，2018年出口2500余吨。

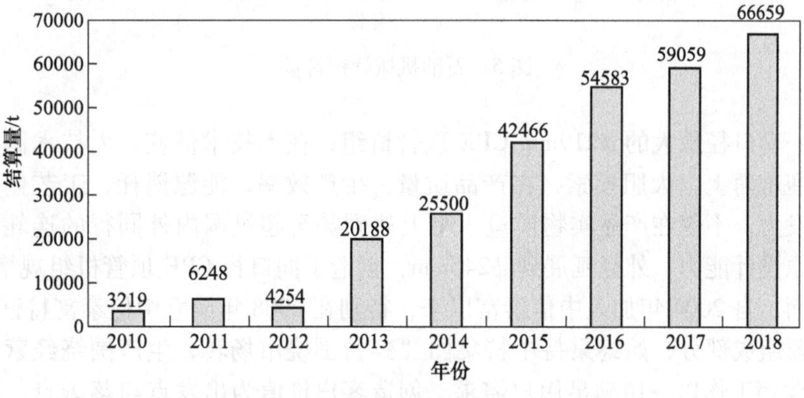

图3　锅炉压力容器用无缝钢管结算量

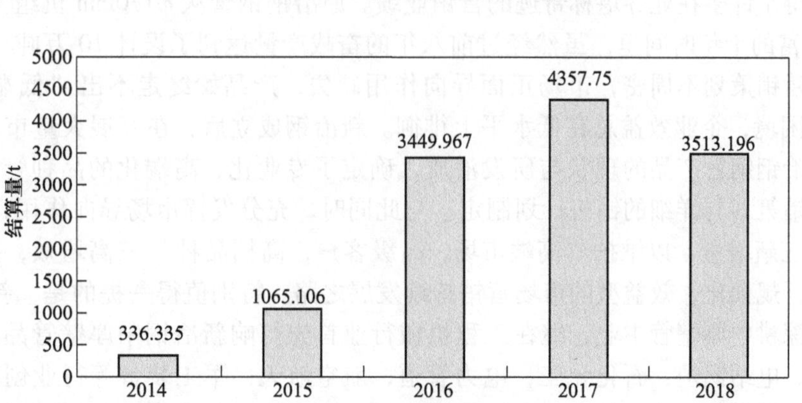

图4　P91/P92无缝钢管结算量

（8）石油钻采用管。新冶钢自1997年起，研制生产石油钻采用管产品，其中石油机械管已形成多个产品系列，见表1，得到了斯伦贝谢、哈里波顿、BHGE、NOV、威德福等多家国际知名石油服务商的认可，产品批量出口到北美、东南亚、中东等地区；见图5所示，石油钻具用管规格涵盖中厚壁和薄壁管，厚壁钻具用管是客户“以管代棒”制造钻具产品的首选原料，享誉海内外。

表 1　石油钻采用管种类

品种分类	主要用途	代表牌号
石油机械	完/固井工具	4140 80KSI、4140 125KSI、42CrMo、110SS、4130M 125KSI 13Cr 80KSI、S13Cr 110KSI、4330VMOD 153KSI
	压裂系统	4130 80KSI、30CrMo、4130 110KSI、AISI4715、17-4PH、15-5PH
	射孔枪	4130M 135KSI、4130M 145KSI
钻具用管	加重钻杆	AISI1340、4130 75KSI、90SS
	钻铤	AISI4145H
	螺杆钻具	4140 125KSI、4140 135KSI、42CrMo
	钻具接头	AISI4137、AISI4145H、110S
	普通钻杆	G105、S135、SS105、V140、V150

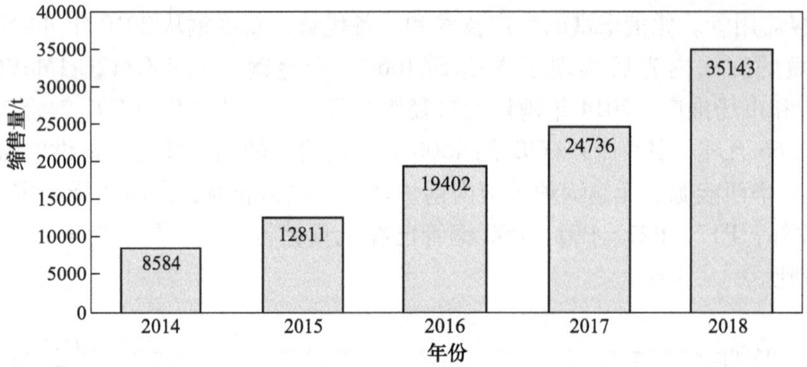

图 5　石油机械管销售量

作为国内唯一一套口径最大的 ϕ219mm CPE 顶管机组，在无技术借鉴，无技术储备的情况下，新冶钢产销研攻关团队迎难而上，大胆摸索，在产品质量，生产效率，能源消耗，工艺创新，品种研发等多个项目上全面持续发力，不仅在产品实物质量水平上达到甚至超过国内外同行的连轧管质量水平，而且在规格范围上突破原设计能力，外径延展到 ϕ245mm，创造了同口径 CPE 顶管机组规格范围的世界之最。

在市场营销方面，自 2004 年加入中信泰富以来，特别在 2008 年成立中信泰富特钢集团以来，新冶钢作为中特集团的重要组成部分，始终秉持中特集团“经营围绕市场转，生产围绕经营转，部门围绕生产转”的核心理念，营销工作以一切满足用户需求，创造客户价值为出发点与落脚点，勇于与善于开拓市场，服务用户，取得了许多在业界堪称奇迹的营销业绩。原冶钢钢管从 ϕ170mm 机组 1993 年建成投产到 2004 年加入中信泰富的十年时间里，虽然经过前八年的奋战产量达到了设计 10 万吨/年的能力，但由于市场定位不精准，营销策划不周密，市场正面导向作用缺失，产品始终走不出“低端市场，低端用户，低端品种”的三低困境，企业效益总在低水平上徘徊。新冶钢成立后，在开展大量市场调研与同行分析的基础上，结合新冶钢钢管产品的现状与研发潜质，确定了专业化、高端化的品种管市场定位，并据此定位进行周密的营销策划与详细的销售计划制定。与此同时，充分发挥市场导向作用，以开发“新市场，新客户，新品种”三新增量，以维护“高端市场，高级客户，高档品种”三高增效，探索出了一条适合新冶钢钢管差异化，规模化，效益型的市场营销持续发展之路。特别值得一提的是，新冶钢钢管不求大，不求快，只求精，深耕中厚壁管主业，继在工程机械行业首先打响新冶钢中厚壁管品牌后，又先后在石油机械，石油钻采，电站锅炉，石化化工，电力管道，航空航天，军工装备等行业创建了诸多享誉海内外的中厚壁管品牌，取得了多个细分市场中厚壁管市场占有率第一的业绩，开创了国内外市场经济效益和社会效益双丰收的气象。为扭转 ϕ219mm 机组改造后前两年亏损局面，营销攻关组以市场需求为导向，充分分析比较该机组与同行的产品竞争优劣势，重新确定以石油用管，锅炉压力容器用管和机械管等三大类七个细分市场中高端产品为主导品种的市场定位，为机组差异化，集约化、专业化规模生产，提高高档品种比例实现持续盈利指明方向，使其在较短时间内就实现了普通管向专用管，普碳钢向合金钢，低端品种向高端品种，不断亏损向持续盈利的转变。比如，普通钻杆用管从零起步，短短两年国内市场占有率就达到 50%，其中超高钢级（V140、V150）及抗硫（SS105、S120）钻杆用管占有率超过 80%；

耐腐蚀油套光管（L80-13Cr，80S，95S）以高性价比成为传统市场的新宠；压力容器用管从 C-Mn 钢升级为 CrMo 钢，国内市场占有率第一；冷拔油缸料得到三一重工，徐工，江苏恒立等工程机械行业龙头企业的青睐，成为其定点供应商；热处理车轴管成为中德合资塞夫-华兰德和重庆庆铃的唯一供应商；高强管成为机械行业的拳头产品。

四、发展展望

按照中信泰富特钢集团中长期发展规划，中特集团致力于打造全球最大的特殊钢企业集团，引领特殊钢行业发展方向。中特钢管作为中特集团五大品种板块之一，也将通过充分释放现有产能，并购重组优质钢管机组等多种方式，补齐品种、规格短板，扩大生产规模。继 2018 年 5 月收购原华菱锡钢 ϕ258mm PQF 连轧管机组后，今年浙江格罗斯钢管公司也加入了中特集团，改变了中特钢管无 PQF 连轧管和大口径斜轧穿孔/挤压、冲孔、拔伸机型的局面，在提高产量规模的同时，填补了成品油套管、超大口径厚壁管等品种的空白，进一步提升了中特钢管在国内外市场的综合竞争力。相信在不久的将来，中特钢管将实现年产 200 万吨无缝钢管的产能规模，品种更为齐全，规格更加扩大，跻身国内无缝钢管制造服务商前三名行列，为我国早日实现世界无缝钢管强国做出中特钢管人的更大贡献。

铸就龙江钢铁工业新脊梁

（黑龙江建龙钢铁有限公司）

一、企业简介

黑龙江建龙钢铁有限公司（简称“黑龙江建龙”）成立于2003年8月，国家高新技术企业。黑龙江建龙是北京建龙重工集团响应国家振兴东北老工业基地的号召，在黑龙江省双鸭山市投资兴建的钢铁联合企业。公司拥有员工5244人，大专以上学历1446人。目前黑龙江建龙已成为集矿业开采、钢铁冶炼、煤化工、资源综合利用及进出口贸易一体化的综合企业。截至目前，企业拥有钢铁、化工、矿业、钒业、物流运输、工程技术、国际贸易等7家子公司，形成了年产100万吨铁精粉、3000吨白钨、160万吨冶金焦、粗钢及钢材200万吨、7万吨LNG、7000吨钒产品综合生产能力。经过16年的持续发展，目前黑龙江建龙销售收入已突破1400亿元，累计上缴税金52.4亿元，直接安置当地就业5000余人，直接或间接服务于我公司的就业人员已达两万余人，2012年获得由国务院颁发的“全国就业先进企业”荣誉。

图1　黑龙江建龙钢铁有限公司生产区

2010年10月22日，黑龙江省环保厅、科技厅、财政厅、商务厅、统计局六委厅局日联合发文认定黑龙江建龙钢铁有限公司为黑龙江省第一批循环经济试点企业。2013年4月2日，中国工业和信息化部公示了第一批符合《钢铁行业规范条件（2012年修订）》的45家钢铁企业名单，黑龙江建龙钢铁有限公司位列其中。

近年来企业的发展建设，与双鸭山市政府形成了经济发展和民生保障工作的利益共同体，为地方经济转型和黑龙江省钢铁工业做出了突出贡献，企业近年来的跨越式发展，也极大促进了双鸭山当地煤炭、电力、化工、煤气、铁矿石开采、交通运输以及传统制造工业等产业的转型发展，带动了地方经济的整体、协调发展。

二、生产设备及工艺流程

公司采用目前国内外领先的生产工艺和技术，使项目规划布局科学、合理、超前，吸收了国内外优秀的高新科技成果和经验，达到了“规划设计一流、工艺设备选择一流、投资经济科学一流、安全环保一流”，企业工艺流程完整，设备先进。近年来，在完善160万吨焦炭、200万吨铁钢材配套产能的同时，投资24.8亿元开发建设了180号无缝钢管项目，实施了黑龙江省内唯一一个大型干熄焦项目，走出了一条依托资源创业，超越资源发展的转型之路。

焦化工序，拥有JNDK43-03F焦炉4座、甲醇生产线一条，年产冶金焦炭180万吨、煤焦油9万吨、甲醇10万吨、粗苯2万吨、硫酸铵1.8万吨、1亿立方米液化天然气。

炼铁工序，现有580m^{3}高炉3座，90m^{2}烧结机2台，10m^{2}竖炉3座，年产烧结矿224万吨、球团矿160万吨、铁水200万吨以上。主要产品为炼钢生铁，副产品为高炉水渣、高炉煤气等。

炼钢工序，装备有3座顶底复吹转炉（80t）、2座LF精炼炉（80t）、1座VD炉（80t）、六机六流圆坯连铸机1套、六机六流方坯连铸机1套。

轧钢工序，主要为棒材生产线和无缝钢管生产线。其中棒材生产线设计年产100万吨棒材，目前实际产能为120万吨，整体设计制造全部实现国产化。公司生产的HRB335和HRB400热轧带肋钢筋连续四年被评为黑龙江省名牌产品；公司HRB400螺纹钢产品获得中国冶金工业分会颁发的“冶金行业品质卓越产品”荣誉证书。

无缝钢管生产线，分别为273Accu-Roll机组及180mm FQM机组。其中，273mm机组年产钢管能力为25万吨，180机组设计产能45万吨。ϕ273mm Accu-Roll精密轧管机组，可生产所有API钢级的石油管、锅炉管、轴承管、机械用管和结构管等。

ϕ180mm FQM连轧机组由意大利Danieli公司负责整体工艺设计。目前世界上能够制造最先进连轧机组的厂家只有意大利和德国两家。产线同时还装备有德国FOERSTER漏磁探伤、德国GE公司超声探伤、水压机等检验设备，确保产品出厂质量。

在检测方面：公司具有较强的先进的检测手段，检测中心成立于2004年5月，拥有总占地10000多平方米的实验楼，于2010年12月15日获得国家实验室认可。检测中心拥有X射线荧光仪、红外碳硫分析仪、ICP分析仪、分光光度计、电光分析天平、ONH气体分析仪、万能材料试验机、布氏硬度试验机、洛氏硬度试验机、冲击试验机、金相显微镜、扫描电子显微镜、原子发射光电直读光谱仪等精密仪器设备，并根据ISO、ASTM和GB三大检测标准体系文件可以同时开展焦化产品检测和钢铁产品化学检测、力学检测和金相检测等系列项目。

图2　ϕ180mm FQM连轧管生产线——环形加热炉

图3　ϕ180mm连轧管生产线——穿孔后吹硼砂、氮气

三、发展历程

（一）艰苦创业

2003年3月27日，建龙集团积极响应国家“振兴东北老工业基地”发展战略，与双鸭山市委、市政

府签订合作协议，在双鸭山市建设年产 200 万吨钢铁、180 万吨焦炭、160 万吨铁精粉的钢铁联合项目。企业建设之初，双鸭山市委、市政府在项目征地动迁、解决水源、注册登记等问题上给予大力支持，特事特办，为企业健康发展发挥了重要作用。

（二）领导关怀

黑龙江建龙的建设和发展，倾注了各级领导的大量心血，引起了社会各界的广泛关注。自 2003 年 3 月建龙项目落户黑龙江、创业双鸭山以来，先后有 30 多位省部级以上领导来到企业视察指导工作。省委、省政府，市委、市政府在建龙项目筹备、建设和发展过程中始终给予亲切关怀和大力支持。在企业发展的关键时期，省市主要领导多次深入企业调研，组织召开专题会议，提供产业政策指导，为企业平稳健康发展发挥了重要作用。

（三）快速发展

2003 年 4 月 7 日，双鸭山建龙矿业正式成立；2003 年 9 月 28 日，黑龙江建龙钢铁项目正式开工；2004 年 11 月，160 万吨焦化项目一期工程建成投产。

2006 年 6 月 23 日，炼钢、轧钢“一条线”顺利投产。

2007 年底，炼钢 2 号转炉、2 号连铸机顺利投产，2008 年 8 月 8 日，炼铁 1#高炉顺利投产，黑龙江建龙年产 200 万吨铁钢的生产能力正式形成。

2010 年，以甲醇、LNG 等循环经济项目为主体的三期工程项目正式开工建设，黑龙江建龙步入了快速发展阶段。

（四）共度严冬，进入发展新时代

2015 年以来，国内经济增速进一步放缓，钢铁行业步入严冬。黑龙江建龙生产经营更是遇到了前所未有的资金困难，在这种情况下，黑龙江省委、省政府明确表态要支持黑龙江建龙。

（1）成立债权人委员会。2016 年初，在省委、省政府的大力协调下，以进出口银行黑龙江省分行为主席行、建行双鸭山分行为代理行，建立了“黑龙江建龙金融机构债权人委员会”，各债权行承诺“不抽贷、不压贷、共进退”，为企业提供了坚强支持，化解了资金风险，度过最危机阶段。

（2）协助推进直购电交易。2016 年 4 月 1 日，在省政府、省工信委的大力支持下，黑龙江建龙正式成为黑龙江省直购电企业，并开始正式享受直购电价，这一举措每年可为企业带来直接经济效益 6000 万元。

（3）提供政策指导和支持。2015 年以来，省委、省政府及省、市发改委、工信委等相关部门，结合陆续出台的“国家振兴东北”的各项产业政策，全力为企业协调、申请有利政策，提供产业政策指导，帮助企业解决具体困难。

（4）内生动力，积极应对。面对钢铁严冬，黑龙江建龙不等不靠、苦练内功，实现逆境破冰。通过加大降本增效力度、进行体制机制变革、加大品种开发及技术创新力度、调整销售战略等措施，充分激发了企业活力，实现了稳定发展。通过内外合力，黑龙江建龙抢抓国家供给侧结构性改革机遇，2016 年以来企业市场份额不断提升，产销率突破 100%，一举实现扭亏为盈。

进入 2018 年，企业销售收入、产品产量和利润同比大幅提升，员工工资收入显著增加，企业重新焕发了生机和活力。在集团的领导下，黑龙江建龙积极响应国家“新一轮东北老工业基地振兴”战略，抢抓供给侧结构性改革机遇，2018 年底，在黑龙江省委、省政府的大力支持下，协助集团通过市场化、法制化程序，陆续对黑龙江省区域的钢铁产业进行了重整，建龙成为黑龙江区域唯一控股经营的钢铁企业，黑龙江省钢铁产业发展也由此进入一个新时代！

四、产品市场和经营创效

（一）公司主导产品为

石油专用油井管、管线管、石油钻杆、流体输送用管、锅炉用管、液压支柱管、汽车车桥管、汽缸套管、气瓶用管、地质用管、结构用管等无缝钢管，以及热轧带肋钢筋。

目前无缝管产品性能稳定，深受油田和经销商的欢迎。近几年来，公司的出口合同有了较大的进展，曾先后与伊朗、欧洲、印度等国家和地区签订了产品出口合同。热轧带肋钢筋产品在市场上销量一路飙升，产品质量及售后服务远远优于同类产品，尤其在东北地区更是家喻户晓。化工产品主要为焦炭、焦油、粗苯、甲醇、LNG 等。

其中，特色产品——螺纹钢。先后获得“国家免检产品”“全省用户满意产品”“黑龙江省名牌产品”“冶金行业品质卓越产品”等荣誉称号，2011 年获《冶金产品实物质量金杯奖认定证书》。HRB400 螺纹钢已被列入《国家重点支持的高新技术领域》产品名录。

特色产品——无缝钢管。目前主要产品有石油套管管料、管线管、一般输送流体用管、中高低压锅炉用管、液压支柱管、汽缸套管、化肥设备用高压管、一般结构用管、船舶用管等，直径范围 ϕ60～273mm。2009 年 12 月，无缝钢管通过了美国 API 认证。2013 年 12 月，输送流体用无缝钢管、180 无缝钢管获得《冶金产品实物质量金杯奖认定证书》；2010 年，20 钢输送流体用无缝管、J55 石油套管获“全省用户满意产品”，2011 年，无缝钢管获得国家质检总局特种设备制造许可证书；180 连轧无缝钢管质量体系顺利获得国家 TSG 认证。2018 年黑龙江建龙 N80-1 油管被认定为 2018 年度冶金产品实物质量“金杯优质产品”。

（二）在经营创效

近年来，黑龙江建龙以市场为导向，在品种开发上注重研发储备与市场开拓紧密结合，满足高端客户差异化需求，品种比创历史新高。在此基础上，今年，黑龙江建龙将进一步发挥自身优势，以“只争第一、点滴做起”的企业精神，通过持续深化技术创新，不断完善质量管控体系，积极培育适销对路的高附加值产品，抢占未来利润增长至高点。

面对近年来钢铁行业风云多变的市场环境，黑龙江建龙通过创新商业模式，一切以经营、效益为中心，推动销售工作最大化，将产品优势成功转化为效益优势。

秉承“利人惠己、永续经营”的企业经营理念，凭借优质诚信的服务赢市场。在产品质量服务及售后保障方面，安排专人负责产品质量、技术服务，做到产品从生产到终端使用全过程跟踪服务。对于现场因质量问题不能使用的产品，确保 48 小时内专人现场处理，72 小时给予客户答复及处理意见。企业被评为“全国守合同重信用企业”。

充分贴近市场需求，为客户‘量身定制’产品，凭借快速反应、快速出击抢市场。随着市场竞争日益激烈及钢铁企业经营环境的变化，多品种小批量生产模式已形成主流市场。面对这一局面，黑龙江建龙及时调整和创新生产运行模式，始终秉承“一切以市场为导向、一切以客户为中心、一切为客户提升价值”的理念，实行按订单生产、拉动式生产的原则，由原传统的批量生产逐渐过渡为以订单为中心的生产组织模式，特别关注对客户的全方位保障。针对小批量、加急订单的生产，建立了较为严密的生产管理运行体系和质量保证体系，保证了按时、按量交货，满足客户个性化需求。

与时俱进，积极拓展“中石油”“中石化”等高端电子商务平台，凭借敏锐的洞察力和预见力闯市场。2014 年 10 月份，与国内知名钢铁网站合作，建设螺纹钢电子商务平台，推出了区域定价政策，达到了本地销售最大化的效果。

五、转型升级

当前，随着《中国制造 2025》的发布，钢铁企业正面临着严峻考验以及新的变革与发展。黑龙江建龙抢抓国家供给侧结构改革机遇，牢牢抓住“转型升级”这个关键，通过大力实施“品种升级”、“技术升级”、“节能环保升级”为企业高质量发展注入新活力。

（一）品种升级

近年来，黑龙江建龙在完善 160 万吨焦炭、200 万吨铁钢材配套产能的同时，转变单一型发展模式，不断升级产线装备，向生产高、精、深产品转型。在已有螺纹钢产线的基础上，投资 24.8 亿元，建设年产 70 万吨无缝钢管项目，该项目是我省 2011 年和 2012 年两年省级重点项目。2018 年 7 月，公司启动无缝管热处理生产线项目，该项目总投资 1.27 亿元，计划 2019 年 6 月竣工投产。项目投产后，我公司无缝钢管的高端品种将更具竞争力，进一步满足国内外客户对高端品种的需求。

（二）技术升级

为深化技术创新，黑龙江建龙与中国金属协会、中国质协及其他钢铁公司加强行业联盟，与北京科技大学、哈尔滨工业大学、东北大学等高校组成产学研联合体，开发出50余项中高端钢种。公司连续两次评定为国家级高新技术企业，螺纹钢先后获得“全省用户满意产品”“黑龙江省名牌产品”“冶金行业品质卓越产品”；无缝钢管通过了美国API认证（美国石油学会），国家TSG认证（特种设备制造许可）。

黑龙江建龙产品在技术、成本、工艺等领域的不断升级，有力推动产品的市场知名度和品牌效应。目前，公司的螺纹钢产品主要供货于哈大高铁、哈齐高铁、哈佳高铁、哈牡高铁以及哈尔滨地铁二号线、三号线及哈尔滨城市管廊等国家重点工程项目，与多家省直企业建立了长期合作基础。

无缝钢管销售覆盖中石油、中石化等石油行业，已成为中石油一级物资供应商，2017年供货量居民营企业首位。2018年实现了与中石油、中石化油井管供货45万吨，供货量继续位居中石油供货商首位，占总销量的60%，同时全面实现了与中石油下属15家加工厂全部供货的业绩。在出口业务推进方面，完成团队组建及伊朗石油公司入网工作，参加国际影响力较大的阿布扎比国际石油展，与229家有效客户面谈并建立直接沟通渠道。

（三）节能环保升级

通过大力发展循环经济，黑龙江建龙实现了绿色节能环保升级，进一步拓展了转型升级之路。黑龙江建龙是国家工信部首批公布的，符合“国家钢铁行业规范条件”的45家钢铁企业之一。在发展循环经济方面，充分利用生产过程中产生的废水、余压、余热、尾矿、铁钢渣等废弃物进行回收再利用。近年来，以甲醇、LNG、干熄焦为重点的一批节能环保项目相继建成投产。这些节能环保项目的实施，也极大促进了当地煤炭、电力、化工、煤气、铁矿石开采、交通运输以及传统制造工业等产业的转型发展。

2018年以来，以“绿化、硬化、美化、亮化”建设为切入点，大力推进员工工作、用餐、住宿、洗浴等环境改善，企业面貌焕然一新。自6月份起，邀请中冶京诚钢铁规划设计院，投入一亿元资金，从社会发展角度，从关爱员工角度，分阶段、分步骤，坚定不移地建设花园生态工厂，实现企业、人与环境和谐共处。

下一步工作中，公司将重点推进160万吨干熄焦项目生产稳定顺行。同时重点推进新上65WM余热余气发电机组项目，该项目投资1.7亿元，充分回收利用富余煤气发电，新增发电超过4亿度/年。新上污水综合处理回用工程，采用浓盐水反渗透新技术，来自厂区的污水经深度处理后，实现重复利用和零排放，极大改善马蹄河水质，该项目计划2018年底竣工，是黑龙江建龙节能环保工作提升的标志性工程。

六、“数字化车间”建设

近年来，面对时代赋予的新机遇、新挑战，黑龙江建龙钢铁有限公司积极抢抓国家供给侧结构改革的政策机遇，牢牢抓住“创新”这个关键，大力推进信息化与工业化融合，不断加快智能化工厂建设实施步伐，积极探索数字车间建设并取得了积极成果，为企业高质量发展注入了新的动力。

在省、市工信委的大力支持和推动下，公司紧盯《中国制造2025》，通过技术手段以及产品深加工项目的实施，将无缝钢管车间作为打造“数字化”车间的切入点，积极推进数字化车间建设和智能制造，企业劳动生产率、产品品种档次及竞争力大幅提升。以无缝钢管车间为试点，利用网络和信息技术，通过数字化生产车间管理系统（MES），将整个生产过程数据进行采集、管理和优化控制，实现了数据共享、计划自动下达的全数字化生产，在降低劳动强度、大幅提高生产效率的同时，进一步提高了工艺技术和装备自动化水平。

钢铁+智能制造”的发展模式，让钢铁制造更加智慧。黑龙江建龙无缝钢管车间于2011年建成投产，设计产能45万吨无缝钢管。无缝钢管数字化车间系统建设，按照《中国制造2025》核心思想，利用网络和信息技术，从应用需求出发，以无缝钢管车间自动化设备为基础，结合钢管轧制流程，搭建数字化车间整体架构，在生产线上实现应用和创新，减轻了员工劳动强度。

无缝钢管车间通过数字化生产车间管理系统（MES），将整个生产过程数据，质量数据，能耗数据等进行采集和管理，并优化控制数据，MES 系统与公司 ERP 系统集成，实现数据共享，实现计划自动下达，实现全数字化生产。另外，核心机组主轧机组有着先进的数字化模型和强大的自学习功能，完全实现了产品轧制过程在线优化，大大提高了生产效率，提升产品质量，节约能耗，从而提升了产品的竞争力。

目前，无缝钢管车间基础自动化主要由数字化控制元器件——西门子的控制器（PLC）、数字化的交-直-交变频器、智能化监测元件和传感器等组成，通过 DP 网，光纤以太网，Simolink 网实现数据传输。只需轻松按键，就可完成各个工作区域工艺设备的自动控制。

在无缝钢管车间建有数字化生产管理系统（MES），通过（MES）的工况跟踪和现场视频监控系统，可以对现场各机组生产状况一目了然，实现生产调度的可视化。工艺人员可以随时查看和有目的更改工艺参数实现柔性化生产。数字化生产管理系统（MES）与 ERP 系统无缝连接，系统集成协同，实现数据互联互通。

为进一步提高钢管质量，减少切头损失，该项目应用有精准的液压辊缝控制（HGC）功能和荒管头尾削尖控制技术，并且自主开发了张减机管端壁厚精准控制系统，提高钢管头尾质量，减少切头损失，该系统投入后钢管成材率提升 0.5%。在线配备了壁厚，管径，长度，温度测量系统，并有精准的漏磁，超声探伤系统，对钢管的质量进行检验，每一根钢管都有检测数据存储，可追述。

经过几年来的不懈努力，数字化无缝钢管建设取得了积极成果，在降低职工劳动强度、大幅提高生产效率的同时，还提高了操作精准度、产品质量，促进了产品提档升级。目前，公司无缝钢管产量提升 10.3%、能耗降低 18%、废品率下降达 20%，产品结构不断优化，高附加值产品占比已达到 60%以上。

2018 年 12 月，黑龙江建龙“数字化车间”顺利通过省级审核，并在省工信委网站公布。“数字化车间”成为推动公司高效发展的“新引擎”。

七、绿色工厂建设

近年来，随着钢铁产业形势的变化，钢铁企业节能减排和环境治理成为转型升级的必由之路。

（一）科技提标“四废”排放全方位受控

黑龙江建龙是国家工信部首批公布的，符合“国家钢铁行业规范条件”的 45 家钢铁企业之一。对于钢铁企业来说，“四废”治理与循环利用是环保工作的主体部分。在废水治理利用方面，根据不同工序特点，在厂内建设相配套的水处理设施。采用上海宝钢先进工艺建成焦化酚氰废水处理系统，处理后的废水达到《钢铁工业水污染物排放标准》中的二级标准，供炼铁冲渣使用，实现零排放；2015 年公司又投资 1737 万元，对原有焦化废水处理系统进行升级改造；2018 年 5 月，总投资 7000 余万元的污水综合处理回用工程开工建设，该项目能够更进一步提高水的重复利用率，降低工业新水消耗，可为保护过境马蹄河水质和安邦河水质起到关键作用，该工程计划 10 月底竣工。在烟尘和废气治理方面，公司本着高标准、严要求的原则，严格控制污染物排放。目前公司共在焦化、烧结、炼铁、炼钢、轧钢等主体生产工序安装除尘设施及废气治理设施 54 套。2017 年 12 月，投资 3.2 亿元的 160 万吨干熄焦项目正式投产。该项目是我省目前第一座大型干熄焦装置，可有效避免在传统湿法熄焦过程中，产生大量的酚、氰化合物和硫化物等有害气体及熄焦产生的蒸汽，完全达到有效降低排放污染的标准，对改善周边大气环境起到重要作用。自 2014 年至今，公司已先后投入资金 3.5 亿元，委托中冶京城等国内知名冶金环保公司，对厂区除尘系统、扬尘区域以及烧结脱硫等废气治理设施进行环保提标改造。目前，这些环保设施提标改造均已完成，并实现稳定达标排放。在废渣治理利用方面，针对炼铁过程中产生的水渣，全部外销水泥厂，用作水泥原料；炼钢过程中产生的钢渣，经专业回收处理后实现再利用。

通过采取以上措施，公司生产过程中的废水、废气、烟尘、废渣这“四废”均得到了全方位的控制，各项废弃物实现达标排放，切实改善了厂区内的生态环境质量和工作环境。

（二）精细管理　强化环境保护体制机制建设

“按照集团要求，全面推进钢铁版块产业高质量发展。廉洁自律是底线，安全环保是底线，是一票否决项，任何事情都不能以牺牲生命和生态环境为代价，要像对待自己的生命一样对待环境保护，这是不可触碰的红线！”公司领导在中高层研讨会上的发言掷地有声。这是黑龙江建龙战略发展的需要，也是企业生存的必然要求，更是建龙人的实际行动！

为强化节能环保管理，黑龙江建龙成立了专门单位，对节能减排工作进行精细化专业管理，对各生产厂排放情况进行24小时监控，一旦发现异常及时处理，设立了定期通报、考核机制，将各单位节能环保指标纳入年度绩效考核中去。同时，加大对环保设施的运行管理，尽全力保障现有环保设施24小时有效开通运行，发挥最大功效。为促进节能减排工作开展，黑龙江建龙从提高能源管理水平入手，在国家工信部和省市工信委的大力支持下，2011年引进了能源管理系统。该系统上线以来，企业能源系统劳动生产率大幅提高。公司还以技术创新和管理创新为手段，持续推动绿色清洁工厂工作，实现了“质量、环境、职业健康安全”三体系有效整合。钢铁企业节能环保，任重道远，难能可贵的是面对问题的责任和担当。对周边社区及市民反映企业环保问题，黑龙江建龙不推托、不回避，积极配合上级环保部门和监察支队查找问题源点，制定问题整改方案，严格明确了整改标准和时间节点，并第一时间向上级环保部门反馈。

（三）变废为宝大力发展循环经济

引进高新技术，实现能源二次利用、变废为宝，是黑龙江建龙绿色发展的另一途径。近年来，公司狠抓节能减排的同时，还多方发展循环经济产业链，先后对煤气、废渣、废气、余热、余压废水等资源进行回收利用，取得了较好的环境效益和经济效益。公司重点发展了城市煤气供应、煤气发电、余压余热回收、剩余煤气制甲醇及LNG等项目。2010年4月份，公司正式启动了以甲醇和LNG为重点的循环经济产业项目建设。其中精制甲醇项目总投资4亿元，是国内第一条利用高炉、转炉和焦炉混合煤气制甲醇的项目，该项目于2012年1月份正式竣工投产。2014年12月份投产的LNG项目总投资2.54亿元，主要以甲醇装置焦炉气提氢解吸气为原料，制取液化天然气。这些节能环保项目主要是以钢铁和煤炭为基础，利用生产过程中产生的废弃物进行回收再利用的绿色低碳产业，有效减少了温室气体排放，符合国家产业政策。

（四）美化亮化打造绿色生态钢铁企业

近年来，黑龙江建龙全面实施厂区绿化、美化、亮化，打造绿色钢厂。对于绿化工作，每年都纳入整体工作规划中，截至目前，公司共组织播种绿化草坪30余万平方，树木18万株（丛）。2018年6月份起，又邀请中冶京诚钢铁规划设计院，计划再投入1亿元资金，继续加大厂区“绿化、硬化、美化、亮化”力度，实现企业、人与环境和谐共处。现如今，走进黑龙江建龙，一座座高炉、一排排厂房井然有序。厂区内、道路旁，绿色植物错落有致；绿化带层次分明、花草树木色彩斑斓。公司办公区域大门前环绕着茵茵绿地，巨石上镌刻着“只争第一、点滴做起”八个大字，彰显着建龙绿色发展理念中坚定不移的企业文化，一幅生动的绿色工业发展蓝图已跃然眼前。

八、履行企业社会责任

黑龙江建龙自2003年成立以来，始终坚持履行企业社会责任，赢得了社会各界的赞赏。企业成立16年以来，直接安置当地就业5000余人，相关行业直接或间接服务于我公司的就业人员已达两万余人。

企业在诚信纳税的基础上，以强企报国为己任，在国家或地方遇到灾害困难的时候，尽己所能主动援手。2008年四川汶川地震，黑龙江建龙全体干部员工共计向地震灾区捐款150余万元。先后在太原科技大学、佳木斯大学、黑龙江工业学院、黑煤职院等院校设立奖学金、奖教金。几年来，企业用于捐资助教及社会公益事业款项累计达1000余万元。

让贫困村、贫困户在脱贫路上一个也不掉队！作为双鸭山市重点龙头企业，黑龙江建龙根据双鸭山市委、市政府的统一部署，践行社会责任，大力开展精准扶贫工作。与市扶贫办、集贤县委、县政府、岭东区委、区政府对接，通过产业扶贫、教育扶贫、健康扶贫等手段，制定并谋划了精准扶贫“一个平台、双千工程、三个基金 ”工作体系，充分发挥企业资金、人力、技术等优势，助力精准脱贫，得到了市委市政府的高度认可。

“一个平台”，即集聚集贤县千万元规模产业扶贫项目，充分发挥企业自身需求与渠道优势，打造产销平台，实现精准扶贫。2018年9月10日企业已组织与集贤产业扶贫项目——福利镇东发村果蔬大棚签订意向性采购协议，并组织采购蔬菜万余斤。

"双千工程"，以提高贫困家庭、边缘户劳动技能为抓手，大力实施教育扶贫，瞄准职业教育，提供一千个免费职业教育名额，与一千个就业岗位，阻断贫困的代际传递。

"三个基金"，即产业扶贫基金+教育扶贫基金+健康扶贫基金。

在产业扶贫基金方面，采用公司+专业合作社+农户的模式，让有劳动意愿和劳动能力的贫困户参与产业劳动，获得土地租金、利润分成以及工资收入。目前企业正在集贤县、岭东区对接农林种养产业扶贫项目。

在教育扶贫基金方面，一是拟与黑龙江能源职业学院合作，筹建"黑龙江建龙委培教育培训基地"，面向全市每年招收200人，连续五年由建龙承担学费，学员完成全日制3年培训后，发放专科毕业证，由建龙提供就业岗位。二是针对目前集贤县贫困家庭现状，在学前教育和贫困生专项教育资助上，设立专项奖励金和助学金。

2018年9月21日上午，黑龙江建龙联合团县委组织召开黑龙江建龙精准扶贫助学金发放仪式及奖学金授牌仪式，为47户建档立卡贫困学生发放助学金19300元，同时给集贤县第四小学和第二中学建龙发放建龙奖学金24000元。

在健康扶贫基金方面，黑龙江建龙与相关部门合作，拟投入100万元，共同成立"健康扶贫基金"项目。按照"政企合作、卫计主责、社会参与"的工作思路进行运作管理，该基金项目主要用于健康扶贫，让贫困人员或边缘人员少生病、不生病。

在精准扶贫工作中，黑龙江建龙积极响应国家政策，切实履行民营企业社会责任，在波澜壮阔的精准扶贫征程上，奏响了一曲曲动人的精彩乐章！

九、和谐企业建设

黑龙江建龙在企业发展中始终坚持以人为本的企业理念，按照发展依靠职工、发展成果与职工共享的原则，坚持不懈地加强职工队伍建设，促进了职工队伍的全面发展。

严格按照国家政策法规，对所有与公司建立劳动关系的在岗员工缴纳各项法定社会保险与福利，每年根据企业生产经营业绩进行年度调薪。严格践行"尊重人、培养人、激励人、成就人"的人力资源理念，推进职业化建设，打造员工发展平台。对管理人员，提出培养"专业能力、财务能力、人力资源能力"的三项要求，成为提升中高层管理干部素质和经营管理能力的良好开端。对于专业技术人员，建立与管理序列等同的专业技术序列及薪酬制度，锻造了一支复合型、技术技能型人才队伍。对于基层员工，实施"一专多能"的岗位成才活动，高度重视培训工作，每年组织大规模、全覆盖的培训活动，促进了员工全面素质的提高。2012年7月份，企业获得由中华人民共和国国务院颁发的"全国就业先进企业"荣誉。

充分发挥党支部、工会作用，在员工生活帮困、助学帮困、医疗帮困等各个方面，构建了长效工作机制；每逢重大节日，公司领导班子都坚持深入困难员工家中慰问，深切勉励员工努力工作，渡过困境；为解决外地年轻大学生、专业人才的实际困难和后顾之忧，黑龙江建龙分两期建设了880套住房作为福利用房；不断改善后勤保障设施，丰富员工的业余文化生活，增强了企业凝聚力。

搭建沟通平台、倾听员工心声。以《黑龙江建龙》企业内刊、微信公众号、公司信息平台等为载体，及时传播企业生产经营情况，反映员工心声、展示员工才华。大力推行"快乐工作法"，定期开展职工篮球比赛、钓鱼比赛、自行车比赛、300人健康徒步行等活动，营造奋发向上、创先争优的良好氛围。

十、引入现代企业制度、强化基础管理

公司引入的现代企业制度，强调专业化管理。其管理制度体系内容：以预算为核心的财务管理体系；以人力资本增值为核心的人力资源管理体系；以招投标为核心的供应采购管理体系；以市场为导向的生产管理体系；以战略合作伙伴为核心的营销管理体系；以点检预防为核心的设备管理体系；以技术引进、开发、创新为核心的技术管理体系；以信息化为中心的知识共享管理体系；以治理隐患、预防为主的安全管理体系；以清洁生产为中心的环保管理体系。

公司规章制度是由公司统一组织、各部门参与修订实施的管理制度体系，公司设有专门机构和专业人员，依据“定机构、变机制、转观念、明岗位、责任清、关系顺”的企业建制原则和遵循“理顺机构、指导管理、推进改革、稳健经营”的企业管理方向，负责公司管理制度的编制、修订和监督实施工作，确保企业管理有法可依，有章可循。

目前，公司发布并实施了业务管理制度与基本管理制度。业务管理制度主要有6大类别“生产管理制度、技术管理制度、经营管理制度、财务管理制度、行政综合管理制度、审计监察管理制度”；基本管理制度包括5大类“公司规程、组织权责、财务管理、经营管理、人力资源管理”，共156个规章制度。各部门又根据本部门的实际，拟定了若干个细节。

公司始终坚持“合作双赢”的宗旨，与主要供应商和顾客保持着稳定和良好的合作关系，对物流过程中的价值创造与分享形成互利共存、相互支持的格局，沟通机制注重建立在双方领导层的交流，双方技术人员的研讨、交流，双方业务人员的交流，形成了“三位一体”的沟通机制，同时也借助互联网、信函、贺卡、电传等媒介进行交流，通过互动沟通的方式使双方关系巩固、共同开拓市场实现共赢。

十一、强化组织领导和企业文化建设

专业有效的组织领导。强化组织领导，黑龙江建龙拥有一个专业互补配套，业务精湛，经验丰富，团结务实，锐意进取，开拓创新，与时俱进的领导团队。公司领导班子的主要成员来自国内知名钢铁冶金企业的中高层领导，是钢铁冶金行业的知名专家和学术带头人，具有较强的事业心、责任感和忧患意识，理论水平高，实践经验丰富，他们配合默契，坚持原则，真抓实干，使企业效益连创新高。

公司领导班子坚持以人为本，秉承“诚信、规则、团队、卓越、共赢”的核心价值观和“只争第一，点滴做起”企业精神，坚持“以人为本、目标成本管理、强化营销、科技兴企”的方针，守法经营、诚信经营，积极承担企业应承担的社会责任，带领导员工不畏强手，抢抓机遇，克服困难，奋勇拼搏，使新项目建设和经营取得骄人的成绩。

塑造“共赢”的企业文化。精心培育建龙特色企业文化，追求卓越绩效。企业文化是企业发展的精神动力和全体员工的精神追求。以“只争第一、点滴做起”为核心，以“建龙”理念为特色的企业文化，是企业改革与发展历程的文化积淀，是应对当前激烈市场竞争和促进企业长远发展的文化提升。她是使企业增强凝聚力、向心力的法宝，是推动企业持续向更高目标奋进的根本驱动力。

黑龙江建龙在秉承集团企业文化的基础上，从企业文化理念层入手，在执行和具体做法上，主要结合实际工作，特别是将工作中发生的问题及其处理解决，与企业文化宣贯相结合，在实际工作中践行建龙的企业文化。

改善厂区环境、生产作业环境、完善后勤保障、建员工福利房、通勤车……员工点滴小事，都是公司大事。让员工深切感受到家的温暖，让员工享受到工作的快乐。

始终坚持开展厂情教育、责任心教育、核心价值观教育、法制教育、企业与员工关系等理念的教育活动。

员工面前讲诚信，共御危机。近年来，金融危机钢铁产业经济环境整体下滑，企业发展面临前所未有的困难，国内外企业纷纷减员、降薪度过危机，但是，黑龙江建龙向广大员工郑重承诺“不裁员，不减薪，不下岗。”企业没有将员工不负责任地向社会一推了之，体现了良好的社会责任。广大员工无不动容，决心与企业共同抵御危机。

公司对工作中存在的执行不严、执行不力、执行细节不到位等现象，采取了严查、严管、严办的措施。对此，公司对安全生产、质量月活动、纪律作风整顿、文明生产、项目建设等工作进行联合检查，并公开通报。通过对经济责任制和重点工作落实制的具体和细化，将成本控制指标、产量指标，技术指标都一一细化和分解，落实到每个班，每个组，每个人、每个月逐项对照指标检查，采用经济手段促进执行力的提升，极大地提高了工作效率。

十二、未来发展规划

（1）创新发展。经过多年的拼搏努力，公司“双精”品牌的螺纹钢，已在业内打造成为用户高度认可的知名品牌。在石化行业所用的优质无缝钢管，将通过下一步热处理深加工项目的实施，极大满足石油石化行业对高端无缝钢管的需求，实现公司品种档次及竞争力的大幅提升，后续还将通过改造及整合无缝管相关产业，使该产品真正成为黑龙江建龙的支柱品牌，实现企业效益及产品市场占用率的大幅提升。

(2) 努力实现三化融合（即自动化、信息化、电商化），三化打通。实现所有相关方数据自动产生，自动传输，高度互联互通，通过强大的数据库，低成本高效地满足个性化的需求。未来，黑龙江建龙将以中国制造 2025 为契机，积极与中国钢铁研究总院合作，规划设计企业未来五年整体战略方案，谋划企业三化融合，建设“绿色、低碳、节能、环保”的新型工业道路。

(3) 持续加大安全环保和节能减排力度，实现企业和谐、高效和可持续发展。一是高度重视安全的责任分解，加大安全识别及岗位责任分解；二是积极履行钢铁超低排放改造，实现与环境的和谐；三是加大能源节约和余热利用，实现吨钢供热 $1m^2$，1000 万吨钢供热 1000 万平方米，同时积极开展城市污水处理后的中水利用，吨钢耗城市中水 2t，千万吨钢消耗城市中水 2000 万吨，实现钢铁工业与城市的和谐发展。

(4) 以国家“一带一路”倡议为契机，积极谋划产业布局，不断拓展发展空间。企业于 2015 年投资 2 亿元参股同江铁路大桥建设，将进一步拓展俄罗斯远东资源的战略通道，随着中俄战略合作关系的不断推进，企业将适时加强与远东地区钢铁资源企业的战略投资合作，为我省钢铁工业的原料储备做好资源保障。与此同时，将充分依托企业技术、设备、资源、人才等方面优势，通过实施供给侧结构改革，引领企业逐步涉入到我省“十三五”重点工程项目建设中去。

(5) 持续做好企业转型升级。未来，企业将以中国制造 2025 为指导，落实好供给侧结构改革任务，深入打好转型升级这张牌。在技术升级方面，将与中国钢铁研究院等科研院所取得深入合作，规划设计企业自动化、信息化、电商化的“三化融合”。在品种升级方面，将通过强化无缝钢管产品质量和服务，与中石油、中石化等重点客户进行深入合作。在绿色生态环保升级方面，将建设“绿色、生态、森林”式的新型钢铁企业，使资源城市的转型升级与钢铁工业的发展，实现更好融合和进步，为民族钢铁工业的振兴做出新的、更大的贡献！

源于责任　成于品质

（林州凤宝管业有限公司）

林州凤宝管业有限公司（简称：凤宝管业）——成立于2007年，2008年正式进军无缝钢管行业，虽然只有11个年头，但是凤宝管业在产销量做到了民营企业的前列。公司位于举世闻名的红旗渠畔，占地面积62万平方米，现有员工1500余名，其中中高级专业技术人才160余名。生产组距外径 ϕ25~340mm、厚度3.0~60mm的石油油套管、结构管、高中压锅炉管、管线管、机械加工用管等优质碳素结构钢和合金钢管，产品质量达到或超过国家标准及API标准。

凤宝管业是集炼铁、炼钢、轧管、热处理为一体的全流程企业。具有年产钢能力150万吨，轧管能力120万吨，热处理能力25万吨，是国内著名的生产液压支柱钢管、车桥管和油井管生产型企业、国家高新技术企业，属中原地区装备最优、品种最全、规模最大的无缝管生产基地，建有省级技术中心和省级特种无缝钢管工程技术研发中心。凤宝管业是中国民营制造业500强，河南省“百强”“百高”企业和河南省最大无缝钢管企业；同时，凤宝商标品牌荣获“中国驰名商标”；凤管管业2008年 ϕ273mm精密轧管机组投产，2011年159mm三辊连轧机组和投产、2014年热处理线投产，2017年世界首台套 ϕ89mm的6机架三辊连轧机组投产，是国内民营无缝钢管企业快速发展的典型代表。

一、产品经营情况

石油专用管为公司的主导产品，公司是中石化、中石油、延长石油的合格供应商；同时产品覆盖结构管、高中压锅炉管、管线管、机械加工用管等无缝钢管，公司液压支柱管市场占有率全国第一，无缝钢管2018年实现出口创汇2200万美元，主要出口中东、东南亚、欧洲、非洲等“一带一路”国家和地区。

表1　主要生产品种

品　种	单　位	总　量
石油专用管	万吨	50
普管	万吨	30
机加工用管	万吨	20
车桥管	万吨	10
抗酸管	万吨	10
地质管	万吨	5
锅炉管	万吨	5
轴承管	万吨	3
泵管	万吨	3
合　计		136

二、主要技术装备

（一）炼铁炼钢厂

目前拥有炼铁高炉1080m^3、450m^{3}各1座、50t转炉2台、60t LF精炼炉3台、60t VD真空精炼炉1台、R6m、R9m、R12m，四机四流圆管坯连铸机3台，主要炼钢品种包括：碳素钢20、45、65等、低合金结构钢Q345、45Mn2、14MnNb、12MnNb、65Mn、27SiMn、37Mn5、33Mn2V、36Mn2V、30CrMo等，高压锅炉用钢15CrMo、12Cr1MoV、P5、P91等。

（二）ϕ273mm精密轧管厂

产品规格：外径 ϕ139.7~340mm、壁厚6.0~60mm，年生产能力：30万吨。主体设备采用了锥形穿孔+精密轧管+三辊定径，具有产品尺寸精度高、品种适应范围广，生产组织灵活的特点，主要生产套管、管线管、液压支架管、车桥管机加工用管等。

ϕ28m 环形炉　锥形穿孔机　ACCU 轧机

12 架三辊定径机　26m 步进式冷床　六辊矫直机

图 1　ϕ273mm 精密轧管厂主要设备

（三）ϕ159mm 连轧厂

产品规格：外径 ϕ60 ~ 180mm（ϕ219mm）、壁厚 4.5 ~ 20mm，年生产能力：55 万吨。159mm 连轧厂 PQF 机组是目前世界上最先进的三辊限动芯棒连轧装备，并配有高水平的热处理和管加工生产线。主要用于生产高品质油套管、管线管、臂架管、车桥管、耐磨管、地质钻探管、高压锅炉管及机加工用管等。

ϕ35m 环形炉　锥形穿孔机　三辊连轧机

24 机架张减机　80 米步进式冷床　七辊矫直机

图 2　ϕ159mm 连轧厂主要设备

（四）ϕ89mm 连轧厂

产品规格：外径 ϕ25 ~ 114mm、壁厚 3 ~ 14mm，年生产能力：25 万吨。ϕ89mm PQF 连轧机组是世界

首套六机架小口径连轧无缝钢管生产线，选用世界上最先进的三辊限动芯棒连轧钢管工艺技术，专业生产外径 ϕ25～114mm、壁厚 3～12mm，成为以热代冷工艺的先进典型代表。主要用于生产高品质油套管、臂架管、轴承管、高压锅炉管及机加工用管等。

ϕ20m 环形炉

锥形穿孔机

六机架连轧机

28 架张力减径机

90m 步进式冷床

七辊矫直机

图 3　ϕ89mm 连轧厂主要设备

（五）热处理厂

产品规格：外径 ϕ60～280mm、壁厚 4.5～40mm，年生产能力：15 万吨。适应多品种要求，生产灵活性高，既可以对钢管进行调质（淬火+回火），又可进行正火+回火，还可进行单一的正火、回火、去应力退火等，满足不同钢级产品工艺性能要求。

步进式淬火加热炉

步进式回火加热炉

淬火机

三机架三辊定径机

六辊矫直机

英国 URP350 超声波探伤机

图 4　热处理厂主要设备

（六）专用锅炉管（轴承管）热处理生产线

产品规格：外径 ϕ25～114mm、壁厚 3～14mm，年产能力 10 万吨。适用于锅炉管和轴承管，并配备氮气保护气氛热处理炉，可以进行正火+回火、正火、球化处理等，保证管子加工后组织性能。

150m 连续辊底式氮气保护炉　十辊精密矫直机　涡流超声一体探伤机

定尺排锯　喷漆机　自动堆码打包机

图 5　专用管厂主要设备

三、产品结构特点

（一）API 油套管

可生产的油套管（API 5CT）如下：
外径 ϕ48.32~339.7mm、壁厚 3.68~25.00mm、长度 6~12.5m；
规范等级：PSL1、PSL2；
钢级：J55、K55、N80-1、L80-1、N80Q、R95、P110、Q125 等油套管，并可生产各类接箍料。

（二）API 管线管

可生产的管线管（API 5L）如下：
外径：ϕ25~323.9mm、壁厚：5.49~28.58mm、长度：6~12.5m；
规范等级：PSL1、PSL2；
钢级：A、B、X42、X46、X52、X56、X60、X65、X70 等 N 和 Q 不同交货状态的管线管。

（三）高压锅炉管

可生产的高压锅炉管如下：
外径：ϕ25~114mm、壁厚：3.0~12mm、长度：6~12.5m（24m）；
产品标准：GB 5310、ASME SA-210、ASME SA-213 标准；
钢种：20G、15CrMoG、12Cr1MoVG、A-1、C、T12、T22、T91 等。

（四）轴承管

可生产的轴承管如下：
外径：ϕ25~114mm、壁厚：3.0~12mm、长度：6~12.5m（24m）；
产品标准：YB/T 4146；
钢种：Gr15。

（五）机械结构管

可生产的机械结构管如下：
外径：ϕ25~323.9mm、壁厚：3.5~55mm、长度：6~12.5m；
产品标准：GB/T 8162/8163、GB/T 17396 等；

钢种：20、45、27SiMn、Q345B/C/D/E、45Mn2、65Mn 等。

四、智能环保制造

智能化是未来制造 2.0 行业发展方向，凤宝管业更加注重智能化的技术装备投入，新投产的 89mm 连轧厂技术装备在行业内智能化大大得到应用。三辊连轧机工艺计算模型、孔型设计有限元设计模型、速度计算模型和 CEC 控制模型实现全线工序数模生产控制，使得生产稳定可靠，产品质量一流的特点，整条生产线采用全程自动化控制智能制造，成品钢管具有外径精度高，壁厚不均度小、钢管表面光滑等优点。

为了响应国家号召做环境友好型企业，公司累计投入四亿元进行环保设备的升级，以环保安全体系运行为抓手，配套设计建设了烟气脱硫脱硝系统、余热发电系统，稀土磁盘与复合膜陶瓷过滤等新技术的水处理系统，加大厂区美化绿化力度，确保环保能源利用最大化。同时开展余热发电，矿渣微粉以及太阳能发电项目，走出了一条可持续健康发展道路。

五、未来发展展望

凤宝管业公司从 2008 年正式进入热轧无缝钢管行业，从圆管坯供应商向下延伸发展到无缝钢管制造，并且在 2011 年 ϕ159mm 连轧机组投产后，市场地位得到了迅速提升，2017 年 12 月正式投产的 ϕ89mm 三辊连轧机组更进一步提高了凤宝管业公司在行业中的影响力。但是，随着中国无缝制造水平的提升和技术壁垒的降低，无缝钢管目前的盈利能力吸引了大批有管坯制造能力的企业进入到无缝钢管行业，目前在建的连轧项目有 13 条生产线，两年内新增产能将达到 400 万吨以上，大部分企业都具有成本控制优势。可以预见，未来 2~3 年内将出现严重的供需矛盾，目前的产品盈利能力将大幅度缩减。

居安思危，目前凤宝管业未来 1~2 年将投入建成 ϕ180mm 智能管加工车丝线、ϕ114mm 专用管热处理生产线、ϕ114mm 高端精密汽车专用管线、管接箍加工线等。新线建成投产将可以生产高钢级、高性能、高附加值的无缝钢管产品，提升公司高端无缝管产品能力，为企业发展注入新的利润增长点，提高企业市场竞争力，提高企业抗风险能力，为企业长期、稳定、持续发展奠定坚实的基础。

新机遇、新征程、新起点，林州凤宝管业有限公司一贯坚持“发展企业、富裕员工、回报社会”的企业宗旨，加强“产、学、研、用”相结合，突出“新、优、精”的产品特点，加快产品升级，优化业务流程，创造环保、节约、循环经济型企业，实现全面协调可持续发展。

为全球工业装备提供安全可靠不锈钢管

（浙江久立特材科技股份有限公司）

坐在记者对面的周志江，黝黑的脸膛，不高大但却十分敦实，穿一身在厂区每一个角落都能见得着的工作服；一副普普通通的眼镜后面，透露着温和的目光，给对话者的是温暖与踏实的感觉。著名作家冰心同志曾有一首小诗：成功的花，人们只惊慕她现时的明艳！然而，当初她的芽儿，浸透了奋斗的泪水，洒遍了牺牲的血雨。久立这朵明艳的花朵也是如此。“久立”的成功，可以说，是她的创立者，一个不肯愧对生命的奋斗者——周志江的成功。30年来，他带领着久立全体员工发扬“艰苦创业，以质取胜，以信为本”的企业精神，从30年前在一片废墟上白手起家，不断进取开拓，至2016年久立已位居湖州市工业制造之首。

一、初创时期（1987—1992年）

创业怎样才能成功？有人说是靠机遇，有人说靠胆量，也有人说靠智慧……而周志江却认为，关键是要认准一条路，坚持走下去。“道路只有一条”这是韩国作家写全球500强LG公司总结的至理名言，这家公司从十几万元起家，最终成为全球知名企业，成功的秘诀就是认准一条路，坚持走到底，唯有如此，才能走得更远，走得更宽。在周志江的创业生涯中，一直牢记着这句名言，成为伴随他一生的一句创业座右铭。

（一）靠奋斗改变命运

1950年10月，周志江伴随着共和国周岁的庆典，出生在江南水乡湖州镇西一户普通农民家庭。父亲是当地小有名气的“先生”，写得一手好毛笔字。合作社时期，还是社里的小干部。母亲务农，兄妹有四个，他排行是老三，二个哥哥，一个妹妹，由于仅靠父母挣工分，家中年年透支。他的少年时代正遇上国家三年自然灾害，粮食紧缺，不得不经常用一些树皮、糠饼、豆腐渣、草根来充饥。

周志江14岁那年，全家人忙碌了一整年，不仅没有盈余，反而倒欠了生产队30多元。开年上来，家里被迫让他退了学，因为交不起3元钱的学费。

从此，周志江就和大多数农村青少年一样，起早贪黑，为的是赚取2分的工分——那是一个正劳力的五分之一。然后，随着年龄的增长，从3分、4分…，一直到20岁时成长为一名农村的正劳力。

虽然周志江只读到高小就辍学了，他是，他怀着对知识的渴望，经常去参加夜校念书。农村的贫寒生活迫使他渴求一条改变现状的道路。

他从小就有一个愿望——去城里当工人。一次，他去苏州扒垃圾，晚上想去看场电影，在刺骨寒风中站立了几个小时，被西北风冻得浑身发抖，但买不到电影票。看着那些穿着时髦衣服进入电影院的城里人，他强烈地感受到城乡差别太大了。心想，这辈子能做城里人那该多好呀！

一年冬天，周志江和同村的三个人一起摇船去卖草干，不料船在太湖里搁浅了，同去的人都冒着刺骨寒风下到冰冷的河水里“拔船”，周志江因年纪最小，同伴让他在船上把舵，但他却顾不了那么多，也纵身跳进刺骨的水中。船是“拔”了出来，但当他浑身哆嗦地爬上船时，全身快冻僵了。从此，他想离开农村改变命运的念头日愈强烈！

机会终于来了。长兴8383国防工程需要抽调民兵参加建设。1970年，在周志江报名参加了国防工程建设，主要任务是在工地做水泥、石子的装卸工作。在两年的时间里，过的是部队半军事化生活，每天还背“老三篇”，交流心得体会，与周志江一起去的12个民兵，算他的文化程度最高，所以经常帮伙伴写信，还承担班里出黑板报、写汇报总结等任务。

部队对工程质量要求极高，如对石子的堆放要求整齐等，还做样板给大家看。当时，种菜、养猪等义务劳动非常积极，奉献精神十分浓厚。在这种环境下，周志江的文化得到了很大提高，思想意志得到了磨炼，组织能力得到了锻炼，这是他人生的重大转折，对以后在工作中养成认真负责、重视质量意识有着极大的帮助。

（二）临危受命扭亏为盈

1971 年底，周志江从 8383 工地回到了家乡。在家种了一年田后，进了湖州磁性材料厂工作。烧了五年窑，干过最苦、最重、最累的活，那段时间的艰苦磨炼造就了他吃苦耐劳的品质，这是人们最为称道的品格之一。

6 年后，厂里要上新项目，周志江和其他 4 名员工被派到上海学习半年，由于大多文化程度不高，便推荐他负责技术工作。5 个人学习回来后，负责筹建新产品项目，当时周志江负责新产品的技术工作。新项目投产后因各种原因没有给企业带来效益。1982 年，国家开始提倡干部“四化”，那年周志江 33 岁。一天，乡里领导突然通知他和老厂长下班后留在厂里，找他们谈话。领导说，厂里已经连续亏损三年了，需要你挑重担当厂长。周志江感到很突然，因为从一个技术员直接担任连年亏损企业的厂长，无论从哪方面来说压力实在是太大了。他，犹豫了！

但乡里的决定不可逆转。1982 年 11 月，周志江走马上任当了厂长。这一年过得相当艰难，因没有技术力量，一次，他专程跑到江西去请师傅，回来时已临近春节，天又下着大雪。当他回到厂里，只见厂房已被大雪压塌，工人们全部回家了，副厂长也辞职了，外面传言四起：厂房倒了，人散了，厂办不下去了，明年没希望了！但周志江偏不信，找到驻上海的销售员，要他千方万计在春节前收回 1 万元货款，无论如何在年前先把工人的工资发掉。“厂房塌了，人不能散，工厂还得办下去。”12 月 26 日销售员终于拿到 1 万元钱。周志江高兴得马上挨家挨户去发工资，工人们看到厂长冒着风雪上门发工资，都感到希望还在，本来已“冷却”的心又热乎起来，纷纷答应春节后仍回厂上班。

灾后的企业又恢复了生产，但产品缺乏销路。周志江想，市场上那些名牌自行车、缝纫机为啥要凭票购买？关键是质量过硬，消费者信得过，出现供不应求才采取凭票供应，因此厂里亏损的主要原因是产品质量不过关，所以周志江花大力气从抓产品质量入手。

为此，必须进行改革。周志江要寻找突破口——辞退了两名工作责任心比较差的工人，一名是自己多年朋友的妻子，一名是双林镇上一位干部的女儿。讲到为何要辞退这两名工人时，他回答说：“照她们这种态度工作，既浪费原材料，又影响他人，还要发工资，这叫真正的浪费，而企业承受不了这种浪费！”当时全厂 70 多名工人中，相当一部分年龄在五十和六十岁左右，这样的员工队伍企业难于发展，于是周志江就动员老职工让自己的子女或孙子来厂里接班，这样一来，员工队伍基本实现了年轻化。他又跑到学校去招收委培生，招聘技术人员，聘请星期六工程师，初步解决了技术力量，接着实行计件工资制等。通过一系列的改革，企业出现了生机。周志江上任的第一年就扭亏为盈，实现利润 3.6 万元；第二年盈利 8 万元，第三年达到 16 万元；第四年达 32 万元，每年以翻一番的速度递增。企业良好的经营业绩使员工的信心得到极大的振奋，也引起了乡领导的高度关注。

（三）晋升乡工办主任

因为表现突出，1986 年，也就在周志江当厂长的第四年，乡政府先后筹建了白水泥、染沙厂等多个项目投资，但均未办起来，成为半拉子项目，迫切需要一位懂工业经济的人来统抓全乡工业经济，就提出要周志江当乡工办主任兼工业公司总经理。在旁人看来这是一个很有吸引力的职务，因为这是走向乡政府领导职位的“通道”，但周志江骨子里还是不甘于平凡，希望创业，因为经过 4 年的艰苦努力，企业经营局面已经打开，新开发的一只新产品——抛光磨料的市场销售额已达到 130 多万元，自己觉得任务还未完成，需要继续干下去，因为他对企业发展已经有了自己的思路。然而，乡领导要他服从组织决定，没有推辞的余地。1986 年底，他离开朝夕相处的同事，离开工作了 13 个春秋熟悉的工厂，离开了曾日日夜夜工作的岗位，到乡里担任乡工办主任兼总经理。

在担任乡工办主任后的那段时间里，周志江三分之一时间陪各级领导考察企业，三分之一的时间参加各种会议，只有三分之一的时间处理自己的工作。工办没有决策权，乡里工业经济有了成绩，功劳归厂长们的；出了什么问题，工办又首当其冲要承担责任，工办主任夹在中间，这个“差使”实在不好当！尤其在要否上麦芽厂和小轧钢厂的问题上，周志江与乡政府领导的意见统一不起来，因为麦芽厂的原料——大麦，不是我们江南的主产区，而且季节性很强，很难在技术上解决成本高的难题，成功率很低；小轧钢厂是国家明令禁止的“五小”项目，肯定没有前途，但乡领导坚持要上。在这两件事上，让周志江觉得再当这个“官”没有多大意思，难以发挥自己的作用。

但是那段经历，也使周志江见了世面，认识了一批上层领导，开阔了眼界，更善于从宏观上考虑问题。1987年，周志江出去引进投资项目，找到上海电缆研究所，发现当时防火电缆产品市场前景看好，但是尚处在科研培育阶段，不能尽快形成市场。又经历几个月的调研、考察，发现国内不锈钢管产业刚起步，于是，周志江找到上钢五厂，得知上海、江苏已有不锈钢管生产厂家，而浙江省还是空白，项目发展前景非常好，而且防火电缆和不锈钢管两个产品的部分生产设备可以通用。周志江兴奋不已，决定从不锈钢管项目入手。

在说服了乡政府领导后，周志江就四处奔波筹建该项目，并毛遂自荐当厂长，但乡里认为周志江是工办主任，不让周志江到企业去，可周志江是一个喜欢挑战的人，不想继续当“官”。“你们如果不让我当厂长，我就辞职去当个体户，宁可丢了这个乡工办主任的官位。”乡里无奈，只好让他担任厂长，同时还让他兼乡工办副主任。掐指一算，自己在乡工办主任岗位正好是一年。在他心目中，道路只有一条，就是自己创业，从此，他全身心投入不锈钢管项目。

（四）放弃“官”位艰苦创业

1987年底，周志江毅然放弃了许多人羡慕的“官”位开始筹建企业。但首先遇到家属的反对，妻子认为这是自讨苦吃，因为家里有两老两小，还有好几亩农田，在工办工资有保障，工作也不是很忙，能两头兼顾。现在去筹办企业，不仅风险大，而且工作没日没夜，根本顾不了家里的农活。但周志江义无反顾地认准不锈钢管项目，在“四无”——无资金、无设备、无原料、无科技人员的情况下，带领39位农民，在13亩烂水田里开始了艰苦创业。

企业刚办起来，资金很紧张，作为企业负责人，定原料、谈订单，周志江几乎事事都要亲力亲为。“温州人有句话叫‘白天做老板，晚上睡地板’，他当时就是这样。那个时候谈生意，都是亲自去的，而且资金紧张，再远都只能坐火车。”周志江说，有一次，他和另外一名厂部管理人员一起去四川买原材料，为了省点钱，坐了50多个小时火车。还有一次去北京谈生意，正逢着农忙时节，儿子很小没人带，无奈之下他带着儿子去了北京，为了省钱，还选了个地下室住宿。

凭着在乡工办工作期间建立起来的友好关系，周志江先向上海电子材料公司借贷50万元，再从湖州建设银行贷款95万元，筹措了145万元，建起了第一批厂房——6间简陋的油毛毡棚屋，创办起湖州金属型材厂（久立前身）。工厂是建起来了，但资金却十分紧张，他想尽一切办法缩减开支，并实行“带资进厂”（新招员工每人带资金500元）启动生产。成天忙于厂里工作，无暇顾及家里。

一次，周志江从上海出差回家，因为正值农忙，家里几亩农田只有妻子一个人在田间劳动，由于劳累，妻子心情很不好，一发火竟把丈夫包里放着的一份订货合同给撕碎了，周志江急得马上从地上捡起来，一块一块地粘好……。困难丝毫不能动摇他的信心，离开了公职选择自己创业，是因为他看准了不锈钢管项目的广阔前景。

那个时候全国都在进行现代化建设，高楼大厦拔地起，而现代化的城市都是建立在钢筋水泥之上的，对原材料的需求程度也是前所未有的，因此充满了机遇和挑战。当时占据中国市场主导的是传统钢管，不锈钢管的生产和利用规模都很小，所以有着巨大的发展潜力，吸引着周志江坚定不移地选择不锈钢管产业。

然而那些握惯了锄头铁耙的农民要掌握不锈钢管生产技术，可不是一件容易的事。那时提倡横向经济联营，于是周志江五赴上海，以诚意打动了上钢五厂领导，同上钢五厂签订了3年的技术合作协议。该厂派了6名专业人员手把手现场指导企业的工人。6个月后，一线生产工人全面掌握了操作技能，并有了几个掌握工艺的专业人员。随后，上钢五厂又派来技师做长期技术监督和指导。

当时物质条件很差，连个像样的办公室也没有，从大上海请来的师傅一下子接受不了两地物质生活的巨大落差，生活很不习惯，心里有了疙瘩。周志江心里想：“可不能让他们受苦。”千方百计从生活上照顾，挤出一间办公室解决专家们的住房，还买来煤气灶让他们开小灶。有一次，酒足饭饱的上海师傅们踱步来到厂长办公室，发现周志江就着开水吃家里带来的干粮，他们很是吃惊，想不到厂长待我们这么好，自己生活如此艰苦，师傅们被深深地感动了……。从此，他们使出浑身解数，为厂里排忧解难，解决技术难题。次年10月，厂里成功生产出不锈钢无缝钢管，填补了省内空白，产品通过鉴定，成为浙江省最早获得冶金部不锈钢无缝管生产许可证企业。

（五）一张便条渡过难关

1988年11月，湖州金属型材厂正式投产，第一根不锈钢管生产出来了，周志江激动得几天没有睡好，但马上又遇到了困难。那一年，物价上涨很快，国家进行宏观经济调控，紧缩银根，一大批高能耗、高污染企业被关停。当时，镇西有家轧钢厂，投产一个月后就“死”去了。自己的企业被资金困得随时也会有“死”去的可能。这一年，因拖欠电力部门3万元电费，电力部门发出通告：再不交费就要拉电了！周志江向信用社贷款3万元，信用社不同意……。在几乎走投无路之时，周志江怀着碰运气的心理去找曾担任过湖州郊区领导、后担任湖州市副市长的某领导，但那天要找的领导不在。当他转过身来看见对面办公室里坐着市委葛圣平书记时，便大胆走了进去，简要反映了不锈钢管的发展前景以及目前企业面临的资金困难状况。葛圣平书记听后非常理解地说：“你是否可以去找市财政局或乡镇企业局一家投资公司，请他们帮助想想办法？”周志江说，我不认识他们，请书记写个条子吧！葛圣平书记便随手拿了一张纸写上“丁文赉，企业需要资金，请财政局酌情考虑”几个字。周志江拿了这张条子找到市财政局长丁文赉，丁局长看到市委书记亲笔写的条子，非常认真地接待了他。对周志江说：“要100万实在有困难，我想办法给50万吧！”，周志江当时一下子惊呆了，心想哪怕是几万元也好，竟然一下子能借给50万元，激动得连声说“好！好！够了，谢谢！”。

用这笔钱，周志江立即支付了3万元电费和6万元贴息贷款……。这笔借款不仅仅是延续了企业的生命，更重要的是信用社看到市财政上能借给久立50万元，看法立马就不一样，认为肯定是值得扶持的企业，而厂里职工知道企业得到了政府的支持，认为是件鼓舞人心的事，发展有了希望，企业渡过了最初的资金难关！

回忆这段历史，周志江始终忘不了这次偶然的相遇，忘不了葛圣平书记挥写的这张条子，也忘不了市财政局长的支持。他想，如果没有那50万元，也许就没有今天的久立集团，更没有今天自己的事业。他对关键时刻给予企业帮助的领导，一直怀着感恩之心，永远铭记在心。

（六）一部电话选择了“久立”

久立从1988年投产开始，即遇上“有史以来”最严厉的宏观调控，一直徘徊在生死边缘。特别是1991年，为了还当年向上海电缆研究所借的50万元，差一点又走入绝境。周志江说：按当时的特殊国情，其实这笔钱可以不还，像江苏一些企业就没还。当他亲自把好不容易凑到的款子送到电缆研究所时，连他们都很震惊。周志江认为诚信无价，企业再困难，该还人家的钱还是得想尽办法还上。人无诚信不立，有时候诚信在短时间内看上去是吃亏的，但从长远讲，诚信的回报远远超过暂时所得。这个观点，周志江始终坚持。因此，周志江的朋友也很多，人家把钱借给他，都不用打条，因为相信周志江这个人。

50万的借款还掉以后，企业资金几近枯竭，整个1991年都在苦苦支撑。转机出现在“1992年的春天”。当时周志江正从深圳回湖州的路上，从电视上看到了邓小平的南巡谈话。

像大多数浙江民营企业家一样，周志江敏锐地感觉到一个属于乡镇企业的新时代来临了。“我至今还保存着刊有邓小平南巡谈话的那份《人民日报》。当时信心百倍啊。”周志江说：“南巡谈话的效果立竿见影，当年我们就实现320万元的利润，还清了借款、贷款以后钱还有得多。我们并没有立即分红，而是建了一个穿孔厂。”

刚刚度过建厂初期危机的湖州金属型材厂，连一部电话都没有。当时，很多业务订单都是靠电报传递的，曾有好几笔几十万元甚至几百万元的业务就因为电报迟到而夭折。周志江下定决心要装电话。因为是企业，初装费要3万元，他咬咬牙说：装！没料到，到真要装时，电信局提出要10万元，否则就不装。他横下一条心说：坚决要装！于是，就选了个比较好记的“25999”这个号码。就是靠着这部电话，厂里的业务源源不断。

为了记住这个吉利号，周志江就以这个电话号码的谐音，将改制后的企业命名为“久立”。

不安于现状的周志江于1989年开发了钼二钛不锈钢无缝管，填补了浙江省空白，并获全国星火计划展交会金奖。从此，企业在不锈钢无缝管制造业里不断进取、辛勤耕耘，为行业的发展孜孜不倦地努力。1991年至1992年，企业投资1000万元搞技改，增添了ϕ76mm穿孔机组、ϕ60mm冷轧机、65T拉机、

160T 矫直机以及烘烤炉、滚底式退火炉等先进设备，建车间 4000 多平方米，比建厂以来扩一倍多，使冷拔不锈钢管生产达到国内先进水平；企业用 250 万买进了原轧钢厂土地，使电缆生产有了专用场地，改变了多年不锈钢管、电缆混同生产的被动局面；企业谈成了中外合资项目，外商投资 15 万美元，进入国际市场有了已购良好开端；企业建立了职工养老商业保险制度（那时还没有社会保险制度，即使有也不可能参加），解决了职工退休养老的后顾之忧，一次投入保险费 10 万元，并建成并启用了新的职工食堂，还为干部职工提供公费午餐，解决全厂上下生活上的一大难题；企业不锈钢管的年产量以及产值、利税创厂历史最高纪录，跃入市创税利前 5 名先进行列，被评为“九二市级先进企业”。

二、成长时期（1993—1999 年）

谋定而速动。1993 年，“久立”改制。那是一次历史性的改革，职工的积极性明显提高，每个人都发挥主人翁精神，开始关心企业的命运和她的成长。在以后的 6 年里，凭着“开眼看世界”的理念，周志江实施了企业改制、科技创新、兼并湖钢、打商标官司等举措，让企业走上快速成长之路。

（一）企业改制

1991 年对周志江来是一个很重要的年份，有一件改变他后半生的事在当年发生：他第一次踏出国门，看到了一个全新的世界。

当年，国家计委电缆研究所组织相关企业负责人出国考察，周志江是同行中唯一一名乡镇企业领导人，其他都是国有企业。他们来到了亚洲四小龙之称的新加坡和马来西亚。

在商店里，服务人员平等、客气的服务态度让周志江震惊（国内的商店里，营业员就是老大）；司机师傅周到细致的服务让周志江久久不能忘怀；私人企业到处开，却没有人说他们在“搞剥削”；车间里工人一丝不苟的劳动态度，让看惯了国内企业里“不好好干活”的周志江觉得不可思议；普通民众强烈的法律意识，家家都有小汽车的生活水平，把存在于他脑中几十年的“资本主义”印象彻底打碎了。

周志江用“震撼”两个字来形容这次出国之行。回来后，他为全厂职工作了两个多小时的出国报告。

而此行的直接影响之一，就是促使周志江在 1993 年就着手对企业进行改制，成为湖州最早的股份制企业之一。当时曾参与指导久立改制的湖州市经委的领导说，湖州金属型材厂当初创立情况特殊，像周志江完全可以不用掏钱买这些股份。但周志江还是用自己的工资奖金将股份买了下来。

“改制之后，员工的积极性明显提高，企业不再是我一个人的企业的，每个人都发挥出自己的主人翁精神，开始关心企业的命运和它的成长。”周志江回忆说。

股份制改造，那是一次历史性的改革，周志江对自己的这个决策颇为满意，不仅仅盘活了企业，使其在正常的轨道上越走越远，越走越成功，更重要的是让他发现了自己对新事物的吸收能力，也正是这一点，能让久立一直朝着良好的方向前进。

“但当时争议也很大，有同行就问我，搞什么转制，以后说话都不算数了。”周志江告诉记者，我认为，我不一定非要什么事都说了算，正确的事，总有个决策过程。“只要我认为是对的事，我就千方百计说服他们，上半年没说通，过半年也要说服，我们一边干一边说。”

1996 年 12 月，久立被国家列为第二批现代企业制度改革试点单位，次年底，企业改制为规范的股份有限公司，初步建立起现代企业制度，为企业稳定健康发展奠定了基础。

（二）科技创新

1996 年，是久立集团历史上唯一亏损的一年。

事情的原委是这样的：1995 年，久立投入了 200 多万元研发工业用大口径不锈钢焊接管，在产品研发出来之后，发现质量不过关。当时有订货意向的南京一石化企业为此取消了订单，似乎给这个项目浇了一盆冷水。如果要继续研发项目，得再追加投资 500 多万元，总投资接近 800 万，怎么办？

对于一个总资产只有 2000 万元的企业来说，这的确又是一个生死存亡的关口。整个班子进行了激烈的讨论，很多人提议不再上，怕投资后达不到效果，反而招来更大的损失，企业就会面临倒闭的危险。作为企业的掌门人，周志江必须决断。

“我这个人有时是比较强硬的，我认为对的事情，我能说出理由，我就会千方百计说服别人。当然，如果别人是对的，我也会信服。”周志江这样形容自己的“强硬”和“民主”。不锈钢焊接管与无缝钢管在国内的市场比是3∶7，而国外正好相反。随着中国经济的发展，国内也必将会跟国外一样。市场空间是巨大的，只要我们能拿出合格的产品来。周志江权衡利弊，力排众议，他果断地做出举债投资、完善生产线的决定。

为此，他还请来一位享受特殊专家津贴的高级工程师来厂主持开发，经过近一年的努力，引进、消化、吸收美国自动焊接机，在国内首创焊接工艺参数计算机自动控制系统和整形预焊技术。1998年的春天，一根能在零下104℃低温环境下保持不裂的不锈钢管从久立的生产线上缓缓下来。一个新历史纪录诞生了。这是周志江为国家做出一个重要贡献，也是久立的第一个替代进口产品。处在同行业先进水平，产品的各项性能均达国际同类产品水平。

在企业的困难时期，周志江用他对科技创新进步的执着，再次成为久立的“关键先生”。随后，上海金山石化、广东岭澳核电站、威达高纸业等纷纷前来订货，仅这个项目，当年就盈利800多万元。不惜代价的坚持，使大口径不锈钢焊接管成为企业新的经济增长点，久立全盘皆活。随着技术和产品质量的提高，国外的单子也纷至沓来。

事隔多年以后，周志江回忆当时的决策时说，当年坚持要做这个项目，除了项目本身的确值得投入外，还有一个深层次的原因。钢铁产品有几万种之多，大的、关键的产品都是大型国企在做，比如宝钢、太钢等。久立能够生存，是因为做了一些大型国企不愿意做或者不屑去做的小产品。久立建厂10年，就一直处在这样一种边缘状态，这是当时多数乡镇企业的真实地位。在做不锈钢焊接管之前，我们的销售员连金山石化一名处长办公室的门都进不去，进去了还以为你是在搞行贿。要改变自身地位，就必须有所作为。事实证明，久立就是在这个项目上打开名气，包括中石化这样的大型国企，才能成为我们的合作伙伴。

从此，久立不忘初心，砥砺前行。

（三）兼并湖钢

1999年，是久立发展史上具有重大战略意义的一年。那年，老牌国有企业原湖州钢铁厂宣布破产。

湖州钢铁厂是湖州市的一家老牌国有企业，30年的雨雪风霜曾使它载满荣誉，为国家和社会做出过较大贡献，是湖州市工业企业中的“巨人”。但面对经济体制转型新的挑战，湖州钢铁厂这个在计划经济时代为解决嘉兴地区“手无寸铁”的状况，由政府投资建设的“小钢铁”，由于规模小、工序不配套，加上装备落后等原因，自我生存、积累、发展的能力较弱，终于无法适应市场经济的浪潮，3年连续亏损达数千万元。“巨人”能否有力量再举改革之剑？湖州市政府召开专门协调会议，认为破产是唯一的出路，湖州市政府要求通过规范破产达到企业彻底改制。

市政府动员久立等几家民企收购或兼并这家企业。

湖钢是一家典型的计划经济条件下的国有企业，企业长期以来形成一个内部“小社会”。对内，职工的生老病死、衣食住行终身全包，到1992年底，企业职工总数为2712人，全年仅工资福利支出就高达3000万元以上。对外，企业承担着周边十多家单位和几百户村民的用水、供电、乘车，村民用的每一度电、每一吨水，都由企业支出，企业成了“衣食父母”。

而这个“衣食父母”却沿用70年代的工艺生产，设备陈旧、工艺落后，产品档次低、规模小。最好一年利税仅3000多万元，只够全年工资福利性支出。

面对困境，湖钢也努力寻求企业解困之路。1994年，根据我国钢铁行业中不锈钢产量不足30万吨，不锈钢消费严重依赖进口的现状，提出了将原来以“化铁”工艺获取原料的转炉炼钢生产线改造为年产2.3万吨不锈钢冶炼生产线。这个方案得到上级政府的批准后，湖钢用了两年多时间终于建成了不锈钢冶炼生产线，并进行了试生产。但是，湖钢已步入严重亏损境地，根本没有资金投入不锈钢炼钢生产线。

从1996年—1998年3年间，湖钢这个发育不成熟的“巨人”累计亏损达8000多万元，债台高筑，到1998年2月底，总负债已达1.49亿元，资产负债率高达115%。

周志江觉得湖钢破产的关键是国有企业的体制和机制问题，如果引入民营企业的管理机制，仍然是有希望的，况且久立生产的不锈钢管一直受原材料的制约，而湖钢有不锈钢冶炼生产线，收购后有利于企业的发展。但这件事在领导班子中却引起了各种争议，因为那时久立自身规模不大，兼并湖钢是“小马拉大车”，许多人担心难以盘活上亿元的资产，因而是个“烫手的山芋”，加上久立自身不需那么多原材料，存在包袱大、潜在风险大的问题。但周志江认为企业发展一定要有前瞻性，兼并湖钢，既有风险，也是实现低成本扩张、做大做强不锈钢产业的良好机遇。湖州市政府对于湖钢的改革确定了一个指导思想：市场经济下的结构重组不能再沿用计划经济下的“拉郎配”，这次改革必须是市场的选择。

市场的选择把久立集团和湖钢的改革紧紧地绑在于一起。

1999 年 4 月 9 日，久立集团正式签订了收购协议。自此，久立集团和湖州另外一家知名企业分别收购了原湖钢的部分资产。2000 年 9 月，湖州久立特钢有限公司成立，高兴江任总经理，系浙江久立集团股份有限公司的全资子公司，采用电炉、氩氧炉（AOD）两步法冶炼不锈钢，是以生产不锈钢棒材为特色的专业型炼钢企业。并接受了原湖钢特钢厂的 220 亩土地及厂房设备、500 名下岗工人和 654 名离退休人员。

然而一个国有企业并入民营企业，带来了许多矛盾，比如新老工人的待遇和身份问题、两种不同所有制企业文化的融合问题等都是企业领导遇到的一道道前所未有的难题。周志江在记者采访中讲了这样一段话：“我们知道乡镇企业重组国有企业跨度极大，思想观念、管理体制、运行机制上的差异，必然会导致这样那样的碰撞，但我们坚信，只要深化改革、只要企业发展了、职工收入增加了，一切碰撞才会迎刃而解。”

周志江又说，湖钢工人进入久立后就是久立员工，得保证他们的生活质量，虽然会产生一些摩擦，但我与他们保持经常的沟通，努力解决他们提出的一些问题，宣传久立的企业文化等，两年后，一切才平息下来，我的做法也得到了他们的理解。

责任重于泰山。周志江认为责任是做人的起码原则，当初自己敢于挑起兼并湖钢这副重担，是自己心中有一种责任感。湖钢工人与久立工人携手并进，经过资产的重组、盘活，再一次焕发出勃勃生机，走上了良性循环之路，把企业推向了一个新高度，2002 年，“久立特钢”年产特钢 4.8 万吨，产品有十余个品种，规格也多达 200 多个，公司年销售收入 4 亿多元，创利税 3038 万元，比 2001 年分别增长了 64.6%和 57.5%，资产保值率达 110%，资产负债率 54.7%，产品产销率和货款回收率达 100%。到 2003 年底，“久立特钢”不锈钢产量达 6.5 万吨，实现销售收入 7 亿元，实现利税 5500 万元。

面对这几年以几何数增长的速度，总经理高兴江说：“‘久立特钢’这几年来发展的确实不错。但这不是我个人的功劳，这是与各级政府领导、久立集团领导和广大职工的支持是分不开的。‘久立特钢’是刚刚学会了走路，我要让它‘跑’起来。在发展的道路上，‘久立特钢’要走得更远一些，什么时候都不能迷恋鲜花与掌声……”

现在这家企业已经更名为“永兴特钢”，成为湖州市的明星企业、上市公司。

次起此事，《经济日报》原副总编罗开富从湖商商性解释说：“同业之间你死我活的残酷竞争历来已久，今天也不鲜见，今后可能更甚。但湖商从整体上看，倒是个例外，深邃的湖州文化养成了湖州商人更看重‘路有千条，勿要争得两败俱伤’的经商之道，在同业之间更是如此。”

这方面，久立集团和永兴特钢的董事长让人肃然起敬。

几年前高兴江还在久立集团董事长周志江手下做事，2000 年受久立集团派遣担任久立特钢总经理，后久立特钢转制，把产权明晰到高兴江等少数经营骨干名下，开始从久立集团中分立出来，并改名为“永兴特钢”，高兴江任永兴特钢董事长。周志江事后说，珍惜与高兴江等人曾经共事的缘分，乐于并支持他们成长；高兴江对周志江更是尊敬有加。这两人 2010 年 10 月份刚刚同时登上“2010 胡润百富榜”。这就是湖商商性的体现。

（四）打赢跨国商标官司

久立集团是一家以生产工业用不锈钢管为主的民营企业。从 20 世纪 90 年代初开始，他们注重品牌建设工作，并且锲而不舍，终于获得了中国“驰名商标”称号。

在久立的发展历史中，曾经发生过的一场跨国商标官司引起媒体的广泛关注。在这场官司中，对手是世界著名的日立株式会社，在许多人看来，久立在这场国际官司中胜算甚微。但凭着久立人的民族精神和民族气节，历时 4 年，终于打赢了这场国际商标官司，2000 年 11 月 2 日，国家商标评审委员会做出终审裁定：久立胜诉。

1993 年，久立组建了集团公司，形成了不锈钢管和防火电缆两大类拳头产品，且这两类产品在国内市场占有率均名列前茅。为了拥有一个好的商标，1993 年~1994 年，久立先后花费 30 多万元，请名家设计久立加图商标，并导入企业形象识别系统。1994 年 8 月，久立向国家商标局提出全方位注册商标的申请，并成为湖州市首家防御商标抢注的企业。之后，久立经国家商标局核准，先后取得了 42 大类中 35 个商品类别的商标注册，为推进久立品牌建设打下了坚实的基础。久立产品不仅赢得了客户的青睐，还先后被上海东方明珠塔、北京人民大会堂、秦山核电站等国家重大工程项目采用。

1996 年 7 月，日本日立公司居然以“久立商标仿冒日立”为由将久立告了，证据子虚乌有，口气咄咄逼人，搞得久立啼笑皆非。久立运用法律手段据理力争，与日立公司进行了长达 4 年多时间的较量。当时，浙江已发生过多起类似纠纷，但大多以失败告终。但周志江却偏不信，不惜一切代价，专门聘请有关专家，充分运用法律武器进行抗争，并先后几次向国家工商总局商标局阐明自己的观点，维护自身的合法权益。这场久立与日立的商标之争，其意义已远远超出案件的本身，虽然赢得有点艰难，但周志江认为赢的不仅是一个商标案，而是“打”出了一个中国企业和中国人的民族气节。

有了这次教训后，周志江立马在美国以及欧洲、亚洲等 56 个国家申请商标注册，现已取得了 50 个国家的注册证书。通过这次商标诉讼，使周志江深刻了解国际市场的游戏规则，尤其是知道了在与世界级企业打交道时应注意些什么。同时也让久立人懂得，一个企业要做大做强，不但要承受来自国内市场的竞争，同时还要承受来自国际市场的各种挑战所带来的种种压力。

三、发展时期（2000—2006 年）

在世纪之交的 2000 年，周志江深感企业需要长远的发展计划，于是委托国内某大学多名专家制定的企业发展战略规划。做出了集中财力物力发展不锈钢管，建设“久立不锈钢工业园”，走专业化发展路子的决策。面对国内不锈钢管产品良莠不齐、低端产品充斥市场而高端产品又严重依赖进口的状况，周志江又把产品定位为“高精尖、长特优”，并投入大量资金进行了一系列的技术改造。这一定位的精准随后在久立转让久立耐火电缆公司和上马 3500 吨热挤压机项目得到印证。

（一）建设不锈钢工业园

从 2001 年起，周志江董事长一方面数次邀请国内著名的钢管权威专家来久立指导，充分听取他们对久立不锈钢管品种发展方向的意见和建议，深入讨论不锈钢无缝管工艺的发展方向；另一方面，先后考察了西班牙的吐巴塞克斯（TUBACEX）集团、瑞典的山特维克、德国的 DNV、日本的住友、法国的瓦卢瑞克等世界不锈钢无缝管著名生产企业，坚定了上热挤压生产线的决心，因为这是世界上发达国家生产不锈钢无缝管最先进的工艺和设备。2003 年初，省市两级政府把推进先进制造业基地建设的战略摆到了重要位置，省政府下达了《关于推进先进制造业基地建设的若干意见》（浙政发［2003］31 号）。文件指出：做大做强骨干企业……加快形成一批主业突出、核心竞争力强、带动作用明显的大企业、大集团。根据省政府的文件精神，久立紧紧抓住发展机遇，提出了“打造成国内不锈钢管精品基地”的口号，确立了年产 5 万吨不锈钢管的发展目标；湖州市政府也把久立列入先进制造业基地作为重点培育。由于久立的老厂区周边全是民房或临街店铺，不锈钢管生产线因受到厂区地块面积的限制而难于合理规划生产布局和布置科学的工艺流程，严重制约了企业的发展空间；为了将久立建设成为国内不锈钢管先进制造业基地，久立高层在考察了吴兴区、湖州经济技术开发区提供的多个地块基础上，经过反复比较，最后选择了在吴兴区东部新区茅家桥村、邵墓村一带征地 1390 亩，规划建设“久立不锈钢工业园”。久立集团紧紧抓住发展机遇，提出了“打造成国内不锈钢管精品基地”的口号，确立了年产 5 万吨不锈钢管的发展目标；为了规范化，科学规划工业园的建设，久立通过招标方式确定规划设计院。久立还制定了《工业园管理条例》（浙久立［2004］97 号），对规范工业园建设与管理起到了保证作用。2003 年 10 月底，不锈钢工业园所征地块开始填土，标志着工业园正式进入建设阶段。在吴兴区委和区人民政府、八里店镇委和镇政府以及征地地块所属村两委的高度重视和支持下，平稳完成 284 户农户的拆迁工作。其中，热挤压生产线的建成，被中国特钢企业协会不锈钢分会列为 2006 年中国不锈钢发展的 10 件大事之一。该项目包括了挤压厂、冷轧一厂、机械厂三个生产单位，建筑面积 38079.8m^2，共投资 27077.17 万元，于 2004 年 12 月开工，2006 年 6 月竣工。挤压项目开工 3 个月后，与该项目配套的办公楼、食堂、以及宿舍楼（1 栋）等辅助设施于 2005 年 3 月动工建设，当年 12 月建成投入使用，建筑面积达 5209m^2，投资 637.64 万元。至此，工业园的功能逐步完善，为后续建设创造了条件。

（二）转让久立耐火电缆厂

随着市场形势的变化，周志江发现要同时做好几项业务是相当消耗精力的事情，不仅是财力、物力、人力、精力方面力不从心，而且分散经营反倒使每一项业务的优势体现不出来。1999 年，久立请杭州的一所大学做了一个战略规划，方案提出要突出主业；2001 年，久立又请北京一家公司做了一个战略方案，还是强调要突出主业。”这个时候，久立的掌门人周志江终于下定决心，调整多元化发展的思路，逐步退出非钢产业，提出了“紧握拳头，突出主业，集中力量发展占整个销售收入八成以上的不锈钢管主业”的方针。周志江告诉记者，从 2002 年到 2004 年，企业做出了很大的调整：关闭 2 家厂，送出去 2 家厂，破产 1 家厂，卖掉 1 家厂。其中，争议最大的就是卖出久立耐火电缆厂。

2003 年 5 月，周志江跨出了战略调整道路上最大的一步：向世界 500 强之一的美国泰科公司整体转让了培育十多年之久、生产规模国内居首的下属久立耐火电缆公司的产权和商标。这个动作曾引起社会的广泛关注，因为当时久立成为国内最大的防火电缆生产基地，市场占有率达 70%以上，年销售额达 1 亿多元，利润达 1200 多万元。对此，不少人表示了不理解，周志江认为，企业要发展，必须有进有退，有时退则是为了更快更好地进。事实证明他的抉择是正确的，因为卖掉防火电缆，企业可以集中财力、物力发展不锈钢管，使不锈钢管的优势得到充分的发挥，虽然少掉了电缆产品的销售收入和利润，但由于将转让所得投入不锈钢管主业，使不锈钢管的产销量迅速提高，在这一退一进之间，企业出现了跨越式的发展。2003 年 9 月，久立向美国泰科公司整体转让电缆公司产权和品牌正式签约。转让所得的 8700 万元人民币，全部投入不锈钢管主业的发展。

2003 年 10 月 10 日，泰科热控（湖州）有限公司开业典礼在电缆公司隆重举行。南浔区常务副区长卞利强及市、区、镇的各级领导；交接工作中合作的豪登、安永、富尔德等中介机构人士；久立集团董事长周志江、美国泰科热控总裁杰姆 · 汤普森以及电缆公司全体员工参加了典礼。董事长周志江和美国泰科热控总裁杰姆 · 汤普森在仪式上致词，并以象征性的 MI 电缆样品和 1 美元作了交接，至此，久立向泰科热控转让久立电缆工作画上了圆满句号。2005 年，集团工业总产值达到 25 亿元，销售收入 27 亿元，利税达到 1.8 亿元，几项主要经济指标的增长率均比转让前提高 40%以上。

（三）引进 3500 吨热挤压机

这是通讯员永红在《久立报》上发的一则速写：

2005 年的夏天，沿着宽广的湖织公路，一路过来已收割的油菜整齐地搁在田里，远远望去一片绚丽的色彩。湖织公路收费站旁，久立的挤压项目正在轰轰烈烈兴建中。占地 49 亩的项目主厂房钢结构框架已完工，复杂的屋顶铺设也接近尾声，厂房四周的钢板铺设正在紧张进行中；办公大楼、宿舍楼、食堂正在建设中，估计到七、八月份可建成。不久，那崭新的建筑物将是湖织公路上又一道绚丽的风景线。为了项目的按时完成，项目组的成员在总指挥的指挥下各个埋头或奔波于自己的工作中。在今年这个温和的夏季里，基建部的人员晒得像包公，其余的在自己岗位上也干得热火朝天：项目所需设备的签订，设计图的验审，实地的考察，一切都在紧锣密鼓、有条不紊地进行中。

接下来的日子将是该项目的关键时刻：设备有的已在安装的日程，有的已在厂家整装待发中。

相信明年的这时将是一个收获的季节。

我国虽然是世界上钢材生产和消费量最大的国家，由于技术装备和生产工艺落后，许多重大项目应用的优质不锈钢和不锈钢管却要从国外进口。久立实施战略调整后，把产品定位为“高精尖、长特优”，着力开发高端产品，为此确立了“建设国内工业用不锈钢管先进制造基地”“打造中国不锈钢管第一品牌”的发展愿景。而要实现这一愿景，真正在高端市场竞争中获得优势，必须不断科技创新。

2002 年是久立发展史上关键的一年，就在那一年，经过多次充分论证的基础上，周志江提出了引进 3500 吨热挤压机的想法，但一开始就引起了激烈的争论，许多专家持保留意见，有些则持反对态度，因为那时候在国内尚未成功的案例，一旦引进就得冒很大的风险。但周志江坚持自己的想法是正确的，因为热挤压工艺属世界先进的成熟技术，它克服了以往工艺的种种弊端，几乎可以生产满足各行各业、不同品种、不同要求的高质量不锈钢、高合金钢及特种合金的管（型）材。世界发达国家都拥有此技术。2004 年，在深入调研市场，并与专家反复论证后，董事会终于接受周志江的提议，做出了投入 3 亿多元资金，引进具有国际先进水平的、单台挤压能力国内最大的 3500 吨热挤压机的决定。

2006 年 10 月 18 日上午，久立集团 3500 吨挤压机投产暨建厂 20 周年庆祝大会在湖州市东部新区久立不锈钢工业园内隆重举行。副省长金德水，中国钢铁协会副会长吴建常，原黑龙江省人大常委会副主任李根深，市委书记、市人大常委会主任孙文友，不锈钢分会常务副会长李成，省经贸委副主任凌云，副市长周杰以及吴兴区、南浔区党政负责人，哈尔滨锅炉厂有限责任公司副总经理于龙和集团董事长、总裁周志江等在主席台就座。

当日，久立不锈钢工业园张灯结彩，一片喜气洋洋。庆祝大会上，周志江董事长首先致辞。周志江董事长从挤压机的整体设计，环境保护，技术工艺，产品市场等 4 个方面向大家阐述了挤压机项目是久立集团建厂 20 周年来投资规模最大、科技含量最高的具有里程碑意义的标志性项目。他说："今天，挤压管项目投产了，它的建设不仅是久立集团的大事，也是中国不锈钢管行业的大事。久立挤压机项目必将全力推进高品质、高精度不锈钢管国产化进程，从而彻底改写这些产品一直依赖进口的历史，为振兴中国民族工业奉献自己的力量……" 周志江董事长表示，久立集团要把对广大用户和各级领导的感激之情转变为庄严的承诺：以挤压机项目投产为新的起点，继续弘扬久立精神，以满足用户需求为工作中心点，以高质量的产品更好地服务用户，贡献社会，实现企业的使命，并大力提高企业自主创新能力。久立集团将在认真总结 20 年发展的成功经验，进一步认真分析所面临的形势，抓住机遇，加快发展，为湖州经济建设和中国不锈钢管事业做出新的贡献。

新投产的 3500 吨热挤压机当时在国内最大，单台挤压能力全球居第 9 位，使久立工业用不锈钢无缝管的生产工艺跨入世界先进行列，也被评为当年中国不锈钢行业十件大事之一。

凡去那参观过的人，都会对挤压生产线壮观的生产场面惊叹不已：上万多平方米的挤压车间内机器轰鸣、钢花四溅，转瞬之间，机器就将一根烧得遍体通红的粗大圆钢挤压成一根直径只有几厘米的钢管，整个过程不过 20 秒时间。

关于这台 3500 吨挤压机，背后还有一些鲜为人知的故事。据介绍，此前上海某国有钢管企业论证了七八年，都没能下得了决心。该厂的老厂长在退休之后，专门跑到久立，就是为了看一看他曾经的梦想。

中国的第一台热挤压机在四川某国企，引进近 40 年却未能发挥大作用。上钢五厂论证了七、八年，都没能下得了决心。周志江多次聆听国内顶级专家在这个问题上的争论，似乎都难下定论。

促使周志江最终下决心的，是一次国外参观经历。

"那年我去德国一家公司参观。他们把公司的老厂房改建成了厂博物馆兼培训基地，在大门口，陈列着一台老穿孔机，上面写着：这是该公司在 1905 年发明了世界上第一台穿孔机，于 1973 年光荣退役，被热挤压机替代。"

"当时对我的触动很大，人家 1970 年退役的设备，我们 30 多年后还在作为主力设备使用，差距显而易见。热挤压机就是方向"。

2004 年，久立投入近 3 亿元建设钢管挤压生产线的关键设备——3500 吨热挤压机，与欧洲某国的一家大型著名企业签订了订购协议书。

而这近 3 亿元资金，正是来源于之前周志江对企业"突出主业"这一战略调整。这一退一进之间，久立实现了跨越式发展。

四、壮大时期（2007—2017 年）

"以质取胜，以信为本"是周志江眼中"中国制造"的新内涵，它的产品定位是六个字："长特优、高精尖"，而"为全球工业装备提供安全可靠的不锈钢管"是他的神圣使命。如今，久立集团已经是国内最大的工业用不锈钢管生产企业，坐上了工业用不锈钢制管头把"交椅"。不过，周志江并未止步于此，他的下一步目标，则希望久立这个品牌进一步走向国际，和世界不锈钢管界的"大腕"们站在一起。

（一）成功上市

2006 年 10 月 18 日，世界上全自动化程度最高的不锈钢挤压生产线在久立集团建成投产，为公司跻身世界不锈钢管强厂打下坚实的基础。

“久立，中国制造！”全球不锈钢行业权威杂志《世界无缝钢管》（World Stainless Steel ）在报道久立集团董事长周志江时，用了这样一个看似简单，却很不简单的标题。文中写道：“中国制造，在西方习惯思维中，总是代表着价格低廉，品质不高的‘便宜货’，但是久立不仅仅是响当当的品牌，还拥有自主知识产权，彻底打破了这种思维定式。或许，久立的使命，就是重新定义‘中国制造’。”

2009 年底，久立特材（SZ. 002318）上市。那张在深交所敲锣的照片上，周志江手握小铁锤，笑得灿烂。从一个“地道的农民”到上市公司董事长，周志江花了 22 年时间，始终带领他的久立集团在最艰难的道路上跋涉前行。“以质取胜，以信为本”是周志江眼中“中国制造”的新内涵，要“为全球工业装备提供安全可靠的不锈钢管”，产品必须是：“长特优、高精尖”。

“上市之路很挣扎，但我坚信是正确的”

2004 年，是久立发展的关键期，如果此时加大投入，企业规模将迅速扩大。

“我内心很挣扎，到底要不要上市呢？”周志江说自己查看了许多世界知名大型企业的资料，他们中的绝大多数都是上市公司，“我内心深处是想把企业长久地做下去的，我觉得上市是必须要走的道路。”

“很多实体企业觉得自己并不缺钱，为何要上市？”我问。

“企业要发展壮大，资金是基础。”周志江说，上市首先能让企业融资成本降低，“此外，上市公司的市场信任度更高，在遇到招投标的项目时，也会更胜一筹，至少人们会觉得你是一个规范的企业。”

上市之后，久立计划募集 6 亿元的资金，最后募到了 8.7 亿元，初步估算，这些资金将使久立的发展步伐加快 5 年。

这 8.7 亿元资金主要用来做什么呢？久立的发展目标是什么？面对《浙商》记者提问，周志江说：我们会将这笔资金投入到重点项目的研发上，继续牢牢抓住科技创新这条主线，以企业的灵活机制不断适应市场，不但要成为全国一流，更要成为世界领先的不锈钢管企业。

这次上市募来的资金，主要用来运作四个项目：一个是“超超临界电站锅炉用不锈钢管”项目。“超超临界电站锅炉用不锈钢管”具有蒸汽参数先进、机组效率高、污染物排放低等特点，随着国家对火力发电的经济性和环境保护的重视，已逐步成为我国特大型火力发电厂的主力机组。此项目是火电锅炉的核心部件材料，可以提高 22%左右的煤的热效能，是节能环保型产品。

国内的火电行业都清楚购买“超超临界电站锅炉用不锈钢管”的艰难，不仅价格高，付了钱排队还不一定能等到货，因为这项技术一直掌控在国外个别企业手中。而现在，产品已经研发成功，实现了国产化，改变了目前完全依靠国外进口的局面，大大降低设备制造成本，解决国内火电锅炉行业的急需。

还有长距离油气输送管项目、核电与精密管项目和 3000 吨镍基油井管项目。这些项目中，长距离油气输送管项目和“超超临界电站锅炉用不锈钢管”一样在全国排第一的，此前，国内只能产出 6m 长的输送管，在久立，国内首条年产 1 万吨的大口径长距离油气输送用不锈钢连续焊接管生产线于 2009 年底正式投产，终结了 9m 以上大口径不锈钢焊管完全依赖进口的历史。目前，欧洲、中东及东南亚数国企业纷纷前来订货。3000 吨镍基油井管项目则是利用超募的资金来运作的。

上市为周志江解决了企业发展的资金问题，同样带来了最令他渴望的高端人才。

“民营企业招人非常难，许多高素质人才更愿意去国有的单位。上市之后，有两个博士生主动加入，还有很多来自各大名牌高校的人才也陆续登门。”周志江说起这些倍感欣慰。“原来我们都要去国有企业高薪挖人才，人才是企业发展的关键啊。”

“现在看来，这一步迈得很正确。”周志江吸了一口烟，感叹道。

（二）应对“双反”

已经跃上一个新台阶的久立集团董事长周志江又在想些什么？

完成热挤压机项目的久立已经成为国内同行的领头雁。然而，随着市场的拓展，久立与国外同行在国内外战场上的竞争越来越激烈，凭着技术质量和成本优势，久立在竞争中屡屡占据上风。

久立被盯上了。

原来对久立这样的小钢企敞开参观大门的日本的“住友”、瑞典的“山特维克”等跨国企业，如今把久立列为竞争对手。

2008 年春，一场蓄谋已久的“反倾销反补贴”终于摆上了台面。

1 月 31 日，春节临近，我国举国上下百万军民正在抗击百年一遇的雨雪冰冻灾害之时，美国 4 家钢铁生产企业与美国钢铁工人联盟联合向美国商务部和美国国际贸易委员会提交了申请，要求对中国产的不锈钢压力焊接管展开反倾销和反补贴合并调查。

这是美对我国输美产品发起的第 9 起反补贴、反倾销合并调查案。

周志江迅速召集公司会议，着重分析了过去一年公司运行的相关数据，得出结论：过去一年，久立出口到美国的产品价格，高于国内其他企业均价的 40%，接近于美国国内产品的价格，不存在“倾销”问题。

对久立而言，这是一场有准备之战：面对欧美针对中国市场不断提出的“反倾销”调查，周志江早在三年前就着手准备。

然而，更严峻现实已经摆在他们面前。在国内，大部分同行态度消极，决定放弃美国市场，因而形不成集体应诉的合力局面。在美国，6 月 30 日，初裁结果宣布：除其中一家强制应诉企业由于自动退出获得 106. 85%的惩罚性税率外，其余企业税率均为 76. 54%。面对如此高的税率，这“洋官司”打还是不打，久立在犹豫。

根据初裁结果，久立“双反”调查合计税率达到 76. 54%。面对如此高税率，这“洋官司”是继续打，还是放弃？如果继续打，不仅要投入更多的财力，而且最终结果还是个未知数。同时，企业也看到近年来应诉美国的 8 起“双反”合并调查案例中，我国企业并没有获得真正的成功。如果选择放弃，不仅意味着放弃美国市场，而且其他国家可能也会马上效仿美国的做法，再次对我国的出口产品连续发起反倾销、反补贴调查，对中国不锈钢管出口可能带来毁灭性打击。

置之死地而后生。久立沉着应战，周志江说：“作为国内不锈钢焊接管生产的龙头企业，我们从来没曾想过要用倾销手段占领国外市场，我们的产品价格真实合理！面对美国‘双反’调查，我们一定要迎难而上、决不放弃。”

久立知道，参与国际贸易交往，必须懂得和掌握世贸游戏规则，必须有自己的产品优势，才能占有国际市场的一定份额。久立先后投入 10 亿多元，引进国外的先进设备和技术，建设起具有国际先进水平的不锈钢无缝管和焊接管生产线，确保产品质量稳定、可靠；对 52 个国家提出注册申请，并已拿到美国、德国、日本、新加坡、韩国等 19 件 35 个国家的注册证书，有力地保障了久立产品在海外市场的正常销售；而最让久立充满信心的是，久立出口美国的不锈钢压力管的价格高于我国其他不锈钢出口平均价的 40%，接近美国国内产品价格，根本不存在美国所谓的“倾销”。

在国际贸易中，竞争十分激烈，贸易保护主义不断抬头，对外贸易中反倾销、反补贴的案件在国与国之间频频发生。以往的案例证明，应诉方通过与进口商沟通、游说是获得应诉成功的关键之一。在本案中，通过与进口商的配合对案件推动起到了重要作用。凭借着近十年的良好业务关系，美国经销商非常愿意协助久立。一方面，他们帮助提供相关的市场信息，证明并没有低价从久立采购；另一方面，加强对美国商务部的游说，说明“双反”调查不利于进口商的利益。

2009 年 1 月 22 日，久立接到美国商务部的通知，对原产于我国的不锈钢焊接压力管作出反倾销、反补贴终裁。久立作为涉案企业获得 10. 53%的反倾销税率和 1. 10%反补贴税率，为国内不锈钢管行业“双反”调查的最低税率。在这场应对美国双反调查案中，久立终于实现了反败为胜。而久立的胜诉是具有标本式意义的胜诉。

回顾长达一年的跨国诉讼，周志江感慨万分：久立赢得跨国官司，赢在积极主动，沉着应对，赢在不舍不弃，坚持到底，赢在自信和底气。在初裁结果公布后，久立冒着交纳高达 110 万美元“双反”税风险，勇于接下美国一家公司 600 多万美元的不锈钢订单，足见其信心和底气。

国际上的反倾销、反补贴调查就像流行性感冒病菌，有着很强的感染和传播效果。一个国家或地区对中国产品发起反倾销、反补贴调查以后，其他国家或地区也往往会对中国的相似或同类产品发起反倾销、反补贴调查。所以，在“双反”调查中取得最低的税率或零税率至关重要，而在“双反”调查中取得规则上的胜利也许更重要，它打消了个别国家从这个规则上找麻烦的借口。近年来，我国已经在贷款项目、土地项目、增值税退税项目、电力项目、原材料项目等方面取得了不错的反补贴应诉成果，而久立应对美国“双反”调查案的胜诉则成为“加工贸易项目”方面取得成果的典型性案例。

（三）进军核电领域

进军核电领域，生产核电站核心部件的关键材料——蒸汽发生器U形传热管是久立为之不断攀登的目标。因为该产品市场长期被世界少数国家的3家企业垄断，我国一直来依赖进口。2010年6月8日，国家核电上海核工程研究设计院与浙江久立特材科技股份有限公司“AP1000系列核电蒸汽发生器用U形管国产化合作开发”签约仪式举行，这是继当年3月5日久立特材与中国中原对外工程有限公司就援建巴基斯坦恰希玛C3/C4核电站2台30万千瓦机组的核心部件——800蒸汽发生器用U形传热管的供货举行签约仪式后久立发展史上的又一件大事，标志着久立正式进军不锈钢管和特殊合金管道最尖端领域——核电站核心部件的关键材料。2011年4月，久立单项投资最大、具有世界先进水平的核电蒸汽发生器U形传热管生产线全面建成投产，同时投资5000余万元的研发大楼落成投入使用。历经一年有余的奋力拼搏，2012年8月初，久立自行研发的800核电蒸汽发生器U形传热管顺利交货。8月6日，时任省委书记的中共中央书记处书记赵洪祝，在省政府办公厅《昨日要情》上看到久立自行研发的800核电蒸汽发生器U形传热管国产化取得重大突破的消息后做出重要批示：这一成果可喜可贺，望认真组织好达标规模生产。赵书记的批示充分体现了省委、省政府对久立核电管研发与生产的重视和关心，对久立积极推进进口产品国产化的整体水平和综合能力给予充分的肯定。

同年10月，在中国不锈钢发展60周年的大会上，久立被全国行业协会授予“突出贡献单位”。2014年5月9日，中共中央政治局常委、全国人大常委会委员长张德江莅临久立核电管厂视察，称赞“久立为民族工业做出了贡献”！2016年9月22日，马凯副总理就我国新材料研发状况专门莅临久立核电管厂进行视察，称赞：“久立为国家高端领域所需材料的国产化做出了贡献。”

随着久立商标在世界50个国家注册获得批准，久立品牌影响力的进一步提升，国际化战略取得了积极的进展。世界著名企业英荷壳牌、埃德森美孚、法国道达尔、英国BP、美国阿尔斯通、德国巴斯夫公司、日本东洋工程公司等世界著名企业都成为久立的合作伙伴。2014年，不锈钢管的出口量占到总销量的30%左右，企业的产品广泛使用在国内外数百个重点项目，成为国际不锈钢管主流市场的供应商。

2015年6月，久立在相关科研、设计、应用单位的大力支持下和指导下，攻克了种种难关，以高合格率、高质量圆满地完成了CAP1400核电蒸汽发生器用690U形传热管项目制造任务顺利交货。该产品是百万千瓦级核电机组中的关键特殊材料，使用寿命达60年以上，其制造要求极端苛刻，制造工艺极其复杂，代表了当今核电用管制造的顶尖水平，目前世界上只有极个别国家能生产。久立圆满完成该项任务打破了世界少数国家个别企业长期垄断的局面，实现了历史性的跨越，有力地推动了久立由不锈钢管的大厂向不锈钢管的强厂迈进的步伐。

在向核电领域进军的过程中，企业引进了核安全文化，建设起日益完善的核安全管理制度，真正做到“凡事有章可循，凡事有人负责，凡事有据可查，凡事有人监督”，使核安全质保体系的运行落到实处，也使企业文化建设不断向前推进。

深山中展翅翱翔的雄鹰

（首钢通钢集团磐石无缝钢管有限责任公司）

首钢通化钢铁集团磐石无缝钢管有限责任公司（简称磐管公司），始建于1969年，隶属于国防科工委，代号“914厂”，是国内建成较早的专业化无缝钢管生产企业之一。如今，当年的三线军工企业，经过军转民、改制，隶属于首钢集团，直属通化钢铁集团，是首钢通钢集团下属的全资控股子公司。

图1　首钢通化钢铁集团磐石无缝钢管有限责任公司

一、艰苦创业篇（1969—1977年）

百川入东海，千里不复还。一九六七年三月，为适应东北地区战略后方需要，解决地方军工对轻武器所需的钢材，吉林省军区和吉林省委于1968年9月14日在吉林省磐石县烟筒山镇小北沟选点建厂。定为“914”工程，并计划投资3000万元，由国防工办主管建设。于1969年4月15日破土动工。就这样拉开了创业建厂的帷幕。

刚刚成立的914厂面临着重重的考验，那时候的小北沟，天空不再宁静，不再宁静的天空响彻着建设者的笛声；大地不再荒芜，不再荒芜的大地正在崛起大工业的风景。追忆往事，老一辈建设者记忆犹新，这是一段记录在案的历史。兵工厂从勘测设计、选择筹备到兴建投产，都是在极端困难的条件下进行的。其厂址四面环山，小部分建在山谷腹地的小路上，大部分地区为茫茫丛林。勤劳、智慧、勇敢、坚定的磐管人积极响应祖国的召唤，从四面八方汇集了2178人到小北沟这东北的深山里安营扎寨，以为祖国兵器工业建设而献身的极大热情和大无畏精神，开始了历尽艰辛、光照后人的创业。

在山林里搭棚，在草地上睡卧，1970年前的初期工程就是这样被成百上千的磐管创业者们所完成的。

1970年7月15日大会战钢丝、钢带生产线如期投产。1971年3月正式启用“九一四厂革命委员会”印章，于是这一天载入史册，成为磐管公司一个光辉而重要的起点。

1971年7月，“九一四”厂的雏形在小北沟的青山绿水之间脱颖而出了。第一代磐管人没有辜负吉林省人民的希望，1971年8月15日，他们又成功拔制出了第一根充满希望的火红的钢管。

一切都在按计划运行着，一切又都在计划外发生着。从1969年建厂到1978年十一届三中全会召开之间，受“文革”动乱影响，工厂停停打打，主要是完成了建厂及建厂后的完善修补工作。九一四厂在艰难的前进，在曲折的发展中，无数的干部、工人、知识分子以辛勤的汗水、勤劳的智慧谱写出了一曲曲创业的凯歌。

鬓添几缕华发，额增几多皱纹。磐管人以坚定的脚步，在一代又一代创业者的接力中，工厂从当年一期工程投资3000万元，年无缝钢管产量仅546t的“914厂”，创造出了如今年产量32万吨优质无缝钢管，年为国家创利税1.3亿多元的现代化钢铁企业。

二、建设发展篇（1978—1989年）

春雷萌动，大壮之贞。

1978年，党的十一届三中全会拨乱反正，重新进行了以经济建设为纲的中心定位。“九一四”厂也结束了在曲折中发展的历史，由于历史原因，“九一四”厂只能在偏僻的丛山峻岭里以它特有的姿态步入了改革的大潮中，在实践中展开了探索、改革的发展之路。

刚成立十年的“九一四厂”已更名为吉林省红星轧钢厂，柔弱的羽翼还未丰满就开始了在改革开放的大潮中搏击浪涛。第二代磐管人从人员管理到技术进步两大领域入手，迈开了改革的第一步。1978年4月，六十五吨冷拔机的试车成功为无缝钢管的生产提供了更有力的保证。

1980年，吉林省红星轧钢厂在实践的探索中，面对各种艰苦的条件，制定出了加强企业管理工作的新举措。“经济核算、自负盈亏、浮动工资、自愿组阁”十六字建议为红星轧钢厂的改革指明了方向。在这一年里落实了“经济责任制”，这在初步改革中无疑是迈出了一大步。随后红星轧钢厂的生产逐步进入了正常的轨道。冷拔车间的生产能力也在1979年的基础上增加到了15000t。红星轧钢厂从此扭转了十年的亏损局面。《江城日报》和省电视台都在新闻中进行了刊载报道。也正是在这一年里，吉林省红星轧钢厂被评为吉林省和吉林市先进企业的称号。

从1981年到1988年的8年间，吉林省红星轧钢厂在改革中逐渐站稳了脚跟。在热轧车间初具规模后，冷拔车间也开始了逐步的改造。首先是5吨桥式天车的安装配备，随后是40吨单链冷拔机的投产运行。再到冷拔车间无水冷退火炉竣工投入生产。88年吉林省红星轧钢厂经省冶金厅检查验收，能源管理进入先进级。同年荣获吉林省冶金厅设备管理优秀奖。同年6月再获冶金部部级质量奖。也正是在这年的11月8日，磐管厂正式划归通化钢铁公司。厂名由吉林省磐石无缝钢管厂改为吉林通化钢铁公司磐石无缝钢管厂。自此，磐管厂开始了以通钢集团公司的经济、技术实力为依托的新发展。1989年金秋十月，磐管厂热轧线改造工程胜利竣工，从此结束了磐管厂没有热轧成品管的历史。

三、不懈奋斗篇（1990—1998年）

时光如水，岁月如歌。九十年代初期，钢管市场开始走向疲软的下坡路。为了增强企业后劲，增强市场竞争力，在集团公司的支持下，磐管厂进行了历史上第一个最大规模的技术改造项目，总投资150多万元的热轧线改造，即“851”工程。该改造项目的成功，进一步扩大和完善了无缝钢管生产工艺流程。之后，又开发了ϕ114mm×(4.5~12)mm、ϕ118mm×(6~12)mm热轧无缝管，油田、油井用35CrMo、捷达轿车用15MnAl、汽车半轴管用45Mn2、石油裂化管，冷轧大小口径泵筒管等8种新产品，总产量达6130t，实现增利240万元。1990年3月冶金部质量检测中心重新对磐管厂两项部级优秀产品：低中压锅炉管和合页冷轧钢带进行质量检测，并颁发鉴定合格证书。

因宏观经济由计划转入市场的初期，市场的疲软和无缝钢管价格的持续走低磐管厂也没有幸免。从1994年起，磐管厂的生产经营状况一年比一年艰难，钢管市场供大于求，为了使磐管能够在低迷的市场中站稳，磐管厂采取了科学有效对策。在销售上，对经济实力雄厚的老客户、大用户，宁让价格不让市场，建立起用户档案以便政策的倾斜。同时又一如既往地抓成本管理，向成本要效益。从而进一步强化了管理，并将指标分解到了各个车间工段班组甚至落实到人头。由于策略措施的对头，充分发挥出职工主观能动性，为管厂降低成本增加了效益。在种种举措的实施下，磐管厂硬是咬紧牙关以最小的亏损代价渡过了1995年。

自1996年，磐管厂始终面临着外部市场销售不畅，内部原料供应不足的双重困难。但在厂党政班子的带领下，全体职工团结一心、统一思想、顽强奋战。在坚持以销定产、产销结合的策略下，又使内部改革得以继续深化。这样“一切为了生产，生产为了销售”的思路得以充分认可，并取得了可喜成果。在加大管理力度后，形成了产、供、销一条龙，环环相扣，生产更加趋向系统化。

在进入1997年后，由于钢管市场仍然萧条，使得磐管生产不能满负荷的运行。面对这严峻的形势，磐管人没有慌乱，积极地想办法、定措施，首先在全员中开展了“生存与发展”大讨论活动，使职工的思想有了更大的转变，增强了职工的效益意识，与此同时又进行节能降耗保指标攻关。加大管理力度，鼓励兴办经济实体，对外创收向市场要效益。在生产不景气的情况下，对热轧车间设备进行了改造，新装了四架抱辊，大幅度降低了顶杆的消耗。对工具干燥炉进行了改造。冷拔机风动改为链动，冷拔制头机改造取代空气锤等一系列技改工程的实施，大大降低了能耗，提高了成材率，减轻了劳动强度。改善了员工工作环境。

1998年，是磐管发展史上生产经营环境最恶劣的一年，钢管市场异常萧条，形势更加严峻。磐管厂党政班子审时度势，及时决策，为适应不断规范的市场经济，在机构设置、用人制度、分配制度、管理制度等各方面都进行了大胆改革探索。为精干主体、在精简机构的同时，全方位的精减了人员，大大提高了工作效率，降低了非生产开支。在分配制度上，坚持以调动职工积极性为原则，实行中层干部模拟年薪制，在热轧、冷拔两大主体车间试行“集体计件工资制”，彻底打破了原有工资的发放形式，本着“同岗同薪、同岗不同薪”的原则，使职工内部形成了互相制约的利益共同体。并设立了考核工资，增强了职工的危机感和紧迫感，加强了辅助单位的创收力度，鼓励对外向社会要效益，取得了明显效果。各项改革措施深化，为管厂的生存赢得了一席空间。

到1998年12月1日，磐管厂改制为通化钢铁集团磐石无缝钢管有限责任公司时，已基本渡过了最为艰难的时刻，而且迎得了大量的客户。这种种措施的实施使磐管公司在困境中仍毫不迷茫的继续向前发展。

四、改革创新篇（1999—2002年）

艰难困苦，玉汝于成。

进入1999年，既是磐管公司建厂三十周年，也是世纪末的最后一年，又是实现国有大中型企业改革和脱困三年目标的关键年。虽然生产经营仍处在极度困境中，但磐管人没有退缩，全体职工在公司党政领导班子的正确带领下，坚定不移地走改革促发展之路，以改革为主旋律，翻开了跨越九九，迎接新世纪崭新的一页。

由于管材市场一直处在销路不畅的状态，使磐管的效益受到影响。公司领导首先以人为本，在广大职工中深入开展了“生存与发展大讨论”活动，使职工进一步增强了市场、效益、改革及岗位竞争意识。公司又在体制、管理等方面大胆创新，使改革在原基础上又进一步深化，朝纵深发展。这一年实行了机关科室大办公室办公，提高了职能管理人员的工作效率。在用人制度上，以竞争为激励手段，坚持竞聘上岗原则，达到了人尽其才，用人所长的目的。对管理技术人员采取动态管理和量化考核的办法，提高了人的主观能动性和自身素质。在分配制度上实行了多种形式的计件工资方式：取消了质检、纪检、监察、安环、岗检、能源等管理岗位人员的原工资，促使其管事并管好事。2000年开始对一般干部实行“岗薪制”打破了平均主义，按贡献大小核定报酬，并实行末位淘汰制，进而调动了一般干部想事、管事、干实事的积极性。

1999年，为进一步释放热轧线生产能力，提高公司产品产能，增强市场竞争力，投资近100万元，利用闲置的设备，实施了冷拔车间小穿孔一期工程改造，实现了部分荒管由冷拔车间的自己供给，初步释放了热轧线产能。

在实施各项制度改革和技术改造工作中，磐管公司始终没有放弃对质量的严格监控。1999年7月，一举通过了中国方圆标志认证委员会质量认证中心的ISO 9002质量体系认证。

2000年6月，冷轧精密二辊轧机试车成功，大大地提高了产品成材率，同年10月冷拔ϕ76mm小穿孔二期改造工程竣工并投入运行。2000年磐管公司产量实现44030t，比1999年的31974t，增加13066t。

奋斗意味着成就。磐管人用自己的才智与汗水铸就成内强外坚的利舰，在市场的惊涛骇浪中踏波逐进。2000年末，集团公司董事长、党委书记王茂清来磐管公司进行了全面调研，毅然下达了“两年扭亏”的发展任务。面对严峻的挑战，2001年初，在磐管公司召开的“两会”及职工代表大会上，磐管的领导班子和职工代表们针对这一任务制定了全面细化落实的方案。从此，磐管在新纪元刷出的雪白的起跑线上开始了全新的征程。

2001年磐管改革发展的重头戏就是被誉为“希望工程”的热轧线改造工程。该技改工程磐管人用勤劳的汗水和无限的智慧创造了国内同类机组改造的多个“第一”。项目一期投资1470万元，采用了当今世界较先进的，当时国内只有七套的Accu-Roll轧机，替代陈旧落后的19世纪机型ϕ100mm自动轧管机和均整机。自2001年3月6日开始，主体设备招标落槌，从5月29日修建热轧新厂房破土动工的第一铲到2001年10月4日清晨4点22分拆除旧设备的新旧设备的更替；从11月14日圆盘延伸机入厂到12月12日那碧绿的巨龙轧制出第一根满载着火红希望的钢管，它永远地凝结在了磐管人的心里。决策者的坚定、磐管人的智慧和汗水终于让我们实现了希望和梦想。

图2 热轧无缝钢管100机组生产线作业场景

新机组从设备联动到轧制出第一支合格成品钢管仅用了三天时间，创下同类型机组试轧出管时间最短的全国第一。自圆盘延伸机投入试生产以来，导盘、芯棒消耗高，ϕ76mm和薄壁管生产难度大等问题，一直制约着公司产量规模效益的发挥。为加快圆盘延伸机达产进程，提高改造工程的回报速度。生产车间和公司技术部门的员工及工程技术人员昼夜跟班，24h不离现场，记录掌握设备运转的工艺参数。对出现的润滑、轧卡和芯棒消耗高等问题，积极组织攻关并派人到外地学习经验，引进“外脑”，在同行对工艺技术保密，了解难度大的情况下，技术人员开动脑筋，积极摸索实践，自行解决技术难题。使该机组仅用6个月时间就达到了设计产量，是国内同类机型达产时间最快的企业。从此磐管公司拥有了代表国内先进水平的核心装备，标志着磐管公司的轧管工艺开始朝着现代化的工艺流程靠拢。设备成功改造的当年，公司产品产量就达到了55165吨，产品组距也由以往的最大生产ϕ114mm规格扩大到生产ϕ133mm规格的能力。

2001年磐管改革发展的另一个成果就是冷拔车间的“混班生产”。当年6月1日，在公司决策层领导的坚强支持下，在公司各相关单位的大力配合下，冷拔车间历经150多个日日夜夜苦战拼搏，一举实现了震撼磐管深山坳谷的一项革命性的生产管理改革——混班生产。它使冷拔车间有史以来分班单干的慢运作历史从此翻过。“混班生产”的成功，使冷拔车间生产成本每年下降300多万元，由于减少了中间周转的在制品，每年盘活资金170万元，产品交货时间缩短为原来的三分之一。

在热轧技改工程紧锣密鼓进行的同时，公司其他技改项目也按计划同步铺开。为提高冷拔毛管自产能力，进一步发挥冷拔小穿孔机组的生产效能，对冷拔小穿孔进行了二期改造工程，加长了后台有效长度，使小穿孔机组生产能力不断扩大，产量由改造前的每月1000多吨，提高到2700多吨的月生产能力，而且荒管轧制质量也得到了进一步提高，彻底地解放了热轧生产力。由此发挥的巨大效能，为磐管2001年减亏增效起到了决定性的作用。

在激烈的市场竞争中，磐管公司生产的“长白山”牌无缝钢管系列产品逐步站稳了脚跟，争出了名牌，创出了品牌。在公司生产的热轧输送流体用无缝管、冷拔低中压锅炉无缝管被评为“吉林省名牌”产品的基础上，2002年，公司被中国资信评价中心、中国企业文化研究会评为AAA级单位；2002年7月公司顺利通过了中国方圆标志认证委员会质量认证中心的GB/T 19001—2000质量体系的换版复评。同年，磐管生产的低中压锅炉用无缝钢管荣获国家金杯奖，2003年输送流体用无缝钢管又再获国家金杯奖。

2002年，磐管公司在扭亏增盈的同时，挤出150万元的资金，利用原热轧车间拆除的均整机，进行了冷拔车间大穿孔改造，并9月5日上午9点58分实现了一次性带负荷热试成功。磐管当年产量水平就达到76981吨，利润实现了4万元。从此结束了连续11年的亏损局面。

磐石钢管公司从此迈入了摆脱困境的良性发展轨道。

2002年的中共十六大报告中，明确提出了支持东北地区等老工业基地加快调整，于是“振兴东北地区等老工业基地”的一系列政策相继出台了。大气候与小环境的合拍正是通钢乃至磐管发展的希望。“吉林省唯一的钢管生产企业不能丢”。这是20世纪90年代中期李介车副省长在通钢调研时，留下的一掷千钧的远见卓识。2002年10月19日，带着对磐管的期望和关注，时任吉林省副省长的李介车同志相隔十年再次来到磐管公司视察工作。他对10年来磐管发生的变化和磐管人在举步维艰的困境中仍能保持斗志，坚韧不拔地盘出低谷的精神表示赞佩，并寄予磐管未来的发展以厚望。

五、励志振兴篇（2003—2005年）

历史发展的道路都是曲折和不平坦的。

理想因为希望而倍显巍峨，磐管公司的理想是在改革中求生存，在改造中促发展，在通钢二次创业的大潮中勇立奇功——建设吉林省无缝钢管精品基地。

自创业投产以来，磐管经历了两次成长的高峰，第一次是从70年代初期到90年代中期。工厂的产量从零开始逐步增加，到1995年之后开始回落，至1999年经营亏损额高达1.2亿元。第二次是从2001年开始，到2002年在扭亏的基础上实现考核利润4万元，起死回生的磐管开始焕发出新的发展迹象。

为了实现磐管公司在未来行业竞争中的可持续发展，在热轧线一期改造工程-圆盘延伸机改造完成之后，2003年乘扭亏为盈的强劲势头，磐管公司投资3000多万元又开始了热轧线新一轮更大规模的改造-热轧 ϕ159mm设备改造工程。改造自2003年6月份开始，历经了385个日日夜夜的艰辛，功夫不负磐管人，2004年7月12日下午19时42分，磐管公司热轧车间 ϕ140mm机组在磐管人殷切的希望和瞩目中成功地轧制出了第一根 ϕ159mm规格的中大口径的无缝钢管。集团公司董事长、党委书记、总经理安凤成代表集团公司领导班子通过电话向磐管公司致以关切的祝贺。ϕ159mm改造成功，标志着磐管公司装备水平，生产规模，品种规格，产品质量跃上了一个新台阶。有效地提升了磐管的核心竞争力，使企业效益一路攀升。

2004年对磐管来说，可谓喜事繁多。

2004年1月6日，磐管公司成功承办了中国钢结构协会钢管分会的会员大会，树立起了磐管公司在全国钢管企业范围内美好的企业形象。

2004年1月20日，国家质检中心颁布了“长白山”牌输送流体用无缝钢管产品获得国家金杯奖的喜人消息，这是磐管公司继2002年冷拔低中压锅炉管产品首获国家“金杯奖”之后的第二个金杯奖。

至2004年5月末，磐管公司生产经营各项工作提前实现“双过半”目标；

至2004年8月末，磐管公司考核利润突破历史3000万元大关；当年又投资对冷拔生产线进行填平补齐改造，扩建厂房2000多平方米，新增一套自动轧管机和定径机，加长退火炉等。实现了 ϕ11mm以下热轧管由热轧生产线到冷拔生产线的转移，进一步释放了热轧管的生产能力。

2004年，磐管公司完成成品管产量123200吨，同比增长23%；完成成品管销量121000t，同比增长18%；利税实现5273万元，同比增加3453万元，报表利润实现3560万元，同比增加3432万元；在职职工月人均收入实现1083元，同比增长26.67%。全年共开发了 ϕ140mm、ϕ159mm、ϕ168mm、45Mn2汽车半轴管四项新产品。生产经营的新突破，使磐管提前一年完成了“十五”规划的各项任务。

2004年12月2日，当省人大常委会副主任李介车在省市和集团公司领导的陪同下，再次来到磐管公司视察时，他深深地为磐管公司在短短两年间所发生的巨大变化而欣喜。依旧是充满期望的情怀，在汇报会上，这位曾经是吉林省主管工业的副省长的饱经风霜的老人情真意切地对磐管未来的发展提出了更高的要求，并对磐管再次腾飞寄予了更为殷切的期望。

贝多芬的《命运》交响曲以其引人思考的沉重、深亢、“非如此不可”而闻名于世。不难想象，思考的意境是沉重的。然而，也正是沉重的意味，更使思考的本身份量异常。尤其是为了一个企业的前途，为了千百人的命运而思考时，这思考就显现得额外凝重，它所体现的“非如此不可”则正是一个企业整体“有所必为”、获得史无前例的大改变、大发展的前奏。

2005年初，当声势浩大的国企改革攻坚战在通钢打响之时，磐管义无反顾地站在了历史抉择的最前沿。在2004年5月1日顺利实施了企业公安分局移交地方管理后，于2005年4月又完成了子弟学校向地方的整体移交。2005年8月30日，磐管公司隆重举行了辅业改制揭牌庆典仪式，至此全面完成了对机加车间、物业公司、汽运公司、职工医院等辅助单位的改制剥离工作。在完成了主辅分离、辅业改制、剥离办社会职能等一系列改革之举后，于2005年9月30日整体改制全部到位，磐管轻装上阵，实施了资产重组，组建了全新的磐管公司。

改制重组后，磐管充分发挥新体制新机制优势，深入贯彻落实科学发展观，站在市场化、国际化的高度，进一步完善“十一五”发展规划，以“建设和谐磐管，挺进行业十强”为共同愿景、以打造更好、更快、更优、更强、具有60万吨规模的吉林省无缝钢管基地为目标，大力实施人才战略、品种战略、资源战略和市场战略，走专业化道路，全力实现装备大型化、控制自动化、管理信息化、机构扁平化、协作专业化、交易市场化。并突出品种开发、市场开拓、资源整合、成本挖潜和项目带动等工作，使各项工作积极推进，发展步伐全面加快。

这一年，通过科学组织、强化管理，在主体冷拔车间实现 ϕ108mm 以下热轧管批量生产，在进一步释放热轧车间生产能力的基础上，通过技术攻关，批量生产出了45Mn2汽车半轴管、37Mn5石油套管等特种管材，并增加了27SiMn、45钢等高附加值产品的生产比重，年实现销量3万余吨，吨管平均多赢利500元，创造了极为可观的效益。提前一个月超额完成了集团公司下达的3503万元的年报表利润指标。

至此，磐管公司生产经营进入到二十一世纪以来连续五年都有了新的发展，连续两年创出历史新纪录，与2000年相比，工业总产值和职工收入均实现了翻番式的增长。

六、辉煌磐管篇（2006—2008年）

2006年至2008年，是磐管公司深入实践科学发展观，实现又好又快发展，生产经营成果年年登上新台阶，取得丰硕辉煌成果的三年；是磐管人挥洒拼搏与勤劳汗水，抒发无限智慧的三年！

2006年，面对迅猛发展的钢铁行业新形势，磐管公司以强化新旧体制对接，持续挖掘内部潜力为手段，全面调整产品结构、优化企业内部效益增长方式。确立的“1940”生产经营目标，以及快速滚动发展的阶段性历史任务，为新体制新磐管新一轮跨越发展指明了航标。

公司决策层深刻把握磐管长远发展的深层次、结构性矛盾，按照科学发展观的要求，不断完善经营思路，继续致力于技术改造，不断提升装备水平。自2005年4月30日，ϕ100mm 机组改造工程破土动工以来，磐管人打破常规创造性地工作，发扬磐管人不畏艰辛，敢打硬仗，勇于创新的精神，万众一心谋发展，聚精会神搞建设，工程指挥部全体专业技术人员和公司各单位参与工程建设的干部员工通过310天的艰苦奋战，于2006年3月10日实现了轧机过钢，创造了国内同类机组建设周期最短、建设质量最佳、投资仅为7335万元的纪录。ϕ100mm 机组工程全线竣工达产标志着磐管公司整体装备水平跃上了一个新的台阶、标志着公司品种结构的全面改善、标志着公司质量效益型发展道路的全面延伸。对磐管公司进一步提高市场竞争力，做精做大做强具有重要的历史意义。ϕ100mm 机组工程是磐管人走向明天，争取辉煌的希望工程，是磐管公司在市场搏击中具备实力的奠基工程，是检验磐管人意志，提升磐管人士气，激发磐管人豪情的大练场。标志着磐管建设精品基地的目标进入了一个崭新的历史时期，使磐管公司步入了装备大型化和产业与产品结构调整的重要时期，为磐管的发展插上了腾飞的羽翼。

这一年，公司上下坚持以“合格不是目的，精品才是目标”的质量信条统领质量管理工作。为适应API认证的需要，质量管理体系手册按API要求进行了修订，使公司制度体系更加健全、可执行性得到了有效提高。通过管理的加强，2006年8月，顺利通过了美国石油协会API认证，完成了石油管产品认证监督审核工作，为磐石钢管进一步开拓石油管产品市场获得了一张颇具价值含量的通行证。面对日趋激烈的市场竞争，公司决策层把产品定位由生产一般碳素钢产品向石油管材、合金产品、机械加工等行业扩展，当年，又成功地开发出J55、K55、N80钢级的 $\phi(73.02\sim153.7)\text{mm}\times(5.51\sim14.5)\text{mm}$ 规格的油井管、套管、接箍管等石油专用管材，同时开发了20号钢材质的 $\phi133\text{mm}\times18\text{mm}$、$\phi114\text{mm}\times20\text{mm}$、$\phi127\text{mm}\times20\text{mm}$ 等机械加工用厚壁管及Q345B低合金管，年合金管产量比例达到年产品总量的37.05%，品种结构的大幅调整，进一步拓宽了磐管公司产品销售市场。

2006年，磐管公司提前4个月完成了集团公司下达的利润考核指标，提前1个月完成了产量指标。净资产收益率、计划投资率、综合能耗均提前完成集团公司下达的目标值。实现了“五快增一提高”的成绩，创造了磐管有史以来前所未有的可喜成果。

步入加快建设吉林省无缝钢管精品基地步伐，迎接挑战、自我加压、探索新课题的2007年。实现25

万吨的产、销量目标则成为磐管发展史上更新的里程碑。在这一年里，磐管人以高标准完成“2560”生产经营目标为己任。全公司上下以“质量品种管理效益年”为契机，通过积极的探索和不懈的努力，继续不断地开创着磐管公司生产经营工作的新局面。

2007 年，公司通过持续有效的技术创新、管理创新、自主管理、对标挖潜、指标攻关等活动提高自主创新能力。调动了全员创新的积极性。热轧车间实施 ϕ177. 8mm 产品开发配套改造，产品规格拓展到 ϕ177. 8mm。ϕ108mm 车间更换 1500kW 电机，提高了轧制能力，使石油管质量稳步提高。冷拔车间通过改造，生产规格由 ϕ108mm 拓展到 ϕ114mm。公司组织开发、Q345B、40Mn2、N80、钻杆料新产品，并且成为公司出口和创效的关键品种。

为全面提升磐管公司精细化管理水平，依靠好的工作质量保证产品质量。依靠信息化达到精细管理的目标，公司投资 70 多万元建设了 K3 软件信息化系统，完备了销售和财务系统、基础物流系统、生产票据系统，全面提升了磐管公司的精细化管理水平。

2007 年，以集团公司“爱、促、做”主题实践活动为统领，开展“爱通钢——献身磐管事业，促和谐——共建精品基地，做贡献——创造一流业绩”的主题实践活动，统领企业思想政治工作、精神文明建设和企业文化建设工作。大力营造和谐发展，积极向上的发展环境。成功召开了磐管公司第十一次党代会，提出了“做强做大吉林省无缝钢管精品基地”的目标，激发了全体员工的奋斗士气。

2007 年磐管公司产品产量、产品销量全部超额完成年计划目标值，产品成材率、产品出口量、报表利润、净资产收益率均创历史新高。

耕耘意味着收获，收获意味着奉献，奉献意味着奋斗。

2008 年，国际、国内市场形势跌宕起伏、变幻莫测，磐石钢管公司党政班子结合公司实际，以科学发展观为指导，合理部署、科学决策，全公司干部员工在董事会的正确领导下，以“调整结构、品质领先、创新管理、科学发展”工作方针为指针，以实现“3640”目标为动力，以精益生产的思想精髓为指导，深化“二精、二提、一降”的工作思路，以“严、细、实”的工作作风，加强生产管理，突出产、供、销的协调性，两个文明建设取得新成绩，再次创造了磐管发展史上又一个辉煌的年份。

2008 年初，稳步发展中的磐管又添新成员。集团公司为加强集中管理，降低管理成本，提高资源开发利用效率，更好整合市场，实现集团公司管材产品制造的规模经营和专业化管理，集团公司第三届董事会第十六次会议决定，以磐石无缝钢管为主体，采取吸收合并的方式，于 2008 年 1 月 1 日正式将吉林焊管划归磐石无缝钢管公司。吉林焊管现有 6 条生产线，年产能可达 15 万吨。可生产圆管、方矩形管、异型管、汽车传动轴管等上百种规格型号的产品。吉林焊管将开发新产品作为企业实现持续发展的工作重点，自成立至今已开发新产品近 40 多个规格，产品已打入东北三省及一汽市场，市场竞争实力不断增强，更为磐石钢管公司增加了新的创效点。

2008 年，公司通过了卓越绩效产品现场评审和 ISO9000 复评、申报 API 5L 认证和 API 5CT 复评，完成了质量管理奖申报和现场评审。以质量管理的不断完善，加快了钢管精品基地的建设进程。21 世纪是环保世纪，环境问题日显重要。公司时刻遵循“控制污染、节能降耗、美化环境、安全健康”的环保理念，坚持人与自然的和谐发展。在 2006 年投资 300 万元搞好废酸治理的情况下，2007 年又投资 600 万元建设污水治理项目。既解决了建厂 36 年来废酸污染问题，又美化了厂区和周边环境。2008 年在积极做好新上项目环评、循环水处理项目验收，并顺利通过了中国方圆委环境管理体系 GB/T 24001、职业健康管理体系 GB/T 28001 认证工作，使公司安全管理及环保工作都登上了一个新台阶。

都在 2008 年，磐管公司产量创历史新纪录，累计完成 317996t；产品累计实现销量 321582t，创历史新高；净利润实现 9037 万元，利税创 13777 万元，创历史新高。

三年来，公司先后获得了：国家金杯奖、吉林省质量管理先进企业、吉林省名牌、省精神文明建设先进单位、省先进单位、诚信建设先进单位、通钢功勋单位等荣誉称号。

七、砥砺前行篇（2009—2018 年）

乘风破浪，行稳致远。

2009 年，面对国际金融危机对国际、国内钢铁企业造成了严重冲击，同时也给企业生产经营工作带来了极大的困难的窘境下，全公司广大员工立足本职、拼搏奉献、艰苦奋斗、励精图治，保持了企业的平稳健康发展。

营销工作本着“让利不让市”的原则，在延长集团三次招标中，中标57500t，比2008年增加17,500t。全年实现本地销售210775t，占总销量的73%，全年实现销量287978吨。

生产部门努力克服合同规格杂、批量小、无法整月排产、原料质量不稳定且个别规格供应紧张等困难，精细管理，加强产供销的紧密沟通与衔接，及时动态调整生产计划，科学合理排产，保证了生产基本顺畅与合同及时兑现。全年实现产量291016t。

技术改造有序推进，项目建设顺利投产。ϕ90mm机组技改工程4月15日破土动工，历时6个月，于10月18日全线热试车成功，比集团工期要求提前一个月。投资6178万元，比计划节省资金635万元。ϕ90mm车间的建设进一步扩大小规格石油管的市场占有率，使其逐步成为磐管公司的主要创效点。同时，实施了ϕ108mm机组检查台移位改造，实现了在线自动喷标，提高了管体表面质量，降低了成本。实施了热轧车间烟气余热利用改造，利用余热供暖5000余平方米，改善了环境，节约了能源。在此基础上，又组织实施ϕ90mm车间余热利用改造，进一步创造了效益。全年奖励管理创新课题16项，技术创新课题13项，小改小革89项。创新生产工艺，用ϕ150mm管坯替代ϕ135mm管坯生产ϕ114.3mm×6.88mm油套管，用ϕ135mm管坯替代ϕ110mm管坯生产ϕ108mm×4.5mm普管，缓解了小规格管坯不易采购的压力，同时也降低了原料采购成本。用ϕ180mm管坯生产ϕ180mm×6mm薄壁管，进一步扩大了热轧管的产品组距。

2010年，受国际国内宏观经济形势及供求关系的影响，钢铁市场波动比较频繁，无缝管市场更是产能严重过剩，需求萎缩，出口不旺，原料价格和产品价格涨跌不同步，利润空间逐步缩小。面对日益严峻和变化失常的市场形势，我们冷静分析，积极应对。在生产时断时续的情况下，全年实现产量276210t，实现销量276167t，实现报表利润-4207万元，所有无缝管成材率达到92.82%，比上一年年提高0.35个百分点，一级品率实现96.38%，同比提高0.5个百分点。与此同时，抓住国家对国有工矿棚户区改造的机会，主动申报，争取到了国家和省政府的政策资金支持，获批新建住宅楼5栋324套，总建筑面积18791m^2，逐步改善员工的居住条件和居住环境。

2011年，公司紧紧围绕扭亏“四步走”工作思路，即一季度减亏，二季度控亏，三季度扭亏，四季度巩固经营成果。锁定全年控亏目标，悉心研究提升效益和保持生产经营秩序稳定的有效途径。创新工作思路，由过去的“以销定产”做法改变为“订单+X—满负荷生产”的经营方式。大幅度降低了成本。同时也缓解了合同交货时间长的问题。并优化了产品库存结构，减少了库存积压。全年实际亏损1058万元，比预算减亏33万元，与2010年同比减亏3149万元。

2012年是极其不平凡的一年，在严峻的市场形势和生产经营形势下，磐管经历的市场压力前所未有、成本压力前所未有、质量压力前所未有；2012年是困难重重的一年，是探索生存与发展道路实现重大突破的一年，从营销策略的博弈、市场的拓展到产品和原料结构的调整；从新的质量管控模式的全面实施、降本增效工作的全面开展到各项基础管理工作水平的提升；从三班倒劳动模式的大胆尝试到岗位与劳动资源整合的再次实施、发展非钢产业的果断决策与投建；从各种技改工程的出色完成到新产品开发思路的成熟、热处理项目的谋划，无一不证明了磐管公司战胜困难，拓展生存空间、实现良好发展的信心与能力。面对困难与挑战，各部门、全体职工能够以饱满的工作热情、顽强拼搏的斗志、战胜困难的勇气和信心，积极投身到各项生产经营工作中去，为实现公司的良好生存与发展做出了突出贡献。全年完成产品产量19.4万吨，完成销量19.6万吨。

随着国内钢铁全行业深陷“寒冬”，磐管公司承受着巨大的压力和严峻考验。2013年成为企业为生存而战的最为关键的一年。公司重新确定“以销定产”“以效定产”生产经营组织模式，以千方百计降成本为工作重心，利用热轧二车间烟道余热为车间、部室冬季供暖，仅自行设计、制造换热器就节约成本4万多元，余热利用平均每天节约蒸汽消耗14t。冷拔车间新上2吨锅炉，自2013年9月投入使用以来，蒸汽锅炉用煤同比节约1500t，年可节约成本90万元。

2014年是中国经济转型发展，增速持续放缓，钢铁行业竞争激烈、跌宕起伏的一年，也是磐管人历尽艰辛、坚持不懈的一年。磐管公司以坚守经营结果“不失血”，打赢减亏保生存战为主线，秉承“拓市场，调结构，练内功，保生存”方针和新常态经营生产组织优化等重点工作，稳生产、调结构、保质量、求突破，全力消化市场增支减利因素，全力以赴坚守资金不断流的底线，实现了公司生产经营新常态下的可持续运行。全员实物劳动生产率达到 172.4t 管/人·年，比 2013 年 136.8 吨管/人·年增加 35.6 吨管/人·年，同比提高 26%。公司更是着力科技创新，注重结构调整降成本。冷拔车间实现 ϕ50mm、ϕ60mm 机组“一炉两穿”工艺，并成功试运行，初步统计产能提高 30%以上，煤耗下降 30%，电耗下降 20%。成功开发出高压锅炉管、高压化肥管、石油裂化管、高强度结构用无缝管等高附加值品种钢，全年增加新品销售 957t，实现销售收入 481 万元。借力工艺装备改善和新产品的开发，成功启动油套管、成品管两条加工生产线，“筑巢引凤”扩大了市场份额也盘活了闲置资产。

非钢产业总体运行健康平稳。当年生猪实现自繁自育 1434 头，比上年增加 130.92%；生猪出栏 1158 头，比上年增加 243.62%；实现销售收入 168.05 万元，比上年增加 180.64%。全年繁育梅花鹿仔 11 只，生产鹿茸 223.61 斤，预计实现鹿茸销售收入 16.85 万元。2014 年末生猪存栏共计 643 头，生物资产价值 57.7 万元；梅花鹿存栏 78 头，生物资产价值 48.6 万元；全年获得政府补贴 16.32 万元。

进入 2015 年，公司面对钢市持续低迷等不利因素，眼睛向内想办法，在抢抓机遇扩张产能中自主改造创佳绩。

举全磐管之力积极稳妥推进热轧 ϕ140mm 机组改造工程。该工程是磐管建厂 46 年历史上第一次自行设计、自行拆除安装的大型改造项目，无论是改造设备施工图、现场测绘、设计，还是设备拆卸、安装、调试完全是由我们自行完成。由于计划周详、目标明确、安排合理，全体工程技术人员加班加点，立体施工作业，工程建设比计划提前近二十天试车，历时 135 天，于 2015 年 5 月 15 日 14 时 28 分成功实现全线过钢，生产出第一支热轧 ϕ219mm×8mm 无缝钢管产品，实现了“投资少，进度快，质量优”的工程建设目标。5 月 18 日，成功生产出热轧 ϕ219×6mm、ϕ219×8mm、ϕ219×10mm 合格产品，开创了磐管公司产品生产组距新纪元，填补了省内此组距无缝管生产品种的空白。

2016 年，对于磐管公司而言，可谓是灰色的。国家去产能、集团闭合失血点、企业多年持续巨额亏损，已经把企业逼到了破产边缘、职工解合等林林总总像一座大山，压得企业透不过气来。是坐以待毙，还是背水一战？是抢抓机遇，积极应对，还是错失良机，被动关闭？穷则变，变则通，通则久。磐管要保住生存，谋求发展，维护好职工的根本利益，唯有改革，别无他途。2016 年 8 月 3 日，在经过前期艰苦的筹备、多次的研讨基础上，磐管公司董事长、经理柴文军，党委书记周杰因势而谋、顺势而为，带领公司决策层，提出了《磐管公司转型提效关闭失血点解决方案》，并将转型提效相关问题的请示一并上报通钢集团公司。在得到集团公司正式批复后，2016 年 8 月 19 日，通钢磐石无缝钢管有限责任公司召开第十届九次职工代表大会暨会员代表大会，代表全数通过了《通化钢铁集团磐管公司 2016 年转型提效实施方案》《通钢集团磐管公司与职工协商一致解除劳动合同实施办法》，改革全面启动。

2016 年 8 月 25 日，磐管公司在职职工 706 人，695 人协商一致解除劳动合同。

2016 年 9 月 8 日，磐石铸诚无缝钢管有限公司正式注册成立，公司采取租赁经营方式，租赁原国有企业（通钢磐管公司）资产从事生产经营活动，自愿选择留下的 176 名职工全数入股，成为新公司的首批股东，公司运营资金来源于股东的奖补资金。

尽管过程煎熬，但成果喜人，截至 2016 年 12 月末，铸诚公司经过两个月的摸索期，两个月的过渡期，凤凰涅槃，扭转了改革前持续亏损的被动生产局面，赢利 7 万元。

图 3　新厂区

进入 2017 年，磐石铸诚无缝钢管公司更是一步一个新台阶，一月份赢利 144 万元，二月份赢利 97 万元，3 月份赢利 129 万元，一季度共计赢利 370 万元，提前完成了企业创建初期设定的 2017 年全年赢利目标。2017 年全年公司实现产量 85802 吨，实现销量 82504 吨，实现利润 1055 万元。2018 年实现产量 130059 吨，销量 125566 吨，利润 1508 万元。企业生产经营平稳、职工队伍稳定，改革让小北沟重新有了生机、有了活力，让职工有了底气、有了奔头，让生活在这片热土上的老辈磐管人重新看到了发展的新希望。

大山无言，涌动着滚滚春潮。历史的裂变，使瞬间成为永恒。我们感恩恰逢这个改革开放的好时代，我们感恩首钢通钢集团的改革创新。磐管的每一位建设者、每一位管理者，每一位劳模、每一位代表、每一位功臣的足迹里都凝聚着一串串感人肺腑的故事。每一个奖励、每一个荣誉、每一个成果都蕴涵着磐管人的心血和智慧，一项项改革，一项项改造，一项项产品开发、一串串成果、条条街道，一棵棵树苗，记载着、铭刻着、诠释着磐管公司、铸诚公司和磐管人、铸诚人奋斗不息、勇于进取的光辉业绩！

筚路蓝缕启山林　栉风沐雨砥砺行

（德新钢管（中国）有限公司）

图 1　德新钢管（中国）有限公司董事长陈俊德

一、前言

在新中国成立 70 周年之际，伴随着改革开放四十年，中国钢管行业工业，从小到大，实现了高速发展，也取得了辉煌的成就。2018 年我国钢管产量比 1978 年增加了 43.5 倍，达到了全世界总产量的 50%以上，自给率超过了 99%，使我国成为名副其实的钢管大国。改革开放 40 年中国钢管工业的发展历程有两个显著特点：一是国有企业通过大量投资引进吸收国外先进装备和生产线引领着追赶国外先进技术的步伐；二是民营企业凭借着更灵敏的市场嗅觉、更灵活的经营机制和更富有效率的生产方式和各具特色的产品异军突起，逐步扩大着市场份额。在众多民营钢管企业中，德新钢管公司就是这样一家通过独辟蹊径、依靠技术进步和工艺创新开发出独具特色的中频热扩工艺而不断发展壮大起来的一家民营企业。

德新钢管创业之时，中国钢管产量虽说已经有了很大程度的发展，普通等级的钢管出现了产能过剩，但是，国民经济建设中急需的一些高等级钢管和极限规格的钢管完全依赖进口。国外厂家和贸易商知道中国国内没有替代产品，肆意提高价格并延长交货期的情况时有发生。为了摆脱国外厂商的制约，德新钢管创始人陈俊德先生暗下决心："我们一定要打造一款属于中国人自己的优质产品，取代进口，为国争光"。

面对常规产品市场竞争日趋激烈，而高端极限规格产品仍需进口的市场局面，陈总看到了大口径薄壁无缝钢管这块细分的市场领域，决心在这块领域打造出自己的拳头产品，打破我国大口径无缝钢管长期依赖进口的尴尬局面。于是，德新钢管（中国）有限公司于 2002 年 8 月应运诞生，陈总带领着他的团队从最初的钢管贸易产业转型到钢管加工制造产业，开始了一段不同寻常的创业历程。

二、推广中频热扩工艺的艰难探索之路

大口径无缝钢管通常是指外径为 ϕ406~1500mm 的无缝钢管，其生产工艺有热轧、顶管拔伸、热挤压等几种工艺。但是，这几种工艺制造的大口径无缝钢管壁厚较厚，无法满足锅炉、电力、石油化工装置大型化发展对于径/厚比大于 30 的大口径薄壁无缝钢管的需求。陈总凭借着敏锐的眼光，看到了激烈市场竞争中的这个发展机会，决定走差异化发展的道路，通过当时并不被看好的中频热扩工艺生产其他工艺无法制造的大口径薄壁无缝钢管。中频热扩工艺也称作推制式热扩径工艺，其工艺原理是基于钢铁的热加工塑性变形原理，用热轧成品管作为母管，采用内置芯棒定径，通过中频感应将母管加热到一定温度，依靠液压缸活塞的运动推动母管，使其逐步逐步扩制成更大口径无缝钢管的一种生产工艺。这种热扩工艺虽然技术上备受争议，发展过程中也历经磨难。但是，陈总认准了中频热扩工艺可以生产其他工艺无法生产的大口径薄壁和超薄壁无缝钢管的特点。"我们就是要做别人做不了的，做别人不愿意做的"，这

是他经常跟同事说起的一句话。他坚信，中频热扩工艺在理论上是一个不断探索的过程，在认识上是一个不断深化的过程，在实践上是一个不断完善的过程，生产实践出真知，用户接受最有说服力。国内没有利用中频热扩工艺生产大口径无缝钢管的先例，工艺不被认可，他就带领同事独辟蹊径，先从国际市场做起，生产出口产品。

图 2 ϕ1200mm×28mm 大口径热扩钢管

图 3 钢管热处理

为了达到国外客户的要求，产品质量必须稳定可靠，同时质保体系和产品测试必须达到国外权威技术机构的认证。德新人一开始就把自己置身于一个起点高、要求严的竞争环境。为此，他们认认真真、扎扎实实地准备着每一项工作：

（1）聘请上海材料研究所郑文龙教授为公司的技术总负责人，负责中频热扩大口径无缝钢管新产品的开发。

（2）与攀成钢科技中心联合申报了成都市科技攻关项目，针对不同规格、包括碳钢、合金钢和不锈钢在内的不同材质的母管开展上千次的中频热扩试验，取得了大量一手数据和经验，获得了丰硕的研究成果。

（3）按最先进、自动化程度最高的要求确定设备选型；按最严格的要求制订质保体系，并涉及每一个工序和相关环节；选择最好的原材料，涉及母管炼钢、轧制、热处理、无损检测的每个环节都要追踪；按照国际标准和用户技术协议的要求制订技术标准；按每一项工艺参数都要可控的原则进行工艺评定；按全员达标的要求进行人员培训，工艺、技术、生产、质检、设备人员全部培训合格才能上岗，关键岗位持证上岗；坚持以目标为导向、流程为基础、责任为核心的思路进行管理，从一开始就全体员工心中树立起“靠质量求生存，靠创新求发展”的理念。

凭借着灵活高效的组织方式、优质的产品质量、热情周到的服务，德新钢管迅速赢得了国外用户的认可，在国际市场上占据了一席之地。法国阿尔斯通公司、美国富陆工程公司、日本 JFE 公司、韩国 NK 公司等世界著名企业先后成为德新钢管的固定客户。出口带动了内销，德新生产的大口径无缝钢管也陆续在国内的石油、化工、电力、煤化工等大型项目上使用，很多产品均替代了进口，为国家节省了大笔外汇，改变了我国大口径合金钢管长期依赖进口的局面，为实现我国大口径无缝钢管国产化做出了贡献。

正当企业发展蒸蒸日上，德新人准备甩开膀子大干一场的时候，他们却在 2008 年下半年遭遇了前所未有的挑战。受国际金融危机的影响，国外订单大幅减少；国内由于认识上的问题，国内钢管行业的标准中还没有纳入这种热扩径工艺，包括德新钢管在内的中频热扩企业迟迟不能申领压力管道元件制造许可证，德新钢管国内的业务也基本停滞。在公司经营异常困难的时候，公司上下的目光都聚焦在了陈总身上。其实他身上担子比每个人都要重，他心里感受到的压力比每一个人都要大，但他却对中频热扩矢志不渝，对德新钢管信心满满。他用自己的座右铭“俊业修德”用大家共勉，并使之上升的德新钢管的核心企业文化。“俊者，大也”。“俊业”就是要成就大事业，“修德”就是指修炼培养高尚的品德。“要成就大事业就得要经历风风雨雨，经得起大风大浪，人就是在成就一番事业的过程中实现自我的价值，在经历失败和挫折的过程中修炼培养自己高尚的道德情操”。一番话使大家重拾奋斗的信心和勇气。大家商议以申领压力管道元件制造许可证作为下一步工作的突破口。2009 年 4 月 8 日，德新公司向国家特种设备安全技术委员会汇报了关于中频热扩工艺的生产情况和质量控制情况汇报。2009 年 6 月 12 日，国家特种设备许可办在无锡召开了关于热扩钢管制造许可条件的专项会议。

三、奋力前行

无锡会议使德新人看到了前进的方向，接下来他们做了大量的基础准备工作：

（1）制订严格的企业标准。对原材料控制、中频热扩工艺、热处理和理化性能提出了明确的技术指标，并通过了国家容标委的审查备案。制订了相应的质保体系和工艺技术规范。

（2）继续完善提高装备水平。配备了全自动智能温控扩管机组、辊底式热处理炉、数字化大口径自动超声涡流检测系统、液压伺服万能试验机和低温冲击试验机、金相检测设备和理化检测系统。

（3）与中国科技大学、上海大学联合成立热扩管工程技术研究开发中心，全面开展关于中频热扩钢管的产、学、研工程技术合作，取得了多项研究成果，发表了多篇学术论文，取得了六项专利。

（4）对中频热扩产品进行了多项测试。委托中国特种设备检测研究院、哈尔滨锅炉厂材料研究所、上海材料研究所对 P22、P91 等高等级的中频热扩钢管进行各种形式试验，包括高温蠕变断裂试验，获得了令人满意的测试结果。

经过公司全体同仁的一致努力，德新钢管终于在 2009 年年底取得了特种设备压力管道元件制造许可证，并陆续取得了 API、TUV 等第三方认证及 ALSTOM、FLUOR、印度 BHEL、韩国 SAMSUNG 认证和巴西石化 CRCC 认证，中频热扩钢管也逐渐得到了市场和广大用户的认可和接受，16 年来共为 28 个国家和地区的 1800 多家用户提供了产品和服务，已经有超过 40 万吨的中频热扩钢管应用到国内外众多的石油、化工、电力、核电、铝电联产装置和锅炉、压力容器、无缝气瓶等领域。中海油惠州炼油厂、大唐山东黄岛发电厂、恒力石化大连 2000 万吨炼化一体项目、浙江石化 4000 万吨炼化一体项目、中化泉州石化 100 万吨乙烯及炼油该扩建项目、恒逸石化文莱 PMB 化工项目等一些大型企业和重大工程相继采用了德新无缝热扩钢管。德新钢管的影响力和竞争力也与日俱增。2013 年 7 月德新钢管的中频热扩工艺得到了国家质检总局特种设备安全技术委员会组织的工艺技术评审，这既是对德新钢管产品品质的认可，也是政府权威部门对中频热扩工艺的正名。2013 年 11 月，德新利用中频热扩工艺生产的 P91、P22 大口径无缝钢管通过了中国机械工业联合会组织的产品鉴定。2017 年 12 月，由德新钢管作为主要起草人起草的中国钢铁工业协会团体标准《高压锅炉用中频热扩无缝钢管》正式发布，为中频热扩钢管的进一步推广使用铺平了道路。

四、创新发展

总结德新钢管 16 年来中频热扩工艺的发展，中频热扩工艺和技术的不断完善和进步主要表现在以下方面。

（1）机组设备的完善：中频加热采用 DCR 智能温度闭环感应加热系统，可使坯料管变形区的温度稳定在±10℃的公差范围内；液压站选用大功率液压油泵和大容量的液压油箱，可使液压系统低速低压运行，从而降低系统的振动和热扩散；采用 IP65 高防护 0.2 级精度的传感器测量液压系统的推制压力，采用 1024×2048 高分辨率的传感器直接测量推制部分的线速度，并通过高精度的 PLC 模块将推制压力和推制速度直接显示在人机界面和仪表上；根据不同坯料管的材质在不同温度下的线膨胀系数选择不同材质、形状和尺寸的芯棒，大量原始生产数据的积累使得芯棒设计更加合理，不仅保证了芯棒有足够的高温强度、刚度和耐磨性，也更好地保证了热扩钢管的壁厚和直径精度；后续的热处理装置、校直装置、无损探伤装置及辅助的润滑剂自动涂覆装置也不断改进、完善，取得了一系列的研究成果和发明专利，实现了推制式热扩机组从涂覆润滑剂、上料、对正、加热、推制、下料到热处理、校直、无损探伤的机械化操作，保证了生产工艺的稳定性。

（2）工艺参数的改进：根据坯料管和成品管的直径和壁厚规格确定最佳的扩径比和扩径道次；根据坯料管的材质及尺寸和成品管的尺寸综合确定芯棒的材质和尺寸、加热线圈的直径和长度、加热速度和温度、推制压力和推进速度等参数。加热速度和加热温度不仅与推进速度相适应，还应当与坯料材质相适应，使加热温度略高于材料的相变温度，则坯料管经过热扩后相当于进行了低温形变热处理。研究表明，形变热处理可以显著地细化高压锅炉用合金钢的显微组织，并在马氏体板条基体中析出细小的弥散 M 型碳氮化物，提高合金钢耐高温高压的性能。扩径后热处理工艺的改进可进一步提高成品管的综合性能。针对大直径无缝钢管的无损探伤工艺和水压试验技术的也不断改进，提高了检测和试验效率，并保证产品无缺陷。

中频热扩工艺依靠平稳的推制压力、稳定的推进速度、均衡的加热温度，结合完善的热处理工艺和无损检测制度，充分保证了产品的尺寸精度、内外观质量和内在综合性能，这也德新钢管40多万吨的中频热扩钢管十多年来一直安全、稳定、可靠运行的原因所在。

（一）开发大容积气瓶用无缝钢管的创新发展之路

大容积无缝气瓶通常是指外径为ϕ559mm或以上且水容积超过150升的无缝气瓶，通常用来组装成长管拖车运输高压气体。由于国家能源战略的需要及环境保护的要求，天然气在一次能源消费中的比重逐年增大，氢能的应用也在逐步推广，促使长管拖车快速发展。据不完全统计，国内长管拖车的数量于2016年已经突破一万辆，其中90%的长管拖车用于运输压缩天然气，其余的长管拖车用于运输高压氢气和氦气。国内的压缩天然气气质复杂多样，对高压气瓶有应力腐蚀的作用，高压氢气则有可能使高强钢发生氢脆，并且高压气瓶还要经受疲劳载荷、冲击载荷、极端环境温度和充卸气过程中温差变化引起的应力载荷，因此，对大容积气瓶用的无缝钢管的制造有很高的要求。从2001年国内第一只大容积无缝钢瓶试制成功到2008年，国内大容积气瓶用无缝钢管完全依赖进口，国外制造厂商主要为意大利Dalmine工厂和美国联合钢铁公司。2008年，天津钢管集团三圆管材有限公司和攀钢集团成都钢钒有限分别开发了大容积气瓶用无缝钢管，逐步取代了进口。

在大容积气瓶用无缝钢管国产化的初期，国内使用的主要制造工艺是连轧管+斜扎式热扩工艺和周期轧管+拉拔式热扩工艺，直径以ϕ559mm和ϕ610mm为主，壁厚公差0~27.5%，钢管的实际重量往往超出理论重量的12%以上。并且这两种工艺制造的产品尺寸精度较低，壁厚均匀性较差，内外表面残留有较深的螺旋痕迹，影响了产品的市场竞争力。国内严格规定长管拖车的满载质量不能超过40吨。由于国内大容积气瓶的设计较为保守，为了降低整车重量而提高运输效率，气瓶制造单位要求所用无缝钢管的直径越来越大，要求制造精度越来越严格，实际重量超出理论重量的比例越来越小，使得连轧管+斜扎式热扩工艺和周期轧管+拉拔式热扩工艺越来越不适应市场的要求。

用户的要求就是商机，谁最先能实现大容积气瓶用无缝钢管的轻量化，谁就能抢占市场的先机。具有敏锐市场洞察力的陈总看到了这一商机，带领德新人走上了依靠技术进步求发展的创新之路。

（二）大容积气瓶用无缝钢管制造工艺的创新发展

中频热扩工艺可以制造大口径薄壁无缝钢管，冷拔工艺可以改善钢管的表面质量，提高钢管的制造精度，1+1是否能产生大于2的效果呢？德新为此购置了1600吨的精密冷拔机组，经过多次摸索试验，终于在2014年通过连轧+中频热扩+冷拔的组合工艺生产出了满足用户严苛要求的规格为ϕ715mm×21.5mm×13000mm的大容积气瓶用无缝钢管。

这种工艺生产的大容积气瓶用无缝钢管具有以下优点：

（1）制造的无缝钢管尺寸范围宽，直径ϕ540~720mm，壁厚8~25mm，最大长度14mm，为制造具有更大单体水容积的大容积无缝气瓶创造了条件。

（2）无缝钢管的几何精度高，外径公差±0.75%，壁厚公差0~15%，直线度小于1.5mm/m，椭圆度小于平均直径的1.0%；内外表面质量好，钢管内外表面粗糙度小于10μm；并且成品的实际重量超出理论重量的幅度不超过7.5%，可使长管拖车气瓶的单体重量降低4%~5%，可提高运输效率，并降低运输成本。

（3）热扩时中频加热温度较低，产生的壁厚偏差小，并且可降低能耗，推制速度较快，提高了工作效率。

（4）采用内外表面喷砂代替酸洗的方法去除钢管表面的氧化皮，减少了对环境的污染。

（5）第二道冷拔之前对钢管进行100%的自动超声波测厚，根据每一只钢管的平均壁厚和壁厚最小值选择第二道冷拔所使用的内模芯棒，提高了制造精度和产品的合格率。

通过制造工艺的创新发展，德新生产的大容积气瓶用无缝钢管迅速以精密的尺寸精度、良好的外观质量和稳定的综合性能赢得了用户，从2014年开始陆续成为聊城鲁西新能源、邯郸新兴能源、安徽大盘、辽宁众邦、洛阳双瑞等国内大容积气瓶制造厂家的合格供货商，并开始出口美国，为美国CPI公司、

FIBA 公司供应优质的大容积气瓶用无缝钢管。

然而，德新人并没有满足已经取得的成绩，以更先进、更合理的技术和工艺为用户创造更优质、更满意的产品已经成为德新人坚持不懈追求的一种理念。为了鼓励国内合作伙伴大胆尝试，陈总经常跟他们说："你们放心去试，不要有什么后顾之忧，失败了损失算我的，成功了算你们的"。他的鼓励极大地激发了他身边技术人员和合作厂家大胆创新的积极性。2018 年，经过与国内几家合作单位多次摸索尝试，以 ϕ720 热轧管+冷拔工艺制造大容积气瓶用无缝钢管的技术试车成功。这种工艺的基本流程是：管坯加热→定心→穿孔→斜轧或周期轧管→冷却→锯切→矫直→探伤→尺寸检验→内外表面抛丸→内外表面检查修磨→磷化、皂化→第一道冷拔→全长测厚→磷化、皂化→第二道冷拔→矫直→内外抛丸→探伤、测厚→理化试验→切头、定尺→尺寸、外观检验→喷标、入库。

由这种工艺生产的大容积气瓶用无缝钢管具有以下优点：

（1）制造的无缝钢管尺寸范围宽，直径 ϕ559～850mm，壁厚 14～30mm，最大长度 14mm，为制造具有更大单体水容积的大容积无缝气瓶创造了条件。

（2）无缝钢管的几何精度高，外径公差±0. 75%，壁厚公差 0～15%，直线度小于 1. 5mm/m，椭圆度小于 1. 0%；内外表面质量好，钢管内外表面粗糙度小于 10μm；并且成品的实际重量超出理论重量的幅度不超过 6. 0%，可使大容积气瓶的单体重量降低 5%以上，可提高运输效率，并降低运输成本。

（3）工艺路线短，生产效率高，成品管的产出率是热轧+热扩+冷拔工艺的 3 倍。

（4）采用内外表面喷砂代替酸洗的方法去除钢管表面的氧化皮，减少了对环境的污染。

（5）第二道冷拔之前对钢管进行 100%的自动超声波测厚，根据每一只钢管的平均壁厚和壁厚最小值选择第二道冷拔所使用的内模芯棒，提高了制造精度和产品的合格率。

凭借着质量优势和技术创新，德新钢管的大容积气瓶用无缝钢管赢得了石家庄安瑞科公司的认可，成为行业内对质量要求最严格的行业领头羊的合格供货商。2019 年，德新人再接再厉，继续为安瑞科公司开发了径/厚比达 70 以上的超薄壁大容积缠绕气瓶内胆用无缝钢管，标志着德新钢管的制造能力迈上了一个新的台阶。德新公司在大容积气瓶用无缝钢管领域的创新工艺也陆续申请了《一种长管拖车气瓶用无缝钢管的制造方法》《一种大容积气瓶用无缝钢管的制造方法》和《一种直径 ϕ920mm 的长管拖车气瓶用无缝钢管的制造方法》三项发明专利。

（三）大容积气瓶用无缝钢管新材料的开发

移动式压力容器的发展趋势是高参数、轻量化。国际上，ISO11120 大容积气瓶所用材料的抗拉强度上限可达到 950MPa，在通过氢脆试验验证的前提下还可以实际强度还可以超过 950MPa。国标 GB/T 33145 大容积气瓶的设计较为保守，材料的抗拉强度上限不得超过 880MPa，水压试验压力下瓶壁应力不能超过 482MPa 的规定，气瓶的设计壁厚比 ISO11120 气瓶高出 13%左右。

为了响应国家节能减排的战略举措，国家的"十三五"重点研发计划"移动式承压类特种设备风险防控与治理关键技术研究"已经将"长管拖车用大容积气瓶的设计方法、上装与行走机构的轻量化设计方法等研究"列为一项重要的研究内容。国家"十三五"规划中相关研究的主要内容是"提高开展气瓶材料的热处理工艺研究，探明材料性能与热处理工艺之间的关联规律，提出有害元素含量与热处理工艺指标；开展大容积钢瓶设计方法、上装与行走机构一体化设计研究，研制 20MPa、外径 ϕ559mm 的长管拖车样机，同等压力气瓶减重 12%，行走机构减重约 10%，并进行型式试验验证"。为了配合国家的"十三五"重点研发计划和大容积气瓶的轻量化，德新又将研发的重点聚焦到大容积气瓶用无缝钢管的新材料，决定依靠优化化学成分、微合金化、新的炼钢工艺和炼钢技术开发具有优良综合机械性能、抗硫化氢应力腐蚀性能和抗氢脆性能的新材料。

为了开展新材料的研究，德新公司专门成立了以郑文龙教授挂帅的课题组。并先后到全国气瓶标准化委员会、北京科技大学、中国特检院等单位、石家庄安瑞科气体机械有限公司、安徽大盘特种装备车辆有限公司、鲁西新能源装备有限公司、邯郸新兴能源装备有限公司等国内多家大气瓶制造单位进行调研。德新公司陆续投入 1000 多万元用于设备升级改造，投入 300 多万元用于优化坯料的化学成分和微合金化。目前，新材料已经通过内部性能测试，并申请了《一种大容积气瓶用高强韧无缝钢管及其制造方法》的发明专利。相信德新钢管的新材料开发工作必将有力地助推大容积无缝气瓶的轻量化工作，并成为德新钢管新的利润增长点。

在“俊业修德”核心思想的指导下，德新钢管16年的发展取得了令人瞩目的成绩，其中频热扩钢管从被人质疑到被市场普遍接受，被用户完全认可，改变了我国合金钢管长期依赖进口的局面，为实现我国大口径无缝钢管国产化做出了贡献。德新的中频热扩工艺成为行业发展的标杆，其中频热扩合金钢管和大容积气瓶用无缝钢管成为行业内的名牌产品。德新钢管也成为中国优秀民营企业和江苏省优秀企业。

成绩只是对德新人多年来艰苦付出的肯定和回报。展望未来，德新人在“俊业修德”思想的指导下整装待发，枕戈待旦。“金戈铁马闻征鼓，只争朝夕启新程”，盱眙工厂投产、阳山冷拔分厂投产，扩大产能、扩大销售、优化库存、降本节支、节能降耗、争创名优品牌、走创新发展之路，他们怀揣着一个个目标和理想，一个个披星戴月、日夜兼程，为打造“百年特钢”、争创“德新品牌”添砖加瓦，为实现中华民族的伟大复兴贡献着自己的一分力量。祝愿德新每一个追梦人梦想成真，祝愿“百年特钢”基业永存，祝愿中华民族早日腾飞！

第十一章　焊接钢管企业发展篇

流通与结构领域的忠诚伙伴

（天津友发钢管集团股份有限公司）

2019年是新中国成立70周年，也是改革开放40年后的新起点，伴随着改革开放的四十年间，中国钢管工业，从无到有，从小到大，实现了高速发展，取得了辉煌的成就。天津友发钢管集团公司成立于改革开放后的2000年7月1日，集团公司在大邱庄40年钢管产业积淀的基础上，经过18年的艰苦奋斗，从一个年产不到2万吨的小焊管厂，一跃成为年产销规模超过1400万吨的焊接钢管制造企业集团，18年间，产销规模增长超过1200倍。集团公司各类钢管产销量累计超过1亿吨。

目前集团公司拥有华北地区的天津静海、河北唐山、河北邯郸和西北地区的陕西韩城四大生产基地。“友发”和“正金元”两大品牌，同时拥有3家国家认可实验室，三家技术中心：其中1家为天津市焊接钢管技术工程中心、2家为天津市企业技术中心。天津友发集团发起和参与修制订了14项钢管产品国家标准和行业标准，企业税收、利润、友发品牌价值、员工幸福指数、企业社会影响力等连年稳步提升。

自2006年开始，天津友发集团焊接钢管始终保持全国产销量第一，连续13年跻身中国企业500强、中国制造业500强，现已成为全球唯一的千万吨级焊接钢管制造企业！

图1　天津友发钢管集团总部

一、借势天时地利，成就高速增长

2000年7月，天津友发集团成立。最初定名为“天津市静海县友发工贸有限公司”。创业初始，通过租赁整合大邱庄原有钢管产业的各种资源，狠抓产品质量和树立企业信誉，两年间从月产千吨的小管厂，快速成长为行业中有影响力的钢管企业。

2002年5月，友发集团领导从延长产品链的定位考虑，在最初只有一种高频直缝焊管产品的基础上，成立了“天津市友诚镀锌钢管有限公司”，开始涉足热镀锌钢管产品。2012年更名为“天津友发钢管股份有限公司第一分公司”；2002年7月，友发兼并“天津静海县华友钢管公司”，组成新的“天津市友发钢管有限公司”；2012年更名为“天津友发钢管股份有限公司第二分公司”。2004年2月，新建“天津市友联螺旋钢管有限公司”，开始涉足螺旋钢管产品。2005年2月，收购唐山市国丰钢铁下属原银丰制管厂，成立“唐山友发钢管制造有限公司”；2008 年 3 月，收购“唐山市丰南区新利达钢管有限公司”；2009 年 8 月，收购“天津市盈博钢管有限公司”，组成新的“天津市友发德众钢管有限公司”，正式进军方矩焊管产业。2010 年 6 月，新建“唐山正元管业有限公司”，正式推出“正金元”品牌。2010 年 8 月，新建“邯郸市友发钢管有限公司”，并经过近 10 年的拓展，现已成为国内品类最为齐全的、产能最大的单体企业。2010 年 3 月，成立圣亚诺（北京）钢铁有限公司，主要从事钢铁产品进出口贸易，现更名为“天津圣发”。2010 年 6 月，收购“山东瑞达高速公路材料有限公司”，开始涉足高速公路护栏板行业。2012 年 5 月，成立“天津友信材料科技有限公司”，专业从事工业废酸无害化处理。2015 年 4 月，成立“天津友发钢管集团销售有限公司”，配合全国的友发经销商，专门针对重点工程、重点大客户、重点行业，进行终端用户业务拓展。2018 年 10 月 26 日，历经半年多的建设施工，友发钢管集团第四大生产基地——陕西（韩城）友发钢管公司顺利投产，标志着友发集团进军中西部市场迈出了实质性的一步。陕西友发（韩城）作为友发钢管集团的第四大生产基地，有着特殊的战略位置，将发挥周边钢铁产业集群优势，提升钢管产品在市场前沿的竞争力。

图 2　厂区成品货场

近二十年的艰苦创业，友发人累过、哭过，笑过也争吵过，但友发的团队永远都是：胜则举杯相庆，败则拼死相救，让所有困难在友发人面前弯腰低头。当友发的第一个企业站稳了脚跟，便马不停蹄地操办开工第二家、第三家……近二十年从没停止过，沿着友发集团制定的一个个战略目标奋勇向前，跑出了一个行业第一、跑出了“中国企业 500 强”、跑出了“中国驰名商标”、跑出了“中国免检产品”……，实现了“一群平凡的人干成了一件不平凡的事业”。2011 年 12 月 16 日，“天津友发钢管股份有限公司”正式成立。2012 年，经与券商、律师事务所和会计师事务所等机构的协作，完成了对友发钢管下属各公司详细的尽职调查，初步确定了友发钢管上市的具体行动方案和推进计划表，并逐步完成了钢管主业下属九家企业的重组。2012 年 12 月，公司再次更名为“天津友发钢管集团股份有限公司”。至此，天津友发钢管集团奠定了未来发展的基础，确定了走重组上市的道路，明确了未来发展的战略方向。

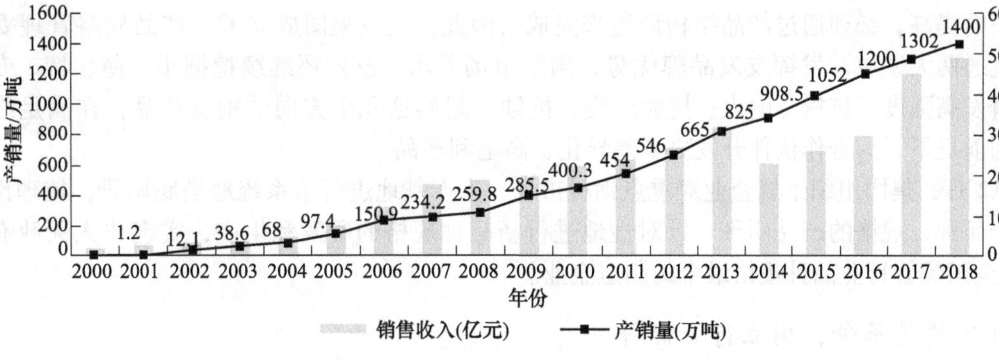

图 3　2000—2018 年友发集团历年产量及销售收入

二、主要改革成就

（一）应用两大领域，助力旷世工程

天津友发集团生产直缝焊接圆管、方矩管、热镀锌钢管、钢塑复合管和螺旋焊接钢管等五大类产品，主要应用于流通类和结构类两大领域。

流通类领域包括：输水管道、输油管道和输气管道等传输工程。涉及用途领域包括：消防用钢管、给水用钢管、排水用钢管、天然气用钢管、石油输送用钢管、农业灌溉用钢管等。

结构类领域包括：钢结构建筑、建筑脚手架、农业大棚、公路护栏、体育器材、金属穿线管、铁艺栅栏、装备制造等（起重塔机、集装箱、农用车、电梯井）。

图 4　友发螺旋管产品施工现场

友发产品已被广泛应用于水务水利工程、消防工程、燃气工程、工业与民用建筑工程等，已在：三峡工程、浦东国际机场、首都国际机场、北京奥运会场馆、上海世博会展馆、胶州湾跨海大桥、中国第一高楼——天津 117 大厦、北京-张家口冬奥会场馆、北京中国尊、天安门阅兵观礼台、上海迪士尼乐园等多项国家重点工程中成功应用。被业界公认为行业内第一品牌。

友发钢管，已覆盖全国所有省、市、自治区和特别行政区，并远销美洲、欧盟、非洲、东南亚、中东、大洋洲等 100 多个国家和地区。

图 5　热镀锌钢管生产线及产品

厂商利润的提高，必须通过产品结构调整来完成。因此，友发集团成立了“产品战略管理委员会”，围绕结构和流通两大领域，发挥友发品牌优势，满足市场需求。友发还继续挖掘小、薄、特、专产品潜力，同时，研发高强度、抗震、耐火、抗大应变、抗蚀、耐候这几个方向的钢管产品，在满足终端客户的特殊需求的前提下，为合作伙伴开发更多差异化、高毛利产品。

2018 年 12 月，集团组织下属企业对重点钢材市场、生产基地进行了系统地摸底调研，梳理出国内市场销售的各个品种、规格的产品明细，针对性地进行新品种规格的研发和生产，实现“人无我有、人有我优”，成为全国焊管行业品种规格最全的制造企业。

（二）开展质量革命，树立行业标杆

友发集团作为行业领军企业，一直在产品标准制定、质量控制、技术创新、规范管理、安全环保等

多个方面引领行业的健康发展。

作为行业内第一批国家免检产品，近二十年来，友发集团始终坚持“产品就是人品”的信念，先后推动开展了四次质量革命：2001 年友发集团发起了第一次质量革命，提出“不符合国家标准的产品不是合格产品”的目标，率先在行业内承诺取消补焊管和接头管，并向社会公开发布承诺：发现一支补焊管和接头管则赔偿两支正品管。2002 年友发集团进行了第二次质量革命，提出了“不是达到国标标准就是合格，只有客户满意才是合格”，重新制定了严于国家标准的企业内部标准。2002 年 5 月，友发集团进入了镀锌行业，新的问题随之而来，经常有一些焊管由于质量问题导致生产出的镀锌管不合格。2006 年友发集团进行了第三次质量革命：加工时因焊管原因造成的次品，一概把焊管退回。最初，焊管的退回比例是 600 分之一。因此，友发集团提出“焊管被退回的比例要达到万分之一”的奋斗目标。经过几年的努力，2008 年焊管退回比例达到了 46000 分之一，远超过了“万分之一”的目标。2013 年 10 月，友发又发起第四次质量革命，牵头修订焊接钢管国家标准，率先提出行业自律，推动成立钢管行业标准推进委员会，并建立市场抽查机制，提出了“推行新国标、满足 300g”倡议和承诺。集团公司成立了“集团质量升级小组”，并设立“创新奖”，以此推动提升产品质量，打造中国质量最好的焊接钢管产品。

在集团公司的统一要求与部署下，各下属企业陆续出台了质量控制与管理制度，包括质量管理流程、质量考核制度、质量管理责任主体与职责、质量异议管理等多个方面的具体要求。通过质量文化体系的建立，在目视系统宣传、质量文化全员宣贯等方面，友发集团逐步形成了自身的质量管理体系。

随着友发集团目前已建立的完善的质量检验体系，全集团所有企业均已通过了质量管理体系认证，创建了三个国家认可实验室：两个技术中心和一家省级工程工程技术中心。友发集团的每条生产线均配备专职质检人员，是全行业专职质检人员配置最多的企业，产品做到了 100% 的外观检验。每个下属企业领导班子与集团签订《产品质量责任状》，明确奖罚责任，与年终奖金挂钩。集团公司每月组织一次圆管上锌量质量抽查，全年累计抽检合格率 98.5% 以上；每季度组织一次全面质量联查，进行分析、总结、通报，同时各企业内部对产品质量进行实时监控，发现漏洞、及时整改。

图 6　集团联查组现场检查

图 7　实验室一角

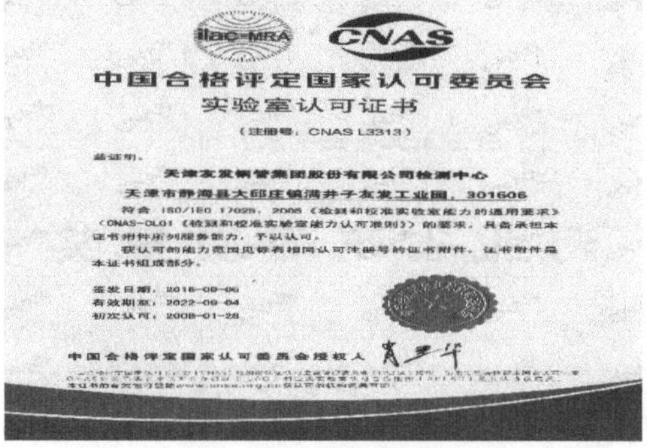

ilac-MRA　CNAS

中国合格评定国家认可委员会

实验室认可证书

（注册号：CNAS L3313）

兹证明：

天津友发钢管集团股份有限公司检测中心

天津市静海县大邱庄镇清井子友发工业园，301606

符合 ISO/IEC 17025：2005《检测和校准实验室能力的通用要求》（CNAS-CL01《检测和校准实验室能力认可准则》）的要求，具备承担本证书附件所列服务能力，予以认可。

获认可的能力范围见标有相同认可注册号的证书附件，证书附件是本证书组成部分。

签发日期：2016-09-05

有效期至：2022-09-04

初次认可：2008-01-28

中国合格评定国家认可委员会授权人

图 8　实验室认可证书

受国家钢标委委托，友发集团牵头起草或参与起草 14 项国家、行业标准，包括已经颁布的国家标准有：《低压流体输送用焊接钢管》（GB/T 3091）、《直缝电焊钢管》（GB/T 13793—2016）、《钢塑复合管》（GB/T 28897—2012）、《波形梁钢护栏第 1 部分：两波形梁钢护栏》（GB/T 31439.1—2015）、《波形梁钢护栏第 2 部分：三波形梁钢护栏》（GB/T 31439.2—2015），《建筑脚手架焊接钢管》（YB/T 4202—2009），正在报批中的国家标准有：《冷弯型钢通用技术要求》（GB/T 6725）（报批中）、《结构用冷弯空心型钢》（GB/T 6728）（报批中）；已经颁布的行业标准有：《给水涂塑复合钢管》（CJ/T 120—2016）、《内衬（覆）不锈钢复合钢管管道工程技术规程》（CECS 205—2015）；《异型焊接钢管》（YB/T 4674—2018）；正在报批中的行业标准有：《内衬不锈钢复合钢管》（CJ/T 192）、《建筑给水金属管道工程技术规程》（CJJ/T 154），《碳素结构钢电线套管》YB/T 5305。

在做好自身质量管理的同时，友发集团以推动行业健康发展为己任，起草修订了《低压流体输送用焊接钢管》（GB/T 3091）新标准，借新国标 3091 实施之际，在国内率先执行镀锌钢管上锌量达到 300 克以上，推动全国钢标委、钢管协会共同发起成立了“钢管标准推进委员会”。通过加大终端宣传力度，提升终端客户对新国标的认知。“标推委”的成立是全国钢标委和中国钢结构协会钢管分会发挥职能作用上的一次创举，也是具有强烈责任感企业履行好社会责任、起到“引领作用”的一次具体体现。这种“引领精神”根深蒂固地伴随着友发集团近二十年的成长。2018 年上半年，友发集团倡议在全国范围内开展了一次执行 GB/T 3091 市场实物质量抽查活动，此举在制造企业和流通领域引起很大反响。截止到当年 10 月底，全行业已经有包括友发集团等 8 个主要钢管集团、17 家生产企业加入“标推委”，展现出以友发集团为首的钢管企业执行国家标准、履行社会责任的风采。友发集团已执行从 2016 年 6 月 1 日开始正式的《低压流体输送用焊接钢管》（GB/T 3091—2015）国家标准，通过市场实物质量抽查，所有友发集团的产品均符合新国标要求。

“友发”牌直缝焊管、热镀锌钢管、方矩形钢管、钢塑复合管，连续多年被天津市政府授予“天津市名牌产品”称号；镀锌钢管、方矩形钢管、钢塑复合管，被中国钢铁工业协会授予冶金产品实物质量“金杯奖”；唐山正元管业有限公司荣获 2016 年“河北省政府质量奖（组织奖）”。2015 年，中国建筑业协会材料分会授予友发钢管集团“鲁班奖工程功勋供应商”称号，被中国金属材料流通协会评为“3A”级信用企业，被中国质量协会、全国用户委员会评为用户满意企业。

图 9　钢管标准推进委员会成立

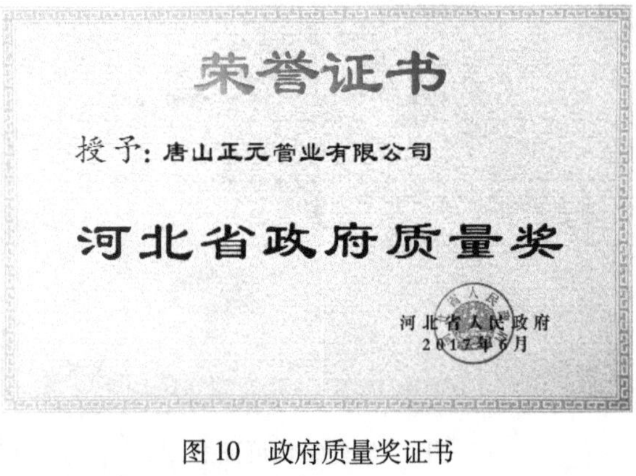

图 10　政府质量奖证书

图 11　冶金产品金杯奖

（三）创新驱动发展，体系保驾护航

习近平总书记在十九大报告中指出，创新是引领发展的第一动力，是建设现代化经济体系的战略支撑。要瞄准世界科技前沿，强化基础研究，实现前瞻性基础研究、引领性原创成果重大突破。

创新能力决定着发展潜力。多年来友发集团推行“杜绝浪费、持续改进”的精益生产理念，发挥全员智慧，查找浪费源，重奖科技创新。友发集团的创新机制初始于 2013 年，成型于 2014 年。经过 5 年多的持续坚持和不断完善，友发集团已建立了完善的创新管理机制。2014 年，全集团收到的合理化建议 9596 条，评定的创新项目有 51 项；到 2018 年，全集团共收到合理化建议 146877 条，采纳 103270 条，收到合理化建议数比 2014 年提升了近 15 倍，采纳合理化建议数比 2014 年提升了近 18 倍，采纳率达到了 70.31%。2018 年完成小改小革项目 2814 项，共评选创新项目 599 项，其中一星项目 179 项，二星项目 207 项，三星项目 185 项，四星项目 25 项，五星项目 7 项。累计创造效益 7460 余万元、发放创新成果类奖金 1010 余万元。截止到 2018 年年底，全集团共拥有授权专利技术 97 项，其中发明专利 7 项，实用新型专利 90 项；目前申请中的还有 26 项。

2017 年 5 月，天津市科委验收了依托友发集团承建的“天津市焊接钢管工程技术中心”。同时，友发集团还拥有 3 家国家认可实验室、2 家企业技术中心。未来，友发集团将大力整合机构和研发资源，集中优势力量开发新技术、新工艺，进一步引领行业发展。

当前，在企业竞争日趋激烈、发展动力转换的新阶段，友发集团紧紧依靠创新驱动，推动产业发展实现由粗放型向集约型的转变，由价值链中低端向中高端的转变，为友发集团可持续发展和迈上更高的台阶提供新的动力。

企业的规范运营离不开管理体系的建设。在企业成长的初期 2002 年，友发集团就进行了质量管理体系的认证。友发的管理团队清醒认识到：进行体系认证是企业参与国际贸易、提高自身竞争的自觉要求，也是企业遵法守信、诚实负责的体现形式。认证也意味着付出，意味着管理成本的增加。任何工作都离不开资源的支持，企业要通过体系认证并不难，难的是能够真正按照标准要求去实施，并做到持续改进。要做到体系的持续有效运行，离不开领导班子的高度重视和率先垂范，离不开全员参与，离不开将体系运行与日常管理相融合的工作思路。

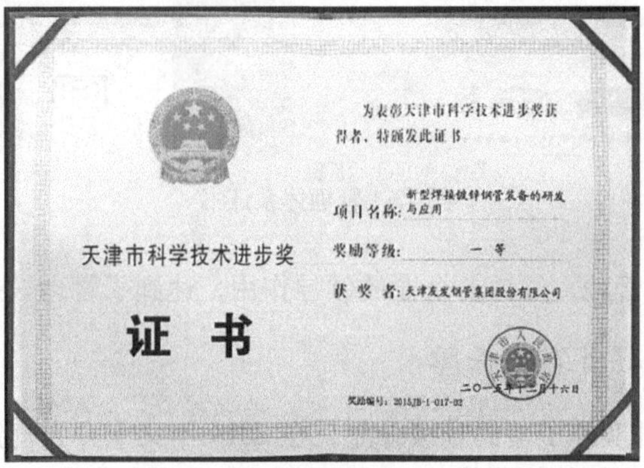

图 12　天津市科技进步一等奖

随着企业的发展壮大，友发又陆续推进了环境管理体系、职业健康安全管理体系、能源管理体系的认证。企业实施 ISO14001 体系标准是为了企业节约能源、降低消耗、变废为宝、降低成本的需要。友发通过建立和实施环境管理体系，减少了污染物的产生、排放，促进了废物回收利用，节约能源，节约原材料，避免了违法违规现象，减少了排污费，实现了企业运行成本的降低。

通过 ISO28001 职业健康安全体系在友发的建立，有效降低了企业经营的职业健康安全风险，预防损失，提高效益，达到企业永续经营的目的；通过运行，减少了员工的投诉或抱怨，员工满意度大幅提升，员工流失率逐年降低，增强了组织凝聚力；内部管理的改善得到促进，体现了友发以人为本的企业文化，友发的企业形象日益高升。

从 2016 年开始，经过两年多的努力，友发集团在 2018 年陆续开展了能源管理体系的认证工作。企业通过从体系的全过程出发，遵循系统管理原理，经过实践验证了一套完整的标准、规范，在组织内建立起了一个完整有效的、科学规范的能源管理体系，通过建立和实施过程的控制，使企业在过程中不断优化，在节能监测、能源审计、能效对标、内部审核、组能能耗计量与测试、组织能量平衡统计、管理评审、自我评价、节能技改、节能考核等方面，不断地提高体系改进的有效性，实现了能源管理方针和承诺，并达到了预期的能源消耗和使用目标。

友发集团通过管理体系的持续运行，大大提升了企业的管理控制水平并有了显著成效：一是组织机构的优化，建立了高效的业务流程组织机构，减少了中间环节。在职能划分时也避免了过多过深的交叉，部门之间的接口得到了合理的衔接。二是锻炼了队伍，经过不断反复培训、检查、考核，友发现拥有一批体系内审员，为体系的实施落地打下了良好的基础。三是建立管理体系监督、考核和评价机制，通过

图 13　管理体系证书

实施，规范了企业的管理过程管理，发挥了企业的领导作用，达到了管理效果。

（四）持续深化营销，提升客户保障

友发集团从 2013 年提出并实施了营销升级计划，在 2014 年又上升为营销革命，目的就是通过一系列的质量升级、品牌升级、服务升级等具体措施，进一步提升品牌知名度和市场占有率，彻底转变营销模式，由“坐商”到“行商”，和经销商一起面向终端用户。2015 年以来，在全行业一片萧条的环境下，友发集团却逆势而上，无论在产销规模、市场占有率还是企业效益等方面均取得了近年来最好的成绩。这一局面的形成，与多年来推行由营销升级向营销革命的转变是分不开的。未来，友发集团将坚定不移地将营销革命进行到底，与优秀的合作伙伴顺应时势，带动经销商持续发展，提升盈利能力，保持市场优势地位。

在品牌宣传方面，友发集团先后参加境内外建材展、消防展、城博会等专业展会 30 余次，投放钢材市场广告牌 35 块；门头 215 个，并通过友发官网、微信公众号，以及兰格、我的钢铁、钢之家等专业网站进行线上宣传，网上点击浏览次数突破 130 万次，产品报价覆盖 131 个地级市。

在订单拉动方面，经过几个月的试行，从订单占比率和订单满足率入手，狠抓供产销一体化，确保不缺货、不断货。逐步建立起不再依靠钢价涨跌、赌市场的经营模式，通过小批量、快节奏的准时化生产，实现经销商和生产企业库存周转天数的降低，为后期区域中心的建立探索经验。

在客户服务方面，友发集团在行业内率先全面取消方矩管垫杠，虽然每吨成本增加了几十元，但成本压力内部挖潜消化，不对客户涨价，保障客户利益。2019 年，友发集团将继续推进“7+28+112 计划”，提升经销商终端客户服务能力，扶持的经销商数量将会增加到 112 家。帮助客户提升自身企业管理能力，并提供支持，投入资源，包括召开推介会、邀请终端客户参观工厂等，支持经销商做透当地市场，做强、做大自身企业。

对于服务终端客户，尤其是全国性的重点终端客户，友发集团也将全力支持有能力的经销商进行服务对接，并提供相应资金支持，友发集团高层也将会对重点客户进行协同拜访。

把红旗插到各地级和县级市场，将销售网络进一步向三、四线城市延伸是友发集团深度分销的目标。

图 14　友发客户大会

为支持经销商开拓市场，各子公司都将出台相关激励政策和保障措施。

由于友发产品属于钢铁加工制品，产品成本受上游原材料影响很大，通过建立随原料同步调价的价格体系后，并通过友发集团内外部宣传渠道，强化下游客户对此价格模式的认知，降低了全集团的价格风险。在此基础上，友发集团覆盖了全网 130 多个城市的网络报价，为终端用户的采购定价提供了保障。在钢管行业和终端行业都形成了一定影响力，提升了品牌认知度。

（五）布局精益生产，环保升级伴行

按照友发集团的整体战略部署，未来几年内精益生产将成为全集团的重要工作。通过科学有效的举措和办法，实现降低库存、提高效率、降低成本，朝着“零库存”的远大目标迈进。

作为生产型企业，推行精益化生产是提升企业核心竞争力的必然选择，更是现代生产制造业迈向国际化的必由之路。按照精益化生产理论，库存是万恶之源，“零库存”不仅要根除资金浪费、搬运浪费、仓储投资等浪费，更重要的它是一种思维方式。对内重在生产管理和组织，要求全员参与杜绝浪费、持续改进活动，通过持续创新改进，为企业插上科技的翅膀，最终降低成本提升产品竞争力；对外采用订单式拉动，逐步增强产、供、销的计划性，零库存的推行就是彻底转变运行模式，它既是精益化生产成功的标志，更是市场成熟的标志。

2017 年，友发集团成立了精益生产组织，完善了各级组织架构。从集团到企业、分厂、车间、班组都成立了精益生产领导小组，由各级生产主要负责人担任组长，每个企业和分厂均设立精益生产办公室，负责统计、监督、档案、申报、对接等工作，各岗位都制定出了岗位职责、工作目标。各企业及分厂、车间、班组均制定了精益生产推进办法，目标明确、奖罚分明。并且集团每月月初召开集团精益生产例会，会议采用通报、呈现、点评、培训的多重方式进行，各企业及分厂主要领导干部均在参与。

结合实际，友发集团陆续从五个方面入手：一是强化管理，各项指标精细化，实现成本降低，增强产品竞争力。二是全面创新，引领行业发展。三是从订单拉动做突破口，逐步实现库存降低，直至“零库存”。四是落实关心员工，增强幸福感指数。五是完善用途品类定位，做好质量基础工作。友发集团一直坚持“上层下决心，中层增信心，下层保恒心”的理念，充分调动了全体员工积极性和工作热情。打造成了“比、学、赶、帮、超”的良好氛围，达到了细化分解、严格考核、全员受益的目标。

2018 年全集团共收到合理化建议 146877 条，采纳 103270 条，收到合理化建议数比 2017 年提升了 101.44%，采纳合理化建议数比 2017 年提升了 131.84%，采纳率达到了 70.31%。完成小改小革项目 2814 项，比 2017 年提升了 35.35%。共评选创新项目 599 项，累计创造效益 7460 万元、发放创新成果类奖金 1010 万元。初步实现了降本增效、增加自动化程度、改善工作环境、提高产品质量的目标。

精益生产是以“杜绝浪费、持续改进”为精髓的管理模式，非常适合友发。结合企业实际，友发集团聘请了第三方精益管理咨询公司，制定了质量管理、设备管理、班组建设等 13 个模块，从根本上提升基础管理水平，全面降低成本。友发德众在试行后取得显著效果，邯郸友发也已启动，集团公司其他企业接下来将会陆续推行。

友发集团始终视环保为良心工程，并认为绿色、智能化也是企业发展的必然趋势。近年来累计投入 6 亿元，升级环保工艺、设备，改善员工的工作环境，按照 3A 级景区标准来打造工厂。目前，友发一分公

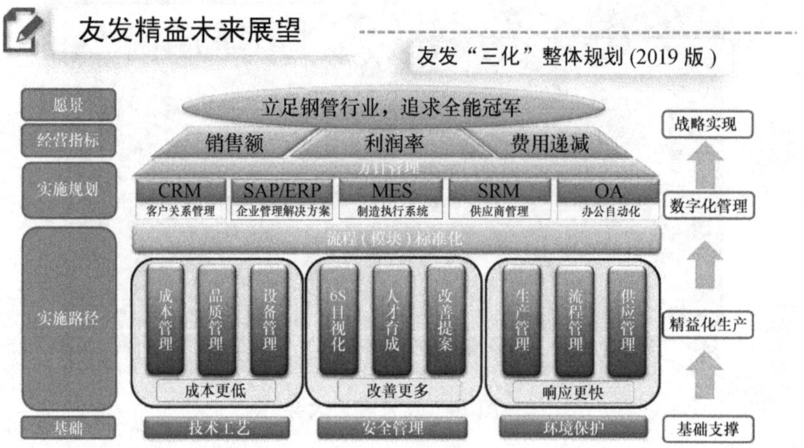

图 15　友发精益发展框架图

司已通过国家工信部认证的国家第三批“绿色工厂”，陕西友发更是按照绿色标杆工厂整体建设的。未来，友发集团下属企业也将陆续展开绿色工厂建设。

同时，为了加强友发各子公司、分公司员工的环保意识、提高自主环境管理水平、加快建设合法合规的环境友好型企业，友发集团还聘请了第三方环保咨询公司提供综合环境咨询服务，如环保法律法规、环保政策咨询、环评、竣工环保验收、应急预案、环境管理、污染治理设施技术改造方案研讨、指导帮助完成企业环境监测等工作。

友发集团的环保工作始终走在行业前列，得到了政府和监管部门的高度认可，也最大限度降低了因环保因素停产限产影响，为保障货源打下坚实基础。

（六）供产销一体化，168 保运输

2018 年 10 月 26 日，随着友发集团第四大生产基地-陕西韩城友发钢管公司的正式投产，将极大满足西南、西北客户的需求。2019 年友发集团将在全集团内继续推进订单拉动工作，杜绝或减少出现缺货、断货情况，真正实现供产销一体化。

（1）集团深化供产销协调机制。通过销售、生产、供应强化沟通和协调，相互监督，持续改进。销售对排产和实际需求持续进行对比分析，不断地提升了对市场预测的准确性，提高了产线产能效率；企业的生产严格执行以销定产，小批量、快节奏；供应加强和钢厂的沟通协调，保证紧缺规格带钢的供应。同时鼓励用户提报月、旬订单计划，按规定给予优惠。

（2）强化原料及半成品供应。首先是与上游钢厂建立了战略合作关系，保障带钢供应的及时性和带钢质量；其次是搭建物资调拨平台，强化集团内各公司供应的沟通协调，实现各公司间紧缺规格带钢和焊管的合理调度；最后，充分发挥物产友发经营带钢、有现货库存的蓄水池作用，响应客户紧急订单需求。

（3）市场信息共享。友发将了解的行业信息、市场预测、规格品种走势、新品种开发等信息及时反馈给下游合作伙伴，便于大家了解市场变化，提高订单计划的准确率。确保实现好原料、好工艺、好品质、好环保的健康产业链。

“168 运友”运输平台是让客户体会智慧物流带来的变化，享受到了合法合规前提下的更低运费成本、更高运输效率的体验。

（1）利用专业的团队帮助客户搭建自身运力池。截至 2018 年 10 月底，168 运友物流已整合钢材运输专用车辆 6.2 万余台，2019 年友发集团继续拓展车源，丰富客户的运力池，努力做到让天下没有难找的车，为客户降低运输成本。

（2）利用技术创新优化客户物流管理。目前可以实现所有车辆的实时监控，同时所有的历史数据均会在平台软件上形成数据看板、智能报表等，让数据一目了然。2019 年友发集团将免费开放这些功能给所有经销商客户使用，让客户享受更智慧的物流管理。

（3）利用风险处理机制让运输再无后顾之忧。平台免费为客户的每笔运输订单在线投递货物保险，

并出台“1224”的纠纷处理机制，承诺客户“1小时发现风险，2小时反馈，24小时内平台先行赔付”。

（4）运友物流作为独立的第三方服务平台，面向所有客户开放，不局限于友发提货的业务，其他运输业务友发都可以提供给用户免费使用。同时，用最低的开票成本，为客户开具10%的运输类增值税专用发票并承诺票源的真实合规，以此让所有合作伙伴在运输环节中更省钱，更放心。

三、产品技术特点

友发集团目前拥有“友发”和“正金元”两大品牌，生产直缝焊接圆管、方矩管、热镀锌钢管、钢塑复合管和螺旋焊接钢管等五大产品品类及高速公路相关设施，主要应用于流通类和结构类两大领域。

表1　产品规格、用途及执行标准

序号	主要产品		产品规格	功能用途	执行标准
1	高频直缝焊接钢管		DN15～200mm圆管	广泛用于水、煤气、空气、油和蒸汽等低压流体输送及机械结构等	GB/T 13793—2016 GB/T 3091—2015
2	热镀锌钢管		DN15～200mm圆管	广泛用于消防供水、燃气、空气、油、采暖蒸汽等低压流体输送及机械结构等	GB/T 13793—2016 GB/T 3091—2015
3	内衬塑复合钢管		DN 15～300mm圆管	用于高级用水输送	GB/T 28897—2012
4	涂塑复合钢管		DN15～500mm圆管	用于消防供水系统、建筑给水输送、化工流体输送、穿线保护等领域	GB/T 28897—2012
5	螺旋双面埋弧焊接钢管		ϕ219～2020mm，厚度可达20mm	主要用于石油、天然气等承压长输管线，也可用于水	GB/T 9711—2017 SY/T 5037—2012 SY/T 5040—2012
6	方矩型钢管/热镀锌方矩型钢管		（20mm×20mm）～（400mm×400mm）方管 （20mm×40mm）～（300mm×500mm）矩管	广泛应用于钢结构施工、机械制造、汽车制造、造船、电力等诸多行业	GB/T 6725—2017 GB/T 6728—2017

友发集团下属单位及主要业务及产品如表2所示。

表2　友发集团下属单位及主要业务及产品

序号	单位名称	主要业务及产品
1	天津友发钢管集团股份有限公司第一分公司	直缝焊接钢管和镀锌钢管 低压流体输送用焊接钢管、低压流体输送用焊接钢管（热镀锌）、直缝电焊钢管、直缝电焊钢管（热镀锌）
2	天津友发钢管集团股份有限公司第二分公司	直缝焊接钢管
3	邯郸市友发钢管有限公司	直缝焊接钢管、镀锌钢管、螺旋焊接钢管和方矩焊管
4	陕西友发钢管有限公司	直缝焊接钢管、镀锌钢管、方矩焊管、方矩镀锌管

续表 2

序号	单 位 名 称	主要业务及产品
5	唐山友发钢管制造有限公司	直缝焊接圆管
6	唐山正元管业有限公司	直缝焊接钢管、镀锌钢管
7	天津友发管道科技股份有限公司	螺旋焊管和钢塑复合管
8	天津市友发德众钢管有限公司	方矩焊管、方矩镀锌管
9	天津物产友发实业发展有限公司	公司集中采购公司
10	天津友发钢管集团销售有限公司	集团性规模销售

四、友发未来发展的六大转变

（一）从规模增长转变为效益增长

历经近二十年的建设与发展，产销规模是友发成长的直观标志之一。从创业之初的年产一万多吨，到 2018 年 1400 万吨，友发集团始终以提升产品附加值为核心，实现产销规模的自然增长。未来，友发集团将继续加大品牌宣传力度，提高高附加值产品的占比，在发挥品种规格齐全、成本价格等优势外，还要走向功能细化，按产品功能进行分类。四大生产基地，也要围绕功能专用管和新型管材研发狠下功夫，逐步树立友发产品的全国性领军品牌形象。

（二）从简单钢管加工转向全产业链竞争局面

2017 年以来，友发集团在上游、下游、管件和电子物流几个方面加快推进全产业链的布局：向上游，与钢厂结成更为紧密的合作关系，确保钢管原料在质量品质、供货及时以及价格方面具有竞争优势；向下游，联合全国各地经销商加大终端用户直销力度，建立稳固的直销渠道，按照钢管的不同用途，深入各行业终端客户，并尝试投资发展下游产业等，拓展管件等管材配套产品。

（三）从单一的生产创新转变为全流程创新

友发集团除了精益生产提倡创新以外，今后也要继续做各种新事物的大胆尝试，如：推进 ERP 建设、推进预算管理、勇于尝试钢材期货等。

（四）从立足国内市场转变为放眼全球市场

国家的“一路一带”战略，已经明确要把国内的基础建设原材料，源源不断地输送到“一带一路”相关的 65 个国家，覆盖 50 亿人口，这些国家经济总量约为 39 万亿美元，相当于再造了 4 个中国市场。友发集团要抓住这次历史机遇，尝试国际化发展，将友发的产品推向全球的各个角落。

（五）从粗放生长转变为借势资本加速成长

友发集团创业至今，超常规的快速发展壮大，取得了今天的良好局面。未来的发展，友发集团已经明确了迈向资本市场，借势资本的力量，实现跨越发展，大力推进企业上市进程。

（六）从成本领先优势转变为人才领先优势

如果用一句话概况友发过去近二十年来的发展战略，就是：成本领先。这是过去友发成功的核心竞争力。在今后的发展中，友发集团依然依靠“人才领先”优势，做好梯队建设，为百年友发奠定基础。

近 20 年的成绩已经成为历史，今天的友发人又站在了一个新的起点上。友发人时刻坚信，胸怀利他、广泛合作，抓住科技和资本的两个翅膀，一定能实现全能冠军的梦想！

（1）新台阶，经营指标再上新台阶；

（2）新时代，围绕新国标实现了产品质量升级，钢管产品标准迈入新时代；

（3）新实践，营销革命再创佳绩，收获了更多的新实践；

（4）新高度，全集团的创新工作，硕果累累；

（5）新机遇，集团的战略布局与对外合作，再结硕果；

（6）新起点，运友物流业务，迅速成长；

（7）新关怀，帮助内部员工提升幸福指数；

（8）新工具，加强信息化建设工作，向智能制造发展。

铸质量发展的万里长城，兴企业发展的百年大计。在追求企业卓越品质发展的路上，友发极速前行。以“超越自我，成就伙伴，百年友发，共建和谐”为使命，时刻秉承“共赢互利信为本，同心并进德为先”的核心价值观，发扬“律己利他，合作进取”的友发精神，“立足钢管行业，追求全能冠军”。在未来的发展中，友发集团将锐意进取，勇往直前，为把友发钢管打造成为受人尊敬的幸福企业而不懈努力。

“干”字文化传承六十一载，为打造“国之利器”不懈努力

（宝鸡石油钢管有限责任公司）

一、公司简介

宝鸡石油钢管有限责任公司简称宝鸡钢管或BSG，前身是宝鸡石油钢管厂，始建于1958年，是我国“一五”期间156个重点建设项目之一，也是我国第一个大口径螺旋缝埋弧焊管生产厂家。建厂60余年来，已发展成为专业化的钢管制造和技术服务商。

公司主要为国内外油气长输管道建设和油气勘探开发提供钢管装备的研发、制造、服务与保障，产品覆盖油气输送管、油套管、连续管、管材防腐、焊接材料和钢管辅料等多个领域，形成输送管、油套管、连续管和技术服务“四大业务”，是中国石油天然气集团有限公司建设世界一流综合性国际能源公司的必要组成部分。

公司拥有宝鸡输送管公司、辽阳钢管公司、资阳钢管公司、克拉玛依公司、西安专用管公司、宝鸡专用管公司、连续油管公司等七家全资直属企业，秦皇岛宝世顺公司、上海宝世威公司等二家控股企业，分布在我国东北、华北、华东、西北、西南和新疆等“六大发展区域”，形成了“九个生产基地、四个出海通道”，产业布局合理，区域优势明显。

公司钢管综合产能180万吨，最大产能260万吨（其中：螺旋缝埋弧焊管158万吨、JCOE直缝埋弧焊管25万吨、HFW直缝焊管15万吨、油套管60万吨、连续管2万吨），钢管防腐2340万平方米（其中：内防腐1140万平方米，外防腐1200万平方米），弯管3000件、焊丝5000吨，焊剂4000吨，涂料6000吨，管端保护环45万件，螺纹保护器120万件。

建厂至今，公司已累计生产输送管逾2000万吨/30万公里，铺设重点管线200余条；生产油套管260万吨、连续管3万吨。参与了国内几乎所有油气长输管道建设，供管比例达55%以上；在国际市场，产品已出口美国、加拿大、俄罗斯、印度、沙特、荷兰、土库曼斯坦、哥伦比亚等40多个国家和地区。

公司技术实力雄厚，于1977年创建原石油部焊管研究所，2010年扩建为钢管研究院，是我国焊接钢管生产工艺研究、试验检测和科技情报中心，也是国家和行业标准起草单位，主办国内行业唯一的技术期刊——《焊管》杂志。是国家级创新型企业和国家火炬计划重点高新技术企业，2014年建成行业唯一的国家石油天然气管材工程技术研究中心。

装备水平“六个第一”：我国第一条螺旋埋弧焊管生产线、第一条中口径ERW直缝焊管生产线、第一条高频焊热张力减径（SEW）油套管生产线、第一条螺旋预精焊生产线、第一条埋弧焊剂生产线和亚洲第一条连续管生产线。

工艺技术“十个领先”：超高强度X90/X100油气输送管制造技术、适用于地震带的抗大变形管制造技术、1500米以上深海高压油气输送管制造技术、X90大口径厚壁弯管制造技术、深水钻井用隔水管母管制造技术、双金属冶金复合管制造技术、高钢级ERW高频焊管制造技术、高性能连续油管制造技术、高频焊热张力减径（SEW）钢管制造技术和高性能膨胀管制造技术。

公司以新发展理念统领发展全局，努力构建和谐企业，是首批“全国文明单位”“全国绿化模范单位”“全国五一劳动奖状”“全国模范职工之家”“全国五四红旗团委”荣誉单位。主导产品先后荣获“国家免检产品”“中国名牌产品”“全国用户满意产品”等荣誉称号。

二、主要发展历程

宝鸡钢管六十一年的发展历史，大体可分为三个阶段：建厂初期艰苦创业、工厂时期变革发展、改制以来做大做强。

（一）建厂初期艰苦创业（1958—1960年）

党的八大关于以经济建设为中心的要求，使发展石油工业成为国家重要的战略任务。当时的石油机

械工业还很落后，国内无一家生产大口径输油、输气焊接钢管的厂家。仅有的直缝管生产处于工艺落后、产量偏低、质量不优的窘迫境地，急需建设我国自己的输油输气钢管生产基地。因此，1956年国家从苏联引进了第一套大口径螺旋焊管机组—650机组，计划在鞍钢安装。后来，国家从平衡钢铁工业生产能力的合理布局出发，为了不使冶金生产企业过于集中，同时考虑就近利用酒泉钢铁公司生产的带钢原料，决定在西部地区建设钢管厂。

1957年8月至次年2月，冶金部委托北京黑色冶金设计总院会同钢铁工业局组成工作组，赴西北选择厂址，经过反复比较、优化，最终选定厂址为宝鸡市，定名宝鸡钢管厂。

1958年，作为我国第一个五年计划156项重点建设工程之一，宝鸡钢管厂肩负着祖国石油装备制造起步的重任，应运而生。1958年7月28日主厂房破土动工。建厂之初，第一代宝鸡钢管人发扬“大干、苦干、巧干”的“干”字精神，仅用一年零两个月的时间就把生产线建成投产。

1959年9月26日，这是宝鸡钢管厂历史上值得纪念的日子，经过连续七十多个小时的紧张调试，我国第一根ϕ426mm单面螺旋埋弧焊管诞生了！产品调试成功后，经过短暂的准备，10月1日正式投产，向国庆十周年献上了石油人的一份厚礼。

（二）工厂时期变革发展（1960—2002年）

1960年以来，一直到2002年5月，是企业发展日渐成熟的历史时期。伴随着共和国石油工业的起步、发展，宝鸡钢管从计划经济一步一步走向市场经济，在历史的长河中经历风雨，在市场经济的大潮中搏击风浪，几代宝管人团结平博，企业从弱小逐渐成熟起来，也代表了我国石油钢管制造事业的发展历程。

1961年3月经国务院批准，工厂隶属关系从冶金部划归石油工业部，更名为“石油工业部宝鸡钢管厂”。

1970年石油工业部军管会下发文件，由部署下放陕西省燃化局，后又隶属陕西省石化厅，1971年更名为“陕西省宝鸡石油钢管厂”。

1978年与宝鸡石油机械厂合并为宝鸡石油综合机械厂，陕西省宝鸡石油钢管厂为综合机械厂第一分厂。1979年两厂分开，恢复陕西省宝鸡石油钢管厂。

1991年划归中国石油天然气总公司，更名为“宝鸡石油钢管厂”。

在“650”车间正常生产的情况下，工厂不断追求技术进步，全体员工克服困难，艰苦奋斗，又连续投资建设了以下生产线：

1969年建成了螺旋高频焊管生产线，1995年改为螺旋埋弧焊管生产线。

1970年建成了直缝高频小管生产线，2001年报废拆除。

1988年8月15日，从西德引进16英寸直缝高频电阻焊管生产线剪彩投产。

1993年建成新纵剪生产线。

1994年从美国引进设备，建成了石油套管生产线。

2001年为满足西气东输工程用钢管需求，建成了大口径螺旋焊管生产线和钢管内涂层生产线。

（三）改制以来做大做强（2002—2018年）

2002年6月28日，宝鸡石油钢管有限责任公司挂牌成立，这是企业发展史上的里程碑，从此，企业发展掀开了崭新的一页。改制后，宝鸡钢管大力实施机构创新、技术创新、制度创新、管理创新等，全面提升经营工作水平，提高市场占有率，保证公司经济效益的稳步提升；加快新项目建设步伐和新产品开发，不断增加新的经济增长点，为企业发展增加后劲；积极参与国内焊管产业的资产重组和资源整合，加快构建钢管板块；抢抓西气东输、印度管线等重大历史机遇，实现了跨越式发展，走上了持续稳定协调发展的快车道。

2003年5月，宝鸡钢管公司与马来西亚UMW公司合资组建了上海宝世威石油钢管制造有限公司。

2006年12月，宝鸡钢管公司与马来西亚UMW公司合资组建了中油宝世顺（秦皇岛）钢管有限公司。

2007年7月将管道局辽阳钢管厂整体划转至宝鸡石油钢管厂，更名为宝鸡钢管辽阳钢管厂（2014年

12 月改制更名为辽阳石油钢管制造有限公司)；同年 10 月，将四川石油管理局资阳钢管厂整体划转至宝鸡石油钢管厂，更名为宝鸡钢管资阳钢管厂（2014 年 12 月改制更名为资阳石油钢管有限公司)。

2010 年 7 月成立宝鸡输送管分公司（2015 年 4 月投资新设立宝鸡石油输送管有限公司)；同年 9 月成立西安专用管分公司。

2011 年 6 月成立宝鸡钢管克拉玛依有限公司。

2017 年 4 月为了适应市场发展要求，做强优势产品，确保连续油管产品和服务在行业中的引领作用，成立连续油管分公司（原宝鸡专用管分公司连续油管分厂)。

2018 年 4 月新注册成立宝鸡宝管石油专用管有限公司（原宝鸡住金石油钢管有限公司解散)。

目前，宝鸡钢管公司拥有七家全资直属企业、二家控股企业，分布在我国东北、华北、华东、西北、西南和新疆等“六大发展区域”，形成了“九个生产基地、四个出海通道”，产品覆盖流体输送管、油套管、连续管、管材防腐、焊接材料和钢管辅料等多个领域，形成输送管、专用管、连续管和技术服务“四大业务”，钢管综合产能 180 万吨，已发展成为我国专业化的钢管制造和技术服务商。

三、产品介绍

公司产品主要包括螺旋缝埋弧焊钢管、直缝埋弧焊钢管、高频直缝电阻焊钢管、无缝油套管、SEW 油套管、连续管、RTP 管、热煨弯管等。公司拥有装备、技术先进的 28 条钢管生产线，并建设有配套钢管防腐、辅料加工生产线。

（一）生产线及产能

（1）螺旋缝埋弧焊钢管生产线 13 条，年综合产能 98 万吨；

（2）JCOE 直缝埋弧焊钢管生产线 1 条，年综合产能 15 万吨；

（3）高频直缝电阻焊钢管和表层套管生产线各 1 条，年综合产能 15 万吨；

（4）无缝/SEW 油套管生产线 7 条，年综合产能 60 万吨；

（5）连续管生产线 1 条，年综合产能 1.5 万吨；

（6）非金属连续管（RTP）生产线 2 条，年综合产能 1200km；

（7）热煨弯管生产线 2 条，年综合产能 6000 件。

（二）主要产品介绍

1. 螺旋缝埋弧焊钢管

主要用途：产品用于石油、天然气、煤气、盐卤、水等各种流体及矿浆、煤粉等液态和粉态固体输送；用于酸性腐蚀环境、海洋环境及低温环境等特殊环境下石油、高压天然气输送；用作工程结构管和打桩管。

执行标准：API Spec 5L　管线钢管规范；ISO3183　石油和天然气工业管道运输系统用钢管；GB/T 9711　石油天然气工业管线输送系统用钢管；其他用户技术条件。

钢级：API Spec 5L 系列；

PSL1：A、B、X42-X100；

PSL2：BM、X42-X100M；

GB/T 9711 系列；

PSL1：L210-L485；

PSL2：L245M-L690M；

外径：219～2500mm；

壁厚：5～25.4mm；

长度：8～18.3m（根据用户特殊要求，单根最长可达 50m)。

2. 直缝埋弧焊钢管

主要用途：产品用于石油、天然气、煤气、盐卤、水等各种流体及矿浆、煤粉等液态和粉态固体输送；用于酸性腐蚀环境、海洋环境、地质运动活跃环境及极地环境等特殊环境下石油、高压天然气输送；

用作热煨弯管母管、工程结构管和打桩管。

执行标准：API Spec 5L　管线钢管规范；ISO3183　石油和天然气工业管道运输系统用钢管；GB/T 9711　石油天然气工业管线输送系统用钢管；其他用户技术条件。

钢级：API Spec 5L 系列；

PSL1：A、B、X42-X100；

PSL2：BM、X42-X100M；

GB/T 9711 系列；

PSL1：L210-L485；

PSL2：L245M-L690M；

外径：508~1422mm；

壁厚：6~40mm；

长度：8~12.5m。

3. 高频直缝电阻焊钢管

（1）HFW 输送管：

主要用途：产品用于石油、天然气、成品油和矿浆的高压输送；可为机械、化工、建筑、冶金、矿山等行业提供各类不同用途的钢管。

执行标准：API Spec 5L　管线钢管规范；ISO3183　石油和天然气工业管道运输系统用钢管；GB/T 9711　石油天然气工业管线输送系统用钢管；其他用户技术条件。

钢级：API Spec 5L 系列；

PSL1：A、B、X42-X70；

PSL2：BM、X42-X70；

GB/T 9711 系列；

PSL1：L210-L485；

PSL2：L245M-L485M；

外径：139.7~426mm；

壁厚：3.2~12.7mm。

（2）表层套管：

主要用途：产品用于支撑油井、气井、注水井井壁，从地表下入已钻井眼作最外层衬壁用钢管。

执行标准：API Spec 5B　套管、油管和管线管螺纹加工、测量和检验规范；API Spec 5CT　套管和油管规范；ISO11960　石油和天然气工业油井套管和油管用钢管；ISO10422　石油和天然气工业油管、套管和管线管螺纹检测；其他用户技术条件。

钢级：H40、J55、K55；

外径：139.7~339.7mm；

壁厚：5.87~12.7mm。

4. 油套管

公司油套管包括无缝油套管、SEW 油套管等 API 系列产品；包括 BJC-1 型特殊扣、BSG 高抗挤套管、抗 H2S 腐蚀油套管、膨胀套管等非 API 系列产品。

（1）油管：

主要用途：产品用于常规油、气井和复杂井况石油、天然气勘探开发。

执行标准：API Spec 5CT 套管和油管规范；API 5B 套管、油管和管线管螺纹加工、测量和检验规范；Q/SY-BG 1576 高频焊热张减套管和油管。

外径：60.32~114.3mm；

壁厚：4.82~13.72mm。

（2）套管：

主要用途：产品用于支撑油井、气井、注水井井壁，从地表下入已钻井眼作衬壁用钢管。

执行标准：API Spec 5CT 套管和油管规范；API 5B 套管、油管和管线管螺纹加工、测量和检验规范；

Q/SY-BG 1026 套管特殊螺纹测量和检验；Q/SY-BG 1027 高频焊热张减高抗挤套管；Q/SY-BG 1576 高频焊热张减套管和油管。

外径：114.3～177.8mm；

壁厚：5.21～13.72mm。

5. 连续管

连续管也称柔性管或盘管，具有强度高、塑性好和一定抗腐蚀性。与普通油管不同的是连续管无螺纹连接，单根长度可达数千米，并按一定长度缠绕在卷筒上交付使用。宝鸡钢管是国内第一家具备生产该产品能力的公司，也是连续管国家标准《连续油管》（GB/T 34204—2017）的牵头起草单位。

主要用途：连续管及其作业装备被称作“万能作业机”，按用途连续管可分为下井工作管柱、速度管柱和连续管线管。下井工作管柱主要应用于气举诱喷排液、冲洗井、冲沙解堵、清蜡、替泥浆、酸化、打捞、压裂等20多种测井、修井、钻井和完井井下作业；速度管柱主要应用于低压低渗透井排液增产，也可代替油管直接用作完井管柱；连续管线管主要应用于陆上油田地面集输管线和海洋钻井平台集输管线。

执行标准：API Spec 5ST 连续管规范、GB/T 34204—2017 连续油管、Q/CNPC-BG 1023 连续油管规范、API Spec 5LCP 连续管线管规范、SY/T 6700 连续管线管。

单根长度：最长 8000m；

外径：25.4～88.9mm；

壁厚：1.91～6.435mm；

钢级：工作管柱 CT55-CT130、速度管柱 HO70-HO80、连续管线管 X52C-X90C。

6. RTP 管

RTP 管又称增强热塑性塑料管，具有良好的柔韧性、抗腐蚀性、耐高压、耐冲击、耐磨损、重量轻、容易连接、可盘绕、长距离无接头快速铺设等特点，单根长度可达 3500 米。

主要用途：产品用于油气集输管道、高压注醇管道、油田注水管道、海洋油气输送、海洋立管、压裂返排液回收利用管道、煤层气输送、盐卤输送、化工管道、温泉水输送管道和其他腐蚀性介质输送等领域。

执行标准：SY/T 6662.2 石油天然气工业用非金属复合管　第 2 部分：柔性复合高压输送管；SY/T 6794 可盘绕式增强塑料管线管的评定；API RP 15S 可盘绕式的增强塑料线管的评定。

内径：17～125mm；

壁厚：6.5～20.5mm；

单根长度：最长 3500m；

公称压力：2.5～32MPa。

7. 技术服务

宝鸡钢管以市场需求为导向，以用户需求为己任，树立“成就客户就是成就自己”的理念，面向市场、贴近用户，以产品带动服务，以服务求发展，不断提升用户价值。

（1）定制化研发及生产。以满足用户个性化要求为目的，“一对一”开展产品的定制化研发、定制化生产，实现合作共赢。

（2）连续管制造+服务。开展连续管现场维护管理、现场对接及检测、疲劳寿命预测、废旧连续管回收等全生命周期管理服务。

连续管产品租赁业务、井下作业工具代理业务。

连续管代替普通油管、现场下速度管柱等业务。

连续管 EPC 总包服务和成套解决方案服务。

（3）油套管代储代销+直达配送。建立西安、西南、新疆、东北储备配送中心，利用信息系统互联实现供需信息实时共享和产品实时供给，实现从工厂到井场的一站式“直达配送”，高效保障油田产建需求。

（4）特色技术服务。针对用户需求提供管道设计选材、安装施工工艺技术咨询、管道运行检测等技术服务；针对油田库存油套管、短节、接箍等废旧物资，提供维修服务，通过“再制造”，使长期压库物资重新投入使用。

（三）主要业绩及典型应用

1. 螺旋缝埋弧焊钢管

（1）螺旋缝埋弧焊钢管主要业绩如表 1 所示。

表 1　螺旋缝埋弧焊钢管主要业绩

管 线 名 称	外径×壁厚/mm×mm	钢　级	数量/t
八三管线	720×7/9	X52	150000
西气东输管线（一、二、三线）	1016×14.6/1219×18.4	X70/X80	1505144
陕京四线	1219×18.4/22	X80M	212914
中俄东线天然气管道工程	1016×17.5/1422×21.4	X80M	93298
中亚管线	1067×15.9	X70	122184
印度东气西送	1219×17.2	X70	591224
兰郑长成品油管线	660×8.7/10.3	L450	102000
沙特阿美管线	1168×16.89/11.73	X70	64400
轮南-吐鲁番输气管线	1016×14.6	X70	85277
临汾-长治输气管线	711×8.74	L450M	42317
靖西一、二线与三线联络线	914×12.7/16	L485M	17462
资中县水库联网工程	2420×22	Q235B	26873
乌审旗-图克镇输水管线	1220×22	Q345B	16738
天水市城区引洮供水工程	1220×18	Q345C	10197
咸阳市彬长矿区输配水工程	1220×16	Q345C	10508
大唐三门峡电力公司厂外供水管道	1220×12/14	Q345C	10077
咸阳市彬长矿区输配水工程	1220×12/16	Q345C	10508
庆城县城区供水输水管道工程	762×10	Q235B	10370
白银市热电联产项目	1220×14	Q235B	16635
太原市集中供热太古项目	1420×18/20	Q235B	49605
瑞行热力长安热网项目	1220×15/18	Q235B	30504
国电荥阳电厂热源入郑集中供热管网工程	1420×16/18	L290	24543
豫能热电厂热网工程	1420×12/14/16/18	L360	14070
埃及桩管项目	2030×35	S355J0	115000
洪都拉斯桩管项目	1200×12/14	X52	12655
秘鲁桩管项目	914×21	X52M	9988

（2）典型应用。八三管线是我国建设的第一条长距离、大口径输油管线，总长 2471kg，历时 5 年，于 1975 年建成。为了支援八三管线建设，宝鸡钢管公司援建大庆、哈尔滨、四平、辽阳、鞍山、大连等 6 条螺旋焊管生产线。

西气东输一、二、三线，是国家“十一五”“十二五”重点工程，横贯我国天然气基础管网的东西两端，把中亚和我国西北部的天然气源源不断地输往能源需求量庞大的中部、东南地区。宝鸡钢管公司作为主力供货商之一，累计为该工程提供优质钢管 150 万吨，占总需求量的 1/3，获得“优秀供应商”称号。

印度“东气西送”天然气输送项目，钢管规格为 ϕ1219mm×17.2mm，钢级 X70，全长 1400km。宝鸡钢管公司成功中标该项目 59 万吨，是中国石油装备制造企业单项产品一次性出口的最大订单，也是国际上单次授标量最大的螺旋焊钢管制造合同。

资中县水库联网工程项目，总投资 12 亿元，管道长度总计 39km，管径 2420mm，采用外防腐耐候型双环氧涂层，内防腐无溶剂环氧涂料，是宝鸡钢管公司承揽的超大口径输水管线项目之一。

洪都拉斯桩管项目，单根钢管长度 50m；埃及桩管项目，单根钢管重量 42t、长度 34m；是宝鸡钢管公司承揽的超长超重大口径桩管项目。

2. 直缝埋弧焊钢管

（1）直缝埋弧焊钢管主要业绩如表 2 所示。

表 2　直缝埋弧焊钢管主要业绩

管 线 名 称	外径×壁厚/mm×mm	钢级	数量/t
中俄东线北段	1422×21.4/25.7	X80M	101418
西气东输一线江如支干线	1016×21	X70	39200
西气东输二线平顶山-泰安支线	1016×21	X70	17285
西气东输二线上海支干线	1016×21	X70	48085
陕京三线良乡-西沙屯段	1016×21/26.2	X70	10957
陕京四线	1219×(18.4~33)	X80M	154232
漠大线	813×(16~17.5)	X65	43852
中缅原油管道工程（国内段）	813×(9.5~17.5)	X70	5140
中缅天然气管道工程Ⅱ（国内段）	1016×15.3	X80	15513
大沈线	711×(12.5~19.1)	L485	23473
内蒙古大唐国际天然气管路	914×(11.3~18.3)	X65	12597
东西伯利亚-太平洋管道	1067×14	X70	48058
中卫-贵阳联络线工程	1016×(15.3~18.4)	X80	34650
土库曼斯坦南约工程	1420×16.5	X70	32949
哥伦比亚管线项目	1067×17.5	X70	7246
伊宁-霍尔果斯煤制气支线管道项目	1219×22	X80	5105
大沈线松岚-营口段天然气管道工程	711×16	L485	19312
大庆-锦西原油管道工程（大庆-新庙段）	813×9.5	X65	9151
中卫-贵阳联络线工程Ⅱ	1016×18.4	X80	18100
江都-如东天然气管道工程（泰兴-芙蓉段）	1016×26.2	X70	18411
大沈二期管线	711×19.1	L485	8308
甬台温气线/金丽温气线	813×(10~17.5)	L450M	54725
铁大线（鞍-大段）	711×11/813×12.5	L450M	11496
董-潍-鲁输油工程	711×(8.8~13)	L450M	29628

（2）典型应用。中俄东线北段管线工程是我国首条采用 1422mm 超大口径、X80 高钢级管材、12MPa 高压力等级的跨境天然气长输管道工程，是中国石油服务“一带一路”、构建我国四大能源运输通道的重大工程。项目地处严寒地区，是国内当前管径最大、钢级最高、壁厚最厚、低温韧性要求最高的输气项目，宝鸡钢管公司为该项目提供了优质的直缝埋弧焊钢管和螺旋埋弧焊钢管，成为主要供应商之一。

陕京四线输气管道工程是“西气东输”战略通道的延伸，是陕京输气系列管线的一部分，对缓解京津冀地区冬季供气紧张局面、实现大气污染治理目标具有重要意义。宝鸡钢管公司为该项目提供优质直缝埋弧焊钢管 15.4 万吨，保障了项目如期完工。

3. HFW 输送管

（1）HFW 输送管的主要业绩如表 3 所示。

表 3　HFW 输送管主要业绩

管 线 名 称	规格/mm	钢级	数量/t
兰成渝成品油管线	ϕ323.9	X52	9900
忠武天然气工程枝江-襄樊支线	ϕ406.4	X52	12460
西南成品油管线（茂名-昆明）	ϕ406.4	X60	30666
珠三角成品油管线	ϕ406.4	X60	13983
昆钢大红山铁矿浆管线	ϕ244.5	X65	9147

续表3

管线名称	规格/mm	钢级	数量/t
大港石化-济南-枣庄成品油管线	ϕ355.6	L360MB	11514
福建液化天然气（LNG）管线	ϕ406.4	L415MB	4000
长岭-株洲成品油管线	ϕ406.4	L415	10717
石家庄-太原成品油管线	ϕ355.6	L450	7085
704泵-独山子天然气管线	ϕ426	L360MB	6915
兰郑长成品油管线	ϕ273.1	L245MB	21708
昆明-大理成品油管线	ϕ323.9	X60	6506
延长石油延炼-西安成品油管线	ϕ426	L415	9445
中石油十堰-枣阳天然气支干线	ϕ406.4	X52	12169
中石油山东天然气管网日照联络支线	ϕ406.4	L360MB	15806
中石油西气东输二线	ϕ406.4	L360	21151
中石油云南成品油管道工程	ϕ323.9	X52	18320
中石油南疆天然气利民工程	ϕ273.1	X42	7611
长庆马惠原油管道	ϕ355.6	L360M	8408
延113-延133井区天然气集输工程	ϕ406.4	L415M	6959
云南天然气支线管道工程红河支线	ϕ323.9	L290M	10019
定边-靖边原油输油管道三线工程	ϕ355.6	L360M	6342
乏燃料后处理工业示范厂项目	ϕ406.4	L245M	8105
克拉美丽气田增压及深冷工程	ϕ273.1	L245M	9375

（2）典型应用。昆钢大红山铁矿管道工程是云南省重点项目，敷设复杂程度和输送压力高。宝鸡钢管公司以优质的钢管质量得到用户的赞誉。

南疆天然气利民工程作为中国石油援助新疆的一号工程，于2010年7月开工建设，2013年8月管网投入运营。宝鸡钢管公司提供的优质产品，全方位保障工程的顺利实施，使南疆地区各族人民从“烟熏火燎的柴煤时代”跨入“清洁干净的天然气时代”。

4. 油套管

（1）油套管主要业绩。宝鸡钢管公司油套管产品广泛应用于国内各大油田，主要客户有长庆油田、新疆油田、延长油田、大庆油田、吐哈油田、青海油田、玉门油田、冀东油田、长城钻探等油田及钻探公司，产品出口土库曼斯坦国家石油公司、英国管材公司、斯伦贝谢等海外公司，累计销售量超过350万吨。

（2）典型应用。SEW套管是填补国内空白的专利产品，与无缝套管相比具有内在质量好、几何精度高、抗挤溃性能优异等优点，其中，SEW高抗挤套管在岩盐层、泥岩层、高压注水井等高地层压力的油井广泛应用，能有效地抵御地层高压。该类产品已在长庆油田、新疆油田、青海油田等油田单位累计使用16万余吨，得到石油行业用户的广泛赞誉。

BJC-1型特殊扣套管是由长庆油田、石油管工程技术研究院和宝鸡钢管公司联合开发，针对油田工况“量身定做”的定制化产品，具有优异的经济性、良好的接头密封性、便于清洗接箍台肩处沙子及杂物等特点。产品已在长庆油田、新疆油田累计使用2万余吨。

5. 连续管

（1）连续管主要业绩。宝鸡钢管公司连续管产品填补了国内空白，替代了进口。产品自2009年6月投放市场以来，累计销售3万余吨/800万米。国内主要客户有长庆油田、青海油田、新疆油田、大庆油田、中石化华北油田、中石化西南等油田用户，川庆钻探、安东石油、杰瑞能源、仁智油服等油服和钻探公司，江汉机械研究所、宝石特车等特车装配用户，国内市场占有率始终第一，产品已出口俄罗斯、伊朗、伊拉克、印度等多个国家和地区。

（2）典型应用。2018 年，用户对苏 14-16-33 井连续服役近 7 年的速度管柱进行第三方检验，管体各项性能指标均达到设计要求，连续管速度管柱产品质量得到用户和检测机构的广泛认可。

2016 年，宝鸡钢管公司生产的 CT110 连续管在川庆钻探长宁区块连续作业 72h，各项作业指标均达到了施工设计要求，创国内连续管最高钢级使用新纪录，CT110 钢级连续管销量已超过 2000t。

2018 年，宝鸡钢管公司按照“定制化研发及生产”模式，为川庆钻探公司生产的 3 盘去内毛刺连续管产品，在威远页岩气井威 H202 平台首次成功进行了完井作业，得到用户的肯定。

四、科技研发

（一）科研机构

公司是国家火炬计划重点高新技术企业和国家创新型企业，拥有我国石油天然气管材领域唯一一家代表国家开展管材新产品研发、工程化研究、科技成果转化、检测评价和人才培养的国家级科研机构——国家石油天然气管材工程技术研究中心。

（二）人才队伍

2013 年，公司被国家人力资源和社会保障部、全国博士后管理委员会联合批准建设博士后科研工作站，被陕西省人才办批准建设陕西省院士专家工作站。公司拥有各类科研人员 500 多人，其中硕士研究生以上 80 余人，高级工程师以上 100 余人；拥有享受国务院特殊津贴专家 2 人，中国石油天然气集团有限公司技术专家 4 人。

（三）科研装备

公司建成了多功能数字化焊接试验平台等 5 个世界先进水平的研发试验平台和 2 个国际一流的中试试验基地，拥有金属材料力学实验室等 20 多个实验室，取得了国家 CNAS 实验室认可证书和陕西省 CMA 计量认证证书，拥有热模拟试验机、透射电镜等试验检测仪器设备 100 余台（套），设备原值近两亿元。

（四）合作与交流

公司坚持“开放、合作、共享”的原则，先后与美国、英国、俄罗斯、日本等国家的科研机构、专家学者开展了密切的合作交流，与国内外著名高校、科研机构、钢铁企业及油田公司建立了长期稳定的合作关系，并以项目为纽带开展了多项技术攻关工作。

（五）科研成果

通过科技创新，公司先后获得省部级以上科技奖励 30 余项，其中：国家科技进步一等奖 1 项、省部级特等奖 1 项、一等奖 3 项；申请国家专利 170 余件，授权国家专利 90 余件；发表论文 200 余篇，出版专著 3 部，论文集 2 册；主持和参与国家、行业、企业标准 30 余项，其中：国家标准 7 项、行业标准 8 项。

五、所属企业介绍

（一）宝鸡输送管公司

宝鸡石油输送管有限公司是宝鸡石油钢管有限责任公司所属的主力油气输送钢管制造企业。公司是 2010 年 7 月由宝鸡石油钢管有限责任公司整体划转其宝鸡本部生产经营性资产组建而成。公司位于陕西省宝鸡市，拥有铁路专用线，交通运输便利。

宝鸡石油输送管有限公司的螺旋焊钢管生产线，始建于 1958 年，是“一五”期间 156 个重点建设项目之一，也是我国第一条螺旋缝埋弧焊钢管生产线。经过 60 年的发展，公司已发展成为西北地区集制管、防腐业务于一体的现代化、花园式企业。公司生产技术先进，装备精良，拥有五条国内一流的螺旋缝埋弧焊钢管生产线，其中两条为国内外技术先进的前摆式预精焊螺旋缝埋弧焊钢管生产线；拥有两条国内一流的钢管外防腐和一条钢管内防腐生产线；拥有一条供热管道工程保温管生产线。公司主导产品为螺旋缝埋弧焊钢管、外防腐内涂敷钢管、保温管等，产品覆盖直径 323.9～1620mm、钢级 L210～L690M（X100）、壁厚 6～25.4mm 各种规格的双面螺旋缝埋弧焊钢管。年综合产能为焊接钢管 30 万吨、内外防腐 480 万平方米。

（二）辽阳钢管公司

辽阳石油钢管制造有限公司是宝鸡石油钢管有限责任公司全资输送钢管制造企业，始建于 1966 年，2011 年公司成功实施搬迁改造，提升了装备及工艺水平和质量保证能力，实现了产业链的完善和延伸。公司位于辽宁省辽阳市，毗邻鞍山与本溪两个国家重点钢铁生产基地和鲅鱼圈出海港口，产品出口便捷，拥有铁路专用线，交通运输便利。

公司拥有两条国内一流的螺旋埋弧焊钢管生产线，拥有一条国内一流的钢管外防腐和一条钢管内防腐生产线。产品覆盖直径 406.4～2438mm、钢级 L210～L690M（X100）、壁厚 6～25.4mm 各种规格的双面螺旋缝埋弧焊钢管。年综合产能为焊接钢管 15 万吨、内外防腐 300 万平方米。

（三）资阳钢管公司

资阳石油钢管有限公司是宝鸡石油钢管有限责任公司全资输送钢管制造企业，始建于 1971 年，2008 年完成搬迁及改扩建。经过近半个世纪不懈努力，公司与中国石油工业共同成长，已发展成为中国西南规模最大、实力最强、质量最佳、市场占有率最高、四川省名优产品推广目录中唯一的螺旋埋弧焊钢管制造和防腐综合性企业，公司践行低碳环保理念，厂区环境优美，成为地方工业经济发展的一张“名片”。公司位于四川省资阳市雁江区城南工业园，拥有铁路专用线与成渝铁路连通，交通运输便利。

公司拥有两条国内一流的螺旋缝埋弧焊钢管生产线，拥有一条国内一流的钢管外防腐和一条钢管内防腐生产线。产品覆盖直径 219～2500mm、钢级 L210～L690M（X100）、壁厚 6～25.4mm 各种规格的双面螺旋缝埋弧焊钢管。年综合产能为焊接钢管 15 万吨，内外防腐 300 万平方米。

（四）宝世顺公司

中油宝世顺（秦皇岛）钢管有限公司是由宝鸡石油钢管有限责任公司与马来西亚 UMW 公司共同出资组建的中外合资企业，公司地处秦皇岛经济技术开发区，距首钢秦皇岛首秦钢厂 50 公里，距秦皇岛港口 20 公里，产品出口便捷，拥有铁路专用线，交通运输便利，是集制管、防腐于一体的现代化钢管制造企业。

公司拥有一条从德国引进世界先进的大口径直缝埋弧焊钢管生产线，产品覆盖直径 508～1422mm、钢级 L210～L690M（X100）、壁厚 6～40mm，年综合产能为 15 万吨。拥有一条国内一流螺旋埋弧预精焊钢管生产线，产品覆盖直径 508～2420mm、钢级 L210～L690M（X100）、壁厚 6～25.4mm，年综合产能为 14 万吨。拥有两条国内一流的钢管外防腐和两条钢管内防腐生产线，内外防腐 600 万平方米。拥有两条热煨弯管生产线，年综合产能为 6000 件。

（五）克拉玛依公司

宝鸡钢管克拉玛依有限公司是宝鸡石油钢管有限责任公司的全资子公司，成立于 2012 年，是集制管、防腐为一体的专业化钢管制造企业，是中国石油支持新疆跨越式发展的重点建设项目之一。公司位于“世界石油城”-克拉玛依市，毗邻 201 省道、217 国道及奎北铁路，周边地区油气资源丰富，企业面向新疆，辐射中亚，产品出口便捷，交通运输便利。

公司拥有一条国内外技术先进的预精焊螺旋缝埋弧焊钢管生产线，拥有一条国内一流的钢管外防腐和一条钢管内防腐生产线，产品覆盖直径 406～1620mm、钢级 L210～L690M（X100）、壁厚 6～25.4mm 各种规格的双面螺旋缝埋弧焊钢管，年综合产能为焊接钢管 12 万吨，内外防腐 300 万平方米。

（六）西安专用管公司

宝鸡石油钢管有限责任公司西安石油专用管分公司，成立于 2010 年，是集油套管管坯生产和加工制造业务于一体的专业化油套管生产企业。公司拥有西安、宝鸡两个生产基地，西安生产基地位于陕西省西安市泾河工业园，宝鸡生产基地位于陕西省宝鸡市，地理位置靠近西部各大油田，拥有铁路专用线，交通运输便利。

西安生产基地拥有国内外技术先进的三条管加工生产线、一条热处理生产线、一条管端加厚生产线，宝鸡生产基地拥有国内外技术先进的一条 HFW 焊管生产线、一条热张力减径生产线、三条管加工生产线、一条热处理生产线、一条管端加厚生产线。产品覆盖直径 60. 3～177. 8mm、壁厚 4. 83～13. 72mm、长度 6000～12500mm，J55、N80、P110、Q125 及以上钢级 API 产品，BJC-1 型 N80Q、80S、95S、P110 等钢级特殊扣产品，BSG-110TT 系列的高抗挤、BX55、BX80 钢级的膨胀管等非 API 产品，年综合产能为 50 万吨，其中西安生产基地 30 万吨、宝鸡生产基地 20 万吨。

（七）宝鸡专用管公司

宝鸡宝管石油专用管有限公司前身为原宝鸡住金石油钢管有限公司，是 2000 年 12 月由宝鸡石油钢管厂、日本住友金属工业株式会社和日本住友商事株式会社共同出资建立的合资公司。2018 年 4 月，日方将所持有股份全部转让给中方，注册成立宝鸡宝管石油专用管有限公司。公司位于陕西省宝鸡市，地理位置靠近西部各大油田，拥有铁路专用线，交通运输便利。

公司拥有全套设备从原联邦德国引进，具有世界先进水平的一条直缝高频电阻焊管（HFW）生产线，产品覆盖直径 139. 7～426mm、钢级 L210～L485M（X70）、壁厚 3. 2～12. 7mm 各种规格的直缝高频电阻焊钢管，年综合产能为 15 万吨焊接钢管；拥有一条全套设备从美国引进，具有世界先进水平的石油表层套管及接箍（OCTG）生产线，产品覆盖直径 139. 7～339. 7mm、壁厚 5. 87～12. 7mm、长度 6000～12500mm，H40、J55、K55 钢级 API 产品，年综合产能为 10 万吨石油表层套管和 22 万件套管接箍。

（八）宝世威公司

上海宝世威石油钢管制造有限公司是由宝鸡石油钢管有限责任公司与马来西亚 UMW 公司共同出资组建的中外合资企业，是集制管、防腐于一体的现代化钢管制造企业。公司位于上海宝山区，毗邻宝武集团上海生产基地，靠近港口，产品出口便捷，交通运输便利。

公司拥有两条国内一流的螺旋埋弧焊钢管生产线，拥有一条国内一流的钢管外防腐和一条钢管内防腐生产线。产品覆盖直径 273～2438mm、钢级 L210～L690M（X100）、壁厚 6～22mm 各种规格的双面螺旋缝埋弧焊钢管，年综合产能为焊接钢管 12 万吨、内外防腐 300 万平方米。

（九）连续油管公司

连续油管分公司是宝鸡石油钢管有限责任公司所属的专业生产研发连续管的企业，2009 年建成投产。公司位于陕西省宝鸡市，拥有铁路专用线，交通运输便利。

公司拥有亚洲第一条、世界第三条连续管生产线，产品包括工作管柱、速度管柱、连续管线管和特殊用途连续管四大类产品，产品覆盖直径 25. 4～88. 9mm、钢级 CT55～CT130（X52C～X90C）、壁厚 1. 91～6. 35mm，单卷最大长度 8000m，年综合产能为 1. 5 万吨。拥有两条国内外技术先进的非金属连续管（RTP 管）生产线，产品覆盖内径 17～125mm、壁厚 6. 5～20. 5mm、公称压力 2. 5-32MPa、单根最大长度 5000m，年综合产能 1200 千米。

公司的连续管产品，被国家科技部、商务部等部委认定为“国家重点新产品”，陕西省名牌产品，中国石油“自主创新重点产品”等荣誉称号，产品在国内各大油田获得了广泛的应用，并远销俄罗斯、中东等国家。

六、公司资质

宝鸡钢管公司在同行业中率先获得了中国船级社和挪威船级社颁发的质量管理体系证书；获得了北京中油认证有限公司颁发的环境管理体系、职业健康安全管理体系及健康安全环境管理体系认证证书；公司检验机构获得中国合格评定认可委员会颁发的试验室认可资质证书；公司产品取得了 TS 国家特种设备制造许可证书、API（美国石油学会）会标使用证书。

此外公司产品远销国际市场，通过了沙特阿拉伯国家石油公司、荷兰壳牌石油公司、波兰天然气公司、南非石油公司及英国 BP 石油公司等国际知名石油公司的供应商资质审核。

七、售后服务

（1）服务理念：钢管未到，服务先行。

（2）服务团队：公司有一支由生产、技术、销售各部门骨干人员组成的售后服务团队，并安排专业的售后服务人员，长期进驻中转站及管道施工现场，为用户提供免费的售后服务。

（3）服务热线：公司设立了咨询及售后服务热线，根据用户需求 24 小时提供相关的产品技术指导、建议及售后咨询服务。

1）宝鸡输送管公司：
产品：螺旋缝埋弧焊钢管；
电话：0917-3398586，3398581。

2）辽阳钢管公司：
产品：螺旋缝埋弧焊钢管；
电话：0419-3663549，3663562。

3）资阳钢管公司：
产品：螺旋缝埋弧焊钢管；
电话：028-26395088，26395065。

4）宝世顺公司：
产品：螺旋缝埋弧焊钢管、直缝埋弧焊钢管、弯管；
电话：0335-5353033，5353030。

5）克拉玛依公司：
产品：螺旋缝埋弧焊钢管；
电话：0990-6630082，6630071。

6）西安专用管公司：
产品：石油油管、套管；
电话：0917-3398617，3396077。

7）宝鸡专用管公司；
产品：表层套管、HFW 输送管；
电话：0917-3398411，3398105。

8）宝世威公司：
产品：螺旋缝埋弧焊钢管；
电话：021-51798006，51798037。

9）连续油管公司：
产品：连续管、RTP 管；
电话：0917-3399515，3399513。

（4）应急响应：在合同约定交货期的基础上，如果用户需提前交货，我公司可根据用户要求积极与钢厂协调组织原料供应，优先安排生产。

（5）风险控制：铁路运输和公路运输的钢管，我公司都已全额投保，以减少第三方控制发生意外时的损失。

（6）服务提升：工厂竭诚根据客户需求进行其他各项服务支持，为客户提供个性化服务，并进行服务满意度调查，不断提升宝鸡钢管公司服务能力及水平。

（7）服务监督：公司诚恳接受用户的投诉、建议和监督，并会及时将用户的投诉建议进行回复。

（8）监督电话：0917-3398507，3398537。

八、未来展望

抚今忆昔，岁月如歌。作为诞生了新中国第一根大口径螺旋缝埋弧焊钢管的生产企业，宝鸡钢管始终伴随着石油工业的发展一路风雨兼程。从八三会战到西气东输，从国内市场到国际市场，61 年艰苦奋斗，61 年奉献石油，与管同行，以优制胜，宝鸡钢管已发展成为专业化钢管制造和技术服务商，为国家经济建设、管道事业和石油工业发展做出了突出的贡献。

展望未来，前程似锦。宝鸡钢管作为中国石油装备制造技术创新的主力军和先锋队，将继续深入贯彻落实党的十九大精神和新发展理念，秉承“干”字当头的企业精神，充分发挥“13449”中长期发展思路的战略引领作用，以建设“国内第一、国际一流”的专业化钢管制造综合服务商为愿景目标，按照 2020、2025、2035 年三个阶段“三步走”的战略部署，坚持创新、高端化、国际化和成本领先四大战略，坚持高质量稳健发展方针，积极探索科学发展的新模式，围绕油气和非油气领域两条价值链，坚持先进制造业与现代服务业双赢，输送管业务、油套管业务、连续管业务、服务业务“四业并举”，推动企业深化改革和转型升级，不断提升公司综合实力和企业形象，切实提升公司产品核心竞争力，要以全面保障管道建设和油气勘探开发为己任，坚定地扛起在油气装备领域打造国之利器的重大责任使命，全力为客户创造价值。我们期盼与管道设计、工程建设、油气勘探开发领域的同仁和海内外广大客户携手共进，共谋发展！

敢闯敢干、锐意进取，勇当改革开放的弄潮儿

（中国石油集团渤海石油装备制造有限公司）

一、引言

2019年是新中国成立70周年，也是改革开放40年后的新起点，伴随着改革开放的四十年间，也是渤海装备钢管制造业务快速发展的四十年，随着改革开放的不断深化、国家的不断繁荣富强，渤海装备公司钢管制造企业在改革开放的大潮中，栉风沐雨、砥砺前行，积极抢抓改革开放的大好机遇，坚持“引进来，走出去”的企业发展战略，先后与多家外资企业合作成立了华油一机图博涂层有限公司，渤海能克钻杆有限公司，华油钢管有限公司，巨龙钢管有限公司，卡麦龙球阀有限公司等合资公司。为了适应市场变化，满足用户需求，又先后成立了华油钢管扬州分公司，弯管管件公司，南京巨龙钢管公司，新疆钢管有限公司，福建钢管有限公司等钢管制造企业，企业规模快速扩张，企业实力不断增强。企业从只能生产螺旋埋弧焊管，发展到可以生产直缝埋弧焊管、高频直缝焊钢管、弯管、管件、球阀等产品，形成了全国产品系列最齐全的油气输送装备制造企业。钢管制造业务从原来的青县产业园区发展到扬州、南京、新疆、福建、天津等多个生产基地，形成了在国内布产业局合理、运输便捷、最具竞争优势的油气输送装备企业。

渤海装备的钢管生产能力，从改革开放前年产钢管不足5万吨，发展到当前年产钢管140万吨。从仅能生产煤气、输水、热力等城市管网用钢管，发展到能够承接高压、大口径的跨国油气输送管线用钢管。作为国内重要油气管线建设的主要设备供应商，渤海装备公司先后为陕京一线至四线、西气东输一线至三线、中缅管线、中俄原油一线二线、兰郑长管线、涩宁兰成品油管线、中亚天然气A、B、C线、中俄天然气东线等国家重点工程建设提供钢管1000多万吨，为服务国家重点能源动脉建设，保障国家能源供应安全做出了突出贡献。此外，渤海装备公司钢管制造业务还主动与国际标准接轨，积极拓展国际市场，先后大批量出口钢管到苏丹、印尼、巴基斯坦、印度、俄罗斯、坦桑尼亚等多个国家和地区，成为国际上最具竞争力的输送装备制造企业之一。

这四十年来，渤海装备人肩负振兴民族工业的重任，积极消化吸收国内外先进技术和管理经验，不断加强自身科技队伍建设，大力开展自主科技研发，新产品层出不穷，新技术不断进步。所属钢管制造企业和个人先后获得了X80钢管系列产品研制获得了国家科技进步一等奖，全国总工会“五一劳动奖状”，“五一劳动奖章”以及“国家西气东输建设先进集体 ”，“全国用户满意企业”等国家级荣誉七项，省部级表彰与奖励四十余项。标志着渤海装备公司的钢管制造业务经过改革开放四十年的洗礼，逐步成长为全国最具实力，“国内领先、国际一流”的输送装备制造企业。

盐碱荒滩，白手起家，爱国创业，求实奉献。

在荒芜落后的创业时期，他们众志成城、披荆斩棘。

在陷入危机的逆境岁月，他们凝心聚力、共度时艰。

在快速成长的黄金阶段，他们抢抓机遇、跨越发展。

先辈们发扬“为国争光、为民族争气”的大庆精神和“有条件要上，没有条件创造条件也要上”的铁人精神，白手起家，奋发图强，用勤劳与智慧、热血与汗水在一块块贫瘠的土地上建起了一座座大型的现代化钢管厂，谱写了一曲雄壮豪迈的创业之歌，开拓出一条持续稳定发展的经营之路。

下面让我们一起来见证，渤海装备四十年的发展历程，上万名石油职工留下的光辉的奋斗足迹。

二、发展历程

（一）艰苦创业 碱滩会战（1976—1980年）

1976年8月19日，原石油化学工业部规划院下发63号文件，批复在河北省青县筹建华北石油综合机修厂的扩初设计方案，由内燃机拖拉机修理、制管、铸锻毛坯和钻采配件四个车间组成。标志着华北

石油第一机械厂（华北石油钢管厂）正式诞生。

自 1976 年春开始，千余名职工从宝鸡石油机械厂、宝鸡石油钢管厂、大港油田、长庆油田、大连起重设备厂等单位陆续云集到古运河畔的青县，在盐碱荒滩上安营扎寨，展开了气势磅礴的建厂大会战。在物资短缺，生活极其困难的条件下，一机厂的先辈们发扬大庆铁人精神，吃粗粮，住帐篷，战寒暑，斗风雨，自力更生，艰苦奋斗，用辛勤的汗水谱写了一首首创业之歌。先后建成内拖、制管两大主体厂房，实现当年建设，当年投产的豪迈誓言。

1976 年严冬，在缺少机械设备的条件下，会战职工发扬“有条件要上，没有条件创造条件也要上”的大庆铁人精神，自力更生，用铁锹、钢钎、铁锤等简陋工具，砸开冻土，挖土填沟，修建厂区大道。

1977 年 4 月，制管厂房基础破土动工。为争时间抢速度，全厂职工家属男女老少齐上阵，经过连续十个昼夜的艰苦奋战，一万五千立方米土方量的制管厂房基础用人工挖掘完成。

1978 年 8 月，经过十六个月紧张建设，制管车间厂房建成封顶；10 月，开始埋弧钢管生产设备的安装和调试；12 月 21 日，我厂生产的第一根 ϕ529mm 埋弧焊钢管下线。

（二）夯实基础 走向市场（1981—1990 年“六五”和“七五”期间）

20 世纪 80 年代初，受国民经济调整的影响，工厂部分计划项目下马停建。同时，工厂正处于由计划经济向商品经济转轨，开始面对来自市场的考验。困扰中厂党委提出“不等不靠，不向上级伸手要，坚决不戴亏损帽”的口号，在巩固建厂初期成果的基础上，建章立制，完善管理，各方面工作稳步发展。

1980 年以后，工厂推行全面质量管理，即 QC 管理法。坚持对 QC 小组建设活动的检查指导及全员教育，开展技术革新活动，加强产品质量管理。

工厂立足油田市场需求，挖掘生产潜力，大搞技术革新，自主开发新产品。1983 年，建成了一条高频焊管生产线，生产的 ϕ219mm 螺旋焊管在市场上供不应求。1985 年，小直缝车间投产。1987 年，制管埋弧机组改造。

1989 年，工厂进入国家二级企业行列，投产 ϕ630mm、ϕ720mm、ϕ820mm 三种大口径钢管。同年 6 月获总公司“质量管理奖”。

1987 年至 1989 年，工厂实施厂长任期目标管理，全厂按照国家二级企业标准，自检自查，完善提高，推动企业管理上水平，三年迈了三大步。先后荣获石油部文明工厂、河北省先进企业，1989 年获得国家二级企业荣誉，成为全局唯一获此殊荣的二级单位。

1990 年 8 月 19 日，与美国休斯公司签订钻杆内涂层设备技术引进合同。

1990 年 11 月，我厂 ϕ630 螺旋焊管一举中标国家重点工程——黑龙江哈尔滨伊兰煤气高压专用管线。这是我厂建厂以来钢管首次中标国家重点工程项目，为拓展东北乃至全国社会市场起到了重大推动作用。

（三）解放思想 开拓创新（1991—2000 年“八五”和“九五”时期）

自 1991 年开始，借助改革开放和邓小平南行讲话的春风，全厂职工全力克服原料涨价、市场萎缩、资金短缺、任务不足等诸多困难，以高昂的斗志和永争先的胆识，上下一心，同舟共济，奋发图强；进一步转变经营机制，调整产业结构；招商引资，合资合作；开发新产品，拓展市场空间，取得了显著成绩。工厂生产经营步入快速发展的良性轨道，为工厂后期大发展奠定了坚实的基础。

1991 年 8 月，经美国石油学会 API 授权的权威机构检查考评认可，我厂钢管等主导产品获得美国 API 认证证书，取得了打入国际市场的通行证。

1995 年 5 月，我厂焊接钢管、石油专用管内涂层、柴油机大修、抽油机、固控设备等五大类主导产品通过 ISO9000 质量体系认证。我厂是中石油系统首家一次全部产品通过认证的单位。

1996 年 6 月，由我厂生产的 3000 吨“华宇”牌钢管出口韩国。这是我厂钢管首次打入国际市场，标志着我厂开辟国际市场销售战略的实现。1997 年 8 月，我厂钢管又漂洋过海，远销苏丹；石油专用管内涂层、渤海能克公司钻杆也先后出口印度尼西亚、委内瑞拉和哥伦比亚等国。

1995 年，我厂以质量、价格、技术等诸多优势，中标国家重点工程——陕京管线 X60 钢级 ϕ660mm 钢管 3 万吨。这是我厂首次中标我国高标准长输高压输气管线生产任务。

1995 年 7 月 10 日，我厂第一家国内合资公司—与辽河油田合资的华龙石油钢管防腐公司诞生；1996

年初，具有国际先进水平的3层PE防腐生产线正式投产，延伸了我厂钢管产业链，增加了产品附加值，扩大了市场空间。

1997年6月，由我厂招商引资并筹建的首家中外合资企业—渤海能克钻杆有限公司生产线正式建成投产。该生产线是我国规模最大的双台肩式钻杆生产线，填补了国内空白。

1995年8月11日，我厂首条防腐生产线破土动工。

1995年9月19日，我厂在陕京管线钢管决标中中标，签订3万吨X60钢级ϕ660钢管加工合同。

1996年1月10日，中央电视台经济台来厂拍摄《ISO9000认证在中国》专题片，2月10日在第二套《经济信息联播》中播出。

1997年11月1日，中国质量管理协会用户委员会通过用户评价调查，根据用户满意程度，评选我厂“华字”牌螺旋缝埋弧焊钢管为全国100个用户满意产品之一，并在《经济日报》《经济参考报》进行公告。

1998年9月1日，我厂“华字”牌螺旋缝埋弧焊钢管被评为河北省名牌产品称号。

1999年3月，我厂获得“中国质量管理协会98创优质名牌企业”荣誉单位，并在《经济日报》《中国质量报》《中国质量》等报刊进行宣传。

（四）抓住机遇 跨越发展（2001—2005年“十五”期间）

自2001年开始，工厂在国内外同行业市场竞争日益激烈的严峻形势下，坚持效益中心、市场导向的经营思想，做好求发展、拓市场、实改革、重科技、强管理五篇文章，全厂凝心、集智、聚力，抢抓机遇，以科学的决策和超常规的运作，催生了工厂跨越式大发展，先后谱写出西气东输钢管生产、多元化资本重组改制、科技创新发展、推行卓越绩效管理模式等历史新篇章，以辉煌的业绩践行着“追求卓越，真诚回报”的核心价值观。“十五”期间，工厂经济效益连年大幅攀升，创历史新高。

2000年10月23日，华油钢管有限公司合资合同在北京签订。

2000年10月，新世纪开始之际，从制管车间传来喜讯——螺旋焊钢管当月产量达10129吨，创历史新高。2000年以来，连续三届六年荣获“全国用户满意企业”荣誉称号。

2000年11月6日，大口径螺旋钢管合资项目经国家工商总局核准，确定名称为“华油钢管有限公司”。

2000年4月18日，巨龙钢管公司成立。5月18日，在河北省廊坊市举行了揭牌仪式，5月19日，召开了第一届董事会。

2001年2月15日，我厂与辽河石油勘探局油建一公司、美国联洋股份有限公司就合资组建中外合资河北青县华龙钢管防腐有限责任公司签订协议。

2001年3月27日至28日，我厂被评为2000年度河北省优秀企业。

2001年5月24日，我厂大口径螺旋钢管生产线生产出第一根质量合格的X70钢级钢管。

2002年7月8日，签定西气东输第二批合同用管13万吨螺旋钢管、6万吨直缝钢管，占西气东输国产化钢管的42%。

2002年7月27日，召开巨龙公司大直缝钢管生产线开工典礼，集团公司副总经理宣布生产线正式开工。

2002年10月26日，我厂被评为西气东输管道工程2002年度“质量月”活动先进单位。

2002年10月31日，我厂被评为河北省双文明单位。

2003年10月29日，我厂承担生产的西气东输钢管32万多吨全部发运完毕，占西气东输国产化钢管的42%。在西气东输钢管生产中，我厂实现了创全国十项第一，四项空白的历史性纪录。

2004年12月20日，我厂被中国石油和石油化工设备工业协会评为“中国石油专用管材制造业2004年十强企业”。

2004年12月21日，工厂卓越绩效管理标准修订完成，并正式发布。

2004年12月29—30日，参加在人民大会堂小礼堂召开的西气东输工程投产庆典暨表彰大会，我厂获得中华全国总工会“五一劳动奖状”和“国家西气东输工程建设先进集体”荣誉称号。华油钢管公司焊接技师牟新华荣获全国总工会“五一劳动奖章”。

扬州中直缝项目主体设备安装完成，带负荷连机联动一次成功，试生产出第一根钢管。常务副厂长、总工程师、厂长助理等领导到现场组织协调指导设备安装和试机工作。

为把握住西气东输历史性机遇，做大做强钢管制造及相关产业，开创辉煌未来，我厂决策者们科学运筹，积极应对，以超常规运作方式，加快科技进步以及设备改造、新项目建设、新产品开发、资产重组等先期工作，先后组建了华油钢管公司、巨龙钢管公司、华龙防腐公司，并兴建了大口径螺旋钢管、大口径直缝钢管、钢管减阻内涂层等三条生产线，对现有制管生产线进行重大技术装备改造，为迎战西气东输钢管生产做好全面准备。

2004 年 1 月 31 日，国家重点工程陕京二线 X70 钢级 ϕ1016mm×14.6mm、ϕ1016mm×17.5mm 钢管投入生产。这是我厂继成功生产出口苏丹、巴基斯坦管线和西气东输钢管之后，又一次承担高标准、高规格钢管生产任务，历时 10 个月，共生产钢管 12.7 万吨。

2004 年 4 月 19 日，总投资 2.58 亿元、年产能 15 万吨的 ERW 中直缝钢管生产项目在扬州市邗江工业园区开工建设。2005 年 12 月 30 日生产出第一根合格钢管，2006 年 4 月 7 日举行开业庆典，正式投产。

2005 年 3 月 26 日，由我厂研制生产的 X80 钢级 ϕ1016mm×15.3mm 螺旋焊管、ϕ1016mm×18.4mm 直缝焊管在西气东输冀宁支线 12 标段工程中首次投入使用，填补了我国 X80 钢级钢管应用的空白。这是国内首次将国产 X80 钢级钢管应用于高压油气输送管道。我厂生产的钢管占冀宁支线用管总量的 64.1%，是供管最多的厂家。2003 年度全厂销售收入突破 10 亿元大关。2005 年度全厂销售收入突破 20 亿元大关。

2005 年，为充分发挥科技第一生产力作用，我厂在原设计研究院基础上，经充分评估，由华油钢管公司、巨龙钢管公司合资组建了河北华油钢管设计研究院公司，按公司法人体制运营。

（五）继往开来，再铸辉煌（2006—2018 年）

2008 年 4 月，中国石油集团按照专业化重组、集约化经营、一体化管理的改革发展思路，组建成立了中国石油集团渤海石油装备制造有限公司，为公司的发展带来了新的机遇。各单位在渤海装备公司建设“国内领先、国际一流”的综合性石油装备制造企业的愿景目标指引下，始终坚持以效益为中心，以市场为导向，追求价值最大化，不断强化市场营销、科技创新、质量提升、管理创新和国际化经营，用执着的信念，追求价值、诚信回报，实现持续稳定跨越式大发展。

2007 年 11 月渤海装备青县产业园区首条预精焊钢管生产线开工建设，2008 年 10 月建成投产，从动工兴建到建成投产，仅用了 12 个月的时间。预精焊生产线是伴随着西气东输二线工程的开工建设而建成投产的。

2008 年 10 月 26 日，第一根采用预精焊生产工艺生产的 X80 钢级 ϕ1219mm×18.4mm 的螺旋埋弧焊钢管在这里成功下线，填补了国内预精焊生产工艺的空白，标志着我国螺旋焊管技术实现了一次重大飞跃。预精焊生产线可生产 X52～X120 钢级、ϕ660～1422mm 钢管，年产能 14 万吨。

预精焊生产线投产后，致力于高、精、尖产品的研制开发，抢占高端市场。2010 年 12 月成功研制出 X120 钢级 ϕ1422mm×15.3mm 螺旋缝埋弧焊管，填补了国内超高钢级大口径钢管制造技术的空白，为国家建设超高钢级管线做好了技术储备，实现了从 X52 到 X120 钢级钢管生产的全覆盖。先后承担了西气东输二线、陕京三线、西气东输支干线、中缅管线等国家能源骨干管网工程高钢级、大口径螺旋钢管生产任务。投产以来，累计生产钢管 31 余万吨，在国家能源管网建设中，谱写了辉煌篇章。

2007 年 10 月 11 日成立南京钢管有限公司，公司拥有一条世界先进、成熟的 JCOE 大口径直缝双面埋弧焊钢管生产线，一条钢管减阻内涂层生产线和一条外防腐生产线。

2011 年 5 月，为进一步推进渤海装备公司内部资源整合和产业结构优化调整，渤海装备公司决定成立新疆钢管项目部。新疆钢管项目是中国石油天然气集团公司落实中央新疆工作座谈会精神、优化产业布局的重点项目之一，2011 年 7 月 1 日，渤海石油装备新疆钢管有限公司在新疆克拉玛依市注册成立。6 日，为了进一步优化产业布局、降低运输成本，新疆钢管公司在乌鲁木齐建厂，成立渤海石油装备新疆钢管有限公司乌鲁木齐分公司。新疆钢管有限公司的成立对支援新疆经济发展、保证国家能源通道建设、开拓新疆及周边国家油气输送管市场具有重要战略意义。

2011 年 12 月 30 日，渤海装备公司下发《关于成立渤海装备制造有限公司福建钢管项目领导小组和项目部的通知》。2016 年 7 月 26 日，渤海装备公司下发文件，成立福建钢管公司。

三、主要改革成就

（一）优化产业布局，提升市场竞争能力

渤海装备公司位于天津市滨海新区，依托一带一路、京津冀协同发展国家战略，合理规划布局，服务市场需求，三大产业园区和七大产业基地遍布于六省一市；26种主导产品销往全国各大油田和全球40多个主要油气富集的国家与地区。

2004年12月，为了拓展钢管品种，更好的服务市场，华油钢管公司从日本引进了当时世界先进的钢管数字化柔性成型技术，在江苏省扬州市邗江区成立华油钢管有限公司扬州分公司，年产能15万吨。

2007年10月11日在江苏省南京市高新技术产业开发区成立南京钢管公司，公司拥有一条世界先进、成熟的JCOE大口径直缝双面埋弧焊钢管生产线，一条钢管减阻内涂层生产线和一条外防腐生产线。生产线主要生产和检验设备全部从德国、荷兰和奥地利引进，其他设备均为引用国际先进技术国内加工制造。公司有完善的质量保证体系，持有ISO9001质量体系认证、HSE/OHS/EMS三合一体系认证、美国石油学会API5L和API2B认证等证书。并建立了国家级认证的钢管理化性能实验室，具备雄厚的科技研发制造能力。

2011年5月，为进一步推进渤海装备公司内部资源整合和产业结构优化调整，渤海装备公司决定成立新疆钢管项目部。新疆钢管项目是中国石油天然气集团公司落实中央新疆工作座谈会精神、优化产业布局的重点项目之一，2011年7月1日，渤海石油装备新疆钢管有限公司在新疆克拉玛依市注册成立。6日，为了进一步优化产业布局、降低运输成本，新疆钢管公司在乌鲁木齐建厂，成立渤海石油装备新疆钢管有限公司乌鲁木齐分公司。新疆钢管有限公司的成立对支援新疆经济发展、保证国家能源通道建设、开拓新疆及周边国家油气输送管市场具有重要战略意义。

2011年12月30日，为了优化集团公司油气输送管产业布局，完善油气输送管产业链，满足西气东输入闽油气管道建设需要，增强集团公司制管企业在南部沿海地区的市场竞争力，充分发挥地域优势，开拓海外市场。渤海装备公司下发《关于成立渤海装备制造有限公司福建钢管项目领导小组和项目部的通知》。2016年7月26日，渤海装备公司下发文件，成立福建钢管公司。福州地理位置优越，物流通畅，信息发达，拥有便利的海运航线，以及四通发达的铁路、公路网，交通便利，同时距东南亚、中东等国际热点市场也较近。该项目的建成，对开拓海外市场具有重要战略意义。

输送装备业务拥有青县、南京、扬州、新疆、大港、福建六大制造基地，产品覆盖螺旋埋弧焊钢管、直缝埋弧焊钢管、高频直缝焊钢管、弯管管件、焊接球阀、钢管内外防腐等全产业链产品，是中国主要的中高端输送装备生产、研发制造企业之一，各基地具有完善的配套设施和便利的交通运输条件，可有效保障用户需求。

（二）加大新产品研发，填补多项领域空白

渤海装备公司产品覆盖螺旋埋弧焊钢管、直缝埋弧焊钢管、高频直缝焊钢管、弯管管件、焊接球阀、钢管内外防腐等全产业链产品，是中国主要的中高端输送装备生产、研发制造企业之一，各基地具有完善的配套设施和便利的交通运输条件，可有效保障用户需求。其中：

（1）直缝埋弧焊钢管：3条生产线，年综合产能55万吨；

（2）螺旋埋弧焊钢管：6条生产线，年综合产能80万吨；

（3）高频电阻焊钢管：1条生产线，年综合产能10万吨；

（4）热煨弯管：4条生产线，年综合产能1万件；

（5）管件产品：年综合产能2000件；

（6）高压球阀：年产能2100台（套）；

（7）内涂、外防生产线：8条自有生产线，年综合产能2880万平方米。

渤海装备公司现拥有中国石油天然气集团公司自主创新重要产品34项，其中输送管7项，分别为：

（1）X80钢级埋弧焊钢管；

（2）X80钢级DN1200/1400mm等径异径三通；

（3）X80钢级ϕ1219/ϕ1422mm感应加热弯管；

（4）X70 钢级螺旋缝埋弧焊钢管；

（5）HFW 焊接钢管；

（6）高压大口径长输管道球阀；

（7）X65、X70 钢级直缝埋弧焊管。

螺旋缝埋弧焊钢管分别为：

（1）2001 年 1 月，为西气东输工程试制出中国第一根 X70 钢级、ϕ1016mm×14.6mm 埋弧螺旋钢管，率先攻克技术难题和采用新技术 14 项，填补了 4 项国内空白，创造了 10 多项全国第一。

（2）2004 年 9 月，批量试制成功 X80 钢级 ϕ1016mm×15.3mm 螺旋焊管。

（3）2007 年底，公司研制的 X80 钢级 ϕ1219mm×18.4mm 螺旋缝埋弧焊钢管通过鉴定，成为国内首批 X80 钢管合格供应商，并大批量成功应用于西气东输二线。

（4）2008 年 10 月，国内首条大口径螺旋钢管预精焊生产线在该公司建成投产，并生产出第一根预精焊工艺 X80 钢级 ϕ1219mm×18.4mm 螺旋缝埋弧焊管。

（5）2010 年 4 月，成功试制出我国第一根 API 5L 标准 X100 钢级 ϕ1016mm×15.3mm 螺旋缝埋弧焊管。

（6）2010 年 9 月，成功试制出我国第一根 API 5L 标准 X90 钢级 ϕ1422mm×15.3mm 螺旋缝埋弧焊管。

（7）2010 年 12 月，成功试制出我国第一根 API 5L 标准 X120 钢级 ϕ1422mm×15.3mm 螺旋缝埋弧焊管。

（8）2012 年 1 月，成功试制出我国第一根 API 5L 标准 X80 钢级 ϕ1422mm×21.4mm 螺旋缝埋弧焊管。

（9）2012 年 12 月，完成了第一轮 X100 钢级 ϕ1219mm×14.8mm 螺旋焊管单炉试制。

（10）2012 年 12 月—2014 年 9 月，完成了 X80 钢级 ϕ1422mm×21.4mm、X90 钢级 ϕ1219mm×16.3mm 螺旋焊管单炉试制，试制原料为迁钢、本钢、京唐。管材产品各项性能指标均符合标准要求。

（11）2014 年 9 月，完成了 X80 钢级 ϕ1219mm×22.0mm 超大壁厚螺旋焊管小批量试制，试制原料为迁钢、太钢。

直缝埋弧焊钢管：

（12）2002—2003 年，成功实现了我国首条 X70 长输管道—西气东输 X70 ϕ1016mm×17.5mm 直缝焊管（联合舞钢）国产化任务，打破我国大口径直缝焊管长期依赖进口的局面。

（13）2004 年，承担并成功完成了我国首条 X80 试验段——冀宁联络线 X80 ϕ1016mm×18.4mm 直缝埋弧焊管（联合鞍钢）国产化任务。

（14）2006—2007 年，首次在国内成功开发了 X100（联合南钢、鞍钢、宝钢）、X120（联合宝钢）直缝埋弧焊管；开启了我国超高强度管线钢及直缝埋弧焊管研制的历程。

（15）2009—2012 年，作为全球六家管厂之一，参与巴西石油公司 1500m 以下超深海底管线用焊管研制（联合南钢、湘钢），已初步通过了巴西石油公司及国际专业机构的相关审核评价。

（16）2010—2012 年，承担并试制成功了阿拉斯加项目用 X80 钢级 ϕ1219×23.7/26.2mm 低温、大变形直缝埋弧焊管（联合鞍钢、首钢）。

（17）2012 年，承担并成功完成了西气东输三线 X80 钢级 ϕ1219×26.4mm 大变形焊管（联合沙钢、鞍钢）国产化任务，完成千吨级试制并通过专家鉴定，打破我国 X80 大变形焊管依赖进口的局面。

（18）2013 年，完成 X90 钢级 ϕ1219mm×16.3mm 直缝焊管小批量（联合济钢、兴澄）、X80 钢级 ϕ1422mm×25.7/30.8mm 直缝埋弧焊管单炉试制（联合沙钢），通过了管研院的评价；成功试制出了 X80 钢级 ϕ1219mm×33mm 厚壁高韧性直缝焊管和 X80 钢级 ϕ1219×37.9mm 弯管母管（联合沙钢），为批量生产、标准优化及工程应用积累了经验、奠定基础。

（19）2014 年，成功完成了西气东输三线中段 X80 钢级 ϕ1219mm×33mm 千吨试制（联合沙钢、山钢和兴澄特钢）。

（20）2015 年，成功完成了中俄天然气管道 X80 钢级 ϕ1422mm×21.4mm 千吨试制（联合湘钢）；依托长庆抗酸项目成功完成了 L360MS 钢级 ϕ406mm×9.5/11mm 抗酸钢管，在夯实抗酸钢管生产工艺技术基础的同时，填补了公司 ϕ406mm 最小外径极限规格钢管的批量生产业绩空白。

（21）2016 年，中俄管线项目 X80 钢级 ϕ1422mm×21.4mm 直缝埋弧焊管、中石化新气项目 X80 钢级

ϕ1219×33mm 直缝埋弧焊管、X90 钢级 ϕ1219mm×16.3mm 直缝埋弧焊管，在北京顺利通过了中国石油集团公司及中国钢铁工业协会组织的专家鉴定；完成 3 根 X80mm ϕ609.6mm×15.875mm 海洋钻井隔水管系统用直缝埋弧焊管试制，促进公司钢管制造技术转型升级，占领高端市场，提高市场竞争力。

（22）国内第一条、世界第四条 JCOE 直缝埋弧焊管生产线。

（23）填补国内 X70、X80、X90、X100、X120 钢级直缝埋弧钢管空白。

（24）填补国内 X70、X80 大应变管道及 X65 海底管道用直缝埋弧钢管空白。

（25）国内大口径高端直缝埋弧焊钢管产能最高的企业。

（26）国内唯一与日本 JFE 等先进钢管制造企业进行技术对标的企业。

（27）国内最早开展直缝埋弧焊管与高端弯管一体化研发的企业。

（28）国内 X80 直缝埋弧钢管最早批量供货和 X70、X80 直缝钢管供货业绩最多的企业。

（29）国内唯一通过法国 TOTAL 公司认证审核的企业（国际最严钢管制造标准）。

（30）国内最早开展 X80 钢级 ϕ1422mm 管径直缝埋弧焊钢管、弯管及管件一体化联合研发的企业。

高频直缝电焊钢管：

（31）2008 年，研制完成 ϕ356mm×14mm/ϕ356mm×12.5mm/ϕ273.1mm×12.5mm L415M 矿浆输送用高频直缝电焊钢管，使用压力 20MPa 以上。

（32）2009 年，研制完成 ϕ508mm×16.13mm J55 套管用大壁厚高频直缝电焊钢管；研制完成 ϕ457mm×14.2mm/ϕ406.4mm×12.5mm L415 西气东输二线管道工程站场用高频直缝电焊钢管，夏比冲击试验温度为-30℃/-40℃，提供钢管约 3400t。成功代替了原来无缝管。

（33）2012 年，研制完成 ϕ473.08mm×10.03mm 的 K55 青县油井套管用高频直缝电焊钢管，填补了国内生产 K55 直缝管的空白，之前一直采用的是无缝或线下调制钢管。

（34）2014 年，研制完成 ϕ203mm×8.2mm X52MS 阿曼管线用酸性高频直缝电焊钢管，成功的打入阿曼市场。

（35）2015 年，研制完成 ϕ457.2mm×12.7mm X70M 印度 KG 项目用高钢级高频直缝电焊钢管。

热煨弯管：

（36）2006—2007 年，承担并成功完成了中石化川气东送项目 X70mm ϕ1016mm×21/26.2/30.4mm 感应加热弯管研发制造任务，实现了从钢板、弯管母管（沙市钢管厂研制）到热煨弯管全部国产化。

（37）2008—2012 年，承担并成功完成了西气东输二线、三线项目 X80mm ϕ1219mm×22/25.7/33mm 感应加热弯管国产化任务，在国际上率先研制成功 X80 大壁厚热煨弯管。

（38）2009 年，承担并成功完成了西气东输二线项目 X80 钢级 ϕ1219mm×46/52mm 厚壁三通国产化任务。

（39）2010—2011 年，承担并成功完成了国内首条抗氢致开裂管道乌海-银川输气（焦炉煤气）管道项目用热煨弯管研制任务，为项目提供所需全部热煨弯管。

（40）2011—2012 年，承担并完成了中俄原油管道二期工程 K60 ϕ1220mm×26.4/33mm 低温（-40 度）弯管研制生产任务。

（41）2012 年，承担并成功完成了南海深水天然气项目海底管道用热煨弯管国产化任务，为项目提供所需全部 X70 ϕ762mm×31.8mm 感应加热弯管。

（42）2013 年，承担 X80 ϕ1422mm×25.7/30.8/33.8mm 感应加热弯管及 X80 钢级 DN1400mm×52mm 三通研制任务，并首家全部通过管研院的单根检测评价；承担 X90 钢级 ϕ1219mm 热煨弯管研制任务，已完成 X90 钢级 ϕ1219×22mm 热煨弯管单根试制并通过管研院评价；成功进行了 X80 ϕ1219mm×37.9mm 大壁厚热煨弯管的试制，主要指标符合技术条件要求；成功研制出低温环境服役（-45℃）条件下使用的 X80 低温弯管和管件。

（43）2014 年，成功进行了新一轮 X80 钢级 ϕ1422mm、多个壁厚热煨弯管和 X90 钢级 ϕ1219mm 热煨弯管试制。

（44）2015 年，依托土耳其 TANAP 项目，进行了大口径热煨弯管内减阻自动化涂覆工艺技术研究，取得突破。

（45）2016 年，成功进行新粤浙项目 X80 大口径热煨弯管试制。

渤海装备公司的输送装备产品，均通过了 ISO9001 质量体系认证、ISO10012 计量检测体系认证、HSE/OHS/EMS 三合一体系认证；获得了 API 会标使用权，通过了国家公告与 CCC 认证。部分产品通过了法国道达尔、沙特阿美、欧盟 CE、泰国 PTT、意大利塞班、日本日晖等国际石油公司、工程公司认证。

公司是"国家石油天然气管材工程技术研究中心"的核心单位。"国家石油天然气管材工程技术研究中心"于 2011 年 1 月 7 日由国家科技部立项，由渤海装备公司、宝鸡钢管公司、石油管工程技术研究院等单位共同建设，我公司承担了螺旋埋弧焊钢管、直缝埋弧焊钢管、弯管及管件试验平台的任务。

公司拥有多名行业知名专家及技术领军人才，具备雄厚的技术研发实力。拥有各种先进的检验、试验设备，可进行热模拟、材料动静疲劳、材料组织分析与性能、超高压水爆等试验研究，也可进行钢管成型、焊接、扩径及弯管管件成型和热处理等制造工艺研究，完成各种新产品工艺技术的最终定型，为批量生产、市场应用提供有力保障，不断推动输送钢管行业技术升级和产业发展。

螺旋埋弧焊钢管、直缝埋弧焊钢管、弯管、管件产品研发实验室是中国实验室国家认可委员会（CNACL）认可实验室，是省级理化检验示范单位、省级理化检验人员资质鉴定培训定点单位和指定对外商检实验室。

中国石油钢管技术第一人、工程院院士李鹤林，对我公司钢管产品作出了权威评价：

渤海装备公司是我国高端直缝埋弧焊管的领跑者。

渤海装备公司螺旋焊管处国内领先地位。

渤海装备公司弯管及管件属国内领先水平。

（三）提高装备制造能力，打造钢管精品

1990 年 8 月 19 日，与美国休斯公司签订钻杆内涂层设备技术引进合同。

1995 年 7 月 10 日，我厂第一家国内合资公司-与辽河油田合资的华龙石油钢管防腐公司诞生；1996 年初，具有国际先进水平的 3 层 PE 防腐生产线正式投产，延伸了我厂钢管产业链，增加了产品附加值，扩大了市场空间。

1997 年 6 月，由我厂招商引资并筹建的首家中外合资企业-渤海能克钻杆有限公司生产线正式建成投产。该生产线是我国规模最大的双台肩式钻杆生产线，填补了国内空白。

1995 年 8 月 11 日，我厂首条防腐生产线破土动工。

2004 年 4 月 19 日，总投资 2.58 亿元、年产能 15 万吨的 ERW 中直缝钢管生产项目在扬州市邗江工业园区开工建设。这是国内第一条中大口径的 HFW 钢管生产线，该生产线采用世界先进的数字化柔性成型技术，实现了 HFW 钢管无模具化生产。

南京钢管公司公司拥有一条世界先进、成熟的 JCOE 大口径直缝双面埋弧焊钢管生产线，一条钢管减阻内涂层生产线和一条外防腐生产线。生产线主要生产和检验设备全部从德国、荷兰和奥地利引进，其他设备均为引用国际先进技术国内加工制造。公司有完善的质量保证体系，持有 ISO9001 质量体系认证、HSE/OHS/EMS 三合一体系认证、美国石油学会 API5L 和 API2B 认证等证书。并建立了国家级认证的钢管理化性能实验室，具备雄厚的科技研发制造能力。

华油钢管公司预精焊生产线于 2007 年 11 月生产线开工建设，2008 年 10 月建成投产，从动工兴建到建成投产，仅用了 12 个月的时间。2008 年 10 月 26 日，第一根采用预精焊生产工艺生产的 X80 钢级 ϕ1219mm×18.4mm 的螺旋埋弧焊钢管在这里成功下线，填补了国内预精焊生产工艺的空白，标志着我国螺旋焊管技术实现了一次重大飞跃。预精焊生产线可生产 X52～X120 钢级、ϕ660～1422mm 钢管，年产能 14 万吨。

第一家与清华大学合作，开发了数字化的钢管制造信息应用系统，为公司钢管生产的信息化现代化奠定了基础。

渤海卡麦龙流体控制设备（天津）有限公司是中国石油渤海石油装备制造有限公司和卡麦龙国际公司投资建设的合资公司。公司采用渤海装备公司控股的渤海卡麦龙流体控制设备（天津）有限公司是在中国石油集团公司和卡麦龙国际公司战略合作协议框架下，按照集团公司批复，引进卡麦龙管道球阀的国际领先、成熟的设计制造技术而成立的合资公司，是卡麦龙公司球阀制造技术在中国的延伸。

（四）保障国家能源动脉建设，取得辉煌供货业绩

渤海装备公司作为国家重点能源工程的主要油气管道供应商，是国家西气东输一线、二线、三线，中亚、中缅、陕京等重点管道的主要供应商；几乎参与了国内所有大口径长输天然气管道建设项目供货，为国内外重点石油天然气管线提供各类型的钢管超过1000万吨，仅X80钢级钢管供货量就超过150万吨。

1. 西气东输一线钢管生产

为把握住西气东输历史性机遇，做大做强钢管制造及相关产业，开创辉煌未来，我厂决策者们科学运筹，积极应对，以超常规运作方式，加快科技进步以及设备改造、新项目建设、新产品开发、资产重组等先期工作，先后组建了华油钢管公司、巨龙钢管公司、华龙防腐公司，并兴建了大口径螺旋钢管、大口径直缝钢管、钢管减阻内涂层等三条生产线，对现有制管生产线进行重大技术装备改造，为迎战西气东输钢管生产做好全面准备。

西气东输一线工程管道全长约4200公里，横贯中国9个省市，是我国管道发展史上具有里程碑意义的世纪工程。2001年3月至2003年10月，我厂为西气东输工程生产钢管32万吨，其中大口径直缝焊管14.2万吨，大口径螺旋焊管17.8万吨，占西气东输工程国产化钢管的42%，位居各供管厂家之首，并创造了十项全国第一，填补了四项国内空白，在我厂钢管生产史上谱写了辉煌篇章，为我国民族工业的发展做出了突出贡献。

2. 陕京二线钢管生产

2004年1月31日，国家重点工程陕京二线X70钢级ϕ1016mm×14.6mm、ϕ1016mm×17.5mm钢管投入生产。这是我厂继成功生产出口苏丹、巴基斯坦管线和西气东输钢管之后，又一次承担高标准、高规格钢管生产任务，历时10个月，共生产钢管12.7万吨。

3. 西气东输二线三线钢管生产

2006—2011年，渤海装备钢管制造业务参与了西气东输二线、三线工程，两条管线全长12221km，是我国设计压力最高、输量最大、距离最长、钢材等级最高的管道工程。公司累计为这两条管线供应钢管149万吨，其中：X80级ϕ1219mm×18.4mm螺旋缝钢管87.7万吨；X80级ϕ1219mm×22/26.4/33mm直缝钢管61.3万吨。

4. 中亚天然气管线钢管生产

中亚天然气管线项目是中国与中亚相关国家共同修建的跨国天然气输送管道，管线西起土库曼斯坦，途经乌兹别克斯坦、哈萨克斯坦，至中国新疆霍尔果斯，分别与国内西气东输二线、西气东输三线相连。管道包括2009年建设的AB双线和2012年建设的C线，单条管线境外全长超过1800km。公司累计供应钢管24.5万，其中：X70级ϕ1219mm×17.5mm螺旋埋弧焊钢管18.5万吨；直缝埋弧焊钢管6万吨。

5. 中缅天然气管线钢管生产

公司中国-缅甸油气管道工程项目国内、国外主干线提供了X70/X80钢级ϕ813mm/ϕ1016mm等规格钢管共计24.6万吨，其中：螺旋缝埋弧焊钢管13.6万吨，直缝埋弧焊钢管11万吨。

6. 中俄东线

中俄东线天然气管道是穿越中国东部的能源的大动脉，跨越我国九个省市，全长3371km，输送压力12MPa，年输量达300亿立方米，建成投产后将有近亿中国人用上清洁能源，构筑中俄能源战略大通道。中俄东线天然气管道工程是当今世界上单管输量最大的跨境天然气管道工程。

中俄东线黑河-长岭段干线起点为黑河首站，终点为长岭分输站，干线全长约715km，管径1422mm，设计压力12MPa。渤海装备公司于2012年起参与第三代大口径大壁厚钢管、低温弯管研制；2015年起参与千吨级批量试制；2017年起开始大批量供货中俄东线北段工程。至目前，已累计供应钢管32万吨，占用管总量的51%。为中俄东线提供钢级X80直径1422mm的世界上首屈一指的高钢级、大口径钢管、弯管管件及球阀等。

7. 俄罗斯东西伯利亚-太平洋输油管道工程

2007年，公司向俄罗斯东西伯利亚-太平洋输油管道工程提供了钢级K60-2规格ϕ1220mm×19/22/24mm直缝埋弧焊钢管8.7万吨。该工程西起泰舍特，东至斯科沃罗季诺。管道全长4000km。

8. TANAP 项目

TANAP 项目即阿塞拜疆与土耳其两国合资建设的“跨安纳托利亚天然气管道项目”，为大型国际长输管线项目，主要是将阿塞拜疆沙赫德尼斯气田开采的天然气由土耳其东部通向西部，最终输送至欧洲，将成为未来欧洲天然气的主要来源之一。该项目管线主体在土耳其境内，计划投资总额 70 亿美元，设计最高输气能力 310 亿立方米/年。2016 年公司获得了该管线全部弯管订单，其中最高规格为 X70M 级 ϕ1422mm×31. 97mm，供货数量超过 3600 吨，攻克了弯管内涂层（液态环氧树脂漆内减阻）技术难点，实现了超大口径弯管的批量应用。

四、主要经验与特点

（一）敢闯敢干、锐意进取，勇当改革开放的弄潮儿

借助改革开放的大潮，渤海装备钢管制造业务抢抓发展机遇，及时成立力多家中外合资企业，大胆吸收国内外的先进技术和管理经验，促进了企业的快速蓬勃发展，实现了钢管制造能力的全面提升和输送装备产品的全面国产化，完全扭转了在改革开放初期高端油气输送钢管依赖国外进口的将局面，有效保证了近三十年来国家重能源动脉的大规模建设。

（二）市场导向、用户至上，促进企业的市场空间不断扩大

改革开放四十年来，伴随着国家市场体系的持续完善，渤海装备公司不等不靠，坚持市场导向，用户至上的经营理念，及时研判市场发展形势，积极跟踪用户需求，主动调整产业布局，不断提升企业装备实力，促进企业市场服务的能力不断提升，在保证中国石油天然气集团、中国石化集团、中国海油集团等国家级重点项目建设的同时，还先后占领了北京、上海、天津、河北、浙江等国内重点区域管网市场，以及印尼、印度、苏丹、巴基斯坦、俄罗斯等国际市场，为企业的健康发展奠定了坚实的市场基础。

（三）科技创新、技术进步，永保钢管行业龙头地位

公司高度重视科技创新和技术进步，通过合资合作，是国内第一家引进 JCOE 制管技术、螺旋焊管预精焊技术、中口径柔性成型 HFW 钢管制造技术、钢管的 3PE 防腐技术、全焊接球阀制造技术的企业。公司根据用户需求和我国油气输送管线的不断进步，先后研制成功了一起列石油天然气高压输送管线用不同钢级和不同规格的钢管产品，X80 系列产品曾获国家科技进步一等奖，使得渤海装备的钢管制造业务一直保持在行业的龙头地位。

（四）科学管理、效益至上，实现企业健康发展

渤海装备公司所属钢管制造企业始终坚持科学管理、效益至上的经营原则，始终坚持追求价值，真诚回报企业精神，用企业的不断发展来回馈用户、股东和员工，持续推进企业的体制、机制改革，坚持以人为本、和谐发展企业发展理念，促进了企业持续健康发展，钢管制造业务始终是渤海装备公司的主要盈利支柱。为公司的健康和谐发展做出了巨大贡献，为中国的钢管行业快速发展做出了巨大贡献。

五、未来发展展望

（1）抓住国务院双百改革的契机，积极推动钢管制造业务机制、体制改革，不断提高企业的发展活力和内生动力。为应对变化莫测的市场环境，促进企业健康发展打下更加坚实的基础。

（2）抓住产业转型发展的大好时机，积极推动企业智能化和信息化水平不断提升，以精益生产为抓手，持续改进的钢管制造生产线的自动化能力，不断提升装备能力和生产效率。

（3）抓住科技进步飞速发展的大好时机，积极推动钢管制造产业的科技创新和管理创新，加强新材料和新工艺研究与应用，推动钢管制造业务朝着品质可靠、节能高效的方向快速发展。

六、结束语

改革开放四十年，是中国面貌发生天翻地覆变化的四十年，也是渤海装备钢管制造业务快速发展的四十年，从华北石油钢管厂到现在的渤海装备制造公司，面对石油装备市场的风云变幻，渤海装备以保障主业、服务市场为宗旨，以奉献装备、成就和谐为使命，全面推行精益生产管理和物联网系统上线，提升智能制造与智能服务水平，将“追求价值、诚信回报”的核心理念深深植根于产品与服务之中。

渤海装备公司将踏着改革开放的步伐，满怀“我为祖国献石油”的豪情与梦想，在建设“国内领先、国际一流”综合性石油装备制造企业的道路上乘风破浪、奋勇前行！

用管道联通世界 以实业报效国家

（浙江金洲管道科技股份有限公司）

伴随着中国改革开放的滚滚浪潮，金洲—— 一颗金色的明珠，不断追求着用管道联通世界，以实业报效国家的远大理想。她历经 39 年的风雨洗礼，谱写了从无到有、跨越成长、自精而强的壮丽诗篇。

图 1 金洲管道——联通世界

一、创业与奋进

20 世纪 80 年代，风雷激荡和创造奇迹的年代，经济体制改革的春风吹遍大江南北，升山镀锌厂（金洲管道前身）犹如千万个当时破土而出的企业，在 1981 年 5 月由升山人民公社、湖州农机锻压厂、中国农业银行湖州支行信托公司各出资 15 万元共同出资组建，选址在 318 国道旁，南靠申湖水运航线，交通运输十分便利。经过近一年的筹建，于 1982 年 3 月正式投产，主要经营镀锌钢管。

创建初期，生产设备十分简陋，基本上为手工操作，主要原材料为钢管、锌锭和硫酸，钢管购进后先要用榔头敲击处理管内外表的严重铁锈，然后再放到酸洗池中酸洗以节省酸液和提高效率；抹锌则用铁钳夹住滚烫的钢管进行人工抹锌，劳动条件十分艰苦。由于钢管内壁无法人工抹锌，锌耗较大且产品质量难以保证。

由于受三方投资影响，内部遇事扯皮，工厂领导基本上没有自主权，一切都要看各自上级主管部门的意见行事，加之经营管理不善、技术不过关，投产四个月后便出现难以为继、被迫停产，至 1982 年底决算亏损近 10 万元。投资三方矛盾重重，由于资金大部分筹建了厂房和购买设备，无法抽回资金，经湖州市政府协调后最后交由升山乡人民公社经营，重新组织生产。

由于当时缺乏技术和经验，加上采购来的钢管质量不高，生产的镀锌钢管始终存在漏镀和镀层不均匀等缺陷，钢管表面经常出现黄豆大的斑点，时间一长就容易生锈，不能提高产品合格率就会产生亏损。为了解决技术难题，公司专程邀请了上海劳动钢管厂的技师进行指导，钢管的镀锌质量问题终于得到了很好的解决，为工厂恢复正常生产扫除了拦路虎。同时又开展了从电镀锌到热浸镀锌的技术改造，稳步提高产品质量。1983 年 9 月，工厂发出通知，让回乡务农的职工来厂里上班，工厂正式恢复了生产。通过机制改革和规范管理，工厂很快走上了正常轨道，至 1983 年底的短短几个月，工厂一举扭亏为盈。

1985 年，公司领导班子认准时机、赴沪联营，与上海自行车辐条厂开展技术协作生产“K”字牌自行车镀锌辐条，试产不到 2 个月产品质量就达到“K”字牌标准优质品要求。投产仅 4 个月就收回约 50% 的投资。次年 5 月 26 日，建立了上海自行车辐条厂第二分厂。后来又筹措资金扩建了两条 14G“K”字牌自行车镀铬辐条生产流水线。1987 年 5 月，经上海市轻工业局等有关单位技术鉴定，获得轻工业部优质产品称号，产品达到出口标准。同年12月实现了批量出口，短短两年多的时间里，企业经济效益持续递增。

1989年镀锌管市场发生巨变，国营大钢厂的镀锌管产品纷纷抢占市场，工厂经济效益滑坡、被迫停产，企业经营面临严重的困难，此时多亏工厂另一主导产品的自行车辐条畅销，否则后果不堪设想。由于不能自主生产焊管，限制了企业的生存发展，于是公司举债建设高频焊管生产线。1991年9月，第一条直缝高频电阻焊钢管生产线正式竣工投产，最大生产能力为6000吨/年，迈出了由加工型企业向制造型企业转变的第一步，同时企业更名为湖州市金属制品总厂。

由于产品质量稳定、市场销售举措得力，产品销售量远超过企业的生产量。1992年，公司又顺势扩建第二期《年产1.4万吨直缝高频电阻焊钢管项目》，至年底第二条高频焊管生产线竣工投产。同年，湖州金属制品总厂与香港富春有限公司合资组建的浙江万富达金属制品有限公司于1992年9月经浙江省人民政府批准、10月24日经国家工商行政管理局核准成立，企业由生存期进入快速发展期。至1992年底，企业的固定资产从建厂时的33万元发展到2000多万元，自有流动资金达800万元，职工800余人，年产高频焊管和热镀锌管各4万吨，"K"字牌自行车辐条4亿支，产值从1983年的51.7万元发展到9000万元，税利达720万元，被列入全国最大500家乡镇企业。

二、改革与跨越

在我国企业改革的历程中，1993年是一个标志性的重要里程碑。是年正式提出建立现代产权制度问题，从建立现代企业制度发展到建立现代产权制度。1993年8月10日，湖州市计委、市体改委批准在以湖州市金属制品总厂为核心企业的基础上组建浙江湖州金辉企业集团公司，同时实施企业股份制改造试点，要求企业经营者和职工股占总股本的70%以上，其中主要经营者要占到35%。

金洲管道改制前后，中国正陷入价格闯关失利、货币化程度过高、通货膨胀、生产停滞的严重经济危机之中，宏观调控导致的银根趋紧、原材料价格上涨等严峻形势，使不少有色金属制品为主导产品的企业陷入开工不足、效益急剧滑坡的困境。企业危机根源在销售，经公司对经营管理体制进行大刀阔斧的改革，使得企业从管理到营销都更具有生命力，特别对紧密层的7家生产经营企业实行了独立核算、分灶吃饭、盈亏自负的生产经营责任制，让各分厂具有二级法人资格，将生产、销售、人员、分配等多项权力下放给分厂，同时，集团公司制定了较为完善的考核制度。实行分厂扩权后的效果很快显现，如原先一直局限于生产大路货品种的钢管厂，通过调整钢管壁厚分类而大幅增加了焊管、镀锌管的规格品种，仅DN15镀锌管一个大类规格就开发了7个品种，虽然增加了生产难度，却因满足了客户的需求而扩大了市场占有率。分厂扩权后集团的销售收入、利税、全员劳动生产率和人均创利税等指标均比上一年有了较大的增长，1995年被国家统计局工业交通统计司评定为1994年度中国金属制品业最大企业第46位和浙江省最大工业企业第95位。同年，"金洲"商标正式注册使用，全面开启品牌化之路。

1998年，公司成功开发了钢塑复合管、大口径双面涂覆钢管和聚烯烃塑料管，形成了新一代"绿色管道"系列产品，被评为"浙江省优秀科技产品"，并首次通过ISO9001质量管理体系认证。同时接收兼并了破产的湖州钢铁厂，专门组建了圆通公司（浙江金洲管道工业有限公司前身），稳妥安置了原湖钢的职工，为湖州当地的经济改革和社会稳定做出了应有的贡献。至1999年，公司形成了年产各类管道30万吨发展规模，位居全国前茅。

2002年，开始投资兴建具有国际先进水平的ERW630直缝焊管生产线，2005年正式投产，部分管道产品填补了国内空白，如海底油气管线用X65M、X70M钢级直缝高频电阻焊钢管等，结束了我国海底管线用ERW钢管长期依赖进口的局面。次年引进了战略合作伙伴"中海油"，合资组建中海石油金洲管道有限公司，成为国际和国内管道重点工程的优秀供应商，推动企业进入了国际高端石油天然气管道市场。

2009年，投资建设具有国际先进水平的年产20万吨高等级石油天然气输送管道等项目，并成功研发出钢级为X80级的规格口径为1219mm×18.4mm的螺旋缝埋弧焊钢管。同时联合国家级核心科研机构——中国石油集团石油管工程技术研究院，创建了"金洲管道技术联合研究中心"，为管道产业振兴升级提供了强有力的技术支撑。2010年7月，金洲管道在深圳证券交易所A股市场挂牌上市（证券代码002443），成功登陆资本市场，掀开了"金洲管道"发展的新篇章。2011年，与全国最大的民营钢铁企业进行战略合作，公司以增资控股方式组建了张家港沙钢金洲管道有限公司，建设一条年产20万吨石油天然气输送用JCOE钢管生产线，填补了公司直缝埋弧焊钢管产品的空白，并于2012年投标承担了全国第一条输煤浆管线——神渭管线工程的供管。2013年，公司投资6亿元引进具有国际领先水平的德国西马克梅尔公司的二步法预精焊螺旋缝埋弧焊钢管生产线，产品钢级可达X100，最大壁厚25.4mm。2014年，公司投资建设了《年产10万吨新型钢塑复合管项目》，打造了国内自动化水平最高的钢塑管生产基地，引领建筑给排水、城镇燃气领域钢塑复合管行业的发展。

图2　预精焊螺旋缝埋弧焊钢管生产线

截至目前，公司年产石油天然气等各类管道超过150万吨，拥有八大系列数百个规格品种和新一代健康环保型“绿色管道”系列产品，主导产品有中大口径直缝高频电阻焊钢管、螺旋缝双面埋弧焊钢管、石油天然气防腐管、钢塑复合管、大口径双面涂覆钢管、聚烯烃塑料管及热浸镀锌管。

图3　钢塑复合管产线

图4　热浸镀锌钢管产品

热浸镀锌钢管是公司的传统拳头产品，年产能达60万吨，涵盖公称通径DN15mm至DN250mm，其中燃气专用热浸镀锌钢管实现在线去毛刺和涡流探伤、锌层平均厚度不低于500g/m^2、100%水压检测等先进工艺和检测手段，并在此基础上自主研发了具备更强防腐性能的预涂环氧防腐底漆钢管（简称涂漆管），成为香港煤气、港华燃气、新奥燃气、华润燃气、中国燃气等国内各大燃气公司的一级管道供应商，争创国内燃气专用镀锌钢管第一品牌。

钢塑复合管为新一代绿色管道系列产品，年产能15万吨，涵盖公称通径DN15mm至DN300mm，主要分为涂塑钢管、衬塑钢管和双面涂覆管三大类，采用全套自动化生产线，产品产销量稳居行业前列，为威立雅水务、中国水务、北控水务等大型水务集团的重点供应商。公司为《钢塑复合管》（GB/T 28897—2012）国家标准的主持起草单位，同时专业生产钢塑管配套管件、提供技术指导服务，着力打造系统供应商。

螺旋缝埋弧焊钢管是公司进军高端能源管道市场的重点产品，年产能60万吨，涵盖直径219mm至2620mm，最高壁厚达25.4mm，其中预精焊螺旋缝埋弧焊钢管生产线引进德国西马克梅尔的先进工艺和装备，工艺技术处国际领先水平。公司重点参与中哈天然气长输管线、中哈原油管道工程、中缅天然气和原油管道工程等，是中石油、中石化、中海油等能源巨头的一级供应商。

直缝高频电阻焊钢管采用国内外先进制造技术和装备，年产能45万吨，涵盖直径89mm至610mm，其中中大口径（219~610mm）高频直缝电阻焊钢管生产线与中海油合资，主要设备从美国进口，产品主要应用于输送管、流体管以及油井套管，结束了我国海底管线用ERW钢管长期依赖进口的局面，部分规格钢级产品填补了国内空白；中小口径（60~219mm）直缝电阻焊钢管产品重点参与了国家电网皖电东送、浙北至福州、淮南到上海等多个特高压输配工程建设。

直缝双面埋弧焊钢管生产线由公司与全国最大的民营钢铁企业沙钢集团合资，年产能20万吨，涵盖直径406~1626mm，该生产线配备了多套先进的无损检测和试验装备，产品主要用于陆上和海上石油、天然气、化工、煤浆、矿浆、水等介质的输送用管，参与了我国第一条输煤管线——神渭管道输煤项目建设。

FBE/2PE/3PE防腐工艺采用德国瓦格纳尔静电喷涂和南塑挤出缠绕等高品质生产线，能生产口径2220mm以下单层PE、二层PE、三层PE石油、天然气防腐管以及大口径内层、外层和内外层FBE市政给水排水管道，产品被广泛应用于石油、天然气长输管及城市燃气、热力和原水、污水管网等领域。

公司各类管道产品广泛应用于石油天然气长输管线、城市管网、化工、给排水、建筑、通讯、电力和结构用管等领域，畅销全国26个省、市、自治区，出口30多个国家和地区，已形成科技含量高、品种规格齐、综合性能好、应用范围广的经营格局，参与了中哈、中亚、中缅等国际长输油气管线、北京奥运场馆、上海世博会中国馆、神渭输煤管线和国家电网特高压电力铁塔等中外重点工程，是中石油、中石化、中海油、国家电网及国内各大燃气、自来水公司的管道优秀供应商。金洲管道成为国内唯一覆盖油气输送全流程，拥有从上游油气集输、开采，中游主干支线输送、城市管网输送，到下游入户管网的油气输送一体化龙头企业。

三、光荣与梦想

在企业的发展过程中，中央、省市各级领导对金洲管道的发展予以了殷切的关怀和指导。2002年12月，刚担任浙江省委书记、代省长的习近平同志来金洲管道考察，冒雨走访了钢塑管车间、大口径涂覆管车间、镀锌车间等生产现场。此外，张德江、马凯、王忠禹、夏宝龙、吕祖善、袁家军等各级主要领导均现场考察过金洲管道，对企业的发展做出了重要指示和鼓励。

30多年来，金洲管道受到各级政府、主管部门的表彰和嘉奖。早在1995年，被国家统计局先后评为中国500家最大乡镇企业、中国100家最大金属制品企业；2003年被国家科技部认定为“国家火炬计划重点高新技术企业”；2004年，“金洲”商标被国家工商总局行政认定为“中国驰名商标”，成为我国管道行业第一家获得该项殊荣的企业；2008年被国家五部委认定为高新技术企业；2009年入围由浙江省政府评定的146家行业龙头骨干企业；2010年荣获湖州市首届政府质量奖；2013年被科技部、国资委、中华全国总工会评定为第五批创新型试点企业；2018年被国家工信部评定为“国家级绿色工厂”。此外还荣获全国青年文明号、浙江省绿色企业、浙江省标准创新型企业、浙江省节能先进单位等。

公司拥有国家认定企业技术中心、国家级院士专家工作站、CNAS认可检测实验室、省级企业研究院等一系列科研平台，已通过质量管理体系、环境管理体系、职业健康安全管理体系、能源管理体系、中国特种设备（压力管道元件）制造许可、中国环境标志产品、浙江制造产品、美国API SPEC 5L、API SPEC 5CT，欧盟CPD89/106/EEC、PED97/23/CE、TUV、DNV、UL等认证，多个主导产品被认定为冶金产品实物质量“金杯优质产品”和“特优质量产品”，拥有第三方权威机构鉴定验收科技成果58项，累计获28项省部级（市）科技奖，授权专利和软件著作权116件，其中发明专利47多项，主持或参与了41余项国家标准、行业标准的制修订，发表科技论文96篇。

金洲管道紧紧抓住能源发展格局变化推动管道产业大发展机遇，依托多年来在管道制造业领域积累的技术、管理、装备、品牌等优势，坚持产能提升与转型升级相结合、技术改造与自主创新相结合、做精做强与可持续发展相结合、新建改建与收购兼并相结合和市场导向与国家产业政策相结合的企业发展指导思想，以科学发展观和区域发展战略为导向，结合管道制造行业特点和发展趋势，立足长三角打破传统模式，构建聚焦发展模式创新，通过新增项目调整产品结构、科技创新提升存量产能、利用上市公司平台加快兼并重组等方法和途径，进一步巩固提升管道产品的核心竞争力和产业规模，打造国家管道先进制造业基地，实现“由精到大、自精而强”的强盛之路。

追求卓越，跨越发展，向国际一流企业冲刺

（番禺珠江钢管集团有限公司）

一、前言

“成立中华人民共和国”是近代以来实现中华民族伟大复兴的重要里程碑，70年来我国发生了翻天覆地的变化，成为全球制造业第一大国。作为制造业的一个重要分支，钢管行业面貌焕然一新。特别是改革开放40年以来，钢管行业追随着时代步伐，实现了我国钢管制造由弱国变大国的转变，整个钢管行业呈现出品种增多、产品规模扩大、工艺装备技术水平提高、经营管理模式不断创新的市场繁荣景象。

然而，对钢管产品国内外进出口贸易数据的比照分析结果表明，我国钢管行业产品仍普遍存在附加值不高、一些高技术含量钢管产品仍需进口的窘态局面，确立我国“钢管制造强国”的地位，仍然需要全社会各阶层、各经济实体拿出更多智慧和勇气，付出更多的努力。

这些经济实体就包含了类似于珠江钢管这样的民营企业，作为民营经济实体的典型代表，珠江钢管用实践结果证明：民营企业是钢管市场经济最富活力、最具潜力、最有创造力的重要力量，是繁荣城乡经济的有力支撑，是推动我国经济发展的重要力量。我们相信，在党的领导下，建设“钢管制造强国”这一目标是一定是可以实现的。

二、企业发展概况

珠江钢管（PCK）是广东岭南著名企业家——陈昌先生，于1993年亲手创办的钢管集团公司，距今已有26年。2010年，伴随我国钢管行业国际地位的重要转变，PCK珠江石油天然气钢管控股有限公司在香港联交所主板的上市，成为企业全球化战略发展的重要里程碑。

26年来，陈昌先生埋头于钢管事业，先后成立了番禺珠江钢管有限公司、番禺珠江钢管（珠海）有限公司、番禺珠江钢管（连云港）有限公司、番禺珠江钢管（沙特）联合公司、珠江石油天然气钢管控股有限公司以及其他配属服务公司，取得显著经济和社会效益。从一个创业初期资产不足2亿元公司，发展成一个资产过百亿元的行业龙头，为社会主义事业做出突出贡献。2015年，企业董事长陈昌先生因此而获得全国五一劳动奖章、全国劳动模范荣誉称号。

26年来，面对复杂多变的国内外市场经济环境，珠江钢管以发展民族品牌产品的社会责任感，积极参与国际市场竞争，严格遵循钢管国际化市场的运作规则，通过了ASME、DEP、EC、DNV、BV、LR、BS、API、ISO等国际认证，成为中石化、中石油、中海油、壳牌、道达尔、阿美石油、马油、科威特国家石油、FLOUR、塞班等工程公司的合格供应商。

26年来，企业大力提倡创新驱动。在先进制造技术领域，逐步形成了成型、焊接、无损检测、防腐配套加工为主的核心技术体系，成套工艺技术装备现代化水平和规模得到大幅提高，由创业初期单一品种（高频焊管）单一生产线，发展至目前高频焊管、直缝埋弧焊管、螺旋埋弧焊管、三辊环焊对接焊管4个品种15条生产线，配套提供钢管防腐、管件制作、钢管热处理、钢管配重等钢管深加工服务，钢管产能由创业初期20万吨/年提升至260万吨/年。

26年来，珠江钢管积极策应国家海洋工程装备发展战略，自主开发“双驱动推拉式机械扩径”“五丝埋弧焊”“合缝预焊”等多项关键专利技术装备，解决了深海小径厚比（D/t）钢管圆度精度高、大线能量焊接条件下焊缝和热影响区冲击韧性难以控制等关键技术难题，开发X65钢级ϕ559mm×28mm×12000mm为代表的高钢级、大壁厚深海管，并独家生产了南海荔湾油气管线重点工程所有的深海用管，把我国油气管道工程应用海底深度拓展至1500m的水下深度。在此基础上，又陆续解决了抗压溃、抗大应变的行业关键技术难题，开发了应用深度达3500m的钢管新产品，策应了我国石油安全战略，为国家经济发展、国防建设发挥了重要作用。

26年来，在钢铁产业链发展过程中，珠江钢管发挥关键环节的作用，累计生产销售产品近1000万吨，工程应用涉及“西气东输”“川气东送”“国家大剧院”“春晓气田”“南海荔湾”“桂山海上风电”

“港珠澳大桥”“挪威北海油田”“美国德州油田”“巴西天然气”“苏丹管线”“伊朗海底管线”“美国深海隔水管项目”“壳牌荷兰抗酸油气管道项目”等国内外近400个大型项目，实现销售总收入近500亿元，完成利税100多亿元，带动了全球五十多个国家和地区的经济发展，拉动投资和消费约2000亿元。

26年以来，企业在行业技术领域开创了“三个第一，八个唯一”，引领了行业技术进步：

（1）建成国内第一条最大口径JCOE直缝埋弧焊管生产线。

（2）建成国内第一条UOE大口径直缝焊管生产线，在我国焊管发展史上具有里程碑意义。

（3）斩获我国第一份大口径直缝焊管国际订单，中国此类产品第一次成功打入国际市场。

（4）国内唯一拥有1500m海底油气输送用焊管核心技术，替代进口，打破了国外技术和产品垄断。

（5）直缝焊管行业内唯一拥有经国家批准建立的博士后科研工作站和院士工作站。

（6）行业内唯一同时拥有“中国名牌产品”“中国驰名商标”以及“冶金实物质量金杯奖”。

（7）国内唯一通过壳牌标准审核的核心焊管企业。

（8）行业内唯一获得产品国际发明金奖。

（9）直缝焊管行业内唯一被认定为国家级企业技术中心。

（10）行业内唯一被认定为国家重点高新技术企业。

（11）行业内唯一拥有COE焊管核心生产技术及装备的企业，该技术同时兼顾直缝埋弧焊管、高频焊管两个焊管品种产品的生产。

“艰难困苦、玉汝于成”。珠江钢管事业紧跟时代步伐，迎来了从创立、发展到完善的巨大飞跃。董事长陈昌表示：“将以此为动力，弘扬劳模精神，做大做强企业，传递正能量，更好地培育和践行社会主义核心价值观，一如既往地为经济社会的发展献策出力。”

三、发展历程

（一）主要思路

1. 打造技术领先优势

1993—2002年，珠江钢管以番禺基地为事业起点，承担了国家火炬计划等重点项目，通过消化、吸收、再创新，用10年时间完成了HFW、JCOE、UOE三个大型项目的建设工作，取得自有核心技术行业领先优势地位。面对来自海底油气管道工程的重大市场需求，率先开发出海底油气输送用直缝埋弧焊管，并实现成果产业化推广，成功把近50万吨高质量焊管应用于海南环岛油气、春晓气田、番禺/惠州气田等海底油气管道示范工程项目，打破了国外同类产品在国内市场垄断地位，市场占有率达到80%以上，拥有雄厚的竞争实力。

2. 打造品种规模优势

在建成HFW、UOE、JCOE三条生产线的基础上，珠江钢管又陆续投资建设另外3条JCOE直缝埋弧焊管生产线、一条762COE焊管（同时具备HFW和LSAW焊管生产能力）生产线，一条SAWH1626螺旋预精焊生产线、一条SAWH4500螺旋焊管生产线、两条三辊成型环焊对接焊管生产线，此外，还采用商业手段，并购及收购两条螺旋焊管生产线，逐步形成了以直缝埋弧焊管产品为主，其他钢管品种（高频焊管、螺旋焊管、三辊成型环焊对接焊管）为辅的企业产品大纲，钢管综合产能提升至260万吨/年，其中直缝埋弧焊管合计产能达到150万吨/年，占据总产能的58%。

3. 生产基地的合理布局

随着行业技术的不断成熟以及国际化市场竞争的不断加剧，生产基地的合理布局成为企业发展的重要思考内容。为提高市场占有率，珠江钢管在国内基地建设布局中，为平衡产业链发展过程中的议价能力，以降低企业营运过程物流成本为目的，投入巨资实施了“靠近沿海地区、靠近钢板原料产地、靠近油气资源储备密集分布地区”的基地建设方案，逐步形成了以珠海为重点的南部基地群及以连云港为重点的北部基地群。在国外生产基地项目投资上，高度关注中东地区能源战略地位，在距离沙特达曼港约40km，与沙特企业集团合资建设了海外生产基地。至此，珠江钢管在全球范围内呈现出国内基地互相配合、国内外基地互相协作生产、共同经略钢管国内市场的全球发展格局。在这些方案的实施过程中，珠江钢管自建20000t生产专用码头，年吞吐量达到110万吨，码头货场单次吊装能力达160t，单次吊装长度达150t。这些措施，有效利用了原材料及钢管成品的海运优势，实现了码头物流与重型钢管生产的和谐匹配，提高了产品的市场竞争能力。

（二）关键节点

1. 成立番禺珠江钢管有限公司

1993年建成了长江以南第一条12英寸高频焊管（HFW）生产线。

第一次海湾战争，世界能源危机爆发。国际政治经济环境出现的新情况促成了输油钢管需求市场的急剧扩大。各国都相应采取敷设石油管线等措施以获得更多的石油资源。抓住这一敏感信息，陈昌先生犀利地瞄准了世界先进技术，以油气输送用直缝焊管为主攻目标，于1993年成立番禺珠江钢管有限公司，并建成长江以南第一条12英寸高频焊管生产线，覆盖规格及能力范围：ϕ114～356mm，壁厚3～12.7mm，长度6～18.5m，产能规模：15万吨/年；

1998—2002年，引领行业发展，建成JCOE、UOE直缝埋弧焊管生产线。

1997年，国家正酝酿着敷设西气东输油气管道工程重点项目，管线长度超过3000km，形成了对大口径直缝埋弧焊管的巨大市场需求。由于当时中国大口径直缝埋弧焊管生产几乎空白，毫无经验和技术，没人搞过，所以也没人敢问津。陈昌先生踌躇满志，率队前去美国洛杉矶考察了大口径直缝埋弧焊管UOE生产技术装备，认真调研了国内外大口径直缝埋弧焊管的市场和技术，并以非凡的胆略、坚定的信心，于1998—2002年，在珠江钢管引入建成了国内第一条JCOE及国内第一条UOE直缝埋弧焊管生产线。通过消化、吸收、再创新，珠江钢管在油气输送用直缝埋弧焊管先进制造技术领域，确立行业技术领先地位。UOE：规格ϕ508～1118mm，壁厚6～25.4mm，长度8.4～12.3m；产能：40万吨/年，JCOE：ϕ406～1829mm，壁厚6～30mm，长度6～12.2m；产能：20万吨/年。

2002—2005年，延伸产业链，进行防腐、配重、热煨弯管等配套生产线建设。

2002—2005年，珠江钢管配套建设2条内外防腐生产线，1条混凝土配重生产线，1条热煨弯管及管件加工生产线。通过配套深加工，既为顾客提供了一站式产品供应，又提高了企业经济效益。

2006年，异地投资，建成番禺珠江钢管有限公司江阴JCOE生产线。

为抢占国内市场，建成了江阴JCOE生产线，加大了番禺珠江钢管有限公司直缝埋弧焊管生产规模，江阴JCOE生产线规格：ϕ406～1626mm，壁厚6～70mm，长度8～12.5m；产能：20万吨/年。

2. 创办番禺珠江钢管（连云港）有限公司和番禺珠江钢管（珠海）有限公司

创办番禺珠江钢管（连云港）有限公司　番禺珠江钢管（连云港）有限公司的创办，是为了有效利用了当地原材料供应及物流优势，有效提高了珠江钢管市场竞争力。公司2009年在江苏省连云港市徐圩新区注册成立，2010年8月正式开工建设。相继建成SAWH1626mm螺旋预精焊生产线，762COE（高频及直缝埋弧两用）直缝焊管生产线，三辊环焊管生产线，配套建设2条内外防腐生产线，1条混凝土配重生产线，4条热煨弯管生产线及各类管件加工生产线和A1，A2类压力容器生产线，及为3352mm热轧板卷生产线配套的重机生产线，钢结构制作车间。公司占地6400亩，总资产超32亿人民币，产品广泛应用于陆地及海洋的石油、天然气、石油化工、采矿、电力、煤化工、海洋工程、海上风电、核电、基建、钢结构和水务等国内外重点工程项目领域。

创办番禺珠江钢管（珠海）有限公司　番禺珠江钢管（珠海）有限公司，于2010年6月21日，在珠海高栏港经济区装备制造区建设成立，占地近千亩。目前已发展成一个拥有员工近600人的高新技术企业。企业产品高端定位于海底管道输送工程和大型海上基础设施工程，以“海工装备关键配套特种钢管”为企业主导产品，明确了企业海工战略发展的方向和目标。公司陆续在海洋经济开发和高端装备制造领域，投资20多亿建成了拥有吞吐量110万吨/年的近岸码头及5条钢管加工配套生产线，钢管产能规模达50万吨/年，可批量供应ϕ406～1626mm直缝埋弧焊管（SAWL）、ϕ508～3000mm螺旋焊管（SAWH）、ϕ711～7000mm三辊成型焊管，并配套提供FBE、3LPE/3LPP防腐以及弯管、弯头、异径管等钢管深加工服务。2016—2018三年以来，在企业海工事业延伸拓展的过程中，为西气东输、新粤浙、南海荔湾、省管网等油气管道输送工程以及港珠澳大桥、南沙大桥、桂山风电等大型国内重点基础设施建筑工程项目，批量供应各类规格钢管近50万吨，成为广东省经济高质量发展的重要海工装备制造基地。

3. 技术出口示范，成立珠江钢管—AHAQ（沙特）联合公司

珠江钢管高度关注中东地区能源战略地位，2015 年，珠江钢管（PCK）决定与 Abdel Hadi Abdullah Al-Qahtani 及其子集团公司（Tariq Abdel Hadi Al-Qahtani & Bros.）（AHAQ）在沙特成立联合公司，双方共同筹资 2.0 亿美元（约合 16.35 亿元人民币），共同生产经营年产能规模为 40 万吨钢管项目。与沙特联合筹建了 20 万吨 JCOE 直缝埋弧焊钢管生产线，覆盖当地 20%的市场。项目产品品种主要包括 JCOE 直缝埋弧焊钢管（LSAW）和高频焊钢管（HFW），其中 LSAW 钢管 20 万吨/年，主要规格：外径：16 英寸~64 英寸，壁厚：6.4~60mm，材质：API 5L A-X80；HFW 钢管 20 万吨/年，主要规格：外径：8 英寸~28 英寸，壁厚：4~12.7mm，材质：API 5L A-X80 产品市场覆盖整个中东及其他地区，主要应用于石油、天然气、水运输以及其他建设工程领域。将位于沙特阿拉伯的达曼东海岸，在第 7 号 Dammam & Riyadh 路的场地，项目工程占地面积 126000m²，离达曼港约 40km。

四、主要改革成就

（一）推动我国经济发展

珠江钢管作为民营企业的代表，以发展民族品牌产品为目标，在钢管行业拼搏 26 年，为行业发展提供了宝贵经验。1992 年以前，在如何界定非公有经济地位和作用的这个问题上，各地政府的做法仍未在思想上形成高度统一，我国改革大业踟蹰不前。在这个关键时刻，邓小平同志南行讲话的发表，让一切劳动、技术、资本等要素的活力竞相迸发。珠江钢管响应党的号召，敢闯敢干，在实践中深刻认识和回答了民营经济新形势下实现什么样的发展、民营钢管企业该怎样发展等重大问题。方向决定前途，道路决定命运。1993 年，置身于改革开放市场经济的洪流，珠江钢管陈昌先生敏锐地意识到能源经济中油气储运管道钢管的重要地位，准确判断出大口径焊接钢管的市场潜力，并抓住时机，促成飞跃。

习近平主席庆在祝改革开放 40 周年大会发表重要讲话中说，“我们用几十年时间走完了发达国家几百年走过的工业化历程。在中国人民手中，不可能成为可能。”中国人民因为创造了人间奇迹，有理由为自己的智慧和勇气感到无比自豪、无比骄傲。珠江钢管也值得拥有这份骄傲和自豪。因为在中国共产党的领导下，珠江钢管一改传统钢管行业发展管理模式，走出一条富有自己特色的新路子，在配合国家能源结构调整、发展低碳经济、促进石油天然气发展、开发海洋能源方面，珠江钢管创出一个又一个新产品代替进口，以民族品牌参与国际竞争，打破了国际钢管巨头垄断局面，贡献了一个民营企业值得自豪和骄傲的业绩，成为改革开放的先锋，为推动我国经济发展贡献出自己的力量。

（二）推动企业技术创新

珠江钢管尊重首创精神，充分利用和发挥知识人才的积极性、主动性、创造性，并将之凝聚成一股强大的创新驱动力。正是凭着这股强大力量，珠江钢管多次主持国家标准的制修订工作，多次完成国家、省部委项目。400 多项技术获得国家专利授权，逐步形成了以材料成型、焊接、无损检测、防腐为主的核心技术体系。2010 年，“大口径直缝双面埋弧焊钢管工艺技术及系列产品研究开发”荣获广东省科技进步一等奖；2008 年，公司与中国石油天然气集团公司管材研究所联合申报的“海底油气管道用直缝埋弧焊管国产化技术及应用研究”项目获得了陕西省石化行业科学技术奖一等奖；2009 年，获得广东省专利优秀奖；2015 年，高压高钢级厚壁海管开发及南海深水天然气项目应用广东省科技进步一等奖；2016 年，获得中国机械工业科学技术一等奖。企业开发的直缝埋弧焊管、桩用螺旋重型焊管分别获得中国钢铁工业协会颁发的冶金实物质量金杯奖。

（1）成果产业化示范：建成了 UOE 直缝埋弧焊管生产线，建成国内一流的 6500 吨 JCOE 直缝埋弧焊管生产线、建成了辊弯厚度可达到 230mm 的三辊生产线以及 150m 超长螺旋焊管生产线。完全掌握了深海用海底油气输送管线钢管、X80 以上高强度直缝和螺旋管线钢管、抗酸性管线钢管的关键生产技术。

（2）实验室能力建设：成立创新创业团队，引入液压、焊接、材料成型、自动化控制等多学科带头人，并聘请李鹤林、翁宇庆、周守为院士等知名专家，指导企业开展新产品开发工作，提高实验室能力。目前，珠江钢管珠海基地拥有广东省内唯一资质的 CTOD 裂纹尖端扩展试验室，此外，还创新研究发明了深海管道模拟压溃试验检测方法及装置及 8 万焦耳落锤撕裂实验装置，整个实验室能力可达到同时实现

30 多项性能指标的测试。

（3）信息化建设：企业技术中心信息化建设走在行业前列，建立了焊管生产线 MES 系统，实现了生产与物流管理的信息化管理。

（4）技术出口示范：发挥核心技术的优势，与沙特联合筹建了 20 万吨 JCOE 直缝埋弧焊钢管生产线，覆盖当地 20%的市场，在行业发展中具有示范作用。

（5）能源技改：引入创新合作模式。珠江钢管成立能源管控中心，创新引入能源合作机制，开展了光伏发电、LED 照明改造、伺服电机改造、高效电机更换等节能技改项目。在生产用电方式上，积极推行通过直售电、精确控制调整变压器的功率因数系数、停运不必要变压器、多使用光伏发电量、安排低谷用电时间段组织生产等有效管理手段，2018 年工程用电取得显著节能效果，与同期相比，钢管每吨能耗降低 40. 1%。用电成本下降幅度达 48. 6%，提高了公司产品在市场中的竞争力。

（6）新产品开发：在油气管道输送工程领域，开发了可用于海底深度达 1500～3500m 深海油气输送钢管、X80 海上隔水管、X80～X100 高强度油气输送钢管、抗大应变 X65～X70 油气输送钢管、抗酸性油气输送钢管及双金属复合管；在海上大型钢构领域，开发了可用于海上风电、海上桥梁及海上导管架工程的重型桩用钢管。特别是围绕深海及超深海油气国际管线工程，在世界范围内首次开展深度达 3500m 的海底专用管材技术研究，形成了一套国内外首创 1500～3500m 超深海管线用钢管制造技术。2012—2013 年，珠江钢管向中海油独家供应 12 万吨深海油气管道输送用直缝埋弧焊钢管，为解决行业技术难题、带动行业技术进步做出了突出贡献。

（三）推进社会公益事业发展

珠江钢管作为中国钢标委钢管分技术委员会委员单位、中国金属学会轧钢分会焊管学术委员会副主任委员单位、广东省船舶与海洋材料标准化委员会副秘书长单位以及广东省机械工业质量管理协会副理事长单位，积极为行业发展献计献策、出钱出力。以编委会副主任参加了《中国焊管 50 年》《中国钢管飞速发展 10 年》大型行业历史文献的编写工作，为行业发展做出了重要贡献。同时，作为一个有社会责任感的企业，积极支持社会公益事业，赞助体育事业、支持教育事业、在扶贫济困、保护文化遗产、弘扬书法艺术等方面尽心尽力，倾注了人文关怀。

2006 年，珠江钢管捐款石基中学 100 万元；

2007 年，珠江钢管在慈善晚会捐款 100 万元；

2008 年，珠江钢管为汶川地震捐款 190 万元；

2008 年，珠江钢管奖励奥运举重冠军，番禺籍运动员陈燮霞 100 万元；

2010 年，珠江钢管向番禺区教育基金会捐款 100 万元，用于教育奖学和扶贫困助学等公益活动；

2011 年，珠江钢管独家冠名赞助番禺区第十三届龙舟赛 100 万元；

2011 年，珠江钢管邀请广州市书法家协会亲临挥毫，弘扬了书法艺术，传承民族传统文化；

2012 年，珠江钢管冠名赞助番禺区首届“珠钢杯”乒坛 108 将精英排名赛 138 万元；

2012 年，珠江钢管在广东扶贫济困日暨广州慈善日活动中捐款 200 万元；

2012 年，珠江钢管为番禺区石楼镇善世堂修葺捐赠 330 万元，为保护区物质文化遗产尽心尽力；

2013 年，珠江钢管赞助 2013 年乒乓球团体世界杯赛 100 万元；

2013 年，珠江钢管独家冠名赞助连续三届世界围棋团体锦标赛 3000 万元；

2013 年，珠江钢管冠名赞助广州市第五至第八届“市长杯”乒乓球百姓系列和谐赛 750 万元；

2013 年，珠江钢管“幸福基金”启动，公司首期捐赠 126 万元，援助贫困母亲安居乐业；

2014 年，珠江钢管赞助“2014 年广州国际龙舟邀请赛”100 万元。

二十六年以来，珠江钢管多次向番禺教育、文体部门和慈善机构捐款捐物，汶川地震、西南旱灾、广西百色扶贫等，都有珠江钢管捐出的善款，前后累计用于社会公益和慈善事业的捐款已达 8000 多万元。

五、未来发展展望

面向国内外重大工程对钢管产品的市场需求，珠江钢管将依托企业优势，推动企业经济发展。为此，确定了珠江钢管工作奋斗目标：中期目标实现销售总额 50 亿元/年；长期目标实现年产值过 100 亿元/年。

珠江钢管事业最终目标的核心就是要“做世界最优质的钢管，把企业建成创新能力强、制管产业链完整、技术领先、管理科学、文化先进、企业和谐、国际一流的专业化钢管生产企业集团。”

结合国家最近提出的纵深发展粤港澳大湾区蓝图，珠江钢管将继续实施企业海工装备战略，以服务于国家海洋清洁能源事业发展为重点，确立在珠海实施新能源装备产业园建设项目构想，并把产品市场定位于海洋石油、天然气、风电清洁能源、可燃冰等工程领域。项目策应国家海工装备战略，具体内容包括：新建10万吨码头、新增UOE钢管生产线，配套完成基地运装系统等措施，开发生产UOE直缝输送钢管、海上大型结构钢管、配套桩管、导管架、海上模块等产品和服务，使得基地产品的品种、规格、海工装备产品整装能力水平得到大幅提高，解决我国海工装备战略发展对钢管产品及钢管产品构造物的研发、生产制造等关键技术难题，满足海洋油气勘探、开采以及海上风力发电、可燃冰等大型建设工程的需求，成为行业中产业链结构完整、配套合理、具有全国示范作用的海工装备专用钢管制造基地。

六、结束语

伟大梦想不是等得来、喊得来的，而是拼出来、干出来的。珠江钢管将从全球市场竞争战略的高度出发，恪守“诚信、人本、创新、实干、领先”，把这种价值观融入企业文化，追求卓越绩效，实现企业跨越式发展，向国际一流企业集团发起全面冲击。时代在进步，社会在发展，珠江钢管将抓住机遇，求真务实，从规范抓起，从基础抓起，从实事做起，从成本控制抓起，集中精力，把企业做强做大，并积极承担起与企业发展规模相对应的社会责任。“行之力则知愈进，知之深则行愈达”，珠江钢管将牢记使命，为钢管制造强国的宏伟目标贡献自己更多的力量。

立源泰根基大地　生德润枝叶天际　助中国伟梦奇迹

（天津源泰德润集团）

一、起源

天津源泰德润集团创始人、董事长兼总经理高树成先生制管产线技术工人出身，后以一条管机开始创业，从业近30年坚持在方矩管行业拼搏，长期专注于方、矩形冷弯空心钢管研发和生产，现发展成为以生产黑色、镀锌方矩管并兼营物流、贸易等为一体的大型联合企业集团，集团下辖12个法人独资子公司，总注册资金6亿元，总占地面积1450亩，拥有员工2000余人。

天津源泰德润集团创立于2002年（原天津市源泰工贸有限公司），总部坐落在中国最大的焊管生产基地天津静海大邱庄工业区，紧邻唐津高速、津沧高速、104国道和205国道，距天津新港40公里。

天津源泰德润集团是中国方矩管行业引领者和方矩管品牌领导者，致力于为钢管用户提供卓越的产品和服务，立志让方矩管这一产品在中国的发展建设中发挥更广泛的作用。

图1　董事长高树成

图2　厂区全貌

图3　天津源泰德润集团

二、实力

天津源泰德润集团重视设备和工艺研发，持续重视产品质量提升，和国内钢铁行业顶级咨询机构、高等院校、科研单位、产业联盟广泛开展产、学、研、用合作，现拥有40多项技术专利，2018年在行业内率先发起、起草并制定了“建筑结构用方矩管”“机械结构用方矩管”“结构用热镀锌方矩管”等以应用为导向的系列企业标准、团体标准和行业标准。公司的500方机组、300方机组和200方机组生产线实现了换型到出成品的电控自动化，代表了国内大口径直接成方工艺的先进水平。集团现有黑色高频焊管生产线51条，热镀锌加工线10条，螺旋焊管生产线3条，可出规格20mm×20mm×1.0mm～1000mm×1000mm×50mm、20mm×30mm×1.0mm～800mm×1000mm×50mm方矩管、ϕ219mm～1420mm螺旋焊管，年产能达500万吨，天津源泰德润集团方矩管常备现货库存达20万吨，现有机组和辊式模具条件下，方管直出规格由20方至500方，矩管直出规格20×30至400mm×600mm，直出厚度可达17.75mm，总计5400多种规格；圆改方异型机组可出到1000方，厚度可达50mm，规格总计3480种，在业内形成了“规模最大，规格最全”的口碑，集团每年投入1000万以上，用于新品机组和模具研发，唐山滦县新钢管基地投产后预计总产能将达1000万吨。

图4　冷拔机组

图5　500mm×500mm方矩形管生产线

在装配式钢结构以往大口径厚壁钢管由于生产条件限制，在建筑柱体上钢结构企业被迫采用箱型柱结构（采用4块钢板焊接而成），但箱型柱的一致性等结构性能远不如一次焊接的方矩管。天津源泰德润集团投入近6000万元，自主研发大型焊接钢管常温挤压成型设备，解决了这个装配式钢结构产业困难，目前可以直接生产口径1000mm×1000mm，壁厚达50mm的超大口径、超厚壁方矩型钢管，和过往的箱型柱结构相比，一是大大降低了其加工成本（箱型柱加工成本每吨1000至2000元，而挤压成型工艺成本仅几百元），二是因为不再需要进行多次焊接保证了平面和结构一致性同时大大降低由于厚壁钢板焊接无法熔透导致不牢固产生的开裂风险，目前国际上重大的钢结构工程项目处于施工安全考虑已做禁止使用箱型柱结构的硬性要求，其在大跨度空间结构、超高层钢结构工程中应用前景广泛。

图 6　部分产品展示

三、应用

经过多年的产品研发和跨产业合作技术沉淀，方矩钢管产品已广泛用于装配式钢结构建筑，玻璃幕墙工程，钢结构工程，大型场馆、机场建设，高速、道路、装饰护栏，塔吊制造，光伏项目，温室农业棚户建筑，桥梁制造，船舶、汽车制造，机械制造等诸多领域，“源泰德润”牌方矩钢管在国内方矩管产品细分市场占有率位居前列，同时集团积极拓展海外市场，目前“源泰德润”牌方矩管已远销东南亚、非洲、南美、中东、独联体等多个区域，在天津市方矩钢管出口总量占比近 30%。

图 7　产品远销东南亚、非洲、独联体等国家和地区

天津源泰德润集团积极响应国家品牌战略，在产品和服务中植入企业文化和核心经营价值观，重视产品在重点工程项目建设中的品牌美誉度，是港珠澳大桥工程热镀锌方矩管产品供应商，是国家体育馆、国家大剧院、北京通州行政服务中心、新首都机场、天府机场等国内重点工程项目的方矩管供应商，是中国五矿、中建钢构、上海建工、中国铁建、中国国机、杭萧钢构、多维联合集团等知名企业的优质合作伙伴。同时积极拓展国际市场，在“一带一路”国家战略下，以更加开放、包容的姿态积极融入全球钢铁产业链，目前产品远销东南亚、中东、非洲、南美、独联体等区域，并在当地重点项目应用中获得广泛好评，在 2016 年中国海关备案的实际出口数据中，113 家天津方矩管出口企业，有 37 家的货源来自源泰德润，占比高达 32. 75%，“源泰德润”品牌在国际钢管产品线上、线下多渠道同步发力，海外市场的稳步发展进一步扩大了“源泰德润”的品牌公信力。在 2017 年中国农业部“一带一路”重点项目——埃及“百万费丹土地改良计划”的温室项目第一阶段，天津源泰德润集团成为该项目 7 万吨方矩管产品唯一供应商，由于前期诸多因素导致该项目的工期非常紧，除了资金需求较大之外，产品涉及黑色焊管生产、热镀锌加工、截管整形、管体钻孔、打包、集港等各方面协同工作相对复杂，天津源泰德润集团

众多的黑色焊管生产线、热镀锌加工线和丰富的海运保全和集港经验为本项目最终得以按期完成提供了强有力的保证，获得了埃及甲方的很高的评价。

图8 公司成品库

四、荣誉

天津源泰德润集团积极投身行业建设，在2017年联合中国金属材料流通协会发起并成立了中国金属材料流通协会方矩管分会并出任会长单位、在2018年联合冶金工业规划研究院发起并成立了中国方矩管产业发展与合作创新联盟并出任常务副理事长单位，同时还是中国钢结构协会常务理事单位、中国钢结构协会冷弯型钢分会常务理事单位、装配式建筑产业创新联盟副理事长单位，集团于2017年荣获中国民营企业500强单位、中国制造业企业500强单位、中国民营企业制造业500强单位，在2017天津市企业100强中排名第49位。在全国钢铁流通企业经营管理分级评定中获得5A级最高荣誉，在中国金属材料流通协会信用评比中获得3A级最高荣誉。

公司全面落实创新、协调、绿色、开放、共享的发展理念，按照供给侧结构性改革的总体要求，努力改变传统的经营模式，坚持创新驱动发展，积极、全面地推动技术进步和管理创新量大核心任务，在工业互联网和大数据在国内全行业渗透的背景下，持续提升数字化、信息化、智能化水平。以技术革新释放装备潜能，以管理创新重塑服务价值，推动产品结构调整，争做引领产业升级的排头兵。天津源泰德润钢管制造集团有限公司是国家高新技术企业、天津市市级高新技术企业，于2012年通过ISO9001认证，2015年通过欧盟CE10219体系认证，2017年通过法国船级社认证，2018年通过日本JIS工业标准认证，“源泰德润”是天津市著名商标，“源泰德润”牌方矩管是天津市名牌产品。

图9 获高新技术企业证书

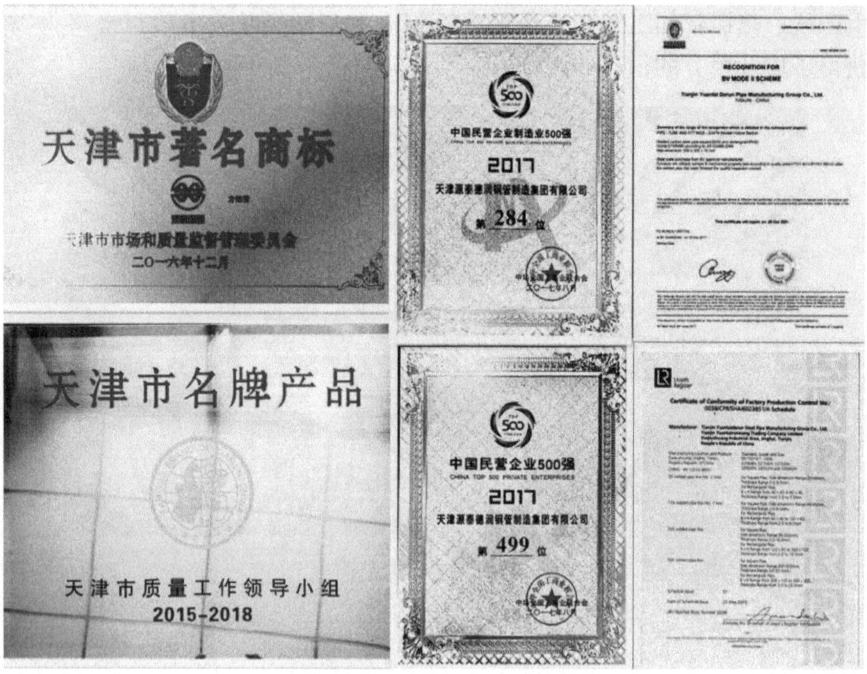

图 10　部分荣誉证书和质量认证证书

五、理念

集团始终坚持“生态优先、绿色发展”的理念，大力研发并推广应用清洁能源生产技术，加强能源资源的高效循环利用，提高企业可持续发展水平，打造绿色发展的企业典范，为改善生态环境、建设美丽中国贡献力量。

天津源泰德润集团是一个快速成长的企业，是一个不断迸发活力的企业，集团立足天津、唐山两大生产基地，以方矩管制造为基础，深化上下游的合作，力争打通产业链各个环节，创造更多的产业增值效益，在保证品质的同时，我们持续降低管理成本，提升管理效益，在行业内率先采用全国统一报价，同时公开订单订货的成本计算公式，最大化让利于合作伙伴和用户以实现价值链的利益共享。

六、新材料

除普碳、低合金材质钢管外，我集团同时展示了最新研发的新型材料：60mm×80mm×3.0mm 的普碳钢双面复合 304 不锈钢高耐腐方矩型钢管。普碳钢双面复合不锈钢方矩型钢管在保证产品表面能够达到不锈钢高耐腐能力的前提下又保留了碳钢的韧性，同时和纯不锈钢产品相比有着非常明显的成本优势，在装配式钢结构高质量发展的产业机遇中有着巨大的市场空间。耐腐性能是装配式钢结构建筑设计中建筑使用寿命不得不面对的难题，现有产品往往通过表面涂镀或表面二次加工（如热浸锌加工）来加强其耐腐性能，但实际效果有限。天津源泰德润集团通过和第三方科研单位合作，投入了近 1500 万元研发出了碳钢表面双面爆炸复合不锈钢材质方矩管产品，该材料在普碳钢、低合金钢表面通过双面爆炸、轧制工艺复合不锈钢材料，既能保持碳钢的韧性又能达到不锈钢防腐能力，同时和纯不锈钢材料相比该材料成

图 11　矩形管产品

本价格要低25%以上，在保证不腐蚀的前提下，钢结构设计使用钢材重量可减少15%左右，经济效应显著，在装配式钢结构建筑方面应用前景广阔。

七、前景

国家建筑业十三五规划中定调将大力发展装配式建筑住宅，这在国家经济转向高质量发展的时代背景下给制管企业带来了转型升级的产业机遇，对此天津市静海区各级政府十分重视，积极布局装配式建筑产业基地，引进优质装配式建筑企业，积极推动和辖区对口企业的对接和合作，立足企业现阶段的实际情况给出转型升级路线规划，引导制管企业从原料供应厂家升级成为装配式建筑构件供应厂家，为企业产品增加了附加值创造更多的利润空间，为新时代静海区传统钢管企业指明了一条创新发展的出路。

八、共赢

天津源泰德润集团，作为中国方矩管品牌领导者、中国方矩管行业引领者，致力于为钢管用户提供卓越的产品和服务，立志于让方矩管产品更广泛地贡献于中国经济大发展中。集团于2018年发起并联合冶金工业规划研究院创立了方矩管产业发展与合作创新联盟，汇聚冶金工业规划研究院、钢铁研究总院、中国建筑科学研究院、国家钢结构工程技术研究中心装配式标准化钢结构建筑研究院，天津大学、浙江大学、北京建筑大学、浙江树人大学，装配式建筑产业创新联盟、天津市金属材料流通协会、上海钢管行业协会、四川省钢材流通协会，济钢集团、重庆钢铁、五矿钢铁、内蒙古包钢、天津荣程，上海建工、杭萧钢构，杭州华龙、南京钢首等方矩管产业链知名机构和企事业单位，力争实现产、学、研、用，为方矩管产品在更多领域更广泛地应用创造条件，为行业建立健康良好的发展环境和资源共享、优势互补的共赢合作机会。

图12　源泰德润网站

百年源泰，德润人心，中华民族的伟大复兴赋予我们强大的自信和智慧。天津源泰德润集团将不断延伸产业链，扩大产业集群，形成产业链协同优势，衷心期待与社会各界、合作伙伴、广大用户精诚合作，携手共进，共同开创美好的未来。

源泰颂

百年津城漕运起，年历久远国运砥。
源于何处辉煌在，泰斗隐于工业里。
德服寰宇气盖天，润物无声行业巅，
人心所向归何处，心气蕴藏源泰间。

京华三十载，春潮杨帆正当时

（京华创新集团控股公司）

图 1　京华创新集团控股公司

京华日钢控股集团有限公司（前身京华创新集团有限公司）成立于 2014 年 5 月，注册资本 5.8 亿元，现有员工 6000 余人。下辖全资和控股企业：衡水京华制管有限公司、唐山京华制管有限公司、成都彭州京华制管有限公司、吉林京华制管有限公司、广州京华制管有限公司、郑州京华制管有限公司、日照京华管业有限公司、衡水京华化工有限公司、衡水京华房地产开发有限公司、北京清河湾乡村体育俱乐部有限公司 10 家实体企业，是中国大型钢管制造企业集团。

集团公司以钢管制造为主业，兼营化工、房地产等产业。拥有各类钢管生产线 140 余条，产能 1000 万吨，在规模和品种方面位居行业前列。主打产品“华岐”牌系列钢管，涉及直缝焊管、方矩管、热镀锌钢管、螺旋缝埋弧焊钢管、钢塑复合管、石油管线钢管、石油套管、油管、FBE 石油防腐钢管、3PE 石油防腐钢管等十余种品类。可按照国标、美标、英标、日标、德标、石油天然气、化工、消防等行业标准生产到 X80 钢级钢管；涵盖 GB/T 9711—2011 PSL1、GB/T 9711—2011 PSL2、API 5L、5CT、ASTM A53、EN10217、EN10219、SY/T 5037 等管线钢标准的大部分品种和规格，适用于石化、消防、水利、环保、钢结构、建筑等多个领域。

“华岐”牌钢管已有二十余年的制造历史，以其优异的产品质量连续获得“河北省名牌产品”“CTC 中国建材认证产品”“全国质量检验稳定合格产品”等荣誉称号。集团公司拥有 1 个国家级认可实验室，是国家钢管标准制修订单位。通过了 GB/T 19001—2008 质量管理体系认证、GB/T 24001—2004 环境管理体系认证、GB/T 28001—2011 职业健康安全管理体系认证、IQNET 认证、API Spec Q1 质量管理体系认证、劳氏船级社欧盟 CE 认证、马来西亚 SIRIM 认证、国家质检总局颁发的特种设备制造 A1 级认证、美国石油学会 API5L、API 5CT 会标使用许可证等资质。被中国石油天然气集团公司及中国石油化工集团公司评定为一级供应商资质，是国家电网、中建总公司、中国燃气、新奥燃气、华北油田等特大型企业的合格供方单位。

“华岐”牌钢管广泛应用于三峡水利、南水北调、星海湾跨海大桥、沈阳奥体中心、上海地铁、厦门世贸大厦、唐山世界园艺博览会等众多国家及省市重点工程建设。销售网络遍布全国及世界各地，产品出口欧盟、美洲、非洲、东南亚、中东、澳大利亚等国家和地区。

一、衡水京华制管有限公司

衡水京华制管有限公司始建于 1993 年，为集团公司前身“衡水京华焊管总厂”，注册资金 2 亿元人民币，原厂址在衡水市桃城区三杜庄，2011 年应政府“水上湖城建设”号召，搬迁至现在的北方工业基地，占地500余亩，现有员工2100余人。公司经过26年的发展，已形成钢管研发、设计、制造、销售、服务五位一体的高新技术企业，实现全产业链生产、销售模式。

图2　衡水京华制管有限公司厂区全貌

（一）发展历程

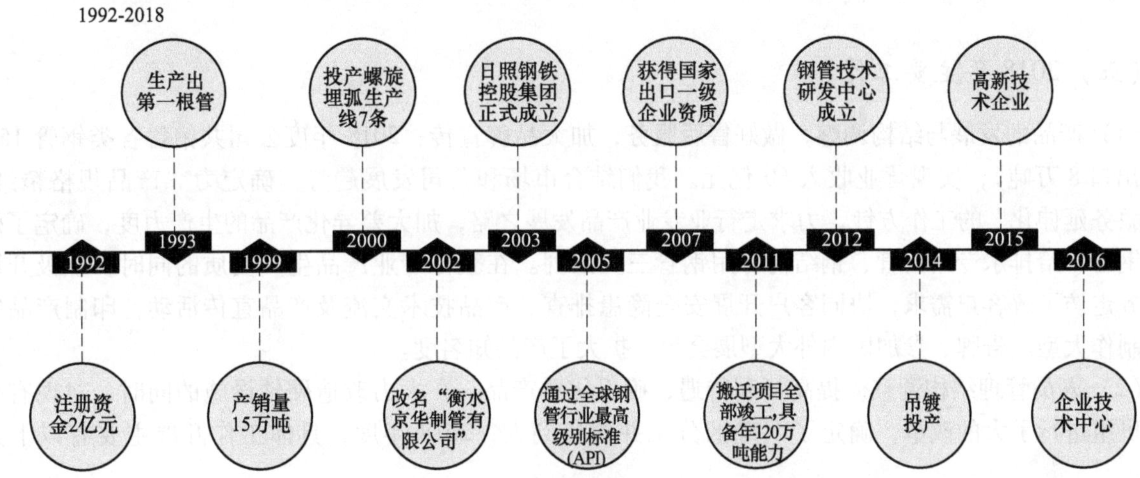

图3　企业发展历程图

（二）生产能力

公司拥有ERW机组18条，年产ϕ21.3~325mm壁厚1.5~14mm ERW钢管160万吨；热镀锌管生产线9条，年产ϕ21.3~219.1mm壁厚1.5~6mm热镀锌钢管120万吨，螺旋焊管机组4条，年产ϕ219.1~2500壁厚5~26mm螺旋焊管15万吨；吊镀锌生产线1条，年加工各类镀件10万吨；钢塑管生产线4条，可年生产加工钢塑管10万吨，石油管道及防腐生产线1条，年产石油管线钢管及FBE、3PE石油防腐钢管20万吨。水压、探伤、超声、X射线等相关配套辅助设施齐全。

（三）公司产品

公司主打产品“京华”“华岐”牌系列钢管，涉及焊接钢管、热镀锌钢管、螺旋缝埋弧焊钢管、石油管线钢管、石油套管、油管、FBE石油防腐钢管、3PE石油防腐钢管、钢塑复合管等十余种管型。可按照国标、美标、英标、日标、德标、石油天然气、化工、消防等标准生产L245-L555(A-X80)钢级钢管；涵盖GB/T 9711—2011 PSL1、GB/T 9711—2011 PSL2、API 5L、API 5CT、ASTM A53、EN10217、EN10219等管线钢标准的大部分品种和规格，适用于石油、天然气、造船、化工、环保、水利、电业、钢结构、建筑等多个领域。

（四）所获主要荣誉、资质、招投标入围单位、行业组织、品质控制

（1）衡水京华主打产品“京华”“华岐”牌系列钢管连续18年被评为“河北省名牌产品”。公司获

得“国家高新技术企业”“河北省企业技术中心”“河北省焊接钢管技术创新中心”“衡水市政府质量奖”“CNAS 国家实验室”“全国质量和服务诚信优秀企业”2018 年获高新区“五星级企业”称号等多项荣誉。

（2）公司已通过 ISO9001、ISO14001、OHSAS18001 管理体系认证、IQNET 认证、美国石油学会 API5L、API 5CT 会标使用许可证、API Spec Q1 质量管理体系认证、英国劳氏船级社欧盟 CE 认证、马来西亚 SIRIM 认证、韩国 KS 认证、国家质检总局颁发的特种设备制造 A1 级认证等资质。

（3）被中国石油天然气集团公司及中国石油化工集团公司评定为一级供应商资质，是中国电网、中国燃气、辽河油田、华北油田、大港油田、胜利油田等特大型企业的合格供方单位。

（4）公司发展中积极参加社会团体活动，现为中国钢结构协会钢管分会副理事长单位、河北省行业协会副会长单位、河北省质量与名牌学会理事单位等；

（5）品质控制：公司主编出版《钢管热镀锌技术》《钢管生产技术》《钢管热镀锌技术》专业书籍；参与并修订了《低压流体输送用焊接钢管》（GB/T 3091—2015）、《直缝电焊钢管》（GB/T 13793—2015）；参编团体标准《沟槽式链接管道工程技术规程》《连续热浸锌锌铝合金镀层焊接钢管》。

具备“CNAS 国家实验室”“河北省企业技术中心”“河北省焊接钢管技术创新中心”，拥有德国直读光谱仪、金相检测、落锤试验机、万能试验机、硬度检测仪等设备及在线涡流探伤、水压实验检、超声、X 射线测等，并具备科学有效的生产、检测流程，确保了产品的高质量生产，满足行业专业产品需求。

（五）2018 年主要工作

（1）产品的发展与结构调整，做好售后服务，加大品牌宣传：2018 年度公司共销售各类钢管 150 万吨（出口 8 万吨），实现营业收入 60 亿元。我们结合市场和公司发展趋势，确定力“产品规格精细化，销售服务延伸化”的工作方针，力求走行业专业产品发展之路，加大差异化产品的生产力度，确定了燃气专用钢管、给排水专用钢管、钢结构专用钢管三大系列。在获得专业产品生产资质的同时，积极开展售后服务走访了解客户需求，协同客户开展安全隐患排查、产品技术交流及产品宣传活动，印制产品宣传册，制作大型广告牌、参加国内外大型展会等，扩大了产品知名度。

（2）人员管理结构调整，提高福利待遇，确保优质产品：在大力改造硬件设施的同时，对现有生产管理班组进行了大的改革，确定了明确的分工并责任到人，2018 年度，具体工作开展主要有以下几个方面：

在提高职工福利待遇的同时全面推行三班两运转工作制度，提升设备自动化水平增上自动打包机等，降低职工劳动强度，丰富职工娱乐生活，制定并开展年度旅游；建立健全人才培训机制，挖掘和引进专业人才，提高全员整体素质。

重新划定生产系统动力、设备、工艺三个班组，集权给车间主任，确定落实管理负责人，并制定工作流程，明确了稳定的工艺和设备是改善环境的基础，是保证产量和质量的前提。

现场工作做到有计划、有执行、有落实、有记录；领导干部具备“四有”精神：有明确的目标，有可行性方案，有过程监督，有结果考核。

制定制度措施，责任落实到人，并加强监管，极大地加大部门之间协调沟通。

（3）环保设施加大投入资金力度，不断升级改造，确保环境达标：响应城市建设发展，把环境问题放在首位，整体上确保了企业的可持续发展。在加大安环部门工作力度的同时，对环保设备责任落实到人，并投入近 700 万元对整体环境进行了改造规划。2018 年主要改造设备有：酸雾集尘罩及酸雾净化塔升级改造、废酸污泥处置设施、增设污水反渗透装置、购入移动焊接烟尘净化装置等。同时规划厂区布局，将废料场整体搬迁，并按国家有关法律、法规、标准的要求，妥善处置公司危险废物，建设两座暂存间，专人管理，对危险废物进行分类暂存，并设置警示标识。

为了达到整体环境整洁，聘请专业老师，开展 6S 现场管理活动，并建设了现场参观样板区等工作，进一步规范了生产现场的环境，能够确保员工在干净、整洁、有序的环境下生产。

（六）发展亮点

（1）2018 年在集团信息处、台湾中冠技术支持及集团领导的指导下，开展了为期近 9 个月的信息化建设，于2019年元月1日正式上线运行，成为制管行业第一家拥有并成功运行信息化管理系统的企业，建立起统一协同的整体信息化平台，实现采购、销售、生产、物流、财会、成本的数据连通和各工序的协同作业，达到按流程办事、用数字说话；

(2) 公司获得发明专利23项，其中热镀锌生产双向多工位生产工艺的研发，填补了行业空白，领先了行业发展；

(3) 借申办省政府质量奖之际，开展全员学习卓越绩效考核管理模式，并落。

（七）未来展望

衡水京华将不断践行着“提供优质环保钢管，改善人类生活环境，引领促进行业发展”的使命，以“产品规格精细化、销售服务延伸化”的发展方针，走行业专业化产品的特色之路，开拓产品亮点，促使企业适应市场大潮，得到健康、可持续性发展。

二、唐山京华制管有限公司

唐山京华制管有限公司始建于2001年，位于河北省唐山市开平高新技术产业开发区。公司注册资本2亿元，占地631亩，员工1800人。主要产品有高频直缝焊管、热浸镀锌钢管、螺旋缝埋弧焊钢管、钢塑复合管、方矩管，设计产能300万吨。是国家高新技术企业、全国优秀企业、河北省科技型企业，中国焊接钢管行业知名企业。

图4　唐山京华制管有限公司办公大楼

（一）发展阶段

2001—2018年，公司经历了四个发展阶段，产能规模不断扩大优化，产品品类更加多元，发展理念实现新的转变，经营管理不断取得新成就。

第一阶段：壮大发展阶段（2001—2005年）。2001年2月，唐山华岐焊管厂破土动工，进入筹建，同年5月1日投产，历时90天，其高效的建设速度被业内称为“京华速度”，广受赞誉。2002年，螺旋车间投产，2003年冷轧车间投产，2005年，热镀1～3线投产。形成了30条焊管生产线，7条螺旋生产线，3条热镀生产线，2条冷轧带钢生产线，产能100万吨的焊管企业，单厂生产规模居全国前列。

第二阶段：稳定发展阶段（2006—2012年）。2006年，第一阶段的建设投资基本完成，公司主要精力放在稳抓质量，拓展市场，深化管理工作上，2008年，受金融危机影响，公司经营和产销量一度跌入低谷。2009年以来，公司连年投入资金开展提速增效等技术改造，产品质量和品牌影响力稳步提升，生产效能飞速提升，企业经营业绩稳中向好，实现新的突破。

第三阶段：转型发展阶段（2013—2016年）。随着钢铁行业全面产能过剩，整体进入微利时代。公司领导审时度势，开启了以投资建设带动产品结构调整、产品产业升级的二次创业战略进程。2013 年“15 万吨/年钢管镀锌深加工项目”建成投产；2014 年 8 月，“100 万吨/年钢管镀锌深加工项目”首期 4 条线建成投产；2015 年 8 月，6 万吨/年钢塑复合管项目首期 3 条线投产。2016 年 11 月，7 条方矩管生产线建成投产。本阶段公司拥有焊管生产线 15 条，热镀锌生产线 11 条，方矩管生产线 7 条，螺旋管生产线 10 条，钢塑管生产线 3 条。形成了 115 万吨焊管、110 万吨热镀锌钢管、50 万吨方矩管，25 万吨螺旋焊管、3 万吨钢塑复合管，总计 300 余万吨的工序生产能力。实现了年销量 100 万吨的历史性跨越，产销量指标不断刷新建厂以来的历史记录。

第四阶段：特色发展阶段（2017 年—）。进入 2017 年，公司产品产销量实现 150 万吨的新跨越，经营稳步向好。面临国内焊接钢管产能过剩，同质化竞争加剧的局面，公司审时度势，提出特色发展理念，企业发展进入新阶段。

（二）主要改革成就

公司围绕“创新、特色、领先、健康”发展思路，深化企业结构调整和转型发展，谋求科技创新和技术进步，积极参与钢管国家、行业标准起草和制修订，在钢管制造这一传统产业领域走出一条新路，企业规模实力、综合效益、行业影响力持续扩大，成为行业龙头企业。

（1）深化产品结构调整，推动企业转型升级。唐山京华作为唐山市耗钢大户，传统制造企业，一度面临发展瓶颈，发展乏力。近年来，公司开启了以投资建设带动产品结构调整、产业升级的二次创业战略进程。先后完成项目建设投资 2 亿元，项目投产达效后，产品类别由 3 类增为 6 类，开发了清洁饮用水专用钢塑复合管、结构用方矩管等高附加值的新型钢管产品，调整了优质产品结构比例，使之更加适应市场需求。公司生产的“华岐”牌系列钢管被评“全国质量检验稳定合格产品”“河北省名牌产品”“CTC 中国建材认证产品”等荣誉称号。产品广泛应用于石油管线、给排水、消防、燃气等低压流体输送及支架、穿线、钢结构、冷弯等多种用途，企业经济效益明显提升。

（2）依托科研成果转化，促进企业创新发展。为促进技术研发和新品开发，公司成立了以总经理为首的创新团队，围绕《钢铁工业调整升级规划（2016—2020 年）》有关内容，以科技创新为依托，积极开展产学研合作，把中高端钢管、精品钢管研发作为主要研究方向，基于国家城市地下管廊建设需求，研究用于市政工程的钢管产品，如管廊采暖、供水、燃气等类别的市政工程专用钢管，并通过技术转化进入产业化生产，为企业创效，助力国家城市建设。2016 年，主导研发的科研项目“钢塑复合管衬塑工艺研究项目”，被河北省工信厅立项，并于 2017 年获得省专项扶持资金 40 万元。2014—2018 年，该团队自主完成了多项创新研发项目，其中“钢管热镀多元合金实用技术”项目的研发。使用多元合金能有效提升镀锌钢管表面亮度，耐腐蚀性提高 1～2 倍，该技术现已实现规模化生产，年均销售收入超过 20 亿元。

（3）起草国家行业标准，引领行业健康发展。完善标准化管理，是推动产品升级换代和生产技术进步的重要支撑和保障。公司已于 2006 年初正式成为国家标准化研究院、国家钢标委会员单位，参与起草和制修订了《低压流体输送用焊接钢管》(GB/T 3091—2008)、《碳素结构钢电线套管》(YB/T 5035—2008)、《建筑脚手架用焊接钢管》(YB/T 4202—2009)、《低压流体输送用焊接钢管国家标准》(GB/T 3091—2015)、《直缝电焊钢管国家标准》(GB/T 13793—2016)、《冷弯型钢通用技术要求国家标准》(GB/T 6725—2017)、《结构用冷弯空心型钢国家标准》(GB/T 6728—2017）7 项国家、行业标准，在全国及本行业发布实施。公司质量及标准化管理已达到国内同行业领先水平，公司名牌战略发展规划实施以来，“华岐”牌焊接钢管已连续获得“河北省名牌产品”“质量信得过产品”等多项荣誉。2017 年，团队带头人温朝江在中国钢结构协会钢管分会第七届理事会上当选为副理事长，集团公司当选为副理事长单位，为公司标准化建设打下了坚实基础。公司不断推进标准化管理工作，积极参与同类产品国家标准制修订工作，制定能确切反映市场需求令顾客满意的产品新标准，运用多种标准化形式支持产品开发，引领行业产品质量提质增效。

公司通过国家高新技术企业认定，至今拥有发明专利两项，实用新型专利 13 项。2018 年，通过河北省企业技术中心认定，唐山市焊接钢管工程技术研究中心已经立项，800m^2 实验楼投入建设，为推动企业产品创新、工艺创新，开展产学研结合和成果转化奠定的基础。

（三）主要经验与特点

（1）初期：抢抓机遇，快速发展。

焊接钢管供给不足，满足不了市场需求，大干快上，发扬京华速度，为企业迅速发展壮大奠定了基础。

（2）中期：夯实基础，稳步发展。国内焊接钢管需求进入稳定期，企业突出内控成本，加强质量管控，稳抓经营，实现企业平稳壮大。

（3）近期：转型升级，多元发展。通过项目建设调整产品结构，推进转型升级，实现产品的多元化，提升企业抗风险能力。

（4）远期：谋求创新，特色发展。针对钢管产品产能过剩，竞争激烈格局，突出公司自身优势产品质量和竞争力，突出区域优势发挥，侧重特色产品、定制产品的开发，走“由大到特”的发展新路。

（四）未来展望

针对公司未来5~10年的发展，依托企业规模实力雄厚，品牌在行业内广泛的影响力以及新品开发进发出的科研活力，公司确定了“形成一个运转高效，经营良性，具有产品差异化，客户优质化，有自己特色的制管企业”战略发展方向和“创新、特色、领先、健康”八个字的发展理念。把产品的特色化作为今后企业特色发展的核心。特色化发展侧重突出产品向特色化转化，提升产品附加值。在传统产品专类化、精品化发展，创新、开发新品发展方面形成良好基础。未来企业进一步加大研发人才的引进培养和试验设备设施、资金的投入，研发新产品，特色产品，提升产品品质，满足市场消费升级和差异化需求。

三、广州京华制管有限公司

图5　广州京华制管有限公司

广州制管有限公司，始建于2002年，注册资金8000万元；为京华创新集团华南区唯一一家以生产和销售为一体的子公司。公司位于广州市花都区花东镇大塘村，拥有员工340人，其中专业技术人员150人，中高级职称人员35人。厂区占地面积120亩，距广州新白云国际机场10公里，地理优越，交通便捷。

（一）公司发展历程

京华创新集团下属企业广州京华制管有限公司于2002年6月22日正式（并购原广州市华通镀锌钢管厂）成立，投产之初，依靠衡水京华、唐山京华提供生产原料；在当地周边购买带钢加工焊管，以保证公司的生产经营正常运行。公司已成功加入了中国钢结构协会钢管分会，生产经营围绕“践行新国标、引领新高度”这个目标，打造优于国家标准的高端产品，不断为客户提供特色服务，争当优质的最佳供应商。安全生产管理全面深入贯彻“安全生产、综合治理、预防为主”方针，安全生产培训及现场监督管理稳步推进；生态环境综合治理上，严格按照国家的相关法律、法规及各项污染物排放标准，不断投入资金对“三废”处理设备设施进行创新升级，确保环保设施有效运行，使各项污染物达标排放。产品销售出台了一系列优惠销售政策，使省内销量同比去年增加了3%，得到了客户高度认可和赞赏，成为了恒大集团、雅居乐集团、万科集团、保利集团等知名企业和项目的战略伙伴。

（二）主要改革成就

1. 获得荣誉及资质

获得荣誉及资质包括：

（1）连续五年，“华岐”牌直缝焊管和“华岐”牌流体输送用镀锌管荣获广东省名牌产品称号。

（2）连续20年，荣获花都区花东人民政府授予的“纳税大户”称号。

（3）连续7年（2011—2016年），获得广州市工商行政管理局颁发的“广东守合同重信用企业”称号。

（4）连续三年（2014—2017年），获得广州市花都区人民政府授予的“减排先进企业”称号。

（5）连续二年，荣获广州市花都区人民政府授予“地方骨干民营企业”称号。

（6）2006年5月30日通过了GB/T 19001—2000idt ISO9001：2000（质量管理体系认证）；GB/T 24001—2004 idt ISO14001：2004（环境管理体系认证）；GB/T 28001—2001 idt OHSAS18001：1999（职业健康安全管理体系认证）；“华岐”牌系列产品已通过《钢铁产品认证实施方案》(注册号：CQM-13-2006-0003-0009/CQM-13-2006-0003-0010）四位合一的综合认证。

（7）2008年，公司取得了压力管道元件制造（B级）的特种设备制造许可证。

（8）2010年，公司产品通过了《钢铁类建材产品认证实施规则》产品质量认证，被评为“广东省优质名牌保护示范榜上榜企业”，并获得了《二级计量体系合格证书》。

（9）2011年，被广东省质量技术监督局评为“AAAA级标准化良好行为企业”称号；并通过了自愿实施清洁生产审核验收工作。

（10）2014年，被花都区政府评为“花都区第三批地方骨干民营工商企业”称号；同年10月，广州市经济贸易委员会、广州市科技和信息化局、广州市环境保护局授予公司“（2014年度）广州市清洁生产优秀企业”的称号。

（11）2015年，获得广东省名优企业品牌保护协会颁发的“名优企业理事”称号。

（12）2016年1月，公司生产的华岐牌钢管获得十大品牌排行活动组委会授予的“中国钢管十大品牌”称号。

（13）2018年11月，公司生产的“华岐”牌给水衬塑钢管、“华岐”牌镀锌复合钢管荣获广东省名牌产品。

2. 工艺技术装备发展

工艺技术装备如表1所示。

表1　工艺技术装备发展

名　称	规格/mm	数量/台	年生产能力/t
高频直缝电焊管机组	ϕ325	1	70000
	ϕ114	1	50000
	ϕ76	1	40000
	ϕ50	1	30000
	ϕ60	1	20000
	ϕ89	1	40000
	合计	6	250000

续表 1

名　称	规格/mm	数量/台	年生产能力/t
热浸镀钢锌机组	φ114~219	1	80000
	φ21~165	1	70000
	合计	2	150000
纵剪	φ450	2	30000
	φ750	1	35000
	φ1500	1	35000
	合计	4	100000

3. 公司产品

公司积极采用国际先进标准（ISO559：1991；ASTM A53/A53M-05JIS G 3444：2004），结合近二十年的钢管生产经验，已成功打造出热浸镀锌钢管、高频直缝焊接钢管等广东省名牌产品及衬塑管、导线管等其他系列产品。

4. 节能环保及创新发展

2003 年 4 月，投入 58 万元，建造大型污水处理站，处理能力 250 吨/日；

2004 年，投入 35 万元对热镀生产车间进行围墙式的封闭，有效地控制了噪音和废气的扩散；投资 15 万元，补充麻石除尘器，对锅炉产生的酸雾、烟尘进行了全面的控制；

2005 年，投资 81 万元购置 3 套镀锌除尘器；投资 12 万元装置了车间内吸式设备，彻底解决了生产线的酸雾、烟雾、废气、噪音隐患；

2006 年，投入 90 万元对三条热镀生产线的酸雾进行再处理，增设酸雾除尘器 3 套，随后又投资 80 万元对三条热镀生产线的烟雾进行深层处理，使热镀生产线的酸雾、烟雾得到全面控制；

2010 年公司共投资 125 余万元，对制管车间 3 台机组固态高频，焊管机组水平轴、纵剪机组剪子、焊管机组飞锯及热镀车间炉前烟雾等项目进行了技改创新；

2011 年公司投资 320 万元，对制管车间 2 台机组高频更换（由原来电子管式高频替换固态高频）；购置 1 台新 60 机组淘汰了 1 台效率低、耗能高的焊管机组；热镀锌车间 2 台煤气发生炉升级改造，热镀共有 4 台活塞式的空压机，购置 2 螺杆式的替换原来活塞式空压机（留 2 台活塞式空压机备用）；热镀二三车间房顶维护，新购置了 1 台万能试验机；

2013 年，热镀车间进行了深层次技改，原来生产 1 寸规格以下的镀锌管采用蒸汽吹改为空压气吹，减轻了对周围居民的噪声污染；

2014 年，对热镀车间酸雾的治理，即在热镀酸洗安装房中房钢结构，收集热镀酸洗产生的酸雾；2015 年 2 月，增加了 1 套耗氧原氧生化装置塔；

2018 年 1 月，投资 190 万元，拆除原有煤气发生炉，改用液化天然气作为生产能源。项目完成后，有利于降低公司产品能耗，减少污染物排放，实现清洁生产的目的。

（三）主要经验与特点

广州京华制管有限公司自建厂以来，坚定不移贯彻创新发展理念，坚决端正企业健康发展理念，设备升级和技术能力不断提升。全面节约资源有效推进，能源消耗强度大幅下降。大力度推进环境保护综合治理，全员贯彻绿色发展理念的自觉性和主动性增强。随着市场的波动，在保持高频直缝焊管和热浸镀锌钢管的基础上，持续对钢塑管、角钢、方管、槽钢等其他镀锌产品的研究开发力度，实现企业最大经济效益。

（四）公司未来展望

今后，广州京华制管有限公司将加倍努力，以“创行业一流品牌、树民营企业典范”作为公司的使命和全体员工的行为准则，力争创建具有国际一流的现代化企业，不断完善管理体制，不断为客户提供优质的产品和服务，与尊敬的供需朋友们携手共进，共创辉煌。

四、郑州京华制管有限公司

图 6　郑州京华制管有限公司

（一）公司发展历程

郑州京华制管有限公司成立于 2012 年 4 月 17 日（郑州市工商局批准设立），由京华创新集团有限公司出资 5000 万元设立，温朝福任公司总经理。公司位于郑州市马寨经济开发区工业路 16 号，处于西四环城路与郑少高速路口交汇处，具有得天独厚的交通和地理优势。公司占地面积 400 亩，厂房建筑 60000 平方米，注册资金 5000 万元，现有员工 500 余人，其中专业技术人员 60 余人，中高层管理人员 10 人。公司始终以振兴我国钢管产业为己任，坚持走规模化、现代化的发展道路，采用具有国内先进水平的固态高频焊接钢管生产线，辅助设备均采用国际一流的全程电脑数控技术，用数字化操作控制各个工序，定额生产成本，为产品质量和经济效益的不断提高提供了重要保障，同时还引进和推行国际先进的 6S 管理模式，生产区全部以网络化监控系统进行场外监控。现有焊管车间 1 个，2012 年 2 月开工建设，6 月底项目竣工，可年产 4 分-8 寸焊管 54 万吨，现有起重机 18 台、ϕ50 焊管机组 4 台、ϕ76 焊管机组 2 台、ϕ114 焊管机组 1 台、ϕ219 焊管机组 1 台、小纵剪 4 台、750 纵剪 1 台；热镀车间 1 个，2017 年 3 月开工建设，8 月底试车投产，采用国内最先进的环保和安全设备，工艺水平达到同行业领先水平，自投产以来，衡水京华、邯郸正大等诸多同行业单位来参观考察。目前，热镀锌车间可年产 4 分-8 寸热镀锌管 35 万吨，现有起重机 10 台、热镀锌线 2 条、废酸再生生产线 1 条、板块压滤机 2 台、废水在线处理设备 2 套、天然气调压站 1 个、废酸再生回收装置 2 套。公司水压、探伤、超声等相关辅助设备齐全，是一家集焊接钢管研发、生产、销售于一体的大型现代化新兴企业，具有较强的技术优势和全面丰富的管理经验的制管企业。

郑州京华始终坚持“以科技为先导”“以质量求生存”“宁可让利不让市场”的经营理念，以“争同行之首，创中原一流”为奋斗目标，大胆探索和引进先进技术，大力吸收和引进中高级技术人才，不断采用新技术、新工艺、新材料、新装备，加大创新力度，在我国钢管制造领域中占有一席之地，进而使公司的规模和影响不断扩大。公司于 2012 年 10 月通过 ISO9001 国际质量管理体系认证，2013 年 12 月取得特种设备制造许可证，公司生产的“华岐”牌钢管先后被评为“质量信誉保证品牌”“中国公认名牌产品”，公司也获得“质量过硬重点推广优秀生产企业”“全国行业质量示范企业”称号。

公司建立 8 年来，与北方各大钢厂保持着长期稳定的合作关系，为及时交付产品提供了强有力的保障，公司产品销售网络遍布全国，与集团旗下其他制管企业共享销售网络，与国内百家企业建立战律合作关系，依靠过硬的产品质量和良好的信誉，公司不断发展向前。

（二）主要改革成就

1. 生产情况

生产情况如表 2 所示。

表2　生产情况

年份	产量/万吨	产值/万元
2012	2.4	7815
2013	15.6	48832
2014	16.7	46114
2015	25.1	49038
2016	16.4	38719
2017	29.1	104387
2018	49.9	194652

2. 工艺技术发展

采用新工艺、新技术，开发新产品是京华重要的发展战略，郑州京华自成立之日起，就坚持不懈采用国内先进技术设备，以新上热镀锌管为契机，全力更新企业的技术装备，新上国内最先进热镀锌生产线两条，2018年5月获得实用新型专利四项，同时对制管车间落后的设备进行改造，2016年开始淘汰落后ϕ114mm机组1条，新上ϕ50mm机组1条，陆续增上平头机和水压试验机，提高设备的自动化程度和检验效果，提高焊管质量。

3. 公司产品的发展与结构调整

郑州京华自2012年正式生产高频焊管以来，经过5年多的生产经营，已逐步完成对郑州及河南与周边市场的辐射。单一产品的生产经营已无法满足企业良性发展和市场需求，也就是说焊接钢管防腐蚀项目的建设，已成为制约我公司进一步发展的瓶颈问题。2016年6月，集团领导在深入了解郑州京华生产经营现状后，十分重视，积极调配集团所有资源给予充分支持。有了集团先进技术、充足资金的积极介入，同时为了填补中原地区防腐蚀焊接钢管的空白，也为了突破公司发展的瓶颈，郑州京华决定在厂区内，新上2条焊接钢管防腐蚀加工生产线。该项目总投资9000万元，总占地面积25000平方米，总建筑面积2.25万平方米。

（三）主要经验与特点

郑州京华作为京华创新集团最年轻的制管企业，最主要的特点是公司地处中原大地，交通便利，地理位置优势明显。自2012年开始生产经营起，因只生产单一产品，且贪大求全，造成公司整体效益不佳，2016年，公司积极更改生产经营策略，一切以效益为中心，主要以小管、薄壁管的生产经营为主，其他规格搭配生产，通过经营策略的调整，当年实现扭亏为盈。2017年新上热镀锌生产线2条进一步完善公司产品序列，补齐公司发展短板。2019年计划新上螺旋焊管生产线2条，进一步完善公司各产品规格。

（四）公司未来展望

公司始终秉持“与时俱进，认真求实，团结协作，快乐工作”的工作理念和“供应围绕生产转，生产围绕销售转，销售围绕市场转，全员围绕效益转”的经营方针，发扬“客观面前讲主观，困难面前讲办法，艰苦面前讲奉献”的企业精神。2018年以来，公司确立了“产品规格精细化，售后服务延伸化”的生产经营方针，不断扩大市场占有率，不断提高产品的科技含量，不断提高服务水平，提升企业综合竞争力，实现“双赢战略”，进一步巩固公司产品在中原地区的龙头地位，打造京华航母的再次辉煌。

五、吉林京华制管有限公司

（一）公司概况

吉林京华制管有限公司系京华创新集团下属全资子公司，是2004年吉林省磐石市政府招商引资企业，为独立核算企业。公司位于磐石市明城镇五金工业园区，202国道东侧，北距长春120km，南距沈阳300km，便捷的交通为吉林京华的高速发展提供了可靠保证。公司现拥有总资产4亿元，占地140亩，职工700余人。公司是集产品生产、营销于一体的现代化高科技、高标准、高起点的制管企业。

图7　吉林京华制管有限公司

公司主要生产直缝焊管、热镀锌管、螺旋缝埋弧焊钢管、预制保温管、燃气专用精品管、衬塑复合管及镀锌板带管，注册商标为“华岐”品牌，现拥有4分—8寸高频焊管生产线11条，纵剪生产线7条，热镀锌生产线3条，螺旋生产线5条，保温管生产线1条，镀锌板带管生产线3条，衬塑复合管生产线1条，产品规格约达150多种，年生产能力80万吨，产销量60多万吨，销售收入20多亿元，累计上缴税金1.23亿元。

（二）发展历程

（1）2004年4月18日，吉林京华制管有限公司破土动工建设，第一期8条焊管生产线于6月16日正式投产，从项目动工到投资生产仅用58天，充分体现了京华人“拼搏奉献、务实高效”的作风。同年11月，建设热镀锌、制管两条生产线竣工投产，初步形成了年产焊管30万吨、热镀锌管15万吨的生产能力。

（2）2007年，公司产销量突破20万吨，成为东北地区焊管行业最大的生产厂家。

（3）2011年7月，公司投资1500万元兴建制管二车间，新增ϕ32mm机组和ϕ50mm机组各一条，年新增焊管生产能力8万吨。公司产销量突破30万吨。

（4）2013年12月，制管“219”新车间正式投产，至此，公司可生产4分~8英寸所有规格焊管，企业竞争力进一步增强。

（5）2014年5月，公司投资2500万元新建热镀三线，热镀锌管年产能达到20万吨。公司产销量突破50万吨。

（6）2015年6月，公司投资3000万元建设螺旋焊管车间，9月，正式投产运行，年可生产ϕ219~1820mm口径的螺旋缝埋弧焊钢管7万吨，公司产品向多元化发展。

（7）2018年4月公司钢塑复合管项目破土动工，6月正式投产，公司产品向高、精、尖迈进，进一步拓展了产业链。公司产销量突破60万吨。

经过多年发展，公司逐步奠定了在东北地区的领导地位，“华岐”品牌也成为东北地区的优秀品牌。

（三）主要改革成就

（1）成立质量技术研发中心，根据生产和服务提供的过程管理的需要配备必要的基础设施，制订并实施《能源、资源管理程序》（JHCX-CX006）定期对基础设施的状况进行评审，年度制定更新改造计划，以不断提高基础设施的技术水平；这种基础设施包括（但不限于）：厂房及车间等配套设施、办公场所、过程所需软硬件设备、需要的运输和通讯设备、环境保护和处理设施、职业健康安全相关设施等。公司已有五项自主研发实用新型技术被授予国家专利。

（2）积极开发新产品，深化产品结构调整，推动企业转型升级。公司先后投资5000万元开发螺旋缝埋弧焊钢管、镀锌板带管、衬塑复合管等高附加值的新型钢管产品，完善产品结构，拓展产业链，增加利润点，并根据市场需求合理调整产品结构比例。

（3）注重“以人为本”，构筑企业文化，积极回报社会。公司建厂初期拥有员工200余人，本地职工比例35%，现有员工700余人，本地员工比例80%，农民工比例达85%，大大解决了周边地区农民工就业问题。为困难职工送去慰问金，解决子女上学问题，解决住房问题。和谐村企联建，为贫困村建立帮扶基金。

（4）凭借着优质的产品质量和以人为本的经营理念，我公司先后获得磐石市诚信企业、磐石市环境保护先进单位、磐石市先进纳税企业、吉林市重合同守信用单位、省级重合同守信用企业、吉林省“AAA”级企业、吉林省百强民营企业、纳税先进企业、吉林省优秀党支部、消防工作先进单位、安全生产先进单位、劳动保障守法诚信单位，“华岐”品牌连续被评为全国质量信得过产品、全国钢管行业质量领先品牌、吉林省名牌产品，公司也荣获全国质量诚信标杆典型企业、全国产品和服务质量诚信示范企业等荣誉。

（四）方针与展望

公司的方针是：“追求顾客满意、焊造绿色经典、构建和谐企业”。

顾客满意、绿色经典、和谐企业是我们京华创新集团事业的出发点和归宿，我们谋求企业与大自然的和谐，谋求健康与安全的生活保障。

展望未来，我们希望公司成为一家现代化焊接钢管加工企业，跻身世界前列，成为具有国际竞争力的中国品牌。向社会提供优质、可靠、环保的焊接钢管，改善人类环境，促进行业发展，为所有利益相关方创造平衡价值，实现“双赢战略”，进一步巩固公司产品在东北地区的龙头地位，打造京华航母的再次辉煌。

六、日照京华管业有限公司

图8 日照京华管业有限公司

日照京华管业有限公司隶属于京华日钢控股集团，成立于2009年10月1日，占地面积336亩，注册资金1000万美元，是具有专业生产高频直缝焊管的生产厂家。公司位于山东省日照市岚山区虎山镇后稍坡村，东临222省道和204国道，北与疏港道相接，距离高速路入口仅2公里，交通便利。

（一）发展历程

（1）2009年10月1日，正式开始筹建。

（2）2010年6月14日，6条焊管机组调试完成。

（3）2010年6月16日，成功进行试生产。

（4）2010年8月2日，日照京华管业成功向日照钢铁出售了第一批187.8t产品。

（5）2016年10月份新增450小纵剪产线两台。

（6）2018年新增ϕ50mm焊管机组1台。

（7）2018年12月25日，取得60万吨焊接钢管、护栏板、异型件防腐处理中心项目环评批复。

（二）产能产品

纵剪车间一个，纵剪机组 ϕ2200mm×12 一套，ϕ1800mm×8 纵剪机组一套，450 小纵剪两套，可纵切加工厚度 1.0~8.0mm，宽度 900~2200mm 的卷板，年产能 60 余万吨。

焊管车间一个，拥有 7 条高频焊接钢管生产线，分别为 ϕ50mm 焊管机组 2 台、ϕ76mm 焊管机组 2 台、ϕ114mm 焊管机组两台、ϕ219mm 焊管机组 1 台，可生产外径 ϕ21mm~ϕ219mm、壁厚 1.5~7.5mm 各类焊管以及 20mm×20mm~100mm×100mm 的方矩管，年产能 50 余万吨。

公司主要产品有直缝电焊钢管、方矩管、网架管、石油天然气专用钢管、健身器材专用钢管等。此外依托集团公司日照钢铁原料优势，可为客户定做 Q235B、Q345B、SPA-H 等特殊材质要求的网架管、燃气管、内刮疤管、方矩管等产品。

（三）资质荣誉

公司于 2013 年 11 月通过 ISO9001 国际质量管理体系认证，标志者公司通过了世界上最全面、最系统的国际化标准认证。2014 年 3 月取得特种设备 B 级制造许可证，标志着我公司已具备制造压力管道的资质和能力，是质检总局对我公司生产检验设备、质量管理体系和生产技术人员资格三方面的肯定。公司主打产品“华岐”牌系列产品，先后获得国家质检协会颁发的“全国质量信得过产品”“全国质量和服务诚信优秀企业”等称号，以及“中国钢管十大品牌”殊荣。

公司拥有德国直读光谱仪、万能试验机、压力试验机等设备及在线涡流探伤、水压试验、超声检测等，并具备科学有效的生产、检测流程，确保了产品的高质量生产，满足行业专业产品需求。

（四）经营战略调整

自建厂以来，日照京华主要以产销普通圆管为主，缺乏利润空间，没有发展前景。公司在经过详细论证后，于 2017 年决定进行生产转型，在保留现有几种圆管的基础上，依托日钢的原料优势，逐步开发异型管、精密方矩管、高钢级结构管等高附加值产品。经过本次战略调整，提高了生产效益，使企业走向一条可持续发展的道路。

（五）未来展望

日照京华秉承“与时俱进、认真求实、团结协作、快乐工作”的核心价值观，坚持“产品规格精细化，销售服务延伸化”的经营理念，以“提供绿色环保产品，改善人类生活环境”为己任，真诚期盼与更多的朋友成为互利共赢的战略合作伙伴。

七、成都彭州京华制管有限公司

图 9　成都彭州京华制管有限公司

成都彭州京华制管有限公司于 2003 年 3 月份正式成立，原名成都彭州华岐钢管有限公司，2006 年 4 月 19 日正式更名。系京华创新集团下属子公司，占地面积 200000m^2。

公司位于成都市优先发展镇彭州市濛阳镇，在广汉、新都、什邡、彭州四市之中心位置，在成都北星大道和成都第二绕城高速擦身而过，距省会成都市40km。周边进出口道路四通八达，交通十分便利，区域位置优越。

公司现有员工1000多人。其中拥有高、中级职称管理人员100多名，各种技术人员200多名。投入固定资产3亿元，配套流动资金5亿元。已拥有直缝焊管龙门ϕ50mm机组3套，ϕ76mm机组两套，ϕ32mm机组2套，ϕ60mm机组1套，ϕ114mm机组两套，ϕ219mm机组1套，ϕ89mm机组两套；螺旋ϕ529mm和ϕ1820mm埋弧焊管机组各1套，大小纵剪机组若干套，热镀锌生产线6条，角钢槽钢生产线4条（可镀锌），高速公路护栏板生产线1条（可镀锌），各种水压、X光检测及污水处理等配套设施一应俱全。集直缝焊管、方矩管、螺旋焊管、热镀锌管、镀锌带管、燃气管、消防管、衬塑管、涂塑管、不锈钢-碳钢复合管、热镀锌精品管、角钢、槽钢、高速护栏板等各种产品于一体，配套设施全面，生产规格齐备。年可生产ϕ19~219mm规格以内各种直缝焊管100万吨，ϕ19~219mm以内各种规格热镀锌管65万吨，ϕ219~820mm以内各种规格螺旋焊管6万吨。角钢槽钢和高速护栏板40万吨，以及各类深加工管10万吨。

（一）发展历程

2003—2018年，公司主要经历了开创建设、扩大发展和转型升级三个阶段，截至2018年年底，公司仍然计划不断完善改造，调整生产结构，开拓新的产品，以适应市场需求。

1. 开创建设

2003年3月28日成立成都彭州华岐钢管有限公司，5月28日建成投产，生产出了第一根合格优质的“华岐”牌直缝焊管。历时2个月，创建了号称“京华速度”的历史奇迹。当时正值全国发生“非典”疫情，建设受到严格的限制，但仍然如期投产。2003年底到2004年初，开始按计划建设了两条螺旋埋弧焊钢管生产线，同时建成两套冷轧生产线和退火炉两座。期间配套完成了大小纵剪和酸洗生产线。2005年初，增建了两条热镀锌生产线，完成污水处理站等环保配套设施。整体形成12条直缝焊管生产线、两条螺旋埋弧焊生产线和两条热镀锌焊管生产线的完整规模。在当时的情况下主要是为了满足中国西南市场的需求，这样的配套格局是完全符合集团战略部署的。2006年4月按照京华创新集团的统一要求，公司正式更名为成都彭州京华制管有限公司。公司的开创建设阶段基本告一段落。整体产能可以达到年产60万吨的生产量的，在全国同类产品中技术先进，质量最优，覆盖了四川、重庆主要市场份额，辐射涵盖了贵州、云南部分市场，口碑良好。

2. 扩大发展

2011年以后，根据市场发展需求，公司先后扩建了3条热镀锌生产线。由于人们环保意识的迅速转变，热镀锌钢管在市场备受青睐，所以公司顺应时代发展潮流，短时期内完成了这一系列的技术改造，使原来以直缝焊管为主打产品转变为以热镀锌焊管为主的新的格局。原年产热镀锌管10万吨的产量迅速增加到年产50万吨的新规模。生产出来的直缝焊管80%镀锌后投放市场，由于产品质量好，规格品种全赢得了市场一致好评，并被评为“四川省名牌产品。”期间，公司对原来的直缝焊管生产线进行本质性的淘汰和改造，尤其对设备的提速和检验方面向全国学习先进科学技术，使原有的产量提高了近一倍左右，满足市场需求的同时，还增加了市场份额。2017年底开始，充分利用现在的供需优势，增建了4条角钢生产线和1条高速公路护栏板生产线，配套增建了1条专镀角钢和护栏板的热浸锌生产线，年可增加新产品10万吨左右。并和外协单位形成衬塑、涂塑产品合作伙伴。至此，公司整体形成年产各类产品100万吨生产规模的大型企业新格局。

3. 转型升级

公司最初的产品为B级，随着市场的不断发展，公司着手种类新型产品开发的同时，还涉猎新型材料产品的研发和探索，并着手A_2级的升级工作。经过不断完善，按照国家标准要求，于2018年末顺利拿到了A_2证书。内部完善了管理体系，确保“华岐”牌系列产品货真价实，持续发展。

经过这三个阶段的发展，成都彭州京华制管有限公司完成了集团的总体布局战略构想，并且成绩显著，生命力旺盛。

（二）改革成就

公司遵循“质量为本，关注未来，追求顾客满意；节约资源，保护环境，焊造绿色经典；科技先导，快速反应，构建和谐企业”的方针和目标，不断拓宽生产领域，完善管理模式，遵循市场意愿，遵守国家制度，积极参与国家钢标委的行业标准修订，充分奠定了西南钢管市场的稳定基础。具体情况体现在以下几个方面。

（1）破解瓶颈，确保西南市场的主导地位。成都京华由于特殊的地理位置因素，川内原材料紧缺一直是一个瓶颈问题，带钢都需要从外省采购。起初由于产销量低，还能勉强维持，但随着社会的不断进步和公司的不断壮大，供应问题日见突出。公司为了摆脱这一困境，主动出击，自创供应链。和四川省河北商会一起共同建立了广汉冀川轧钢厂，并且达成长期供应的合作协议，从主体上解决供应难的问题。同时和建龙、达海、建发等集团公司建立了稳定的供需关系和物流转运关系，使原来的供应格局彻底得到了转变，迅速提升了产供销的速度，由被动变为主动，并彻底在西南市场占领了主导地位。这一转变不但壮大了成都京华的发展实力，也带动了四川地区钢管市场繁荣发展，许多新兴的中小型钢管企业也如雨后春笋一般地纷纷生发，带动整个行业形成了欣欣向荣的新局面。

（2）埋头苦干，实力比拼，得到各界的充分认可和表彰。以社会责任为担当的精神，真抓实干，一步一台阶，由小到大，由弱到强，逐渐形成当地支柱产业、明星企业。由原来的300多名员工小型企业发展到1000名以上员工的大型企业。由原来享受政府补贴政策到主动上缴大额利税，由年产值2亿元到年产值20亿元的巨大增长发展，受到川内各级部门的肯定和表彰奖励。

2006年荣获“成都市优质服务先进单位”荣誉称号，“四川省质量监督协会颁发质量、安全、环保达标示范单位”“成都市用户满意产品”“2006年四川省工业企业最大规模200强”“四川省加工企业最大规模20强”，授予“质量、信誉、信得过名优企业”称号，四川省环保局授予“四川省环境友好企业”“成都市科技企业”“彭州市重点优势企业”“彭州市2012年度工业增加值突出贡献企业”等称号，现在是“四川省河北商会会长单位”，2013年，成都彭州京华制管有限公司列“成都企业100强，第71位”；“成都制造企业100强，第59位”。连续10年荣获“彭州市优胜企业”和“纳税明星企业”称号。

（3）狠抓环保工作，积极响应国家绿水青山号召。企业十分重视环保工作。成都市由于一直致力于环境优美城市建设，重工业和北方相比较少，所以成都京华在环保方面永远作为工作重点。多年来公司管理人员到全国各地参观学习先进技术经验，于2014年率先完成了煤改气工程，改造了工业水循环利用系统，成功改造了废气净化和粉尘过滤收集系统，在全国同行业中具领先地位，在国家环保督查检查中顺利达标。

（4）积极参与社会活动，推动企业健康发展。多年来，公司积极参加社会各项活动。2008年汶川地震时，和日照钢铁集团一起参与地震孤儿救助达700多人，并捐助100多万元。2010年当选为四川省河北商会会长单位，总经理包振长出任首届会长并连任至今。担任第一届四川省钢材流通协会管材委员会主任单位。担任成都市企业联合会彭州市分会副会长单位。参加四川省燃气协会为会员单位。接受CCTV国内首档大型企业栏目采访，并在CCTV发现之旅频道《品质》栏目529期专题报道。参与上海《钢之家》钢铁论坛研讨会等等，在社会上引起广泛关注，影响深远，意义重大。取得“CTC产品质量认证证书”。率先带头执行GB/T 3091—2015新标准，从本质推动企业转型升级。

（三）经验和特点

（1）自主开发，独辟蹊径。自力更生，引领行业发展。由于川内资源的独特性，原来的钢管产品主要是靠外来产品填充。成都京华入驻后，打破了固有的僵局，形成了地方主流特色，使得川渝两地的行业迅速活跃起来。

（2）自我完善，充分落实习近平总书记“打铁还需自身硬”的精神宗旨，不断加强自身产品的品质打造，让市场认可，让客户用的满意用得放心才是永远不变的发展道路。

（3）产品多元化，服务细致化，和客户同根连气，与时代接轨，永葆企业青春活力是成都京华的最大特色。

（四）未来发展展望

根据地域特色，公司将遵循习近平总书记“中国制造向中国创造转变，中国速度向中国质量转变，中国产品向中国品牌转变”的战略指示精神，不断加强内部管理和产量质量监测力度，坚决按照3091新标准的要求，打造品牌特色的“华岐”牌系列产品。让客户用得满意，用得放心。同时，加大环保科技研发和改革力度，继续进行镀锌管的市场开发和拓展，新增大口径螺旋管的规格上线，开拓角钢和护栏板的生产营销。引进高科技管理人才和科技人才，把企业打造成优质、高效、先进、品牌、健康的时代先锋企业。

结束语

京华日钢控股集团有限公司在杜双华总裁的领导下，高瞻远瞩，精准布局，经过近30年的发展，已形成集烧结、炼铁、炼钢、轧材、酸洗、涂镀、制管、发电、制氧、水泥于一体的大型钢铁企业。

现集团公司钢管制造基地已遍布华北、华东、华中、东北、西南全国5大片区。在杜双华总裁的带领下，必将全力以赴，立足源头，确保原材料供给，按杜总提出的“坚持做到全球最后一只钢管”，全力打造科技制造、绿色制造、高端制造、智能制造、品牌制造的钢铁强企。

天创管通天下

（河北天创管业有限公司）

一、公司简介

河北天创管业有限公司由鑫方盛控股集团全资筹建，系河北省重点建设项目之一。坐落在历史文化名城、钢铁之都的邯郸市。公司地理位置优越，处于晋、冀、鲁、豫四省交界处，紧靠107国道。境内有京港澳、大广、青兰高速路运交通网和四通八达的铁路网，有得天独厚的区域优势。

公司占地500余亩，分两期建设，现一期已经建设完成，员工达1800名，其中高级工程师12名，技术人员150名，下设纵剪车间、直缝焊管车间、热镀锌车间、钢塑复合管车间、交通设施车间、五金件热浸锌车间、大型金属件挂镀车间。公司采用先进的生产设备，并配有涡流探伤检测仪、盐雾试验箱等多种检测设备，现有焊管生产线12条，波形梁护栏板压型生产线4条，热镀锌生产线11条，喷塑浸塑生产线1条，全自动紧固件热浸镀锌生产线7条，五金件热镀锌生产线两条，全自动大型挂镀生产线两条，年可产销各种规格产品120万吨。

图1　河北天创管业有限公司全貌

公司始终坚持规模化、专业化、品牌化发展方针，主要产品包括：低压流体输送钢管、结构用焊接钢管、交通立柱钢管、EMT钢管、交通设施用钢护栏、各种钢结构零部件等，现公司各产品品种销往全国各地及中东、非洲、欧洲、南美、东南亚等海外地区，得到广大用户及施工单位的认可与好评。

我公司秉承“重质守信、互尊共赢”的企业经营理念，致力于打造百年企业，推动行业的进步与发展！

二、发展历程

2010年，鑫方盛控股集团于邯郸市永年区西南工业开发区投资建厂，注册河北天创管业有限公司，注册商标”天谊”，厂区占地500余亩，计划分两期建设完成，当年启动一期建设。

2011年，一期基础设施投建完成，纵剪3条线，焊管6条线投入生产，实现年总产销焊管15万吨，主要销往河北、河南、山东、山西等周边地区；同期投建两条镀锌生产线；

2012年，两条镀锌生产线投入使用，镀锌产品开始投放市场，年产销量15万吨；同期扩建3条焊管生产线、2条镀锌生产线；

2013年，生产线焊管9条，镀锌4条全线开始生产，“天谊”品牌镀锌管正式逐步打开全国市场，当年实现产销量各品种35万吨；同期扩建镀锌生产车间（镀锌5、6线），投建钢塑复合管车间（前期投建2条线）、交通设施车间；

2014年，镀锌第5、第6生产线、钢塑复合管车间、交通设施车间（立柱管、130方管、护栏板）正式投产，总计年产销量增加40万吨；并成立国际贸易部，开拓、进军国际市场。

2015年，投建五金热镀锌加工车间，成为全国首家全自动热浸镀锌工艺生产线企业；同期增建3条焊管生产线、3条镀锌生产线；

2016年，燃气事业部成立，正式进入燃气行业，当年销量突破1.2万吨；员工已达千余人，总设备投入：焊管12条线，镀锌管9条线，五金件4条生产线，预定年产量达到120万吨，各品种产品覆盖全国市场，同时远销南美、东南亚、中东、欧洲、非洲等地区。

2017年，确定公司主要产品种类：低压流体用焊接钢管、交通设施产品、钢铁零部件加工及镀锌；实现年销量120万吨。

三、发展成就

河北天创管业有限公司生产直缝焊接圆管、方矩管、热镀锌钢管、钢塑复合管和交通设施用管等五大产品品类，主要应用于流通类和结构类两大领域。

流通类领域包括：输水管道、输油管道和输气管道等传输工程。涉及用途领域包括：消防用钢管、吹气管、通风管、给水用钢管、排水用钢管、天然气用钢管、农业灌溉用钢管等。

结构类领域包括：钢结构建筑、网架类、建筑脚手架、农业畜牧业大棚、公路护栏、体育器材、金属穿线管、铁艺栅栏、装备制造等。

天创管业产品已被广泛应用于水务水利工程、消防工程、燃气工程、工业与民用建筑工程等，已在：北京大兴国际机场、西安万达广场、西安高铁北站、昆明高铁南站、重庆轨道交通 4 号线、长沙万达广场、昆明万达双塔等多项国家重点工程中成功应用。

企业如果想要长期发展，必须在专项的领域内有一定的专业性和专长。2013 年，公司明确提出在天然气管、结构管领域里重点发展，提高公司整体技术水平，提高企业行业竞争力。公司提出明确目标后，生产、技术、销售部门立即做出行动，通过考察市场，与行业交流学习，立项对相关技术难关攻克等措施，很快后天然气和交通结构用管两大领域有了快速发展，目前，已经与新奥燃气、华燃长通、港华燃气、中国燃气集团等国内知名天然气公司合作，作为优质供应商建立了长期合作关系。

图 2　生产现场

交通设施用结构管作为钢管行业的一个专项，生产工艺与其他钢管生产工艺不同，天创管业经过技术团队的努力，在行业内领先使用了全自动生产线生产短尺高锌层钢管，生产出的产品表面更光亮，生产工艺更稳定，得到交通行业内的一致好评。目前，天创管业的钢管产品已经在青兰高速、福建绕城、德商高速等国家级公路上安装应用，得到广大用户的高度好评。

四、节能环保

公司建设总投资 9.6 亿元，在设计建设过程中，严格落实国家环保要求，大力投建环保配套设施，其中环保投资达 1.2 亿元；

公司的主要生产工序包括高频焊接和热浸镀锌。在高频焊接车间，每条生产线焊接部位，全部配焊烟净化装置，所有车间地面全部防渗处理，易扬尘工段安装水雾抑尘。热浸镀锌工序的加热源为天然气，所有燃烧设备全部采用美国产高速脉冲式燃烧方式，科学的燃烧方式，使废气中的二氧化硫、氮氧化物等废气指标达到超低排放标准。热镀锌生产工艺产生的酸洗废气，采用行业领先水平的一级鼓泡+三级喷淋废气处理设施处理，热镀锌废气采用布袋除尘器+喷淋吸收的处理方式，使排放的废气达到超低排放要求。

同时，公司投资建设的污水处理设施，采用物化+生物硝化的处理方式，经污水处理设施处理后的废水，全部生产线回用，同时，处理后指标全部符合国家的排放标准。针对污水处理后产生的废水污泥，我公司研发人员经过两年的努力，通过利用污泥中大量的三价铁与后加入的二价铁反应，复合成四氧化三铁（俗称铁黑），用作建筑染料，此技术使原本废品的污泥，变成可利的材料，在我公司运行生产后，获得环保部门的认可，并得到推广。

2014 年，我公司通过对国内用酸市场的考察了解，决定投建国际先进水平的废盐酸焙烧处理站，热镀锌前处理工序产生的废盐酸经过酸再生装置焙烧处理，回收再生盐酸及铁红，使公司最大量的废品再生成为可利用品，酸再生运行生产后，均通过了环保部门的检测验收，并获得省市环保部门的高度赞赏。

五、主要改革成就

（一）企业发展，质量先行

2012 年，天创管业热镀锌钢管开始投放市场，面对中国庞大的钢管市场，有多家已经在行业内运营几十年的企业，作为热镀锌钢管的新人，我们深刻认识到，只有稳定的产品质量保障，良好的客户使用体验，才能最快的打开销售市场。为此，公司在内部强化工艺管控，成立生产技术部，对钢管生产过程中的每个工序，每个操作员工，编制的详细的工艺文件和员工操作手册。规范员工操作的每一个动作，明确设备、工艺的每一个参数，让所有员工的操作都标准化，规范化。同时，依靠 ERP 系统中的生产管理模块，所有工艺参数、质量信息全部与产品下线同步进入系统，随着产品标识中的条码，做到每一支钢管都可追溯。

图 3　测量钢管外径

图 4　产品试验

质量体系是保障产品质量的最坚强的后盾。根据公司安排，在 2014 年通过了通过 ISO9001 质量管理体系，ISO14001 环境管理体系，ISO18001 职业分健康管理体系，三体系认证。质量体系的认证作为企业证明自身质量管理水平的一项标准，我们认识到，质量体系能在天创管业扎根才是最终目的。为此，质量保障部门建立了自原料采购到客户交付使用的整套体系文件，及相关制度。生产车间与技术部门辅助配合工艺文件和员工操作规程，在公司 NC 系统的保障下，形成了体系文件、制度、操作规范、工艺技术、系统监督、系统追踪的体系闭环，使质量体系切实在天创管业运行并发挥巨大作用。

环境管理体系的运行，保障的员工的工作环境，保障了企业的环保排放达标运行，在节能降耗、废物利用方面也起到关键性的作用。提高了员工的工作满意度，减少的企业环保设施运行违规现象，降低企业运营成本，提高公司的综合竞争力。

职业健康管理体率的运行，有效降低了企业经营的职业健康安全风险，预防损失，提高效益，达到企业永久经营的目的。

同时，天创管业不断追求卓越，在多个领域取得了行业或国家有关部门的高度认可，我们分别获得：2016 年，被中国企业信用评价中心评为：中国 AAA 级信用企业；中国钢结构协会钢管分会副理事长单位；中国腐蚀与防护学会会员单位。2017 年，被评为河北省高新技术企业；中国钢结构协会冷弯型钢分会通用钢管技术委员会副主任单位。2019 年，被评为全国产品和服务质量诚信示范企业；全国钢铁行业质量领先企业；全国质量检验稳定合格产品。

（二）智能制造

为了提高管理效率，在建厂初期，公司便领先行业水平，投入运行了 ERP 管理软件−金碟 K3，使得公司内部物流及管理流程有了非常顺畅的运营。2017 年，为了适应生产企业需求，公司决定升级 ERP 管理软件，在生产系统增上 MES 管理系统−用友 NC 管理系统。新的管理系统上线后，每件产品从原料直至客户使用，都能完整在系统记录，客户可以通过 APP 直接关注库存、货运、订单交付状况。全面实现了产品质量的管控从产品质量本身检验到生产工艺过程检验，设备维护保养实现了计划性保养检修。

图 5 管理体系管理证书

图 6 获高新技术企业证书

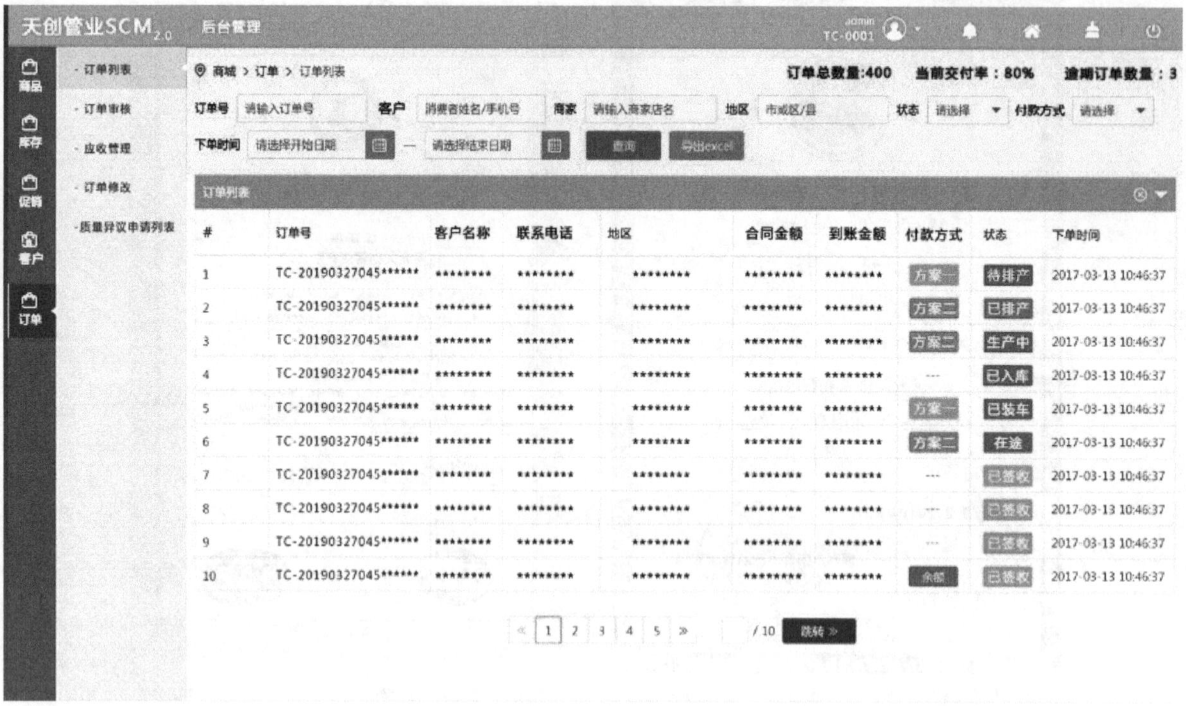

图 7　产品可追溯性记录

六、未来发展

（一）创新发展，科技先行

河北天创管业将陆续推动生产系统智能制造，最终形成各生产工艺重点管控点数据实时自动上传，异常数据管控提醒，产品质量在线智能监测，客户订单在客户端智能追踪，非正常商品客户端自行下单等，打造钢管行业智能制造领先企业。

（二）精益管理，追求卓越

超越客户预期，追求卓越是河北天创管业永远追求的目标。公司未来将更加细化管理，通过精益管理的工具和办法，推动公司全员参与，共同发展。

心愈诚　信宜达

（沧州市鑫宜达钢管集团股份有限公司）

沧州市鑫宜达钢管集团为民营股份制企业，伴随深化改革的时代脚步于2003年7月建厂，坐落于沧州市经济开发区，占地面积180亩，建筑面积5万平方米。主要从事螺旋钢管、无缝钢管、方矩管、直缝埋弧钢管、高频直缝焊管、管件产品、钢带等钢材的生产和销售业务。注册资金30600万元，拥有总资产10.5亿元，员工600余人，中高级职称技术人员80多人。鑫宜达集团将“诚信、团结、创新、高效”作为经营发展的八字真言，将“强势品牌”作为经营的主导方向，将“质量第一，顾客至上”作为经营宗旨。集团公司在16年的发展历程中，不断深化改革，完善产品工艺，严控质量安全风险，保持了良好的发展态势，创造了可喜的销售业绩，现已发展成为一家现代化的工贸型集团化企业。

图1　沧州市鑫宜达钢管集团股份有限公司厂区全貌

一、先进的生产和检测设备，确保产品质量过硬

鑫宜达集团目前拥有10条螺旋钢管生产线，年产能80万吨，均由全国著名的山西圣科达机械成套设备制造有限公司设计制造，采用国际先进的成型方式，其结构合理，工艺先进，设计成熟。配备了钢板粗铣、精铣、预弯、板边除锈等设施，焊接采用世界著名的美国林肯自动焊接设备，内外焊缝均采用AC/DC双丝埋弧焊接技术，并配有内外焊缝自动跟踪系统和内外焊缝自动补焊装备。可生产ϕ219~3500mm，壁厚6~25.4mm，最高钢级X100的各种规格螺旋钢管。其中ϕ1820mm和ϕ820mm两条飞焊机组可生产钢级X80~X100、ϕ323.9~1820mm，壁厚25.4mm的螺旋钢管。同时每条机组均完整配备了水压试验机、X射线工业探伤机、在线超声波检测等设备，产品满足API-5L、GB/T 9711、GB/T 3091、EN10217、EN10219等国内外标准的要求，保证每支钢管质量合格。

1200方矩管生产线的投产运营拓宽了国际市场，增加了集团的产品种类。方管规格从100mm×(100~300)mm×300mm，矩管规格从100mm×(120~200)mm×400mm，壁厚3.75~16mm。执行标准为EN10210-1、EN10219-1、ASTM A501、GB/T 6728，年产量10万吨。

集团公司在丰富产品结构的同时，引进国内外先进的理化检测试验设备：自动超声波探伤机、布鲁克直读光谱仪、蔡司金相显微镜、液压伺服万能材料试验机、落锤撕裂试验机、750J冲击试验机等先进的技术装备，确保了集团的产品精细、稳定、高质。产品被广泛应用于国内外输油、输气、输水、热力、结构等工程。2003—2016年期间生产螺旋钢管突破200万吨，其中管线钢35万吨，总长度约15万公里。

二、优质体系架构组建，吸引庞大客户群体

鑫宜达集团经过多年的经营发展，建立健全了完善的管理体系，并先后取得了质量管理体系、环境管理体系、职业健康安全管理体系、美国石油学会API 5L会标使用授权、国家A1级特种设备制造许可、

图 2　ϕ1820mm 螺旋焊管机组生产线

图 3　水压试验设备

图 4　超声波探伤设备

欧盟（PED&CPR）、辐射安全许可、新加坡 BC1、安全生产标准化二级企业、CNAS 实验室能力认可、中石油中石化 HSE 认证等多种资质证书。2007 年取得中国钢管协会理事单位，现为中石化物资采购入网企业，中石油集团公司一级物资供应商，三大气（中国燃气、华润燃气、新奥燃气）入网、五大电（华能、大唐、华电、国电、电投）、六大设计院（天辰、赛鼎、东华、五环、华陆、成达）采购备案平台，国内客户群达 2000 多家，产品还远销哈萨克斯坦、墨西哥、南非、尼日利亚、蒙古、委内瑞拉、约旦、肯尼亚、伊朗等国家和地区。赢得了国内外广大客户和使用者的信赖。

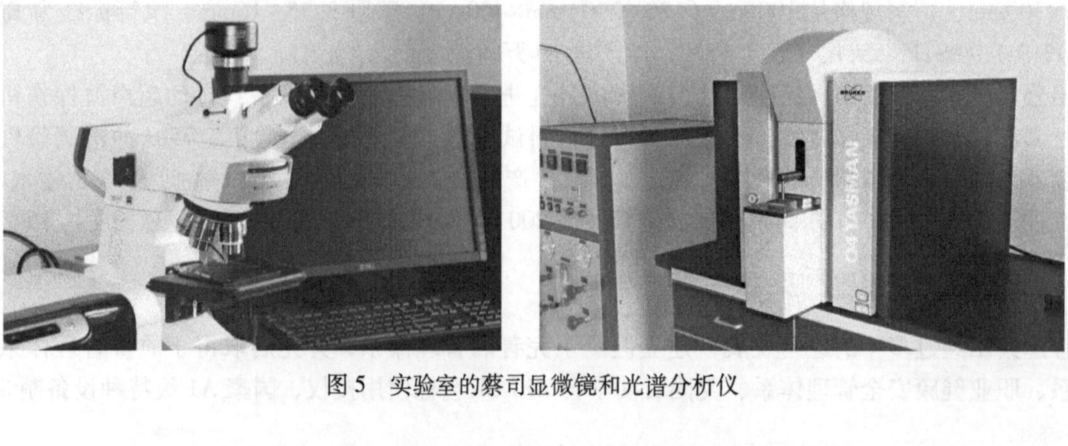

图 5　实验室的蔡司显微镜和光谱分析仪

三、崇高的企业荣誉，彰显品牌价值

集团公司始终坚持沿着产品系列化、多元化、产业化的道路，借助产业链条不断延伸的独特优势，秉持“诚信团结，创新高效，合作共赢”的经营理念达上了稳健发展的快车道。公司先后被评定为“沧州市民营经济百强企业”“河北省高新技术企业”“中国驰名商标企业”“石油石化行业AAA级信用企业”、中石化易派客“法人信用认证AA企业”和“质量信用评价B级企业”。荣获中国中质量保障中心颁发的质量、信誉双保障示范单位、被中国信用调查评估中心评为中国诚信企业、河北省第七届、第八届消费者信得过产品、多次被沧州市工商局授予守合同重信用企业，石油石化行业50强企业，公司生产的“SYNDA”牌螺旋埋弧焊钢管多次被评为河北省中小企业名牌产品、石油石化行业名牌产品。

四、展望未来，我们不忘初心

螺旋钢管主要应用于石油、石化、热力、输水行业，涉及提高民生、环境保护、节能减排、绿色生态，顺应新时代科学发展观、中国梦、共同迈向小康社会的国家发展大势，所以我们要不忘初心，一心一意做好产品；不忘初心，兢兢业业为客户服务。在过去的16年中，我们直面坎坷，勇于挑战，我们始终保持与时俱进、开拓创新的精神，努力为社会做出更大的贡献。“心愈诚，信宜达”我们的口号响彻五湖四海，我们用真诚回馈客户。

改革大潮中的荣钢管道

（广东荣钢管道科技有限公司）

这是个高速发展的时代，也是个最好的时代。大国崛起，从计划经济向市场经济，再到互联网经济，从 B2B 到 O2O，我的国蜕出了模样，焕发了各种模式的新经济新活力。在中国大江大河般的 40 年改革浪潮中，各中小企业犹如风卷流云剩者赢，犹如大浪淘沙沉者为金。国之崛起离不开国家改革开放发展的宏伟战略，顺应国家发展大势，顺势而为开创的中小企业也不知不觉走过了 10 年、30 年、40 年，每一个中小企业都参与了各个城市的发展建设，各位企业家的精神犹如每一个国之细胞的微小担当。企业的领头人影响着一个企业核心价值观的形成，使之成为企业、社会、国家品牌的代言人，决定着企业到行业的经营发展战略、创新趋势，与国家同步发展！

荣钢

图 1　董事长邓伟勤与荣钢商标

改革开放到今天，我们不禁要回忆起 40 年前钢管行业那混沌初开、未知又充满活力的钢材建材行业。这个同步国民 GDP 增长最快的建材行业，这个大大的巨型大宗商品的前世因缘。

中国钢铁冶炼行业，由来是以华北华东为主力生产、供应全国市场的格局（约占中国 76% 的炼钢炼铁生产份额，数据来源“中钢网”），华南及珠三角地区多以钢铁半成品加工作为行业内生存竞争的优势。25 年前的佛山乐从钢铁世界，还在胜行俄罗斯卷板加工制作钢管，少有国产带钢成品。随着南方沿海城市改革开放，形成经济特区与加大城市化建设，大面积的城市规划改造，建设一个个全新的城市标志性建筑，改变落后的经济环境，整个华南经济特区像一个巨大的工地，昼夜马不停蹄的建设，一个个大型建筑物像雨后春笋破土而出，守望这祖国翻天腹地的变化。建筑设施的增多，催生钢材、建材行业的迅猛发展，华南地区尤其佛山各区，渐渐演变成为钢铁、建材产品生产加工的集散地。

改革开放随着人们生活水平日益增长的需要，生活供水的二次污染越来越突现。相信四十岁以上的人群，都有一个 40 年前共同的记忆：拧开长久未用的水龙头，涓涓流出的自来水不是澄清的，而是带有红线虫、锈蚀铁渣、不能直饮的浑浊的自来水。这是一个城里人普遍遇到过的尴尬生活现象。有一位 40 年前曾经的青年，也遇到过喝水有红线虫的现象。但其 1993 年在欧洲阿姆斯特丹出差时，一天在宾馆找暖水壶想喝水，但服务员告知宾馆没有暖水壶，如果想喝，拧开水龙头就可以直接喝了。这位青年拧开水龙头，果真看到涓涓清水可以直接饮用。这引发了一个喜欢问个明白的青年人的好奇心。爱迪生曾说过：凡是新的不平常的东西，都能引起一种乐趣，满足好奇心他将得到原来不曾有过的一种观念。原来水管里长期存水不流动，或隔夜储存，铁锌水管会与蓄存的水浸泡后发生反应，生成腐蚀的镀锌馏疱，长在钢管内壁，拧开水一流动冲刷出锌渣或铁渣，长此以往不但水质污染不能喝，而且镀锌钢管内壁腐烂被冲刷后，容易型成钢管内壁穿孔，泄漏、爆管等现象。好奇心的这位青年开始了解并知道了国外的水管原来是用了一种叫钢塑复合的产品，从此开启了他一段研制发明“钢塑复合钢管”的 40 年风雨与阳光并济的道路。

出水而澄清可直饮，源于国外这宾馆的供水管网材质，既不是焊接钢管也不是镀锌钢管，而是一种钢与塑黏合的复合型钢管，目前术语称：内衬塑（内衬 PE）复合钢管。青年人首先查询的是日本给水管的资料、英国给水管的资料、后是美国资料。虽然早在宋代，中国就有了用陶瓷制作的水管出土，但在国外满满的资料都显示，中国国人生活用自来水管已经远远落后于发达国家70年。水质是人们生活的根本，民以食为天，水润万物而不争，但这润物无声的水，是人体99%的血液成分。关乎寿命、健康、智慧，以至于民族人类的大事。作为优良的输送水管道，更不能因输水管材质造成水质的人为二次污染，损伤想喝澄清水质的民众。由此青年开始于1994年5月研发，研究钢的属性、塑的属性与蠕动性，不同冷热膨胀系数的两者结合之后热胀冷缩的处理，一系列数据与技术研究的试验之后，终于于1995年12月，研发生产出了第一支“钢塑复合钢管”。产品生产技术符合“九五”期间，国家级新产品条件，获得《1997年国家级新产品》称号，工程建设部推荐产品，专利号为：CN1148540A、CN2270875Y（后附照片）。这个研发者、专利证书获得的青年就是何衍雄工程师，一位中国开创先河的给水钢管行业创始人。1997年工程建设部评论此产品新技术原理、设计构思、结构、材质、工艺等都有突破性改进，扩大了使用功能，提高了经济效益、可成为正式投产的试产品阶段。

无二次污染的输送用钢塑管产品出来了，在原螺纹连接的基础上改造的配件也生产出来了，却巧遇1995—1998年国有工厂体制改制，改革开放打开的国门有日本企业纷至沓来，见到此研发科学实用、配件连接还可以延用原始方法连接的产品，愿意出高价收购工厂、技术、产品与市场。但青年何衍雄工程师选择了一颗爱国的心与香港商人合资办厂。从此“钢塑复合钢管”在南方这片盛开的热土上绽放。

“钢塑复合钢管”内壁衬PE，相对于镀锌钢管卫生性能优越，杜绝水质的二次污染，外壁是镀锌钢管又有钢管的强度与韧性、外壁日光照射老化速度比单塑料管耐强30倍。1996年第一个使用钢塑复合管产品的是广东三水健力宝公司，“健力宝大厦”，南方日报刊登“塑钢管研制成功”，称此“新优产品得到部级鉴定，其质量已达到发达国家同类产品水平，而售价只为进国货的三分之一。”并入国家级发展计划。

图2　优质钢塑复合钢管

新的产品好用，但成本与价格相对惯用的镀锌钢管较高、安装工艺也讲究，对开发商、没有经验的施工民工都有了更高的安装成本要求，新产品要想普及购买使用，在可高可低的采购建筑材料标准里，产品与企业生存都在面临考验。用何工说的话就是：“在产品研发生产与企业生存的40年间什么都缺，缺资金、缺人才、缺购买力。如稍有一点点不坚持，这个产品与行业就没有生存下来的希望”。生产、推广、认可、销售之间与企业生存一个也不能少，相互依存。作为第一个参与钢塑复合钢管产品推向全面市场的本人，经历目睹过市场拒绝产品、认可产品、购买产品，拓开销售渠道、企业艰难迈步的这个20年漫长的孵化过程。个中艰辛放眼看看每天升起的同类工厂、每天退出的不同品牌，起起落落、此消彼长是每个行业走到今天的交响乐。

广东荣钢，就是这每天冉冉升起的无数个钢管企业的一名，在寻求发展、创新机遇、找新的增长点上，原只做镀锌钢管20年的“广东荣钢”寻遇了已是花甲之年的何衍雄先生，何工永远是冲在一线的战士，受广东荣钢集团“荣钢”品牌创始人邓伟勤先生力邀，何衍雄工程师受聘成为广东荣钢管道科技有限公司“钢塑复合钢管”系列产品的高级技术顾问，时代的浪潮将两代人联系在了一起，继力前行，共同心愿，开始了“钢塑复合钢管”行业由新生、摸索到全面水改、民用饮水水改工程的大踏步民生用水管的新前景，符合并推动了人民对美好生活日益增长的需要。

广东荣钢，创始于 1994 年，创始人邓伟勤、曾令剑，豪情壮志走出当年还是大山的锦洞村，弃儒从商，随改革开放的浪潮“下海”营生。1996 年成立“广州白云区荣发贸易商行”主营钢材贸易；1997 年开始从事镀锌钢管的半成品加工业，并逐步形成渠道销售模式；2002 年由五金贸易商行转为公司化发展管理，在广州、佛山陆续成立两家公司。2006 年注册“荣钢”品牌，成为广东钢管民营企业第一家推出自主品牌的企业；2008 年迁至佛山南海，同年被推选为“华南钢管联谊会”秘书长单位；2014 年全国第一家推出“消防专用管”的钢管产品精准定位的企业；同年成立“广东荣钢管道科技有限公司”（曾用名：广东荣钢钢铁有限公司）；2014 年 8 月投资建立钢塑复合管生产线，以全国华南八省最大产能规模上线；携同何衍雄先生高级产品技术顾问，设计自主开发了专利生产设备五台；2015 年成立汇泽公司开拓方矩管市场；暨今为止“荣钢”砥砺前行走过风雨兼程的 25 年，成为今天钢塑复合管华南区产能最大规模，专业从事生产销售“荣钢”牌热镀锌钢管、衬塑复合钢管、涂塑复合钢管、内外涂环氧树脂复合钢管的“广东荣钢”集团。“荣钢”是这改革开放大潮中勇敢生长、活力闪耀的中小型民营企业。

邓伟勤先生，广东广州人，“荣钢”钢管品牌创始人，广东荣钢集团董事长、广东荣钢管道科技有限公司董事长，“中国钢结构协会钢管分会”副秘书长，“中国建筑结构协会给排水设备分会”副主任委员，“佛山市钢管行业协会”常务副会长兼秘书长。2016 年中华人民共和国国家行业标准:《给水涂塑复合钢管》(CJ/T 120—2016)、《内衬不锈钢复合钢管》(CJ/T 192—2017) 标准参编人。

作为创办“荣钢”品牌的领头人，“做行业典范，树百年品牌”一直是创始人邓伟勤先生心中的希冀丰碑。在传统钢铁行业中磨砺了 25 载，从边远小村的小铺面两三个人，到 2018 年落户发展成佛山市南海区里水工业区近 200 员工的公司，靠不言败的决心、勤劳的双脚踏遍中华十省市钢铁销售市场，由年钢材销售 40 吨，做到今天的 430000 吨/年，从小贸易商，做到了厂房及仓库 200 亩约 8~10 万吨库存的实业生产型企业。产品的品牌从默默无闻到精耕细作，2017 年成为省名牌产品，2018 年佛山市细分行业龙头企业、佛山市高新技术企业。每一个脚踏实地、业精于勤、精工于技的实干精神，造就了今天的“荣钢”，一个不能被行业忽视的专业生产销售热镀锌钢管、钢塑复合钢管、内外涂环氧树脂复合钢管的中国南方品牌钢铁企业。

传统大宗标准件钢铁商品，要做到优秀、个性差异化，成为行业典范尤为其难。完全是国家标准件产品，无法个性化设计。加之供给侧改革环保力度加强，互联网信息互通，大宗钢铁商品每天在网上更新牌价，标准件产品变得利润越来越薄弱，建筑行业大宗商品终端市场又有长期赊销的潜规则，无不在压缩市场利润，回款难、产品同质化严重，似乎只有能活下去才是硬道理。

2015 年是不平凡的一年，国家推进经济结构性改革、牢固树立和贯彻落实创新、协调、绿色、开放、共享的发展理念，坚持稳中求进等国家战略，“荣钢”也迎来了改革的一年，逐步调整适应供给侧改革。钢铁生产因绿色环保力度被关闭的 50%上游原料市场，产能缩小后原料价格攀升了，在终端市场同质化难卖高价，货款难收。重新规划客户群体，追本溯源产品，上下纵向求索发展势在必行。

2015 年底到 2016 年，“荣钢”开始由做大到做强转变。从加强产品优质率、改进生产工艺、培育发明专利技术，到选择优质稳定、踏实诚信的原材料供应商，同时深挖纵向市场，精准销售与服务，精准定位“荣钢”为专业生产销售：消防专用管、自来水给水钢塑复合管企业。

客户结构从零散无归类管理，到将客户规划成多种类型的经营渠道。调整管理结构，统一广告形象、宣传“荣钢”品牌，贯穿全国各经销商渠道。开创出品牌与渠道的比肩经营模式。

品牌与渠道新的经营模式，在中国国家品牌计划的战略引导下，在“荣钢”董事长邓伟勤勇于革新的气魄下，如火如荼真抓实干的展开。品质是会自己说话的好产品，质量信得过的产品。渠道经销商就是品牌服务的代言人，通过精准服务、全国售后 24h 内到达，留住注重品质的全国客户网点。并从产品上推陈出新、严把质量关，2018 年质量问题控制在万分之 0.5 的范围内。顺应环保力度与投入，铺设地坪漆、宽敞明亮的绿色厂区生产“荣钢”产品，2015—2016 年间，“荣钢”投入新增加生产设备 120kW 2 台，80kW 1 台，复合钢管产能由 2014 年 800 吨/月，提高到 2018 年 2210 吨/月，产能及技术专利涵盖产品、销售、技术、管理、工艺等，共计投入设备资金 200 万元，投入环保空气净化设备资金 25 万元，产品出厂检验设备 5 万元、高新技术优质员工创新经费 20 万/年、新增员工 40 人，年培训员工 2080 次、注重生产安全每一件小事。做到安全吊装 0 事故。

从每批按国家标准规范每 100 支质检一次，改为企业内每扎 5~10 支质检一次的标准，从原料关、设备关、工艺关、检验关、管理关过五关政策把控。工厂曾经为一个芝麻大小的涂塑支点，改了四次传动机械手。改进内真空吸喷涂环氧工艺生产线，精准到位每一批次节约喷涂时间30s，每30s等于一天多生产2支钢管，一年提高产能960支。“荣钢”人就是这样，争分夺秒为每一个更好的工艺改进设备创造更优品质。整洁光亮的工厂环境实施7S管理、目视管理，获得ISO9001：2015（质量管理体系认证）、OHSAS18001：2007（职业健康安全管理体系认证）、ISO14001：2015（环境管理体系认证）。设备自主创新取得18项科技成果鉴定，6项实用新型专利。

2010年国家已废除热镀锌钢管输送饮用自来水的要求，钢塑复合管迎来划时代的需求地位，但一直以来市场上钢塑管的输水卫生二次污染还是堪忧。“荣钢”凭借每一扎基管试压、每支内衬塑100%纯PE保证水质卫生的原则，坚持100%纯PE内衬塑，无添加铺料，就是在坚持销售价不变，但每一吨多花出7000元生产成本代价，从开厂至今始终如一的坚持。“荣钢”在给水复合管方面，愿意为民生健康、饮水输送用高品质自来水做担当，在消防管方面以重视生命财产安全事业做担当。坚持100%的纯PE料做内衬塑管，为每一滴水不因输水管材质而受到二次污染，为产品与饮水卫生负责是“荣钢”人的决心，也是邓伟勤董事长常强调的：百年企业，走到最后是过硬诚信的产品，我们企业需要有社会责任感、有社会担当。“荣钢”也因此衬塑复合管精工产品，获得佛山细分行业龙头企业的殊荣。

在优化生产流程、创新起用专利、调整管理结构改革的三年时间里，“荣钢”产品质量陆续取得“AAAA级中国质量信用企业”“AAA级信用等级企业”、中国质量技术监督“全国质量稳定合格企业”“广东省守合同重信用企业”“科技创新企业”、2017年取得“广东省名牌”产品、2018年获佛山市细分行业龙头企业、高新技术企业、佛山里水政府品牌贡献企业。

优质产品需要更广大客户的认同、需要星星之火可以燎原的市场。“荣钢”渠道经销商遍布全国八省：广东、广西、海南、云南、贵州、江西、福建、湖南，约5000个经销网点，为有需求的客户能在使用“荣钢”产品时，感受到产品到货及时、服务效率快捷，“荣钢”将八省组列成几组主管销售区域，将“荣钢”10万吨仓储，调动3万吨前置安放，建立全国四大仓储基地（佛山、湛江、海南、赣州）打通物流的任督二脉，八省全覆盖物流网络联通一线，四通八达，为各省市市场客户及时到货、节省运费、跟上工程进度等问题解决后顾之忧。“荣钢”会不定期与渠道或客户进行组团交流、培训、改进产品服务内容等一系列一线的销售问题及解决方案，每一季度各网点或工地，会做产品技能培训、管道安装方案培训、管材切割压槽培训等，达到1000名人次/年。每年举行客户交流会、水务技术交流会、产品展览会、房地产采招会、产品推广会等等。每一经销网点均可以找到荣钢直属营销专员。邓伟勤董事长更是每年必有一次全国市场走访的习惯，了解一线市场对产品的希望、不足、改进。在不断探索中修订管理体系、改进产品工艺、推动市场健康有序发展。

产品需要技术的更新，质量的保证，才能被叠加生命。每个行业里总是有沉默不语、刻苦钻研为行业无私付出的技术人。邓伟勤董事长善于发现并爱护这样的人，比如被力邀聘来的泰斗级高级技术顾问何衍雄老先生。邓董事长他自己也成了这样的人，参加起草由“住建部建筑给水排水标准化技术委员会”归口中国城镇建设行业标准《给水涂塑复合钢管》(CJ/T 120—2016)、《内衬不锈钢复合钢管》（CJ/T 192—2017）两个行业标准的修订参编。为行业贡献专业水平。在长期与工程安装施工单位的实践中，发现埋地大口径钢管（ϕ500~2000mm）长期存在预埋安装时间长、焊接连接困难、地基不均匀下沉，焊接后路面承压易爆管等问题，为解决此产品安装困难与自来水管网爆管抢救的问题，与大口径钢管行业泰斗级工程师程金煦老先生一起，进入了一项长期课题研究，拨款试验研发经费20万元/年，培育“承插自锚式柔性接口”钢管第二代，产品接口在没有外力约束下，承受水压2MPa、并能承受60倍DN（单位N）的剪切荷载，保持2h不渗漏。先后通过中国工程建设标准化协会管道结构委员会技术鉴定和建设部科技成果评估。2018年8月联合广东工业大学一起对改进型第二代自锚式柔性接口的大口径钢管产品，进行了室外抗震、抗弯、抗爆、抗渗漏性能综合测试，无地基支点长度达到16m的情况下，钢管柔性接口结构合理，没有支点也减少或消除了焊接连接钢管的温度应力和地基不均匀沉降引起的纵向应力，16m无支点柔性连接钢管性能均达到1.6MPa，适合管廊安装，免焊接、安装时间缩短一半的装配式大口径钢管（DN500~DN2000mm）。此大口径钢管为我国管道质量水平作出了应有贡献，迎来户外大口径管网高效安装、崭新发展的一页。

创始人邓伟勤携同一众志同道合的人创业、守业、再二次创业，一起走过了25年的风雨，90年代货款被不法分子劫盗、卖货收不到货款被不守信的合作人诈骗，投资设备生产被不懂生产交出过学费。但始终不放弃、不抛弃、一点点积攒经验，一点点创造商机，越努力越幸运，一路不望感恩拉过他一把的人。直到今天，每年年底不忘敬老爱老、给出生地60岁以上的老人压岁、设敬老宴、给广东清远偏远农村资助孩子们上学、给公司有病情困扰的家庭出治疗关爱金等等。爱人敬业、坚持商海初心不变，沉稳笃定、从容蓄势对待每一个不同阶段潮涌而来的变化。

改革开放40年，从逐步开放市场、开放经济、引进技术做大企业，到深入改革开放做强企业，密集型低廉劳动力成本已不再是优势，科技创新使企业变得日新月异，有些科技互联网企业很容易得到风投融资，以实业不可企及的速度一两年内成为行业TOP10强。而以房产建筑用消防钢管、给水钢管作为主营销售市场的“荣钢”，面临实业与产品科技技术含量微小的困境，市场配置资源随房地产的减弱、供给侧结构改革、环保环评绿色治理等政策陆续出台，使销量与成本都受到影响；但值得高兴的是随着深化改革的进程，及“一带一路”新的国家发展战略，基础建设，高铁、隧道建设、珠港澳大湾区建设、自由贸易港建设、新农村特色小镇建设以及人们日益增长对美好生活向往的需要，“荣钢”人也紧跟时代的步伐，与国同进，调整供销结构、扁平化科学管理、学习金融资本的运用、学习使用更专业更科学的管理知识及互联网技术，提高财务、人力、生产、金融管理的能力，并乘胜“一带一路”的契机使“荣钢”企业基业长青。

如今的“荣钢”，参与建设的项目遍及全国各省市地区，“荣钢”钢管成为品牌行列；广州市新白云机场、广州21号地铁、港珠澳大桥、珠海航展中心、东莞地铁R2线、清远清新区自来水供水、昆明会展中心、田林县防汛抗旱供水、天峨县2017农村饮水供水、广西河池东兰县饮水供水、广西河池凤山县2017农村饮水净化示范消毒供水、深圳富士康、广东碧桂园地产、广东光大地产、万科地产、广东大亚湾核电站、昆明地铁、长沙市自来水管道改造工程、湖南永州市政务中心、重庆三峡移民安置区等等项目都在使用“荣钢”品牌钢管。

改革开放的40年，全国两会中企业家的脊梁精神首次写入政府工作报告，“广东荣钢”集团所在地：广东佛山，作为一个有着1600年历史，至今6万家中小企业的中国四大古镇，以旧貌换新颜城为全国名牌建材产品居首的轻工业城市，企业领头人的责任担当已经成为佛山企业家的普遍特质。

25岁的“荣钢”还很年轻，是活力充沛的青年，是心有梦想、勇敢而矢志不渝的猛士、是经历过改革大江大河的洗礼，不变初心的逐梦人。创始人邓伟勤董事长常说：梦想在远方，而路在脚下。脚踏实地、务实兴邦。做行业典范追求质量、品质、服务，建立全员、全经销网点为客户为行业精耕细作的价值观，传统行业用传统的美德去传承开创，精于此、研于此、德于此，发展于此，将企业做大还要做强、强于专业、强于敬业。向着成就“百年企业”的梦想进发，向着“荣钢”人的愿景：共享幸福人生进发。

改革是中国命运的关键一招，深化改革开放，推动高质量发展，在改革的大江大河里中小微企业持续发展获得了红利，各领域的中小微企业带动了当地的人口就业，改善了环境、创造了行业的发展。每一个中小微企业的产品，就是一个行业品牌代表，带着我们的产品、诚信、品牌走出国门，让世界认识我们认识中国。世界在为中国的壮阔迈进而展开新的篇章。这是个最好的时代，我们赶上百年来国运蒸腾的好时代，不要辜负了这个时代，“荣钢”人愿意做一个在大时代里矢志前行的逐梦人，志之所趋、穷山距海、不可阻挡。

第十二章　设备制造企业发展篇

以创新为引擎，打造钢管高端工模具旗舰

（山东省四方技术开发有限公司）

一、企业概况

山东省四方技术开发集团有限公司（以下简称山东四方集团）原名山东省四方技术开发有限公司，创办于1999年，注册于济南市高新区，注册资金6000万元，属于科技创新型中小企业。下设山东四方钢管设备制造公司和山东厚方机械设备有限公司两个生产基地以及山东四方工模具材料研究院有限公司，在美国休斯敦设有山东四方（美国）有限公司。

山东四方集团是由科技专家领办的国家认定的高新技术企业、中国钢管和冷弯型钢工模具产业技术创新战略联盟理事长单位、国家冶金生产力促进中心高铬辊推广中心的依托单位、中国钢协钢管分会理事和冷弯型钢分会会员、国际管业协会成员、中国金属学会轧辊学术委员会委员、中国模具协会会员、中国重点骨干模具企业、中国铸造协会会员、山东省铸造协会会员、省级效绩优级企业、高新区“快速膨胀发展企业”、特级信誉企业、取得山东省著名商标、济南市著名商标、山东省名牌产品、济南市名牌产品、中国冷弯型钢行业十大品牌评定，通过ISO9001质量体系和ISO14001环境体系认证。

山东四方集团主要从事轧钢等耐热耐磨高效工模具和关键零部件研制应用，主营产品为钢管（无缝、焊接）和冷弯型钢用高铬合金矫直辊、轧辊、连轧辊、定减径辊、小型钢辊、导盘、导板、顶头、UOE压模、烧结机高铬篦条、球磨机高铬衬板、破碎机高铬辊等工模具，是目前国内最大的轧管用高铬合金工模具专业生产基地。

山东四方集团始终遵循“不在模仿跟踪，重在创新跨越”宗旨，坚持走“专精特新”发展路子，首创的系列高铬合金新材料和智能控温、顺序凝固、近终成型铸造新技术，产品具有耐激冷激热、抗裂耐磨、节能节材等突出特性，产品技术水平和使用寿命达到德国、美国、日本等国际最高档次锻钢轧辊的水平，是国产锻造轧辊的2~3倍，比国内外同类产品锻造工艺生产可节能节材70%和40%。山东四方集团首创的“以铸代锻”高档次轧辊制造技术，已彻底颠覆了传统教科书轧辊材质和制造理论，形成了自主知识产权，为打造“中国创造”知名民族品牌奠定了基础。

图1　公司生产基地

图 2　公司出口产品

二、发展历程

（一）起源与初创

公司于 1999 年 12 月成立。公司由原山东省冶金科学研究院副院长袁厚之率领部分骨干携带自己的科研成果与省商业集团、省商会两个法人单位及部分自然人股东共同出资创建。公司名称：山东省四方技术开发有限公司，注册资金 60 万元。

公司创始人袁厚之，山东济南人，1946 年生，中共党员，毕业于东北工学院（现东北大学）金属压力加工专业；系山东省专业技术拔尖人才、山东省首批工程技术应用研究员，享受国务院特殊津贴，中国金属学会轧辊学术委员会委员、中国金属学会钢管学术委员会委员、中国钢结构协会冷弯型钢分会专家委员会唯一轧辊专家；曾任省冶金科学研究院副院长、省科技进步奖冶金专业评审组首席专家、省金属协会压力加工学术委员会副主任、省自然科学基金材料与工程学组副组长等，是多项省部级科研成果、多项发明及实用新型专利的第一发明人，多次荣获国家、省、部、市级“科技进步奖”和“技术发明奖”，在我国钢管和冷弯型钢轧辊等工模具研制领域具有开创新技术领军者的地位。

作为中国冶金轧辊行业的专家，袁厚之骨子里有一股不屈不挠的热情和创新精神。他先后在济钢中板分厂、山东省冶金研究院工作过，对冶金材料、工艺可谓情有独钟。

1. 初生牛犊敢闯敢干

袁厚之曾在济南钢铁集团工作 16 年，从事轧钢一线技术工作，为济钢中板生产技术进步做出了重要贡献，荣登济钢集团 50 周年庆典英模榜。1969 年，年轻的袁厚之大学毕业后被分配到当时的济钢中板车间轧钢工段，操作过轧机，做过备件维修工，后又到中板分厂技术组担任技术员，一直从事一线的技术工作，既管过轧钢工艺，解决钢板的质量问题，又搞过加热炉设计改造，由等外炉上升为节能特等炉；既管过分厂技术革新，又管过轧辊、轴承、导卫板等工模具，由于不安现状，勇于创新，解决了中板生产现场大量的技术问题。那时的年轻技术人员撰写技术论文并发表的很少，袁厚之在解决现场技术难题的同时，在全国性的学术会议上和专业杂志上先后发表了十几篇技术文章，对促进当时国内中厚板生产技术进步产生积极作用。年轻的袁厚之在济钢逐渐的小有名气。

当时，他针对中板车间尾进端出的推钢式加热炉长度不够，加热能力不足的先天性缺陷，因从炉尾加长涉及炉尾推钢机、烟道、余热器、厂房都要动大工程，无从下手的问题，他经过认真分析、考查、对比，大胆地提出打破先例，加长炉头，由端出料改为侧出料，合理利用现有厂房有空间，一举获得成功，由二等炉上升为节能特等炉，被评为山东省科技进步一等奖，并在《钢铁》杂志发表了技术文章。

20 世纪 70 年代末，国家急需 6mm 和 8mm 的薄规格钢板，但济钢员设计轧机只能轧制 12mm 以上的钢板。传统的观念是采用厚度 180mm 连铸坯轧制 6mm 和 8mm 钢板，用济钢当时的那种轧机轧有风险，而且成材率低，所以争议很大，炼钢厂、中板厂都不愿意干。“国家的需要就是我们轧钢工作者的努力方向”，当年仅有 29 岁的袁厚之就是这样想的。他经过慎重计算分析，建议破除守旧观念，敢于创新，可以大胆地试验一下，在厂领导的支持一线轧钢工人的共同努力下，厚规格 180mm 连铸坯轧制薄规格 6～8mm 钢板获得成功，这样既提高产量又提高成材率，还能满足国家需求，一举三得，人民日报头版刊登了他们不畏教条敢于创新的事迹。

在济钢中板主持技术工作时，针对船板低温冲击和锅炉板时效冲击合格率低的问题，袁厚之分析是终轧温度过高的原因。由于板坯需要在辊道上等待温度降下来再轧影响产量，有违趁热打铁的观念，操作人员都很反对。后来，袁厚之想出采用双锭一前一后轧制的方案，这样轧制间隙时间长，终轧温度可以自然降到理想温度，总轧制时间减少 30%，低温冲击和时效冲击指标都达到合格。

在济钢的岁月里像这样的例子不胜枚举，例如：单机架轧机生产花纹钢板；既提高质量（性能）又提高产量的有效措施—厚规格钢板双锭轧制；中板轧机导卫装置及关键零部件改造；加热炉汽化冷却及减少炉底管改造与节能等等。这些技术创新成果有的当时对济钢就产生了巨大的经济效益，有的是有益的尝试，有的至今对本行业还有影响。

图 3　袁厚之荣登济钢英模榜

2. 专注科研百炼成钢

1985 年，敢想敢干的袁厚之被领导相中调任山东省冶金科学研究院，这一干就是 14 年。在山东省冶金科学研究院，袁总对轧钢装备用高端基础耐磨、耐热金属工模具新材料、新工艺、新产品进行了系统的研究与开发，主持完成了多项国家、省部级科研成果。他认为，任何材料都不是万能的，也不是越贵的越好，要根据使用的场合及工况条件做具体分析和个性匹配，挖掘不同金属材料的机理特性，适用的才是最好的。时逢我国钢铁行业乘改革开放之风飞速发展时期，轧钢产业面临装备和产品大面积升级换代的需求，为此，他投身钢管轧制所需各类轧辊的工模具的专项深刻研究中，带领耐磨研究室技术人员深入全国各大钢管生产企业，提出“现场的技术难题就是我们的研究课题”的工作宗旨，陆续取得了许多技术突破，创新产品受到用户的欢迎。其间，“耐磨青铜”项目的研制获国家科学进步三等奖（第一位）和省科学技术进步奖一等奖，“复合矫直辊”项目获省科技进步二等奖，他的贡献也得到组织的厚待，1995 年省政府授予他“山东省专业技术拔尖人才”称号，1996 年起享受到国务院政府特殊津贴，1999 年获得“中国专利山东优秀发明者”二等奖。在山东省冶金科学研究院的 14 年间里，作为研究室主任、副总工、主管科研工作的副院长，对山东省的冶金科研工作起到了巨大的推手作用。可以说，当时袁厚之的事业已经是蒸蒸日上，豪情满怀。

3. 舍身下海追逐梦想

在“知天命”的岁数上端着“金饭碗”坐着“铁椅子”是人们向往的生活。然而，袁厚之却依然保留了在济钢的那股闯劲，毅然决然地放弃了安逸，执着地投身到了充满未知的创业之路，这在当时很多人是不能理解的，为什么要放弃“金饭碗”而去“下海”，这简直就是冒险嘛。怀着实现科研成果转化，开创民族知名品牌的梦想，1999 年底，五十三岁的袁厚之带领一班冶金技术人员创办了山东省四方技术开发有限公司，完成了从技术研发向产业化的华丽转身，也选择了一条充满荆棘之路。他打算利用前半辈子干轧钢的基础和自身的知识技能，继续把轧辊等轧钢用工模具材料成分和制造工艺的研发作为主攻方向，变过去轧辊使用者、管理者为轧辊制造者，由过去的用户换位现在的供货商。他们的目标是发挥自主创新优势，勇做行业领军企业，拓展钢管工模具的发展新方向，不在模仿，重在创新，不在跟踪，重在跨越，为创造我国民族自主品牌、立于世界高端轧辊之林而孜孜奋斗。

（二）成长与发展

（1）下海创建山东四方公司以后，袁厚之带领企业用顽强拼搏、敢于创新的创业精神，运用自身的技术优势不断创新，使企业由弱到强，在行业内乃至国际上打造出中国钢管、冷弯型钢用高品质轧辊的优

图 4　公司创始人袁厚之研究员

图 5　袁总在生产一线调研

秀民族品牌。企业成长过程几个里程碑节点：

2007 年，经山东省国资委批准，公司实现改制，国有股全部退出。原国有股由在册的 48 位自然人股东按持股比例认购。国有股投资回报达到 12.45 倍，实现了国家、企业、股东三方共同受益，并掀起公司第二次创业高潮。

2008 年 1 月，公司自主创新产品得到市场认可，基础已夯实，发展有后劲，国内外订单纷涌不禁。为满足市场需求，公司投资 600 万元在济阳征地 40 余亩建设了生产基地—山东四方钢管设备制造有限公司，钢管轧辊设计产能达到 3000t。

2008—2010 年，公司步入快速发展时期，经济效益回报丰厚。其间，公司注册资金连续两次扩股至 1000 万元和 3000 万元。

2010 年 9 月，公司在章丘收购建立了第二处生产基地—山东四方铸造有限公司，产能得到进一步放大，产品质量和生产效率显著提高。

2016 年 5 月，经山东省商务厅批准，公司在美国休斯敦建立子公司——山东四方（美国）有限公司。

2016 年 8 月，公司注册资金扩股至 6000 万元，开启第三次创业新篇章。

2018 年 3 月，为进一步发挥公司科技研发优势，加大推动新产品开发力度，公司投资成立以技术研发为主营业务的子公司——山东四方工模具材料研究院有限公司。

2018 年 4 月，公司名称变更为山东省四方技术开发集团有限公司，辖属四家全资子公司，形成集金属材料科研、新产品开发、内外贸营销、产业化生产为一体的经营模式。

图 6　公司的人才队伍

（2）山东四方在“十五”期间得到迅速成长，成为一家高素质的产学研相结合的科研、开发和生产企业。公司在耐磨、耐热金属的应用研究和钢管及冷弯型钢工模具的开发生产领域形成了很强的研发能力和生产实力，经自行优化和应用所完成的科研成果，实现了科研成果产业化，成了国家冶金行业生产力促进中心高铬辊推广中心依托单位、中国钢结构协会钢管分会、冷弯型钢分会理事单位、国际管业协会成员单位、中国金属学会轧辊学术委员会委员单位、中国钢管和冷弯型钢工模具产业技术创新战略联盟发起和理事长单位。

公司发展20年来成就卓越，就此沧海拾珠：

2003年5月，四方公司商标经中国工商行政管理总局商标局批准注册。随着公司知名度的逐步扩大，为加强商标保护力度，防止冒牌侵权，公司于2013—2015年又陆续在国内注册了4件商标。商标图形的创意释义为：方方正正的外形和内部相互交错咬合的构图，形似钢管或冷弯型钢轧制工模具使钢材成型时的工作状态，寓意着严谨规范、稳步发展、百炼成钢的立企意识，创新突破、锐意进取、蒸蒸日上的强企意志，人本关爱、精诚合作、生生不息的治企理念，深刻表达了四方公司“对外四个原则、对内四个利益”的企业文化。

2005年，公司通过ISO9001：2008质量管理体系和ISO14001：2004环境管理体系等管理体系认证，公司质量管理标准化、规范化管理登上一个新台阶，运行过程得到有效监视和测量，及时消除改进偏差，周而复始就形成了“闭环管理”。经过每年复审和每三年一次的重申，至今公司的管理体系日臻完善。

2008年，山东四方被认定为国家级高新技术企业，之后2011年、2014年、2017连续通过复审。至目前，公司已获13项授权发明专利和4项实用新型专利及1项德国专利和1项美国专利申请。

2008年，山东四方的“大型ERW直缝焊管轧辊”项目列入国家火炬计划。

2010年，山东四方获中国钢结构协会冷弯型钢分会颁发的技术创新奖和特色产品奖。

2010年，山东四方“钢管及冷弯型钢用新型轧辊”项目获中国冶金科学技术二等奖、山东省科技进步二等奖和济南市技术发明一等奖。

2011年，山东四方“钢管及冷弯型钢用新型轧辊”项目获科技部科技型中小企业技术创新基金支持。

2012年，山东四方“钢管及冷弯型钢新型轧辊”项目获山东省重大节能技术产业化奖励。

2012年，山东四方“以铸代锻H型钢矫直轧辊”“新型高铬合金钢管定/减径轧辊的研制”“钢管连轧辊”等项目列入山东省技术创新计划。

2013年5月，经中国产学研合作促进会批准，山东四方牵头，联合国内二十几家一流的企业、大学、科研单位共同发起组建了“中国钢管和冷弯型钢工模具产业技术创新战略联盟”，山东四方公司总经理袁厚之担任联盟理事长。“联盟”成员单位有山东省四方技术开发有限公司、东北大学、北京科大、山东大学、安徽工大、山东商职院、新冶高科技集团、冶金规划研究院、机械研究总院、宝钢研究院设备研究所、宝钢钢管条钢事业部焊管厂、上海宝钢型钢公司、烟台宝钢钢管公司、天津钢管公司、天津天管太钢焊管公司、攀钢成都钢钒公司、衡阳华菱钢管公司、湖北新冶钢钢管事业部、包钢无缝钢管厂、鞍钢无缝钢管厂、江苏界达特异新材料公司等。理事长单位：山东省四方技术开发有限公司，副理事长单位：山东大学、天津钢管制造有限公司、机械研究总院。“联盟”专家委员会由中国工程院殷国茂院士、王国栋、陈蕴博院士等20多位国内外冶金行业知名科学技术专家、经济专家、企业家、政策研究专家、学者组成。该联盟形成了较强的产、学、研、用完整产业链，对于推进钢管和冷弯型钢工模具技术进步和产业化，使我国的钢管和冷弯型钢工模具达到国际领先或国际先进水平具有重要意义。联盟成立后开展了卓有成效的创新合作，取得了一批合作创新项目成果，其中，“大型UOE焊管预弯边新型模具”“钢管及冷弯型钢新型轧辊等工模具的研制及其应用”“超级13Cr/P91无缝钢管生产用高寿命穿孔机导板”等项目多次获得中国产学研合作促进会颁发的“中国产学研合作创新奖”“中国产学研合作创新成果奖”“中国产学研合作创新示范企业”“中国产学研合作工匠精神奖”。

2013年7月，国家标准化管理委员会下达了的2013年第一批国家标准制修订计划，确定由山东省四方技术开发有限公司等单位承担“HFW/ERW焊管轧辊国家标准20130733-T-605”组织起草工作。该国标经国家质量监督检验检疫总局和中国国家标准化管理委员会正式批准发布，标准号为GB/T 31936—2015，于2016年6月1日正式实施。

2013年8月，山东四方“大型ERW高铬合金焊管轧辊”入选国家级重点新产品计划。

2013年10月，工信部下达的2013年第三批行业标准制修订计划，确定由山东省四方技术开发有限公司联合冶金工业信息标准研究院承担《冷弯型钢轧辊》(2013-1655T-YB）行业标准起草工作。该行标经冶金机电标准化技术委员会专家审定，工业和信息化部批准，于2017年1月1日正式实施。

2013年12月和2016年12月，公司注册商标通过山东省工商行政管理局认定和复审。

2014年1月和2016年12月，公司“四方牌高铬合金系列焊管轧辊”和“四方牌钢管矫直辊”分别被山东省质量技术监督局认定为“山东省名牌产品”。

2014年3月，德国西马克-梅尔公司（SMS Meer）与山东四方签订一笔包括9套ERW焊管轧辊的大额出口订单。2013年12月德国客户先期做了一批试探性订货，经发往德国严格检测和上机试验确认达到德国标准，开始追加大批订货。意味着山东四方自主创新“以铸代锻”焊管轧辊得到世界最高权威的认定，与以欧美为代表的高端锻造轧辊比肩在国际市场成功推广应用，为“中国创造”“山东品牌”产品进军国际市场打开大门。该批轧辊是配套于他们为俄罗斯国家天然气公司设计的大型ERW焊管轧机。2017年6月，袁厚之董事长访问了这家用户，俄方用户对该批轧辊自2014年投入使用及售后服务十分满意。

2014年5月，央视CCTV4《中国新闻》栏目以《“以铸代锻”新型轧辊成功迈出国门》为题，报道我公司自主创新产品走向世界的消息。消息指出：由中国企业自主研发的“以铸代锻”新型焊管轧辊，实现了“中国制造”向“中国创造”的转变。传统的焊接钢管轧辊是用合金钢锻造而成，工艺复杂，成本高。而全新的制造方法，不仅使用寿命高，而且节能节材，大幅度降低了成本，已经获多项发明专利。不仅替代了进口，还出口十多个国家。

2014年6月，由山东四方和上海宝钢联合开发的国产新型UOE焊管用预弯边模具，经宝钢进口直缝埋弧焊钢管生产线巨型弯边机2000多轧次测试表明：模具表面磨损均匀，整体表面未出现影响焊管产品质量、模具寿命的缺陷，无损探伤结果良好，宣告我国第一套自主设计制造的UOE焊管预弯边模具研制成功。随后宝钢UOE进一步加快扩大整机模具国产化进程，U机模具也交由山东四方公司试制成功。该项目报经山东省经信委批准，列入2015年山东省企业技术创新计划。

2014年9月，公司申报的“钢管及冷弯型钢用新型轧辊等工模具关键技术研发及产业化”项目，经山东省科技厅严格筛选审核，在全省500多个报送项目中脱颖而出，成为100个入选省自主创新专项的佼佼者，获得省财政高额先导资金和两年贷款贴息有力支持。该项目执行期三年，2018年初，该项目通过了省科技厅、财政厅联合验收。

2014年12月，公司通过PCT体系提交的一项“一种焊接钢管生产用轧辊”德国专利申请，经过国际检索单位的国际检索，获得德意志联邦专利商标局的授权。这是该公司获得的第一项海外知识产权授权，也是中国高档次焊管轧辊制造业首次获得德国专利授权。为进一步拓展国际市场，积极实施知识产权国际化战略目标起到“保驾护航”作用。2017年10月，公司在美国申请的一项“复合铸造异形轧辊及其制备方法”专利获得受理。

2014年底，公司出资组织全体员工分三批赴台湾环岛8日旅游。广大员工在饱览宝岛美丽风光的幸福喜悦的同时，身心灵魂得到一次放松与净化，领悟了生活的幸福美好，增进了相互感情和团队凝聚力，激发了员工对工作、对生活的无比期待和热情。

2015年1月，四方公司为烟宝公司研制的超级13Cr钢管穿孔用新型导板，试用结果一举解决了导板严重粘钢和断裂问题，质量稳定、性能良好，使用寿命比其他导板提高了5倍以上，轧机作业率直线上升，生产成本和工人的劳动强度显著降低，有力地保障了5000多吨超级13Cr钢管的生产，圆满完成了出口交货任务。烟台宝钢将山东四方新型导板定位为超级13Cr钢管穿孔专用工模具。

2015年9月，由山东四方公司牵头起草的《焊接钢管轧辊》(GB/T 31936—2015）国家标准，经国家质量监督检验检疫总局和中国国家标准化管理委员会正式批准发布，于2016年6月1日正式实施。该项国家标准的发布实施，对于促进和适应焊管行业和焊管轧辊的科技进步和长远发展，提高产品的国内外市场竞争力，规范市场准入等方面具有重大意义。

2015年11月，山东四方公司一项发明专利“焊接钢管用铸造高铬铁或铸造高铬钢轧辊(ZL200610104942. X)”，荣获国家知识产权局第十七届中国专利优秀奖，该获奖专利颠覆了国内外使用各类标准锻钢制造焊管轧辊的传统设计理论和方法，首创了采用铸造高铬新材料制造焊管轧辊的新技术，生产出国内唯一达到美国、德国、日本锻钢焊管轧辊代表的国际先进水平产品，解决了国产锻钢焊管轧辊在轧制不锈钢、合金钢、厚壁大口径焊管时产生黏钢、磨损快等制约生产的难题，使用寿命达到或超过进口产品，是国内同类产品的2~3倍，摆脱了高档次焊管轧辊依赖进口的局面，使我国在焊管轧辊制造技术领域拥有了与发达国家一争高低的核心自主知识产权。该专利技术轧辊得到国内外焊管行业的广泛认可，已应用于上海宝钢、天津钢管、武钢江北、番禺珠江、浙江久立等国内百余家大中型焊管企业，替代进口每年可为国内企业节省数千万美元的外汇支出，超高的使用寿命和性能每年为用户降低备件成本约1亿元；同时，该专利技术轧辊已出口德国、美国、俄罗斯、以色列、印度、韩国、泰国、印尼、荷兰、阿曼、墨西哥、乌克兰、白俄罗斯等20多个国家，出口比例达30%。

2016年7月，由山东四方公司主持起草的《冷弯型钢轧辊》(YB/T 4556—2016）行业标准，经工业和信息化部批准（工信部公告2016年第37号）发布，2017年1月1日正式实施。该标准的制定结合我国当前的冷弯型钢轧辊的生产实际，对辊弯成型冷弯型钢轧辊的技术要求、试验方法、检验规则、标识、包装、运输、贮存和质量证明书等进行了规定，并重点引入了合金铸造轧辊系列，体现了行业特点，符合我国国情，填补了冷弯型钢轧辊标准空白。

2016年8月，中国模具工业协会第八次会员代表大会授予山东四方公司“中国辊压模具重点骨干企业”称号，标志着四方公司自主创新的合金新材料模具得到行业高度评价，企业进入模具领域先进行列。

2016年12月，山东省科技厅公布山东省院士工作站备案名单，由山东省四方技术开发有限公司与中国工程院陈蕴博院士联合组建的院士工作站通过省科技厅严格审核，顺利完成备案，这标志着四方公司在技术创新和人才引进方面迈上了一个新的台阶。2017年9月，该院士工作站入选“济南市第一批院士工作站”认定单位，市委书记亲自授牌。

2018年4月，山东四方公司发明专利“一种钢管及冷弯型钢高铬轧辊的制备方法（ZL201110230952.9)”荣获山东省第二届发明专利一等奖。这是继2016年获得中国第十七届发明专利优秀奖之后，公司在科技创新和知识产权成就方面再次获得政府和社会的充分肯定。

2018年9月，四方公司在美国申请的商标 SIFANG ROLL 经美国专利商标局批准注册，标志着山东省四方技术开发集团有限公司在美国拥有了该商标合法的所有权和在全美国范围内的使用权及排他的权利，对于进一步开拓国际市场，提升品牌溢价和形象竞争力，防止品牌被恶意盗用或抢注，保护企业合法权益，让中国品牌矗立世界舞台之林具有重要的战略意义。

2018年12月，经山东省经信委专家审核批准，山东四方公司“热轧无缝钢管定径/减径机轧辊用复相强化材料及成套制造技术研究研制”项目，列入山东省2018年第三批技术创新计划。自主创新研发出全新的复合粒子强化合金新材料和高质量的毛坯铸造成型新工艺，以及特殊的热处理工艺，形成完整制造技术，进而诞生新一代无缝钢管生产用定/减径轧辊。与传统球墨铸铁轧辊相比，该技术产品具有良好的耐磨、耐冲击、耐激冷激热的综合特性，更好地满足现代轧机大型化、紧凑化、自动化、高效化和高级别合金钢管的轧制要求，解决制约我国高钢级、合金管、复合钢等高附加值产品的生产瓶颈，使用寿命是国产同类轧辊的2~3倍，而且具有制造成本低，易修复加工，越磨越光亮等优点。

图7　公司研发中心

三、一路创新一路歌

公司成立20年来，在耐磨金属材料研制应用上取得显著成就，其秘密就在始终坚持“不在模仿重在创新，不在跟踪重在跨越，不在大而在精”的发展理念，敢于破除一味模仿跟踪国外制造技术的迷信做法，勇于原始创新，走前人没走过的路，采用了完全不同于国内外同类产品的新材料、新工艺，首创了“智能控温、顺序凝固、近终成型”铸造和完整热处理、机加工技术，研制出质地均匀、淬透性好、内外硬度一致无落差、耐磨抗裂的新型轧辊，其使用性能和寿命达到和超过进口轧辊，打破了国外先进技术的垄断，开创了以铸造代替锻造生产大型钢管轧辊的新时代，也绘就了一幅幅难忘的精彩篇章。

（一）废钢堆里诞生的中国名牌

四方公司“第一桶金”若有神助。公司天津钢管公司引进大批国外的先进设备，矫直机和矫直辊全部采用进口，实现矫直辊国产化是该公司的一大课题，曾委托国内多家轧钢工模具企业照搬国外材质仿造都未能成功，有的装机后辊面开裂、辊轴松动，有的甚至装机前在地面就开裂了。2000年公司刚刚起步，在袁厚之研究员带领下自主研制一套“以铸代锻”新型合金矫直辊送到了现场试用，但由于这种全新的材质和全新的工艺制造的辊子尚无使用先例，并不被用户看好，将其弃置一旁的废料仓库里。直到一天，进口矫直辊库存断档，订购备件一时难到，整个生产线眼看要陷入瘫痪。此时，有人想起了废钢堆里的四方矫直辊。神奇的是这套辊子上机后竟然久久不肯“退休”，既耐磨又抗裂越用越光亮，比进口的还好用。从此，天津钢管公司信服了袁厚之的创新技术，决定从此放弃依赖进口，全部采用四方新型矫直辊，并将四方公司作为他们信得过的“无库存免检供货商”。

从此，四方轧辊一炮走红，“以铸代锻”新型轧辊名声大振，被市场广泛认可，订单应接不暇，包括上海宝钢等国内80%以上的大型钢管厂和国内新上的无缝钢管机组均采用了四方新型轧辊。

图8　产品出厂检验

图9　公司产品受到中外客户青睐

（二）异军突起的四方轧辊

轧钢技术始祖来自德国等发达国家，以辊轧为特征的高效轧钢技术已历经百年，轧辊等工模具是轧钢生产中最主要的零部件，可以说，没有好的轧辊，就生产不出好的钢材。轧制钢管的轧辊是异形辊，国内外教科书上所选材质是D2、X155CrVMo121、SKD11等这样一些极高品质的合金锻造工具钢，这种轧钢是在极其严格真空冶炼条件下熔炼的高纯度钢锭再经过锻打、机加工及热处理而成。我国因熔炼设备等条件的限制，很难得到高纯度的合金钢锭。同时，由于轧辊材质的高合金化，给锻造带来了很大困难。因此，高端钢管轧辊技术一直被美国、德国、日本等发达国家所垄断，国内模仿国外技术所制造的轧辊在使用中很容易出现开裂、掉肉、粘钢、不耐磨等问题，使用寿命远远不及进口轧辊。一个时期以来，虽然我国钢管轧机装备水平已居世界前列，技术水平也达到国际先进水平，但钢管轧辊制造仍落后于轧钢行业的发展，高档次轧辊等工模具长期依靠进口。

跟铁疙瘩打了半辈子交道的袁厚之深知轧辊的秉性，他认为，任何材料都不是万能的，关键在于适合工况。一味照猫画虎的模仿国外做法是没有出路的，只有另辟蹊径，根据我们现有的条件找到不同于传统制造方法，才能真正实现替代进口。为此，他创建了四方公司，要把自己的想法尽快变成现实，坚信凭借着多年的技术沉淀，定能打破外国的技术壁垒。他带领公司大胆创新，采用了完全不同于国内外同类产品的新材料和新工艺，一举开创了“以铸造代替锻造”制造钢管轧辊的新时代。

“以铸代锻”做轧辊看似简单实则做到很难。内行人都知道，用合金材料铸造组织致密、无缩松瑕疵的异型辊坯是世界性难题，在技术上还是空白。在袁厚之的主导下，公司研制的“智能控温、顺序凝固、近终成型”铸造技术取得成功，再通过特殊热处理和机械加工，得到一种质地均匀、淬透性好、内外硬度一致无落差、耐磨抗裂的新型轧辊，使用性能和寿命达到和超过进口轧辊，成为国内唯一可与美国、德国、日本等国最高档次锻钢轧辊相媲美的钢管轧辊。这种新型轧辊由于实现了毛坯铸造近终成型，免除了过去需要多次烧炼锻打的过程，制造过程可节能70%、节材40%，既实现了绿色制造，又大幅度降低了生产成本。

这一被业界誉为真正原始创新的技术，打破了国外同行的垄断，也改写了以往教科书对异型轧辊选材的局限。不仅替代了进口，而且出口德国、美国、韩国、印度等二十几个国家。这项创新荣获中国冶金科学技术二等奖、山东省科技进步二等奖和济南市技术发明一等奖，列入了国家火炬计划和国家重点新产品计划。该技术获得13项发明专利、4项实用新型专利及1项德国专利授权和1项美国专利受理，其中，1项发明专利获得2015年第十七届中国专利优秀奖，1项发明专利获得2017年山东省第二届发明专利一等奖。作为本领域技术创新领军企业，公司主持编制的国家标准《焊接钢管轧辊》和行业标准《冷弯型钢轧辊》已发布实施。袁厚之原创技术所归纳总结形成的数十篇权威性的论文在国内外专业杂志上发表。

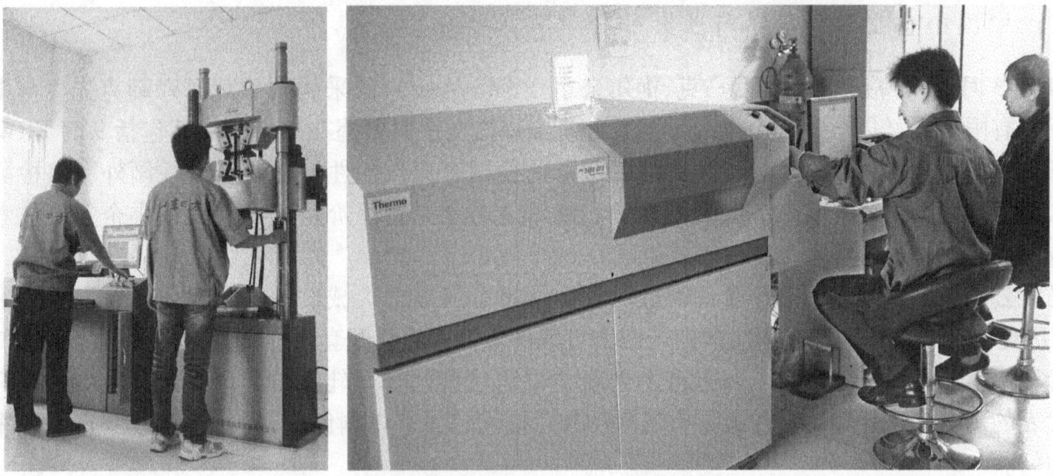

图10　公司检测、实验技术装备达科研级水平

（三）勇于创新是企业发展的不竭动力

尊崇“不在模仿、重在创新，不在跟踪、重在跨越”的发展理念，山东四方在耐磨、耐热金属新材料领域形成了较强的研发能力和生产实力，拥有多项自主创新、自主知识产权、自主品牌和达到国际先进水平的新技术、新产品。

世界钢管矫直机制造龙头企业国外某公司，素以技术先进、精确耐用而闻名全球，在我国所引进矫直机中占有相当份额。前几年，宝钢新上一批进口矫直机全部由这家国外公司中标，随矫直机带来的一大批进口矫直辊，使用中陆续出现大批裂辊问题。宝钢提出索赔，要求该供货商购买山东四方的矫直辊用来赔偿。

过去，山东四方曾有意向这家国外公司伸出橄榄枝，寻求双方在耐磨工模具配套方面开展合作，但对方不屑一顾。这次他们主动上门，多次到四方公司考察，最终订购了山东四方的矫直辊赔付宝钢。一次交往成就了双方真诚的信赖与合作，一个双赢的舞台就此拉开帷幕。

2005年，宝钢型钢有限公司新投产了一条国内最大的排辊成型500毫米方矩管生产线，但是轧辊短时间就损坏了。排辊成型，轧辊是关键，轧辊表面损坏直接影响产品表面质量。他们找到四方公司要求以最快的速度赶制一批高铬辊替代。袁厚之带领公司员工争分夺秒赶工期，仅用了40天就生产出5支高铬辊将机组上损坏严重的辊子置换下来，经试用取得了很好的效果。随后又赶制了一批，将机组上其他轧辊全部换下。到目前，这些轧辊仍在服役中。

目前，山东四方成套轧辊已远销美国、德国、印度、韩国、泰国、以色列、哈萨克斯坦、南非、乌克兰、俄罗斯等国家，实现了“中国创造”的梦想。

（四）大胆创新打破国外技术壁垒

轧辊是ERW焊管（直缝高频电阻焊管）、冷弯型钢生产中最主要的工模具，直接影响钢管、型钢的质量和产量。由于技术水平的局限，我国生产的锻钢轧辊耐磨、耐激冷激热性能差，无法适应进口机组的要求，大型ERW焊管生产线上的轧辊只能依赖进口，年消耗外汇上亿美元。

在矫直辊上已实现突破的山东四方坚信，他们的技术能打破这一“壁垒”。袁厚之认为，任何材料都不是万能的，关键在于适合工况。他们抛弃了模仿跟踪的做法，大胆创新，采用了完全不同于国内外同类产品的新材料、新工艺，开创了以铸造代替锻造生产大型焊管轧辊的新时代。

以铸代锻说起来容易做起来难，用高铬合金材料铸造组织致密、无缩松瑕疵的异型辊坯是世界性难题，在技术上还是空白。在袁厚之的带领下，山东四方研制的“智能控温、顺序凝固、近终成型”铸造技术取得成功，再通过特殊热处理，得到一种质地均匀、淬透性好、内外硬度一致无落差、耐磨抗裂的新型轧辊，使用性能和寿命达到和超过进口轧辊。荣获中国冶金科学技术二等奖、山东省科技进步二等奖和济南市技术发明一等奖，并被列入国家火炬计划。被业界誉为真正原始创新的这一技术，打破了国外同行的垄断，以往教科书异型轧辊选材的局限也被改写。

（五）中国小企业牵手世界行业大佬

2014 年 3 月 18 日，来自德国西马克-梅尔公司（SMS Meer）的采购副总裁海森勒克先生与山东省四方技术开发有限公司（以下简称山东四方）总经理袁厚之两手紧紧握在一起，一笔包括 9 套 ERW 焊管轧辊的大额出口订单在济南签订生效。这是继三个月前德国客户试探性订货，经发往国外严格检测和上机试验确认后，德国公司专程前来济南大批订货。袁厚之对此一句评价是：我们民营小企业的技术也能被德国人看好，自主技术换国际市场终于梦想成真。

西马克公司是国际著名的冶金设备制造厂商，从事金属加工机械设备的开发研制、设计和生产已有 200 年的历史，客户遍布全球。本次向山东四方订购的该批轧辊将配套于他们为俄罗斯国家天然气公司设计的焊管轧机生产线，意味着山东四方自主创新“以铸代锻”焊管轧辊得到世界最高权威的认定，与以欧美为代表的高端锻造轧辊比肩在国际市场成功推广应用，为“中国创造”“山东品牌”产品进军国际市场打开大门。

ERW 直缝焊管轧辊等轧管用辊对耐磨、耐冲击、耐激冷激热等性能具有极高的要求，过去业界全部采用锻造方法生产，制造技术一直由欧美国家垄断，国内仿制多年均不能成功。山东四方摒弃模仿和复制的做法，首创了新型合金材料和智能控温、顺序凝固、近终成型铸造新工艺，攻克了合金材料异型轧辊铸造成型的世界性难题，开创了“以铸代锻”生产钢管轧辊的时代。经天津钢管等国内企业试用，使用寿命超过进口轧辊，是国产锻造轧辊的 2~3 倍，进而迅速推广到宝钢等国内主要钢管和冷弯型钢生产企业。该产品获 12 项发明和 4 项实用新型专利，被中国钢管分会评为“世界上最好的轧辊”，列入国家火炬计划，通过“国家级重点新产品”及“山东省名牌产品”认定。2013 年山东四方还承担了《焊管轧辊》国家标准和《冷弯型钢轧辊》行业标准的组织编写任务。公司始终坚持自主创新，用全新的材料和制造方法，生产出世界上最大的钢管矫直辊和焊管及冷弯型钢轧辊，尤其是不锈钢焊管轧辊，是国内唯一可与美国、德国、日本等国家最高档次的锻钢轧辊相媲美的铸造轧辊，国内市场覆盖面已达 80%，不仅可替代进口，还出口德国、美国、韩国、印度等二十多个国家，出口比例达到 30%以上。正是这些成就对西马克产生了磁力般吸引。

图 11　与德国西马克签订大笔订单

图 12　西马克专家考察生产现场

（六）现场的问题就是公司的研发课题

以鹰一般敏锐视觉面向生产一线寻找课题，脱胎于山东省冶金科学研究院的袁厚之团队，始终保持着科研院所的传统。

天津钢管公司还原铁厂投产初期，回转窑密封环、密封叶片和二次风管故障一度成为企业的心病，回转窑进、出料端口是美国设计的柔性密封装置，这批由特种材料制成的密封环、密封叶片亟须更新，在国内找不到生产厂家，进口的又联系不上；回转窑上装有10支两米多长、两吨多重、结构复杂的二次风管也因高热高压、激冷激热恶劣工况不时断裂，常常被迫停窑，影响作业率。

山东四方闻讯主动上门帮忙，他们扎扎实实地蹲现场，吃透了实际工况，找准了问题的关键所在。在筛选多个方案后采用了不同于美国产品的全新材料和制造方法，制成了新型耐磨密封环、耐磨密封叶片和风管，试车一次成功。其价格仅是进口的10%，使用寿命大大超过进口产品，彻底解决了影响生产的难题，作业率大大提高。与此同时，山东四方又创出一个专利新产品。

一个个技术难题就这样迎刃而解，山东四方以其鹰般的坚韧和敏锐，丰满了自己的羽翼，同时确立了其在业界的地位和威信。

（七）产品好更要服务好

面对冶金行业市场疲软、装备企业竞争激烈的外部环境，山东四方认识到：光有好的产品还不够，还要有好的服务，卖产品更要卖服务，产品质量好服务佳才是真功夫！他们不是等产品有了质量问题才有服务，而是设身处地地为用户排忧解难，用增值服务为企业创造价值，不但提升了公司信誉，而且巩固了与用户的合作关系。

在用户现场，时有的矫直辊因窜轴而造成早期报废的情况，操作工人感慨心痛和无奈。说者无心听者有意。山东四方客服人员经过细心勘查，发现发生窜轴的机组都存在正反双向矫直的操作，而原设计是单向工作，辊皮安装只设计了一端止退，遇到这种双向反复矫直时就难免出现窜轴。症结找到了，山东四方主动提议免费为这些客户设计防窜装置，用户欣然接受。

2010年初正值西南某钢管厂生产旺季，生产线上一批矫直辊需要维修更换，但好端端的轴承就是拆不下来，只能用割枪废掉，着实让人心痛。山东四方闻讯派人专程赶往现场，传授了油压拆卸技术，轻松搞定了这一难题，一套套轴承被完好的保留下来，为用户节省了成本和工时。

多年来，山东四方售后服务坚持：对待客户要热心、遇到问题要耐心、现场勘察要细心、处理异议要迅速地“三心一速”原则。他们是这样说的，也是这样做的。

用实力奠定地位，用真诚铸就信赖。山东四方正在领跑钢管轧辊的发展新方向，为创造我国民族自主品牌，立于世界高端轧辊之林而奋斗。

（八）创新创业永不止步

面对接踵而来的各种荣誉和成就，袁厚之想到更多的是责任。轧辊行业在我国的发展现在还不尽如人意，国内总体的技术水平还落后于发达国家。袁厚之作为行业内有名的轧辊专家，深感责任重大。作为国内首创运用“以铸代锻”方法开发高品质合金轧辊的企业，他觉得有必要为行业发展多做贡献。为此，在中国产学研合作促进会的支持指导下，2013年，袁厚之主动发起构建了“中国钢管和冷弯型钢工模具产业技术创新战略联盟”，联合东北大学、北京科大、山东大学、安徽工大、新冶高科技集团、冶金规划研究院、机械科学研究院、宝钢研究院、宝钢集团、天津钢管、攀成钢、衡阳华菱、湖北新冶钢、包钢钢管、鞍钢钢管等国内20多家从事钢管和冷弯型钢工模具研发及应用的主流企业、大学、科研机构加入联盟。并有殷国茂院士、王国栋院士、陈蕴博院士等国内外一批知名科技专家、学者组成联盟专家委员会。联盟推举袁厚之担任首届理事长。

作为学者型企业家的袁厚之深知象牙塔里搞创新的难处，他不惜精力财力构建该联盟，目的是为了进一步整合整个产业链的创新力量，以“用”为目标，“产、学、研”配合，形成产、学、研、用合力，在钢管和冷弯型钢工模具产业前沿领域联合攻关、协同创新，推进科技成果转化，促进联盟单位共同发展，提升国内制造钢管及冷弯型钢用工模具产业的整体创新能力和产业水平，创造知名民族品牌，使我国早日立于世界高端工模具之林，为我国成为钢铁强国做出贡献。

该联盟没有成为绣花枕头，合作成果很快凸显出来，较有代表意义的案例是四方公司与上海宝钢联合开发的国产新型UOE焊管用预弯边模具。

“UOE 直缝埋弧焊管”是大口径、高强度、高韧性钢管，主要用于穿越工业交通密集地区、河流地段、大落差地段或地震区以及海底管线油气输送等重要管道设施。宝钢 UOE 生产线是德国设计制造、我国唯一引进的一套生产设备，在俄罗斯天然气输入建设工程上发挥着举足轻重的作用。

“预弯边上下模”是 UOE 钢管生产线的主要大型压力模具之一，承受数千吨压力。多年来，宝钢一直采用德国进口的锻造合金工具钢模具，不但采购流程烦琐、供货周期长，而且价格昂贵、企业负担沉重。而遍寻国内尚无一家企业能够配套供应，宝钢国产化的目标探索了五年未能实现。“联盟”成立后，袁厚之毅然接手这项攻关任务，承诺 100 天内用新材料和新工艺研制出与进口相媲美的模具。

袁厚之经过分析认为，进口模具为德国 X155CrVMo121 类冷作模具钢锻造而成，其冶炼纯净度要求高，是采用电炉和真空精炼及电渣重熔制获得锻坯；该钢种可锻温区较窄，需经多次反复加热锻造；该种 6m 长的大型锻件很难形成模锻，而且拔长容易镦粗难，易造成力学性能各向异性。同时，由于国外供应商对自身知识产权的保护，很难得到有价值的制造细节，甚至连结构图纸都没有。因此，以往一些试着采用锻造模具钢仿制的厂家，因工艺复杂、加工难度大、能耗高、材料利用率低、成本高而均告失败。

对此，袁厚之及其团队结合自己多年来在钢管工模具制造领域取得的丰富经验，否定了跟踪模仿国外锻造方法，制定了独树一帜的“以铸代锻”制造方案。首先，为预弯边机模具精心设计了合金材料成分，力求在适合其服役条件下，有效地提高硬度、韧性、耐磨性和淬透性以及铸造性能。同时，铸造成型工艺是保证模具制造质量的关键环节，他们特别为长大件设计的铸造成型工艺和装备，保证纯净钢水均匀快速充型、顺序凝固、近终成型，有效控制了枝晶的破碎并均匀分布于合金中形成形核核心，保证铸件产生细小、均匀和等轴的晶粒，并有效减少和避免偏析、缩松等铸造缺陷，从而获得了高质量的模具铸坯。经后续精密加工及热处理，这套新型 UOE 焊管用预弯边模具从测绘到交付仅用 3 个月时间就如期完成。新型模具经过无损探伤，表面及近表面无裂纹性缺陷，制造精度、理化性能均符合要求。上机试用各项质量指标、表面质量、弯边压延等均符合要求，其耐磨性、强韧性和使用寿命达到或超过进口模具，采购价格和生产周期均只有进口模具的 1/4，性价比十分优越。

联盟成员之间还有一批合作创新项目陆续顺利完成，达到了服务行业、共同受益的目的。例如：为德国引进的当今世界最大口径无缝钢管热轧 ϕ720mm 机组开发的新型导板，解决了轧制高端合金钢管时导板开裂和粘钢问题，保证了厚壁大口径合金钢管表面光亮无划伤，使用寿命达到原材质导板的两倍以上，制造成本显著低于进口导板；开发的一种轧制超级 13Cr 钢管的新型导板，粘钢和断裂问题得到显著改善，过钢量比原来的高镍导板提高 5 倍以上。

联盟以企业发展需求和各方的共同利益为基础，以提升产业技术创新能力为目标，以行业上中下游内在需求为动力，通过整合行业力量，共享社会资源，高点起步、同心协作、优势互补、激励创新，逐步走出了自己的成长路子。中国产学研合作促进会授予该联盟“2013 年度中国产学研合作创新奖”“产学研合作成果奖”“中国产学研合作创新示范企业”“中国产学研合作工匠精神奖”等多项荣誉。联盟创新发展还得到政府的鼓励，在申报山东省创新专项中，山东四方从 500 多个项目中脱颖而出，成为 100 个入选项目中佼佼者，政府给予先导资金和两年贷款贴息支持。

随着中国钢铁工业的迅猛发展，我国的轧辊行业也得到了长足的进步，但目前国内轧辊生产厂家众多、规模小、品质低、品牌多，市场竞争风起云涌，如何在激烈的市场竞争中保持不败的业绩，继续做大做强企业？这是袁总近年来思索最多的问题。如果说，在第一轮发展中，他是以“不服输”的精神获胜，那么在新一轮的发展中公司核心竞争力如何体现？“与时俱进”是袁厚之在其企业发展过程中不断追求的目标，他对创新有着自己独特的见解：他将科技开发、创新能力及领头人的把舵能力作为企业核心竞争力，今后公司的发展方向就是要继续走技术创新的专业化发展道路，作为一个专家带头人，带领团队开启第三次创业，一定要用自主创新和核心技术，在市场上有立足之地，在行业上在历史上留下重彩一笔，把我国制造的高品质轧辊声誉覆盖到全世界。

“诚信创新　行稳致远”，争做窑炉行业技术创新引领者

（黄冈市华窑中洲窑炉有限公司）

一、企业简介

黄冈市华窑中洲窑炉有限公司成立于1999年，公司注册资本5168万元，是一家以窑炉科研设计、加工制造、工程总承包一体化为主营业务的国家级高新技术企业，是窑炉施工“GB/T 9001、ISO14001、OHSAS18001”三体系认证企业。

中洲窑炉工业园坐落于湖北黄冈西湖工业园区，占地面积120亩，建筑面积6万多平方米，拥有各类加工、制造、检测设备300多台套，年生产各类热工设备100余台套，是国内首家集各式窑炉研发、加工制造、装配于一体的生产基地。公司现有员工300余人，中高级职称技术人员100余人，一级注册建造师5人，二级建造师15人，两人享受国家津贴，两人获省政府津贴，1人获市政府津贴。公司自成立以来，在全国各大设计院、校及有关单位的鼎力支持与合作下，以开发研制适合国情的高质量低能耗的窑炉精品为己任，不断追求与探索，在冶金、耐火材料、陶瓷、化工、有色金属、新型建材等窑炉领域中取得了长足的进步与发展。国家窑炉节能中心、中国硅酸盐学会陶瓷分会窑炉热工专业委员会、中国陶瓷工业协会窑炉及耐火材料委员会、武汉理工大学研究生创新基地等均设在本公司内，大大加强了科研的力量，确保公司科学技术的研发工作保持在国内前沿。

作为窑炉制造的市场经营主体，公司全力推行体制创新、管理创新和技术创新，以人为本，规范运作，紧贴国际化运作模式。多年来，公司不断开发和引进先进的窑炉技术，博采众长、精心打造先进、环保型精品窑炉，并与俄罗斯、德国、意大利、澳大利亚、英国等国家及国内的科研院所、大专院校、知名专业窑炉公司进行广泛的合作交流。公司业务范围辐射全国，产品出口美国、印度、马来西亚、印度尼西亚、俄罗斯、泰国、伊朗、越南等国家和台湾地区。公司先后承建了各种窑炉1000余座，合格率100%，创优率98%。公司坚持诚信为本，追求科技创新、质量兴业。公司开发研制的系列窑炉多次被列入国家“火炬计划”、倍增计划、创新基金、“国家重点新产品”“九五”国家重点科技攻关计划优秀科技成果。“中洲窑炉”系列产品被授予“中国陶瓷名牌产品”称号，“中洲”商标被评为“湖北省著名商标”，公司现有发明专利、实用新型专利100余项，是湖北省专利示范企业，湖北省守合同重信用企业、湖北省科技创业明星企业、湖北省诚信单位、黄冈市“十强”建筑业企业、黄冈市直工业企业税收贡献大户。

图1　获高新技术企业证书

近年来，公司在冶金行业的加热炉和热处理炉开发上投入大量的人力和物力，先后开发出应用于钢管热处理的气氛保护炉、步进梁式热处理炉、台车式热处理炉、辊底式热处理炉等热处理炉型、步进式

加热炉、环形加热炉、台车式加热炉，公司凭借先进的智能控制、节能燃烧等技术成为中建材、宝武钢铁、太原钢铁、江苏银环、江苏诚德、江苏振达、衡阳华菱、湖北新冶钢、山东聊城中钢联、山东聊城鑫鹏源、林州凤宝、等国内知名钢管制造企业的稳定供货商，并为企业带来了良好的经济效益，深受用户好评。

图 2　江苏武进大口径钢管旋转式固溶炉

图 3　美国休斯敦 DMV 公司精密钢管固溶炉

图 4　衡阳华菱钢管有限公司步进式淬火、回火炉

图 5　聊城中钢联特种钢管有限公司环形加热炉

公司立足于市场，严格于质量，着眼于管理，优胜于服务。恪守“信守合同，质量第一，优质服务，用户至上”的企业宗旨，以“优质的服务、先进的管理”造就了中洲公司精良的产品；以“诚信至上、一丝不苟”赢得了广大客户；以“不断进取，追求卓越”抢占了中国窑炉产业先机。

随着业务市场的不断开拓开发，公司生产经营和经济效益持续健康发展，我们将继续坚持“科技兴司”的发展战略，不断加强企业科研力量投入，不断打造新的高科技含量产品，进一步推进企业技术进步，为我国窑炉事业的发展做出应有的贡献。

二、公司发展历程

图6　公司办公大楼及厂区

公司发展历程可为分为六个阶段。

第一阶段（1993—1998年），为企业兴业阶段。华窑中洲公司，坚持管理兴窑、科技强窑的战略目标。在这一阶段，主要抓好产品质量管理。采取的措施是，领导挂帅，组建专班，严格检验，激活机制，使产品质量得到有效的控制。抓好营销管理。采取的措施是，做好广告，扩大产品宣传，做好预测，掌握市场信息，履行合同，切实保证供货，扩大营销市场。抓好现场施工管理。采取的措施是施工设施齐全，文明施工规范，安全责任明确。由于管理到位，机制健全，形成中洲窑炉公司的管理模式，推进中洲窑炉公司稳步发展。

1994年10月，中洲公司在江苏宜兴精陶集团率先开发出国内第一条日用瓷明焰釉烧辊道窑。极大地推动中国陶瓷工业的技术进步，大大提高中洲窑炉公司产品的知名度。1997年，中洲公司开发研制高温釉中彩辊道窑，获河北省邯郸市人民政府、河北省经贸委“科技成果证书”。

1998年3月，中洲公司开发日用明焰烧成装配式辊道窑项目被国家科委、国家税务总局、经贸委、质量技术监督局、环境保护总局联合授予国家重点新产品。从1993年至1998年，短短6年时间在全国各地生产日用瓷窑炉、耐火材料窑炉、化工窑炉共计149座。

第二阶段（1999—2001年）为市场开拓阶段，开始进入冶金行业。1999年中洲公司改制，由国有企业改成股份制企业，打破铁饭碗。激活机制，调动员工的生产积极性、工作创造性。公司焕发出勃勃生机与活力，形成人人闯市场，个个创业绩的可喜局面。中洲窑炉股东会决定对各项目部实行统一核算，效益承包。充分调动项目部人员生产积极性。这一阶段承接日用瓷窑炉，耐火材料窑炉、冶金、化工窑炉313座，为公司的快速发展打下了良好的基础。

第三阶段（2002—2004年），为品牌建设阶段。中洲窑炉实施窑炉产品更新换代战略。其主要措施是，坚持质量打造品牌，公司坚持把品牌建设作为企业发展的大事常抓不懈。明确规定当质量与施工进度发生矛盾时，时间服从质量。当质量与成本发生矛盾时，成本服从质量。中洲制定高于同行业的质量品牌标准，从而使产品达到优质，确保窑炉设备安全运行。

此期间，主持承担国家技术创新项目——陶瓷窑炉燃烧系统优化控制技术获得“九五”国家重点科技攻关计划优秀科技成果和国家级资助扶持。公司主持承担国家技术创新项目——陶瓷窑炉燃烧系统优化控制技术，获国家重点项目计划和国家级资助扶持。公司主持承担的陶瓷行业远程分布控制系统，被国家信息产业部列入国家倍增计划，又被中国硅酸盐学会陶瓷分会吸收为《窑炉热工专业委员会主任委员单位》。中洲主持承担的陶瓷行业远程分布控制系统，被国家信息产业部列入国家蓓增计划。开发研制的石化行业催化剂网带窑和应用于冶金热处理行业淬火时效炉、正火炉等项目被公认为世界先进水平。同时主持承担的“工业窑炉高温脉冲燃烧节能系统优化集成技术”项目获国家技术创新项目证书。中洲抓住窑炉科技发展的大好时机，狠抓窑炉设备生产、扩大窑炉设备生产规模，拓展窑炉设备销售市场。开发研制的石化行业催化剂网带窑和应用于冶金热处理行业淬火时效炉、正火炉等项目被公认为世界先进水平。公司主持承担的“工业窑炉高温脉冲燃烧节能系统优化集成技术”项目获国家技术创新项目计划。

这一阶段，销售窑炉设备311台套，完成产值1.32亿元，使公司经济实力大大增强。并使公司的窑炉产品取得进入国际市场的通行证。全面提升窑炉设备产品市场竞争力，扩大中洲窑炉品牌影响力，形成窑炉品牌推动力。

第四阶段（2005—2008年），为跨越发展阶段。中洲公司由生产型企业向科技型企业转变，这一期间，拥有20多项国家专利，自主研发的系列窑炉被列入国家火炬计划，倍增计划、创新基金、国家重大产品专项，成为湖北省明星科技企业。公司发挥自己的产品优势，打开国内市场，进军国际市场。重点进军冶金行业，突破淬火时效炉、催化剂网带炉，提高日用陶瓷科技含量，使中洲的市场营销有较大突破。

当年，中洲窑炉决定对所属项目经理部进行优化组合，每个董事会成员带一支团队，并巩固一方市场，经营承接一批业务。组建5个项目部、1个化工部、4个冶金部、1个技术部。公司实行优化组合，统一核算、效益承包，使公司出现大好局面，社会效益和经济效益显著提高，公司的经济实力和规模实力显著增强。2006年，中洲窑炉先后投资8800万元，征地80亩，建设西湖窑炉工业园区。2007年第一期工程建成投产，4000m^{2}公司办公楼落成，公司整体搬迁到新办公楼办公，办公环境和硬件建设步入新的台阶。公司建厂房两栋，成为国内首家工业窑炉研发制造基地，公司搬进西湖工业园后，添置生产设备300台套。年设计制造各类工业窑炉能力达500座，年窑炉设备销售收入可达1.8亿元人民币，利税达3000万元。

第五阶段（2009—2011年）为科技创新阶段。2010年中洲窑炉增资扩股，注册资金再增加到2668万元。这一阶段中洲坚持科技创新，与大专院校合作，加大研发力度，提高产品科技含量。公司组织技术力量研发部对钢铁辊底式烟气保护炉类炉型，研发设计出适应市场需求的炉型。在结构上，体现造型美观、操作简便、易于控制、安全稳定的特点。在安装施工上，按设计预制，现场组装，确保制造精度，缩短安装时间，大大提高工作效率。在烧成方式上，采用明焰氧化焰烧成气氛，提高产品质量和产量。公司组织技术力量研发化工工业炉，为解决传统网带窑焙烧炉存在的炉内温度难以控制、烧成温度难保均匀，能耗高的难题，集中技术人员进行技术难题攻关，采用分区结构，改善物料受热的均匀程度，使产品质量得到提升，产品能耗大大降低，大大提高建设单位的经济效益。研发冶金环形炉，为满足环形炉温度均匀性的要求，合理配置供热系统，实现一炉多用。组织技术人员对冶金环形窑进行研发，研制了一种新型环形炉，研发设计出较理想的工业炉型，供热系统配置合理，钢坯能够三面受热，加热效果好，操作自动化程度高，实现一炉多用。研发异型陶瓷梭式窑。为确保梭式窑炉经久耐用、稳定性高、温差小、操作性强，公司组织技术人员研发出一种新型异型陶瓷梭式窑。研制后的梭式窑为密封式结构，日用瓷放在窑车上，通过窑门的关闭，在封闭的空间内对日用瓷制品进行烧成。该窑具有烧成周期短、成本低、调温灵活、控制简便等特点。

第六阶段（2011年—），公司继续多角度，各环节寻求发展，国家级高新技术企业、行业内首家ISO三体系认证企业、省守合同重信用企业、省级专利示范单位等相继落户公司。同时公司专利数量、质量年年增加并将相关的技术运用到工程案例中，在贯彻“节能、环保”宗旨的同时，又为用户带来良好的经济效益。这期间，公司继续增资扩股、扩建厂房，公司注册资本增至5168万元，占地面积增至120亩，生产车间面积增至近5万平方米，生产能力进一步提高。

三、公司发展展望

自1999年改制以来，公司业务拓展以及服务质量均得到大幅提升，各项工作取得了显著成就。而今是公司把握机遇实现跨越式发展的关键时期，为了使公司的业务拓展、经济效益、队伍建设、管理水平和社会效应等跃上一个新台阶，更好地适应国内外市场挑战，促进公司健康、快速的发展，公司有必要制定一个切实可行的发展规划。

1. 总体思路

认真贯彻落实公司的各项规章制度、文件精神和有关决定，科学制订适应公司发展所需的人才计划，加强公司中层干部队伍建设，打造和谐团队，以全面提高企业经济效益和社会效益为宗旨，不断开拓创新，努力实现公司的跨越式发展，为把公司建成一个涉及多种行业经营的上市集团公司而奋斗。

2. 规划目标

在公司董事会的领导下，通过全体员工的不懈努力，完成一级资质企业申报工作，积极进行科学创新，大力开拓市场，努力实现公司经济效益和社会效益同步快速增长。

3. 规划要求

（1）加强职工队伍建设，努力提高员工的文化知识和专业技能水平，增强服务意识、风险意识。组织好员工的培训学习，注重培养中层干部的市场意识和管理能力，打造一支适应企业发展需要的阶梯型人才队伍。

（2）加大市场开发力度，巩固拳头产品生产，制定开发创新计划。促使公司业务始终处于新行业前沿的经营局面。

（3）不断改善公司的办公环境，科学制订并积极完善相关规章制度，加强检查督导落实，大力规范工作程序，强化安全意识，为公司的规范化建设和长远发展提供有力保障。

（4）定期组织员工结合工作特点开展能够调动大家积极性，又能够体现团队精神的文体娱乐活动，进一步增强公司凝聚力。

（5）加强规范化管理、制度化管理、人性化管理，竭力维护客户利益，扩大“中洲窑炉”品牌在国内外的知名度和影响力，依靠优质工程吸引客户，付出真情服务感动用户。

4. 保障措施

（1）制订公司阶段性工作计划，适时召开中层干部会议，认真研究和解决工作中存在的各种问题，打造和谐团队，争创一流业绩。

（2）加强员工学习培训，制定学习培训计划，适时组织专业培训；根据工作需要，派送公司相关部门员工进入高校深化的学习，通过扩大视野、学习交流、工程实践，逐渐提高员工的各项技能。

（3）建立科学的管理体制，加强公司的制度建设。建立和完善公平合理、有利于激发员工工作热情的收入分配制度；完善监督与考评机制，树立科学、规范、严格的管理创新理念。

（4）号召并组织各项目部员工认真学习国家政策，法律法规以及公司有关决议，充分认识面临的发展机遇与挑战，切实转变观念，提高思想认识，强化服务意识，形成发展共识，为企业健康发展奠定坚实的思想基础。

（5）加大宣传力度，创新宣传手段，大力提高社会对中洲窑炉的认知度，使国内外广大客户充分了解公司的资源优势，感知与中洲窑炉联合开展业务是达到互利共赢的最佳选择。

图 7　铝合金轮毂热处理炉

图 8　节能环保冶金工业炉

磬鸣信德　泓泽宽厚

（太原磬泓机电设备有限公司）

太原磬泓机电设备有限公司成立于2005年，是专业从事热轧无缝钢管新装备、新技术、新工艺研发的国家高新技术企业，近年来致力于市场急需的钛合金、锆、铪、铌、镍等高附加值管用重大装备的研发、设计及制造。公司设有山西省省级企业技术中心，太原市院士工作站，拥有由专家、教授、高级工程师等专业技术人员组成的研发团队。

作为国家的高新技术企业，磬泓人秉承“为中国钢管装备技术引领世界而努力，使中国钢管企业成为世界经济的栋梁”的使命，坚持“持续创新，诚信为本”的发展理念，在充分发挥自身科研实力的基础上，公司先后与中科院、北京科技大学、太原理工大学、太原科技大学等科研单位建立了良好的合作关系，并与东北大学王国栋院士签订合作协议，建立院士工作站，使企业在自主创新、产学研合作、技术推广及应用等方面达到持续、健康的发展。

公司现拥有技术人员40余人，其中外聘专家教授两人，高级工程师6人，研究生3人，员工本科以上学历占比65.2%，拥有国家专利20项，其中发明专利5项，软件著作权两件，承担国家、省、市科研项目10余项，先后研发出世界首台四辊行星热轧机组，世界首台穿孔轧制一体的无缝钢管斜连轧机组、国内首套具有管端削尖能力的两辊斜轧机组，两辊四机架连轧机组，惰性连轧轧管机机组等，近年来，公司与东北大学王国栋院士团队合作，攻克了具有世界领先水平的热轧钛合金无缝管生产工艺及技术，填补了国内空白；热轧钛合金无缝管生产技术相对于传统的冷轧、冷拔技术，生产效率大幅提升，制造成本大幅下降，打破国外发达国家对高端钛合金无缝管及锆、铪、铌、镍等高附加值管的行业垄断，取代进口，满足我国国防工业、海洋工程、核电工程、航空航天工业、海洋石油开采等国家重点行业的巨大需求。

公司坚持珍惜客户所托，超越客户期望、赢得客户依赖的服务理念，用优质的产品和完善的售后服务赢得用户的口碑，企业销售收入连年攀升，产品销售遍布全国各地，并出口到土耳其、泰国、巴西等国。

一、公司荣誉

公司荣誉包括：

2009年公司获得了山西省科技厅颁发的“民营科技企业”称号；

2011年获得“中国信用企业认证体系示范单位”；

2011年被认定为国家“高新技术企业”，并与2014年、2017年连续三次通过复审认定；

2012年荣获管理创新企业；

2012年企业技术中心被评认定为“太原市市级技术中心”；

2013年企业通过ISO9001：2008国际质量管理体系认证；

2014年企业技术中心被评认定为“山西省省级技术中心”；

2015年企业被认定为“诚信企业”；

2016年建立王国栋院士工作站；

2017年企业被认定为“专精特新”企业。

二、企业发展历程及改革成就

探寻太原磬泓机电设备有限公司的发展历程，应以“磬泓”的创始人张国庆为切入点，因为一个企业的发展方向、发展质效，很大程度取决于企业创始人的思想理念和文化底蕴。

张国庆毕业于西安交通大学，高级工程师、工学硕士、先后荣获“科技启明星”“新长征突击手”“泉城学者”“青年科研专家”“晋商十大诚信人物”等光荣称号。

1987年张国庆走出学校，进入国有太原矿山机械厂，从基层做起，刻苦钻研，潜心攻关，28岁时被评为全厂最年轻的高级工程师，1991年完成的“采煤机关节轴承球面加工”项目获山西省1992年度重大技术难题攻关一等奖，并于1993年获得机电部优秀成果奖，同年，获得“太原市新长征突击手”；1995年参加的“大型组合式硬质合金花键推刀”项目获得机械工业部优秀QC成果奖；1997年主持的“行星轮座制造工艺攻关”项目获得机电部优秀成果奖；1997年主持的“超硬磨料齿轮形珩轮的CAD制造技术及性能研究”项目获“太原市科技启明星”的称号；

2003年张国庆从国有大型矿山机械厂辞职，放弃熟悉的采煤机专业，从零开始，参与鞍钢集团的ϕ159mm MPM连轧机组的国产化改造，融入我国的钢管行业，带领团队瞄准无缝钢管设备前沿技术，刻苦学习，潜心研究、认真计算，不断的优化技术设计，精化制造工艺，攻克了一个个技术难关，先后完成了鞍钢ϕ219mm七机架定径机、山东墨龙钢管股份有限公司ϕ273mm十四机架微张力减径机组、河北承德万利钢管厂24机架强张力机组的设计、制造、安装、调试，并完成了衡阳华菱钢管有限公司ϕ273mm十二机架微张减机组、成都攀成钢无缝钢管有限公司ϕ340mm十二机架微张减机组的国产化改造，取得了良好的效果。

2005年，随着我国改革开放不断深入，中国经济发展从粗放型的逐渐向精细化、高端化方向转换，在无缝钢管装备设计制造方面有着独特建树的张国庆，顺应改革大潮，心存“为中国钢管装备引领世界而努力，使中国钢管企业成为世界经济的栋梁”的伟大抱负，带领5个人，以一个电脑包起家，创办了太原磬泓机电设备有限公司，以一份实实在在的使命感和责任感，立志为钢管生产企业提供优质全面的精良服务。同年，总包（含工厂设计）完成了浙江海盐森泰无缝钢管厂ϕ140mm热轧无缝钢管生产线，河北嘉远天成无缝管钢管厂ϕ140mm热轧无缝钢管生产线的设计、制造、安装、调试任务。

2006年，作为泉城学者的中标单位，与济南重工合作为江阴长江无缝钢管厂设计了ϕ340mm十四机架微张力减径机组，该项目得到了济南市委、市政府的认可，成为济南市政府引进科技人才。同年还承担了河北汇科无缝钢管厂ϕ140mm热轧无缝钢管生产线的工厂设计和福建漳州嘉年钢铁有限公司ϕ140mm二十四机架强张力减径机组。

2007年全线总包承建了山西省第一条ϕ245mm热轧无缝钢管生产线，

从2007年3月初开始筹建，到2009年3月份投产。该项目的建成极大地带动其他产业的发展，改写了山西省长期依赖外省无缝钢管的供应历史，成为山西参与国内、国际竞争的行业主力军。

2011年公司被认定为国家高新技术企业，2012年企业技术中心被认定为太原市市级企业中心，同年，公司承担了国家科技部科技型中小企业技术创新基金项目“惰性连轧轧管机的研发和制造”，该项目于2014年通过科技部验收，自此，磬泓公司进入高速发展的轨道，凭借先进的技术、一流的装备和“持续创新，诚信为本”的发展理念，“磬泓”人打造出了一个个精品工程，在业界竖起了一个个金字招牌，公司的产品技术水平和信誉度在全省和全国同行业中当之无愧地处于领先位置，在推进中国无缝钢管提质发展的同时，公司也实现了长足的发展，为国内多家钢管生产企业提供多条优质的钢管生产线，同时，土耳其，泰国，巴西等多国的钢管生产企业来公司进行实地考察，并为巴西钢铁集团公司设计制造了ϕ114mm Accu-Roll热轧无缝钢管生产线，从此，公司的产品打开了国门，走向了世界。

2011年总包完成了山东中正钢管制造有限公司ϕ114mm Assel热轧无缝钢管生产线和西山煤电德汇实业有限公司ϕ114mm Assel热轧无缝钢管生产线全线设备的设计、制造、安装、调试全线设备的设计、制造、安装、调试，并为河北承德隆城钢管制造有限公司焊管无缝化机组设计并制造了国产第一套24机架集中差速式强张力减径机与在线旋转式飞锯。

2012年公司总包完成了山东聊城申昊金属制品有限公司ϕ180mm Accu-Roll热轧无缝钢管生产线和西山煤电山西德汇实业有限公司ϕ114mm Assel热轧无缝钢管生产线全线设备的设计、制造、安装、调试。

2013年公司与中科院自动化研究所签订了战略合作协议，共同开发研制了国内首台套两辊四机架连轧机组。同年，总包完成了河北宽城升华压力容器制造有限责任公司ϕ219mm Accu-Rol热轧无缝钢管生产线全线设备的设计、制造、安装、调试。

2014年企业技术中心通过山西省经信委，山西科技厅等部门专家审核，被认定为山西省省级技术中心，总包完成了常州富润精密钢管有限公司的具有管端削尖技术的ϕ60mm两辊斜轧无缝钢管生产线的设计、制造、安装、调试，该机组为国内第一套可生产ϕ28mm×2.5mm的薄壁小口径热轧无缝钢管的生产线；该项目被太原科技局立项为国内首台套重大新产品项目。

2015 年企业通过 ISO90001：2008 国际质量管理体系认证，企业向规范化、标准化、精细化制造迈出了坚实的一步。

2015 年至 2016 年公司先后完成了总包完成了山东聊城申昊金属制品有限公司 ϕ120mm 自动轧管机生产线和 ϕ90mm 自动轧管机生产线、扬州龙川钢管有限公司前台双浮动限动芯棒 76mm Assel 轧管机，常宝普莱森钢管有限公司 ϕ50mm 穿孔车床、山东冠群金属制品有限公司 ϕ168mm 自动轧管机生产线等设备的设计、制造、安装、调试任务。

2016 年开始热轧钛合金无缝管生产工艺及技术的产业化转化，并于与东北大学王国栋院士团队合作建立了太原市院士工作站，共同研究和优化热轧钛合金无缝管生产工艺及技术。2017 年 8 月组织召开了主题为“技术创新 转型综改——新一代优质高附加值管材加工工艺研讨会”，大会邀请了中国工程院王国栋院士及院士团队、中国金属学会、中国钢结构协会钢管分会、云钛集团、宝钛集团、太原理工大学、太原科技大学、武钢集团等科研院所及重点钢企专家，通过院士及业内专家对热轧钛合金无缝管生产工艺及技术进行论证及推介，使热轧钛合金无缝管生产工艺得到有效推广和应用。

2017 年企业被山西省中小企业局评为“专精特新”企业。2018 年，为湖北新冶特钢有限公司设计并制造了 325 两辊均整机，配套原有穿孔机和两辊轧机生产 ϕ426mm×12mm、ϕ426mm×10mm、ϕ377mm×8mm 大口径薄壁无缝钢管，该机组经工艺调整及机组优化，首次成功轧制出 ϕ426mm×10mm 的大口径薄壁无缝钢管，为国内热轧生产最大口径的无缝钢管。同年，承揽了林州凤宝 ϕ114mm 高精密热轧无缝管机组的研发制造。

作为一家不断创新、锐意进取的民营企业，凭着持之以恒的坚守和执着的信念，短短数年间，就实现了长足的发展和质的飞跃。多年的市场洗礼，“磬泓”人栉风沐雨、披荆斩棘；多年的铿锵历程，奏响了“磬泓”人勇攀高峰的科学发展之歌。

三、传承“晋商”精神，精塑“磬泓”品牌

科技，是企业生命的源泉；创新，是企业发展的动力，企业的核心竞争力就是科技创新的能力。

公司成立之初，就把“持续创新”“诚信为本”作为企业的核心竞争力，秉承不为利益推广产品，而是真心帮助客户的营销理念，在充分发挥自身科研实力的基础上，先后与中科院、北京科技大学、太原理工大学、太原科技大学等科研单位签订战略合作协议，通过自主创新，产学研合作的方式，先后开发设计出了世界首台四辊行星热轧机组，无缝钢管斜连轧机组及国内首套具有管端削尖能力的两辊斜轧机组。

四辊行星热轧机组主要由一台能旋转的机架以及在机架中能自行旋转的四个锥形轧辊组成。轧机工作时，由于机架旋转（轧辊随机架公转），轧辊本身自转，从而形成行星结构，轧制过程中，荒管不会转动，可热轧出百米以上的无缝钢管，可实现“自由尺寸”轧制和“无头轧制”，客户可实现任何时候任意尺寸的定尺锯切。

无缝钢管斜连轧机组采用全新的穿孔和轧管“纵向秒流量”和“周向秒流量”相等的斜连轧理论，实现在一套机组上同时完成穿孔和轧管两种功能，最大可能缩短了钢管生产流程，在提高生产效率、降低能耗的同时解决了钛合金、不锈钢等热轧制变形区温度范围窄的无缝管的轧制问题。

具有管端削尖能力的两辊斜轧机组，该机组采用的管端削尖技术，轧制过程中预先将管端轧薄，从而使钢管在经过张减机时能抵消钢管头尾增厚，从而提高了钢管沿纵向的壁厚精度，减少切头尾损失，提高了钢管成材率和收得率，该工艺在全国钢管学术委员会的学术年会推广后，得到中国工程院院士殷国茂院士及业内专家的认可，殷国茂院士指出：该技术确实解决了我国高端小口径无缝钢管的热轧生产的行业难题。

近年来又成功攻克了热轧钛合金无缝管生产工艺及技术，大幅提高钛合金无缝管的生产效率，降低了钛合金无缝管的生产成本，热轧钛合金无缝管技术生产效率从 30 分钟/根提升到 3 分钟/根，成材率从 70%提升到 90%，生产成本降低了 50%，约 25 万元/吨，使得热轧生产的钛合金无缝管能够取代进口，满足我国国防工业、海洋工程、核电工程、航空航天工业、海洋石油开采等国家重点行业的巨大需求。

专业源于专注，公司在产品研发、技术创新上日臻至善，不断取得新成就，以精湛的装备技术、勇于负责的精神、专注服务的态度，缔造出了一个又一个行业精品。

四、近年来企业承担国家、省、市级科技项目

2017 年完成首台（套）重大新产品“两辊四机架连轧机组”的研发；

2015 年完成首台（套）重大新产品“具有管端削尖能力的热斜轧无缝钢管机组”的研发；

2013 年“无缝钢管连轧机智能控制系统开发”被列为太原市中科院科技合作专项项目（编号：130105）；

2013 年“焊管无缝化成套机组装备及关键技术研究”被列为山西省中小企业发展专项资金中小微企业及服务业发展项目；

2012 年“惰性连轧轧管机的研发和制造”项目被国家科技部列为科技型中小企业技术创新基金项目（立项代码：12C26211400909）；

2011 年“无缝钢管斜连轧工艺与设备研制”项目被太原市列为企业自主创新能力提升计划项目（编号：110224）；

2011 年“无缝钢管斜连轧技术的应用推广”项目被列为太原市重点科技成果转化专项（编号：2011JD161）。

企业诚信是一种信守承诺的社会责任，是企业自我创造、建立、形成的强大的无形资产，能给企业带来巨大的市场回报。

近年来，公司在张国庆的带领下在坚持持续创新的基础上，始终以诚信作为企业的发展的基石，坚持自己的“诚信三观”：用户至上，质量第一；用户永远是对的 ；企业标准永远高于用户要求。

2014 年，公司被认定为“诚信企业”，2015 年企业董事长被评为晋商十大诚信人物。

磬泓人有一股韧劲儿，一种执拗，意在韬光养晦、积蓄力量；伺机而动，激情和活力让磬泓人在变幻莫测的竞争中始终力争上游，这种精神已经深入到磬泓机电每个人的血液中，以精湛的装备技术、勇于负责的精神、专注服务的态度，缔造出了一个又一个行业精品，在“知”本创造资本，“智”造成就制造的发展历程中奠定了同行业的领先地位，铸就了熠熠生辉的“磬泓品牌”，用心智诠释着“磬鸣信德，泓泽宽厚”的文化精髓。

五、立足新起点、开创新纪元

载誉而行，天高任飞；创新奋进，永无止休。在“人才与项目有机结合，项目研究与成果转化有机结合，成果转化与推动产业发展结合”实践中，加快技术创新，提升研发能力；优化精细管理，打造标杆企业，发挥企业自身优势，倾力促推中国钢管产业的高质高效发展。

同时以国防工业（潜艇、舰船、炮管）、核电站工程、海洋工程（海水淡化、人工岛礁建设等）、海洋石油钻井平台、石油开采等重大工程为应用背景，融入国家战略，对接国家十三五重点研发计划，积极推动热轧钛合金无缝管产业园区建设，投资建设叁条热轧钛合金无缝管生产线，覆盖管径：ϕ60～620mm；实现年产热轧钛合金无缝管 2 万吨、不锈钢、锆、铪、铌、镍等高附加值管 8 万吨，实现企业的产业转型、打破国外发达国家对高端钛合金无缝管及锆、铪、铌、镍等高附加值管的行业垄断，取代进口，满足我国国防工业、海洋工程、核电工程、航空航天工业、海洋石油开采等国家重点行业的巨大需求。

图 1　锥形辊穿孔机

图 2　三辊轧管机

誓言不变，志如磐石；回眸过去，硕果累累；展望未来，前景无限。肩负“为中国钢管装备引领世界而努力，使中国钢管企业成为世界经济栋梁”的使命，自强不息、追求卓越的“磬泓”人一直在前行的路上。

图 3　小锥角锥形辊穿孔机

图 4　带有管端削尖功能的 A-R 轧机

图 5　双芯棒三辊 ASSEL 轧机

图 6　24 架张减机

图 7　新一代高附加值管材加工工艺研讨会

图 8　锆铪铌镍钛高附加值管材加工签约仪式

第十三章　难忘的回忆

我所亲历的中国油井管国产化

李鹤林

20世纪50~70年代，我国石油工业使用的油套管，主要依赖从国外进口，国产所占比例不到5%，主要生产企业是鞍钢、包钢和成都无缝钢管厂。受国家整体工业实力所限，当时这几个厂家的装备条件和生产技术十分落后。国产油套管产量低、品种少、质量差，远远满足不了我国石油工业发展的需求。与之形成鲜明对比的是，国外油套管企业，如日本新日铁、住友金属、日本钢管、川崎制铁、西德曼内斯曼、美国美钢联、法国瓦卢瑞克、意大利达尔明等，清一色都是国际一流大钢厂，他们生产油套管均是从炼铁、炼钢、轧管开始，直至最后螺纹加工，采用全产业链的生产工艺和设备。

如何加快提高我国油套管制造的整体水平，是摆在冶金和石油两大行业面前十分紧迫的问题。

一、真知灼见

套管、油管及钻柱构件（钻杆、钻铤、方钻杆等），统称油井管。我国油井管的消耗量，按钻井进尺计算，大体每钻进一米，需要油井管62kg，其中套管48kg、油管10kg、钻杆3kg、钻铤0.5kg。油套管需求量占油井管总量的93%。

油套管在石油工业中的重要地位，不仅表现在用量大、花钱多，更重要的是，油套管的质量、性能和石油工业关系重大。油套管工况条件恶劣，油管柱和套管柱通常要承受几百甚至上千个大气压，几百吨的载荷以及严酷的腐蚀。油套管的寿命影响油井寿命，油井寿命又决定油田的寿命。油套管的安全性和使用寿命，直接影响着石油工业的发展。

20世纪70年代，我国拟引进日本新日铁的技术和设备，在上海宝山建设国际一流水平的大型钢铁联合企业。我敏锐地认识到，这是油井管国产化的一次良好机遇。于是，在冶金部召开的几次会议上，竭力建议宝钢一期工程一定要有无缝钢管生产线及油井管螺纹加工生产线。

1983年3月1日至9日，国家科委和冶金部在上海召开全国低合金钢与合金钢工作会议，时任国务院副总理方毅主持会议。会议代表参观了建设中的宝钢并进行了讨论。作为石油行业代表，我不想失去

图1　上海宝钢ϕ140mm连轧管生产线

这难得的机会，在会上作了发言，题为“国产油井管存在的问题及逐步实现国产化的建议”。对宝钢无缝钢管生产线的建设感到很振奋，并指出：我国油井管的巨大缺口和品种、质量方面存在的严重问题，仅靠宝钢的一条现代化无缝钢管生产线是不够的，建议引进国外先进技术和装备，再建设一座世界一流水平、覆盖油井管全部规格的全产业链的无缝钢管油套管厂。

1989 年，宝钢 ϕ140mm 无缝钢管生产线投产 4 年，将我国油井管产量增加到了 9. 45 万吨。油井管国产化率虽有所提高，但也仅为 10%，而那时天津钢管公司刚刚开始建设。我国油套管的生产仍处于起步阶段，难以满足石油工业的需求。

图 2　天津钢管油套管热处理生产线

在 1989 年 6 月召开的全国第四次低合金钢与合金钢工作会上，我又一次代表中国石油物资公司和管材中心，做了题为“关于开展石油管材联合科技攻关的建议”的大会发言，指出：

我国无缝钢管生产技术落后，油井管发展相当缓慢。钻杆在 50 年代即开始试制，30 多年过去了，现在仍然是 100%进口。油、套管的进口率也高达 90%。鞍钢无缝管厂迄今只能生产低钢级平式油管，成都无缝管厂和包钢无缝管厂只能生产低钢级套管。根据 1987—1988 年对进口与国产油套管质量复验结果，日本进口管不合格率 3%，而国产管材 30%不合格。

国产石油管材自给率低的原因是多方面的，最主要的是产品质量差，并对油井管质量问题存在一些模糊认识，浮浅地认为油井管不过就是一种普通无缝钢管而已，以致出现的质量问题得不到重视，一直不能根本解决。

我国进口油井管所需外汇已达出口原油换汇的 30%，今后还将增长。因此，下功夫提高国产管材质量，逐步取代进口，已成为当务之急。

这是我站在国家层面上，在油井管国产化方面第四次提出的重要建议。

我的大声疾呼，引起了相关方面的重视。1990 年 11 月 28 日，中国工业经济协会第 142 期《工业经济内参》发表了采访我撰写的《石油管材依赖进口的状况亟待解决》一文。文章的开头写道：

据中国石油天然气总公司管材研究中心副主任李鹤林和中国石油设备协会程子棠同志反映，我国在石油用钢的总量中，管材占 60%以上，但石油管材迄今主要依靠进口。油井管的进口量占需求量的 90%以上，每年需花费外汇几亿美元。

随着石油工业的发展，我国对石油管材的需求量与日俱增。近年来，全国陆上石油每年约需油井管 80 万吨，油气输送管 20 万吨，海洋石油也需要相当多的管材。

油井管的化学成分、冶金质量、力学性能、残余应力以及外径、内径、壁厚、圆度、直度、螺纹参数等，都有很严格的要求。特别是随着高压喷射钻井、定向钻井、丛式钻井、热采井技术的推广应用，油井管的技术要求将愈来愈高。但我国油井管生产技术落后，产品质量未过关，这是我国油井管自给率低的主要原因。有关方面应立即采取有效措施，系统地、扎扎实实地对石油管材进行科技攻关，尽快满足需要。

内参的最后是我和其他专家的三条建议：

石油管材的科技攻关，应是生产和使用两方面的联合攻关。

在攻关内容上应循序渐进。“八五”期间应首先在已投产的低钢级管材上下功夫，然后再扩大品种、规格和数量，并逐步试制高钢级的管材。在质量上应与进口产品同等要求。除按API标准检验外，还要用中国石油物资公司向国外订货的补充技术条件进行检验和评价。

在攻关组织形式上，建议由冶金部和石油天然气总公司组织其下属单位，并邀请中科院金属所组成联合攻关机构。

这份内参引起了有关决策部门的重视。次年，国家批准由冶金部和中石油联合承担国家重点企业开发项目：高质量油井管开发。这是我国高质量油井管发展史上的重要节点。

1991年7月2日，冶金部和中石油组织论证会，正式启动了这个项目。项目承担单位为成都无缝钢管厂、宝钢无缝钢管厂、鞍钢无缝钢管厂等三个油井管生产企业和冶金部钢铁研究总院，组长单位是成都无缝钢管厂。我为项目的专家组成员。该项目的两大开发目标是：达到年产高质量油井管15万吨的实际生产能力；批量开发一定数量的高强度、高抗射孔开裂性能、高抗挤毁和抗硫化氢腐蚀等高性能的油套管，供油田试用。项目完成期限为1995年12月底，总投资1720万元。

冶金部副部长殷瑞钰和中石油副总经理李天相出席了启动会。李天相在讲话中特别指出，本项目的承担单位没有列入石油管材研究中心，是因为挂靠该中心的石油管材质量监督检验中心是一个必须保持第三方公正地位的机构，是本项目的“裁判员”，不允许既当“运动员”又当“裁判员”。

会上，李天相还对我说：“你们担负的任务十分繁重，包括技术监督、失效分析，还有油井管工程应用方面的科研工作，你们的工作关系本项目的成败！”殷部长建议我多去钢厂走一走，指导几个钢管厂的油井管开发工作。

各自为政、小打小闹的技术开发，终于成为国家统一组织下的联合攻关。至此，冶金和石油两大系统摒弃前嫌，形成了合力，事情就好办多了。作为本项目专家组成员和管材中心主任，我按照李天相和殷瑞钰两位领导的要求，扎扎实实做了大量的工作。

二、五项贡献

“高质量油井管开发”项目立项后，我国油井管国产化迅速在全国开展起来。在我的具体策划和带领下，石油管材研究所（以下简称管材所）扮演了重要的角色，为我国油井管国产化工作做出了突出的贡献：

（1）编制订货补充技术条件或采购标准。受中石油物资装备总公司的委托，我组织制订了《油套管补充订货技术条件》《高频电阻焊套管订货技术条件》等多项行业标准。在编制采购标准和订货补充技术条件的会议上，我再一次强调：“API油井管标准是对油井管最基本的要求，并非最高标准”，“API标准、用户补充技术条件和生产厂的内控标准三者结合起来，才能有效保障油井管质量”。

根据各生产厂油套管的状况和不同油田对其使用性能的特殊要求，除石油物资装备总公司颁布的油套管订货技术条件外，还组织为油田用户编写了专门的订货补充技术条件，如《辽河油田用OD273mm H40、J55 ERW表层套管订货补充技术条件》《长庆油田用ERW表层套管订货补充技术条件》《塔里木油田用P110高抗挤套管订货技术条件》等，对保障油套管质量及油田安全生产起到了重要作用。

（2）与冶金系统的老专家不约而同提出了API油套管生产必备条件。包括：①采用先进的转炉复合冶炼、超高功率电炉冶炼及炉外精炼技术，保证油井管钢的成分均匀度和纯净度，控制钢中硫和磷含量、五大有害元素含量及氧、氮、氢气体含量，夹杂物含量及形态。②推广弧形连铸圆管坯的工艺装备及技术，采用连铸圆管坯直接生产油井管，降低成本，提高成材率。③采用先进的MPM、Accu-Roll等长芯棒轧管机组，保证油井管优良的表面质量和尺寸精度。④采用多层次完善的在线和线外检测系统，如钢管内在和表面缺陷的在线检测系统、温度测控系统及电机功率、轧制压力等测量装置。⑤采用先进的管加工装备和工艺，保证螺纹加工精度，确保油井管的连接强度和密封性。⑥采用温矫工艺和先进的表面处理工艺。

（3）开展油套管驻厂监造。根据加快油井管国产化的安排，按照国际惯例并结合我国生产企业特点，提出了《油套管驻厂质量监督办法》和《油套管驻厂质量监督实施细则》。主要为两个方面：厂家委托的油井管生产过程中质检把关和质量评价；用户委托的订购产品监造和质量抽检。发现问题均在生产现场处理，以保障发往油田用户的产品满足订货的技术条件要求。

（4）开展对生产厂的技术咨询服务。针对各钢管厂在设备安装调试、试生产或正常生产中出现的问题，我深入调研，提出具体解决方案。例如，针对天管和宝钢油套管螺纹加工中的问题，提出了12条建议，解决了其内外螺纹端起始扣和倒角毛刺等问题；向宝鸡石油钢管厂等提出了控制圆螺纹加工公差合理范围的建议，从而提高了油套管抗粘扣性能、密封性能和螺纹连接强度。

（5）开展油套管应用基础研究，协助生产厂开发新产品。在多个科研项目中最具代表性的一项是“油层套管射孔开裂及其预防措施的试验研究”，主要完成人员为张毅、宋治、李鹤林、吉玲康等。

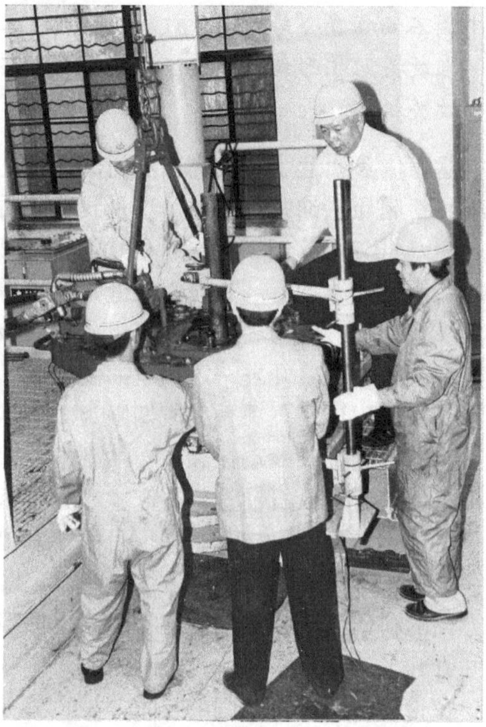

图3　国家石油管材质检中心对国产特殊螺纹接头油套管进行上卸扣试验

通过对60根套管近8000个试样的实验研究，在金属动态断裂理论的基础上，系统研究了油层套管射孔开裂倾向与套管材质力学性能之间的关系，建立了油层套管安全韧性判据。经大庆现场实弹射孔，可靠度达到90%。该项成果经鉴定属国内外首创，达国际先进水平。它的推广应用，解决了油层套管射孔开裂难题和薄油层开采因套管、水泥环开裂引起的井下油、气、水窜槽问题。该项目1996年获中石油科技进步一等奖，1998年获国家科技进步二等奖。

除此之外，我的代表性的科研项目还有：“套管螺纹滑脱原因及影响因素的研究”（中石油技术创新二等奖）、“非调质N80套管脆性断裂失效分析及反馈”（陕西省科技进步三等奖）、“直焊缝套管的开发研究及其推广应用”（陕西省科技进步三等奖）、“特殊螺纹连接的油、套管评价与推广应用”（中石油科技进步二等奖）、“深井、超深井油/套管选择与管柱设计因素研究”（中石油技术创新二等奖）、“油套管CO_2腐蚀机理及防护措施研究”（中石油技术创新二等奖）。

图4　在国家石油管材质检中心调研国产高抗挤套管挤毁检测情况

同时，协助宝钢开发了C90油管，协助天津钢管公司开发了TP-110TT高抗挤套管等。

这些科研工作及成果，具有显著的经济和社会效益，推动了我国的油井管国产化进程。

三、“阿管”事件

油套管大规模国产化进程中，失效分析及反馈发挥了重要作用。

Siderca，阿根廷著名油套管生产企业，Tenaris集团的骨干企业之一。Tenaris是目前全世界最大的油井管产业集团，拥有10家钢厂，其中包括Siderca、Dalmin、TAMSA三个骨干企业，而后这3家欧美著名无缝钢管生产企业又组成战略联盟，简称 DST。

20 世纪 80 年代，该集团 Siderca 公司向我国提供的大批套管连续出现严重的质量问题，被称为“阿管”事件。事故的分析判定和提出的改进意见，均由我和我的团队做出。

1987 年 6 月，华北油田发现从 Siderca 进口的 N80 和 P110 套管，普遍存在严重缺陷。张国正、李京川取样进行金相检验，我亲自主持了分析研究，发现这些缺陷均属大型非金属夹杂物或夹杂物导致的裂纹，按 ASTM E45 评定，夹杂物大都达到 5 级或更粗大，属严重超标。经电子探针分析，属外来夹杂物，系浇注过程卷渣所致。

我向阿方交涉并反馈了失效分析结论，阿方以此为据，对冶炼浇注系统进行了技术改造，用大功率偏心底注式电弧炉取代了常规的倾斜浇注电弧炉，炼钢原料采用海绵铁取代大部分废钢。自此，该集团生产的油套管再未发生此问题。

同一时期，该公司耗费几亿美元，建成了一条当时世界最先进的限动芯棒连续轧管生产线，产出的第一批 N80 套管发往中国。然而 1988 年前后，多批次 N80 套管在运输、存储过程中发生管体和接箍破损，其中有断裂，有碰伤孔洞，还有端部裂纹及接箍开裂等等。消息传来，我非常震惊，高端进口产品出现这样的低级破损事故，难以置信。

事故的调查和艰难的谈判重任，又一次落到管材中心肩上。我对此极为重视，并做了周密部署，安排安丙尧、吉玲康、李京川、马秋荣等同志冒着严寒奔赴新疆、大港、华北、中原、胜利等油田，在油田供应处和商检所的支持和配合下，从 25 个订货合同中抽取了 136 根套管，运用了十几种分析研究方法，发现上述破损形式均属脆性开裂，原因是套管和接箍材料韧性太低，而魏氏组织、上贝氏体和枣核状马氏体的存在是韧性低劣的根本原因。这些不良组织的产生是由于成分设计欠妥及工艺控制失误导致。该批管坯始轧温度约为 1200~1300℃，终轧温度高于 1000℃。由于冷床设计太小，进入再加热炉前钢管冷却时间太短，温度过高（约 1000℃），高于相变温度 A_{C1}，致使经再加热炉加热后未起到重结晶作用。这些虽然是金属学的基本常识，但在轧钢技术人员那里往往会被忽视。

谈判开始时，阿方代表当然不会轻易认输，即使面对着大量难以辩驳的数据，也试图寻找各种借口和理由，不断地进行争辩。我作为中方首席代表，很难说是一名机敏的谈判家，但肯定是一位严谨的科学工作者，看到阿方在科学和事实面前依然狡辩抵赖，我有些恼怒了。指着一堆分析报告和证据，我毫不客气地反驳：“管子是钢做的，不是玻璃做的，一摔就碎了！”理亏的阿方代表降低了声调。我乘胜追击，再一次地列举了确凿的证据，进行了无懈可击的分析，阿方代表终于不争辩了，反过来诚恳地询问改进方案。

对此，我提出了改进措施：（1）调整化学成分，降低碳含量，改 Mn-Mo 系为 Mn-V 系钢；（2）增加冷床，使进入再加热炉前的半成品钢管的温度低于 600℃。Siderca 采用上述措施后，晶粒度由 3~4 号细化到 9~10 号，夏比冲击功提高 4 倍，根除了脆断事故。

特别需要强调的是，这条限动芯棒连续轧管生产线是 Siderca 投巨资刚刚建成的，在当时是全世界最先进、最豪华的。第一批产品出口到中国即被发现严重质量问题，我及时而准确的分析结果使 Siderca 得以迅速纠正，既缩小了不良影响，又避免了很可能发生的巨大经济损失。Siderca 通过各种方式对中方表示了衷心的感谢。

当时的 API SPEC 5CT 版本，对韧性并无规定，这批 N80 套管的化学成分和力学性能是符合 API 标准规定的。由于检验及时，全部套管均未下井使用，未造成重大经济损失。Siderca 公司为表示对我方的感谢，除同意对部分炉批做退货处理外，还主动支付我方 100 万美元。

1990 年 7 月，我应邀率团赴阿根廷布宜诺斯艾利斯访问 Siderca 公司总部。年近七旬的公司董事长 Roca 博士，专程从意大利飞往阿根廷接待我们。宴会是在一家五星级酒店举行的，红地毯一直铺到二楼的宴会厅。Roca 博士是钢铁专家，曾在美国几所大学出任过冶金工程教授。他对我再三表示感谢，对失效分析成果给予了高度评价。此后，该公司高层经常赴中国访问石油管材中心，我也三次回访 Siderca 及后来的 Tenaris 所属 DST 公司。

2000 年 5 月，DST 专程派人送给我一块表示感谢的牌匾，大致意思是：

表彰中国石油管材研究所所长李鹤林先生：对于他渊博的知识以及他专心致力于石油工业用高性能管材的提高与发展做出的杰出贡献。DST 希望用这种方式来特别感谢他的热情帮助与友谊。

图 5　Roca 董事长在 Siderca 总部热情接待

这块牌匾，此后一直摆在我办公室的醒目地位。在我的眼里，这是管材所与国外著名公司交往的信物，也是友谊与真诚的见证，更是对自己的鞭策与激励。

对 Siderca 套管非金属夹杂物严重超标与套管严重破断事故的失效分析，与 Siderca 乃至 Tenaris 集团不打不成交，消息传到了正在建设的天津钢管公司。1991 年 3 月，天津钢管建设工程指挥部派专人到宝鸡，邀请我、李平全、安丙尧等前往进行技术交流。我们在天津停留 5 天，详细介绍了“阿管”事件，阐释了事故原因和采取的措施。天津钢管公司照此立即部署进行了整改。

图 6　DST 赠给李鹤林表示感谢的铜牌

四、“三分天下”

宝钢 1985 年投产后，按照 API 标准生产油井管，批量供应油田，从而改变了大量进口的局面。管材所与宝钢建立了密切关系，我每年都要带队进行技术交流。

1998年年初，我带领副所长路明旭一行又一次来到了宝钢。这次，我带来了一个油井管“三分天下”的新观点。

依据对国外油套管的考察和分析，我把油套管划分为API标准、非API标准和特殊螺纹接头油套管。指出，宝钢按API标准生产油井管，虽然做得很好，但仅是三占其一，在品种、质量和满足市场等方面，与国外发展迅猛的高端油井管相比，还有不少差距。非API标准油套管和特殊螺纹油套管，其要求远高于API标准……

何为“非API油井管”？我指出：

API油井管，是严格按照API标准生产和检验的一类产品，其特点是技术成熟、通用性强。非API油井管，是指不按照或不完全按照API标准生产、检验的一类油井管。是生产厂根据用户需求，或为了满足某些特殊使用性能而开发的个性化产品，属于各生产厂家的专利产品。

非API油井管产生于20世纪80年代初。近20年来，随着油井管服役条件的变化，非API油井管逐渐发展，其品种已达200种左右，产量约占全部油井管的30%左右。

非API油井管有三类：即非API钢级系列、非API螺纹系列和非API规格系列。第一类主要和材质有关，即其力学性能（强度、韧性等）或物理、化学性能（耐蚀性等）比API油井管有更严的要求和更高的档次。第二类是不同于API螺纹的特殊螺纹系列。第三类是几何尺寸（如外径、壁厚和接箍尺寸）不同于API标准的油井管。通常所说的非API油井管主要指第一类和第二类。而且在多数情况下，非API钢级油井管同时也采用特殊螺纹接头。非API钢级油井管，实际上是高性能或具有特殊性能的油井管。

我的报告是上午做的，这也是我此行宝钢的最主要日程安排。但随后发生的事情却出乎了我的意料。谢企华，时任宝钢总经理。这位毕业于清华的杰出女性，我国特大型钢企历史上首位女掌舵人，因为掌管着这个庞大的钢铁航母而扬名国内外。当天下午，谢企华结束出访日本刚刚走下飞机，就听来接她的人说李鹤林提出了油井管“三分天下”的说法。敏锐智慧的谢企华脑子快速运转起来。急匆匆赶回集团，第一时间与我会面，让我把三分天下之说再阐释一遍。第二天又指示宝钢研究院再次召开座谈会，就国外的非API和特殊螺纹接头油套管的情况与我进行了深入交流。

五、从5%到99%

由冶金行业和石油行业的共同努力，油井管生产厂和研究院所的联合攻关，在我和我的团队的艰苦工作和巨大付出下，国家重点企业开发项目“高质量油井管开发”在短短几年时间便取得了巨大成功。油井管国产量由1991年的1.67×10^4t，猛增到1996年的43.17×10^4t，自给率也由14.48%增至52.11%；并按项目任务开发了高抗射孔开裂套管、高抗挤套管和抗硫油套管。

为了在全国推动非API油井管的开发与应用，我通过中国石油天然气集团公司（以下简称中油集团）咨询中心立项，开展多项专题研究，在业界发表研究成果及论文数十篇，奔赴各地做了30多次与油井管相关的学术报告。

1997年，我在中国金属学会成立40周年学术报告会上，代表石油行业做了特邀报告：“石油工业对石油管的技术要求与对策”，指出：

油井管不属于一般的冶金产品，而是在碳钢或低合金钢无缝管或ERW焊管的基础上，经过深加工的具有高附加值的机械产品。油井管在石油工业中的重要地位不仅表现在用量大、花钱多，更主要的是其质量对石油工业关系重大。油井管质量低劣将引发恶性事故，造成巨大经济损失，导致严重后果。冶金、石油两大系统联合攻关，虽然使石油管的国产化有了突破性的进展，由原来的不足5%上升到1996年的50%以上。但一些企业的生产技术水平，与工业发达国家相比还存在差距。突出的问题是：品种及规格不全，能批量生产供货的油管和套管钢级还较少，一些特殊用途的非API油井管国内还不能提供；产品质量波动较大，常常出现试生产产品质量优于小批量生产产品，小批量生产产品质量优于大批量生产产品的现象；质量控制不严，事故时有发生。

为进一步加速油井管国产化的步伐，我提出了技术开发和科技攻关的四个方面的对策和建议：改进国产API圆螺纹油套管螺纹连接性能；积极开发满足特殊需要的非API标准油套管，例如用于深井和超深井的高强度油套管、高抗挤套管、抗酸性环境腐蚀用油套管、兼有耐酸性环境腐蚀及高抗挤特性的套管等等，以适应“稳定东部，发展西部”的战略实施；积极开发特殊螺纹接头油套管。

2003 年 11 月，中国石油学会石油工程专业委员会年会上，我应邀做了题为“油井管发展动向及几个热点问题”的报告。我在分析油井管服役条件和失效模式的基础上，指出油井管失效的内在因素可大致归结为钢级和螺纹连接两个问题，评述了其发展动向。指出，国际上对油井管与管柱研究热点是：高钢级油井管的强韧性匹配，以及膨胀管技术、连续管技术和耐蚀油井管的发展等。

2007 年度的中国金属学会钢管学术委员会年会上，我做了“油井管发展动向及高性能油井管国产化”特邀报告，引用了大量数据，表明我国油井管产业发展迅速，已成为世界最大的生产基地；但在油井管高端产品技术领域，与发达国家还存在明显差距，一些特殊品种，仍部分依赖进口。我呼吁国内油井管生产厂家，要调整结构，提高档次，加强高性能油井管国产化进程，变油井管生产大国为油井管生产强国，是我国油井管行业紧迫艰巨的使命。

2008 年 11 月 20 日，中油集团在西安召开了非 API 油井管工程国际研讨会，我做了“高性能油井管的需求与发展”的特邀报告。报告在全面分析油井管服役条件变化及国内外高性能油井管的产生和发展的基础上，结合我国油气勘探开发对油井管的需求，提出了高性能油井管研究开发工作的建议，包括应用基础研究的主要课题及新产品开发的方向等。

2009 年 5 月 22 日，中国钢管协会在无锡举办了钢管市场分析论坛。我应邀出席会议并做了“油井管供需形势与对策”报告。报告论述了国外油井管发展概况和我国油井管产能及现状，认为国内油井管市场严重供大于求，而国际市场容量有限，而且我国在油井管出口贸易方面存在一些深层次问题。对此提出了应对措施的建议，包括调整产品结构，加强行业自律和行业协调，加强企业兼并重组步伐，提高产业集中度。

在当年《焊管》杂志第 4、5 期，我撰稿再次阐述自己的观点和主张。作为院士，我的分析和对产业布局调整的建议是有分量和作用的。这些观点论述，反映了我当时对油井管国产态势急切的心情及焦虑。

一分耕耘，一分收获，一份奉献，一份喜悦。我和我的团队，把春华秋实、硕果累累当作过去，继续前行，辛勤地开拓着科研新的天地。利用自己在学术界和行业的地位和影响，利用石油管工程技术研究院创造的成果，以国家利益、石油开发为己任，在推动油井管国产化的进程中奉献了一个科技专家的赤子之心。

“功到自然成”。从 20 世纪 80 年代初算起，对于油井管的攻关、研究和大力推进，我率领团队经历了 30 多年的努力，终于得到了回报。

2014 年，在回顾中国油井管从弱变强的进程，感叹中更多的是欣然，我再次撰写了“我国油井管产业的现状与发展”。在这篇文章中，我写道：

> 目前，我国油套管生产企业有三种类型。第一类企业是具有从炼钢、制管到管加工全产业链的企业，如宝钢、天管、衡钢、包钢、鞍钢等，产能约 500 万吨，占总产能的 50%；第二类企业是拥有制管（无缝钢管或 ERW 焊管）和管加工的企业，如宝鸡钢管、渤海装备、孚瑞特等；第三类企业是仅进行油井管螺纹加工的企业。我国油井管生产能力已达 1000 万吨，成为钢管生产大国和世界油井管生产供应基地。天管、宝钢的油套管产品，除覆盖 API SPEC 5CT 外，已形成了完整的非 API 钢级油套管系列。我国非 API 钢级油套管，已能满足国内油气田苛刻工况的需求。宝钢、天管、衡钢、常宝等公司，能够设计和生产特殊螺纹接头油套管，我国特殊螺纹接头的品种，基本能够满足需求。

这些足以说明，我国已开始跨入了油井管研发和生产强国的行列。

“三分天下”的论断，指明了高性能油套管产品的开发方向，也带来高性能油套管产品开发的高潮，非 API 标准油套管和特殊螺纹油套管等高端产品的开发在我国得到了迅猛发展。其中天津钢管公司和宝钢率先形成了本公司完整的高性能非 API 钢级系列油套管和特殊螺纹系列油套管，西姆莱斯、衡钢、攀成钢、常宝等厂家随后也都开发了相应的产品。

2012 年，宝钢和天管非 API 油套管产量均占工厂当年油套管总量的 30%左右。宝钢、天管代表性的非 API 油套管钢级系列包括：用于深井、超深井的超高强度套管；用于寒冷地区油气田的低温高韧性油套管；高抗挤和超高抗挤套管；抗 H_2S 应力腐蚀油套管；兼顾抗硫与高抗挤性能的套管；耐 CO_2 腐蚀的

图7　2009年，中国石化对上海宝钢开发的高镍耐蚀合金油管进行技术鉴定和论证评审，标志着最高端的非API油套管实现了国产化

油套管；耐CO_2+低H_2S腐蚀油套管；耐CO_2+Cl^-腐蚀油套管；耐H_2S+CO_2+Cl^-腐蚀油套管；稠油热采用油套管等。其中，用于深井、超深井的超高强度套管，天管的最高钢级为TP165N，宝钢的最高钢级为BG165；抗H_2S应力腐蚀油套管，天管、宝钢均能稳定生产110SS钢级，并且开发了120SS油套管；耐CO_2腐蚀油套管，除13Cr、超级13Cr系列外，天管、宝钢都开发了适用于CO_2腐蚀较轻微环境的经济型低Cr钢油套管。如天管的3Cr、5Cr，宝钢的1Cr、3Cr等；面对H_2S、CO_2、Cl^-共存的恶劣环境，宝钢和天管都开发了镍基与铁镍基耐蚀合金油套管，取代了进口。

在特殊螺纹接头油套管方面，天管开发形成了TP-CQ等12种型式，2012年的年产量32.65万吨；宝钢开发了11种型式，2012年的年产量5万吨。2012年我国特殊螺纹接头油套管产量为56万吨，占油套管总产量的19%。

从早期不足5%到如今的99%，从基本进口到大批出口，从每年多花几十亿外购资金到节约几十亿，我国油井管生产由极其弱小迅速发展到如此强大，不论冶金行业还是石油行业职工，都有一股强烈“挺起民族脊梁”的爱国情怀。这种情怀，形成了巨大的精神力量和物质力量。巨大的变化和成就中，也处处凝结着我和石油管材人的强烈心愿与奉献。

注：本文改编自校忠仁编写的《李鹤林传》(人民出版社、科学出版社2017年出版) 第十章的内容。

壮丽 70 年的记忆
——记我国油井管、电站锅炉管国产化的发展历程

中国国际工程咨询公司　杨秀琴

新中国诞生 70 年的历程见证了我们伟大祖国的奋斗足迹，也见证了我国钢铁工业的飞速发展。70 年过去了，艰辛的历程坚定了我为钢管事业奉献青春奉献一生的志向。70 年间，我国钢管行业发生了翻天覆地的变化。在祖国 70 周年生日之际，借回顾近 70 年来我国钢管行业的巨变，来表达我对钢管事业的热爱和寄托。

记得 1964 年时，我国钢管产量仅有 44.6 万吨，其中无缝管占 51.1% 即无缝管的产量仅为 22.8 万吨，油井管自鞍钢 1954 年生产出第一批油管后，直到 1987 年我国油井管产量仅有 4.25 万吨。20 世纪 90 年代中期，我国生产油井管的数量、品种和质量都还远远满足不了石油工业发展的需要。1949—1994 年，45 年间我国共消耗油井管 1270 万吨，其中进口 1150 万吨，国产仅 120 万吨。1980 年我国政府开始抓油井管的国产化，经过近 40 年的艰苦奋战，才换来了自给率从只有 5%到今天自给率达 99%，中国已成为世界油井管的生产基地。

“十五”期间，尤其加入 WTO 后，由于受到国民经济高速发展的驱动，我国钢管工业，加大了技术改造和技术进步的力度，极大地提升了技术装备水平，尤其是无缝钢管行业的技术装备，几乎囊括了当今世界所有类型的轧管机组，装备先进、机型齐全、规格从大到小。例如有 ϕ80～508mm 阿塞尔三辊轧管机组、ϕ90～340mm 精密轧管机组、ϕ76～508mm 三辊连轧管机组、ϕ318～720mm 周期轧管机组、3150～6300t 级卧式挤压机组，以及我国自行设计制造的 3.6 万、5.0 万、6.8 万吨级立式挤压机组等。我国一跃成为世界钢管大国和钢管净出口国。我国钢管工业强劲的发展势头，引起国际钢管业界的高度关注。

回首往事，我很荣幸也很自豪，因为我有幸见证并参与了国内很多大型钢管厂的设计审查、评估论证等工作。更有幸承担了国家组织的油井管和电站钢材国产化（主要是高压锅炉管）项目的组织和建设工作。

一、关于油井管的国产化

1980 年初，当时的国家计划委员会根据当时我国经济环境的需要，开始组织油井管的国产化工作，成立了工作组。由当时的石油部与冶金部的两位副部长挂帅，冶金部成立的专设机构为“板管办”，我非常荣幸地成为板管办的成员之一。当时，我代表冶金部参与处理钢厂与油田质量异议小组工作，质量小组共 4 人，除我外其余 3 人为石油部技术人员，我们的主要任务是处理油田与钢厂之间关于油井管方面的质量异议，并且对所发生的质量异议进行分析。根据当时分析认为国产管存在的主要问题，一是丝扣质量差；二是与国际标准不接轨、不通用。丝扣质量差主要是加工机床问题，国外用的机床精度高且是用梳刀加工，所以管子的螺纹精度高、光洁度好；而国产管的加工机床是苏联老式机床，螺纹是板牙加工，光洁度差、精度低，油田井队下国产套管时经常出故障，所以当时油田很不愿用国产管。根据我们的工作报告和建议，冶金部批准对鞍钢、包钢和成都无缝钢管厂进行技术改造，当时被称为“三管改造”工程。主要改造内容，其一是引进法国螺纹加工机床；其二是油井管的检测技术装备由执行苏联的 ГОСТ 标准体系改造为执行世界通用的美国 API 标准体系。螺纹与标准问题解决后，又出现管体几何尺寸精度差以及钢质性能不稳定等问题，为了解决上述问题，国家又批准建设宝钢无缝钢管与天津钢管厂，采用连轧管机组，并且从炼钢甚至从炼铁开始进行质量一贯制管理，用以保证油井管的质量和品种。上述一系列的改造，时间紧、项目繁杂，我们只有连续苦战才能完成。有一次我从几个油田处理质量异议回来上班时，我的领导居然问我“你找谁”？因我晒得那么黑，又很疲劳的样子，他认不出我了。为执行 API 标准，各厂不仅要进口 API 量规，还要更新或引进具有国际先进水平的各种物理、化学等检测装备。并且有大量工作需要沟通和协调，特别是牵涉到很多专业部门，例如需要与油井管生产厂、石油钻井工程部门、质量监督、标准、翻译等部门的协同。时间紧、工作量大、难度大。当时我们几乎没有休息日，不

分昼夜的工作，就这样艰苦奋斗了三年，在冶金部我得了一个绰号叫“API”。但油井管仍未达到当时年产8万吨的目标。当时我发誓不要命也要油井管国产化。

随着石油工业的迅速发展，目前我国已经成为世界油井管最大的生产基地。中国从事油井管生产且取得API认证的企业接近300家。进入21世纪以来，国产油井管产品已经覆盖了API 5CT的全部钢级和规格。天津钢管、宝钢、华菱衡阳、攀成钢和西姆莱斯等企业还建立了本企业的非API产品系列和特殊扣（螺纹接头）系列，并且批量生产了非API系列和特殊螺纹接头油套管。

1985年我被调到国家计划委员会，先后在重三局、重点建设司、宝钢办等部门工作，有了服务于钢管事业的机遇。具体参与了宝钢无缝、天津钢管、成都无缝、包钢无缝、衡阳钢管、鞍钢无缝等厂项目建设的论证、考察、实施、验收等工作，以及后来的民企西姆莱斯、安徽天大、常宝、中兴能源、宝鸡等厂项目的论证、顾问等工作。现在回忆起来仍感很自豪，当时我虽然很年轻，但宝钢 ϕ140mm 钢管投产时我竟担当了上岗工人的考核员。几十年过去了，我的工作单位虽然有很多变化，但从未离开过钢铁事业，每一份工作都为我提供了为钢管事业服务的机会。正如我的领导形容我是钻进管子出不来的人。有些事至今仍记忆犹新：

（1）关于中国油井管“地区规”的设置问题。根据API标准规定，检测油井管螺纹的螺纹规的计量传递程序是由美国国家标准局设置的基准规——校对世界各地区的“地区规”——“地区规”校对生产单位的校对规——校对规校对生产中使用的工作规。如若不设“地区规”，我们每年将有大量螺纹规需拿到国外计量检验，时间长、外汇花费大。当时石油部首先购买了“地区规”，如果设在石油部门，产生质量异议时对钢厂可能不利。当时我直接向API协会咨询，并提交了中国计量科学研究院符合API要求条件的书面说明，即该院是具有世界第三强实力的计量科学研究院，既不是生产方也不属用户方，并且具有认证权。当时API协会就确认了计量院“地区规”的权限，同时登录在API标准册上，并且撤销了原石油部“地区规”的权限。目前我们的“地区规”不仅校对我国的校对规也校对亚洲其他地区的规。

（2）关于宝钢规划。2000年宝钢委托我公司编制发展规划，我参与编制，我们根据宝钢生产带钢和中厚板的情况，建议增加焊管篇，提出建设UOE和HFW焊管机组，并且指出宝钢不仅有优质原料、运输方便、接近用户等优势，而且经济实力雄厚，能够抵御产品市场波动的风险。因此，2003年宝钢接受建议开始建设HFW机组与UOE大型直缝焊管生产线。关于UOE机组，当时宝钢认为缺乏经验，就联合日本住友合作建设，在选择O成型机能力时，住友坚持选择小于或等于他们现有的机型，这样我们只能生产12m长的大焊管，仅可供国内使用，因为国际上一般要18.3m长，但生产这么长的大口径焊管，O成型机压力要达720MN，要多投资3亿元左右，宝钢领导有些犹豫，经我们说服，宝钢最终坚持上了大压机，当时日本住友立即退出合作，我对宝钢说，退出更好，我们一定有能力搞好。现在宝钢已经成为了国内唯一的，世界上领先的能够生产12.5~18.3m长度范围的直缝埋弧焊管厂家。国际上许多重大天然气管线多购买宝钢UOE管。

（3）关于我国连轧管机的芯棒国产化问题。芯棒是连轧管机组生产流程中不可缺少的重要生产工具之一。芯棒对于轧机的生产效率、轧制荒管的长度、规格范围以及产品的质量影响很大，所以对芯棒的要求十分严格。当时我国大部分钢管厂采用进口芯棒。根据生产能力计算，每年约消耗新芯棒14500t左右，其中大规格限动芯棒主要依靠进口。根据了解我国主要从法国、意大利、德国进口，因为芯棒属生产消耗工具，对生产、成本影响较大，各厂都在研制。我当时有机会赴法、意、德三国芯棒生产厂考察，看到工艺并不复杂，回国后向国内各生产厂介绍并写文章宣传，当了解到我国中原特钢采用锻造与连续热处理以及镀铬工艺生产中、大规格芯棒，我立即赴中原特钢，为他们咨询和编制规划，确立了长期生产芯棒产品的重要和必要性。目前我国芯棒基本国产。

从世界限动芯棒产品市场看，每年需求量约在20000t左右。中原特钢目前已是我国最大的芯棒生产厂。不仅提供国内，也提供国外，据了解如美国、日本、意大利、阿根廷等国的多家公司向中原提出询价，寻求合作，当时年需求量约3000t左右。因此该产品国内、外均有一定的市场前景。

二、高压锅炉管的国产化

20世纪50年代到60年代初期，我国的火电机组多为5~12MW低、中压小容量机组，蒸汽压力为3.8MPa，温度不超过450℃，所使用的管材仅为普通10号钢和20号钢；过热器、再热器高温段使用少量低合金钢，但这阶段所用高压锅炉管全部从苏联进口。

70 年代中期，我国引进了原西德 DIN17175 标准中的热强钢钢管，并广泛地使用在火电锅炉制造和电站建设中。这些钢也进入我国火电机组的用钢系列，这阶段所用高压锅炉管基本上是德国系列由德国进口。其间我国研制的耐 650℃高温的 G106(10Cr5MoWVTiB) 已开始试制并获得初步成功。

80 年代初我国引进了美国 GE 公司 300MW 和 600MW 亚临界火电机组的设计、制造技术。美国 ASME、ASTM 标准的耐热钢进入我国，并相继在成都无缝钢管厂、鞍钢无缝钢管厂、上海钢管厂、上海第五钢铁厂等生产获得成功。这阶段所用高压锅炉管基本上是美国火电机组用钢系列，其低温段用碳素钢，高温段用奥氏体不锈钢。高温段用管基本靠进口。所以当时我国发电机组形成多国钢种、多国机型，专家戏言是“八国联军”没有中国造。

90 年代，国家开始抓紧电站钢材国产化的工作，所以高压锅炉管获得巨大发展的机会。1989 年国务院批准原冶金部提出的“发电设备用钢国产化措施方案”，计划投资 7 亿元，实际耗资近 20 亿元。对 7 个生产发电设备用材的企业进行技术改造，其中高压锅炉管生产企业占 5 个。由国家计委牵头组织实施、并组织原冶金部、机械部、电力部、船舶总公司对其技术改造工程及改造后生产的火电用材进行技术评定和验收。当年我有幸成为国家计委牵头组织实施项目工作组的成员之一，工作组主要任务是负责督促检查并组织上述部委技术改造项目的立项、施工建设、验收投产的情况以及生产的高压锅炉管产品的质量评定工作。

5 个生产高压锅炉管的企业，其一成都无缝钢管厂（后更名为攀成钢）采用皮尔格机组主要生产大口径 P22、12Cr1MoV、P91 和小口径 T91 锅炉管；其二衡阳钢管厂采用连轧管机组并采用连铸坯主要生产 12Cr1MoV 锅炉管；其三上海钢管厂采用精密轧管机组主要生产 T91 和 G102 小口径锅炉管；其四北满特殊钢股份有限公司采用精密轧管机组主要生产 12Cr1MoV 和 G102 小口径锅炉管；其五武汉重型铸锻厂（471 厂）采用日本二手设备大顶管机组主要生产 P22、12Cr1MoV、A106B 大口径锅炉管。为了尽快实现国产化，当时我们推行并组织了也是国内第一次实现由北京钢铁研究总院（冶金部生产部门检验机构）、上海发电成套设备设计研究所（一机部锅炉用材检验机构）、西安热工研究所（电力部电站用材检验机构）以及劳动部锅炉所（安全部门检验机构）联合承担了产品的性能测试和质量的全面评价工作。规避了当时生产、用户、安全等部门的检验机构分别检验评价的做法，产品从产出到使用的确认，不但检验过程时间长、同时造成重复检验次数多、部门之间扯皮多。

经过 3 年的努力，7 项改造工程及质量评定已全部完成。届时国内已具备批量生产火电设备所需的 ϕ10～1066.8mm×1.2～200mm 规格的高压锅炉管的生产能力。核电用管和其他能源用管的开发也取得突出成绩。

目前高压锅炉管和核电站用管，已经开发的高端产品包括 T/P22、T/P91、T92、T23、Super304H；核岛用（CPR1000 机组）WB36CN1、P280GH、TU42C、TUE250，常规岛用 A335 的 P22、WB36CN1 等产品；尤其是宝钢自主研制成功的核一级材料核电蒸发器用 690 U 型管，打破了我国核电关键材料长期被进口产品垄断的局面。

在这国庆 70 周年之际，回忆当年艰苦奋斗岁月，看到现在的辉煌成果，倍感欣慰，钢管的国产化率基本实现了我们的夙愿。目前我国钢管进一步满足了石油开采、电力、航空航天、军工、化工、重型厚壁结构、机械等领域对特殊高端无缝钢管的需求。并在产品结构调整等方面也卓有成效。行业专用管比例和国产化水平不断提高，油井管、管线管的国产化率已达到 99%以上，各类锅炉用管的国产化率达到 90%以上，机械制造用管的国产化率达到 99%以上，建筑行业用管的国产化率接近 100%。据不完全统计，我国已有多条钢管生产线，走出国门遍布北美、东南亚、中东、非洲等海外市场。

但是 2014 到 2016 以来全行业的不景气、亏损等情况又使我们倍感纠结，原因何在？当然与整个钢材市场低迷、过剩有关，钢管行业在飞速发展取得了举世瞩目重大成就的同时，也累积了许多问题和矛盾，而且有些问题和矛盾十分突出，已成为严重阻碍钢管行业持续、稳定、高质量发展的瓶颈，必须加以重点解决如下问题：

（1）盲目发展、重复建设，造成产能过剩，产品质量参差不齐、无序竞争严重。不仅总量过剩，一些中高端品种产能的过剩也非常严重。如油井管，最新统计，我国油井管目前加工能力已超过 1000 万吨（包括油田的管加工能力），而表观消费仅需 300～400 万吨，就是包括出口量，产能仍过剩 500 多万吨。

尽管如此，迄今有些地区和企业仍在新建或拟建钢管机组以及管加工生产线，继续扩大生产能力，造成越来越严重的过剩市场。

（2）大部分企业只注重发展规模，过分追求企业大而全。目前虽然我国已经成为世界油井管最大的生产基地。但大多数企业仅注重一般API标准系列产品生产规模，造成中低端产品数量严重过剩。特殊高端产品仍需进口。目前中国非API油套管产品产量约是油井套产量的20%，特殊扣产品每年约是油套管产量的19%左右。真正具备生产非API油井管的企业不超过8家（重点企业仅5家），而且这些企业中所生产的非API产品品种也不够齐全。据初步预测，今后国际上非API钢级需求量可达总需求量的35%，特殊螺纹接头油井管需求量可能达到总需求量的25%左右。

（3）新产品开发跟不上市场需求，面对国内外石油专用钢管生产企业的竞争和行业的发展趋势，我国企业必须不断推进技术提升和新产品开发。

中国在国际市场上主要的竞争对手是Tenaris和Vallourec集团，他们几乎垄断了南美市场和欧洲市场，在其他地区，如北美、中东、东南亚等，高端OCTG产品市场也占优势。

又如电站锅炉用管，大部分企业生产普通和一般高端锅炉管，但用于高参数机组关键部件的新型高压锅炉管可生产的企业较少。如超（超）临界机组的关键部件是高温高压蒸汽管道、集箱、过热器、再热器和水冷壁管等，因温度及压力的提高（最高可达700℃），对关键部件的抗腐蚀、抗蠕变、抗疲劳、抗氧化、耐高温、耐高压等性能提出了严格要求。超（超）临界电站锅炉主要部件不仅使用亚临界锅炉常规选用的P91、TP304H、TP347H等材料，还大量使用高温抗蠕变性能、高温抗氧化性能更好的新型材料，如P92、P122等新型马氏体不锈钢和SUPER304H、TP347HFG、HR3C等新型奥氏体不锈钢等。

上述产品中绝大部分是合金和不锈钢高压锅炉管，目前看，T23、T/P91国内部分厂家能批量供应，基本可满足需求；T/P92级别国内需求量较大，目前能部分满足需求，约50%靠进口；Super 304H国内企业仅能小批量供货，大部分靠进口，而HR3C则几乎全部依赖进口。

（4）产品的无序竞争日趋严重，由于产能过剩，企业之间靠压低产品价格求生存，致使一些企业亏损严重。

但一些经营品种比较高端、单一产品的中小型民营企业不但不亏损，还有一定利润。主要因为他们对产品精益求精，不追求规模，有些企业采用错位竞争的方式谋求市场占有率。

（5）基础研究、工艺研究相对薄弱，目前大部分企业已认识到新产品对开拓市场的重要作用，而对基础工艺研究重视不够且研究滞后，这一现象的存在必然使企业技术创新缺乏相应的基础支撑。

纵观国内外和行业大势，我国钢管行业发展仍处于大有作为的重要战略机遇期，既面临着难得的历史机遇，也面临着诸多的风险和挑战。把握国内、国外两个市场，控制总量、淘汰落后、企业重组、技术升级、节能降耗、环境保护，切实提高企业素质和增强国际竞争力，加快钢管行业由大到强的转变，认真贯彻《国家钢铁产业政策》克服低水平分散式的盲目发展和重复建设，实施高质量可持续发展战略。将是我国钢管行业发展的重点。也是我们深情的寄托。

我的钢管人生
——献给中国钢管 70 年

姜长华

1967 年 7 月我从鞍钢文化技术学校轧钢专业被分配到中国第一个无缝钢管厂——鞍钢无缝钢管厂。在这里工作了四十一年，我从一名工人一个台阶一个台阶走上了厂长的领导岗位，我从一名技术员不断学习、深造、创新成为一名教授级高级工程师。我的成功离不开党组织的培养、自身努力、时代的机遇。在鞍钢无缝钢管厂工作的四十一年里，我感受到了鞍钢无缝钢管厂成为中国钢管事业发展的“摇篮”带来的荣誉感；体会到了鞍钢无缝钢管厂在风雨中前行的艰辛；收获了在逆境中不断拼搏中获得成功的喜悦。2009 年退休至今在中国钢结构协会钢管分会做顾问，继续为我热爱的无缝钢管事业工作。今年是中华人民共和国成立 70 周年，也是新中国钢管发展 70 年，回顾我的钢管人生，我感到很欣慰也感到很有意义。

一、中国钢管的摇篮

钢管被誉为现代工业的“血管”，是国家工业建设和国防建设的重要钢材，如石油、化工、钢铁、机械、军工、航空航天等工业发展都离不开钢管。正因如此，1949 年新中国刚刚成立后，党中央、国务院就决定建设鞍钢“三大工程”即：无缝钢管厂、大型轧钢厂、七号高炉。新中国第一个无缝钢管厂，是由苏联援建的 ϕ140mm 自动轧管机组，主要配置：两座斜底式加热炉、一台二辊斜轧穿孔机、一台自动轧管机、二台两辊斜轧均整机、一套五机架两辊定径机、一座斜底式再加热炉+20 架两辊减径机、减径后有一台靠液压缸升降热锯、两段链式冷床、两台悬臂式七辊矫直机等设备，设计能力 6. 19 万吨/年。

鞍钢无缝钢管厂于 1950 年 3 月开始筹建，1952 年 7 月 1 日开工建设，1953 年 10 月 27 日试轧成功，1953 年 12 月 26 日建成投产。为了培养人才，为投产做好准备，1952 年 8 月至 1953 年 5 月，鞍钢无缝钢管厂派出 40 人去苏联第一乌拉尔新钢管厂学习，他们成了鞍钢无缝钢管厂技术骨干，后来有的同志走上了领导岗位和获得国家级荣誉称号。殷渊同志曾任中共鞍山市委书记，中共十二大中央委员、寒力同志曾任宝山钢铁总厂厂长、中国第一代女轧钢工高玉英同志曾荣获“全国三八红旗手”。

1953 年 12 月 26 日新中国第一根无缝钢管诞生，全厂职工决定，取下 200mm 长一段钢管送给毛主席。毛主席在给鞍钢全体职工复信祝贺：“鞍钢无缝钢管厂、大型轧钢厂和鞍山第七号炼铁炉的提前完成建设工程并开始生产，是 1953 年我国重工业发展中的巨大事件”。投产后第二年先后试轧出锅炉管、地质管、油管和不锈钢管，1956 年突破设计能力，生产无缝钢管 6. 6 万吨/年。随着国家经济发展的需要，1957 年 2 月我国自行设计制造的第二冷拔车间建成投产，1958 年为了满足冷拔管毛料的需求，鞍钢无缝钢管厂自行设计、制造、安装了一台简易 ϕ76mm 二辊斜轧穿孔机和自动轧管机，后来又制造了三套（红旗 1、2、3 号），1959 年分别被调往重庆、云南、山西。1958 年从苏联引进 3 台 300KN 单链冷拔机和 5 台两辊冷轧机及国产的两台冷拔机，组成的冷拔一车间也是新中国成立后第一批引进的冷拔机和冷轧机。1963 年建成第二冷拔车间超薄壁旋压无缝钢管生产线；1965 年国家急需一种低碳极薄不锈钢管，由于西方国家卡脖子，激起了无缝钢管厂全体职工为国家争光，为中国人民争气的热情，老工人李金山、王明阳等研究出新轧机，生产出国家急需的低碳极薄壁不锈钢管，新型轧机和低碳极薄壁不锈钢管都填补了国家空白，低碳极薄壁不锈钢管被誉为“争气牌”钢管。

鞍钢无缝钢管厂尽管不断发动群众进行革新、创造生产国家急需的各种无缝钢管，但也远远满足不了国家经济发展的需要，所以 1958 年前，国家就在华北、华东、华南、华中、西南布局建设无缝钢管厂，衡阳无缝钢管厂、成都无缝钢管厂、包钢无缝钢管厂、安阳无缝钢管厂、江西洪都无缝钢管厂、山东烟台钢管总厂等，这些厂筹备时间不同，但都是在 1958 年左右开始建设或筹建，是国有投资建设无缝钢管厂的第一个高峰期。这些无缝钢管厂的开工、生产，鞍钢无缝钢管厂都支援了大批工程技术人员和技术工人。1985 年我去成都无缝钢管厂参观、学习，受到殷国茂厂长的热情接待，殷国茂厂长就是 1960 年 3 月第二批支援成都无缝钢管厂中的一员，现在是中国工程院院士。同年，我又去宝钢无缝钢管厂参观、学习，受到金斗焕厂长的热情接待，金斗焕厂长是 1977 年去的宝钢，在鞍钢无缝钢管厂时和我都是热轧一车间技术组同事。

1970 年落实毛主席“深挖洞、广积粮”备战方针，在全国三线地区建设了十几个小型无缝钢管厂，如吉林 914 厂（现首钢通钢集团磐石无缝钢管有限责任公司）、四川江油钢管厂等，这些三线无缝钢管厂的建设，鞍钢无缝钢管厂也支援了大批干部和技术工人。吉林 914 厂从设备到人员全部由鞍钢无缝钢管厂援建，第一任厂长卢德新原是鞍钢无缝钢管厂热轧一车间主任，全家都去了吉林 914 厂。1982 年宝钢无缝钢管厂建设时，时任宝钢总厂厂长的寒力同志到鞍钢求援，鞍钢无缝钢管厂支援了 40 多名干部和技术工人。到 1983 年鞍钢无缝钢管厂共计支援全国各地新建无缝钢管厂 1215 人，其中管理干部 73 人，技术干部 252 人、技术工人 885 人。这些同志后来都成为技术业务骨干和领导干部，如在宝钢总厂工作的王希槐、朱镜明、汪家铮、诸文虎、张之奇，在无缝钢管厂曾任厂长金斗焕、副厂长张福成、总工程师刘步云；成都无缝钢管厂曾任厂长殷国茂、副厂长朱维志，还有李克仁、张泽廉；包钢无缝钢管厂曾担任厂长刘凤，副厂长赵恺忱、吕国钧，主任工程师侯毅（吕国钧、侯毅同志后又调到天津钢管公司）；宝鸡钢管厂蒋洪模等。1990 年天津钢管公司建设时，鞍钢无缝钢管厂支援 11 名干部、5 名技术工人。鞍钢无缝钢管厂不仅支援了大批干部和技术骨干，还是新建厂的实习基地，1969 年接待西宁无缝钢管厂实习生 60 多人，1970 年接待包钢无缝钢管厂实习生 50 多人，2005 年接待包钢无缝钢管厂 40 多人，先后接待来自全国各地实习生近千人。所以，我在岗期间不管去哪个无缝钢管厂都能遇到鞍钢人，全国无缝钢管厂的建设和发展离不开鞍钢无缝钢管厂无私的援助，鞍钢无缝钢管厂也不愧称为中国钢管事业发展的“摇篮”。

二、我的钢管之路

1967 年 7 月我被分配到鞍钢无缝钢管厂时，因“文化大革命”造成全面停产（从 1967 年 6 月 26 日至 8 月 17 日），当年只生产了 6.3 万吨，是上一年产量的 48%。全面恢复生产后我被分配到热一车间加热炉工作，每天都在超过 60℃高温下拿 30 多斤重的锻造翻料钩，把加热炉里的管坯一根一根从加热炉尾端翻到加热炉头部，管坯也就在这个过程中从常温加热到 1280℃左右适合轧制，我的钢管人生就像被加热的管坯一样，一边向前走一边被加热，一边脱掉一些氧化的东西而变得成熟起来。由于我的努力，车间领导先后又把我调到曼式穿孔机组和减径机组工作。在本岗位轮换休息时我又到自动轧管机组和均整机组帮忙，在我不断努力下对“五大机组”的调整技术、操作技术有所了解。由于年龄小，工作肯干，1972 年经厂党委研究保送我到鞍山钢铁学院轧钢专业学习。1976 年毕业回到鞍钢无缝钢管厂 ϕ140mm 自动轧管机组做一名技术员，一年后，我做乙班工长兼技术员，我带的乙班产品质量指标，成材率指标连续创历史记录，我连续被评为“鞍钢质量标兵”和“鞍山市质量先进个人”。

1980 年我被提拔为厂调度室主任，后来又担任 ϕ140mm 自动轧管机组和冷拔车间副主任，1983 年 9 月被鞍钢公司任命鞍钢无缝钢管厂生产副厂长。1984 年，在厂党委和厂长王泽普的领导下，鞍钢无缝钢管厂在没有改造的情况下，靠加强企业管理、技术创新使产量突破 20 万吨大关，创历史纪录。在产量创纪录的同时，品种规格不断扩大，可生产不钢种 254 个，不同的钢管规格 37000 个，产品覆盖石油、化工、锅炉、地质、航空航天、轻工、兵器等各个领域，辐射全国 29 个省自治区并有一部分产品出口。1984 年 7 月 8 日时任国务院总理赵紫阳来鞍钢视察，并在鞍钢无缝钢管厂听取三个单位汇报，我代表无缝做了工作汇报，得到国务院总理赵紫阳的肯定和好评。1985 年 2 月 5 日，我被评为全国百名优秀青年厂长之一，在中南海怀仁堂收到党中央国务院领导同志接见。

1987 年 10 月鞍钢准备利用意大利政府低息贷款建设一套年产 50 万吨的 ϕ250mm MPM 连轧机组，来满足我国石油工业发展的需要，鞍钢成立大无缝厂筹备组，我被调到鞍钢大无缝筹备组任负责人，负责与意大利设备厂家相关人员的技术交流、商务谈判、合同文本编制等。为了进一步了解当时无缝钢管生产的国际水平，同年 10 月随鞍钢总经理李华忠赴意大利达涅利公司、因西公司、美国石油管加工设备的研究机构、北极星无缝钢管厂和德国德马克公司考察。在大无缝筹备期间编写了 ϕ250mm MPM 连轧机组教程、技术操作规程、安全操作规程等。由于我是技术人员介入商务谈判并起到很好的作用，被公司总结一条在冶金部推广的经验"技术人员管商务"。

20 世纪 80 年代，我国国民经济仍处于计划经济时代，生产资料的产销要按照国家的统一计划来安排。在天津市委、市政府主动请缨下，国家从产业布局和区域经济发展的角度出发，最终将"大无缝"项目落户在了天津。天津市政府抓住机遇，选择了由德国、意大利、美国分别引进炼钢、轧管、管加工设备的技术方案，其中轧管部分从意大利全套引进了 ϕ250mm 限动芯棒连轧机组。1989 年开工建设，1992 年建成投产。

1995 年 5 月随鞍钢总经理刘玠去日本考察钢铁企业，我重点考察了日本住友无缝钢管厂浮动芯棒连轧机组，使我对无缝钢管生产工艺又有了新认识。

1997 年 7 月至 1998 年的亚洲金融危机，使亚洲经济受到了严重的冲击，中国经济也受到了很大的影响；1998 年国家决定关停落后轧机和小型轧机，限制主要无缝钢管厂产量；这一时期民营资本开始进入无缝钢管生产领域并迅速崛起；上述国内外经济形势的变化，使得这一时期的钢管市场呈现下行、价格下降、竞争加剧，尤其对国有企业造成了较大的冲击。

1999 年，共和国无缝钢管的长子新中国第一根无缝钢管的诞生地鞍钢无缝厂，由于设备陈旧、管理不善，在市场冲击下走到了将被淘汰的边缘，当年亏损共计 5000 多万元。鞍钢规划部提出方案，无缝钢管厂全部停产，把场地划归到中型轧钢厂，建一套新的中型材轧机，在这种情况下我被鞍钢集团公司调回鞍钢无缝钢管厂任厂长。如何改变这种局面？我提出：（1）加强管理，堵住漏洞降成本。（2）提高质量，满足用户赢得市场。（3）小改小革为生存，大的改造为发展的工作方针，开始了我的钢管人生的重要时期。

三、辉煌的十年

1999 年国资委给鞍钢集团公司一名参加中央党校在职研究生考试入学的机会，经鞍钢党委讨论，我有幸获得了这个资格，参加了中央党校在职研究生考试，在三选一的情况下我考上了中央党校在职研究生的学习机会，我每隔两个月要去北京中央党校学习 20 天，所以，从 2000 年开始我一边学习，一边管理企业，经过三年的努力学习，我获得研究生学历，企业也开始有了新起色，实现了扭亏为盈。

表 1　1999 年无缝钢管厂机组情况

设备型式	设计来源	生产规格/mm	品种	长度/m	产量/万吨
ϕ140mm 自动轧管机组	苏联引进	ϕ68 ~ 180	80%普管	8 ~ 9	18
ϕ100mm 圆盘机组	自厂设计	ϕ83 ~ 114	100%普管	6 ~ 7	10
ϕ140mm 自动轧管机组	自厂仿制	ϕ108 ~ 180	100%普管	8 ~ 9	10
合　计					38

因规格重复，各机组间相互争合同，无合同的机组停产，工具重复成本大。

2000 年，无缝钢管厂的改造在没有公司立项的情况下，利用厂对 ϕ100mm 圆盘机组进行年修机会，采用世界先进的锥形辊技术对原鼓形辊改造获得成功。同时将这个成果推广到 ϕ159mm MPM 限动芯棒连轧穿孔机改造和 ϕ219mm 自动连轧管机组的穿孔机改造，均获得成功，并获得国家专利。把原五架定径机改造为七架定径机，使 ϕ100mm 圆盘机组生产的钢管品种扩大了，质量有很大提高，产品开始进入上海和广东市场。

2002 年鞍钢公司决定给无缝钢管厂 AG 机组立项改造，公司要求投资不能超过 3 亿元人民币，工程要求一年改造完成，要建成世界一流的无缝钢管生产线。钢管业内人士讲"鞍钢太小气了，给这点钱，谁也办不到"。但是，这是无缝钢管厂求生存的唯一机会，决不能放弃，想尽一切办法要达到公司要求，为了搞好这次改造工程，我随鞍钢集团公司副总经理蔡登楼去德国、意大利、奥地利等国家，考察世界先进的无缝钢管生产技术和设备。为了减少投资我提出"影响质量的关键设备要选世界一流，影响产量的设备选国内一流，不影响产品质量的设备好使就行"，走出了一条国内首创的建设连轧机之路。

2002 年 7 月工程开始施工，到 2003 年 7 月工程全部结束，改造后的 ϕ159mm MPM 限动芯棒连轧机组设计年产量 16 万吨，主要设备选择：连轧机选德国米尔，排锯选奥地利 FML，电控系统选意大利安萨尔多，其余全部国产化。工艺是：环型加热炉-改进型穿孔机（获国家专利）-3 机架脱管机-感应式再加热炉（已获国家专利）-14 架微张减机-步进式冷床-排管锯加一对切管机-在线探伤机，引进设备重量占全部设备总重量 12%。总投资 2.98 亿元人民币，经国内专家评审，节省 2/3 投资。

2004 年该机组生产钢管 17.4 万吨，第一年就超过设计能力 8.75%，产品质量达到世界一流水平，实现公司提出的目标，被中国钢结构协会钢管分会誉为“三最”工程，即投资最少、工期最短、达产最快。该项目获中国钢铁协会科技进步二等奖，辽宁省科技进步二等奖，同时有三项获国家专利。引进世界一流技术，使鞍钢无缝钢管厂开始走出困境，技术改造也提升了我的专业知识水平。2003 年在鞍钢技术上发表了《穿孔机锥形辊改造》《无缝厂 AG 机组改造》《ϕ159mm MPM 选型及实践》三篇文章，在走向新世纪杂志发表了《积极应对入世挑战进一步增强无缝厂实力》的文章，2005 年在鞍钢技术上发表了《鞍钢无缝厂改造框架》《ϕ160mm MPM 孔型开发》，在中国冶金杂志上发表了《ϕ159mm MPM 工艺研究》等文章。

自动轧管机组是我国早期生产无缝钢管主要机型之一，其产量及效率虽落后于连轧机组，但因成本低、品种调整灵活，尤其适用于 ϕ219mm 以上规格生产，仍具有市场竞争力。另外，当时民营企业进军小口径无缝钢管，国内大口径无缝钢管还没有几套，大口径无缝钢管产品市场比较紧俏。鉴于此，2004 年鞍钢无缝钢管厂利用大年修机会，提出“少花钱、多办事、办大事”的精神，依靠鞍钢整体优势和本厂技术力量，投资 1.3 亿元人民币对 ϕ140mm 自动轧管机组进行技术改造，仅用 168 天的时间，将其改造为 ϕ219mm 改进型自动轧管机组。其电气系统采用德国 SIEMENS 及美国 AVTRON 全数字控制装置。自动化系统采用美国 GE 公司 9030 系列，PLC、以太网和 PROFIBUS-DP 网络连接形式进行自动化控制。穿孔机采用小角度锥形辊，机械锁紧系统和压下系统全部采用液压装置；轧管机 GC 辊缝自动控制装置，高精度三辊定径机等先进设备。改造后的机组整体装备水平达到国内同类机组的一流水平，产品外观质量和实物质量都有很大提高，钢管长度平均增加 25%，壁厚精度提高 35%，外径精度提高 50%，机组的产量提高到 25 万吨/年。这次改造使老机组有了新的竞争力，使生产经营又上一个新的台阶，这一年我被评为“鞍钢技术拔尖人才”。

冷拔车间建于 1957 和 1958 年，生产 ϕ0.5~108mm 各类无缝钢管，为我国航空、航天、军工等领域的发展做出过巨大贡献。但是随着市场经济的发展，冷拔生产设备投资少、见效快的优势，很快被民营企业所采用。由于民营企业采用“穿孔+拔管”工艺，成本低，使大批国有企业无缝钢管厂受到了很大冲击，鞍钢无缝冷拔管很快出现亏损。要改变亏损局面就要进行品种结构调整，提出了“弃小管、干大管”的经营策略。ϕ219mm 自动轧管机改造成功后，可以为冷拔车间生产大口径无缝钢管创造了条件，利用本厂维修资金上了三条扩管生产线，最大可以生产 ϕ420mm 无缝管，当时在东北很有竞争力，使冷拔车间重现生机。另一方面，利用 ϕ159mm MPM 机组生产的 ϕ73mm×5.51mm 石油管短管，拨制成 ϕ60mm 石油管出口，即解决非计划问题，又增加了石油管出口品种。

冷拔车间逐步转向以生产大口径管线管和小口径石油管为主，形成一个新的效益增长点。

新建 ϕ159MPM 限动芯棒连轧机品种结构 90%是石油管，但石油管加工的设备状态还远远满足不了品种结构调整的需要（见表 2），为了适应石油管加工需要，鞍钢无缝钢管厂又购进世界先进的加工机床和新建两个调质生产线，其中一条调质生产线是国内首创（见表 3）。

表 2　管加工车间改造前设备状况

设备名称	生产地	安装时间	台数
GXA 数控接手车丝机	法国	1983 年	1
NC 数控管体车	法国	1983 年	2
管体和接手拧接机	美国	1983 年	1
水压机	日本	1984 年	1
KY 数控接手车丝机	日本	1986 年	3
磁粉探伤机	德国	1986 年	1
综合生产能力	3 万吨		

表 3　管加工车间新增设备

设备名称	生产地	安装时间	台数
管端加厚生产线	国产	2004 年 6 月	1
数控管体	比利时	2004 年 10 月	2
管体喷涂线	国产改造	2004 年 7 月	1
管接手磁粉探伤机	国产	2004 年	1
水压机	国产	2005 年 12 月	2
调质生产线	自主创新，国产	2006 年 4 月	2
综合生产能力		20 万吨	

生产出优质无缝管都是从冶炼开始的。鞍钢平炉改转炉后，很快就实现新的生产工艺“连铸连轧”，新的生产工艺使管坯质量有很大提高，同时无缝钢管厂生产成本大幅降低，钢管质量显著提高，钢管外观形象改善，钢管表面光洁度提高。由于成本低，质量好，在国贸公司的努力下，2004 年鞍钢无缝管首次打进美国市场，2005 年进入亚洲和欧洲市场，两年共出口 10.49 万吨。这一年我被评为“鞍钢劳动模范”。

2007 年初，又一次轰动鞍钢的消息传出来了，2000 年时鞍钢无缝钢管厂要整体划归鞍钢中型轧钢厂，取消无缝钢管厂，建一套新的中型连轧生产线，6 年后，鞍钢中型轧钢厂整体划归无缝钢管厂，建一套新的无缝管连轧机组，6 年的努力拼搏改变了鞍钢公司领导的认识，使鞍钢无缝钢管厂发展壮大。鞍钢又投资 5.9 亿元人民币在中型轧钢厂原址进行彻底改造，拆除中型轧钢设备。新建 ϕ177mm PQF 连轧机组，主要是生产石油管，设计能力 25 万吨，关键设备 PQF 连轧机引进德国米尔公司，连轧控制系统意大利安萨尔多制造，排管锯奥地利 FML 公司制造，其余设备全部国产化，这条生产线的工艺技术、设备选型、投资额均为国内投资最低，技术最先进，国内首创项目。

为了使 ϕ177mm PQF 连轧机组生产的石油管效益最大化，又投资 1.9 亿元人民币建一条石油管加工线，引进比利时高力耐公司高速管体车丝机一套，年产量 10 万吨，两台在线无损检测全长测厚探伤设备是从美国引进。

鞍钢无缝钢管厂经过几年来的大规模技术改造，2005 年产量突破 50 万吨大关，2006 年实现利润 60399 万元，2008 年 ϕ177mm PQF 在建中，三个车间总产量突破 55 万吨大关，实现了改造不减，效益年年增，已从生产普通管跃为生产石油管和合金结构管的专业生产厂，在国内外有较强的竞争优势，到 2009 年形成了 80 万吨无缝钢管生产能力，如表 4 所示。

表 4　2008 年无缝钢管厂机组情况

设备型式	原设计	生产规格 /mm	品种	长度/m	年产量 /万吨
ϕ219mm 改进型自动轧管机组	ϕ140mm 自动轧管机组	ϕ168~219	70%结构管	8~11	20
ϕ133mm 改进型圆盘机组	ϕ100mm 圆盘机组	ϕ60~140	70%结构管	8~12	15
ϕ159mm MPM 连轧机组	ϕ140mm 自动轧管机简易型	ϕ60~159	90%油管	6~36	20
ϕ177mm PQF 连轧机组	中型轧机拆除	ϕ73~189	90%油管	6~36	25
合　计					80

注：设计能力 80 万吨，实际产能接近 100 万吨。

可以说鞍钢股份公司无缝钢管厂从 2000 年至 2009 年的十年，是不断进行设备改造技术创新的十年，是产品质量升级换代、产量不断创历史的十年，是职工创造性得到充分发挥的十年，是经济效益不断增长的十年，是鞍钢股份公司无缝钢管厂辉煌的十年。在这十年里我连续多年被评为“鞍钢优秀共产党员”。

四、对无缝钢管行业现状的思考

2009 年退休至今，在中国钢结构协会钢管分会做顾问，仍然关心我所热爱的无缝钢管事业。根据最近几年无缝钢管市场变化的情况，提出一些建议供大家思考。

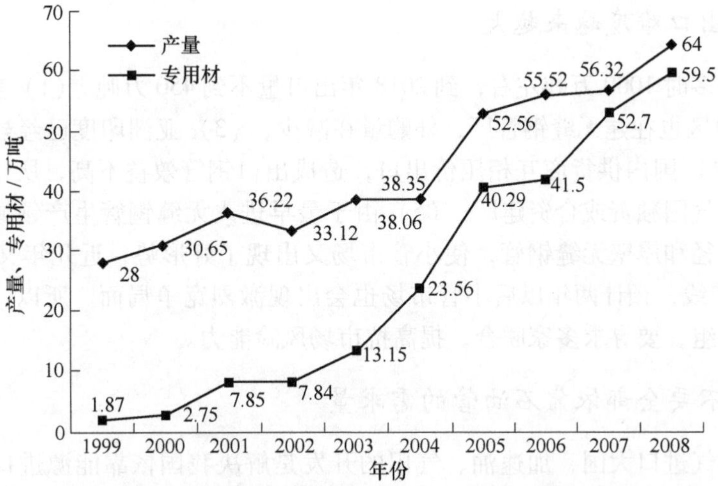

图 1　1999—2008 年无缝钢管厂产量及专用材产量变化的情况

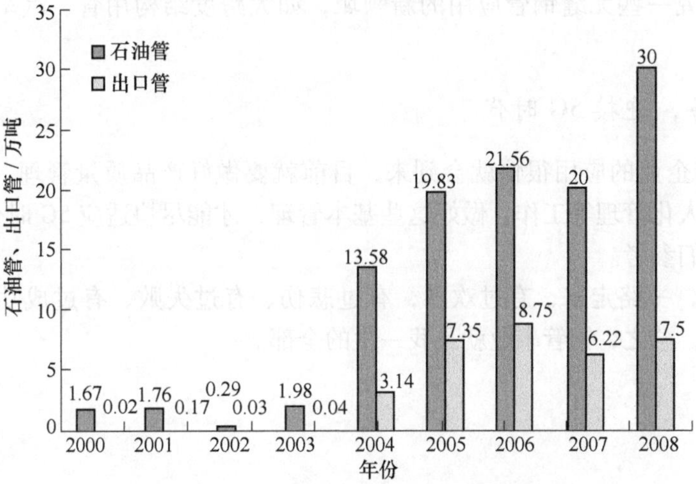

图 2　全厂改造前后石油管和出口管对比

（一）要重视民营企业在市场竞争中的实力

改革开放以后，民营企业开始进入无缝钢管生产领域，建设一些“投资少、见效快、技术难度不大”的生产线，如 ϕ76mm 穿孔机+冷拔机、ϕ60mm 穿孔机+冷拔机、ϕ50mm 穿孔机+冷拔机生产线，生产的钢管质量好、成本低、效益高，很有竞争力，迫使国有企业逐渐退出小口径无缝钢管生产领域。在国家环保要求越来越严格的情况下，民营企业也开始进行技术改造，上了一些大口径生产机组，产品质量有很大的提高，并且部分出口，这对全部生产大管的国有企业是个很大的冲击，大口径无缝钢管生产能力过剩短时间内很难解决，这需要各企业多种股份制组合，做大做强无缝钢管企业。

（二）过去单品种生产格局被打破

过去，生产管坯企业就生产管坯，生产无缝钢管企业买管坯生产无缝钢管。现在，有管坯能力的企业逐步搞产业链连接，如林州凤宝有管坯生产能力，又上了一套连轧机组。江苏江阴华润自己生产管坯，有了一套无缝管生产线还要再上一套无缝管生产线。山东鲁丽钢铁公司原有 300 万吨管坯生产能力，管坯全部销售，现在新上 5~6 套无缝钢管生产机组，消耗掉自产管坯 300 万吨。陕西龙门钢铁有限公司有 400 万吨连铸坯生产能力，也想要上无缝钢管机组，有坯企业搞产业链联结，对现在生产需要外购管坯企业是个很大冲击，因产业链的连接使无缝钢管生产成本大幅度降低，也会对无缝钢管市场价格造成冲击。所以，没有管坯原料的企业不要再盲目投资无缝钢管厂，已在生产的企业要寻求与有管坯原料的企业联合，组成新的产业链。

（三）无缝钢管出口难度越来越大

无缝钢管出口量最多时1000万吨左右，到2018年出口量不到450万吨。（1）美国加大反倾销力度影响出口量；（2）中东地区也在建无缝钢管厂，外购量在减少；（3）亚洲印度已经建了两套连轧机组也对我国出口造成影响；（4）国内供货商互相压价出口，造成出口钢管效益不高，所以，有资金企业要走出国门到盛产石油或天然气国独资或合资建厂；（5）由于最早进入无缝钢管生产领域的民营企业大部分进行技术改造、生产大口径和厚壁无缝钢管，使小管市场又出现了好形势，近几年又新上十几套ϕ159mm、ϕ89mm的无缝钢管生产线，预计两年以后小管市场也会出现激烈竞争局面。所以，生产小口径无缝管企业，不要再投资建新机组，要寻求多家联合，提高抗市场风险能力。

（四）品种调整不要全部依靠石油管的需求量

我国是石油和天然气进口大国，加速油、气田的开发是解决我国依靠能源进口的主要任务，油井建设速度和油井建设数量都在加大力度，这对无缝钢管的需求量也会增加，但需求总量不会超过无缝钢管生产总量的20%。大家都在努力进行品种结构调整，都要进入油管这个市场，所以油管的价格也上不去，效益也一般。应该去研究一些无缝钢管应用的新领域，如大跨度结构用管、汽车用无缝钢管、复合管、钛合金管等。

（五）要做好准备，迎接5G时代

5G在无缝钢管生产企业的应用很快就会到来，目前就要做好产品质量管理、成本管理、设备管理、人力资源管理、现场无人化管理等工作，做好这些基本管理，才能尽快适应5G时代的智能化管理。

这些意见仅供同行们参考。

回顾我的钢管人生，一路走来，有过欢喜，有过悲伤、有过失败、有过成功、有过多次高薪聘请，又多次选择了默默坚守，总之，钢管事业就是我一生的全部。

第五篇

协会、学会、学术期刊

XIEHUI XUEHUI XUESHU QIKAN

第十四章 中国钢结构协会钢管分会

中国钢结构协会钢管分会于1995年成立。中国钢结构协会钢管分会自成立以来，努力发挥在政府和企事业单位之间的桥梁、纽带作用，在提供政策咨询、加强行业自律、促进行业发展、维护企业合法权益等方面做了大量的工作，促进了钢管行业的持续和健康发展。

一、钢管行业协会应运而生

中国钢结构协会钢管分会正值我国钢管行业较快发展时期成立，是适应改革开放时代需要和我国钢管行业发展要求的产物，并在社会主义市场经济发展过程中逐步壮大。

改革开放后，我国国民经济的快速发展，使钢管产量规模呈现较快增长，产品品种质量、生产工艺水平、技术装备水平不断提升，现代化、专业化的生产企业随着我国经济发展的要求相继诞生，国有企业和民营企业迅速崛起，生产企业数量不断壮大，各企业之间的联系与交流亟待加强，迫切需要行业协会组织在市场经济体制下发挥作用。在此背景下，主要钢管生产企业、行业专家提出组建并依法成立全国性的非营利性质行业组织。1995年11月5日在上级主管部门和有关部门领导的大力支持下，中国钢结构协会钢管分会在天津正式成立，1995年12月1日以民政部［150］号文备案注册，经国家民政部、原冶金部协调后挂靠在中国钢结构协会，作为中国钢结构协会的分支机构。

二、钢管分会发挥了重要作用

中国钢结构协会钢管分会面向政府、行业、企业的需要，根据形势发展和企业愿望，在提供政策咨询、加强行业自律、促进行业发展、维护企业合法权益等方面开展了许多有益于行业发展的活动，增加了协会的凝聚力、向心力。

（一）积极贯彻国家产业政策

根据国家有关政策法规，结合行业特点，建立行业自律机制。分会每年召开会员大会和理事扩大会议，传达贯彻国家钢铁产业发展政策，在分析行业整体形势的基础上，围绕推进技术进步，加强节能环保，淘汰落后，促进公平竞争等方面确定每年行业重点工作内容，并积极推动各项工作的有效落实，充分发挥了行业协会组织的作用。

（二）坚持开展市场调研服务

坚持组织开展市场、钢管行业、下游行业和生产企业等信息的调研，为会员企业提供信息服务。

中国钢结构协会钢管分会从2005年起，每两年对会员企业进行一次全面基本情况调研，形成《中国钢结构协会钢管分会会员企业基本情况汇编》，将会员企业基本情况、设备型号、规格组距、生产能力、主要产品品种、规格、钢级、产量及出口情况汇编成册，对全面了解我国钢管行业总体情况具有参考价值，到目前为止已出版了六册。2013年钢管分会组织编写了《中国钢管行业暨市场调研报告》，总结了全球金融危机以来我国钢管行业总体发展情况，对我国钢管品种、质量、产量、生产技术装备，包括典型生产机组、产线、产能及其先进工艺进行了总体汇总，对钢管下游行业的需求及未来发展进行了概述，成为指导钢管行业结构调整及企业经营决策的参考文献。

2014年，在中国钢结构协会成立30周年之际，钢管分会参与编写了《百年建筑始于足下——中国钢结构协会三十年》的文集，将钢管行业30年来发展历程和所取得的成绩编入其中，为钢结构行业30年的发展壮大及产业的崛起做出了贡献。

（三）宣标贯标促进行业健康发展

钢管分会本着适应市场变化，反映市场需求，在技术上满足市场要求的前提下，积极参与制订、修订行业有关技术标准，组织推进会员企业贯彻实施。目前我国已建立了比较完善的钢管基础（通用）标准和钢管产品标准体系。截至 2018 年底，我国已发布钢管国家标准 77 项，行业标准 29 项（YB），团体标准 4 项（T/CISA）、国家军用标准 19 项（GJB）。标准体系的建立，发挥了行业协会在标准化工作中的积极性和主动性，推动行业的健康和可持续发展。近年来，为了适应供给侧结构性改革和我国经济向高质量发展阶段转变的要求，钢管分会与全国钢标委、冶金工业信息标准研究院合作积极推进钢管标准的贯彻执行，成立了中国钢结构协会钢管分会钢管标准推进工作组织机构，制定了管理制度，注册了集体商标，进行了企业执行标准工厂检查工作和市场实物质量的抽查工作，发挥行业协会、标准化机构、检验机构、社会媒体的作用，形成协同推进的良好机制。

（四）编制钢管行业发展规划

为了深入贯彻落实科学发展观，根据国家产业政策要求，国民经济发展要求，行业不同发展阶段要求，钢铁行业发展规划要求，结合行业自身的特点，钢管分会于 2011 年编制了“钢管行业‘十二五’发展规划纲要指导意见”，在 2016 年编制了“钢管行业‘十三五’发展规划纲要指导意见”，“指导意见”在分析行业形势基础上，提出了指导思想、基本原则、未来五年重点目标和主要工作任务。行业发展规划的制定是今后五年及未来一段时期行业发展纲领性文件，对指导行业、企业发展和企业生产经营具有重要意义。

（五）组织召开中国钢管市场分析会

为了解析钢管行业的发展形势，促进钢管产业链各方交流合作，加强钢管上下游的衔接，探讨行业如何适应形势需要。从 2008 年开始，钢管分会和上海钢联电子商务股份有限公司联合主办，每年召开一次中国钢管市场分析会，到 2016 年已成功举办了九届，参会代表来自会员单位、非会员单位、上下游行业等各方面的代表。会议邀请国家相关行业部门的领导及研究机构的专家、钢管行业专家、主要钢管生产企业领导、以及钢管产业上下游方面的专家，对钢管市场的形势进行全面的交流与探讨，使各方参会人士能够在接下来的市场环境中，冷静观察，沉着应对，未雨绸缪，做好应对未来市场机遇与挑战的准备。

近两年来，为了满足会员企业生产工艺和产品特点的要求，钢管分会陆续组织召开一些专题市场会，如无缝钢管、焊接钢管、专业品种等专题市场分析会，就会员企业关心的共性问题，在新技术、新工艺、新产品，以及下游行业对产品的技术要求和发展趋势等进行交流沟通。

（六）对标挖潜提高行业竞争力

这两年钢管分会将“对标会”作为重点工作列入每年的工作计划中，先后召开“无缝钢管企业主要经济技术指标对标”“无缝钢管企业主要设备消耗指标对标会”，以达到降本增效、提升指标和管理水平，不断优化各类经济技术指标，提高会员企业市场竞争力，实现企业经济效益最大化。

（七）组织开展国际间的交流和学习

2005 年 12 月 14~15 日韩国钢管协议会访问团一行 6 人访问了中国钢结构协会钢管分会，并参观了天津钢管集团公司；2006 年 8 月 22 日~26 日钢管分会组团对韩国钢管协议会进行访问，参观了（株）世亚制钢和现代 Hysco（株）两家韩国钢管企业；2007 年 11 月 19~23 日钢管分会组团对韩国钢管协议会进行访问，参观了（株）HUSTEEL、东洋铁管（株）、美洲制钢（株）等企业；2011 年 6 月 21 日钢管分会接待了欧洲钢管协会秘书长 Patrick Martinache 先生等 5 位来宾，双方进行了交流；2013 年 11 月钢管分会接待了应邀前来进行交流的欧洲钢管协会秘书长、公共关系经理等一行 3 人；2015 年 4 月钢管分会和上海钢联接待了韩国世亚代表团一行 15 人，并组织参观了天津友发钢管集团和上海中油天宝，双方就近年来企业在节能减排方面进行了交流，韩国世亚对近年来我国钢管企业在打造绿色工厂方面所取得的成绩表示赞叹。2017 年 6 月 4 日至 10 日由钢管分会和上海钢管行业协会举办的俄罗斯商务行，共有 8 家单位 14 人参加，参观了俄罗斯管材展，拜访俄大型管材采购商 EBPAKOP，造访知名管材生产商 TMK 公司，拜访中石化俄罗斯公司和中海油俄罗斯公司、俄罗斯天然气股份公司；2018 年 4 月 16~21 日中国钢结构协会钢管分会和上海钢管行业协会联合组织“2018 德国杜塞尔多夫国际管材展览会”参观团一行 15 人参加德国国际管材展（Tube 2018），其间参观了 SMS Group 在德国 Moenchengladbach 的设备制造厂和 Vallourec 在德国 Muelheim 无缝钢管生产厂。通过与国际钢管行业协会和先进生产企业间的互访和学习，促进对外技术经济交流与合作。

（八）积极应对国际上的贸易摩擦

2008 年国际金融危机以来，钢管分会积极参与国际上贸易摩擦案件的应对工作，配合中钢协组织企业进行行业无损害抗辩，积极组织会员企业做好反倾销、反补贴和保障措施的应诉、申诉等相关工作，维护正常的进出口经营秩序，维护会员企业的合法权益。先后参与白俄罗斯、印度、欧盟等国际贸易争端调查工作。

2017 年 4 月海合会对我国油井管和管线管发起了反倾销立案，涉及数量 88 万吨，是近年来贸易摩擦涉案数量最多的，如果被征收反倾销税，对我国钢管出口市场将是雪上加霜，也正因此，所涉及的钢管出口企业高度重视，在商务部、中钢协、钢管分会、生产企业共同努力和多方游说下，历时 18 个月，经历了填卷、核查、听证会、初裁直到终裁，最终以无损害结案。

近 10 多年来，钢管分会坚持每年召开出口企业座谈会，分析我国钢管进出口情况、国际钢管市场形势及我国钢管遭受国外贸易摩擦情况等，提出钢管行业进出口方面存在的问题及应对措施，并要求行业企业加强自律行为，规范进出口秩序，避免或减少国际贸易争端案件的发生。

（九）发挥专业网站的作用

2005 年在冶金工业信息中心的技术支持下，钢管分会建立了“中国钢管网”专业网站，2015 年进行了改版升级。“中国钢管网”网站介绍中国钢结构协会钢管分会和目前会员企业的基本情况，中心栏目设有 13 个，主要提供国内外宏观经济、钢管行业和相关行业信息，通过网站积极宣传国家宏观经济形势和政策，指导会员企业生产经营和发展，还设有宣传会员企业在转型升级、结构调整和改革创新等成果方面的栏目。

三、钢管分会发展历程

中国钢结构协会钢管分会自 1995 年成立至今已走过 23 个年头，历经七届理事会。

首届一次会员代表大会于 1995 年 11 月在天津召开，46 个会员代表出席会议，大会选举产生以成都无缝钢管公司总经理殷国茂为理事长、天津钢管公司总经理蒋秉权为第一副理事长的第一届理事会。中国钢结构协会理事长刘鹤年、冶金部副部长徐大全、天津市人大常委会副主任刘文藩参加钢管分会的成立大会，并做了讲话。

二届一次会员代表大会于 1998 年 10 月在成都召开，选举产生以天津钢管公司总经理张振纲为理事长、成都无缝钢管公司总经理陈晓棠为第一副理事长的第二届理事会。

三届一次会员代表大会于 2001 年 10 月在衡阳钢管公司召开，选举产生以天津钢管公司总经理张振纲为理事长的第三届理事会。

四届一次会员代表大会于 2004 年 9 月在杭州召开，选举产生以天津钢管公司副总经理严泽生为理事长、张振纲为常务副理事长的第四届理事会。会上推举包头钢铁公司总经理林东鲁为名誉理事长。

五届一次会员代表大会于 2008 年 11 月在天津召开，选举产生以天津钢管集团股份有限公司总经理严泽生为理事长、庄钢为常务副理事长的第五届理事会。会上推举张振纲为顾问。

六届一次会员代表大会于 2012 年 12 月在河北邯郸召开，选举产生以天津钢管集团股份有限公司总经理李强为理事长、天津渤海钢铁集团总经理严泽生当选为名誉理事长、庄钢为常务副理事长的第六届理事会。会上推举张振纲、姜长华为顾问。

七届一次会员代表大会于 2016 年 4 月在天津召开，选举产生以天津钢管集团股份有限公司董事长李强为理事长、杨再安为常务副理事长的第七届理事会。

七届二次会员代表大会于 2017 年 4 月在佛山召开，届中改选了天津钢管集团股份有限公司总经理助理朱学强为理事长、魏学志为常务副理事长。

1995~2018 年，协会在上级主管部门的大力支持下，历经七届理事会领导和全体理事的不懈努力，目前，中国钢结构协会钢管分会已经基本形成了在国内具有一定权威，国际具有一定影响力的行业组织。截至 2018 年年底，钢管分会已有 151 家会员单位和个人会员，其中钢管生产企业 106 家，无缝钢管生产企业 47 家，焊接钢管生产企业 49 家，行业地方协会 3 家（上海钢管行业协会、江苏常熟钢管行业协会和广东佛山钢管行业协会），非钢管生产企业 33 家，个人会员 9 人。

表 14-1　中国钢结构协会钢管分会会员构成情况

序　号	会员单位及个人会员	构成情况
1	天津钢管集团股份有限公司	理事长单位
2	宝钢股份钢管条钢事业部	常务理事单位
3	内蒙古包钢钢联股份有限公司钢管公司	常务理事单位
4	衡阳华菱钢管有限公司	常务理事单位
5	鞍钢股份有限公司无缝钢管厂	常务理事单位
6	湖北新冶钢集团有限公司	常务理事单位
7	天津友发钢管集团股份有限公司	常务理事单位
8	浙江金洲管道科技股份有限公司	常务理事单位
9	宝鸡石油钢管有限责任公司	常务理事单位
10	番禺珠江钢管有限公司	常务理事单位
11	中国石油集团渤海石油装备制造有限公司	常务理事单位
12	徐州光环钢管集团有限公司	常务理事单位
13	江苏振达钢管集团	常务理事单位
14	黑龙江建龙钢铁有限公司	常务理事单位
15	浙江健力股份有限公司	常务理事单位
16	林州凤宝管业有限公司	常务理事单位
17	承德万利通集团万利钢管有限公司	常务理事单位
18	天津源泰德润钢管制造集团有限公司	常务理事单位
19	京华创新集团有限公司	常务理事单位
20	邯郸市正大制管有限公司	常务理事单位
21	天津君诚管道实业集团有限公司	常务理事单位
22	河北天创管业有限公司	常务理事单位
23	佛山市钢管行业协会	常务理事单位
24	常熟市钢管行业协会	常务理事单位
25	上海钢管行业协会	常务理事单位
26	上海钢联电子商务股份有限公司	常务理事单位
27	新兴铸管股份有限公司马头特种管材分公司	理事单位
28	通钢集团磐石无缝钢管公司	理事单位
29	山东泰丰钢业有限公司	理事单位
30	上海天阳钢管有限公司	理事单位
31	山东聊城中钢联金属制造有限公司	理事单位
32	浙江久立特材科技股份有限公司	理事单位
33	江西洪都钢厂有限公司	理事单位
34	天津市力拓钢制品有限公司	理事单位
35	辽宁奥通钢管有限公司	理事单位

续表 14-1

序　号	会员单位及个人会员	构成情况
36	江苏玉龙钢管科技有限公司	理事单位
37	沧州市鑫宜达钢管集团股份有限公司	理事单位
38	天津博爱管道科技发展有限公司	理事单位
39	锦西钢管新疆有限公司	理事单位
40	山东省四方技术开发有限公司	理事单位
41	中国石油技术开发公司	理事单位
42	济南迈科管道科技有限公司	理事单位
43	德新钢管（中国）有限公司	理事单位
44	山东中冶石油机械有限公司	理事单位
45	山西太钢不锈钢钢管有限公司	会员单位
46	重钢集团钢管有限责任公司	会员单位
47	江苏常宝钢管股份有限公司	会员单位
48	江苏新长江无缝钢管制造有限公司	会员单位
49	江苏诚德钢管股份有限公司	会员单位
50	安徽天大石油管材股份有限公司	会员单位
51	山东墨龙石油机械股份有限公司	会员单位
52	扬州龙川钢管有限公司	会员单位
53	四川三洲特种钢管有限公司	会员单位
54	南通永大管业股份有限公司	会员单位
55	山东金宝诚管业有限公司	会员单位
56	山东汇通工业制造有限公司	会员单位
57	鑫鹏源智能装备集团有限公司	会员单位
58	江苏银环精密钢管股份有限公司	会员单位
59	扬州诚德钢管有限公司	会员单位
60	常熟市无缝钢管有限公司	会员单位
61	莱钢集团烟台钢管有限公司	会员单位
62	广州市俊嘉钢管制造有限公司	会员单位
63	浙江省巨泰特种钢有限公司	会员单位
64	河北金奥管业有限公司	会员单位
65	江阴德玛斯特钻具有限公司	会员单位
66	天津天钢石油专用管制造有限公司	会员单位
67	浙江伦宝金属管业有限公司	会员单位
68	江苏立万精密制管有限公司	会员单位
69	辽宁天丰特殊工具制造有限公司	会员单位
70	乐陵市福思特管业制造有限公司	会员单位
71	山西祎达特钢集团有限公司	会员单位
72	江阴华润制钢有限公司	会员单位
73	天津正安无缝钢管有限公司	会员单位
74	瓦卢瑞克（中国）有限公司北京分公司	会员单位
75	山东五岳钎具材料有限公司	会员单位
76	盛德鑫泰新材料股份有限公司	会员单位
77	靖江特殊钢有限公司	会员单位
78	上海中油天宝钢管有限公司	会员单位

续表 14-1

序　号	会员单位及个人会员	构成情况
79	中冶辽宁德龙钢管有限公司	会员单位
80	绍兴县钱江制管有限公司	会员单位
81	山东胜利钢管有限公司	会员单位
82	宁波银茂集团有限公司	会员单位
83	天津市静海县宝来工贸有限公司	会员单位
84	天津市联众钢管有限公司	会员单位
85	钜溢钢管实业有限公司	会员单位
86	浙江杭重科技有限公司	会员单位
87	江苏通宇钢管集团有限公司	会员单位
88	江苏巨鑫石油钢管有限公司	会员单位
89	霸州市龙发实业有限公司	会员单位
90	新疆八钢钢管有限责任公司	会员单位
91	天津双街钢管有限公司	会员单位
92	秦皇岛东洋特殊钢业有限公司	会员单位
93	辽阳钢管有限公司	会员单位
94	唐山正元管业有限公司	会员单位
95	江苏迪欧姆管业有限公司	会员单位
96	天津市万里钢管有限公司	会员单位
97	湖南胜利湘钢钢管有限公司	会员单位
98	上海申花钢管有限公司	会员单位
99	天津市鑫金钰防腐保温钢管有限公司	会员单位
100	天津市富顺德实业有限公司	会员单位
101	天津惠利通钢管有限公司	会员单位
102	甘肃华信管业科技有限公司	会员单位
103	河北敬业精密制管有限公司	会员单位
104	天津滨海龙泰科技发展有限公司	会员单位
105	无锡市瑞尔精密机械股份有限公司	会员单位
106	应达工业（上海）有限公司	会员单位
107	大连三高集团有限公司	会员单位
108	黄山安卡重负荷砂轮有限公司	会员单位
109	上海安又达仪器设备有限公司	会员单位
110	邢台泰强机械轧辊有限公司	会员单位
111	盱眙科密新材料有限公司	会员单位
112	太原磬泓机电设备有限公司	会员单位
113	长葛市一鸣机械有限公司	会员单位
114	天津市精诚伟业机器制造有限公司	会员单位
115	北京中联钢电子商务有限公司	会员单位
116	河南怡冠信息科技有限公司	会员单位
117	上海申仕展览服务有限公司	会员单位
118	北京恒通先锋资讯中心	会员单位
119	新冶高科技集团有限公司	会员单位
120	天津本征检测科技有限公司	会员单位
121	武汉中科创新技术股份有限公司	会员单位

续表 14-1

序　号	会员单位及个人会员	构成情况
122	无锡市华友特钢有限公司	会员单位
123	上海海泰钢管（集团）有限公司	会员单位
124	天津腾飞钢管有限公司	会员单位
125	宝仓集团有限公司	会员单位
126	天津安利金属制造有限公司	会员单位
127	湖北鑫意诚贸易有限公司	会员单位
128	天津赛瑞机器设备有限公司	会员单位
129	北京兰格电子商务有限公司	会员单位
130	广州市南粤钢管有限公司	会员单位
131	无锡西姆莱斯石油专用管制造有限公司	会员单位
132	天津简正科技发展有限公司	会员单位
133	天津存昊科技有限公司	会员单位
134	广东荣钢管道科技有限公司	会员单位
135	浙江五洲新春集团股份有限公司	会员单位
136	沧州瑞泰石油机械有限公司	会员单位
137	天津市朋展钢管有限公司	会员单位
138	黄冈市华窑中洲窑炉有限公司	会员单位
139	天津市天应泰钢管有限公司	会员单位
140	山东磐金钢管制造有限公司	会员单位
141	太原通泽重工有限公司	会员单位
142	山东大洋钢管制造有限公司	会员单位
143	庄钢	个人会员
144	姜长华	个人会员
145	成海涛	个人会员
146	王旭	个人会员
147	李霞	个人会员
148	钟锡弟	个人会员
149	白冶红	个人会员
150	李秀敏	个人会员
151	马爱玲	个人会员

第十五章　学　　会

第一节　中国金属学会轧钢学会钢管学术委员会

1986年中国金属学会轧钢学会钢管学术委员会成立。钢管学会从最初的钢管学术组到钢管学术委员会，一直定期组织行业学术活动，促进了钢管企业、科研院所、大学、学院等单位的横向联系及技术、学术交流。钢管行业情报（信息）网也不间断的开展活动。反映行业发展动态，钢管学术技术的论著、刊物及相关出版物伴随着钢管技术的发展而发展，成为展示钢管科学研究成果的交流平台、载体和窗口。

一、钢管学术委员会成立前的学术活动

1974年冶金部科技情报研究所在武汉组建轧钢情报网，挂靠于武汉钢铁公司，由该公司科技情报所具体负责组织领导网员单位开展培训，轧钢情报网下设钢管情报网。活动内容主要是交流各钢管厂生产技术经验。当时国内钢管企业已有100余家。为有利于交流生产经验，无缝钢管企业与焊管企业分开活动，分别于1976年和1978年首次在无锡钢厂和张家口宁远钢厂召开技术交流会议，效果良好。经过几次会议经验的积累，进入80年代即形成制度，参加情报网活动企业每年须交纳会费，每两年组织活动1次，对钢管企业的生产发展颇有益处。

1979年中国金属学会第三次代表大会，重新组建了中国金属学会轧钢学术委员会，轧钢学术委员会下设9个专业学组，钢管专业组是其中之一。1982年轧钢学术委员会将专业学组增加为12个，其中增设了焊管专业学组，钢管专业学组改名为无缝钢管学组。

1981年11月13日钢管专业学组，在成都召开第一次专业学组的学术会议——中国金属学会无缝钢管理论学术讨论会。参加会议的共有35个单位，其中科研院所17个，大学、学院6个，生产、设备厂12个。会议代表58人，其中院长、厂长、总工、教授和高工11人。会议发表论文40篇。

1982年6月轧钢学术委员会无缝钢管学组在重庆（重钢三厂）召开了小型无缝钢管机组技术改造讨论会。参加会议的有全国各有关无缝钢管厂、科研机构、高等院校、设计部门和有关设备制造厂，共62人。会议发表论文10篇。会议归纳推荐了几个改造方案供具备条件的单位改造时选择参考。

1983年12月轧钢学术委员会无缝钢管组在成都召开了“行星斜轧管机技术讨论会”。参加会议的有关无缝钢管厂、科研、高校、设计和设备制造等27个单位，60余人。会议发表论文37篇。

1983年5月在中国金属学会的委托和支持下，钢铁研究总院（钢管研究室）在北京召开多国钢管科技学术讨论会。参加会议的有日本、法国、意大利及原联邦德国的学者、专家18名；来自国内62个单位的代表131人。会议上宣读论文23篇，其中中国代表的9篇，国外代表的14篇。会议在国内产生了积极的效果，开创了我国钢管工作者与国外同行加强交流的新局面。

从1981年钢管学术组成立到钢管学术委员会成立的5年间，先后召开5次钢管学术会议，会议情况见表15-1。

表15-1　1981~1985年召开的全国钢管学术会议

召开时间	组织单位	会议地点	会议主题
1981.11	钢管专业学组	成都	无缝钢管理论学术讨论会
1982.06	无缝钢管学组	重庆	小型无缝钢管机组技术改造讨论会
1983.05	钢铁研究总院钢管室	北京	多国钢管科技学术讨论会
1983.12	无缝钢管学组	成都	行星斜轧管机技术讨论会
1985.06	无缝钢管学组	成都	中美钢管技术讨论会

1985年中国金属学会第三届七次常务理事会决定，轧钢学术委员会改组为轧钢学会，同年轧钢学会

第一次理事会决定，将12个专业学组调整为5个学术委员会和两个直属专业组，焊管和无缝钢管两个专业学组合并为钢管学术委员会，下设热轧无缝钢管、焊接钢管和冷轧（拔）管3个专业学组，挂靠单位为成都无缝钢管厂。

二、学会活动

1986年4月23日在江苏无锡召开了中国金属学会轧钢学会钢管学术委员会成立大会，全国各地的钢管生产厂、科研设计单位、大专院校和政府部门的领导、专家教授和工程技术人员共66名出席。会议进行了学术交流，13位专家就国内外无缝钢管和焊接钢管生产中的重大问题作了大会学术报告。与会代表一致认为，钢管学术委员会的成立，将促进我国钢管生产、科研、设计和教学单位之间的横向联系，必将对我国钢管工业的发展产生深远的影响。

1993年11月10日钢管学术委员会第二届二次年会在成都召开，会议通过交流和讨论认为，我国的钢管生产技术近年有了长足的进步。此期间，成都无缝钢管厂的ϕ180mm精密轧管机组、天津钢管公司的ϕ250mm MPM连轧管机组、大冶钢厂的ϕ170mm三辊轧管机组、徐州光环有限公司的ϕ219mm焊管机组、锦西钢管厂的ϕ508mm焊管机组相继建成投产；采用连铸圆管坯及自动化控制等先进技术，实现工艺装备、产品结构的优化等，表明我国钢管工业已具备世界一流的机型和技术。同时乡镇企业的迅速发展又为钢管生产注入了新的活力。但是，在整体上我国钢管界尚存在着旧设备的改造和新设备的达产、达标和上水平等诸多问题，尤其是在产品质量、规格品种方面还不能满足经济发展的需要，并且国内钢管生产面临市场经济和加入WTO的挑战。

1995年5月9~11日在上海，由原冶金部组织召开了我国第一次，也是唯一的1次全国钢管工作会议。会上原冶金部副部长殷瑞钰作了“优化结构、引导投资、促进钢管生产技术进步”的讲话。原冶金部科技、质量和发展规划司的领导及全国80多个单位的领导、技术负责人、研究院所以及高等院校的专家学者共140多名代表参加会议。会议主要议题是，分析讨论我国钢管工业如何适应国内外钢管市场需要和技术进步发展趋势，以优化产品结构为目的，把技术进步与引导投资方向结合起来，促进发展和合理布局等重大问题。

从中国金属学会轧钢学会钢管学术委员会成立到2017年（1986~2017）的31年间，共组织召开了35次钢管学术、工作会议和年会，会议情况见表15-2。

表15-2　钢管学术委员会成立到2017年的学术活动

会议时间	组织单位	年会（会议）	会议地点	会议主题
1986.04	钢管学术委员会	（成立大会）	江苏无锡	钢管生产中的重大技术问题学术报告会
1986.04	冷轧（拔）组		重庆	冷轧（拔）无缝钢管新工艺新技术学术会议
1987.11	钢管学术委员会	一届一次	湖南衡阳	热轧无缝钢管技术讨论会
1988.06	热轧管学组		江西洪都	改进型阿塞尔轧管机（英国戴维，麦基）学术交流会
1988.06	钢管学术委员会	一届二次	江西南昌	改进型阿塞尔三辊轧管机学术交流会
1989.04	钢管学术委员会	一届三次	上海宝钢	学术年会
1990.09	冷轧（拔）组		辽宁鞍山	冷轧（拔）无钢管学术会议
1990.10	钢管学术委员会	二届一次	山东烟台	钢管生产技术交流会
1991.06	热轧管学组		四川成都	精密轧管机研讨会
1993.11	钢管学术委员会	二届二次	成都无缝钢管厂	Accu Roll轧管技术研讨会
1994.10	钢管学术委员会	三届一次	湖北大冶	高压锅护管生产技术协调会
1995.05	冶金部	（全国钢管工作会议）	上海	优化结构、引导投资、促进钢管生产技术进步
1995.11	钢管学术委员会	三届二次	天津钢管公司	石油管的生产、技术、品种开发与市场需求
1996.11	钢管学术委员会	三届三次	江都、无锡、张家港、海门、上海	学习借鉴乡镇企业与市场经济接轨的经验和实施科技兴企的战略和路子
1997.12	钢管学术委员会	三届四次	衡阳、广州	调整产品结构，适应社会主义市场经济的需要，努力开拓国际国内两个市场，提高市场竞争力
1998.08	钢管学术委员会	三届五次	北满特殊钢公司	长芯棒轧制技术总结，钢管精整检测的技术发展

续表 15-2

会议时间	组织单位	年会（会议）	会议地点	会议主题
1999. 10	钢管学术委员会	三届六次	温州	对温州地区不锈钢生产现状进行调研，并对不锈钢的生产和发展进行研讨
2000. 10	钢管学术委员会	四届一次	包头	对管坯质量问题进行研讨，讨论钢管界如何适应市场经济发展的需要，落实《中国钢管五十年》编写工作
2001. 10	钢管学术委员会	四届二次	江阴	研讨中国加入 WTO 后钢管界如何适应市场经济发展的需要、管坯生产技术的提高和质量改善
2002. 10	钢管学术委员会	四届三次	烟台	研讨斜轧管机工艺及工具；利用新技术，改造无缝钢管生产传统工艺
2003. 11	钢管学术委员会	四届四次	太原	研讨连铸圆管坯的技术条件、T91/P91 高压锅炉管的开发、抗 C02 腐蚀套管的开发、网架结构管技术条件
2004. 10	钢管学术委员会	四届五次	鞍山	研讨连轧管工艺技术方面的问题，介绍无缝钢管新技术的发展和应用情况。
2005. 11	钢管学术委员会	五届一次	成都	连轧管机工艺、设备及工模具国产化研究，探讨钢管企业加强合作的思路
2006. 10	钢管学术委员会	五届二次	安徽滁州、江苏诚德、无锡	产品结构调整，提高高端产品（石油管、锅炉管）的国产化率，落实《中国钢管飞速发展的 10 年》的编写任务
2007. 10	钢管学术委员会	五届三次	西安	推动钢管行业技术创新和品种结构调整；推进《中国钢管飞速发展的 10 年》的编写工作
2008. 10	钢管学术委员会	五届四次	天津	分析我国钢管行业的基本情况和面临的主要问题，开展学术和技术交流
2009. 12	钢管学术委员会	五届五次	衡阳	分析当前我国钢管行业面临的突出问题；进行技术交流，推进钢管行业技术进步和结构调整
2010. 11	钢管学术委员会	五届六次	济南	分析当前我国钢管行业面临的突出问题；进行技术交流，推进钢管行业技术进步和结构调整
2011. 11	钢管学术委员会	六届一次	成都	研讨钢管行业的产品结构调整和行业发展方向
2012. 10	钢管学术委员会	六届二次	包头	调整产品结构，增强行业竞争力
2013. 10	钢管学术委员会	六届三次	山东聊城	推进钢管行业转型升级、结构调整
2014. 10	钢管学术委员会	六届四次	太原	加快产品结构调整，转变发展方式
2015. 10	钢管学术委员会	六届五次	湖州	把握新常态下的新机遇，加快转型升级，保证企业健康可持续发展
2016. 10	钢管学术委员会	七届一次	济南	调整产品结构，坚定信心，共谋发展
2017. 9	钢管学术委员会	七届二次	包头	技术创新，优化升级，节能减排

第二节　中国金属学会轧钢学会焊接钢管学术委员会

一、学会简介

中国金属学会于 1956 年 11 月 26 日正式成立。1979 年 1 月，在中国金属学会第三次代表大会上、组建了中国金属学会轧钢学术委员会。

1979 年 2 月，轧钢学术委员会决定下设 9 个专业学组，钢管专业组是其中之一。1982 年 6 月，轧钢学术委员会下设专业学组增加到 12 个，新设的焊接钢管专业组挂靠在首钢焊管厂，这是焊管学术安委会的前身，成员为：

组长：胡安生；

副组长：李绍绘、姜绪国；

组员：方长生、刘志坚、吴云卿、杨玉壁、赖明道、阎玉贺；

秘书：苏映霞。

1985 年 3 月，根据中国金属学会三届七次常务理事会议决定，轧钢学术委员会改组为轧钢专业学会。

轧钢专业学会第一届理事会决定，将下设的12个专业学组调整合并为5个学术委员会和2个直属专业学组。焊管和无缝钢管两个专业学组合并为钢管学术委员会，下设热轧无缝钢管、焊接钢管和冷轧（拔）管3个专业学组。焊接钢管学术组挂靠在首钢焊管厂，成员为：

组长：张翰书；

副组长：佟连勋、刘志俭；

组员：陈厚载、许树温、林友鹤、李德葆、李绍绘、黄华、于维华、陆胜法、田福生；

秘书：张弘人。

1989年11月，轧钢专业学会第二届理事会对钢管学术委员会进行了换届调整。钢管学术委员会下设的焊接钢管学术组继续挂靠在首钢焊管厂，成员为：

组长：张弘人；

副组长：陈厚载、佟连勋、于维华；

组员：林友鹤、李德葆、卞正其、罗宗桓、袁祖勋、陆胜法、马树林、张金虎、黄华；

秘书：张金虎。

1994年4月，为了适应轧钢行业的大发展，轧钢学会第三届理事会决定，将一些学术组升格为学术委员会，焊接钢管学术组升格为焊接钢管学术委员会，挂靠在锦西钢管总厂，成员为：

主任委员：佟连勋；

副主任委员：于维华、方长生、吴伟；

委员：李德葆、袁祖勋、卞正其、陈志广、熊坤、陆国昌、赖明道、张金虎、康志义、路永宝、赵善元、陈厚载、陆卫平、孙瑞华；

学会秘书：赵善元、张金虎。

1998年6月，鉴于企业人员变化，轧钢学会第三届理事会对各学术委员会成员进行了调整，焊接钢管学术委员会成员调整为：

主任委员：佟连勋；

副主任委员：丁晓军、方长生、吴伟、徐寅；

委员：袁祖勋、祝家承、于维华、陈志广、熊坤、陆国昌、赖明道、李云江、张金虎、赵善元、路永宝、陈厚载、陆卫平、孙瑞华、贾和利、耿正、王晓香、牟文恒、陈昌；

学会秘书：赵善元。

2001年10月，轧钢学会第四届理事会对焊接钢管学术委员会进行了换届和人员调整，焊接钢管学术委员会挂靠在华北石油钢管厂，成员为：

主任委员：王晓香；

副主任委员：毕敬东、丁晓军、吴伟；

委员：祝家承、陈昌、陆卫平、任悦、牟文恒、王华生、轩维克、冯耀荣、孙连友、贾和利、杜海申、王平、于恩林、赵永平、王志太、李延丰、刘云、李忠；

学会秘书：杨杰。

2006年5月，轧钢学会第五届理事会对焊接钢管学术委员会进行了换届调整。焊接钢管学术委员会继续挂靠在华北石油钢管厂，成员为：

主任委员：王晓香；

副主任委员：毕敬东、丁晓军、祝家承、冯耀荣；

委员：王利树、吴松、矫庆春、孙连友、贾和利、王平、于恩林、赵永平、王志太、李延丰、王坤显、刘云、郑一维、王昱、郑磊、韩宝云、史宏德、杨正祖、孙永喜、李怀平、高惠临、李峰、高秀华；

学会秘书：杨杰。

2010年10月，轧钢学会第五届理事会对焊接钢管学术委员会进行了换届调整。焊接钢管学术委员会继续挂靠在渤海石油装备制造有限公司（原华北石油钢管厂重组后的主管单位），成员为：

主任委员：王旭；

副主任委员：刘玉文、马秋荣、杨忠文、雷建德；

委员：兰兴昌、韩宝云、于恩林、高秀华、郑磊、王昱、田鹏、王坤显、唐子金、刘成坤、付彦宏、魏少军、孙永喜、董遂庆、陈文豪、李茂津、介升旗、邵毅、周满春、孙连友、万宏天、费宽、梁根选、曾其良、赵亚涛；

学会秘书：闵祥玲、李延丰。

2015年10月，轧钢学会第六届理事会对焊接钢管学术委员会进行了换届调整。焊接钢管学术委员会继续挂靠在渤海石油装备制造有限公司（原华北石油钢管厂重组后的主管单位），成员为：

主任委员：王旭；

副主任委员：丁维军、马秋荣、毕宗岳、雷建德、王利树、韩宝云；

委员：周满春、兰兴昌、孙连友、李延丰、陈文豪、刘建伟、王坤显、黄勇、李忠祥、田鹏、孙永喜、韩毅、吕燕青、李殿杰、张雷、唐子金、张松明、徐锴、葛兆初、张永青、张善保、罗超；

学会秘书：刘广川、闵祥玲。

二、学术活动

焊接钢管学术委员会学术活动见表15-3。

表15-3　焊接钢管学术委员会学术活动

活动名称	时间	地点	主题及内容
1981年焊管学术会	1981年5月	山东潍坊	焊管学术交流
1986年镀锌管学术会	1986年5月	湖北宜昌	焊管镀锌学术交流
1986年焊管焊接自动控制技术交流会	1986年9月	黑龙江哈尔滨	焊管自动控制技术交流
焊管轧辊计算机孔型设计学术讨论会	1987年5月	浙江岱山	ERW焊管机组轧辊孔形计算机设计学术交流
1988年第3届焊管学术年会	1988年4月	云南昆明	焊管技术引进消化吸收
1990年第2届镀锌焊管会	1990年12月	福建福州	焊管镀锌学术交流
1991年第4届焊管学术会	1991年7月	陕西宝鸡	焊管学术交流，出版《我国焊管技术引进消化吸收》
1995年全国钢管及焊管工作会议	1995年5月	上海宝钢	优化结构、引导投资、促进钢管生产技术进步
1996年焊接钢管学术会议	1996年11月	河北石家庄	焊管学术交流
2000年焊接钢管学委会工作会	2000年7月	河北唐山	讨论学术委员会年度工作安排
2000年焊管学术年会	2000年10月	河北石家庄	焊管学术交流
2002年焊管学术委员会工作会	2002年11月	河北青县	1. 焊管学术委员会成员调整；2. 介绍开展国际焊接工程师认证情况
2003年国际焊接工程师培训班	2003年8月	河北青县	培训国际焊接工程师共28名
2003年焊管学术委员会年会	2003年12月	山东张店	学术交流，共发布论文11篇
编写《轧钢新技术3000问》一书焊管部分	2004年5—8月		组织焊接学术委员会成员单位编写有关焊管新技术
2005年焊管学术委员会年会	2005年5月	陕西西安	1. 换届及成员调整；2. 学术交流：论文发布12篇；3. 压力管道制造许可管理办法的研讨和贯宣；4. 讨论《中国焊管五十年》有关问题
2005年钢管行业战略发展研讨会	2005年6月	北京	1. 我国钢管行业的战略发展；2. 我国焊管的市场定位及发展战略
《中国焊管五十年》第一次编委会	2006年6月	陕西西安	确定组织机构及编写大纲，筹集经费，确定编写人员
2006年焊管学术委员会年会	2006年8月	江苏扬州	1. 国际管线钢发展动向；2. ERW焊管生产技术研讨会，共宣读论文12篇
编写《钢管生产新工艺技术》焊管部分	2006年11月		组织学术委员会成员单位编写有关焊管新技术共8.8万字
2007年焊管学术委员会年会	2007年10月	河南洛阳	1. 主题：加快技术进步转变增长方式促进我国焊管业又好又快发展；2. 学术交流：宣读论文10篇
2009年焊管学术委员会年会	2009年11月	山东威海	1. 主题：克服金融危机影响继续向焊管强国迈进；2. 学术交流：宣读论文16篇，并进行“中油技开”杯优秀论文评选活动；3. 确定会标方案；4. 通知换届准备

续表 15-3

活动名称	时间	地点	主题及内容
2010 年焊管学术委员会年会	2010 年 11 月	天津塘沽	1. 主题：焊接钢管技术的新进展；2. 学术交流：宣读论文 17 篇，并进行“中油技开”杯优秀论文评选活动；3. 组织完成换届
2011 年焊管学术委员会年会	2011 年 11 月	江苏苏州	1. 主题：当前钢管研究的几个热点问题；2. 学术交流：宣读论文 18 篇，并进行“中油技开”杯优秀论文评选活动
2012 年焊管学术委员会年会	2012 年 11 月	江苏徐州	1. 主题：开发钢管新产品，应对管道建设的挑战；2. 学术交流：宣读论文 11 篇，并进行“中油技开”杯优秀论文评选活动
2013 年焊管学术委员会年会暨石油工程专业委员会装备工作部学术研讨会	2013 年 11 月	山东枣庄	1. 主题：开发钢管新产品，应对管道建设的挑战；2. 学术交流：宣读论文 11 篇，并进行“中油技开”杯优秀论文评选活动
2014 年焊管研讨会	2014 年 6 月	山东青岛	与西马克梅尔公司合作举办，开展了针对高频直缝焊管、大口径直缝埋弧焊管和大口径螺旋埋弧焊管的技术研讨和交流
2014 年焊管学术委员会年会	2014 年 11 月	安徽滁州	1. 主题：大口径油气输送焊管技术及装备的发展；2. 学术交流：宣读论文 13 篇，并进行“中油技开”杯优秀论文评选活动
2015 年焊管学术委员会年会	2015 年 11 月	河北沧州	1. 主题：2014 年以来我国焊管产业的运行情况及展望；2. 中国石油管工程技术研究院输送管研究所所长吉玲康和中国石油天然气管道科学研究院副总工程师隋永莉做主题报告，报告题目分别是“高压输气管道的断裂控制”和“ϕ1422mm 管道环焊缝焊接技术”；3. 学术交流：宣读论文 10 篇，并进行“中油技开”杯优秀论文评选活动；4. 进行了换届选举
2016 年焊管学术委员会年会	2016 年 11 月	浙江湖州	1. 主题：2015 年以来我国焊管产业的运行情况及技术进步回顾及展望；2. 学术交流：宣读论文 14 篇，并进行“中油技开”杯优秀论文评选活动
2017 年焊管学术委员会年会	2017 年 11 月	山东济南	1. 主题：2016 年以来我国焊管产业的运行情况及技术进步回顾及展望；2. 学术交流：宣读论文 14 篇，并进行“中油技开”杯优秀论文评选活动
2018 年焊管学术委员会年会	2018 年 11 月	山东德州	1. 主题：管线钢管技术的几个热点问题；2. 学术交流：宣读论文 11 篇，并进行“中油技开”杯优秀论文评选活动

焊接钢管学术委员会主要活动归纳为：

（1）组织翻译转化国际管道下属论文，出版译文集 9 版；

（2）通过网站推动成员日常交流；

（3）反映成员单位对某些标准的修改意见；

（4）学术交流活动，如西马克梅尔在青岛的活动；

（5）为成员单位和其他相关企业的科研和新上项目提供信息和咨询服务（免费）。

第十六章　学 术 期 刊

第一节　《钢管》杂志社

《钢管》杂志 1964 年创刊，由中国钢铁工业协会主管，攀钢集团成都钢铁有限责任公司主办，中国金属学会轧钢分会和中国钢结构协会钢管分会协办。杂志立足于国内钢管（无缝·焊接）生产、科研、经营管理、设计、教学、设备工具制造，全面反映钢管及相关行业学科发展水平，报道推广新工艺、新技术、新设备、新产品、新方案，促进行业技术交流。国际标准连续出版物号 ISSN 1001—2311，国内刊号 CN 51—1164/TG，邮发代码 62—195。

《钢管》杂志关注钢管学科技术进步、前沿技术，宣传自主创新成果；利用专业优势引导钢管及相关专业的工程技术人员、设计研究人员、经营管理人员以及钢管产品的用户高效地收集、开发和利用钢管生产、科研及设计等方面信息进行科技创新，并将科技成果有效地转化为生产力；更深层次地挖掘钢管学科信息的内涵，全面反映国内外钢管学科的现状和发展趋势，推动钢管学科的技术进步。适于冶金、机械、石油、化工、地质及相关行业广大科研、设计、生产、经营管理、教学等方面专家学者及专业技术人员阅读。

《钢管》杂志开设的主要栏目有：专家论坛、综合述评、试验与研究、新产品开发、制管工艺与装备、设计与开发、质量控制、技术改造、技术交流、讨论与建议、自动化技术、检测技术、工具研究与应用、管加工、钢管标准化、计算机研究与应用、企业管理、行业动态等。

改革开放以来，在编辑出版《钢管》杂志，确保办刊水平的同时，尝试市场化运作，组织刊发期刊广告。1999 年为创办精品期刊，增强办刊活力，经主办单位同意，并申报主管单位国家冶金工业局、国家新闻出版署核准（国冶办［1999］189 号）正式组建钢管杂志社。杂志社成立以来，以建设精品期刊为导向，取得了社会效益与经济效益双丰收，屡获全国、冶金、四川省优秀期刊荣誉，入选国家首批“中国期刊方阵”双效期刊，成为 RCCSE 中国核心学术期刊，已被《中国核心期刊（遴选）数据库》《中国学术期刊综合评价数据库》《中文科技期刊数据库（全文版）》《中国冶金文摘数据库》《万方数据-数字化期刊群》《中国期刊网》《中国学术期刊》列为收录期刊；并被美国《化学文献》《剑桥科学文摘》、俄罗斯《文摘杂志》、波兰《哥白尼索引》列为来源期刊，入编美国《乌利希期刊指南》等；2014 年《钢管》期刊被国家新闻出版广电总局首批认定为学术期刊。

在建设品牌期刊的同时，《钢管》杂志社进一步拓展办刊视野，扩大对外业务交流和外部活动半径，主动积极参加行业学术活动。积极参与钢管分会和钢管学会的活动，出版相关论文专辑，策划出版大型文献专著、培训教材等，如《中国钢管 50 年》（150 万字，2004 年）、《中国钢管企事业概览》（100 万字，2004 年）、《管与钢生产工艺技术》（60 万字，2005 年）、《无缝钢管的缺陷与预防》（45 万字，2007 年）、《中国钢管飞速发展的 10 年》（170 万字，2009 年）、《钢管品种与生产技术》（100 万字，2010 年）。尤其值得一提的是，《中国钢管 50 年》和《中国钢管飞速发展的 10 年》由中国工程院院士殷国茂主编，中国金属学会轧钢学会钢管学术委员会《钢管》杂志社策划组织编写，主要反映了 1949 年以来中国钢管的发展状况，学术造诣和参考价值很高，填补了出版界的一项空白。

今年是中华人民共和国建国 70 周年，也是《钢管》杂志创办 55 年。毋庸置疑，《钢管》杂志创办的 55 年，是不断进步、完善改进、品质提升、延续发展的 55 年；是将钢管学科成果转化为生产力，推动行业技术进步，实现社会价值与经济效益双佳的 55 年；也是行业人士齐心合力、不懈努力、打造精品、成就品牌、彰显成效、塑造口碑的 55 年。这 55 年，助推了中国建设钢管大国的进程，铸就了中国钢管的辉煌。未来《钢管》杂志将在建设世界钢管强国的历史进程中发挥更大的推动作用。

第二节　《焊管》期刊社

一、《焊管》期刊简介

《焊管》创刊于1978年，是中国石油天然气集团公司主管，宝鸡石油钢管有限责任公司主办的焊管行业唯一面向国内外公开发行的技术性期刊。《焊管》始终以繁荣科学文化，促进学术交流，为两个文明建设服务为办刊宗旨，以传播科技知识、交流科研成果和先进技术经验为目的，提倡和鼓励创新。主要报道与焊管生产有关的新材料的开发应用、成型工艺与设备、焊接工艺与设备、无损检测技术自动控制技术、防腐工艺与设备、安全环保等方面的技术信息与技术成果。

《焊管》自创刊以来，经过几代人的不努力，刊物的编辑出版质量稳步提升，刊载信息量不断增大。《焊管》目前已是中国科技核心期刊、《中国学术期刊综合评价数据库》统计源期刊、《中国科学引文数据库》来源期刊、《中国期刊全文数据库》全文收录期刊、万方数据数字化期刊群入网期刊、《中国期刊网》收录期刊、《中国学术期刊》（光盘版）收录期刊、全国优秀石油科技期刊，2004—2018年多次被评为陕西省优秀科技期刊。

《焊管》作为我国焊管行业唯一的技术期刊，多年来与行业学会紧密合作，为推动我国焊管行业技术进步做出了应有的贡献。

二、取得的成绩

（1）1987年，在宝鸡石油钢管厂（现宝鸡石油钢管有限责任公司）引进406ERW机组的背景下，期刊社组织有关工程技术人员翻译了一批相关的外文资料，出版了译文专辑（焊接钢管技术译文集），对引进焊管设备技术的消化吸收起到了较好的指导意义。

（2）1988年，在原冶金工业部和中国石油天然气总公司等有关部门的关怀和帮助下，编辑出版了《中国焊管企业概况》，该书荣获中国石油天然气总公司（部）科技进步三等奖。

（3）1989年，编辑出版了《焊管生产现代化》。该书主要介绍了苏联的焊管生产技术的基础理论，对当时国外直缝高频焊管技术进行了比较全面的阐述，对我国焊管生产技术开发、设备制造以及设备改造有很好的参考价值。

（4）1992年，组织承办了“中国金属学会轧钢学会第四届焊管学术年会”，并编辑出版了《我国焊管生产技术引进与开发》论文集，该书荣获中国石油物资装备集团总公司科技进步三等奖。

（5）1996年，在中国石油工程学会的支持下，组织承办了“石油焊管技术学术研讨会”，并编辑出版了《螺旋焊钢管技术论文集》。该论文集收集了研讨会上36篇论文，这些论文比较全面地反映了我国石油焊管特别是螺旋焊管生产现状、市场分析、发展前景、工艺设备、材料研究、自动化控制等方面的最新科研成果。

（6）1998年，《焊管》期刊第4期出版了《大直径长输管线用埋弧直缝焊接钢管研讨会论文及发言》专辑。该专辑收集了行业内高层管理人士、技术专家优秀论文15篇。专辑出版后，在焊管行业内引起了较大反响，并引导国内制管企业先后建设了近10条直缝埋弧焊管生产线。这些制管生产线的相继投产，填补了我国直缝埋弧焊管制造的空白，推动了我国直缝埋弧焊管技术及装备的进步。

（7）2000年第3期《焊管》期刊出版了《天然气管道输送技术及制管技术高级研讨会》专辑，收录了国内7名焊管专家的优秀学术论文，这次专辑提出了“继续坚持油气输送干线用钢管以国产螺旋焊管为主的技术路线”，同时报道了西气东输工程的有关技术动态，受到了石油管道建设及焊管行业的普遍关注。这次报道催生了石油系统新上了6条大直径螺旋埋弧焊管生产线，非石油系统新上了10多条大直径螺旋焊管生产线，使西气东输工程、忠武输气管线、陕京二线等重大管线能在较短的时间内顺利完成。

（8）2005年第2期《焊管》期刊出版了《X80管线钢及钢管国际技术研讨会特辑》，重点报道了X80级管线钢的机理和试制应用情况，对我国X80级管线钢在长距离输气管道的应用起到了积极的推动作用。

2005年，独家成功举办了“全国焊管生产技术交流会”，来自全国焊管行业的140余位代表参加了会议。会上，中国钢铁工业协会副秘书长李世俊和中国工程院院士、管材专家李鹤林等国内制管界的专家、教授做了专题报告，为行业人士提供了难得的技术、信息交流机会。

（9）2006 年，组织协办了“中国金属学会轧钢学会焊管学术委员会 2006 年年会暨 ERW 焊管生产技术研讨会”，并在 2006 年第 6 期《焊管》出版了（2006 年 ERW 焊管技术研讨会专辑），专辑收录了 9 篇论文。

2006 年、2007 年先后编辑出版了《黄志潜文集》第 1 卷和第 2 卷。文集收录了黄志潜先生多年来在管道工程优化设计、天然气高压输送、高钢级管线钢研究、管线钢管制造技术、石油装备材料工程、石油装备的优化设计等方面的文章共 64 篇，发行后受到石油装备制造业和油气输送管道建设从业人员的广泛关注和好评。该文集荣获 2007 年西部科技图书评比三等奖。

（10）2007 年《焊管》期刊网站正式开通。经过认真广泛的系统调研，与《国外电子元器件》编辑部合作于 2007 年 8 月 20 日正式开通创建了《焊管》网站和期刊远程采编系统。充分利用计算机和网络技术，实现了投稿、审稿和编辑加工过程全部在采编系统完成，改变了传统的编辑工作模式，达到了信息共享，编者、作者、读者互动。极大地提高了期刊社工作效率和管理水平。

（11）2008 年，编辑出版了大型历史文献《中国焊管 50 年》。文献以体现历史价值和技术进步为主题，翔实展现了 50 年来中国焊管业的发展历程及所取得的辉煌成就；真实记载了我国焊管产品、工艺、设备、材料、相关标准、质量检测及控制技术的设计、制造、应用的发展过程：客观反映了我国焊管行业的水平和现状，科学分析了未来国际焊管工业的发展趋势；对推动我国焊管行业的技术进步和发展有深远的历史意义和现实意义。

（12）2012 年，编辑出版了《连续管技术与应用》论文集，该书涵盖了国内外连续管制造技术与装备、检测技术与装备以及作业技术与装备等内容，较全面地展现了连续管的研究、发展及其作业技术和应用技术。

（13）2013 年，编辑出版了《油气输送管技术与应用》论文集，该书涵盖了油气输送管材研究与开发、油气输送管制造工艺与装备研究以及管道施工、完整性管理等内容。该论文集较全面地展现了油气输送管的研发历程以及发展趋势。

（14）2018 年，编辑出版了《石油管材技术与研究》论文集，该书从产品开发和工程实用角度，汇集了近年来油气输送管、连续管、复合管以及管材检测评价、失效分析等方面的研究成果，内容涵盖材料开发、腐蚀防护、成型焊接、热处理等方面。

（15）2018 年，《焊管》期刊召开了第七届编委会，对编委会的章程、编委会组成以及报道计划进行了调整，进一步明确了期刊发展方向，为使《焊管》更好地为行业服务奠定了坚实的基础。

（16）近年来，《焊管》连续举办了 8 届全国焊管生产技术交流会，得到了国内外焊管生产制造企业、设备制造企业以及行业相关科研院所和高校的关注，业内反映良好。

附 录

中国钢管大事记

ZHONGGUO GANGGUAN DASHIJI

附录1 中国无缝钢管大事记

时 间	大 事 记
30年代后期	在上海李茂昌机器厂建成我国第一台冷拔管机。
1953年	鞍钢无缝钢管厂从苏联全套引进的 ϕ140mm 自动轧管机组建成投产，该机组是我国的第一套无缝钢管轧管机组，鞍钢无缝钢管厂是新中国成立后建设的第一座无缝钢管厂，也是国家第一批重点工业建设项目（156项）之一。于1953年12月26日，生产出新中国第一根热轧无缝钢管
1954年	鞍钢无缝钢管厂生产出我国的首批油管
1954年	我国最早开展有关无缝钢管工艺研究的鞍钢中央试验室成立，研究的第一项课题是“管坯低倍组织对无缝钢管质量的影响”
1954年	鞍钢无缝钢管厂试轧出 ϕ115mm×16mm 热轧轴承管
1955年	鞍钢无缝钢管厂生产出我国的首批 Cr25Ti 不锈钢管
1957年	原冶金部批准公布了我国第一个无缝钢管的部颁标准《一般无缝钢管》（11—1957）
1958年	在成都建成了我国第一个大型化、专业化的无缝钢管厂——成都无缝钢管厂
1958年3月	我国第一台 ϕ76mm 穿孔机在上海永鑫无缝钢管厂诞生
1958年7月	我国第一套 ϕ76mm 自动轧管机组（仅有穿孔+自动轧管机，为冷拔/轧提供管料），由鞍钢无缝钢管厂自己设计、制造，并建成投产。同年从苏联全套引进的第一冷拔-冷轧车间建成投产
1960年5月	我国自己设计制造的第一套 ϕ100mm 自动轧管机组在上海第一钢铁厂无缝钢管车间建成投产
1962年	成都无缝钢管厂建成投产我国第一套 ϕ133mm 顶管机组，主机从匈牙利引进，全部辅机由国内配套
1963年	鞍钢无缝钢管厂建成了我国第一套超薄壁不锈钢管旋压管生产线，先后安装了5台液压钢球旋压管机，可生产 ϕ(17.5~150.8)mm×(0.07~0.5)mm，长0.5~5.0m 各种不锈钢超薄壁钢管
1964年	成都无缝钢管厂创办了《钢管情报》，1973年更名为《钢管技术》，不定期出版。1981年正式组建编辑部，1982年按季刊出版，1986年经国家科委、中宣部核准限国内发行
1966年	成都无缝钢管厂建成投产了我国第一套 ϕ318mm 周期轧管机组，主机从匈牙利引进，辅机全部由国内配套
1969年	成都无缝钢管厂建成投产了我国第一套 ϕ650mm 热拔式扩管机组（二次材生产机组），主机从意大利引进，辅机全部由国内配套
1970年	上海异型钢管厂自己设计、制造建成了我国第一台15 MN 的四柱卧式钢管挤压机组
1971年	鞍钢无缝钢管厂自己设计制造建成投产了我国第一套 ϕ100mm 的狄塞尔机组，后来改名为圆盘延伸机组
1971年	由太原重型机械厂开发研制的我国第一台大直径冷轧管机 ϕ200mm 冷轧管机在成都无缝钢管厂试产成功
1971年	由北京钢铁设计研究院设计的我国第一台张力减径机在上海钢管厂试轧成功。该张减机设计最大减径量为70%，投产后曾试轧过数千吨 ϕ21.3×2.75mm、ϕ25×3mm 规格钢管
1971年7月	包钢无缝钢管厂从苏联全套引进的 ϕ400mm 自动轧管机组建成投产。该机组2004年生产量达48万吨（远超30万吨的设计产能），创投产以来的最好水平
1973年	长城钢厂从原西德全套引进的31.5 MN 卧式钢管挤压机生产线建成投产了
1973年	成都无缝钢管厂生产出我国的首批 ϕ250mm×42mm×12500mm 2Cr18Ni9Ti 不锈钢管
1975年7月	包钢无缝厂套管加工作业线，按 YB690-70 成功生产出了第一批我国急需的 ϕ140mm 石油套管，共600余吨，送往大庆、大港油田
1978年	衡阳钢管厂建成投产了我国第一套自行研发的 ϕ108mm 三辊轧管机组
1979年	成都无缝钢管厂生产出我国的首批 ϕ25mm×2.5mm×26000mm 12Cr1MoV 核电炉管
1979年	成都无缝钢管厂第一个在平炉炼钢车间建成投产了我国自己设计制造的双机四流方管坯连铸机，这是我国第一次使用连铸坯生产小直径无缝钢管
1980年	第一个钢管行业国家标准《钢管验收、包装、标志及质量证明书的一般规定》（GB 2102—80）颁布
1982年4月底	第一批由包钢无缝厂按 API 标准试生产的 J55 钢级石油套管1080吨，发往油田

续表

时　间	大　事　记
1983 年 5 月	中国金属学会组织的钢管科技学术讨论会在北京举行，来自国内科研院所、高等院校、工厂企业等 63 个单位和应邀来自日本、西德、法国、意大利各钢管公司的专家共 144 人参加了会议。这是我国首次举行规模较大、专业性很强的钢管学术讨论会
1984 年 9 月	轧钢情报网首届热镀锌钢管专业会在福州钢管厂举行
1984 年 11 月	我国自行设计和制造的第一台集中差速式张力减径机（16 机架）在烟台钢管厂试轧成功
1986 年	宝钢无缝钢管厂从德国全套引进的 ϕ140mm 全浮动芯棒连轧管机组和锅炉、油井管加工生产线建成投产，是我国从西方国家全套引进设备和技术的无缝钢管轧管机组和专用管生产线
1986 年 4 月	中国金属学会轧钢学会钢管学术委员会成立
1987 年	江西洪都钢厂 1985 年从英国引进的 ϕ50mm 三辊轧管机建成投产
1987 年	在成都无缝钢管厂金堂分厂建成投产我国第一台，也是唯一的 1 台 ϕ100mm 单槽自动轧管机组
1988 年	《钢管技术》更名为《钢管》，经国家科委、新闻出版署核准公开发行（国内统一刊号 CN 51-1164/TG，国际刊号 ISSN 1001-2311）。由成都无缝钢管厂主办，中央部委（冶金部（局）→中国钢铁工业协会）主管，中国金属学会轧钢学会钢管学术委员会、中国钢结构协会钢管分会协办。是中国钢管界唯一公开发行的全面报道无缝和焊接钢管内容的全国性科技期刊
1988 年	大冶钢厂 1985 年从此原西德引进的 ϕ76mm 三辊轧管机组建成投产
1988 年 8 月	我国自行设计、制造、安装的第一套 CPE 顶管机在常州钢铁厂试生产成功
1989 年	我国第一套国产 ϕ76mm 连轧管机组（穿孔机+8 机架连轧机）在衡阳钢管厂建成投产。由于后工序没有配张减机，投产后主要为冷加工线提供管料
1990 年	成都无缝钢管厂在原有 ϕ650mm 热拔式扩管机组前，自己创造性地配套设计安装建成穿孔机、周期轧管机，直接热态供坯给扩管机组形成整条轧-扩管生产线
1990 年	烟台钢管厂西分厂建成投产我国第一套中美联合设计制造的 ϕ114mm 精密轧管机组
1990 年 4 月	成都无缝钢管厂石油套管通过美国石油学会认证，在国内首家获得了 API 会标使用权
1990 年 5 月	我国首台 LD-120Ⅲ型五辊冷轧管机，在咸阳石油钢管钢绳厂试生产成功
1992 年	成都无缝钢管厂建成投产我国第一套中美合资公司设计制造的全套 ϕ180mm 精密轧管机组。为了供应新建机组的管坯，同年在该厂平炉车间建成投产了同美国联合设计的世界直径最大的 ϕ500mm 圆管坯弧形连铸机和在电炉车间建成投产了自己设计制造的 ϕ200mm 圆管坯水平连铸机，进而开创了我国使用圆连铸坯生产大、中直径无缝钢管的先例
1992 年 6 月	天津钢管公司从德国全套引进的国内最大的 150t 超高功率电弧炉和 LF 炉、VD 炉以及弧形连铸机建成投产，可为轧管系统提供 ϕ210mm、ϕ270mm、ϕ310mm 管坯
1992 年 12 月	天津钢管公司从意大利全套引进的 ϕ250mm 限动芯棒连轧管机组建成投产，这是我国引进的第一套限动芯棒连轧管机组。该机组 2006 年生产量达 100 万吨
1993 年	全国钢标准化技术委员会钢管分技术委员会成立。江永静任主任委员，秘书处设在成都无缝钢管厂
1993 年	南通特殊钢公司 ϕ450mm 三辊冷轧管机建成投产。该冷轧管是从苏联（乌克兰）引进的，是当时世界上最大的冷轧机
1993 年	上海钢管厂经上海市经委批准成立上市股份有限公司，成为国内第一家股票上市钢管企业
1993 年	我国无缝钢管生产量达 284 万吨，超过了俄罗斯（259 万吨），成为当时世界无缝钢管生产第一大国
1994 年 1 月	天津钢管公司生产的 N80 钢级 ϕ177.8mm×9.19mm 石油套管在胜利油田（草南 61—斜 59 号井）顺利下井。该井深 984.23m。这是国产 N80 钢级套管在国内首次使用
1994 年 8 月	天津钢管公司生产的 P110 钢级 ϕ244.5mm×11.05mm 套管在新疆吐哈油田（葡北 103 号井）下井成功，井深 3408.7m。这是国产 P110 钢级套管在国内首次使用
1995 年	湖北新冶钢从德国引进的 ϕ170mm 三辊轧管机组建成投产
1995 年	殷国茂当选中国工程院院士，是我国钢管行业第一位院士
1995 年 11 月 7 日	中国钢结构协会钢管分会在天津钢管公司召开第一届理事会及暨成立大会。选举原冶金部副部长徐大铨为名誉理事长，成都无缝钢管厂厂长殷国茂为理事长，天津钢管公司总经理蒋秉权为第一副理事长
1995 年 12 月 19 日	天津钢管公司生产的 ϕ244.5mm×11.99/11.05mm C90 抗硫化氢套管在四川油田首次下井成功，井深 4057m。这是国产 C90 抗硫化氢套管在国内首次使用
1996 年	武汉重工铸锻有限责任公司从日本购买的二手 ϕ1066mm 大顶管机组建成投产

续表

时　间	大　事　记
1997年	衡阳钢管厂建成投产的ϕ89mm平立布置6机架半浮动芯棒连轧管机组是我国全套引进的第一套半浮动芯棒连轧管机组，也是我国第一套小型先进连轧管机组
1997年7月	天津钢管公司生产的X56Q ϕ219.1mm×12.7mm海底管线管在中国海洋石油公司渤海石油渤西项目铺设成功。共提供管线管1200吨，铺设长度12km。这是我国生产的海底管线管首次在海上铺设施工
1997年7月15日	天津钢管公司生产的ϕ177.8mm T95套管在川东气田苟西2号井一次下井成功，下井深度为2541.52m，这是该钢级产品作为油层套管在国内首次使用
1998年10月2日	天津钢管公司为川东钻探公司试制的TP11OTT ϕ177.8mm×11.51mm高抗挤毁套管在川东天东72号下井成功，井深达4835.5m。这是非API TP11OTT高强度高抗挤毁套管在国内首次使用
1999年	1997年中国钢管产量934.3万吨，首次超过了日本。1998年亚洲金融危机，中国当年钢管产量下降至797.3万吨，退居日本之后，1999年我国钢管产量达到852万吨，再次超过日本，成为世界钢管生产第一大国（此后一直保持这一地位）
1999年10月	天津钢管公司为辽河油田开发生产的TP100H ϕ177.8mm×9.19mm偏梯扣稠油热采用套管5000t发往油田。这是国内首次为油田开发的稠油热采用套管
2000年8月	包钢无缝厂从意大利引进的ϕ180mm平立布置5机架限动芯棒连轧管机组建成投产，这是国内建成的第一套5机架（少机架）限动芯棒连轧管机组
2000年	宝钢开发出具有完全自主知识产权的内喷外淋式钢管水淬热处理装备，并迅速在国内得到普遍推广
2000年12月	天津钢管公司试制出了第一批430t TP130TT高强度高抗挤套管产品，在中原油田下井试验并获成功
2003年3月	鞍钢无缝钢管厂从德国引进的ϕ159mm MPM连轧管机建成投产
2003年2月	天津钢管公司"T95抗腐蚀石油套管研制"科研项目获国家科学技术进步奖二等奖
2003年8月	天津钢管公司从德国引进的世界第一套ϕ168mm PQF三辊限动芯棒连轧管机组建成投产 2008年1月8日"PQF三辊连轧管生产线工艺及装备自主集成与创新"项目荣获2007年度国家科技进步奖二等奖
2004年	江永静等有关专家与中国冶金报联合编写了《轧钢新技术3000问》一书（无缝钢管部分）
2004年6月	由中国工程院院士殷国茂主编的我国第一部钢管行业大百科全书式专著《中国钢管50年》出版
2004年12月	衡阳华菱钢管从德国引进的ϕ340mm限动芯棒轧管机组建成投产
2004年12月	中国无缝钢管产量达到866.3万吨，超过了苏联1988年保持的808万吨世界纪录
2005年	攀钢集团成都钢钒有限公司从德国引进的ϕ340mm MPM连轧管机组建成投产；2016年该产线全线关停
2005年	ϕ1200mm世界最大穿孔机在扬州诚德钢管有限公司建成投产
2006年	无锡西姆莱斯石油专用管有限公司建成投产了我国第一套ϕ250mm MPM连轧管机组，该机组由太原通泽重工设计制造；截至2014年9月，因企业破产倒闭，该机组已全线关停
2006年1月	天津钢管公司TP130TT高强度高抗挤套管产品科研项目"新型高抗挤与复合管柱技术"荣获2005年度国家科技进步二等奖（与石油大学和中原油田共同合作项目）
2006年6月	浙江久立特材科技股份有限公司从意大利达涅利公司引进的3500t热挤压机项目建成投产
2007年	攀成都钢钒有限公司从意大利达涅利公司引进的ϕ159mm FQM三辊连轧管机组投产；2016年该产线关停
2007年	鞍钢无缝钢管厂从德国引进的ϕ180mm PQF三辊连轧管机投产
2007年	天津钢管公司从德国引进的世界第一套ϕ460mm PQF三辊连轧管机组建成投产
2007年	湖北新冶钢有限公司从德国引进的世界最大规格的ϕ460mm三辊轧管机组建成投产
2007年	宝钢在国内首家开发出了镍基合金油井管系列产品，填补了国内空白；2009年1月，该公司生产的BG2830-110BGT1镍基合金油管批量用于中石油四川龙岗天然气气田
2008年	天津钢管公司从德国引进的ϕ258mm PQF三辊连轧管机投产
2008年	由意大利因西公司设计，太原通泽重工转化设计制造的天津钢管公司ϕ720mm斜轧扩管机组建成投产。其中四辊定径机由大连三高设计制造
2009年	安徽天大石油管材股份有限公司ϕ273mm PQF三辊连轧管机投产
2009年	太钢不锈钢管公司和宝钢特钢公司从德国梅尔公司分别引进的60MN卧式挤管机组相继建成投产
2009年7月	由内蒙古北方重工集团联合清华大学、中冶京诚、中冶京唐、太重集团等单位研制的360MN当时世界最大压力的无缝钢管立式挤压机获得成功，这是我国自行研制的首台黑色金属立式挤压机
2009年12月	由中国工程院院士殷国茂主编的《中国钢管飞速发展的10年》出版

续表

时　间	大　事　记
2009年12月	衡阳华菱钢管从德国引进的 ϕ720mm 周期轧管机组建成投产。该机组还配有一台立式挤压穿孔机
2010年	无锡西姆莱斯石油专用管制造有限公司 ϕ114 MPM 连轧管机组建成投产 同年，新疆巴州西姆莱斯 ϕ366mm TRCM 三辊连轧管机组建成投产。该两机组均由太原通泽重工设计制造。截至2014年9月30日，该两机组已全线停产
2010年	山东墨龙公司建成投产了由我国太原重工股份有限公司设计制造的第一套 ϕ159mm PQF 三辊连轧管机组
2010年12月	宝钢制造的首批国产核电蒸汽发生器用690mmU形管已交付广西防城港市核电1号机组
2010年3月	华菱锡钢特钢有限公司从德国梅尔公司引进的 ϕ258mm PQF 三辊连轧管机组投产
2011年	宝钢条钢事业部烟台鲁宝钢管从德国梅尔公司引进的 ϕ460mm PQF 三辊连轧管机组投产
2011年	衡阳华菱钢管有限公司从德国梅尔公司引进的 ϕ180mm PQF 三辊连轧管机投产
2011年	河南林州凤宝管业有限公司 ϕ159mm PQF 三辊连轧管机组投产
2010年1月	天津钢管公司申报的"超深复杂井用超高强度石油套管及其特殊管串结构技术"获得2009年度国家科学技术进步奖二等奖
2011年1月	天津钢管集团公司独立设计开发的超深复杂井用TP140V套管，在塔里木油田克深7井，创中国山前复杂地层超深井最大下井深度纪录——8021m
2011年7月 2012年8月	包钢钢管公司从德国引进的 ϕ159 PQF 三辊连轧管机建成投产 2012年8月，该公司从德国引进的 ϕ460mm PQF 三辊连轧管机组建成投产
2011年6月	黑龙江建龙钢铁有限公司从意大利达涅利公司引进的 ϕ180mm FQM 三辊连轧管机组建成投产
2012年	天津钢管公司江苏淮安 ϕ508mm PQF 三辊连轧管机组建成投产
2012年	扬州诚德钢管股份有限公司 ϕ76mm PQF 四机架连轧管机组投产
2012年12月	河北宏润重工股份有限公司新建的国内首创超大吨位"500 MN立式热挤压机组"通过国家工信部鉴定，这是当时世界最大压力立式热挤压钢管机组
2012年9月	江阴华润制钢有限公司从意大利达涅利公司引进的 ϕ159mm FQM 三辊连轧管机组建成投产
2013年	扬州诚德钢管公司建成投产了"陕西多伦科技"设计制造的LG920mm三辊冷轧管机
2013年 2014年	宝钢600℃超超临界火电机组用钢管研制与应用项目获得冶金科学技术奖一等奖；2014年600℃超超临界火电机组钢管创新研制与应用获得国家科技进步一等奖
2013年1月	由中石化、天管集团和宝钢集团共同合作完成的"特大型超深高含硫气田安全高效开发技术及工业化应用"项目荣获2012年度国家科学技术进步奖特等奖
2013年1月	江苏天淮钢管公司引进德国的 ϕ508mm PQF 三辊限动芯棒连轧管机组建成投产
2013年5月	宝力钢管（泰国）有限公司正式投产，该公司建有一套 ϕ273mm 精密轧管机组，年设计产能20万吨。宝力钢管（泰国）有限公司的建立，使宝钢钢铁主业迈出了海外投资的第一步
2013年12月	我国无缝钢管产量突破3000万吨，达到3131万吨的历史峰值，在全球无缝钢管产量中的占比约68.8%
2014年3月	钢管分会组织编写的《中国钢管行业暨市场调研报告》完成印刷
2015年5月 2016年10月	天津钢管公司钛合金油管在四川阆中成功下井两口
2016年10月	攀钢集团成都钢钒有限公司全面关停生产线
2016年11月	法国瓦卢瑞克钢管公司收购了安徽天大石油管材股份有限公司
2017年月10	河南林州凤宝管业 ϕ89mm PQF 三辊连轧管机组投产
2018年6月	常熟市无缝钢管有限公司通过严格考核、评选，入选中央电视台《匠心之路》栏目，并于2019年1月13日在常熟市举行了《常峰铸匠》首映式
2018年6月	中信泰富特钢集团重组江苏华菱锡钢特钢有限公司，现企业名称为靖江特殊钢有限公司
2018年6月	山东临沂金正阳管业有限公司 ϕ180mm PQF 连轧管机组投产
2018年7、8月 2019年4月 2019年5月	山东磐金钢管制造公司2条 ϕ159mm MPM 连轧管机组投产；2条 ϕ180mm PQF 连轧管机组投产；2条 ϕ273mm PQF 连轧管机组投产 该公司共6条连轧生产线，采用4座步进式炉，开创一炉供两条生产线的模式
2019年4月	重庆钢铁股份 ϕ114mm MPM 连轧管机组建成投产
2019年6月	中信泰富特钢集团湖北新冶钢有限公司重组浙江格洛斯钢管

附录2　中国焊接钢管大事记

时　间	大　事　记
1921 年	在上海荣泰管子厂建成我国最早的焊管厂
1954 年	我国第一家国营焊管生产企业——上海市地方国营第一劳动手工工厂（上海市劳动钢管厂前身）正式挂牌成立
1958 年	在上海钢管厂第一焊管车间建成投产的 2 台焊管机（ϕ76mm 低频焊管机，采用旋转变压器）是我国自行设计和制造的第一台直缝焊管机组主机
1958 年	我国首次引进 ϕ32mm、ϕ60mm 和 ϕ102mm 低频电阻焊直缝焊管机组，分别安装在上海自行车厂、天津轧钢一厂、首钢轧钢厂为我国焊管工业体系的建立奠定了基础。1959 年完成建设
1959 年	我国第一套从苏联全套引进的 ϕ630mm 螺旋缝埋弧焊接钢管机组，在宝鸡石油钢管厂建成投产，并成功试制出我国第一根螺旋缝埋弧焊接钢管
1960 年	上海钢管厂研制出我国第一台 60kW 高频发生器，将该厂的低频焊管机全部改为高频焊管机；为直缝 ERW 焊管焊接工艺的重大改革奠定了基础
1961 年	辽宁锦西钢管厂建造了一台 ϕ219~529mm 三辊弯板式螺旋焊管机，这是我国自行制造的第一台螺旋焊管机组
1962 年	宝鸡石油钢管厂冶炼出我国第一炉焊剂
1965 年	锦西钢管厂建成当时我国最大的直缝 ERW 焊管机组——ϕ165mm 机组
1965 年	临汾钢铁公司建成我国第一条螺旋高频焊管机组（ϕ165~426mm）
1965 年	上海市劳动钢管厂建成我国第一条钢管热浸镀锌生产线
1966 年	宝鸡石油钢管厂首次实现双面埋弧焊管生产，生产出我国第一批 ϕ529mm 和 ϕ630mm 螺旋双面埋弧焊管
1969 年	国家外经部下达援外任务，由上海钢管厂、上海沪江机械厂、北京钢铁设计院和西安重型机械研究所联合研发了 ϕ76mm 高频直缝焊管机组和钢管镀锌机组，这是我国自行独立设计和制造的第一套焊管机组和钢管镀锌生产线
1973 年	鞍钢焊管制品厂安装了我国第一台也是最后一台连续式炉焊管机组
1975 年	山西阳泉钢管厂从日本引进了 1 套 ϕ31.8mm ERW 机组和 1 套 ϕ114mm ERW 机组，对提高我国小直缝 ERW 焊管机组装备水平起到了很好示范和指导作用
1978 年	由宝鸡石油钢管厂主办的《焊管通讯》更名为《焊管》，创刊（出版第一期）。1978 年 10 月出版
1978 年	中国冶金轧钢情报网第一届全国焊管技术交流大会在张家口宁远钢厂举行，揭开了我国焊管行业全国性技术交流的序幕
1979 年	张家口地区行署重工局编写焊管培训教材并举办了 3 届全国焊管培训班，全国主要焊管厂生产技术骨干人员参加了培训
1979 年	中国金属学会轧钢学术委员会成立焊接钢管组，挂靠在首钢焊管厂
1980 年	第一个钢管行业国家标准《钢管验收、包装、标志及质量证明书的一般规定》（GB 2102—1980）颁布
1980 年	中国金属学会轧钢学会钢管学术委员会焊管学术组在四川乐山召开首届全国焊管学术年会
1980 年	宝鸡石油钢管厂率先成功试制 X60 钢级 ϕ355.6mm 双面螺旋埋弧焊管和 ϕ203mm 螺旋高频焊管，其中双面螺旋埋弧焊管荣获国家经委颁发的银质奖章及证书
1981 年	我国首条自行研制的不锈钢连续焊管机组在上海异型钢管厂建成
1982 年	由首钢电焊钢管厂张弘人等主编的《高频直缝焊管生产》一书出版
1982 年	宝鸡石油钢管厂生产的螺旋埋弧双面焊管、螺旋高频焊管和直缝高频焊管均获石油部认定 1982 年优质产品称号
1983 年	由原冶金部主持在徐州召开了"全国焊管技术工作会议"，专题研究焊管新技术推广和老机组改造问题，这次会议推动了 ERW 直缝焊管技术与装备的发展
1983 年	华北石油钢管厂与原北京钢铁研究总院和上海第一钢铁厂合作进行了相当于 API 5L X60 强度级别 10MnVNb 管线钢管开发，共试制 ϕ529mm×7mm 螺旋缝埋弧焊管 164 根。为我国早期铌微合金化管线钢开发与应用奠定了基础

续表

时　间	大　事　记
1983 年	中国金属学会组织的钢管科技学术讨论会在北京举行，来自国内科研院所、高等院校、工厂企业等 63 个单位和应邀来自日本、西德、法国、意大利各钢管公司的专家共 144 人参加了会议。这是我国首次举行规模较大、专业性很强的钢管学术讨论会
1984 年	宝鸡石油钢管厂开发的螺旋埋弧双面焊管，X60、X65 级螺旋高频焊管和 S771 焊剂等分别荣获 1983 年全国优秀新产品奖
1984 年	原冶金工业部轧钢情报网首届热镀锌钢管专业会在福州钢管厂举行
1986 年	首届镀锌钢管学术讨论会在湖北省宜昌市召开
1988 年	我国全套引进的第一条 80 年代世界先进水平的中直径（ϕ406mm）ERW 焊管生产线在宝鸡石油钢管厂建成投产
1988 年	宝鸡石油钢管厂牵头起草的《石油天然气输送用螺旋埋弧焊钢管》（GB 9711—1988）标准发布实施，从 1988 年 10 月 1 日起执行
1989 年	在锦西钢管厂召开了焊管学术委员会第一届会员代表大会
1989 年	中国石油天然气总公司组织由石油管材研究所承担的项目“油气输送管止裂韧性试验方法的研究”立项研究，在国内首先建立了用于油气输送管的止裂韧性测定方法及装置，实际测定了不同规格、不同钢级的油气输送管及制管用板卷的止裂韧性，并进行了焊管实物爆破试验验证。开始了国内油气输送管止裂韧性的系统性研究。该项目 1993 年完成
1989 年	由西安重型机械研究所翻译、《焊管》期刊社负责编辑的《焊管生产现代化)》一书出版，为我国焊管技术的开发，设备的设计制造以及已有机组的技术改造提供了重要参考，促进了我国焊管生产的进一步发展
1990 年	由首钢电焊钢管厂张弘人主编的《电焊钢管生产知识问答）一书出版。由《焊管》期刊社编写的《中国焊管企业概况》一书出版。有效促进了我国焊管行业知识的广泛普及和交流
1991 年	我国引进的第一条 219mm FF 成型高频直缝焊管机组在徐州光环钢管有限公司投产
1991 年	国家“八五”重点技术开发项目《石油天然气用焊管》（1991~1995），由宝鸡石油钢管厂、中国石油物资总公司、管道局、石油管材研究中心、中科院金属研究所、北京钢铁研究总院、上海宝山钢铁总厂等单位共同承担。开始系统研究石油天然气输送钢管卷板以及焊接材料。推动了我国石油天然气长输管道用钢管系统研发
1992 年	石家庄轴承专用设备总厂研制的 ϕ45mm 高频焊管机组、ϕ114mm 高频焊管机组荣获国家科技进步三等奖；标志我国小口径 ERW 焊管机组设计制造技术已经成熟
1992 年	我国引进的第一条电焊冷拔精密管生产线在四川隆昌山川机械厂投产
1992 年	由中国金属学会轧钢学会焊管学术组、宝鸡石油钢管厂编写的《我国焊管生产技术的引进与开发》一书出版
1993 年	我国引进的第一条三层 PE 外防腐生产线在华北石油钢管厂建成投产，钢管三层 PE 外防腐首次应用于陕京输气管道
1994 年	中国石油天然气总公司石油管材研究所开始对沙漠管线、陕京管线等提供驻厂监理服务，保证了高钢级、高韧性钢管的大批量生产。自此，国内油气输送管驻厂监造工作开始实施
1995 年	全国钢管及焊管工作会议在上海宝钢召开，会议主题是“优化结构、引导投资、促进钢管生产技术进步”
1996 年	我国首次采用 API 标准生产 X52 钢级钢管，板卷由宝钢生产，钢管主要由宝鸡钢管厂、资阳钢管厂和沙市钢管厂提供，全面实现国产化。钢管应用于第一条沙漠输气管道——塔轮线建设，该管道与输油管道同沟敷设
1996 年	我国第一条 X65 钢级，直径 ϕ610mm，工作压力最高 8MPa 的原油输送管线——库鄯线开工建设，X65 钢级管线管国产化取得成功（国产部分的板卷由宝钢生产
1996 年	国产 X60 钢级板卷（宝钢生产）和钢管首次实现国产化，并成功应用于陕京输气管道建设。钢管主要由华北石油钢管厂、沙市钢管厂、资阳钢管厂和胜利钢管厂提供
1997 年	宝鸡石油钢管厂与印度石油公司签订输送管合同 3.91 万吨，向巴基斯坦出口中直缝钢管 5 千多吨，板卷均由宝钢提供。我国第一次实现钢管出口
1997 年	由宝鸡石油钢管厂、华北石油钢管厂、胜利石油钢管厂和沙市钢管厂 4 家厂生产的 X65 钢级管线钢管首次大批量出口，总量 23 万吨；是当时最大的单笔合同
1997 年	我国全套引进的第一条直缝套管接箍生产线在宝鸡石油钢管厂建成投产
1998 年	番禺珠江钢管有限公司引进 HME 机组，次年生产出我国第一批大口径直缝埋弧焊管
1998 年	宝鸡石油钢管厂承担的“石油天然气输送用 X42~X65 高韧性热轧板卷和焊管生产技术”项目荣获国家科技进步奖二等奖

续表

时　间	大　事　记
2000年	为配合西气东输管线建设，在西气东输项目经理部的组织下，在涩宁兰管线上敷设X70钢级ϕ660mm试验段。为后续“西气东输”工程应用X70钢级焊管奠定了基础。板卷由宝钢、武钢提供，钢管由宝鸡石油钢管厂和华北石油钢管厂提供
2000年	由中国石油天然气集团公司、中国机械工业联合会、中国钢铁工业协会联合开展了国家经贸委组织的《西气东输工程成套设备研制》项目，其中的《大口径输气管道管材及钢管研制》研究工作取得了很好的成果，对西气东输管道设计、施工、断裂控制、管材选用及质量控制、确保管道安全可靠地运行具有重要作用
2001年	我国第一条X70钢级天然气长输管线——西气东输管线开工建设，X70级管线钢国产化取得成功，并率先在高压输气管线应用减阻内涂层技术。国产X70钢级板卷由宝钢、武钢提供，螺旋钢管全部由宝鸡、华油、胜利、沙市、资阳、辽阳等钢管厂提供
2001年	华北石油钢管厂研制成功了国内首台螺旋焊管新型成型器，解决了大口径高强度螺旋焊管残余应力控制的难题。同时研制成功了国内首台管端定径设备，管端周长波动范围控制在3mm以内，提高了施工现场钢管对接质量。该技术在西气东输工程中被推广应用到国内各管厂，大大提升了螺旋焊管的品质
2001年	番禺珠江钢管有限公司引进美国沃尔森公司UOE机组，建成了我国第一条UOE焊管生产线
2002年	我国引进的第一条JCOE大口径直缝焊管生产线在华北石油钢管厂巨龙钢管公司建成投产，同年成功实现了X70钢级ϕ1016mm×17.5mm直缝埋弧焊管国产化（舞阳钢厂提供了部分X70钢板），并应用于国家西气东输工程，打破了大口径直缝焊管长期依赖进口的局面
2002年	我国焊管年产量达到661.5万吨，超过了日本（646.8万吨），成为世界第一焊管生产大国
2002年	宝鸡石油钢管厂率先成功研制L360钢级抗硫化氢应力腐蚀螺旋埋弧焊管，首次应用于长庆油田集输管道
2003年	X80钢级ϕ1016mm×15.3mm螺旋埋弧焊接钢管分别在宝鸡石油钢管厂、华北石油钢管厂试制成功
2004年	华北石油钢管厂巨龙钢管公司X80钢级ϕ1016mm×18.4mm直缝埋弧焊管试制成功
2004年	中石油集团公司组织《冀宁联络线X80管线钢管工业性应用工程》研究项目针对X80高钢级大口径油气输送管的工业性工程应用过程中需要解决的一些关键技术问题持续开展研究，为我国X80管道建设打下基础
2004年	焊管学术委员会与中国冶金报联合编写了《轧钢新技术3000问》一书的焊管部分
2004年	中国焊管产量达到1340.6万吨，超过了苏联1988年保持的1277万吨世界纪录
2005年	我国首条X80钢级输气管线应用工程（西气东输冀宁联络线）正式开工，所用X80钢级直缝和螺旋焊管全部国产化，板卷由宝钢、武钢，钢板由鞍钢提供。钢管分别由华北石油钢管厂的巨龙钢管公司、华油钢管公司和宝鸡石油钢管厂提供
2005年	宝山钢铁股份有限公司HFW610mm焊管线建成投产，成为国内首家将HFW生产线建造在钢铁联合企业的范例，并将HFW制管过程纳入从炼钢到制管的一贯制质量管理体系中
2005年	宝鸡石油钢管厂、华北石油钢管厂和宝钢、武钢等“西气东输工程用X70钢级板卷、螺旋埋弧焊管、涂敷作业线及涂料的研制与应用”项目荣获国家科技进步二等奖
2005年	我国建成第一个全面实现国产化的海底管道——番禺-惠州海底管线。钢板由宝钢提供，钢管由巨龙钢管厂和番禺珠江钢管厂提供
2006年	宝鸡石油钢管厂、华北石油钢管厂、番禺珠江钢管有限公司生产的油气输送焊接钢管荣获中国名牌产品
2006年	宝鸡石油钢管厂公司中标印度“东气西送”天然气管道工程1244km、60多万吨螺旋埋弧焊管合同，创下了钢管一次出口量最大的世界纪录
2006年	华北石油钢管厂K60钢级JCOE钢管首次批量出口俄罗斯，用于东西伯利亚——太平洋石油管线（泰纳线）
2007年	中国石油天然气股份有限公司《西气东输二线管道工程关键技术研究》一期重大专项开始实施，在管道设计、管材技术条件、X80钢级管线钢及其大口径焊管与管件制造技术、焊接施工技术、完整性管理技术、断裂变形控制等方面，取得了多项重要的创新性成果，为采用X80钢级ϕ1219mm焊管进行西气东输二线建设提供了重要的技术保障，也使我国的管道建设开始领跑世界
2007年	西气东输二线用高强度管线钢X80钢级ϕ1219mm×18.4mm螺旋埋弧焊管在宝鸡钢管公司和华北石油钢管厂先后试制成功。华北石油钢管厂巨龙钢管公司试制出了西气东输二线X80钢级ϕ1219mm×22/26.4mm干线管直缝焊管和ϕ1219mm×22～33mm弯管母管
2007年	华北石油钢管厂巨龙钢管公司试制成功X120钢级JCOE钢管，钢板由宝钢提供
2007年	宝山钢铁股份有限公司HFW产线完成对济南-邯郸成品油管道工程用焊管（X60钢级ϕ457mm×7.9/9.5mm管线管）的试制，并经中国石油天然气集团公司管材研究所综合评定合格并独家供应
2008年	宝钢从德国米尔公司引进ϕ508～1422mm UOE直缝埋弧焊管生产线建成投产。这是目前我国唯一能生产管长18.3m的直缝埋弧焊管厂家

续表

时　间	大　事　记
2008 年	由中国金属学会轧钢分会焊管学术委员会和《焊管》期刊社组织、中国工程院院士李鹤林主编的《中国焊管50 年》出版
2009 年	宝鸡钢管公司建成了亚洲首条连续管生产线，并生产出 CT80 钢级 ϕ31.8×3.18mm，长度 7600m 连续管，使我国成为继美国之后第二个掌握连续管生产制造技术的国家
2010 年	宝山钢铁股份有限公司 UOE 独家中标澳大利亚 QCLNG 项目 21 万吨 X70 钢级 ϕ1067mm×14.1/18/23.8mm 直缝埋弧焊管合同。是国产直缝埋弧焊管首次独家获得国际长输管道用钢管订单
2010 年	中国石油天然气集团公司管材研究所在意大利试验场成功进行我国首次 ϕ1219mm×18.4mm X80 螺旋缝埋弧焊管和直缝埋弧焊管天然气全尺寸实物爆破试验
2010 年	宝钢、渤海装备巨龙钢管公司和番禺珠江钢管公司成功完成了 X65 钢级 ϕ762mm×30.2mm，X70 钢级 ϕ765.2mm×31.8mm 直缝埋弧焊管国产化任务，用于中海油南海深水天然气管道项目
2010 年	宝鸡钢管公司生产出钢级 X52C、规格 ϕ50.8mm×4.44mm，长度 500m 国产最早的连续管线管，在青海油田成功采用该管材进行了国内首次连续管线管的铺设
2010 年	渤海装备华油钢管公司成功试制出我国第一根 API 5L 标准 X120 钢级 ϕ1422mm×15.3mm 螺旋缝埋弧焊管
2011 年	宝鸡钢管公司、渤海装备巨龙钢管公司、宝钢采用南钢、宝钢、首钢、湘钢钢板试制的 X70 钢级 ϕ813mm 和 ϕ1016mm 大应变直缝埋弧焊管及钢板新产品，通过了中国石油天然气集团公司科技管理部和中国钢铁工业协会组织的鉴定，并首次应用于中缅油气管道
2011 年	宝鸡钢管公司成功建成国内首条 SEW 油套管生产线，该生产线工艺装备技术先进，填补国内空白
2011 年	山东胜利钢管有限公司全套引进的德国 PWS 公司的“年产 36 万吨高等级油气输送管预精焊生产工艺技术”，该生产线的建成，大大提升了螺旋焊管预精焊工艺装备水平
2012 年	渤海装备巨龙钢管公司、宝鸡钢管宝世顺钢管有限公司采用沙钢、鞍钢提供钢板生产的 X80 钢级基于应变设计地区用 ϕ1219×26.4mm 直缝埋弧焊钢管，通过了中国石油天然气集团公司和中国钢铁协会组织的鉴定
2012 年	中国石油天然气股份有限公司开始组织实施《第三代大输量天然气管道工程关键技术》重大专项，其中包括高强度 X90/X100 钢级管道，0.8 高设计系数输气管道、超大口径 X80 钢级 ϕ1422mm 管道等三种提高管道输量方案相关技术研究，为我国超大输量天然气管道工程建设做好技术支撑和储备
2012 年	宝山钢铁股份有限公司 HFW 机组年产 29.3 万吨，创世界同类机组年产最高纪录
2012 年	宝山钢铁股份有限公司 UOE 在国内首次实现 18m 长钢管批量商业供应（X65M 钢级 ϕ1422mm×28.6mm）
2012 年	宝鸡钢管公司自主研制的新型 SEW J55、N80Q、P110 系列钢级套管产品通过中国石油天然气集团公司科技成果鉴定，产品已向各油田累计推广应用 15 万多吨
2012 年	番禺珠江钢管有限公司 COE 生产线在连云港建成投产，COE 技术使得同一生产线具备生产 HFW 和 SAWL 焊管的能力
2013 年	江苏玉龙钢管股份有限公司成功开发了 ϕ1270mm×24mm×12000mm　ASTM A691 $1^1/_4$ 英寸 Cr CL22 直缝埋弧焊钢管，是石化行业当时最大直径耐热钢钢管
2013 年	宝山钢铁股份有限公司实现 X100 钢级 ϕ711mm×12.5/20mm 直缝埋弧焊管首次批量商业供货
2013 年	宝鸡钢管公司研发的高强度 CT90 级等壁厚连续管、变壁厚连续管通过中国石油天然气集团公司科技成果鉴定，成果总体达到国际先进水平，并在国内多个油田应用 5 千多吨。专用卷板由武钢提供
2014 年	中国石油集团公司在西气东输三线上采用 X80 钢级 ϕ1219mm×16.5mm 螺旋缝埋弧焊管建设 0.8 设计系数管道 261km 试验段投入运行。钢管由宝鸡钢管公司和渤海装备华油钢管公司提供
2014 年	番禺珠江钢管公司开发生产了 130m 超长水下桩管
2015 年	中国在国内首次天然气管道全尺寸爆破试验成功。本次试验为 12MPa、X80 钢级 ϕ1422mm。它标志着中国石油具有战略意义的重点试验平台建成，填补了国内管材全尺寸爆破试验的空白，对于研究管道断裂控制等服役安全难题、保障天然气管道建设和安全运行具有重要意义
2015 年	江苏玉龙钢管股份有限公司与上海泰枯实业有限公司共同投资兴建的国内唯一一条后固化型钢管内喷环氧粉末生产线建成投产
2015 年	天津源泰德润钢管制造集团有限公司 ERW□500mm 方矩形焊管生产线建成投产
2015 年	友发钢管集团实现“千万吨产量”，成为全国焊管行业首家实现千万吨规模的企业
2015 年	中国焊管产量达到 6939.59 万吨的历史峰值，在世界焊管产量中占比达到了 63.1%
2016 年	宝山钢铁股份有限公司 UOE 通过全流程海管第三方认证，是国内唯一一家板、管通过 DNV-OSS-313 及 DNV-OS-F101 海管认证，3LPE 涂层通过 DNV-RP-F106 认证的焊管企业

续表

时　间	大　事　记
2016年	宝鸡钢管公司成功开发出国产最早的CT80S抗硫连续管产品，规格ϕ31.8mm×3.18mm，长度6000m，并在川庆高压含硫井中成功应用。与此同时，抗硫连续管产品已出口到中东地区
2016年	宝鸡钢管公司、渤海装备华油钢管公司批量试制的X80 ϕ1422mm×21.4mm直缝埋弧焊管通过中国石油天然气集团公司和中国钢铁工业协会组织的科技成果鉴定
2016年	宝钢股份有限公司、宝鸡钢管宝世顺钢管有限公司、渤海装备巨龙钢管有限公司和湖南胜利湘钢钢管有限公司X80ϕ1219mm×33mm直缝钢管试制成功
2016年	宝鸡钢管公司、渤海装备华油钢管公司、山东胜利钢管有限公司批量试制的X90钢级ϕ1219mm×16.3mm螺旋埋弧焊管；宝鸡钢管公司、渤海装备巨龙钢管公司批量试制的X90钢级ϕ1219mm×16.3mm直缝埋弧焊管均通过中国石油天然气集团公司科技成果鉴定
2016年	宝鸡钢管宝世顺钢管有限公司和渤海装备巨龙钢管公司成功试制出具有高钢级、小径厚比、高尺寸精度的X80钢级ϕ533.4mm×25.4mm海洋钻井隔水管直缝埋弧焊管
2016年	江苏玉龙钢管科技有限公司，在尼日利亚投资项目ϕ1829mm高钢级螺旋缝埋弧焊钢管生产线和与之配套的3PE防腐生产线竣工投产
2016年	宝鸡钢管公司开发的CT110连续管通过中国石油天然气集团公司科技成果鉴定，该成果填补国内空白，总体达到国际先进水平。专用卷板由武钢提供
2017年	渤海装备巨龙钢管公司和南京巨龙钢管公司、宝鸡钢管宝世顺钢管有限公司、宝山钢铁股份有限公司批量试制的X80钢级ϕ1422mm×25.7/30.8mm直缝埋弧焊管通过中国石油天然气集团公司和中国钢铁工业协会组织的科技成果鉴定
2017年	渤海装备巨龙钢管公司和宝鸡钢管宝世顺（秦皇岛）钢管有限公司批量试制的IB555钢级ϕ1422×25.7/30.8/33.8mm感应加热弯管通过中国石油天然气集团公司科技成果鉴定
2017年	江苏玉龙钢管科技有限公司ϕ2820mm钢管3PE防腐生产线和ϕ3000mm钢管内外喷涂生产线相继建成投产
2017年	为加速推进GB/T3091—2015标准的贯彻执行，促进行业的健康发展，成立GB/T3091标准推进工作组，并组织成立了由钢管分会、冶标院和国检中心专家组成的检查审核小组，对国内主要的镀锌管生产厂家进行了生产工艺、设备的认证并对实物质量进行了检查。助推了热镀锌钢管行业整体素质的提升
2018年	渤海装备巨龙钢管有限公司和宝鸡钢管宝世顺钢管有限公司完成了中俄东线站场低温环境（-45℃）用X80钢级ϕ1422mm×30.8mm直缝埋弧焊管的研发，并通过中国石油天然气集团公司组织的鉴定。推动了中国低温环境用钢管技术进步
2018年	渤海装备巨龙钢管有限公司完成了中俄东线站场低温环境（-45℃）用X80钢级ϕ1422mm×33.8mm感应加热弯管，并通过中国石油天然气集团公司组织的鉴定
2018年	陕西友发钢管有限公司年产300万吨钢管项目正式投产。该项目总投资14亿元

参考文献

[1] 殷国茂.《中国钢管50年》[M]. 成都：四川科学技术出版社，2004：85.

[2] 殷国茂.《中国钢管飞速发展的10年》[M]. 成都：四川科学技术出版社，2009：12.

[3] 李鹤林.《中国焊管50年》[M]. 西安：陕西科学技术出版社，2008.

[4] 钢管杂志社.《钢管》杂志50年历程 [EB/OL].（2014-07-25）[2018-07-10].

[5] 颜幼贤. 50年尽展"钢管"画卷25载亲历《钢管》发展 [EB/OL].（2014-07-25）[2018-07-10].

[6] 庄钢. 中国钢管行业暨钢管市场调研报告，2014年2月.

[7] 庄钢，等. 中国钢管工业改革开放30年发展综述 [C] //中国钢结构协会《改革开放30年发展历程》纪念文集. 天津：中国钢结构协会钢管分会，2008.

[8] 中国钢结构协会钢管分会. 钢管行业"十三五"发展规划纲要 [R]. 2017.

[9] 中国钢结构协会钢管分会秘书处. 钢管分会（第六届）活动资料汇编 [R]. 2016.

[10] 焊管期刊社.《焊管》第七届编辑委员会工作报告 [R]. 西安，2018.

[11] 钢管杂志社. 改革开放40年《钢管》杂志发展历程 [R]. 成都，2018.

[12] 石洪卫. 中国（2017）、(2016)、(2015)、(2014)、(2013)、(2012)、(2011)、(2010) 钢铁工业年鉴.《中国钢铁工业年鉴》编辑部，2017—2010.

[13] 王晓香，2016年以来我国焊管产业的运行情况及技术进步 [J]. 焊管，2018，41（6）：1-6.

[14] 陈小伟，稽峰，王旭. 中俄东线X80钢级 ϕ1422mm×30.8mm钢管理化性能研究 [J]. 焊管，2019（5）.

[15] 王晓香. 2014年以来我国焊管产业的运行情况及展望 [R]// 中国金属学会轧钢分会焊管学术委员会六届五次会议论文集. 沧州：2015.

[16] 李奇. 2018年中国钢管标准目录 [C]. 2018.

[17] 王晓香. 当前管线钢管研发的几个热点问题 [J]. 焊管，2014（4）.

[18] 王旭. 油气输送管线钢管制造与装备技术的现状及展望 [J]. 钢管，2012（6）.

[19] 中国钢结构协会钢管分会. 第6届、第7届会员大会、理事扩大会工作报告 [R]. 2011—2018.

[20] 严泽生. 现代热连轧无缝钢管生产 [M]. 冶金工业出版社，2009.

[21] 2017年中国不锈钢管发展与高端市场应用论坛资料.

[22] 世界金属导报. 中国不锈钢管发展30年回顾 [N]. 2017.

[23] 国家发改委. 天然气发展"十三五"规划.

[24] 国家发改委. 石油发展"十三五"规划.

[25] 天津钢管公司. 炼钢、连铸、轧管培训教材 [G]. 1991.

[26] 轧钢新技术3000问，钢管新技术800问 [M]. 北京：中国科学技术出版社，2005.

[27] 齐克敏，丁桦. 材料成型工艺学 [M]. 北京：冶金工业出版社，2006.

[28] 金如崧. 无缝钢管百年史话 [M]. 北京：冶金工业出版社，2008.

[29] 严泽生，庄钢，孙强. 世界热轧无缝钢管轧机的发展 [J]. 中国冶金，2011，21（1）.

[30] 第七届无缝钢管生产技术研讨会//论文集. 北京：2011.

[31] 殷国茂. 我国无缝钢管生产和装备的发展历程及今后的发展思考 [J]. 钢管，2011，40（6）.

[32] 常建设，庄钢，钟锡弟. 我国小直径无缝钢管机组的发展 [J]. 钢管，2012.

[33] 王国栋，等. 轧制技术的创新与发展 [C]//东北大学RAL研究成果汇编. 北京：冶金工业出版社，2015.

[34] 冯志坚. 我国轴承钢管的发展现状及生产工艺 [N]. 中国冶金报，2016-08-26.

[35] 邵羽. 我国不锈钢管标准三十年的发展 [N]. 世界金属导报，2017-08-2.

[36] 成海涛，李赤波，李晓. 热轧无缝钢管实用技术 [M]. 成都：四川科学技术出版社，2018.

[37] 中国钢铁工业协会. 中国钢铁工业改革开放40年 [M]. 北京：冶金工业出版社，2019.

[38] 陈洪琪. 热轧不锈钢管生产工艺优化的探讨 [J]. 钢管，2019（4）.